SÉBASTIEN MAMEROT

EINE CHRONIK DER KREUZZÜGE

DIE FAHRTEN NACH OUTREMER
VOLLSTÄNDIG ÜBERSETZTE
UND KOMMENTIERTE AUSGABE

Thierry Delcourt & Danielle Quéruel
Fabrice Masanès

Der Druck der Miniaturen aus den *Passages d'Outremer*
erfolgte nach dem Exemplar der Bibliothèque nationale de France, Paris

TASCHEN
Bibliotheca Universalis

Inhaltsverzeichnis

THIERRY DELCOURT

DIE *PASSAGES D'OUTREMER*, EIN MEISTERWERK DER FRANZÖSISCHEN BUCHMALEREI DES 15. JAHRHUNDERTS

Bei der prächtigen Handschrift der *Passages d'Outremer*, die heute in der Handschriftenabteilung der Bibliothèque nationale de France in Paris unter der Signatur Français (fr.) 5594 verwahrt wird, handelt es sich um ein von Hand kopiertes Buch, dessen Schreiber wir nicht namentlich kennen; illustriert wurde es unter der Leitung eines der größten Buchmaler seiner Zeit, Jean Colombe, der von ungefähr 1465 bis 1493 in Bourges tätig war. Die 66 Miniaturen, die er für die *Passages d'Outremer* anfertigte, sind in der vorliegenden Ausgabe reproduziert. In Auftrag gegeben wurde das Werk von Louis de Laval-Châtillon, einer bedeutenden Persönlichkeit jener Zeit und wichtigen Stütze für König Ludwig XI.: 1411 geboren und 1489 gestorben, erlebte Louis de Laval das Ende des Hundertjährigen Krieges und den Wiederaufbau des französischen Königreiches nach dem endgültigen Sieg Karls VII. über die Engländer im Jahr 1453.

Der Text dieser Handschrift trägt den Titel *Les Passages d'Outremer* (Die Fahrten nach Outremer). Es ist eine Geschichte der Kreuzzüge, ein Werk des Kaplans und Sekretärs von Louis de Laval, Sébastien Mamerot, der es im Auftrag seines Herrn zwischen 1472 und 1474 verfasste. Die Handschrift entstand wahrscheinlich kurz nach Abschluss des Textes, denn der noch ein wenig trockene Stil der Illuminationen deutet darauf hin, dass sie eher aus der Anfangszeit von Jean Colombes künstlerischer Laufbahn in den 1470er Jahren stammt.

Buchherstellung im Spätmittelalter

Im Spätmittelalter entsprach die Handschriftenproduktion nicht mehr dem Bild, das man gemeinhin davon hat und das bis in die Zeit um 1250 auch zutreffend ist – dass Mönche in Klöstern Texte kopierten und illuminierten. Wenn man in den Klöstern weiterhin Bücher von Hand abschrieb, dann handelte es sich damals fast nur noch um Studienexemplare, die ausschließlich zur Meditation oder zum Unterricht vor Ort bestimmt waren. Die wahren geistigen Zentren hatten sich in den weltlichen Bereich verlagert, und das Denken wurde nunmehr im Rahmen von Universitäten gepflegt. Zudem gab es ab dem 13. Jahrhundert Laienwerkstätten, die sich als echte Handwerksbetriebe der Herstellung von Büchern widmeten. Diese „Buchhandlungen" hatten sich in den großen europäischen Universitätsstädten angesiedelt, aber auch in der Nähe der Orte der Macht, denn auch die Fürsten hatten eine Vorliebe dafür, sich eigene private Bibliotheken aufzubauen. Die Produktion der „Buchhandlungen" beschränkte sich also nicht nur auf die in den Fakultäten gelehrten Fächer. Die Entstehung einer neuen Schicht von mehr oder weniger vermögenden Buchliebhabern begünstigte im Übrigen die rasche Verbreitung von Büchern, die für den Privatgebrauch hergestellt waren. Neben prächtig illuminierten Exemplaren für große Bibliophile wie die Verwandten des französischen Königs Karl VI. – Herzog Jean de Berry, Herzog Philipp der Kühne von Burgund und Herzog Ludwig von Orléans – oder etwas später den Herzog von Nemours, Jacques d'Armagnac, stellten diese Werkstätten gängige Werke für ein größeres Publikum aus dem niederen oder mittleren Adel und dem Handelsbürgertum her: literarische oder historische Texte, Erbauungsliteratur und vor allem durch das Jahr geführte Bücher für die Stundengebete, so genannte *Livres d'heures* (Stundenbücher). Mit dem Leben am Hof ging überdies eine intensive kulturelle Tätigkeit einher, die zu einem vermehrten Bedarf an Büchern mit Musikstücken, höfischen Romanen, höfischer Lyrik, literarischen und philosophischen Texten führte, an denen man sich in den Schlössern erfreute.

Im Gegensatz zu der verbreiteten Vorstellung waren die drei aufeinander folgenden Herstellungsstufen eines handgeschriebenen Buchs – Abschrift, Buchschmuck und Bindung – im Allgemeinen unabhängig voneinander. Die Entscheidung, ein Buch herzustellen, konnte von einem professionellen Buchhändler kommen, der es eine Zeit lang in seinem Lagerbestand vorhielt, bevor er es verkaufte, oder von einem privaten Auftraggeber, der

1.
Stundenbuch des Louis de Laval,
um 1470–1475 und 1480
Die Schöpfung
Miniatur von Jean Colombe,
24,3 x 17,2 cm
Paris, Bibliothèque nationale de France

üblicherweise entweder einem Buchhändler, einem Schreiber oder einem Illuminator den Auftrag erteilte. Im Fall der Stundenbücher beispielsweise wurde der Text zumeist in der Region des Auftraggebers oder des Buchhändlers, der beschlossen hatte, das Buch zu produzieren, von einem Berufsschreiber kopiert: So konnte der Kopist die Lokalheiligen nennen oder Besonderheiten der liturgischen Praxis berücksichtigen. Für die Illuminationen wurde entsprechend Platz frei gelassen. Falls es Randverzierungen (Bordüren, kleine Zierbuchstaben) gab, konnten sie das Werk eines speziellen Ornamentmalers sein, wohingegen nur die großen, kostspieligsten Miniaturen (und manchmal nur ein paar davon) einem renommierten Künstler anvertraut wurden.

Von einem anderen literarischen Genre, dem höfischen Roman, weiß man, dass der Herzog von Nemours, Jacques d'Armagnac, seine Handschriften auf seinen Gütern von Geistlichen, die in seinen Diensten standen, abschreiben ließ. Zur Ausmalung schickte er sie zunächst nach Paris, wo er sie von Malern wie Maître François illuminieren ließ. Diese Situation änderte sich, als er sich auf sein Schloss Carlat im Limousin zurückzog: Danach beauftragte er damit einen aus Köln stammenden Künstler, Evrard d'Espingues, den er in seinen Dienst genommen hatte.

Der Verkauf wurde von Buchhändlern besorgt, die an den vorhergehenden Produktionsphasen beteiligt sein konnten – oder auch nicht. Die Buchhändler konnten eine Vermittlerrolle zwischen den Auftraggebern einerseits und den Schreibern und Illuminatoren andererseits spielen. Sie konnten auch das Risiko auf sich nehmen, auf ihre Kosten Bücher zu bestellen, die sie anschließend auf eigene Faust feilboten. So geschah es oft bei den gängigsten Produkten wie Stundenbüchern, die danach von den Käufern individuell gestaltet werden konnten, indem sie an den dafür frei gelassenen Stellen entweder eine Miniatur, auf der sie selbst vor einem von ihnen besonders verehrten Heiligen dargestellt waren, oder einfach ihr Wappen hinzufügten.

Comme au second jour dieu fist le firmament entre
les ly eaues et duusa les eaues celles qui estoient
soubz le firmamet des eaues qui estoit sur le firma
ment noma le firmamet ael. Ges .j. eg.

Bei einem Stundenbuch, das in der Werkstatt eines Lyoner Buchhändlers kopiert und nahezu vollständig von Jean Colombe illuminiert worden ist, liegt anscheinend ein solcher Fall vor: Lediglich die letzte Miniatur, die den Besitzer, Jean Molé aus Troyes, darstellt, ist das Werk eines anderen Künstlers, der in den 1480er Jahren in Lyon tätig war, des Meisters des Guillaume Lambert. Aller Wahrscheinlichkeit nach wurde sie auf Wunsch des Käufers hinzugefügt, als der Rest der Handschrift bereits fertiggestellt war.[1]

Zwischen der Regierungszeit Ludwigs des Heiligen (reg. 1226–1270) und dem Beginn des 15. Jahrhunderts erlebte die französische Buchkunst eine erste Blütezeit. Sie endete in den Jahren zwischen 1415 und 1420, nachdem die französische Ritterschaft 1415 in der Schlacht von Azincourt eine schwere Niederlage erlitten hatte und der glanzvollste bibliophile Mäzen, der Herzog von Berry, und seine bevorzugten Miniaturmaler, die Brüder von Limburg, gestorben waren (1416). Schließlich erreichte der wachsende englische Einfluss auf das Königreich seinen Höhepunkt, als Karl VI. im Vertrag von Troyes den Dauphin – den späteren Karl VII. – enterbte und den König von England als Erben der Krone Frankreichs anerkannte (1420). Nach zwei langen Jahrzehnten des Stillstands erfuhr die französische Handschriftenproduktion ab den 1440er Jahren indessen einen neuen Aufschwung. Von da an war das Zentrum nicht mehr allein Paris, auch wenn die Hauptstadt weiterhin eine wichtige Rolle dabei spielte. Zahlreiche Produktionsstätten entstanden in der Provinz, insbesondere im Loire-Tal, das seit der Regierungszeit Karls VII. (reg. 1422–1461) – als die Herrscher beschlossen, ihre ständige Residenz dorthin zu verlegen – allmählich zum neuen Machtzentrum wurde. Neben dem König von Frankreich spielten andere bedeutende Fürsten wie der Herzog von Burgund, der Herzog von Bretagne, der Herzog von Anjou (auch „der gute König René" genannt), der Graf von Nevers, Jacques V. d'Armagnac und der Herzog von Savoyen weiterhin eine aktive Rolle als Mäzene. Doch es entwickelte sich auch ein neuer, größerer Kundenkreis für die Buchhändler: Er bestand aus der neuen Schicht

2.
Stundenbuch des Louis de Laval,
um 1470–1475 und 1480
Louis de Laval kniend vor der Jungfrau
Maria mit dem Kind
Miniatur von Jean Colombe,
24 x 17 cm
Paris, Bibliothèque nationale de France

hoher königlicher Beamter und der hohen Geistlichkeit, die sich aus dem alten, häufig durch den Krieg verarmten Adel und zugleich aus dem wohlhabenden Handels- und Finanzbürgertum rekrutierte.

Jean Colombe, dessen umfangreiches Werk teils für die Königin von Frankreich und den Herzog von Savoyen, teils für hohe königliche Offiziere und zum Teil sogar für wohlhabende Kaufleute aus Troyes bestimmt war, ist durchaus repräsentativ für diese neue Art der Buchproduktion im Spätmittelalter. Wie die meisten anderen Künstler jener Zeit wechselte er häufig den Ort. Zunächst ging er nach Tours, wo er sich anhand der von dem großen Buchmaler Jean Fouquet illuminierten Handschriften ausbildete, dann nach Savoyen, wo er als Hofilluminator des Herzogs fungierte. Seine Wirkung reichte bis in die Champagne, wahrscheinlich dank der Beziehungen zwischen Louis de Laval, der dort Gouverneur war, und dem Bürgertum von Troyes. Doch er arbeitete selten allein: Man findet seine Werke in Büchern, an denen auch andere Künstler mitgewirkt haben, entweder weil die Illustration in mehreren Etappen vor sich ging – er stellte in mehreren Fällen in einem unvollendet gebliebenen Buch die Miniaturen fertig, wie im Fall der *Très Riches Heures du duc de Berry,* des *Stundenbuchs des Herzogs von Berry* – oder weil die Arbeit von Anfang an unter mehreren Miniaturmalern aufgeteilt wurde. Im Übrigen kann er die Vielzahl von Handschriften, die man ihm heute zuschreibt, wohl nicht allein bewältigt haben – ganz zu schweigen von all den anderen, die verschwunden oder unbekannt sind! Er war von Mitarbeitern umgeben, von denen einige, wie sein Sohn Philibert oder Jean de Montluçon, noch heute namentlich bekannt sind. Häufig ist es jedoch unmöglich zu unterscheiden, welcher Teil der Illuminationen vom Meister selbst stammt, natürlich mit Ausnahme der schönsten Blätter, die stets von seiner Hand sind.

Der Auftraggeber: Louis de Laval (1411–1489)

Louis de Laval gehörte einer der ältesten Adelsfamilien des französischen Königreiches an.[2] Sein Ahnherr Guy I. war zu Anfang des 11. Jahrhunderts vom Grafen von Maine, Herbert Eveillechien, selbst Vasall des Grafen Fulko Nerra von Anjou, mit der Grafschaft Laval belehnt worden. Ein weiterer Vorfahr, Guy IV., hatte 1096 am Ersten Kreuzzug teilgenommen.

Louis war der dritte Sohn des Jean de Montfort, Herr von Kergolay (1385–1414), und der Erbin Guys XII., Anne de Montmorency-Laval (1385–1466) – diese wiederum eine Tochter der Jeanne de Laval, deren erster Ehemann Bertrand du Guesclin (um 1320–1380) gewesen war, der dem französischen König Karl V. geholfen hatte, den größten Teil des Reiches von der englischen Besetzung zu befreien.

Jean de Montfort war nach dem Tod Guys XII. im Jahr 1413 unter dem Namen Guy XIII. Herr von Laval geworden. Nach seinem frühen Pesttod, der ihn im Jahr darauf bei der Rückkehr von einer Pilgerreise ins Heilige Land auf Rhodos ereilte, begann für die Herrschaft Laval eine ausgesprochen unruhige Zeit, während das Königreich Frankreich infolge der Niederlage von Azincourt (1415) und befördert durch den Wahnsinn König Karls VI. unter die Kontrolle der Engländer geriet. Trotz des Widerstands des Bruders von Guy XIV., André de Lohéac, wurde die Stadt Laval 1428 von englischen Truppen eingenommen, die Franzosen eroberten sie jedoch ein Jahr später zurück.

Der Ehe zwischen Jean de Montfort (Guy XIII.) und Anne entsprossen fünf Kinder: zwei Töchter, Jeanne und Catherine, und drei Söhne, Guy XIV. (1406–1486), André de Lohéac (1408–1486) und Louis de Laval-Châtillon (1411–1489). Beim Tod Guys XIII. im Jahr 1414 war sein Sohn Guy XIV. erst acht Jahre alt. Daher übernahm seine Mutter Anne die Regentschaft; sie musste die Macht übrigens bis zu ihrem Tod 1466 mit ihrem Sohn teilen.

Guy XIV. zeichnete sich 1429 durch seine Teilnahme am Loire-Feldzug der Jeanne d'Arc gegen die Engländer aus. Zum Dank für seine Dienste verfügte Karl VII. in einer königlichen Anordnung („ordonnance royale"), die Herrschaft Laval zur Grafschaft zu erheben. Guy XIV. heiratete eine Tochter des Herzogs von Bretagne und trat häufig als Vermittler zwischen der Königsmacht und dem Herzog auf. In seiner Eigenschaft als „cousin du Roi" (Vetter des Königs, ein Ehrentitel) war er einer der sechs Pairs von Frankreich, die 1429 an der Krönung Karls VII. in Reims teilnahmen. Das Ansehen, das er bei den nachfolgenden Königen genoss, wird durch eine Reihe später Ehren belegt: So wurde er 1472 zum Generalleutnant der Bretagne und kurz vor seinem Tod zum Großmeister von Frankreich ernannt.

Der jüngste der drei Brüder, Louis, wurde 1411 geboren, wie aus einer Notiz von Jean Robertet, dem Sekretär Ludwigs XI., am Schluss seines Stundenbuchs[3] (Abb. 1, 2) hervorgeht. Seine Großmutter Jeanne de Laval-Châtillon vererbte ihm die Herrschaft Châtillon-en-Vendelais in der Bretagne (heute im Département Ille-et-Vilaine, in der Nähe von Vitré), daher sein geläufiger Name „Herr von Châtillon". Er besaß noch weitere Herrschaften in der Bretagne und in Aquitanien, und Ludwig XI. gewährte ihm die Nutznießung der Herrschaft Vierzon auf Lebenszeit, auch wenn ihm diese ab 1479 von Louis de Bourbon streitig gemacht wurde.

Louis de Laval begann seine Laufbahn beim Herzog von Bretagne, Johann V., an dessen Hof er mindestens bis 1437 verkehrte. Zwischen 1441 und 1443 nahm er an den von König Karl VII. und dem Dauphin (dem späteren Ludwig XI.) geführten militärischen Operationen zur Befreiung des noch immer von den Engländern besetzten Gebiets teil: der Belagerung von Pontoise (1441), dem Feldzug zur Unterstützung der Zitadelle von Tartas in Aquitanien (Juni 1442) und der Belagerung von Dieppe (August 1442). Er erwies sich als treuer Diener des Dauphins, den er auf seiner Expedition gegen Herzog Jean IV.

3.
Statuten des Michaelsordens, 1470
Ludwig XI. führt den Vorsitz
eines Kapitels des Michaelsordens
Miniatur von Jean Fouquet, 20,5 x 15 cm
Paris, Bibliothèque nationale de France

d'Armagnac (1443) begleitete. Als Karl VII. den Thronfolger nach dem Scheitern seines gegen den Vater gerichteten Aufstands in die Dauphiné verbannte, folgte Louis de Laval ihm wiederum. Der Dauphin ernannte ihn daraufhin zum Gouverneur der Dauphiné.

Als der im fortwährenden Aufstand gegen seinen königlichen Vater begriffene Ludwig 1456 an den burgundischen Hof flüchten musste, scheint sich Louis de Laval allerdings wieder Karl VII. angenähert zu haben. Der Thronfolger entzog ihm daraufhin die Regierung der Provinz und übertrug sie im Januar 1457 Jean V. d'Armagnac; doch im April 1457 unterstellte Karl VII. die Dauphiné seiner unmittelbaren Hoheit und bestätigte Louis de Laval als ihren Gouverneur in seinem Namen.

Bald sollte er zudem noch das Amt des Gouverneurs von Genua bekleiden. Angesichts der feindlichen Politik Alfons' V. von Aragon, der sich des Königreiches Neapel bemächtigt hatte, war der Doge von Genua auf Karl VII. zugegangen, und die Republik Genua begab sich 1456 unter die Oberhoheit des Königs von Frankreich. Karl VII. ernannte zunächst den Sohn König Renés von Anjou, Johann von Kalabrien, zu seinem Statthalter in Genua. Dessen Nachfolge als Gouverneur von Genua und der ligurischen Küste trat Louis de Laval vermutlich im Jahr 1458, spätestens im September 1459 an.

Im Prolog seiner 1460 verfassten *Histoire des neuf preux* (Geschichte der neun Helden) bezeichnet Sébastien Mamerot Louis de Laval als „Herrn von Chastillon im Vendelois und von Gael und Gouverneur der Dauphiné und der Stadt und Herrschaft Genua", und weiter unten heißt es, dass er die Biografie von König Artus „im Jahr 1463 in der Provence" begonnen habe. Louis de Laval begab sich dorthin aus der Stadt Saonne (heute Romans, im Département Drôme), in der er sich seit seiner Abreise aus Genua aufgehalten hatte. In Genua sah er sich bald mit einem Aufstand der Einwohner konfrontiert, die von den Herzögen von Mailand ermutigt worden waren: Am 10. März 1461 musste er sich in die Festung der Stadt flüchten und sich dann an die Küste, nach Savona, zurückziehen. Savona

4.
David Aubert, Chroniques de Jérusalem, um 1455
Abreise der Kreuzfahrer im Jahr 1096
Miniatur des Meisters des Girart de Roussillon
(zugeschr.), 28,2 x 54 cm
Wien, Österreichische Nationalbibliothek

wurde ab 1462 ebenfalls von den mailändisch-genuesischen Truppen bedroht, und Louis de Laval verdankte seine Rettung allein der Ankunft der von Ludwig XI. geschickten Hilfstruppen unter der Führung des Grafen von Dunois. Ein von ihm unterzeichneter Brief aus Romans vom 29. Oktober 1463 zeigt, dass Louis de Laval zu jener Zeit bereits nach Frankreich zurückgekehrt war, bevor Savona im Februar 1464 endgültig von den Franzosen an Francesco Sforza, den Herzog von Mailand, übergeben wurde.

Sébastien Mamerot erzählt zweimal vom Aufenthalt seines Gönners in Genua: Er berichtet die ersten Ereignisse in dem König Artus gewidmeten Kapitel der *Histoire des neuf preux* und liefert einen vollständigen – obgleich parteilichen – Bericht am Ende der *Passages d'Outremer*. In beiden Fällen hat die Geschichte der Expedition nach Genua keinerlei Bezug zum allgemeinen Thema des Werks.

Der Tod Karls VII. und die Thronbesteigung des Dauphins Ludwig (XI.) 1461 schadete der Karriere Louis de Lavals nicht. Spätestens im Januar 1465 nahm er am Conseil du roi teil und wurde im selben Jahr, wahrscheinlich im April, „lieutenant général et gouverneur de Champagne" (etwa: Generalstatthalter und Gouverneur der Champagne) mit der ansehnlichen Summe von 6000 Livres tournois als Pension. Diese Ernennung fand in einem entscheidenden Moment des Kampfes zwischen Ludwig XI. und seinem mächtigen Nachbarn, dem Herzog von Burgund, statt: Ab 1467 versuchte der neue Herzog Karl der Kühne (reg. 1467–1477), sich von der französischen Krone völlig unabhängig zu machen und die zerstückelten Gebiete, die er in Burgund, der Franche-Comté und den Niederlanden besaß, zu vereinigen, indem er Lothringen eroberte.

Als Grenzprovinz zwischen der Krondomäne und den Gebieten unter burgundischer Herrschaft nahm die Champagne damals eine strategisch äußerst wichtige Stellung ein. Louis de Laval war als Gouverneur und Generalstatthalter mit sehr weitreichenden mili-

tärischen, politischen und administrativen Machtbefugnissen ausgestattet. In Troyes, der Hauptstadt seiner Regentschaft, wurde er von einer anderen Persönlichkeit aus dem Umkreis des Königs unterstützt, dem aus einer alteingesessenen Familie stammenden Michel Jouvenel des Ursins, der zweimal hintereinander das Amt des Vogts innehatte (1457–1461 und 1464–1470). Die Stadt stand in der Tat unter der direkten Bedrohung von Herzog Karl dem Kühnen von Burgund; so ließ dieser Ende 1470 die aus Troyes stammenden Waren beschlagnahmen. Louis de Laval musste die Verteidigung der Stadt organisieren und erzielte 1471 bedeutende Erfolge gegen die burgundischen Truppen. In seinem Amt als Gouverneur sollte er 1473 von Charles d'Amboise, Herr von Chaumont, abgelöst werden.

Während der Regierungszeit Ludwigs XI. erlebte Louis de Laval weiterhin Gunstbezeigungen. Er wurde 1466 zum „grand maître enquêteur et général réformateur des Eaux et Forêts de France", einer Art Oberforstmeister oder Leiter der Forstbehörde Frankreichs, ernannt: Dieses Amt, mehr als ein bloßer Ehrentitel, war mit einem Jahreseinkommen von 12 000 Livres und verschiedenen Vergünstigungen in Naturalien dotiert. Er scheint es bis zu seinem Tod bekleidet zu haben; Karl VIII. bestätigte es ihm 1485. Als der König 1469 nach dem Vorbild des burgundischen Ordens vom Goldenen Vlies den Michaelsorden stiftete, nahm er schon im ersten Jahrgang Louis de Laval und seinen Bruder André de Lohéac darin auf. Bei seiner Gründung zählte der Orden nur 36 Mitglieder, die aufgrund ihrer militärischen Verdienste und ihrer Treue zur Hälfte vom König und zur anderen Hälfte durch Kooptation gewählt wurden. Jean Fouquet hat die Versammlung des Kapitels dargestellt (Abb. 3). An der Seite des König zeigt er den Schreiber des Ordens (den Sekretär des Königs, Jean Robertet) und seinen Kanzler, den Bischof von Langres, Guy Bernard (zu dessen Diözese ein Großteil von Burgund gehörte), umgeben von anderen Mitgliedern des Kapitels – darunter Louis de Laval, wegen der stereotypen Darstellung der Gesichter allerdings kaum erkennbar.

5.
Martin von Troppau, Chronicon pontificum
et imperatorum, um 1395–1400
Anfang der Chronik des Martin von Troppau
Illuminiertes Blatt, 38,5 x 25 cm
Paris, Bibliothèque nationale de France

Schließlich betraute Ludwig XI. Louis de Laval im Oktober 1470 mit der – kurz nach dem Hundertjährigen Krieg relativ heiklen – Mission, die Königin von England, Margarete von Anjou (die Tochter König Renés) und ihre Schwiegertochter, die Fürstin von Wales, bei ihrer Ankunft in Paris zu begleiten.

Über das Lebensende von Louis de Laval weiß man wenig. Er beschloss seinen Lebensweg im Dienst Karls VIII. (reg. 1483–1498), der ihn 1483 zum Vogt und Gouverneur der Touraine ernannte. Es ist vor allem bekannt, dass er den neuen König lebhaft ermutigte, die Herzogin Anne de Bretagne zu heiraten, um die Angliederung des Herzogtums an die Krondomäne zu sichern. Seine Treue zur Krone Frankreichs zeigte sich noch nach seinem Tod, da er der Tochter Ludwigs XI., Anne de Beaujeu, sein wahrscheinlich liebstes Buch vermacht hatte, sein prächtiges *Livre d'heures*. Der Rest seiner Bibliothek ging vermutlich an seinen nächsten Erben, seinen Neffen Pierre de Laval; ihm vermachte er den Familiensitz der Montjean, den er einige Jahre zuvor von seinem Bruder André bekommen hatte. Die Nachwelt hat Louis de Laval in erster Linie als einen begeisterten Literaturliebhaber und Bibliophilen in Erinnerung behalten.[4]

Der Autor: Sébastien Mamerot

Die Verbindung zwischen einem reichen und mächtigen Mäzen wie Louis de Laval und einem Mann, der in seinen Diensten als Autor arbeitete, war im Mittelalter nichts Ungewöhnliches. Bereits Mitte des 12. Jahrhunderts schrieben Benoît de Sainte-Maure (*Roman de Troie*/Trojaroman) oder Wace *(Roman de Brut, Roman de Rou)* für den König von England, und in den Jahren zwischen 1170 und 1180 schuf Chrétien de Troyes seine höfischen Romane auf Anforderung einflussreicher Auftraggeber wie der Gräfin Marie von Champagne, die ihm den Stoff des *Chevalier de la charrette Lancelot du Lac* (Karrenritter Lanzelot vom See) vorgab, oder des Philipp von Elsass, Graf von Flandern, dem er seine *Conte du Graal, Perceval* (Geschichte vom Gral, Parzival) widmete. Aus ganz Westeuropa ließen sich unzählige weitere Beispiele anführen. Im 15. Jahrhundert umgaben sich die Herzöge von Burgund mit einem Team von Berufsschriftstellern wie Jean Miélot, Olivier de La Marche oder David Aubert (Abb. 4), die auch eine Position in der herzoglichen Verwaltung einnahmen. So verhielt es sich auch bei Sébastien Mamerot: Es scheint, dass der Sekretär von Louis de Laval, der dank seines großen Einsatzes das Gehalt eines Kanonikers der Stiftskirche Saint-Étienne in Troyes bezog, seinen Gönner ständig begleitete und ausschließlich für ihn, auf seine Anforderung hin, schrieb. Er war eher Übersetzer und Kompilator als Urheber im modernen Sinne und verkörpert damit vollkommen den Typus des Berufsschriftstellers im Spätmittelalter.

Heute wissen wir einiges über die Biografie und Persönlichkeit Sébastien Mamerots.[5] Er war gebürtig aus Soissons (in seinen Werken bezeichnet er sich regelmäßig als „le Soissonnais") und wahrscheinlich der Sohn von Jacques und Jeanne Mamerot: Im März 1439 forderte Letztere im Namen ihres damals minderjährigen Sohnes „Bastien" das Erbe ihres verstorbenen Gatten. Da man damals nach Pariser Recht mit 21 Jahren volljährig wurde, lässt sich daraus ableiten, dass Sébastien Mamerot frühestens 1418 geboren ist. Ein anderer Mamerot, Jaquin, Sohn von Gilles Mamerot, kandidierte 1444 für das Lizenziat der freien Künste: Da der Name äußerst selten vorkommt, handelt es sich wahrscheinlich um dieselbe Familie. In den Verzeichnissen der Universität Paris hat man bis jetzt allerdings noch keinerlei Hinweise auf einen Sébastien Mamerot gefunden. Daher können wir bislang nichts Genaues über seine Ausbildung sagen. In den Verzeichnissen der Stiftskirche Saint-Étienne in Troyes ist er nicht mit einem akademischen Titel genannt, sondern wird lediglich als „chanoine" (Kanoniker oder Domherr) bezeichnet.

Sébastien Mamerots Lebensweg ist eng mit seinem Gönner Louis de Laval verbunden. Er stand bereits 1458 in seinen Diensten und trat 1460 als sein Kaplan auf. Wir wissen nicht, ob Mamerot Louis de Laval nach Genua folgte, als dieser 1462 dort Gouverneur war. Doch er hielt sich wie dieser 1463 in der Provence und 1468 in Troyes auf, denn an diesen Orten beginnt bzw. beendet er den Bericht über das Leben von König Artus in seiner *Histoire des neuf preux*. Es ist demnach wahrscheinlich, dass er Louis de Laval nach Troyes begleitete, als dieser von Ludwig XI. 1462 zum Gouverneur der Champagne ernannt wurde. Auch verdankt er es Louis de Lavals Protektion, dass er 1472 zum Vorsänger der Stiftskirche Saint-Étienne in Troyes ernannt wurde.

Das Kapitel von Saint-Étienne, das 1157 vom Grafen von Champagne, Heinrich I., dem Freigebigen, gegründet worden war, gehörte damals mit der stattlichen Zahl von 72 Kanonikern zu den mächtigsten und reichsten des französischen Königreichs. Es widersetzte sich regelmäßig dem Bischof und dem Kapitel der Kathedrale in Fragen des Vorrangs, der Unabhängigkeit oder der Einkünfte. Aus den Archivalien geht hervor, dass Sébastien Mamerot über ein Domherrenhaus in der Nähe der Stiftskirche verfügte und zumindest bis 1477 regelmäßig an den jährlichen Versammlungen des Kapitels teilnahm. Doch er wohnte wahrscheinlich nicht dauerhaft in Troyes, denn ab 1473 war Louis de Laval nicht mehr Gouverneur der Champagne. Mamerot nennt außerdem Vierzon als den Ort, an dem er am 19. April 1474 die *Passages d'Outremer* beendete.

Man weiß, dass sein Haus in Troyes am 13. August 1478 wieder verkauft wurde; nach diesem Datum verliert sich jede Spur von Sébastien Mamerot im Archiv von Troyes. Möglicherweise schloss er sich danach Louis de Laval an, sofern er nicht bald darauf starb. Tatsächlich sind die *Passages d'Outremer* sein letztes datiertes Werk.

Das literarische Schaffen Sébastien Mamerots ist gut bekannt. Es ist vollständig Louis de Laval zugeeignet und umfasst nur eine relativ kurze Zeitspanne – zwischen 1458 und

1474. Im Mittelalter verging oft eine gewisse Zeit zwischen dem Verfassen der Werke und dem Schreiben der Handschriften, in denen sie überliefert sind. Letztere können zumeist – ob anhand der vom Kopisten im Text genannten Jahreszahl oder anhand des Stils der Miniaturen – recht genau datiert werden. Es ist nicht davon auszugehen, dass Sébastien Mamerot an der Abschrift oder Illustration der vorhandenen Handschriften beteiligt war, auch wenn es sich – insoweit wir sein Sterbedatum nicht kennen – nicht mit vollständiger Sicherheit ausschließen lässt.

Im Jahr 1458 übersetzte Sébastien Mamerot für Louis de Laval unter dem Titel *Chroniques martiniennes* die lateinische Weltchronik des Martin von Troppau (Abb. 5), deren ursprünglicher Text 1277 aufhört, die jedoch für die Zeitspanne von 1277 bis 1370 von Werner von Lüttich und dann bis 1424 durch einen zweiten, anonymen Text weitergeführt wird. In Wirklichkeit handelt es sich hier nicht um eine einfache Übersetzung, sondern um eine echte Bearbeitung, denn Sébastien Mamerot fügte dem Text des Martin von Troppau – zum Teil lange – Auszüge aus verschiedenen anderen Quellen hinzu, darunter Bücher des Alten Testaments und Texte antiker Geschichtsschreiber oder mittelalterlicher Chronisten. Aufgenommen sind auch Auszüge aus der *Histoire de la destruction de Troie (Historia destructionis Troiae)* nach dem italienischen Dichter Guido delle Colonne oder auch aus der *Alexandreis* des Walter von Châtillon, die vom Grafen Heinrich dem Freigebigen von Champagne in Auftrag gegeben wurde und in halb epischer, halb historischer Weise die Abenteuer Alexanders des Großen erzählt. Mamerot erweist sich dabei als ein kritischer Geist: Er scheut sich nicht, seine Quellen zu vergleichen, ihren Inhalt zu diskutieren und dabei manchmal auch persönlich Position zu beziehen. Diese eher neue Art des Umgangs mit Alter Geschichte findet sich vergleichbar auch in den *Passages d'Outremer*.

Den *Chroniques martiniennes* war ein großer Erfolg beschieden. Fünf Handschriften konnte Pierre Champion bis 1907 identifizieren, von denen eine aller Wahrscheinlichkeit

6.
Benvenuto da Imola, *Romuleon*, Übersetzung
von Sébastien Mamerot, um 1490
Vergewaltigung der Lukrezia
Miniatur von Jean Colombe, 44 x 31 cm
Paris, Bibliothèque nationale de France

nach Louis de Laval gehörte.[6] Und der berühmte Pariser Drucker Antoine Vérard veröffentlichte zwischen 1504 und 1507 eine Ausgabe, die um einen Abriss der bis 1503 reichenden *Chronique scandaleuse* von Jean de Roye erweitert ist.

Im Jahr 1460 bestellte Louis de Laval bei Mamerot, der sich fortan als sein „Kaplan" bezeichnete, eine *Histoire des neuf preux*, die vom Leben und den großen Taten von neun Helden des Alten Testaments (Josua, David, Judas Makkabäus; Abb. 7), der Antike (Hektor, Alexander und Julius Caesar) und des christlichen Zeitalters (König Artus, Karl der Große und Gottfried von Bouillon) erzählt. In seinem Prolog kündigt Sébastien Mamerot auch eine *Vie de Bertrand du Guesclin* an, den er für würdig befindet, der zehnte Held zu sein (zumal er der erste Ehemann der Großmutter Louis de Lavals war), doch in der einzigen erhaltenen Handschrift des Textes findet sich kein solches Werk.

Das Motiv der neun Helden, das in einer Fortsetzung des *Roman d'Alexandre*, den *Vœux du paon* (Gelübden des Pfaus) des Jacques de Longuyon (zwischen 1312 und 1313), erstmals auftauchte, war damals sehr populär. Es findet sich auf Wandmalereien (im Schloss von La Manta bei Saluzzo im Piemont, Italien; im Schloss von Valeria bei Sion, Schweiz), Ziergegenständen, Holzschnittformen, Buntglasfenstern oder auch im *Livre du chevalier errant* (Buch des fahrenden Ritters) des piemontesischen Markgrafen Thomas von Saluzzo (1395; Paris, BnF, fr. 12 559). Die bedeutendsten französischen Fürsten besaßen damals Tapisserien mit den neun Helden (Ludwig von Anjou 1364, König Karl V. 1379, Herzog Philipp der Kühne von Burgund 1394), und Herzog Ludwig von Orléans hatte jeden der neun Türme seines Schlosses Pierrefonds mit der Statue eines Helden schmücken lassen: Es ist daher nicht erstaunlich, dass Louis de Laval von diesem Stoff angetan war.

Die *Histoire des neuf preux* ist ein gewaltiger Text, der in der einzigen erhaltenen Handschrift, einem von Jean Colombe prächtig illuminierten und genau auf 1472 datierten

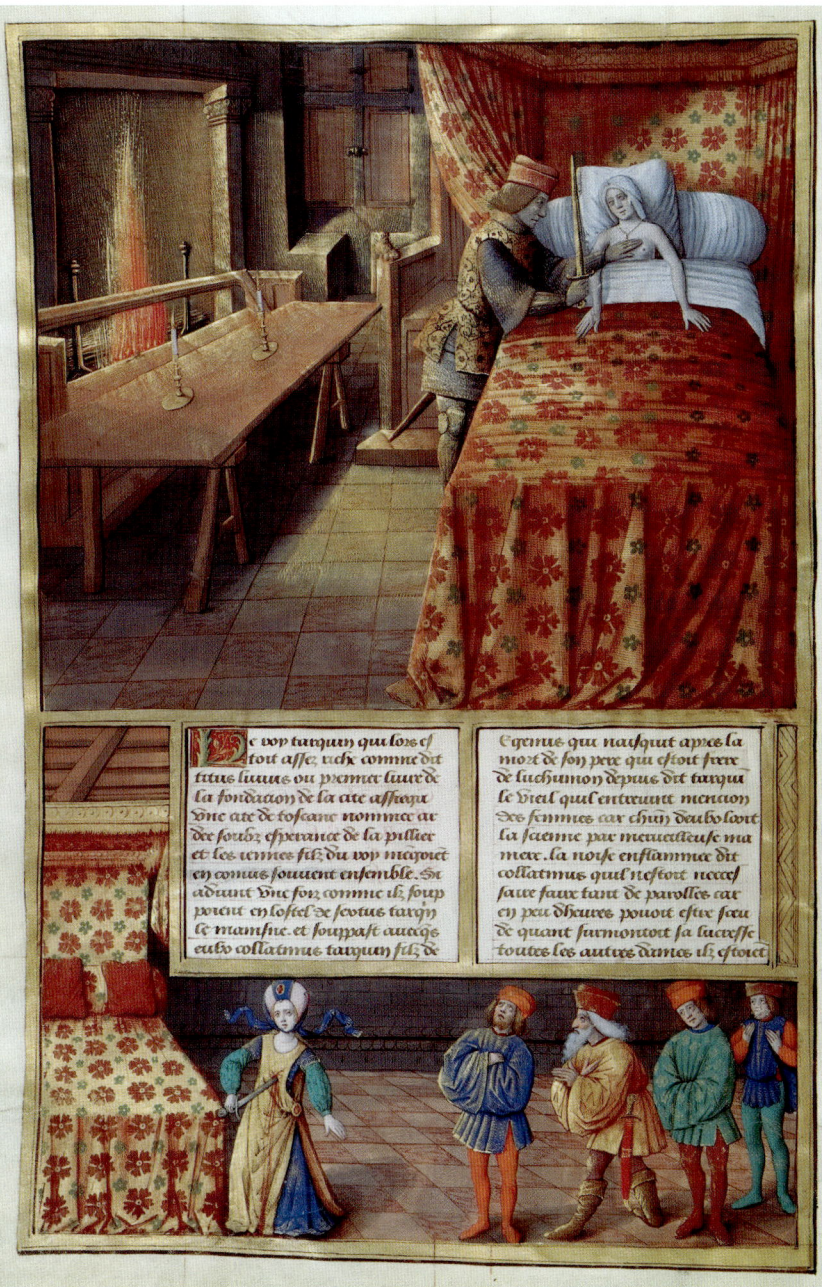

e roy tarquin qui lors estoit asses riche comme dit
titus liuius ou premier liure de
la fondacion de la cite assiega
vne cite de toscane nommee ar-
dee soubz esperance de la piller
et les iennes filz du roy estoient
en conuis souuent ensemble. Si
aduint vne fois comme ilz soup-
poient en lostel de sextus tarquin
le mainsne. et souppast auecques
eulx collatinus tarquin filz de

Egerius qui naisquit apres la
mort de son pere qui estoit frere
de luchusnon depuis dit tarqui
le vieil qui entreulx mencion
des femmes car chun deu louoit
la sienne par merueilleuse ma-
nere. la noise enflammee dit
collatinus quil nestoit necces-
saire faire faulx tant de parolles car
en peu dheures pouoit estre seu
de quant surmontoit sa lucresse
toutes les autres dames ilz estoit

Exemplar, 486 Blätter umfasst.[7] Aller Wahrscheinlichkeit nach zog sich die Abfassung des Textes, die 1460 begann, bis 1468 hin.[8]

1461 bittet Louis de Laval Sébastien Mamerot, seiner *Histoire des neuf preux* eine *Histoire des neuf preuses* (Geschichte der neun Heldinnen) an die Seite zu stellen, die sich tatsächlich am Ende der Wiener Handschrift befindet, jedoch wesentlich kürzer ausfällt und nur 51 Blätter umfasst.

Das Motiv der neun „Heldinnen" war Ende des 14. und Anfang des 15. Jahrhunderts von Eustache Deschamps und Christine de Pizan in ihrer *Cité des Dames* (Buch von der Stadt der Frauen) popularisiert worden. In seinem *Livre du chevalier errant* führt Thomas von Saluzzo ebenfalls neun Helden und neun Heldinnen auf. Die Liste der Heldinnen variiert bei den einzelnen Autoren. Sébastien Mamerot gesellte den neun Heroinen der Antike, die er von Boccaccio und Thomas von Saluzzo übernahm (Semiramis, Lampeto, Synope, Deïphille, Argea oder Menalyppe, Hippolyte, Penthesilea, Thamaris und Teuca), noch Jeanne d'Arc hinzu, deren Kampfgefährten die beiden Brüder Louis de Lavals waren. Doch ebenso wie im Fall des *Bertrand du Guesclin* ist dieser Text, so er denn existiert hat, heute verloren.

Mittlerweile hatte Sébastien Mamerot mit einem neuen Buch begonnen, das 1466 ebenfalls von Louis de Laval bei ihm in Auftrag gegeben worden war. Es handelte sich um eine Übersetzung der von dem Italiener Benvenuto da Imola zwischen 1361 und 1364 auf Lateinisch geschriebenen Geschichte Roms, des *Romuleon* (Abb. 6). Der Text war im 15. Jahrhundert so berühmt, dass beinahe gleichzeitig zwei Übersetzungen davon angefertigt wurden, die eine von Jean Miélot (1460) auf Ersuchen Herzog Philipps des Guten von Burgund, die andere von Sébastien Mamerot auf Ersuchen Louis de Lavals. Damals ging es darum, einem nicht lateinkundigen Publikum einen genaueren und eher dem Zeitgeschmack entsprechenden Einblick in die römische Geschichte zu bieten, als es die mittelalterlichen Kompilationen, die *Histoire ancienne jusqu'à César* (Antike Geschichte bis Caesar) oder die *Faits des Romains (Gesta Romanorum)*, gestatteten.

Es gibt drei Handschriften von Sébastien Mamerots *Romuleon*.[9] Die ersten beiden sind auf schönem Pergament in einer gepflegten Bastarda geschriebene und illuminierte Luxusausgaben. Die Handschrift Paris, BnF, fr. 364, ist gewiss die berühmtere (Abb. 8). Sie ist mit 126 großen Illustrationen geschmückt, weist eine ähnliche Seiteneinteilung auf wie die Handschrift der *Passages d'Outremer* (Signatur fr. 5594) und wurde von Jean Colombe in seiner letzten Schaffensphase (um 1490) ausgemalt. Tatsächlich greift er in mehreren Illuminationen auf Motive zurück, die er nur aus den *Très Riches Heures du duc de Berry* kennen konnte, deren Ausmalung er einige Jahre zuvor in Chambéry auf Anforderung des Herzogs von Savoyen abgeschlossen hatte.

Die Ausführung der *Romuleon*-Handschrift war vom Admiral von Frankreich, Louis Malet de Graville (1444–1516), in Auftrag gegeben worden, der meinte, Julius Caesar zu seinen Ahnen zählen zu können, und sich daher zwangsläufig für römische Geschichte interessierte. Die Handschrift befand sich seit 1518 in der Königlichen Bibliothek im Schloss Blois.

Die Handschrift Paris, BnF, fr. 365–367, in drei Bänden ist etwas jüngeren Datums, obgleich sie noch einen engen künstlerischen Zusammenhang mit Jean Colombes Stil aufweist (um 1493). Sie ist zweifellos das Werk seines Sohnes und seines Enkels, Philibert und François Colombe, und der Werkstatt eines weiteren Malers aus Bourges, Jacquelin de Montluçon. Die Handschrift mit dem Monogramm König Heinrichs II. auf dem Einband gehörte zur Sammlung des großen Ministers Ludwigs XIV., Jean-Baptiste Colbert, bevor sie im 18. Jahrhundert in die Königliche Bibliothek integriert wurde.

Das dritte Exemplar des *Romuleon* wird im Kupferstichkabinett der Staatlichen Museen zu Berlin, Stiftung Preußischer Kulturbesitz, unter der Signatur 78 D 10 verwahrt. Es handelt

Ce De dauid roy de Judee lupf

Aminadab filz de Ehon filz de
phares qui estout filz de Juda filz
de Jacob dit apres Isael descen
du de la lignee de heber. Par
le unlour nostress prophetiza
Jacob auant quil mozust que
de la lignee de Juda son filz estout
Roys z ducz qui ne sauldroient
jusques a ce que le redempteur
de tout le monde est venist

Daud roy de
Judee dut
filz de psau g
estout filz de
obeth filz de
Boos qui
estout filz de salmon filz de na
ason. Et naason estout filz de

7.
Sébastien Mamerot, *Histoire et faits*
des neuf preux et des neuf preuses, um 1472
Die Salbung Davids durch den Propheten Samuel
Miniatur des Meisters des Messbuchs
von Yale, 32,8 x 24,5 cm
Wien, Österreichische Nationalbibliothek

sich um ein weniger luxuriöses Exemplar auf Papier, geschmückt mit 128 Tuschezeich-
nungen, das der Gouverneur des Berry, André de Chauvigny, einem angesehenen Lyoner
Bürger, Philippe du Moulin, 1498 schenkte.[10]

Wir wissen nicht, wann Sébastien Mamerot ein anderes Werk verfasst hat, das ihm
erst jüngst zugeschrieben wurde. Es handelt sich um eine kurze Abhandlung über die
Heldentaten Alexanders des Großen, Pompeius' und Karls des Großen mit dem Titel *Les
Trois Grands* (Abb. 9). Sie ist in einem ähnlichen Geist entstanden wie die *Histoire des neuf
preux*, da zwei der Persönlichkeiten in beiden Texten vorkommen.

Zwei Exemplare der *Trois Grands* sind bislang bekannt: Der Text steht in der Handschrift der *Passages d'Outremer* in der Bibliothèque de France in Paris (BnF, fr. 5594, fol.
277v–281v) und in einer Sammlung, die zudem eine Wappenkunde enthält. Diese wurde
interessanterweise um 1500 bis 1510 für ein prominentes Mitglied des Bürgertums von
Troyes, Claude Molé, der 1511 und 1512 Bürgermeister der Stadt war, angefertigt.[11] Die
Erinnerung an das Wirken des Sekretärs von Louis de Laval in Troyes war Anfang des
16. Jahrhunderts vermutlich noch nicht verblasst.

Die *Passages d'Outremer*

Was den Text der *Passages d'Outremer*, dem zweifellos berühmtesten Werk Sébastien
Mamerots nach den *Chroniques martiniennes,* betrifft, sind Zeit und Ort der Entstehung
genau bekannt: Auf fol. 5 gibt der Autor an, dass er den Text am 14. Januar 1472 auf Wunsch
seines Herrn Louis de Laval, damals Gouverneur der Champagne für König Ludwig XI.,
zu schreiben beginnt (Abb. S. 81). Im Kolophon teilt er mit, dass er ihn am 19. April 1474,
kurz nach Ostern, in Vierzon beendet hat. Auf denselben Tag ist die Chronologie der
Könige Frankreichs datiert, die auf die *Passages d'Outremer* in der Handschrift BnF, fr. 5594
(fol. 282–284), folgt.

Hingegen enthalten die drei Handschriften, in denen uns der Text überliefert ist und die alle auf das Ende des 15. Jahrhunderts datiert werden können, keine Angaben zu ihrer Herstellung. Das berühmteste Exemplar ist die französische Handschrift 5594 der Bibliothèque nationale de France. Der Text der *Passages d'Outremer* steht auf fol. 5–277. Es handelt sich um einen umfangreichen, großformatigen Band (32 x 23 cm) mit 293 Blättern aus Velin, hochwertigem Pergament. All diese charakteristischen Merkmale sprechen für eine luxuriöse Prachtausgabe. Außer den *Passages d'Outremer* enthält sie verschiedene Texte: auf den vorderen Vorsatzblättern die französische Übersetzung und Transkription eines Briefes, den der osmanische Sultan Bajasit II. am 4. Juli 1488 an König Karl VIII. sandte (Abb. S. 71) – offenbar handelt es sich um einen späteren Zusatz zum Korpus der Handschrift –, ferner die *Trois Grands* von Sébastien Mamerot (fol. 277–281v), eine auf den 19. April 1474 datierte, ebenfalls von Mamerot verfasste kurze Chronologie der Könige Frankreichs mit dem Titel *L'Ordre des regnes et regnans en France* (Die Abfolge der Regierungen und Regierenden in Frankreich; fol. 282–284) und schließlich einen Brief des Schriftstellers Georges Chastellain[12] an einen Benediktiner namens Castel und dessen Antwort darauf (fol. 284–285).

Der Einband trägt das Monogramm König Heinrichs II. (reg. 1547–1559) und seiner Mentorin und Mätresse Diane de Poitiers, in deren Besitz sich die Handschrift vermutlich befand. Sie ging anschließend in die Bibliothek des Hauses Clermont-Tonnerre über, bevor sie zu den Sammlungen des Kardinals Mazarin, des Ministers der Regentin Anna von Österreich zu Beginn der Regierungszeit Ludwigs XIV., gehörte. Mit einem Teil der Bücher des Kardinals gelangte sie 1668 in die Königliche Bibliothek.

Die Handschrift wurde von mindestens zwei Kopisten geschrieben, wie Schriftunterschiede, aber auch bestimmte grafische Varianten (zum Beispiel die Abwechslung zwischen Formen auf *-oient* und *-oyent* in der 3. Person Plural des Imperfekts) verraten. Der Rubrikator, das heißt, der Schreiber, der die Rubriken bzw. roten Schmuckelemente (lat. rubricare: „rot färben") am Anfang eines jeden Kapitels ausführte, war – wie damals sehr oft – ein anderer als die Kopisten, was auch in diesem Fall unterschiedliche Schreibweisen im Vergleich zum Fließtext erklärt.

Die beiden anderen bekannten Handschriften (Paris, BnF, fr. 2626, und BnF, fr. 4769) sind ebenfalls illuminiert, jedoch bei weitem nicht so sorgfältig. Obgleich sie auf Pergament und nicht auf Papier geschrieben sind, wirkt die Schrift flüchtiger. Diese Anzeichen einer weniger exquisiten Herstellung deuten darauf hin, dass sie wahrscheinlich durch einen Buchhändler erstellt wurden und nicht für einen bestimmten Auftraggeber vorgesehen waren. 1868 veröffentlichte Achille Chéreau das Warenverzeichnis eines Buchhändlers, der Ende des 15. Jahrhunderts einen Laden in Tours „vor dem Hôtel de Dunois", in der vornehmen Gegend der Stadt besaß.[13] Inmitten der 267 Bestandsnummern, 146 gedruckte Bücher und 121 Handschriften umfassend, die wahrscheinlich in seiner eigenen Offizin hergestellt wurden, stößt man auf die Erwähnung eines handgeschriebenen Bandes der *Passages d'Outremer*. Möglicherweise handelt es sich nicht um die Luxusausgabe, die wir hier reproduzieren, sondern um eine der beiden anderen Abschriften, die heute in der Bibliothèque nationale verwahrt werden. In seiner 1583 erschienenen *Histoire de Sablé* (heute im Département Sarthe) gibt der Lokalhistoriker Ménage an, dass er eine Handschrift der *Passages d'Outremer* benutzt habe, die sich leider nicht identifizieren lässt.

Es existiert auch eine gedruckte Ausgabe, die auf 1518 datiert ist und in Paris von dem Drucker und Verleger Michel Lenoir vertrieben wurde.[14] Sie vereinte vier verschiedene Texte: die Beschreibung einer Reise von Paris nach Jerusalem, deren Quelle unbekannt ist; den Anfang der *Passages d'Outremer*; eine Beschreibung des Heiligen Landes, direkt entnommen aus den 1488 von einem Karmelitermönch aus Pont-Audemer, Nicole Le Huen, verfassten *Sainctes peregrinations de Jherusalem et des lieux prochains, du mont Synaÿ et de la glorieuse*

8.
**Benvenuto da Imola, *Romuleon*, Übersetzung
von Sébastien Mamerot, um 1490**
Gallier bereiten einen Hinterhalt vor
Paris, Bibliothèque nationale de France

Caterine (Heilige Reisen nach Jerusalem und an nahe gelegene Stätten, zum Berg Sinai und zur ruhmreichen Katharina), die zuvor in Lyon, dann in Paris veröffentlicht worden waren; und zu guter Letzt den um einige zusätzliche Kapitel erweiterten Schluss der *Passages d'Outremer*. Man hat aus der Tatsache, dass in dieser Ausgabe ein Bericht von einer Reise ins Heilige Land abgedruckt war, fälschlich geschlossen, Sébastien Mamerot hätte sich 1488 nach Outremer begeben: In Wirklichkeit ist diese Behauptung durch nichts gestützt.

Von dieser äußerst seltenen Ausgabe werden gegenwärtig nur wenige Exemplare in Bibliotheken[15] verwahrt, und sehr wenige sind im Laufe des 20. Jahrhunderts in den Verkauf gekommen. Die anderen Ausgaben, die in Bibliografien und Katalogen (namentlich in dem der Bibliothèque nationale de France) manchmal unter dem Namen Sébastien Mamerot erscheinen, haben in Wirklichkeit nichts mit unserem Text zu tun. Es handelt sich um die *Passages d'Outremer du noble Godefroy de Bouillon, qui fut roy de Hierusalem, du bon sainst Loÿs et de plusieurs vertueux princes qui se sont croiséz pour augmenter et soustenir la foy crestienne* (Fahrten über das Meer des edlen Gottfried von Bouillon, der König von Jerusalem war, des guten Ludwig des Heiligen und mehrerer tugendhafter Fürsten, die das Kreuz nahmen, um den christlichen Glauben zu mehren und aufrechtzuerhalten), die mit der Geschichte Gottfrieds von Bouillon beginnen und zweimal, 1517 und 1525, von dem Drucker François Regnault herausgegeben wurden. Ihr Verfasser ist bislang noch unbekannt.

Die Geschichte der Kreuzzüge

Die *Passages d'Outremer* schildern die Geschichte der Kreuzzüge vom legendären Feldzug Karls des Großen zur Befreiung Jerusalems von den Arabern bis zu einer der letzten militärischen Unternehmungen der Christen gegen die Türken, die zur Niederlage von Nikopolis 1396 führte. Sébastien Mamerots Bericht mischt also Sagenelemente mit historischen Fakten.

le seruice du temple. Au regard de
la proie elle fut autant grande aux
gaulloiz que la victoire. Car com
bien que grant partie des bestes feust
oppressee par le trebuschement du
bois. Toutesfois les aultres choses
furent trouuees saines. Ceste desco
fiture nonciee a Romme. fut tant
grant peur en la cite quilz clourent
toutes les stacions cest les bouticles
et eschoppes et ouuroirs pour quoy
le Senat commist aux ediles quilz
alassent par la cite et feissent ou
urir les stacions et ostassent ainsi
de la cite la semblance de tristesse
publicque. Titus Sempronius co
sul eulx assembler de senat et con
forta et encoragea les Senateurs.
afin que eulx qui nestoient pas
rompus pour la desconfiture de
Cannense nenclinassent leurs cou
ges aux menders miseres. Mais en
tendissent aux aduersaires Cartha
giens et a hanibal. Et que la gue

Im Mittelalter gehörten die Kreuzzüge zu den wichtigsten Ereignissen in dem jahrhundertelangen Kampf zwischen der christlichen und der islamischen Welt. Mit dem Sieg Karl Martells über die Araber im Oktober 732 in Poitiers wurden sich die abendländischen Christen ihrer religiösen Zusammengehörigkeit gegenüber der muslimischen Glaubensgemeinschaft bewusst. Die folgenden Jahrhunderte waren dann – trotz der zwischen Karl dem Großen und dem Kalifen von Bagdad, Harun al-Raschid, ausgetauschten Gesandtschaften oder der in Spanien und Sizilien entstandenen lokalen Kontakte – dadurch gekennzeichnet, dass die beiden Welten einander wenig Beachtung schenkten. Dagegen stand die byzantinische Welt in regelmäßiger Verbindung mit ihren arabischen Nachbarn und unterhielt mit ihnen komplexe Beziehungen, die von gegenseitigem Respekt und zugleich von Misstrauen, aber auch von lebhaftem kommerziellem und kulturellem Austausch geprägt waren.

Die geopolitische, kulturelle und religiöse Landschaft der mittelalterlichen Welt wurde im Verlauf des 11. Jahrhunderts zutiefst erschüttert. Im Westen waren die vom karolingischen Reich ererbten Strukturen zerfallen: Deutschland bestand nunmehr aus großen, miteinander rivalisierenden Fürstentümern, denen die Kaiser nur mit großer Mühe ihre Oberherrschaft aufzwingen konnten; in Italien zeichnete sich eine städtische Zivilisation ab, in der der Handel eine vorrangige Rolle spielte; in Frankreich hatte sich eine Lehensgesellschaft um die Burgen herausgebildet, in der sich freie Männer zusammenschlossen, die den Militärdienst zu Pferd leisteten, die „chevaliers" (Ritter). Schließlich versuchte die Kirche in Rom, überall im Abendland ihre moralische, religiöse und sogar politische Autorität durchzusetzen – Voraussetzung war, dass sie sich reformierte und Missständen, die sie in Verruf gebracht hatten, ein Ende bereitete. Die Ausstrahlung der 909 gegründeten Abtei von Cluny war das Symbol dieser geistlichen Reformbewegung, die sich auch in der Auseinandersetzung zwischen dem Papsttum und dem Heiligen Römischen Reich Deutscher Nation äußerte. In diesem langwierigen Konflikt ging es darum, wer das Recht hatte,

9.
Sébastien Mamerot, *Les Trois Grands,*
um 1500–1510
Kaiser Karl der Große
Miniatur des Meisters der Entrées royales,
16,2 x 11,5 cm
Paris, Bibliothèque Sainte-Geneviève

Priester und Bischöfe einzusetzen. Dieser Investiturstreit erreichte seinen Höhepunkt, als Papst Gregor VII. Kaiser Heinrich IV. den Bittgang auferlegte, bei dem er im Büßergewand vor die Burg Canossa in der Toskana (1077) zog.

Im Osten hatte Byzanz seine Glanzzeit unter der Regierung Basilios' II. (reg. 963–1025) erlebt. Das Byzantinische Reich hatte den Balkan wieder in Besitz genommen und beherrschte ganz Kleinasien bis Mesopotamien, Armenien und an die Tore Palästinas. In Süditalien hatte es sich dauerhaft niedergelassen, und Venedig blieb unter seiner nominalen Oberhoheit. Der Bruch zwischen dem Patriarchen von Konstantinopel, Michael Kerularius, und dem Papst 1054 war zunächst nur ein Autoritätskonflikt, der sich erst viel später zu einem echten religiösen Schisma ausweiten sollte. Doch diese gefürchtete Macht brach innerhalb von einigen Jahren unter dem Ansturm der türkischen Seldschuken zusammen. Ihr Anführer, Tughril Bey, erlangte 1051 die Kontrolle über Persien und 1055 über Bagdad. Danach bereitete sein Neffe Alp Arslan (reg. 1063–1072) dem byzantinischen Kaiser Romanos IV. Diogenes vor der armenischen Stadt Mantzikert eine schwere Niederlage (1071). Innerhalb weniger Jahre eignete sich sein Sohn Malik Schah (reg. 1072–1092) fast das gesamte byzantinische Anatolien und Antiochia (1084) an, nachdem Jerusalem 1078 in arabische Hand gefallen war. Er machte sogar das nur etwa hundert Kilometer von Konstantinopel entfernte Nicäa zu seiner Hauptstadt. Zur selben Zeit eroberte der normannische Söldner Robert Guiskard Süditalien, und ein neues Steppenvolk, die Petschenegen, bedrohte die Donaugrenze. Als der neue Kaiser Alexios I. Komnenos 1081 an die Macht gelangte, war er von allen Seiten bedroht.

Der Erste Kreuzzug

Die Eroberung der heiligen Stätten durch die Türken 1078 sorgte im Abendland für große Aufregung. Ende 1094 schickt Papst Urban II. eine Delegation nach Konstantinopel,

10.
Grandes Chroniques de France,
um 1455–1460
Die Ankunft des französischen Königs Ludwig
VII. und des römisch-deutschen Königs Konrad
in Konstantinopel
Miniatur von Jean Fouquet, 46 x 35 cm
Paris, Bibliothèque nationale de France

um die Beziehungen zwischen Rom und der Ostkirche zu verbessern. Zwar gilt es heute als sicher, dass Alexios Komnenos niemals einen Aufruf zum Kreuzzug an den Papst und die Fürsten im Westen richtete, er bat jedoch um Beistand und war bestrebt, Söldner gegen die Türken zu rekrutieren. Urban II., der die Christen unter seine Befehlsgewalt bringen wollte, rief die auf dem Konzil von Clermont (27. November 1095) anwesenden Bischöfe und Äbte auf, das Heilige Grab zu befreien, und zwar unter dem Schutz eines Emblems in Kreuzform, das ihnen als eine Art Geleitbrief dienen sollte. Sogleich zogen Boten im ganzen Königreich Frankreich und in Süditalien umher, um die Rede des Papstes unter dem Adel zu verbreiten.

Parallel dazu setzte sich unter der Führung von Peter dem Einsiedler, einem Mönch aus der Picardie, eine völlig ungeordnete Menge von Leibeigenen, Bauern, Mönchen und Nonnen in Bewegung. Auf seinem Zug durch Frankreich, Deutschland und Ungarn wuchs dieser bunt zusammengewürfelte „Armenkreuzzug" (oder „Volkskreuzzug") stetig an und kam, nachdem er auf seinem Durchmarsch zahlreiche Untaten begangen hatte, im August 1096 in Konstantinopel an. Bei Nicäa wurde er von den Türken beinahe vollständig niedergemacht.

Unterdessen formierte sich der Kreuzzug der Barone. Gottfried von Bouillon und seine Brüder, Eustach und Balduin von Boulogne, nahmen den Landweg, der durch Deutschland, Österreich, Ungarn, das Donaugebiet und die byzantinischen Provinzen Bulgarien und Thrakien führte. Der Graf von Toulouse, Raimund von Saint-Gilles, landete in dem großen byzantinischen Adriahafen Dyrrhachion (heute Durrës in Albanien), wo er mit den französischen Baronen und den von Bohemund von Tarent angeführten süditalienischen Normannen zusammentraf. Nicht ohne Bedenken und Konflikte mussten all diese Fürsten einwilligen, Alexios Komnenos einen Treueid zu leisten und zu schwören, dass sie alle Gebiete, die einst zum Byzantinischen Reich gehört hatten, wieder an ihn zurückgeben würden. Die Einnahme Nicäas im Mai 1097 war der erste Sieg der Franken. Damit wurde der Weg ins Heilige Land durch Kleinasien frei.

Die Kreuzfahrer teilten sich nun in zwei Gruppen auf: Bohemund, der in Doryläum überraschend von den Türken angegriffen wurde, erhielt Beistand von Raimund von Toulouse. Durch den Sieg der Franken wurde die Macht des Sultans Kilidsch Arslan erschüttert, und sie konnten Zentralanatolien ungehindert durchqueren – jedoch unter Bedingungen, die durch Hitze und Wassermangel unerträglich waren. Während Balduin von Boulogne sich vom Hauptheer abgesetzt hatte, um die ferne Stadt Edessa zu erobern, gelangte das Gros der Truppen im Oktober 1097 vor die Tore Antiochias. Die große Stadt war durch eine Mauer mit mehr als 400 Türmen geschützt, die als uneinnehmbar galt; darüber erhob sich eine gewaltige Zitadelle, die im Eroberungsfall als Zuflucht dienen konnte. Erst nach Monaten einer kräftezehrenden, mörderischen Belagerung, die durch den kalten, regnerischen Winter noch erschwert wurde, gelang es Bohemund am 2. Juni 1098, in die Stadt einzudringen, nachdem er einen armenischen Einwohner namens Firuz bestochen hatte. Doch nun waren die Kreuzfahrer zwischen der türkischen Besatzung der Zitadelle und dem Herrn von Mossul, Kerbogha, der Antiochia seit dem 7. Juni belagerte, eingeschlossen. Alexios Komnenos, der sich in Marsch gesetzt hatte, um den Kreuzfahrern Beistand zu leisten, erhielt die Nachricht, dass die Stadt verloren sei, und trat den Rückzug nach Konstantinopel an. Fortan fühlten sich die fränkischen Barone nicht mehr an ihren Eid gebunden.

Als nun Mutlosigkeit um sich griff, hatte ein Provenzale, Peter Bartholomäus, genau im richtigen Augenblick eine Erscheinung von der Stelle, an der die heilige Lanze vergraben war, mit der der römische Hauptmann dem gekreuzigten Christus in die Seite gestochen hatte. Die Entdeckung der Lanze am 15. Juni machte den Kreuzfahrern wieder Mut: Am 28. Juni 1098 schlug Bohemund Kerbogha zurück und zwang die türkische Besatzung der

Zitadelle, sich zu ergeben. Ein paar Tage später wurde er zum Fürsten von Antiochia ausgerufen.

Im Januar 1099 beschlossen die fränkischen Barone, sich erneut auf den Weg nach Jerusalem zu begeben. Die kärglichen Kreuzfahrerkontingente, die es noch gab – höchstens 1500 Ritter und 12 000 Fußkämpfer –, kamen erst am 7. Juni in Sichtweite der Heiligen Stadt. Der Wassermangel und die Hitze ließen die Erstürmung zwingend erscheinen: Nach einem ersten fehlgeschlagenen Versuch am 13. Juni konnten die Kreuzfahrer mit Hilfe der per Schiff eingetroffenen Verstärkungstruppen Belagerungsmaschinen bauen. Am 15. Juli betraten zwei lothringische Ritter die Stadt als Erste, gefolgt von den Heeren des Tankred von Tarent, Gottfried von Bouillon und Raimund von Toulouse. Nach einem entsetzlichen Massaker an den muslimischen und jüdischen Einwohnern wurde Jerusalem innerhalb von ein paar Stunden eingenommen. Gottfried von Bouillon, der am 22. Juli zum König gewählt wurde, errang am 12. August in Askalon (heute Aschkelon) einen entscheidenden Sieg über ein Verstärkungsheer aus Ägypten. Die fränkische Präsenz in Palästina war damit gesichert.

Es sollte noch viele Jahre dauern, bis die Eroberung vollends abgeschlossen war, doch seit Ende 1099 waren die Franken Herren über den größten Teil des Heiligen Landes, des Libanon – der von Raimund von Toulouse, inzwischen Graf von Tripolis, sukzessive erobert wurde – und der syrischen Küste. Die christlichen Staaten erstreckten sich von Edessa und Kilikien im Norden bis zum Roten Meer.

Der Zweite Kreuzzug

Nach dem Tod Gottfrieds von Bouillon im Jahr 1100 folgte ihm sein Bruder Balduin, der Graf von Edessa, auf dem Thron. Während seiner Regierungszeit und der seiner Nachfolger konsolidierte sich die fränkische Ansiedlung in Palästina: Die Eroberung schritt

11.
Vincent von Beauvais, *Miroir historial,*
um 1455
Vincent von Beauvais lesend
Miniatur, 7,5 x 8 cm
Paris, Bibliothèque nationale de France

fort, während sich eine eigenständige Gesellschaft etablierte, in der sich Elemente aus dem Lehnswesen, der byzantinischen und arabischen Tradition mischten. Außerdem verbesserte die Gründung von geistlichen Ritterorden (Hospitaliter oder Johanniter, Templer, Deutschherren) die Sicherheit der Pilger und trug gleichzeitig zur Verteidigung der fränkischen Staaten bei.

Der Regierungsbeginn von Zengi, dem Herrn von Aleppo, im Jahr 1128 zerstörte das Gleichgewicht zwischen Christen und Muslimen, zumal der byzantinische Kaiser Johannes II. Komnenos (reg. 1118–1143) damals versuchte, dem Fürstentum Antiochia seine Oberherrschaft aufzuzwingen. Zengi profitierte vom Tod Johannes' II. und der Minderjährigkeit König Balduins III. und brachte am 24. Dezember 1144 Edessa in seine Gewalt. Das Ereignis fand einen beträchtlichen Widerhall im Abendland, und der Abt von Clairvaux, der heilige Bernhard, beschloss, am 31. März 1146 in Vézelay einen neuen Kreuzzug zu predigen: Bei seiner flammenden Rede wurde die Menge von einer maßlosen Begeisterung ergriffen.

Diesmal machten sich außer den großen Baronen die bedeutendsten abendländischen Fürsten auf den Weg ins Heilige Land: der römisch-deutsche König Konrad III., der Herzog von Schwaben, der Herzog von Bayern, König Roger II. von Sizilien und der König von Frankreich, Ludwig VII., in Begleitung seiner Gattin, Königin Eleonore von Aquitanien. Der byzantinische Kaiser Manuel I. Komnenos (reg. 1143–1180) gewährte ihnen während des Durchzugs durch Kleinasien mäßige Unterstützung. Die Expedition mündete schließlich nur in einen kurzen Feldzug gegen Damaskus (Juli 1148) und endete mit einem Misserfolg: Edessa konnte nicht zurückerobert werden, Zengis Sohn Nur ed-Din war es gelungen, die Einheit der türkischen Fürstentümer unter seinem Befehl wiederherzustellen, und der größte Teil des Fürstentums Antiochia war verloren. Immerhin stellte sich zwischen Christen und Muslimen einige Jahre lang ein labiles Gleichgewicht aus Gefechten und Waffenruhen ein.

12.
Vincent von Beauvais, *Miroir historial*, 1396
Belagerung Jerusalems (1187)
Miniatur, 8,5 x 8 cm
Paris, Bibliothèque nationale de France

Doch die Thronbesteigung des jungen, leprakranken Königs Balduin IV. im Königreich Jerusalem (reg. 1174–1185), die schwere Niederlage des Manuel Komnenos gegen die Seldschuken in der Schlacht von Myriokephalon (1176) und die Vereinigung Ägyptens und des Kalifats von Bagdad unter der Oberhoheit des Kurden Salah ed-Din Yusuf (Saladin) erschütterten die Situation der lateinischen Staaten. Am 3. Juli 1187 wurden die fränkischen Truppen von Saladin bei Hattin in der Nähe von Tiberias vernichtend geschlagen. Am 10. Juli kapitulierte der Hafen von Akkon, und am 2. Oktober fiel auch Jerusalem nach 14-tägiger Belagerung. Das gesamte Heilige Land war untergegangen. Nur Tyros, Antiochia und Tripolis und einige vereinzelte Festungen leisteten noch Widerstand.

Der Dritte und Vierte Kreuzzug

Sobald die Neuigkeit im Westen bekannt war, mobilisierten sich die Fürsten, um Jerusalem zurückzuerobern. 1189 nahm der deutsche Kaiser Friedrich I. Barbarossa das Kreuz, 1190 folgten der König von Frankreich, Philipp II. Augustus, und der König von England, Richard Löwenherz.

Friedrich Barbarossa, der Deutschland am 11. Mai 1189 verlassen hatte, kam am 10. Juni 1190 bei einem Unfall im Fluss Saleph in Kilikien ums Leben. Kaum in Palästina eingetroffen, beschlossen zahlreiche deutsche Kreuzfahrer, nach Europa zurückzukehren, und nur ein kleiner Teil von ihnen leistete dem König von Jerusalem, Guido von Lusignan, Beistand bei der Belagerung Akkons.

Am 11. Juni 1191 landete Richard Löwenherz vor Akkon, das am 12. Juli kapitulierte. Doch bereits am 20. August kehrte der kranke Philipp Augustus nach Frankreich zurück. Richard führte die Kreuzfahrer an der Küste entlang nach Jaffa und errang am 7. September in Arsuf einen glänzenden Sieg über Saladin. Nach militärischen Operationen mit schwankendem Erfolg wurde schließlich am 2. September 1192 ein Waffenstillstand zwischen Richard und Saladin geschlossen. Damit wurde anerkannt, dass die Franken die palästinensische Küste von Tyros bis Jaffa sowie von Antiochia besaßen. Diese vielversprechenden, aber nicht völlig zufriedenstellenden Ergebnisse und der Tod Saladins 1193 veranlassten Papst Innozenz III., einen Vierten Kreuzzug zu initiieren. Nach dem Tode Graf Tibalds III. von Champagne wurde dieser Kreuzzug dem Kommando des Markgrafen Bonifaz von Montferrat unterstellt. Die Abreise wurde auf den 29. Juni 1202 in Venedig festgelegt. Doch da die Kreuzfahrer nicht die finanziellen Mittel für die Überfahrt aufbringen konnten, mussten sie zunächst die Stadt Zara erobern, die sich gegen Venedig erhoben hatte (11. November), und dann Alexios IV., dem Sohn des entthronten byzantinischen Kaisers Isaak II. Angelos, dabei helfen, seinen Vater wieder auf den Thron zu bringen. Nach erbitterten Kämpfen wurde Konstantinopel am 17. Juli 1203 zum ersten Mal erstürmt. Doch trotz seiner Versprechungen erwies sich Alexios IV. als unfähig, sich an der Finanzierung des Kreuzzuges zu beteiligen. Zudem revoltierte die byzantinische Bevölkerung gegen die Kreuzfahrer und stürzte Alexios IV. Daraufhin nahmen die Kreuzfahrer Konstantinopel am 9. April 1204 zum zweiten Mal ein. Nach einer gewaltigen Plünderung wurde das Byzantinische Reich unter den fränkischen Baronen aufgeteilt.

Die meisten Zeitgenossen sahen das Ergebnis des Vierten Kreuzzuges mit Bestürzung: In der Tat war das Massaker an anderen, selbst an schismatischen Christen durch nichts zu rechtfertigen; außerdem wurde von da an ein Teil der Hilfstruppen aus Europa vom Heiligen Land nach Griechenland abgezogen, das man als reicher und vielversprechender einschätzte. Dennoch überlebten die fränkischen Staaten Palästinas noch fast ein Jahrhundert lang die türkische Bedrohung.

13.
Vies et miracles de Monseigneur
Saint Louis, 1450–1500
Ludwig der Heilige bricht zum Kreuzzug auf/
Zusammentreffen mit dem Papst in Lyon/
Zerstörung der Festung von La Roche du Clin
Miniatur, 37 x 26,5 cm
Paris, Bibliothèque nationale de France

Die letzten Kreuzzüge

Mit der unglückseligen Eroberung Konstantinopels war die Flamme des Kreuzzuges noch nicht erloschen. Weiterhin schifften sich zahlreiche Pilger, darunter auch
Kämpfer, zur Fahrt ins Heilige Land ein. Bei den „Kinderkreuzzügen" von 1212 und
1213 versammelten sich so Tausende Männer, Frauen, Kinder und Jugendliche in
Deutschland und Frankreich: Am Ende wurden die meisten von ihnen als Sklaven
verkauft.

1213 ließ Papst Innozenz III. einen neuen Aufruf ergehen. Aufgrund des Krieges
zwischen Philipp Augustus und dem mit dem deutschen Kaiser verbündeten König von
England, Johann Ohneland, mobilisierte dieser Kreuzzug mit Franz von Assisi als geistigem
Führer vor allem die mitteleuropäische Ritterschaft unter der Leitung König Andreas' II.
von Ungarn und des Herzogs von Österreich, Leopold VI. Dies war der erste Kreuzzug,
der Ägypten, das neue muslimische Machtzentrum, zum Ziel hatte. Er führte allerdings
nur zu der kurzfristigen Einnahme des ägyptischen Hafens Damiette 1219. Der Fünfte
Kreuzzug war das Werk des Stauferkaisers Friedrichs II., der 1225 die Erbin des Königreiches Jerusalem geheiratet hatte: Nachdem er am 7. September 1228 in Akkon angekommen war, schloss er am 18. Februar 1229 einen zehnjährigen Waffenstillstand mit
dem Sultan von Kairo, el-Kamil. Den Franken gehörte Jerusalem, Bethlehem und Nazareth,
wobei die heiligen Stätten des Islam in muslimischer Hand verblieben. Nach seinem triumphalen Einzug in Jerusalem am 17. März 1229 verließ Friedrich II. das Heilige Land
bereits am 1. Mai. Nach Auslaufen des Waffenstillstands 1239 wurde die Stadt wieder von
den Türken übernommen. Der „Troubadour" genannte Graf Tibald IV. von Champagne
eroberte sie dann für kurze Zeit zurück (1240–1244), doch ihr weiteres Schicksal war im
Abendland kaum noch von Interesse.

Commment le roy saint Loys print son chemin pour aler
outre mer comme il auoit voue. xlvi.e chappe.

En lan mil. cc. et.xx La pentecouste et la feste
et sept. le bon roy saint Jehan Baptiste prinst
saint loys au son chemin pour aler re
vije. an de son regne. entra couure la terre sainte atout

14.
Vincent von Beauvais,
Miroir historial, 1396
Versammlung der Kreuzfahrer
Miniatur, 7 x 8 cm
Paris, Bibliothèque nationale
de France

Die Kreuzzüge Ludwigs des Heiligen

Durch die Nachricht vom Fall Jerusalems sah sich Papst Innozenz IV. jedoch veranlasst, 1245 zu einem weiteren Kreuzzug aufzurufen. Nur der überaus fromme König von Frankreich, Ludwig IX. (1226–1270), leistete ihm Folge. Im August 1248 schiffte er sich mit allen Würdenträgern des Königreiches in Aigues-Mortes ein und beschloss, Ägypten anzugreifen. Nach einem ersten Sieg in Damiette (Juni 1249) wies er die Waffenstillstandsangebote des Sultans zurück, der versprach, ihm alle seit 1244 eroberten Gebiete, darunter Jerusalem, zurückzugeben. Der vor der Festung Mansurah festsitzende König geriet am 5. April 1250 in Gefangenschaft. Nachdem er gegen ein erhebliches Lösegeld freigelassen worden war, versuchte er, die letzten christlichen Örtlichkeiten zu verteidigen, bevor er im April 1254 nach Frankreich zurückkehrte. Doch seit 1263 begünstigte die Zwietracht unter den fränkischen Baronen die Offensive der ägyptischen Mamelucken unter dem Befehl von Sultan Baibars. Die meisten Küstenstädte und die letzten Festungen im Landesinnern fielen eine nach der anderen. Deshalb erneuerte Ludwig der Heilige 1267 sein Kreuzzugsgelübde. Er wollte sich nach Tunis wenden, in der Hoffnung, den Emir zu bekehren und für eine Expedition gegen Ägypten zu gewinnen. Doch dieser letzte Kreuzzug war schnell beendet: Der König starb am 25. August 1270 bei Tunis an der Pest.

Von da an war das Schicksal der fränkischen Staaten Palästinas besiegelt: Tripolis fiel 1289, und Akkon wurde trotz des Widerstands der Templer im Mai 1291 nach hartem Kampf erobert. Während des Sommers gingen die letzten befestigten Orte in die Hände des Sultans über. Das Abenteuer der Kreuzzüge war zu Ende. Die späteren Expeditionen, insbesondere der „Kreuzzug" von Nikopolis 1396, zielten nicht mehr auf die Rückeroberung des Heiligen Landes ab, sondern lediglich auf die Verteidigung des Byzantinischen Reiches, das von den osmanischen Türken umklammert war.

Der Inhalt der *Passages d'Outremer*

Als Sébastien Mamerot mit der Arbeit an den *Passages d'Outremer* begann, waren die Kreuzzüge kaum mehr als eine ferne Erinnerung. Die letzte groß angelegte militärische Expedition, an der französische Ritter beteiligt waren, endete 1396 mit dem Debakel von Nikopolis. Die Schlacht bei Warna, die 1444 ebenfalls mit einer schweren Niederlage der Christen gegen die Türken ausging, betraf tatsächlich nur den König von Ungarn, Johann Hunyadi, den Despoten von Serbien und den König von Polen, Władysław III. Konstantinopel fiel 1453 in die Hände der Osmanen, das byzantinische Despotat Morea (das ungefähr dem Peloponnes entsprach) 1460 und das kleine griechische Kaiserreich Trapezunt 1461. Sébastien Mamerot spielt auf letzteres Ereignis in seinem Prolog an: Vielleicht weil man sich noch an die Botschafter des Kaisers David Komnenos erinnerte, die sich zum Hof Karls VII. begeben hatten, um seinen Beistand gegen die Türken zu erflehen. Von den alten lateinischen Niederlassungen im Osten bestanden nur noch Rhodos – unter der Oberherrschaft des Ordens vom Spital des heiligen Johannes zu Jerusalem oder der Johanniter –, einige venezianische Besitzungen in der Ägäis und das Königreich Zypern, das immer noch in den Händen der Familie von Lusignan war.

Die Erinnerung an die Kreuzzüge ist in den Jahren um 1470 dennoch nicht völlig verblasst. Der „gute König" René von Anjou, Titularkönig des längst erloschenen Königreiches Jerusalem (aber auch des Königreiches Neapel, das er endgültig an das Haus Aragón verloren hatte), hegte trügerische Träume, das Heilige Land zurückzuerobern. Bei der Nachricht vom Fall des Byzantinischen Reiches hatte der burgundische Adel anlässlich eines prunkvollen „Fasanenbanketts"[16] einmütig geschworen, einen neuen Kreuzzug zu unternehmen. Dieses Gelübde hatte selbstverständlich keine Folgen (1454). Über die Gründe, weshalb Louis de Laval sich für die Kreuzzüge interessierte, kann man indessen nur Hypothesen wagen.

Man könnte glauben, Sébastien Mamerots Aufgabe hätte darin bestanden, die Familiengeschichte seines Gönners in seinen Text einzuflechten: Wir erinnern uns, dass Guy V. tatsächlich eine aktive, wenn auch bescheidene Rolle im Ersten Kreuzzug gespielt hatte und dass Guy XIII. bei der Rückkehr von einer Pilgerreise ins Heilige Land 1414 auf Rhodos gestorben war. Unter den Vorfahren Louis de Lavals hatten Robert I. de Vitré (gest. 1090) und André II. de Laval (gest. 1211) ebenfalls die Reise nach Jerusalem unternommen, und André III. de Vitré starb beim Kreuzzug Ludwigs des Heiligen in der Schlacht von Mansurah am 8. Februar 1250 in Ägypten. Doch Sébastien Mamerot verfasste keineswegs eine Art Familienchronik: All diese Namen fehlen merkwürdigerweise in den *Passages d'Outremer*, und der Autor erwähnt die Herrschaft Lavals nie. Dagegen konnte Louis de Laval von einigen dieser Ereignisse bereits 1458 in der von Sébastien Mamerot bearbeiteten *Chronique martinienne* Kenntnis nehmen, und was den mythischen Feldzug Karls des Großen zum Beistand Jerusalems und den Ersten Kreuzzug anbelangt, war er dank der *Histoire des neuf preux*, die sein Sekretär in seinem Auftrag geschrieben hatte, seit der Zeit um 1460 informiert. Karl der Große und Gottfried von Bouillon zählen darin zu den drei christlichen Helden.[17]

Sébastien Mamerots Bericht folgt einem linearen, chronologischen, ziemlich einfachen Handlungsverlauf, von dem wir weiter unten eine detaillierte Zusammenfassung geben. Er befasst sich zunächst mit der rein fiktiven Expedition, die Karl der Große angeblich ins Heilige Land unternommen hatte, um Jerusalem von den Sarazenen zurückzuerobern, und zwar auf Ersuchen des byzantinischen Kaisers Konstantin V. und seines Sohnes, des späteren Leo IV. (Kapitel I–V). Diese Legende taucht ab dem 10. Jahrhundert im *Chronicon* des Benoît de Saint-André vom Monte Soracte auf, und das *Rolandslied* scheint darauf anzuspielen. In seiner um 1200 verfassten Weltchronik teilt Gui de Bazoches insbesondere mit, dass der Kreuzzug Gottfrieds von Bouillon als der zweite angesehen werde, weil Karl

15.
Grandes Chroniques de France, 14. Jh.
Einhard schreibend
Miniatur, 45 x 32,5 cm
Paris, Bibliothèque nationale de France

der Große den ersten geführt habe. Die Legende wurde von Pierre de Beauvais popularisiert. Dieser verfasste Anfang des 13. Jahrhunderts einen lateinischen Bericht von der Überführung der Reliquien des heiligen Dionysius, die Karl der Große nach seinem siegreichen Kreuzzug erhalten habe, und verband ihn mit der *Chronik des Pseudo-Turpin*. Dieser Bericht wurde später in die *Grandes Chroniques de France* (Abb. 16), die in der Abtei von Saint-Denis entstanden, aufgenommen, dann in den *Miroir historial (Speculum historiale)* des Dominikaners Vincent von Beauvais (die einzige Quelle, die Sébastien Mamerot zu Beginn seines Berichts zitiert; Abb. 11).[18] Hiervon existiert auch eine französische Fassung, die in einer Handschrift der Bibliothèque de l'Arsenal erhalten ist.[19] Die Legende wurde auch durch *Galien le Restoré*, eine *chanson de geste*, verbreitet.

Diese Geschehnisse konnten in den Augen eines so gewissenhaften Historikers wie Sébastien Mamerot nur völlig unglaubwürdig erscheinen: Tatsächlich wurde Jerusalem 638 von den Arabern erobert, während Konstantin V. von 741 bis 775 regierte! Doch im vorliegenden Fall scheint er sich mehr auf die Tradition als auf die Wahrheit verlassen zu haben.

Der Text befasst sich dann ausführlich mit den Ereignissen des Ersten Kreuzzuges, vom Konzil, das Papst Urban II. in Clermont abhielt (1095; Abb. 16), bis zur Gründung des Königreiches Jerusalem und der Wahl Gottfrieds von Bouillon 1099 (Kapitel VI–XXXV). Die Geschehnisse während der Herrschaften von Balduin I., Balduin II., Fulk und Balduin III. bis zur Einnahme Edessas durch den Türken Zengi 1144 werden rascher abgehandelt (Kapitel XXXVI–XLII). Der Ablauf des Zweiten Kreuzzuges, der vom heiligen Bernhard von Clairvaux gepredigt und vom römisch-deutschen König Konrad III. und dem König Frankreichs, Ludwig VII., angeführt wurde (Abb. 10), wird hingegen recht ausführlich entfaltet (1147–1149; Kapitel XLIII–XLVIII). Anschließend wird die komplexe Geschichte der Bündnisse und Konflikte zwischen Lateinern und Byzantinern unter Kaiser Manuel

16.
Grandes Chroniques de France,
um 1455–1460
Predigt des Ersten Kreuzzuges
Miniatur von Jean Fouquet, 46 x 35 cm
Paris, Bibliothèque nationale de France

Komnenos geschildert, danach geht es um die Macht Nur ed-Dins und Saladins und die inneren Streitigkeiten im Königreich Jerusalem (Kapitel XLIX–LIX).

Saladins Sieg über die Franken bei Hattin (1187), die Eroberung Jerusalems durch Saladin und der Dritte Kreuzzug von Friedrich Barbarossa, Philipp Augustus und Richard Löwenherz (1189–1192) nehmen die Kapitel LX bis LXVI ein. Nach einem kurzgefassten Bericht über den Vierten Kreuzzug, bei dem Sébastien Mamerot die Usurpation der byzantinischen Kaiser Andronikos Komnenos und Isaak Angelos (der bei ihm „Kirsac" heißt) betont, um die Eroberung Konstantinopels zu rechtfertigen (1204; Kapitel LIX und später LXVIII), handelt der Autor rasch den Fünften Kreuzzug Kaiser Friedrichs II. (1228–1229) und die vorzeitig beendete Expedition des Grafen Tibald von Champagne 1240 (Kapitel LXIX–LXXII) ab. Detaillierter schildert er die „Fahrten" Ludwigs des Heiligen nach Ägypten sowie nach Tunis (1248–1254 und 1270; Kapitel LXXIII–LXXX; Abb. 13).

Da Sébastien Mamerot die nachfolgenden Überfahrten nicht als richtige „passages" mit Kampfhandlungen betrachtet, nimmt er seinen Bericht erst wieder mit dem Jahr 1388 auf und schildert eine kleine Expedition, die unter dem Befehl Karls VI. unternommen wurde, um den Genueser Niederlassungen in der Levante Beistand zu leisten (Kapitel LXXXI–LXXXII). Schließlich berichtet er vom verheerenden Kreuzzug von Nikopolis (1396) und vom Beistand, den Marschall Boucicaut Kaiser Manuel II. Paläologos leistete, da dieser in Konstantinopel von den Türken belagert wurde. Die *Passages d'Outremer* enden mit den Ereignissen in Genua während der Zeit, als zunächst Marschall Boucicaut und später Louis de Laval dort im Namen des Königs von Frankreich als Gouverneure eingesetzt waren (Kapitel LXXXIV–LXXXVIII).

Die Auswahl der Geschehnisse, mit denen sich Sébastien Mamerot in seinem Bericht befasst, mag überraschen. Die innere Geschichte der lateinischen Staaten wird häufig nur angedeutet. Der von König Andreas II. von Ungarn geführte Kreuzzug (1217/18) wird gar nicht erwähnt – zweifellos, weil kein französischer Ritter daran teilnahm. An keiner Stelle geht Mamerot auf den Fall von Akkon und der letzten christlichen Niederlassungen im Heiligen Land 1291 ein. Bei der Eroberung des Byzantinischen Reiches beschränkt er sich auf die Darstellung der Einnahme Konstantinopels und erwähnt nicht die Gründung der fränkischen Fürstentümer in Griechenland, obgleich die französischen Ritter – insbesondere die aus der Champagne – eine wichtige Rolle dabei spielten. Über die Versuche, nach dem Fall des Königreiches Jerusalem neue Kreuzzüge zu unternehmen, verliert der Autor kein Wort, abgesehen von der eher nebensächlichen Operation, die Karl VI. zur Unterstützung Genuas durchführte: Allein die Tatsache, dass Louis de Laval einige Jahrzehnte später Gouverneur von Genua war, lässt die Erzählung dieser zweitrangigen Episode gerechtfertigt erscheinen. Sébastien Mamerots Ziel scheint tatsächlich nicht darin zu bestehen, eine Geschichte der lateinischen Staaten im Osten zu schreiben, sondern von den wichtigsten Expeditionen der französischen Ritterschaft (und nebenbei anderer westlicher Länder) in Outremer zu berichten.

Eine detaillierte Untersuchung der Quellen der *Passages d'Outremer* steht noch aus. Immerhin nennt Sébastien Mamerot selbst einige: zuerst den *Miroir historial (Speculum historiale)* des Vincent von Beauvais (Abb. 12, 14), einen weit verbreiteten Text, von dem Louis de Laval, wie wir gesehen haben, eine Handschrift aus dem 14. Jahrhundert besaß[20] (Kapitel XXVI); die *Chroniques d'Outremer (Historia rerum in partis transmarinis gestarum/* Geschichte der Kreuzzüge und des Königreiches Jerusalem) des Wilhelm von Tyros[21] (Kapitel LII; Abb. 19); und schließlich die *Histoire de Boucicaut*[22], aus der er manchmal wörtlich zitiert (Kapitel LXXXIII). Allerdings unterliefen ihm einige Fehler in der Chronologie oder Topografie, was keineswegs erstaunlich ist, wenn man bedenkt, dass er auf der Grundlage handschriftlicher Sekundärquellen (mit zahlreichen Transkriptionsfehlern) arbeitete und selbst nie im Heiligen Land war.

Wie man den Anmerkungen entnehmen kann, liegt Sébastien Mamerots Text eine deutlich ausgeprägte aristokratische Ideologie zugrunde, die zweifellos der Haltung seines Gönners entspricht. Er ist in der Tat der Ansicht, dass der Adel die treibende Kraft für die Kreuzzüge sein müsse, da das einfache Fußvolk nicht in der Lage sei, zu verstehen, worum es wirklich gehe, und seinen irrationalen Gefühlen ausgeliefert bleibe. Am Ende von Kapitel VIII erklärt er so das Scheitern des Volkskreuzzuges: „Und so wurde dieses große Heer durch den Hochmut und den Schimpf des gemeinen Volkes zugrunde gerichtet und vernichtet, das den Rittern und anderen Adligen, Hauptleuten und Anführern nicht gehorchen wollte, die in der Kriegskunst erfahren waren. Daran wird deutlich, wie gefährlich es ist, das Abenteuer des Kampfes denen anzuvertrauen, die nichts davon verstehen." Und am Ende von Kapitel XXIV rühmt er die Weisheit der Fürsten: „Das einfache Volk wäre verzweifelt, hätte es sich nicht auf die große Verstandeskraft, die große Klugheit und die unbeirrbare Standhaftigkeit der Fürsten und bedeutenden Barone verlassen können."

Die kriegerischen Heldentaten, die Beispiele außerordentlicher Tapferkeit, die politische Strategie und militärische Taktik der fränkischen Barone, die Belagerungen und Kampfhandlungen werden überaus detailliert beschrieben, ganz besonders beim Ersten Kreuzzug, dem wesentlich mehr Platz eingeräumt wird als den anderen Expeditionen.

Gemäß einer Tradition, die bis zu den ältesten Chroniken des Ersten Kreuzzuges zurückreicht, stellt Mamerot die Byzantiner in einem äußerst schlechten Licht dar – auch wenn Johannes II. und Manuel Komnenos eine gewisse Nachsicht zuteil wird. Der verräterische, hinterlistige und grausame Kaiser Alexios I. Komnenos wird nicht als Verbündeter der Kreuzfahrer betrachtet, sondern eher als ihr Feind, der nur darauf aus ist, bei der ersten Gelegenheit unter einem Vorwand sein Wort zu brechen.

Zwar geht Sébastien Mamerot an keiner Stelle auf die Beteiligung der Vorfahren seines Gönners an den Kreuzzügen ein, doch er erwähnt recht häufig die Grafen von

17.
Les Très Riches Heures du
duc de Berry, um 1483–1485
Die Auferstehung
Miniatur von Jean Colombe, 29 x 21 cm
Chantilly, Musée Condé

Champagne, Heinrich I., den Freigiebigen (reg. 1152–1181), Heinrich II. (reg. 1181–1197, König von Jerusalem nach 1192), Tibald III. (reg. 1197–1201) und Tibald IV. (reg. 1201–1253), und versäumt nicht, darauf hinzuweisen, dass Heinrich I. die Stiftskirche Saint-Étienne in Troyes gründete (zum Beispiel in Kapitel XLIII und LVI). Er betont mehrfach, dass etliche Herren aus der Champagne stammten: Guido von Possessa, Hugo von Payens, der 1119 den Templerorden gründete, und Miles von Plancy. Dies sind Zeichen seines Interesses für Troyes und die Champagne.

Der Illuminator: Jean Colombe

Im 15. Jahrhundert war Bourges ein bedeutendes Zentrum der Buchmalerei. Zunächst waren die Umstände günstig, weil Herzog Jean de Berry (1340–1416) eine Residenz in der Stadt hatte. Der Bruder König Karls V. und Onkel König Karls VI. galt, da Letzterer dem Wahnsinn verfiel, als eine der Schlüsselfiguren im Reich. Als glanzvoller Mäzen und Bibliophiler besaß er zudem eine der schönsten Sammlungen illuminierter Bücher seiner Zeit. Nachdem der Dauphin Karl (der spätere Karl VII.) 1420 im Vertrag von Troyes enterbt worden war, ließ sich dieser ebenfalls in Bourges nieder, wo der Finanzier Jacques Cœur weiterhin ein kunstsinniges Leben führte.

Die zweite Periode der Buchmalerei von Bourges begann in den 1460er Jahren im Umkreis von Jean Colombe. Dank der Nähe zu Tours und den Loire-Schlössern, den Lieblingsresidenzen der Könige Ludwig XI., Karl VIII. und Ludwig XII., entwickelten sich in der Region mehrere künstlerische Zentren. Außer durch die Bestellungen des Hofes wurde ihr Schaffen durch verschiedene Faktoren begünstigt. In Bourges spielte die Universität, die auf Betreiben Ludwigs XI. und dank des Einsatzes von Louis de Laval zwischen 1467 und 1470 gegründet wurde, sicher eine gewisse Rolle beim Aufschwung des lokalen Buchhandels. Doch diese Blütezeit von Bourges ist Teil einer größeren Bewegung, die mit

18.
**Les Très Riches Heures du
duc de Berry, um 1483–1485**
Christus als Schmerzensmann
Miniatur von Jean Colombe, 29 x 21 cm
Chantilly, Musée Condé

dem Wiederaufbau des Königreiches nach dem Ende des Hundertjährigen Krieges 1453 einhergeht. Der Adel, die hohe Geistlichkeit und das Handels- oder Finanzbürgertum, das damals in vollem Aufschwung begriffen war, bauten sich Bibliotheken auf, für die sie – zumeist reich illuminierte – Handschriften bei Künstlern vor Ort oder in den großen Zentren der Buchproduktion, vor allem im Loire-Tal oder in Paris, in Auftrag gaben. Die Einführung des Buchdrucks seit den 1460er-Jahren bereitete diesem Geschäft übrigens kein Ende; es versiegte erst in den Jahren um 1520 bis 1530 allmählich – noch lange wurden manche Druckwerke wie Handschriften mit verzierten Initialen oder Illuminationen verschönert.

Auch wenn sich die Herstellung illuminierter Handschriften keinesfalls auf die Werkstatt[23] Jean Colombes[24] beschränkt, ragt dessen Schaffen doch weit heraus. Vor allem aufgrund der Qualität, aber auch der Quantität seines Werkes gilt er als einer der bedeutendsten französischen Maler des ausgehenden 15. Jahrhunderts. Doch erst zu Beginn des 20. Jahrhunderts ist er aus der Anonymität aufgetaucht, dank Graf Paul Durrieu, der ihm in seiner Studie über die *Très Riches Heures du duc de Berry* (1904) einige Seiten gewidmet hat.[25]

Der aus Bourges stammende Jean Colombe, der jüngere Bruder des Bildhauers Michel Colombe, dürfte etwa zwischen 1430 und 1435 als Sohn des Ehepaars Philippe et Guillemette Colombe geboren worden sein. Er begann seine Tätigkeit als Miniaturmaler um 1463; zu jener Zeit arbeitete er mit einem Kopisten, Clément Thibaut, zusammen. Im folgenden Jahr heiratete er eine gewisse Colette und ließ sich in einem Haus gegenüber dem seiner Mutter nieder. Seine Karriere entwickelte sich ziemlich schnell, denn bereits 1467 konnte er sich ein eigenes Haus kaufen. Er lebte dort bis zu seinem Tod, vermutlich im Jahr 1493. Auf jeden Fall war er am 10. November 1498 nicht mehr am Leben, denn die Verkaufsurkunde eines Hauses, das er 1483 erworben hatte, bezeichnet ihn zu diesem Zeitpunkt als „den verstorbenen Colombe".

Jean Colombe orientierte sich zunächst eng am Werk der beiden großen Miniaturmaler, die in der vorhergehenden Generation im Loire-Tal gewirkt hatten, Bartholomäus van Eyck und vor allem Jean Fouquet. Dann wurde Königin Charlotte von Savoyen, die Gemahlin Ludwigs XI., auf ihn aufmerksam; für sie illustrierte er mindestens zwei Handschriften, die *Douze Périls d'Enfer* (Zwölf Gefahren der Hölle)[26] und ein *De Vita Christi*[27]. Vermutlich auf Wunsch der Königin malte er ein Stundenbuch für ihre Tocher Anne de France, die spätere Anne de Beaujeu (um 1470–1480).[28] In einem nicht genau zu datierenden Brief (zwischen 1469 und 1479) bittet die Königin den Berater Ludwigs XI., Imbert de Bastarnay, Jean Colombe, einen „armen Buchmaler in Bourges", von der direkten Steuer, der *taille*, und der Verpflichtung zum Wachdienst zu befreien.

Der Unterstützung der Königin verdankt Jean Colombe höchstwahrscheinlich auch seine Arbeit für deren Bruder, Herzog Karl I. von Savoyen, und seine Gattin Bianca von Montferrat: Durch die Notwendigkeit, sich stets neue Felder zu erschließen, waren Künstler bekanntlich gezwungen, viel zu reisen oder sogar dauerhaft umzuziehen. Er beendete 1485 die Ausmalung einer der berühmtesten gotischen Handschriften, der *Très Riches Heures du duc de Berry*[29] (Abb. 17, 18), die den beiden damals gehörte. Das Werk harrte nach dem Tod seines ersten Auftraggebers und seiner Illuminatoren, der Brüder von Limburg, ab 1416 der Vollendung. Danach stellte er für sie um 1489 eine *Apokalypse*[30] fertig. Für diese Arbeit erhielt er im darauffolgenden Jahr 400 Gulden. Als Zeichen der Beliebtheit, der er sich damals am Hof von Chambéry erfreute, hatte Jean Colombe von Herzog Karl I. 1486 zunächst den Titel eines „Hofminiators", dann den eines „Hausilluminators" verliehen bekommen, mit einem Jahresgehalt von 100 Gulden. Für ein weiteres Mitglied der herzoglichen Familie, Jean-Louis von Savoyen, Bischof von Genf, illuminierte er am Ende seiner Karriere eine *Histoire de Merlin* (Geschichte Merlins) und eine *Histoire du Graal* (Geschichte des Grals).[31]

Die *Très Riches Heures du duc de Berry* hatten einen beträchtlichen Einfluss auf Jean Colombe: Er schöpfte daraus zahlreiche Motive, die er später in seinen eigenen Kompositionen verwendete, wodurch diese sich ziemlich genau datieren lassen.

Colombe erhielt außerdem viele Aufträge von Personen aus dem Umkreis des Königshauses. Zu ihnen zählen insbesondere der Sekretär des Königs, Jean Robertet, der ihn um 1470 mit der abschließenden Ausmalung eines kleinen Stundenbuches betraute, das Jean Fouquet für Antoine Raguier begonnen hatte (Abb. 22, 23);[32] ferner Geoffroy de Victorines, Großmeister von Frankreich[33]; der „Bastard" Louis de Bourbon, Graf von Roussillon, für den er eine *Vita Christi* in drei Bänden[34] illustrierte; der Herzog von Orléans, der spätere König Ludwig XII., um 1490[35]; und natürlich Louis de Châtillon-Laval, der einer seiner treuesten Gönner werden sollte. Louis de Laval bestellte bei Jean Colombe in der Tat ein außergewöhnliches Stundenbuch, die *Heures de Louis de Laval* (Paris, BnF, Ms. Latin [lat.] 920), das in einer ersten Malphase, ungefähr um 1470 bis 1475, bereits von einem anderen Künstler aus der Touraine, dem so genannten Meister des Messbuches von Yale, illuminiert worden war. Jean Colombe stellte diese erste Phase, die sich auf die ganzseitigen Miniaturen und die Illuminationen des oberen Registers der Handschrift erstreckte, fertig. Dann führte er in den 1480er-Jahren allein die zweite Phase aus und illustrierte den unteren Rand der Buchseiten mit einem Miniaturenzyklus zum Alten Testament.

Louis de Laval ließ ihn außerdem eine *Histoire des neuf preux*[36] illuminieren, die auf 1472 datiert wird und in der der „Meister des Messbuches von Yale" von neuem auftaucht, sowie die *Passages d'Outremer* von Sébastien Mamerot (unsere Handschrift, BnF, fr. 5594, um 1475). Die prächtigen Handschriften der Universalhistorie *Fleur des Histoires* von Jean Mansel und des *Romuleon* von Sébastien Mamerot,[37] die beide für den Admiral Louis Malet de Graville bestimmt waren, gehören zur letzten, 1485 einsetzenden Schaffensphase des Malers, wie zahlreiche Zitate der *Très Riches Heures du duc de Berry* zeigen. Der *Romuleon* ist mit Sicherheit die Abschrift eines heute verlorenen, für Louis de Laval vorgesehenen Exemplars. Ebenso könnte eine Handschrift des von Jean Colombe illuminierten Fürstenspiegels *Le Livre du Gouvernement des princes*, die Béraud Stuart, Herr von Aubigny, gehörte, ursprünglich für Louis de Laval bestimmt gewesen sein. Auf der Miniatur des Frontispizes erkennt man deutlich sein Porträt und den von ihm bevorzugten weiten, ärmellosen roten Mantel, eine Houppelande (Paris, BnF, Bibliothèque de l'Arsenal Ms. 5062).[38]

Außer für die Adligen im Umfeld des Hofes arbeitete Jean Colombe auch für Angehörige des Bürgertums. Ein reicher Kaufmann aus Bourges, Jean I Lallemant, war vermutlich der Auftraggeber eines Stundenbuchs nach dem Gebrauch von Bourges, das heute in New York verwahrt wird.[39] Zu der Zeit, als Louis de Laval Gouverneur der Champagne war (1465–1474) und sich in Troyes aufhielt, bekam Jean Colombe mehrmals die Gelegenheit, für die wichtigen Familien der Stadt Handschriften zu illuminieren. So illustrierte seine Werkstatt ein bescheidenes Stundenbuch, dessen Eigentümer nicht bekannt ist, das aber die Namen der in Troyes besonders verehrten Heiligen (Saninian, Mastidia, Lupus, Syra) enthält.[40] Drei Handschriften mit dem Wappen der Familie Le Peley aus Troyes können ebenfalls seinem Schaffen zugeordnet werden. Die bedeutendste darunter ist unbestritten das großartige Stundenbuch, das 2005 von der Mediathek der Stadt Troyes erworben wurde (Abb. 21).[41] Sein außergewöhnlich ehrgeiziges Bildprogramm folgt einem ikonografischen Vorbild und einer Seiteneinteilung, die dem *Stundenbuch des Louis de Laval* sehr nahekommen. Weil keinerlei Zitat aus den *Très Riches Heures du duc de Berry* vorkommt, lässt sich die Handschrift auf die frühen 1480er Jahre datieren. Sie war für Guyot II. Le Peley und seine Ehefrau, Nicole Hennequin, bestimmt.[42]

Jean Colombes Werkstatt war überaus produktiv. Er arbeitete etwa 30 Jahre lang, ungefähr von 1465 bis 1493, seinem mutmaßlichen Todesjahr. Sein Werk umfasst eine riesige Zahl von Handschriften, die zumeist mit einer Vielzahl von Miniaturen illustriert

19.
Wilhelm von Tyros, *Historia rerum in partis transmarinis gestarum*, 12.–13. Jh.
Philipp Augustus und Richard Löwenherz
Miniatur, 40 x 29 cm
Paris, Bibliothèque nationale de France

sind: nicht weniger als 1234 im *Stundenbuch des Louis de Laval*, 571 in kleinerem Format für das Stundenbuch einer bescheideneren Persönlichkeit, Guyot II. Le Peley. Seine Anfänge in einem von starker Konkurrenz geprägten Umfeld wurden sicher erleichtert durch seine Zusammenarbeit mit dem *écrivain de forme* Clément Thibault. Obgleich Königin Charlotte von Savoyen Colombe als „arm" bezeichnete, ließ der Erfolg anscheinend nicht auf sich warten, denn er konnte sich ja frühzeitig ein eigenes Haus kaufen.

Zu den Handschriften aus Jean Colombes Werkstatt werden, wie es damals üblich war, eine stattliche Anzahl von Stundenbüchern[43] oder Messbüchern[44] gerechnet, aber auch anspruchsvollere Projekte: Chroniken[45], höfische Romane[46], religiöse Traktate und Erbauungsliteratur[47]. In diesen Handschriften finden sich häufig ähnliche Schmuckmotive, Figuren und Kompositionen, die es uns ermöglichen, einen eigenen Stil von Colombe zu definieren, der trotz einiger Weiterentwicklungen im Laufe der Zeit deutlich erkennbar ist.[48] Manchmal wirkt er sogar stereotyp, vor allem, wenn es sich um unbedeutendere Werke handelt, bei denen der Meister wahrscheinlich nur flüchtig letzte Hand angelegt hat.

Von Anfang an scheint Jean Colombe sich die Arbeit erleichtert zu haben, und er entwickelte eine Reihe von Verfahren, mit denen er seine zahlreichen Aufträge zügig erledigen konnte: Die Kompositionen wurden vereinfacht, indem er bestimmte Kunstgriffe einsetzte, um Menschenmengen wiederzugeben, etwa eine erhöhte Perspektive, von der aus er nur Hinterköpfe, Heiligenscheine oder Hauben darzustellen brauchte (vgl. zum Beispiel fol. 109, 205, 235, 248v oder 263v in der Pariser Handschrift Signatur fr. 5594). In den fast naiv anmutenden Szenerien herrschen helle blaue und grüne Farben vor. Die eckigen, nahezu quadratischen Gesichter seiner männlichen Figuren kontrastieren mit dem idealisierten Oval der weiblichen Figuren mit blasser Hautfarbe, die durch etwas Rosa auf den Wangen zur Geltung gebracht wird, mit hoher, freier Stirn und bescheiden gesenkten Augen.

20.
Guido delle Colonne, Historia
destructionis Troiae, um 1495–1500
Paris verlässt Troja
Miniatur aus der Werkstatt von
Jean Colombe, 49,5 x 33 cm
Paris, Bibliothèque nationale de France

Die ganzseitigen Malereien fügen sich oftmals in architektonische Rahmungen ein, die im Allgemeinen eher gotisch inspiriert (Kielbögen, vieleckige Pilaster mit Baldachinen) als an den Vorbildern der italienischen Renaissance (mit Edelsteinen und Perlen eingefasste Säulen, Bandleisten mit Rundbögen) orientiert sind. In den zahlreichen Nischen, die die Säulen gliedern, stehen Statuen von Propheten, Aposteln, biblischen Gestalten – stets auf die Hauptszene bezogen –, während die Friese mit Engeln (so genannten *putti*) geschmückt sind oder Inschriften tragen, zum Beispiel *incipit*, das heißt die ersten Worte von Gebeten. Aufgrund der wiederholten Darstellungen von Basrelief-Skulpturen in seinen Illuminationen hat man sich bisweilen gefragt, ob die Werkstatt des Jean Colombe nicht stark vom Werk des Bildhauers Michel Colombe beeinflusst war[49].

Mit fortschreitender künstlerischer Entwicklung stellt Jean Colombe, mittlerweile Meister in der Wiedergabe von Innenräumen, häufig mit Fresken oder Basreliefs in Grisailletechnik bedeckte Wände dar, deren Szenen alle mit dem Hauptthema in Einklang stehen. Er bevorzugt Gruppenszenen, die er nunmehr durch eine Masse von Gesichtern in dichten Reihen wiedergibt, gedrungene Pferde, von hinten oder im Dreiviertelprofil gesehen, friedliche, aber immer komplexere Landschaften, aus denen unwahrscheinliche, zerklüftete Felsen aufragen (fol. 140v, 143v, 197 der Pariser Handschrift). Seine Spezialität sind realistische städtische Umgebungen, deren Fachwerkhäuser an die Straßen von Bourges – und vieler anderer Städte des Königreiches – erinnern (vgl. zum Beispiel in unserer Handschrift fol. 11, 274v und auf fol. 8v die Darstellung von Paris, das an den beiden Türmen der Kathedrale Notre-Dame deutlich zu erkennen ist).

In der Nachfolge Jean Fouquets beweist Jean Colombe ein ganz besonderes Talent, reich verzierte Bauwerke darzustellen (zum Beispiel fol. 76, 97v, 118, 202v), Portale von Kathedralen oder auch gotische Schlösser, unter denen man oft, wie in den *Très Riches Heures,* die Lieblingsresidenz des Herzogs von Berry, Mehun-sur-Yèvre in der Nähe von

Bourges, erkennt. Außerdem fallen in unserer Handschrift, wie in mehreren anderen, zahlreiche Bilder mit wuchtigen, imposanten Schlachtschiffen auf (fol. 112, 211, 217, 269v).

In seinen gängigsten Werken verwendet Jean Colombe einfarbige abstrakte Formen, die sich rasch malen und leicht um ein paar Details zur Erzeugung von Volumen oder Tiefe ergänzen lassen: So setzt er mit großer Geschicklichkeit Gold ein, um die Falten der Gewänder hervorzuheben. In den Handschriften, deren Illumination unvollendet blieb (zum Beispiel BnF, fr. 91) oder deren Miniaturen beschädigt wurden, sodass die darunter liegende Zeichnung durchscheint, kann man das Temperament des Künstlers bei der Bildanlage erahnen: Die Figuren sind schnell skizziert, mit energischem Strich, was der Bewegung und dem Erzählerischen zugute kommt. In der eigentlichen Malphase kann das Bild dann mit pittoresken Details und schmückenden Elementen ganz nach dem Geschmack der Auftraggeber angereichert werden.

Der Vergleich von Darstellungen ein und derselben Szene in Handschriften für verschiedene Auftraggeber zeigt außerdem, dass Jean Colombe sich an die Erwartungen seiner Kunden anzupassen verstand. Zum Beispiel konnte er die berühmte Szene der Begegnung zwischen David und Bathseba im Bad auf zweierlei Art umsetzen: einmal in keuschen Miniaturen, die Bathseba zeigen, wie sie einfach mit geschürzten Röcken ihre Beine in den Fluss taucht (Abb. 24),[50] ein anderes Mal dagegen eine unzüchtige, verführerische Bathseba, ganz nackt und von vorn zu sehen.[51]

Jean Colombes Einfluss reichte über seinen Ruhestand und Tod hinaus. Sein Sohn Philibert und sein Enkel François arbeiteten bis zum Beginn des 16. Jahrhunderts als Illuminatoren und reproduzierten weiterhin manche ikonografische Muster, die Jean Colombe eingeführt hatte. Wir kennen außerdem illuminierte Handschriften eines anderen Malers, Jacquelin de Montluçon, der mit ihm zusammenarbeitete und sein Werk fortsetzte. Ebenso verhält es sich mit dem anonymen, „Meister des Spencer 6" genannten Künstler, der mit

21.
Stundenbuch des Guyot Le Peley,
um 1475–1480
Die Gefangennahme Christi
Miniatur von Jean Colombe, 13 x 9,4 cm
Troyes, Médiathèque de l'Agglomération
troyenne

dem etwa von 1490 bis 1510 in Bourges tätigen Miniaturmaler Laurent Boiron identisch sein könnte. Zu den Handschriften, die er illuminiert hat, zählen beispielsweise ein schönes Stundenbuch,[52] einige Seiten aus der *Histoire de la destruction de Troie* (*Historia destructionis Troiae*/Geschichte der Zerstörung der Stadt Troja; Abb. 20),[53] ein interessantes Stundenbuch gemäß dem Brauch in Rom,[54] eine getreue Kopie der (Ludwig XII. gehörenden) Handschrift der *Anabasis* des Xenophon in der Übersetzung von Claude Seyssel, die Herzog Karl I. von Savoyen bei ihm in Auftrag gegeben hatte,[55] sowie eine ganze Reihe von bescheideneren Stundenbüchern für Frauen des Bürgertums oder des niederen Adels.

Die Illumination der Handschrift BnF fr. 5594

Louis de Laval wandte sich, wie bereits erwähnt, mehrmals an Jean Colombe, damit dieser einige seiner Handschriften illustrierte. Vor den *Passages d'Outremer* hatte er ihn mit der Ausmalung seines prächtigen Stundenbuchs[56] beauftragt, die in zwei Phasen – Anfang der 1470er-Jahre und im Laufe der 1480er-Jahre – erfolgte, sowie mit der *Histoire des neuf preux et des neuf preuses*[57] im Jahr 1472. Einiges spricht dafür, dass er die höchstwahrscheinlich von Jean Colombe illuminierte Handschrift, die dem *Romuleon* für Louis Malet de Graville als Vorbild diente,[58] ebenfalls besaß.

Der Stil der Miniaturen, der noch etwas statisch wirkt und durch kräftige Farben gekennzeichnet ist, legt eine frühe Datierung der *Passages d'Outremer* zu Beginn von Jean Colombes Karriere, also in den 1470er Jahren, nahe. Die besonders gelungene Widmungs-szene auf fol. 5 zeigt den Autor, wie er sein Buch seinem Auftraggeber Louis de Laval überreicht (Abb. S. 81) – erkennbar an der roten Houppelande mit geschlitzten Ärmeln, die er bevorzugt zu haben scheint und die man in seinem Stundenbuch[59] oder im *Romuleon* für Louis Malet de Graville[60] wiederfindet. Auch wenn sein Wappen im unteren Teil des Blattes wohl von einem späteren Eigentümer entfernt wurde, ist es auf fol. 19 und 176v

22.
Stundenbuch des Jean Robertet, 1460–1470
Der heilige Lukas
Miniatur von Jean Fouquet, 10,8 x 8 cm
New York, Pierpont Morgan Library

noch intakt. Alles deutet also darauf hin, dass es sich bei dieser Handschrift tatsächlich um das Dedikationsexemplar handelt, das kurz nach der Fertigstellung des Textes durch Sébastien Mamerot, wahrscheinlich 1474 oder 1475, geschrieben und illuminiert wurde.

Die Handschrift ist mit einem Zyklus von 66 Miniaturen illustriert. Das sind zwar weniger als im *Romuleon*, der 126 Bilder umfasst, und natürlich im Stundenbuch des Louis de Laval, es ist aber dennoch eine ansehnliche Zahl. Allein sie reicht schon, um zu erklären, dass Jean Colombe eine Reihe von Mitarbeitern beschäftigte: Es findet sich zum Beispiel eine Rechnung eines anderen Illuminators aus Bourges, Jean de Montluçon, der sich vor allem in den 1480er Jahren einen Namen machen sollte und daher noch am Anfang seiner Laufbahn stand, als er bei der Handschrift der *Passages d'Outremer* mitwirkte. Die Figuren unterscheiden sich mit ihren markanten, durch eine ausgeprägte Mimik charakterisierten Gesichtern und ihrer zarteren Farbgebung in der Tat deutlich von den eher stereotypen Figuren, die Jean Colombe damals malte, dessen Stil noch weniger lebendig und ausdrucksvoll war. So war Jean de Montluçon an fol. 148v beteiligt sowie an den eindrücklichen Szenen auf fol. 193v, die die blutige Machtergreifung durch Isaak Angelos und die Erniedrigung des byzantinischen Kaisers Andronikos Komnenos schildern.

Jean Colombe entscheidet sich bei diesem Werk zum ersten Mal dafür, die ganze verfügbare Fläche der zu illustrierenden Blätter zu nutzen. Die Seite ist dreigeteilt: Ein Hauptbild nimmt ungefähr die beiden oberen Drittel der Gesamtfläche ein. Im unteren Teil fügen sich zwei Textkolumnen rechtwinklig in eine bemalte Fläche ein. Diese kann wiederum aus einem einzigen Bild (das ist der häufigste Fall) oder aus zwei Bildern bestehen – je nach Aufteilung ergibt sich im letzteren Fall unten ein hochformatiges plus ein querformatiges Bild oder ein rechteckiges, querformatiges Bild plus ein L-förmiges Bild.

Die ersten beiden illuminierten Seiten bilden eine Ausnahme: Die Zueignungsszene (Abb. S. 81) wird von einem architektonischen Motiv eingerahmt, in das sich mehrere monochrome Bilder in Form von Medaillons einfügen. Die Eröffnungsseite (fol. 6, S. 85) wird durch Rundbögen strukturiert, die von gewundenen Säulen gestützt werden; ihre Kapitelle sind mit Statuen von Soldaten geschmückt. Unter dem Blick Karls des Großen in Rüstung, der einen Schild mit einem Kreuz trägt, gibt die Seite eine Zusammenfassung des ersten Kapitels: Das Hauptbild, das die Eroberung Jerusalems durch die Sarazenen darstellt, wird von Vignetten eingerahmt, die an die wichtigsten Ereignisse des Kapitels erinnern (die Vision Konstantins V., die Entsendung von Botschaftern zu Karl dem Großen, der den Rat seines Hofes anhört, und schließlich der Aufbruch des Frankenherrschers zum Kreuzzug).[61]

Die Handschrift der *Passages d'Outremer* bildet zweifellos das Meisterwerk Jean Colombes, eines sehr fruchtbaren aber zuweilen in der Qualität schwankenden Künstlers, der hier jedoch sein gesamtes Talent aufs Eindrucksvollste entfaltet. Sie ist auch ein mitreißendes Zeugnis der vielschichtigen Beziehungen, die im Spätmittelalter zwischen den großen Auftraggebern von Handschriften, den Autoren in ihrem Dienst und den mit der Herstellung der Bücher betrauten Kunsthandwerkern, Kopisten, Illuminatoren und Buchhändlern bestanden. Sie beleuchtet insbesondere die Persönlichkeit eines großen bibliophilen Mäzens des ausgehenden 15. Jahrhunderts, Louis de Laval, den man heute eher wegen der prächtigen Handschriften, die er uns hinterlassen hat, als wegen seiner Karriere unter Ludwig XI. und Karl VIII. kennt. Der Text der *Passages d'Outremer* ist in der Neuzeit bislang nicht publiziert worden, und das, obwohl er uns das Interesse des französischen Adels an einer bereits weit zurückliegenden, aber durch die Prosafassungen der *chansons de geste* und Chroniken immer noch lebendigen Geschichte enthüllt und uns zugleich einen Autor am Werk zeigt, der sich mit seinen Quellen auseinandersetzt und sich der Notwendigkeit bewusst ist, die großen Taten seines Dienstherrn herauszustellen, seiner aristokratischen Haltung gerecht zu werden und trotzdem eine gewisse kritische Distanz zu wahren.

23.
Stundenbuch des Jean Robertet,
1460–1470
Die Gefangennahme Johannes' des Täufers
Miniatur von Jean Colombe, 10,8 x 8 cm
New York, Pierpont Morgan Library

24. *(Seite 69)*
Stundenbuch des Louis de Laval,
um 1470–1475 und 1480
Bathseba im Bade
Miniatur von Jean Colombe,
24,3 x 17,2 cm
Paris, Bibliothèque nationale
de France

Sébastien Mamerot ist wohl nicht der treueste Historiker der Kreuzzüge: Die zeitgenössischen Chronisten, die daran teilnahmen, wie Wilhelm von Tyros, Gottfried von Villehardouin, Robert de Clari oder Jean de Joinville geben einen zuverlässigeren Bericht über die von ihnen geschilderten Ereignisse. Doch trotz ihres Anspruchs auf Objektivität sind sie ebenso wie Sébastien Mamerot von bestimmten Mentalitäten und ideologischen Standpunkten geprägt. Anhand der *Passages d'Outremer* können wir nachvollziehen, wie die Menschen des Spätmittelalters die Vergangenheit wahrnahmen, zu einer Zeit, als eine kritische Geschichtswissenschaft noch nicht existierte. Das Werk vermittelt uns auch das seltene Vergnügen, einige der schönsten Bilder zu betrachten, die uns von der französischen Buchmalerei der Gotik in ihrem letzten Aufleuchten überliefert sind, kurz bevor die Renaissance alle künstlerischen Maßstäbe völlig veränderte.

Fußnoten

1 Rodez (Aveyron), Société des lettres, sciences et arts de l'Aveyron, Ms. 1. Das Porträt befindet sich auf fol. 169v.

2 Es gibt keine Biografie über Louis de Laval. Die neuesten und vollständigsten Informationen findet man in: Frédéric Duval, *La traduction du* Romuleon *par Sébastien Mamerot*, Genf 2001, S. 217–239.

3 „Dieses Stundenbuch gab Louis de Laval in Auftrag, Herr von Chastillon und Comper, Ritter im Orden des Königs und Oberforstmeister von Frankreich, der in Laval am 21. Tag des August MCCCCLXXX. und IX. (1489) im Alter von 78 Jahren verstarb. Durch sein Testament vererbte er es an Madame Anne de France, Tochter König Ludwigs, des XI. dieses Namens" (Paris, BnF, lat. 920, fol. 342v).

4 Von seiner gewiss sehr umfangreichen Bibliothek sind allerdings nur wenige Handschriften bekannt: sein berühmtes *Livre d'heures*, das zweifellos die mittelalterliche Handschrift mit den meisten Miniaturen ist (Paris, BnF, lat. 920); eine Handschrift aus dem 14. Jahrhundert vom *Miroir Historial (Speculum historiale)* des Vincent von Beauvais in französischer Sprache (Paris, BnF, fr. 316); eine Handschrift aus dem 14. Jahrhundert vom *Mariage Nostre Dame* (Paris, BnF, fr. 409). Der große Gelehrte Léopold Delisle schrieb der Bibliothek von Louis de Laval ebenfalls eine dreibändige Handschrift der *Chroniques* von Jean Froissart (Paris, BnF, fr. 2652–2654) zu, jedoch ohne ausreichende Belege (vgl. *Le cabinet des manuscrits de la Bibliothèque nationale*, Paris 1874, II, S. 376–377). Es ist auch möglich, dass Louis de Laval eine Handschrift der von Guillaume Coquillart besorgten französischen Übersetzung der *Guerre des juifs* (Jüdischer Krieg) des lateinischen Historikers Flavius Josephus (Wien, Österreichische Nationalbibliothek [ÖNB], Cod. 2538) besaß, es sei denn, dass sie seinem Neffen Pierre de Laval gehörte (vgl. Frédéric Duval, *La traduction du* Romuleon *par Sébastien Mamerot*, a. a. O., S. 233–234, Anm. 9). Die folgenden Handschriften, die auch die Werke seines Sekretärs Sébastien Mamerot enthalten, gehörten hingegen ganz sicher Louis de Laval, wie Frédéric Duval kürzlich gezeigt hat: eine der Handschriften der *Chroniques martiniennes* (Chronik des Martin von Troppau; Biblioteca Vaticana, Reg. 1898), die *Histoire des neuf preux et des neuf preuses* (Geschichte der neun Helden und neun Heldinnen; Wien, ÖNB, Cod. 2577–2578; die hier vorliegenden *Passages d'Outremer* (Paris, BnF, fr. 5594). Das Exemplar des Louis de Laval, das später dafür verwendet wurde, um es mit dem für Admiral de Graville bestimmten *Romuleon* zu überschreiben (Paris, BnF, fr. 364), ist dagegen heute verloren.

5 Für diesen Teil über das Leben und Werk Sébastien Mamerots verdanke ich die meisten Informationen den jüngsten Publikationen von Frédéric Duval, insbesondere seiner Einführung zur Übersetzung des *Romuleon* von Sébastien Mamerot, Genf 2001.

6 Paris, BnF, fr. 6360; Paris, BnF, fr. 9684 (ein fol. fehlt); London, British Library, Add. 25105; Biblioteca Vaticana, Reg. 1898. Wie Frédéric Duval (*La traduction du* Romuleon *par Sébastien Mamerot*, a. a. O., S. 233–234, Anm. 93) nachgewiesen hat, war die Handschrift von Louis de Laval in Auftrag gegeben worden: Toulouse, BM, Ms. 453. Diese Liste ist wohl nicht vollständig und bedürfte einer Überarbeitung.

7 Wien, ÖNB, Cod. 2577–2578. Das Exemplar der Handschrift wurde 1472 in Troyes beendet, von einem Schreiber, der sich selbst „Robert Bryart (oder Briart) aus der Diözese Bayeux" nennt (Ms. 2578, fol. 271) und sich als „Diener meines geachteten Herrn, Herrn von Chastillon" (ebd., fol. 97) bezeichnet, was vermuten lässt, dass Louis de Laval ihn ständig in seinem Dienst beschäftigte.

8 Von der *Histoire des neuf preux* gibt es noch keine moderne Ausgabe, und bisher wurden nur einzelne Teile untersucht. Der Artus gewidmete Teil ist besonders gut dokumentiert. Sébastien Mamerot überträgt hier die *Historia Regum Britanniae* (Geschichte der Könige Britanniens) des englischen Historikers Geoffroy von Monmouth (um 1130), indem er das König Artus und seiner Tafelrunde gewidmete Kapitel von *De casibus virorum illustrium* (Über den Sturz berühmter Männer) des italienischen Humanisten Boccaccio (um 1375) verwertet. Dafür wiederum er zweifellos die von Laurent de Premierfait zu Beginn des 15. Jahrhunderts besorgte französische Übersetzung. Obgleich sein Text voll ist von Schlachten und Reden, verkürzt er seine Quellen stark, und als Rationalist widerspricht er zum Beispiel der Legende, wonach König Artus nicht tot sei, sondern, auf die Insel Avalon entrückt, schlafend auf seine Rückkehr warte, um die Britanier von der angelsächsischen Herrschaft zu befreien. Er hat allerdings keine Bedenken, ein paar Ahnen Louis de Lavals zu machen, von dessen Kriegstaten er berichtet, als dieser 1462 Gouverneur von Genua war (ohne dass dies irgendeinen Bezug zur Artussage hätte; ähnlich geht es später in den *Passages d'Outremer* zu). Der Teil über Julius Caesar ist dagegen fast ganz der mittelalterlichen Kompilation *Les Faits des Romains (Gesta Romanorum)* entnommen.

9 Vgl. Claude Schaefer, „Die *Romuleon* Handschrift des Berliner Kupferstichkabinetts", in: *Jahrbuch der Berliner Museen*, 1981, XXIII, S. 142–143.

10 Nachdem die Handschrift 1785 im Verkaufskatalog der Sammlung des Kanzlers d'Aguesseau stand, ging sie zu einem unbekannten Zeitpunkt an die des Herzogs von Hamilton über. Diese wurde 1882 vom preußischen Staat angekauft. Es ist unmöglich, die Verbindungen zwischen diesen drei Handschriften mit Gewissheit festzustellen: Hinsichtlich der Illustration scheint die Berliner Handschrift direkt auf fr. 365–367 zurückzugehen, doch beim Text verhält es sich anders. In jedem Fall handelt es sich bei keinem der drei Exemplare um das Original. Aller Wahrscheinlichkeit nach hat tatsächlich ein von Jean Colombe selbst illuminiertes Dedikationsexemplar für Louis de Laval existiert: Man müsste sonst eine Erklärung dafür finden, dass die Handschrift Ms. BnF fr. 364, die ja vom Admiral de Graville in Auftrag gegeben worden war, mit einer Szene beginnt, in der Sébastien Mamerot Louis de Laval sein Buch überreicht; Letzterer ist kenntlich an seiner roten Houppelande, die man auf all seinen Porträts wiederfindet. Demnach hätte der Admiral de Graville bei Jean Colombe eine vermutlich getreue Abschrift des heute verloren gegangenen Exemplars von Louis de Laval bestellt, mit dem er verbunden war.

11 Paris, Bibliothèque Sainte-Geneviève, Handschrift Ms. 3005, illuminiert vom Pariser Maler mit dem Beinamen „Meister der Entrées royales". Der Text der *Trois Grands* steht auf fol. 19–24v.

12 Georges Chastellain (1415–1475) war in Flandern und Schriftsteller aus dem Hennegau (heute in Belgien). Er ist vor allem als Verfasser einer Chronik des burgundischen Hofes bekannt.

13 Achille Chéreau, *Catalogue d'un marchand libraire du XVᵉ siècle tenant boutique à Tours…*, mit Anm., Paris 1868. Dieses Warenverzeichnis wird heute in der Handschriftenabteilung der BnF verwahrt.

14 In seinen *Bibliothèques françoises* beschreibt Antoine Du Verdier diese Ausgabe, indem er die Vermutungen seines Vorgängers Bernard de La Monnoye wieder aufgreift, und weist bereits darauf hin, dass sie auf 1518 und nicht 1528 datiert werden müsse, wie La Croix du Maine meinte.

15 In der Stadtbibliothek von Lyon (Rés. 105176 CGA), der

Bibliothèque d'Amiens-Métropole (Lescalopier 4944, Rés. 336 C), der Bibliothèque nationale de France (Rés., LA9–2, LA9–2 Alpha et LA9–2 Béta; Arsenal 4H 5169, 5170 et FOL H 3069), sowie in der New York Public Library, in der British Library und in der Königlichen Bibliothek der Niederlande in Den Haag.

16 Am Ende des Festmahls trat ein riesiger Sarazene mit einem Elefanten auf, der dem eine schöne Dame eingeschlossen in einem Turm saß. Diese symbolisierte die von den Türken unterdrückte christliche Religion. Dann schworen alle anwesenden Herren, das Kreuz zu nehmen, und zwar auf einen Fasan, der vom Wappenkönig des Ordens vom Goldenen Vlies hereingebracht wurde.

17 Einige Jahre zuvor, um 1466, hatte Louis de Laval bei Sébastien Mamerot eine Übersetzung des *Romuleon* in Auftrag gegeben, während Jean Miélot gerade eine für den Herzog von Burgund angefertigt hatte. Als nun Sébastien Mamerot die Arbeit an den *Passages d'Outremer* aufnahm, war der Stoff bereits mehrfach von Schriftstellern im Dienst der Herzöge von Burgund aufgegriffen worden: Zwischen 1420 und 1438 verfasste ein Diener Herzog Philipps des Guten (reg. 1419–1467), Emmanuel Piloti, für ihn den *Traité sur le passage en Terre Sainte* (Abhandlung über die Reise ins Heilige Land) – der Text wurde von Danielle Régnier-Bohler in *Croisades et pèlerinages. Récits, chroniques et voyages en Terre Sainte, XIIᵉ–XVIᵉ siècle*, Paris 1997, S. 1227–1278, übersetzt und vorgestellt. Dann bestellte der Herzog 1439 eine Übersetzung des *Advis sur la conqueste de la Grèce et de la Terre Sainte* (Nachricht über die Eroberung Griechenlands und des Heiligen Landes) von Jean Torzelo bei Bertrandon de la Broquière; schließlich beendete David Aubert 1458 seine *Chroniques et conquêtes de Charlemagne* (Chroniken und Eroberungen Karls des Großen), die sich zahlreicher *chansons de geste* bedienen. Kann man sich in einem Kontext militärischer, politischer und kultureller Rivalität zwischen dem König von Frankreich und dem Herzog von Burgund nicht vorstellen, dass Louis de Laval den literarischen und historischen Werken, mit denen sich der burgundische Hof damals brüstete, wieder einmal und zum höchsten Ruhm seines Herrschers Konkurrenz machen wollte? Die Herzöge von Burgund waren in der Tat rührige Kunst- und Literaturmäzene. Sie gaben Prosafassungen von *chansons de geste* oder Artusromanen, Chroniken und neue Werke bei eigens dafür angestellten Autoren in Auftrag. Die prächtigen Handschriften der Librairie [des Ducs] de Bourgogne, die heute mehrheitlich in der Königlichen Bibliothek von Belgien in Brüssel und zu einem kleinen Teil in der Bibliothèque nationale de France verwahrt werden, zeugen von der Vorliebe der burgundischen Herzöge für die Buchmalerei.

18 Buch XXV, Kapitel 3, 4 und 5.

19 Paris, BnF, Bibliothèque de l'Arsenal, Ms. 283. Der Text der Kapitel über den Kreuzzug Karls des Großen wurde von Louis Milland herausgegeben, „Charlemagne à Constantinople et à Jérusalem", in: *Revue archéologique*, neue Folge, 2. Jg., III, 1861, S. 37–50. Die Abfolge der darin geschilderten Ereignisse entspricht recht genau der in den *Passages d'Outremer*.

20 Der 1264 gestorbene Vincent von Beauvais ist der Verfasser der Enzyklopädie *Speculum majus*, die er um 1258 beendete. Ihr historischer Teil, das *Speculum historiale*, war in ganz Europa weit verbreitet, insbesondere in der französischen Übersetzung von Jean de Vignay, dem *Miroir historial* (1333). Die Geschichte des Ersten Kreuzzugs steht im Buch XXVI, Kapitel 96–105.

21 Die lateinisch geschriebene *Historia rerum in partibus transmarinis gestarum* (Geschichte der Taten jenseits des Meeres) des Wilhelm von Tyros berichtet über die Geschichte der lateinischen Staaten von der Eroberung bis zum Jahr 1184. Sie war im Wes-

ten weit verbreitet und trug als Fortsetzung der älteren Chroniken dazu bei, die Sichtweisen der normannischen Dynastie von Antiochia bekanntzumachen – insbesondere was die Beziehungen zwischen Byzantinern und Franken betraf.

22 Ihr genauer Titel lautet *Livre des faits de Jean le Meingre dit Boucicaut* (Buch der Taten des Jean le Meingre genannt Boucicaut). Das Buch wurde zwischen 1406 und 1409 von einem anonymen Autor verfasst, von dem man annahm – ohne dies allerdings belegen zu können –, dass es der Marschall selbst sein könnte.

23 Davon zeugen zahlreiche, oftmals bescheidene Stundenbücher nach dem Gebrauch von Bourges, deren Auftraggeber oder Eigentümer noch nicht identifiziert werden konnten. Bedeutende Handschriften wurden auch für die schottischen Adelsfamilien, die sich auf Betreiben Karls VII. im Berry niedergelassen hatten, hergestellt (*Bréviaire de Monnypenny*, teilweise von Jacquelin de Montluçon illuminiert, um 1485–1490, Privatsammlung).

24 Ich bin François Avril, dem Generalkonservator ehrenhalber der Handschriftenabteilung der Bibliothèque nationale de France, zu großem Dank verpflichtet für seine Hilfe und Ratschläge zu diesem Teil. Ich stütze mich in erster Linie auf den Gesamtüberblick über das Schaffen Jean Colombes, den er zusammen mit Nicole Reynaud in *Les manuscrits à peintures en France, 1440–1520*, Paris 1993, S. 325–338, vorgelegt hat.

25 Seit den Entdeckungen von Jean-Yves Ribault, Archivar im Archiv des Départements Cher, der die älteren Forschungen von Paul Chenu, Alfred Gandilhon und Maurice de Laugardière ergänzt hat, ist Jean Colombes Leben gut dokumentiert. Eine Zusammenfassung der von Ribault gesammelten Informationen findet man bei Claude Schaefer, „Œuvres du début de la carrière de l'enlumineur Jean Colombe", in: *Cahiers d'archéologie et d'histoire du Berry*, 35, Dezember 1973, S. 45.

26 Paris, BnF, fr. 449.

27 Paris, BnF, fr. 407.

28 New York, Pierpont Morgan Library, M. 677.

29 Chantilly, Musée Condé, Ms. 65/1284.

30 Bibliothek des Escorial, E. Vit. 5.

31 Paris, BnF, fr. 91, bzw. Brüssel, Königliche Bibliothek, Ms. 9246.

32 New York, Pierpont Morgan Library, M 834.

33 Sein Stundenbuch, das auf um 1470 datiert werden kann, wird heute im Philadelphia Museum of Art, Philip S. Collins Collection, 1945–65–15, verwahrt.

34 Paris, BnF, fr. 177–179.

35 Stundenbuch, Sankt Petersburg, Russische Nationalbibliothek, Ms. Lat. Q. V. I.126.

36 Wien, ÖNB, Cod. 2577–2578.

37 Paris, BnF, fr. 53, bzw. BnF, fr. 364.

38 Nicole Reynaud betrachtet Béraud Stuart als Auftraggeber dieser Handschrift (vgl. François Avril/Nicole Reynaud, a. a. O., S. 325), doch diese Theorie wurde angezweifelt. Vgl. Frédéric Duval, *La traduction du Romuleon par Sébastien Mamerot*, a. a. O., S. 232 (Anm.).

39 New York Public Library, MA 113.

40 New York Public Library, MA 51.

41 Troyes (Aube), Mediathek, Ms. 3901.

42 Ein weiteres, in Florenz (Biblioteca Medicea Laurenziana, Ms. Pal. 241) verwahrtes Stundenbuch und eine Handschrift der *Histoire de Jules César* (Geschichte Julius Caesars; Paris, BnF, fr. 22 540), beide jüngeren Datums, waren möglicherweise für den Sohn Guyots II. le Peley, Jean, bestimmt. Ein Stundenbuch nach dem Gebrauch von Troyes, das für einen der Halbbrüder Guyots

II. Le Peley, Jean Molé, bestimmt war (Rodez, Société des lettres, sciences et arts de l'Aveyron, Nr. 1) gehört einer späten Schaffensphase an, denn es wurde in Lyon abgeschrieben und ausgemalt: Dort, in der Nähe Savoyens, führte Jean Colombe wahrscheinlich fast alle seine Malereien aus, als er im Dienst Herzog Karls I. stand.

43 Außer den bereits erwähnten seien hier stellvertretend für viele andere folgende Stundenbücher genannt: New York, Pierpont Morgan Library, Ms. M 430 (1460er Jahre), M 248 (Jean Colombes Miniaturen um 1470), M 330 (um 1480); Paris, BnF, nal 3181; Moulins, BM, Ms. 80; Besançon, BM, Ms. 148; Laon, BM, Ms. 243–3; Genf, Bibliothèque Publique et Universitaire, Ms. Lat. 35; Florenz, Biblioteca Medicea Laurenziana, Ms. Med. Pal. 240; Oxford, Keble College, Ms. 42; Baltimore, Walters Art Gallery, Ms. W 213 und Ms. W 445; New Haven, Yale University, Beinecke Library, Ms. 425; *Heures dites de Jules II*, Chantilly, Musée Condé, Ms. 78; die Ex-Donaueschinger Handschrift Ms. 335 und die *Heures Bureau* aus der ehemaligen Sammlung Maurice Loncle (beide heute in Privatbesitz).

44 Zu seinen ersten Werken wird das Pontifikale des Erzbischofs von Bourges, Jean Cœur, gezählt (New York, Pierpont Morgan Library, Ms. Glazier 49). Es ist auch ein Missale auf Französisch bekannt, an dem auch der Meister des Messbuchs von Yale mitgearbeitet hat (New Haven, Yale University, Beinecke Library, Ms. 425) und ein wesentlich späteres franziskanisches Missale, das vermutlich aus seiner Zeit in Lyon stammt (Lyon, BM, Ms. 514).

45 Bereits erwähnt: die Handschriften der Werke Sébastien Mamerots, die *Fleur des Histoires* von Jean Mansel (Paris, BnF, fr. 53), aber auch die Handschrift der für Jean Le Peley aus Troyes bestimmten *Faits des Romains* (*Gesta Romanorum*; Paris, BnF, fr. 22 540).

46 Ein Prosa-Tristan wird in der Pierpont Morgan Library New York verwahrt (Ms. M 41, abgeschrieben am 15. April 1468). Später entstanden die bereits erwähnte *Histoire du Graal* und *Merlin* für Jean-Louis von Savoyen.

47 Zum Beispiel wurden die Illuminationen von fünf Fragmenten des *Mortifiement de vaine plaisance* (Die Kasteiung oder: Tadel der eitlen Gefälligkeit), die Bartholomäus von Eyck, der Illuminator König Renés von Anjou, nicht vollendet hatte, von Jean Colombe fertiggestellt (Metz, BM, Ms. 1486) sowie ein weiteres komplettes Exemplar desselben Textes (Cologny-Genève, Fondation Bodmer, Fr. 44); ein Exemplar des *Breviloquium de virtutibus antiquorum principum et philosophorum* des Johann von Wales (New York, Public Library, Spencer 76); *L'Orloge de sapience* (Büchlein der ewigen Weisheit; Glasgow, University Library, Hunter 420) in einem Sammelband mit *La Vie de Nostre benoît Sauveur Jésus Christ, La Sainte Vie de Nostre Dame, L'Exposition du Miserere mei Deus* (Paris, BnF, fr. 992); ein Exemplar von *De consolatione Philosophiae* des Boethius, abgeschrieben von dem mit Jean Colombe zusammenarbeitenden Kopisten André Roussel aus Bourges (London, British Library, Harley 4335–4339).

48 Jean Colombes erste Werke sind trockener im Stil, mit deutlicheren Farbkontrasten als im zweiten Teil seiner Karriere, wo er sich vom Kanon der Tourainemaler, den er von Jean Fouquet übernommen hatte, entfernte. Diese Entwicklung vollzog sich vielleicht unter dem Einfluss der Malereien der Brüder von Limburg im *Très Riches Heures du duc de Berry*, deren Illumination er zum Abschluss bringt, aber wahrscheinlich auch als Reaktion auf die sich allmählich verbreitenden neuen italienischen und flämischen Vorbilder.

49 *Cahiers d'archéologie et d'histoire du Berry*, 35, Dezember 1973, S. 94.

50 Unter anderem ist das der Fall bei zwei für hochgestellte Persönlichkeiten angefertigten Handschriften, dem Stundenbuch der Anne de France (New York, Pierpont Morgan Library, M. 677, fol. 211) und dem Stundenbuch des Louis de Laval (Paris, BnF, lat. 920, fol. 158).

51 Stundenbuch nach dem Gebrauch von Rom, Oxford, Keble College, Ms. 42, fol. 50; herausgelöstes Blatt aus dem Stundenbuch des Guyot II. Le Peley, heute in Privatbesitz; Besançon, BM, Ms. 148, fol. 150; Florenz, Biblioteca Medicea Laurenziana, Pal. 24; Stundenbuch für Jean Molé, Rodez, Société des lettres, sciences et arts de l'Aveyron, Ms. 1, fol. 98v.

52 New York, Public Library, Spencer 6.

53 Paris, BnF, naf 24 920.

54 Paris, BnF, lat. 1375.

55 Paris, BnF, fr. 701.

56 Paris, BnF, lat. 920.

57 Wien, ÖNB, Cod. 2577–2678.

58 Paris, BnF, fr. 364.

59 Paris, BnF, lat. 920, fol. 51.

60 Paris, BnF, fr. 364, fol. 14.

61 Dieses System entspricht gewiss der Seiteneinteilung in mehreren anderen wichtigen Handschriften Jean Colombes. Eine Variante davon verwendet er in Handschriften mit kleinerem Format, die zur Zeit der *Passages d'Outremer* entstanden, wie dem *Mortifiement de vaine Plaisance* (Cologny-Genève, Fondation Bodmer, Ms. 44) oder *De consolatione Philosophiae* (London, British Library, Harley 4335–4339). Von diesem Text machte André Roussel, der mindestens dreimal mit ihm zusammenarbeitete, eine Abschrift, die genau auf den 1. Februar 1476 (nach dem heutigen Kalender 1477) datiert ist: Hier jedoch wird der Text zum Hinweis schild in Trompe-l-œil-Technik, das von zwei Engeln gehalten wird, nach einem dem *Heures Robertet* von Jean Fouquet entlehnten Vorbild. Näher liegen die für den Admiral Louis Malet de Graville illuminierte *Romuleon* (Paris, BnF, fr. 364) und die Eröffnungsseite des für Jean Le Peley aus Troyes bestimmten Exemplars der *Faits des Romains* (Paris, BnF, fr. 22 540). Die Handschrift der *Faits des Romains* ist wesentlich bescheidener als die *Romuleon*, wahrscheinlich weil ihr Auftraggeber weniger vermögend war als so bedeutende Persönlichkeiten wie Louis de Laval oder Louis Malet de Graville. Sie enthält tatsächlich nur 36 kleine Miniaturen und eine einzige Ganzseite, die den Triumph Caesars nach seinem Sieg über die Gallier zeigt (fol. 1). Doch wie Marie Jacob („Les *Faits des Romains*, un autre manuscrit aux armes Le Peley enluminé par Jean Colombe", in: *L'Art de l'enluminure*, 21, 2007, S. 62–67) gezeigt hat, handelt es sich um eine direkte Wiederaufnahme derselben Szene in der Handschrift des *Romuleon* (fol. 81). Diese ist wiederum inspiriert von der Darstellung des Triumphs des Mettius in der Handschrift der *Cas des nobles hommes et femmes* (*De casibus virorum illustrium, De claris mulieribus*) von Boccaccio, die von einem um 1465 in Tours tätigen Nacheiferer Jean Fouquets illuminiert wurde (München, Staatsbibliothek, Cod. Gall. 6, fol. 189v). Jedoch bleibt im Fall der *Romuleon* und der *Faits des Romains* das Bild des unteren Registers systematisch geteilt in ein Hauptbild unten auf der Seite und einer Vignette dazwischen. Jean Colombe wandte in den 1480er Jahren dasselbe Prinzip der maximalen Ausnutzung freier Flächen an, als er die zweite Illustrationsphase des Stundenbuchs für Louis de Laval (Paris, BnF, lat. 920) in Angriff nahm, bei der er den unteren Rand der Handschrift mit einem Bilderzyklus zu den wichtigsten Geschichten des Alten Testaments füllte. In dem kleinen Stundenbuch für Guyot II. Le Peley (Troyes, Mediathek, Ms. 3901) verwendete er noch das gleiche Kompositionsschema.

EDITORISCHE
ANMERKUNGEN

Zur Textausgabe

Die Handschrift fr. 5594 (die wir mit der Sigle A bezeichnen) bereitet keine größeren Probleme beim Lesen: Die Abkürzungen sind nicht allzu zahlreich, der Buchstabe „i" wird im Allgemeinen mit einem Strich markiert, wodurch man ihn von den Grundstrichen der Buchstaben „u", „n" oder „m" unterscheiden kann. Dagegen ist es nicht immer leicht, „c" und „t" zu unterscheiden, selbst wenn sie einzeln stehen, und noch weniger im Fall von Doppelbuchstaben. Wir haben uns dafür entschieden, „ct" nur dann zu transkribieren, wenn die Handschrift diese Lesart wirklich zulässt und wenn diese Schreibweise der Etymologie entspricht („faicte" oder „dicte", aber „mettent") – die Kopisten des 15. Jahrhunderts verwenden häufig an das Lateinische angelehnte Schreibweisen. Das lange „s" vor einem „f" kann leicht mit einem „f" verwechselt werden: Auch hier haben wir versucht, möglichst nahe an unserer Lesart der Handschrift zu bleiben und die Etymologie zu beachten („deffendre", aber „toutesfois"). Man muss dazu wissen, dass für die Schreiber und Leser des Spätmittelalters solche Fragen bedeutungslos waren, da zwei Buchstaben wie „ct" oder „tt", „sf" oder „ff" als gleichwertig, ja sogar austauschbar angesehen wurden, was man bei Trennungen am Zeilenende feststellen kann.

Der Text ist an manchen Stellen fehlerhaft, entweder durch Auslassung bestimmter Wörter oder aufgrund einer uneinheitlichen Orthografie, die zu häufigen Verwechslungen zwischen Singular und Plural, Partizip Perfekt und Infinitiv bei den Verben der 1. Gruppe usw. führt. Schon bei ihrer Entstehung wurde die Handschrift durchgelesen und punktuell korrigiert: Manche vergessenen Wörter wurden am Rand nachgetragen (zum Beispiel fol. 23v, 28v, 31, 44, 47, 104), manche Wiederholungen wurden auspunktiert (fol. 87) oder abgeschabt (fol. 105, 113). Doch dieses Korrekturlesen war oberflächlich, und es blieben Fehler stehen.

Die Handschrift A ist jedoch leicht zu korrigieren, und zwar mit Hilfe des zeitgenössischen, aber nicht illuminierten Exemplars, der Handschrift Paris, BnF, fr. 4769 (Handschrift B). Diese zweite Handschrift weist allerdings auch Mängel auf, denn sie enthält eigene Fehler, die in A nicht vorkommen.

Außerdem bleiben bestimmte, durch beide Handschriften bestätigte Lesarten abwegig und unverständlich, zum Beispiel die Erwähnung des Bischofs von „Versailles" am Anfang des Berichts über den Dritten Kreuzzug, fol. 137v (damals ein kleiner Marktflecken; das Bistum wurde erst im 19. Jahrhundert gegründet). Es gibt keinen Grund, warum Sébastien Mamerot das Dorf Versailles gekannt haben sollte, und keine Quelle erwähnt einen päpstlichen Legaten, der Bischof einer Stadt mit ähnlich lautendem Namen war. Dennoch ist das die Form, die zweifelsfrei in beiden Handschriften zu lesen ist. In Wirklichkeit muss es sich um Vézelay handeln.

Die etwas jüngere dritte Handschrift (BnF, fr. 2626) wird für eine künftige wissenschaftliche Ausgabe herangezogen werden, ebenso die Ausgabe aus dem 16. Jahrhundert.

Die durch A überlieferten leichten Textmängel sind insofern ziemlich erstaunlich, als es sich um das Dedikationsexemplar handelt, das von Jean Colombe für Louis de Laval, den Dienstherrn und Gönner Sébastien Mamerots, illuminiert wurde: Wenn es direkt von Mamerots Originaltext abgeschrieben wurde, geschah das sicher in Eile und nicht sehr sorgfältig, höchstwahrscheinlich ohne dass der Autor sich einschaltete, um die Abschrift zu korrigieren. Es ist dennoch wahrscheinlich, dass die Handschrift von Jean Colombe kurze Zeit nach der Abfassung des Textes illuminiert wurde, zu einem Zeitpunkt, als Sébastien Mamerot noch lebte und sich nur sporadisch in Troyes aufhielt, da er der Hauptstadt der Champagne das Berry vorzog, wo er die *Passages d'Outremer* abgeschlossen hatte.

Zur neufranzösischen Übersetzung

Es gibt noch keine moderne Ausgabe der *Passages d'Outremer*. Wie viele Autoren aus der sprachgeschichtlichen Übergangsphase, die man „Mittelfranzösisch" nennt, wurde Sébastien Mamerot lange vernachlässigt: Wenn man von seltenen Erwähnungen in Dissertationen und Büchern des 19. Jahrhunderts absieht, begann man sich eigentlich erst seit den 1990er Jahren für sein Werk zu interessieren. Daher möge man eventuelle Mängel dieser Ausgabe, die nur zwei von den drei erhaltenen Handschriften verwendet und die gedruckte Ausgabe von 1518 vorläufig unberücksichtigt lässt, entschuldigen. Ebenso konnten einige nebensächliche Ortsnamen nicht identifiziert werden. Die allgemeine Verständlichkeit des Textes dürfte dadurch jedoch nicht beeinträchtigt sein.

Es ist immer heikel, einen Text aus dem 15. Jahrhundert ins heutige Französisch zu übertragen: Die Sprache ist bereits nicht mehr mittelalterlich, die Syntax und Morphologie sind der heutigen sehr ähnlich, doch der Wortschatz unterscheidet sich ziemlich, sei es, dass er Gegenstände (Waffen, Kriegsgeräte) oder Begriffe (Feudalgesellschaft, Lehnswesen) bezeichnet, die verschwunden bzw. untergegangen sind, sei es, dass er – da er nicht so reichhaltig ist wie der heutige – auch semantisch ungenauer ist. Die literarische Sprache des 15. Jahrhunderts ist reich an Wiederholungen und formelhaften Wendungen und liebt lange Satzperioden mit verschachtelten Relativsätzen, Partizipialkonstruktionen und Einschüben. Schließlich schreckt sie nicht vor einer Reihung von Formen des Subjonctif imparfait (Vergangenheitsform des Konjunktivs) zurück, die nicht mehr dem heutigen Sprachgebrauch entsprechen.

Um eine solche Sprache zu übersetzen, muss man daher zwei gleichermaßen gefährliche Klippen umschiffen: eine überzogene Modernisierung der Sprache, die alle Schlacken des Textes beseitigen will, ebenso wie eine Vorliebe für alles Mittelalterliche, die sich zwischen unser Verständnis und Sébastien Mamerots Schreibstil schieben würde. Wir haben uns bemüht, das eine wie das andere zu vermeiden, und dabei versucht – wo es möglich war –, Satzkonstruktionen zu vereinfachen, indem wir unnötige Wiederholungen weglassen und veraltetes Vokabular eindeutig gemacht haben. Wir haben uns auch entschieden, bei den Ortsnamen der aktuellen Form den Vorzug zu geben.

Da die Übersetzungsarbeit zwischen den beiden Herausgebern aufgeteilt war, wird man womöglich einige oberflächliche Stilunterschiede finden. Wir hoffen, dass dadurch nicht die Freude an einem Text geschmälert wird, der sowohl historisch interessant ist als auch literarische Qualitäten aufweist und bei dem allein seine prächtige Handschrift, die wir hier reproduziert haben, rechtfertigen würde, dass er endlich allen zur Verfügung gestellt wird.

Thierry Delcourt (1959–2011), ehemaliger Generalkonservator und Direktor der Handschriftenabteilung der Bibliothèque nationale de France

Danielle Quéruel, Professorin für mittelalterliche Literatur an der Université de Reims Champagne-Ardenne

omine ne infurore tuo argnas me neq: ita

DOMINE NE IN FVRORE TVO ARGVAS ME NEQVE IRA

158.

BRIEF AN SULTAN BAJASIT

Der Brief, welchen der Türke dem König schrieb, ist teils in italienischer Sprache, teils in Latein abgefasst, wie hier zu lesen ist, und er bedeutet in unserer Sprache Folgendes:

Sultan Bajasit[1], durch Gottes Gnaden höchster Kaiser von Asien, Griechenland usw. entbietet dem Allergnädigsten und Allerdurchlauchtigsten Herrn, König Karl von Frankreich[2], usw., unserem Allerliebsten Bruder, Gruß und brüderliche Freundschaft.

„Allerliebster König, wir schicken Eurer Durchlaucht unseren Mann, Anthoine de Rericho, der Euch bestimmte Dinge sagen wird, die wir ihm aufgetragen haben. Schenkt ihm Euer Vertrauen als einer zuverlässigen Person, die von uns geschickt wurde, denn alles, was er Euch sagen wird, sind unsere eigenen Worte. Gegeben zu Konstantinopel am 4. Tag des Juli, im Jahr unseres heiligen Propheten 893 und im Jahr des heiligen Jesus Christus 1488", und die Unterschrift an den Allergnädigsten und Allerberühmtesten Herrn, König Karl von Frankreich, unseren Allerliebsten Bruder.

Es ist festzustellen, dass der Originalbrief auf einem doppelten, zusammengeklebten Papier geschrieben ist, glatt wie eine Spielkarte, aber weit weniger dick. Er ist der Länge und der Breite nach gefaltet, wie in der Mitte des folgenden Blattes dargestellt. Und er hatte drei Verschlussstellen aus gut verteiltem Siegellack, der an beiden Enden des Briefes und in der Mitte wie Leim haftete. Und auf jeder war ein Siegelabdruck mit dem Zeichen des Türken, genau so eines wie das am Kopf des Briefes. Und es war keine Unterschrift darauf. Dann gab es einen Umschlag aus ähnlichem geklebtem und glattem Papier, das an drei Stellen verschlossen und versiegelt war wie das andere. Und auf diesem Umschlag befand sich die Unterschrift des Briefes. Und das goldene Siegel ist das Handsiegel des Türken. Außerdem ist der Brief in der Originalgröße und ohne Zusätze abgebildet, wie man sehen kann.

Serenissimo et excellentissimo dno Carulo Francie Regi etc
fratri nro Carissimo

Sultambaiasit dei gratia maximo Jmperatore asie grenezi
serenissimo et excellentissimo dno Carulo Regi Francie etc
fratello nro carissimo salutem et fraternam amicitiam
Serenissime rex mandamo al serenita Vostra el nro homo
Anthomio Rericho. el qualle referira alcune chose che ly
aueme comesso. date ly fede come a persona fedata mandate
de noy. Et tuto quello. chelly dira. sono parolle nostre. Ex
constantinopoli die quarta mensis Jullij Anno dni nostri
prophete. 893. Et anno dni christi. 1488.

Sébastien Mamerot

DIE FAHRTEN NACH OUTREMER, UNTERNOMMEN VON DEN FRANZOSEN GEGEN DIE TÜRKEN SEIT KARL DEM GROSSEN BIS 1462

Die Fahrten nach Outremer, welche die Könige Frankreichs und andere französische Fürsten und Herren gegen die Türken und andere Sarazenen und Mauren jenseits des Meeres unternahmen.

I. Wie die Heilige Stadt Jerusalem den Christen von den Sarazenen weggenommen wurde.

II. Wie die Botschafter und Gesandten des Kaisers von Konstantinopel und des Patriarchen von Jerusalem nach Paris zu Karl dem Großen kamen.

III. Wie Karl der Große in Konstantinopel ankam und die große Ehre, welche Kaiser Konstantin und sein Sohn Leo ihm erwiesen.

IV. Wie Kaiser Konstantin eine große Fülle von Gold, Silber, Seidenstoffen und anderen Kostbarkeiten zusammentragen ließ.

V. Wie die heiligen Reliquien der Passion Unseres Herrn Jesus Christus, welche in Konstantinopel waren, gefunden wurden.

VI. Wie Papst Urban, der zweite dieses Namens, nach Frankreich kam.

VII. Wie Walter Sans-Avoir, welcher eine große Schar von Pilgern durch verschiedene Länder führte, Ungarn durchquerte.

VIII. Wie die beiden Heere von Peter dem Einsiedler und von Walter Sans-Avoir beinahe gänzlich vernichtet wurden.

IX. Wie ein deutscher Priester in Deutschland den Kreuzzug predigte.

X. Wie Herzog Gottfried von Lothringen, später König von Jerusalem, ein großes Heer zusammenführte, um die Stadt Jerusalem zurückzuerobern.

XI. Wie Kaiser Alexios unter dem Vorwand der Mildtätigkeit Gottfried von Bouillon und sein Heer einzuschließen gedachte.

XII. Wie Bohemund, Fürst von Tarent, und Tankred, sein Neffe, welche in sehr hohem Ansehen standen, sich auf den Weg machten.

XIII. Wie Raimund, Graf von Toulouse, und Adhemar, Bischof von Le Puy, sich auf den Weg machten.

XIV. Von der Beschaffenheit, der Lage und den Befestigungsanlagen der Stadt Nicäa.

XV. Wie Suleiman beabsichtigte, Bohemund und Tankred zu überraschen, welche sich ein wenig entfernt hatten.

Kleine Abhandlung mit dem Titel „Von den Fahrten der Franzosen nach Outremer gegen die Türken und andere Sarazenen und Mauren jenseits des Meeres".

Während der Waffenruhe, die in diesem Jahr 1472 herrscht, sind neue Klagen bezüglich der schlimmen Machenschaften, Ausschreitungen und Eroberungen gekommen, die im Heiligen Land und den christlichen Ländern vom Feind allen Christentums, Mahomet, auch der Großtürke genannt, verübt wurden, welcher, da er nach seinem Dünken noch nicht genügend große Eroberungen gemacht hatte, als er sich der allervortrefflichsten Städte Konstantinopel und Trapezunt[3] und mehrerer Provinzen und anderer Städte, Burgen und Teile Griechenlands, die er bereits in sehr großer Zahl unterworfen hatte, bemächtigte, immer noch Tag für Tag danach trachtet, den Namen und den Ruhm der Christen auszurotten, indem er fortwährend große Heere aufstellt, um das Volk der Christenheit mit neuen Eroberungen zu überziehen, wie diejenigen sagen, die wissen, auf welche Art und Weise er sich bei seinen letzten Eroberungen aufgeführt hat. Deshalb hat mein hoch zu verehrender Herr, Herr Louis de Laval, Herr von Châtillon im Vendelois und von Guel, Generalstatthalter des gegenwärtig regierenden Königs Ludwig XI.[4] und Gouverneur von Champagne, gewünscht (und wünscht noch), dass ich, Sébastien Mamerot von Soissons, Vorsänger und Kanoniker der Kirche des heiligen Stephan in Troyes, sein Hauskaplan und Diener, die Fahrten nach Outremer in einer vollständigen Abhandlung und in einem Band eigens zusammenstelle, die sowohl von dem allergnädigsten und allerchristlichsten König von Frankreich und römischen Kaiser, dem heiligen Karl dem Großen, auch Charlemagne genannt, und von den anderen Königen, Fürsten, Barone, Rittern, Edelleuten und dem Volk der Franzosen als auch von mehreren anderen Kaisern, Königen, Fürsten und Volk aus verschiedenen Reichen, Provinzen und Ländern aus eigenem Antrieb unternommen wurden, von der heiligen Eroberung Jerusalems durch den allergnädigsten Eroberer Karl den Großen bis zu denen der neuen und neuesten Zeit.

Um meinem hoch zu verehrenden Herrn zu Gefallen zu sein, habe ich den vorliegenden Band in der Stadt Troyes im oben genannten Jahr, am Donnerstag, dem 14. Tag des Januar, begonnen, in der Hoffnung, meinen Herrn so zu unterhalten, wie er es mir aufgetragen hat, zum Ruhme Gottes, zur Ehre und zum Nutzen der Franzosen und aller anderen Christen, welche in Zukunft nach Outremer fahren werden, und in der Absicht, sie von den Unglücksfällen, Gefahren und Schäden zu unterrichten, die in der Vergangenheit jenen widerfahren sind, welche die heilige Reise unternommen haben, und insbesondere vom Heiligen Grab und von Jerusalem, wozu ich die Gnade Gottes und unseres Herrn Jesus Christus samt seiner Hilfe bei diesem Werk erflehe.

„Hiermit schließe ich den Bericht über diese Überfahrten mit
einem Lobpreis Unseres Herrn Jesus Christus, durch dessen Gnade ich,
Sébastien Mamerot, in Soissons gebürtiger Priester und Vorsänger
von Sankt Stephan in Troyes, diese Schrift in Vierzon am Dienstag,
dem 19. April 1474, nach Ostern vollendet habe.“

(FOL. 277VA)

Handschriften, die von einem hochgestellten Herrn in Auftrag gegeben wurden,
begannen insbesondere in den letzten Jahr-
hunderten des Mittelalters zumeist mit einer
Szene, in der der Autor oder Kopist seinem
Herrn das fertige Buch überreicht. Auch in
der Handschrift der Passages d'Outremer
ist dies der Fall. Der Geistliche Sébastien
Mamerot, Kanoniker der Stiftskirche des
heiligen Stephan in Troyes und Sekretär
von Louis de Laval, ist hier in der Bildmitte
dargestellt; er kniet vor dem hohen Herrn,
für den er arbeitet. Mamerot trägt Tonsur
und Ordenstracht und übergibt dem Wid-
mungsempfänger einen geschlossenen, rot
eingebundenen und mit goldenen Schließen
geschmückten Band. Den Mäzen Louis de
Laval erkennt man an seiner roten Houppelande mit geschlitzten Ärmeln, die man
auf all seinen Porträts wiederfindet, zum
Beispiel auf dem Bild, das ihn kniend vor
der Jungfrau mit dem Kind in seinem Stundenbuch (Abb. 2, S. 11) oder im Romuleon
zeigt. Das Wappen des Empfängers unten
im Bild wurde entfernt, doch es findet sich
links oben über das Portal gemeißelt und
außerdem auf den Blättern 19 und 176v. Im
Hintergrund hat Jean Colombe eine ansehnliche Festung an einem Flussufer dargestellt,
die an eine der Burgen Louis de Lavals
erinnert. Hinter ihm ist eine Gruppe von
elegant gekleideten Herren zu sehen. Die
von Jean Colombe ausgeführte Seite ist
prächtig gerahmt von kleinen Szenen, die
Begebenheiten der Kreuzzüge zeigen:
Kriege, Begegnungen, Versammlungen,
Versöhnungen, Friedensschlüsse, Eroberungen – und Kamelreiter. Diese Medaillons
enthalten, in blauen, roten und braunen
Farbtönen abwechselnd, monochrome Bilder, wie sie in der gesamten Handschrift
auftauchen. Mit dieser Rahmung imitiert
der Künstler in Trompe-l'œil einen kostbaren Buchdeckel mit Gemmen und Elfen-
beinschnitzereien in Fassungen aus zielier-
tem Goldblech. Die Initiale, die den Prolog
eröffnet, stellt einen schreibenden Geistlichen dar, eine weitere Anspielung auf Sébastien Mamerots Tätigkeit.

Dont furent institue les passages fais oultre mer par les francois contre les turcs et autres sarrazins et mores oultre marins.

Ce que durant les treves qui convint ce stant .iiii. cccc. lxxi. sont venues nouuelles touchant tes des griefues entrepasses exe

Kapitel I.

Wie die Heilige Stadt Jerusalem den Christen von den Sarazenen weggenommen wurde, die Flucht des Patriarchen von Jerusalem und die Erscheinung Konstantins, des Kaisers von Konstantinopel, und wie die Botschafter nach Frankreich zu Karl dem Großen geschickt wurden.

Als in Frankreich König Karl der Große regierte, geschah es, dass die Sarazenen die Heilige Stadt Jerusalem mit Gewalt einnahmen und dort ein grausames Gemetzel anrichteten unter den Christen, welche die Stadt von jeher innegehabt hatten, seit Kaiser Heraklios sie vom Perserkönig Chosrau zurückerobert hatte. Der hatte sie kurz zuvor eingenommen und hatte von dort das Wahre, heilige Kreuz unseres Herrn Jesus Christus mitgenommen,[5] wovon ich ausführlicher berichtet habe in der Übersetzung und Bearbeitung, die ich vor fünfzehn Jahren von den *Chroniques martiniennes* gemacht habe.

Deshalb zogen sich der Patriarch von Jerusalem namens Johannes, der von großer Heiligkeit war, sowie mehrere Ritter und andere Christen unterschiedlichen Standes, die sich dort aufhielten und zur Zeit der Eroberung dort blieben und die durch Flucht entkommen konnten, nach Akkon, Antiochia und in andere von den Christen gehaltene und bewachte Städte und Burgen Syriens zurück. Und wenig später reiste der Patriarch aus diesem Land Syrien ab, zusammen mit Johannes, Bischof von Neapel (der manchen zufolge nur Priester war), und David, Erzpriester von Jerusalem, und kam schnell nach Konstantinopel zu Kaiser Konstantin, den fünften dieses Namens, und seinem Sohn Leo IV., der später ebenfalls Kaiser und der Gemahl von Kaiserin Irene wurde, deren beider Sohn Konstantin VI. war.[6] Dieser wurde dann im siebten Jahr seiner Regierung von der besagten Irene, seiner Mutter, geblendet. In der Folgezeit regierte sie nur vier Jahre, bis sie schließlich von Nikephoros[7] ins Exil verbannt wurde, der auf diese Weise das Byzantinische Reich an sich riss und es acht Jahre lang innehatte, jedoch ohne jedes Glück, weder für sich noch für das Reich, das danach lange Zeit von Tyrannen regiert wurde. Aber ich will nicht weiter darüber sprechen, weil das nicht meine kleine Abhandlung betrifft, zu der ich jetzt zurückkehre.

Als Kaiser Konstantin V. den Patriarchen von Jerusalem sah, empfing er ihn mit viel Ehren, Demut und Freude. Als er jedoch von ihm erfuhr, wie die Sarazenen plötzlich die Stadt Jerusalem eingenommen, die meisten Christen, die dort wohnten, getötet und die Kirche des Heiligen Grabes und andere heilige Stätten geschändet hatten und wie sie die

Stadt noch stärker befestigt hatten, in der Hoffnung, sie zu halten und von dort aus das ganze Land Syrien militärisch zu erobern, wurde er über alle Maßen betrübt. Und als er und alle seine Fürsten und seine anderen Leute, sowohl Kleriker als auch Laien von Konstantinopel, von diesem Unglück hörten, stießen sie unzählige Klage- und Schmerzensschreie aus. Indessen hörten sie alsbald wieder auf, weil sie befürchteten, die Lage zu verschlimmern, falls die Sarazenen und ihre anderen Gegner von ihrem Schmerz erführen und aus diesem Grunde so kühn würden, in ihrer Eroberung noch weiterzugehen und schleunigst über das Meer zu fahren in der Absicht, sie zu überraschen, während sie noch ganz in ihrem Schmerz versunken waren. Und die andere Ursache war die offenkundige Gefahr, in der sie die anderen Städte und die Christen Syriens wähnten, die gleichsam führerlos und schutzlos zurückgeblieben waren.

Deshalb machte Kaiser Konstantin seinem Schmerz ein Ende, hieß alle Schreie und Klagen verstummen und befahl, dass alle Fürsten, Ritter, Ratgeber und Kriegsherren, welche sich in Konstantinopel und in den benachbarten Gebieten befanden, sich in seinem Palast in Konstantinopel, dem Blachernen-Palast[8], einfinden sollten am dritten Tag nach dem Gottesdienst, der in den Kirchen für die Verstorbenen und die Märtyrer gehalten wurde, auf dass er mit ihnen gemeinsam Rat halte, was zu geschehen habe, um die Machenschaften der Sarazenen zu verhindern und die Heilige Stadt Jerusalem wiederzuerlangen; die Griechen folgten diesem Befehl bereitwillig.

Doch in der Nacht vor dem dritten Tag wurde Kaiser Konstantin, der in seinem Bett lag und darüber nachdachte, wie er dem Heiligen Land zu Hilfe kommen, die Sarazenen angreifen und Jerusalem wiedererlangen könnte, und unseren Herrn in dieser Sache um Rat und Beistand bat, vom Schlaf übermannt. Und auf der Schwelle zwischen Schlafen und Wachen hatte er plötzlich die Erscheinung eines sehr schönen jungen Mannes vor seinem Bett, der ein wenig an ihm zog, wie um ihn aufzuwecken und ihm mitzuteilen, was er sagen wollte, und ihn ganz sanft anrief, um ihm Mut einzuflößen. Dieser sprach zu ihm: „Konstantin, du hast zu Unserem Herrn gebetet und ihn ersucht, er möge dir Hilfe schicken. Das tut er in diesem Augenblick. Rufe Karl den Großen, König von Gallien und Frankreich, welcher der Beschützer und Verteidiger der Kirche Gottes ist." Dann sprach er weiter: „Hebe die Augen auf und schau zum Himmel."

Als der Kaiser ihm gehorchte, erblickte er oben in der Luft einen ganz mit einem Panzerhemd und stählernem Beinzeug gerüsteten Ritter, der am Hals einen roten Schild trug und mit einem Schwert mit rotem Griff gegürtet war. Er hielt in der linken Faust eine weiße Lanze, deren Spitze ständig lodernde Flammen warf. Und in der Hand hielt er einen goldenen Helm. Und wie Kaiser Konstantin diesen Ritter aufmerksam betrachtete, fand er ihn sehr schön, von hoher Gestalt, schon alt, mit einem langen, dichten Bart, mit ganz

DIE EROBERUNG JERUSALEMS DURCH DIE SARAZENEN (638).
TRAUM KONSTANTINS V.

„Als in Frankreich König Karl der Große regierte, geschah es,
dass die Sarazenen die Heilige Stadt Jerusalem mit Gewalt einnahmen
und dort ein grausames Gemetzel anrichteten unter den Christen."

(FOL. 6B)

Die Seite, mit der das erste Kapitel der Passages *d'Outremer* beginnt, ist reich verziert. Die gesamte Rahmung am rechten Seitenrand ist durch ein architektonisches Element aus Rundbögen strukturiert, die von fein gewundenen Säulen gestützt werden; ihre Kapitelle sind mit Statuen bewaffneter Männer geschmückt. Die neben und unterhalb des Hauptbildes dargestellten Szenen beziehen sich auf bedeutsame Episoden, die Mamerot beschreibt: die Engelserscheinung Konstantins V. im Schlaf und die Vision eines stattlichen bewaffneten Ritters mit weißem Bart, der einen Schild mit weißem Kreuz auf rotem Grund trägt – sie verheißt die Ankunft Karls des Großen; die Botschaft, die dem abendländischen Kaiser gesandt wird mit der Bitte, Konstantin Beistand zu leisten, sowie der Ritt Karls des Großen nach Konstantinopel. Die Hauptszene deutet an, wie Jean Colombe die meisten Illustrationen dieser Handschrift aufbaut: Im Vordergrund zeigt er eine kriegerische Szene, die ein wichtiges Ereignis zum Thema hat. Dahinter gestaltet er eine architektonische Kulisse – eine Stadt oder eine Festung –, die die Gefahren in den Gebieten von Outremer heraufbeschwört. Und im Hintergrund fließt das Bild schließlich in einer Landschaft mit Wiesen, Felsen und Meer aus. Das Schlachtengetümmel im Bildvordergrund stellt dar, wie die Sarazenen einen erbitterten Kampf gegen die Christen führen; Letztere erkennt man am Kreuz, das sie – ein Anachronismus – auf ihrer Rüstung tragen. Leichen von Gefallenen auf dem Boden vermitteln einen Eindruck von der Heftigkeit der Kämpfe. Es handelt sich in dieser Darstellung um die Eroberung Jerusalems durch die Sarazenen. Die Stadt ist hier als mächtige Festung wiedergegeben. Für Sébastien Mamerot markiert die Einnahme Jerusalems durch die Araber im Jahr 638 den Beginn jener langwierigen Konflikte, die Ritter und Edelleute des Abendlandes dazu bewegten, zum Kreuzzug aufzubrechen, um die Heiligen Stätten zurückzuerobern. Solche Szenen haben wenig mit der historischen Realität gemein: Die Eroberung Jerusalems fand ein Jahrhundert vor der Regierungszeit Konstantins V. statt, der wiederum vor der Kaiserkrönung Karls des Großen starb.

Comment la saincte Cite de Iheru
salem fut prinse sur les xpiens
par les sarrazins. La fuitte du
patriarche de Iheim et Hugon de
constantin empereur de consta
tinople et come ses ambassades
furent envoies en france a char
lemaigne. Premier chapitre.

Lors que regnoit en
france le Roy saint
charles le grant
communement ap
pelle Charlemaigne. Aduint que
les sarrazins prent par force la
sainte Cite de Iheim. En la cite
Ilz firent cruelle tuerie des xpiens

85

weißem Haupthaar und mit Augen, die wie zwei Sterne funkelten und blitzten. Und er staunte über dessen Schönheit und Blick.

Da entschwand der Engel, und Konstantin erwachte, traurig über sein Fortgehen, doch er hatte die Erscheinung ganz in seinem Gedächtnis. Also erhob er sich, und nachdem er die Messe gehört hatte, betrat er den großen Saal, wo der Patriarch von Jerusalem und der größte Teil der griechischen Fürsten, Ritter, Ratgeber und Kriegsherren versammelt waren. Nachdem sie über die verschiedenen Wege diskutiert hatten, wie man Jerusalem zurückgewinnen könne, je nachdem, welchen jeder für den besseren hielt, erzählte er in ihrer Gegenwart seine gesamte Erscheinung, bat sie dabei um ihr Urteil und ihren Rat und erklärte außerdem, dass der Ruf, die Kraft, die Tapferkeit und die Siege Karls des Großen über allen anderen im ganzen Orient und Okzident stünden. Dies bestätigten ihm mehrere Ritter, die in jenem Rat saßen und in Frankreich gewesen waren, wo sie Karl den Großen und einen Teil seiner Gefechte erlebt hatten; sie sagten, er habe dieselbe Größe und Gestalt wie der Ritter, den er, wie er ihnen sagte, gesehen hatte und den er zu Hilfe rufen sollte. Und während er seine Erscheinung bekräftigte, begannen sie von den großen Heldentaten, der Tapferkeit und den Eroberungen zu berichten, die König Karl der Große bereits in großer Zahl gemacht hatte. Und sie sprachen so viel davon, dass der Kaiser, nach seiner Erscheinung wohl wissend, dass sie die Wahrheit sagten und dass König Karl der Große mit seiner vielgerühmten Tapferkeit alle anderen Fürsten übertraf, dergestalt, dass er im ganzen Orient gefürchtet und geliebt wurde, zu dem Schluss kam, er solle ihrer Meinung folgen.

Und ihrem Rat und ihrer Meinung und denen aller anderen folgend, setzte er einen Brief auf, der alle Zeichen der Echtheit trug, in Gestalt einer mit seinem großen Siegel versiegelten Epistel, die er mit eigener Hand schrieb und unterzeichnete, um sie dem berühmten König Karl dem Großen zukommen zu lassen. Und der Patriarch tat dasselbe und schrieb einen weiteren Brief, ebenfalls mit eigener Hand, den er mit seinem Siegel zeichnete, um ihn dem König gleichfalls zukommen zu lassen. Jeder dieser Briefe hatte die Geschehnisse zum Inhalt, die sich in Jerusalem zugetragen hatten, sowie Kaiser Konstantins Erscheinung; sie unterschieden sich nur im Titel desjenigen, der ihn schickte, und in der Art, wie jeder gemäß seinem Stand schrieb, wobei beide König Karl den Großen sowohl durch ihre Briefe als auch durch den Mund ihrer Botschafter mit demselben Schlusssatz inständig baten, er möge das Heilige Land und die Heilige Stadt Jerusalem retten und helfen, die Beleidigung Unseres Herrn Jesus Christus und seines Christenvolkes zu rächen, insbesondere die Schmach, welche die Sarazenen dem heiligen Patriarchen angetan hatten, indem sie ihn von dem Heiligen Stuhl in Jerusalem verjagten, dessen erster Bischof seine Heiligkeit Jakobus der Jüngere gewesen war, entsprechend der

Anweisung Unseres Herrn und seiner Apostel. Und vor allem der Kaiser versicherte ihm, er solle nicht daran zweifeln, dass diese Erscheinung von Unserem Herrn gekommen sei, noch glauben, dass er sie erfunden habe, um seine Hilfe und seinen Beistand zu bekommen; er erklärte vielmehr, den König wahrhaftig gesehen zu haben, wie er Unserem Herrn folgte, und dass er ihm nicht aus Mangel an Mut schreibe noch ihn um Hilfe bitte, weil er Leute oder Ritter brauche. Denn er hatte bereits früher über die Heiden gesiegt mit weniger Leuten, als er danach hatte, und er hatte sie siebenmal aus Jerusalem vertrieben, während sie dreimal mehr Leute hatten als er, und hatte sie dennoch siebenmal auf dem Schlachtfeld geschlagen.[9] So war klar, dass er sich an ihn wandte, um Unserem Herrn und der Erscheinung, die er ihm gezeigt hatte, Folge zu leisten. In Anbetracht dieser Umstände möge er eilends herkommen und den Anweisungen Unseres Herrn folgen, um sich nicht durch zu langes Säumen schuldig zu machen, und er möge sich dessen Gebot nicht widersetzen.

Als diese Briefe und Anliegen also geschrieben und verfügt waren, wählten der Kaiser und der Patriarch vier Hauptboten und -botschafter aus, zwei lateinische und zwei hebräische. Die lateinischen waren die bereits erwähnten Johannes, Bischof von Neapel, und der Erzpriester David, die hebräischen waren Samuel und Isaak. Nachdem sie die Briefe erhalten hatten und wohl unterwiesen worden waren, was sie nach dem Befehl des Kaisers und des Patriarchen zu sagen und zu tun hatten, machten sie sich so bald und so unmittelbar, wie sie konnten, auf den Weg nach Frankreich und zu König Karl dem Großen.

Kapitel II.
Wie die Botschafter und Gesandten des Kaisers von Konstantinopel und des Patriarchen von Jerusalem nach Paris zu Karl dem Großen kamen, der sie mit großen Ehren empfing. Das große Mitgefühl, das er wegen des Verlusts von Jerusalem zeigte. Das Edikt, das er zu dessen Rettung erließ. Das große Heer, das er aufstellte, und wie er seinen Weg verfehlte und auf wundersame Weise wiederfand.

Die Gesandten und Botschafter des Kaisers Konstantin und des Patriarchen von Jerusalem reisten durch Deutschland, und die erste Stadt in Frankreich, die sie erreichten, war Reims, wo sie, wie man ihnen unterwegs, als sie noch in Deutschland waren, gesagt hatte, König Karl den Großen finden würden. Das war nicht der Fall, denn er war kurz zuvor aufgebrochen und hatte in aller Eile einen Teil seines Heeres in die Auvergne geführt, gegen einige Fürsten dieses Landes, die sich gegen ihn erhoben und sich seinen Befehlen widersetzt hatten. Und aus diesem Grunde wollten die Botschafter ihm nachreisen, aber sie vermochten es nicht wegen eines Kopf- und Leibschmerzes, der dem Bischof Johannes von Neapel so sehr zusetzte, dass sie zwei Tage lang in Reims bleiben mussten. Nach Ablauf dieser zwei Tage, als der Bischof Johannes die Reise verkraften konnte, brachen sie auf, folgten aber Karl dem Großen nicht unmittelbar, zum einem, weil er ihnen bereits weit voraus war, zum anderen wegen der Krankheit und Schwäche von Bischof Johannes. Und um diesem zu helfen, reisten sie in kleinen Tagesetappen langsam weiter bis nach Saint-Denis in Frankreich, wo sie ihre Gebete verrichteten, in Andacht den Reliquien und der Abtei einen Besuch abstatteten und so lange dort verweilten, bis sie erfuhren, dass König Karl der Große die Burg eingenommen habe, auf die sich die Gegner, gegen die er mit einem Teil seines Heeres zu Felde gezogen war, zurückgezogen hatten, dass er bereits auf dem Rückweg sei und bald in Paris sein werde. Die Botschafter und Gesandten waren darob sehr froh.

Aus diesem Grund reisten sie, nachdem sie sich drei Tage dort aufgehalten hatten, ab und kamen dem König entgegen, den sie just in dem Augenblick trafen, als er in Paris einzog. Indem sie vor ihm niederknieten und ihn im Namen des Kaisers und des Patriarchen von Jerusalem voller Hochachtung grüßten, überreichten sie ihm ihre beiden Briefe. Als Karl der Große ihre Grüße vernahm und von wem sie ihm geschickt wurden, bereitete er ihnen einen höchst ehrenhaften Empfang, zur großen Ehre und großen Freude. Und er öffnete in ihrer Gegenwart unverzüglich die Briefe und las sie Wort für Wort sehr eingehend und ohne ein Wort zu sprechen, jedoch nicht ohne dass sich ihm die Augen mit Tränen füllten und dass er eine große Freude und einen großen Schmerz empfand: Freude, weil der Ruhm seiner Taten, seiner Tapferkeit, seiner glorreichen Siege und seiner Triumphe sich bis nach Griechenland, Jerusalem und im ganzen Orient verbreitet hatte, und Schmerz, weil die Heilige Stadt Jerusalem und das Heilige Grab von den grausamen und unmenschlichen Feinden des heiligen katholischen Glaubens mit Schmutz und Schande bedeckt worden waren.

Er begann nun aus Mitleid zu weinen und gab die Briefe Turpin, dem Erzbischof von Reims, den er herbeirief, und hieß ihn, sie laut auf Französisch vor allen zu verlesen. Was Erzbischof Turpin sogleich tat, indem er sie sehr klar übersetzte, so dass die Fürsten, Prälaten, Barone, Ritter, Edelmänner, Kriegsleute, Berater und alle anderen Franzosen, die beim König waren, als sie die Briefe, die traurigen Neuigkeiten und die schmerzlichen Begebenheiten in der Heiligen Stadt Jerusalem vernommen hatten, von einem gewaltigen Zorn und von Rachegelüsten ergriffen wurden und alle im Chor sehr laut und mit einer Stimme anhoben:

> *„Und wie Kaiser Konstantin diesen Ritter aufmerksam betrachtete,*
> *fand er ihn sehr schön, von hoher Gestalt, schon alt, mit einem langen, dichten Bart,*
> *mit ganz weißem Haupthaar und mit Augen, die wie zwei Sterne*
> *funkelten und blitzten. Und er staunte über dessen Schönheit und Blick."*
>
> (FOL. 7B)

Auf dieser Seite sind die Illustrationen erstmals nach dem Schema angeordnet, das sich durch die gesamte Handschrift zieht: Eine große Hauptszene nimmt das gesamte obere Register ein, eine oder zwei kleinere Nebenszenen sind im unteren Register platziert. Nach seinem Traum, in dem ihm Karl der Große als Gestalt der Vorsehung erschienen war, entsandte der byzantinische Kaiser Konstantin V. vier Emissäre, zwei Lateiner und zwei Hebräer, um die Fürsten des Abendlandes über die Eroberung Jerusalems zu unterrichten. Sie trafen Karl den Großen mit Heer bei seinem Einzug in Paris an. Jean Colombe verwendet auf die Darstellung der Kathedrale Notre-Dame besondere Sorgfalt; man erkennt sie leicht an den beiden hohen Türmen, die die Dächer der Stadt überragen. In der Bildmitte ist Karl der Große in Rüstung zu Pferde und, der Abbildungstradition folgend, als alter Mann mit weißem Bart dargestellt. Amt und Würden des Kaisers werden durch den Mantel, den er um die Schultern trägt, und die blaue, mit Lilienmotiven geschmückte Pferdedecke symbolisiert. Die byzantinischen Emissäre knien vor ihm nieder, angeführt von einem Geistlichen, bei dem es sich vermutlich um Johannes, den Bischof von Neapel, handelt. Dieser scheint Karl einen Brief zu überreichen, in dem er um Beistand bei der Befreiung des Heiligen Landes gebeten wird. Die untere Miniatur zeigt den Herrscher des Frankenreiches, wie er seine Truppen inspiziert – eine Demonstration seiner Macht und Autorität. Das Bild unten links ist beschädigt und lässt Zelte erahnen.

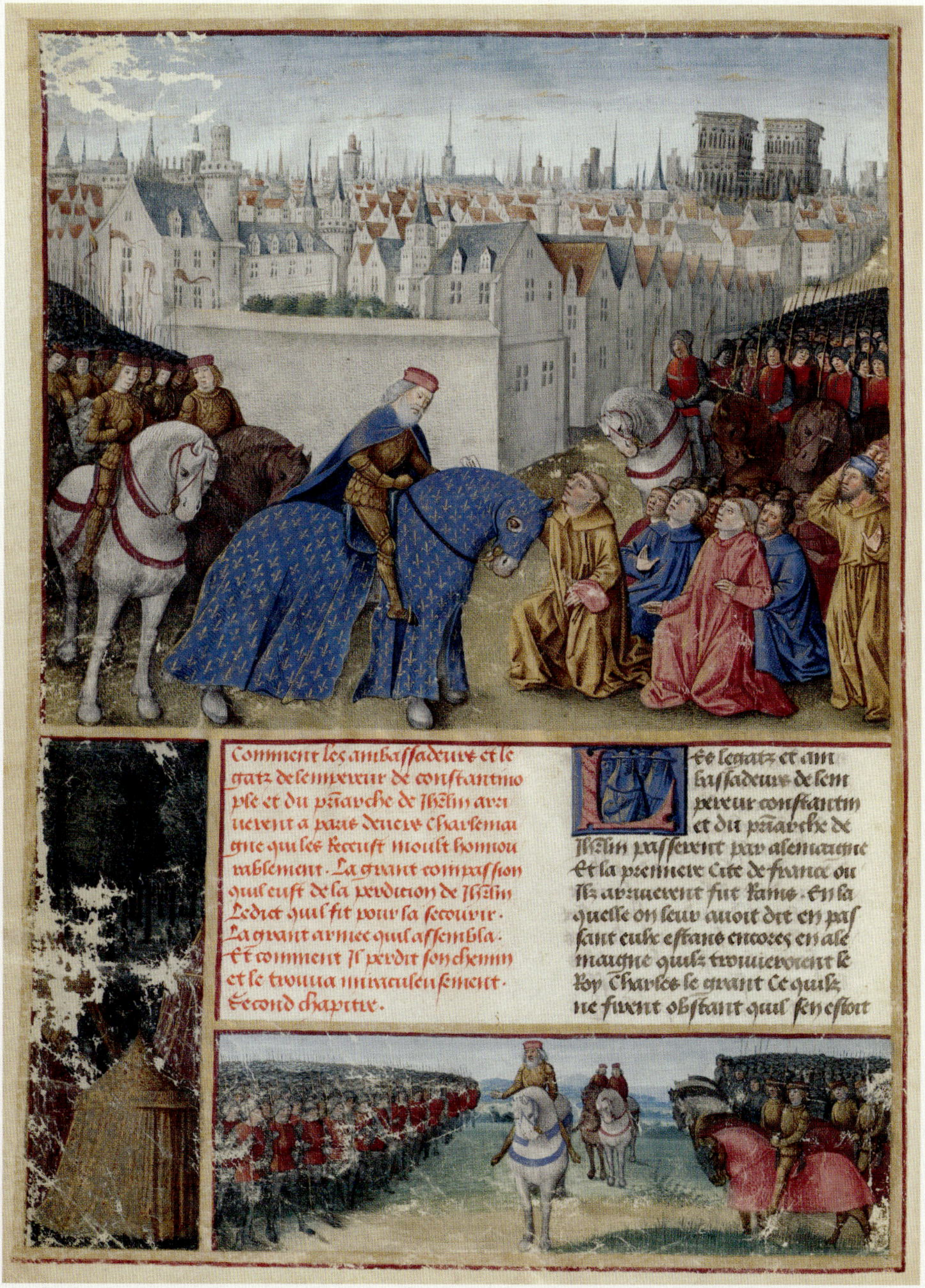

Comment les ambassadeurs et legatz de lempereur de constantinople et du pariarche de Ihlm auierent a paris deuers charlemaine qui les receust moult honnourablement. La grant compassion quil eust de la perdition de Ihlm Ledict quil fit pour la secourir. La grant armee quil assembla. Et comment il perdit son chemin et le trouua miraculeusement. Second chapitre.

Es legatz et ambassadeurs de lempereur constantin et du pariarche de Ihlm passerent par alemaigne et la premiere cite de france ou ilz arriuerent fut Rains. En laquelle on leur auoit dit en passant eulx estans encores en alemaigne quilz trouueroient le Roy Charles le grant Ce quilz ne furent obstant quil sen estoit

93

„Herr König, wenn du glaubst, wir seien zu erschöpft, um die Strapazen einer so großen Reise zu ertragen, schwören wir und versprechen Gott, falls du, der du unser höchster Herr auf Erden bist, dich weigerst, uns zu führen oder mit uns zu kommen, und uns nicht helfen willst, diese Hilfe und Vergeltung zu vollziehen, die zu leisten Gott dir befohlen hat, dann werden wir morgen früh bewaffnet losziehen mit den Botschaftern und Gesandten, die zu dir geschickt wurden, um deinen übergroßen Ruhm noch zu mehren, denn uns scheint – und das ist wahr –, dass uns kein Schaden zugefügt werden kann, alldieweil Gott uns führen will."

Und als König Karl der Große, der von ganzem Herzen wünschte, das Hilfeersuchen des Kaisers Konstantin und des Patriarchen zu erfüllen, verstand, dass die Stimmen, die Ermutigungen, die Versprechen und die Bittgesuche aller Fürsten, Prälaten, Ritter, Berater und Kriegsleute mit seinem Wunsch übereinstimmten und dass sie alle in dem Willen vereint waren, das zu tun, was er beabsichtigte, ließ er jeglichen Schmerz fahren, und indem er ihnen von ganzem Herzen dankte, erließ er ein Edikt, das er auf der Stelle überall in seinem Reich als immerwährendes Gesetz verkünden und bekanntmachen ließ, dass jeder Mann, der ihm Gehorsam schuldete, ob jung oder alt, wenn er denn Waffen tragen konnte, sich mit den notwendigen Waffen versehen und ihm ohne jede Ausflucht auf diese Reise folgen sollte und dass alle diejenigen, die ihm nicht folgten und seinem neuen Edikt und Gebot nicht gehorchten, jedes Jahr – und jeder ihrer Nachkommen auf immer – vier Denare als Tribut zahlen sollten.

Als dieses Edikt im Königreich Frankreich kund und zu wissen war, setzte sich ein riesiges Heer in Bewegung, wie man es so stark und groß, so mutig und dem eigenen freien Willen folgend niemals zuvor gesehen hatte. Aus diesem Grunde entschloss sich der hochberühmte König Karl der Große, sein Heer so weit wie möglich auf dem Landweg zu führen. Er machte sich auf den Weg und zog durch Deutschland, Ungarn, Bulgarien und die anderen Länder und Reiche, die jenseits des Flusses Donau[10] liegen, in Richtung Konstantinopel. Und in all diesen Reichen und Ländern, hier wie dort, fand sich kein König, Fürst oder Mann des Volkes, der es gewagt hätte, ihn am Vorrücken zu hindern oder sich ihm in den Weg zu stellen; im Gegenteil, sie kamen ihm alle mit großer Ehrerbietung und großem Respekt entgegen und versorgten ihn und sein großes Heer sehr bereitwillig mit Lebensmitteln jeder Art und allem, was er brauchte. So führte er sein ganzes Heer ungehindert bis nach Konstantinopel, nur dass er sich eines Nachts verirrte, während er einen großen Wald durchquerte, der sich über gut zwei Tagesreisen oder mehr erstreckte, den er jedoch in einem Tag durchqueren zu können glaubte, und in dem viele gefährliche Tiere lebten, die Menschen fraßen. Insbesondere lebten dort Greife, Bären, Löwen, Tiger und viele andere, welche schrecklich anzusehen und anzuhören waren.

Als das Heer also so lange weiterzog, bis es dunkle Nacht war, setzte ein so starker und so lang andauernder Regen ein, dass die Anführer von den Wegen und Pfaden abkamen und nicht mehr wussten, wohin sie sich wenden sollten. Dies taten sie Karl dem Großen kund, welcher, als er sah und erfuhr, dass seine Leute ganz nass und erschöpft waren und es in der Dunkelheit der Nacht nicht möglich war, mit Hilfe der Sterne oder auf andere Weise einen sicheren Weg auszumachen, verkünden ließ, ein jeder solle sich beeilen, die Zelte aufzuschlagen, und sich ausruhen und es sich bequem machen, so gut er könne. Er jedoch zog sich, nachdem sein Zelt aufgeschlagen war, zum Gebet zurück, betete zu Unserem Herrn und sagte Psalmen des Psalters auf. Auf diese Weise verbrachte er einen großen Teil der Nacht schlaflos. Und wie Unser Herr seine tiefe Frömmigkeit sah und dass er die große Reise aus Liebe zu ihm unternahm, wollte er ihn wieder auf seinen Weg bringen. Denn in dem Augenblick, als er bei dem Psalmvers ankam, der da lautet: „Deduc me Domine in semutam mandatorum tuorum quia ipsam volui", das heißt in unserer Sprache: „Führe mich, Herr, auf dem Pfad deiner Gebote! Ich habe an ihm Gefallen." (Und er sagte ihn ganz auf.) Da ertönte die Stimme eines Vogels von dieser Erde, die ihm so laut antwortete, dass diejenigen, die im Zelt vor ihm schliefen, ganz erschrocken und verblüfft vor Verwunderung aufwachten. Sie meinten, das sei das Zeichen dafür, dass ein großes Wunder geschehen sollte, weil die Vögel die Sprache der Menschen sprachen.

Und als Karl der Große mit dem ganzen Psalm zu Ende war, fügte er seinen Gebeten und Bitten noch Folgendes hinzu: „Educ Domine de carcere animam meam ut confiteatur nomini tuo", das heißt: „Herr, führe mich heraus aus dem Kerker, damit ich deinen Namen preise." Der Vogel begann noch lauter und eindringlicher zu rufen als zuvor und sprach: „Franzose, was sagst du?" Und wenn man den Griechen auch nachsagt, dass sie manche Vögel lehren, den Kaiser mit den Worten zu grüßen: „Chere Basileos anithos", was auf Latein heißt „Salve Cesar inclitissime", und in unserer Sprache „Siegreichster Kaiser, Gott grüße dich", sagten die Menschen dieses Landes, sie hätten noch niemals einen Vogel so verständlich sprechen hören. Man muss annehmen, dass dieser Vogel Karl dem Großen in Latein antwortete, einer Sprache, die man in dieser Gegend nicht zu sprechen pflegte.[11] Und man muss zugeben, dass er wie durch ein Wunder sprach und dass er von Gott geschickt war, um Karl den Großen, der sich verirrt hatte, und sein Heer auf den rechten Weg zurückzuführen. Und so geschah es, denn Karl der Große befahl, das ganze Heer solle einen kleinen Pfad nehmen, den der Vogel wies, und indem sie ihm folgten, fanden er und seine Leute anderntags, kurz nach Sonnenaufgang, den Hauptweg, von dem sie abgekommen waren. Und noch heute gibt es in dieser Gegend dergleichen Vögel, die solche Worte zu singen pflegen, wie die Pilger sagen, die auf dem Weg nach Jerusalem dort vorbeigekommen sind. Und Unser Herr führte Karl den Großen nicht nur auf den rechten Weg

zurück, sondern wachte auch darüber, dass weder ihm noch seinen Leuten durch die wilden Tiere dieses Waldes ein Leid angetan wurde. So wie es bei denen, die ihn durchqueren wollten, selten geschah.

Kapitel III.
Wie Karl der Große in Konstantinopel ankam und die große Ehre, welche Kaiser Konstantin und sein Sohn Leo ihm erwiesen. Wie sie zusammen in das Königreich Syrien zogen und die Heilige Stadt Jerusalem zurückeroberten und die Sarazenen mit Waffengewalt daraus verjagten, weil diese sie unlängst den Christen abgerungen hatten.

Als Karl der Große sich der Stadt Konstantinopel näherte, tat er das Kaiser Konstantin kund. Sobald also Konstantin und sein Sohn Leo IV. erfuhren, dass er sich sieben Meilen vor Konstantinopel befand, gingen sie ihm entgegen samt einer sehr schönen und edlen Gesellschaft von Fürsten, Prälaten, Edelleuten und Bürgern der Stadt. Unnütz zu fragen, welche großen Ehren der Kaiser dem edlen und allertapfersten Karl dem Großen erwies und welche großen Freuden sie einander bereiteten, denn es würde zu lange dauern, davon zu erzählen. Die Griechen konnten sich an ihm nicht sattsehen und schauten voller Bewunderung auf Karl den Großen, seine Waffen und seine Gestalt. Und vor allem Kaiser Konstantin, der ihn aufmerksam betrachtete und wusste, dass er derjenige war, der ihm erschienen war, weinte vor Freude so sehr, dass er sich zwar abmühte, sich in Gesten und Worten vor den edlen französischen, griechischen und deutschen Fürsten und Prälaten, dem Patriarchen von Jerusalem und den anderen Fürsten und Prälaten von Syrien, Persien und den verschiedenen versammelten Nationen auszudrücken, bevor er dies jedoch tun konnte, musste er wegen der beständigen Seufzer, die seine Freude in ihm auslöste, lange Atem holen.

Trotz dieser Seufzer erzählte er schließlich laut und deutlich seine Erscheinung, und während er Karl den Großen mehrmals küsste, bestätigte er, dass er der Ritter sei, den er in seiner Erscheinung gesehen habe, ebenso gerüstet, gekleidet und mit einer Lanze und einem Schwert bewaffnet, mit ebender Gestalt und ebender Form des Gesichts, das heißt derjenige, den Unser Herr ihm angekündigt hatte als denjenigen, der die Heilige Stadt Jerusalem von den Heiden zurückerobern sollte. Deshalb führte er, zusammen mit allen anderen, den alleredelsten Karl den Großen durch Konstantinopel und rief mit lauter Stimme und mit außerordentlicher Freude „Heil". Der Klerus und alle Bürger und

Bürgerinnen schritten auf ihn zu, alle sehr reich gekleidet entsprechend ihrem Stand. Und sie führten ihn in ihre Hauptkirche, die von den Menschen in unserer Sprache Heilige Sophia genannt wird, wo die Vorsänger mit unzähligen melodisch tönenden und erschallenden Instrumenten das *Te Deum* sangen. Und nachdem König Karl der Große seine Gebete verrichtet hatte, kamen Kaiser Konstantin und sein Sohn Leo IV. zu ihm und führten ihn mit großer Ehre und unter den Klängen der allermelodischsten Instrumente in den Großen Palast und in die Säle und Räume, die sie hatten herrichten und aufs Schönste schmücken lassen. Sie empfingen und beherbergten ihn und sein Gefolge und ließen Weine und verschiedene Gerichte vom Fleisch in Hülle und Fülle servieren, ebenso seinen Leuten, jeweils ihren Wünschen entsprechend. Und diese bedurften dessen auch wegen der großen Mühen und Entbehrungen, die sie während ihrer langen Reise auf sich genommen hatten.

Am nächsten Morgen indessen, sobald es tagte, ging Karl der Große zur Messe, die er jeden Tag zu hören pflegte, und tat Kaiser Konstantin kund, er und sein Heer seien bereit, aufzubrechen und sich auf den Weg zu machen, um die Reise und Wallfahrt zu vollenden, die sie auf sein Ersuchen hin unternommen hatten. Konstantin war darüber sehr erstaunt und konnte aus seiner Sicht das Ansehen, die Tapferkeit und Stärke eines so mächtigen und edlen Königs nicht genug loben, der von einer so langen Reise weder müde noch erschöpft war, sondern sich sogleich wieder auf den Weg machen wollte, ohne auch nur einen Tag Ruhe zu verlangen. Dies erklärte er ihm und bat ihn, zu warten und noch acht oder zehn Tage zu verweilen, sowohl zu seiner eigenen Erholung als auch der seiner Leute. Darauf antwortete Karl der Große, und das war die Wahrheit, er habe, während er noch in Frankreich war und sich auf den Weg machen wollte, als er vom Unglück des Heiligen Landes erfuhr, versprochen und geschworen, sich ohne Not nirgends länger als drei Tage aufzuhalten, bis er die Heilige Stadt Jerusalem erblicke. Und er bat den Kaiser, sich zu freuen, ihn aufbrechen und das Ersehnte vollenden zu sehen.

Darauf wagte Kaiser Konstantin, der sein Sehnen kannte und verstand, ihm nicht mehr zu widersprechen und ließ verkünden, sein Heer, das er seit langem in Bereitschaft gehalten hatte, als er Karl den Großen erwartete und von seinem Kommen Kenntnis erhielt, mache sich ebenfalls auf den Weg und reite an der Spitze, weil seine Leute das Gelände und die Gegenden kannten, durch die sie ziehen mussten. Nachdem dieser Befehl ergangen und bekannt gemacht war, brachen die beiden Heere in schönster Ordnung auf. Und Unser Herr breitete seine Gnade über die Christen aus, dergestalt, dass man keine Schriften findet, die von irgendeinem Widerstreit, sei es auf dem Hinweg, an Ort und Stelle oder auf dem Rückweg, zwischen den beiden Heeren berichten, und auch nicht zwischen Einzelnen beim Teilen der Beute, die nach ihrem Sieg sehr groß

ANKUNFT KARLS DES GROSSEN IN KONSTANTINOPEL.
KARL DER GROSSE IM PALAST KONSTANTINS

„Darauf antwortete Karl der Große, und das war die Wahrheit,
er habe, während er noch in Frankreich war und sich auf den Weg machen
wollte, als er vom Unglück des Heiligen Landes erfuhr, versprochen
und geschworen, sich ohne Not nirgends länger als drei Tage aufzuhalten,
bis er die Heilige Stadt Jerusalem erblicke.“

(FOL. 12A)

Jean Colombe stellt hier die Ankunft Karls des Großen in Konstantinopel dar. Er wird an den Toren der Stadt von Konstantin V. und seinem Sohn, dem späteren Leo IV., empfangen, die an der Spitze eines Triumphzuges stehen. Die Freude, die in der Hauptstadt des Byzantinischen Reiches herrscht, wird durch die Anwesenheit edler Damen unterstrichen, durch die Prälaten, die dem Kaiser in einer Prozession aus der Stadt entgegenkommen, sowie die Bürger, die sich versammelt haben, um ihm zu huldigen. Das untere Register zeigt die beiden Kaiser und ihr Gefolge in einem riesigen Saal des Palastes, erhellt von Fenstern, die den Blick auf eine maritime Landschaft freigeben. Eine Decke auf einem großen Tisch und die Anwesenheit eines Truchsesses vermitteln den Eindruck, dass ein Bankett zu Ehren Karls des Großen stattgefunden hat. Das Bild rechts – es ist beschädigt – lässt eine Kirche, wahrscheinlich die Hagia Sophia, erahnen, in der ein Gottesdienst abgehalten wird.

et festorement quil sentre=
rent les ungs aux autres. Car
trop sonore chose seroit a rac=
ter les chiers ne se pouorent si
ouler de redarder et contem=
pler en mervevieuse admira=
tion charlemaigne ses armee
et sa facon. Et sur eulse tous

Lempereur constantin se quel
ploroit si tres fort de la grant
ioye quil auoit le regardant en
tentement et rekonnhoissat
que cestoit testin propre quil
auoit veu en vision. Que cobien
que par signes = parolles se for=
tast de le declarer deuat les nobles

war, wohingegen sich früher häufig unzählige Fälle von Zwietracht und Streit ereignet hatten (wie sie sich auch in der Folge noch ereignen sollten), wenn mehrere Nationen in dieser Weise vereint waren. Jedoch waren diese Nationen oftmals kleiner, sowohl was die Anzahl der Menschen als auch die Unterschiede in Sitten, Gebräuchen und Sprachen betrifft, und mehrere von ihnen gingen unter, gelegentlich ganz und häufiger teilweise, wenn sie sich ergaben und in den Ländern blieben, die sie erobern wollten oder mit viel Mühe und Anstrengung schon beinahe erobert hatten, oder auch, wenn sie von dort zurückkehrten.

Kurz gesagt, die beiden Kaiser und ihre beiden Heere gelangten heil und unversehrt vor die Heilige Stadt Jerusalem, die sie belagerten und einkesselten und so heftig und ununterbrochen angriffen, dass sie sie im Sturm nahmen, trotz der Vielzahl von Sarazenen und Heiden verschiedener Nationen, die in der Stadt waren und sie erst kurz zuvor, wie ich bereits sagte, mit Waffengewalt von den Christen erobert hatten und die sie derart befestigt, mit Nachschub versorgt und ausgerüstet hatten, dass sie sie gegen den Rest der Welt zu verteidigen gedachten. Doch darin täuschten sie sich, denn sie kamen alle durch das Schwert um oder wurden durch verschiedene Marter getötet, aus Rache für die grausamen Taten und unmenschlichen Behandlungen, welche diese zuvor begangen hatten, als sie einen großen Teil der Christen, die dort wohnten, getötet und die Kirche zum Heiligen Grabe Unseres Herrn Jesus Christus und die anderen Kirchen und heiligen Stätten der Heiligen Stadt Jerusalem besudelt und beschädigt hatten. Und nachdem das große Gemetzel an Sarazenen und Heiden vorüber war, führten der König und der Kaiser ihre zwei Heere durch das ganze Königreich von Syrien und von Jerusalem, und innerhalb kurzer Zeit eroberten sie mit Waffengewalt alle Städte und Orte zurück, welche von den Heiden besetzt waren, die sie alle mit dem Schwert töteten, einen nach dem anderen, wie sie sie an den eroberten Orten fanden. Und nachdem auch diese Eroberung vollbracht war, kehrten sie in die Stadt Jerusalem zurück, die sie wieder instand setzen und so sehr befestigen ließen, wie sie nie zuvor gewesen war, und sie setzten den Patriarchen Johannes wieder in sein Amt ein und alle anderen Kirchenleute in ihre Ämter und Würden sowie die Adligen und Laien in ihre Erbgüter und Lehnsherrschaften. Nachdem dies alles geschehen war und die Kirchen wiederaufgebaut waren und sie sie von neuem übergeben und unter Tränen und mit sehr andächtigen Gebeten besucht hatten, machten sie sich mit ihren beiden Heeren wieder auf den Weg und zogen geradewegs nach Konstantinopel, wo sie kurze Zeit später heil und unversehrt eintrafen und unter größter Freude mit Ehre und Jubel empfangen wurden.

Kapitel IV.

Wie Kaiser Konstantin eine große Fülle von Gold und Silber, Seidenstoffen und anderen Kostbarkeiten zusammentragen ließ und wünschte, dass Karl der Große und seine Leute nach ihrem Belieben davon nehmen sollten. Doch als Karl der Große solches zurückwies und von Kaiser Konstantin genötigt wurde, um der Liebe zu Gott willen Geschenke anzunehmen, bat er um Reliquien der Passion Unseres Herrn, was der Kaiser ihm gewährte.

Da Konstantin glaubte, er könne Karl den Großen feiern und länger halten, damit dieser mit seinem Heer noch in Konstantinopel bleibe, ließ er von überall alles zusammentragen, wovon er meinte, dass es ihm Freude bereiten würde. Und er freute sich außerordentlich, dass er in seiner Hauptstadt einen so herausragenden und mächtigen Herrscher hatte, und schätzte, dies werde überall, wo man erfuhr, dass er diesen herausragenden Eroberer gefeiert, geehrt und geliebt hatte, stets seine Ehre mehren. Allerdings währte seine Freude nicht lang, denn wenige Tage später befahl König Karl der Große den Fürsten und den wichtigsten Befehlshabern seines Heeres, die Abreise anzukündigen, wie es Brauch war, und sagte, dass ein jeder sich auf der Stelle um seine Angelegenheiten kümmern solle und dass er beabsichtige, sich an dem genannten Tag auf den Weg zu machen und nach Deutschland und Frankreich zurückzukehren. Und am Abend, bevor er abreisen wollte, tat er ihnen, nachdem der Kaiser ihm ein großes Fest mit dem Patriarchen von Jerusalem ausgerichtet hatte, seine Absicht kund. Und er wollte sich von ihnen verabschieden, damit er am nächsten Morgen die Heimreise antreten konnte, wie er es entschieden hatte.

Der Kaiser und der Patriarch waren darüber äußerst betrübt und erklärten ihm, seine Leute hätten eine große Reise gemacht, die einen längeren Aufenthalt rechtfertigte, bevor sie wieder einen so langen Rückweg anträten, auf dem sie durch verschiedene ganz fremde Länder und Gegenden kämen, die sehr gefürchtet waren wegen der wilden Tiere, die dort hausten, ganz zu schweigen von den überaus gefährlichen Flüssen und Übergängen, auf die sie vor der Heimkehr auf ihren Boden und in ihre Länder stoßen würden. Und mit diesen Einwänden, mit ähnlichen Bitten und Ansinnen gedachten Kaiser Konstantin und der Patriarch von Jerusalem, Karl den Großen noch in Konstantinopel zurückzuhalten, in der Hoffnung, ihn noch mehr zu feiern, als sie dies bis dahin getan hatten. Doch er legte ihnen so deutlich dar, mit welchen Angelegenheiten und Notwendigkeiten es die Menschen in seinen Ländern und Reichen aufgrund von Zwistigkeiten unter den Bürgern zu tun haben

KARL DER GROSSE KÜNDIGT KONSTANTIN V. SEINE ABREISE AN.
KARL DER GROSSE WEIST DIE GESCHENKE DES KAISERS ZURÜCK,
NIMMT JEDOCH DIE HEILIGEN RELIQUIEN AN

*„Als Karl der Große von den heiligen Reliquien sprechen hörte,
wurde er unglaublich froh, und während er Kaiser Konstantin
sehr bereitwillig dankte, sagte er ihm, er glaube,
dass Unser Herr ihn veranlasst habe, sie ihm anzubieten."*

(FOL. 14B)

Die detallierte Darstellung städtischer Bauwerke nimmt auf dieser Seite einen bedeutenden Platz ein – wie recht häufig in Jean Colombes Malerei. Das mächtige Stadttor von Konstantinopel füllt beinahe die gesamte linke Hälfte des Hauptbildes und dient als Blickfang. Es ist reich verziert: Nischen umfangen Statuen, die vor mehrfarbigem Hintergrund stehen, farbige Medaillons, die auf dem Stein wie gefasste Edelsteine wirken, bilden Friese und der Rundbogen, der den Durchgang überwölbt, ist oben und an den Seiten mit Skulpturen geschmückt. Die Straße, die zu diesem Tor führt, ist von Fachwerkhäusern gesäumt – ähnlich denen in europäischen Städten des 15. Jahrhunderts –, die zu Ehren Karls des Großen mit Stoffbehängen in kräftigen Farben dekoriert sind. Das Bild illustriert Mamerots Textpassage, in der davon die Rede ist, wie Konstantin an den Straßen herrliche Geschenke ausbreiten lässt, in der Hoffnung, Karl den Großen zurückzuhalten. Die weißen Pferde der beiden Kaiser im Vordergrund erleuchten die Szenerie. Karl der Große weist offenbar mit einer Abschiedsgeste die Geschenke Konstantins zurück. Sein bereits zum Stadtausgang gewendetes Pferd deutet darauf hin, dass der Kaiser zur Abreise entschlossen ist, wohingegen seine Truppen sich auf das andere Stadttor zubewegen. Das linke untere Register zeigt die beiden Kaiser im Palast; Karl der Große hat eingewilligt, noch zu verweilen, um die im kaiserlichen Schatz verwahrten heiligen Reliquien zu sehen. Rechts davon ist dargestellt, wie Karl der Große in einem Saal mit Wänden aus grünem Marmor und Kassettendecke auf einem hohen Sessel sitzt und einem jungen Mann, der ihm von diesen Reliquien erzählt, aufmerksam zuzuhören scheint.

que chascun se veust aide des cho
ses necessaires sur les champs et
que son intencion estoit de soyner
le vint jour quil leur dit au chemin
et retourner en alemaingne et
en france. Et le soir deuant le
matin quil sen voulort departir
apres que lempereur auoit moult
trandement festoie sur le pati

aithe de suivi il leur dit son intenti
on . Et voulort prendre congie
deulx afin que le matin lcuir se
sen prisst retourner ainsi quil a
uoit conclud le faire. Dont lem
pereur et le prince furent co
lent a merueilles leur remonstrit
que ses gens auoient fait tant
bonne et tel quil requerort bien

konnten und hatten, während er so lange fort gewesen war, dass sie ihn nicht mehr zu ersuchen oder ihm zu empfehlen wagten, zu bleiben, auch wenn der Kaiser ihn bat, am nächsten Tag noch dazubleiben. Und Karl der Große, der glaubte, der Kaiser brauche ihn noch wegen geheimer Angelegenheiten, stimmte zu und sagte, er könne seine Abreise gern auf den dritten Tag oder später verschieben, falls es notwendig sei.

Kaiser Konstantin bat ihn um diesen Aufschub, um ihn sowie seine Leute mit großartigen und kostbaren Geschenken zu ehren. Und er zeigte dies sehr wohl, denn er ließ in dieser Nacht und am nächsten Tag und in der darauffolgenden Nacht vor das Tor außerhalb von Konstantinopel und an die Straßen, wo Karl der Große und seine Leute vorbeikommen mussten, in großer Menge Kostbarkeiten wie Streitrösser, Paradepferde, heilige Gegenstände, Falken, Gold- und Seidenstoffe in verschiedenen Sorten und Farben sowie andere Kleinodien und prächtige Geschenke bringen und aufstellen. Als nun der dritte Tag gekommen war, wurde Karl der Große unterrichtet, dass Kaiser Konstantin diese Kostbarkeiten habe zusammentragen lassen, in der Hoffnung, sie ihm zu schenken, während er doch keine dieser Wohltaten annehmen wollte.

Weil er fürchtete, sich der Sünde des Hochmuts schuldig zu machen, wenn er die Geschenke des Kaisers zurückwies, nahm Karl der Große mehrere seiner Prälaten, Fürsten und Berater beiseite und fragte sie, was er tun solle; er wolle ihren Rat befolgen. Einmütig antworteten sie ihm, er müsse von niemandem irgendeine Gabe annehmen für eine Mühsal, die er allein um der Liebe zu Gott willen auf sich genommen habe. Und wenn er und seine Leute einige von diesen Geschenken annähmen, so hätte es den Anschein, als wären sie zur Rettung und Befreiung des Heiligen Landes und der Heiligen Stadt Jerusalem aus Begehrlichkeit und Gewinnsucht und nicht aus Frömmigkeit oder als Pilger gekommen. Als Karl der Große hörte, dass seine Fürsten und Prälaten derselben Meinung waren wie er und ihm zu dem rieten, was er selbst tun wollte, ließ er heimlich allen seinen Leuten, gleich welchen Standes, verbieten, die Geschenke, die dort für sie zusammengetragen worden waren, zu nehmen oder zu behalten, ja sogar nur einen Blick darauf zu werfen.

Es begab sich also, dass, als der dritte Tag gekommen war und Karl der Große sich vom Kaiser, dessen Sohn Leo, dem Patriarchen und den anderen griechischen Fürsten und Prälaten verabschieden wollte, diese ihm versprachen, ihn bis vor das Tor zu führen. So geschah es, trotz all seiner Proteste. Und als sie an den Ort gekommen waren, wo diese Kostbarkeiten lagen, bat Kaiser Konstantin ihn, sehr großzügig davon auszuwählen, so viel er und seine Leute wollten, denn aus diesem Grunde habe er dies alles herbringen lassen. Doch Karl der Große antwortete ihm, dass er und sein Heer hergekommen seien, um himmlische, nicht irdische Güter zu erwerben, und dass sie die Mühsal und die Reise von

Herzen gern ertragen hätten, um die Gnade Unseres Herrn, nicht um weltlichen Ruhm zu erlangen. Als der Kaiser diese Antworten hörte, sagte er ihm, er solle die Kleinodien nicht als Dank für seine Mühe nehmen, sondern um sie den Menschen in seinen Ländern zu zeigen als Zeugnis der Gnade und Barmherzigkeit Unseres Herrn und dafür, wie er in den Gebieten von Jerusalem, Antiochia und Konstantinopel gewesen war. Karl der Große wollte sich keinesfalls darauf einlassen. Als Konstantin nun sah, dass er ihn nicht dazu bewegen konnte, irdische Reichtümer anzunehmen, bat er ihn sehr herzlich und verlangte, indem er ihn durch Schwören und inständiges Bitten verpflichtete, dass er zumindest, um der Ehre Gottes und der Liebe zu Gott willen, zustimmte, noch einige Tage dazubleiben und heilige Reliquien auszuwählen, die sich in seinem, des Kaisers, Schatz befanden.

Als Karl der Große von den heiligen Reliquien sprechen hörte, wurde er unglaublich froh, und während er Kaiser Konstantin sehr bereitwillig dankte, sagte er ihm, er glaube, dass Unser Herr ihn veranlasst habe, sie ihm anzubieten. Er erzählte ihm nun, was er an jenem Tag über die großen Geschenke gedacht hatte, die er ihm machen wollte: Er wollte ihn von ganzem Herzen als Geschenk um ein Reliquiar bitten, das für das Christenvolk im Okzident ein Muster an Frömmigkeit und Andacht sein würde. Und bei dieser Gelegenheit war er seiner Bitte sehr bereitwillig gnädig, sein Ersuchen zu erhören und sich eine Sache auszuwählen, die er auf ehrenhafte und würdige Art mitnehmen könnte. Konstantin freute sich darüber sehr und willigte ein, dass Karl ihn um das bitten sollte, was er wollte, und versprach, dass er es bekommen sollte. Und Karl der Große sagte zu ihm: „Ich bitte dich also, mir eines der Reliquiare der Passion Unseres Herrn Jesus Christus zu schenken, das Gegenstände enthält, die seine Passion und seinen Tod herbeiführten, damit diejenigen in meinem Reich, die nicht hier herkommen können, die Erinnerung daran haben." Und Konstantin schenkte ihm das Reliquiar in sehr großzügiger Weise. Karl der Große kehrte so in die Stadt Konstantinopel zurück, desgleichen alle seine Leute, und sie wurden beherbergt wie bereits zuvor.

Kapitel V.
Wie die heiligen Reliquien der Passion Unseres Herrn Jesus Christus, welche in Konstantinopel waren, gefunden wurden; von denen, die Karl der Große als Geschenk erhielt, und von den Wundern, die geschahen, als er sie in Konstantinopel geschenkt bekam. Wie er von dort aufbrach und von den Wundern, welche Unser Herr damit auf dessen Weg wirkte. Wie er sie nach Aachen in Deutschland brachte und von den Wundern, die dort geschahen.

Seit der Zeit des heiligen Kaisers Konstantin des Großen und seiner Mutter, der heiligen Kaiserin Helena, der es durch die besondere Gnade Unseres Herrn vergönnt war, das heilige und Wahre Kreuz Unseres Herrn Jesus Christus zu finden und aufzurichten, und die heilige Dornenkrone und die heiligen Nägel, mit denen dieser am Tag der heiligen Passion gekrönt und gekreuzigt wurde, als er gemäß seiner menschlichen Natur für unsere Erlösung starb, waren die heiligen Reliquien, die sie nach Konstantinopel gebracht hatte, dem Volk nicht gezeigt worden – allesamt, die heilige Krone und die heiligen Nägel. Und was das Wahre Kreuz betrifft, so wollte diese heilige Kaiserin es zurücklassen, und sie ließ es in Jerusalem; nachdem Kaiser Heraklios Caesar den Perserkönig Chosrau und dessen Sohn besiegt und getötet hatte und er ihnen das Wahre heilige Kreuz, das diese nach der Zerstörung Jerusalems mitgenommen hatten, entrissen und in die Heilige Stadt heimgebracht hatte, ließ er es jedoch in der Mitte teilen: Eine Hälfte davon ließ er in Jerusalem und die andere Hälfte nahm er mit nach Konstantinopel. Er hatte es so durchsägen lassen, dass sich in jeder der beiden Städte ein in Länge und Breite gleiches Kreuz befand. Denn er hatte es nicht auseinandernehmen, sondern nur in der Mitte spalten beziehungsweise durchsägen lassen.[12]

So geschah es, dass Konstantin V., als er von dem Willen Karls des Großen Kenntnis bekam, den Patriarchen und die Prälaten, die Fürsten und den Klerus von Konstantinopel zusammenkommen ließ, weil er nicht genau wusste, an welchem Ort sich diese heiligen Reliquien befanden. Und wenige andere wussten dies außer einigen Schatzmeistern und Aufsehern über gewöhnliche Reliquien, die ihn über einen streng geheimen Ort informierten, an dem sich diese gemäß bestimmten Inventaren und bestimmten Überlieferungen der Vorfahren befinden sollten. Deshalb wählte er unter ihnen sieben Hochbetagte und für ihre große Heiligkeit und ihren großen Glauben weithin Berühmte aus, denen er befahl, den heiligen Schatz zu öffnen und in seiner Anwesenheit einen Teil für Karl den Großen zu entnehmen. Doch vor allem wurde angeordnet, dass die sieben Gehilfen und Kaiser Karl der Große und alle diejenigen, die die Reliquien sehen wollten, und ganz besonders alle Franzosen, drei Tage lang unablässig fasten und ganz andächtig beichten sollten, und so machten sie es auch.

Und nachdem die drei Tage vergangen waren, betraten der Kaiser und Karl der Große den heiligen Ort, wo die heiligen Reliquien aufbewahrt waren, und legten dort sogleich bei einem heiligen Erzbischof namens Ebroin die Beichte ab. Und Karl der Große befahl Gleiches den Menschen, die zur Beichte eingetreten waren, und sie gehorchten ihm sehr gern und guten Herzens. Die Patriarchen, die Prälaten und die anderen Mitglieder des Klerus, die ebenfalls eingetreten waren, begannen Psalmen und Litaneien zu singen. Und in dieser Zeit öffneten die sieben heiligen Personen die geheime Stätte, die vorher über

KARL DER GROSSE BEI DER RELIQUIENVEREHRUNG:
DER BISCHOF VON NEAPEL ZEIGT KARL DEM GROSSEN DIE DORNENKRONE

*„Und nachdem diese Danksagungen und Lobpreisungen lange
und mit lautem Jubel angestimmt worden waren, ließ Kaiser Konstantin
König Karl dem Großen die Dornenkrone, mit der Unser Herr am Tag
seiner Passion gekrönt worden war, den heiligen Nagel, mit dem er am selben Tag
ans Kreuz genagelt wurde, einen Splitter vom heiligen Kreuz, das Schweißtuch
Unseres Herrn, das Hemd Unserer Lieben Frau, das sie getragen hatte,
als sie mit diesem niederkam, das Band […] und den Arm des heiligen Simeon
übergeben, an dem dieser Unseren Herrn Jesus Christus an dem Tag hielt,
als dieser sich in Jerusalem in den Tempel begab."*

(FOL. 17VA)

Die Hauptszene spielt sich in der Kirche von Konstantinopel ab, wo der Kaiser Prälaten und andere Geistliche versammelt hat, um Karl dem Großen feierlich die Reliquien Christi vorzuführen. Damel, der Bischof von Neapel, entnimmt einem auf dem Altar stehenden Reliquienschrein in Form einer Kirche die Dornenkrone, die man Christus bei seiner Passion und Kreuzigung aufs Haupt gesetzt hatte, um ihn zu verspotten. Karl der Große, Konstantin sowie alle Anwesenden haben sich zur Anbetung des Herrn niedergekniet. Hier wird auf den Reliquienkult abgehoben, der im gesamten Mittelalter eine bedeutsame Rolle spielte. Der Legende nach entdeckte die heilige Helena im 4. Jahrhundert auf einer Pilgerreise in Palästina mehrere Reliquien der Passion Christi, die später in verschiedene Städte der Christenheit verstreut wurden. Der Rahmen ist feierlich; die hinten im Hauptbild dargestellten Seitenkapellen der Kirche zeugen von einer vollendeten gotischen Kunst: Spitzbogengewölbe, hohe Säulen mit Kapitellen, Skulpturen in Nischen und großzügige Fenster, die die Kirche erhellen, illustrieren die Pracht des Ortes. Jean Colombe liebt es ebenso wie Jean Fouquet, Bauwerke und die Architektur seiner Zeit darzustellen. Im unteren Register sind weitere Gläubige, kniend und mit gefalteten Händen betend, zu sehen, während rechts Karl der Große die Reliquien empfängt, die er ins Abendland mitnehmen wird.

hint que quant constantin le
quint ouyt z sceut le consou
de Chirlemainne le fit assou
bler le pumarche z ses prelats
pmces z l'esclire de constan
tinoyse pur ce qui ne sauoit
pas au bray en quel lieu estoiet
celles saintes reliques z non
faisoient gaires d'uistres si no

uisaine esperiaulx tresoriers et
tardiens des commaines religie
par lesquels il fut aduerti d'un
tres secret lieu. Ouquel selon
aultruis succession z dits aussi
si des antiaus estre z duroient
estre. Pour quoy si esploit vn
d'uitrul tres antien z renom
me de grant sainctiz z reliq

III

lange Zeit verborgen gewesen war, außer vor einer kleinen Zahl von Menschen, und nahmen die Schatulle heraus, in der sich die heilige Dornenkrone befand, mit der Unser Herr Jesus Christus zum Spott gekrönt worden ist. Und Damel, Bischof von Neapel, nahm sie in seine Hände und holte sie aus der Schatulle.

Beim Öffnen derselben, in dem Moment, als er die heilige Krone entnahm, entströmte ein starker und sehr lieblicher Duft, der sich unter allen Anwesenden ausbreitete, so dass diese sich im irdischen Paradies wähnten. Und sogleich kniete Karl der Große, von Freude erfüllt, auf dem Boden nieder und bat Unseren Herrn mit viel Demut, Andacht und Glauben, ein Wunder geschehen zu lassen, damit, falls es irgendeinen Ungläubigen gebe oder jemanden, der zweifelte, dass diese heilige Krone diejenige sei, die er auf seinem edlen und höchst würdigen Haupt getragen habe, dieser in Zukunft nicht mehr zweifeln könne. Gott Unser Herr Jesus Christus erhörte seine Liebe, seinen Glauben, seine Andacht und seine Bitte, denn als sein Gebet noch nicht beendet war, fiel unvermittelt Tau vom Himmel, der auf wundersame Weise und für alle sichtbar das Holz der heiligen Krone benetzte, so dass die Dornen sogleich erblühten und einen so machtvollen und so lieblichen Duft verströmten, dass es keine Sprache gibt, die ihn beschreiben könnte. Und, um kurz seinen Lobpreis zu sagen, alle, die sich im Inneren der heiligen Kirche befanden, waren so gestillt und erfüllt von diesem sanften und lieblichen Duft, dass sie Unseren Herrn voller Liebe baten, sich immer in diesem Zustand befinden zu dürfen. Und es herrschte dort eine so große und glänzende Helle, dass jeder glaubte, vom Himmel umgeben zu sein.

Während sich diese Gerüche und dieser Glanz ausbreiteten, litten die Kranken, die anwesend waren, weder Pein noch Schmerz, wie sie es vorher getan hatten. Eine ganze Weile später erhob sich Karl der Große von seinem Gebet und sprach einen Psalm aus dem Psalter, der mit den Worten „Exaudi Domine vocem meam qua clamavi ad te" begann, sowie mehrere andere bis zum Ende. Und die Patriarchen, die Prälaten und der Klerus sangen unterdessen in großer Ergebenheit: „Te Deum laudamus." Unser Herrgott wollte da noch vollständiger die Echtheit der heiligen Krone beweisen, damit man niemals mehr Zweifel hegen könnte, dass sie nicht die Krone sei, die Jesus Christus bei seiner Passion getragen hatte, denn als Damel, der bereits genannte Bischof von Neapel (und der, wie ich denke, jener Johannes ist – von einigen mit dem Beinamen Damel belegt wegen des Bistums Neapel, das er danach innehatte –, der von dem Patriarchen von Jerusalem als Bote zu Karl dem Großen gesandt worden war), die heilige Krone mit einem Messer durchschnitt, um sie in zwei Hälften zu teilen, zeigten sich das Holz, und vor allem die beiden Enden, an denen es durchgeschnitten war, dank des heiligen Taus, der vom Himmel gefallen war, ebenso grün grünend wie an dem Tag, an dem es vom Baum abgeschnitten worden und als diese heilige Krone gemacht worden war. Darüber hinaus ließ Unser Herr es neu austreiben, so stark, als ob es immer noch im Erdreich verwurzelt wäre.

In diesem Moment zerteilte König Karl der Große, der sich so oft und so lange an diesem Tag mit bloßen Knien niedergekniet hatte, dass diese, ebenso wie die Ellbogen, fast ganz aufgeschürft waren, beim Anblick dieses neuerlichen Wunders und aus Furcht, die neuen Blüten würden zu Boden fallen und von der Menschenmenge zertrampelt werden, ein Stück roten Stoffs, in das die heiligen Reliquien gewickelt werden sollten, und pflückte diese heiligen Blüten, hüllte sie in das Stück Stoff und legte sie in seinen rechten Handschuh. Und sich auf die Aufnahme der anderen heiligen Reliquien vorbereitend, streckte er seine Hand aus, um Erzbischof Ebroin den Handschuh und die Blüten zu geben, und im Glauben, dieser nähme den Handschuh, ließ er ihn los. Doch der Erzbischof und er weinten so stark, dass sie überhaupt nichts sahen, und Karl der Große bemerkte nicht, dass der Erzbischof nicht darauf gefasst war, den Handschuh entgegenzunehmen, und der Erzbischof verstand nicht, dass Karl der Große ihm diesen geben wollte. Und so schwebte der Handschuh zwischen ihnen beiden in der Luft, ganz ohne menschliches Zutun. Und dann bewirkte Unser Herr, der ein Wunder aufs andere häufte, dass der Handschuh lange Zeit in der Luft schwebte, bis Karl der Große einen Teil der heiligen Dornen nahm, sie gegen ihn richtete und sich, als seine Augen wieder klar sahen, zu dem Erzbischof umdrehte, um ihn um seinen Handschuh zu bitten. Und er sah diesen immer noch in der Luft schweben, was ihn äußerst traurig stimmte. Und er begann wieder zu weinen, da er dachte, es habe Unserem Herrn missfallen, dass er sie in seinen Handschuh getan habe. Doch als der Erzbischof ihm beteuerte, er habe nicht gesehen, dass er ihm diesen entgegengestreckt habe, tröstete er sich, dankte Unserem Herrn in aller Demut, nahm den Handschuh und faltete das Tuch auseinander, wo er die Blüten in Manna verwandelt fand, was ihn mit großer Freude erfüllte. Und er begann, mit David zu sprechen: „Quam magnificata sunt opera tua Domine", was in unserer Sprache heißt: „Herrgott, wie herrlich und glanzvoll deine Werke sind." Und dieses Manna, das er erneut in das Tuch wickelte, ist heute noch mit großem Respekt in der Kirche Saint-Denis in Frankreich aufbewahrt, zusammen mit einem anderen Teil des Mannas, das Unser Herr den Kindern Israels schickte, als diese sich in der Wüste befanden.

Als diese Dinge geschahen, waren diejenigen aus Konstantinopel sowie von anderen Völkern und anderen Nationen an den Türen der Kirche versammelt und drängten sich, um die Mirakel und Wunder zu sehen und zu erfahren, was geschah und woher der liebliche Duft kam, der die ganze Stadt erfüllte. Und sie traten durch die teils offenen und teils zerbrochenen Türen, an deren Einlass es ein unglaubliches Gedränge gab. Dennoch sangen sie alle in großer Frömmigkeit und dankten Unserem Herrn mit den Worten: „Hec dies quam fecit Dominus exultemus et letemus in ea." „Diesen Tag hat Unser Herr geschaffen,

erfreuen wir uns an ihm; heute ist wirklich der Tag der heiligen Auferstehung." Und sie waren alle äußerst fröhlich, und ganz besonders Karl der Große, der mit ihnen sang: „Cantate Domino canticum novum quia mirabilia fecit." Außer diesem Psalm sang er mit den Prälaten und dem Klerus noch einige weitere Psalmen aus dem Psalter.

Nachdem sie diese mit großem Lobpreis und laut jubelnd beendet hatten, brachen sie auf und gingen, noch immer singend, bis zu der Stätte, wo die anderen Bischöfe waren. Dort nahm Bischof Damel von Neapel den heiligen Nagel heraus und überreichte ihn voller Ehren Karl dem Großen. Und da geschah ein weiteres schönes und aufsehenerregendes Wunder, und sogar noch weitere, denn ebenso wie ein starker Duft entstanden war, als die heiligen Dornen zu blühen begonnen hatten, erfüllte auch, als der heilige Nagel von Bischof Damel aus seinem Behältnis genommen wurde, ein starker, wunderbarer und lieblicher Duft den Ort und die Kirche, in der er sich befand, und die anwesenden Personen, doch keiner hätte ihn gebührend beschreiben können. Und ein ähnliches Wunder ergoss sich in der ganzen Stadt über alle Arten von Menschen, die dort waren, und so wurden dank der großen Kraft dieses Duftes dreihundertundein Kranke, die an den unterschiedlichsten Krankheiten litten, auf der Stelle geheilt. Alle zusammen und jeder Einzelne bestätigten unter Eid, dass sie zur gleichen Zeit gesundeten. Unter ihnen befand sich einer, blind, taub und stumm, der achtzehn Jahre lang mit diesen drei Krankheiten dahinsiechte. Und er berichtete, dass er zuerst das Augenlicht wiedererlangte, dann das Gehör und schließlich die Sprache. Und er sagte, dass ihm dies durch drei Wunder und als wahr erwiesene göttliche Mysterien widerfahren sei. Denn als die heilige Dornenkrone gefunden und hervorgenommen worden war, erlangte er das Augenlicht zurück. Als sie durchgesägt wurde, erlangte er das Gehör zurück. Und als sie erblühte, erlangte er die Sprache zurück. Nachdem sie diese Worte in Ruhe und Frieden gehört hatten, dankten die Prälaten und der Klerus Unserem Herrn untertänigst und sangen andächtig „Suscepimus Deus memoriam tuam in medio templii tui" und „Omnes gentes plaudite manibus" und so fort. Und als diese beiden Psalmen beendet waren, eilte im Lauf ein Kind in die Kirche, dessen linke Hand sowie dessen ganze linke Seite von Geburt an verdörrt waren. Und es erzählte vor allen mit heller und klarer Stimme, wie Unser Herr es geheilt hatte: „Ich lag auf meinem Bett, als es mir ungefähr zur neunten Stunde erschien, dass ich vor mir einen weißen und weißhaarigen Schmied sah, der eine Lanze und einen Eisennagel aus der Mitte meines Fußes und meiner linken Hand zog. Und plötzlich war ich wieder bei guter Gesundheit, und ich bin hergekommen, um Unserem Herrn eilends für seine große Güte und seine Barmherzigkeit zu danken."

Aus diesem Grund begannen die Prälaten, die Fürsten und der Klerus, von immer größerer Freude erfüllt, Unseren Herrn zu loben, ihm Dank zu sagen und zu singen. Und sie sangen voller Andacht: „Te deum laudamus", und unterdessen sang der sehr siegreiche König Karl der Große: „Manus tue Domine fecerunt me et plasmaverunt me. Da michi intellectum ut discam mandata tua" und viele weitere Psalmen aus dem Psalter. Und nachdem diese Danksagungen und Lobpreisungen lange und mit lautem Jubel angestimmt worden waren, ließ Kaiser Konstantin König Karl dem Großen die Dornenkrone, mit der Unser Herr am Tag seiner Passion gekrönt worden war, den heiligen Nagel, mit dem er am selben Tag ans Kreuz genagelt wurde, einen Splitter vom heiligen Kreuz, das Schweißtuch Unseres Herrn, das Hemd Unserer Lieben Frau, das sie getragen hatte, als sie mit diesem niederkam, das Band (das ist eine Art Leibriemen und langes und schmales Laken, mit dem Unsere Liebe Frau Unseren Herrn umschlang, als sie ihn wickelte und ihn in die Wiege legte) und den Arm des heiligen Simeon übergeben, an dem dieser Unseren Herrn Jesus Christus an dem Tag hielt, als dieser sich in Jerusalem in den Tempel begab. König Karl der Große ließ jede seiner Reliquien mit verschiedenen Seidentüchern bedecken und sie anschließend alle zusammen in einen Beutel aus Büffelleder stecken. Diesen trug er dann, als er aufbrach, immer an seinem Hals hängend, bis zur Ankunft in seiner Kapelle Unserer Lieben Frau in Aachen in Deutschland mit sich. Und aus Ehrfurcht vor Unserem Herrn und den heiligen Reliquien und auch um Kaiser Konstantin zu gefallen, hielt er sich an diesem ganzen Tag und noch einige weitere Tage in Konstantinopel auf. Dann verabschiedete er sich von ihm, seinem Sohn Leo IV. und den Patriarchen von Jerusalem und Konstantinopel sowie von allen anderen griechischen Fürsten und Prälaten, die seine Abreise sehr bedauerten. Er begab sich auf den Weg, um mit seinem Heer nach Frankreich zurückzukehren, und nachdem er mehrere Länder und Gegenden immer glücklich durchquert hatte, erreichte er die Burg Lymecon, in der er, nachdem er in der Kirche gewesen war, sechs Monate und einen Tag weilte, damit sich seine Leute ausruhen konnten, ebenso sehr aber wegen der großen Menschenmenge, die kam, um die großen Wunder zu sehen, welche Unser Herr an allen denen vollbrachte, die zur Verehrung der heiligen Reliquien kamen, welche er mit sich führte.

Und unter anderen hatten der Vogt dieser Burg, Galatiel genannt, und seine Frau mit Namen Mara einen Sohn, der von verschiedenen Krankheiten gepeinigt war, denn er hatte wegen einer Schwäche seines Kopfes sein Augenlicht verloren, er hatte eine dicke und geschwollene Nase und einen Buckel, und außerdem litt er an Händen und Füßen an Gicht. Kurzum, er hatte täglich solche Qualen und litt so sehr, dass der Schmerz ihn um den Verstand brachte, und aus diesem Grund sagten die Leute, er sei verrückt. Doch als sein Vater und seine Mutter erfuhren, dass Karl der Große gekommen war, und von den großen Wundertaten erzählen hörten, die Unser Herr dank der Reliquien, die Karl der Große mit sich führte, in Neapel und an vielen anderen Orten vollbracht hatte, brachten sie diesem ihr Kind. Dieses starb sogleich, als sie es vor ihn und die heiligen Reliquien gestellt hatten. Das bereitete ihnen großen Schmerz, da sie kein anderes Kind hatten, und sie baten Karl den Großen untertänigst, ihnen zu helfen und sich dem Leichnam mit den Reliquien zu nähern. Das tat dieser sehr bereitwillig. Und dann vollbrachte Unser Herr ein wunderbares Mirakel, denn sobald jener den Arm hob, an dem der Beutel mit den heiligen Reliquien hing, und nur sein Schatten den Leichnam streifte, entwich diesem ein unerträglicher Gestank, und das, obwohl diese noch ziemlich weit von dem Leichnam entfernt waren. Schließlich baten Erzbischof Ebroin, ein Mann von großer Heiligkeit, Erzdiakon Guibert, ein Mann von großem Glauben, Doés, Bischof von Serence, und Gerasius, Subdiakon von Griechenland, die zu den Vornehmsten Thebens gehörten, Karl den Großen, sich dem Leichnam weiter zu nähern. Und ebendieser Gerasius sank nieder, nahm dem Kaiser das Behältnis aus den Händen und eilte zu dem Leichnam des Toten hin. Und während er sich beeilte, etwas herauszunehmen, stellte er das Behältnis auf die Bahre, wo der Leichnam lag. Und durch diese Berührung erwachte das Kind, das Thomas hieß, sogleich zum Leben und stellte sich auf seine Füße, gesund und geheilt von all seinen Krankheiten. Außer diesem Wunder wurden während des Aufenthaltes von Karl dem Großen fünfzig Männer und Frauen, die zuvor an verschiedenen Krankheiten litten, vor den heiligen Reliquien geheilt.

Nachdem sechs Monate und ein Tag verflossen waren, reiste Karl der Große ab, bis er mit seinem Heer und den Reliquien Aachen in Deutschland erreichte. Und er überführte die heiligen Reliquien, die er aus Konstantinopel mitgebracht hatte, zusammen in die Kirche dieser Stadt, die er zu Ehren Unserer Lieben Frau gegründet hatte. Und darüber hinaus erwachte am Tag seiner Ankunft und an den darauf folgenden Tagen ein Toter wieder zum Leben, und zwölf von Dämonen Besessene wurden vom Teufel befreit, acht Gelähmte, fünfzehn Hinkende, vierzig Einarmige, dreißig Bucklige, zweiundfünfzig an Fallsucht erkrankte, fünfundfünfzig Menschen mit Kropf, unzählige Blinde und Fieberkranke, die aus der Umgebung gekommen waren, wurden vor diesen Reliquien geheilt.

Um die Überführung dieser heiligen Reliquien zu genehmigen, berief Karl der Große ein großes Konzil, das in dieser Stadt Aachen am zweiten Mittwoch im Juni stattfand, dem Quatembertag nach Pfingsten. An diesem Konzil nahmen Papst Leo, Erzbischof Turpin, Achilles, Bischof von Alexandria, Theophil, Patriarch von Antiochia, und noch mehrere andere Bischöfe und Kleriker teil. Sie verständigten sich alle auf einen Ablass für all diejenigen, die diese heiligen Reliquien jedes Jahr im Stand der Gnade besuchen würden, und sie beschlossen, dass jedes Jahr an diesem Mittwoch die Überführung der heiligen Reliquien gefeiert würde, die danach zum Großteil von dem König und Kaiser Karl dem Kahlen in die Abtei von Saint-Denis in Frankreich gebracht wurden, wie auch der Markt von Lendit verlegt wurde. Und dort werden sie immer noch mit großer Ehrfurcht aufbewahrt und zeugen auf ewig davon, dass der heilige König und Kaiser Karl der Große, auch Charlemagne genannt, nach Jerusalem zog und es mit Waffengewalt eroberte,[13] genau wie es auch durch seine Reise offenbar wird, über die ich meinen Bericht nun mit einem Lobpreis Unseres Herrn Jesus Christus beende.

✝

Kapitel VI.
Wie Papst Urban, der zweite dieses Namens, nach Frankreich kam. Von den Konzilien, die er einberief. Wie er predigte, das Heilige Grab und die Stadt Jerusalem zurückzuerobern, und wie er den ersten Kreuzzug antrat, der ihn nach Outremer führen sollte; und über die Fürsten, Prälaten, Barone, Adligen und anderen, die aufgrund seiner Predigt an den Kreuzzügen teilnahmen, vor allem über Peter den Einsiedler.

Im Jahr der Gnade Unseres Herrn 1095 war Heinrich IV., König von Deutschland und Kaiser der Römer, im vierzigsten Jahr seiner Königsherrschaft und im siebten Jahr seines Kaisertums, und Philipp[14], der erste dieses Namens und Sohn von König Heinrich, Sohn des Königs Robert, der wiederum der Sohn des Königs Hugo Capet in Frankreich war, regierte über Frankreich. Papst Urban, der zweite dieses Namens, war durch die von Heinrich IV. gegenüber dem Heiligen Apostolischen Stuhl ausgeübte Tyrannei gezwungen, sich nach Frankreich zu flüchten, wo er mit großen Ehren von König Philipp empfangen wurde. Mit dessen Hilfe berief er noch in diesem Jahr dreimal drei Konzilien an verschiedenen Orten des Königreiches ein, mit allen Bischöfen und Prälaten, die sich diesseits der Berge bis nach England hin befanden. Das erste dieser Konzilien wurde von ihm in der Abtei von Vézelay gefeiert; das zweite in der Stadt Notre-Dame du Puy; und das dritte in Clermont in der Auvergne. Auf diesen Konzilien legte er, nachdem er mehrere Reformen und sehr beachtliche neue Einrichtungen geschaffen hatte, unter anderem in starken Worten dar, wie die Heiden, die Sarazenen und die anderen Ungläubigen vor bald fünfundvierzig Jahren die Heilige Stadt Jerusalem, das Heilige Grab Unseres Herrn und die anderen heiligen Stätten, die sich in der Umgebung befanden, eingenommen und in elender Knechtschaft und Schande behandelt hatten, und wie sie die Christen, die dort wohnten, nachdem sie die anderen auf tyrannische und unmenschliche Weise getötet hatten, zu einem Leben in Unglück genötigt hatten, um weiterhin ihre unersättliche Grausamkeit an ihnen auslassen zu können und so den heiligen Namen des Christen zu schänden. Und wie sie sie in überaus schmachvoller Gefangenschaft und Sklaverei hielten, zur großen Unehre und Schande aller Christen. Abschließend legte er mit verschiedenen, sehr ersichtlichen Gründen dar, das heilige christliche Volk dürfe es nicht mehr erdulden und nicht länger hinnehmen, dass die heiligen Stätten und das Volk von Jerusalem und der Umgebung so behandelt würden, und jeder solle entsprechend seiner Kraft und seinen Möglichkeiten seinen Körper und sein Vermögen einsetzen, auf dass diesem Zustand durch Waffengewalt schnell entgegengewirkt werde, und er ermahnte und bat sie alle im Namen Unseres Herrn, jeder solle da, wo Krieg und Zwietracht herrschte, Frieden oder eine lange Waffenruhe schaffen, um diese Reise in Sicherheit unternehmen zu können. Um sein Möglichstes zu tun und es zu vollenden, erteilte er denen, die diese Reise auf seine Predigt hin unternehmen und das Kreuz auf ihrer rechten Schulter tragen würden,[15] kraft seiner ganzen Machtvollkommenheit Vergebung und volle Absolution für alle Sünden, was Strafe und Buße zugleich betraf.

Und Unser Herr pflanzte diese Ermahnungen, diese sehr lobenswerten Ablässe und diese Vergebungen so eindringlich in die Herzen der Fürsten, Prälaten, Barone, Ritter, Edelleute, Bürger, Händler und anderen Franzosen, dass die meisten von ihnen vor den Papst traten und vor die Bischöfe, die dann auf sein Gebot hin diesen Kreuzzug in ihren Bistümern predigten. Und sie sprachen Gebete und erhielten aus deren Händen das heilige Kreuz und schworen, dass sie die heilige Reise mit all ihren Kräften und all ihrer Macht unternehmen und durchführen würden, bei dieser Gelegenheit und auch zu bestimmtem Anlass. Sie gingen dann auf Kreuzzug und wenig später unzählige Fürsten, Prälaten, Barone, Ritter und andere, aus den verschiedenen Teilen der Christenheit, und man könnte sich nicht daran erinnern, dass es vorher oder auch seitdem jemals eine so große und so rühmliche Versammlung von Fürsten, Prälaten und Christenvolk gegeben hätte.

Unter denen, die von Frankreich, England und Deutschland aus auf Kreuzzug gingen, waren die maßgeblichen Persönlichkeiten: der ehrwürdige Adhemar[16], Bischof von Puy, der Legat des Papstes war, und Wilhelm, Bischof von Orange, beides sehr gelehrte und heilige Männer; Hugo le Mainsné, der diesen Beinamen „der Nachgeborene" hatte, weil er der nachgeborene Bruder von König Philipp von Frankreich war, so dass er später Hugo der Große genannt wurde, und der Vater von Rudolf, dem Grafen von Vermandois, war[17]; Herzog Robert von der Normandie, zweiter Sohn von König Wilhelm dem Bastard[18], der das Königreich England eroberte; und der sehr weise, mächtige und glänzende Fürst Raimund, Graf von Toulouse[19], der viele große Ausgaben und viele Heldentaten auf dieser heiligen Reise machte; der hochberühmte und siegreiche Fürst Gottfried von Bouillon, Herzog von Lothringen und später von den Kreuzfahrern zum König von Jerusalem gewählt;[20] und seine beiden Brüder, Balduin, der nach ihm König von Jerusalem war, und Eustach, Graf von Boulogne; Balduin von Le Bourg, Sohn von Hugo, Graf von

URBAN II. PREDIGT DEN ERSTEN KREUZZUG (1095).
DIE VERSAMMLUNG DER KREUZFAHRER UND KARDINÄLE

„Eine Vielzahl von Menschen ging auf die Predigt Papst Urbans
hin auf Kreuzzug sowie infolge der Bewegung, die insbesondere durch einen
im Beauvais gebürtigen Ritter namens Peter der Einsiedler angestiftet wurde,
der im vorangegangenen Jahr eine Pilgerreise zum Heiligen Grab
unternommen und dem Papst, in Frankreich und in den anderen bereits
genannten Gebieten von dem bedauernswerten Zustand der heiligen und
christlichen Stätten dieses heiligen Gebietes von Jerusalem berichtet hatte.“

(FOL. 20VA)

Im Jahr 1095 berief der nach Frank-reich geflüchtete Papst Urban II. nachein-ander drei Konzilien ein, um zum Kreuzzug aufzurufen: in Vézelay, Le Puy und Cler-mont. Die Predigtszene ist hier im Innern einer großen Kirche angesiedelt, deren Mittelschiff über zwei Zonen aufragt. Hohe, heller dargestellte Skulpturen heben sich von den Säulen aus ockerfarbenem Stein ab. Eine aufmerksame Versammlung lauscht dem Papst. Jean Colombe versteht es meis-terhaft, Menschenmengen wiederzugeben; er spielt mit der Anordnung der Personen, wobei die einen – dicht gedrängt und auf ihre Kopfbedeckungen reduziert – nur von hinten zu sehen sind und die anderen im Kreis um sie herum sitzen. Jean Colombes Darstellung dieser Szene kontrastiert mit dem Bild, das Jean Fouquet in der Hand-schrift *Grandes Chroniques de France* (Abb. 16, S. 46) davon zeichnet. Im Gegensatz zu Fouquet geht es dem Meister aus Bourges nicht vorrangig darum, den Papst oder einige hochgestellte Persönlichkeiten aus seiner Umgebung zu zeigen, sondern er will die Wirkung von Urbans Worten auf die versammelte Menschenmenge demonstrie-ren. Fouquet hingegen hat sich dafür ent-schieden, die Zuhörerschaft nicht abzu-bilden. Im unteren Register zeigt Jean Colombe bewaffnete Männer, vermutlich Ritter, die sich auf ihre Teilnahme am Ersten Kreuzzug vorbereiten und einer Gruppe von Prälaten und Kardinälen, Ver-tretern der Kirche, gegenüberstehen.

et auftres faintes lieux la curuon.
Et les vriens phsbitans e demou
rans. e que les auftres purcur
tyranuiquement e Inhumaine
ment tues. Ils auoient referue
en Infeliciuse bie afin que fur
eulx en foprobre du faint nom
vricus paffont commuer plus
fouffiquement leurs Infataables

fmtultes. Et comment Il
les tenoient en lup oproobieuse
captiuite e feruitage. ou tre faint
defhomeur e opprobie de tous
les xpieus. Couffiant e non
ftrant par diuerfes raifons tre
euidetes que le faint puuple
vpieu ne deburoit plus fouffrir
nedurer que fes faints lieur et

Rethel; ihr Vetter, dritter König von Jerusalem aus dieser Linie und der zweite namens Balduin, da er im Königreich König Balduin, dem Bruder von König Gottfried, nachfolgte; Graf Robert von Flandern; Graf Stephan von Blois und Chartres, Vater des alten Grafen Tibald, der in Lagny-sur-Marne begraben liegt und dessen Sohn Heinrich war, hochselig und von gutem Ruf, der als erster den Namen und das Wappen der Grafschaft Champagne führte und der mit seinem eigenen Vermögen acht Stiftskirchen und acht Hospitäler gründete, und vor allem auch die Stiftskirche des heiligen Stephan in Troyes[21], wo sein Leichnam ruht; Graf Balduin von Hennegau; Graf Hugo von Saint-Pol; sein Sohn Enguerrand; Balduin von Mons; Graf Isoard von Die; Graf Rambald von Orange; Graf Wilhelm von Forez; Graf Stephan von Aumale; Graf Rothrud von Le Perche; Graf Reinhold von Toul[22] und sein Bruder Peter; Graf Warner von Gray; Alain Fergaut und Conan, zwei bedeutende Barone der Bretagne: und mehrere andere Barone, Ritter und Junker aus Frankreich und anderen Reichen und Ländern, die keine Grafen waren, jedoch Lehnsherren bedeutender Baronien und Lehnsherrschaften, und sehr mächtig und für ihre Tapferkeit berühmt, wie Raoul von Beaugency, Drogo von Nesle, Eberhard von Le Puiset, Guido von Garland, Seneschall von Frankreich (was damals, so glaube ich, eine Art Konnetabel war, weil sich die Bezeichnung dieses Amtes zu dieser Zeit noch nicht mit solcher Ehre in diesem Königreich durchgesetzt hatte, wie es jetzt der Fall ist), Anselm von Ribemont, Thomas von La Fère, Clarambald von Vendeuil, Wilhelm der Zimmermann, Roger von Barneville, Conon von Montaigu, Dudo von Konz-Saarburg, Guido von Possessa, Galo von Chaumont, Gerhard von Cherisi, Heinrich von Esch und sein Bruder Gottfried, Centoux von Beard, Wilhelm Amancy, Gaston von Béziers, Wilhelm von Montpellier, Gerhard von Roussillon, Gilbert von Montcler und Walter Sans-Avoir.

Von den Italienern und von denen jenseits der Berge gingen in den Kreuzzug auch der sehr kluge und sehr tapfere Bohemund, Fürst von Tarent, Sohn des Robert Guiskard, Herzog von Apulien, Abkömmlinge der Herzöge von der Normandie und der alten Grafen von Blois,[23] und Tankred, sein Neffe, Sohn seiner Schwester; Richard von Principat, Sohn des Wilhelm Eisenarm, Bruder von Robert Guiskard; Raimund, sein Bruder; Robert von Eaule; Hermaut von Carvi; Robert von Sourdeval; Graf Richard von Roussillon; Hoyaut von Chartres; Onfroi von Montigneux und etliche weitere bedeutende Barone, Ritter, Junker, ohne die kleinen Völker eines jeden der oben genannten Gebiete aufzuzählen, von Frankreich, England und Deutschland genau wie von jenseits der Berge.

Eine Vielzahl von Menschen ging auf die Predigt Papst Urbans hin auf Kreuzzug sowie infolge der Bewegung, die insbesondere durch einen im Beauvais gebürtigen Ritter namens Peter der Einsiedler angestiftet wurde, der im vorangegangenen Jahr eine Pilgerreise zum Heiligen Grab unternommen und dem Papst, in Frankreich und in den anderen bereits genannten Gebieten von dem bedauernswerten Zustand der heiligen und christlichen Stätten dieses heiligen Gebietes von Jerusalem berichtet hatte. Die meisten von ihnen nahmen ihre Frauen und Kinder mit, und einige hatten sogar alle Personen aus ihrem Haus dabei. Sie unternahmen mit starkem Mut und Willen diesen Kreuzzug und diese heilige Reise, welche die erste war, bei der auf Anordnung des Papstes die Pilger des Heiligen Grabes auf ihren Schultern und ihrer rechten Brust das Kreuz zu tragen begannen, als Zeichen wahrer Verbundenheit und der Wiedererkennung, um sich leicht wiedererkennen, sich gegenseitig schätzen, helfen und retten zu können, trotz der Unterschiedlichkeit ihrer Sprachen. Doch nachdem sie sich wahre Treue und Zusammenhalt geschworen und versprochen hatten, die einen mit Worten, die anderen durch ihre Anwesenheit und wieder andere durch Briefe, trafen sie nicht mehr alle zusammen, bevor sie die Belagerung der Stadt Nicäa jenseits von Konstantinopel begonnen hatten. Sie begaben sich zu verschiedenen Zeiten in verschiedene Häfen des Meeres und verschiedene Gebiete und durchlebten verschiedene Gefahren, die einen mehr als die anderen, und erlitten Leiden oder Freuden, wie weiter unten in Einzelheiten berichtet wird.

Kapitel VII.

Wie Walter Sans-Avoir, der eine große Schar von Kreuzfahrern in verschiedene Gebiete führte, durch Ungarn reiste. Über die Schmähung, die einige seiner Gefährten in Malleville in Ungarn und danach in Belgrad in Bulgarien erlitten. Von Peter dem Einsiedler und vom Verlust seines Schatzes in Bulgarien wegen der Grausamkeit der Bulgaren. Und wie ihm mehrere Grobheiten in diesen Regionen angetan wurden und etliche seiner Leute getötet wurden, und wie er mit dem Rest seiner Schar nach Konstantinopel vor den Kaiser kam.

Walter Sans-Avoir, von einigen auch Walter Sans-Savoir[24] genannt, der ein sehr kluger und tapferer Ritter war und unter dessen Führung sich eine sehr große Zahl von Menschen verschiedener Nationen und verschiedener Sprachen zusammengefunden hatte, wenngleich es nur wenige Ritter unter ihnen gab, war der erste von allen Pilgern, der sich auf den Weg dieser heiligen Reise von diesem ersten Kreuzzug machte. Und obgleich er bereits im November 1095 zu predigen begonnen hatte, verzögerte sich die allgemeine Abreise, einerseits wegen der großen Vorbereitungen, die für ein so gefährliches und beachtliches Unternehmen notwendig waren, wie auch wegen seines Predigens. Doch dieser Walter Sans-Savoir und seine Leute, die, wie ich bereits erwähnt habe, die Ersten waren, brachen von dem Ort, an dem sie sich zu versammeln beschlossen hatten, am achten Tag des Monats März vor Ostern des Jahres 1095 auf, gerechnet nach der Segnung der heiligen Kerze, wie man es auch in der Versammlung von Paris macht. Ihr Weg führte sie durch Deutschland, und sie wandten sich dann gegen das Königreich Ungarn, das vollständig von großen Flüssen, großen Mooren und tiefen Sumpfgebieten eingeschlossen und umgeben ist, so dass man in das Land weder ein- noch ausreisen kann, außer über bestimmte Stellen und enge Eingänge, die wie Tore des Gebietes sind. Dort herrschte damals ein sehr tapferer König, genannt Koloman[25], der, als er vom Kommen Walters und seines Gefolges erfuhr und von dem heiligen Vorhaben von Outremer unterrichtet wurde, darüber sehr erfreut war und ihnen überall, wohin sie in seinem Königreich kamen, Verpflegung und andere Lieferungen im Überfluss und zu einem guten Preis zukommen und übergeben ließ. Und so zogen sie ganz friedlich und unbehelligt durch das ganze Königreich, bis die meisten den großen Fluss Morava gequert hatten, der die Grenze Ungarns zum Osten hin bildet, doch einige Kreuzfahrer blieben hinter dem Fluss zurück, ohne dass Walter Sans-Savoir es bemerkte. Und sie machten sich auf, um Fleisch und andere Dinge zu kaufen, die sie in einer nahe gelegenen Burg namens Malleville[26] benötigten. Doch die Ungarn voller schlechter Gesinnung, die ihrer kleinen Zahl gewahr wurden, setzten ihnen nach und nahmen ihnen gewaltsam all ihre Rüstung und ihr Geld ab, raubten sie aus und schlugen heftig auf sie ein. Und sie fügten ihnen große Schande zu und ließen sie völlig nackt davongehen. Als sie die Morava durchquert und Walter und ihren Gefährten von der Schmach erzählt hatten, die man ihnen zugefügt hatte, und erklärt hatten, in welchem Zustand man sie weggeschickt hatte, ohne dass sie irgendetwas Schlechtes getan hätten, waren sie darob höchst betrübt. Und dennoch, weil sie sahen, dass das nochmalige Durchqueren des Flusses zu gefährlich war und eine Verzögerung, ja sogar ein Abbruch der Reise drohte, überließen sie die Vergeltung Unserem Herrn, für den sie die Reise unternahmen, und machten sich auf den Weg, so dass sie in Belgrad ankamen, welches die erste Stadt in Bulgarien ist.

Doch Niketas, der hier Herzog war, wollte niemals dulden, dass Walter und seine Leute hier hereinkämen noch dass man ihnen Verpflegung oder andere Dinge gebe oder gegen Geld verkaufe, obwohl Walter ihn höchst achtungsvoll darum gebeten hatte. Und so hätte Walter, da es dem Heer an Verpflegung mangelte, einige Pilger niemals davon abhalten können, auf Beutezug durch das Land zu gehen. Er erreichte also, dass sie eine große Menge Vieh herbeibrachten, als die Menschen aus der Gegend sich in großer Zahl versammelten und sie überraschten und die meisten von ihnen töteten und die Beute wiederbekamen. Und, schlimmer noch, sie brannten eine Kirche der Gegend nieder, zusammen mit ungefähr einhundertvierzig Pilgern, die sich ins Innere begeben hatten, in der Hoffnung, dort Zuflucht zu finden. Als Walter die Grausamkeit der Bulgaren und die Schmach sah, die einige seiner

Der Volkskreuzzug des Walter Sans-Avoir.
Die Kreuzfahrer werden von den Ungarn ausgeraubt

*„Ihr Weg führte sie durch Deutschland, und sie wandten sich
dann gegen das Königreich Ungarn, das vollständig von großen Flüssen,
großen Mooren und tiefen Sumpfgebieten eingeschlossen und umgeben ist,
so dass man in das Land weder ein- noch ausreisen kann, außer über
bestimmte Stellen und enge Eingänge, die wie Tore des Gebietes sind.“*

(FOL. 21A–21VA)

Nach dem Aufruf Urbans II. machten sich die ersten Kreuzfahrer auf den Weg. Walter Sans-Avoir zog mit seinen Leuten durch Ungarn. Dort, am Ufer der Morava, wurden sie von den Ungarn angegriffen und ihrer Waffen beraubt. Diese Szene ist auf dem Hauptbild dargestellt. In die Landschaft sind die Silhouetten der Städte eingebettet, auf die sich die Kreuzfahrer nach ihrem Missgeschick zubewegen. Unten sind zwei weitere Episoden ihrer Reise abgebildet.

Links sieht man, wie die Kreuzfahrer nicht in die Stadt Belgrad eingelassen werden und gewaltsam einzudringen versuchen. Rechts ist dargestellt, wie die Deutschen wegen eines Streites mit Händlern einen Marktflecken in der Nähe von Sur in Brand stecken. Um solche Szenen auszuwählen, muss der Maler das gesamte Kapitel aufmerksam gelesen haben. Es ist ihm gelungen, die Dramatik des Berichtes in seine Malerei zu übersetzen.

meschier de le mois de Nouembre
.mil. iiii.c. vb. Touteffois po
lce quils aparrut que pour pir
souruit tant dangereuse z grant
besongne conucnoit le gencral par
lement. Peranda quant temps et
aussi pour la predicacion dele
. Fus cestui Guillier sans sar
noir. z sce gens qui furent les

premiers Comme say dit. se dep
turent du sien ou il auoient en
treprins eulx assembler le vns
sour du mois de mars auant
pasques. Lan .mil. iiii.c. vb
A commencer lan apres la sene
dicion du Saint Clierreberst
z plus. ainsi quil se fait ou puisement
z plus. Lesquels passerent

Leute, die ihm nicht gehorchen wollten, begangen hatten, machte er sich mit denen, die das zu glauben einwilligten, also auf den Weg und durchquerte friedlich die Wälder von Bulgarien und gelangte in die Stadt Estralice im Königreich Dänemark.[27]

In dieser Stadt befand sich ein sehr weiser Herzog, der ihr heiliges Vorhaben kannte und sie sehr freundlich empfing und ihnen alles, was sie haben wollten, zu einem günstigen Preis verkaufen und geben ließ. Und er erwies ihnen eine Reihe großer Wohltaten und ließ ihnen einen großen Teil dessen, was man ihnen in Belgrad genommen hatte, wieder zukommen. Und er ließ sie in Sicherheit bis nach Konstantinopel geleiten, wo Alexios, welcher der griechische Kaiser war (ein sehr reicher und mächtiger Spender großer und reicher Gaben, aber dennoch durchtrieben und grausam, der die Lateiner auf den Tod hasste, wie man von weitem deutlich sehen konnte), unmittelbar nach ihrer Ankunft Walter Sans-Savoir zu sich kommen ließ. Und nachdem dieser gekommen war und ihm gesagt hatte, dass er auf Peter den Einsiedler zu warten gedenke, auf dessen Anordnung hin er einen Teil seiner Leute bis dahin geführt habe, erwies ihm der Kaiser große Ehre und bereitete ihm einen großen Empfang, wies ihm und seiner Schar eine schöne Unterkunft außerhalb der Stadt zu und befahl, dass sie Verpflegung und alles, was sie benötigten, zu einem günstigen Preis erhalten sollten.

Auf der anderen Seite verging kaum Zeit, bis Peter der Einsiedler von seiner Heimat im Beauvais mit mindestens vierzigtausend Leuten aufbrach und, Lothringen, Bayern und Österreich durchquerend, sich Ungarn näherte. Er schickte einige seiner weisesten Ritter und seiner Gefährten zum König vor, damit er dem Heer Unseres Herrn gestattete, in Frieden in sein Land zu ziehen, und ihnen erlaubte, Verpflegung und andere nötige Dinge zu einem günstigen Preis zu bekommen. Und der König von Ungarn gewährte ihnen einen Geleitbrief und ordnete an, ihnen das, was sie verlangten, gegen Bezahlung zu geben. Und sie zogen in Frieden durch ganz Ungarn bis nach Malleville, das sie, weil einige von ihnen über die Schmach unterrichtet worden waren, die man ihren Gefährten angetan hatte und von der man noch die Zeichen sah, mit solcher Gewalt angriffen, dass sie sich aller Einwohner bemächtigten und sie töteten, mit Ausnahme derjenigen, die sich ins Wasser retten wollten, hineinsprangen und ertranken: Man zählte viertausend Tote, und auf der Seite von Peter dem Einsiedler nur ungefähr hundert.

Als Niketas, Herzog von Belgrad, von dem schrecklichen Vergeltungsakt erfuhr, der an den Einwohnern von Malleville verübt worden war, befürchtete er, dass wegen der Kränkung, die man Walter zugefügt hatte, Gleiches auch seiner Stadt widerfahre. Deshalb ließ er alles Hab und Gut und alle Einwohner wegschaffen, von denen sich die meisten mit ihrer Habe in die tiefen Wälder zurückzogen, während er und einige seiner Gefährten sich in eine Feste flüchteten und sich darauf vorbereiteten, sich, wenn nötig, gegen

Peter den Einsiedler zu verteidigen. Nachdem dieser dank der großen Fülle an Lebensmitteln und Schätzen, die man dort vorgefunden hatte, fünf Tage lang in Malleville geweilt und gehört hatte, dass der König von Ungarn, der über die Zerstörung Mallevilles unterrichtet worden war, mit einem sehr großen Heer sich zu rächen komme, trieb er eilends die Schiffe, Barken und anderen Boote zusammen und überquerte schnellstmöglich mit seinem ganzen Heer den Fluss. Nachdem dies geschehen war, schlugen sie den Weg nach Belgrad ein, das sie leer vorfanden. Und von da aus zogen sie acht lange Tage durch die Wälder und durch das Gehölz, bis sie in der Stadt Sur ankamen, die ihr Herrscher befestigt und deren Tore er wegen ihrer Ankunft verriegelt hatte, nachdem er bei Peter dem Einsiedler Geiseln genommen hatte. Als sie Verpflegung erbaten, ließ er ihnen diese zu einem angemessenen Preis zukommen wie auch das, was sie sonst noch brauchten, so dass sie in dieser Nacht lobenswerterweise versorgt und untergebracht waren. Doch am nächsten Tag blieben nahezu hundert Thiois (das heißt Deutsche), die unter der Führung von Peter dem Einsiedler waren, zurück. Und als das gesamte Heer den Fluss und die Brücke passiert hatte, legten sie bei den Mühlen und einem kleinen unbefestigten Marktflecken Feuer, das die Mauern erfasste, und sie ließen sie wegen eines Streits niederbrennen, den sie am Abend vorher mit einem Händler dieser Stadt gehabt hatten. Danach nahmen sie im Gefolge des Heers den Weg wieder auf, ohne für das, was sie getan hatten, die Ernte zu erhalten.

Doch sobald der Herrscher der Stadt, der sie so großzügig aufgenommen hatte, den Schaden sah und wie übel es ihm die Thiois vergolten hatten, war er blind vor Wut und Raserei und achtete nicht darauf, wer die Bestrafung verdient hätte, sondern beschloss, sich an allen zu rächen. Deshalb versammelte er alle diejenigen aus der Stadt, die Waffen führen konnten, und diese waren zahlreich, und ermahnte sie, sich zu rächen, und er fand einige der Übeltäter, die den anderen noch nicht gefolgt waren. Er und seine Leute überraschten sie dann, und sie töteten alle und schnitten sie in Stücke. Und da sie immer noch nicht zufrieden waren, holten sie einen Teil der Wagen und der Nachhut ein, bei der sich Alte, Frauen, Kinder und Kranke befanden, die sie alle grausam töteten. Und sie kehrten mit den erbeuteten Gütern, Wagen und Pflügen in ihre Stadt zurück: Peter der Einsiedler und seine Leute kamen wieder vor die Stadt, in der Hoffnung, diese einzunehmen, um sie zu zerstören. Doch als die weisen Ritter, die zu dem Herrscher der Stadt gesandt worden waren, sie über die von den Thiois begangene Schmähung unterrichteten, waren sie zufrieden, das, was sie verloren hatten, sowie die Gefangenen zurückzuerhalten, damit sie ihre Reise fortsetzen konnten.

Obwohl also alles auf beiden Seiten geregelt war, erregten sich einige des gemeinen Volkes so sehr, dass Peter der Einsiedler, obwohl er ihnen Gesandte schickte und es ihnen

persönlich als einen Bruch ihrer Gelübde untersagte, etwa tausend von ihnen nicht davon abhalten konnte, die Stadt anzugreifen, um die Schmach, die man ihnen angetan hatte, zu rächen. Dies sehend und ihre kleine Zahl erkennend, strömten die Einwohner, die den Eindruck hatten, dass der Rest der Pilger diesen nicht helfen wollte, in Scharen durch die Stadtmauer nach draußen und kamen bis zu der Brücke, wo sie ungefähr fünfhundert Pilger fanden, die sie alle töteten oder ertränkten. Als die Leute aus dem großen Heer deren Grausamkeit sahen, machten sie sich daher auf den Weg, um ihre Gefährten zu retten. So begann nach und nach die Schlacht, in der die Pilger, die zu Fuß unterwegs waren und den erneuten Unfrieden gestiftet hatten, gleich besiegt wurden und diejenigen aus der Stadt die Adligen und die Ritter attackierten. Diese sühnten die Schmach, die das Fußvolk sie hatte erleiden lassen, denn schließlich war das gesamte Kreuzfahrerheer besiegt, und sie entflohen da- und dorthin an verschiedene Orte durch die Gehölze und die Täler, ließen mehr als zehntausend ihrer Gefährten tot und umgebracht zurück und hatten all ihr Geschirr und ihr Gepäck und vor allem einen mit Geld beladenen Wagen verloren, den man in Frankreich Peter dem Einsiedler zur Rettung des Heeres gegeben hatte.

Dennoch versammelten sich die Pilger in der Nacht, die auf die grausame Niederlage folgte, sowie in den drei Tagen danach unter Tumult und unter dem Klang von Hörnern und Trompeten, und am vierten Tag kamen wieder ungefähr dreißigtausend Menschen auf einer Anhöhe um Peter den Einsiedler zusammen und beklagten ihre Verluste, da viele Geld und Zaumzeug verloren hatten. Dennoch wollten sie nicht auf ihre Reise verzichten und schlugen den geradesten Weg nach Konstantinopel ein. Kaiser Alexios schickte ihnen Gesandte entgegen, die ihnen vorhielten, den Ruf zu haben, alle Welt anzugreifen, welche Schande man ihnen auch antue. Er dulde dies nicht in seinem Reich, sei aber dennoch sehr froh, wenn sie auf dem geradesten Weg und baldmöglichst zu ihm nach Konstantinopel kommen wollten, und lasse ihnen, wenn sie durch seine Gebiete zögen, überall Lebensmittel zu günstigen Preisen liefern.

Peter und die weisen Männer seines Heeres, die sehr erfreut über das Angebot des Kaisers waren und sich so gut, wie sie nur konnten, entschuldigten, dankten seinen Boten zutiefst für seine außerordentliche Großzügigkeit, da es ihnen sehr an Verpflegung mangelte. Sie machten sich auf den Weg und folgten ihnen bis nach Konstantinopel, wo sie Walter Sans-Savoir und seine Leute trafen, die sehr glücklich über ihre Ankunft waren. Kaiser Alexios schien dies ebenfalls zu sein und wollte Peter den Einsiedler sehen, dem er den besten Empfang bereitete. Doch er und seine Griechen wunderten sich, dass ein so kleingewachsener Mann wie Peter auch gescheit sein konnte, wie sie gehört hatten und wie sie an seinen schönen und klugen Antworten erkannten. Und einige Tage später brachen Peter der Einsiedler, seine Gefolgsleute und die Leute von Walter Sans-Savoir auf Befehl des

Kaisers auf und reisten nach Bithynien, der ersten Region Asiens. Und sie ließen sich an der Meeresküste in der Nähe der Ruinen einer Burg namens Civitot nieder, wo sie bis zur Ankunft des großen Fürstenheeres bleiben und sich erholen wollten.

Kapitel VIII.
Wie die beiden Heere von Peter dem Einsiedler und Walter Sans-Savoir durch Suleiman, den Herrscher von Nicäa, fast vollständig vernichtet wurden; und wie Walter Sans-Savoir verloren war, weil die meisten von ihnen seinen Rat nicht annahmen und ihrem Anführer nicht gehorchen wollten.

Peter der Einsiedler, Walter Sans-Savoir und ihre beiden zu einem einzigen vereinten Heere waren bei diesem Zug nach Bithynien gut versorgt, da man ihnen überall zu günstigem Preis Verpflegung brachte. Doch wie es häufig geschieht, dass man Ruhe nicht ertragen kann, mussten diejenigen des gemeinen Volkes, die der Ruhe überdrüssig waren und von den Einwohnern dieser Gegend wussten, dass sie sich in der Nähe von heidnischen Gebieten befanden, einfach losziehen und diese ausrauben, und sie brachten von allen ihren Beutezügen eine sehr große Menge Lebensmittel mit, da sie große Wege, häufig mit mehr als zehntausend Mann, zurücklegten. Und obwohl man sie von Konstantinopel und von anderswo in Kenntnis setzte, dass sie zusammenbleiben müssten und sich auf ihren Wegen nicht zerstreuen sollten, bis ihr großes Heer angekommen sei, weil ein Aufgebot ihrer starken Gegner von überallher zusammengekommen und bewaffnet ringsum versammelt sei, konnte weder Peter der Einsiedler noch sonst jemand sie zusammenhalten, ohne dass sie ohne Unterlass auf Beutezug gingen. Und unter anderen Zügen machten sie einen an einem Tag, als Peter der Einsiedler nach Konstantinopel gegangen war, um ein Mittel gegen die Verteuerung von Lebensmitteln zu finden; und es versammelten sich siebentausend Männer zu Fuß und dreihundert zu Pferde und erstürmten die große Stadt Nicäa, wo sie große Beute machten, die sie zum Heer brachten, und sie kehrten gesund und ohne irgendeinen Verlust zurück.

Angesichts dessen wurden die Thiois, das heißt die Deutschen, die Menschen sind, die rasch in Bewegung geraten, darüber sehr neidisch. Deshalb versammelten sich nahezu dreitausend Leute ihrer Sprache und machten sich geradewegs auf nach Nicäa. Und von vier Plätzen dieser Stadt aus griffen sie eine von Heiden bewohnte Burg[28] an, die auf einer Anhöhe lag, und nahmen sie ein, wobei sie alle, die sich dort befanden, Männer, Frauen und Kinder, töteten, ohne auch nur einen zu verschonen. Und als sie festgestellt hatten, dass es hier in der Umgebung reichlich Nahrung gab und die Burg schön und wehrhaft war, beschlossen sie, diese zu behalten und hier auf das große Heer zu warten. Doch damit waren sie schlecht beraten, da Suleiman, der Herrscher von Nicäa,[29] der soeben von seinen Marken im Osten zurückgekehrt war und von dort dank seiner Bitten und seines Geldes eine große Zahl Türken und andere Sarazenen in Waffen mitgebracht hatte, um, wie er meinte, die Pilger aus Frankreich, von deren Ruf er bereits gehört hatte, am Durchzug durch sein Land zu hindern, bereits das Schlachtfeld mit Waffen besetzt hielt. Er hielt sich in den Wäldern auf, so nahe bei dieser Burg, dass er sofort wusste, dass sie eingenommen war. Und daher näherte er sich in aller Eile von dieser Seite, belagerte die Burg und unternahm so heftige und so stetige Sturmangriffe, dass er sie noch schneller einnahm, als es die Thiois getan hatten. Und er durchbohrte sie alle mit dem Schwert. Man erfuhr im Heer bald die Neuigkeit von dem Tod der Thiois, und es erhob sich ein lautes Murren, und ganz besonders von Seiten des gemeinen Volkes, aus dem sie laut und deutlich schrien, dass man unverzüglich gegen Suleiman und sein Heer vorgehen müsse, um den Tod ihrer Brüder und Gefährten zu rächen. Und weil die Barone, Ritter und anderen klugen Feldherren von einem so schnellen Vorgehen abrieten, wobei sie erklärten, es sei besser, Kaiser Alexios zu vertrauen, der anrate, auf die im Anzug befindlichen großen Fürsten zu warten, und dass sie sich nach deren Kommen rächen könnten, begannen sie alle öffentlich gegen die, die falsch und schlecht waren, zu wettern.

Aufgrund der Mahnreden eines Hauptmanns namens Buriau, der sie alle für dieses wahnsinnige Unternehmen begeisterte, waren die Barone, die Ritter, die Hauptleute und die anderen Adligen gezwungen, ihnen zu folgen und sich mit ihnen auf das Feld zu begeben, wo sich insgesamt ungefähr fünfundzwanzigtausend zu Fuß und fünfhundert zu Pferd zusammenfanden, in bestmöglicher Ordnung, entsprechend der Dringlichkeit und des hartnäckigen Willens des Volkes. Und so hielten sie auf dem geradesten Weg auf Suleiman zu, der sich im Schutz des Waldes anschlich, um sie auf dem Feld zu überraschen, wo sie sich, wie er gehört hatte, aufgestellt hatten. Doch als er durch den Lärm, den sie machten, bemerkte, dass sie im Anzug waren, und begriff, dass sie durch eine Ebene kommen mussten, die in der Nähe des Waldes war, wo er sich befand, und da er beabsichtigte, zu der Burg zu gehen, die er sich zurückzuerobern anschickte, ließ er sie vorbeiziehen und nahm seine Leute im Schutz des Waldes entlang dieser Ebene unauffällig mit, so dass unsere Leute, die ihn weder gesehen noch gehört hatten und ihn nicht so nah vorzufinden gedachten (deshalb waren sie nicht gut aufgestellt), sehr überrascht und in Schrecken versetzt wurden, als sie diese hörten und sie mitten unter sich sahen. Trotzdem aber griffen sie sie mit einer außerordentlichen Beherztheit und Tapferkeit an, beflügelt durch die große Wut und den Durst nach Rache, den der Tod ihrer Gefährten in ihnen geweckt hatte. Auf der anderen Seite nahmen es die Sarazenen, die sahen, dass es nicht reichte, Schönredner zu sein, und dass sie den Tod fänden, wenn sie sich nicht gegen sie abmühten, mit all ihren Kräften gegen sie auf. So begann der grausame Kampf, der sehr lange dauern sollte und bei dem auf der einen wie auf der anderen Seite viele Menschen getötet wurden, wobei am Ende die Pilger unterlagen, weil Suleiman so viel mehr Leute, und alle zu Pferd, hatte, dass die Pilger zu Fuß ihnen nicht mehr standhalten konnten. Und sie flohen alle in Richtung der Felder in dem Glauben, sich zu retten. Doch dies nützte ihnen wenig, denn Suleiman und seine Leute folgten ihnen und hetzten sie so dicht und so lange, dass sie fast alle getötet oder gefangen wurden, aufgrund des törichten und zügellosen Willens des gemeinen Volkes. Und viele sehr tapfere Ritter von großem Ansehen wurden dabei getötet, unter anderen der sehr tapfere Walter Sans-Savoir, Reinhold von Breis und Fulk von Orléans, die sehr gute und tapfere Ritter waren, und viele andere Adlige und Männer des Volkes, von denen man unter den fünfundzwanzigtausend Männern zu Fuß und den fünfhundert zu Pferd nicht drei zusammen finden konnte.

Um den Schmerz und den Verlust der Christen wiederum zu verdoppeln, ergriff Suleiman, als er das große Blutbad und die Niederlage der Unseren sah, darüber ein so großer Hochmut, dass er mit seinem Heer bis zum Lager kam. Dort verfuhr er ganz nach seinem Willen, denn es befanden sich dort nur Kranke und Alte, und tötete alle ohne Erbarmen, außer die Kinder und einige Jungfrauen, die er behielt, um sie zu versklaven. Als er erfuhr, dass sich fast dreitausend Pilger zurückgezogen hatten, da sie von dem plötzlichen Angriff gehört hatten, und dass sie sich dort ganz in der Nähe mit dicken Steinen und mit Pfählen in einer Festung verschanzt hatten, von der der Meister Vincent von Beauvais[30] sagt, es sei die Burg Civitot[31], in Ruinen oder vielleicht aus List von den Türken verlassen, die sie vor langer Zeit geschliffen und ohne Türen und ohne Fenster zurückgelassen hatten, führte er seine Leute auf dieser Seite heran und unternahm lange Sturmangriffe.

Und in der Tat hätte er die Festung auch eingenommen, doch die Pilger, die keine Hoffnung auf Mitleid hatten, wenn sie sich ergeben würden, verteidigten sich mit so großem Mut, dass unterdessen Peter der Einsiedler, der sich noch in Konstantinopel befand, erfuhr, dass die anderen geschlagen und ebendiese belagert waren. Über die Maßen betrübt, doch voller Schlagfertigkeit eilte er zu dem Kaiser und erklärte ihm die missliche Lage, in der sich die Unseren befanden, und bat ihn so herzlich, den Belagerten unverzügliche Hilfe zukommen zu lassen, dass der Kaiser, der ihn sehr schätzte, seinen Bitten Folge leistete und schnellstmöglich Gesandte zu Suleiman und den anderen Türken und Heiden schickte und sie bat, unsere Leute in der Burg nicht mehr anzugreifen. Und Suleiman gehorchte ihm, doch nahm er die Gefangenen, die Mädchen und die anderen Kinder sowie all die Beute mit, derer er sich bemächtigen konnte. Und so wurde dieses große Heer durch den

SCHLACHT ZWISCHEN DEN DEUTSCHEN KREUZFAHRERN UND DEN UNGARN (1096). GOTTSCHALK PREDIGT DEN KREUZZUG

„Als Peter der Einsiedler so nach Bithynien zog, machte sich auch ein deutscher Priester namens Gottschalk, der in Deutschland in seiner Sprache gepredigt hatte, genau wie Peter der Einsiedler es in Frankreich getan hatte, auf den Weg, um diesem zu folgen.“

(FOL. 26A)

Die Szene im unteren Register zeigt den deutschen Priester Gottschalk, wie er den Kreuzzug in Deutschland predigt. Er führte sein Heer von beinahe 15 000 Mann bis nach Ungarn, wo es zu einer verlustreichen Schlacht zwischen den Truppen des dort herrschenden Königs und den deutschen Kreuzfahrern kam, denen bereits ein übler Ruf vorauseilte. Die Schlachtszene im oberen Register ist von seltener Grausamkeit. Der Boden, rot gefärbt vom Blut der Gefallenen, ist mit Leichen übersät. Das Ausmaß der Schlacht wird durch eine Anhäufung von unzähligen Helmen und Rüstungen wiedergegeben. Im Vordergrund treten drei Reiter auf weißen Pferden gegeneinander an. Die bläulichen Hügel, die sich im Landschaftshintergrund vom Himmel abheben, mildern die Brutalität der Szene etwas ab.

Alemand prefcht fa Eroifee en
afemaigne. Et mena thunt
armee dont fa plus prit fut tu
ee par fa thunt par fa grant
trahifon des hongres. Dufquelr
fl; auoient fait plufieur ouftra
ges. Et fes auftres fen retourne
rent en fenr terre ripe. De
plufienr Chenaliers de france

Et tyranr communer fanr Chief
qui enterent en fonffire mal
gre le roy. Et comment fl;
furent fondainement efprante
Et par ce plufieur deulr tues.
Et ceulr q̃ fen retourneret.
Et des auftres qui a cruuert
feur brir par auftres paffa
ges. .iv.

Hochmut und den Schimpf des gemeinen Volkes zugrunde gerichtet und vernichtet, das den Rittern und anderen Adligen, Hauptleuten und Anführern nicht gehorchen wollte, die in der Kriegskunst erfahren waren. Daran wird deutlich, wie gefährlich es ist, das Abenteuer des Kampfes denen anzuvertrauen, die nichts davon verstehen.[32]

Kapitel IX.

Wie ein deutscher Priester in Deutschland den Kreuzzug predigte und ein großes Heer anführte, dessen größter Teil durch Verrat der Bulgaren getötet wurde, denen sie mehrfach Schmach zugefügt hatten, während die anderen in ihre Länder zurückkehrten. Von mehreren Rittern Frankreichs und großen Mengen von Unberittenen, die gegen den Willen des Königs in Ungarn einfielen. Und wie sie unvermittelt in Schrecken versetzt wurden und mehrere von ihnen aus diesem Grund getötet wurden. Und von denen, die zurückkehrten, und anderen, die ihre Gelübde über andere Wege erfüllten.

Als Peter der Einsiedler so nach Bithynien zog, machte sich auch ein deutscher Priester namens Gottschalk[33], der in Deutschland in seiner Sprache gepredigt hatte, genau wie Peter der Einsiedler es in Frankreich getan hatte, auf den Weg, um diesem zu folgen. Er führte gut fünfzehntausend Deutsche an, die, als sie Ungarn durchquerten und man ihnen auf Anordnung des Königs großzügig Wein, Fleisch und andere nötige Güter zu einem angemessenen Preis brachte, sich zu betrinken und angesichts der Bequemlichkeit, die sie hatten, zu überheben begannen. Sie waren von solchem Hochmut und solcher Bosheit, dass sie die verschiedenen Sorten Verpflegung, die ihnen die Händler und Landleute brachten, stahlen. Und noch schlimmer, sie nahmen sich die Frauen und schlugen ihre Männer. Und keiner im Heer vermochte ihnen Einhalt zu gebieten.

Deshalb ließ der König von Ungarn, als er das Gerücht von deren schlechten Taten hörte, so bald als möglich ein großes Heer seines Reiches zusammenkommen und verfolgte sie mit so großer Eile, dass er sie in der Nähe von Belgrad einholte. Doch als sie erfuhren, dass der König von Ungarn ein großes Heer gegen sie heranführte, versammelten sie sich und stellten sich alle im Einklang miteinander in Schlachtordnung auf. Und sie beschlossen, auf die Ungarn zu warten, um sie niederzukämpfen und zu besiegen oder im Gefecht zu sterben und ihr Leben teuer zu verkaufen. Denn sie wussten, dass sie hier durchziehen wollten und niemals Gnade oder Freundschaft von Seiten der Ungarn erleben würden, wegen des großen Leids, das sie ihnen zugefügt hatten. Als der König und die Ungarn sahen, wie sie darauf beharrten, im Kampf zu sterben oder den Sieg zu erringen, überlegten sie, dass es nicht einfach sei, so viele Leute zu besiegen, die nicht auf ihre Gnade hofften, und dass man diese ohne schwere Verluste auf Seiten der Ungarn nicht besiegen könne. Und bei dieser Gelegenheit verwandelte sich ihre Stärke in Zank und Verrat, denn der König von Ungarn schickte ihnen seine Botschafter und hielt ihnen ihre Undankbarkeit in schönen Worten vor, indem er sagte, er wisse sehr wohl, dass nicht alle schuldig seien, und wolle nur die Übeltäter bestrafen, und sie warnte, dass sie zu ihrer aller Wohl ihre Waffen niederlegen und sich in seine Barmherzigkeit begeben sollten. Sie könnten von dem König eine Vergebung erhoffen, über die sie sich nur glücklich preisen könnten. Gottschalk und die edlen Ritter des Heeres, denen der Schimpf, den die anderen begangen hatten, sehr missfiel, waren glücklich über das Angebot des Königs, denn sie hatten Vertrauen in seinen hohen Edelmut. Und sie erwirkten durch ihre Ratschläge, dass alle ihre Gefährten die Waffen niederlegten und liegen ließen, nicht ohne ihnen gesagt und dargelegt zu haben, dass es ihnen nichts Gutes bringe, sich zu unterwerfen und sich so unlauteren Menschen wie den Ungarn auszuliefern.

Es erwartete sie überhaupt nichts Gutes, denn sobald die Ungarn, nachdem sie ihre Waffen und ihre Knüppel zur Verteidigung weggegeben hatten, sie unbewaffnet vor sich sahen, fielen sie sofort über sie her und töteten alle, die sie erreichen konnten, ohne darauf zu achten oder zu fragen, wer gut und wer böse sei. Und sie richteten ein solch schreckliches Gemetzel an, dass das Blut auf dem Feld, wo sie sie heimtückisch töteten, einem Menschen bis zur Mitte des Beines reichte; doch eine kleine Zahl von ihnen, die sich inmitten der Toten versteckten, konnten fliehen und in ihre Länder zurückkehren, wo sie die anderen Pilger dazu ermunterten, die Heimtücke und Grausamkeit der Ungarn zu rächen.

Trotz dieses Unheils machte sich kurze Zeit später ein sehr großes Heer von Pilgern auf den Weg, das vor allem aus Männern des Volkes bestand, die aus verschiedenen Gegenden Frankreichs stammten. Es waren gut zweihunderttausend Mann Fußvolk und dreitausend zu Pferde, ohne obersten Anführer oder Feldherrn, selbst wenn unter ihnen Ritter und Junker von Ruf waren, wie Thomas von La Fère, Clarambald von Vendeuil, Wilhelm der Zimmermann und andere edle und tapfere Männer. Doch das gemeine Volk gehorchte ihnen in nichts und folgte nicht ihrem Rat. Als dieses so zusammengesetzte Heer nach Deutschland aufbrach, begingen Leute aus dem einfachen Volk zahlreiche Übergriffe, sowohl auf den Wegen als auch in geschlossenen Orten, und vor allem töteten sie alle Juden, die sie nur finden konnten, sogar in den Siedlungen und Städten. Und so machten sie immer schlimmer weiter und gelangten an den großen Fluss Luitans[34], der das Tor zu Ungarn ist. Sie hatten vor, über die Brücke, die über diesen führt, zu ziehen, doch der König wollte das trotz ihrer Bitten und der Gesandten, die sie zu ihm schickten,

keinesfalls hinnehmen, weil er aufgrund ihrer großen Zahl befürchtete, dass sie sich für sein heimtückisches Vorgehen gegenüber dem Heer von Gottschalk rächen wollten. Deshalb beschlossen die Pilger, die äußerst erbost über seine Zurückweisung waren und dagegen aufbegehrten, wieder umkehren und die Reise, für die sie erhebliche Opfer gebracht hatten, abbrechen zu müssen, einvernehmlich, das ganze Land des Königs von Ungarn, das sich auf dieser Seite des Flusses befand, niederzubrennen und zu zerstören, und dass sie diese Brücke erreichen und mit Gewalt das Reich durchqueren würden, gegen den Willen des Königs und der Ungarn. Und in der Tat steckten sie mehrere Städte in der Umgebung in Brand und zerstörten sie, und einhundert Ritter aus Ungarn wurden ausgesandt, um ihnen den Zugang zu einem befestigten Durchgang zu untersagen. Doch sie griffen diese so tapfer an, dass sie alle töteten mit Ausnahme einer kleinen Zahl, die den Durchgang für die Pilger offen hielt und sich in den Schutz von hohem Schilf in den nahe gelegenen Sümpfen retteten.

So gelangten die Pilger hinüber, und sie griffen sehr bedenkenlos eine Stadt am Fuß der Brücke an und stellten an deren Mauern alle ihre Leitern auf. Sie hatten davon so viele, dass die Einwohner jegliche Hoffnung auf Verteidigung aufgaben und nur noch auf ihren Tod warteten, als die Pilger von einer so schrecklichen Furcht heimgesucht wurden, dass diejenigen, die bereits über die Leitern oder durch Öffnungen, die sie in die Mauern geschlagen hatten, beinahe in die Stadt eingedrungen waren, sich plötzlich auf den Boden fallen ließen, von den Leitern wie von den Brücken, den Toren und Mauern. Und sie flohen wie Menschen, die sich vom Tod verfolgt sehen. Keiner von ihnen wusste, warum er floh, und die Ungarn konnten nur glauben, dass sie mit Fug und Recht flohen, weil sie keinen anderen Grund für ihre Flucht sahen. Doch schließlich öffneten die, die das Herz und den Willen, sich zu verteidigen, verloren hatten, ihre Tore, traten vor die Stadtmauern und verfolgten die Pilger, von denen sie eine sehr große Zahl töteten, ohne auf Widerstand zu stoßen, denn die meisten suchten nur einen Ort, um sich zu verstecken. So wurde dieses große Heer zerstört und nahezu ausgelöscht, denn ein deutscher Graf namens Emich, der an erster Stelle die Pilger zu ihren Übeltaten angestachelt hatte, kehrte in sein Land zurück und brachte einen großen Teil der Besiegten zurück, obwohl Thomas von La Fère, Clarambald von Vendeuil und die anderen Barone und französischen Adligen, die sich in diesem großen Heer befanden, ihre Pilgerfahrt fortsetzen wollten. Deshalb reisten sie in die Lombardei, nach Rom und Neapel. Als sie dort angekommen waren, wurden sie in Kenntnis gesetzt, dass mehrere französische Fürsten und Edelleute das Meer in diesen Gegenden eingenommen hätten und in Duras[35] eingetroffen seien und sich von dort aus nach Griechenland begeben hätten, und so segelten sie diesen nach, trafen sie und schlossen sich dem großen Heer an.

Kapitel X.

Wie Herzog Gottfried von Lothringen, später König von Jerusalem, ein großes Heer zusammenführte, um die Stadt Jerusalem zurückzuerobern. Von den Ehren, die ihm der König von Ungarn zuteil werden ließ; und wie Gottfried durch den Krieg den Kaiser von Konstantinopel zwang, ihm Hugo den Nachgeborenen und die anderen vornehmen Lehnsherren, die er durch List gefangen genommen hatte, auszuliefern.

Gottfried von Bouillon, Herzog von Lothringen, war wohl der wegen seiner Stärke und seiner Tapferkeit berühmteste Fürst. Ihm zu Ehren erhielten die *Chroniken von Outremer* ihren Namen und wurde diese heilige Reise von einigen als „Eroberungszug des Gottfried von Bouillon" bezeichnet, zum einen, weil er die heilige Reise vollendete und dabei die größte Zahl an hochlöblichen Unternehmungen machte, und weil, als die Stadt Jerusalem durch ihn und die anderen Fürsten, Prälaten und Barone erobert wurde, sie ihn in echter und einhelliger Wahl zum Herrscher des ganzen Königreichs kürten. Er verließ am fünfzehnten Tag des August im Jahr 1096 die Gefilde Lothringens mit einem großen Heer, in dem sich mehrere große Fürsten und reiche und tapfere Barone befanden, nicht mitgerechnet das Fußvolk und andere Leute unterschiedlichen Ranges. Die Angesehensten und Mächtigsten waren Balduin, sein Bruder, der danach König von Jerusalem wurde; Graf Balduin von Hennegau; Graf Hugo von Saint-Pol; Ingelram, sein Sohn, der ein junger, aber sehr tapferer Ritter war; Graf Warner von Gray; Graf Reinhold von Toul; Peter, sein Bruder; Balduin von Le Bourg, welcher der dritte König von Jerusalem nach diesem Eroberungszug wurde und welcher der Vetter von Herzog Gottfried war und der Sohn von Graf Hugo von Rethel; Heinrich von Esch und sein Bruder Gottfried[36]; Dudo von Konz-Saarburg, Graf Conon von Montaigu und mehrere andere große Herren und andere Edelmänner. Ein Teil von ihnen war verheiratet, sie führten ihre Frauen und Kinder mit sich.

Sich gegenseitig zugetan und gemäß ihrer Stellung und ihrem Ruf einander gehorsam, kamen sie am zwanzigsten Tag des folgenden September in Österreich an und ließen sich innerhalb und in der Umgegend einer Stadt dieses Gebietes, Toilemburg[37] genannt, nieder, in deren Nähe der große Strom Luitans[38] fließt, der das Kaiserreich Deutschland vom Königreich Ungarn trennt. Dort ruhten sie sich einige Tage aus. Seit sie ihre Heimat verlassen hatten, hatten sie auf ihrem Weg immer wieder Berichte über die große Grausamkeit und die Hinterlist des Königs von Ungarn gegenüber den Heeren von Peter dem

Einsiedler und Gottschalk gehört. Deshalb versammelten sie sich zur Beratung und beschlossen, um in Frieden durch Ungarn zu ziehen, was der beste und geradeste Weg war, ihn für die Schmach, die er jenen angetan hatte, büßen zu lassen und Rache zu nehmen, um so eine Vorgehensweise zu finden, wie sie sein Land in Frieden durchqueren könnten. Deshalb entsandten sie kluge Ritter, deren Anführer Gottfried, der Bruder von Heinrich von Esch, war, zum einen, weil er der Sprache mächtig war, und weil er dem König sehr nahestand. Nachdem sie den König von Ungarn gefunden hatten, der ihnen und ganz besonders Gottfried von Esch große Ehre erwies, legten sie ihm ausführlich, mit Erklärungen und Drohworten, die grausamen Taten dar, die er gegenüber dem Heer Unseres Herrn begangen hatte, und dass das Heer, das Gottfried begleitete, in seinem Lande Station machen wollte, um es mit Gewalt zu zerstören und eine so verabscheuungswürdige Grausamkeit zu rächen. Schließlich aber bat der König um Entschuldigung und bemühte sich, mit schönen und sanften Erklärungen aufzuzeigen, dass er von den anderen überrascht worden sei, bevor die geringste Absicht bestand, ihr Missfallen zu erregen, dass er ihnen vielmehr im Gegenteil alles unentgeltlich angeboten habe, woran sie in seinem Land Gefallen gefunden hätten. Er legte ihnen dar, dass jene ihm durch ihren Undank und ihr hässliches, Christen unwürdiges Handeln allzu großen Schaden bereitet hätten. Er verlangte, dass Gottfried von Esch Gottfried von Bouillon bitten möge, sich in einer Burg namens Ciperon einzufinden, wohin er auf der Stelle zu gehen beabsichtigte, damit sie Freunde würden, sofern dieser zu kommen einwilligte.

Nachdem er zugestimmt hatte, kehrte Gottfried zurück und erreichte, dass Herzog Gottfried von Bouillon dreihundert Reiter auswählte, zur Burg Ciperon zog und vor den König trat, der ihn empfing und großmütig feierte. Und als er ihn verließ, übergab der Herzog ihm als Geiseln seinen Bruder Balduin, dessen Frau und mehrere Edelleute als Garantie dafür, dass sein Heer keine Untaten in Ungarn ausüben würde. Unter dieser Bedingung durchquerten der Herzog und alle aus seinem Heer das Königreich Ungarn, wo sie alle Waren, die sie benötigten, zu angemessenen Preisen fanden. Und sie begingen dort keine Missetaten, denn der Herzog ließ beim Einzug in das Königreich ausrufen, dass bei Strafe des Erhängens niemand von seinen Leuten oder im Heer Gewalt, Ausschreitungen oder Verletzungen begehen dürfe. Und zum anderen zog der König von Ungarn die ganze Zeit auf der linken Seite mit, um ihnen all das liefern zu lassen, was sie verlangten, und die Streitereien, die bei solchen Gelegenheiten in der Regel entstehen, zu schlichten.

Als sie in Malleville waren, von dem wir bereits genügend gesprochen haben, ließ der Herzog zuerst tausend gut bewaffnete Männer von der anderen Seite des Flusses zur Bewachung des Ufers kommen, damit die anderen sicher und bequem übersetzen könnten. Und als alle herübergekommen waren, näherte sich der König dem Herzog und den anderen Baronen und übergab ihnen die Geiseln, die er mit sich geführt hatte, und als sie auseinandergingen, überreichte er ihnen große Geschenke. Sie verabschiedeten sich von ihm, dankten ihm für seine Geschenke und machten sich dann sehr wohlgeordnet auf den Weg, und nachdem sie durch die Stadt Sus gekommen waren, kamen sie in Estralice[39] an. Während sie dort lagerten, erfuhren sie, dass Kaiser Alexios von Konstantinopel Hugo den Nachgeborenen und mehrere bedeutende Barone von Frankreich gefangen hielt, die vor langer Zeit aus ihren Ländern fortgezogen waren und den Weg durch die Lombardei und Apulien genommen hatten, um früher in Konstantinopel anzukommen, und von dort aus waren sie über das Meer gefahren. Sie gingen zuerst in Duras in Griechenland an Land, wo sie blieben und sich in Sicherheit wähnten, da diese Stadt dem Kaiser von Konstantinopel gehörte, und auf die anderen Gefährten warteten, ohne gegen jemanden Misstrauen zu hegen. Doch der Vogt dieses Gebietes hatte Hugo den Nachgeborenen und alle anderen Barone in seine Gewalt genommen und, in Ketten gelegt, zu dem unredlichen Kaiser Alexios geschickt, der sie von da an gefangen hielt und sie nicht ausliefern wollte, sondern sie bewachte in der Hoffnung, sie lange festzuhalten. Und die anderen Pilger näherten sich nun mit aller Macht, um ihn zu zwingen, sie aus Furcht auszuliefern. Dies geschah ihm und kam seinem Land teuer zu stehen, denn als Herzog Gottfried und seine Leute seine Unredlichkeit bemerkt hatten, verlangten sie spornstreichs durch Bitten und Drohen von ihm, ihnen unverzüglich diesen hohen Fürsten Hugo den Nachgeborenen zu übergeben, den sie mit all jenen, die in seiner Gesellschaft waren, als ihren Herrn, ihren Bruder und ihren Begleiter auf dieser heiligen Reise ansähen. Und sie sagten, der Kaiser habe seinen Willen und seine Macht durchgesetzt und nicht Rechtschaffenheit walten lassen, indem er einen so edlen Fürsten gefangen genommen habe und festhalte, obwohl dieser ihm nichts Böses getan habe.

Trotz aller Bitten und Gesuche, welche die Gesandten des Herzogs und der anderen Fürsten und Barone seiner Schar vorbrachten, wollte Kaiser Alexios die Franzosen nicht freigeben. Und aus diesem Grunde fassten sie den gemeinsamen Beschluss, durch Feuer und andere Kriegstaten das ganze Land von Estralice bis Konstantinopel zu zerstören, und so ließen sie dem Heer freie Hand, das in kürzester Zeit mehrere Städte und Siedlungen niederbrannte und so viele Länder zerstörte, dass die Klagen darüber Kaiser Alexios häufig und in großer Zahl erreichten. Weil dieser begriff, dass er ihnen nicht standhalten konnte, und das Schlimmste befürchtete, bat er den Herzog und die Barone, ihre Leute in Frieden kommen zu lassen, und er werde ihnen bereitwillig Hugo den Nachgeborenen und die anderen gefangen gehaltenen Barone ausliefern. Daher beendeten sie den Krieg und führten ihr Heer vor die Stadt Konstantinopel, wo sie sich niederließen, als ob sie diese belagern wollten. Aber Hugo der Nachgeborene, Drogo von Nesle,

Wilhelm der Zimmermann und Clarambald von Vendeuil, die der Kaiser soeben aus der Gefangenschaft befreit und zu ihnen geschickt hatte, kamen bald heraus und zu ihrem Zusammentreffen. Darüber waren der Fürst und die anderen Barone sehr froh und empfingen sie mit großem Jubel.

Kapitel XI.
Wie Kaiser Alexios unter dem Vorwand der Mildtätigkeit Gottfried von Bouillon und sein Heer einzuschließen gedachte. Die Lage der Stadt Konstantinopel. Von dem Land und dem Meer, das sie umgibt. Wie der Kaiser das Heer von Gottfried angreifen ließ, dessen große Tapferkeit und die seiner Leute, und wie sie aus dem engen Ort, den ihnen der Kaiser als Lager zugewiesen hatte, herauskamen. Von dem Brief des Bohemund an Alexios; und wie Alexios danach Gottfried würdigte und ihm große und teure Geschenke machte, ebenso den anderen Fürsten und Baronen seiner Schar.

Als Hugo der Nachgeborene und seine Begleiter, die befreit worden waren, Herzog Gottfried und den Fürsten und Baronen seines Heeres berichteten, wie sie gefangen genommen worden waren, kamen Gesandte von Kaiser Alexios und baten ihn im Namen ihres Herrn, mit wenigen Begleitern zu ihm nach Konstantinopel zu kommen. Und Herzog Gottfried, der nichts tat, ohne einen Rat einzuholen, erfuhr, dass die Fürsten und Barone der Auffassung waren, dass er nicht dorthin gehen noch sich in die Lage begeben sollte, sich in der Gewalt eines derart unredlichen Fürsten zu befinden. Deshalb antwortete er den Gesandten, dass er in diesem Fall nicht dorthin gehen könne. Als er die Antwort hörte, war Kaiser Alexios so verdrossen, dass er überall verbot, ihnen Lebensmittel oder andere Dinge zu verkaufen. Um seinem Verbot zu begegnen, schickten die Fürsten und Barone ihre Leute in großer Zahl zum Plündern aus, die Lebensmittel für alle, ob arm oder reich, im Überfluss herbeischafften. Und als der Kaiser sah, dass man ihm so sein Land zerstörte, befürchtete er, dass es noch schlimmer kommen könnte, und befahl daher den Händlern, all ihre Waren wie zuvor den Pilgern zu bringen, und diese gehorchten.

Unterdessen kam der Weihnachtstag, zu dessen Anlass der Herzog und die Fürsten Anordnung gaben und in dem Heer ausrufen ließen, dass an diesem Tag und an den vier folgenden niemandem Unrecht oder Gewalt angetan werde. Während dieser Zeit kamen die Gesandten des Kaisers und sprachen mit großer Sanftmut zu dem Herzog und den anderen Fürsten und Baronen und baten sie, die Brücke zu überqueren und in der Nähe eines Palastes, der Blachernen-Palast heißt, ihr Lager aufzuschlagen, mit dem Versprechen, dass ihr ganzes Heer sich dort in den zahlreichen Häusern, die sich entlang des Armes des heiligen Georg[40] befanden, niederlassen könne. Obgleich der Kaiser dieses Angebot unter dem Vorwand der Nächstenliebe unterbreitete, und als ob er zeigen wollte, dass er Mitleid mit den edlen Franzosen und ihrem Heer habe, war seine Absicht genau das Gegenteil, denn er tat es (wie sich dann erwies), um unsere Leute auf engem Raum einzuschließen und festzuhalten, um sie daran zu hindern, durch das Land zu ziehen, wie sie es getan hatten. Und die Fürsten und Barone begegneten ihnen bereitwillig und kamen dem Ersuchen nach, denn der Winter war durch Kälte, Regen und Schnee sehr streng, so dass die Zelte moderten und einer solchen Menge an Regen und Schnee nicht standhalten konnten und die armen Menschen und die Pferde weder Schutz finden noch im Trocknen lagern konnten.

Um besser zu verstehen, wie der Kaiser unsere Leute durch List und Bosheit einzuschließen und praktisch zu belagern glaubte, muss man wissen, dass die Stadt Konstantinopel folgende Lage und Umgebung hat: Das Meer von Venedig ist dreißig Meilen von Konstantinopel entfernt, und von dort geht ein Süßwasser-Meeresarm ab und dehnt sich über zweihundertdreißig Meilen nach Süden aus. Seine Breite ist nicht immer gleich, denn an einer Stelle ist er nur eine Meile breit, an einer anderen dann wieder dreißig oder mehr. Der Arm verläuft zwischen zwei antiken Städten, Scyton und Abydos, wovon die eine in Asien, die andere in Europa liegt, denn dieser Arm trennt und grenzt diese beiden Teile der Welt voneinander ab. Konstantinopel befindet sich in Europa, und Nicäa auf der anderen Seite des Armes liegt in Asien. Auf diesem Meer ließ der große Perserkönig Brückenschiffe zum Übersetzen bauen. Und dieser Arm reicht in das andere Meer, wo die Stadt Akkon gegründet wurde.[41] An seiner breitesten Stelle bildet er eine kleine Bucht, wo sich der Hafen befindet, der als der beste und friedvollste aller Meere gilt, und die Stadt Konstantinopel, die die Form eines Dreiecks hat, liegt in der Nähe.

Die erste Seite dieses Dreiecks befindet sich zwischen dem Hafen und diesem Meeresarm, und dort liegt die Kirche Sankt Georg, nach der dieses Meer den Namen „Arm des heiligen Georg" hat, und diese Seite reicht den Hafen entlang bis zum neuen Blachernen-Palast. Die andere Seite der Stadt erstreckt sich von der Kirche Sankt Georg bis zur Goldenen Pforte[42]. Und die dritte Seite erstreckt sich von hier bis zum Blachernen-Palast. Diese edle Stadt Konstantinopel ist von Mauern und Gräben, von Türmen und Schießscharten sehr gut eingeschlossen, ganz besonders aber von dem Land, in dessen Hafen ein Süßwasserfluss fließt, welcher im Sommer wenig Wasser führt, im Winter jedoch durch die Regenfälle anschwillt. Und über diesen Fluss führt eine Brücke, über die unsere Leute gingen, und sie fanden sich aus diesem Grund gefangen zwischen dem offenen Meer und dem am Hafen entlang verlaufenden Arm, da, wo sie in vor langer Zeit erbauten

Alexios I. Komnenos und Gottfried von Bouillon

„Gottfried von Bouillon, Herzog von Lothringen, war wohl der wegen seiner Stärke und seiner Tapferkeit berühmteste Fürst. Ihm zu Ehren erhielten die Chroniken von Outremer ihren Namen und wurde diese heilige Reise von einigen als ‚Eroberungszug des Gottfried von Bouillon' bezeichnet, zum einen weil er die heilige Reise vollendete und dabei die größte Zahl an hochlöblichen Unternehmungen machte und weil, als die Stadt Jerusalem durch ihn und die anderen Fürsten, Prälaten und Barone erobert wurde, sie ihn in echter und einhelliger Wahl zum Herrscher des ganzen Königreiches kürten."

(FOL. 27VA)

Diese illuminierte Seite illustriert die Auseinandersetzungen zwischen den Anführern des Ersten Kreuzzuges und Kaiser Alexios I. Komnenos. Nicht ganz zu Unrecht hegte dieser den Verdacht, dass die Kreuzfahrer keineswegs nur beabsichtigten, ehemals byzantinische Gebiete im Orient für ihn zurückzuerobern, sondern vielmehr planten, dort eigene Reiche zu gründen. Daher forderte er von den Anführern des Kreuzzuges, den Lehnseid auf ihn zu schwören, was einige von ihnen, darunter Gottfried von Bouillon, zunächst verweigerten. In der Szene unten rechts wird Gottfried von Bouillon eine Botschaft von Bohemund überreicht, der ihn vor Alexios'

schlechten Absichten warnt. In der linken Szene werden Kämpfe zwischen Kreuzfahrern und Byzantinern dargestellt. Schließlich erreicht Alexios, dass die Kreuzfahrer ihn in seinem Palast aufsuchen. Die Versöhnungsszene wird im Hauptregister gezeigt: Alexios nimmt die Krone ab, um Gottfried von Bouillon zu begrüßen, während sein Thron im Hintergrund leer bleibt; er ist geschmückt mit einem goldenen Tuch, auf dem man den Doppeladler des byzantinischen Wappens erkennt. Die Feierlichkeit des Augenblicks wird durch die Herolde unterstrichen, die im Hintergrund auf der Empore Trompete blasen.

vnices z Barons. Et leur prieit
quilz paffaffent le rour. Et fe
boiffent lapier empereur in
lius qui a nom Blaquierre.
Et que fit fe pourroit lapier
toute leur armee en traceiant
ttude de maifon felon le bras
Saint Ceorge. Et combien q
Lempereur feift faire celle of

fre foubzhuitze de Chure. Et
comme demonffrant quil anoit
pitte des nobles furnees z de
leu armee. Son entention effoit
toute contrare. Car fi fe fai
foit ainfi que z puis apparut
vour encdore z tent noz nons
a effciuit. A fin quilz neffent
pas tel abandon de courir par

Häusern untergebracht waren.[43] Und während sie dort auf die Ankunft der anderen Fürsten und Barone warteten, schickte Kaiser Alexios häufig Gesandte zu Herzog Gottfried, um ihn zu bitten, dass er komme und mit ihm spreche. Der Herzog, der dessen Unredlichkeit sehr fürchtete, wollte nicht hingehen. Um den Kaiser zufriedenzustellen, sandte er aus der Befürchtung heraus, man könne ihm Vorhaltungen machen, dass er nicht vor ihn hintrete, drei tapfere und weise Ritter, Graf Conon von Montaigu, Balduin von Le Bourg und Heinrich von Esch, zu ihm, durch die er sich entschuldigen ließ und ihm erklärte, der Rat, den die anderen Fürsten und Barone seines Heeres abgehalten hatten, habe beschlossen, dass er bis zur Ankunft des großen Heeres der anderen Fürsten keinesfalls vor ihn treten solle.

Der Kaiser war darüber so verdrossen, dass er sogleich untersagen ließ, unsere Leute mit Lebensmitteln zu versorgen, und zudem schickte er eines Morgens mehrere Schiffe voller Bogenschützen, die genau an der Stelle, wo Gottfried untergebracht war, anlangten und so viele Pfeile abschossen, dass sie viele unserer Leute, die auf See gegangen waren, töteten und viele andere durch die Fenster der Häuser hindurch verwundeten. Daher schickten der Herzog und die anderen Fürsten und Barone, die sich aufgrund dieser neuen Heimtücke versammelt hatten, um nicht dort, wo sie eingeschlossen waren, überrumpelt und belagert zu werden, Balduin, seinen Bruder, mit fünfhundert Rittern und anderen tapferen Männern zu Pferd los, damit er die Brücke einnehme und bewache. Und das tat er.

Als sie sahen, dass die Leute von Konstantinopel bewaffnet vorrückten, um über sie herzufallen und sie, ohne jemanden zu schonen, zu töten, steckten der Herzog und all seine Leute die Häuser, in denen sie untergebracht waren, und die in der Umgebung, die sich über gut sechs oder sieben Meilen verteilten, in Brand, so dass sogar mehrere Häuser des Kaisers mit denen des Volkes niederbrannten. Nach dieser Tat ließen sie ihre Trompeten erschallen und gingen geschlossen zur Brücke, weil sie befürchteten, dass diejenigen aus der Stadt herkämen, um ihnen das Überschreiten zu verbieten. Aber Herzog Balduin, der Bruder von Gottfried, hatte sie bereits von den Griechen erobert, die er mit Gewalt weit zurückgedrängt hatte. Und als das Heer und der ganze Tross friedlich weitergezogen waren, machten sie wohlgeordnet in einer sehr schönen Ebene in der Nähe halt. Die Einwohner der Stadt kamen wenig später in großer Zahl heraus, und unsere Leute lieferten sich einige Gefechte mit ihnen bei der Kirche der Heiligen Cosmas und Damian, die man jetzt den Palast des Bohemund nennt, und die in der Nähe des Blachernen-Palastes steht.

Als es Abend wurde, gab es auf Seiten der Stadt viele Tote und unter den Unseren nur wenige, so dass die Griechen unseren Leuten nicht mehr standhalten konnten und die Flucht ergriffen. Die Pilger vertrieben sie, wobei sie jeden, den sie trafen, töteten und umstießen, so dass sie sie mit Gewalt nach Konstantinopel zurückdrängten. Dann kehrten die Unseren in die Ebene zurück und lagerten so gut es ging, indem sie eine Dauerwache organisierten, um jeden Überraschungsangriff der Griechen zu verhindern. Als die Leute zurück in ihrer Stadt waren und sahen, dass sie viele Verluste hatten und dass die Unseren großen Schaden angerichtet hatten, waren sie so voller Zorn und Wut, dass sie begannen, sich in der Stadt zu versammeln und ihre Männer aufzustacheln, damit sie sich mit noch größerer Wucht erneut auf jene stürzten.

Als aber die Nacht kam, änderten sie ihren Plan. Bei Anbruch des darauffolgenden Tages ließen der Herzog und die anderen Fürsten und Barone auf Pilgerfahrt bekanntmachen, dass jeder bewaffnet und zum Kampf bereit sein solle. Danach bestimmten sie einen Teil der Hauptleute dazu, auf Diebeszug zu gehen, und der Rest des Heeres wurde damit beauftragt, die Zelte und das Lager zu bewachen, denn sie waren sicher, dass der Kaiser ihnen jedes nur mögliche Leid zufügen würde. Während der sechs Tage, in denen diejenigen, die plünderten, fern waren, traten die Boten, die Bohemund gesandt hatte, in großer Eile vor Herzog Gottfried und die anderen Fürsten. Da Bohemund erfahren hatte, dass sie sich Konstantinopel näherten, wollte er sie von den schlechten Absichten des Kaisers Alexios in Kenntnis setzen. Und sie legten ihm einen Brief seinerseits vor, in dem unter anderem stand: „Ihr sollt wissen, Herr, dass Ihr es mit einem sehr unehrlichen Mann zu tun haben, der alles daran setzt, die zu täuschen, die ihm vertrauen, und der insbesondere unsere Leute hasst und alles Erdenkliche tut, um ihnen zu schaden. Wenn Ihr Euch dessen noch nicht bewusst seid, solltet Ihr wissen: Er wird nicht zögern, so zu handeln, wie ich es Euch schreibe, denn ich kenne die Böswilligkeit der Griechen gut und ganz besonders die betrügerische Art ihres Kaisers. Deshalb bitte ich Euch, sich aus Konstantinopel zurückzuziehen und mit Euren Leuten in die Ebenen von Andrianopolis[44] oder Philippopolis[45] zurückzugehen und dort zu überwintern, wo es alles im Überfluss gibt. Und wenn es Gott gefällt, werde ich, sobald das Wetter milder wird, eiligst aufbrechen und mein Heer mit dem Euren vereinen. Ich werde Euch als meinem Herrn und Freund helfen gegen diesen unehrlichen Fürsten Alexios, der versucht, den wahren Christen jedes erdenkliche Leid zuzufügen."[46]

Als der Herzog den Brief von Bohemund vor den Fürsten und Baronen hatte verlesen lassen, ließ er einen anderen schreiben, den er ihm zusandte und in dem es eine Klausel gab, die besagte: „Die Fürsten dieses Heeres und ich danken Euch herzlich für Eure Liebe und Ihre Lauterkeit. Ihr sollt wissen, dass wir bereits gefunden haben, was Ihr bei dem Fürsten und dem Volk der Griechen vermutet. Wir wissen wohl, dass es Euer gesunder Verstand und Eure Lauterkeit sind, aus denen sich Eure Ratschläge speisen, aber wir misstrauen den Waffen, die wir mitgenommen haben, um die Ungläubigen zu bekämpfen, sie zu bekehren und zu Christen wie wir zu machen. Deshalb erwarten wir und wünschen

wir uns alle Euer Kommen. Und wenn Ihr gekommen seid, werden wir alles tun, was Ihr uns befehlt." Im Übrigen entfernten sich diejenigen, die auf Diebeszug gegangen waren, bis zu sechzig Meilen weit und nahmen auf ihrem Weg gewaltsam alle Städte ein und plünderten sie aus. Sie brachten eine so große Menge an Weizen, Wein, Vieh und anderen Schätzen mit, die das Land im Überfluss hatte, dass man sie kaum herbeischaffen konnte. Und Gott weiß, mit welcher Freude sie von dem Heer empfangen wurden, und auch, welchen Schmerz und welchen Neid die Griechen empfanden, als sie sie derart mit Schätzen beladen nach sechs Tagen zurückkommen sahen.

Mehr als alle anderen war Kaiser Alexios voller Furcht: In Anbetracht der großen Tapferkeit des Herzogs, der Franzosen und der anderen Pilger, in Kenntnis über das Kommen der Gesandten von Bohemund und seiner bevorstehenden Ankunft und in der fürchterlichen Erwartung, von dem Herzog und seinen Leuten gänzlich vernichtet zu werden, fragte er sich lange, wie er Frieden mit ihm schließen könne. Aus diesem Grund sandte er schließlich Boten zu ihm und bat ihn und die anderen Fürsten, doch zu kommen und mit ihm zu sprechen, und wenn sie befürchteten, dass er ihnen ein Leid antun wolle, sei er bereit, ihnen seinen ältesten Sohn Johannes bis zu ihrer Rückkehr als Geisel zu schicken. Aufgrund dessen beschlossen der Herzog und die anderen Fürsten, die darüber Rat hielten, seiner Bitte nachzukommen, und sandten Graf Conon von Montaigu und Balduin von Le Bourg zu ihm, um die Geisel in Empfang zu nehmen.

Als sie mit dem Sohn des Kaisers zurückgekommen waren, zogen Herzog Gottfried und die anderen Fürsten zu ihm nach Konstantinopel, wo sie von allen Griechen, gleich was sie darüber dachten, freundlich empfangen wurden. Um sie zu ehren, umarmte der Kaiser alle feierlich und befragte jeden, um sie noch mehr zu ehren, nach seinem Namen und Titel, sprach sehr freundlich zu allen, sowohl zum Einzelnen als auch zur Gesamtheit, so wie er es gut verstand. Auch die anderen Griechen fanden kein Ende in ihrem Staunen über die stolze und edle Standhaftigkeit der französischen Fürsten. Als der Kaiser schließlich in seinem Palast auf einem Thron saß, der von unten nach oben und auf allen Seiten mit goldenen und reich verzierten seidenen Tüchern bedeckt und eingehüllt war, umgeben von seinen Fürsten und Baronen, richtete er folgende Worte an den Herzog: „Wir haben mehrmals in diesem Land gehört, dass du von hoher Geburt und großer Macht in deinem Land, dass du ein guter und redlicher Ritter bist und dass du, um den Glauben an Unseren Herrn Jesus Christus zu mehren, es unternommen hast, gegen diejenigen zu kämpfen, die ihn nicht fürchten und die sein Volk quälen. Deshalb bewundern und lieben wir dich von ganzem Herzen und wollen dir die höchsten erdenklichen Ehren zuteil werden lassen, denn du bist ihrer sehr wohl würdig. Aus diesem Grund gefällt es uns, indem wir unser Reich in deine Hände legen, damit du es wohl bewahrst, dich nach dem Rat und mit der

Zustimmung unserer Fürsten und Barone mit unserer ganzen Liebe zu unserem Sohn zu ernennen und zu erwählen." Und als er dies gesagt hatte, ließ er unverzüglich Herzog Gottfried in eine kaiserliche Robe kleiden und wies ihm den Platz neben sich an. Und dann feierten die Barone von Griechenland ein großes, feierliches Fest, wie es in diesem Land zu solchen Anlässen Brauch war.[47]

Auf diese Weise wurde zwischen dem Kaiser und den fürstlichen Pilgern der Frieden geschlossen, geschworen und bestätigt. Und der Kaiser ließ seine Schatztruhe öffnen, woraus er dem Herzog und seinen Begleitern eine stattliche Zahl von Geschenken übergab: Gold, Silber, Edelsteine, goldene Tücher und bunte Seidentücher, Geschirr aus Gold, Silber, aus verschiedenen Materialien und in verschiedenen Formen, was von Kaiser Alexios großzügig verteilt wurde. Obgleich sie sowohl an Menge als an Wert unschätzbar waren, hörte der Kaiser nicht auf, Herzog Gottfried jede Woche von Epiphanias bis Himmelfahrt so viele Steine, Gold und Silber zu schenken, wie zwei starke Männer tragen konnten, sowie zehn Maß Kupfermünzen, wie sie in diesem Land im Umlauf waren. Doch der Herzog teilte alles mit dem Heer, das dieses, so dachte er, dringender brauchte. Bald darauf verabschiedeten sich der Herzog und die anderen Fürsten und Barone vom Kaiser und kehrten zu ihrem Heer zurück. Und als sie angekommen waren, sandten sie sogleich sehr ehrenhaft Johannes, den ältesten Sohn des Kaisers, den sie als Geisel behalten hatten, zurück. Und der Kaiser ließ verkünden, dass bei Strafe des Todes niemand den Pilgern ein Leid zufügen dürfe und dass man ihnen allen Lebensmittel zu einem angemessenen Preis verkaufen solle. Und der Herzog ließ in seinem Heer verkünden, dass jeder, dem sein Leben lieb sei, sich davor hüten solle, den Bewohnern des Landes Gewalt oder Unrecht anzutun. Und so verbrachten sie die Zeit bis zum Monat März in Frieden.

Herzog Gottfried, der wusste, dass die anderen Fürsten und Barone mit ihren großen Heeren kommen würden, dass es der Wille des Kaisers war, ihn vor dem Eintreffen der anderen Fürsten mit seinen Leuten von der anderen Seite des Arms des heiligen Georg herüberkommen zu lassen, und dass die Fürsten und Barone Frankreichs dies ebenso wünschten, sagte dem Kaiser, er wolle die Meerenge überschreiten, gab dabei aber vor, dessen Wunsch nicht zu kennen. Der Kaiser war darüber sehr erfreut und stellte ihm eine so große Flotte zur Verfügung, dass das ganze Heer in kurzer Zeit von der anderen Seite des Arms des heiligen Georg übersetzte und auf dieser Seite, die in Asien liegt und Bithynien heißt, an Land ging.

Als sie übergesetzt waren, bezogen Gottfried und sein Heer in der Stadt Chalkedon am Arm des heiligen Georg Quartier, wo sie sehr komfortabel untergebracht waren. Denn diese Stadt liegt so nahe bei Konstantinopel, dass nur der Arm zwischen ihnen lag, und er ist an dieser Stelle so eng, dass derjenige, der in der Stadt Konstantinopel zu tun hatte,

AUSEINANDERSETZUNGEN ZWISCHEN DEN KREUZFAHRERN UND DEN TRUPPEN VON KAISER ALEXIOS (1097). BOHEMUND I. VERHÖRT GEFANGENE

„Sie stürzten sich mit solcher Heftigkeit auf die Griechen, dass sie eine große Zahl von ihnen töteten und gefangen nahmen, und der Rest ergriff die Flucht. Aus diesem Grund wurden die Gefangenen vor Bohemund geführt und befragt, um zu erfahren, wer sie angestachelt habe, sich auf seine Leute zu stürzen."

(FOL. 33VA–33VB)

Ein weiteres Mal zeigt Jean Colombe Auseinandersetzungen zwischen den Kreuzfahrern und den Heeren des Alexios. Bohemund von Tarent war mit einer Streitmacht über die Adria gekommen, um sich dem Kreuzzug anzuschließen. Die Christen wurden von Alexios' Leuten angegriffen, nachdem sie den Fluss Vardar überquert hatten.

Bei der hier dargestellten Schlacht werden die Christen von Tankred geführt, den man im Vordergrund erkennen kann. Im unteren Register werden Gefangene zu Bohemund gebracht und von ihm verhört. Er will wissen, was sie dazu veranlasst hat, sein Heer anzugreifen.

de dommatges pour auoir biurs.
Tellement que Lempereur aleua
en eulx plusieurs clameurs. Et pur
ce quil sceult la tyunt armee que
menoit Supimond contre lequel
et aussi son pere Robert sauchut
sl auoit eu longue guerre: dont
sl auoit eu tousiours le pir. Il ma
da aux soudoyers de son empire qui

se tenoient es terres pir ou passoit
Supimond. quilz se costoiassent
tousiours iusques au fleuue de
Sardite. z que lors que partie
de son armee seroit passee ou plꝰ
tost silz trouuoient lieu seur Il
lassaillissent tellement quilz se des
troussassent. Combien que le des
lopil empereur enuoya tresistue

zwei- oder dreimal pro Tag dorthin gelangen konnte. Und ebenso wie der Kaiser den Herzog und seine Leute hatte übersetzen lassen, ließ er die anderen pilgernden Fürsten und Barone bei ihrer Ankunft hinüber, denn er wollte nicht, dass sich zwei Pilgerheere zusammen neben Konstantinopel niederließen, aus Furcht, dass sie gegen ihn zu stark wären.

Kapitel XII.
Wie Bohemund, Fürst von Tarent, und Tankred, sein Neffe, welche in sehr hohem Ansehen standen, sich auf den Weg machten. Von der Unredlichkeit und Hinterlist, die der Kaiser gegen sie hegte. Wie Tankred die griechischen Söldner schlug. Von dem Fest, das der Kaiser Bohemund ausrichtete, und von dem Durchzug des Grafen von Flandern.

Bohemund, Fürst von Tarent, Sohn von Robert Guiskard, war bereits aus Apulien aufgebrochen und vor dem Winter in Duras angekommen, und er hatte seinen Neffen Tankred, den Sohn seiner Schwester, und mehrere hohe Herren und edle Barone, Ritter und Knappen im Gefolge, von denen Richard von Principat, Sohn von Wilhelm Eisenarm, dem Bruder von Robert Guiskard, und sein Bruder Raimund (alle, wie ich bereits gesagt habe, Nachkommen der Linie von Rollo, des ersten Herzogs von der Normandie, und der Grafen von Blois), Robert von Ansa, Armand von Carni, Robert von Sourdeval, Richard, Graf von Roussillon, Hoyaux von Chartres, Onfroi von Montgueux die bedeutendsten waren sowie mehrere andere, das Fußvolk nicht mitgerechnet, das einhellig den edlen Bohemund als Führer erwählt hatte. Trotz des Winters machte dieser sich auf den Weg, und sein Heer zog durch Kastoria, wo er Weihnachten feierte. Aber weil die Bewohner dieses Gebietes ihnen keine Lebensmittel geben wollten und sie als ihre Feinde ansahen, schickte Bohemund einen Teil seiner Leute auf Diebeszug und bekam mit Waffengewalt eine große Menge Lebensmittel. Von hier aus zog er Richtung Pelagonia, wo er viel Schaden anrichten musste, um Lebensmittel zu bekommen, worüber der Kaiser in Kenntnis gesetzt wurde. Und da er erfahren hatte von dem großen von Bohemund geführten Heer, gegen den er einen langen Krieg geführt hatte, in dem er immer unterlegen war, ebenso wie gegen seinen Vater Robert Guiskard,[48] befahl er den Söldnern seines Reiches, die sich in den Gebieten aufhielten, durch die Bohemund zog, ihn bis zum Fluss Bardate[49] ständig zu begleiten und ihn, sobald ein Teil seines Heeres ihn durchquert habe oder, wenn sie eine sichere Stelle fänden, sogar früher anzugreifen und auszuplündern.

Der unredliche Kaiser sandte in aller Eile einige griechische hohe Herren zu Bohemund, und unter dem Vorwand, dass er ihm große Ehre erweisen wolle, ließ er ihm nach einigen wohlgefälligen Worten mitteilen, dass er sich über sein Kommen sehr freue, und bat ihn, eiligst nach Konstantinopel zu kommen, wo er ihn zu feiern und zu ehren beabsichtige, wie es einem Fürsten wie ihm gebühre, und ganz besonders aus Achtung vor der großen Reise, die er mit so viel Mut unternehme. Aber als Bohemund die Boten hörte, hielt er sich nicht mehr an seine Versprechungen, denn er kannte die Heimtücke des Kaisers.[50] Doch verhehlte er seinen Entschluss und ehrte und feierte sie großzügig, war aber immer auf der Hut: Und dies war auch nötig, denn als ein Teil seines Heeres über den Fluss Bardate übergesetzt war, griffen die Söldner und das Heer von Konstantinopel, die sie immer begleitet hatten und dachten, dort angekommen zu sein, wo sie sie schlagen könnten, plötzlich den Rest des Heeres an. Aber als Tankred, der die Vorhut führte, den Lärm hörte, kehrte er eilig mit zweitausend der tapfersten Männer zurück. Sie stürzten sich mit solcher Heftigkeit auf die Griechen, dass sie eine große Zahl von ihnen töteten und gefangen nahmen, und der Rest ergriff die Flucht. Aus diesem Grund wurden die Gefangenen vor Bohemund geführt und befragt, um zu erfahren, wer sie angestachelt habe, sich auf seine Leute zu stürzen, in Anbetracht des Angebotes, das er dem Kaiser gemacht hatte, und sie gestanden und gaben unumwunden zu, dass es der Kaiser gewesen sei, der sie heimlich gebeten habe, dies zu tun. Und trotzdem tat Bohemund so, als ob er glaubte, dass der Kaiser dies nicht veranlasst hätte, was mehreren Mitgliedern seines Gefolges sehr missfiel, die sich nicht so gut verstellen konnten wie er. Aber sie gehorchten ihm, bis dass er sein Heer durch Makedonien bis in die Gegend um Konstantinopel geführt hatte. Der Kaiser sandte erneut mehrere bedeutende Barone zu ihm, die ihn baten, sein Heer zu verlassen und mit wenigen Leuten umgehend zu ihm nach Konstantinopel zu kommen. Da Bohemund sich nicht entscheiden konnte, ob er gehen sollte oder nicht, denn er fürchtete, den Kaiser zu erzürnen oder in die Fänge seiner Falschheit und Heimtücke zu gelangen, entschied Herzog Gottfried, für ihn hinzugehen, und er kam am Gründonnerstag an. Danach, als sie sich freudig begrüßt und ihre Abenteuer erzählt hatten, brach Bohemund auf Bitten von Herzog Gottfried auf und zog nach Konstantinopel vor den Kaiser, der ihn mehrere Tage lang feierte und ihm Ehre erwies.

Während dieser Zeit wagte Tankred nicht, vor den Kaiser zu treten, er zog aber mit seinem Heer in die Gegend von Bithynien auf der anderen Seite des Arms des heiligen Georg. Als der Kaiser dies hörte, bereitet ihm dies viel Verdruss, auch wenn er seine Gedanken verhehlte und dem Herzog und Bohemund viele großzügige Geschenke machte. Er erlaubte ihnen, mit ihren Heeren von der anderen Seite des Armes hinüberzukommen. Kurze Zeit später machte sich Graf Robert von Flandern seinerseits auf den Weg. Er war

übers Meer bei Duras gekommen, wo er überwintert hatte, und zog mit seinem Heer gen Konstantinopel. Die Gesandten des Kaisers kamen ihm entgegen, wie sie es bei den anderen getan hatten, und nachdem sie ihn unterrichtet hatten, ging er mit wenig Begleitung nach Konstantinopel. Und nachdem der Kaiser ihn umarmt und gefeiert hatte, huldigte er ihm, wie es die anderen Fürsten und Barone vor ihm getan hatten, außer Tankred und diejenigen aus dem Heer, die er ohne Wissen des Kaisers hatte durchziehen lassen. Nachdem er ihm gehuldigt hatte, verließ Graf Robert von Flandern den Kaiser, der ihm schöne Geschenke machte. Und er zog mit den Flamen auf die andere Seite des Arms des heiligen Georg, wo er auf seine Gefährten traf, die anderen Fürsten und Barone, die bereits hinübergezogen waren und die ihrer Freude Ausdruck gaben, ihn ankommen zu sehen.

Kapitel XIII.

Wie Raimund, Graf von Toulouse, und Adhemar, Bischof von Le Puy, sich auf den Weg machten. Von den großen Gefahren, denen sie in Ungarn, Dalmatien und den Grenzgebieten dieser Länder begegneten. Wie der Kaiser die Leute des Grafen angreifen ließ, als er ihn in Konstantinopel feierte; und wie Graf Raimund mit Klugheit gegen die Listen des Kaisers vorging, ihm schließlich Ehre erwies und den Arm mit den anderen Fürsten überquerte. Die Überfahrt von Herzog Robert von der Normandie und Graf Stephan von Blois und Chartres.

Graf Raimund von Toulouse, der einer der reichsten und mächtigsten Fürsten Frankreichs war und einer der drei, die auf dieser heiligen Reise die meisten ruhmwürdigen Taten vollbrachten, und der sehr ehrwürdige Adhemar, Bischof von Le Puy, den Papst Urban, als er den ersten Kreuzzug beschloss, als Legaten erwählte, um dort seine Stelle einzunehmen, zogen mit einem großen Heer los, dem Bischof Wilhelm von Orange, Graf Wilhelm von Forez, Graf Rambald von Orange, Gaston von Béziers, Gerhard von Roussillon, Wilhelm von Montpellier, Raimund Pelet, Centoux von Beard und Wilhelm Amancy angehörten und unterstanden sowie mehrere sehr edle und tapfere Barone, Ritter und Knappen, gut und reich ausgestattet, bewaffnet und ausgerüstet, in sehr großer Zahl, ohne die Fußkämpfer zu zählen, die ihre reichen Ländereien verließen, um die heilige Reise in Begleitung und unter Führung des guten Grafen Raimund zu unternehmen. Er führte sein Heer durch die Lombardei und die anderen Regionen Italiens, von wo aus er nach Istrien und Dalmatien einzog, welches zwischen dem Adriatischen Meer und Ungarn liegt. Dort gibt es vier Erzbistümer: Jadres, Spalete, Antibare und Raguse[51], die von grausamen Völkern, die Stehlen und Töten gewöhnt sind, bewohnt werden. Und es ist für sie ein Leichtes, dies bei denen zu vollbringen, die durch ihr Gebiet ziehen, denn dieses Land ist sehr gebirgig, hat viele Wälder und tiefe, reißende Flüsse und auch Sümpfe, so dass es wenig bestellbares Land gibt. Doch es gibt Vieh im Überfluss, von dem sie auf unterschiedliche Art und Weise leben; sie sprechen mehrere Sprachen und sind unterschiedlich gekleidet, denn die, die am Meer oder in der Nähe wohnen, sprechen Französisch[52], die anderen Slawisch. Als das Heer des Grafen von Toulouse durch diese Länder und Regionen zog, sah es sich mehreren großen Gefahren gegenüber und musste sowohl aufgrund des harten Winters als auch wegen Nahrungsmittelmangels Verluste erdulden, da die Bewohner des Landes aus Furcht vor den Pilgern die Städte verlassen hatten und sich in die Wälder, die Höhlen und Festungen zurückgezogen hatten. Und dort hatten sie all ihre Nahrungsmittel und die anderen Güter gesammelt, und deshalb hatten die Pilger große Mühe, das Heer zu versorgen. Und auf der anderen Seite erlitten sie große Schäden, denn die Slawen und Dalmatier, die die befestigten und gefährlichen Orte kannten, verließen oft die Plätze, an denen sie sich versteckt hatten. Und wenn sie Pilger überraschen konnten, die zurückgeblieben, auf Abwege geraten oder schwach und krank waren, beraubten und plünderten sie diese aus und töteten sie ohne Gnade.

Als Graf Raimund, der einer der weisesten Fürsten seiner Zeit war, von deren Ausrücken erfuhr, war er über alle Maßen betrübt und ließ sein Heer beschützen und die Slawen verfolgen, so dass sie nicht mehr zurückzukommen wagten, denn er ließ mehreren Gefangenen, die lebend zu ihm geführt wurden, die Arme und Beine abschlagen und ließ sie so lebend auf den Straßen liegen, damit sie den anderen als abschreckendes Beispiel dienten: Aus Furcht vor einem so grausamen Tod und vor der Wache, die man gegen sie aufgestellt hatte, verzichteten sie ganz darauf, auszuziehen. So konnte das Heer etwas leichter durch das Gebiet ziehen, jedoch immer noch mit großer Mühsal, denn neben diesen Schwierigkeiten war die Luft dieses Gebietes voll dichten Nieselregens, so dass die Hinteren den Vorderen kaum folgen konnten.

Nach drei Wochen kamen sie so zu einer Burg namens Scodre[53], wo sich der König von Slawonien aufhielt. Der Graf von Toulouse trat vor ihn hin, und da er dachte, er könne so dessen Zuneigung für sich und sein Volk gewinnen, überreichte er ihm mehrere große Geschenke, damit er seinen Leuten befehlige, die Pilger in Frieden ziehen zu lassen und ihnen Nahrungsmittel gegen Geld zu geben. Aber dies diente zu nichts, denn sie ließen nie von ihren Grausamkeiten ab, die die Pilger bis Duras ertragen mussten, wo sie, nachdem sie nach ihrer Ankunft in Scodre weitere sechs Tage durch dieses Gebiet gezogen waren, und unmittelbar danach ankamen. In diese Stadt Duras sandte Kaiser Alexios mehrere griechische hohe Herren zu dem Grafen Raimund, denn er fürchtete immer noch dessen

DER ZUG DURCH DALMATIEN.
DIE KREUZFAHRER ÜBERQUEREN DEN ARM DES HEILIGEN GEORG

„Graf Raimund von Toulouse, der einer der reichsten und
mächtigsten Fürsten Frankreichs war und einer der drei, die auf dieser
heiligen Reise die meisten ruhmwürdigen Taten vollbrachten,
und der sehr ehrwürdige Adhemar, Bischof von Le Puy, den Papst Urban,
als er den ersten Kreuzzug beschloss, als Legaten erwählte, um dort
seine Stelle einzunehmen, zogen mit einem großen Heer los."

(FOL. 34B)

Raimund IV. von Toulouse, einer der wichtigsten Führer des Ersten Kreuzzuges, machte sich zusammen mit Adhemar, dem Bischof von Le Puy, auf den Weg. Im Hauptbild wird der Marsch des Kreuzfahrerheeres, das mit Raimund aus dem Süden Frankreichs aufgebrochen war, durch Dalmatien gezeigt. Den Kreuzfahrern lauern Feinde auf, die hinter dem Gebüsch ihr Vorrücken beobachten und sie unaufhörlich bedrängen. Schroffe Berge, dunkle Wälder und Flüsse bilden eine wilde und unwirtliche Landschaft. Jean Colombe stellt exotische Landschaften häufig in Gestalt von bizarr geformten Felshügeln dar, die die Bildkomposition der Miniaturen gliedern und den Landschaften Tiefe verleihen. Das linke untere Bild zeigt, wie der byzantinische Kaiser den ihn grüßenden Raimund von Toulouse empfängt. Unten rechts sieht man die Kreuzfahrerschiffe den Flussarm des heiligen Georg überqueren.

tes armes z chauie en tresgraunt
nombre sans ceulx de pie. Qui tous
laisserent seurs riches terres z vig=
pour accomplir le saint vorage. Auec
et en la coinpaignie z soubz la cō=
duite du bon Coute Raymond.
Lequel mena son armee par son
hardie z auiltres vvie dytalie dont
si entra en la terre disac z de dal=
matie qui est entre sa mer adria=
ne z hougrie. La ou a Quatre

archeuesches. sadce . Spalete. Au=
tibare. z Raguse. rempices de vueu=
ple cruel. z enciutité a robir et
tuer. z bien en ont saitisance sur
ceulx qui par la passont. Car
ceste terre est vlaine de montaignes
de sorestz z de riuieres prfonde
et couiens sort. et aussi de maret
tellement quil ni vou de terre la
bournbiee. . vigne de lestail y a
grant habondaice dont. si buuet

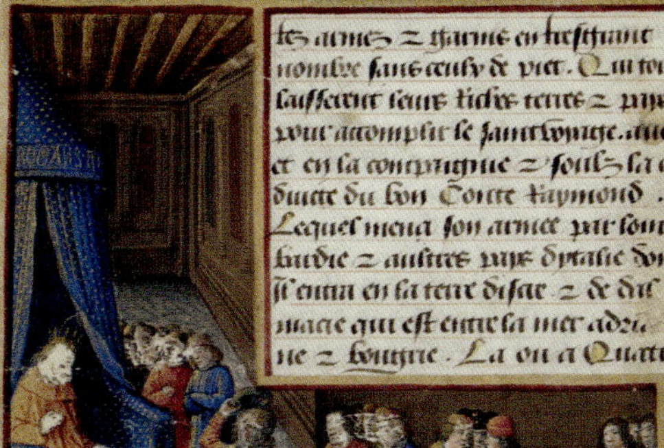

Kommen, da er von seinem Ruf als mächtigem und sehr weisem Fürsten gehört hatte. Der Graf empfing das Schreiben und die Boten sehr ehrenvoll, und er und alle Leute seines Heeres waren sehr glücklich, dass der Kaiser anbot, ihnen Nahrungsmittel zu liefern sowie die Sicherheit in den Gebieten des Reiches bis Konstantinopel zu gewährleisten. Sie dankten ihm herzlich durch einen Brief und durch Boten, die der Graf zu ihm sandte, und sogleich drängte dieser sein Heer zum Aufbruch, so dass sie Pelagonia erreichten, wo der Bischof von Le Puy, der sich etwas von dem Heer entfernt an einem schönen Ort, den er gefunden hatte, niedergelassen hatte, in der Nacht von bulgarischen Verbrechern überfallen und verschleppt wurde. Als einer von ihnen glaubte, ihn retten zu können in der Hoffnung, Geld dafür zu erhalten, seine Begleiter ihm jedoch widersprachen, brachen die Leute des Heeres einen Streit mit ihm vom Zaun und retteten den guten Adhemar, Bischof von Le Puy, und all seine Habe.

Am darauffolgenden Tag brach das Heer wieder auf und, nachdem sie Salnique[54] und Makedonien hinter sich gelassen hatten, gelangten sie nach einigen Tagen großer Mühe und Anstrengung, vier Tagereisen von Konstantinopel entfernt, an einen großen, Redoste[55] genannten Fluss, der in den Arm des heiligen Georg mündet. Hier kamen die Boten des Kaisers wieder zu dem Grafen Raimund und baten ihn, in Konstantinopel mit einem kleineren Gefolge vor ihm zu erscheinen. Und ebenso kamen dorthin Gesandte der Fürsten und Barone von der anderen Seite des Armes, die ihn baten, das zu tun, was der Kaiser wünschte.

Graf Raimund leistete ihnen Folge, und er ließ sein Heer in der Obhut der anderen Barone und kam nach Konstantinopel und trat vor den Kaiser, der ihm einen sehr ehrenvollen Empfang bereitete. Und er bat ihn dann, ihm, wie seine Gefährten es getan hatten, Ehre zu erweisen, um ihr wahres Bündnis und ihre Freundschaft zu bekräftigen. Aber der Graf erwiderte unverzüglich, dass er dies nicht tun werde. Der Kaiser fühlte darüber großen Zorn und Verdruss, so dass er, seine grausamen Absichten verhehlend, heimlich seinen Kriegsführern befahl, ein Höchstmaß an Bewaffneten zusammenzurufen und, um die Pilger auszuhungern, die Schiffe abzuziehen, die Nahrungsmittel zu ihnen auf die andere Seite des Mündungsarmes brachten, und keinen von ihnen auf diesen Fluss zu lassen, so dass sie nicht wieder auf diese Seite gelangen könnten. Danach befahl er, das Heer des Grafen Raimund nachts überraschend anzugreifen und alle zu töten und zu verwunden, die sie erwischen könnten.

So taten sie es auch; als die Nacht hereingebrochen war und die Pilger des Grafen sich aufgrund der großen Versprechungen des Kaisers in dem Gedanken, an einem sicheren Ort und bei Freunden zu sein, zur Ruhe begeben hatten, wurden sie plötzlich von den Griechen angegriffen, die mehrere von ihnen töteten und zuvor schon bei ihrem plötzlichen nächtlichen Überfall die meisten in die Flucht geschlagen hatten. Als die Ritter, die sich dort befanden, den Lärm und die Schreie des Gemetzels hörten, rüsteten sie sich mit ihren Gefährten und eilten unverzüglich dorthin, wo die Griechen waren, so dass die anderen, als sie ihre Gebete und Bitten hörten, in ihr Lager zurückkehrten und die Griechen mit Waffengewalt verjagten, und der Rest floh. Und obgleich unsere Pilger den Sieg errungen hatten, wollten mehrere von ihnen, und nicht nur Fußvolk, sondern auch höher Gestellte, am nächsten Tag, ihre Wünsche und Versprechen vergessend und verleugnend, die große Reise aus Abscheu über den Verrat der Griechen aufgeben, wenn nicht die weisen Ermahnungen und Erklärungen der ehrwürdigen Bischöfe von Le Puy und von Orange gewesen wären, die durch ihre höchst lobenswerten Voraussagen und andere Gebete und Bitten sie in ihrer ursprünglichen Absichten und Wünschen bestärkt hätten.[56] Als der Graf von Toulouse von dem Verrat und dem Schaden, den sein Heer erlitten hatte, erfuhr, war er sehr betrübt und bat die Fürsten und Barone auf der anderen Seite des Arms des heiligen Georg und besonders jene, die ihn gebeten hatten, nach Konstantinopel zu kommen, ausdrücklich und inständig, ihm zu helfen, die durch die Griechen erlittene Schmach zu rächen, indem er ihnen einleuchtend erklärte, dass sie es tun müssten, wie sie es geschworen hätten.

Als der Kaiser erkannte und einsah, dass er schlecht gehandelt hatte, bat er, sobald sein Zorn verflogen war, Bohemund und den Grafen von Flandern heimlich, sich ihm in Konstantinopel zu zeigen, um den Zorn des Grafen zu mildern. Was sie schließlich taten und ihm unter anderem erklärten, dass sie mit der Durchsetzung ihres Willens zu einem solchen Racheakt nicht zögern müssten, für den sie jedenfalls nicht die Macht hätten, und dass es besser sei, dies bis zu einem anderen Mal in ihren Herzen zu bewahren. Und als Entschuldigung schwor der Kaiser in Gegenwart des Grafen von Toulouse und mehrerer weiterer Fürsten und Barone, dass er von dem Vorhaben und Handeln seiner Hauptleute nichts gewusst habe. So wurde Frieden geschlossen zwischen dem Kaiser und dem Grafen, der ihm Ehre erwies, wie dies auch seine Gefährten getan hatten.[57] Und der Kaiser übergab ihm danach sehr reiche Geschenke sowie weitere Gaben an die anderen, die den Frieden geschlossen hatten. Dann kehrten sie wieder auf die andere Seite des Flussarmes zurück, wo nach ihrer Ankunft, während Graf Raimund sein Heer übersetzte und in Bithynien einzog, Herzog Gottfried, Bohemund, Graf Robert von Flandern und der Bischof von Le Puy sowie all ihre Leute an diesem Ort ihr Lager bezogen und beschlossen, die Stadt Nicäa zu belagern. Sie kamen dort an und begannen ihre Belagerung am 15. Tag des Mai im Jahr 1097.

Während der Belagerung traf dort Robert, Herzog von der Normandie und zweiter Sohn von König Wilhelm, dem Bastard[58], der England erobert hatte, ein. Dieser Robert führte ein sehr schönes und großes Heer mit sich und mehrere edle und tapfere Fürsten und Barone, die seine Begleiter und Verbündeten auf dieser Reise waren: unter anderen

Stephan, Graf von Chartres und Blois und Vater des alten Grafen Tibald, der Lagny-sur-Marne gründete, wo er bestattet ist, und dessen Sohn der sehr glückliche, viel gerühmte, großzügige und lobenswerte Fürst Heinrich, erster Graf von Champagne, ist, der neben mehreren großen und lobenswerten Stiftungen, wie ich bereits sagte, die Domkirche des hochwürdigen Herrn, des heiligen Stephan in Troyes, gründete, wo er bestattet ist.

Bei dem Herzog von der Normandie befanden sich auch Eustach, Bruder von Herzog Gottfried, der von ihnen vor den Kaiser und die anderen Fürsten und Barone geschickt wurde, um ihr Kommen anzukündigen. In diesem Heer befanden sich auch Graf Stephan von Aumale, Alain Fergan und Conan, zwei mächtige Fürsten der Bretagne, und Graf Rothrud von Le Perche, und Roger von Barneville, die alle mit Hugo dem Nachgeborenen bis nach Neapel gezogen waren, als er nach Duras aufbrach. Aber wegen der Nöte des Winters blieben sie in Apulien und Kalabrien, die sehr ertragreiche Gebiete sind.

Als das Frühjahr gekommen war, machten sie sich auf den Weg, und nachdem sie durch Duras, Makedonien und Thrakien gezogen waren, kamen sie nach Konstantinopel und traten vor Kaiser Alexios, der ihnen einen sehr guten Empfang bereitete. Und auch sie erwiesen ihm Ehre, wie dies – sie wurden darüber unterrichtet – die anderen Fürsten und Barone getan hatten. Mit seiner Zustimmung und nachdem er ihnen mehrere große Geschenke gemacht hatte, zogen sie mit ihrem Heer auf die andere Seite des Arms und machten sich unverzüglich an die Belagerung von Nicäa. Und obwohl der Kaiser schon auf verschiedene Art und Weise hinreichend zum Ausdruck gebracht hatte, dass er die Franzosen auf den Tod hasste, was er durch seine großen Geschenke und seinen Empfang zu verbergen beabsichtigte, wollte er sie noch mehr täuschen. Denn bei ihrer Abreise gab er ihnen, unter dem Vorwand der Verbundenheit und tiefer Freundschaft, zur Führung und Leitung einen seiner griechischen Ritter namens Tantin[59] mit auf den Weg, einen seiner Berater und Vertrauten, der, seinem Herrn ähnlich, der unredlichste, grausamste und unmenschlichste Verräter war, den es gab. Und er sah auch schon wie ein Verräter aus, denn er hatte eine eingedrückte Nase und breite, weit geöffnete Nasenflügel. Und er riet ihnen, ihm in allem und überall zu glauben, und bekräftigte und schwor, es gebe keinen Menschen auf der Welt, der die Straßen und Wege, denen sie folgen müssten, besser kenne und sie besser geleiten könne, und er schicke ihn aus großer Verbundenheit ihnen gegenüber mit, was er sonst nie getan hätte, weil er von seinem Rat immer Gebrauch gemacht habe und es auch heute noch Tag für Tag tue. Und der Kaiser sang noch weitere Lobgesänge auf den Verräter Tantin, dem er heimlich befahl, sie auf jeden Fall an einen Ort zu führen und ihr Lager aufschlagen zu lassen, wo sie schnell von den Türken und den anderen Gegnern der Christen geschlagen werden könnten, weil er wusste, dass er die Lateiner auf den Tod hasste und sich besser als jeder andere Grieche mit Verrat auskannte, all dies, während er jedem der Fürsten sagte, dass sie durch ihn als Übermittler seinen eigenen Willen erführen, denn er würde ihm diesen immer schriftlich übermitteln. Und er bat sie, sich an ihn zu wenden, um alles zu erfahren und zu erhalten, was ihnen an Konstantinopel gefalle. Und der Verräter Tantin begab sich unverzüglich nach Nicäa, wo sich zum ersten Mal alle Pilger zusammenfanden: Man zählte dort sechshunderttausend bewaffnete Männer zu Fuß und hunderttausend Ritter und andere zu Pferd.

Kapitel XIV.

Von der Beschaffenheit, der Lage und den Befestigungsanlagen der Stadt Nicäa. Wie Suleiman, der ihr Oberhaupt war und beabsichtigte, die Belagerung aufzuheben, durch die verschiedenen Vorgehensweisen, die man gegen die Einwohner der Stadt ersonnen hatte, besiegt wurde. Und wie Tantin unter großen Kosten und Mühen durch List die Bürger, die begriffen, dass sie gewaltsam genommen würden, überzeugte, sich dem Kaiser zu ergeben, und wie die Fürsten damit zufrieden waren und ihn baten, Leute zu ihrem Schutz zu senden.

Nicäa war vormals nur ein Bistum, doch der heilige Kaiser Konstantin der Große ließ es zum Erzbistum erheben und aus dem Erzbistum von Nikomedia ausgliedern, zu dem es immer gehört hatte; dies geschah, weil das erste der vier großen Konzile zu Zeiten dieses Konstantin und des heiligen Silvester dort stattgefunden hatte.[60] Und in ebendieser Stadt fand seither das siebte Konzil statt, das zur Zeit von Papst Hadrian und von Kaiser Konstantin, des Sohnes von Irene, einberufen und abgehalten wurde.[61] Diese vornehme Stadt Nicäa, die so durch zwei heilige Konzilien ausgezeichnet war, liegt in einer Ebene, in deren Nähe es jedoch Berge gibt, und es fehlt nicht viel, dass diese sie umschließen. Das Land ist sehr schön und die Umgebung sehr fruchtbar. Im Westen, unweit der Stadt, befindet sich ein sehr breiter und langer See, über den alle Arten von Nahrungsmitteln und Waren in die Stadt gebracht werden. Seine Wellen schlagen, immer wenn es windig ist, mit Wucht an die Stadtmauern. Auf der anderen Seite befinden sich breite und tiefe, mit dem Wasser des Sees gefüllte Gräben und Quellen, die in der Gegend aus dem Boden sprudeln. Und die Mauern waren hoch und dick und mit zahlreichen mächtigen Wehrtürmen versehen, und die Einwohner fühlten sich in Sicherheit und hatten die Gewohnheit, Waffen zu tragen und dies auch zu zeigen, auch wenn unsere Leute, obwohl sie die Befestigungsanlagen sahen, nicht versäumten, ihren Belagerungsring rundum zu schließen, außer auf der Seeseite, die sie anfangs nicht belagern konnten. Von da aus erhielten jene immer

SCHLACHT VON NICÄA (1097).
ALEXIOS I. KOMNENOS UND DIE ABGESANDTEN VON NICÄA

„Diese vornehme Stadt Nicäa, die so durch zwei heilige
Konzilien ausgezeichnet war, liegt in einer Ebene,
in deren Nähe es jedoch Berge gibt, und es fehlt nicht viel,
dass diese sie umschließen. Das Land ist sehr schön und
die Umgebung sehr fruchtbar."

(FOL. 37B)

In der Schlacht von Nicäa im Juni 1097 standen die Kreuzfahrer den Truppen Suleimans gegenüber. Im Vordergrund ist ein furchtbares Gemetzel dargestellt, in dem die Kämpfer sich gegenseitig niederstrecken. Pferde und Soldaten stürzen sterbend zu Boden. In der Ferne ist ein riesiges Heer zu erkennen, das aus der Stadt Nicäa herausströmt. Die Festung wirkt beeindruckend und mächtig: Tore, Türme und zinnenbewehrte Mauern schützen die Burg. An der Befestigungsanlage erstreckt sich ein See, über den die Stadt per Schiff mit Nachschub versorgt werden kann. Im unteren Register sieht man, wie die Abgesandten der Einwohner Nicäas Kaiser Alexios aufsuchen, der sie auf dem Thron sitzend empfängt. Die letzte Miniatur zeigt Fußsoldaten, die verbissen miteinander kämpfen.

du lac et des fontaines qui sourdent
la enuiron. Et ses murs estoient
fort hault et espes z bien garnist
et plains de grosses tours. Et se
en estoient ses habitans fort seu
res z acoustumes de porter armes
et bien se monstrerent. Combi
en que nos troie pour fortifiac
tion quilz peussent ne saussient
de fermer leur siege tout alentou

except de la partie du lac laqlle
ne purent au premier assiegier
dont leur venoit touiours vitres
secours et Nouuelles de Col
mand. Lequel se tenoit dedens
forest a dix milies de Niqne
a tout son armee. espiant tou
iours sil pouroit trouuer son
point pour leuer le siege de sa
Cite. et secourir ses gens. Aus

Nahrungsmittel, Hilfe und Neuigkeiten von Suleiman, der sich mit seinem Heer zehn Meilen von Nicäa entfernt in den Wäldern aufhielt und der immer darauf lauerte, zu erfahren, ob er eine Gelegenheit finden könnte, die Belagerung seiner Stadt aufzuheben und seinen Leuten zu Hilfe zu kommen.

Suleiman entsandte zwei seiner persönlichen Kammerherren zu ihnen, durch die er ihnen unter anderem mitteilen ließ, dass er volles Vertrauen in sie habe und dass er ihrer aufgrund ihrer großen Wachsamkeit sicher sei, weil sie sich nicht einem Volk ergeben würden, das aus den fernen Gebieten des Westens gekommen und bereits halb tot sei, ebenso wegen seiner langen Reise wie wegen Unbequemlichkeiten und der Luftveränderungen, an die es nicht gewöhnt sei. Sie sollten auf der Hut sein und bereit, sich auf die Belagerer zu stürzen, denn er würde die Christen mit seinem Heer am nächsten Tag vor der neunten Stunde angreifen. Und er habe keinerlei Zweifel, dass sie diese in die Flucht schlagen und vollständig besiegen würden.

Aber mit Hilfe Unseres Herrn kam es anders, als er dachte, denn als einige der Unseren die Boten von Suleiman auf dem See erspähten und sahen, dass sie in ziemlicher Entfernung von der Stadt angelegt hatten und umherschweiften und sich hier und da umschauten, wo sie am leichtesten eindringen könnten, liefen sie ihnen in solcher Eile nach, dass sie den ersten auf der Stelle töteten und den anderen unverzüglich zu den Heeresfürsten brachten. Bei dessen Befragung unter Martern deckten sie die Pläne von Suleiman auf. Aus diesem Grund ließen sie den Grafen von Toulouse und den Bischof von Le Puy, die noch nicht bei dem Ort der Belagerung angekommen waren, unverzüglich wissen, dass sie sich beeilen sollten, so früh wie möglich am Morgen dort hinzukommen. Das taten sie auch.

Nach ihrer Ankunft bereiteten sie sich so gut vor, dass, als Suleiman am nächsten Tag kam in der Absicht, zehntausend der Seinen auf der Seite des Tores, das die Pilger am Vorabend noch nicht belagert hatten, einzuschleusen, seine Männer dort den Grafen von Toulouse vorfanden, der ihnen tapfer entgegentrat. Und so begann die Schlacht, doch sie dauerte nicht lange, denn der Graf von Toulouse und seine Leute drängten sie bis zu Suleiman zurück, der die Seinen gegen die Leute des Grafen von Toulouse versammelte. Diese hätten einiges zu leisten gehabt, wenn Herzog Gottfried und Bohemund nicht schnell ihre Leute mit denen des Grafen vereinigt hätten. Sie veranstalteten ein furchtbares Gemetzel unter den Türken und den anderen Sarazenen von Suleiman, die gezwungen waren, die Flucht zu ergreifen, obgleich die Unseren sie kaum verfolgen konnten, weil ihnen die nahen Wälder und Berge Zuflucht boten. Tankred, Guido von Garland, Guido von Possessa und Roger von Barneville waren die Besten in dieser Schlacht, die eine Stunde dauerte. Und als die Fürsten und Barone sahen, dass das Heer, das Suleiman aus seinen fernen

Gebieten hergeführt hatte, geschlagen war, beschlossen sie, die Stadt Nicäa im Sturm einzunehmen. Sie ließen verschiedene Geräte bauen, um gegen die Mauern und Türme zu schlagen. Als sie dies in die Tat umgesetzt und die Stadtmauer stark beschädigt hatten, unternahmen sie zwei Sturmangriffe, die sie wenig voranbrachten, aber bei denen sie vier ihrer tapferen Rittern verloren: der eine namens Balduin Chaulderon von Berry und der andere namens Balduin von Gent wurden bei dem ersten Ansturm getötet, der eine durch einen Steinwurf, der andere durch einen Pfeil; bei dem zweiten Ansturm wurden Graf Wilhelm von Forez und Galles von l'Isle ebenfalls durch einen Pfeil getötet, als sie kühn angriffen. Und am selben Tag starb der edle und hoch angesehene Guido von Possessa, Ritter von Champagne, an einer Krankheit. Kurze Zeit danach wurden die zwanzig Ritter, die in der von Graf Hermann, der Deutscher war, und Heinrich von Esch aus Holz errichteten Burg Schutz gefunden hatten, getötet, weil die Türken der Stadt, die mehrere Vorrichtungen zum Steineschleudern gefertigt hatten, ohne Unterlass eine solche Menge abschossen, dass ein Treffer die Burg vollständig zerstörte. So wurden all jene getötet, die sich darin befanden, nicht ein einziger entkam. Die Unseren waren darob sehr niedergeschlagen, aber trotz allem setzten sie ihre Belagerung fort.

Als sie sahen, dass Nahrungsmittel und andere Dinge oft über den See in die Stadt kamen, sandten sie Ritter und andere Leute vor den Kaiser von Konstantinopel. Auf ihre Bitte hin ließ dieser ihnen verschiedene Schiffe, große und kleine, über das Meer bringen. Als die Unseren dorthin gegangen waren, beförderten sie einen Teil davon zerlegt und den Rest auf drei oder vier miteinander verbundenen Wagen. Sie legten eine solche Eilfertigkeit an den Tag, dass sie diese in einer Nacht vom Meer an Land brachten und bis zum See hinunter, obwohl dazwischen eine Entfernung von mindestens sieben Meilen lag. Und sie besetzten sie mit Ruderern und Männern in Waffen. Die Einwohner der Stadt wurden am Morgen darüber in großen Schrecken versetzt, weil sie begriffen, dass sie vom Meer aus keine Hilfe mehr bekommen würden. Indessen starteten unsere Leute noch mehrere Angriffe; bei einem dieser Angriffe tötete Herzog Gottfried mit einer Armbrust einen großen Türken, der häufig ungeschützt und ohne Deckung von der Mauer war und unseren Leuten schwere Schäden zufügte.

Schließlich baute ein Lombarde innerhalb von einigen Tagen ein Gerät aus Holz, so solide und so gut geschützt, dass weder Feuer noch Steine es zerstören konnten. Und trotz der Türken brachte er es bis zu den Mauern der Stadt, die voll von Bewaffneten und Sappeuren war. Obwohl jene aus der Stadt Steine gegen das Gerät warfen, ohne es zerstören zu können, brachen sie so viele Steine, große und kleine, aus dem mächtigen Turm, dass jene ihn abstützen mussten. Sie legten danach Feuer daran, das binnen kurzer Zeit die Stützbalken verbrannte, so dass der Turm fiel, was ein solches Getöse verursachte, dass die

Frau von Suleiman, die in der Stadt war, dachte, dass diese gestürmt worden sei, weil sie den Lärm und den Klang der Trompeten hörte, den die Unseren vor Freude machten. Daher bestieg sie in dieser Nacht mit ihren beiden Söhnen ein Schiff auf dem See, und unsere Späher bemächtigten sich des Schiffes und brachten sie mit ihren beiden Söhnen zu den Fürsten. Sie ließen sie bis zum Ende der Belagerung, die sieben Wochen und drei Tage dauerte, bewachen, bis schließlich die Bürger, die sahen, dass der Turm beim Fall ein großes Stück von der Mauer zum Einsturz gebracht hatte und sie der Belagerung nicht mehr lange würden standhalten können, bevor sie im Sturm genommen würden, um Waffenruhe baten, um zu verhandeln und sich zu ergeben, was ihnen gewährt wurde.

Während dieser Waffenruhe sprach der unredliche Grieche Tantin heimlich mit den bedeutendsten Bürgern und gab ihnen zu verstehen, dass die Pilger, die alle grausame und unmenschliche Barbaren seien, sie allesamt töten und vernichten würden, wenn sie sich ihnen ergäben, weil sie gierig auf ihr Hab und Gut seien und weil sie weiter vorankommen wollten. Deshalb riet er ihnen, sich Kaiser Alexios, der ihr Nachbar war, zu ergeben: Wenn sie ihm Ehre erwiesen, würde er sie wie die Seinen behandeln. Nachdem sie diesen Rat und diesen Vorschlag gehört hatten, ließen die Leute von Nicäa den Fürsten und Baronen mitteilen, sie würden sich gerne in die Hand des Kaisers begeben, wenn ihnen dies genehm sei. Und die Fürsten und Barone waren zufrieden, denn sie glaubten, dass der Kaiser die Beute, die sie in seinem ganzen Reich machen würden, unter das Heer verteilen würde, wie er es ihnen in Konstantinopel versprochen hatte. Und die Bürger waren vor allem damit einverstanden, alle Gefangenen von Peter dem Einsiedler, die Suleiman in Civitot genommen hatte, zur Belagerung kommen zu lassen und auszuliefern sowie alle diejenigen, die während dieser Belagerung festgenommen worden waren. Denn ganz gleich, welches Leid und welche Strapazen sie bei der Belagerung der Stadt ertragen hatten, wollten sie doch immer weiter vorankommen und sandten Boten zu dem Kaiser. Diese baten ihn ihrerseits, Bewaffnete zu schicken, um die Stadt Nicäa zu schützen, die sie ihm übergaben. Und der hocherfreute Kaiser schickte Briefe und besondere Geschenke an jeden der hohen Fürsten und Barone des Heeres, und er sandte auch Bewaffnete, um sich der Stadt zu bemächtigen und sie zu schützen.[62]

Ein Teil kehrte zu ihm zurück und führte ihm die Gefangenen in Konstantinopel zu, während die anderen in Nicäa blieben und die Türme und Mauern wiederherstellen ließen. Aber sie bemächtigten sich aller Rüstungen, Nahrungsmittel und Schätze von Nicäa zu Gunsten des Kaisers, zum großen Missfallen jener aus dem einfachen Volk, die murrten, weil sie keine Beute bekommen hatten. Sie wurden von den Fürsten und Baronen besänftigt, die ihnen erklärten, selbst wenn der Kaiser bereits seinen Versprechungen zuwiderhandelte, müsse man dies erdulden, um die eigenen Wünsche und Versprechungen zu

respektieren. Sobald andererseits Kaiser Alexios die Frau und die beiden Söhne von Suleiman bei sich hatte, feierte er sie mehrere Tage lang in Konstantinopel und schickte sie ihm
sehr schnell frank und frei zurück, um die Zuneigung der Türken zu erlangen und damit
er und sie nach gemeinsamem Abkommen den Unseren mehr Schaden zufügen könnten.[63]
Er hoffte auch, wenn die Pilger sich in der Nähe einer anderen Stadt versammelten, würden
ihre Einwohner sich ihm eher ergeben. Und auf diese Weise wurde die Stadt Nicäa eingenommen und den Pilgern und Kaiser Alexios am 20. Tag des Monats Juni im Jahr 1097
übergeben.

Kapitel XV.

**Wie Suleiman beabsichtigte, Bohemund und Tankred zu überraschen, wel-
che sich ein wenig von dem großen Heer entfernt hatten. Von dem großen
Menschenauflauf und den Scharmützeln der Türken. Wie Bohemund gerettet
und die Türken geschlagen wurden. Vom großen Gewinn, den unsere Leute
dort machten. Von den großen Mühen, die sie hatten. Von dem großen Durst,
den sie wegen des Wassermangels erlitten.**

Drei Tage vor Ende des Monats Juni machte sich das Pilgerheer wieder auf den Weg,
nachdem Kaiser Alexios die Stadt Nicäa erobert hatte. Doch weil dichter Nebel herrschte
und der Tag noch nicht angebrochen war, als sie aufbrachen, oder vielleicht, damit sie so
besser etwas fänden, um sich zu verpflegen, teilten sie sich in zwei unterschiedlich große
Teile auf, denn im einen befanden sich nur Bohemund, der Herzog von der Normandie,
Graf Stephan von Chartres und Blois, Tankred und der Graf von Saint-Pol mit ihren
Leuten, die einen Weg zur Linken nahmen, welche in ein Tal namens Gorgon hinabführte,
wo sie sich zur neunten Stunde des Tages in der Nähe eines Flusses, wo es Wasser in
großer Fülle gab, niederließen. Und dort schliefen sie auch in der folgenden Nacht ganz
friedlich, obwohl sie trotz allem ihr Heer gut bewachen und beschützen ließen.

Und alle anderen Pilger nahmen den Weg zur Rechten und zogen den ganzen Tag
durch sehr schöne Gegenden. Und als der Abend gekommen war, ließen sie sich zwei
Meilen von Bohemund und denen, die ihm folgten, entfernt auf einer großen Wiese in der
Nähe eines Gewässers nieder. Als Suleiman, der sehr verdrossen darüber war, dass er seine
Stadt verloren hatte, und der sich immer, dies wohl verbergend, in der Nähe unserer Leute
befand auf der Suche nach einer Gelegenheit, ihnen zu schaden, mit Gewissheit durch
seine Späher erfuhr, dass diese sich getrennt hatten, wandte er sich bei Tagesanbruch gegen

das Heer von Bohemund, von dem er glaubte, es schlafend vorzufinden. Dies war aber nicht der Fall, denn es gab einen guten Wächter, der die Pilger eilig bewaffnen ließ, so dass sie alle wohlgeordnet waren, bevor ihre Gegner, gut zweihunderttausend Mann, allesamt zu Pferde, bis zu ihnen vorgedrungen waren. Sie hatten bereits die Kranken und die Alten, die Frauen, die Kinder und die anderen, die keine Waffen tragen konnten, mitten ins Tief eines großen Sumpfes gebracht. Sie hatten sie außerdem mit einer großen Zahl von Wagen umgeben, so dass man von keiner Seite aus zu ihnen gelangen konnte. Und von Beginn an hatten sie die anderen Fürsten und Barone von ihrem Missgeschick unterrichten lassen mit der Bitte, ihnen unverzüglich zu Hilfe zu kommen. Nachdem die Dinge so befohlen waren, schickte Suleiman zur ersten Stunde des Tages einen Teil seiner Bogenschützen, die eine außerordentliche Zahl von Pfeilen abschossen. Nach diesem ersten Angriff schickte er einen weiteren Teil, der in gleicher Weise wie die anderen schoss. Als sie sahen, dass sie viele ihrer Pferde verloren hatten und dass eine große Zahl von ihnen selbst verletzt war, gaben die Pilger ihren Pferden die Sporen und ritten gegen die Türken, um sie mit Lanze und Schwert zu bekämpfen. Aber diese zogen sich ins Innere ihres großen Heeres zurück, so dass unsere Leute niemanden fanden, gegen den sie hätten kämpfen können. Und als die Pilger sich zurückzogen und sich mit den Fußkämpfern sammelten, kamen die Türken zurück und schossen ihre Pfeile gegen sie ab, so dass gut zweitausend Pilger getötet wurden, ebenso Fußkämpfer wie Reiter.[64] Und unter anderen wurden dabei zwei sehr tapfere Ritter getötet, der eine wurde Robert von Paris genannt, und der andere war Wilhelm, der Bruder von Tankred. Um den Tod seines Bruders zu rächen, stürzte sich dieser wie besessen mitten unter die Türken und verübte ein außerordentliches Gemetzel. Bohemund musste ihn sogar mit der Kraft seiner Arme zurückziehen, indem er das Gedränge durchbrach, denn er wollte sich nicht nach hinten zurückziehen.

Kurz, die Unseren hatten so viele Tote und Verwundete, dass sie ganz bestürzt waren. Als die Türken dies sahen, hängten sie ihre Bögen an die Halterungen ihrer Sättel, nahmen ihre Schwerter und Messer und stürzten sich mit einer solchen Heftigkeit auf die Unseren, dass sie diese bis zu ihren Wagen zurückdrängten, welche sie vor dem Angriff der Türken um diejenigen gestellt hatten, die nicht bewaffnet waren. Hier verteidigten sie sich mit großer Tapferkeit gegen sie, gleich wie groß die Zahl ihrer Feinde auch war. Und Unser Herr, welcher die Notlage erkannte, in der sie sich befanden, erfüllte die Herzen und Leiber der Männer des Hauptheeres mit einem solchen Mut und so viel Kraft, Eifer und Tapferkeit, dass sie ihnen zur rechten Zeit zu Hilfe kamen. Denn Herzog Gottfried und seine beiden Brüder Balduin und Eustach, der Graf von Toulouse, Hugo der Nachgeborene und bis zu vierzigtausend weitere tapfere Barone, Ritter und andere Männer zu Pferde kamen, die schlecht Berittenen mit dem Rest des Hauptheeres zurücklassend, geordnet im

Galopp angeritten und bliesen in ihre Hörner und Trompeten, bis sie der Türken ansichtig waren, die abstiegen, um ihre Sättel wieder festzuziehen.

Als Bohemund und seine Begleiter die Herannahenden hörten, waren sie darüber hocherfreut und stürzten sich auf die Türken. Und auf den Rat des guten Adhemar, Bischof von Le Puy, der sie mit Bedacht ermunterte, den Tod ihrer dort getöteten Brüder zu rächen, sammelten sie ihre Kräfte und töteten in kurzer Zeit eine so große Zahl von Feinden, dass die anderen nicht mehr wagten, den Ort zu halten, sondern die Flucht ergriffen, um ihr Leben zu retten. Und die Unseren verfolgten sie und machten Jagd auf sie, wobei sie mehr als viertausend töteten und abschlachteten, ohne jemanden zu verschonen, und sie retteten mehrere von unseren Leuten, die zuvor gefangen genommen worden waren. Sie wandten sich dann den Zelten von Suleiman und den anderen Türken zu und fanden sie mit großen Schätzen so sehr angefüllt, die Nahrungsmittel, die Zelte selbst und die Pferde nicht mitgerechnet, dass sie sich alle bereichern konnten. Man könnte in der Tat denken, dass reiche Beute gemacht wurde nach der Niederlage von zweihunderttausend Mann zu Pferde, darunter an die dreiundzwanzigtausend Tote. Aber auf Seiten der Toten unter den Christen gab es ungefähr viertausend Mann aus dem Fußvolk und wenige Mann zu Pferd.

Die Unseren ruhten sich am Ort dieser Schlacht[65], die von der ersten bis zur neunten Stunde des Tages gedauert hatte, drei Tage aus, sowohl wegen der Kranken und Verwundeten als auch wegen der Schönheit und Annehmlichkeit der Gegend. Und sie beschlossen, in der Folge vereint und zusammen zu bleiben, bis sie die Gegend besser kannten. Sie machten sich, nachdem die drei Tage vergangen waren, wieder auf den Weg und durchquerten ganz Bithynien und kamen in ein Gebiet namens Pisidien. Auf der Suche nach dem geradesten Weg fanden sie sich in derart trockenen Gegenden wieder, dass mehr als fünfhundert von ihnen an Durst starben und dass die Angst manche Frauen vor der Zeit niederkommen ließ wegen der Hitze und des Mangels an Wasser. Das war ein fürchterlicher Anblick, ebenso wie der der Tiere und Vögel. Als sie an einen großen See kamen, tranken viele Leute und Tiere ohne Maß, so dass sie auf der Stelle starben. Dennoch kamen die Unseren, nachdem sie große Gefahren bestanden hatten, im Gebiet von Antiochia in Kleinasien[66] an, in dem es schöne Flüsse, Quellen und Wälder im Überfluss gab. Sie ließen sich an einem schönen Fluss nieder und wählten ihre Lager sehr gut. Balduin, der Bruder von Gottfried, und mit ihm Graf Reinhold von Toul, Peter von Stenay, Balduin von Le Bourg und Gilbert von Montcler sowie mindestens siebenhundert Mann zu Pferd (das Fußvolk nicht gerechnet, das ihnen folgte) trennten sich von dem Haupttross, da man schwer Nahrungsmittel fand, und zogen durch das Land auf der Suche nach Abenteuern. Tankred tat es ihnen gleich und nahm Richard von Principat, Robert von Ansa sowie mehrere andere Ritter und Männer zu Pferd mit, bis zu fünfhundert, nicht gerechnet die

Männer zu Fuß, die von weit größer Zahl waren als die zu Pferd. Die Hauptabsicht dieser beiden jungen Fürsten war, die Gegend zu durchstreifen, welche das Heer umgab. Und wenn sie auf Gefahren stießen, gefährliche Übergänge oder eine Ansammlung von Leuten, die dem Hauptheer schaden wollten, so wollten sie ihm dies mitteilen und, je nachdem, worauf sie stießen, ihrem Weg folgen.

Kapitel XVI.
Wie Herzog Gottfried einen Bären tötete, welcher ihn schwer verletzte. Von den Unternehmungen seines Bruders Balduin und Tankreds und von den beiden Kränkungen, die Balduin Tankred und dann Tankred Balduin zufügte. Der Frieden, der zwischen ihnen geschlossen wurde, und wie Balduin zum Grafen von Edessa gemacht wurde.

Gottfried und die anderen Fürsten, die im Lager geblieben waren und sich nach ihren großen Anstrengungen einen Augenblick ausruhen wollten, da sie sich in einer freundlichen und angenehmen Gegend befanden, gingen eines Tages in den benachbarten Wäldern zur Jagd. Es trug sich dann zu, dass der Herzog einen Weg einschlug und die anderen es ihm gleichtaten, jeder von seiner Seite, wie es in einem solchen Fall üblich ist. Aber er war nicht weit gegangen, als er einen lauten Schrei hörte und so schnell wie möglich in dessen Richtung ging. Er wurde dann eines armen Mannes aus dem Heer ansichtig, der in den Wald Holz suchen gegangen war und der voller Entsetzen vor einem großen, schrecklichen Bären davonlief, der ihn verfolgte. Deshalb drängte Gottfried sein Pferd in diese Richtung und forderte den Bären durch seine Schreie heraus: Dieser ließ von dem armen Mann ab, wandte sich geradewegs gegen den Herzog und biss und zog sogleich dessen Pferd, so dass er es mit dem Herzog niederwarf; sich aufrichtend, verletzte er ihn schwer am Schenkel und, mehr noch, er richtete sich gegen ihn, um ihn mit seinen beiden Tatzen anzugreifen, wobei er ihn umwerfen und mit offenem Maul packen wollte.

Als er dessen gewahr wurde, fasste der Herzog ihn mit einer Hand am Hals, zog seinen Kopf nach hinten, und mit der anderen durchbohrte er die beiden Seiten, indem er das Schwert bis zum Kreuz in seinen Leib stieß, und warf ihn tot zur Erde. Doch da er durch seine Wunden Blut verloren hatte, war er geschwächt und musste sich sofort auf die Erde setzen, denn er war derart verletzt, dass er sich nicht aufrecht halten konnte. Der arme Mann, den er befreit hatte, rannte ins Heer, um die Neuigkeit zu berichten, welche die Barone und alle in dem Heer sehr betrübte. Sie eilten sogleich an die Stelle und brachten ihn auf einer Trage ins Lager. Dort ließen sie ihn gut verbinden, denn alle Fürsten hatten gute Ärzte. Außerdem litt der sehr tapfere Graf von Toulouse an einer so schweren Krankheit, dass man nur noch seinen Tod erwartete, und der Bischof von Orange gab ihm die letzte Ölung und verrichtete alle anderen Dienste, mit Ausnahme der Messe. Während diese beiden Fürsten so krank waren, klagten alle im Lager und waren über alle Maßen betrübt, und schließlich wandten sie sich an Unseren Herrn und baten ihn inständig, ihre beiden Führer und wichtigsten Beschützer zu retten, und dass er sie in kurzer Zeit heilen möge. Sie sagten ihm dafür demutsvoll Dank, und auf ihren Rat hin hoben sie das Lager auf und zogen weiter. Nachdem sie durch ganz Pisidien gezogen waren, kamen sie nach Lykaonien in eine Stadt mit Namen Ikonion[67], die sie von Menschen und Lebensmitteln entleert fanden, denn die Türken hatten sich in die Berge und Festungen zurückgezogen und hatten sie so bloßgelegt, um die Unseren zu zwingen, schneller durchzuziehen und nicht dort anzuhalten, weil sie dort keine Lebensmittel finden würden.

Sie mussten dies so tun und in Eile durchziehen, denn sie brauchten dringend Nahrung. Von hier aus kamen sie zu einer anderen Stadt mit Namen Heraklea[68], dann zogen sie in eine andere Stadt, Matasse[69] genannt, wo sie drei Tage blieben. Die Frau von Balduin, dem Bruder Gottfrieds, die er in der Obhut seiner beiden Brüder gelassen hatte, starb und wurde dort in Ehren beerdigt. Sie wurde sehr betrauert, denn sie war eine sehr gute Frau und klug und von hoher Abstammung aus England. Außerdem drang Tankred in Kilikien ein, das im Osten an Syrien grenzt, sowie an ein anderes, Isaurien genanntes Land, an das große Taurusgebirge im Norden und an das Meer im Süden. Er führte seine Leute vor die Stadt Tarsos, die ein Erzbistum ist und die, wie bestimmte Leute meinen, Tarsis, Sohn von Janus, Sohn Japhets, dritter Sohn Noahs, gegründet hat, selbst wenn Solinus sagt, dass Perseus sie gegründet habe. Man kann sich darauf einigen und sagen, dass Tarsis sie gegründet und Perseus sie groß gemacht hat. In dieser Stadt wurde der hochwürdige heilige Apostel Paulus geboren.

Als die Bürger von Tarsos sahen, dass sie belagert waren, und die Stärke von Tankred bemerkten und seine schönen Worte hörten, willigten sie ein, dass sein Banner auf dem höchsten Turm angebracht werde, und versprachen, sich Bohemund zu ergeben, wenn das große Heer hier vorbeiziehen würde. Und Tankred versprach, sie zu verteidigen und sie gegen alle zu beschützen und dass sie nichts verlieren würden. Aber er konnte dort nichts tun, denn kurze Zeit später kamen Balduin und sein Heer an, sahen die Zelte und dachten, es wären Türken. Tankred und die Seinen gingen auch aus dem Lager, denn sie glaubten ebenfalls, dass es Türken wären, die sich versammelt hätten, um die Belagerung aufzuheben. Doch sie erkannten einander und bekundeten einander ihre große Freundschaft.

GOTTFRIED VON BOUILLON TÖTET EINEN BÄREN.
DIE KREUZFAHRER ERFAHREN VON DER HELDENTAT GOTTFRIEDS.
GOTTFRIED VON BOUILLON UND RAIMUND IV. LIEGEN KRANK DANIEDER

*„Der Herzog fasste ihn mit einer Hand am Hals, zog seinen
Kopf nach hinten, und mit der anderen durchbohrte er die beiden Seiten,
indem er das Schwert bis zum Kreuz in seinen Leib stieß, und warf ihn tot
zur Erde. Doch da er durch seine Wunden Blut verloren hatte, war er geschwächt
und musste sich sofort auf die Erde setzen, denn er war derart verletzt,
dass er sich nicht aufrecht halten konnte.“*

(FOL. 42A)

Das Hauptbild zeigt den edlen Gottfried von Bouillon im Kampf mit einem riesigen, aufgerichteten Bären, dem er sein Schwert in den Leib rammt. Das Pferd des Herzogs liegt verletzt am Boden, und auch er selbst ist verwundet. Der Mann, den der Bär ursprünglich angreifen wollte und den Gottfried gerettet hat, ist weiter hinten dargestellt; er beobachtet die Szene. Das Geschehen ist in eine großartige Komposition aus Wäldern und Lichtungen sowie einer fernen maritimen Landschaft eingebettet. Im unteren Register ist zu sehen, wie der vom Herzog gerettete Mann die Kreuzfahrer in ihrem Lager benachrichtigt. Das letzte Bild ist durch eine Säule zweigeteilt: Im Freien beten Pilger für das Leben ihrer Herren, und im Palastinneren liegt der verletzte Gottfried. Im Hintergrund sieht man in einem weiteren Bett den schwer erkrankten Raimund IV. Die Initiale am Anfang des Kapitels (fol. 41) ziert das Porträt eines Mannes, bei dem es sich um Gottfried handeln könnte.

Di advint que le duc print brief
sentier z si furent les aultres
disant ayant ansi quil est de
coustume en tel cas . A duc
il na sa maure auant quil oit
brief granit ay deuers lequel
il sa dressa le plus droit z le
plus tost quil print . Et hit
brief pour homme de soft qui
estoir ale pour aporter du bois
en sa forest . Lequel son fray
oit fort espuuante pour brief

onble treint sure qui le chi
droit . Pour quoy est iz aler
son drual celle part et estra
fort soure qui laissant le poure
homme brief droit au duc. Et
du premier coup maudit z ti
ra tellement son drual quil
sabatint a terre . et le duc auf
si puslant en pieds nauia
trefort en sa cuisse et qui pfz
se dressa contre lui . et lembraf
fa de ses deux pittes le cuidit

Aber diese Freundschaft hielt kaum an, als am nächsten Morgen Balduin und seine Leute, die von Tankred gut untergebracht und versorgt worden waren, dessen Fahne oben auf dem Turm sahen. Dies verursachte bei ihnen große Aufregung, denn, so sagten sie, es gebe keinen Grund, dass er eine solche Ehre genieße gegenüber Leuten, die zahlreicher und mächtiger seien. Die Angelegenheit steigerte sich derart, dass zwischen Balduin und Tankred, die vorher immer wie zwei Brüder waren, ein tödlicher Hass entbrannte. Und sie beabsichtigten ihre Leute zu bewaffnen und in den Kampf zu schicken, nachdem Balduin mehrere hässliche Worte zu Tankred gesagt hatte. Um einen Krieg zu vermeiden, der die Gefahr in sich barg, die große Reise in eine andere Richtung zu führen, ließ dieser schließlich Balduin gewähren, der die Stadt belagerte. Und die Bürger mussten sie ihm übergeben, als sie sahen, dass Tankred sie nicht verteidigen konnte.

Und als sie auf seinen Befehl hin Balduin in ihrer Stadt empfingen, warfen sie die Fahne von Tankred von der Spitze des Turms herab. Dieser verbarg seinen Zorn und war vorher weggezogen und kam zwei Tage später vor der Stadt Mamistra[70] an, welche die reichste Stadt dieser Gegend war, die stärksten Mauern und Türme hatte und fest in der Hand der Türken war. Doch Tankred nahm sie im Sturm, nachdem er sie drei Tage hintereinander angegriffen hatte. Er ließ alle Türken töten und die Nahrungsmittel und Schätze unter seinen Leuten aufteilen, die diese dringend brauchten. Und jeder von ihnen erhielt so viel, dass alle reich wurden. Als die Dinge so liefen, geschah es, dass bei der Meldung, Tankred habe Tarsos eingenommen, dreihundert Mann zu Fuß aus dem großen Heer von Bohemund loszogen, um ihm zu folgen, denn sie nahmen an, dass er sich noch dort befinde. Aber als sie an die Tore der Stadt kamen, verweigerte ihnen Balduin, der wusste, dass sie Tankred suchten, den Eintritt in die Stadt. So dass in der Nacht, während sie sich ermüdet vor der Stadt ausruhten, die Türken, die sich in der Burg und in den Türmen aufhielten, die sie noch nicht übergeben hatten, mit ihren Frauen, ihren Kindern und all ihrem Hab und Gut herauskamen und flohen. Doch sie wollten ein grausames Andenken an ihre Flucht hinterlassen und töteten fast alle Pilger zu Fuß, die sie vor den Toren schlafend fanden. Am folgenden Tag verursachte diese Tat ein solches Aufbegehren und eine solche Unruhe unter den Leuten von Balduin, dass sich die Pilger zu Fuß gegen die Edlen und Ritter erhoben, weil er sich trotz ihrer Bitten geweigert hatte, das Tor für das Fußvolk von Bohemund zu öffnen. Sie hätten sie alle umgebracht, wenn diese sich nicht in die Türme geflüchtet hätten, denn sie waren viel zahlreicher. Nachdem sie sich etwas beruhigt hatten, baten die Ritter sie jedenfalls, die öffentliche Entschuldigung von Balduin anzunehmen, und sie waren damit zufrieden. Er schwor und bekräftigte in ihrer Anwesenheit, dass er sie nur deshalb nicht hereingelassen habe, weil er gegenüber denjenigen in der Stadt den Eid abgelegt habe, vor Ankunft des großen Heeres niemand anderen als seine eigenen Leute in die Stadt zu lassen, und die anderen Barone sprachen ebenfalls besänftigend von dieser Vereinbarung zu dem Fußvolk.

Einige Tage später ließ Balduin einen Teil seiner Leute zur Bewachung der Stadt zurück, und mit dem anderen Teil sowie einem Seeräuber und Freibeuter namens Guyenemer, der in Boulogne-sur-Mer geboren war (der seine Missetaten bereute und eine große Zahl seiner wehrhaften Schiffe versammelt hatte und kurze Zeit zuvor von See her in der Nähe von Tarsos angekommen war, wo Balduin ihn erkannt hatte), setzte er sich auf der Suche nach Abenteuern in Bewegung, die er früher fand, als er glaubte. Denn er kam vor Mamistra an[71], wo er nicht um Einlass bat, da er sich der Schmach, die er Tankred angetan hatte, bewusst war. Doch er ließ sich in den Gärten nieder, bevor er seinen Weg fortsetzte.

Da schickte Tankred, der die Schmach, welche dieser ihm in Tarsos zugefügt hatte, nicht vergessen hatte, seine Bogenschützen gegen die Männer von Balduin, von denen sie mehrere töteten, da diese ihnen nicht misstrauten. So begann die Schlacht, aber sie dauerte nicht lange, denn die Leute von Balduin waren viel zahlreicher als die von Tankred. Dieser glaubte, die Gelegenheit nutzen und seine Leute in die Stadt zurückziehen zu können, aber dazu kam es nicht, denn sie mussten eine Brücke über einen großen Fluss überqueren, wo mehrere ertranken. Außerdem verfolgten die anderen sie aus der Nähe, so dass eine große Zahl getötet wurde, bevor sie sich in Sicherheit gebracht hatten. Als die Leute von Tankred in die Stadt zurückgekommen waren und feststellten, welchen großen Verlust sie erlitten hatten, wollten sie sich nochmals nach draußen stürzen, um sich zu rächen, doch die Nacht hinderte sie daran. Am darauffolgenden Tag jedoch sandten die einen wie die anderen Boten aus, um ihre Gefangenen wieder zurückzubekommen, denn von Seiten Tankreds wurden Richard von Principat und Robert von Ansa, die dieses Ausrücken angeführt hatten, gefangen genommen und seitens Balduin ein hoher Herr namens Gilbert von Montcler. Schließlich wurden dank der Bemühungen der klugen Barone und Ritter alle Gefangenen übergeben. Und mit Hilfe Unseres Herrn versöhnten sich Balduin und Tankred und wurden wieder Freunde und Brüder wie zuvor, so dass Balduin aus Zuneigung, als er seinen Bruder Gottfried besuchen ging, nachdem er erfahren hatte, dass dieser schwer verletzt worden sei, Guyenemer und seine Schiffe Tankred überließ. Dieser führte sein Heer nach Kilikien, wo er alle Burgen eroberte und alle Türken tötete, die sie hielten, denn die Ureinwohner, christliche Armenier, hatten keine Festungen. Und aus diesem Grunde war er so gefürchtet, dass die Türken, die in den Bergen wohnten und hörten und sahen, dass er die ganze Ebene erobert hatte, und sich ängstigten, er wolle sich ihrer mit Gewalt bemächtigen, ihm zur Besänftigung große Gold- und Silbergeschenke, Edelsteine, Gold- und Seidentücher und andere kostbare Gaben sandten. So gewann er für sich ebenso wie für die Pilger überall, wohin er ging, Nutzen und Ehre.

Auch Balduin war in dem großen Heer gewesen, und auf Rat seines Bruders Gottfried, den er bei guter Gesundheit angetroffen hatte, hatte er, um Bohemund zu besänftigen, vor ihm und allen Adligen die Torheit eingestanden, die er gegenüber Tankred begangen hatte. So wurde zwischen ihnen Frieden geschlossen. Er kehrte nach Tarsos zurück mit einem neuen Heer, das er mit großer Mühe wegen der Schmach, welche er den Pilgern zu Fuß angetan hatte und an welche sich viele erinnerten, versammelt hatte. Er ging auf Feldzug auf Zuspruch eines tapferen armenischen Ritters mit Namen Pankraz, der aus der Gefangenschaft von Kaiser Alexios entkommen war und sich Balduin in Nicäa angeschlossen hatte. Und er zog in die Gegend um die große Stadt Rohays[72], die seit der Verkündigung des heiligen Simon und des heiligen Judas sehr christlich war. Der gute Abgar war damals dort König. Er regierte zu der Zeit, als Unser Herr Jesus Christus in Judäa predigte, und er war es wert, einen Brief aus seiner Hand zu besitzen, wie es der Volksglaube sagt.

Und nachdem Balduin dieses ganze Gebiet im Kampf gegen die Türken gewonnen hatte, wurde ihm die Stadt von den Bürgern übergeben, denn sie töteten den Herzog[73], der Grieche war und ihnen viel Leid gefügt hatte. Dieser hatte kurze Zeit vorher Balduin an Kindes Statt angenommen, den er zum Erben gemacht hatte, denn er hatte keine Kinder, selbst wenn er seither ununterbrochen versuchte, alleiniger Herrscher zu bleiben und Balduin zu enterben. Als seine Mitbürger begriffen, dass sie Gefahr liefen, Balduin zu verlieren, griffen sie ihn in seinem Palast an und töteten ihn schließlich. So blieb Balduin ihr Herr, von dieser Stadt, von der ganzen Grafschaft und auch von der ganzen Herrschaft, die sehr groß und reich war. Er trug danach immer deren Namen und Titel, bis zu seiner Thronbesteigung in Jerusalem.

Kapitel XVII.
Wie das große Heer der Pilger vor Antiochia kam, und wie die Stadt belagert wurde. Über die Lage und die Macht dieser Stadt.

Antiochia war einst eine sehr vornehme Stadt, und an Erhabenheit nahm sie unter den Patriarchaten den dritten Rang ein, nach der Kirche von Rom. Früher hieß sie Reblata und die Provinz Hamah. Und in diese Stadt wurde, wie es im 4. Buch der Könige, 24. Kapitel, geschrieben steht, Zedekias, König von Jerusalem und Juda, zu Nebukadnezar, König von Assyrien und Babylon, geführt. Nachdem dieser ihm seine Undankbarkeit vorgeworfen hatte und seine Söhne in seiner Gegenwart hatte töten lassen, ließ er ihn blenden und in diesem Zustand, in Eisenketten gefesselt, nach Babylon bringen. Und er machte die Stadt Antiochia zu einem Königreich, dessen erster König einer der Fürsten des großen Alexander, des Königs von Makedonien, namens Antiochos war. Dieser erweiterte sie um Türme, Mauern und andere Schätze, so dass entlang der Mauern zweihundertfünfzig Türme standen, und gab ihr sowie dem ganzen Land den Namen Antiochia – zu seinem Gedenken. Nach ihm regierten dort vierundachtzig Könige. Dort fand auch das erste Konzil der gläubigen Anhänger Jesu Christi nach seiner Auferstehung statt, bei dem beschlossen und verkündet wurde, dass sie „Christen" heißen sollten, nach „Christus", denn früher wurden sie „Nazarener" genannt, nach der Stadt Nazareth, wo Unser Herr Jesus Christus lange Zeit großgezogen wurde.

Die Stadt Antiochia wurde zum Glauben bekehrt durch die Verkündigung des heiligen Petrus, des Apostelfürsten, welcher als Erster den päpstlichen Stuhl innehatte. Der Evangelist Lukas wurde ebenfalls dort geboren, und der heilige Ignatius war dort Bischof. Um kurz ihre Lage zu beschreiben: Die Stadt liegt in einem weiten Tal, das sich über vierzig Meilen Länge und in der Mitte über mindestens sechs Meilen Breite erstreckt und reich an gutem Boden für Getreide, Quellen und Bächen ist. Auf der Ostseite erheben sich hohe Berge über einem großen See, der aus den dort fließenden Quellen gespeist und sehr fischreich ist. Aus diesem See entspringt ein Bach, der ganz nahe an die Stadt herankommt und in den großen Fluss Orontes mündet, welcher in der Nähe fließt.

Die Stadt wird auf zwei Seiten von sehr hohen Bergen umschlossen, wo man immerhin Süßwasser und gutes Ackerland findet. Der Berg, der zum Süden hin liegt, heißt Orontes, nach dem Fluss, denn, wie der heilige Hieronymus sagt, „Antiochia liegt zwischen dem Fluss Orontes und dem Berg Orontes". Viele haben geglaubt, dieser Berg, der bis ans Meer reicht, sei der Parnass, von dem man so viel spricht, dieser befindet sich jedoch in Thessalien. Antiochias Mauern beginnen auf dem Berg, der zum Süden hin liegt, und führen bis zum Fluss hinab. Auch innerhalb der Mauern ist viel Platz, denn sie schließen zwei Berge ein, über denen eine Burg und ein Bergfried thronen, die so stark sind, dass man sagt, sie seien uneinnehmbar, außer durch Aushungern. Und zwischen diesen beiden sehr steilen Bergen befindet sich ein ganz enges Tal, in das sich ein sehr schneller und rauschender Gebirgsbach ergießt. Er ist den Einwohnern der Stadt, wo man ebenfalls mehrere schöne, gute Quellen findet, von großem Nutzen. Ein Fluss fließt von Sonnenaufgang her so nahe vorbei, dass die Brücke, welche man auf dieser Seite überquert, um in die Stadt zu gelangen, die Mauern berührt. Er mündet sieben Meilen weiter ins Meer.

Der Herr über diese so edle, reiche und starke Stadt, die zwei bis drei Meilen lang ist, war ein mächtiger Türke namens Yaghi-Siyan, einer der Fürsten aus dem Heer eines anderen mächtigen Türken namens Belphet, des Großsultans von Persien, der vierzehn

„Antiochia war einst eine sehr vornehme Stadt,
und an Erhabenheit nahm sie unter den Patriarchaten
den dritten Rang ein, nach der Kirche von Rom."

(FOL. 44B)

Am 21. Oktober 1097, nach einem langen Marsch durch die Einöde Anatoliens und die unwirtlichen, gebirgigen Landschaften Kilikiens, stehen die Kreuzfahrer vor den Toren Antiochias. Die herrliche Stadt mit den imposanten Befestigungsanlagen fällt sofort ins Auge, da Jean Colombe ihr auf dieser Seite großen Raum eingeräumt hat. Die riesigen Mauern und unzähligen Türme stammen laut Mamerot aus der Zeit von Antiochos, einem Fürsten des makedonischen Königs Alexander der Große. Der Künstler hat zudem zahlreiche Kirchen in der zum christlichen Glauben übergetretenen Stadt dargestellt. Die in Mamerots Text ausführlich beschriebene Lage Antiochias ist hier durch die Berge und den Fluss Orontes wiedergegeben, der ganz nah an der Stadt vorbeifließt. Im Vordergrund sieht man das Kreuzfahrerheer. Zwischen den Fußkämpfern und den Reitern sitzen drei Befehlshaber in Rüstung zu Pferde – vielleicht Gottfried von Bouillon, der Graf von Toulouse und ein unbekannter Herr. Das Bild des unteren Registers zeigt Details aus dem Alltag der Kreuzfahrer, ihre Fortbewegung und die Beförderung ihrer Vorräte. Das Heer reist mit Karren und Gepäck über das Land; ein von Wachen eskortiertes Gespann zieht einen Wagen mit Fässern.

nouly trant temps . Et quant fut
ceste cite couuertie a la foy pur la
predicatiou saint pierre prince des
apostre . Lequel y fut assie pre
mierement en chayer pontifical .
Saint luc leuaungeliste en fut
aussi natif . 7 saint apiace cuesq
que . Et pour declarer en bricf
lassiette dice . elle est assise eny
ne trant valee qui dure bien vi .
milles de long . 7 vi . d'isle de
liure ou vu du moins toute
plaine de bonne terre pour por

ter bleds . de fontaines . et de russi
aulx . Et a du coste duers orient
vnne montaingne . 7 il dissue a
vui trant lac la assemblee de fon
taines qui y courent . et est moult
plain de poisson . De ccstui lac
sault sbre vng ruisseau qui sen
ua moult pres de la cite . et chiet
en sa grant riuier apellee . Oron
te qui cuert la pres . Elle a aus
si montaingnes moult haultes qui
la dient de dui pure . E squelles
toutesfoie se trueue auce doulcer

Jahre zuvor die Städte Antiochia, Nicäa und alle anderen Städte, Burgen und Orte dieser Grenzmarken und beinahe ganz Syrien erobert hatte.[74] Bei seiner Rückkehr nach Persien hatte er die Stadt Nicäa seinem Neffen Suleiman geschenkt und Damaskus seinem anderen Neffen Duqaq, denn er wollte, dass jeder von ihnen den Titel Sultan führen sollte. Und damit sie ihre Stellung erhalten konnten, schenkte er ihnen die größten Ländereien und die größten Gebiete zur Sicherung ihres Ansehens und ihrer Macht. Und er schenkte die blühende Stadt Aleppo und eben jenes Antiochia zwei ihm nahestehenden Fürsten und Rittern: Aleppo dem Aksungur, welcher der Vater Zengis und der Großvater Nur ed-Dins war, von dem ihr später hören werdet, und Antiochia dem Yaghi-Siyan. Als dieser von der Einnahme Nicäas und den Niederlagen Suleimans Kenntnis bekommen und erfahren hatte, dass diese mächtigen Pilger durch sein Land ziehen wollten, woran er sie zu hindern gedachte, hatte er deshalb Briefe und Boten an alle Fürsten geschickt, die wie er dem Gesetz Mohammeds folgten, und sie ermahnt, gebeten und ersucht, ihre Anstrengungen mit den seinen zu vereinen, um diesem mächtigen Volk zu trotzen, das seine Heimat verlassen hatte, um den christlichen Glauben durchzusetzen und den Mohammeds zu vernichten.

Und das war Yaghi-Siyan mittels seiner Briefe und Boten und auch seiner Worte so gut gelungen, dass er eine sehr große Zahl von Heiden, Türken und anderen Sarazenen, solche mit religiösem Eifer wie auch Söldner, nach Antiochia gebracht hatte, wo er alle Tore und engen Durchgänge, welche die Pilger bei ihrem Eindringen zu durchschreiten gezwungen waren, so gut wie möglich verstärkt hatte. Und dennoch hatte er alle aus seiner Sekte so sehr bewegt und aufgeschreckt, dass der Großsultan von Persien, welcher der mächtigste des Orients und ihrer aller oberster Herr war, ihm versprach, ihm eilends einen seiner ersten Fürsten namens Kerbogha[75] und unzählige Bewaffnete zur Unterstützung zu schicken. Und so geschah es, wie wir unten berichten werden.

Doch trotz des Gerüchtes, das von da an im Umlauf war, ließen sich unsere Leute, das heißt Herzog Gottfried, der Graf von Toulouse, Hugo der Nachgeborene, Bohemund und die anderen Fürsten und Barone des großen Heeres, nicht davon abbringen, sich auf den Weg zu begeben, um ihre heilige Pilgerfahrt zu vollenden. Nachdem sie sich gründlich ausgeruht hatten und die Gesundheit von Herzog Gottfried und des Grafen von Toulouse wiederhergestellt war, führten sie ihr Heer auf dem kürzesten und besten Weg nach Antiochia, schickten jedoch Graf Robert von Flandern, Robert von Rosoy und Gocelon, Sohn des Conon von Montaigu, und mehrere andere Adlige und Männer zu Pferd und zu Fuß vor eine starke und reiche Stadt namens Arthuse[76], die fünfzehn Meilen von Antiochia entfernt liegt und im Besitz der Türken war. Als ihre Einwohner, die Christen waren, sahen, dass die Türken, die ihnen so viel Schlimmes angetan und sie in allzu unwürdiger Knechtschaft gehalten hatten, nun flohen, um aus Angst vor den Christen in den Festungen und Türmen der Stadt Zuflucht zu suchen, griffen sie zu den Waffen und rannten so schnell hinter ihnen her, dass sie alle töteten, bevor sie ihre Festungen erreichen konnten. Darauf warfen sie die Köpfe über die Mauern zu unseren Leuten, denn sie hatten das im Vertrauen auf diese getan, und diese öffneten ihnen die Tore und empfingen sie voller Freude in ihrer Stadt, wo sie große Reichtümer sowie Lebensmittel im Überfluss vorfanden.

Als diese Einnahme in Antiochia bekannt wurde, schickten die Türken fünftausend Männer in Waffen hin, um zu erkunden, ob sie die Stadt zurückerobern könnten. Ein Teil legte sich in der Nähe von Arthuse auf die Lauer, die anderen rannten voraus wie Plünderer und lockten einige der Unseren heraus, und es gelang ihnen, einige zwischen sich und dem Hinterhalt zu umzingeln. Als diejenigen, die noch in der Stadt waren, das begriffen, kamen sie in aller Eile heraus und stellten sich in Gefechtsordnung auf. So konnten die Unseren trotz all der Türken ohne jeden Verlust in ihre Stadt zurückkehren, obwohl die Türken sie belagerten und angriffen. Jene verloren viele von den Ihren und gewannen gar nichts. Kurz danach, als sie die Neuigkeit von der Ankunft des großen Heeres hörten, hoben sie die Belagerung auf und kehrten noch am selben Tag, an dem sie aufgebrochen waren, nach Antiochia zurück. So fiel Gocelon von Montaigu, der in dieser Stadt mit allen Ehren bestattet wurde. Wenig später schickten die Führer des großen Heeres eintausendfünfhundert Berittene dorthin, um die Belagerung aufzuheben und danach die Stadt mit einer guten Verteidigung und guten Verteidigern auszustatten.

Und bald sandten die Fürsten, die mit Ausnahme von Balduin, der in Edessa[77] weilte, alle versammelt waren, Herzog Robert von der Normandie, Eberhard von Le Puiset, Roger von Barneville und mehrere andere Barone mit einem großen Heer aus, um in der Nähe von Antiochia eine Brücke über den Fluss Fer, von manchen auch César genannt, einzunehmen.[78] Sie stellten fest, dass die Herren der Stadt zwei dicke Türme, die sich am Anfang der Brücke, vor den Pilgern, befanden, gut hatten befestigen lassen und siebentausend Reiter geschickt hatten, um die Ufer des Flusses vor Antiochia zu verteidigen. Deshalb bestürmten sie die Türme, die rasch eingenommen waren, denn diejenigen, die sie von innen und außen verteidigten, flüchteten, als sie erfuhren, dass das große Heer näherrückte. Und mehrere Pilger, die kriegerische Heldentaten vollbringen wollten und wegen der Enge der Brücke nicht durchkommen konnten, versuchten, an den Ufern des Flusses einen Durchgang zu finden, dort, wo die Bewohner der Gegend noch nie einen gesehen hatten. Und sie ritten so schnell vorbei, dass sie die siebentausend, die am gegenüberliegenden Ufer standen, davonjagten. Und an dieser Stelle zog das ganze Heer hindurch, mit Wagen und Gepäck, und sie nahmen sechs Meilen vor Antiochia Aufenthalt.

Am nächsten Tag rückten sie zwischen den Bergen und dem Fluss vor und ließen sich eine Meile vor der Stadt nieder. Und als sie nahe genug waren, um diese bequem sehen zu können, kamen die Fürsten, die Prälaten, die Barone und die Ritter zur Beratung zusammen, denn manche empfahlen, die Belagerung bis zum Frühjahr hinauszuzögern, zum einen wegen des nahenden Winters, der es ihnen sehr beschwerlich machen würde, im Freien zu schlafen, zum anderen, weil zahlreiche in verschiedenen Ländern verstreute Angehörige ihres großen Heeres noch nicht zurückgekehrt waren und vor dem Sommer schwerlich versammelt werden konnten. Sie verlangten, Kaiser Alexios müsse ihnen ein großes Heer schicken, und sie müssten außerdem von jenseits des Meeres Nachschub erhalten, der zur Belagerung einer so großen, starken und gut befestigten Stadt notwendig sei. Unterdessen könnten Menschen und Pferde sich in der Umgebung aufhalten und sich ausruhen, wodurch sie wieder frischer und ausdauernder wären, sobald sie gebraucht würden.

Die anderen hingegen meinten, es sei besser, mit der Belagerung sogleich zu beginnen, und erklärten, wenn sie sich damit Zeit ließen, würden die Gegner ihre Stadt weiter befestigen, während sie selbst sich ausruhten, und sich noch besser als jetzt mit Männern, Rüstungen, Lebensmitteln und anderen Dingen ausstatten. Und schließlich würden diejenigen von den Unseren, welche noch kommen sollten, sich mehr beeilen, wenn sie wüssten, dass die Stadt belagert wurde. Diese letzte Meinung obsiegte, so dass die Fürsten und Barone ihre Leute in mehrere Belagerungen rings um die Stadt unterteilten, wie es ihnen am besten erschien, am 17. Tag des Monats Oktober im Jahr 1097. Doch obwohl unsere Leute aus dreihunderttausend bewaffneten Männern bestanden, die Frauen, die Kinder und die anderen nicht bewaffneten Menschen nicht mitgerechnet, konnten sie nicht die ganze Stadt einkesseln, denn außer der Bergseite, von der aus eine Belagerung ja nicht möglich ist, lag ein großer Teil der Mauern, vom Fuß des Hügels bis zum Fluss, in der Ebene, wo es keine Belagerer gab.

Die Ankunft der Unseren verursachte einen schrecklichen Krach, sowohl wegen des Lärms der Trompeten und anderer Instrumente als auch wegen der vielen Wagen und dem Gewieher der Pferde. Aber die Leute von Antiochia verhielten sich friedlich und ruhig, als ob die Stadt leer wäre, während sie doch voll von einer riesigen Menge von Fußvolk und anderen Bewaffneten war. In dieser Stadt gab es fünf Tore: Das im Osten liegende hieß Sankt-Pauls-Tor, weil es sich gegenüber dem Hügel mit der Sankt-Pauls-Kirche befand; das andere, weiter im Westen, hieß das Sankt-Georgs-Tor, weil es vor der Sankt-Georgs-Kirche stand. Und der größte Teil der Stadt lag zwischen diesen beiden Toren. Auf der Nordseite befanden sich drei Tore, welche alle zum Fluss hin lagen: Das obere trug den Namen Hundetor; davor befand sich eine lange Brücke, die über einen

Sumpf entlang der Stadtmauer auf dieser Seite führte; das zweite dieser drei Tore wird seither Herzogstor genannt, denn dieses wurde von Herzog Gottfried belagert. Der Fluss floss eine Meile von diesen beiden Toren vorbei. Und das dritte hieß Brückentor, denn dort befand sich die Brücke über den Fluss. Denn zwischen dem Herzogstor, welches in der Mitte der drei Tore lag, und jenem Brückentor, welches das letzte auf dieser Seite war, kam der Fluss so nahe an die Stadt heran, dass er an den Mauern entlangfloss.

Es begab sich jedoch, dass die Unseren weder dieses Tor noch das Sankt-Georgs-Tor besetzen konnten, weil man nicht dorthin gelangen konnte, ohne den Fluss zu überqueren. Bohemund belagerte mit seiner Schar das obere Tor. Nach ihm, weiter abwärts im Tal, ließen sich Herzog Robert von der Normandie, Graf Robert von Flandern, Graf Stephan von Blois und Hugo der Nachgeborene nieder, die alle zusammen die Stadt vom Lager Bohemunds bis zum Hundetor belagerten, denn bei ihnen waren noch die Franzosen, die Normannen und die Bretonen. Vor dem Hundetor hatten sich der Graf von Toulouse und der Bischof von Le Puy mit all ihren Leuten eingerichtet, die sehr zahlreich waren, denn darunter waren Burgunder, Provenzalen und Gascogner. Sie besetzten den ganzen Platz bis zum nächsten Tor, vor dem Herzog Gottfried von Lothringen, sein Bruder Eustach, Graf Balduin von Hennegau, Graf Reinhold von Toul und Conon von Montaigu mit ihrem Gefolge aus weiteren Baronen und zahlreichen Leuten unterschiedlicher Herkunft lagerten, denn auf dieser Reise waren die Lothringer, die Hennegauer, die Sachsen und die Leute aus Bayern und Franken dabei; es waren so viele, dass sie beinahe den ganzen Platz bis zum Brückentor eingenommen und den Fluss, der dort floss, besetzt hätten.

In diesen Gegenden außerhalb der Stadt stand eine Vielzahl von Apfel-, Feigen- und anderen Obstbäumen, die unsere Leute alle fällten, um dort ihr Lager aufzuschlagen. Es war ganz erstaunlich, zu sehen, welche großen Vorbereitungen jeder entsprechend seiner Stellung für sich traf, sowohl was die Zelte, die Lagerplätze und die Befestigungen anging, als auch in dem Bemühen, einen Weg zu finden, sich den Mauern zu nähern und die Stadt anzugreifen. Alle Einwohner wurden derart in Angst und Schrecken versetzt, dass mehrere von ihnen bei dem Gedanken, dass ein so mächtiges Volk, das so hartnäckig bestrebt sei, sie zu vernichten, von diesem Ziel niemals abgebracht werden könne, ohne dass sie dabei großen Schaden erlitten, lieber schon vor langer Zeit gestorben wären, um nicht ihr eigenes Verderben sowie das ihrer Frauen und Kinder sowie ihrer Stadt zu erleben, was, wie sie fürchteten, bald eintreffen würde.

✝

Kapitel XVIII.
Wie unsere Leute in kurzer Zeit eine große Schiffsbrücke auf dem Fluss und auf dem See bauten. Von der hölzernen Burg, die vom Grafen von Toulouse errichtet wurde. Wie sie niedergebrannt wurde. Von den verschiedenen Ausfällen der Belagerten und wie sie bei mehreren Gelegenheiten plündernde Pilger überfielen und töteten. Von der großen Teuerung und der Sterblichkeit im Heer seit Anbeginn, und wie Bohemund und der Graf von Flandern zum Plündern auszogen.

Während Antiochia also unter Belagerung genommen wurde, hatten die Pilger von Anfang an großen Bedarf an Futter und anderen Dingen in ihren Heerlagern für ihre Pferde. Menschen und Pferde mussten daher öfter schwimmend den Fluss durchqueren, um das Land zu durchstreifen, was sie ausgiebig taten, ohne dass die Türken sich darum zu bekümmern schienen. Doch schließlich ließen sie mehrere von ihren Leuten fast täglich die Brücke überqueren, einige im Geheimen, andere am helllichten Tag; sie zogen im Land umher und töteten viele Pilger, wenn sie sie zersprengt antrafen. Und sie gingen kein Wagnis ein, denn unsere Leute konnten nur durch den Fluss zu den Belagerern zurückkehren und vom großen Heer keine Hilfe bekommen. Aus diesem Grund ließen die Fürsten ausschicken, um mehrere Schiffe ausfindig zu machen, die sie auf dem See und auf dem Fluss, sowohl flussauf- als auch flussabwärts, fanden; und sie fügten sie aneinander und bedeckten sie mit Weidengeflecht und anderem Material dergestalt, dass drei oder vier Männer nebeneinander in Sicherheit hinübergelangen konnten, was sich als sehr nützlich für sie erwies, denn sie gingen darauf hinüber und herüber, entweder wenn sie zum Plündern auszogen oder wenn sie ans Meer ritten, wo sie täglich das Nötige holten.

Diese Schiffsbrücke befand sich in der Nähe des Heerlagers von Herzog Gottfried, an dem Tor, das er belagerte, von wo aus es eine starke Meile bis zur anderen, steinernen Brücke war. Und den Leuten von Herzog Gottfried wurde durch dieses Tor viel Schaden zugefügt und denen des Grafen von Toulouse durch das andere, das sogenannte Hundetor, denn es gab eine weitere steinerne Brücke, um den Sumpf zu überqueren, auf der die Türken oft hinübergingen und bei Tag und Nacht starke Ausfälle gegen die Leute des Grafen von Toulouse unternahmen. Sie schossen in dichtem Haufen in die Heerlager, töteten und verletzten dabei viele und gelangten dann über die Brücke bequem in die Stadt zurück. Denn die Unseren konnten sie nur verfolgen, wenn sie die Brücke überquerten. Und bei dieser Gelegenheit ließen der Graf, der Bischof von Le Puy und die obersten Befehlshaber ihrer Belagerungseinheit große Schlegel und Kuhfüße herbringen und gedachten, damit den Eingang zur Brücke vor ihnen aufzubrechen. Doch die Steine waren so groß und gut vermauert und die Belagerten beschossen sie von den Stadtmauern und den Türmen herab so stark, dass sie nicht damit fertig wurden. Und nachdem mehrere ihrer Leute getötet oder verletzt waren, sahen sie sich gezwungen, von ihrem Tun abzulassen. Als die Fürsten das merkten, ließen sie vor dem Eingang zur Brücke eine hölzerne Burg bauen, wo der Graf von Toulouse seine Leute aufstellte. Und sie warfen mit Hilfe von Steinschleudern entlang der ganzen Brücke Steine, so dass keiner sie mehr zu überqueren wagte.

Eines Tages gelang es denen in der Stadt, das Heer des Grafen von der Burg weg-zulocken, und sie kamen in so großer Zahl aus ihren Toren, dass diejenigen von der hölzernen Burg angesichts der großen Übermacht herunterkamen, sich in aller Eile in ihre Lager flüchteten und ihre Burg ohne Bewachung ließen. Diejenigen aus der Stadt brannten sie vollständig nieder und kehrten, indem sie große Freude bekundeten, in ihre Stadt zurück. Als die Unseren sahen, dass ihre Burg abgebrannt war, ließen sie sogleich drei Steinschleudern errichten und entlang der Brücke und gegen das Tor Steine werfen. Da sie jedoch verstanden hatten, dass niemand durchgelassen würde, außer wenn sie Steine schleuderten, ließen sie große Felsbrocken herbringen, so dick und schwer, dass es hundert Mann brauchte, um einen davon wegzutragen. Und sie mauerten damit das Brückentor zu, trotz all der Stadtbewohner, die das nicht verhindern konnten, weil das große Heer des Grafen aus dem Lager gekommen war, um die Maurer und Handlanger zu bewachen. Auf diese Weise wurde das Tor so gut verkleidet, dass von da an für die Unseren an diesem Eingang keine Gefahr für Sicherheit und Frieden drohte. Unterdessen geschah es, dass dreihundert Pilger, welche die anderen für gewöhnlich die Schiffsbrücke überqueren und zum Plündern ausziehen sahen, eines Tages auszogen und hier und dort versprengt umherrannten, ohne etwas zu befürchten. Die aus der Stadt kamen in großer Zahl über die Brücke am Fluss und verfolgten sie stracks über die Felder. Die Unseren beabsichtigten, sich in ihr großes Heer zu flüchten, über die Schiffsbrücke, wie sie es zuvor gewohnt waren, doch sie vermochten es nicht, weil der andere Teil der Türken ihnen bereits zuvorgekommen war. Und so wurden sie eingeschlossen. Um sie zu retten, kamen mehrere aus dem großen Heer vorbei und fanden die Türken vor, die bereits die Unseren besiegt und getötet hatten. Sie verfolgten sie, wobei sie einige töteten, bis zur steinernen Brücke, auf der andere mit voller Kraft aus der Stadt hervorbrachen, so dass sie die Unseren von neuem bis zur Schiffsbrücke trieben. Dort wurden aufgrund des engen Durchgangs mehrere Pilger zu Fuß und zu Pferde getötet und ertränkt, denen das große Heer nicht helfen konnte.

BRAND DER HÖLZERNEN BURG VOR DEM BRÜCKENTOR (1097).
GEFECHT AN DER SCHIFFSBRÜCKE

„Es war ganz erstaunlich, zu sehen, welche großen Vorbereitungen jeder entsprechend seiner Stellung für sich traf, sowohl was die Zelte, die Lagerplätze und die Befestigungen anging, als auch in dem Bemühen, einen Weg zu finden, sich den Mauern zu nähern und die Stadt anzugreifen."

(FOL. 47A–47B)

Miniaturen zur Belagerung und Eroberung Antiochias tauchen in mehreren Kapiteln auf. Jean Colombe zeigt hier einige Ereignisse, wobei er Sébastien Mamerots Bericht getreu folgt: Im unteren Register ist der Bau einer behelfsmäßigen Schiffsbrücke, über die die Kreuzfahrer ans andere Flussufer gelangen konnten, um sich mit Proviant zu versorgen, dargestellt. Das Bild im oberen Register zeigt das vor dem Brückentor gelegene Kastell La Mahomerie, eine hölzerne Burg, die auf Befehl Raimunds von Toulouse erbaut worden war. Nachdem die Kreuzritter beim ersten Ausfall der türkischen Besatzung Antiochias die Flucht ergriffen hatten, nutzte diese die Gelegenheit und steckte sie in Brand. Man findet die vertrauten Elemente der Kunst Colombes – die Darstellung von Truppenbewegungen und von fliehenden Kreuzfahrern. Im Hintergrund sieht man Antiochia: Die Bewohner haben die Brücke überquert und greifen die Kreuzfahrer an.

E siege estoit
ainsi mis deuant
Anthioche. eurent
des le commance
ment les pele
rins en seur seruitude grant net
cessite de pastures. pour leurs che
uaulx et austres leurs necessitez.
Pourquoy leur conuenoit sou
uent passer se siuute et no toun
hommes que cheuaulx. et courir
par le pais. Ce quilz surent

lonsuement que les Turcs nen
faisoient semblant. Adue en
fin surut passer presques tous
les soms par dessur le pont aul
cunessois en seurt et austres en
apperppuslseurs de saint estene.
Lesquelz comrient par se pais
et troient moult de presme.
quant ilz les trouuoient espars
par la terre. Et se saisoient
plus seurement par ce que nos
tiens ne seu pouoient tourner

Auf diese Weise fühlten sich die Christen noch mehr bedrängt als die Einwohner Antiochias. Überdies waren zahlreiche Türken in den Wäldern und auf den Wegen; von dort kamen sie häufig, um das Land zu durchstreifen. Und wenn sie welche von den Unseren weit weg von den Heerlagern beim Plündern antrafen, töteten sie sie, sofern es nicht zu viele waren. Und sie folgten ihnen so dicht, dass diese es fast nicht mehr wagten, plündern zu gehen oder sich von ihrem Lager in unsichere Gegenden zu begeben, denn es ging das Gerücht um, dass alle Türken der umliegenden Provinzen sich sammelten, um sie eines Tages mit so vielen Leuten anzugreifen, dass man sie nicht zählen konnte.

Darüber hinaus begannen im dritten Monat die Lebensmittel unmäßig teuer zu werden: Anfangs hatten sie eine solche Menge davon angesammelt, sowohl für die Menschen als auch für die Tiere, dass sie den größten Teil davon töricht und ohne Verstand verschwendet hatten. So mussten drei- oder vierhundert Leute sich unter Eid verbünden, um das Land zu durchstreifen: Sie zogen aus und brachten häufig etwas mit, wovon sich das Heer ein paar Tage lang ernähren konnte, denn sie ritten weiter weg und fanden dabei reiche und gut ausgestattete Städte vor. Aber als die Türken aus der Stadt und dem Umland dies bemerkten, lockten sie sie in so große Hinterhalte und töteten auf dem Hin- und Rückweg so viele von ihnen, dass oft niemand mehr zurückkehrte und davon berichten konnte. Deshalb war die Teuerung im Heer so groß, dass eine Kuh vier Silbermark kostete, während man sie am Anfang für fünf Sous bekam, und ein Lamm oder ein kleines Zicklein kostete sechs Sous, während man es zu Beginn für drei oder vier Denare bekam. Und das Futter für ein Pferd kostete acht Sous pro Tag. Und aus diesem Grund starben so viele an Hunger und Kälte, dass von den siebzigtausend Mann, die dieses Heer am Anfang geschätzt umfasste, nicht einmal zwölftausend übrig blieben, die so abgemagert und erschöpft waren, dass man kaum Hilfe von ihnen erwarten konnte. Überdies regnete es so stark und so häufig, dass die Zelte das Wasser nicht abhalten konnten, wobei die meisten Leute, die darunter waren, so nass wurden, dass ihnen die Kleider am Leib vermoderten, weil es keinen Platz mehr gab, um sie zu trocknen.

Die an Hunger und Kälte Gestorbenen waren so zahlreich, dass es zu einer großen tödlichen Seuche im Heer und bei der Belagerung kam, dergestalt, dass man nur mit Mühe einen Platz fand, um die Toten zu beerdigen. Manche, die noch bei guter Gesundheit waren und sich vor der Seuche fürchteten, begaben sich zum Grafen Balduin nach Edessa und in andere Städte Kilikiens, die im Besitz der Unseren waren, so dass bei der Belagerung nicht einmal mehr die Hälfte der Leute vom Anfang übrig waren. Die Fürsten, die diese Not im Heer sahen, beschlossen in gemeinsamem Rat, der Graf von Toulouse und Hugo der Nachgeborene sollten beim Heer bleiben, weil Herzog Gottfried schwer krank war, und Bohemund und der Graf von Flandern sollten eine große Zahl von Leuten nehmen und mit ganzer Kraft weit ins Innere der Länder der Heiden und der Türken vordringen, um von dort Lebensmittel und was sie sonst noch fanden, mitzubringen, und so geschah es.

Während sie fort waren, versuchten jedoch die Türken Antiochias, die von ihrer Abwesenheit wussten und aufgrund dieser Tatsache die anderen geringer schätzten, mehrere große Ausfälle gegen das Heer. Besonders einen unternahmen sie eines Tages, als alle sehr zahlreich versammelt waren: Sie öffneten das Brückentor, gaben ihren Pferden die Sporen und stürzten sich, indem sie zugleich durch das Wasser und über die Brücke preschten, auf das Lager der Unseren. Diejenigen, die sie beobachteten und über diese Angriffe unterrichtet waren, rückten ihrerseits aus und ritten ihnen so kühn entgegen, dass sie schon zu Beginn zwei der mächtigsten Türken der Stadt töteten, die am weitesten vorgedrungen waren. Als die anderen aus der Stadt dies sahen, ergriffen sie die Flucht, um in ihre Stadt zurückzukehren. Aber während diese, gänzlich besiegt, flüchteten, sahen einige der Unseren, die zum einfachen Volk gehörten und sie mit der Absicht, Beute zu machen, verfolgten, einen Teil der Pilger, welche die Türken verjagt hatten, zurückkommen und glaubten, sie seien geschlagen worden. Und sie wandten sich völlig ungeordnet zur Flucht. Als die Türken sie bemerkten, kamen sie zurück, überquerten in aller Eile die Brücke und stürzten sich auf die fliehenden Unseren und töteten gut zwanzig Berittene und noch mehr Fußkämpfer. Und so kehrten sie voller Stolz in ihre Stadt zurück.

Auf der anderen Seite wurden der Graf von Flandern und Bohemund, die sehr weit in die kilikischen Provinzen vorgedrungen waren und von dort eine große Beute mitgebracht hatten, von ihren Spähern (und ganz besonders Bohemund, der deren mehrere in verschiedenen Orten hatte) unterrichtet, dass ihnen eine große Anzahl von Türken in einem Hinterhalt auflauere. Der Graf von Flandern wollte deshalb die Vorhut übernehmen, um sie aus ihrem Hinterhalt hervorzulocken, und Bohemund folgte anschließend. Dieser wiederum erfuhr nicht sofort, dass der Graf von Flandern und die Flamen besiegt und verfolgt worden waren und dass sie viele Leute und auch Hab und Gut verloren hatten, die ihnen die zahlenmäßig überlegenen Türken abgenommen hatte. Sie erfuhren indessen bald von einem anderen Späher Bohemunds und des Grafen, dass mehrere andere Türken ihnen in einem weiteren Hinterhalt auflauerten. Der Graf von Flandern wollte unverzüglich gegen sie vorrücken, jedoch mit mehreren Leuten, was er beim ersten Scharmützel nicht getan hatte. Und Bohemund folgte ihm. Nachdem die Schlacht begonnen hatte, wurden die Türken bis in ein Tal verfolgt und so sehr aus der Nähe bedrängt, dass sie ihre Pfeile nicht einsetzen und die Angriffe nicht in der Weise führen konnten, wie sie es gewohnt waren, so dass sie am Ende besiegt wurden.

Unsere Leute setzten ihnen nach und nahmen ihre Verfolgung auf; dabei töteten sie viele von ihnen und gewannen so eine große Menge Rüstungen und Gewänder und viele

wertvolle Pferde und Maultiere, die sie zusammen mit ihrer anderen Beute zum Heer mitnahmen. Und sie wurden weiß Gott mit großer Freude empfangen! Doch diese schwand rasch dahin, denn sie hörten, was kurz darauf bestätigt wurde, dass Sven, der Sohn des Königs von Dänemark, und ein beachtliches Heer, das sein Vater aufgestellt hatte, um den Pilgern nachzureisen und zu Hilfe zu kommen, hinter der Stadt Nicäa überrascht und bis auf zwei oder drei alle getötet worden waren, von den Türken, die sie plötzlich zwischen zwei Städten namens Finemine[79] und Terma ausgespäht und verfolgt hatten. Und obwohl sie sich auf feindlichem Gebiet befanden, waren sie nicht so sehr auf der Lauer, wie sie es hätten sein sollen. Das war ein großer Schaden, denn der junge Fürst war sehr tapfer, ebenso wie alle seine Leute, und als sie sich inmitten ihrer Feinde eingeschlossen sahen, mussten sie das mit dem Leben bezahlen.

Kapitel XIX.
Wie der treulose Grieche Tantin heimlich von der Belagerung Antiochias floh und mehrere große Fürsten und Barone es ihm nachtaten. Von der zweiten Hungersnot und den Todesfällen im Pilgerheer. Und wie Bohemund die Späher erschreckte, indem er Menschen braten ließ und so tat, als ob er sie essen wollte.

Tantin, der unmenschliche Grieche, den Kaiser Alexios als seinen Helfershelfer in Bosheit und Schlechtigkeit, wie ich bereits gesagt habe, mit unseren Leuten mitgeschickt hatte, um ihnen auf jede ihm mögliche Art zu schaden, erwog in seinem Herzen die großen Vorgänge und die Schwierigkeiten, in denen sich die Pilger bei der Belagerung Antiochias befanden, und dass er seine Bosheit überall, wo es in seiner Macht lag, eingesetzt hatte, zum einen, indem er sie schlecht beriet, zum anderen, indem er alles, was er hatte in Erfahrung bringen können, zu ihrem Schaden preisgab, und fürchtete und sorgte sich nun, denn er war der größte Feigling überhaupt, dass die Einwohner Antiochias eines Nachts oder eines Tages plötzlich herauskommen und mit Gewalt gegen die Unseren vorgehen und sie alle töten könnten, also auch ihn. Und aus diesem Grunde riet er dem einen und anderen der Fürsten und Barone täglich, als wollte er sie warnen, die Belagerung aufzuheben und sich bis zum Frühling in die Städte und Siedlungen des Umlands, die auf ihrer Seite waren, zurückzuziehen. Er sagte, sie könnten sich unterdessen ausruhen und wieder zu Kräften kommen und der hohen Sterblichkeit und schlechten Luft entfliehen; er sei sicher, dass, sobald das Gras wieder grüne, Kaiser Alexios, der ein ganz wunderbares und stattliches Heer versammelt habe, dies zu ihrer Unterstützung in Bewegung setzen werde.[80] So könnten sie die Stadt Antiochia von neuem rundherum belagern, und diese werde einer so furchterregenden Macht, die sie zusammen dann bilden würden, nicht lange standhalten.

Doch diesem Knecht des Teufels gelang es nicht, die Fürsten und Barone von ihrem Unternehmen abzubringen, denn bereits mehrere hatten genug mitgemacht, um seine Grausamkeit zu kennen und zu wissen, dass er unbedingt eine Gelegenheit zur Flucht suchte. Doch sie verhehlten ihr wahres Gefühl, weil sie von einem derart treulosen Verräter befreit sein wollten, und zugleich, weil er unablässig sagte, er wolle bereitwillig zum Kaiser reisen, ihn zur Eile antreiben und dafür sorgen, dass er schnell herkomme. Daher verließ er die Belagerung mit ihrer Erlaubnis und ließ dort einen Teil seiner Leute zurück, sowohl, um über seine bösen Absichten und seine Feigheit hinwegzutäuschen, als auch, weil es ihm wenig ausmachte, sie zu verlieren, wenn er sie nicht gar beauftragt hatte, später nach und nach heimlich aufzubrechen.

So geschah es, dass Unser Herr diesen Tantin ziehen ließ, welchen der Teufel als seinen Söldner dorthin geschickt hatte. Seinem Beispiel folgend und den Worten, die er hatte verlauten lassen, begannen dann mehrere Angehörige des Heeres heimlich die Flucht zu ergreifen, ohne auf ihre Gelübde, Versprechungen und Eide Rücksicht zu nehmen. Auf der anderen Seite verschlimmerte sich die Lage durch die wachsende Hungersnot und weitere Todesfälle zusehends. Und auch wenn die Fürsten aus dem Heer häufig, immer zu zweit, mit einem beachtlichen Gefolge und gut bewaffnet ins Feindesland geschickt wurden und viele Feinde töteten, sowie sie sie fanden, brachten sie von dort doch keine Nahrungsmittel oder nur sehr wenige zurück, denn diese hatten die Türken in die Berge und Festungen mitgenommen.

Der ehrwürdige Bischof von Le Puy und die anderen Prälaten und geistlichen Würdenträger baten die Fürsten und Barone, an drei aufeinanderfolgenden Tagen Gebete und Fasten anzuordnen, damit Unser Herr seinem Volk zu Hilfe komme, gegen das er vielleicht erzürnt sei. So geschah es auch unter Weinen und Klagen, und die Fürsten befahlen, dass alle Huren aus dem Heer gejagt und alle, die bei der Unzucht erwischt würden, enthauptet werden sollten. Trinkgelage in Tavernen, Glücksspiel und lockere Schwüre wurden ebenfalls verboten und mit Leibesstrafen geahndet; diese wurden an denen, welche die neuen Befehle nicht achteten, vollstreckt, und die anderen waren somit gewarnt, welches Wagnis sie eingingen. Und Unser Herr erbarmte sich seines Volkes, das die Belagerung durchführte, denn Herzog Gottfried, der sozusagen die Sicherheit und das Banner des Heeres darstellte und nach seiner Verletzung durch den Bären schwer krank gewesen war, wurde mit einem Mal wieder gesund: Die Pilger glaubten, dies habe Unser Herr durch ein Wunder bewirkt, und sie schöpften alle wieder Kraft und Mut.

DIE DIRNEN WERDEN AUS DEM KREUZFAHRERLAGER GEJAGT.
BOHEMUND I. LÄSST DIE GEFANGENEN SCHLACHTEN UND BRATEN

„Der ehrwürdige Bischof von Le Puy und die anderen Prälaten
und geistlichen Würdenträger baten die Fürsten und Barone,
an drei aufeinander folgenden Tagen Gebete und Fasten anzuordnen,
damit Unser Herr seinem Volk zu Hilfe komme, gegen das er vielleicht erzürnt sei.
So geschah es auch unter Weinen und Klagen, und die Fürsten befahlen,
dass alle Huren aus dem Heer gejagt und alle, die bei der Unzucht erwischt würden,
enthauptet werden sollten. Trinkgelage in Tavernen, Glücksspiel und lockere
Schwüre wurden ebenfalls verboten und mit Leibesstrafen geahndet;
diese wurden an denen, welche die neuen Befehle nicht achteten, vollstreckt,
und die anderen waren somit gewarnt, welches Wagnis sie eingingen."

(FOL. 51A)

Während der Belagerung Antiochias wütete im Kreuzfahrerlager wegen des harten Winters eine Hungersnot, und die Sterblichkeit war hoch. Weil man diese unheilvolle Situation auf den Zorn Gottes über das Verhalten der Christen zurückführte, befahlen die Fürsten sowie die Prälaten und anderen Geistlichen allen, zu beten und zu fasten, und verboten jegliches unmoralische Verhalten wie Trinkgelage, Spiele oder Umgang mit Prostituierten. Auf Empfehlung des Bischofs Adhemar von Le Puy ließen sie Letztere aus dem Lager jagen.

Auf dem Hauptbild ist dargestellt, wie die Männer auf Knien beten. Im Hintergrund erhebt sich die Stadt Antiochia, deren Befestigungsmauern ins Meer hineinragen. Im unteren Register sieht man, wie Bohemund vor seinem Zelt steht und der Folterung türkischer Gefangener beiwohnt, die der Spionage verdächtig sind. Einige werden zur Abschreckung der Feinde wie Tiere von Metzgern geschlachtet, aufgehängt und ausgenommen, andere an Spießen gebraten. Die Darstellung der Szene wirkt ausgesprochen grausam und realistisch.

aul ne ſec laiſſoit en plup de ſue
quil proit couuenietz luſter. Lon
yeueur. et ſauoit quil ſauuerout la
ſauuement. Il ſen exprint pur ſeur
conſentement du ſiege. Du quel
il laiſſa pirtie de ſec tiens tant pour
couurir ſon mauuaie touſon z ſa
cendiſe. Comme pur ce quil neſtu
diſloit mette ſil ſee wndoit. On
put auenture ſeur auot churnie
Saux en ſeuroit apres ſn peura
petit aſcmblee. Et auſi en punſt

nie ſeur meur ſeruit celui Tant q̃
le dibble y auoit amene comme ſn
ſouſtoiz . Mcumptce Du quel z pur
ſec piunee quil auoit ſemec ſon cō
menceret de puie ſiez . a ſop aſſem
blee pluſieurs de loſt ſans leguder
a leure ſeux . promeſſee z ſement.
Dautreune empinnt ſil le ſonū
ne y crouſſout fort ſamme z mor
talite . Et coumbien que en enuo
pult ſouuent deux aduy dec prin
cce de loſt atout maint puiſſance

Kurz darauf traten die Fürsten und Barone zur Beratung zusammen, weil sie fast nichts tun oder sagen konnten, ohne dass man in allen Ländern der Türken, nah und fern, davon erfuhr, wegen der Späher, die diese – in griechischen, syrischen oder armenischen Gewändern – in das Heer schickten und von denen mehrere diese Sprachen konnten, weil Angehörige dieser Nationen häufig zur Belagerung kamen. Bohemund bat den Rat, ihn in dieser Angelegenheit schalten und walten zu lassen, und nachdem er an diesem Abend in seinem Zelt eingetroffen war, ließ er seine Metzger kommen, ließ ihnen mehrere seiner türkischen Gefangenen übergeben und denen die Kehle durchschneiden, dann ließ er diese zubereiten und an Spießen braten, als ob er sie essen wollte. Und als einige seiner Leute, die über diese Neuerung erstaunt waren, ihn fragten, was er mit ihnen machen wolle, antwortete er, die Fürsten und Barone hätten geschworen, alle Späher, die sie bei der Belagerung fänden, auf diese Weise zu braten und zu essen. Und diese Worte, die von einem zum anderen liefen, gelangten zu den Spähern, die mit der Volksmenge in Bohemunds Zelt gingen, um dieses große Wunderding zu sehen. Als sie sahen, wie diese gebraten wurden, waren sie derart entsetzt, dass sie das Lager schleunigst verließen, aus Angst, dass ihnen dasselbe widerfahren würde. So konnte man am nächsten Morgen deutlich erkennen, dass eine Menge Leute fehlten, die man sonst dort zu sehen pflegte.

Die Fürsten und Barone waren darüber sehr froh und begrüßten Bohemunds große Umsicht. Sie war ihnen von weiterem Nutzen, denn die Späher, die sich zu ihren Herren flüchteten, erzählten voller Furcht und Bewunderung für die Pilger überall, wohin sie kamen, die Leute, die Antiochia belagerten, ertrügen mehr Unheil und seien härter als Fels oder Eisen, und sie überträfen selbst Bären und Löwen an Grausamkeit, denn die Tiere fräßen Menschen ganz roh, während die Belagerer Antiochias sie zuerst brieten und dann verspeisten. Daher konnten der Sultan und die Großemire niemanden mehr finden, der bereit gewesen wäre, ihr Späher gegen die Unseren zu werden. Auch die Einwohner von Antiochia selbst waren darüber ganz entsetzt, und die Beratungen und Angelegenheiten des Heeres blieben länger geheim, als es üblich war.

Zu jener Zeit kamen die Boten des Kalifen von Ägypten ebenfalls ins Heer.[81] Sie brachten den Fürsten und Baronen große Geschenke von ihm mit, um ihnen dafür zu danken, dass sie gegen Suleiman Krieg geführt hatten und jetzt gegen Antiochia führten; sie baten sie, ihre Belagerung fortzusetzen, und versprachen ihnen Hilfe und Unterstützung, sowohl mit Lebensmitteln als auch mit Leuten, weil er und der Großsultan von Persien, welcher bis vor kurzem der oberste Herr über diese Länder war, in Bezug auf das Gesetz Mohammeds uneins und Erzfeinde waren.[82] Und die Fürsten empfingen und feierten die Boten mit großen Ehren und beherbergten sie lange bei sich.

†

Kapitel XX.
Wie die Türken von Aleppo, Caesarea, Hama und mehreren anderen Städten und Ländern, welche die Belagerung Antiochias aufzuheben gedachten, besiegt wurden. Die Festung, die unsere Leute erbauen ließen. Wie der Graf von Blois unter dem Vorwand, krank zu sein, mit mindestens viertausend Mann von der Belagerung abzog. Von der Niederlage, welche die Unseren erlitten, als sie zum Meer zogen. Wie sie gerächt wurden und von der Verschanzung, welche der Graf von Toulouse bewachte.

Als Yaghi-Siyan und die hohen Herren Antiochias, welche von den Leiden wussten, die die Unseren aufgrund des Hungers und anderer Ursachen erduldeten, und sahen, dass diese trotz allem, was sie litten, keine Anstalten machten, die Belagerung aufzuheben, sondern nur noch ausdauernder und begieriger waren, weiterzumachen, erschraken sie immer mehr. Daher sandte Yaghi-Siyan auf ihren Rat hin einige seiner vertrauten Kämmerer mit Briefen an die Fürsten und die Städte in der Umgebung und ersuchte und ermahnte sie, um ihres Glaubens willen ihm dabei zu helfen, die Stadt zu retten und ihre Belagerung zu beenden, auf eine Art und Weise, die ihnen nicht schwerfiele und die er ihnen erklärte: Er bat sie, sich einen Tag lang insgeheim in der Nähe Antiochias in einen Hinterhalt zu legen und dafür zu sorgen, dass dies in der Stadt bekannt wurde, und Scharmützel gegen die Unseren anzuzetteln, um sie aus ihren Feldlagern und zur Brücke zu locken. Denn dann würde er sich ihnen mit seinen Leuten außerhalb Antiochias entgegenwerfen und würde sie am Kämpfen halten, bis diejenigen aus dem Hinterhalt Gelegenheit hätten, sich auf sie zu stürzen und sie von hinten einzukreisen. So würden sie sie ganz leicht besiegen und töten, wodurch sie für immer reich und hoch geehrt sein würden. Ermutigt durch diese Bitten und die Zusicherung von Sieg und Gewinn, versammelten sich unzählige Türken aus Aleppo, Caesarea, Hama und anderen Städten und Provinzen der Umgebung und kamen bewaffnet bis zur Burg Harenc[83], die vierzehn Meilen von Antiochia entfernt liegt; sie gedachten sich am nächsten Tag in den Hinterhalt zu legen und unsere Leute zu überraschen. Diese wurden über ihr Vorhaben jedoch von armenischen und syrischen Christen in Kenntnis gesetzt, die sie vor mehreren großen Gefahren bereits bewahrt hatten und damals und auch später noch bewahren sollten, indem sie ihnen solche Warnungen zukommen ließen.

Daher befahlen die im Rat versammelten Fürsten heimlich allen, die ein Reittier hatten, sich mit diesem bei Einbruch der Nacht in Gefechtsordnung aufzustellen und lautlos aus der Belagerung zu kommen, und dem Fußvolk, das in den Lagern bleiben sollte, sich im Bedarfsfall bewaffnet zur Verteidigung bereitzuhalten. Und so geschah es. Nach Einbruch der Nacht kamen unsere Leute über die Schiffsbrücke auf die Felder und zogen bis zu einem Ort zwischen dem See und dem Fluss Fer, die ungefähr eine Meile voneinander entfernt sind. Dort ruhten sie sich aus. Ihre Feinde, die nichts von ihnen ahnten, hatten ebenfalls die Brücke überquert, die über den Fluss Fer führt. Doch als es tagte, wurden sie von ihren Läufern benachrichtigt, dass die Unseren ihnen entgegenzogen. Daher stellten sie sich in Schlachtordnung auf und schickten zunächst zwei Haufen vor, die heftig zu schießen begannen, aber nicht sehr lange, denn Unsere gaben ihren Pferden die Sporen und stürzten sich mit solchem Ungestüm auf sie, dass sie deren Angriff durcheinanderbrachten und den Großteil des Heeres zum Rückzug zwangen. Es gab dann einen erbitterten Kampf, so dass die Türken, die schon zu Beginn ihre Kriegskunst verloren hatten, dem Ansturm und der Übermacht der Christen nicht lange standhalten konnten und die Flucht nach Harenc antraten. Unsere Leute verfolgten sie und töteten sehr viele, so dass die auf der Burg, als sie deren Auflösung sahen, Feuer legten und ebenfalls die Flucht ergriffen, bevor die Unseren in die Burg rannten. Die Armenier, die sich dort aufhielten und die nach dem Abzug der Türken das Feuer gelöscht hatten, empfingen sie voller Freude. Unsere Leute, die mit einem großen Fang türkischer Reiter zurückkehrten, besetzten die Burg vollständig, nachdem sie mehr als achtundzwanzigtausend Tote hinter sich gelassen und mehr als tausend leichte und schwere Pferde erbeutet hatten, die sie dringend gebrauchen konnten. Und die Unseren waren insgesamt nur siebentausend Reiter.

Die Einwohner Antiochias unternahmen einen furchterregenden Ausfall und griffen die Heerlager an, bis die Späher ihnen Zeichen zur Umkehr gaben, weil die anderen Pilger siegreich und hocherfreut zurückkamen. Daher verzichteten sie auf den Sturmangriff und kehrten in ihre Stadt zurück, wohin die Unseren, sobald sie angekommen waren, zweihundert Köpfe von Türken werfen ließen, denn sie hatten fünfhundert davon mitgebracht, um die Einwohner Antiochias abzuschrecken. Und sie ließen die anderen dreihundert vor den Stadtmauern auf Pfähle stecken und stellten Leute dorthin, um sie zu bewachen, damit ihre Kampfgefährten sie immer vor Augen hätten, wenn sie zu Gefechten herkämen. Nach dieser Niederlage, welche am 7. Tag des Monats Februar im Jahr 1098[84] stattfand, ließen die im Rat versammelten Barone eine feste Verschanzung auf einem Hügel bauen, der sich auf dem Gebiet Bohemunds befand. Sie statteten sie mit mutigen Kämpfern aus, die gegen die Türken vorrücken sollten, wenn diese Ausfälle gegen das Heer versuchten, wie es ihrer Gewohnheit entsprach. Und so war das Heer in ebensolcher Sicherheit, als ob es sich innerhalb der Mauern einer Stadt befunden hätte, denn es gab diese Garnison auf der Ostseite und auf der Südseite die Stadtmauern und den Sumpf, der sich an den Mauern erstreckte, während der Fluss, der zum Meer floss, sie auf der Westseite und nach Norden hin schützte.

Nach dem Bau dieser Verschanzung vergingen nur wenige Tage, bis der Graf von Toulouse, Bohemund, Adhemar von Le Puy und Graf Warner von Gray mit einigen der Ihren ausgewählt wurden, um die Boten des Kalifen bis zum Meer zu geleiten und um von dort neue Pilger herzubringen, die gerade mit einem genuesischen Schiff im Hafen gelandet waren. Als diejenigen aus Antiochia dies bemerkten, schickten sie viertausend ihrer tapfersten Ritter und Männer zu Pferde, damit sie unseren Leuten bei deren Rückkehr in einem Hinterhalt auflauerten. Am vierten Tag, während Bohemund und seine Gefährten eine unbewaffnete Menschenmenge vom Meer herführten, ohne vor den Türken auf der Hut zu sein, kamen sie plötzlich aus ihrem Versteck hervor und überraschten die Pilger, als diese sich mitten auf ihrem Weg befanden. Als sie die Schreie und den Lärm hörten, versammelten sich der Graf von Toulouse, der die Vorhut hatte, und Bohemund, der ihm folgte, und erklärten ihren Fußkämpfern aufs Beste, wie sie zusammenbleiben sollten, um sich zu behaupten. Doch diese erschraken so sehr, dass sie unbesonnen in die Hecken, Sträucher und Büsche rannten, um sich zu verstecken. Als die Fürsten, die Ritter, die anderen Adligen und die Reiter das sahen, machten sie sich auf den Rückweg, um wieder in ihre Lager zu gelangen. Mehr als dreihundert unter denen, die ihnen nicht folgen konnten, fanden bald darauf den Tod. Als diese Neuigkeit bei der Belagerung eintraf, wo man sogar erzählte, der Graf, Bohemund und diejenigen, die mit ihnen zum Meer gezogen waren, seien alle getötet oder gefangen genommen worden, erhob sich ein gewaltiges Wehklagen. Dennoch verhehlte Herzog Gottfried seinen großen Schmerz und gab Befehl, zu den Waffen zu greifen, weil er die Verantwortung für das Heer trug, und untersagte jedwedem bei Strafe des Todes, einem solchen Kampf fernzubleiben.

Indem sie seinen Willen erfüllten, überquerten sie die Schiffsbrücke und bildeten, dort versammelt, fünf Kampfverbände. Der erste wurde von Herzog Robert von der Normandie, der zweite von Graf Robert von Flandern, der dritte von Hugo dem Nachgeborenen, der vierte von Eustach, dem Bruder des Herzogs, und der fünfte vom Herzog selbst angeführt. Angesichts der wohlgeordneten Verbände stellte er sich an einen erhöhten Platz, scharte die Pilger um sich und sprach zu ihnen: „Meine Brüder und Gefährten, die Neuigkeit geht um, dass die treulosen Türken, diese Hunde, so viele tapfere und weise Männer getötet haben, nämlich unsere Brüder und unsere Gefährten, die ihr zum Meer geschickt habt, um die neu Angekommenen herzuführen, und die anderen, die dort hingingen, um mit ihnen zu sprechen. Ich sehe nur zwei Möglichkeiten: Entweder werden wir mit ihnen als gute Christen sterben, ganz ehrenvoll und in der Gewissheit, unsere Belohnung von Jesus Christus zu bekommen, dem wir bis zu unserem Tode dienen, oder wir werden, falls Unser Herr will, dass wir ihm weiterhin dienen, Rache nehmen an diesen Hunden, die der Christenheit so viel Schaden zugefügt haben, indem sie so viele edle und tapfere Recken töteten. Was mich betrifft, so schwöre ich euch bei meiner Seele, dass mir das Leben keinesfalls lieber ist als der Tod, solange sie nicht gerächt sind. Hört also bitte, was ich euch zu sagen habe: Falls die Türken den Sieg über unsere Leute davongetragen haben, wie es heißt, werden sie wahrscheinlich so stolz darauf sein, dass sie kommen, um uns mit ihrer Überheblichkeit zu erzürnen, und ihre Beute vor unseren Augen in ihre Stadt bringen wollen. Und ihr werdet sehen, dass sie ihre Schlachtordnung nicht beibehalten werden, denn wenn Kriegsleuten eine schöne Heldentat gelingt, dann werden sie unvorsichtig. Daher bin ich dafür, dass wir hierbleiben, wohlgeordnet und bereit zum Dienst an Unserem Herrn, für den wir unsere Heimat und unsere Ländereien verlassen haben und hier hergekommen sind. Setzen wir unsere ganze Hoffnung auf ihn, denn er belohnt seine Gefolgsleute reich. Wenn seine Feinde hier herkommen werden, werden wir sie beherzt empfangen! Jeder möge sich in seinem Herzen an das Unrecht und die Schmach erinnern, die sie Unserem Herrn und uns angetan haben." Diese Worte gefielen ihnen so sehr, dass sie begannen, sich gegenseitig aufzufordern und zu ermahnen, gut und tapfer zu sein, und sich in Erwartung ihrer Gegner bereithielten.

Doch kurz darauf traf Bohemund ein, dann der Graf von Toulouse, und Gott weiß, wie froh sie darüber waren! Sie machten trotzdem kaum Aufhebens davon, doch man berichtete ihnen vom Rat des Herzogs Gottfried, und Bohemund und der Graf hielten ihn für sehr gut. Sie schickten einige ihrer Leute an verschiedene Orte, um den Geleitzug der Türken auszuspähen. Indessen erkannte Yaghi-Siyan am Verhalten unserer Leute, dass diejenigen, die er in den Hinterhalt geschickt hatte, die Unseren überfallen hatten. Da er fürchtete, dass die aus dem großen Heer jene besiegen könnten, bevor sie sich in die Stadt zurückzogen, bot er alle Kräfte auf und ließ alle, die Waffen tragen konnten, hinaus und stellte sie in Schlachtordnung vor der Brücke auf, um den Ihren, falls nötig, zu Hilfe zu kommen. Das nützte ihnen allerdings wenig, denn unsere Leute vertrauten sich Unserem Herrn an, als ihre Späher erfuhren, dass sich die anderen Türken auf dem Rückweg mit ihrer Beute näherten, und sie kamen ihnen zuvor und überfielen sie. Sie griffen sie mit einer solchen Wucht und Kühnheit an und richteten in kurzer Zeit ein solches Blutbad an, dass die anderen, indem sie ihre Pferde antrieben, den Rückzug antreten und sich über die steinerne Brücke retten wollten. Es gelang ihnen jedoch nicht, weil Herzog Gottfried, der von Anfang an vermutet hatte, dass sie ihnen dadurch entkommen wollten, seine Leute auf einen kleinen Hügel vor der Brücke geführt hatte, von dem aus sie alle zurückdrängten oder töteten, die hier herüber wollten. Und wer kehrtmachte, wurde von den Kämpfern aus unserem großen Heer getötet. Als Yaghi-Siyan nun sah, wie seine Leute niedergemetzelt

BELAGERUNG ANTIOCHIAS

„Und gegen Abend vollbrachte Herzog Gottfried ein Heldenstück,
das die Türken in Erstaunen und Schrecken versetzte und seinen Ruhm,
seine Stärke und seine Tapferkeit erheblich mehrte, denn da war ein großer
türkischer Reiter, der so lange wie möglich vor der Brücke Widerstand leistete,
damit die anderen hinüberkommen konnten. Als er diesen sah, wandte sich
der Herzog ihm zu und hieb ihm sein Schwert mitten durch den Körper,
mit einem solchen Schlag, dass er ihn entzweischnitt, obwohl dieser mit
einem guten und starken Panzerhemd gerüstet war, und die Brust,
die Arme und das Haupt zu Boden fielen, während das Pferd die Beine
und den Rest des Körpers über die Brücke in die Stadt davontrug."

(FOL. 54B–54VA)

Trotz ihrer Entbehrungen und einer Hungersnot ließen die Kreuzfahrer nicht von der Belagerung Antiochias ab. Das Hauptbild zeigt ihr Lager und die Truppen in Schlachtordnung; weiter hinten sieht man das ebenfalls kampfbereite Heer der Sarazenen. Unterhalb der Stadtmauern hat Jean Colombe zahlreiche abgetrennte Köpfe der Feinde abgebildet, die zur Abschreckung von den Soldaten auf ihre Lanzen gespießt wurden. Die Darstellung spielt auf eine von Mamerot geschilderte Episode an: Als die Stadttore geöffnet wurden, stürzten die Türken in so großer Eile hinaus, dass viele von ihnen ins Wasser fielen und ertranken. Im unteren Register sind drei christliche Herren mitten auf dem mit den Leichen der Feinde übersäten Schlachtfeld dargestellt. Das Sarazenenheer flüchtet in die Berge.

momestans fur leur loy qui le
voufiffent fecourir et aydier aleuer
le fiege de fa Cite . en vne maniere
qui leur feroit trefleigiere . Dont il
les aduertiffoit leur mandant gõ
fe euffent vint toureu vne embuf
che fecrettement pres danthioche
le faifans fauoir en la Cite . Et
quilz enuoÿffent efcarmoucher
nos gens tant quilz les tiraffent
hors de leurtente vers le pont .
Car lors lui z fes gens fauldro

rent contre eulx lors Danthioche .
Et fes tenoient ententifs a leus
combatre tant que ceulx de leur
bufche auroient foÿfir de faillir
fur eulx z les enclore par derrier
Et par ainfi les defconfiroient et
tueroient tous trefleigierement dont
ilz feroient riches et honnores A
touſiours . Par celles prieres z
affeurances de bienfait et de franiſ
fe affemblerent innumerables
Turcqz des Cites de Halappe

wurden, befahl er, Antiochias Tore zu schließen, damit niemand von denen, die er hinaus-
gelassen hatte, wieder hinein könnte, wenn er nicht siegreich wäre. Er kam mit seinem Heer
über die Brücke, um die Verbindung zu unseren Leuten sicherzustellen, die die Ankom-
menden so ungestüm empfingen und angriffen, dass sie sogleich zurückwichen, um ihr
Leben zu retten. Sie ließen solche Berge von Getöteten zurück, dass es ein schrecklicher
Anblick war.

Da Yaghi-Siyan sah, dass er nicht mehr standhalten konnte, befahl er, die Tore zu
öffnen, um die wenigen, die von seinen Leuten übrig geblieben waren, in der Stadt aufzunehmen, denn er sah nach dieser Erfahrung ein, dass er durch das Schließen der Tore den
Tod sehr vieler seiner Leute verursacht hatte. Als jedoch die Tore geöffnet wurden, gab es
beim Hereinströmen wegen der Wucht, mit der unsere Leute die Türken zusammenpferch-
ten, ein derartiges Gedrängel, dass viele von ihnen ins Wasser fielen und ertranken. Und
gegen Abend vollbrachte Herzog Gottfried ein Heldenstück, das die Türken in Erstaunen
und Schrecken versetzte und seinen Ruhm, seine Stärke und seine Tapferkeit erheblich
mehrte, denn da war ein großer türkischer Reiter, der so lange wie möglich vor der Brücke
Widerstand leistete, damit die anderen hinüberkommen konnten. Als er diesen sah, wandte
sich der Herzog ihm zu und hieb ihm sein Schwert mitten durch den Körper, mit einem
solchen Schlag, dass er ihn entzweischnitt, obwohl dieser mit einem guten und starken
Panzerhemd gerüstet war, und die Brust, die Arme und das Haupt zu Boden fielen, während
das Pferd die Beine und den Rest des Körpers über die Brücke in die Stadt davontrug. Die
Türken waren darob fürchterlich entsetzt, und das aus gutem Grund. Mehr als zweitausend
Türken wurden bei diesem Überfall getötet. Und wenn die Nacht nicht so früh hereingebrochen wäre, hätten die Einwohner der Stadt so viele Leute verloren, dass sie diese kaum
noch hätten verteidigen können. Und es war offensichtlich, dass ein gewaltiges Gemetzel
stattgefunden hatte, denn der Fluss lief blutrot zum Meer hinab. Und bei dieser Niederlage
wurden, wie einige Christen berichteten, die aus der Stadt zu unseren Leuten kamen,
insbesondere sieben Großemire getötet.

Am nächsten Morgen versammelten sich die Pilger und sagten Unserem Herrn demütig Dank für seine Hilfe. Anschließend hielten sie Rat und beschlossen, vor dem Brückentor eine weitere Verschanzung zu bauen, in einer Moschee, wo die Stadtbewohner in
der Nacht zuvor die meisten derer, die an jenem Tag im Kampf gefallen waren, äußerst
prachtvoll bestattet hatten. Daher rannten einige Leute aus dem einfachen Volk, als sie von
der Absicht der Barone erfuhren, in die Moschee und gruben die Toten aus und zerrten
sie zum großen Leidwesen und Verdruss der Städter hervor, um an ihren kostbaren Schmuck
zu gelangen. Sie fanden heraus, dass die Antiochier viele der Ihren verloren hatten, denn
fünfzehnhundert von ihnen waren dort begraben worden, nicht mitgerechnet diejenigen,

die ertrunken oder in der Stadt beerdigt worden waren. Die Fürsten ließen die Köpfe von dreihundert Türken, die sie ausgegraben hatten, abtrennen und sie zu unseren anderen Leuten bringen, die sich im Seehafen aufhielten und bei denen noch die Boten des Kalifen von Ägypten waren. Sie waren über den Tod ihrer Feinde erfreut, fürchteten jedoch, unsere Leute könnten ihnen und den Ihren künftig dasselbe antun.

Als diese Neuigkeiten bekannt wurden, kamen mehrere der Unseren, die sich in den Wäldern und Bergen versteckt hatten, wieder zurück und schlossen sich den Belagerern an; diese bauten mutig eine Verschanzung aus Steinen, die sie zum Teil von den Gräbern, die sich früher dort befanden, geholt hatten. Und da alle Fürsten und Barone sich weigerten, sie auszustatten und ihre Bewachung zu gewährleisten, wegen des hohen Aufwandes, der dazu erforderlich war, bot sich der Graf von Toulouse an, und die Pilger waren ihm dankbar, dass er das tat. Er erwarb sich ein noch höheres Ansehen, denn er legte fünfhundert Silbermark in die Hand des Bischofs von Le Puy und anderer Edler, zum Ersatz für die Pferde, welche die armen Bewaffneten in der Schlacht verloren hatten. Sie gewannen dadurch an Kühnheit gegenüber ihren Feinden, und alle Pilger nannten den Grafen von Toulouse „den Vater und Erhalter des Heeres". Er legte auch fünfhundert Ritter und andere sehr gut bewaffnete Männer in seine neue Festung. Und weil dieser Durchgang gegen die Antiochier verteidigt wurde, konnten unsere Leute sicher in die umliegenden Gebiete gehen, denn die Türken konnten nur noch durch das Brückentor im Westen herauskommen, das sich zwischen dem Fuß des Berges und dem Fluss Fer befand. Und dieser Ausgang vermochte unseren Leuten kaum zu schaden, weil alle ihre Heerlager auf der anderen Seite des Flusses lagen.

Allerdings herrschte für die Belagerten keine echte Hungersnot, weil durch diesen Ausgang frische Lebensmittel zu ihnen gelangten. Die Fürsten und Barone versammelten sich und hielten Rat, wie sie ihnen die Nahrung entziehen könnten, und kamen schließlich überein, dass ein Turm gebaut werden solle. Doch niemand wollte das übernehmen, auch wenn mehrere sagten, Tankred könne das tun, was dieser ablehnte, indem er vorbrachte, seine Mittel reichten für solch eine große Ausgabe nicht aus. Der Graf von Toulouse nahm seine Erklärung hin, gab ihm hundert Silbermark und verfügte, dass er jeden Monat vierzig Mark aus dem öffentlichen Schatz bekommen solle. Tankred übernahm die Aufgabe also und ließ diesen Turm so gut erbauen, ausstatten und verteidigen, dass es nie einen Verlust gab und er ihn bis zum Schluss unversehrt erhielt.

Wenige Tage später erfuhren einige Pilger, dass die Antiochier einen Großteil ihrer Reiter an einen sehr schönen Ort voller Gras- und Weideland, drei oder vier Meilen von der Stadt entfernt, geschickt hatten, weil es innerhalb ihrer Stadt nicht mehr genug Futter gab. Deshalb sammelten sich zahlreiche unserer Ritter und Berittenen[85] und begaben sich dorthin, nicht auf geradem Weg, sondern durch Engpässe und in Deckung, so dass sie diejenigen, welche die Pferde hüteten, überraschten und töteten. Die Unseren gewannen auf diese Weise zweitausend zum Kampf geeignete Pferde sowie mehr als zweihundert Maulesel und Mauleselinnen. Sie brachten sie alle zum Lager, wo man sie aufs Beste und Freudigste empfing: Daran fehlte es im Heer am meisten, denn sie hatten in der Schlacht viele ihrer Pferde verloren, und mehrere starben täglich an Hunger und Krankheit.

XXI.

Wie ein Bürger aus Antiochia aus Liebe zu Bohemund die Stadt den Christen ausliefern wollte, unter der Bedingung, die Fürsten sollten zustimmen, dass sie nur für Bohemund sei, und wie der Graf von Toulouse damit nicht einverstanden war. Von dem großen Schrecken, den ihnen Kerboghas Ankunft versetzte. Vom Rat Bohemunds und wie Balduin von Edessa, der Bruder des Herzogs, es den Unseren ermöglichte, Antiochia einzunehmen, weil er Edessa vor der Belagerung Kerboghas rettete.

Balduin, der Bruder Herzog Gottfrieds, erwies allen im Heer, groß und klein, viel Gutes und schickte ihnen häufig große Geschenke, entsprechend der Stellung eines jeden. Und seine Unterstützung war vor allen Dingen für den Herzog von Nutzen, denn er gab ihm fünfzigtausend Besant Bargeld und alle Einkünfte aus den von Edessa abhängigen Gebieten, welche sich diesseits des großen Flusses Euphrat befanden und Nahrungsmittel in großem Überfluss lieferten. Und er war auch sehr beliebt bei den großen armenischen Herren, die um die Stadt Edessa herum wohnten. Aus Verehrung und Liebe zu ihm schickte einer von ihnen, der sehr mächtig war und Nikusos hieß, Herzog Gottfried ein Prunkzelt, das kostbarste, das man je gesehen hatte, von erstaunlichen Ausmaßen und kunstvoll verschiedenartig gestaltet. Doch es wurde ihm nicht gleich überreicht, denn als Pankraz, den ich bereits erwähnt habe und der Balduin in die Provinz Edessa geholt hatte, von diesem Geschenk erfuhr, legte er denen, die es brachten, einen Hinterhalt und nahm es ihnen ab. Und er ließ es in seinem Namen Bohemund überreichen. Doch wenig später erschienen die Boten des Nikusos und berichteten dem Herzog von der Beleidigung, die man ihm angetan hatte. Daher verlangte dieser, dass Bohemund es hergeben solle, was jener sehr widerwillig tat. Indessen war er so großzügig und höflich, es zurückzugeben, als er sah, dass der Herzog ein starkes Verlangen danach bekundete. Mehrere Leute waren darüber sehr erstaunt, denn es schien ihnen, dass eine derart geringfügige Sache es nicht verdiente, eine derartige Ereiferung gegenüber einem so edlen Fürsten zu zeigen. Aber manche entschuldigten ihn, indem sie zu bedenken gaben, er tue es aus Schmeichelei, während andere meinten, er werde zu sehr in seiner Ehre gekränkt und gedemütigt, wenn ihm diese und zahlreiche weitere Höflichkeiten nicht erweise.

Für seine große Umsicht und Beherztheit wurde Bohemund von nah und fern bewundert, von seinen Freunden wie von seinen Feinden. So nahm ein armenischer Christ durch einen Geheimboten Verbindung zu ihm auf und wurde sein Freund: Es handelte sich um einen reichen und mächtigen Bürger Antiochias namens Emir Firuz; er hieß so, weil seine Vorfahren ursprünglich Waffenschmiede waren. Denn Emir Firuz bedeutet in unserer Sprache „Waffenschmied".[86] Sie waren damals sehr zahlreich vertreten, und kein Geschlecht in Antiochia zählte so viele Menschen oder war so mächtig wie jenes, dessen Oberhäupter er und sein einziger Bruder waren.

Nachdem die Stadt sieben Monate lang belagert worden war, meinte dieser Emir Firuz Unserem Herrn einen großen Dienst zu erweisen, wenn er die Christen nach Antiochia einlassen konnte, bevor Kerbogha – der, wie es hieß, mit einem Heer von unzähligen Türken im Anzug war – ankam und sie belagerte mit dem Wagnis, ihr Verderben heraufzubeschwören. Und er zog gleichermaßen in Betracht, dass er sich mitsamt der ganzen Christenheit rächen würde für die großen Grausamkeiten und anderen Qualen, welche die Türken ihnen zugefügt hatten und noch immer zufügten, indem sie ihn und die Seinen in Antiochia wie Gefangene hielten. Außerdem würde man ihn auf immer und ewig dafür loben, dass er den Christen einen solchen Dienst erwiesen hatte, und – mehr noch – Bohemund (er sollte nach Emir Firuz' Willen ihr Herr bleiben) würde ihn, die Seinen und deren Nachkommen auf immer und ewig lieben.

Daher schickte er einen seiner Söhne, der ihm üblicherweise seine Botschaften übermittelte, zu Bohemund, um ihn über die bevorstehende Ankunft Kerboghas, der schon ziemlich nahe war, zu unterrichten und ihm die Gefahr zu erläutern, in der er sich mit den Belagerern befände, falls sie Antiochia nicht noch vor dessen Ankunft einnähmen. Er sagte ihm außerdem, er hoffe, ihnen die Stadt auszuliefern, bevor Kerbogha dorthin vordringen könne, mit der Hilfe Unseres Herrn und wenn er die Zusicherung aller Fürsten habe, dass die Christen in der Stadt keine Plünderungen ertragen müssten und die Stadt auf immer und ewig Bohemund und seinen Erben gehören werde. Glücklich über dieses Angebot, versuchte Bohemund unauffällig und aus der Ferne den Willen der Fürsten zu erforschen. Als er erfuhr, dass ein Teil von ihnen nicht leicht zustimmen würde, verschob er es auf einen günstigeren Zeitpunkt. Schließlich wandte er sich abseits von den anderen an Hugo den Nachgeborenen, Herzog Robert von der Normandie und den Grafen von Flandern und sagte ihnen, er vertraue auf Gott, und wenn sie ihm ihren Anteil Antiochias – wie alle

anderen Fürsten und Barone – geben wollten, würde er in wenigen Tagen die Stadt in ihre Gewalt übergeben.

Die drei waren darüber sehr erfreut, denn sie bewunderten und begrüßten seine Klugheit sehr, und beschlossen, mit dem Grafen von Toulouse darüber zu reden. Dieser weigerte sich jedoch, auf seinen Anteil zu verzichten, trotz aller Bitten und Zureden. Deshalb ließ man die Angelegenheit zunächst einmal auf sich beruhen, und Bohemund antwortete, er wisse, dass derjenige, der die Stadt ausliefern wolle, das nicht tun werde, wenn sie nicht ungeteilt bleibe. Es sah schlecht für unsere Leute aus, denn Kerbogha war mit seinem großen Heer schon nahe genug herangerückt, um eine Gegenbelagerung zu machen, Antiochia mit Verpflegung zu versorgen und zu unterstützen, während Bohemund seine Entscheidung aufschob wegen der Ablehnung des Grafen von Toulouse, die er seinem Freund Emir Firuz immer noch verschwieg. Doch mit der Hilfe Unseres Herrn erhielt Kerbogha von den Türken aus der Umgebung von Edessa den Rat, die Stadt zu belagern und einzunehmen, bevor er seinen Weg fortsetzte, denn die Christen, in deren Besitz sie sich von neuem befand, hätten ihnen unzählige Übel angetan, sie ausgeplündert und ihr Ackerland verbrannt. Kerbogha, der diese Angelegenheit leicht zu einem guten Ende zu bringen glaubte, nahm sie in Angriff, auch wenn dies zu seiner größten Schmach und Schande und seinem Verderben geschah. Denn Balduin, der Bruder des Herzogs, der wusste, dass er kommen würde, hatte die Stadt befestigt, um jeder Gefahr vorzubeugen, hatte sie mit tapferen Kämpfern, Lebensmitteln und Kriegsmaterial gut ausgestattet und verteidigte sie tapfer. Während der drei Wochen, die die Belagerung dauerte, tötete er so viele Türken, dass die Befehlshaber und anderen Weisen Kerboghas ihm rieten, die Belagerung aufzuheben und geradewegs zum Entsatz Antiochias weiterzuziehen, wie der Großsultan und Kalif von Persien ihm befohlen hatte; Edessa könne er dann auf dem Rückweg ziemlich schnell einnehmen. Deshalb brach er schändlich und zahlreiche Gefallene unter seinen Leuten zurücklassend auf, ohne dass er Edessa oder denen aus der Besatzung der Stadt Schaden zugefügt hatte, und er begab sich auf möglichst geradem Weg nach Antiochia.[87]

Als den Fürsten und Baronen bekannt wurde, dass er näherrückte, schickten sie ihm Graf Reinhold von Toul, Drogo von Nesle, Clarambald von Vendueil und Gerhard von Cherisi samt einigen erfahrenen und kampferprobten Rittern entgegen, um herauszufinden, wer ihn begleitete. Sie ritten in Deckung voran und beobachteten die Türken von weitem; sie hielten sie für außergewöhnlich viele, denn ständig strömten neue Leute herbei, wie die Flüsse und Quellen, die alle ins Meer fließen. Dies berichteten sie insgeheim den Fürsten und Baronen, die ihnen untersagten, irgendjemand von der großen Übermacht der Feinde in Kenntnis zu setzen, da sie vermeiden wollten, dass die Leute aus lauter Angst von der

Belagerung flohen. Und sie traten zum Rat zusammen, um zu erörtern, was zu tun sei. Als sie alle versammelt waren, rieten manche, die Belagerung zu verlassen und mit Fußvolk und Berittenen bis auf zwei oder drei Meilen gegen die Türken vorzurücken, die ungeordnet und leichtsinnig daherkämen. Sie würden also Unseren Herrn um Gnade bitten, damit er ihnen helfe, und dann gegen jene kämpfen. Andere meinten, es sei schlecht, wenn alle von der Belagerung weggingen, und schlugen vor, ein Teil solle bleiben, um die Antiochier daran zu hindern, sich mit den anderen zusammenzutun, und die besten Kämpfer und Reiter des Heeres, die einen Großteil des Fußvolks anführen würden, sollten Kerbogha entgegenziehen, um gegen ihn zu kämpfen.

Als Bohemund schließlich sah, dass viele Zweifel bestanden und man nicht wusste, welche Entscheidung man treffen sollte, rief er Hugo den Nachgeborenen, den Herzog von der Normandie und den Grafen von Flandern zu sich und sprach zu ihnen: „Ich sehe, dass ihr große Zweifel habt, und es ist nicht erstaunlich, dass ihr die Ankunft eines so bedeutenden Kriegsherrn fürchtet, der gegen uns zieht und eine so große Zahl unserer Feinde herbeiführt, und dass ihr euch noch nicht einig seid, auf welche Art und Weise ihr ihn erwarten sollt, noch dass ihr eurer Fassung sicher seid, wenn er ankommt. Und gewiss, dies alles wohl bedenkend, habe ich noch nicht gehört, dass ihr etwas geäußert habt, was uns nützen könnte, denn, wenn wir alle aus unseren Lagern aufbrechen und ihnen entgegengehen, wie einige empfohlen haben, oder wenn ein Teil im Lager bleibt und der andere Teil loszieht, wie die anderen vorschlagen, dann war unsere Mühe und alles, was wir während der Belagerung dieser Stadt bereits aufgewendet haben, vergebens. Denn es besteht kein Zweifel, sobald die Hälfte oder alle von uns von hier aufbrechen, werden die Ankömmlinge in großer Menge Leute, Rüstungen und frische Lebensmittel in die Stadt bringen: Wenn keiner von uns bei der Belagerung bleibt, wird ihnen das leichtfallen; wenn nur ein Teil von uns bleibt, wird es ebenfalls gehen, denn diejenigen, die bleiben, werden nicht ausreichen, um sie davon abzuhalten, in Anbetracht dessen, dass wir alle, die wir hier zusammen sind, die Antiochier nur mit großer Mühe innerhalb ihrer Mauern eingeschlossen halten können. Und denen von uns, die bleiben und der Zahl nach nur wenige sein werden, wäre es unmöglich, den Feinden von innen und außen gleichermaßen zu trotzen. Daher erscheint es mir vernünftiger, einen Weg zu finden, wie wir vor der Ankunft der Helfer in die Stadt gelangen können. Und wenn ihr mich fragt, wie das zu bewerkstelligen sein könnte, dann sage ich euch, das wird mit der Hilfe Unseres Herrn leicht und schnell gehen, denn ich habe einen zuverlässigen Freund in dieser Stadt, der meiner Meinung nach aufrichtig und klug ist und mir versprochen hat, im Austausch gegen bestimmte Vorrechte, die ich ihm und den Seinen gewährleisten muss, mir einen sehr festen Turm zu geben, der von ihm gut bestückt wird. Und wir werden die Stadt von dort aus betreten, denn dieser

Turm verfügt über innere und äußere Mauern. Mein Freund verlangt allerdings, dass die Stadt mir von euch und von jedem vollständig anvertraut und übergeben wird. Wenn ihr dem zustimmt, werden wir die Stadt bekommen. Andernfalls und falls einer von euch ihre Übergabe erlangen kann, bin ich einverstanden, ihm schon jetzt meinen Anteil zu geben, denn wir können sie nur durch die Vermittlung meines Freundes bekommen, wenn sie mir vollständig überlassen wird. Sagt also eure Meinung, und ich werde sie ihm zu wissen tun."

Als sie diese Worte (und Versprechungen) hörten, traten alle Fürsten Bohemund sehr gern den ganzen Anteil ab, den jeder von ihnen von der Stadt bekommen würde, dankten Unserem Herrn und pflichteten Bohemund lebhaft bei, mit Ausnahme des Grafen von Toulouse, der ihm niemals den Anteil, der ihm selbst zustand, überlassen wollte, trotz der Bitten der anderen Fürsten.[88] Diese versprachen Bohemund, ihm dabei zu helfen, die gesamte Stadt zu bekommen, unter der Voraussetzung, dass er das Vorhaben ganz geheim hielt, und baten ihn, das, was er bereits in Angriff genommen habe, auf kluge Weise zu Ende zu bringen. Nachdem die Versammlung sich aufgelöst hatte, teilte Bohemund seinem Freund Emir Firuz also mit, dass die Fürsten ihm die Herrschaft über Antiochia in ihrer Gesamtheit zugestanden hätten. Dieser zeigte sich darüber sehr erfreut.

So geschah es, um den Bericht abzukürzen, dass der Sohn von Emir Firuz, den dieser nach Hause geschickt hatte, weil er selbst nicht dorthin gehen und für Yaghi-Siyan, dessen Hausnotar er war, bestimmte Aufgaben erledigen konnte, dort einen türkischen Großemir antraf, der bei seiner Mutter lag. Es erstaunt nicht, dass der Sohn darob erzürnt war, er wagte ihn jedoch nicht anzurühren und ging zu seinem Vater zurück, dem er im Geheimen davon berichtete. Und der Vater verbarg klugerweise seinen Schmerz und seine Absicht und beschwichtigte seinen Sohn, indem er ihm die anderen Beleidigungen aufzählte, welche die Türken ihnen angetan hatten, und sagte, er wolle sich bemühen, ihre eigene Macht schon bald zu erhöhen, mit der Hilfe Unseres Herrn Jesus Christus. Er schickte ihn heimlich zu Bohemund zurück und bat diesen, in der Nähe seines Turms auf der Hut zu sein, denn er werde ihn in der darauffolgenden Nacht einlassen. Er dachte jedoch, dass er daran gehindert würde, denn diejenigen, welche Antiochia bewachten, begannen Verdacht zu schöpfen und zu argwöhnen, dass die Stadt verraten werden sollte, auch wenn sie weder wussten, bei welcher Gelegenheit, noch durch wen, noch wie das geschehen sollte, denn sie errieten es nicht. Gleichwohl, als die führenden Männer Antiochias darüber sprachen, waren sie der Meinung, dass es so kommen würde. Und sie sprachen so viel darüber, dass sie sich vor Yaghi-Siyan versammelten und ihm mitteilten, die Männer der Stadt, die seine Untertanen waren, hätten diese Befürchtung, und zwar aus gutem Grund, denn die Christen, die hier wohnten wie sie, hätten die von draußen lieber, weil sie dieselbe Religion hätten. Insbesondere dieser Emir Firuz, dem er so voll vertraue, sei so klug, könne sich so gut verstellen und sei in der Stadt so mächtig, dass man ihretwegen und vor allem seinetwegen großen Schaden für die ganze Stadt befürchten müsse.

Yaghi-Siyan, der ihre Vorhaltungen hörte und fürchtete, Emir Firuz könne dessen schuldig sein, wessen man ihn verdächtigte, ließ ihn also herkommen und erzählte ihm alles, was man ihm gesagt hatte, und weil er ihn für einen weisen Mann hielt, bat er ihn, ihm zu raten, was er tun solle. Emir Firuz, der klug und scharfsinnig war, begriff durchaus, dass Yaghi-Siyan seine Gedanken für sich behielt und ihn aushorchen wollte. Daher antwortete er dem Türken auf seine Bitte, um seinen Verdacht zu zerstreuen: „Herr, Ihr seid ein großer und weiser Herrscher, und alle Einwohner der Stadt sind Euch zu Dank verpflichtet, ganz besonders der Herr, von dem Ihr Verrat fürchtet, denn man muss wohl alles fürchten, was sich aus mangelnder Wachsamkeit in allem, worüber Ihr zu wachen habt, ereignen kann. Während wir Gefahr laufen, unser Leben, unsere Freiheit, unsere Frauen, unsere Kinder, unser Land, unsere Stadt, unser Erbe und unsere anderen Güter zu verlieren – alles Dinge, über die man zu wachen verstehen muss –, und obwohl die Gefahr groß ist, scheint mir, dass sich jeglicher Verrat leicht vermeiden lässt. Denn jemand, der habgierig und grausam genug wäre, um die Stadt verraten und uns zugleich mit seinem Land vernichten zu wollen, hätte weder die Kraft noch die Möglichkeit dazu. Der Grund dafür ist, dass eine solche Sache nur von jenen ausgeführt werden kann, denen man die Wache in den Türmen anvertraut hat; wenn Ihr sie verdächtigt, ist es daher besser, sie häufig auszutauschen. Denn diese Sache kann nur geplant und durchgeführt werden, wenn man es zulässt. Indem Ihr die Wachen so oft austauscht, dass diejenigen, die eine Nacht in einem Turm gewesen sind, am nächsten Tag in einem anderen sind, den sie nicht kennen, nehmt Ihr ihnen jede Gelegenheit und Muße, ihren Verrat erfolgreich durchzuführen." Als Yaghi-Siyan, die anderen türkischen Emire und angesehenen Bürger diese Worte und den Rat des Emir Firuz vernommen hatten, verloren sie all ihren Argwohn ihm gegenüber und hätten seinen Rat noch in derselben Nacht umgesetzt, doch es war bereits so spät, dass sie den erforderlichen Wechsel nicht mehr vornehmen konnten. Aus diesem Grund beschlossen sie, es zu tun, aber verschoben es auf den nächsten Tag. Yaghi-Siyan entließ sie und trug jedem auf, besonders aufmerksam zu sein für das, wofür er verantwortlich war.

Als Emir Firuz wieder zu Hause war, in dem Wissen, dass er niemals die Möglichkeit hätte, seinen Plan zu einem guten Ende zu bringen, wenn er es nicht in der folgenden Nacht täte, begann er mit seinem jüngeren Bruder darüber zu sprechen und unauffällig zu prüfen, ob er seiner Meinung wäre. Er bedauerte ihm gegenüber sehr die große Gefahr, in der sich die Pilger sich befanden, die aus fernen Ländern gekommen waren, um den heiligen Glauben Unseres Herrn Jesus Christus zu mehren. Dieser antwortete ihm jedoch unerbittlich: „Dein Mitleid ist ziemlich unvernünftig, und ich warne dich vor dieser großen Torheit. Sei

EROBERUNG ANTIOCHIAS (1098).
MASSAKER AN DEN TÜRKISCHEN BEWOHNERN

„Als die Syrer, Armenier und anderen Christen, die Einwohner und Bürger
von Antiochia waren, erkannten, dass unsere Leute die Oberhand gewonnen hatten,
griffen sie ebenfalls zu den Waffen, durchsuchten die Häuser und Straßen und töteten
alle Türken, auf die sie stießen. Sie taten dies mit großem Vergnügen, um sich für die
Grausamkeiten zu rächen, die man ihnen angetan hatte. Weder Jung noch Alt,
Frau oder Kind wurden bei diesem Gemetzel verschont. Der Anblick, der sich bot,
war entsetzlich, denn überall lagen Leute gleich welchen Alters und
welcher Herkunft tot auf dem Boden, und ihr Blut floss durch alle Gassen."

(FOL. 60VB)

Die Stadt Antiochia nimmt fast das gesamte Bildformat ein. Durch die Gestaltung der Türme und zinnenbewehrten Mauern wie auch der Häuser und Monumente erzeugt Jean Colombe den Eindruck einer starken, uneinnehmbaren Stadt. Die Kreuzfahrerheere stehen am Fuß der Mauern von Antiochia und warten darauf, dass ihre Kameraden ihnen die Tore öffnen. Bohemund ist der Erste, der, gefolgt von einigen Edelleuten, die Mauern mit Hilfe einer Leiter erklimmt und bis zum Turm klettert, wo Emir Firuz auf ihn wartet, entschlossen, ihm die Stadt auszuliefern. Die im Wind flatternden Banner und Standarten zeigen das Ende der Belagerung und den Sieg der Christen an. Die Szene im unteren Register vermittelt ein realistisches Bild von den Kriegsgräueln. Die Bewohner werden aus ihren Häusern gezerrt und brutal niedergemetzelt. Es gibt ein entsetzliches Massaker, und jeder Fluchtversuch wird erbarmungslos vereitelt.

son entreprise sil se resduoit auāt
quelle feust acomplie. Et sen te
tourna a bne des chans fenestres
et creneaulx des murs pres de
sa tour deuant la quelle estoient
sa boute iusques au piet Emui
mond et les aultres pamites
Suyns qui sauoient lentrepri
se dont chascun auoit pun de
ses gens auec soy pour la com

puignier. mais bone tuissants
et loyaulx. Emuferris mist
sa teste hue et les salua. Et les
aultres sut. Apres il auasic bne
corde et ils sin loyrent bne eschel
le aussi de corde dont ils auoient
attachie le piet a trauers eue de
fer par hie et Emuiferris lat
tache tresbien au dobre de la
fenestre. Et combien quelle

gewiss, es würde mir sehr gefallen, wenn die Türken alle, die du dort bei der Belagerung siehst, samt all den anderen aus ihrer Sekte schon abgestochen hätten. Denn seit sie dieses Land betreten haben, haben wir keinen einzigen guten Tag und keine einzige gute Nacht erlebt, sondern wir mussten ihretwegen zahlreiche Übel erdulden. Ich kann sie also nicht lieben, im Gegenteil, ich möchte, dass es mit ihnen ein schlimmes Ende nimmt, und zwar so schnell wie möglich!"

Aufgrund dieser Antwort wusste Emir Firuz, dass er sich vor seinem Bruder ebenso in Acht nehmen musste wie vor Yaghi-Siyan. Deshalb verheimlichte er ihm seine Absicht und sprach von etwas anderem, wobei er in seinem tiefsten Inneren daran dachte, wie er sich von ihm befreien könnte. Auch wenn der kluge Emir Firuz von einigen des Verrats beschuldigt werden könnte, weil er seine Stadt den Feinden Yaghi-Siyans, der ihn gernhatte und ihm vertraute, auslieferte, darf man ihn keineswegs anklagen, denn er gab sie den wahren Christen zurück, die sonst in großer Gefahr gewesen wären, allesamt von den Feinden Unseres Herrn Jesus Christus ermordet zu werden. Schlimmer noch, die Türken Antiochias hatten Emir Firuz und die anderen Christen, die dort lebten, acht Tage zuvor umbringen wollen, und tatsächlich hätten sie ihre Grausamkeit schon zu diesem Zeitpunkt verübt, wenn nicht ein türkischer Großemir, der ein enger Freund der Christen war, die Sache um acht Tage hinausgeschoben und ihnen in dem geheimen Rat, in dem sie davon sprachen, sie zu töten, gesagt hätte: „Ich würde euch raten, den Christen, die in dieser Stadt wohnen, noch nichts anzutun, denn es kann sein, dass die anderen, die uns belagern, aus Angst vor Kerboghas Ankunft noch vor Ablauf von acht Tagen abziehen und die Belagerung aufheben werden. Und wenn sie auf diese Weise abziehen, weshalb sollten wir unsere Christen töten, denn, wenn sie nicht abziehen, könnt ihr das, wovon ihr sprecht, immer noch rechtzeitig tun."

Das Mitleid und der Rat dieses Emirs verzögerte lediglich das Gemetzel an den Unseren: An jenem Tag, dem achten, war den damit Beauftragten befohlen worden, noch in der Nacht alle Christen in ihren Häusern zu töten. Dies ließ Unser Herr jedoch nicht zu, und er vergalt ihnen ihre verabscheuungswürdige Ungerechtigkeit mit Emir Firuz – und ich glaube auch, dass sie teilweise von ihrem Tun abgehalten wurden und nicht in jener Nacht damit anfingen, weil noch an jenem Tag die Fürsten im ganzen Pilgerheer verkündet hatten, dass alle, die Pferde hatten, zur neunten Stunde bewaffnet sein sollten und jeder sich in der Abteilung, zu der er gehörte, einfinden sollte, um die Befehle der Hauptleute auszuführen.

Bohemund riet, dass dies nur die allerhöchsten Barone erfahren sollten, welche so tun sollten, als ob sie abzögen und die Belagerung aufhöben. Und tatsächlich brachen sie zur neunten Stunde auf, gingen aber nur in ein nahe gelegenes Tal. Als die Antiochier sie jedoch bewaffnet sahen, dachten sie, sie wollten Kerbogha entgegenziehen, und hatten daher keine große Eile, die Christen zu töten, wie sie es sich vorgenommen hatten. Unsere Leute kehrten noch in derselben Nacht um und kamen bei Tagesanbruch heimlich in ihre Zelte zurück.

Kapitel XXII.
Wie Emir Firuz seinen eigenen Bruder tötete, um Antiochia leichter den Christen auszuliefern. Wie die Stadt erobert wurde, und wie Yaghi-Siyan und die anderen Türken getötet oder gefangen genommen wurden.

Als also Emir Firuz in seinem Turm[89] Wache hielt und auf Neuigkeiten von Bohemund wartete, kam dessen Bote gegen Mitternacht zu ihm. Emir Firuz ließ ihn kurz an einem geheimen Ort warten, bis die hintere Wache, die sich gerade seinem Turm näherte, wieder gegangen war, denn diese schritt jede Nacht drei- oder viermal die Festungsmauern der Stadt ab, um zu prüfen, ob es mit der Wache und den anderen Dingen seine gute Ordnung hatte. Als der Anführer der hinteren Wache mit einer großen Schar zum Turm kam und feststellte, dass Emir Firuz die Verteidigung, für die er verantwortlich war, gut geordnet hatte, grüßte er ihn und setzte seinen Gang fort.

Sobald er sich wieder entfernt hatte, schickte Emir Firuz den Boten zu Bohemund zurück und bat ihn, nicht zu säumen und rasch mit einer guten, verlässlichen Schar vor dem Turm zu erscheinen. Nachdem er ihm dies aufgetragen hatte, ließ er den Boten hinuntersteigen und betrat seinen Turm, wo sein Bruder in tiefem Schlaf lag. Er durchbohrte ihm die Brust mit seinem Schwert und tötete ihn, da er fürchtete, dieser könne sein Unternehmen vereiteln, wenn er erwachte, bevor es zum Abschluss gebracht war. Er kehrte zu einer der großen Öffnungen und Zinnen in der Nähe seines Turms zurück, zu dessen Füßen Bohemund und die anderen Fürsten und Barone, die von dem Unternehmen wussten, bereits angekommen waren. Jeder hatte als Begleitung eine kleine Schar seiner Leute dabei, wackere, beherzte und ergebene Männer. Emir Firuz streckte den Kopf heraus und begrüßte sie, und die anderen grüßten zurück. Dann ließ er ein Seil herab, und sie warfen ihm eine Strickleiter zu, deren unteres Ende sie mit großen Eisenhaken im Boden verankert hatten und die Emir Firuz auf der Innenseite der Öffnung befestigte. Obwohl dies sorgsam geschehen und die Leiter fest gespannt war, wagte niemand vorzutreten, um sie zu besteigen. So kletterte Bohemund als Erster hinauf und gelangte bis zu der Zinne und der Öffnung, wo ihn sein getreuer Freund Emir Firuz erwartete, der ihn, als er ihn erkannte, beim Arm nahm, ihm die Hand küsste und sagte: „Gott schütze diese Hand!" Bohemund stieg auf die Mauer, küsste seinen Freund und dankte ihm mit leisen Worten für den Dienst, den er ihm erwiesen hatte. Emir Firuz führte ihn in den Turm und zeigte ihm den Leichnam seines Bruders mit den Worten: „Seht, was ich für Gott und für euch getan habe! Dieser Mann, der hier tot vor euch liegt, war mein Bruder, und ich tötete ihn, weil er nicht einverstanden gewesen wäre mit dem guten Werk, das wir vollbringen."

Bohemund war hocherfreut, da er nun wusste, dass Emir Firuz es ehrlich meinte. In aller Eile kehrte er zur Zinne zurück, rief seine Leute und hieß sie, die Leiter hinaufzuklettern. Doch keiner wagte sie zu besteigen, da sie fürchteten, es könne sich um eine Falle handeln, bis Bohemund, der sehr behende, kräftig und mutig war, die Leiter unverzüglich wieder hinunterstieg und seinen Gefährten sagte: „Ihr zaudert allzu sehr! Es gibt keinen Zweifel, denn wisset, dass dieser tapfere Mann mir seinen eigenen Bruder zeigte, den er aus Liebe zu uns getötet hat." Als sie diese Neuigkeiten vernahmen, beeilten sie sich, da jeder als Erster und vor den anderen über die Leiter auf die Mauer gelangen wollte. Und so stiegen in kurzer Zeit genügend von ihnen nach oben, um dafür zu sorgen, dass man die anderen nicht am Hinaufklettern hinderte. Als der Graf von Flandern und Tankred oben angelangt waren, teilten sie den anderen mit, was diese zu tun hatten, und schickten sie auf die benachbarten Türme, nachdem sie den ersten Turm ausreichend besetzt hatten. Sie ließen sie anderen Türme besetzen und die Türken töten, die dort Wache hielten. Sobald die übrigen Fürsten und Barone, die unten geblieben waren, um das Heer zu führen, sahen, dass sich genügend Leute auf den Mauern befanden, um mehrere Türme zu besetzen, eilten sie ins Lager zurück, befahlen ihren Leuten, sich zu bewaffnen, und führten sie vor die Mauern, damit sie sofort in die Stadt eindringen könnten, wenn jene, die auf den Mauern waren, dazu das Zeichen gäben. Und so geschah es.

Unterdessen waren unsere Leute auf den Mauern nicht untätig, sondern sie waren so tapfer und kühn, dass sie in kurzer Zeit der Reihe nach zehn Türme besetzten und alle töteten, die sie in deren Inneren vorfanden. Und obwohl sie dabei viel Lärm machten, bewegte sich nichts in der Stadt, und niemand schöpfte Argwohn, da man dachte, es handle sich um sterbende Christen, die zu töten man befohlen hatte. So erhob sich niemand von seiner Bettstatt. Doch rasch musste man erkennen, dass das Gegenteil der Fall war, denn in dem Bereich, in dem unsere Leute die Mauern erklettert hatten, gab es einen Durchgang, durch den mehrere nach unten stiegen. Sie erbrachen die Schlösser und Verriegelungen und öffneten die Tore für unsere anderen Leute, die in großer Zahl in die Stadt eindrangen. Sie begaben sich zum Brückentor und eroberten es, indem sie alle Wächter töteten. In diesem Augenblick trug ein Schildknappe die Fahne Bohemunds, seines Herrn, auf den höchsten Turm, der auf einer kleinen Anhöhe unweit des Bergfrieds stand. Als unsere Leute in der Stadt sahen, dass es zu tagen begann und die Morgendämmerung sich zeigte, ließen sie ihre Trompeten und Hörner erschallen, um das übrige Heer zu rufen. Als die Fürsten und Barone der Belagerung das Zeichen hörten, gaben sie ihren Pferden die Sporen und drangen durch die offen stehenden Tore in die Stadt ein. Die Fußkämpfer, die bei der Belagerung geblieben waren und nichts von diesem Unternehmen wussten, waren sehr erstaunt, als sie am Morgen erwachten und sahen, dass viele Zelte leer waren. An den Trompetenstößen und dem Geschrei der Leute erkannten sie jedoch, dass Antiochia erobert worden war, und rannten eiligst in die Stadt, um Beute zu machen. Es kam zu einem schrecklichen Gemetzel, weil die Türken, die sich immer noch in ihren Häusern befanden, der Meinung waren, man töte die Christen. Als sie aber die Fahnen und das Kriegsvolk in ihren Straßen erblickten, wurden sie sich ihrer Lage bewusst. Sie nahmen Frauen und Kinder und begannen aus den Häusern zu flüchten. Doch sobald sie im Freien waren und glaubten, einer unserer Scharen entkommen zu sein, fiel eine noch größere über sie her und metzelte sie alle nieder. Als die Syrer, Armenier und anderen Christen, die Einwohner und Bürger von Antiochia waren, erkannten, dass unsere Leute die Oberhand gewonnen hatten, griffen sie ebenfalls zu den Waffen, durchsuchten die Häuser und Straßen und töteten alle Türken, auf die sie stießen. Sie taten dies mit großem Vergnügen, um sich für die Grausamkeiten zu rächen, die man ihnen angetan hatte. Weder Jung noch Alt, Frau oder Kind wurden bei diesem Gemetzel verschont. Der Anblick, der sich bot, war entsetzlich, denn überall lagen Leute gleich welchen Alters und welcher Herkunft tot auf dem Boden, und ihr Blut floss durch alle Gassen.

Als der Statthalter Yaghi-Siyan von seinem Bergfried aus sah, dass seine Leute umgebracht wurden und seine Stadt erobert war, begriff er, dass er hier seines Lebens nicht mehr sicher war. So stahl er sich durch eine Geheimpforte davon und floh, außer sich vor Wut, aufs Land. Er war aber noch nicht sehr weit gekommen, da begegneten ihm christliche Armenier, die dort ansässig waren. Sie erkannten, dass er auf der Flucht war, und näherten sich ihm, als wollten sie ihm Ehre erweisen, wie sie dies zuvor stets getan hatten. Doch sie ergriffen ihn und warfen ihn zu Boden, schlugen ihm dann das Haupt ab und brachten es in die Stadt, um es den Fürsten und Baronen vor allem Volk zu überreichen.

Nicht alle Türken, die damals in Antiochia lebten, waren von dort gebürtig, sondern sie gehörten mehreren Nationen und Ländern an. Die einen waren auf Geheiß Yaghi-Siyans gekommen, teils als seine Gefolgsleute, teils als Söldner, und die anderen, um zu kämpfen und Waffenruhm zu erlangen. Einige, die gute Pferde besaßen, die Umgebung der Stadt aber nicht gut kannten, bestiegen ihre Rosse, als sie den Lärm vernahmen, um eiligst zum Bergfried zu reiten. Es traf sich, dass eine große Schar unserer Leute, die die Stadt durchsuchten, ihren Weg kreuzte und sie mit viel Ungestüm verfolgte. Daher flohen die Türken, die ihnen zu entkommen gedachten, auf den Berg und schlugen dabei so heftig auf ihre Pferde ein, dass sich diese mit ihnen in die Tiefe stürzten. Der Berg war so hoch und so zerklüftet, dass sie alle, Pferde und Reiter, zerfetzt wurden, bevor sie den Grund erreichten. Mehr als dreihundert von ihnen kamen so ums Leben.

Andere Türken, die aus der Stadt stammten, bestiegen, als sie am Morgen feststellten, dass sie überrascht worden waren, ihre Pferde, verließen die Stadt durch die Tore, die unsere Leute geöffnet hatten, und flohen in die Berge. Ein Teil von ihnen entkam auf diese Weise, doch die übrigen wurde von den Unseren gestellt und als Gefangene in die Stadt zurückgebracht. Nachdem die Fürsten und Barone ihre Banner und Fahnen auf den Türmen und Toren hatten aufpflanzen lassen und das Gemetzel ein Ende gefunden hatte, begann ein jeder, von den großen Reichtümern, die es im Überfluss gab, nach seinen Möglichkeiten etwas zu erbeuten. Auch wenn es alles in Hülle und Fülle gab, fanden sie doch kaum Lebensmittel. Sie gewannen fünfhundert schöne Streitrosse, die allerdings so abgemagert waren, dass sie sich kaum auf den Beinen halten konnten. Auf diese Weise eroberten die ersten Kreuzfahrer die befestigte Stadt Antiochia am dritten Tag des Monats Juni im Jahr 1097.

Kapitel XXIII.
Wie die Pilger den Bergfried von Antiochia nicht einnehmen konnten, als sie die Stadt eroberten. Von der Vorhut Kerboghas, die Roger von Barneville in einen Hinterhalt lockte und tötete. Von Kerboghas Ankunft vor Antiochia und den Verlusten, die er den Unseren wegen des Bergfrieds zufügte. Und wie einige Pilger insgeheim über die Mauern von Antiochia flohen.

Als die Fürsten und Barone erfuhren, dass Kerbogha mit einem riesigen Heer nahte, berieten sie noch an demselben Tag, an dem sie in Antiochia eingedrungen waren, wie sie es einrichten könnten, den Bergfried, der die Stadt innerhalb der Mauern beherrschte, vor seiner Ankunft einzunehmen. Sie beschlossen, dass sie, nachdem sie die Tore, Türme und Mauern mit Wachen besetzt hatten, mit dem Rest des Heers den Bergfried erstürmen wollten. Als sie sich diesem genügend genähert hatten, um ihn eingehend in Augenschein zu nehmen, stellten sie fest, dass er uneinnehmbar sei, außer durch Aushungern, und dass er sich nicht im Sturmangriff erobern lasse. So errichteten sie eine Schanze und eine starke Mauer aus Kalk und Sand vor dem Eingangstor und dem öffentlichen Weg, der von dem Bergfried zur Burg hinunterführte, und besetzten sie mit tapferen Leuten und mehreren Steinschleudern, um zu verhindern, dass die Besatzung des Bergfrieds einen plötzlichen

Ausfall auf die Unseren in der Stadt unternahm. Noch am selben Tag erfuhren sie, dass Kerbogha das Gebiet von Antiochia betreten habe. So sandten sie einen der Barone ans Meer, um ihren Waffenbrüdern, die dort ihren Geschäften nachgingen, mitzuteilen, sie sollten unverzüglich zurückkommen und sich beeilen, alle Lebensmittel, die sie finden könnten, in die Stadt zu bringen. Da jedoch die große Belagerung Stadt und Land von Nahrung entblößt hatte, fanden sie nur wenig, obwohl die Landleute unseres Glaubens, die in der Umgebung von Antiochia lebten, voller Freude alle von ihnen versteckten Lebensmittel herbeibrachten, als sie vernahmen, die Stadt sei von den Unseren erobert worden.

Damit beschäftigt, die neue Schanze zu befestigen und die Stadt zu bewachen, hatten unsere Leute kaum Zeit, Lebensmittel zu suchen. Schon am zweiten Tag nach der Einnahme von Antiochia geschah es, dass dreihundert Türken des großen Heeres von Kerbogha in das nähere Umland von Antiochia vordrangen, um einen Angriff zu wagen. Sie legten einen Hinterhalt und schickten dann dreißig ihrer besten Reiter vor die Tore. Als Roger von Barneville, ein normannischer Ritter, der sehr tapfer war und sich im Heer hervorgetan hatte, die Türken sah, die sich ohne Schutz so nahe vor den Toren aufhielten, nahm er fünfzehn Ritter seiner Schar und trat ihnen entgegen. Die Türken taten so, als ob sie es mit der Angst bekommen hätten, und zogen sich langsam zurück, um die Unseren in ihren Hinterhalt zu locken. Und so geschah es. Als Roger erkannte, dass sie in der Überzahl und alle besser beritten waren, sammelte er seine fünfzehn Ritter in der Absicht, sich unter Verteidigung in die Stadt zurückzuziehen. Doch dies misslang, denn die Türken umzingelten ihn und schlugen ihm das Haupt ab, zum großen Schmerz aller Pilger und ganz besonders der Fürsten, die seinen Leichnam in die Stadt bringen und in der Vorhalle der Peterskirche beisetzen ließen.

Am nächsten Tag, dem dritten nach der Einnahme der Stadt[90], näherte sich der große Fürst Kerbogha von der Seite der aufgehenden Sonne her, um sie zu belagern. Sein Heer umfasste so viele Männer und Tiere, dass niemand sie aufgrund der Vielfalt der Leute und des Gepäcks zu zählen vermochte. Zunächst machte er zwischen dem See und dem Fluss Fer Halt, die gut eine Meile voneinander entfernt sind. Auf Rat seiner Leute kam er dann etwas näher und schlug sein Lager neben dem Bergfried auf, damit seine Leute das Tor, das von diesem in die Stadt führte, erstürmen und zu den Unseren eindringen könnten, wann immer es ihm beliebte. Nachdem alle seine Leute Position bezogen hatten, schlossen sie den ganzen südlichen Teil der Stadt vom Ost- bis zum Westtor ein.

Da es unweit des Osttors eine von den Unseren vor der Belagerung gebaute und befestigte Schanze gab, die zunächst Bohemund und nach der Einnahme der Stadt Herzog Gottfried zu bewachen hatten, begannen die Türken, die sich in der Nähe befanden, dieses Außenwerk mit allen Kräften anzugreifen. Als Gottfried, der sich beim Stadttor aufhielt,

sah, dass seine Leute stark zu leiden hatten, obwohl sie sich tapfer schlugen, machte er mit einer großen Schar gut berittener Leute einen Ausfall und stürzte sich auf die türkischen Angreifer. Allerdings musste er sich wieder in die Stadt zurückziehen, wegen der Ankunft einer großen Menge von Türken, die seine Leute so sehr bedrängten, dass mehr als zweihundert von ihnen getötet oder gefangen genommen wurden. Dazu ist anzumerken, dass die Türken im Verhältnis zehn zu eins gegen die Christen kämpften.

Als die Türken unseren Leuten solche Verluste zugefügt hatten, und da sie wussten, dass Gottfried von Bouillon deren Führer war, ergriff sie ein solcher Übermut, dass sie den Berg bestiegen, durch das Burgtor in die Stadt eindrangen und einige der Unseren, die sich vor ihnen nicht in Acht genommen hatten, überraschten und töteten. Doch die Pilger strömten zusammen und drängten die Türken unverzüglich in den Bergfried zurück. Diese machten mehrere ähnliche Ausfälle, mit denen sie den Unseren viel Schaden zufügten, da sie einen anderen Weg als den über die Anhöhe kannten, auf der unsere Leute die Mauer und die Schanze errichtet hatten. Deshalb beschlossen die Fürsten und Barone, die sich versammelt hatten, um über die Abwehr dieser Gefahr zu beraten, dass Bohemund und der Graf von Toulouse einen breiten, tiefen Graben zwischen der Stadt und dem Berghang sowie eine Schanze errichten sollten. Dies taten sie, und sie besetzten sie mit zahlreichen tapferen Leuten, die von den Türken heftig und unaufhörlich angegriffen wurden, zumal diese von außen in den Bergfried gelangen konnten und häufig auf geheimen Wegen hinauf- und hinunterzogen. Ganz besonders an einem Tag zog eine große Menge von dort herab. Hätte der Warnruf, der durch Antiochia erschallte, die anderen in der Stadt befindlichen Ritter nicht aufgeschreckt, wären Bohemund, Eberhard von Le Puiset, Radulph von Fontenay, Rambald Creton sowie viele weitere Ritter und hohe Herren, die sich zur Verteidigung in diesem neuen Befestigungswerk befanden, gefangen genommen oder getötet worden. Doch Hugo der Nachgeborene und der Graf von Flandern eilten mit genügend Leuten herbei, um die Türken zu verjagen, einige von ihnen zu töten und andere gefangen zu nehmen, bevor die Angreifer in den Bergfried zurückgedrängt wurden.

Jene, die sich retten konnten, traten vor Kerbogha und sagten ihm, die Leute, die sich in Antiochia aufhielten, seien über die Maßen tapfer, kühn und mutig und schienen im Kampf den Tod nicht zu fürchten. Da Kerbogha einsah, dass er seine Zeit auf dem Berg verlöre, ließ er sein Heer ins Tal hinunterziehen, die Furt des Flusses Fer durchqueren und in der Ebene lagern.[91] Einige, die in der Nähe der Mauern von den Pferden stiegen, schossen bei der ersten Gelegenheit auf die Unseren. Als Tankred dies sah, unternahm er einen Ausfall durch das Osttor, umzingelte sie und tötete sechs von ihnen, bevor die anderen ihre Pferde wieder besteigen konnten. Die Köpfe der Getöteten ließ er in die Stadt bringen, um den Pilgern nach dem Tod Rogers von Barneville neuen Mut zu geben.

Während dieser Geschehnisse, als unsere Leute also derart in der Stadt Antiochia belagert wurden, wo sie, insbesondere aufgrund der häufigen Ausfälle, die von dem Bergfried aus in die Stadt unternommen wurden, schweres Leid zu erdulden hatten und in großer Gefahr schwebten, gab es viele, die so sehr um ihr Leben fürchteten, dass sie des Nachts mit Körben, Stricken und anderen Mitteln die hohen Mauern überwanden und zum Meer flüchteten, in der Absicht, so zu entkommen. Doch mehrere wurden von den Türken in den Feldern aufgegriffen, getötet oder gefangen genommen. Jene, die sich retten konnten und bis zum Hafen gelangten, erzählten den Händlern und den anderen Pilgern, die sich dort befanden, man müsse die Anker lichten und sich zur Flucht bereithalten, denn der Großfürst Kerbogha, der ein riesiges Heer befehlige, habe Antiochia von den Unseren zurückerobert, und diese hätten alle über die Klinge springen müssen; sie selbst hätten große Gefahren und fürchterliche Angriffe überstanden. Sie erzählten den Seeleuten und Händlern diese Lügen, um deren Schiffe besteigen und davonsegeln zu können, da sie fürchteten, von den Türken, falls diese kämen, getötet zu werden.

Mehrere Leute verschiedenen Standes flohen auf diese Weise, darunter Wilhelm von Grant-Mesnil, ein reicher normannischer Herr, der große Ländereien in Apulien besaß und Bohemunds Schwester zur Frau genommen hatte, Wilhelms Bruder Alberich, Wilhelm der Zimmermann, Guido von Trussel und Lambert der Arme[92], die alle reiche und mächtige Herren waren. Manche handelten noch verwerflicher, denn die Angst vor Hunger und Tod brachte sie dazu, sich den Türken zu ergeben und dem Glauben an Unseren Herrn Jesus Christus abzuschwören. Solche Menschen brachten den Unseren, die in Antiochia blieben, großes Unheil, weil sie den Türken Auskunft gaben über das Missgeschick und die Gefahren, in der sie sich in der Stadt tatsächlich befanden.

Viele, die in der Stadt blieben, wären gerne gegangen, hätten nicht Gottfried, der Graf von Toulouse, der Graf von Flandern, Tankred und Bohemund trotz allem an ihrem Entschluss festgehalten. Auf Rat des Bischofs von Le Puy stellte Letzterer an allen Toren und auf den Mauern Wachen auf, die Tag und Nacht Ausschau zu halten hatten. Sie schworen, bis zum Ende ohne Bohemunds Befehl die Stadt nicht zu verlassen. Dieser streifte jede Nacht mit vielen Leuten und großen Fackeln durch die Stadt, um aufzuspüren, ob es nicht irgendwelchen Verrat gebe. Überdies gab es vier Schanzen zu bewachen: Die erste lag auf der kleinen Anhöhe unweit des Bergfrieds, die zweite wurde etwas tiefer am Graben errichtet, um die Ausfälle aus dem Bergfried abzuwehren, die dritte befand sich außerhalb des Osttors (sie war errichtet worden, um das Heer zu schützen, bevor es die Stadt eingenommen hatte), und die vierte lag am Ende der Brücke. Durch das Brückentor war die Stadt schließlich belagert und eingeschlossen worden, und der Graf von Toulouse hatte als Erster seine Bewachung übernommen. Doch als Antiochia nun eingenommen war, verließ er sie, um sich ebenfalls in die Stadt zu begeben. Später wurde sie vom Grafen von Flandern übernommen, der sie mit fünfhundert Rittern und weiteren gut bewaffneten Leuten besetzen ließ, weil er meinte, wenn die Schanze in türkischen Händen wäre, könnten unsere Leute die Stadt nicht mehr über die Brücke verlassen, was ihre Lage verschlechtern würde. Dennoch gab er dieses Außenwerk ein paar Tage später auf und steckte es in Brand. Kerbogha hatte nämlich bemerkt, dass die Unseren die Möglichkeit hatten, auf dieser Seite einen Ausfall entlang der Brücke zu machen. So schickte er tausend geharnischte Türken aus, die es mit aller Macht angriffen. Doch an diesem Tag konnten sie sich seiner nicht bemächtigen. An dem Abend, als der Graf Feuer an die Schanze legte, hatte Kerbogha beschlossen, am nächsten Morgen mindestens zweitausend Leute zu entsenden, so viele, dass die Erstürmung nicht mehr hätte verhindert werden können.

Kapitel XXIV.

Von den armen Pilgern, welche Kerbogha aus Spott und Verachtung zum Sultan von Persien sandte. Von der großen Hungersnot, unter der man in der Stadt litt, die beinahe durch einen Überraschungsangriff zurückerobert worden wäre. Von den Seeleuten und anderen Christen, die von den Türken überrascht und getötet wurden. Und von mehreren hohen Herren, die unter dem Vorwand, Hilfe zu holen, flohen und Kaiser Alexios, der mit einem großen Heer nahte, um den Leuten in Antiochia beizustehen, zur Umkehr bewogen.

Ein paar Tage nach der Zerstörung dieser Schanze geschah es, dass mehrere Türken, die durch das Umland von Antiochia streiften, dort auf arme Pilger stießen, die nach Nahrung suchten. Sie nahmen sie gefangen und brachten sie ins Lager zu Kerbogha. Als dieser sah, dass sie außer ein paar schwachen Holzbögen und rostigen Schwertern keine Waffen hatten und zudem völlig zerlumpte Kleider trugen, behandelte er sie abschätzig und erklärte voller Verachtung: „Die Vertreter dieses Volkes haben große Ähnlichkeit mit Leuten, die den Sultan von Persien um sein Reich bringen und den Orient erobern sollen! Wie man sieht, wären sie glücklich, etwas Brot in einem Schweinestall essen zu können. Ihre Bögen sind zu schwach, um einen Spatzen zu töten! Ich sage euch, was ihr tun werdet: Ihr werdet sie alle in ihrem augenblicklichen Zustand zu seiner Hoheit dem Sultan, der mich hierher entsandte, bringen und ihm mitteilen, er müsse sich nicht allzu sehr sorgen wegen der Leute, die hierher gekommen seien, da jene, die er vor sich sehe, den Leuten glichen, gegen die wir Krieg führten. Er möge mir also dieses Geschäft überlassen, und es werde nicht lange dauern, bis ich alle ausgelöscht hätte, so dass man nie mehr von ihnen sprechen werde, als ob es sie nie gegeben hätte." So überließ er sie seinen Leuten, die sie von dannen führten.

Kerbogha glaubte, man erweise ihm aufgrund seiner großspurigen Worte und seiner Prahlerei viel Ehre, doch brachten ihm diese in der Folge nur Schande ein, da er meinte, die Christen leicht besiegen zu können, obwohl er noch gar nicht gegen sie gekämpft hatte.

Allerdings säumte er nicht, die Stadt von allen Seiten zu belagern, und ließ die Ein- und Ausgänge so gut bewachen, dass keine Lebensmittel mehr hineingelangten. Die Hungersnot, die nun ausbrach, war so groß, dass die belagerten guten Christen Kamele, Esel, Pferde und noch minderwertigere Nahrung essen mussten. Fand man einen toten Hund oder eine tote Katze, so galten sie als Leckerbissen, weil man sagt, und dies ist tatsächlich wahr, dass ein hungriger Bauch nicht darauf achtet, womit er gefüllt wird. Angesehene Edelleute, die gewohnt waren, dass man ihnen große Ehre erwies, scheuten sich nicht, uneingeladen dort zu erscheinen, wo es etwas zu essen gab, sich bei anderen niederzulassen und mit ihnen zu speisen. Doch man wies sie häufig ab und schickte sie wieder fort. Die Edelfrauen und jungen Mädchen litten solchen Hunger, dass sie bleich, mager und ohne jede Farbe waren, und zu ihrer großen Scham waren sie häufig gezwungen, um etwas Nahrung zu bitten. Niemand hätte so hartherzig sein können, sich ihrer nicht zu erbarmen. Männer und Frauen von großem Mut zogen es in Anbetracht ihrer Geburt vor, sich in ihren Häusern zu verbergen und den Tod zu erwarten, anstatt an den Toren betteln zu gehen. Einige von jenen, die noch zu essen hatten und wussten, dass sich andere verborgen hielten, waren barmherzig zu diesen, und dennoch starben viele. Man konnte beobachten, wie Ritter und andere Leute, die in ihren früheren Unternehmungen Stärke und Tapferkeit bewiesen hatten, aufgrund des Hungers so abgezehrt waren, dass sie, auf einen Stock gestützt, durch die Straßen wankten und gesenkten Hauptes im Namen Gottes um ein Stück Brot baten. Man sah auch, wie Mütter, die nichts mehr zu essen hatten, Kleinkinder, die sie stillten, auf die Straße setzten, damit andere sich ihrer annahmen.

Die ganze Bevölkerung litt, kurz gesagt, so sehr, dass es kaum einen Menschen gab, der in ausreichender Menge gehabt hätte, was er zum Überleben brauchte. Denn selbst wenn jemand Gold oder Silber besessen hätte, wäre ihm dies von keinem Nutzen gewesen, weil er nichts fand, was er hätte kaufen können, um sich zu ernähren. Die Barone und hohen Herren, die gewöhnlich einen schönen Hof hielten und zahlreiche Personen großzügig bewirteten, versteckten sich, damit man sie nicht beim Mahl entdeckte. In ihren Herzen spürten sie also angesichts dieser Hungersnot eine größere Beklemmung als die armen Leute, denn während des ganzen Tags sahen sie ihre Ritter und die Leute aus ihrer Gegend an Hunger sterben, ohne dass sie ihnen helfen konnten.[93]

Es würde zu weit führen, von all dem Elend zu berichten, das Antiochia während dieser Prüfung zu erdulden hatte. Man kann sich mit der Feststellung begnügen, dass in einer unverfälschten Beschreibung wie der vorliegenden selten berichtet wird, dass so hohe Fürsten und ein so großes Heer solche Qual und solchen Hunger litten. Schlimmer noch, die Türken, denen die Lage der Unseren wohlbekannt war und die wussten, dass diese wegen des Mangels an Nahrungsmitteln entkräftet waren und in der Mehrheit keinen Mut mehr zur Verteidigung hatten, ließen nicht davon ab, den ganzen Tag lang Angriffe bis unter die Mauern zu unternehmen. Vor allem diejenigen im Bergfried und die Leute, die durch das Tor hinunterzogen, machten Ausfälle gegen die Schanzen innerhalb von Antiochia. Sie hatten unsere Leute schon abgekämpft, indem sie täglich lange Angriffe gegen sie unternahmen, und waren sich im Klaren, dass die Unseren immer mehr verzagten und aufhörten, sich zu verteidigen und die Stadt zu schützen. Leider hatten die Unseren dazu allen Grund, denn wenn sie des Abends nach der dauernden Abwehr heftiger Angriffe erschöpft waren, gab es in der Nacht nichts zu essen.

Die Türken wussten dies und kamen also eines Nachts und stellten insgeheim ihre Leitern gegen einen Turm, auf dem es, wie sie wohl bemerkt hatten, weder Ausguck noch Wache gab und der sich in der Nähe jenes Turms befand, über den die Unseren in die Stadt eingedrungen waren. Sobald es dunkel war, stiegen dort dreißig Türken auf die Mauer und waren bereits dabei, in den Turm einzudringen, als sie der Anführer der hinteren Wache, der in der Nähe seine Runde machte, auf der Mauer erblickte. Mit lauter Stimme schrie er „Verrat! Verrat!", um die Leute der anderen Türme und jene, die unweit von dort Wache hielten, zu warnen. Diese erwachten und eilten herbei, als sie den Lärm hörten. Unter den ersten, die auf dem Turm eintrafen, waren Heinrich von Esch und zwei seiner Vettern namens Franko und Siegmar, die beide aus der Stadt Mézières an der Maas stammten. Alle drei warfen sich auf die dreißig Türken und töteten vier von ihnen beim ersten Zusammenstoß. Die Leute der Türme folgten ihnen, allerdings mit einigem Abstand. Die sechsundzwanzig verbliebenen Türken verteidigten sich, so gut sie konnten, doch stieß man sie mit solcher Wucht von der Mauer, dass sie sämtliche Gliedmaßen brachen. Während diese Türken so getötet oder verletzt wurden, starb auch der tapfere Siegmar an einem Schwertstreich, und Franko musste schwer verwundet davongetragen werden. Obwohl Antiochia völlig umzingelt war, bewog der Hunger einige Pilger, die sich in der Stadt befanden, dazu, das Wagnis auf sich zu nehmen und sich des Nachts zum Hafen zu begeben, wo Handelsschiffe lagen. Ein Teil von ihnen kaufte Lebensmittel und brachte sie nach Antiochia, um daraus Gewinn zu schlagen, und nahm viel Geld ein, wenn ihr Vorhaben erfolgreich verlief. Die andere kehrten dagegen nicht zurück, denn sie fürchteten, inmitten der an Hunger leidenden Bevölkerung eingeschlossen zu werden. Viele wurden, ob sie nun zu den einen oder den anderen gehörten, von den Türken, denen sie zufällig begegneten, getötet. Als Kerbogha erfuhr, dass die Einwohner von Antiochia von Zeit zu Zeit Lebensmittel vom Meer erhielten, entsandte er eine große Zahl seiner Türken, die alle Christen – Händler und andere – töteten, die sie im Hafen fanden, und die Schiffe in Brand steckten, die nicht auf offener See ankerten und deshalb fliehen konnten. So verloren die Antiochier jede Hoffnung, Lebensmittel zu erhalten, denn Inseln wie Zypern, Rhodos oder andere, die vor den Küsten Kilikiens, Isauriens, Pamphiliens und benachbarter Gegenden lagen, wagten nicht mehr, ihre Schiffe in diesen Hafen zu senden. Dies verschlimmerte die Lage der belagerten Pilger weiter, denn zuvor hatten ihnen die Händler immer wieder geholfen.

Als die Türken von der Küste zurückkehrten, wo sie dieses große Gemetzel angerichtet hatten, stießen sie auf Pilger, die sich dorthin begaben, und töteten sie alle, ausgenommen ein paar, die sich retten konnten, indem sie sich in Hecken und Büschen verbargen. Durch diese Neuigkeiten wurden diejenigen in der Stadt in gewaltige Unruhe versetzt. Ihre Bestürzung war so groß, dass sie ihre Verteidigung vernachlässigten und, schlimmer noch, den Baronen, die nicht imstande waren, für ihr Wohl zu sorgen, nicht mehr gehorchen wollten. Andererseits gerieten sie in eine weitere sehr große Schwierigkeit, die sie in Verzweiflung stürzte, denn Wilhelm von Grant-Mesnil und jene, die mit ihm geflohen waren, hatten sich nach Alexandria[94] begeben, wo sie Graf Stephan von Chartres und Blois antrafen. Dessen Ankunft wurde in Antiochia jeden Tag erwartet, weil die dortigen Fürsten, Barone und anderen Pilger hofften, er halte das Versprechen, das er ihnen zum Abschied gegeben hatte, und komme zurück, sobald er sich von der Krankheit, die er angeblich hatte, etwas erholt habe. Als aber Wilhelm und seine Gefolgsleute Graf Stephan von der großen Hungersnot und der erdrückenden Belagerung Antiochias berichteten, und als sie ihm (obwohl die Sache einen schlechten Anfang genommen hatte) die Lage schlimmer schilderten, als sie tatsächlich war, um ihre schmähliche Flucht und ihre erbärmliche Feigheit zu rechtfertigen, war es leicht, ihn zurückzuhalten, da er keinen sonderlichen Drang zur Rückkehr verspürte. So kamen sie überein, die Flucht fortzusetzen, und stachen in See, um auf geradestem Weg nach Konstantinopel zurückzukehren.

Einige Tage später, als sie eine Küstenstadt angelaufen hatten, bekamen sie zu Gehör, Kaiser Alexios habe Konstantinopel mit einem großen Heer verlassen und sei auf dem Weg nach Antiochia, um den Pilgern, wie er versprochen hatte, zu Hilfe zu eilen. Und dies entsprach der Wahrheit, denn er befand sich bereits in der Stadt Finemine[95] mit einem riesigen Heer aus Griechen und mehr als vierzigtausend Pilgern – jenen, die in seinem Land erkrankt waren, und neuen, die, solange dieser Kreuzzug dauerte, ständig aus den französischen Provinzen nachkamen.[96] Deshalb sprachen der Graf und seine feigen Gefährten bei ihm vor. Der Kaiser, der wusste, dass der Graf ein weiser Ratgeber und großer Fürst war, empfing ihn freudig und feierte ihn mit Prunk, wobei er ihn eingehend befragte, wie es um die Haltung unserer übrigen Fürsten und Barone stehe. Der Graf antwortete ihm, um seine schmähliche Flucht zu verbergen: „Herr, Eure Leute, die Fürsten und Barone unserer Länder, die durch Euer Reich zogen und die Ihr so höflich und mit so vielen Ehren empfangen habt, belagerten und eroberten kurz nach ihrem Aufbruch die Stadt Nicäa, die sie Euch übergaben. Dann belagerten sie die Stadt Antiochia, die sie um den Preis großer Schmerzen, Qualen und Leiden nach mehr als neun Monaten eroberten. Doch es gelang ihnen nicht, einen uneinnehmbaren Bergfried zu erstürmen, den die Türken dauernd halten und der auf einer Anhöhe im Inneren der Stadtmauern liegt. Als sie diese Stadt eingenommen hatten, glaubten sie, am Ende ihrer Mühen angelangt zu sein, aber sie hatten weiterhin Verluste, neue Leiden und Gefahren sowie noch größeres Unglück als zuvor zu erdulden, denn am dritten Tag, nachdem sie die Stadt eingenommen hatten, traf ein sehr mächtiger heidnischer Fürst ein, der aus Persien stammt und Kerbogha heißt. Er hatte so viele Leute bei sich, dass das Land mit ihnen übersät war, und er belagerte die in der Stadt, so dass sie sie nicht mehr verlassen konnten. Die Leute litten innerhalb der Stadt an einer unerträglichen Hungersnot, die sie so schwächte, dass sie sich kaum noch verteidigen konnten.

Um ihre Lage noch zu verschlimmern, hat dieser Kerbogha einen Teil der Türken aus seinem Heer in den Meerhafen nahe Antiochia entsandt. Sie töteten alle Händler, die ständig Lebensmittel und andere Dinge aus den verschiedenen Teilen Eures Reiches dorthin gebracht und denen von Antiochia einige Unterstützung geleistet hatten. Zudem töteten sie die Pilger, die des Nachts insgeheim den Hafen aufsuchten, um die Belagerten mit Lebensmitteln zu versorgen, und sie verbrannten sämtliche Schiffe, die im Hafen lagen, und töteten die Seeleute, so dass niemand mehr wagt, Lebensmittel oder Schiffe dorthin zu schicken. Auf diese Weise haben die Belagerten jede Versorgung mit Lebensmitteln verloren. Noch mehr Unheil bringen ihnen die Türken des Bergfrieds, da diese nach Belieben nach draußen gehen und in die Stadt zurückkehren können, Tag und Nacht Angriffe unternehmen und ihr keine Ruhe lassen.

Als ich und diese tapferen Herren, die mit mir kamen und die sehr weise und klug sind, sahen, wie sich die Dinge entwickelten, und erkannten, dass ihr Tun kein glückliches Ende finden könnte, warnten wir sie deshalb mehrmals, dass sie nicht versuchen sollten, dieses Land gegen den Willen Unseres Herrn Jesus Christus zu erobern, sondern dass sie von dannen ziehen sollten, um das Volk, das ihnen folgte, unter möglichst wenig Gefahren an einen Ort zu führen, wo es nicht dem Tod ausgeliefert wäre. Immer wieder gaben wir ihnen in aller Güte diese Ratschläge, doch sie wollten uns nicht glauben. In ihrer verstockten Starrsinnigkeit weigerten sie sich, die Stadt zu verlassen. Gewiss gibt es unter ihnen etliche, die nicht sehr viel Verstand haben. Als wir deshalb sahen und erkannten, dass wir, würden

FUND UND PRÄSENTATION DER HEILIGEN LANZE

„Ihrer Sünden bewusst und in aufrichtiger Reue baten sie Unseren
Herrn unter Tränen um Vergebung und gruben an dem vom Kleriker
angegebenen Ort den Boden tief auf und fanden dort die Lanze,
von der er gesprochen hatte. Gott weiß, dass jeder von ihnen in diesem
Augenblick so viel Freude empfand, als sei ihm alles gewährt worden,
was er sich gewünscht hatte. Sie läuteten nun die Glocken, und die Neuigkeit
breitete sich rasch in der Stadt aus, so dass alle, Groß und Klein,
herbeieilten und voller Ehrfurcht, großer Demut und Andacht
die frisch ausgegrabene heilige Reliquie betrachteten."

(FOL. 69A)

Im Jahr 1098, nach der Eroberung Antiochias, setzte das türkische Heer Kerboghas den Christen weiter zu. Bohemund, der für den Schutz der Stadt verantwortlich war, wollte, dass die Einwohner ihm bei der Verteidigung halfen. Da es ihm jedoch nicht gelang, sie aus ihren Häusern zu locken, ließ er an mehreren Stellen in der Stadt Feuer legen. Dies ist im unteren Register der Seite dargestellt. Ein Fachwerkhaus steht in Flammen, die Bewohner fliehen aus den Häusern und schließen sich den Bewaffneten auf der Straße an. Ausgehungert, krank und verängstigt bei dem Gedanken, die Türken könnten sie umbringen, haben die Christen ihr Gottvertrauen verloren. Das Hauptbild zeigt, wie ein Mönch namens Peter Bartholomäus gegenüber dem Bischof von Le Puy und Raimund von Toulouse behauptet, ihm sei der heilige Andreas im Schlaf erschienen und habe ihm mitgeteilt, dass die heilige Lanze, die Christi Seite am Kreuz durchbohrt hatte, unter der Peterskathedrale in der Stadt vergraben sei. Man sieht den aufgegrabenen Kirchenboden mit den abgelegten Schaufeln. Der Bischof zeigt die Lanze den Gläubigen.

Orleans qui a
uoit seu comment
Lempereur de Co=
stantinoble seuoit
atout treshault
Armee pour leuer le siege Dan
tioche et secourir ses pelerins a
uoit moult doubte sa venue par
ce que cestoit grant chose Du
renom et de sa puissance de son

pir . s ruis de piue a certene
quil sen estoit retourne . fit
moult grant soye et en monta
en tel orgueil quil tenoit desia
tous mors et prins ses ypiais
estans en Anthioche . Et par
ce ses huson assailir plus con
tinuelment et trop plus aspre
ment que deuant . Et par se
contraire ils eustoient toscient

wir weiter dort bleiben, wie sie sterben müssten und Unserem Herrn nicht mehr von Nutzen sein könnten, verließen wir sie und empfahlen sie Gott, auf dass er sie berate und beschütze, denn dies haben sie überaus nötig! Als Euer Gefolgsmann bitte ich Euch überdies auf Treu und Glauben, mit Euren Leuten Rat zu pflegen, bevor Ihr weiterzieht, denn selbst wenn Ihr wahrhaftig der größte Fürst der Welt seid, verfügt Ihr augenblicklich nicht über so viele Leute, wie Kerbogha rund um Antiochia Türken hat, denn dort stehen sieben Türken gegen einen der Euren. Deshalb rate ich Euch, für meinen Teil und wenn die anderen damit einverstanden sind, dass Ihr umkehrt, bevor Ihr alle Eure Leute einer solchen Gefahr aussetzt. Solltet Ihr ihnen weiter entgegenziehen, so hegen sie, offen gesagt, die Hoffnung, die Eroberung der Stadt damit bereits erledigt zu haben, und Ihr werdet sie näher vorfinden, als Ihr meint. Wenn sie kommen, wird Euer Rückzug eine Schande sein, die desto größer ist, je mehr Ihr Euch ihnen genähert habt. Die tapferen Leute, die hier mit mir vor Euch stehen, wissen nur zu gut, dass diese Dinge so sind, wie ich sie Euch geschildert habe. Ihr könnt auch noch mehr erfahren von diesem Ehrenmann namens Tantin, der sehr weise und sehr aufrichtig und Euer persönlicher Freund ist und den Ihr uns geschickt habt. Er verließ unsere Leute wegen der zahlreichen großen Fehler, die er bei ihnen feststellte."

Durch diese Worte, mit denen Graf Stephan von Blois und Chartres seine Rede vor dem Kaiser zu seiner großen Schande und tadelnswerterweise schloss (wenigstens kehrte er später mit einem großen Heer zu den Pilgern zurück und brachte ihnen Unterstützung und Hilfe im Heiligen Land von Jerusalem und in dessen Umgebung, wo er auf dem Schlachtfeld starb), geriet einer von Bohemunds Brüdern namens Guido[97], der beim Kaiser geblieben war, in höchste Verwirrung und Empörung. Laut und deutlich verkündete er, dass der Graf und die anderen nicht die Wahrheit sagten und dass sie wie Feiglinge geflüchtet seien. Es folgten weitere gestrenge Worte, doch Wilhelm von Grant-Mesnil, der ein hoher Herr und von vornehmster Geburt, aber kleinmütig war und der Guidos Schwester zur Frau genommen hatte, hieß ihn schweigen und wies ihn zurecht, weil er so heftig gegen den Grafen von Blois sprach.

Auf sein Ersuchen rief der Kaiser seinen Rat zusammen, der beschloss, es sei für ihn besser, umzukehren und sein Heer heil und sicher in die Heimat zurückzuführen, als den Kampf gegen Kerbogha zu wagen und den ganzen Orient gegen sich aufzubringen. Da der Kaiser dem Grafen Stephan vertraute und befürchtete, die Türken hätten bereits unsere Leute in Antiochia getötet und könnten sich demnächst in Bewegung setzen, um Bithynien zurückzuerobern, das die Unseren bereits für ihn eingenommen hatten, trat er den Rückzug an. Und um sich gegen die Ankunft der Türken zu schützen und damit sie, wenn sie ihn verfolgten, keine Lebensmittel fänden, verbrannte und zerstörte er links und rechts das ganze Land von Ikonion bis Nicäa.

So geschah es, dass der Kaiser aufgrund der Worte eines so großen Fürsten, der seine Gefährten so schändlich verlassen hatte, umkehrte und die Christen von Antiochia seine Hilfe und jene seines großen Heers verloren – obwohl sie diese Unterstützung so dringend benötigt hätten, denn wäre er weiter zu ihnen gezogen, hätte er sie gewiss völlig befreit. Doch selbst wenn der Graf schlecht und mit böser Absicht sprach, um seine Flucht zu verschleiern, war der Rückzug alles in allem das Werk Gottes, denn wenn der Kaiser, der mit so vielen neuen und frischen Leuten nahte, die Belagerung aufgehoben oder die Türken besiegt hätte, wäre deshalb weder Unser Herr so sehr gelobt oder mit Dank bedacht worden, wie dies später geschah, noch hätten die Fürsten, Barone und Pilger einen solchen Ruhm erlangt, wie dies schließlich der Fall war. Im Gegenteil, der Kaiser und seine Griechen hätten, was Ansehen und Siege betrifft, die Früchte der großen Mühen, Leiden und Anstrengungen geerntet, die die Unseren zu ertragen hatten und für die sie nicht belohnt worden wären. Die zuletzt Gekommenen hätten jedoch alles für immer erhalten, was Unser Herr nicht zuließ, denn er wollte, dass alles zur Ehre, zum Ruhm und zum Nutzen der Fürsten und anderen Christen von Antiochia zu Ende gehe.[98] Und nicht ohne Grund, denn sie hatten dort unzählige Schmerzen und Übel zu erdulden, und ihre Pein erreichte einen Höhepunkt, als sie erfuhren, dass der Kaiser mit seinem Heer aufgrund der Worte des Grafen von Blois und Wilhelms von Grant-Mesnil den Rückzug antrat. Das einfache Volk wäre verzweifelt, hätte es sich nicht auf die große Verstandeskraft, die große Klugheit und die unbeirrbare Standhaftigkeit der Fürsten und bedeutenden Barone verlassen können.[99]

Kapitel XXV.

Wie Bohemund in der Stadt Antiochia an mehreren Stellen Feuer legen ließ, weil er anders die Leute in den Häusern nicht zum Kampf gegen die anstürmenden Türken bewegen konnte. Von der Predigt, die der Bischof von Le Puy hielt. Und wie die Lanze Unseres Herrn in Antiochia gefunden wurde, was allen Pilgern Kraft und Mut einflößte, so dass sie beschlossen, gegen Kerbogha zu kämpfen und es mit ihm aufzunehmen.

Kerbogha, der vernommen hatte, dass der Kaiser von Konstantinopel mit einem riesigen Heer nahte, um Antiochia zu entsetzen und den Pilgern zu helfen, hatte wegen dessen Kommen lebhafte Befürchtungen gehegt, da der Ruf und die Macht des Reiches beträchtlich waren. Als er jedoch die Gewissheit erlangte, dass dieser umgekehrt war, stimmte ihn dies sehr froh, und sein Stolz wuchs so sehr, dass er alle Christen, die sich in

Antiochia befanden, bereits für tot oder gefangen hielt. So ließ er sie noch häufiger und heftiger angreifen als zuvor. Umgekehrt waren jene so verzagt, zum einen vor Schrecken, zum anderen, weil der Hunger sie schwächte, dass viele meinten, Unser Herr habe sie verlassen. Und sie ließen sich in Verzweiflung fallen, wollten zur Verteidigung der Stadt kein Leid mehr erdulden und versteckten sich in ihren Häusern.

So geschah es eines Tages, dass Bohemund, der die Hauptverantwortung für den Schutz und die Verteidigung der Stadt im Namen aller Fürsten und Barone trug und Macht über alle hatte, sämtliche Leute, die er gegen die Angriffe von außen und die Ausfälle im Innern eingeteilt hatte, zu sich kommen hieß. Aber niemand erschien, und so entsandte er seine Männer, um sie in den Häusern zu suchen und ihnen Bescheid zu sagen. Doch man konnte sie nicht bewegen, ins Freie zu kommen, was Bohemund bestürzte und ihn bewog, sich eine neue List auszudenken. Schließlich ließ er an mehreren Stellen in der Stadt Feuer legen, so dass alle aus Angst in Massen mitten auf die Straße liefen. Als er sie sah, teilte er ihnen mit, was sie gemäß seinem Willen zu tun hätten, und sie gehorchten ihm.

Allerdings entstand kurz darauf neue Verwirrung und Verwunderung, da in der Stadt das Gerücht umlief, mehrere Ritter, Fürsten und sogar Barone hätten unter sich insgeheim beschlossen, die Stadt des Nachts zu verlassen und das Volk zurückzulassen, damit es, soweit es dies vermochte, die Flucht ergreife, und sich zum Hafen zu begeben, um in See zu stechen. Herzog Gottfried von Bouillon, den man davon unterrichtete, ließ den Bischof von Le Puy kommen und erstattete ihm Bericht. Anschließend rief er alle Fürsten und einen Teil der Barone und Ritter zu sich. Er kniete vor ihnen nieder, um sie zu bitten und zu ersuchen, um Gottes Liebe willen nie einen solchen Gedanken zu hegen. Sollte sie Unser Herr zufälligerweise so sehr verachten, dass er sie eine solche Sünde begehen lasse, so erklärte er ihnen mit sanften Worten, so verlören sie ihre Seele wie Menschen, die jede Hoffnung auf göttliche Gnade verlören, und kündigten den Dienst auf, den sie Unserem Herrn schuldeten. Zudem gingen sie aller Ehre in dieser Welt verlustig, denn sie bedeckten sich mit Schande, und ihre Nachkommen, die nichts dafür konnten, seien ebenfalls entehrt; für alle Zeiten würde man mit dem Finger auf sie zeigen und, schlimmer noch, sie würden verachtet, solange die Welt bestehe. Er sprach so auf sie ein, dass jene, die diesen Wunsch verspürt hatten, ihn aufgrund seiner Worte und der schönen Predigt des Bischofs von Le Puy aufgaben. Allerdings begannen sie alle, vor Hunger und Krankheit so schwach zu werden in der ganzen Stadt, dass sie nichts Weiteres mehr erwarteten als die Gnade Unseres Herrn oder den Tod. Immer wieder riefen sie sich in Erinnerung, welche Schätze, welche Ehren und welches Wohlgefallen sie in ihren Ländern zurückgelassen hatten, um Unserem Herrn zu dienen. Er aber gab ihnen nun einen solchen Zins und einen solchen

Dank zurück, dass sie täglich an Hunger oder Krankheiten starben und fürchten mussten, in einem ihnen unbekannten Augenblick zur Schande Unseres Herrn und seines christlichen Glaubens von den Türken getötet zu werden. Auf diese Art machten einige von ihnen Unserem Herrn stets von neuem Vorwürfe, wie Leute, die nicht mehr wussten, was sagen oder tun. Um die Leiden, welche die einfachen Edelleute und die Leute aus dem Volk zu erdulden hatten, noch besser zu veranschaulichen, sei Graf Hermann genannt, ein vornehmer Herr aus Deutschland, dem es so schlecht ging, dass Herzog Gottfried, der Mitleid mit ihm hatte, ihm täglich ein Brot bringen ließ, das allerdings nicht sehr groß war. Doch der Herzog konnte sich ihm gegenüber nicht großzügiger zeigen, weil er nicht mehr davon hatte, und für Graf Hermann war das Brot eine große Zuteilung. Und Heinrich von Esch, einer der besten Ritter des Heers, litt so sehr Mangel und war so arm dran, dass er fast vor Hunger gestorben wäre. Als Herzog Gottfried davon erfuhr, ließ er ihn suchen und sagte ihm, er möge sich an seine Tafel setzen und seine Bedürftigkeit mit ihm teilen.

Es würde, kurz gesagt, zu weit führen, über all ihre Krankheiten und ihre verschiedenen Ängste zu berichten, doch Unser Herr, der in all seinen Werken die Barmherzigkeit nicht vergessen kann, schickte ihnen einen großen Trost, denn ein Kleriker namens Peter, der aus der Provence stammte,[100] kam eines Tages zum Bischof von Le Puy und zum Grafen von Toulouse und erzählte ihnen völlig verängstigt, der hochwürdige heilige Andreas sei ihm dreimal des Nachts im Schlaf erschienen und habe ihm befohlen, vor die Barone zu treten und ihnen zu berichten, dass die Lanze, mit der die Seite Unseres Herrn auf dem Kreuz geöffnet worden sei, in der Kirche des hochwürdigen heiligen Peter in der Stadt unter dem Fußboden versteckt sei. Der Heilige habe ihm mit Sicherheit den genauen Ort gezeigt. Wie der Kleriker bekräftigte, hätte er nie gewagt, diese Erscheinung zu offenbaren, hätte ihm der heilige Andreas nicht gedroht, ihm geschehe ein Unglück, wenn er stumm bleibe.

Es ist nicht erstaunlich, dass sich der Kleriker fürchtete, eine solche Sache zu erzählen, denn er war ein armer Mann niedriger Herkunft, der kaum lesen konnte. Dennoch ließen der Bischof von Le Puy und der Graf von Toulouse die übrigen Fürsten und Barone rufen, und der Kleriker musste in ihrer Gegenwart seine Erscheinung erzählen. Sie waren darüber höchst erfreut, und da sie dem Bericht des Klerikers glaubten und ihn für wahr hielten, begaben sie sich sämtlich unverzüglich zur Peterskirche. Ihrer Sünden bewusst und in aufrichtiger Reue baten sie Unseren Herrn unter Tränen um Vergebung und gruben an dem vom Kleriker angegebenen Ort den Boden tief auf und fanden dort die Lanze, von der er gesprochen hatte.[101] Gott weiß, dass jeder von ihnen in diesem Augenblick so viel Freude empfand, als sei ihm alles gewährt worden, was er sich gewünscht hatte. Sie läuteten nun die Glocken, und die Neuigkeit breitete sich rasch in der Stadt aus, so dass

alle, Groß und Klein, herbeieilten und voller Ehrfurcht, großer Demut und Andacht die frisch ausgegrabene heilige Reliquie betrachteten. Der Anblick stärkte sie ihrer Meinung nach alle, Groß und Klein, Arme wie Reiche, gleichermaßen und ebenso sehr, wie es der Anblick Unseres Herrn getan hätte. Mehrere andere gute Leute unter ihnen behaupteten jetzt, ihnen seien ebenfalls Engel und Apostel erschienen.

Dank dieser Geschehnisse vergaß das Volk die meisten seiner Leiden. Der Bischof von Le Puy und die übrigen frommen Prälaten, die ihn begleiteten, sprachen also zu allen Pilgern und erklärten ihnen, dass ihnen Unser Herr seine Hilfe und seinen Rat gewähre. Ihre Ausführungen waren so überzeugend, dass alle, Groß und Klein, Mut und Kraft zurückgewannen und auf die heiligen Evangelien und die Reliquien schworen, sofern Unser Herr sie aus der Gefahr, in der sie sich befänden, herausführen und ihnen den Sieg über ihre Feinde geben würde, wollten sie diese fromme Schar nicht verlassen, bis sie mit Gottes Hilfe Jerusalem erobert und das Heilige Grab aus der Hand der Türken und anderen Heiden, die es besetzt hielten, befreit hätten.

Hatte das Volk Unseres Herrn auf diese Weise Trost erhalten für die großen Leiden und den Hunger, die es fünfundzwanzig Tage lang zu erdulden hatte, so begannen nun alle, Groß und Klein, sich gegenseitig zu mahnen und zu erklären, es sei gut, ihren Leiden ein Ende zu setzen, ohne länger zu warten. So beschlossen sie einstimmig, sich den Türken, die sie belagerten, in einer Schlacht zu stellen. Wäre es der Wille Unseres Herrn, dass sie von den Türken getötet würden, so wäre es besser, im Kampf um die Verteidigung der von ihnen eroberten Stadt für die Ehre und den Vorteil der Christen zu fallen, als jammernd in den Häusern dahinzusiechen und darauf zu verzichten, herauszufinden, ob Unser Herr ihnen zu Hilfe komme. Diese Reden riefen eine solche Unruhe und einen solchen Kampfesmut in den Herzen der einfachen Leute hervor, dass diese jedes Mal, wenn sie einen der Fürsten und bedeutenden Barone erblickten, ausriefen, man dürfe nicht länger zaudern. Da dieses Begehr von den kleinen Leuten vorgebracht wurde, glaubten die Fürsten, es komme von Gott, der den Wunsch, eine so hohe Tat zu vollbringen, in ihre Herzen gelegt habe, und sie taten mit Freude, was man von ihnen verlangte. So schickten sie Peter den Einsiedler, einen frommen, weisen und redegewandten Mann, zu Kerbogha. Als Begleiter wählten sie einen anderen tapferen Mann namens Heloyn[102], der ebenso weise und mutig, ehrlich und umsichtig sowie des Sarazenischen und insbesondere der persischen Sprache mächtig war. Nachdem sich die beiden einen Waffenstillstand ausbedungen hatten, um mit Kerbogha zu sprechen, verließen sie die Stadt und wurden von den Türken auf Kerboghas Geheiß in dessen Zelt geleitet, wo dieser, umringt von seinen reichen Männern und hohen Herren, thronte; Peter, welcher der Wortführer war, erfüllte den Auftrag, den ihm die Fürsten erteilt hatten, ohne jedoch Kerbogha zu begrüßen, ihm Ehre zu erweisen oder sich vor ihm zu verneigen, und sagte: „Die fromme Gesellschaft der Fürsten, Barone und des Volkes Unseres Herrn Jesus Christus, die sich in dieser Stadt aufhält, bittet dich, diese Belagerung abzubrechen und die Stadt nicht mehr anzugreifen, sondern sie in Frieden die Stadt verwalten zu lassen, die Unser Herr Gott Jesus Christus ihr übergeben hat, damit sie den Glauben an ihn schütze und ihm diene. Denn es war der hochwürdige heilige Petrus, der Apostelfürst, der die Stadt zuerst durch seine Worte und die Wunder, die ihn Unser Herr vollbringen ließ, zum rechten Glauben bekehrte, auch wenn die Leute deiner Religion sie vor nicht mehr als fünfzehn Jahren den Unseren mit Gewalt entrissen. Wir konnten sie jedoch kraft des Willens Unseres Herrn zurückgewinnen und damit unser Recht wiedererlangen. Deshalb hast du uns unser Erbe zu überlassen und musst in dein Land zurückkehren. Solltest du dies nicht tun wollen, so wisse, dass eine Schlacht in den nächsten drei Tagen diesem Streit ein Ende setzen wird. Und damit du dich nicht beklagen kannst, dass wir den Tod unzähliger Leute auf dem Schlachtfeld suchen, schlagen sie dir ein Spiel vor. Wenn du bereit bist, allein zu kämpfen, schicken sie gegen dich einen Mann, der ebenso bedeutend ist wie du, auf dass du dich mit ihm schlägst. Wer von euch beiden Sieger ist, gewinnt den Streit ein für allemal, ohne anderweitige Anfechtung. Und wenn dir dieser Vorschlag nicht gefällt, nimm eine gewisse Zahl der Deinen, zehn oder zwölf oder die Zahl, die dir behagt, und unsere Pilger schicken ebenso viele Männer. Diejenigen, die den Kampf gewinnen, tragen für immer den Sieg davon."

Als er Peter den Einsiedler so sprechen hörte, wurde Kerbogha äußerst ungehalten und erwiderte voller Herablassung: „Peter, mir scheint, dass jene, die dich hierher entsandt haben, nicht in der Lage sind, mir ein Spiel vorzuschlagen, und genauso wenig bin ich gehalten, unter ihren Vorschlägen zu wählen. Im Gegenteil, ihnen ist es durch meine Kraft und meine Gewalt verwehrt, nach ihrem eigenen Willen zu handeln. Ich werde mit ihnen umspringen, wie es mir gefällt. Kehr zurück und sage diesen Spaßmachern, die dich hierher schickten, sie seien so verrückt, dass sie sogar die missliche Lage nicht begreifen, in der sie stecken, denn wäre mir der Sinn danach gestanden, hätte ich diese Stadt bereits vor langer Zeit eingenommen und zerstört und gewaltsam von meinen Leuten besetzen lassen. So dass alle, die wir in ihr angetroffen hätten, über die Klinge hätten springen müssen. Doch ich will, dass ihr eines weniger edlen Todes sterbt und dass ihr vor Hunger heult wie die Hunde. Wann immer es mir gefällt, werde ich in die Stadt eindringen. Dort suche ich die Männer und Frauen aus, die mir im passenden Alter zu sein scheinen, und bringe sie zu seiner Hoheit, dem Großsultan von Persien, dem sie als Sklaven zu dienen haben. Und die anderen lasse ich alle töten, wie man schlechte Bäume fällt, die keine Frucht tragen."

Nachdem Peter diese Antwort vernommen hatte, kehrte er mit seinem Begleiter nach Antiochia zurück und wollte dort vor allen, Groß und Klein, bekanntgeben, was Kerbogha erwidert hatte. Doch Herzog Gottfried, der sehr vorsichtig war, nahm ihn beiseite, rief die Fürsten und die bedeutenden Barone und ließ ihn vor diesen berichten, was ihm gesagt worden war. Als der Herzog Kerboghas heftige Worte und schwere Drohungen zu Gehör bekam, befahl er Peter dem Einsiedler aus Furcht, das Volk möge in Angst geraten, diesem lediglich mitzuteilen, dass Kerbogha und seine Türken eine Schlacht gegen die Unseren forderten. Peter tat, wie ihm geheißen. Als die Leute diese Neuigkeit vernahmen, jubelten sie alle und riefen laut: „Wir wollen die Schlacht, im Namen Gottes." Wer sie sah, konnte meinen, sie wären von großem Kampfesmut beseelt und würden die Leiden vergessen, die sie erduldet hatten, da eine große Siegeshoffnung sie erfüllte. Als die Fürsten und Barone die Gefasstheit der Leute aus dem Volk sahen, freuten sie sich herzlich und brachten ihnen großes Vertrauen entgegen. So verkündeten sie ihnen, sie hätten einstimmig beschlossen, dass die Schlacht am nächsten Tag stattfinde. Die Leute waren voller Freude und suchten frohgemut ihre Häuser auf. Ihr hättet sie sehen sollen, wie sie die Harnische musterten, die Kettenhemden rollten, die Helme polierten und die Schwerter und Dolche schliffen. Niemand in der Stadt schlief oder ruhte sich anschließend und in der folgenden Nacht aus. Die Berittenen kümmerten sich um ihre Pferde und ließen ihnen die nötige Pflege angedeihen. Noch vor Einbruch der Nacht wurde der Befehl erteilt, jeder solle sich voll gewappnet bereithalten, um vor Sonnenaufgang in die Schlacht zu ziehen und den Platz einzunehmen, der ihm gemäß den Fahnen der Hauptleute zugeteilt worden war.

Als der Morgen graute, kleideten sich die Priester in den Kirchen in ihre feierlichen Gewänder und sangen die Messe. Alle, die in die Schlacht zogen, legten die Beichte ab und erhielten den kostbaren Leib Unseres Herrn Gottes Jesus Christus, der ihren Leibern und Seelen große Sicherheit gab. Und sie verziehen einander all ihren Groll und ihren Zorn, weil sie in völliger Nächstenliebe jenem dienen wollten, der im Evangelium sagt: „Daran wird jedermann erkennen, dass ihr meine Jünger seid, so ihr Liebe untereinander habt." Als sich alle in dieser Weise vorbereitet hatten, sandte ihnen Unser Herr Gott Jesus Christus seine Gnade. Sie verlieh ihnen eine solche Kraft und Kühnheit, dass jene, die am Tag zuvor träge und schwach gewesen waren und sich nicht auf den Beinen hatten halten können, so stark und beweglich wurden, dass ihre Waffen nicht mehr auf ihnen zu lasten schienen. Sie wurden so kühn und kräftig, dass sogar der Kleinste von ihnen fest entschlossen war, in der Schlacht Ruhmestaten zu vollbringen, wenn sich dazu Gelegenheit bot. Der Bischof von Le Puy und alle Priester waren gekleidet wie für das Hochamt und hielten in ihren Händen das Kreuz und die Reliquien, mit denen sie die

Pilger segneten und Gott empfahlen. Sie gewährten ihnen die Vergebung all ihrer Sünden, wenn sie im Dienst Unseres Herrn Gottes Jesus Christus sterben sollten. Mehr als alle anderen predigte der Bischof von Le Puy zu ihnen. Er wandte sich vor allem an die Fürsten und Barone und bat sie, aus ganzem Herzen die Schande zu rächen, welche die Türken und die anderen Sarazenen Unserem Herrn Jesus Christus seit langem in seinem heiligen Land angetan hatten. Schließlich segnete er sie sanft mit seiner Hand und empfahl sie Gott.

Kapitel XXVI.
Die gewaltige Schlacht von Antiochia, welche eine der bedeutendsten war, die je stattfanden. Die Aufstellung auf Seiten der Christen. Vom Tauregen und von der Gnade, die Unser Herr gewährte, um die Unseren zu stärken. Ihre großen Kühnheiten. Wie sie sich gegenseitig halfen. Kerboghas Flucht. Die Niederlage seiner Leute und die Schätze, die den Unseren in die Hände fielen.

Hugo der Nachgeborene, der Bruder König Philipps I., befehligte die erste Abteilung. Mit ihm zogen Graf Balduin von Hennegau, Anselm von Ribemont sowie die Barone, Ritter und Leute ihrer Länder. Aufgrund ihrer Tapferkeit wurden sie in vorderster Reihe aufgestellt, da alle Fürsten wussten, dass sie nicht leicht zu besiegen waren und dass sie besser als andere in die gegnerischen Scharen eindrangen. Die zweite Einheit wurde von Graf Robert von Flandern, genannt der Friese, befehligt, den ausschließlich Leute seines Landes begleiteten. Die dritte führte Herzog Robert von der Normandie an, der seinen Neffen, Graf Peter von Aumale, und alle Leute seines Landes bei sich hatte. Die vierte Abteilung war dem Bischof von Le Puy anvertraut, der sein geistliches Gewand abgelegt hatte und voll gewappnet ein kräftiges Streitross ritt. Er trug die heilige Lanze, mit der die Seite Unseres Herrn Gottes Jesus Christus am Tag seiner heiligen und Heil bringenden Passion geöffnet worden war. Und er führte die Leute des Grafen von Toulouse an, der zurückbleiben musste, weil er schwer erkrankt war. Die Fürsten ließen ihn in der Stadt zurück, um zu verhindern, dass die Besatzung des Bergfrieds während der Schlacht einen Ausfall unternehme, um in die Stadt einzudringen und dort die Alten und Kranken zu töten, was leicht hätte geschehen können, wären dagegen keine Vorkehrungen getroffen worden. Und sie ließen noch einmal zweihundert Mann in der Schanze zurück, die sie nach der Einnahme der Stadt auf der kleinen Anhöhe im Inneren errichtet und mit Steinschleudern ausgestattet hatten, um die Ausfälle der Besatzung des Bergfrieds abzuwehren.

DIE KREUZFAHRER STELLEN IHRE TRUPPEN
IN SCHLACHTORDNUNG AUF

*„Als der Morgen graute, kleideten sich die Priester in den
Kirchen in ihre feierlichen Gewänder und sangen die Messe.
Alle, die in die Schlacht zogen, legten die Beichte ab und
erhielten den kostbaren Leib Unseres Herrn Gottes Jesus
Christus, der ihren Leibern und Seelen große Sicherheit gab."*

(FOL. 70VA)

Die Heere bereiten sich auf eine neuerliche Schlacht vor. Jean Colombe hat im Hauptbild die in Schlachtordnung auf dem Feld aufgereihten Kreuzfahrer dargestellt. Entsprechend der Schilderung Sébastien Mamerots haben sich den Soldaten mit Alben und Chorhemden bekleidete und Kreuze tragende Geistliche angeschlossen. Diese Miniatur weist eine besondere gestalterische Genauigkeit und Kunstfertigkeit auf. Die Anordnung der Reiter im Vordergrund und der Fluchtpunkt, der durch einen schlanken Baum mitten in der Ebene markiert ist, während sich in der Ferne am Horizont in einer bläulichen Tönung eine Bergkette und die Stadt Antiochia erahnen lassen, zeugen von einem äußerst präzisen Bildaufbau. Wie immer verwendet Jean Colombe besondere Sorgfalt auf die Darstellung der Pferde. Das untere Register zeigt das große Getümmel dieser Schlacht, bei der die Christen den Sieg davontrugen.

Graf Reinhold von Toul stand an der Spitze der fünften Abteilung; bei ihm waren sein Bruder, Peter von Stenay, Graf Warner von Gray, Heinrich von Esch, Reinhard von Amersbach und Walter von Dommedarc. Der sechsten Abteilung standen Graf Rambald von Orange, Ludwig von Mousson und Lambert, der Sohn Conons von Montaigu, vor. Der vortreffliche Ritter Gottfried, Herzog von Lothringen, befehligte die siebte; mit ihm waren sein Bruder Eustach und alle, die er hierher geführt hatte. Die achte stand unter dem Befehl des wackeren, weisen und edlen Ritters Tankred. Der Graf von Saint-Pol führte die neunte an; bei ihm waren sein Sohn Ingelram sowie Thomas von La Fère, Balduin von Le Bourg, Robert, der Sohn Gerhards, Reinhold von Beauvais und Galo von Chaumont. Die zehnte stand unter Führung des Grafen von Le Perche, dem Eberhard von Le Puiset, Drogo von Monci, Radulph, der Sohn Gottfrieds, und Conan der Bretagner zur Seite standen. Die elfte Abteilung führte Graf Isoard von Die an, und mit ihm waren Raimund Pelet, Gaston von Béziers, Gerhard von Roussillon, Wilhelm von Montpellier und Wilhelm Amancy. Die zwölfte und letzte Abteilung umfasste die meisten Leute. Sie wurde Bohemund anvertraut, der die Weisung erhielt, hinter den anderen Abteilungen zu bleiben, um dort einzugreifen, wo es am nötigsten war. In allen der zwölf Abteilungen gab es Fußvolk, und es wurde ebenfalls angeordnet, dass es die Spitze bildete und dass die dahinter aufgestellten Ritter und Berittenen es zu beschützen und zu verteidigen hatten. Mit lauter Stimme wurde der Befehl verkündet, dass das Heer Antiochia nicht verlassen dürfe, bevor ihm Unser Herr Gott Jesus Christus nicht den Sieg gegeben hätte, und niemand solle sich erkühnen, an Plünderung zu denken, solange es noch einen Türken gebe, der sich verteidigte. Sobald jedoch Unser Herr die Feinde in die Flucht geschlagen habe, sei es erlaubt, zurückzukehren, um ohne Gefahr Beute zu machen.

Da Kerbogha seit Beginn der Belagerung und vor allem, seit ihm Peter der Einsiedler als Bote geschickt worden war, mit einem Ausfall der Unseren auf sein Heer rechnete, hatte er denen vom Bergfried befohlen, ins Horn zu stoßen und eine Fahne zu hissen, wenn sie bemerkten, dass die Pilger einen Ausfall vorbereiteten. Als er im Morgengrauen durch diese beiden Zeichen die Neuigkeit erfuhr, dass die Pilger einen Ausfall unternehmen wollten, schickte er eiligst zweitausend Bogenschützen, um die Brücke zu besetzen, bevor die Unseren aus den Toren stürmten. Diese stiegen unverzüglich von ihren Pferden, sobald sie an der Brücke angelangt waren, obwohl sie unsere Leute rasch wieder zum Aufsteigen zwangen, denn Hugo der Nachgeborene, der die Stadt als Erster verließ, führte seine Leute auf die andere Seite der Brücke. Zunächst ließ er seine Bogenschützen schießen und seine Fußkämpfer gegen jene der Türken anrennen. Als er aber erkannte, dass seine Leute die Brücke im ersten Sturm nicht einnehmen konnten, gab er seinem Pferd die Sporen und schlug mit solcher Wucht rechts und links auf die türkischen Bogenschützen ein (wie seine

Leute ebenfalls, die ihm folgten, als sie seine Kühnheit sahen), dass er sie daran hinderte, die Pferde zu besteigen und in gewohnter Weise den Rückzug anzutreten, indem sie Pfeile gleichzeitig abschossen und sich verteidigten. Anselm von Ribemont tat sich besonders hervor, denn er stürzte sich mehrmals ganz allein ins Getümmel der Türken und öffnete den Seinen eine breite Schneise, die häufig glaubten, ihn verloren zu haben. Auch Hugo der Nachgeborene machte sich verdient bei diesem ersten Ausfall, bei dem die Unseren reich beschenkt wurden. Der Graf von Flandern, der Herzog von der Normandie und der Graf von Hennegau erwarben sich ebenfalls Ruhm und Ansehen bei diesem ersten Kampf. Tatsächlich entkamen nur wenige türkische Bogenschützen, und unsere Leute verfolgten sie bis in ihr Lager und zum Rest ihres großen Heers.

An diesem Tag gab es ein Ereignis, das nicht vergessen werden darf: Als die Bogen-schützen geschlagen waren und alle unsere Scharen befehlsgemäß die Stadt verließen, begann ein Tau zu fallen, wie man ihn sanfter noch nie erlebt hatte. Er war so angenehm und so sanft, dass unsere Leute meinten, es sei der Segen Unseres Herrn Gottes Jesus Christus und die Gnade des Himmels, die ihnen zuteil würden. Und man durfte durchaus des Glaubens sein, dass dies tatsächlich so war, denn alle waren so erfrischt, gestärkt und unbeschwert, als hätten sie nie irgendein Leid erdulden müssen. Diese Erquickung tat nicht nur den Männern wohl, sondern auch den Tieren: Alle Pferde unserer Leute, die zuvor so mager, erschöpft und durch den Hunger abgezehrt waren, zeigten sich nun so erfrischt, gestärkt und unbeschwert, als wären sie nie anders als gut behandelt worden. Dies ereignete und erwies sich genau an diesem Tag, denn obwohl sie sich mehrere Tage lang von Baum-blättern und Rinde hatten ernähren müssen, waren sie nun, um die Mühen der Schlacht zu ertragen, ausdauernder, schneller und kräftiger als die Rosse der Türken, die sich stets satt gefressen hatten.

Nachdem alle Kämpfer aus der Stadt gezogen waren, trafen die Fürsten und bedeu-tenden Barone einmütig den Beschluss, die etwa zwei Meilen von der Stadt entfernten Berge zu besetzen. Wären nämlich die Türken, die über ein gewaltiges Heer verfügten, dorthin gezogen, um sich zwischen die Unseren und die Stadt zu schieben, so hätten sie unsere Leute völlig eingekreist, so dass die Ermatteten und Verletzten getötet oder gefan-gen genommen worden wären, wenn sie versucht hätten, sich in die Stadt zurückzuziehen. In dieser Aufstellung zogen die Abteilungen der Pilger getrennt voneinander ins Feld. Als die Türken sie so gut geordnet und in so großer Zahl erblickten, waren sie äußerst verblüfft, da sie bisher angenommen hatten, in der Stadt halte sich nur eine kleine Anzahl Leute auf. Durch ein Wunder Unseres Herrn gewannen sie nun den Eindruck, ihre Gegner seien ebenso zahlreich wie sie selber. Bei unseren Leuten, die auf diese Weise voll gewappnet in geordneten Abteilungen ins Feld zogen, befanden sich ebenfalls mehrere Priester, Kleriker und Kirchenmänner, die Alben, Stolen und Chorhemden trugen und von denen jeder in seinen Händen das Zeichen des Kreuzes hielt. Und diejenigen, die auf den Mauern geblieben waren, trugen die gleichen Gewänder, beteten unter Tränen zu Unserem Herrn Gott Jesus Christus und flehten ihn andächtig und voller Demut an, er möge sich seines Volkes erbarmen und es an diesem Tage retten und nicht zulassen, dass die Ungläubigen Seinem Namen und Glauben Schmach zufügten.

Als Kerbogha von mehreren Personen, darunter den besiegten Bogenschützen, vernahm, dass unsere Leute die Stadt verlassen hatten und zum Kampf gegen ihn zogen, bedachte er ihren Ruf, den die Türken stets gering geschätzt und verspottet hatten. Er beriet sich mit seinen Baronen und stellte auf Rat seiner weisesten Männer und insbesondere einiger Antiochier, die bei ihm waren, in aller Eile seine Kämpfer auf. Mit seinen besten und kühnsten Rittern bildete er eine große Abteilung und unterstellte sie dem Befehl Suleimans von Nicäa, den wir bereits erwähnten, und befahl diesem, diese Scharen zum Meer führen, bevor unsere Leute die ganze Ebene zwischen der Stadt und den Bergen besetzt hatten. Kerbogha gab diesen Befehl, damit diese große Abteilung unseren Leuten zuvorkomme, sollten sie geschlagen werden und beabsichtigen, sich von der Stadt zum Meer zurückzuziehen, so dass diese zwischen zwei Mühlsteinen zermalmt würden.

Was seine übrigen Einheiten betraf, so stellte er sie auf, wie es ihm beliebte, die einen vorne und die anderen hinten, wie jemand, der sich gut auf die Kriegskunst verstand. Seinen Hauptleuten erklärte er, sie müssten sich wie große Barone und gute Ritter verhalten und sich von unseren Leuten keine Angst einjagen lassen, denn diese seien, wie er sagte, nichts als Hunde und ausgehungerte, schlecht berittene und armselig bewaffnete Leute, die durch die langen Leiden, die sie erdulden mussten, völlig zermürbt seien. Doch was auch immer Kerbogha befahl oder sagte, die Unseren besetzten die Berge wie den Weg zum Meer. Die Franzosen, Normannen, Flamen und Hennegauer, aus denen die ersten drei Abteilungen bestanden, schritten etwas vor den anderen und stürzten sich mit solcher Heftigkeit, Kraft und Kühnheit auf die vordersten türkischen Einheiten, dass sie eine Bresche in deren Reihen schlugen und Platz für ihre Gefährten schufen. Zahlreiche Türken kamen dabei ums Leben, doch eilten ihnen so viele andere zu Hilfe, dass sich unsere übrigen Scharen, ausgenommen jene Bohemunds, mit den ersten drei Abteilungen vereinen mussten. Es war schrecklich, jene Türken, die übrig blieben, schreien zu hören, denn obwohl sie frisch und wohlgenährt waren, wurden sie von den Unseren in großer Zahl niedergemetzelt. Dennoch gelang es ihnen, unsere Leute abzuwehren, da sie ständig durch neue Scharen verstärkt wurden. Herzog Gottfried beobachtete von den Mauern aus, wie eine dieser Scharen, die umfangreichste, siegesgewiss herbeieilte. Könnte er diese schlagen, so überlegte er sich, würden die anderen kaum mehr Widerstand leisten. So zog er ihr mit seinen Leuten und seiner Abteilung möglichst geradewegs und rasch entgegen.

Er drang mit solchem Ungestüm in sie ein und vollbrachte mit seinen Leuten, die ihm folgten, gleich zu Beginn so vortreffliche Heldentaten, dass sie die feindliche Schar auflösten und in kurzer Zeit so viele Türken töteten, dass der ganze Boden mit ihnen bedeckt war und die übrigen, die der Kraft und Kühnheit Gottfrieds und der Seinen nicht mehr standhalten konnten, die Flucht ergriffen, um sich zu retten. Als Suleiman, der, wie erwähnt, die Hauptabteilung anführte, von weitem die missliche Lage seiner Gefährten erkannte, näherte er sich und sah, dass sich Bohemunds Schar nicht bei den anderen befand. So führte er seine Leute auf diese Seite und erteilte den Bogenschützen den Befehl, umgehend zu schießen. Dies taten sie jedoch nicht sehr lange, denn schon bald hängten sie ihre Bögen an den Sätteln auf, griffen zu Streitkolben und Schwertern und bedrängten Bohemunds Leute so sehr, dass sie diese fast zum Rückzug zwangen, da die Unseren einem so starken, erbitterten und heftigen Ansturm so vieler Männer nicht gewachsen waren. Herzog Gottfried beobachtete dies von ferne und begab sich zu ihnen, desgleichen Tankred, der die Notlage erkannt hatte, in der sich sein Onkel Bohemund befand.

Mit ihrer Ankunft wurden Suleiman und seine Türken niedergezwungen und nahmen Reißaus, nicht ohne das Griechische Feuer[103] zu legen und das Gras der Felder, in denen sie sich befanden, anzuzünden. Da das Gras hoch und trocken war, fing es so rasch Feuer, dass unsere Leute von der Verfolgung der Türken absahen und sogar den Ort verlassen mussten, so heftig wütete der Brand, und so schwarz und dick war der Rauch. Als die Türken bemerkten, dass sich unsere Reiter zurückgezogen hatten, stürzten sie sich auf die Fußkämpfer, die sich in den Rauchschwaden befanden, und töteten mehrere von ihnen. Doch als die Berittenen unter den Pilgern die Schreie ihrer Gefährten hörten, zögerten sie nicht, spornstreichs in den dicksten Rauch zurückzukehren, wo sie alle Türken, die dorthin vorgedrungen waren, töteten oder in die Flucht schlugen. Sie verjagten sie und töteten viele von ihnen, bevor sie auf die bereits geschlagene Hauptabteilung stießen.

Dort, wo sich die Schlacht und die Niederlage abgespielt hatten, gab es ein kleines Tal, durch das bei Regen ein heftig rauschender Bach floss, ein sogenannter Sturzbach, der weder eine Quelle noch ständig fließendes Wasser hatte. Diejenigen Türken, denen die Flucht geglückt war, begaben sich dorthin und sammelten sich unter dem Klang von Hörnern, Trompeten und Trommeln auf einer kleinen Anhöhe. Dies nützte ihnen allerdings wenig, denn Hugo der Nachgeborene, der Graf von Flandern, Bohemund und Tankred waren ihnen mit ihren Leuten so nahe auf den Fersen und stürmten mit so großer Kühnheit und Kraft den Bach entlang nach oben, dass sie in jene, die sich auf der Anhöhe gesammelt hatten, eindrangen, sie besiegten und dazu zwangen, ins Tal zu fliehen, um sich

so zu retten. So gaben die Türken jede Hoffnung auf, wieder Boden gutzumachen, und ein jeder floh dorthin, wo er sicher war (oder meinte, dies zu sein).[104] Kerbogha, der Heerfürst der Türken, hatte die Gefahr selbst von Anfang an erkannt und sich auf einen fern gelegenen hohen Hügel zurückgezogen, um das Ende zu beobachten. Von dort aus entsandte er immer wieder seine Reiter, die ihm zu berichten hatten, wie sich seine Leute verhielten. Als seine Vertrauten und Freunde, die bei ihm waren, die Flüchtenden nahen sahen, rieten sie ihm, die Flucht zu ergreifen. Da packte ihn eine solche Angst, dass er nicht mehr wagte, irgendwo anzuhalten, und ständig die Pferde wechselte, bis er jenseits des Flusses Euphrat war, wobei er den Rest seiner Leute im Stich ließ. In Kenntnis seiner Flucht und im Wissen, dass sie keinen Heerführer mehr hatten, begannen alle zu fliehen ohne Hoffnung auf Umkehr. Sie mussten sich nicht einmal beeilen, da unsere Pilger sie aufgrund der Erschöpfung ihrer Pferde nicht lange verfolgten, um deren Leben nicht aufs Spiel zu setzen. Einzig Tankred setzte mit einer kleinen Schar viertausend Türken nach und tötete alle, die er einholen konnte; die Türken hatten eine solche Angst in ihren Herzen, dass zehn der Unseren genügten, um fünfhundert von ihnen zu vertreiben!

Wie mit diesem glorreichen und berühmten Sieg bewiesen wurde, gibt es keinen Rat, der gegen Unseren Herrn etwas ausrichten kann. Er verlässt jene nicht, die ihre Hoffnung in ihn setzen, denn ein kleines, armes und ausgehungertes Volk, das aus fernen Ländern kam, besiegte und zerschlug mit Hilfe Unseres Herrn die Macht der Orientalen in deren eigenem Land, obwohl ihre Gegner an Zahl unermesslich, gut genährt und mit allem erforderlichen Nachschub ausgestattet waren. Nachdem die Schlacht also beendet war, kehrten unsere Leute siegreich zurück und drangen ins Lager der Türken ein, ohne auf Widerstand zu stoßen. Sie fanden dort unvorstellbare Mengen an Gold, Silber, Edelsteinen, verschiedenen Arten von Geschirr, Teppichen und Stoffen aus Gold, Silber und Seide. Und was die Nahrungsmittel wie Rinder, Kühe, Schafe, Getreide und Mehl betrifft, so gab es davon in solcher Fülle, dass alle Pilger große Mühe hatten, sie wegzuschleppen. Dank dieses Sieges fielen ihnen auch zahlreiche gute und ausgeruhte Pferde in die Hände, deren hohe Zahl sie verblüffte. Zudem erbeuteten sie zahlreiche einfache und sehr prunkvolle Zelte, die sie gut gebrauchen konnten, da die ihren in Fetzen fielen. Obwohl sich unsere Leute nach dieser großen Niederlage unzählige Schätze verschiedenster Art aneigneten, bewunderten die Fürsten, Barone und das ganze Volk vor allem die herrliche Machart und den reichen Schmuck des Zeltes von Kerbogha. Es hatte die Form einer Stadt und besaß Türme und Zinnen verschiedener Größe aus feiner Seide mit gedeckten Gängen, die wie die Gassen einer großen Stadt vom Hauptpalast zu den anderen Zelten führten; der große Saal war so lang und breit, dass zweitausend Menschen bequem darin Platz fanden. Kurz, die Zelte waren so reich ausgestattet, und die Unseren fanden in ihnen so viele Güter und

Schätze, dass diese hier aufzuzählen viel zu lange dauern würde. Hinzu kamen die zahlreichen Dirnen und kleinen Türkenkinder, die im Lager geblieben waren und von den Pilgern so rasch wie möglich nach Antiochia gebracht wurden. Mit höchster Freude kehrten unsere Leute in die Stadt zurück und richteten demütige Dankgebete und Lobeshymnen an Unseren Herrn für den überaus großen, ruhmreichen und nutzbringenden Sieg, den er ihnen an diesem Tag geschenkt hatte, dem Vortag zum Fest der glorreichen Apostel, der hochwürdigen Heiligen Petrus und Paulus, dem 28. Tag des Monats Juni 1098.

Die Türken des Bergfrieds, die der Niederlage ihrer Leute zuschauen mussten, baten die Fürsten um freien Abzug für sich, ihre Frauen, ihre Kinder und ihre Habe, was ihnen gewährt wurde. So zogen sie von dannen und übergaben die Festung, auf der nun die Fahnen der Fürsten und Barone aufgepflanzt wurden. Groß sind die Werke Unseres Herrn, und man hat allen Grund, sich ihm anzuvertrauen! Denn noch am Morgen vor dieser Schlacht waren die Pilger so arm und in so großer Not, dass Herzog Gottfried, der fast sein ganzes Hab und Gut weggegeben hatte, um den armen Edelleuten und den anderen zu helfen, und der kein einziges Reitpferd mehr besaß, nur mit großer Mühe und nach vielen Bitten eines vom Grafen von Toulouse geliehen erhielt. Und unter den Rittern und anderen hohen Herren, die wohlhabend gewesen waren, als sie sich dem Heer anschlossen, waren manche nunmehr so verarmt, dass sie an jenem Tag auf Eseln und Stuten ritten. Es gab sogar mehrere Ritter und andere hoch edle Herren, die keine andere Lösung finden konnten, als mit dem einfachen Volk zu Fuß zu gehen. Sie taten dies mit großem Mut und mit Kühnheit, indem sie den Leuten zuredeten und ihnen zeigten, wie sie ihren Gegnern noch höhere Verluste zufügen könnten. Man hat nie mit Gewissheit die Zahl der Toten erfahren, doch es kamen so viele Türken ums Leben, dass die Macht Persiens für lange sehr geschwächt war, während die Christen (und vor allem die Franzosen) Ehre, Reichtum und Ansehen gewannen.

Nachdem die Pilger Unserem Herrn Jesus Christus und seiner würdigen Mutter, der glorreichen Jungfrau Maria, sowie allen Heiligen des Paradieses Dank gesagt hatten, ordneten sie auf Rat des Bischofs von Le Puy an, dass Sankt Peter, welches die Hauptkirche der Stadt war, und alle anderen Kirchen von den götzendienerischen Besudelungen der Türken gesäubert und neu gesegnet oder geweiht wurden. Und sie gaben jeder Priester, Chorherren sowie andere Würden und Ämter, die sie großzügig mit Stiftungen, Pfründen und Einkünften bedachten, und schmückten sie reich und herrlich aus, um den Gottesdienst abzuhalten. Dafür wendeten sie riesige Summen an Gold und Silber auf, denn wie Meister Vincent von Beauvais in seinem *Speculum historiale* (Geschichtsspiegel) schreibt, gab es in dieser Stadt Antiochia dreihundertvierzig Kirchen. Obwohl sie den Patriarchen, der vor ihrer Ankunft in Antiochia residierte, nicht absetzen wollten, verzichtete dieser kurz darauf freiwillig auf sein Amt, da er Grieche war und unsere Leute nicht verstand. Diese ernannten an seiner Statt einen Lateiner namens Bernhard, der aus Valence stammte, zum Patriarchen. Er gehörte zum Gefolge des Bischofs von Le Puy, dessen Kaplan er war und der ihn kurz zuvor zum Bischof von Artasia gemacht hatte. Sie erhoben Bohemund zum Herrn von Antiochia, so wie ihm dies alle einvernehmlich versprochen hatten, mit Ausnahme des Grafen von Toulouse, der damit nicht einverstanden war.[105] Der Graf hielt lange mit seinen Leuten das Brückentor und einige benachbarte Türme besetzt, da sie nach seinen eigenen Worten ihm gehörten. Doch Bohemund wurde von denen aus der Stadt als ihr Herr betrachtet und als erster aller bisherigen Herren Fürst von Antiochia genannt, da all die Seinen ihn bereits zuvor als Fürsten bezeichnet hatten. Deshalb gehörte dieser Titel von nun an zur Stadt und zur Herrschaft und wurde von allen späteren Herren getragen.

Kapitel XXVII.

Wie Hugo der Nachgeborene und Graf Balduin von Hennegau von den Fürsten nach Konstantinopel gesandt wurden. Wie diese unterwegs überrascht wurden. Der Tod oder die ungewisse Gefangennahme Graf Balduins. Hugos Rückkehr nach Frankreich. Die hohe Sterblichkeit, die in Antiochia herrschte. Der Tod des Bischofs von Le Puy. Warum die Barone sich auf mehrere Länder verstreuten. Von den großen Eroberungen Herzog Gottfrieds, und wie die von Edessa und die Leute Balaks Balduin von Edessa zu verraten gedachten.

Nachdem sie auf diese Weise in Antiochia alle nötigen Maßnahmen getroffen hatten, traten die Fürsten und Barone zu einem Rat zusammen, um gemeinsam zu entscheiden, was nun zu tun sei. Sie beschlossen schließlich, Botschafter nach Konstantinopel zu Kaiser Alexios zu senden, um ihn aufzufordern, als Zeichen der Redlichkeit und um sein Versprechen zu halten, persönlich mit einem großen Heer so rasch wie möglich aufzubrechen und sich ihnen anzuschließen, um die große Fahrt, die er sie hatte unternehmen lassen, zu vollenden und ihnen insbesondere bei der Eroberung von Jerusalem zur Seite zu stehen. Des Weiteren wollten sie ihm kundtun, dass sie sich ihrerseits, falls er sein Versprechen nicht halte und nicht ungesäumt selber ihnen nachziehe, künftig nicht mehr an die Versprechen, die sie ihm gegeben hatten, gebunden fühlten, und dies nicht ohne Grund, wenn er die seinen bräche. Zu ihren Botschaftern wählten sie Hugo den Nachgeborenen und Graf Balduin von Hennegau. Diese gerieten unterwegs unversehens in einen Hinterhalt der Türken, die sie unvermutet angriffen und in so ferne Länder verschleppten, dass man nie mehr etwas von ihnen hörte. Nur Hugo dem Nachgeborenen gelang es, heil und gesund zu entkommen, und er trat in Konstantinopel vor den Kaiser. Nach einem mehrtägigen Fest zu seinen Ehren nahm er von dort Abschied und kehrte nach Frankreich zurück. So erwies er zu seiner großen Schande weder jenen Respekt, die ihn entsandt hatten, noch nahm er Rücksicht auf seine hohe Abkunft, seine Gelöbnisse und seine Versprechen, obwohl er zuvor sehr großzügig, sehr höfisch und sehr beherzt gewesen war.[106]

Andererseits breitete sich nach ein paar Tagen in Antiochia eine Seuche aus, die so verheerend war, dass es keinen Tag gab, an dem in den Kirchen nicht mindestens dreißig oder vierzig Särge zu sehen waren. Die Zahl der Toten nahm ständig zu, und jeder Pilger erwartete nur noch sein Ende. Fast fünfzigtausend Männer, Frauen und Kinder starben an dieser Seuche. Unter ihnen befand sich auch der überaus weise, berühmte und hochwürdige Adhemar, Bischof von Le Puy, der mit seinem Rat die Stütze des Heers gewesen war. Sein Tod rief unter den Pilgern in der ganzen Stadt großes Wehklagen und unermesslichen Schmerz hervor. Sein Leib wurde in der Kirche des hochwürdigen heiligen Petrus genau an dem Ort beigesetzt, wo man die Lanze gefunden hatte, mit der die Seite Unseres Herrn geöffnet worden war. Kurz darauf verschied Reinhold von Amersbach, ein Ritter von großer Beherztheit und vornehmer Herkunft, der in der Vorhalle der Kirche Sankt Peter bestattet wurde. Des Weiteren starb der tapfere Ritter Heinrich von Esch, der sich in die Burg Turbessel[107] zurückgezogen hatte und dort unter Jammern, Tränen und Wehklagen begraben wurde. Nach einigen Ärzten war die Ursache für diese Plage die vergiftete Luft; für andere war sie darauf zurückzuführen, dass unsere Leute allzu sehr unter dem Hunger gelitten hatten und, als es wieder in Hülle und Fülle zu essen gab, zu viel Nahrung zu sich nahmen, so dass sie deshalb Gefahr liefen, sich diese Plage zuzuziehen. Diese Auffassung schien die wahrscheinlichere zu sein, weil jene, die weniger aßen, ihre Gesundheit rasch wiedererlangten.

Als die Fürsten und Barone sahen, dass die Plage kein Ende nahm und das einfache Volk immer lauter forderte, nach Jerusalem weiterzuziehen, traten sie zur Beratung zusammen. Es gab verschiedene Meinungen, denn die einen sagten, es sei besser, auf kürzestem und schnellstem Weg nach Jerusalem zu ziehen, zumal das Volk dies ständig verlange und alle dazu verpflichtet seien. Die anderen meinten, die Jahreszeit sei nicht günstig für den Weiterzug, denn die Hitze sei zu groß und die Dürre führe zu Wassernot. Zudem könne das Heer nicht genügend Getreide für die Leute und Futter für die Pferde finden. Aus diesen Gründen müsse man bis zum Fest des heiligen Remigius warten, da ab dann die Witterung wieder gemäßigter sei. In der Zwischenzeit könne man den Pferden viel Ruhe gönnen und zudem neue auftreiben, wie auch das Volk Gelegenheit habe, sich zu erholen, und die Kranken und Schwachen ihre Kraft und Gesundheit wiederfinden könnten. Alle schlossen sich der letzteren Meinung an, doch zugleich trafen die Fürsten und Barone den Entscheid, die Stadt Antiochia rasch zu verlassen, um einerseits der schlechten Luft zu entfliehen und andererseits billigere Lebensmittel aufzutreiben. Bohemund zog in das Gebiet von Kilikien, wo er Tarsos, Adana, Mamistra und Anavarza einnahm und mit seinen Leuten besetzte, so dass er sich das ganze Land unterwarf und seiner Herrschaft unterstellte. Die anderen zerstreuten sich und suchten fern von allen anderen benachbarte Städte auf, damit sie und ihre Pferde sich dort erholten. Mehrere Reiter und Fußkämpfer überschritten den Euphrat und begaben sich nach Edessa zu Balduin, der sie freudig aufnahm.

Während ihres Aufenthalts versorgte Balduin sie reichlich mit Lebensmitteln, und als sie wieder aufbrechen wollten, überreichte er ihnen schöne und kostbare Geschenke. Während dieser Zeit geschah es, dass Rodoan[108], der Herr von Aleppo, beschloss, eine Festung dieser Marken zu erstürmen, die den Namen Hasard[109] trug. Dort soll, wie es heißt, das Hasard- oder Zufallsspiel erfunden worden sein. Während der Belagerung schickte der Burgherr, der sich bewusst war, dass er nicht allzu lange Widerstand leisten konnte und von den Türken seiner Religion keinerlei Hilfe erwarten durfte (so sehr fürchteten sie Rodoans Macht), seine Botschafter zu Herzog Gottfried, weil dessen Tapferkeit weithin bekannt war. Er sandte ihm seinen Sohn als Geisel, um ihm auf diese Weise die Herrschaft über sich, seine Burg und alle seine Habe anzubieten, falls der Herzog bereit wäre, ihn zu unterstützen. Gottfried willigte ein und bat seinen Bruder Balduin, mit möglichst vielen Leuten zu ihm zu stoßen, da es seine Absicht sei, Hasard zu entsetzen. Sodann zog er mit seinem Heer auf kürzestem Weg und in langen Tagesreisen zur Festung.

Als die Botschafter von Hasard also sahen, dass Unterstützung nahte, nahmen sie zwei Tauben, die sie zu diesem Zweck dabei hatten, da wegen der Belagerung niemand in die Burg gelangen konnte, und banden ihre Füße zusammen. Als der Herr dies sah, wusste er, dass man ihm zu Hilfe kam, und fand den Mut, Rodoans Heer anzugreifen. Bis dahin hatte er aus Furcht nicht einmal gewagt, sich auf den Zinnen zu zeigen. Auch Balduin säumte nicht und nahte mit dreitausend Berittenen, um sich eine Tagesreise von Hasard entfernt seinem Bruder, dem Herzog, anzuschließen. Auf Balduins Rat sandte Herzog Gottfried einen Botschafter an die in Antiochia gebliebenen Fürsten und Barone, um sie zu bitten, ihm als seine Freunde und Gefährten behilflich zu sein, das Unternehmen zu vollenden. Vor seinem Aufbruch hatte er bereits Bohemund und den Grafen von Toulouse mit sanften Worten darum gebeten, doch beide waren verärgert, weil der Türke von Hasard es vorgezogen hatte, sich an den Herzog statt an jemand anderen zu wenden, und hatten deshalb nicht mitziehen wollen. Als er sie nun jedoch ein zweites Mal aufforderte, sahen sie ein, dass sie nicht mehr fernbleiben konnten, ohne große Schmach auf sich zu laden.

So machten sie sich mit ihren Leuten rasch für den Feldzug bereit und folgten den anderen. Auf diese Weise sammelte Gottfried fast dreißigtausend Waffenträger um sich. Rodoan, den seine Späher auf dem Laufenden hielten, wurde von solchem Entsetzen gepackt, dass er die Unseren nicht zu erwarten wagte, obwohl ihm mehr als vierzigtausend Türken zur Verfügung standen. Und er kehrte nach Aleppo zurück.

Gottfried jedoch, der davon nichts wusste, zog mit seinem Heer weiter, bis er erfuhr, etwa fünftausend Türken Rodoans hätten die Pilger, die aus Antiochia zur Unterstützung des Herzogs aufgebrochen waren, überfallen, einige sofort getötet und andere als Gefangene in ihre Burgen und Festungen verschleppt. So machte er mit seinen Leuten kehrt und verfolgte die Türken so eilends, dass er sie dank einer Abkürzung, die ihm von Einheimischen gezeigt wurde, einholte. Und er griff sie an, bevor sie ihre Festungen erreicht hatten. Und er bedrängte sie so sehr, dass fast alle von ihnen getötet oder gefangen genommen und die christlichen Gefangenen befreit wurden. Nur wenige Türken entkamen, zum großen Bedauern Rodoans, da sie die besten und tapfersten Männer seines ganzen Heers gewesen waren.

Anschließend zog der Herzog weiter zur Burg Hasard, deren Herr ihm mit dreihundert Berittenen entgegenkam. Der Türke stieg vom Pferd, kniete vor Gottfried nieder und dankte demütig, an erster Stelle ihm, dann aber auch den anderen Fürsten und Barone, für die Hilfe, die sie ihm in einer Notlage gewährt hätten. Und er schwor ihnen und allen anderen Christen lebenslange Treue; er werde sich für ihr Wohl, ihren Vorteil und ihre Ehre einsetzen und diese, so gut er könne, vor jedem Makel zu bewahren suchen. Der Herzog, die Fürsten und die Barone verbrachten die Nacht in der Burg, und am nächsten Tag kehrten Graf Balduin nach Edessa und die anderen nach Antiochia zurück, ausgenommen Herzog Gottfried.

Einige Tage später zog der Herzog, um den Bitten seines Bruders Balduin nachzukommen, der ihn nach Edessa eingeladen hatte, um ihn häufiger zu sehen, mit den Bedürftigsten des Heers zu den Burgen Turbessel, Hatab und Ravendel[110]. Und er machte sich das ganze dortige Umland untertan. Wiederholt besuchte er seinen Bruder Balduin in Edessa, der von den Einwohnern dieser Stadt fast umgebracht worden wäre. Als nämlich einige von ihnen feststellten, dass der Graf ihnen nicht mehr so viel Vertrauen schenkte wie zu Beginn und dass die unzähligen Pilger, die ihn aufgrund der wertvollen Geschenke, die er ihnen machte, in Edessa aufsuchten und begleiteten, seinen Hochmut hatten wachsen lassen, zettelten sie eine Verschwörung gegen ihn an und beschlossen, ihn von den Türken, die über dieses Vorhaben sehr erfreut waren, töten zu lassen. Doch einer der Verschwörer, der Balduins Freund war, setzte ihn davon in Kenntnis. Balduin ordnete deshalb eine Untersuchung an, nahm die Hauptschuldigen gefangen und erlegte ihnen schwere Strafen auf.

BEGRÄBNIS ADHEMARS VON MONTEIL.
KREUZFAHRER ZU PFERDE

„Fast fünfzigtausend Männer, Frauen und Kinder starben an dieser Seuche.
Unter ihnen befand sich auch der überaus weise, berühmte und hochwürdige Adhemar,
Bischof von Le Puy, der mit seinem Rat die Stütze des Heeres gewesen war.
Sein Tod rief unter den Pilgern in der ganzen Stadt großes Wehklagen und
unermesslichen Schmerz hervor. Sein Leib wurde in der Kirche des hochwürdigen
heiligen Petrus genau an dem Ort beigesetzt, wo man die Lanze gefunden hatte,
mit der die Seite Unseres Herrn geöffnet worden war.“

(FOL. 75VB–76A)

Der Tod des Bischofs von Le Puy, Adhemar von Monteil, am 1. August 1098, gehört zu den einschneidenden Ereignissen des Ersten Kreuzzuges. Adhemar war nicht nur Stellvertreter des Papstes und sein apostolischer Legat, sondern auch die unangefochtene Autorität dieses Kreuzzuges. Er wurde von allen Christen beweint. Auf der oberen Miniatur hat Jean Colombe den Trauerzug Adhemars dargestellt, der in der Peterskathedrale in Antiochia beigesetzt wird. Eine große Menge von Gläubigen gibt ihm das letzte Geleit. Die Kirchenfassade mit ihren drei monumentalen, mit Statuen reich geschmückten Portalvorbauten verleiht der Szene einen prunkvollen Rahmen. Im unteren Register hat Jean Colombe eine Gruppe elegant gekleideter junger Reiter mit weißen Federbüschen auf dem Hut abgebildet. Es könnte sich um Kreuzfahrer handeln, die nach einem Besuch bei Balduin in Edessa mit Geschenken beladen zurückkehren.

larmee . Pour la mort du quel
se fit pur ses pelerins tresgrant
plant et dueil pur toute la Cite.
Et fut son corps enterre en leglise
monseigneur saint pierre . ou pro
pre lieu ou auoit este trouue la
lance dont monseigneur fut frap
pe ou coste . . Apres y tresuassa
Reynault de ameillac Cheualier
de moult grant buillance . z de

haut lignage . Et le corps du
quel fut enterre ou porche de leglise
Saint pierre . Et pareillement
aussi tresuassa lors le tresuaillant
Cheualier Henry de basque ou
chastau de Torbesset . la ou il sen
estoit ale seiourner . z la fut aus
si en terre en grans plaints plour
et regretz . Loccasion de celle mor
talite disoient les auluns medians

Dem einen ließ er die Augen ausstechen, und andere, die nicht so große Untaten begangen hatten, verbannte er aus der Stadt und zog ihre Habe ein. Die übrigen ließ er weiter in der Stadt leben, er ließ aber den größten Teil ihrer Habe einziehen – das Beschlagnahmte entsprach mehr als zwanzigtausend Besanten[111] – und verteilte sie großzügig unter die Pilger, die ihn bei der Eroberung von Burgen und Festungen, aber auch einiger Städte rund um Edessa geholfen hatten. Und aufgrund seiner großen Geschenke, Unternehmungen und Eroberungen wagte keiner seiner Nachbarn mehr, sich ihm entgegenzustellen, obwohl die hohen Herren der Gegend gerne eine Lösung gefunden hätten, um sich seiner zu entledigen. Insbesondere gab es in diesen Marken einen großen Türken namens Balak, der Herr der Stadt Sarudsch[112] gewesen war, bevor diese von unseren Leuten erobert wurde.

Als dieser feststellte, dass der Graf ihn nicht mehr so viel zu Rate zog wie gewohnt und ihm nicht mehr so freundlich begegnete wie zuvor, zog er ihn eines Tages beiseite und teilte ihm heimtückisch mit, er beabsichtige, seine Frau, seine Kinder sowie all sein Hab und Gut nach Edessa zu bringen. Er wolle ihm seine Burg übergeben, weil ihn die Türken und die übrigen Mitglieder seines Geschlechts hassten und ihm aufgrund seiner guten Beziehungen und seiner Zuneigung zu den Christen Böses antun wollten. An dem mit Balak verabredeten Tag zog der Graf, der keinen Argwohn hegte, mit zweihundert Berittenen zur Burg, um sie in Besitz zu nehmen. Balak aber hatte darin insgeheim eine große Zahl bewaffneter Türken einschließen lassen, die sich des Grafen bemächtigen sollten, sobald er seinen Fuß ins Innere gesetzt hätte. Und so geschah es, dass Balak, als Balduin vor der Burg ankam, diesen bat hineinzugehen und zu sehen, wie gut der Ort befestigt war, dabei aber nur wenige Leute mitzunehmen, da ihm sonst seine Habe gestohlen werden könnte, die noch hier und dort herumlag. Balduin, der ihm glaubte, wollte der Bitte stattgeben, doch einige seiner weisesten Gefährten hielten ihn davon ab, da sie den Verrat des Türken fürchteten, dessen Bösartigkeit ihnen bekannt war. Auf ihren Rat betraten zunächst zwölf tapfere und gut bewaffnete Leute den Turm, um zu prüfen, ob es etwas zu befürchten gebe. Im selben Augenblick tauchten die Türken aus ihren Verstecken auf, setzten ihnen nach und nahmen sie gefangen.

Als Balduin den Lärm vernahm und erkannte, dass er verraten worden war, ritt er sehr betrübt vor den Turm und rief Balak, um ihn aufzufordern, eingedenk des ihm geleisteten Eides die Gefangenen bedingungslos oder zumindest gegen Lösegeld freizulassen, denn er würde ihm für sie eine hohe Geldsumme zahlen. Balak erwiderte ihm, er lasse keinen laufen, bevor ihm Balduin nicht seine Stadt Sarudsch zurückgegeben habe. Als der Graf diese Antwort vernahm und zudem die Mächtigkeit und die starke Besatzung der Burg in Betracht zog, kehrte er sehr erzürnt nach Edessa zurück. Ein paar Tage später geschah es aber, dass ein tapferer Ritter namens Robert von Chartres, dem Graf Balduin die Stadt Sarudsch zur Bewachung anvertraut hatte, diese mit hundert Mann zu Pferde verließ, da er von Balaks Verrat vernommen hatte. Des Nachts legten sie unweit der Burg, in der sich die zwölf Gefangenen befanden, einen Hinterhalt und ritten am folgenden Morgen vor die Mauern, um die Türken herauszulocken. Mehrere der Besatzung, die sehr erzürnt waren, kamen heraus, verfolgten die Reiter und gerieten so in den Hinterhalt, wo etliche von ihnen getötet wurden. Die anderen kehrten in ihre Festung zurück, aus der im Austausch sechs Gefangene freigelassen wurden. Kurz darauf konnten vier weitere der Unseren fliehen. Als Balak sah, dass ihm nur noch zwei blieben, ließ er diese enthaupten. Graf Balduin ließ seinerseits einen bedeutenden Türken enthaupten, der ihn häufig in Edessa aufgesucht und ihm die Übergabe seiner Burg versprochen hatte.[113] Sobald aber Balduin auf der Erfüllung des Versprechens bestand, verlangte der Türke weiteren Aufschub und machte Ausflüchte. Von da an vermied der Graf jedes weitere Bündnis mit den Türken, ob er nun bereits Beziehungen mit ihnen gepflegt hatte oder nicht.

Kapitel XXVIII.
Wie der Graf von Toulouse die Stadt Albara eroberte, und wie das große Heer aus den Marken von Antiochia nach Jerusalem aufbrach. Die Einnahme von Marram. Von dem Streit, der über diese Einnahme zwischen dem Grafen von Toulouse und Bohemund ausbrach, sowie von einer neuen Plage, die unsere Leute befiel. Von den großen Raubzügen und Gewinnen, die der Graf von Toulouse anfangs machte.

Graf Raimund von Toulouse, den es verdross, seine Zeit in Antiochia mit Nichtstun zu verlieren, sammelte seine Leute und nahm eine große Zahl armer Pilger, die noch in der Stadt weilten, mit sich, um die zwei Tagesreisen von Antiochia entfernte Stadt Albara[114] zu belagern. Obwohl sie gut verteidigt wurde, gelang es ihm, die Einwohner zur Übergabe zu zwingen. Von dieser Stadt aus herrschte er über das ganze Land, wofür er Unserem Herrn dankte. Er bat den Patriarchen von Antiochia, einen weisen Mann namens Peter, der aus Narbonne stammte und mit ihm ins Land gekommen war, zum Erzbischof von Albara einzusetzen und zu weihen. In Antiochia wütete immer noch die Plage. Fast alle Deutschen, die in großer Zahl neu aus ihrer Heimat in die Stadt gekommen waren, erlagen der Krankheit, und nur wenige überlebten. In den drei Monaten, die diese Pest dauerte, kamen mehr als fünfhundert Ritter und so viele berittene Adlige und einfache Leute ums Leben, dass man sie nicht zählen konnte.

Am 1. November waren alle Fürsten und Barone, die der Seuche wegen die Stadt verlassen hatten, wie versprochen nach Antiochia zurückgekehrt. Sie beschlossen, die befestigte Stadt Marram[115] zu belagern, die nur acht Meilen von Albara entfernt war, denn anders hätten sie das Volk nicht mehr halten können, das sich nichts sehnlicher wünschte, als nach Jerusalem zu ziehen. Noch am selben Tag brachen der Graf von Toulouse, Herzog Gottfried, dessen Bruder Eustach, der Graf von Flandern, der Herzog von der Normandie und Tankred mit ihren Leuten auf, um Marram zu belagern. Die Einwohner dieser Stadt, die sehr reich und sehr stolz waren, brachten den Pilgern anfangs große Verachtung entgegen, da sie in jenem Jahr gegen die Unseren gekämpft und in einem heftigen Scharmützel mehrere, auch einige der besten, getötet hatten. Sie waren deshalb umso hochmütiger, und in Verspottung unseres Glaubens stellten sie Kreuze auf ihren Mauern auf und bespuckten sie vor den Augen der Pilger. Zudem stießen sie unzählige Schmähungen aus, so dass die erzürnten Fürsten und Barone sie mit solcher Heftigkeit angreifen ließen, dass sie die Stadt am zweiten Tag nach ihrer Ankunft im ersten Sturmangriff erobert hätten, wenn ihnen denn Leitern zur Verfügung gestanden hätten. Bohemund traf am dritten Tag ein und postierte seine Leute vor den Mauern, wo der Belagerungsring noch nicht geschlossen war. Die Unseren fertigten nun Schanzkörbe[116] und Leitern an und stellten Wurfmaschinen auf, um die Gräben zu füllen. Anschließend platzierten sie die Mineure vor den Mauern, und obwohl sich die Belagerten mit außerordentlicher Kraft verteidigten und eine riesige Menge an Wurfgeschossen und anderen Verteidigungsmitteln hinunterschleuderten, wurde keiner der Unseren verletzt, Lob und Dank sei Gott, der sie schützte und ihnen Mut und Kraft gab, die Stadt zu erstürmen, wäre die Nacht nicht hereingebrochen. Noch bevor es tagte, versteckten sich alle Einwohner mit einem großen Teil ihrer Habe. Da sie jede Hoffnung auf Rettung aufgegeben hatten, zogen sie sich in Keller und tiefe Höhlen zurück. Die Fürsten, die von der Angst der Belagerten nichts wussten, ließen die Tore und die ganze Stadt scharf bewachen, damit niemand entkomme, und stellten im ganzen Lager gute Wachen auf.

Doch diejenigen aus dem einfachen Volk brachen im Geheimen auf, als sie sahen, dass sich niemand auf den Mauern befand und kein Laut aus der Stadt zu vernehmen war, und drangen mit Hilfe von Leitern ungehindert in die Stadt ein, da sie weder Verteidiger auf den Mauern noch Einwohner in den Straßen vorfanden. So rafften sie an sich, was ihnen in die Hände fiel; zweifellos benötigten sie all diese Dinge, da sie schwer unter Hunger und Armut gelitten hatten. Bei Morgengrauen drangen die Fürsten und die anderen Adligen in die Stadt ein, erbeuteten jedoch nur noch wenig, denn die einfachen Leute hatten bereits alles mitgenommen. Allerdings fanden sie rasch heraus, wo sich die Türken versteckt hielten, und lockten sie durch Aushungern aus ihren Schlupflöchern hervor. Viele Bewohner wurden getötet, die übrigen zu Gefangenen gemacht. So wurde Marram erobert. Dort erlag der fromme und ehrwürdige Geistliche Wilhelm, Bischof von Orange, der Unseren Herrn sehr liebte, einer Krankheit.

Fünfzehn Tage nach dieser Einnahme kehrten der Herzog von Lothringen und der Graf von Flandern nach Antiochia zurück. Nach ihrem Aufbruch kam es wegen Marram zu einem großen Streit zwischen dem Grafen von Toulouse, der die Stadt dem Erzbischof von Albara übergeben wollte, und Bohemund, der nicht auf seinen Anteil zu verzichten gedachte, wenn der Graf ihm nicht im Gegenzug die von ihm besetzten Türme in Antiochia überließ. Der Graf lehnte dies jedoch ab. Deshalb kehrte Bohemund erbittert aus Marram nach Antiochia zurück und griff die Türme des Grafen mit solcher Heftigkeit an, dass sich die Besatzung ergab, als sie sah, dass sie zu einer Verteidigung zu schwach war. Gleichzeitig übergab der Graf, der sich nun allein sah, die ganze Stadt Marram an den Erzbischof von Albara. Ein paar Tage später traf er mit den übrigen Fürsten und Baronen in der Stadt Rege[117] zusammen, die auf halbem Weg zwischen Antiochia und Marram liegt, und hielten untereinander Rat über den Weg, den sie nach Jerusalem einschlagen wollten. Unwillig über den Zwist, der die Fürsten wegen Marram entzweite, und nicht damit einverstanden, dass zur Bewachung dieser und der anderen Städte Männer aus dem großen Heer abgezogen werden mussten, versammelten sich die einfachen Leute und beschlossen, die Mauern und Türme von Marram zu schleifen, einvernehmlich und trotz der Proteste des Erzbischofs, dem sie sich hartnäckig widersetzten, denn sie wollten nicht, dass der Graf wegen dieser Stadt noch länger vor Ort blieb. Als der Graf all dies nach seiner Rückkehr sah, war er äußerst ungehalten. Da er jedoch wusste, dass er nichts machen konnte, verbarg er seinen Ärger.

Die Leute aus dem Volk versammelten sich zudem zu einem Auflauf und bestürmten die Fürsten, sie nach Jerusalem zu führen; anderenfalls würden sie einen Ritter wählen, ihn zu ihrem Führer machen und ihm dorthin folgen, um ihr Gelübde zu erfüllen und ihre Pilgerfahrt zu vollenden. Um die Wahrheit zu sagen, litten die Pilger während der Zeit von einem Monat und drei Tagen, die sie in Marram verbrachten, unter einer schrecklichen Hungersnot, die viele von ihnen dahinraffte. Mehrere aßen sogar Menschenfleisch oder andere schlimme und unziemliche Dinge. Das Ergebnis war eine hohe Sterblichkeit, denn die Hungersnot, unter der sie während der Belagerung der Stadt Marram litten, brachte ihnen schwere Verluste bei, nicht nur im Kampf, sondern auch an Krankheit. Unter vielen anderen erlag hier auch der sehr tapfere junge Ritter Ingelram, der Sohn des Grafen Hugo von Saint-Pol, einer Krankheit und wurde im Heer sehr betrauert. Als der Graf von Toulouse die große Wut und die Gefahren sah, in denen sich das arme Volk befand, und da er aus echter Barmherzigkeit dazu neigte, ihrem Ersuchen und ihren sanften Bitten nachzugeben,

teilte er den Leuten gegen den Willen der übrigen Fürsten mit, dass er in zwei Wochen nach Jerusalem aufbreche. Um zudem ihren Nöten und dem Hunger ein Ende zu bereiten, nahm er einige seiner kräftigsten und gewandtesten Reiter und Fußkämpfer, ließ den Rest in der Stadt zurück und drang in das Land seiner Feinde ein. Mit Gewalt zerstörte er Städte, Burgen und Festungen und kehrte mit großen Mengen an Vieh und anderen Lebensmitteln nach Marram zurück, die er gerecht an alle verteilen ließ, ob sie ihn nun begleitet hatten oder nicht. So erhielten alle viel Gold und Silber sowie reichlich Nahrungsmittel.

Kapitel XXIX.
Wie der Graf von Toulouse, ein großes Heer mit sich führend, die Stadt Marram verließ, sie in Brand steckte und nach Jerusalem aufbrach. Von den anderen Herren, die ihm folgten. Von mehreren Städten, die sie eroberten, und von deren Einwohnern, die flohen, als sie von ihrem Herannahen erfuhren. Wie der Graf von Toulouse Geschenke eines Türken erhielt und gegen seine Ehre die Belagerung von Dschabala aufhob und vom Tod Anselms von Ribemont.

Auf Bitte des Grafen von Toulouse ernannte der Erzbischof von Albara einen Aufse-her und Hauptmann in seiner Stadt und brach mit dem Grafen nach Jerusalem auf. Da der Graf das einfache Volk nicht mehr zurückhalten konnte, verließ er an dem Tag, der zur Fortsetzung des Kreuzzugs bestimmt worden war, die Stadt Marram, nachdem er sie vollständig in Brand gesteckt hatte, mit einem großen Heer von Pilgern. Allerdings waren es nicht mehr als etwa fünftausend Mann, unter denen es nicht mehr als dreihundert Berittene gab. Kurz nach seinem Aufbruch folgten ihm der Herzog von der Normandie und Tankred und schlossen sich ihm an. Ungeachtet der Zahl, die sie anfangs beide in ihrem großen Gefolge gehabt hatten, verfügten sie jetzt nur noch über knapp vierzig Rei-ter, dafür aber über sehr viele Fußkämpfer. Das so vereinte Heer fand unterwegs eine große Menge an Lebensmitteln, denn es zog über Caesarea[118], Haman[119] und La Chamelle[120], deren Herren ihnen gerne große Geschenke an Gold und Silber überreichten. Zudem erhielten sie Rinder, Kühe, Schafe und andere Lebensmittel zu angemessenen Preisen, und jeder von ihnen führte sie außerdem durch sein gesamtes Land. So wuchs von Tag zu Tag das Heer und geriet in eine bessere Lage. Allerorten fanden die Pilger gute Wege und Pferde, die ihnen sehr gefehlt hatten. Vor der Ankunft der übrigen Fürsten verfügten sie schließlich über mindestens tausend Berittene.

Seit ihrem Aufbruch von Marram waren sie lange Zeit fern vom Meer und stets unbehelligt ihres Weges gezogen, sieht man von einigen türkischen Dieben und Räubern ab, die dem Heer folgten oder neben ihm durch das Dickicht und auf versteckten Wegen vorrückten. Von dort aus führten sie Überraschungsangriffe durch und stürzten sich auf die Schwachen und Kranken, die hinter dem Heer zurückblieben. Der Graf von Toulouse legte ihnen mit einigen seiner kräftigsten und besten Reiter einen Hinterhalt. Wie gewohnt überfielen die Türken, die keinen Verdacht hegten, einige arme Fußkämpfer, die so taten, als hätten sie den Anschluss ans Heer verloren. Der Graf und die Männer seines Hinterhalts kesselten sie zwischen sich und dem großen Heer ein und setzten ihnen nach, um sie alle niederzumetzeln, ausgenommen ein paar wenige, die man gefangen nahm. Der Graf kam bei dieser Gelegenheit zu guten Pferden und zahlreichen Rüstungen, über die sein Heer nach seiner Rückkehr hocherfreut war.

In der Folge kam es zu keinen solchen Überfällen mehr, und die Pilger erhielten freizügig Lebensmittel aller Art, die ihnen von den Städten und Burgen zur Rechten und Linken ihres Weges zur Verfügung gestellt wurden. Es gab keinen Herrn, der ihnen nicht große Geschenke machte, um dadurch Plünderungen zu verhüten. Alle lieferten ihnen großzügig und zu günstigen Preisen sämtliche Nahrungsmittel, ausgenommen die Besatzung einer Festung, die sich für so mächtig hielt, dass sie es nicht für nötig befand, den Unseren Geschenke zu machen, sondern ihnen mit einem Überfall den Durchzug zu verwehren suchte.[121] Die Unseren erwiderten den Angriff allerdings mit solcher Heftigkeit, dass die Feinde fast alle getötet oder gefangen genommen wurden. Da die Unseren wussten, dass die Besatzung der Burg vernichtet war, stürmten sie den Hang hoch und schleiften sie, indem sie die Gebäude in Brand steckten, nachdem sie alle Besitztümer an sich genommen hatten. Sie erbeuteten zudem zahlreiche Pferde, die in der Nähe weideten. Als die Gesandten der hohen Herren und Städte der Umgegend, die mit Geschenken zu den Unseren gekommen waren, um sich vor der Vernichtung zu schützen und zugleich das Verhalten unserer Leute auszuforschen, deren große Macht, Kühnheit und Umsicht zur Kenntnis nahmen und feststellten, dass die Unseren überall, wo sie durchzogen, ihren Willen voll und ganz durchsetzten, so dass ihnen niemand standhalten konnte, kehrten sie zu ihren Herren zurück und berichteten ihnen, die Pilger seien sehr tapfere und mutige Leute. Aufgrund dieses Berichts erhielt unser Heer von überallher unentgeltlich noch mehr Geschenke und Lebensmittel als zuvor, so sehr war es allerorten gefürchtet.

Die Fürsten beeilten sich nun, das ganze Land in ein paar Tagen zu durchqueren und in das Gebiet von Phönikien zu gelangen, wo sie ihr Lager in der Ebene unweit von Archis[122] aufschlugen, einer großen und stark befestigten Stadt, die vier Meilen vom Meer entfernt auf einem hohen, festen Hügel zu Füßen des Berges Libanon lag. Diese Stadt war sehr alt, denn Archeus, der Kanaans Sohn, Hams Enkel und Noahs Urenkel war, gründete sie und gab ihr seinen Namen. Sechs Meilen von dieser Stadt entfernt lag die reiche und feste Stadt Tripolis[123]. In diesen beiden Städten – aber auch in anderen Städten und Burgen – gab es zahlreiche gefangene Pilger, die von den Türken und sogar von einigen unserer Glaubensbrüder dorthin gebracht worden waren. Es muss gesagt werden, dass während der Belagerung Antiochias und nach deren Einnahme einige von ihnen voller Unvernunft durchs Land gezogen waren, um Lebensmittel aufzutreiben, und dass die Bewohner der Gegenden, in die sie ihre Raubzüge unternahmen, sie deshalb verfolgten und eine gewisse Zahl töteten; sie ergriffen aber auch sehr häufig einen großen Teil von ihnen und setzten sie gefangen, in der Hoffnung, ein Lösegeld zu erpressen oder sie, wenn nötig, gegen andere Gefangene auszutauschen. Die Stadt Tortosa[124] lag ebenfalls in der Nähe. Zweihundert Pilger, die Raimund Pelet[125] zu ihrem Hauptmann wählten, verließen die Belagerung von Archis, um Tortosa anzugreifen. Bereits am nächsten Morgen drangen sie in die Stadt ein und erbeuteten dort viele Besitztümer und große Schätze, ohne auf Widerstand zu stoßen, da die Türken in der Nacht geflohen waren und dabei nur ihre Frauen und Kinder in die umliegenden Berge mitgenommen hatten.

Als es März geworden war, ließ andererseits das in Antiochia verbliebene Volk nicht davon ab, Herzog Gottfried und den Grafen von Flandern zu bitten, den anderen, deren große Erfolge die ganze Gegend beherrschten, endlich zu folgen. So verließen die beiden Fürsten sowie die übrigen Barone und Pilger Antiochia so früh wie möglich im März und zogen nach Latakia in Syrien[126]. Dort versammelten sich fünfundzwanzigtausend Männer, von denen jeder je nach seiner Stellung gut bewaffnet war. Bohemund hatte sie bis dorthin begleitet und nahm nun unter Tränen, zu seinem großen Bedauern, doch mit ihrem Einverständnis Abschied von ihnen und kehrte nach Antiochia zurück, um diese Stadt zu beschützen. Dies war unbedingt erforderlich, da sie erst vor kurzem erobert worden war. In La Liche saß der Freibeuter Guyenemer von Boulogne in Haft, der von den Einwohnern bei einem Angriff, den er ganz zu Beginn, noch vor der Eroberung von Antiochia, unternommen hatte, gefangen genommen worden war. Obwohl die Stadt dem Kaiser gehörte, hatten die Einwohner Guyenemer nicht auf freien Fuß gesetzt. Auf Verlangen Herzog Gottfrieds ließen sie nun ihn und seine Ruderschiffe frei. Der Herzog gebot ihm, auf seinen Beibooten zu diesen zurückzukehren und sein Heer fortan an der Küste zu begleiten.

Sieben Meilen von Tortosa entfernt liegt die Stadt Gibelet[127], die Gottfried und seine Leute zu belagern gedachten. Ein Vogt des Kalifen von Ägypten, der sie in seinem Namen verwaltete, weil sie als erste Stadt zur ägyptischen Seite hin unter dessen Herrschaft stand, kam vor die Tore, um mit Herzog Gottfried zu verhandeln, und bot ihm sechstausend Besanten und verschiedene weitere großzügige Geschenke an, wenn der Herzog bereit sei, die Belagerung aufzuheben. Dieser erwiderte jedoch, dass ihn Unser Herr nie einen solchen Verrat begehen lasse und dass er nicht mehr davon reden hören wolle. Daraufhin schickte der Vogt einen Botschafter zum Grafen von Toulouse, der Archis belagerte. Der Graf nahm das Geld an, dachte sich eine List aus und ließ den Herzog und den Grafen von Flandern wissen, der Großsultan von Persien, der von Kerboghas Niederlage Kenntnis erhalten habe, werde ein noch gewaltigeres Heer als das vorhergehende gegen die Pilger schicken. Deshalb bat er sie, ihre Belagerung abzubrechen und zu ihm zu eilen, damit sie alle vereint seien.

Als der Herzog und der Graf dies vernahmen, glaubten sie, es sei wahr, hoben umgehend ihre Belagerung auf und machten sich so rasch wie möglich auf den Weg. Sie zogen an der Stadt Valenia vorbei, die unterhalb der Burg Margat[128] liegt, und gelangten nach Maraclea[129], der ersten phönikischen Stadt im Norden. Von dort ging es nach Tortosa, wo sie ihre Flotte einige Tage lang vor einer benachbarten Insel ankern ließen. Dann begaben sie sich eiligst nach Archis. Tankred verließ die Belagerung und suchte sie auf, um ihnen zu berichten und den Betrug des Grafen von Toulouse zu enthüllen. Sie waren darob so erzürnt, dass sie sich nicht mit dem Grafen vereinigen wollten, sondern weit von ihm entfernt ihr Lager aufschlugen. Als der Graf dies vernahm, sandte er ihnen seine Botschafter mit großen Geschenken; sie entschuldigten ihn mit schönen Worten und beruhigten die Fürsten und Barone, ausgenommen Tankred, der sich nicht mit dem Grafen aussöhnen wollte, sondern weiterhin schwere Klagen gegen ihn erhob. Ob diese berechtigt waren oder nicht, auf jeden Fall hatten sich die Leute des Grafen bis zu Gottfrieds Ankunft in ihren Angriffen auf Archis nicht recht tüchtig gezeigt, weil sie nicht getötet werden wollten, so dass einige behaupteten, Unser Herr habe ihnen offenbar ihrer Sünden wegen Seine Hilfe entzogen. Bei einem Angriff wurde allerdings der tapfere und viel gerühmte Ritter Anselm von Ribemont, der sich im Heer so oft ausgezeichnet hatte, durch einen Stein getötet. Sterbend rief er dreimal voller Demut Unseren Herrn an: „Deus, adjuva me."[130] Nach dem dritten Mal hauchte er seine Seele aus, die, wie ich glaube, ins Himmelreich einging, denn Anselm war während seines ganzen Erdenlebens sehr katholisch und dem hochwürdigen heiligen Quintinus gegenüber sehr fromm gewesen. Zur selben Zeit kam ein weiterer Ritter und hoher Herr namens Pons von Baladun, ein naher Freund des Grafen von Toulouse, durch einen Steinwurf ums Leben.

Während dieser Belagerung fand ein heftiger Streit zwischen mehreren Angehörigen des Heers statt. Die einen sagten, die in Antiochia gefundene Lanze sei nicht jene, mit der Unserem Herrn die Seite geöffnet worden sei, und die anderen behaupteten das Gegenteil. Deshalb schlug der Kleriker, der die Vision gehabt hatte, eine Feuerprobe[131] vor. Auf Verlangen mehrerer Leute schritt er durch das Feuer und bestand die Probe heil und gesund.

Allerdings starb er ein paar Tage später, was den Streit weiter anfachte, selbst wenn seine Anhänger erklärten – und dies mochte durchaus wahr sein –, er sei gestorben, weil er von jenen erdrückt worden sei, die ihn in die Arme geschlossen hätten, um ihm ihre Freude über die bestandene Probe zu bezeigen, oder weil es Unserem Herrn gefallen habe, ihn sterben zu lassen, nachdem er diese Offenbarung durch ein solches Wunder anerkannt habe.

✝

Kapitel XXX.
Von den Botschaftern des Kalifen von Ägypten und des Kaisers von Konstantinopel und von dem Misserfolg der Gesandten von Tripolis. Wie die Belagerung von Archis aufgehoben wurde. Von mehreren Städten, durch welche die Pilger zogen. Von den Christen Jerusalems, und wie die Stadt Bethlehem Herzog Gottfried übergeben wurde.

Während der Belagerung von Archis kamen die Botschafter, welche die Pilger von Antiochia aus entsandt hatten, an – mit denen des Kalifen von Ägypten, der unsere mit Gewalt und List fast ein Jahr lang festgehalten hatte. Mit diesen schickte er einige der seinen, deren Angebote sich deutlich von den in Antiochia gemachten unterschieden. Hatte man die Unseren zunächst wissen lassen, wenn sie den Sultan von Persien tatkräftig bekämpften, werde ihnen der Kalif großzügig Leute, Geld und Lebensmittel zur Verfügung stellen, so teilten ihnen die neuen Gesandten mit, der Kalif werde wohl viel für sie tun, wenn sie sich bereit erklärten, sich unbewaffnet in Gruppen von zwei- oder dreihundert Pilgern nach Jerusalem zu begeben; sie würden von dort alle heil und gesund zurückkommen, sobald sie ihre Gebete verrichtet hätten. Als sie diese Worte vernahmen, waren die Fürsten und Barone sehr erzürnt und bedachten sie mit tiefer Verachtung. So trugen sie den Ägyptern auf, zu ihrem Kalifen zurückzukehren und ihm auszurichten, sie würden niemals unbewaffnet und einer nach dem anderen mit seiner Genehmigung Jerusalem betreten, sondern seiner ungeachtet alle gemeinsam mit Hilfe Unseres Herrn Gottes Jesus Christus in Jerusalem einziehen: die Abteilungen in Schlachtordnung unter fliegenden Fahnen.

Der Grund für ihre Zurückweisung war der folgende: Durch den Sieg unserer Leute über Kerbogha war der Sultan von Persien so gedemütigt worden, dass seine Nachbarn ihn nicht mehr fürchteten, während zuvor niemand gewagt hatte, ihm zu widersprechen. Seither war seine Lage sogar noch schlechter geworden. So hatte ein Oberbefehlshaber des Kalifen von Ägypten, den man Emirey[132] nannte, Jerusalem vor kurzem den Händen des Sultans von Persien entrissen, in dessen Besitz die Stadt zuvor achtunddreißig Jahre lang gewesen war. Der Kalif von Ägypten hatte deshalb einen solchen Hochmut entwickelt, dass er keine Macht mehr fürchtete und dachte, niemand könnte ihm etwas anhaben.

Zur selben Zeit kamen auch die Botschafter des Kaisers Alexios an, die sich heftig über Bohemund und die anderen Pilger beklagten, indem sie geltend machten, alle Fürsten und Barone seien Lehnsmänner des Kaisers geworden, und sie hätten ihm versprochen und auf die heiligen Evangelien geschworen, keine Siedlungen, Städte oder Burgen in ihren eigenen Besitz zu bringen, die zuvor einmal dem Kaiser von Konstantinopel gehört hatten, und sie ihm zu übergeben, sobald sie sie erobert hätten, bis nach Jerusalem. Nun hätten sich jedoch Bohemund und mehrere andere nicht an das gehalten, was vereinbart worden sei und was sie versprochen hätten – darüber beklagte sich der Kaiser und verlangte, dass ihm Recht geschähe. Nach Anhörung dieser Forderungen gaben die Fürsten und Barone zur Antwort, der Kaiser habe, als sie die fraglichen Vereinbarungen trafen, ihnen ebenso versprochen und geschworen, rasch auszubrechen und ihnen unverzüglich nachzuziehen mit der ganzen Macht seines Reiches, um ihnen behilflich zu sein, Siedlungen, Städte, Burgen und Länder zu erobern, und sie sogar als echter Kreuzfahrer und Heiliggrabpilger zu begleiten. Zudem habe er ihnen per Schiff zahlreiche Nahrungsmittel und andere lebensnotwendige Dinge gegen günstige Bezahlung liefern wollen. Er habe aber nichts davon getan, während sie ihn doch inständig darum gebeten hätten. Und da es kein Gesetz gebe, wonach man gegenüber dem, der ein Abkommen breche, dieses halten müsse, hätten sie das Bündnis gekündigt und guten Rechts Bohemund und den anderen Fürsten und Baronen die Stadt Antiochia und die Städte, Siedlungen und Burgen übergeben, die sie erobert hätten, und sie seien gewillt, sie diesen und deren Erben für alle Zeiten und gegenüber jedem zu verbürgen.[133]

Nachdem die Botschafter des Kaisers den unerschütterlichen Willen der Fürsten vernommen hatten, baten sie diese, auf jeden Fall noch etwas zu warten und nicht weiterzuziehen, damit der Kaiser, der, wie sie bekräftigten, in Kürze mit einem gewaltigen Heer eintreffe, mit ihnen an der Eroberung Jerusalems teilnehmen könne. Wenn sie auf ihn warten wollten, werde er sich erkenntlich erzeigen, den Fürsten und Baronen große und kostbare Geschenke geben und den Fußkämpfern einen hohen Sold auszahlen. Daraufhin ergriff der Graf von Toulouse das Wort und riet, auf den Kaiser zu warten. Aber die anderen, die dachten, er rede so, weil er seine Belagerung von Archis nicht abbrechen wolle, widersprachen ihm und erinnerten an die Verspätungen des Kaisers und die bescheidene Hilfe, die man erfahrungsgemäß von den Griechen zu gewärtigen habe. Ein heftiger Streit entbrannte unter den Fürsten über diesen Gegenstand, so dass der Herr und Vogt von Tripolis, der vom Kalifen von Ägypten abhängig war und kurz zuvor eine große Summe Geld angeboten hatte, damit die Belagerung von Archis aufgehoben sowie Tripolis und

ANKUNFT DER KREUZFAHRER IN JERUSALEM.
WIEDERAUFBAU DER MAUERN JERUSALEMS

„Die Leute des großen Heeres blieben die ganze Nacht über wach,
so stark war ihr Wunsch, die Heilige Stadt zu Gesicht zu bekommen,
was am nächsten Tag geschehen sollte. Um sie zu besuchen, hatte jeder von ihnen,
je nach seinen Verhältnissen, sein Land und seinen Geburtsort verlassen
und unzählige Mühen, Ängste und Beschwerden auf sich genommen."

(FOL. 85VA–85VB)

Am 7. Juni 1099, ein Jahr nach der Eroberung Antiochias, stand das Kreuzfahrerheer vor den Toren Jerusalems – und damit am Ziel des Unternehmens. Sébastien Mamerot gibt in diesem Kapitel eine ausführliche Beschreibung der Stadt. Die obere Miniatur zeigt den ersten Blick auf Jerusalem, wie er sich den Kreuzfahrern darbietet. Die Stadt wird von Jean Colombe in eine geradezu arkadische Idylle im Vordergrund eingebettet, mit Hirten, die friedlich Flöte und Dudelsack spielen. Etwas weiter hinten deutet er durch gewaltige Felsen, die zu beiden Seiten des Bildes aufragen, die tiefen Täler an, von denen die Stadt umgeben ist. Schließlich erhebt sich mächtig und massig die Stadt selbst: eine Anhäufung von Toren, Türmen, Mauern, Bauwerken und heiligen Stätten. Die dargestellten Bauten lassen sich nicht exakt identifizieren, doch der Maler vermittelt eine Vorstellung von den überaus zahlreichen Kultstätten und Kirchen. Jerusalem, der Schauplatz der Passion Christi, war seit dem 4. Jahrhundert ein Wallfahrtsort. Auf dem Hauptbild sieht man eine Gruppe von Besuchern, die offenbar voller Bewunderung auf die Stadt blicken. Im unteren Register finden sich diese Besucher wieder. Sie sehen zu, wie Maurer und Steinmetze an der Befestigung eines Turms arbeiten.

erusalem est assize
entre .ii. montaignes.
Et a ceste occasion
dit dauid le prophete.
Les fondemens dicelle sont es saintes
montz deuers occident sur est la mer
dont le plus prochain port est la
Cite de Japhes qui en est a .xviii.
milles. pres le Chasteau de emaux
a present Cite estant entre. Et de
celle part est aussi la terre des plu-

siesmes. La ou dan est sur sur sine de
Cites. La est aussi la Cite de
Jerim forteresse des marchalees.
Et la Cite de Nobe. En laquelle Abimelech euesque du saint
donna a dauid ⁊ a ses gens les
pains offerts a nostre seigneur. Par
quoy le Roy Saul le fist tuer et
tous les autres prestres de
la ville. Excepte Abiathar qui
sen fouir a reffuge a dauid ⁊

seine Herrschaft verschont würden, nichts mehr von einem Abkommen wissen wollte und erklärte, er werde gegen die Unseren kämpfen.

Nachdem die Fürsten seinen Hochmut zur Kenntnis genommen und über die Sache beratschlagt hatten, ließen sie den Erzbischof von Albara zur Weiterführung der Belagerung zurück und zogen mit ihren Abteilungen in Schlachtordnung gegen die Stadt Tripolis. Der Vogt und Herr war bereits vor ihnen dorthin aufgebrochen und hatte seine Leute in Schlachtordnung aufgestellt, damit sie gegen die Unseren kämpften, die ihnen kaum Angst einflößten, da der Graf von Toulouse während seiner zweimonatigen Belagerung von Archis nichts gegen sie hatte ausrichten können. Unsere Leute stürzten sich jedoch mit solcher Heftigkeit auf die Gegner, dass diese sofort kehrtmachten und in die Stadt zurückflohen. Doch die Unseren setzten ihnen so ungestüm nach, dass sie siebenhundert von ihnen töteten und dabei nur vier eigene Leute verloren. Dort begingen die Pilger dieses Heers feierlich das Osterfest, das am zehnten Tag des April stattfand. Dann kehrten sie in ihre Lager und zur Belagerung von Archis zurück, die Herzog Gottfried, der Herzog von der Normandie, der Graf von Flandern und Tankred nun jedoch verließen, aufgrund der lauten Klagen und Ansuchen des Volkes, das nach Jerusalem ziehen wollte. Und sie wollten auf keinen Fall mehr bleiben, trotz aller Bitten des Grafen von Toulouse. Dieser folgte ihnen bald darauf sehr gekränkt.

Das Pilgerheer, das fünf Meilen von Tripolis entfernt lagerte und sich dort ausruhte, sandte ihnen den Herrn, der bereits besiegt war; er hatte seinen Hochmut aufgegeben und bat sie demütig, seine Habe an sich nehmen und sein Herrschaftsgebiet zu verlassen. Um dem Volk einen Gefallen zu erweisen, das so rasch wie möglich nach Jerusalem ziehen wollte, versprachen die Fürsten dem Vogt, die drei Städte seiner Herrschaft, Archis, Tripolis und Ibelin, zu verschonen. Er überreichte ihnen zudem fünfzehntausend Besanten und ließ alle Unseren frei, die er gefangen gehalten hatte. Darüber hinaus machte er ihnen großzügige Geschenke, Pferde und Maultiere, Seidenstoffe und Geschirr aller Art. Er sandte ihnen ebenfalls zahlreiche Rinder, Kühe und Schafe, um sie daran zu hindern, die Siedlungen im Umkreis der drei Städte zu plündern. Es kamen auch gute, vornehme Syrer unserer Religion, die in der Nähe dieser drei Städte auf den östlichen Höhen des Libanon lebten. Sie überzeugten die Fürsten, die sie freudig empfingen, es sei besser, wenn das Heer der Küste folge, und das aus mehreren Gründen. Insbesondere deshalb, weil ihnen ihre Begleitflotte Sicherheit und Bequemlichkeit geben könne, denn neben Guyenemer gebe es Schiffe aus Genua, Venedig, Zypern, Rhodos und von anderen griechischen Inseln, die mit Nahrungsmitteln und Waren beladen seien und dem Heer gute Dienste leisten könnten.

Die Syrer brachen als Erste auf, um das Heer auf dem sichersten Weg nach Jerusalem zu führen. Der Vogt von Tripolis gab ihnen zur Begleitung einige seiner Leute mit, die den

Weg gut kannten. So wurden die Unseren sicher geführt. Der Küste folgend, ließen sie den Berg Libanon zu ihrer Linken, zogen an der Stadt Ibelin[134] vorbei und schlugen ihr Lager an einem Fluss namens Maus[135] auf, um auf die Nachzügler zu warten. Nach eintägiger Ruhe machten sie wieder auf den Weg und gelangten zur Stadt Beirut, in deren Nähe sie sich an einem weiteren Fluss niederließen. Der Vogt dieser Stadt gab ihnen viel Geld und hinlänglich Lebensmittel zu wohlfeilem Preis, damit sie die Obstgärten und Getreidefelder auf seinem Gebiet verschonten. Am nächsten Tag lagerten sie an einem anderen Fluss nahe der Stadt Sidon[136] an, deren Vogt und Anführer sich weigerte, ihnen Lebensmittel zu liefern. Stattdessen schickte er einige seiner Türken aus, welche die Unseren überfielen. Die Pilger schlugen sie aber rasch zurück, so dass sie eiligst in ihre Mauern flohen, nachdem einige tot auf den Feldern und bis vor die Stadttore liegen geblieben waren. Sie wagten keinen Ausfall mehr, und die Unseren ruhten sich dort den restlichen und den folgenden Tag aus. Einige unternahmen Raubzüge und erbeuteten riesige Mengen an Lebensmitteln aller Art, und sie kehrten alle ins Lager zurück bis auf einen Ritter namens Walther von Werra, von dem man nicht weiß, was aus ihm geworden ist.

Am folgenden Tag gelangten sie über einen steilen Weg, der durch eine Schlucht führte, in die Ebene und ließen eine alte Stadt namens Sarepta zur Rechten liegen. Dort hatte der Prophet Elia dank der Gnade Unseres Herrn durch die Vermehrung von Nahrung und Holz einer rechtschaffenen Witwe geholfen. Sie überquerten den Fluss zwischen Sidon und der großen, befestigten Stadt Sur, die früher Tyros hieß. Dort schlugen sie ihr Lager bei der ausgezeichneten, in der Heiligen Schrift viel gerühmten Quelle auf, die „Quelle der Gärten" und später „lebendiger Brunnen" genannt wurde, und verbrachten die Nacht in herrlichen Gärten.

Am folgenden Morgen brachen sie wieder auf und zogen durch eine gefährliche Schlucht[137], zwischen den Bergen und dem Meer in die Ebene der Stadt Akkon[138] hinunter, bei der sie ihre Zelte an einem Fluss aufstellten. Der Verwalter der Stadt ließ ihnen zu einem angemessenen Preis reichlich Lebensmittel liefern und versprach den Fürsten und Baronen, wenn es ihnen gelinge, die Stadt Jerusalem zu erobern und sich zwanzig Tage im Reich zu behaupten, ohne gewaltsam vertrieben zu werden, oder wenn sie Ägypten auf dem Schlachtfeld besiegten, werde er ihnen die Stadt Akkon ohne Kampf überlassen. Von dort ließen die Pilger Galiläa links liegen und zogen zwischen dem Berg Karmel und dem Meer nach Caesarea, dem zweiten Erzbistum in Palästina. Sie ließen sich zwei Meilen von der Stadt entfernt an einem Fluss nieder, der dort einem Sumpf entspringt. An diesem Ort begingen sie das Pfingstfest, das am 29. Mai stattfand.

Am dritten Tag brachen sie erneut auf, ließen die Stadt Jaffa[139] zur Rechten und gelangten durch eine Ebene nach Lydda[140]. Dort ruht der Leib des glorreichen Märtyrers und

Ritters, des hochwürdigen heiligen Georg, zu dessen Gedächtnis Kaiser Justinian vormals eine prachtvolle Kirche errichten ließ, welche die Türken abrissen, als sie von der Ankunft unserer Leute hörten.[141] Als die Pilger erfuhren, dass die vornehme Stadt Ramleh[142] ganz in der Nähe lag, schickten sie den Grafen von Flandern mit fünfhundert Reitern, um auszukundschaften, wie sich die Einwohner verhalten würden. Diese waren, wie man rasch feststellte, samt Frauen und Kindern in der Nacht zuvor in die Berge geflohen. Die Fürsten, die vom Grafen die Neuigkeiten erfahren hatten, führten das restliche Pilgerheer in diese Stadt, in der sich alle Arten von Nahrung befanden. Sie weilten dort drei Tage, und nachdem sie dem glorreichen Märtyrer Opfer und Gebete dargebracht hatten, ließen sie einen Normannen namens Robert, der aus dem Erzbistum Rouen gebürtig war, zum Bischof wählen. Sie übertrugen ihm für alle Zeiten Lydda und Ramleh sowie die umliegenden Städte, um auf diese Weise dem hochwürdigen heiligen Georg ihren ersten Gewinn in diesem Land zu schenken.

Während unsere Leute immer näher zogen, wurde den Türken in Jerusalem zugetragen, das Hauptziel der Pilger bestehe darin, die Heilige Stadt zu Gesicht zu bekommen – jene Stadt, für die sie in großer Zahl und mit umfangreicher Ausrüstung ihre Besitztümer und Länder verlassen hatten, um zum Heiligen Grab zu pilgern und es aus den Händen der Ungläubigen zu befreien. So bemühten sich die Türken nun Tag für Tag, die Heilige Stadt mit allem zu versehen, was für ihre Verteidigung und ihren Schutz vonnöten ist. Und insbesondere der Kalif von Ägypten, der Jerusalem kurz zuvor unter großen Mühen, Aufwendungen und Schwierigkeiten erobert hatte, entsandte seine Leute, sobald er erfahren hatte, dass sich die Unseren näherten, und ließ es mit zusätzlichen Türmen, Mauern und anderen Anlagen befestigen und mit allem ausstatten, was für die Verteidigung einer belagerten Stadt gebraucht wird. Zudem forderte er die Einwohner der Heiligen Stadt durch Eilboten auf, sich seiner Herrschaft weiterhin zu unterwerfen, wofür er sie für alle Zeiten von sämtlichen Abgaben, die sie ihm schuldeten, befreien werde. Aus diesem Grund wünschten sie noch mehr, sich zu schützen und sich bis zu ihrem Tod zu verteidigen. Dazu ließen sie alle starken und jungen Männer aus den benachbarten Siedlungen in die Stadt kommen. Als sie sich so verstärkt hatten, versammelten sie sich vor dem Tempel, der sehr groß ist, um zu beraten, was zu tun sei. Die einen wollten alle Christen, die in der Heiligen Stadt lebten, töten, die Kirche zerstören und das Heilige Grab niederreißen, damit kein Christ mehr dorthin pilgere und dort bete. Andere brachten vor, die Pilger würden sie, wenn sie dies täten, umso mehr verachten und folglich noch heftiger und hartnäckiger bekämpfen.

Die letztere Meinung obsiegte schließlich, so dass sie vom Patriarchen und von allen in der Stadt lebenden Christen den Betrag von vierzehntausend Besanten einforderten. Um ihn bezahlen zu können, musste der Patriarch nach Zypern reisen und die dortigen Christen bitten, das Geld für Gottes Liebe und Ehre zu spenden. Denn sollten sie die Summe nicht aufbringen, würde man Jerusalems Kirchen zerstören und die Menschen unseres Glaubens, die in der Stadt lebten, töten. Nachdem ihnen jedoch die Türken von Jerusalem ihr ganzes Geld abgenommen hatten, jagten sie alle aus der Stadt, ausgenommen die Frauen und Kinder, so dass sie sich in den Dörfern der Umgebung verstecken mussten, um nicht von anderen Türken in der Gegend getötet zu werden. Auf der anderen Seite brachen unsere Leute nach dreitägiger Rast in Lydda auf, ließen aber einige Männer in dem am stärksten befestigten Teil der Stadt zurück, um diese vor Plünderern zu schützen. Gemeinsam zogen sie zur Stadt Nikopolis, die in Palästina liegt und der Ort ist, den der heilige Evangelist Lukas Emmaus[143] nennt. Dort gibt es eine Quelle, durch deren Wasser viele Leute von verschiedenen Krankheiten geheilt wurden. Es heißt, Jesus Christus sei mit seinen Jüngern zu dieser Quelle gekommen und habe dort seine Füße gewaschen – deshalb war dieses Wasser seither geheiligt. Unsere Leute erhielten dort alles, was sie benötigten.

Und die Christen der Stadt Bethlehem, in der Unser Herr Gott Jesus Christus geboren wurde, kamen zu Herzog Gottfried und baten ihn sowie die übrigen Fürsten und Barone, Leute zu ihrem Schutz zu senden, denn aus allen Dörfern, Städten und Burgen der Umgebung kämen die Türken und versammelten sich, um als Besatzung nach Jerusalem zu ziehen, und deshalb fürchteten sie, diese könnten auch in ihre Stadt Bethlehem kommen und die Kirche niederreißen, die sie bereits des Öfteren von ihren Feinden losgekauft hatten. Als die Fürsten ihr Ansuchen vernahmen, waren sie tief bewegt und beschlossen, ihnen zu helfen. Sie gaben ihnen hundert tapfere und gut gerüstete Reiter mit Tankred als Anführer mit. Geleitet von den Botschaftern, betraten diese am nächsten Tag frühmorgens die Stadt Bethlehem, wo sie von einer fröhlichen und schönen Prozession aller Bürger, der Geistlichen wie der Laien, empfangen und in die Kirche geführt wurden, die an der Stelle erbaut ist, wo Unsere Liebe Frau Unseren Herrn Gott Jesus Christus geboren hat, und sie erblickten dort die Krippe, in die er gleich nach seiner Geburt gelegt worden war.

Die Leute des großen Heers blieben die ganze Nacht über wach, so stark war ihr Wunsch, die Heilige Stadt zu Gesicht zu bekommen, was am nächsten Tag geschehen sollte. Um sie zu besuchen, hatte jeder von ihnen, je nach seinen Verhältnissen, sein Land und seinen Geburtsort verlassen und unzählige Mühen, Ängste und Beschwerden auf sich genommen. Sie konnten den Tagesanbruch kaum erwarten, um sich auf den Weg zu machen, und es schien ihnen, als würde diese Nacht, die zu den kürzesten des Jahres zählte, länger als zwei der längsten dauern! Als außerdem des Nachts dem Heer gemeldet wurde, Herzog Gottfried habe am Vortag Botschafter aus Bethlehem empfangen und einige seiner Leute dorthin entsandt, war es nicht mehr möglich, die Fußkämpfer daran zu hindern, sich gegenseitig anzuspornen, nach Jerusalem zu ziehen, so dass sie sich noch vor dem Morgengrauen auf den Weg machten.

Aus Mitleid mit ihnen, und weil er fürchtete, sie könnten in einen Hinterhalt der Türken geraten und getötet oder gefangen genommen werden, da sie keinen Hauptmann oder Anführer hatten, bestieg der tapfere Ritter Gaston von Béziers sein Pferd, als er ihren Aufbruch bemerkte, und folgte ihnen mit dreißig Reitern, bis er sie einholte und in der bestmöglichen Ordnung weiterziehen ließ. Um das Land auszukundschaften, ritt er bis vor die Mauern von Jerusalem, wo er viel Vieh erbeutete und mitnahm. Er musste es jedoch wieder ziehen lassen, da die kräftigsten und tapfersten Leute der türkischen Besatzung dieser Heiligen Stadt in großer Zahl daraus hervordrängten, um das Vieh zu retten. Gaston, der einsah, dass er ihnen nicht standhalten konnte, sah sich gezwungen, mit seinen Leuten eine nahe Anhöhe aufzusuchen. Von dort oben erblickte er kurz darauf in einem entfernten Tal Tankred und seine hundert Reiter, die von Bethlehem zum Heer zurückkehrten. Da ihm klar war, dass es sich um Christen handelte, begab er sich zu ihnen, berichtete Tankred von seinem Abenteuer und bat ihn, sich gegen die noch in der Nähe befindlichen Türken zu wenden. So geschah es, und die Unseren besiegten die Feinde mit Leichtigkeit. Sie töteten mehrere, und die anderen flohen voller Entsetzen über ihren ersten Ausfall nach Jerusalem zurück. Ungehindert führten unsere Leute das wieder erbeutete Vieh zur großen Freude der anderen Pilger in ihre Lager und zum Heer. Als man dort vernahm, dass das Vieh vor den Toren von Jerusalem eingefangen worden war und dass die Stadt so nahe war, begannen alle vor Freude zu weinen, knieten nieder und dankten unter großen Seufzern demütig Unserem Herrn, weil er sie so liebte, dass sie demnächst das Ziel ihrer Wallfahrt erblicken würden, die Heilige Stadt, die Unser Herr so sehr liebte, dass er dort durch seinen Tod die ganze Welt erlösen wollte, was bedeutet, dass jene, die geglaubt und gehorcht hatten, ihm und seinem Gesetz, seinem Glauben und seinen Geboten glaubten und gehorchten. Es war zum Erbarmen, das Weinen, Schluchzen und Seufzen der edlen und guten Pilger zu sehen und zu hören, die sich umgehend auf den Weg machten, um in Augenschein zu nehmen, was zu besuchen sie sich so sehnlich gewünscht hatten. Kurz darauf erblickten sie die Türme und Mauern der Stadt. Deshalb zogen sie ihr Schuhwerk aus und küssten die Erde mit solcher Demut, Andacht und Würde, dass der Hartherzigste sich, hätte er sie gesehen, der Tränen nicht hätte erwehren können. Dieser Anblick erfreute ihr Herz so sehr und ließ ihre Kraft und ihren Mut so stark wachsen, dass sie die Mühen des Wegs nicht mehr spürten und leichten Fußes, von einem einzigen Willen getrieben, die Mauern und Tore von Jerusalem erreichten. Dort schlugen sie gemäß den Anweisungen der Fürsten und Barone ihre Lager auf, wie im Folgenden kurz berichtet werden soll.

✝

Kapitel XXXI.
Von der Eigenart, der Lage und der Gestalt der Heiligen Stadt Jerusalem. Von den heiligen Stätten in ihrer Umgebung. Von ihren verschiedenen Namen, ihren Wiedererrichtungen und ihrer neuen Lage. Vom Aussehen des Tempels und den verschiedenen Namen des Landes und Königreiches Jerusalem.

Jerusalem liegt zwischen zwei Bergen. Deshalb sagt der Prophet David: „Sie ist fest gegründet auf den heiligen Bergen." Im Westen befindet sich das Meer, dessen nächster Hafen Jaffa ist; diese Stadt liegt in einer Entfernung von vierundzwanzig Meilen bei der Burg – heute Stadt – Emmaus, die sich zwischen beiden befindet. Auf dieser Seite befindet sich ebenfalls das Philisterland, zu dessen Städten Nare gehört. Dort liegen ebenfalls die Stadt Modin, die Festung der Makkabäer, und die Stadt Nob, in der Ahimelech, der Bischof der Juden, David und seinen Leuten die Unserem Herrn geopferten Schaubrote zu essen gab (deshalb ließ König Saul ihn und alle anderen Priester der Stadt töten, ausgenommen Abjathar, der zu David floh und bis zur Herrschaft König Salomos Hohepriester war). Dort findet man auch Lydda, wo der heilige Petrus einen Lahmen namens Äneas heilte (zuvor hatte er in der bereits erwähnten Stadt Jaffa eine Frau namens Tabita von den Toten auferweckt). Er wohnte dort im Haus des Schuhmachers Simon, der Leder nähte, als er die Botschaft des Hauptmanns Cornelius erhielt. Im Osten fließt der Jordan, und die Wüste ist ganz nahe, wo sich die Söhne der Propheten gewöhnlich versammelten. In dieser Gegend liegt ein wildes Tal, das man das Tote Meer nennt. Einst war es ein Gartenparadies, doch ließ Unser Herr Sodom, Gomorrha und drei weitere Städte mit ihren Einwohnern, die sich darauf versteift hatten, wider die Natur zu sündigen, in Flammen aufgehen und im Abgrund versinken. Und die Menschen stürzten lebendig in die Hölle, wie manche sagen.

Auf der anderen Seite des Jordan liegt die Stadt Jericho, die Josua, ein Anführer des Volkes Israel, eher durch seine Gebete als im Kampf eroberte. Dort gab Unser Herr Gott Jesus Christus einem Blinden das Augenlicht zurück. Im Süden besitzt Jerusalem die Städte Bethlehem und Tekoa, wo die Propheten Amos und Habakuk zur Welt kamen, sowie Hebron, wo die Patriarchen bestattet wurden. Im Norden besitzt diese Heilige Stadt Jerusalem die Stadt Gibeon, wo Unser Herr das Wunder geschehen ließ, dass die Sonne still stand, damit Josua einen umso glänzenderen Sieg über seine Feinde erringen konnte. Dort befanden sich einst Sychar, wo Unser Herr mit der Samariterin sprach, und auch Bethel, wo das Volk zu Lebzeiten Jerobeams, des Königs von Israel, und einige Jahre nach seinem Tod die goldenen Kälber verehrte. Dort liegt Sebaste, das man Heiliger-Johannes-vom-Sabbat nennt, wo das Grab des heiligen Johannes des Täufers zu finden ist, in dem man vor ihm die Propheten Elischa und Obadja beigesetzt hatte. Diese Stadt hieß ehemals Samaria, nach dem Berg Semer, der sich in ihrer Nähe erhebt. Das ganze Umland wird ebenfalls Samaria genannt. Dort befindet sich auch die Stadt Nablus, die früher Sichem hieß und die Simeon und Levi, Jakobs Söhne, in Brand steckten, nachdem sie alle Einwohner getötet hatten, um die Vergewaltigung ihrer Schwester Dina durch den Sohn des Stadtherrn zu rächen.

Diese Heilige Stadt Jerusalem liegt an einem Ort, in dessen Nähe sich weder Flüsse oder Bäche noch Quellen befinden, und war dennoch lange Zeit die Hauptstadt ihres Umlandes. Zunächst hieß sie Salem, und Melchisedek war ihr König zur Zeit Abrahams. Danach nannte man sie Jebus wegen der Jebusiter, die sie bewohnten und beherrschten. Doch König David vertrieb sie und machte die Stadt zur Hauptstadt seines Königreiches, nachdem er sie mit Mauern, Türmen, Toren und anderen Bauwerken verschönert hatte, und er nannte sie Jerusalem. Weil David zuvor den Turm Zion erobert hatte, nannte man sie auch „die Stadt Davids". Salomo, Davids Sohn, der nach seinem Vater herrschte, ließ den Tempel Unseres Herrn und viele andere prachtvolle Gebäude errichten und änderte ihren Namen Jerusalem in Hierosolyma, das heißt „Salomos Jerusalem". Alles jedoch, was er und seine Nachkommen in der Stadt erbauten, wurde während der Gefangenschaft und des Exils der Juden in Babylon von Nebusaradan, dem Reiterführer des Großkönigs von Assyrien und Babylon, Nebukadnezar, niedergerissen und zerstört, obwohl die Stadt und der Tempel anschließend von Nehemia und Serubabel unter den babylonischen Königen Kyrus und Darius wieder aufgebaut wurden. Etwa vierzig Jahre nach der Auferstehung Unseres Herrn war es Kaiser Titus, Sohn und Nachfolger des Kaisers Vespasian, der beide wieder in Schutt und Asche legte.

Der vierte Kaiser nach ihnen, Helios Hadrianus, baute die Heilige Stadt wieder auf, und er nannte sie nach seinem eigenen Namen Helis. Er ließ sie aber nicht an dem Berghang errichten, wo sie sich zuvor befunden hatte, sondern ließ die Steine und die übrigen Gebäude auf die Bergkuppe tragen, so dass die Stätten der Kreuzigung Unseres Herrn Jesus Christus und des Heiligen Grabes, die zuvor außerhalb der Stadt gelegen waren, nun in die Mauern eingeschlossen wurden. Dieser Hadrianus ließ zudem aus Spottlust an der Stätte, wo Unser Herr ans Kreuz geschlagen wurde, einen Venustempel errichten, damit ein Christ, der dort zu Unserem Herrn beten wollte, den Eindruck erweckte, er würde Venus verehren. Deshalb wagte kein Christ mehr, sich dorthin zu begeben. So war dieser Ort halb vergessen, als die heilige Königin Helena das heilige Kreuz wiederfand.

Die Heilige Stadt ist weder zu groß noch zu klein, weder zu eng noch zu weit, sondern sie bildet ein Viereck, das auf drei Seiten von tiefen Tälern begrenzt wird. Im Tal Josaphat im Osten befindet sich eine ehrwürdige Kirche an der Begräbnisstätte Unserer lieben Frau, deren Grab noch zu sehen ist. Etwas tiefer fließt der Bach Kidron[144], den Unser Herr Gott Jesus Christus, wie der heilige Evangelist Johannes berichtet, am heiligen Donnerstag nach dem Abendmahl überquerte, um sich in den Garten zu begeben, wo er von Judas verraten und an die Juden ausgeliefert wurde. Gegen Süden befindet sich das Hinnom genannte Tal[145]. Der Acker Hakeldama, den man dort zeigt, wurde mit den dreißig Silberlingen gekauft, die Judas für den Verrat Unseres Herrn erhalten hatte. Als er den Juden, die von seinem Verrat wussten, das Geld zurückgab, erwarben sie damit diesen Acker und verwandelten ihn in einen Friedhof für Pilger, da sie die Silberlinge nicht in den Gotteskasten legen wollten. Im Westen befindet sich ein weiterer Teil dieses Tals, in dem der alte Teich liegt, der zur Zeit der Könige von Judäa berühmt war. Das Tal führt bis zum oberen Teich, der heute See des Patriarchen genannt wird. Ganz in der Nähe liegt der alte Friedhof, der als Löwengrotte bezeichnet wird. Im Norden gelangt man von der Ebene direkt in die Stadt. Dort zeigt man die Stelle, wo der hochwürdige heilige Stephan, der glorreiche Erzmärtyrer und mein Schutzpatron, gesteinigt wurde.

Wie man wissen kann, da es bereits gesagt wurde, befinden sich innerhalb der Mauern von Jerusalem zwei Berge, die zwischen sich ein Tal bilden. Das Letztere teilt die Stadt fast in der Mitte. Einer dieser beiden Berge liegt im Westen, und auf seinem Gipfel befindet sich die Zion genannte Kirche. Ganz in ihrer Nähe erhebt sich der Turm Davids, die Burg der Stadt, deren starke Türme, Mauern und Befestigungen über der ganzen Stadt zu sehen sind. Am Osthang des gleichen Berges liegt die Heiliggrabkirche, die von runder Form ist. Und da sie am Hang liegt, nimmt ihr der Gipfel, der sie überragt, weil er sehr nahe ist, das Licht. Diese Kirche ist in Gestalt einer oben offenen Krone gebaut, durch welche die Helligkeit ins Innere dringt. Unter dieser Öffnung befindet sich das Grab Unseres Herrn Gottes Jesus Christus. Bekanntlich gab es vor der Ankunft unserer Leute in diesem Land kleine, enge Kapellen auf dem Kalvarienberg, wo Unser Herr Jesus Christus gekreuzigt wurde, wo man das Wahre heilige Kreuz fand und wo sein kostbarer Leib vom Kreuz genommen, gesalbt und bestattet wurde. Nachdem die Unseren die Herrschaft errungen hatten, schien es ihnen jedoch, dass der Ort, die Stätte und die Kirche zu bescheiden seien im Verhältnis zu ihrer Heiligkeit. So errichteten sie eine neue Einfriedung und eine schöne, hohe, kunstvoll gestaltete Umfassungsmauer, welche die erste Kirche und die bereits erwähnten heiligen Stätten des Kalvarienberges umschließt.

Der andere Berg, der Morija genannt wird, liegt im Osten; an seinem Hang erhebt sich gegen Süden der Tempel, den die Laien Tempel des Herrn nennen. Diesen Ort erwarb

David, um hier die Bundeslade aufzustellen, hier baute Salomo den ersten Tempel, der von Nehemia, Esra und Serubabbel wieder errichtet wurde. Seither ließ, wie manche berichten, Omar, der Sohn Katabs, den Bau ein weiteres Mal errichten, und dieser Tempel[146] stand noch dort, als unsere Leute die Stadt eroberten. Die Form dieses Tempels ist die folgende: Er ist von einem viereckigen Hof umgeben, der zwei Bogenschussweiten lang und ebenso breit ist und den eine starke Mauer von mäßiger Höhe umzieht. Im Westen gibt es zwei Pforten, durch die man in den Hof gelangt. Die eine heißt die „Schöne Pforte", und dort heilte der heilige Petrus den von Geburt an Lahmen. Die andere hat keinen Namen. Im Norden besteht eine weitere Pforte, und jene im Osten wird „Goldene Pforte" genannt. Im Süden liegt das Königshaus, das den Namen „Tempel Salomos" trägt. Auf jedem dieser Tore und an den Ecken gab es hohe Türme, welche die sarazenischen Priester zu gewissen Stunden zu besteigen pflegten, um das Volk zum Gebet zu rufen[147]; einige davon stehen noch, während andere eingestürzt sind. Niemand hätte es gewagt, innerhalb dieser Umfriedung zu wohnen, und man ließ keinen eintreten, der nicht barfüßig war und gut gewaschene Füße hatte, denn die Sarazenen hatten Pförtner bestellt, die darüber wachten. In der Mitte des dergestalt geschlossenen Hofes lag etwas erhöht ein weiterer Hof von quadratischer Form, zu dem im Westen zwei Treppen hinaufführten, desgleichen im Süden, wo es jedoch nur eine Treppe in der Mitte gab. In den Ecken befanden sich Kapellen, in denen die Sarazenen ihre Gebete verrichteten; einige sind erhalten, die übrigen zerstört.

In der Mitte dieses Hofes erhebt sich der Tempel, der aus acht Quadraten mit ebenso vielen Seiten besteht. Von innen und außen sind die Wände mit reich vergoldeten Marmorplatten geschmückt. Das vollkommen runde Dach ist aus Blei. Beide diese Orte, der obere und der untere, sind mit schönen weißen Steinen belegt, so dass im Winter alles Wasser, das in großer Menge vom Tempel fällt, sauber und klar in die Zisternen fließt, die sich im Innern der Mauer befinden. Im Mittelpunkt dieses Tempels befinden sich inmitten der Pfeiler ein ziemlich hoher Felsen und unten eine Grube. Manche behaupten, dass auf diesem Felsen der Engel stand, als er das Volk wegen der Sünde tötete, die David beging, als er seine Untertanen zählen ließ. Der Engel tötete alle Mitglieder des Volkes Israel, bis ihm Unser Herr befahl, das Schwert wieder in die Scheide zu stecken. Bei dieser Gelegenheit errichtete David hier für Gott einen Altar. Der Fels war völlig nackt und bloß, als unsere Leute auf dieser Fahrt in Jerusalem einzogen, und dies war schon seit mindestens fünfzehn Jahren so gewesen. Nachdem sie aber zu Stadtherren geworden waren, verkleideten sie den Felsen mit schönem weißem Marmor und errichteten einen Altar, auf dem die Priester anschließend den Gottesdienst feierten, solange die Christen die Macht ausübten.

Dieses Land und Königreich Jerusalem trug den Namen Judäa, seit sich die zehn jüdischen Stämme von der Herrschaft des Sohns Salomos namens Rehabeam getrennt

*„Im Jahr der Gnade der Menschwerdung Unseres Herrn Gottes Jesus Christus
1099 wurde am siebten Tag des Monats Mai die Heilige Stadt Jerusalem von den ersten
Kreuzfahrern belagert, deren wichtigste Führer Herzog Gottfried von Lothringen,
Herzog Robert von der Normandie, Graf Raimund von Toulouse,
Graf Robert von Flandern und Tankred, der Neffe Bohemunds, waren."*

(FOL. 87VB–88A)

Die Belagerung Jerusalems dauerte rund fünf Wochen. Im oberen Register zeigt Jean Colombe die Unterbringung der Kreuzfahrer im Lager vor der Stadt und das dort herrschende geschäftige Treiben. Frauen und Kinder helfen bei der Wasserversorgung. Soldaten kommen aus den Zelten, während vor den Befestigungsanlagen bereits Bogenschützen ihre Pfeile abschießen. Während der Belagerung wurden die Mauern der Stadt immer wieder angegriffen. Nachdem am 13. Juni ein Angriff auf die Stadt gescheitert war, wurden mit Hilfe der Genuesen Belagerungsgeräte gebaut: Steingeschütze, Wurfmaschinen, Rammböcke, Belagerungstürme, Leitern und Schutzschilde. Im unteren Register stellen Zimmerleute unter der Aufsicht einiger Kreuzfahrer verschiedene Kriegsgeräte und Leitern her.

la sainte Cite de thesu. par les
premiers pelerins avises. Desquelz estoient les principaulx
Godefroy duc de lorraine. Robert
duc de normendie. Raymõd
conte de Thoulouse. Robert
conte de flandres. ₹ Tanart
nepueu Buymond. Et com-
bien que en la principale armee
de cestui voyage se trouuassent
ou siege de Nicque. Cent.

.vic. hommes a cheual. ₹ vi.c
.vic. apic tous portans armes
fans les femmes. enfans. et brief
les gens non armes. Touteffois
en cestui Jour que la sainte Cite
fut assiegee non tout le temps
que dura le siege. les voiens
ne se trouuerent en tout tant
hommes que femmes que .vv.
.vic. deffensables. Desquelz
nauoit encores que .vvi.a dx

299

hatten. Dieser war der Auffassung der jungen Leute gefolgt, die mit ihm aufgezogen worden waren, und hatte den Rat der Alten missachtet, als ihn das Volk bat, die von seinem Vater auferlegten allzu schweren Lasten zu mindern. So erklärte er, er sei mächtiger, als es sein Vater je gewesen sei, und werde sie aus diesem Grund noch härter als dieser behandeln. Einzig die beiden Stämme Benjamin und Juda blieben bei Rehabeam in Jerusalem. Aufgrund des Stammes Juda wurde das Land einigen zufolge lange Judäa genannt, während andere von Palästina sprechen, was „Philisterland" bedeutet.

Diese Heilige Stadt ist folglich gleichsam die Mitte und der Nabel des Gelobten Landes, gemäß der Aussage Josuas, der sich mit folgenden Worten an die Kinder Israel wandte: „Von der Wüste bis zum Berg Libanon und von dem großen Strom Euphrat bis an das Meer gegen Sonnenuntergang soll euer Gebiet sein." In manchen Schriften heißt es, dass es außerhalb der Stadt Quellen gab, deren Wasser ins Innere geleitet wurde, doch verstopfte man sie während der Kriege, so dass das ganze Umland seither so trocken war, dass die Stadt kein Wasser mehr erhielt, ausgenommen bei den Winterregen. Während dieser Jahreszeit, in der es häufig und stark zu regnen pflegt, sammelt man das Wasser im ganzen Land in Zisternen, von denen es in der Stadt und ihrem Umland sehr viele gibt.

Gihon ist heute ein Ort, der im südlichen Teil der Stadt im Hinnomtal liegt, wo eine Kirche zu Ehren des heiligen Märtyrers Prokopius gegründet wurde. Dort wurde Salomo zum König gesalbt, wie das Dritte Buch der Könige berichtet. Zwei oder drei Meilen außerhalb der Stadt findet man Quellen, doch es sind nur wenige, und sie geben nur sparsam Wasser. Im Süden gibt es dort, wo die beiden Täler sich vereinen, eine sehr berühmte Quelle namens Siloe. Unser Herr sagte dem Blinden, der noch nie gesehen hatte, er solle sich, um geheilt zu werden, in dieser Quelle waschen, und er würde sehen. Diese Quelle, die etwa eine Meile von der Heiligen Stadt entfernt liegt, ist klein und scheint in der Tiefe zu sieden. Sie fließt nicht immer, doch angeblich kommt das Wasser alle drei Tage zurück. Hiermit endet die Beschreibung der Heiligen Stadt und der heiligen Stätten, die sie schmücken.[148]

Als die Türken, wie bereits erwähnt, sicher waren, dass unsere Leute nahten, verstopften sie alle Quellen und Zisternen bis zu einer Entfernung von fünf Meilen im Umkreis der Stadt, da sie die Pilger zwingen wollten, die Belagerung aus Wassermangel rasch wieder aufzugeben. Und tatsächlich hatten diese viel zu leiden, wie ihr vernehmen werdet. Die Einwohner der Stadt verfügten stets über reichlich Wasser, zum einen aus den Zisternen, zum anderen dank der Leitungen, die von den äußeren Quellen in zwei große Teiche in der Nähe des Tempels führten. Einer von ihnen, den man den Schafteich nennt, besteht noch heute: Dort pflegte man das Fleisch der Opfertiere zu waschen. Im Evangelium heißt es, dass es dort fünf überdachte Säulengänge gab, und dass ein Engel herabkam, um das Wasser aufzurühren. Wer als Erster in das Wasser stieg, wurde gesund. Dort heilte Unser Herr einen Lahmen.

Kapitel XXXII.

Wie die Fürsten und anderen Kreuzfahrer Jerusalem belagerten, das sie beim ersten Sturmangriff erobert hätten, wenn ihnen Leitern zur Verfügung gestanden hätten. Von der großen Maschine aus Holz und den anderen kleinen, die unsere Leute in kurzer Zeit bauten. Von ihrem großen Durst. Wie sie Wasser erhielten. Über die Schiffe der Genuesen, die nach Jaffa gekommen waren. Von der Niederlage einiger Türken, und wie die ägyptischen Schiffe die Genuesen zu überrumpeln gedachten.

Im Jahr der Gnade der Menschwerdung Unseres Herrn Gottes Jesus Christus 1099 wurde am siebten Tag des Monats Mai die Heilige Stadt Jerusalem von den ersten Kreuzfahrern belagert, deren wichtigste Führer Herzog Gottfried von Lothringen, Herzog Robert von der Normandie, Graf Raimund von Toulouse, Graf Robert von Flandern und Tankred, der Neffe Bohemunds, waren. Hatte es bei der Belagerung von Nicäa im Hauptheer dieses Kreuzzugs hunderttausend Reiter und sechshunderttausend Fußkämpfer gegeben, die allesamt Waffen trugen und zu denen die unbewaffneten Frauen, Kinder und Greise hinzukamen, so befanden sich an diesem Tag, an dem die Belagerung aufgenommen wurde, und während der ganzen Zeit der Belagerung unter den Christen insgesamt, Männer und Frauen, nur noch zwanzigtausend Kämpfer, davon lediglich fünfzehnhundert Reiter und achtzehntausendfünfhundert Fußkämpfer.[149] Denn die Übrigen waren Greise, Gebrechliche, Kranke und Frauen. Hätte man alles recht in Betracht gezogen, hätte man gesehen und erkannt, wie mutig die Leute waren, die in so kleiner Zahl eine so feste Stadt belagerten, die soeben neuerlich befestigt worden war und die zudem über vierzigtausend Sarazenen und andere Türken verfügte, die eigens zum Waffendienst ausgewählt worden waren, denn diejenigen, welche die Stadt im Namen des Kalifen von Ägypten verteidigten, hatten aus den umliegenden Dörfern und Burgen alle Türken und anderen Heiden kommen lassen, die am kräftigsten und gewandtesten waren und sich am besten zur Verteidigung der Stadt eigneten.

Als die christlichen Fürsten und Barone ihre Leute aufgestellt hatten, ließen sie die christlichen Führer des Umlandes zu sich rufen, um sie zu befragen, von welcher Seite aus man die Stadt am besten angreifen könne. Da sie der Meinung waren, dass von Osten und Süden aufgrund der tiefen Täler, die sich dort befanden, kaum Gefahr ausgehe, beschlossen sie, die Stadt im Norden zu belagern.[150] Die Fürsten, Barone und übrigen Pilger schlugen folglich ihre Lager vom Davidstor im Westen her auf: an erster Stelle Herzog Gottfried, an zweiter der Graf von Flandern, an dritter der Herzog von der Normandie und an vierter Tankred in der Nähe des Engelsturms, den man lange zu seinen Ehren Tankredsturm nannte. Der Graf von Toulouse belagerte die Stadt von diesem Turm bis zum Westtor. Als Tankred aber sah, dass der Turm, der die Lager und das nahe Tal beherrschte, das tiefer liegende Tor gut verteidigte, und als er erkannte, dass ein Angriff von dieser Seite nichts erbringen würde, verlegte er seine Leute auf Rat weiser Ritter und anderer, denen die Lage der Stadt vertraut war, auf die Anhöhe, auf der sie liegt. Er stellte sich zwischen dieser und der Zion genannten Kirche auf, die einen Pfeilschuss vor der Stadt liegt, um den Türken besser schaden zu können und sie daran zu hindern, diese Kirche anzugreifen, in der Unser Herr Gott Jesus Christus am heiligen Donnerstag das Abendmahl feierte, seinen eigenen Leib seinen Jüngern gab und ihnen die Füße wusch. Dort kam am Pfingstfest der Heilige Geist in Gestalt feuriger Zungen auf die Jünger Unseres Herrn herab, dort starb Unsere liebe Frau, und dort befindet sich noch heute das Grab des hochwürdigen heiligen Stephan, des Erzmärtyrers, der mein Schutzpatron ist.

Nachdem die Fürsten und Barone ihre Leute das Lager hatten aufschlagen und die Belagerung hatten schließen lassen vom Engelsturm, der oberhalb des Tals Josaphat liegt, bis zur anderen Ecke der Stadt, die sich am Hang desselben Tals im Süden befindet, war doch kaum die Hälfte der Stadt belagert, denn von diesem Ort bis zum Berg-Zion-Tor im Süden blieb sie ohne Belagerer. Dennoch entschloss man sich am fünften Tag der Belagerung, im Lager ausrufen zu lassen, dass sich alle bestmöglich zu wappnen hätten, um sich zum Sturmangriff zu rüsten, was umgehend geschah. Und sie begannen, die Stadt an verschiedenen Orten mit außerordentlichem Mut und mit solcher Heftigkeit zu bestürmen, dass sie kein Übel zu fürchten schienen, so sehr wünschten sie Unserem Herrn zu dienen. Beim ersten Sturmangriff eroberten sie alle Vormauern und Bollwerke und drängten die Türken harsch ins Innere der Hauptmauern der Stadt zurück; diese waren so erschreckt und verängstigt durch die Kraft, die Tapferkeit und die Kühnheit der Unseren, dass sie jede Hoffnung aufgaben, sich gegen sie verteidigen zu können. Bekanntlich wären unsere Leute in die Stadt eingedrungen und hätten sie im Sturmangriff genommen, hätten ihnen Leitern oder Belagerungstürme aus Holz zur Verfügung gestanden, um die Mauern zu überwinden. Nachdem ihr Angriff vom frühen Morgen bis nach der Mittagsstunde gedauert hatte, mussten sie einsehen, dass sie ohne Leitern und andere Belagerungsmaschinen nichts erreichen konnten, und zogen sich in ihre Lager zurück, erfüllt vom sehnlichen Wunsch zurückzukommen, sobald sie ihre Maschinen gebaut hätten.

Kurz darauf hielten die Fürsten und Barone Rat,[151] um zu entscheiden, wie man das Holz zum Bau der Maschinen beschaffen könne. Ein mächtiger Einheimischer, der sich gerade bei ihnen aufhielt, nannte ihnen Täler in sechs Meilen Entfernung, in denen sie genügend Holz fänden. So schickten sie Zimmerleute, die von Baronen und deren Volk begleitet und beschützt wurden, um das Holz zu fällen und zurückzubringen. Diese arbeiteten mit solchem Eifer, dass sie in wenigen Tagen eine große Menge auf Wagen und Karren zum Heer zurückbrachten. Nun ließen die Fürsten und Barone alle Kriegsleute rufen, die sich auf den Bau von Maschinen zur Zerstörung von Türmen und Mauern verstanden. In kurzer Zeit entstanden zahlreiche Steinschleudern[152], Bliden[153], Belagerungstürme[154], fahrbare Schutzlauben[155] und Belagerungsstollen. Denn die Pilger, die daran arbeiteten, nahmen keinen Lohn, wenn sie ihn nicht benötigten, und jene, die kein Geld hatten, wurden von der gemeinsamen Kasse des Heers bezahlt – und dies war gut so, denn es gab keinen Fürsten oder Baron, der reich genug gewesen wäre, diese Arbeiten aus seiner Schatulle ohne die Hilfe anderer zu zahlen. Sie halfen aber auch einigen Rittern aus, die all ihr Vermögen bereits ausgegeben hatten. Während der Zeit, da die Fürsten und Barone diese großen Maschinen bauen ließen, zogen andere Ritter und Leute aus dem einfachen Volk durch Hecken und Gebüsch, um Gerten und Ruten für die Schanzkörbe zu suchen, denn niemand wollte untätig bleiben. Keiner schämte sich, etwas zu tun, wenn es einen guten Zweck erfüllte, denn man sagte sich, dass alle Mühen, Arbeiten und Aufwendungen der langen Fahrt vergeblich gewesen wären, wenn die Heilige Stadt uneroberte bliebe.

So standen die Dinge, da wuchs nach ein paar Tagen im Heer der Bedarf an Wasser, und die Pilger litten großen Durst, da die Quellen, Brunnen und Zisternen vor der Ankunft der Unseren, wie bereits erwähnt, von den Türken verstopft und zugedeckt worden waren. Doch die Bürger von Bethlehem und Tekoa, die das Umland kannten, zeigten ihnen Quellen, Zisternen, Brunnen und Bäche. Dort kam es allerdings zu heftigem Streit unter den vielen Leuten, die sich dort drängten. Denn wenn die armen Handlanger, die Lastenträger und die anderen ihre Fässer und anderen Behälter, die sie mit diesem trüben und schlammigen Wasser gefüllt hatten, zum Heer zurückbrachten, verkauften sie das Wasser für teures Geld, und die Angst vor dem Durst wuchs ständig wegen der Hitze und des Staubs, der ihnen in Mund und Brust drang. Deswegen zogen sie weit ins Land hinaus auf der Suche nach Wasser. Sobald zwei oder drei von ihnen einen Bach oder eine Quelle gefunden hatten, eilten alle anderen herbei, so dass das Wasser nicht lange vorhielt. Nur unter großen Mühen fanden sie es in ausreichender Menge. Deshalb ließen sie ihre Pferde und anderen Tiere laufen, damit sie sie nicht tränken mussten. Sie verendeten daher in großer Zahl auf dem freien Feld, was die Luft verpestete. Kurz, das Volk hatte kaum weniger Angst vor dem Durst, als es vor Antiochia Hunger gelitten hatte! Einige, die ein Pferd besaßen, verließen das Lager und zogen durch die umliegenden Dörfer, um Futter und

Lebensmittel zu suchen. Die Türken von Jerusalem, die dies bemerkten, verließen häufig die Stadt im unbelagerten Teil, lauerten den Unseren auf und überfielen sie auf dem freien Feld, so dass sie zahlreiche von ihnen töteten und deren Pferde in die Stadt mitnahmen. Und jene, die ihnen entkommen konnten, flohen in ihre Lager zurück, in denen die Zahl der Pilger aufgrund dieser Streifzüge, aber auch wegen der andauernden Krankheiten und Gebrechen ständig abnahm. Dagegen wuchs und mehrte sich bei denen in der Stadt Tag um Tag die Menge, an Menschen und an Lebensmittel, da man von der unbelagerten Ebene aus ungehindert ins Innere gelangen konnte. Zwar beeilten sich unsere Leute, verschiedene Belagerungsmaschinen zu bauen, doch die Sarazenen beobachteten genau, wie diese hergestellt waren, und suchten ähnliche oder bessere Maschinen zur Verteidigung zu bauen. Dies gelang ihnen auch, weil sie über mehr Holz aller Art verfügten als unsere Leute. Zum Angriff wie zur Verteidigung standen ihnen zahllose Steine zur Verfügung, mit denen sie sich schon früh eingedeckt hatten.

Angesichts dieser Lage ersuchten die Fürsten den Grafen von Toulouse, der am reichsten war, einen seiner Ritter namens Geldemar Carpenel mit dreißig Berittenen und fünfzig Fußkämpfern nach Jaffa zu schicken, um dort Genuesen abzuholen, die soeben über das Meer gekommen waren und darum gebeten hatten, nach Jerusalem geleitet zu werden. Die Fürsten machten dem Grafen jedoch den Vorwurf, er habe zu wenig Leute entsandt, und deshalb schickte er der ersten Schar Raimund Pelet und Wilhelm von Sabran[156] mit fünfzig Reitern hinterher. Obwohl sie sich beeilten, hatten bereits sechshundert berittene Türken die anderen in der Ebene zwischen Lydda und Ramleh angegriffen sowie vier Reiter und noch mehr Fußvolk getötet, auch wenn Geldemar die Seinen um sich gesammelt hatte und den Türken heftigen Widerstand leistete. Jene ergriffen rasch die wilde Flucht, nachdem zweihundert ihrer Gefährten von zwei Rittern und ihren Leuten getötet worden waren; diese waren herbeigeeilt und hatten sich ungestüm gegen jene geworfen. Dennoch fielen schließlich auch zwei unserer tapferen Ritter in diesem Kampf, Gilbert von Trier und Aichard von Montmerle, die beide sehr betrauert wurden.

Nachdem unsere Leute diesen Sieg davongetragen hatten, begaben sie sich nach Jaffa, wo sie mit großer Freude empfangen wurden. Während sie dort weilten, um die Schiffsladungen zu löschen und dann zum Heer zurückzukehren, sah die ägyptische Flotte, die sich im Hafen von Askalon versteckt hatte, den Augenblick gekommen, den Unseren Schaden zuzufügen. So lichtete sie des Nachts in aller Eile die Anker und erschien überraschend vor Jaffa. Unsere Leute und die Genuesen eilten zum Hafen und suchten ihre Schiffe gegen die Ägypter zu verteidigen. Da sie sahen, dass sie ihnen unterlegen waren, nahmen sie die Segel und alle beweglichen Gegenstände mit sich und brachten sie in die

Festung von Jaffa, da die übrige Stadt vollständig bloß und ohne Befestigungen war. Ihre Schiffe überließen sie der Gnade der Ägypter, die zudem meinten, sie könnten sich eines weiteren genuesischen Schiffs bemächtigen, das nach einem Raubzug voller Beute zurückkehrte. Jene, die es steuerten, hatten jedoch bereits in der Ferne erkannt, was vorgefallen war, und es gelang ihnen, sich mit der gesamten Ladung in die Stadt zu retten. Ein paar Tage später machten sich ihre Gefährten und jene, die zu ihrem Geleit gekommen waren, auf den Weg und kehrten sicher zum Heer zurück, wo man sie freudig empfing, weil sich die Genueser Seeleute gewöhnlich gut auf Zimmerarbeiten verstanden und sehr geschickt im Bau von Steinschleudern und anderem Kriegsgerät waren. So wurde nach ihrer Ankunft das von den Fürsten begonnene Werk rasch und in bester Weise vollendet – auch wenn dieses bereits weit fortgeschritten war, denn Herzog Gottfried, der Herzog von der Normandie und der Graf von Flandern hatten den tapferen Ritter Gaston von Béarn gebeten, ihnen zu Gefallen die Arbeiter zu überwachen, und dieser war ihrer Bitte umgehend nachgekommen. Zudem hatten die Fürsten und Barone das einfache Volk und weitere Pilger vom Heerdienst freigestellt und ausgeschickt, Äste und Zweige zu suchen, um daraus Schanzkörbe zum Schutz der Maschinen zu flechten; darüber hinaus hatten sie starke Bäume zu fällen und die Stämme den Arbeitern im Lager zu bringen. Auf die Maschinen ließen sie als Schutz vor Feuer die Häute toter Tiere spannen. Kurz, alle Fürsten beeilten sich, je nach den Mitteln, die ihnen zur Verfügung standen, Belagerungsmaschinen zu bauen, an erster Stelle aber der Graf von Toulouse, der am reichsten war und folglich über mehr Arbeiter verfügte. Zu ihm begaben sich auch die Genueser, deren Anführer ein ausgezeichneter Arbeiter namens Wilhelm Embriaco war. Auf diese Weise arbeiteten sie alle im Lager einen ganzen Monat lang, um Maschinen zu entwerfen und zu bauen, und jeder brachte das von ihm begonnene Werk zu Ende.

Nun hielten die Fürsten Rat und legten den Tag des Sturmangriffs fest. Wegen des heftigen Streites zwischen dem Grafen von Toulouse und Tankred und weil mehrere Barone und Ritter einander hassten, wollten die Fürsten und Barone, die von ihren Bischöfen ermahnt worden waren, alle Zwistigkeiten gütlich regeln und sich gegenseitig ihre bösen Absichten verzeihen, denn auf diese Weise würde ihnen Unser Herr in der Not besser helfen. Sollten sie sterben, würden sie dem Tod ruhiger entgegensehen. So wurde unter ihnen allen ein gutes Einvernehmen beschlossen, mit Hilfe Unseres Herrn Jesus Christus.

Kapitel XXXIII.
Von den frommen Prozessionen, welche die Pilger vor Jerusalem abhielten. Wie Herzog Gottfried sein Lager in der Nacht vor dem großen Sturmangriff an einen anderen Ort versetzte. Von den wunderbaren Belagerungstürmen und anderen Maschinen. Vom zweiten Angriff der Steinschleuder, bei dem die Zauberinnen getötet wurden, und von der Kühnheit der Fürsten und Barone. Vom unbekannten Ritter, und wie die Heilige Stadt im Sturm genommen wurde. Von den verschiedenen Erscheinungen und auch vom großen Gemetzel unter den Türken.

Auf Ersuchen der Prälaten wurde angeordnet, Prozessionen abzuhalten und dabei die heiligen Reliquien, von denen es mehrere im Heer gab, mitzutragen. Jeder sollte barfuß zum Ölberg pilgern,[157] an jenem Tag fasten, beichten und demütig zu Unserem Herrn beten, damit er sich des hier versammelten Christenvolkes erbarme, dessen Dienst annehme und dank ihnen sein Erbe wiedererlangen möge. Während dieser Prozession predigten Peter der Einsiedler und Arnulf[158], der Kaplan des Herzogs von der Normandie, ein großer Kleriker, doch von schlechtem Charakter und der Boshaftigkeit allzu sehr zugeneigt. Insbesondere diese beiden ermahnten die Pilger inständig, dieses Unternehmen für Unseren Herrn mit viel Kraft und Mut zu wagen, und erklärten mit überzeugenden Beweisen, dass es besser sei, dafür zu sterben, als weiter zu leben. Der Ölberg befindet sich etwa eine Meile westlich der Stadt Jerusalem, von der er durch das Tal Josaphat getrennt ist. Dort hatte Unser Herr seine Jünger versammelt und war vor ihren Augen am Himmelfahrtstag aufgestiegen.

Als das Volk und alle Pilger dort geweint und gebetet sowie über ihre Streitigkeiten Frieden geschlossen hatten, begaben sie sich vom Berg Zion, der unweit der Stadt im Süden liegt, auf eine Anhöhe. Die Sarazenen, die auf den Mauern und Türmen der Stadt standen, wunderten sich über das Verhalten unserer Leute. Als sie sahen, dass sich die Menge in Reichweite der Armbrustschützen befand, schossen sie ohne Unterlass und verletzten mehrere Pilger. Sie stellten Kreuze auf den Mauern auf und bespuckten sie vor den Augen der Unseren und fügten ihnen in Taten und Worten manch weitere schändliche Dinge zu, die sich nicht wiedergeben lassen. Die Kraft und der Mut der Unseren wuchsen jedoch umso mehr, zum einen aus Zorn, zum anderen um die Schmach zu rächen, welche die Türken Unserem Herrn antun wollten. Nachdem der Gottesdienst in der Kirche beendet und der Tag für den Angriff auf die Stadt bekannt gegeben worden waren, kehrten die Pilger in ihre Lager zurück, damit sich ein jeder voller Eifer auf das vorbereiten konnte, was zu tun war, um das Werk zu vollenden.

Als Herzog Gottfried, der Herzog von der Normandie und der Graf von Flandern am Vortag des Sturmangriffs sahen, dass die Mauern des von ihnen belagerten Teils der Stadt mit Geräten aller Art und türkischen Verteidigern besetzt waren, so dass sie auf dieser Seite weniger ausrichten würden als anderswo (und deshalb der Stadt hier kaum Schaden zufügen könnten), beschlossen und vollbrachten sie ein gewaltiges Unternehmen, denn sie arbeiteten die ganze Nacht, um ihre großen Maschinen, die noch nicht zusammengesetzt waren, zu verlegen und im Abschnitt zwischen dem Stephanstor und dem Engelsturm, das heißt im Norden, aufzustellen. Von dieser Seite her war die Stadt zuvor noch nicht belagert worden. Sie vollendeten alles vor Sonnenaufgang, was nicht ohne große Mühen zu bewältigen war, denn der ursprüngliche und der neue Ort waren eine gute halbe Meile voneinander entfernt. Als der Tag anbrach, bemerkten die Türken, die sich aufgrund des Lärms, der zu vernehmen war, gefragt hatten, was unsere Leute planten, dass die Maschinen und das Volk der drei genannten Herren nicht mehr an ihrem ursprünglichen Platz waren. Dies versetzte sie in große Angst, die noch weiter wuchs, als sie bei einer Runde auf den Stadtmauern feststellen mussten, wo sich die Belagerer nun befanden und wie sie ihre Geräte ganz nahe an die Mauern gebracht hatten, die vor einem großen und starken Turm aus Holz nicht ausreichend geschützt waren, der so nah war, dass jene, die sich in seinem Inneren befanden, die Türken in einem Türmchen im niedrigsten Bereich der Mauer fast berühren konnten. Diese fürchteten sich also mehr denn je.

Die übrigen Fürsten und Barone des Heers hatten ihrerseits die ganze Nacht über hart gearbeitet und ihre Belagerungsmaschinen vor Tagesanbruch ringsum die anderen Seiten der Stadt aufgestellt. So hatte insbesondere der Graf von Toulouse einen Belagerungsturm, den er mit großer Mühe zwischen der Berg-Zion-Kirche und der Stadt hatte bauen lassen, bis an die Stadtmauer vorgerückt. Tankred und die anderen erstellten einen weiteren, sehr großen und festen Turm in der Nähe des auch Tankredsturm genannten Engelsturms. Und diese drei Belagerungstürme waren auf dieselbe Weise erbaut, denn sie waren alle rechteckig und auf ihrer Nordseite doppelwandig, so dass die äußere Wand auf die Mauer niedergelassen werden konnte und eine Art Fallbrücke bildete. Dennoch war die Besatzung auch auf dieser Seite durch eine zweite, innere Wand geschützt.

An dem für den Angriff festgelegten Tag waren alle Pilger frühmorgens bereit, die Erstürmung zu beginnen, beseelt von ein und demselben heiligen Mut, wenn das Zeichen gegeben würde, und den Angriff fortzusetzen, bis die Heilige Stadt mit Hilfe Unseres Herrn eingenommen wäre, oder für ihn im Kampf zu fallen. So begannen sie den Angriff,

PETER DER EINSIEDLER PREDIGT. PROZESSION FÜR DIE
EROBERUNG JERUSALEMS IM JAHR 1099

„Während dieser Prozession predigten Peter der Einsiedler und Arnulf,
der Kaplan des Herzogs von der Normandie, ein großer Kleriker, doch von schlechtem
Charakter und der Boshaftigkeit allzu sehr zugeneigt. Insbesondere diese beiden
ermahnten die Pilger inständig, dieses Unternehmen für Unseren Herrn
mit viel Kraft und Mut zu wagen, und erklärten mit überzeugenden Beweisen,
dass es besser sei, dafür zu sterben, als weiter zu leben."

(FOL. 91B)

Für den Sieg wurden nun alle Kräfte mobilisiert. Am 8. Juli 1099, eine Woche vor dem Sturmangriff, wurde eine Prozession abgehalten, bei der man die Stadt barfuß umrundete, dem Vorbild Josuas und der Israeliten bei der Eroberung Jerichos folgend. Die Prozession wird von Jean Colombe im unteren Register dargestellt. An der Spitze gehen Peter der Einsiedler, Arnulf von Chocques und andere, die Reliquien tragen. Sie führen die Prozession zum Ölberg, dorthin, wo Jesus die Jünger am Tag seiner Himmelfahrt versammelt hatte.

Im oberen Register wird Peter bei seiner Predigt in einer großen Kapelle gezeigt, mit der er den Kreuzfahrern Mut machte und sie auf die bevorstehende Schlacht und den Tod einstimmte. Zahlreiche andächtige Zuhörer haben sich versammelt. Einige legen vor dem Kampf die Beichte ab. Das architektonische Dekor ist sorgfältig ausgearbeitet. Durch hohe, von Statuen gekrönte Säulen in kräftigen Farben – Grün, Blau und Rosa – verleiht Jean Colombe der Kapelle eine beachtliche Höhe und Weite.

aples et monta eulx toute bande
ou ciel se tint de lascention.
Quant le peuple z tous ses
prestres eurent la teste a grant
pleurs za grant prieres. et
que toutes ses paix furent fai
tes sur les debatz denuculy. Il
descendirent du mont de spon
cus et empres la Cue de la
partie de moul au sommet dun
tertre. Les sains zue qui

estoient sur les murs et toute
de la bille se mentistoient moil
quel chose nos gens faisoient
Et la ou ils pouient beou
la presse pres deulx se tint
bien arbestrier ou daultre tant
ils y traient sans cesser. tel
lement quils en blecerent pli
seurs. et si dressoient croix
sur les murs z franse nos
gens auoient contre. et

indem sie um die Gnade Unseres Herrn beteten. Von Anfang an und mit gemeinsamen Kräften bemühten sich alle, Männer, Frauen, Kinder, Alte, Kranke und Gebrechliche ohne jede Ausnahme, die Belagerungstürme an die Mauern zu rücken, damit sie im Nahkampf gegen die Türken antreten konnten. Denn es gab keinen Pilger, der nicht darauf bedacht war, sich an der Befreiung der heiligen Stätten aus den Händen der Türken zu beteiligen.

Diese jedoch verschossen unablässig unzählige Pfeile und Bolzen[159] und schleuderten mit ihren Maschinen und von Hand große Steinblöcke auf unsere Leute und unsere Geräte, da sie dachten, auf diese Weise die guten und tapferen Pilger von ihren Mauern fernhalten zu können. Doch was auch immer die Türken hinunterwerfen mochten, die Unseren brannten so sehr danach, dieses Unternehmen zu einem guten Ende zu bringen, dass sie nicht fürchteten, dabei den Tod zu finden. Sie rückten ständig vor, indem sie sich mit Schilden deckten, und ein paar hielten sogar Türen und Fensterläden vor sich, um sich vor Steinwürfen und Pfeilen zu schützen. Jene, die in den Holztürmen steckten, beschossen ohne Unterlass die Türken, die auf den Zinnen der Mauern und Türme standen. Viele der Unseren suchten die Türme mit Seilen und Hebelstangen näher an die Mauer zu bringen. Jene, die für das Schleudern der Steine verantwortlich waren, versorgten die anderen laufend mit dicken Felsbrocken und Schleudern. Wieder andere bedienten unablässig ihre Steinschleudern. Kurz, die Unseren waren alle mit größtem Einsatz tätig. Doch jene, die ihren Turm vorrücken wollten, wurden durch den breiten und tiefen Graben aufgehalten, der vor der Vormauer lag. Sie konnten folglich ihren Turm nicht direkt an die Mauer schieben. Die Steine von den Steinschleudern und -werfern vermochten zudem die Mauern kaum zu beschädigen, denn die Türken hatten Säcke voller Stroh und Heu, Polster und dicke Baumwollballen, derbe Wollstoffe und Teppiche an Seilen vor die Mauern gehängt, so dass die von den Maschinen geschleuderten Steine fast wirkungslos blieben.

Darüber hinaus hatten die Türken in der Stadt noch mehr und stärkere Maschinen gebaut, und ihnen standen mehr Bögen und Armbrüste zur Verfügung als unseren Leuten vor den Mauern, und mit ihren töteten sie viele Pilger. Und die anderen konnten darüber nur in Angst geraten. Vom Morgen bis zur Vesper wurde der Angriff äußerst heftig und gefährlich geführt, und es ist kein Kampf bekannt, in dem mehr Steine und Pfeile flogen als in diesem, der sich zudem an drei Orten, das heißt an drei verschiedenen Teilen der Stadt, abspielte. Auch wenn unsere Leute mit bewundernswerter Kraft angriffen, verteidigten sich die Türken ebenso kraftvoll. So gelang es ihnen immer wieder, unsere Türme mit ihren Maschinen zu beschädigen, und sie bewarfen sie so massiv mit Feuerbränden, dass die Türme überall zu brennen begannen, obwohl unsere Leute das Feuer mit Wasser und Essig löschten und die Löcher mit Weidenruten und anderen Dingen wieder verstopften. Dieser schreckliche Sturmangriff dauerte bis zum Einbruch der Nacht, der unsere Leute zwang, in ihre Lager zurückzukehren, um zu essen und sich auszuruhen, nicht ohne eine umfangreiche und verlässliche Wache bei den Belagerungstürmen und Maschinen zurückzulassen. Die Stadtbewohner taten ebenfalls alles, um ihre Mauern zu bewachen, denn sie befürchteten, die Unseren, deren heftigen Angriff sie den ganzen Tag erlebt hatten, könnten bei Nacht über Leitern in die Stadt eindringen. Die Pilger in ihren Lagern und Zelten kamen in ihrem Herzen nicht zur Ruhe, denn sie erinnerten sich an den soeben unterbrochenen Sturmangriff; alle riefen sich in Erinnerung, was sie getan hatten, und es schien ihnen, sie hätten viele Dinge unterlassen, die sie eigentlich hätten tun können. Alle wünschten, zu ihrem Einsatzort zurückzukehren, um ihre Tapferkeit zu beweisen, und es dauerte ihnen viel zu lange, bis die Nacht vorbei und der Tag wieder angebrochen war. Offensichtlich hatten die am Vortag erduldeten Leiden und Mühen keinem von ihnen etwas anhaben können, denn in ihren Herzen lebte die Hoffnung, mit der Hilfe Unseres Herrn den Sieg zu erringen, sobald der Angriff fortgesetzt würde. Weil die Nacht nach ihrem Ermessen zu lange dauerte, erzeugte diese Zuversicht größere Pein in ihrem Herzen als sie während der Bestürmung an ihrem Leib ertragen mussten.

Als der Morgen graute, kehrte ein jeder eiligst an den Ort und zu der Aufgabe zurück, die ihm zugeteilt worden waren, trotz der zahllosen Wurfgeschosse, die aus der Stadt auf die Angreifer hagelten. Dabei kam es zu einem Ereignis, das es wert ist, erzählt zu werden: Unsere Leute besaßen eine große Steinschleuder mit Namen Châble, die so haltbar und gut gebaut war, dass sie gewaltige Steinbrocken zu schleudern vermochte und großen Schaden an den Mauern anrichtete. Als die Türken erkannten, dass ihre Maschinen unwirksam waren, ließen sie auf dieser Seite zwei alte Zauberinnen auf die Mauer kommen. Diese brachten drei junge Mädchen mit, die ihnen bei ihren Beschwörungen helfen sollten. Die Frauen standen auf der Mauer, als die Steinschleuder ein Geschoss genau auf sie zielte, so dass sie alle fünf tot von der Mauer stürzten. Unsere Leute, die zuvor stark beunruhigt waren, weil sie nicht wussten, was die Frauen zu tun gedachten, stießen große Freudenschreie aus. Dieser Erfolg gab ihnen frischen Mut und mehr Kraft, während die Einwohner der Stadt im Gegenteil verwundert und verschreckt waren, da sie ebenfalls glaubten, der Tod dieser zwei Alten müsse ihnen Glück bringen. Sie verteidigten sich in erstaunlicher Weise, so dass die Bestürmung bis in den Nachmittag dauerte, ohne dass man sagen konnte, wer den Sieg davontragen würde. Die Unseren begannen zu ermatten, und die Eroberung der Stadt schien ihnen schwer zu schaffen zu machen, denn trotz all ihrer Anstrengungen hatten sie ihre Sache kaum vorangebracht. So verließ sie der Mut, und sie wollten den Belagerungsturm aufgeben, der durch die Schleudern und Wurfmaschinen fast ganz zertrümmert war. Zudem beschlossen sie, die übrigen Maschinen, die durch die Feuerbrände der Türken Schaden erlitten hatten, zurückziehen und die Bestürmung bis zum nächsten

Morgen zu unterbrechen. Die Belagerten, die dies bemerkten, wurden von solchem Hochmut ergriffen, dass sie die Unseren verhöhnten und beschimpften, sich noch hartnäckiger als zuvor gegen sie verteidigten und noch viele weitere Maschinen beschädigten.

In Wahrheit wäre es den Unseren schlecht ergangen, hätte ihnen nicht die Großherzigkeit Unseres Herrn Gottes Jesus Christus durch ein Wunder wieder Mut eingeflößt. Es erschien ihnen nämlich der hochwürdige heilige Georg, der auf einem großen weißen Streitross vom Ölberg herabritt, gewappnet wie ein Ritter, geschmückt mit weißem Besatz und einen silbernen Schild tragend, auf dem ein großes rotes Kreuz prangte. Dieser Ritter, den niemand im Heer je gesehen hatte noch später sehen sollte, war allerdings einem Priester des Heers bereits erschienen, als die Christen zur Belagerung Jerusalems eintrafen; und er trug ihm auf, einige seiner Reliquien in die Stadt zu bringen, und teilte ihm mit, er sei der heilige Georg, der Anführer des Heers, der den Pilgern stets zu Hilfe komme. Er begann nun seinen leuchtend hellen Schild zu schwenken und gab den Unseren, die sich bereits zurückzogen und die Sturmleitern nicht mehr zu erklimmen wagten, das Zeichen, erneut anzugreifen. Herzog Gottfried und sein Bruder Eustach befanden sich in jenem Augenblick auf dem höchsten Stockwerk des Turms, um von dort aus besser entscheiden zu können, was zu tun sei, und den Turm zu sichern, der sehr haltbar gebaut war. Als der Herzog das Zeichen des Ritters sah, glaubte er sofort, dieser sei ein Gesandter Gottes und der hochwürdige heilige Georg, der nun vollbringe, was er dem Priester mitgeteilt habe. So rief er die Pilger zurück, welche die Bestürmung aufgegeben hatten, und sagte ihnen, die Stadt werde erobert, wenn sie zurückkämen. Wie er es zuvor im Äußeren tat, so vollbrachte Unser Herr nun auch im Inneren ein Wunder und gab allen Pilgern Kraft und Mut zurück. So nahmen sie den Angriff unverzüglich mit so viel Begeisterung, Tapferkeit und Kühnheit wieder auf, als wären sie von nichts wie Siegesgewissheit erfüllt. Durch göttliche Gnade fanden alle ihre Kraft zurück, als hätten sie an diesem Tag noch keine Mühe ertragen müssen.

Es ereignete sich ein weiteres augenfälliges Wunder, denn jene, die schwer verletzt und krank an ihr Lager gefesselt waren, sprangen geheilt und voller Kraft auf, ergriffen ihre Waffen und begannen den Angriff noch vor den anderen. Als Heerführer kämpften die Barone und die bedeutendsten Herren des Heers stets ganz vorn und waren dort zu finden, wo es am gefährlichsten war, um den anderen ein Vorbild zu sein und den Mut des einfachen Volkes zu stärken. Die Frauen, die keine Waffen tragen konnten, liefen mit Krügen voller Wasser im Heer herum, gaben den Kampfesmüden zu trinken und baten sie inständig, sich anzustrengen und Unserem Herrn Jesus Christus bei dieser Gelegenheit zu dienen. Kurz, unsere Leute hatten alle so viel Freude im Herzen, dass ihnen das, was sie taten, leicht von der Hand ging. So hatten sie innerhalb einer Stunde den Graben aufgefüllt und eine feste Vormauer erobert und rückten den Turm bis dicht vor die Mauer, an welche die Türken, wie bereits erwähnt, mehrere große Holzstücke und andere Dinge gehängt hatten, um sie vor dem Beschuss durch die Wurfmaschinen zu schützen. Doch die Unseren, die sich im Holzturm befanden, kappten die Seile von zwei dicken Balken, die jene, die sich darunter aufhielten, unter größter Gefahr in Empfang nahmen, um damit die Fallbrücke des Turms zu verstärken, da man sie auf die Mauer niederlassen wollte. Das war auch nötig, denn die Brücke war nur aus dünnem Holz gebaut, und ohne die Verstärkung durch die zwei Balken hätte sie die Bewaffneten nicht tragen können.

Während Gottfried von Bouillon und seine Gefährten auf der Nordseite kämpften, griffen andererseits der Graf von Toulouse und die Seinen die Stadt heftig von Süden an. Zwei Tage lang hatten sie gearbeitet, um den Graben aufzufüllen und ihren Belagerungsturm so nahe an die Mauer zu bringen, dass jene, die sich im oberen Stockwerk aufhielten, mit ihren Lanzen die Türken, die einen nahen Turm verteidigten, treffen konnten. Niemand könnte die Glut und die große Beharrlichkeit beschreiben, die alle Christen in ihrem Herzen empfanden, um während dieses Angriffs das Beste zu geben. Sie waren sich sicher, dass sie an diesem Tag ihre Versprechen und Gelübde erfüllen könnten, zum einen aufgrund dessen, was hier soeben gesagt wurde, zum anderen aber auch, weil ein Einsiedler, der am Ölberg lebte, ihnen bestätigt hatte, dass die Heilige Stadt an diesem Tag erobert werde. Da alle Pilger somit voller Angriffslust waren, lieferten die Leute Herzog Gottfrieds und der anderen Barone, die ihn begleiteten, ihren Feinden einen so unerbittlichen Kampf und verstärkten ihre Angriffe so sehr, dass die Türken ihre Kräfte schwinden sahen und sich nur noch schwach verteidigten. Unsere Leute wagten sich so weit vor, dass sie den Graben auffüllten, die Vormauern eroberten und ungehindert bis zu den Türmen vorrückten. Weil die Türken kaum Pfeile abschossen und nur wenige Steine durch die Schießscharten oder über die Mauer schleuderten, gab der Graf den Leuten im Turm den Befehl, die Baumwollpolster und Heusäcke, die an der Mauern hingen, in Brand zu setzen. Es bildete sich nun ein so schwarzer und so dicker Qualm, dass man nichts mehr sehen konnte, und es geschah, dass der starke Wind diesen Rauch auf jene blies, welche die Mauern und Türme verteidigten, und sie so sehr behinderte, dass sie weder ihre Augen noch ihren Mund öffnen konnten und die von ihnen verteidigten und bewachten Orte aufgeben mussten.

Herzog Gottfried, der stets beobachtete, wie sich die Feinde verhielten, erkannte dies als Erster und befahl, die beiden dicken Balken, die von der Mauer gefallen waren, umgehend auf den Turm zu bringen und von diesem auf die Mauer zu legen und darauf die Brücke niederzulassen. Als die Brücke auf diese Weise mit dem Holz der Gegner verstärkt war, überquerte sie Herzog Gottfried und betrat als Erster die Heilige Stadt Jerusalem. Nach ihm überquerte sein Bruder Eustach die Brücke und betrat ebenfalls die Stadt, gefolgt von

zwei weiteren tapferen Rittern, die ebenfalls Brüder waren, der eine hieß Litold[160] und der andere Gilbert, gebürtig aus Tournai. Ihnen folgten dicht gedrängt so viele Ritter, wie die Brücke tragen konnte. Und als die Türken das Banner des Herzogs auf den Mauern sahen und bemerkten, dass die Unseren in die Stadt eingedrungen waren, verließen sie ihre Türme und eilten in die engen Straßen hinunter, um sich dort zu verteidigen. Als aber unsere Leute, die noch außerhalb der Stadt waren, erkannten, dass der Herzog und einige Ritter Jerusalem bereits betreten und einige Türme erobert hatten, warteten sie nicht mehr auf Befehle, sondern begannen die Leitern aufzustellen und in aller Eile auf die Mauern zu steigen. Auf diese Weise drang in kurzer Zeit eine große Zahl in die Heilige Stadt ein, und niemand hinderte sie daran, denn es gab keinen Widerstand, und sie verfügten über genügend Leitern, da die Ritter des Heers zuvor den Befehl erhalten hatten, je eine Leiter für zwei Leute bereitzustellen.

Der Herzog hielt sich auf der Mauer auf, besetzte die Türme nach und nach mit seinen Leuten und beeilte sich, die Festung einzunehmen. Kurz darauf betraten ebenfalls die Heilige Stadt: der Herzog von der Normandie, der Graf von Flandern, Tankred der Tapfere, Hugo der Ältere, Graf von Saint-Pol, Balduin von Le Bourg, Gaston von Béarn, Gaston von Béziers, Thomas von La Fère, Gerhard von Roussillon, Ludwig von Mousson, Graf Rambald von Orange, Conon von Montaigu, dessen Sohn Lambert und viele weitere Ritter, die hier nicht alle aufgezählt werden können. Als der Herzog erfuhr, dass sie sich in der Stadt befanden, ließ er sie zu sich rufen und schickte einige aus, um das Stephanstor[161] zu öffnen. Als dieses geöffnet war, drang das Volk in Massen in die Stadt ein, so dass es nicht lange ging, bis sich das ganze Heer in Jerusalem befand. So wurde die Heilige Stadt erobert, um die neunte Stunde am Freitag, dem fünfzehnten Tag des Juli im Jahr der Gnade der Menschwerdung Unseres Herrn Jesus Christus 1099.

Als Gottfried sowie die Fürsten, Barone, Ritter und Fußkämpfer, die mit ihm waren, sahen, dass das Tor geöffnet war, stiegen sie von den Mauern herab und liefen mit gezogenem Schwert und der Lanze in der Hand durch die Straßen, um alle Türken, denen sie begegneten, zu töten und weder Frauen noch Kinder zu schonen, denn Gnade wurde nicht gegeben. In kurzer Zeit veranstalteten sie ein solches Gemetzel, dass in allen Straßen Berge von abgehackten Köpfen und von Körpern mit durchschnittenen Hälsen lagen, so dass man nur noch über Leichen schritt. Die Fußkämpfer, die das größte Blutbad anrichteten, liefen in Scharen mit Keulen und Äxten durch die ganze Stadt und brachten alle Männer und Frauen um, auf die sie stießen, ausgenommen die armen christlichen Bewohner, die verschont wurden, weil sie rasch Kreuze angefertigt hatten, als sie von der Eroberung der Stadt vernahmen. Manche trugen die Kreuze auf ihren Kleidern, andere in ihren Händen.

Während das einfache Volk auf diese Weise bis zur Mitte der Stadt vorstieß, setzten der Graf von Toulouse und jene auf seiner Seite ihre Angriffe am Berg Zion fort. Als aber die Türken, die ihnen dort Widerstand leisteten, die Schreie hörten und die Banner der anderen in der Stadt sahen, gaben sie ihre Türme und Mauern auf und flohen so schnell sie konnten in den nahen Bergfried, den am stärksten befestigten Teil der Stadt, und jene, denen dies gelang (nicht alle), schlossen die Tore hinter sich. Als der Graf von Toulouse die Mauern ohne Verteidiger sah, ließ er die Fallbrücke seines Belagerungsturms hinunter und betrat über sie die Stadt, gefolgt von Graf Isoard von Die[162], Raimund Pelet, Wilhelm von Sabran, den anderen Rittern und ihrem ganzen Volk, das den Turm, aber auch Leitern benutzte. Alle glaubten sie, die Stadt als Erste zu betreten, sprangen von den Mauern und töteten alle Türken, die sie in den Straßen antrafen. Es gab dort so viele Tote, dass es schrecklich anzusehen war, wie auch das vergossene Menschenblut, das in großen Bächen durch die Straßen floss, denn jene, die den Leuten des Grafen von Toulouse entkamen, fielen in die Hände der Leute von Herzog Gottfried. Zahlreiche Türken waren ins Innere der Tempelmauern geflüchtet, die sehr stark waren, doch unsere Leute drangen dort mit Gewalt ein und töteten sie alle; man schätzt die Zahl derer, die dort getötet wurden, auf zehntausend. Unsere Leute durchsuchten Keller und Schlupflöcher, und wenn sie versteckte Türken fanden, machten sie diese nieder. Da die Fürsten und Barone vor dem Angriff gemeinsam beschlossen und festgelegt hatten, dass ein jeder das Haus (mit Nebenbauten) zu Besitz erhalten sollte, das er sich in der Stadt angeeignet habe, setzten die Barone ihre Banner auf jene Häuser, die sie sich ausgewählt hatten. Die Ritter von geringerem Stand hängten ihre Schilde auf und die Fußkämpfer ihre Hüte oder Schwerter, um anzuzeigen, dass das Haus besetzt sei, und die anderen daran zu hindern, es zu betreten.

Nachdem man die Heilige Stadt auf diese Weise erobert und alle Türken, die man in ihr fand, getötet hatte, versammelten sich die Fürsten und Barone, bevor sie ihre Waffen ablegten, und bezeichneten die Leute, welche die Türme und Tore zu bewachen hatten, um die Bewohner der Umgebung daran zu hindern, die Stadt ohne Bewilligung zu betreten, und dies bis zur Wahl eines Herrn der Stadt, dem sie in aller Einvernehmen ganz gehören sollte. Nicht zu Unrecht waren sie besorgt, denn das Umland steckte noch voller Sarazenen, die sich versammeln und die Stadt überraschend angreifen konnten. Daraufhin gingen die Fürsten und Barone auseinander, um in ihren Häusern die Waffen abzulegen, Gesicht, Hände und Leib zu waschen, die von Blut bedeckt waren, und neue Kleider anzulegen. Und alle anderen Pilger begaben sich mit ihnen barfuß, unter Weinen und Klagen, demütig und andächtig betend und Dank sagend, zu den heiligen Stätten der Stadt, an denen Unser Herr und Erlöser Jesus Christus fleischlich gelebt hatte. Voller Demut küssten sie die Stellen, auf die er seine Füße gesetzt hatte. Der Klerus und das Volk der Christen, die in dieser Heiligen Stadt wohnten, unter den Türken stets ausgeharrt und von ihnen viel Elend, Leid und Pein erduldet hatten, zogen ebenfalls in einer Prozession mit den heiligen Reliquien vor den anderen her und führten sie, singend und Unserem Herrn dankend, in die Heiliggrabkirche. Es war berührend zu sehen und bewegend zu vernehmen, wie die Fürsten, Barone und Ritter sowie das ganze Volk vor Freude und Mitleid weinten, und wie sie sich mit kreuzförmig ausgebreiteten Armen vor dem Grab Unseres Herrn niederwarfen, denn jeder glaubte, den kostbaren Leib Unseres Allerheiligsten Erlösers Jesus Christus tot vor sich liegen zu sehen. Es gab so viel Weinen und Klagen, dass niemand dies zu beschreiben wüsste. Auch in den anderen Kirchen gab es ebenso viele Seufzer und Tränen. Und wenn sie eine der heiligen Stätten betraten, konnten sie diese nur wieder verlassen, weil sie auch alle anderen zu besuchen wünschten, so froh waren sie in ihren Herzen über die Ehre, die ihnen Unser Herr erwies, indem er sie den Tag erleben ließ, an dem die Heilige Stadt dank ihnen aus der Knechtschaft der Glaubensfeinde befreit wurde, und der Rest ihres Lebens bedeutete wenig für sie. Sie spendeten ihre Habe großzügig an Kirchen und an Arme und gelobten, in ihrer Heimat große Gaben zu verteilen, da für sie zeitliche Dinge keine Bedeutung mehr zu haben schienen. Um die Wahrheit zu sagen, dachten sie, am Eingang zum Paradies zu stehen, und dies stimmte sogar, denn in keinem Herzen auf dieser Welt konnte es eine Freude geben, die so groß war wie die ihre, und sie wurden nicht müde, die heiligen Stätten zu besuchen, an denen Unser Erlöser Jesus Christus geweilt hatte.

Im Übrigen konnten die Bischöfe, Prälaten, Priester und anderen Mitglieder des Klerus die Heiliggrabkirche erst verlassen, nachdem sie inbrünstig für das Volk gebetet und Unserem Erlöser Jesus Christus demütig für seine heilige Hilfe gedankt hatten. Als sich die Pilger etwas beruhigt hatten, gab es unter ihnen mehrere hervorragende und glaubwürdige Personen, die behaupteten, sie hätten während des Sturmangriffs den ehrwürdigen Bischof Adhemar von Le Puy als Ersten auf die Mauern der Stadt steigen sehen; dabei habe er die anderen angespornt, ihm zu folgen. Und manch anderer Pilger, der als heiliger Mann galten und während dieses heiligen Zuges gestorben war, erschien gleichfalls mehreren Personen an dem Tag, an dem diese die heiligen Stätten aufsuchten. Daraus ist hinreichend ersichtlich, dass Unser Herr diese Stadt mehr liebt als alle anderen, und dass die größte Pilgerfahrt aller Zeiten stattfinden wird, wenn die Toten durch den Willen Unseres Herrn auferstehen werden, um ihre Gelöbnisse zu erfüllen und ihre Pilgerreise zu beschließen.

Als die Fürsten, Prälaten, Barone und Ritter ihre Gebete beendet und die heiligen Kirchen besucht hatten, hielten sie Rat und, da sie erwogen, dass es zu gefährlich sei, die Stadt nicht von den Leichen zu säubern, bestimmten sie Leute, die dies tun sollten. Zudem ordneten sie an, dass man am dritten Tag einen allgemeinen Markt abhalte. Die Türken, die sich in den Davidsturm und den Bergfried zurückgezogen hatten, übergaben diese dem Grafen von Toulouse, der sie mit ihren Frauen, Kindern und aller Habe ungehindert nach Askalon ziehen ließ.[163]

Kapitel XXXIV.
Wie Herzog Gottfried von Lothringen zum König von Jerusalem gewählt und ernannt wurde. Vom Oberbefehlshaber der Ägypter und von dem großen Heer, das er aus Ägypten herbeiführte, um Jerusalem zurückzuerobern, und wie er, von Schande bedeckt, zurückkehren musste. Der Heimzug des Herzogs von der Normandie und des Grafen von Flandern und der Tod des Herzogs von der Normandie.

Am achten Tag nach der Einnahme der Heiligen Stadt versammelten sich die Fürsten und Barone, um einen König für die Heilige Stadt und das Land zu wählen. Nachdem sie ihre Gebete verrichtet und die Gnade des Heiligen Geistes angerufen hatten, damit er sie den besten König und Herrn für die Heilige Stadt und das Königreich Jerusalem wählen lasse, traten sie zusammen. Doch während sie nun über die Wahl berieten, erschienen mehrere Kleriker des Heers vor der Tür des Rats. Nachdem sie um Anhörung gebeten hatten, suchten sie zu beweisen, dass die Fürsten die Wahl eines weltlichen Stadtherrn erst vornehmen dürften, wenn ein geistlicher Führer, das heisst ein Patriarch, gewählt worden sei, und dass die Königswahl auf diese Weise an Sicherheit und Heiligkeit gewinne. Die Fürsten machten keine Miene, ihnen zu widersprechen; weil sie jedoch diese Auflehnung für eine Narretei hielten, setzten sie die Königswahl fort. Wie seither verschiedentlich dargestellt wurde, war diese Arglist der Kleriker von dem Bischof einer kalabrischen Stadt genannt Maturane[164] und einem wichtigen Kleriker des Heers namens Arnulf, Kaplan und Vertrauter des Herzogs Robert von der Normandie, ausgeheckt worden, und diese beiden Kirchenmänner waren Verbündete in all ihren Winkelzügen.

Die Fürsten und Barone, die das Leben und die Lage eines jeden von ihnen und insbesondere desjenigen, den sie wählen würden, besser kennenlernen wollten, bezeichneten schließlich Gutachter von gutem Ruf, die unauffällig die Wahrheit herausfinden sollten. Und die Gutachter, die sehr anständig und verschwiegen waren, führten ihre Befragungen umsichtig durch und verbargen alles, was geheim zu halten war. Nachdem sie unter Eid alle befragt hatten, an die sie sich wenden mussten, um die Wahrheit zu erfahren, kamen sie zu dem Ergebnis, dass der edle Herzog Gottfried unter allen anderen Fürsten die meisten lobenswerten Eigenschaften besitze, obwohl jene, die ihn tadeln wollten, behaupteten, er habe eine lästige Angewohnheit: Habe er nämlich in einer Kirche der Messe und dem ganzen Gottesdienst beigewohnt, könne er diese nicht verlassen, ohne vorher die Priester und Kleriker eingehend zu befragen, was auf den Gemälden und Glasfenstern sei und was es bedeute. Dass er sich zudem gern und aufmerksam die Geschichten und das Leben der Heiligen anhöre, missfalle seinen Gefährten, zumal deswegen häufig sein Essen verderbe. Als die Fürsten und Barone diesen Bericht und die anderen vernommen hatten, hielten sie Rat, bevor sie zur Wahl schritten. Ein großer Teil von ihnen hätte sich auf den Grafen von Toulouse einigen können, wären da nicht diejenigen von seinem Land gewesen, seine nächsten Gefolgsleute, die dachten, dass er, zum König von Jerusalem gewählt, dort bleiben und die Leute von seinem Land dort empfangen werde; wenn er aber nicht gewählt werde, so kehre er rasch in sein angestammtes Land in Frankreich zurück, was sie sich sehnlichst wünschten. Sie schworen also – wie man später behauptete – mit Absicht einen Meineid und sagten aus, er habe viele Fehler, für die er nichts könne, doch wie sich in der Folge zeigte, verloren sie ihre Zeit, denn der Graf fühlte sich durch nichts gedrängt, die Heilige Stadt rasch zu verlassen. Nachdem die Fürsten und Barone lange unter sich beraten hatten, einigten sie sich auf eine einzige Meinung und wählten einhellig den guten Herzog Gottfried zum König der Heiligen Stadt und des Königreiches von Jerusalem. Sie geleiteten ihn mit dem ganzen Volk feierlich in die Heiliggrabkirche, um ihn dort Unserem Herrn vorzustellen. Ihr Jubel war riesig, und alle waren von großer Freude erfüllt, denn er war der Fürst, den alle, Groß und Klein, am meisten liebten. Als sie ihn aber zum König krönen wollten, lehnte er dies ab und bat die Fürsten und Barone, darauf zu verzichten, denn es genüge, die Krone gesehen zu haben, die Unser Herr Gott Jesus Christus am Tag seines Leidens in dieser Heiligen Stadt getragen habe. Auf diese Weise wurde Herzog Gottfried nie gekrönt, obwohl er wahrhaftig König von Jerusalem war.[165]

Wenige Tage nach seiner Wahl rief er alle Fürsten und Barone zu einem Rat zusammen und bat den Grafen von Toulouse, ihm den Bergfried, das heißt den Davidsturm, zu übergeben, wie dies recht und billig sei. Doch der Graf lehnte dies ab, indem er vorgab, er habe ihn erobert und deshalb gehöre er ihm. Allerdings erklärte er, er beabsichtige, rasch auf sein Land in Frankreich zurückzukehren, und wolle ihn lediglich bis zu diesem Augenblick behalten und ihm dann übergeben. Da König Gottfried damit nicht zufrieden war und erklärte, er wolle nicht König einer Stadt sein, deren mächtigste Festung einem anderen gehöre, und seine Wahl nicht annehmen, wenn ihm nicht der Bergfried übergeben werde, überzeugten die Fürsten den Grafen von Toulouse, er müsse ihn dem Erzbischof von Albara übergeben. Dieser gab ihn aber umgehend an König Gottfried weiter, und als man ihn fragte, warum er dies so schnell getan habe, antwortete er, er sei dazu gezwungen

GOTTFRIED VON BOUILLON WIRD ZUR GRABESKIRCHE GEFÜHRT. RAT DER KREUZFAHRER

„Sie kamen zu dem Ergebnis, dass der edle Herzog Gottfried unter allen anderen Fürsten die meisten lobenswerten Eigenschaften besitze, obwohl jene, die ihn tadeln wollten, behaupteten, er habe eine lästige Angewohnheit: Habe er nämlich in einer Kirche der Messe und dem ganzen Gottesdienst beigewohnt, könne er diese nicht verlassen, ohne vorher die Priester und Kleriker eingehend zu befragen, was auf den Gemälden und Glasfenstern sei und was es bedeute. Dass er sich zudem gern und aufmerksam die Geschichten und das Leben der Heiligen anhöre, missfalle seinen Gefährten, zumal deswegen häufig sein Essen verderbe."

(FOL. 98A–98B)

Nach der Eroberung der Heiligen Stadt war es an der Zeit, einen König für Jerusalem und das Land zu wählen. So traten die Barone zu einer Ratsversammlung zusammen, die im unteren Register dargestellt ist. Eine von Sébastien Mamerot erzählte Begebenheit wird hier getreu illustriert: An der Tür des Rates fanden sich Kleriker mit der Bitte ein, zuerst einen geistlichen Führer, das heißt einen Patriarchen, zu wählen. Die Versammlung ging indessen weiter, und gegen Raimund von Toulouse setzte sich der im Heer allseits beliebte Gottfried von Bouillon, ein vorbildlicher Christ, durch. Von den Seinen zum König gewählt, weigerte er sich jedoch, sich auch krönen zu lassen. Damit umging er geschickt einen Konflikt mit dem Papst. Die obere Darstellung zeigt den feierlichen Einzug Gottfrieds in die Grabeskirche von Jerusalem. Man erkennt eine Ähnlichkeit des Kirchengebäudes mit gotischen Kathedralen in Frankreich, etwa der in Bourges, der Heimatstadt des Malers: die mit Statuen geschmückte Fassade, ausgearbeitete Fialen und das farbig gefasste Portal.

nombre de clers de lost Lesqlz
aprus requis estre oys sefforce-
rent remonstrer que les pri-
ces ne debuoient proceder a e
lection de seigneur temporel
de la Cite insques a ce con se
eust esleu & sait bug espirituel
cest bug vuiuarsel et que le-
lection su Roy en seroit plus
seure et plus sante. Combien
que ces parolles ne surent gai

res de semblant de leur contre-
dit. Amcois tenans et repu-
tans leur esmeute a solie ils
procederent tousiours auant
aleslection du Roy. Et aus
si comme de puis suit dit cel
le esmeute des clers auoit este saute par la cautelle dun
euesque dune Cite de Calabre
apelle. matuline. et dun
traunt clert de lost nomme ar

worden. Freilich hat man nie mit Sicherheit herausgefunden, ob er dazu gezwungen worden war. Der Graf von Toulouse war jedoch so erzürnt, dass er beschloss, nach Frankreich zurückzukehren, denn er war überzeugt, die Fürsten und Barone hätten sich ihm gegenüber nicht so verhalten, wie sie dies hätten tun sollen, denn er hatte ihnen während des Zuges große Dienste erwiesen, an die sie sich nun gemäß dem, was einige der Seinen behaupteten, nicht mehr erinnerten.[166]

Da sich der Graf von Toulouse auf ihren Rat zur Rückkehr entschlossen hatte, suchte er den Jordan auf, um in ihm zu baden, und ordnete seine Sachen, um den Heimzug rasch anzutreten. Doch er tat nicht, was er beschlossen hatte. Ein paar Tage später wählte der Bischof von Maturane mit Unterstützung des Herzogs von der Normandie seinen Gefährten Arnulf zum Patriarchen von Jerusalem und setzte ihn unrechtmäßig auf den Stuhl des echten Patriarchen, der sich kurz vor der Ankunft der Pilger nach Zypern begeben hatte, um dort für sich und die anderen Christen von Jerusalem, aber auch für die Heiliggrabkirche um Hilfe zu bitten, welche die Türken hatten zerstören wollen, wenn sie die Christen nicht gegen eine große Geldsumme freikauften, was diese dann unter Zwang taten. Zur selben Zeit fand man einen großen Teil des Wahren heiligen Kreuzes in einem Silberschrein, der in der Heiliggrabkirche vergraben war; und es war ein alter Syrer, der dessen Vorhandensein enthüllte, denn er war der einzige, der wusste, dass ihn die Christen hier zuvor vergraben hatten in der Angst, die Türken könnten ihn an sich nehmen. Die würdige Reliquie, die Unser Herr hatte finden lassen, wurde in feierlichem Umzug bis zum Tempel getragen, und alle Pilger fühlten sich bei ihrem Anblick gestärkt.

Kurz darauf hörten sie die Kunde und wurden in Kenntnis gesetzt, dass ein riesiges Heer des Kalifen von Ägypten zu Wasser und zu Land heranziehe (angeführt von einem Oberbefehlshaber, den man Emireus nannte, einem ehemaligen Christen, der aber seinem christlichen Glauben abgeschworen und sich aus Habgier und Gewinnsucht in den Dienst des Kalifen gestellt hatte; er war es gewesen, der die Heilige Stadt dem Sultan von Persien nach Kerboghas Niederlage abgenommen hatte[167]). Es sollte Jerusalem von unseren Leuten zurückerobern, und der Oberbefehlshaber glaubte, er habe dank seines großen Heeres und der Vielzahl der Leute, die ihm zur Verfügung standen, leichtes Spiel. Doch Unserem Herrn gefiel es anders, denn ein paar Tage später erfuhren unsere Leute durch ihre Kundschafter, dass der Emir mit seinem Heer bis Askalon gelangt sei und sich dort mit weiteren Sarazenen und anderen Türken aus Damaskus und Arabien vereint habe, die sich in großer Zahl in jener Gegend aufhielten und vor der Ankunft der Unseren sich gegenseitig hassten, und insbesondere die Ägypter fürchteten stets den Aufstieg der Araber. Doch wie auch immer sie voneinander dachten, ihr gemeinsamer Hass auf die Unseren bewog sie, sofort nach Jerusalem zu ziehen und es zurückzuerobern, denn sie konnten sich nicht vorstellen, dass die Fürsten und Barone, die sich in der Stadt aufhielten, den Mut hätten, sich ihnen auf offenem Feld zu stellen. Die Unseren zogen auf gemeinsamem Beschluss der Bischöfe und Fürsten in feierlicher Prozession barfuß und im Hemd zur Heiliggrabkirche, um Unseren Herrn Jesus Christus in aller Demut, begleitet von Weinen und Klagen, zu bitten, ein weiteres Mal sein Volk zu beschützen, das er bis zu diesem Tag verteidigt habe, und nicht zuzulassen, dass die Heilige Stadt erneut in die Hände der Ungläubigen falle. Von dort zogen sie zum Tempel, in dem die Bischöfe und Priester andachtsvoll den Gottesdienst feierten.

Nachdem der Gottesdienst beendet war und die Bischöfe vor dem ganzen Volk ihren Segen erteilt hatten, versammelte König Gottfried die Fürsten und Barone und ernannte auf ihren Rat und nach ihrem Urteil Barone und Ritter zum Schutz der Stadt. Dann verließ er sie mit dem Grafen von Flandern[168], um sich in die Ebene von Ramleh zu begeben. Die anderen Fürsten blieben in Jerusalem, ausgenommen Eustach, der Bruder des Königs, und Tankred, den die Einwohner von Nablus in Syrien zur Bewachung ihrer Stadt geholt hatten. Sie hatten dies auf Geheiß des Königs getan, als man noch nichts von den Ägyptern wusste. Doch nun ließ sie der König holen, und sie begaben sich eiligst zu den anderen Fürsten und Baronen, die stets gewappnet blieben und auf die Botschaft des Königs und des Grafen von Flandern warteten. Die Letzteren hatten in Ramleh Kunde von der großen Schlagkraft des Oberbefehlshabers Emireus erhalten. Und sie baten diejenigen in Jerusalem, eiligst die Stadt zu verlassen und nur eine kleine Wache zurückzulassen, um das ganze Volk von Jerusalem in den Kampf gegen das riesige Aufgebot ihrer Feinde zu führen. So zogen der Graf von Toulouse sowie die anderen Fürsten und Barone wohlgeordnet aus der Stadt und begaben sich so rasch wie möglich in die Ebene zu einem heute Ibelin genannten Ort, wo sich der König und der Graf von Flandern befanden.

Nachdem sie dort einen Tag verbracht hatten, erblickten sie bei Anbruch der Nacht in der Ferne ein Getümmel, das einen großen Teil der Ebene in Beschlag nahm. Weil unsere Leute dachten, es seien ihre Feinde, deren späte Ankunft sie allerdings erstaunte, schickten die Fürsten zweihundert gute Reiter in diese Richtung, um aus der Nähe zu sehen, um wen es sich handelte und wie viele es sein könnten. Als sie sich näherten, erkannten sie, dass es sich um Rinder, Kühe und anderes Vieh in für diese Gegend schier unvorstellbarer Zahl handelte, und dass diese Herde von Männern zu Pferde bewacht wurde, welche die Hirten zu schützen und zudem Diebe abzuwehren hatten.

Als die Kundschafter zu den Fürsten zurückkehrten und Bericht über das erstatteten, was sie gesehen hatten, sandten die Fürsten einige ihrer bewaffneten Leute aus, die das ganze Vieh erbeuteten und einige Wächter gefangen nahmen. Von ihnen erfuhren sie, dass ihre Feinde in sieben Meilen Entfernung lagerten und die Absicht hatten, die Unseren anzugreifen und alle zu töten. Deshalb stellten die Fürsten neun Kampfabteilungen zusammen und befahlen, dass drei davon vorher über die Seiten losziehen sollten, die die Ebene war weit; drei sollten sich in der Mitte halten und drei hinten. Was die Sarazenen betraf, so konnte man ihre Zahl nie erfahren, so viele waren zusammengekommen, und es wurden täglich mehr, die aus dem Umland nach und nach zu ihnen stießen. Als am Morgen die Sonne aufging[169], erhielten alle den Befehl, sich zu bewaffnen, und jeder hatte sich zu seiner Kampfschar zu begeben. Als dies geschehen war, zogen sie in der festen Hoffnung auf Unseren Herrn Jesus Christus, für den es leicht ist, es so einzurichten, dass die wenigen die vielen besiegen, zogen sie im Schritt dorthin, wo sich, wie sie wussten, ihre Feinde befanden. Diese näherten sich in großer Unordnung, bis sie unsere Leute in der Ebene entdeckten. Als sie jedoch erkannten, dass diese nicht die Flucht ergreifen, sondern sie herausfordern und angreifen wollten, bekamen sie es mit der Angst zu tun. Doch ihre Furcht wurde noch größer, als sie sahen, dass die Leute aus unserem Heer eine beträchtliche Fläche einnahmen dank zahlreicher Tiere, die sie mitgenommen hatten und die vorrückten, wenn sie selber stillstanden. Sie glaubten tatsächlich, es handle sich um Heervolk!

Die höchsten Herren, von denen man hätte glauben können, sie würden den Kampf am beherztesten führen, begannen sich nach und nach möglichst unauffällig zurückzuziehen und die Flucht zu ergreifen, indem sie einer nach dem anderen und insgeheim ihre Scharen im Stich ließen. Sobald dies die Ritter von niedrigerem Stand und das einfache Volk bemerkten, sagten sie daher zueinander, es sei keine Schande, zu flüchten. Und dies taten sie denn auch. Sie gaben ihren Pferden die Sporen und flohen in großer Eile dorthin, wo sie Unterschlupf zu finden glaubten, wobei sie ihre mit großen Schätzen gefüllten Zelte zurückließen. Als die Fürsten und die christlichen Pilger feststellten, dass Unser Herr ihnen beigestanden hatte, indem er den Sarazenen so viel Angst einflößte, dass diese Hals über Kopf die Flucht ergriffen, freuten sie sich und dankten ihm voller Demut. Und nachdem sie gemeinsam Rat gehalten hatten, beschlossen sie, die Feinde nicht ungeordnet zu verfolgen, da diese zahlreicher als sie waren und den Unseren gefährlich werden konnten, falls es ihnen gelänge, sich wieder zu vereinigen. Deshalb zogen die Christen wohlgeordnet ins Zeltlager der Sarazenen, wo sie Gold, Silber, Kleider, Geschirr aller Art und andere Schätze in Hülle und Fülle fanden, und teilten die Beute friedlich untereinander auf. So kehrten sie also, ein jeder nach seinem Stand reich und mit Gütern beladen, zurück und betraten im Triumph die Heilige Stadt Jerusalem.

Ein paar Tage später brachen die tapferen Fürsten, Herzog Robert von der Normandie und Graf Robert von Flandern, von dort auf. Sie nahmen Abschied von König

Gottfried und den anderen Fürsten und Baronen und begaben sich auf den Weg, um in ihre Länder zurückzukehren, über Konstantinopel, wo sie von Kaiser Alexios groß gefeiert wurden. Nachdem sie sich auch von diesem verabschiedet hatten, zogen sie weiter und erreichten ihre Länder, wo ihnen ein unterschiedliches Schicksal bevorstand, denn der Graf von Flandern wurde von seinen Untertanen freudig empfangen, Herzog Robert von der Normandie jedoch musste feststellen, dass sie die Verhältnisse sehr verändert hatten, weil in der Zeit, als er sich auf heiliger Pilgerfahrt befunden hatte, sein älterer Bruder namens Wilhelm, der König von England war, ohne unmittelbaren Erben gestorben war. Nach seinem Hinscheiden hatte, obwohl das Reich rechtens an diesen Robert, den Herzog von der Normandie, gefallen wäre, sein dritter Bruder namens Heinrich, der Jüngste unter den dreien, die Fürsten und Herren Englands glauben lassen, der Herzog Robert, sein Bruder, sei zum König von Jerusalem gewählt worden und beabsichtige, dort zu sterben, ohne in sein Land zurückzukehren und Anspruch auf einen Besitz in England zu erheben. So hatten sie ihn zum König gekrönt, ihm Ehre erwiesen und den Treueid geleistet, und er hatte ihnen als ihr wahrer König und Herr ihre Länder erneut übergeben.

Als dies Herzog Robert nach seiner Ankunft in der Normandie erfuhr, wo er von den Normannen als ihr wahrer natürlicher Herr mit Ehren empfangen wurde, ersuchte er seinen Bruder durch seine Gesandten, auf die Krone und das Königreich England zu verzichten und sie ihm zurückzugeben, wie es recht und billig sei. Da König Heinrich dies ablehnte, stellte Herzog Robert in der Normandie und anderswo ein großes Heer zusammen, überquerte das Meer und drang in England ein. Dort kam ihm sein Bruder, König Heinrich, mit der ganzen Streitmacht seines Landes entgegen. Als die beiden Heere einander bereit und geordnet zum Kampf gegenüberstanden, gelang es Fürsten und Herren beider Parteien in Anbetracht der Tatsache, dass eine Schlacht große Verluste bringen und gewaltigen Schaden anrichten würde, die beiden Brüder zu einer Einigung zu bewegen, wonach Heinrich weiterhin König bleibe, doch jährlich dreitausend Goldtaler an Herzog Robert von der Normandie zu zahlen habe.

So wurde Friede geschlossen, der jedoch nicht lange hielt, denn der gute Herzog Robert forderte nach seiner Rückkehr in die Normandie gewisse Städte und Burgen des Cotentin zurück, die er seinem Bruder, König Heinrich, lange vor der letzten Einigung verpfändet hatte, was dieser weder gewähren noch dulden wollte. Deshalb belagerte Herzog Robert diese und nahm sie mit Gewalt ein. Aus diesem Grund wurde ihre Zwietracht so heftig, dass König Heinrich das Meer überquerte und mit einem großen Heer in die Normandie einfiel. Als Herzog Robert seine Leute dagegen in den Kampf führte, wurde er von einigen, die er für seine treuesten Gefährten gehalten hatte, verraten und verkauft, so dass er von seinem Bruder, König Heinrich, gefangen genommen und sein Heer bei

Tinchebray geschlagen wurde, und er wurde als Gefangener nach England gebracht. Dort starb er im Kerker und gab Unserem Herrn ein ruhmreiches Leben zurück, in dem er auf der nach Gottfried von Bouillon benannten heiligen Fahrt zahlreiche Leiden erduldet hatte. Und so blieb König Heinrich in Frieden König von England und Herzog von der Normandie.

✝

Kapitel XXXV.

Wie Bohemund und Balduin von Edessa nach Jerusalem kamen. Von der Wahl des Patriarchen und der Bestätigung König Gottfrieds. Von der Gefangennahme Bohemunds. Der Tod des Königs Gottfried von Bouillon und die Wahl seines Bruders Balduin zum König von Jerusalem, und wie Tankred von dort aufbrach und in Antiochia regierte.

Graf Raimund von Toulouse brach ebenfalls kurze Zeit später von Jerusalem auf und kam bis nach Latakia, wo er seine Gemahlin, die Gräfin, zurückließ und nach Konstantinopel weiter zog. Und obgleich er bei seiner Abreise gesagt hatte, er werde bald zurückkehren, behielt ihn der Kaiser lange bei sich: Er wollte ihn groß feiern und machte ihm wertvolle Geschenke, so dass bis zu seiner Rückkehr nach Jerusalem zwei volle Jahre vergingen. Eine Zeit lang, als König Gottfried noch am Leben war, blieb der edle Tankred bei ihm und regierte großartig die Städte Tiberias[170], Nazareth und das Fürstentum Galiläa, die dieser ihm geschenkt hatte. Er gründete dort mehrere Kirchen und stattete sie großzügig mit Schätzen, Besitzungen und Einkünften aus, insbesondere tat er den Kirchen von Nazareth, Tiberias und auf dem Berg Tabor viel Gutes und hinterließ sie alle in gesicherten Verhältnissen, als er die Herrschaft nicht mehr behalten wollte, denn mit diesen Kirchen und mit denen des Fürstentums Antiochia, das er danach lange Zeit regierte, erwies er sich als äußerst klug, reich und tapfer und Unserem Herrn Jesus Christus und seiner glorreichen Mutter, der würdigen Jungfrau Maria, sehr ergeben.

Unterdessen verließen Graf Balduin von Edessa, der Bruder König Gottfrieds, und Fürst Bohemund von Antiochia ebenfalls ihre Länder und machten sich mit einem ansehnlichen Gefolge von Bewaffneten auf den Weg, um die Heilige Stadt Jerusalem zu besuchen. Bevor sie jedoch dort ankamen, trafen sie unterwegs einen hoch angesehenen Prälaten, der ein heiliges Leben führte, namens Dagobert, den Erzbischof von Pisa,[171] und mehrere andere Italiener, so dass die beiden Scharen zusammen wohl fünfunddreißigtausend Mann umfassten, Fußvolk wie Berittene, was ihnen beim Zug durch die Länder der Sarazenen mehr

DAGOBERT VON PISA ZIEHT MIT BOHEMUND, BALDUIN UND
IHREM GEFOLGE NACH JERUSALEM. GOTTFRIED VON BOUILLON HULDIGT
DEM PATRIARCHEN DAGOBERT

*„Und kurz nachdem sie die heiligen Stätten andächtig
besucht hatten, wurde, als alle Angehörigen des Klerus versammelt waren,
Arnulf, der das Patriarchat an sich gerissen hatte, abgesetzt und dann
in aller Einvernehmen der ehrwürdige Hirte Dagobert zum Patriarchen von
Jerusalem gewählt und von allen bestätigt.“*

(FOL. 102A–102VA)

Im unteren Register zeigt Jean Colombe Dagobert, den Erzbischof von Pisa, auf dem Weg nach Jerusalem. Er hat sich Fürst Bohemund von Antiochia und Graf Balduin von Edessa und ihrem Gefolge angeschlossen, die Jerusalem besuchen wollen. In der Hauptszene illustriert Jean Colombe die Episode, in der Gottfried dem zum Patriarchen gewählten Dagobert huldigt. Die Kulisse mit der von gewundenen Säulen gestützten Vorhalle, dem Triumphbogen und den hohen, mit Skulpturen geschmückten Mauern vermittelt den Eindruck einer antiken Stadt.

de Sarrazins. Et touteffois
souffrirent il plusieurs mal ausi
tant pour les affaultz et a
quiets de leurs ennemis co
me pour les continuelles plu
yes qui se faisoient lors. Et
tellement que plusieurs deulx
en mouroient par la desordon
nance de leur qui estoit aussi
mont froit et par deffaulte
de viures. En fin ce non ob

stant publiement la plus
part en Ihrlm. la ou ilz furet
ferus mout grandement et
en traictierent soir par le Roy
et les aultres Suines et vpi
ens. Et pou apres quilz eu
rent deuotement visitez les
saintz lieux. Tous ceulx du
clergie assembles sur Arnoul
leur priant la ...
de pose et apres este concordi

Sicherheit gab. Doch sie hatten mit zahlreichen Schwierigkeiten zu kämpfen, sowohl wegen der Angriffe und Hinterhalte ihrer Feinde als auch wegen des ununterbrochenen Regens. Dadurch starben viele von ihnen, entweder aufgrund des nassen und kalten Wetters oder aufgrund des Nahrungsmangels.

Endlich gelangten dennoch die meisten von ihnen nach Jerusalem,[172] wo sie vom König und anderen christlichen Baronen gut und freundlich empfangen wurden. Und kurz nachdem sie die heiligen Stätten andächtig besucht hatten, wurde, als alle Angehörigen des Klerus versammelt waren, Arnulf, der das Patriarchat an sich gerissen hatte, abgesetzt und dann in aller Einvernehmen der ehrwürdige Hirte Dagobert zum Patriarchen von Jerusalem gewählt und von allen bestätigt.[173] Als er den Patriarchenstuhl bestiegen hatte, knieten vor ihm nieder: König Gottfried von Bouillon, der ihn bat, ihm das Königreich Jerusalem zu verleihen und ihn als König zu bestätigen, und Bohemund, der ihn ebenso bat, ihn als Fürsten des Fürstentums Antiochia zu bestätigen. Das tat er sehr gern, nachdem sie ihm gehuldigt hatten; sie wollten damit denjenigen ehren, der ihnen die Länder geschenkt hatte, das heißt Unseren Herrn Jesus Christus, dessen Vertreter in dieser Gegend, wie man meinte, der Patriarch war. Sodann wurde in Jerusalem ein großes Fest gefeiert, bei dem der König, die Fürsten und alle Adligen dem Patriarchen alle Besitzungen und alle Einkünfte, die der griechische Patriarch zuvor besessen hatte, und noch zahlreiche weitere zusprachen.

Nachdem dies angeordnet worden war, verabschiedeten sich Graf Balduin und Bohemund vom Patriarchen und vom König, und nachdem sie andächtig im Fluss Jordan, wo einst Unser Herr Jesus Christus von Johannes dem Täufer getauft worden war, gebadet hatten, kehrte ein jeder von ihnen gesund und wohlbehalten in sein Land zurück, auch wenn Bohemund wenige Tage nach seiner Rückkehr wieder von Antiochia aufbrach in der Absicht, die Stadt Melitene (oder Methylene)[174] in Besitz zu nehmen, die jenseits des Flusses Euphrat liegt. Deren armenisch-christlicher Herr namens Gabriel hatte ihn nämlich gerufen, um die Stadt in seine Obhut zu geben, denn er fürchtete, die Türken könnten sie ihm wegnehmen. Indessen versammelte ein Türke namens Danischmand, der von der Ankunft des Fürsten Bohemund in Kenntnis gesetzt worden war, so viele Türken, dass sie den Christen zahlenmäßig überlegen waren, und überfiel diese plötzlich in einem befestigten Engpass, so dass er alle tötete, die sich verteidigen wollten, ausgenommen Fürst Bohemund, den er gefangen nahm und in Fesseln abführte.[175] Und er begab sich unverzüglich vor die Stadt Melitene, in der Hoffnung, sie durch Belagerung mühelos einzunehmen. Dies war jedoch nicht der Fall, weil einige Christen, die aus dieser Niederlage entkommen waren, sich schleunigst nach Edessa begaben, wo sie Graf Balduin von der Gefangennnahme Bohemunds und der Belagerung Melitenes berichteten. Deshalb stellte dieser schnell ein sehr großes Heer auf, und nachdem er sich im Umland mit allem Notwendigen versehen

hatte, führte er es geradewegs nach dem gut drei Tagereisen von Edessa entfernten Melitene. Er eilte dorthin, so dass der Türke, als er von seinem Kommen erfuhr, keine Zeit mehr
fand, sein Vorhaben zu Ende zu bringen, sondern, da er fürchtete, von ihm eingekesselt zu
werden, und das nicht abwarten wollte, die Belagerung aufhob und in seine Länder und
auf seine Burgen flüchtete; dabei führte er noch immer den in starken Fesseln gefangenen
Bohemund mit sich. Graf Balduin, der bereits in der Nähe der Stadt war, verfolgte ihn drei
Tage lang, und als er sah, dass er ihn nicht einholen konnte, kehrte er in die Stadt Melitene
zurück, wo Gabriel ihn mit großer Freude empfing und sie ihm unter denselben Bedingungen übergab, die er mit Bohemund vereinbart hatte. Wenige Tage später kehrte Graf
Balduin in seine Grafschaft Edessa zurück.

Zu jener Zeit erhob sich außerdem ein Zwist in Jerusalem, weil der Patriarch den
Davidsturm, d. h. den Bergfried, und ein Viertel der Stadt Jaffa beanspruchte; er sagte, sie
gehörten ihm, obgleich die Pilger sie nach der Eroberung der Heiligen Stadt und des
Königreichs Jerusalem König Gottfried geschenkt hatten. An Lichtmess[176] übergab der
König vor dem Klerus und dem ganzen Volk aus Großzügigkeit ein Viertel von Jaffa dem
Patriarchen als immerwährenden Besitz für ihn und seine Kirche. Und am Ostersonntag[177]
legte er vor allen, die zum Fest gekommen waren, ebenfalls ein Viertel der Stadt Jerusalem
und den Davidsturm und alle zugehörigen Gebiete in die Hand des Patriarchen, allerdings
unter der Bedingung, dass der Herzog die Städte, den Turm und die Ländereien so lange
behielt, bis er mit der Hilfe Unseres Herrn zwei andere Städte der Türken erobert hatte,
um die er sein Königreich erweitern wollte, und dass, falls er in der Zwischenzeit sterben
sollte, am Tag seines Todes alles, ohne dass jemand Einspruch erheben könnte, in das
Eigentum des Patriarchen und seiner Kirche übergehen sollte.

Man könnte sich darüber wundern, dass der Patriarch, der doch ein heiliger Mann war,
König Gottfried derartige Bedingungen aufzuerlegen wagte, während er damals gewissermaßen allein und von allen seinen Feinden umzingelt war, denn zu diesem Zeitpunkt war
keiner der Fürsten und großen Barone, die bei der heiligen Eroberung Jerusalems dabei
gewesen waren, noch da, außer ihm und dem edlen Tankred, die von all ihren wehrhaften
und bewaffneten Männern nur ungefähr dreihundert Reiter und zweitausend Mann Fußvolk
auf das Schlachtfeld hätten bringen können, was im Vergleich zu der gewaltigen Zahl, die
ihre Gegner auf der anderen Seite aufboten, sehr wenig war, denn die von den Unseren
eroberten Städte lagen weiter auseinander und konnten sich nicht gegenseitig zu Hilfe
kommen, ohne die Länder der Türken unter großer Gefahr zu durchqueren. In den Dörfern
im Umkreis der Städte, die in christlichem Besitz waren, wohnten nur Sarazenen; diese
hassten die Unseren über die Maßen und nahmen daher aus Verachtung lieber große
Entbehrungen auf sich, als den Boden zu bestellen, dessen Erträge den Christen zugute

gekommen wären. Und sie fügten ihnen durch Verrat viel Schaden zu; außerdem lebten in den Städten so wenige von unseren Leuten, dass Spitzbuben dort häufig des Nachts eindrangen und in ihre Häuser einbrachen, um sie zu töten oder zu bestehlen.

So geschah es, dass viele Christen ihr Eigentum in den Städten zurückließen und heimlich in ihre Heimat zurückkehrten, denn sie hatten große Angst, die Türken, die in der Umgebung wohnten, könnten sich eines Tages zusammenrotten, sich mit Gewalt ihrer Städte bemächtigen und sie töten und schließlich ihren Namen auslöschen. Aus diesem Grund flohen manche und wollten erst zurückkommen, wenn der Krieg in der Umgebung ihres Wohnorts vorüber war: Sie wollten dann ihr Hab und Gut wieder in Anspruch nehmen und jene daraus vertreiben, die sich dort eingenistet und in den Städten behauptet hatten, was große Prozesse und Streitigkeiten hervorrief. Deshalb wurde zur Bestrafung derer, die sich auf diese Weise davonmachten, ein Gesetz erlassen, das strikt befolgt wurde, zunächst im Königreich Jerusalem, dann im Fürstentum Antiochia und in der Grafschaft Edessa. Es besagte, dass jemand, der sich sein Eigentum ein Jahr und einen Tag lang friedlich sicherte, sich nie dafür verantworten musste, sondern dass es ihm auf ewig gehören sollte, durch welchen Rechtstitel oder auf welche Art er es auch bekommen hatte.

Als die Dinge in Outremer ihren Gang gingen, ereignete sich ein neuer und sehr schwerer Schlag, denn, als König Gottfried von seinem Zug in die arabischen Landstriche jenseits des Jordan[178] zurückgekehrt war und eine große Beute aus Vieh und Schätzen nach Jerusalem mitgebracht hatte, was er und seine Leute dringend gebrauchen konnten, wurde er kurz darauf von einer Krankheit überrascht. Alle Ärzte des Königreichs konnten ihn nicht heilen, und als ihm das sehr ergeben bestätigt worden war und er das heilige Abendmahl und die anderen Sakramente unter den Tränen und Frömmigkeitsbezeugungen der anderen empfangen hatte, so wie es der Wunsch eines jeden guten Christen ist, übergab er seine ruhmreiche Seele Unserem Herrn Gott Jesus Christus am zwanzigsten Tag des Juli[179] im Jahr der Gnade der Menschwerdung Unseres Herrn Jesus Christus 1100. Und sein Leib wurde unter großer Trauer und Wehklagen des ganzen Volkes in der Kirche zum Heiligen Grab unter dem Kalvarienberg würdevoll beigesetzt. In dieser Kirche wurden seitdem alle Könige von Jerusalem, die dort starben, beerdigt.

So verschied König Gottfried von Bouillon, der erste lateinische König von Jerusalem, der zu seinen Lebzeiten so viele denkwürdige Taten vollbracht hatte. Nach seinem Tod – er hatte nur ein Jahr lang regiert – blieb das Königreich drei Monate lang ohne König, so dass die Barone schließlich Balduin von Edessa, den Bruder König Gottfrieds, herbeirufen ließen, nach dem er, wie manche versichern, auf dem Totenbett verlangt hatte. Und als Graf Balduin, der sich zu dem Zeitpunkt in der Stadt Melitene (oder Methylene) aufhielt, vom Tod seines Bruders erfuhr, brach er auf das Ersuchen der Barone hin mit zweihundert

Berittenen und achthundert Mann Fußvolk auf, ließ seine Grafschaft Edessa und seine anderen Länder in der Hand und in der Obhut eines seiner Vettern namens Balduin von Le Bourg (welcher ihm später in der Grafschaft Edessa und danach im Königreich nachfolgte) und kam innerhalb von einigen Tagen nach Antiochia, wo er seine Gemahlin[180] mit ihren Damen ans Meer geleitete und mit dem Schiff nach Jaffa bringen ließ, der einzigen Stadt an der ganzen syrischen Küste, die im Besitz der Christen war. So befreite er sich von ihnen, denn er wusste, dass sie ihn bei seinem Zug durch die Länder und die Hinterhalte der Türken stören würden; darauf machte er sich nämlich gefasst (und hatte recht damit). Er zog allerdings von Latakia aus an der Küste entlang und kam an den Städten Gibelet[181], Dalame, Maraclea[182], Tortosa und Nichis vorbei bis nach Tripolis, dessen Herr wusste, dass er auf den Feldern in der Umgebung lagerte, und ihm großzügige Geschenke überbringen ließ: Nahrungsmittel und Schätze aus Gold und Silber. Und er tat ihm mit Gewissheit kund, dass Duqaq, der König von Damaskus, ihn ausspähte, um ihm Schaden zuzufügen, soweit es in seiner Macht stand.

Der Graf dankte dem Herrn von Tripolis und begab sich über Gibelet und kam zum Hundefluss. Dort ist ein sehr gefährlicher Engpass, der auf der einen Seite durch hohe Berge, schroffe Felsen und eine steile Wegstrecke und auf der anderen Seite durch das tiefe Meer mit seinen gewaltigen Wellen gebildet wird. Diese Straße ist zwar nur einen Klafter breit, aber eine Viertelmeile lang. Außerdem waren auf Befehl des Königs von Damaskus die Einwohner der Gegend und sogar einige Türken von sehr weit her gekommen und hatten diesen Engpass befestigt, um ihn gegen unsere Leuten zu verteidigen. Als jedoch der Graf einige seiner besten Reiter dorthin schickte, um zu erkunden, wie er hindurchgelangen könnte, sahen sie, dass ihre Feinde von den Bergen in die Ebene herabgestiegen waren, und fürchteten daher, es könnte auch in ihrem Rücken einen Hinterhalt geben. Sie teilten das dem Grafen mit, der, nachdem er seine Leute in Schlachtordnung aufgestellt hatte, einen so ungestümen Angriff wagte, dass viele von den Feinden getötet wurden und die übrigen die Flucht ergriffen, wobei sie ihre Zelte in der Ebene zurückließen. Der Graf und seine Leute schlugen dort ihr Lager auf, ohne jedoch richtig zur Ruhe zu kommen, denn die Türken schleuderten noch die ganze Nacht lang ununterbrochen Wurfgeschosse, sowohl von den Bergen herab als auch von den Schiffen aus, von denen immer wieder neue aus Gibelet und Beirut über das Meer kamen. Die Türken töteten und verwundeten mehrere der Unseren und ließen ihnen nicht einmal Gelegenheit, ihre Pferde im nahegelegenen Fluss zu tränken.

Tags darauf rief Graf Balduin die Seinen zum Rat zusammen und gab, um seine Feinde zu täuschen, den Befehl, einzupacken und den Rückzug anzutreten. Und zwar stellte er die Saumtiere und die Schwächeren nach vorne, während er und die Stärksten, die Kühnsten und die besten Reiter die Nachhut bildeten, um die Verteidigung nach vorne, links und rechts zu sichern. Diejenigen, die vorne schritten, vermittelten den Eindruck, er und seine Leute hätten Angst, wohingegen er das nur wegen der Engpässe tat, in denen die Sarazenen sich versteckten, aus denen er sie hervorlocken wollte, damit sie ohne Deckung kämpften, wie es auch geschah.

Als die Sarazenen nämlich sahen, wie die Christen den Rückzug antraten, dachten sie, diese ergriffen wirklich die Flucht, und da wurden sie von einem solchen Übermut gepackt, dass sie in aller Eile von den Bergen und befestigten Verschanzungen herabkamen; sie kamen in Scharen und völlig ungeordnet angestürmt, näherten sich der Nachhut der Unseren und schossen ein Gewitter von Speeren und Pfeilen auf sie ab. Die Türken und Sarazenen, die auf den Schiffen in der Nähe unserer Leute waren, sprangen an Land und rannten hinter ihren Kampfgefährten her, um an der Plünderung teilzuhaben, da sie glaubten, diese hätten bereits gesiegt. Als jedoch Graf Balduin klar wurde, dass die Sarazenen sich von den Bergen und den Schiffen weit entfernt hatten, befahl er dem Bannerträger, kehrtzumachen und sich auf ihre Verfolger zu werfen. Er selbst preschte, gefolgt von allen aus seiner Abteilung, voller Ungestüm voran; sie töteten und schlugen so viele Sarazenen schon beim ersten Angriff nieder, dass die übrigen derart erschraken, dass sie sich nicht mehr verteidigen konnten, sondern in die Berge und zu den Schiffen flohen, was ihnen wenig nützte, denn die auf den Schiffen wurden zwischen einem Teil unserer Leute und dem Meer eingeschlossen. Und von den anderen kehrten nicht alle auf die Berge zurück, weil die Unseren ihnen so dicht auf den Fersen waren, mit den Schwertern auf sie einhieben und sie töteten, dass nur wenige entkamen und sich auf die Berge flüchten konnten. Die meisten von ihnen hatten solche Angst bekommen, dass sie auf die Felsen hasteten, denn sie meinten, sie könnten höher und weiter fliehen, wenn sie keiner Straße und keinem Weg folgten. Und sie kamen elendiglich um, indem sie entweder von den Felsen oder ins Meer stürzten.

Als Graf Balduin von Edessa auf diese Weise mit der Hilfe Unseres Herrn diesen Sieg über seine Feinde errungen und dem Herrn gedankt und ihn gepriesen hatte, kehrte er mit den Seinen wohlgemut dahin zurück, wo sie das Gepäck und den Tross zurückgelassen hatten. Von dort aus brachen sie zu einem anderen nahegelegenen Ort namens Dschunija[183] auf, wo sie sich ihre beachtliche Beute aus Pferden, Rüstungen, Saumtieren und anderen wertvollen Gütern teilten. Am nächsten Morgen ging der Graf mit mehreren seiner tapfersten Leute und besten Reiter zum Engpass und wollte feststellen, ob es dort nun ruhig war. Und als er sich vergewissert hatte, dass dort niemand mehr zur Verteidigung war, ließ er den Rest der Seinen nachkommen. Sobald sie alle beisammen waren, begaben sie sich auf den Weg. Sein Heer kam an Beirut vorbei und setzte seinen Weg durch den Küstenstrich fort.

Nachdem sie in der Nähe der Städte Sidon, Tyros und Akkon vorbeigekommen waren, gelangten sie nach Haifa[184], dessen Einwohner ihnen bereitwillig Lebensmittel zu einem günstigen Preis zum Kauf anboten und ihm große Geschenke machten. Aber Balduin ging nicht hinein und ließ auch keinen der Seinen hineingehen, weil die Stadt Tankred gehörte und er wegen der Kränkung, die er ihm in Tarsos in Kilikien zugefügt hatte, nicht sein Missfallen erregen wollte. Und er setzte seinen Weg direkt über Jaffa bis nach Jerusalem fort, wo er mit großer Freude vom Klerus und vom Volk als ihr Herr und König begrüßt wurde.[185]

Der Patriarch Dagobert kam ihm nicht entgegen, denn, da er erfahren hatte, dass Graf Balduin Arnulf sehr mochte, der von seinem Amt als Patriarch (das er eine Zeitlang an sich gerissen hatte) abgesetzt worden war, fürchtete er, dass er ihn auf Betreiben seines treulosen Vertrauten verärgern wollte, und hatte aus diesem Grund die Stadt verlassen und sich in die Kirche des Berges Zion zurückgezogen, wo er seine Zeit mit Studien und Gebeten zubrachte, was den Grafen sehr verstimmte. Dennoch gelang es einigen trefflichen Rittern, das Einvernehmen zwischen ihnen wiederherzustellen. Und am Weihnachtstag des Jahres 1100 wurde Graf Balduin vom Patriarchen vor allen anderen Prälaten und Baronen und vor dem ganzen Volk in der Kirche zu Bethlehem zum König von Jerusalem geweiht, gesalbt und gekrönt.

Zu diesem Zeitpunkt kam Tankred, der die Kränkung, die Graf Balduin ihm in Tarsos zugefügt hatte, nicht vergessen hatte und der ihn nicht mochte und ihm daher nicht verpflichtet sein wollte, zu ihm und legte die Städte Tiberias und Haifa, die er von König Gottfried erhalten hatte, wieder in seine Hand, und nachdem er sich von ihnen verabschiedet hatte, begab er sich nach Antiochia. Das missfiel den Baronen sehr; sie waren äußerst erzürnt, dass der König ihn so ziehen ließ. Dieser jedoch traf keinerlei Anstrengungen, ihn zurückzuhalten, und, um die Wahrheit zu sagen, die Antiochier hatten Tankred mehrfach durch verschiedene Boten gebeten, zu ihnen zu kommen und die Stadt und das Fürstentum in Besitz zu nehmen und zu regieren, bis Unser Herr seinen Onkel Bohemund, ihren Fürsten, aus seiner Gefangenschaft befreit habe. Und er kam ihren Bitten nach: Nachdem sie ihn in der Stadt und an anderen Orten empfangen hatten, regierte er sie so gut und bewachte und verteidigte sie so tapfer, indem er die Herrschaft weiterhin um neue Eroberungen von den Sarazenen erweiterte und dort eine gute, wahre Gerechtigkeit walten ließ, dass der Klerus, die Adligen und das ganze Volk ihn aufgrund seiner Trefflichkeit ihren Herrn und Vater nannten. Des Weiteren gab König Balduin, der erste dieses Namens, die Städte und Länder, welche Tankred im Königreich Jerusalem besessen hatte, einem hohen Herrn, dem sehr tapferen und guten Ritter Hugo von Saint-Omer. So endet der sogenannte Kreuzzug Gottfrieds, die zweite der großen Fahrten über das Meer, die unter der Führung und auf Betreiben der Franzosen unternommen wurden.

XXXVI.

Die erste Fahrt der Franzosen nach der Eroberung Jerusalems und der zweite große Kreuzzug, an dem der Herzog von Aquitanien und Graf von Poitiers, Hugo der Nachgeborene, der Herzog von Burgund, Graf Stephan von Blois, der Graf von Vendôme und der Bruder des Grafen von Toulouse[186] teilnahmen. Der Verrat des Alexios, der Tod Hugos des Nachgeborenen, die Rückkehr des Grafen von Poitiers, der Tod des Grafen von Blois und die Niederlage König Balduins, sein anschließender Sieg, die Befreiung Bohemunds und der Tod des Grafen Raimund.

Als Balduin, der erste dieses Namens, König von Jerusalem, sah, dass sein Reich in den vier Monaten seit seiner Krönung friedlich blieb, wollte er die alten Glaubensfeinde aufwecken, und so stellte er ein kleines Heer auf, das zugleich aus Leuten aus dem Königreich bestand und solchen, die er aus Edessa mitgebracht hatte. Nachdem er seine Späher als Kundschafter ausgeschickt hatte, überquerte er heimlich den Fluss Jordan, ohne dass jemand von den Feinden sein Heer bemerkte, bis er weit im Inneren der arabischen Wüste war. An einem Ort, den ihm seine Späher bezeichnet hatten, stieß er gegen Mitternacht auf eine große Ansammlung von Türken, die in Prunkzelten und anderen großen Zelten wohnten, mit ihren Frauen und Kindern, mit Pferden, Vieh und Besitz. Dort waren mehrere hohe Herren ihres Glaubens, die, als sie von weitem den Lärm hörten, den unsere Leute machten, in aller Eile ihre Pferde bestiegen und die Flucht ergriffen, wobei sie die übrigen Türken, ihre Frauen und Kinder in den Zelten zurückließen. Der König und seine Leute drangen dort ein und fanden alles zu ihrer Verfügung vor. Deshalb töteten sie die Türken, die dageblieben waren, und nahmen die Frauen, die Kinder und die Besitztümer ungehindert mit. Unterwegs jedoch bekam die Gemahlin eines bedeutenden türkischen Herrn, die sie auf einem Pferd mitführten, Geburtsschmerzen.

Als nun der König davon erfuhr, ging er zu ihr hin, ließ ihr vorsichtig herunterhelfen und ihr aus Matratzen und Tüchern ein Bett herrichten, so ordentlich wie möglich, damit sie sich niederlegen konnte. Weil keine Decke für sie da war, nahm er den großen, kostbaren Mantel aus Eichhörnchenpelz ab, den er über seiner Rüstung trug, und deckte sie damit zu. Überdies gab er ihr Frauen zu ihrer Bedienung und eine größere Menge Wein und anderer Lebensmittel, was ihr Ehre, Leib und Leben rettete, denn ihr Ehemann kam dann heimlich den weiten Weg zurück, und als er sie gefunden hatte, erfuhr er aus ihrem Mund

BALDUIN I. GREIFT EIN TÜRKISCHES STAMMESLAGER AN.
ER ORDNET AN, DASS DER GATTIN EINES HOHEN TÜRKISCHEN HERRN
BEI DER NIEDERKUNFT BEISTAND GELEISTET WIRD

„Unterwegs jedoch bekam die Gemahlin eines bedeutenden
türkischen Herrn, die sie auf einem Pferd mitführten, Geburtsschmerzen.
Als nun der König davon erfuhr, ging er zu ihr hin, ließ ihr vorsichtig
herunterhelfen und ihr aus Matratzen und Tüchern ein Bett herrichten,
so ordentlich wie möglich, damit sie sich niederlegen konnte. Weil keine
Decke für sie da war, nahm er den großen, kostbaren Mantel aus Eichhörnchenpelz
ab, den er über seiner Rüstung trug, und deckte sie damit zu.“

(FOL. 106VA)

Nachdem Balduin I. König von Jerusalem geworden war, konzentrierte er sich in erster Linie auf die Erweiterung des Königreiches. Von 1100 bis 1118 unternahm er etliche Vorstöße, um die Küstenstädte in seinen Besitz zu bringen, und ließ zahlreiche Befestigungen anlegen. Jean Colombe illustriert hier eine von Sébastien Mamerot geschilderte Episode: Der König brachte ein türkisches Stammeslager in seinen Besitz; die Insassen flohen, und die Christen eigneten sich ihre Besitztümer an. Dabei wurden Frauen und Kinder schonend behandelt, so auch die Gattin eines hochgestellten Herrn, die kurz vor der Niederkunft stand. Balduin ließ sie zusammen mit ihren Dienerinnen auf freien Fuß setzen, so dass sie am Wegesrand unbehelligt ihr Kind zur Welt bringen konnte. Jean Colombe zeigt, wie der König der Frau einen kostbaren Mantel als Decke bringen lässt. Dieses noble Verhalten sollte das Ansehen Balduins I. bei seinen Gegnern noch vergrößern.

Baudoyin se pre
mier de cestui
nom Roy
de Jhrlm tenant
son royaume
lui demourer paisible par lespa
ce de .iiij. mois de puis son cou
ronnement voult resuscitier ses
ennemis anciens de sa foy.
¶ Car il fist et assembla une pe
tite armee tant de ceulx du

Royaume. comme de ceulx qui
auoit amenes de Rohne. Et e
nionmt ses espies deuant. passa
le fleuue de souldain tant soub
tement que aucun doubte ne se
apperceust de son armee iusques
a ce quil fut bien auant es deserd
dunne. en ung lieu selon ce que
ses espies lui auoient nonme
Il surprint entour mynuyt vne
grant assemblee de Turcqs qi

von der Ehre, die der König ihr erwiesen hatte: Infolgedessen mochte er alle Christen, insbesondere den König und alle Leute von Frankreich. Un er befreite viel später den König selbst aus einem Ort, an dem dieser von Feinden umzingelt war und der Gefahr, getötet oder gefangen genommen zu werden, nicht hätte entrinnen können.[187]

Damals verbreitete sich überall in Frankreich die ungeheure Kunde von den bewundernswerten großen Taten, welche die ersten Kreuzfahrer vollbracht hatten, und von der großen Hilfe und Unterstützung, die Unser Herr ihnen so oft gewährt hatte, sowohl während der Belagerung Antiochias als auch der der Heiligen Stadt Jerusalem und anderer Städte. Daher begann wiederum der heilige Kreuzzug, den man den zweiten nennen kann und muss, denn, obgleich weder ein Kaiser noch ein König dabei war, befanden sich darunter doch mehrere edle und vortreffliche Fürsten. Dieses Mal nahmen insbesondere das Kreuz Herzog Wilhelm von Aquitanien, zugleich Graf von Poitiers, welcher der Reichste und Mächtigste von ihnen allen war, Hugo der Nachgeborene, Graf von Vermandois, Bruder König Philipps I., Graf Stephan von Chartres und Blois (wie bereits gesagt, waren beide nacheinander von Antiochia aufgebrochen), Herzog Stephan von Burgund[188], mit mehreren Grafen, Baronen, Rittern, Edelleuten und unzähligen anderen Leuten verschiedenen Standes, die ein mächtiges Heer bildeten. Sie alle folgten der Route der ersten Pilger und kamen so nach Konstantinopel, wo sie Kaiser Alexios und Graf Raimund antrafen, der dorthin gekommen war, um vom Kaiser Hilfe und Unterstützung zu erbitten, weil er eine der syrischen Städte von den Türken erobern und sie sein ganzes Leben lang behalten wollte, ohne jemals wieder auf sein Land in Frankreich zurückzukehren. Und Gott weiß, welche Freude die Pilger empfanden, als sie ihn sahen, denn sie hofften, er werde ihr Heer noch besser führen.

Nachdem Kaiser Alexios sie großartig gefeiert und ihnen kostbare Geschenke gemacht hatte, nahmen sie Abschied von ihm, womit er scheinbar völlig einverstanden war, doch das geschah aus Verrat, wie man später erfuhr, denn er war, genau wie die meisten anderen Griechen, neidisch auf den Ruhm und das Ansehen, das die Franzosen aufgrund der großen und wertvollen Eroberungen genossen, die sie dank ihrer Stärke und Tapferkeit gemacht hatten. Die Griechen (und insbesondere der Verräter Kaiser Alexios) warnten die Türken und anderen Sarazenen und Heiden, die in dem Land, durch das die Unseren ziehen sollten, und der Umgebung wohnten, unaufhörlich mit Briefen und Boten, damit diese sich zusammenschließen und sie aus verschiedenen Hinterhalten und in offenen Gefechten jäh angreifen könnten. Sie sollten zumindest verhindern, dass alle vorbeizogen, denn sonst würden sie eine solche Macht erlangen, dass sie alle Orientalen vernichten und ganz Afrika und Asien erobern und die Religion Mohammeds auslöschen würden.[189]

Auf sein Betreiben und auf seine Ermahnungen hin heuerten sie Söldner und andere waffentragende Männer an. Die Türken und anderen Sarazenen, die über die Wegstrecke der Unseren im Bilde waren, konnten diese leicht überraschen, einerseits wegen des Verrats der Griechen, denen die Unseren vertrauten, als diese ihnen versicherten, sie hätten von ihren Feinden nichts zu befürchten, und kein Heer werde ihnen auflauern, andererseits, weil sie sich voneinander trennten und nicht gemeinsam voranzogen, wie es die ersten Kreuzfahrer getan hatten. Daher stürzten sich die Türken, die von den Griechen und ihren Spähern von der Trennung der Unseren erfahren hatten, so unvermutet auf sie, dass sie alle ihre Saumtiere und ihr Gepäck erbeuteten und innerhalb eines einzigen Tages mindestens fünfzigtausend Männer, Frauen und Kinder töteten. Und diejenigen, die entkommen konnten, flüchteten ganz nackt und bloß, denn sie verloren in dieser Niederlage all ihr Hab und Gut. Schließlich, nachdem sie geflohen waren und sich in den Bergen und Tälern, in den Wäldern, Hecken und Sträuchern versteckt hatten, kamen sie nacheinander in Kilikien an und zogen sich gemeinsam in die Hauptstadt dieses Landes namens Tarsos zurück, wo Hugo der Nachgeborene an Krankheit, Hunger, Durst, Kälte und den Entbehrungen, die er auf seiner Flucht ertragen hatte, starb. Sein Leib wurde in der Kirche des hochwürdigen heiligen Paulus in ebendieser Stadt beigesetzt, aus der dieser gebürtig war.[190]

Als die Pilger sich fünf Tage lang in Tarsos aufgehalten hatten, machten sie sich wieder auf den Weg und gelangten nach Antiochia, wo Tankred sie mit allen Ehren und feierlich empfing und ihnen große Geschenke machte, insbesondere dem Grafen von Poitiers, der am meisten verloren hatte. Anschließend brachen sie wieder auf, ein Teil über Land und ein Teil auf dem Seeweg, und sammelten sich alle vor einer Küstenstadt namens Tortosa, die sie auf Anraten des Grafen von Toulouse angriffen und mit Waffengewalt einnahmen und dabei alle Heiden, Türken und anderen Sarazenen, die sie dort fanden, töteten oder gefangen nahmen. Unsere Leute erbeuteten dabei eine große Menge Waffen, Lebensmittel und andere Güter, die sie ebenfalls gut gebrauchen konnten. Als sie abziehen wollten, gaben sie die Stadt dem Grafen von Toulouse, aber das hätten sie danach fast bereut, weil der Graf weder von dort weggehen noch sie nach Jerusalem führen wollte, so sehr sie ihn auch baten.[191] Dennoch machten sie sich auf den Weg dorthin.

Zu jener Zeit landete eine genuesische Flotte in Jaffa. Die Genuesen zogen ihre Schiffe ans Land und gingen am Ostertag nach Jerusalem. Da der König wusste, dass sie gekommen waren, um Geld zu verdienen und sich um den Glauben verdient zu machen, willigte er auf ihr Ersuchen hin ein, für ihren Unterhalt zu sorgen und ihnen, wenn er eine feindliche Stadt oder Burg mit ihrer Hilfe einnehmen würde, ein Drittel von allen beweglichen Gütern zu geben und den Genuesen in jeder Stadt, die sie erobern würden, eine der besten Straßen als immerwährenden Besitz zu überlassen. Nachdem dieser Vertrag geschlossen war, ließ der König sein Heer zu Land und zu Wasser ausrücken, er belagerte die Festung Arsuf[192] und nahm sie ein; bei ihrer Erstürmung wurden mehrere Christen getötet. Anschließend nahm er im Sturm die Stadt Caesarea[193] in Palästina ein, die ehemals Stratons Turm (Turris Stratonis) hieß. Herodes der Große hatte sie größer und schöner ausbauen lassen und zu Ehren von Kaiser Augustus Caesarea genannt[194].

Nach einem riesigen Gemetzel unter den Türken und Sarazenen entdeckte man in dieser Stadt zwischen anderen Schätzen ein sehr schönes Gefäß aus einem sehr klaren grünen Stein. Die Genuesen erwarben es im Tausch gegen eine große Geldsumme, die sie als Anteil ihrer Beute an der Stadt bekommen hatten, und nahmen es in ihre Stadt mit; sie sahen es als einen Smaragd an und stellten das Gefäß in ihre Hauptkirche. Dort füllen sie am ersten Tag der Fastenzeit die Asche hinein. Damals waren die Kreuzfahrer zum ersten Mal reich und zufrieden, seitdem sie die Heilige Stadt erobert hatten. Wenige Tage später mehrten sich ihr Ruhm und ihr Reichtum noch, denn der Kalif von Ägypten schickte einen seiner Oberfeldherren mit zehntausend Berittenen und zwanzigtausend Mann Fußvolk, in der Absicht, alle Christen Syriens zu vernichten. Doch ihm widerfuhr etwas ganz anderes. Nachdem der König andächtig zu Unserem Herrn gebetet hatte, fühlte er sich danach völlig siegessicher, auch wenn er zwischen Ramleh und Lydda, wo die Schlacht stattfand, nur zweihundert Mann zu Pferde und neunhundert zu Fuß bei sich hatte, die er in sechs Abteilungen aufstellte. Er wandte sich, während ein heiliger Priester das Wahre Kreuz trug, gegen die anderen und besiegte sie vollständig, obgleich ein Teil von jenen zunächst die erste Abteilung des Königs besiegt und in aller Eile die Waffen der Christen, die getötet worden waren, nach Jaffa getragen hatte mit dem Verlangen an die Bürger, die unserem Glauben anhingen, ihnen die Stadt zu übergeben, indem sie ihnen die Waffen zeigten und behaupteten, der König sei tot und die Christen besiegt (was diejenigen von Jaffa trotz ihres Schmerzes zu tun sich weigerten; vielmehr ließen sie diese Neuigkeiten unverzüglich und in aller Eile Tankred zukommen und baten ihn, dem Heiligen Land zu Hilfe zu kommen, sonst sei es unrettbar verloren.)

Als es Tag wurde, ließ der König die sterblichen Überreste seiner Feinde zählen, von denen fünftausend tot auf dem Schlachtfeld zurückblieben, ging nach Jaffa und besiegte mit Leichtigkeit die übrigen Ägypter, denn diese glaubten, ihre Gefährten hätten die Christen besiegt. Nachdem er die Stadt betreten hatte, in dem Wissen, dass Tankred herbeigerufen worden war, ließ er ihm die Neuigkeiten zukommen und dankte ihm für seinen guten Willen und dafür, dass er den sehnlichen Wunsch hatte, seinem Königreich und dem Volk Unseres Herrn zu Hilfe zu kommen. Deshalb pries Tankred, der schon recht weit gekommen war, Unseren Herrn und kehrte nach Antiochia zurück. König

Balduin ging seinerseits nach Jerusalem zurück, wo er jedoch kaum verweilte, denn er wurde unterrichtet, dass der Graf von Poitiers, Herzog Stephan von Burgund und Graf Stephan von Blois und Chartres, Graf Gottfried von Vendôme, Hugo von Lesimare, der Bruder des Grafen von Toulouse, und die anderen Barone, die mit ihnen gezogen und von Antiochia nach Jerusalem aufgebrochen waren, aufgrund der gefährlichen Engpässe für den Weg sehr lange gebraucht hatten. Da er nun fürchtete, die Glaubensfeinde könnten sie am Weiterzug am Hundefluss hindern, rückte er vor, um den befestigten Übergang über den Fluss zu besetzen, was nicht einfach war, weil er, bis er dort ankam, an vier großen befestigten und von Sarazenen und Türken sehr gut bewachten Städten vorbeiziehen musste. Die erste war Akkon, die zweite Tyros, die dritte Sidon und die vierte Beirut. Und als der König beim Übergang angelangt war, kamen ihm die Fürsten und Barone, die dort haltgemacht hatten, entgegen und freuten sich sehr, dass der Weg für sie frei war, und auch darüber, dass der König sie abholte und bis nach Jerusalem führen wollte. Sie dankten ihm herzlich für seine große Freundlichkeit, und er hieß sie mit großer Freude willkommen. Dann zogen sie alle zusammen in die Heilige Stadt, wo sie das bevorstehende Osterfest feierten.

Als sie sich dort eine Zeitlang aufgehalten und die heiligen Stätten besucht hatten, verabschiedeten sie sich vom König und schifften sich ein, um in ihre Heimat zurückzufahren. Doch ihre Reise verlief sehr unterschiedlich, denn das Schiff des Grafen von Poitiers segelte unverzüglich nach Aquitanien und ins Poitou zurück, während das andere, auf dem sich der Graf von Blois und der Herzog von Burgund befanden, von einem Sturm in den Hafen von Jaffa zurückgetrieben wurde. So mussten sie dort bleiben und einen günstigen Wind abwarten, um auslaufen zu können.

Während Graf Stephan von Blois, Herzog Stephan von Burgund und die anderen Barone, Ritter, Junker und ihr Gefolge sich dort aufhielten und einen günstigen Wind abwarteten, der sie in ihre Heimat zurückbringen sollte, boten die Türken und die Sarazenen von Askalon alles auf, was sie an waffentragenden Männern finden konnten, sowohl aus ihrer Stadt als auch aus der Umgebung sowie unter denjenigen, die sich bei der Schlacht, die weiter oben in diesem Kapitel beschrieben ist, in ihre Stadt geflüchtet hatten. Da sie feststellten, dass sie mindestens fünfzehntausend waren, wagten sie sich kühn in das Gebiet des Königs zwischen Ramleh und Lydda. Als die Kunde von diesem Heer König Balduin überbracht wurde, überschätzte er sich selbst und brach in allzu großer Eile auf, um ihnen entgegenzuziehen, ohne die Leute aus seinen anderen Städten zusammenzuziehen. Was noch schlimmer war, er wollte nicht auf die Fürsten und Barone warten, die bei ihm waren: Doch die beiden großen Fürsten von Blois und Burgund und ihre Leute, die keine Pferde hatten, wollten ihn nicht auf diese Weise allein ziehen lassen, ebenso um der Ehre der königlichen Würde willen wie aus Liebe zu Unserem Herrn, um dessentwillen er sich in große Gefahr begab, und trieben Pferde auf, die sie je nach ihren Mitteln borgten und ausliehen. Und sie folgten dem König so schnell wie möglich, wenn auch nicht schnell genug, so dass es den Türken und Sarazenen auffiel, dass sie ungeordnet daherkamen und nicht mehr dieselbe Schlachtordnung einhielten wie früher. Darum waren diese noch überheblicher als zuvor. Als der König selbst in die Nähe von Ramleh gekommen war[195] und die große Zahl seine Feinde erblickt hatte, wurde ihm bewusst, dass er sich in äußerste Gefahr begeben hatte. Dennoch wollte er nicht an Rückzug denken, weil er schon sehr nahe bei ihnen war und ihre Angriffslust nicht anstacheln wollte, denn er fürchtete, das werde mit seinem Tod enden.

Kurz, als die klügsten Türken die Bedrängnis der Unseren bemerkten, stürmten sie heftig auf sie los. Und unsere Leute, die erkannten, dass sie umkommen würden, wenn Unser Herr und die Stärke der Waffen sie nicht davor bewahrten, verteidigten sich lange voller Kraft und Kühnheit und warfen sich ihren Feinden so tapfer entgegen, dass sie eine Vielzahl von ihnen töteten. Die Übrigen waren derart verblüfft, dass sie drauf und dran waren, die Flucht zu ergreifen. Als sie jedoch der kleinen Schar der Unseren gewahr wurden, begannen sie sich zu sammeln und Mut zu fassen und stürzten sich dann mit solcher Kraft auf unsere Leute, dass sie sie besiegten und in die Flucht schlugen, nachdem Graf Stephan von Chartres und Blois auf höchst ruhmvolle Weise den Tod gefunden hatte, denn er starb den Märtyrertod gemäß seinem eigenen Wunsch, um das heilige Gelübde zu erfüllen, und büßte, sühnte und tilgte so all die Schmach und die Vorwürfe aus, die man ihm, wie auch den Seinen, hätte machen können, weil er die Belagerung Antiochias so schmählich im Stich gelassen hatte. Und ich glaube, Unser Herr Gott Jesus Christus wollte ihm auf diese Weise höchlich danken, als Belohnung für seine großen Verdienste und seinen hohen Einsatz bei beiden Kreuzzügen. Und noch mehrere freuten sich aus Liebe zu ihm sehr darüber.

Herzog Stephan von Burgund wurde ebenfalls getötet, und man betrauerte ihn sehr, denn er war ein vortrefflicher und kluger Fürst; und viele andere ließen dort ihr Leben. Der König und diejenigen, die durch ihre Flucht entkommen konnten, zogen sich nach Ramleh zurück und gedachten so ihr Leben zu retten. Der König erhielt damals die irdische Vergeltung für seine Hochherzigkeit gegenüber der Gemahlin des arabischen hohen Herrn, die ich zu Beginn dieses Kapitels erwähnt habe. Ihr Ehemann, der einer der bedeutendsten Sarazenen des ganzen Heers war, kam gegen Mitternacht nach Ramleh, als der König in seinem Bett wachlag und darüber nachdachte, wie er sich mit seinen Leuten schützen könne, während sie doch von ihren Feinden an einem Ort umzingelt waren, der, wie er wusste, so schwach war, dass sie ihn nicht würden verteidigen können.

ZWEITE SCHLACHT VON RAMLEH (1102).
ANKUNFT BALDUINS I. IN JAFFA

„Damals verbreitete sich überall in Frankreich die ungeheure Kunde
von den bewundernswerten großen Taten, welche die ersten Kreuzfahrer
vollbracht hatten, und von der großen Hilfe und Unterstützung, die
Unser Herr ihnen so oft gewährt hatte, sowohl während der Belagerung
Antiochias als auch der der Heiligen Stadt Jerusalem und anderer Städte.
Daher begann wiederum der heilige Kreuzzug, den man den zweiten nennen
kann und muss, denn, obgleich weder ein Kaiser noch ein König dabei war,
befanden sich darunter doch mehrere edle und vortreffliche Fürsten."

(FOL. 106VB)

Im unteren Register dieses Blattes zeigt Jean Colombe, wie ein Schiff im Hafen von Jaffa einläuft. Wahrscheinlich handelt es sich um das Schiff des Grafen von Blois und des Herzogs von Burgund, der wegen einer Flaute nicht in See stechen konnte. Unterdessen versammelten die Türken ein beachtliches Heer und marschierten in das Gebiet König Balduins in der Nähe von Ramleh ein. Die Christen erlitten damals eine schwere Niederlage. An diese Schlacht erinnert Jean Colombes Darstellung im Hauptbild mit den auf einem blutgetränkten Boden aufgetürmten Leichen. Das Sarazenenheer erscheint riesig im Vergleich zu den bescheideneren christlichen Truppen. Im Hintergrund bilden gewaltige Felsen eine unwirtliche Gebirgslandschaft.

ttie et les autres Suins. Che
ualliers . Esauiers et leurs gens
la seiournans et attendirent se
ront conuenable a ses en ame-
ner en leurs terres. Les Turus
et sarrazins desa lomme assem
bleient tout ce quils pourent
de gens prestre armee tant
de leur Cite et terre alentour
comme de ceulx qui sestoient
retires en leur Cite et sauues

par suite de la bataille cy deuat
descripte en cestu mesmes article
et eulx trouuans estre bien xv.
sen vindrent pour leur train no
bre ∼ entreient en Champ oz
prueil en la terre du Roy entre
Rames ∼ Lidde . La non
uelles de la quelle armee venue
au Roy Sandoyn. Il se fia
viue de soy quil ne deuoit et se
hesta tant deprinte pour leur

Indem der Sarazene leise mit den Wachen an den Mauern sprach, schickte er sie zum König, um ihm anzukündigen, er wolle ihm etwas im Geheimen sagen. Und der König, der ja nicht schlief, ließ ihn zu sich kommen. Da der König begriff, dass dieser ihn großherzig retten wollte, aus Dankbarkeit für die gute Tat, die er dessen Gemahlin geleistet hatte, als sie vor der Niederkunft stand, und dass es ihm anders nicht möglich wäre, zu entkommen, und in Anbetracht dessen, dass alles Übrige verloren wäre, falls er sterben oder gefangen genommen werden sollte, schenkte er ihm Vertrauen. Und der sarazenische Fürst führte ihn und zwei seiner Leute an einen sicheren Ort, dann machte er mit seinen Gefährten kehrt, welche die Stadt Ramleh im Sturmangriff eroberten und die meisten Christen, die sie dort fanden, töteten. Und die übrigen, auch Frauen und Kinder, schleppten sie gefesselt in ihre Kerker.[196]

Das Volk der Christen erlitt hier eine schreckliche Niederlage, denn im Königreich Syrien war bis dahin noch niemals innerhalb eines einzigen Tages ein solches Blutbad unter Edelleuten angerichtet worden. Die Macht der Christen in diesem Land wurde dadurch empfindlich geschwächt, was diejenigen, welche die Lage im Land gut kannten, höchlich verwunderte. Und wenn Unser Herr Gott Jesus Christus ihnen in seiner Großzügigkeit nicht seinen Rat gegeben hätte, hätten sie alle das Land verlassen, denn die Unseren waren dort von sehr geringer Zahl, und die Pilger, die von jenseits des Meeres kamen, gelangten nur mühsam bis nach Jerusalem, weil alle Küstenstädte den Türken gehörten, mit Ausnahme von Jaffa und Caesarea. Und wenn sie sich bis dahin durchschlagen konnten, kehrten sie, sobald sie ihre Pilgerreise vollendet und die Heiligen Stätten besucht hatten, in ihre Heimat zurück, denn sie wussten um der Schwäche der Unseren und fürchteten, zusammen mit ihnen überfallen und vernichtet zu werden.

Außerdem erlebte König Balduin eine große Überraschung: Nachdem er sich die ganze Nacht in den Bergen verborgen gehalten hatte, nahm er am Morgen die verstecktesten Pfade, die er finden konnte, in Begleitung von nur zwei Gefährten (dennoch gingen sie oft gefährlich nahe an ihren Feinden vorüber). Schließlich gelangten sie zu der Festung Arsuf, wo der König von den Seinen freudig empfangen wurde und sich mit Speise und Trank stärken konnte. Denn er hatte so sehr Hunger und Durst gelitten, dass er unterwegs fast ohnmächtig geworden wäre. Und es geschah zu seinem Besten, dass die arabischen Sarazenen, die an eben dem Tag, als er dort eintraf, in großer Zahl nach Arsuf gekommen waren, gerade abgezogen waren, als er hineinging. Und wenn er nur ein wenig früher gekommen wäre, hätte er der Gefahr, getötet oder gefangen genommen zu werden, nicht entrinnen können. Daraus erwuchs ein großer Segen im Heiligen Land, denn kurz darauf fuhr der König mit dem Schiff nach Jaffa, und während er von dort aus nach Jerusalem ziehen wollte und deshalb seine Leute, die sich in den Bergen aufhielten, herbeigerufen hatte, besiegte und verjagte Hugo von Saint-Omer zahlreiche seiner Feinde, die ihn in Jaffa im Sturmangriff zu überraschen gedachten. Und so sorgte er sieben Monate lang für Freude und Frieden im Land.

Zu dieser Zeit kam nach Edessa zu Balduin von Le Bourg auch einer seiner Vettern, Joscelin von Courtenay; er stammte aus diesem Ort in der Nähe von Sens. Und Balduin gab ihm eine Herrschaft und Gefolgsleute, und sein Verhalten war dann so gut, dass man ihn zu den edelsten Fürsten seiner Zeit zählt. Und er wurde später Graf von Edessa. Kurz darauf musste der gute Patriarch Dagobert ebenfalls aus Jerusalem fliehen, weil er durch die Bosheit des Erzdiakons Arnulf beim König in Ungnade gefallen war. Und er ging zu Bohemund, dem es nach vierjähriger Gefangenschaft gelungen war, gegen Zahlung eines Lösegeldes freizukommen. Er kam nach Antiochia, das er von seinem Neffe Tankred mitsamt der ganzen Herrschaft gut verwaltet und vergrößert vorfand, von seinem Neffen Tankred, der ihm das Fürstentum widerspruchslos zurückgab und es wieder in seine Hände legte.

Diese beiden, Balduin von Le Bourg, Joscelin de Courtenay und Dagobert, der Patriarch von Jerusalem, Bernhard, der Patriarch von Antiochia, Benedikt, der Erzbischof von Edessa, und ihr Gefolge beschlossen, sich irgendwo zusammenzuschließen und die befestigte Stadt Harran[197] in der Nähe von Edessa zu belagern, die, wie manche meinen, diejenige ist, von der aus Abraham nach der Weisung Unseres Herrn ins Gelobte Land zog. Und tatsächlich belagerten sie sie. Vom Hunger getrieben, wollten die Einwohner sich eines Abends ergeben, verschoben die Übergabe jedoch auf den nächsten Morgen, wegen eines Streits, der zwischen Bohemund und Balduin entstanden war, wem von beiden die Stadt gehören und wessen Fahne auf dem Hauptturm aufgepflanzt werden solle. Und so bekam sie weder der eine noch der andere, denn in der Nacht kamen Türken in großer Zahl. Diese, welche die Stadt nur mit Nahrung versorgen wollten, verjagten die Unseren, die gleich zu Beginn der Schlacht flohen und ihre Zelte und ihr Gepäck im Stich ließen.

Die Türken warfen ihre Bogen weg, zogen die Schwerter und setzten den Unseren nach, die kampflos die Flucht antraten. Und nachdem sie eine Vielzahl getötet hatten, hielten sie mehrere lebend fest, unter anderem Balduin von Le Bourg und Joscelin, und verschleppten sie als Gefangene weit ins heidnische Land, wo sie fünf Jahre lang im Kerker blieben, bis sie endlich, nachdem sie Geiseln gestellt hatten, freigelassen wurden. Diese Geiseln aber töteten ihre Wächter und kehrten gesund und wohlbehalten zu ihren beiden Herren zurück, welche sich anschließend bekriegten. Insbesondere griff Joscelin Tankred an, weil dieser sich weigerte, Balduin das Land und die Stadt Edessa zu geben. Er übergab sie ihm dann jedoch bedingungslos.

Um nun aber meine Erzählung zum Thema Bohemund, Tankred und die beiden Patriarchen fortzuführen, so entkamen sie auf geheimen Wegen und gelangten nach Edessa, wo wenige Tage später der Erzbischof eintraf und mit Freuden empfangen wurde. Nachdem er während der Schlacht gefangen genommen und einem abtrünnigen Christen zur Bewachung anvertraut worden war, ließ dieser ihn heimlich gehen, weil er gesehen hatte, dass er ein einfacher Mann mit ehrlichem Gesicht war. Und da Bohemund wusste, dass Balduin von Le Bourg und Joscelin gefangen genommen worden waren, sprach er mit den Leuten von Edessa: Auf seine Bitte hin behielten sie Tankred als Befehlshaber, bis Balduin durch Unseren Herrn befreit wäre, und Tankred versprach, ihm seine ganze Herrschaft widerspruchslos zurückzugeben. Diese Niederlage fügte den Christen von Outremer beträchtlichen Schaden zu, denn im ganzen Orient findet man bis dahin in keiner verbürgten Geschichte eine so vernichtende Schlacht für die Lateiner, ein ähnliches Gemetzel unter tapferen Männern und eine so schmähliche Niederlage für die Christen.

Wegen dieses großen Verlustes und der Schulden, die auf Bohemund lasteten, vertraute er die Regierung seines Fürstentums bald darauf seinem Neffen Tankred an, fuhr zusammen mit dem Patriarchen Dagobert über das Meer nach Apulien und reiste von dort aus nach Frankreich, wo König Philipp I. ihm seine ehelich geborene Tochter Konstanze zur Frau gab. Eine andere Tochter namens Caecilie, die er mit der Gräfin von Anjou zusammen hatte – trotz des Verbots der heiligen Kirche, denn bei der Verbindung mit ihr war seine erste Frau noch am Leben –, bestimmte er Tankred zur Frau, der sie dann auch heiratete. So reiste Bohemund mit einem riesigen Gefolge und reichen Geschenken nach Hause zurück. Wenig später starb er in Apulien, während er Vorbereitungen traf, mit seinem Heer nach Antiochia zurückzukehren. Er hinterließ einen Sohn, den ihm Konstanze, die Tochter König Philipps, geboren hatte. Und weil dieser beim Tod seines Vaters erst ein Jahr alt war, regierte Tankred weiterhin sein Fürstentum, und er heiratete Caecilie, die uneheliche Tochter König Philipps I., der im selben Jahr wie Bohemund starb.[198]

Etwas früher, noch im Jahr 1105, am letzten Tag des Februar, verschied der sehr tapfere, kluge und mächtige, denkwürdige gute Graf Raimund von Toulouse, der aus dem Nichts die Burg Pilgersberg erbaut hatte und der während des heiligen Kreuzzugs große Kriegstaten vollbracht und bedeutende Eroberungen gemacht hatte. Ich glaube, seine Seele ist im Paradies. Das Hinscheiden dieses edlen Fürsten fügte den Christen im Heiligen Land großen Schaden zu, denn er hatte die Sarazenen in Mitleidenschaft gezogen und sie sehr geschwächt, und noch am Tag seines Todes belagerte er die Festung Tripolis. Sein Neffe namens Wilhelm-Jordan setzte die Belagerung nach ihm fort und regierte außerdem lange Zeit sein Land, bis zur Ankunft seines eigenen Sohnes und rechtmäßigen Erben.

✝

Kapitel XXXVII.

Wie ein neues, vom Kalifen von Ägypten ausgesandtes Heer beinahe gänzlich vernichtet wurde, ebenso durch Waffengewalt wie durch einen Sturm. Der Bau der Burg Toron. Vom Tod Hugos von Saint-Omer. Der Tod Wilhelm-Jordans. Die Eroberung der Stadt Tripolis und die List, die Graf Balduin von Edessa mit seinem Bart anwandte.

Der Türke Rodoan[199], Herr der mächtigen Stadt Aleppo, drang zu dieser Zeit mit einem großen Heer in das Fürstentum Antiochia ein. Als Tankred aber davon erfuhr, versammelte er eine kleine Schar von Leuten, zumindest mit Blick auf seine Feinde, und im Vertrauen auf Unseren Herrn brachte er ihnen eine schmähliche Niederlage bei und schlug sie in die Flucht, wobei die Fahne Rodoans, der schon zu Beginn der Schlacht geflohen war, in seinen Besitz gelangte.[200]

Desgleichen wurde im Gebiet von Jerusalem ein Landheer aus fünfzehntausend Türken und Heiden von König Balduin I. und dem Patriarchen besiegt, welcher das Wahre Kreuz trug.[201] Das Heer war vom Kalifen von Ägypten nach Syrien geschickt worden, nachdem seine obersten Befehlshaber ihn überzeugt hatten, er müsse es doch als schmachvoll empfinden, dass ein Häuflein halb verhungerter und todkranker Christen das Land Syrien so lange innehabe. Doch das war ein Fehler, denn unsere Leute, die lediglich aus fünfhundert Reitern und zweitausend Mann Fußvolk bestanden, töteten viertausend Ägypter, führten die Siegesbeute und die Schätze des Heeres mit sich weg und jagten die übrigen davon. Und unter den bedeutenden Gefangenen nahmen sie einen Landvogt aus Akkon fest, für den der König später zwanzigtausend Besant Lösegeld erhielt. Die anderen Ägypter und die Türken, die mit einer großen Flotte im Hafen von Jaffa lagen, erschraken so sehr, als sie von dieser Niederlage hörten, dass sie in aller Eile über das Meer nach Tyros flohen. Da sie sich dort nach ihrem Ermessen aber noch nicht genügend in Sicherheit fühlten, stachen sie wieder in See und gedachten nach Ägypten zurückzukehren. Doch sie wurden von einem Sturm überrascht, so dass viele von ihnen ertranken und fünfundzwanzig ihrer Schiffe in die Häfen der Christen getrieben wurden: Schließlich nahmen die Unseren mehr als zweitausend Mann gefangen, nicht mitgerechnet die Toten.

Außerdem erbaute der edle Ritter Hugo von Saint-Omer die Burg Toron, von der aus er und andere nach ihm den Feinden unseres heiligen Glaubens erheblich zusetzten, auch wenn er, kurz nachdem er sie gebaut hatte, im Kampf durch einen Pfeil der Türken

DIE ÄGYPTISCHE FLOTTE WIRD VOM STURM IN EINEN
KREUZFAHRERHAFEN GETRIEBEN.
DRITTE SCHLACHT VON RAMLEH IM JAHR 1105

„Doch sie wurden von einem Sturm überrascht,
so dass viele von ihnen ertranken und fünfundzwanzig ihrer Schiffe
in die Häfen der Christen getrieben wurden."

(FOL. 112VA)

Am 27. August 1105 gelang es Balduin in der dritten Schlacht von Ramleh, die vereinigten muslimischen Truppen, die ein weiteres Mal mit einer Übermacht angerückt waren, entscheidend zu schlagen. Im unteren Register der Seite gibt Jean Colombe das gewaltige Ausmaß der ägyptischen Niederlage durch die Berge von Gefallenen und Verwundeten wieder, die am Ende der Schlacht den Boden bedecken.

Auf der oberen Miniatur ist die vom Sturm in Mitleidenschaft gezogene Flotte der Ägypter dargestellt: Einige der Schiffe sind gekentert, andere gestrandet, und die drei im Vordergrund haben sich in einen feindlichen Hafen retten können, wo sie von Christen geentert werden. Links im Bild sieht man die Stadt Tyros und die rosaroten Fassaden der direkt am Wasser gelegenen Häuser.

ion. De la mort hues de saint omer
Celle de quisse Jourdin. La pri
se de la Cite de triple. Et la qui
telle que Baudoin conte de lo
hus sir sur sa faulte. vvvbiii.

dutheoese. Due Tancret
opnt sa tenue assembla buit
pui de gens au regart de see en
nemie et soi confiant en nieff
see desconsit et sit ensoupe bil
lainement guignant sur eulr
la luniere. Roddam qui sen sou
yt et de le commencement de sa
bataille. Duriliement sut ex
putie de therlin pur le Roy.
Baudoin le premier z se patri

Ollain Tingi
Seigneur de la
puissant Cite
de hilagr. entru
en cellui tomps
atout grant armee en sa terre

fiel. Seine Leute indessen, die nicht mehr als viertausend waren, siegten in dieser Schlacht. Eben zu der Zeit erschienen ein Komet, zwei Sonnen und mehrere andere Zeichen, und die Türken, die Sarazenen und die Heiden aus der Umgebung der Grafschaft Edessa versammelten sich, und da sie wussten, dass die Grafen Balduin und Joscelin noch in Gefangenschaft waren, drangen sie mit einem großen Heer in deren Gebiet ein. Tankred, der sie unter seiner Obhut hatte, sah ein, dass er die Herrschaften Antiochia und Edessa nicht einfach allein schützen konnte, zumal gegen ein so großes Heer wie das der Türken. Daher schickte er seine Boten zu König Balduin nach Jerusalem und bat ihn, so schnell wie möglich der Grafschaft Edessa zu Hilfe zu kommen. Dies tat der König bereitwillig mit einem stattlichen Heer.

Als die Feinde aber die beiden Heere des Königs und Tankreds auf dem Schlachtfeld erblickten, wagten sie nicht, sich in Schlachtordnung aufzustellen, und versuchten die Auseinandersetzung unauffällig zu vertagen, denn sie wussten, dass weder der König noch Tankred mit ihrem Heer dort lange bleiben konnten, sondern in ihre eigenen Länder zurückkehren mussten, und dass sie selbst deshalb die Grafschaft Edessa ganz nach ihrem Belieben würden verwüsten können. Doch der König und Tankred, die ihnen auf die Schliche gekommen waren, bauten in der Stadt Edessa und an anderen Orten, die sie schützen wollten, jede mögliche Verteidigung auf und wichen nach und nach in ihre Gebiete zurück. Sie kamen zum Euphrat, wo sie nur wenige Schiffe vorfanden und lange brauchten, um den Fluss zu überqueren. Und in dieser Wartezeit, während alle Edelleute bereits übergesetzt waren und noch viele Leute von niederem Stand übrig blieben, sahen die Türken, die ihnen noch immer in einem gewissen Abstand folgten, dass alle Starken schon hinübergegangen waren, und stürzten sich eilends auf die Armen und Schwachen, die noch auf die Überfahrt warteten; vor den Augen des Königs und Tankreds und zu deren großem Leidwesen töteten sie alle oder nahmen sie gefangen. Jene konnten jedoch nichts dagegen tun, weil der Fluss dazwischen lag und es keine Furt gab.

In dieser Situation kehrte jeder von ihnen wieder in sein Land zurück, allerdings fand Tankred keinen Frieden: Damals wurden Balduin von Edessa und Joscelin auf die oben beschriebene Weise freigelassen, und er weigerte sich zunächst, ihnen ihre Länder zurückzugeben. Überdies rief Joscelin, der seine Missetat nicht vergessen hatte, alle Christen, die er finden konnte, zusammen, und als er sah, dass er Tankred nicht gewachsen war, schloss er durch Bitten und gegen Zahlung eines Soldes Bündnisse mit mehreren Türken und drang gewaltsam in das Fürstentum Antiochia ein. Tankred zog ihnen entgegen und stellte seine Leute in Schlachtordnung auf. Doch anfangs war er unterlegen, und mindestens fünfhundert seiner Leute wurden dabei getötet, so dass er und die anderen zornentbrannt den Kampf gegen die Christen sein ließen und sich mit aller Wucht und Heftigkeit auf die

Türken warfen und so viele von ihnen töteten, dass Joscelin und seine christlichen Kämpfer flüchteten und Tankred das Schlachtfeld überließen.[202]

Schließlich schalteten sich auf beiden Seiten Mittelsmänner ein, so dass sie miteinander Frieden schlossen und einander ihre Fehler verziehen. In jenen Tagen kam auch Bertrand, der Sohn und Erbe des guten Grafen Raimund, und traf auf seinen Vetter Wilhelm-Jordan, welcher Tripolis belagerte.[203] Ein heftiger Streit entbrannte zwischen ihnen, weil Bertrand Anspruch auf die Länder erhob, die ihm nach dem Tod seines Vaters zugefallen waren, und Wilhelm-Jordan sagte, er habe vier Jahre lang ohne Unterlass bei der Belagerung von Tripolis ausgehalten und wolle es aus diesem Grund haben. Schließlich wurde zumindest eine Vereinbarung zwischen den beiden getroffen,[204] die jedoch nur von kurzer Dauer war, denn ein Streit erhob sich plötzlich zwischen den Unterhändlern der beiden Herren. Wilhelm-Jordan, der viel von Versöhnungen verstand, eilte herbei, um sie zu beschwichtigen, doch er wurde von einem Pfeil in die Seite getroffen und fiel auf der Stelle tot um. Man erfuhr nie mit Gewissheit, ob Bertrand den Auftrag gegeben hatte, wie manche damals vermuteten. Aufgrund dieses Todesfalls hatte er das Land für sich allein.

Siebzig stark bewaffnete genuesische Galeeren belagerten die Stadt Tripolis. Ihre Kapitäne waren zwei Genuesen namens Ansairy und Hugo Embriaco[205]. Als sie sahen, dass sie bei der Belagerung nichts weiter ausrichten konnten, wandten sie sich an Graf Bertrand von Toulouse um Rat und beschlossen, die Stadt Gibelet zu belagern, sie beide vom Meer aus und der Graf von der Landseite. Gibelet hieß ehemals Heve, weil Hevi, der Sohn Kanaans, Sohn Hams, Sohn Noahs, sie gründete. Sie gehört zur Provinz Phönikien, die dem Erzbistum Tyros untersteht. Und im dritten Buch der Könige steht über Heve geschrieben: „Die Gebaliter bearbeiteten Holz und Steine, um den Tempel Unseres Herrn zu bauen."

Als diese Stadt nun in dieser Weise belagert wurde, gerieten die Bürger in so großen Schrecken, dass sie sie den beiden genuesischen Kapitänen übergaben, unter der Bedingung, dass man ihnen mitsamt ihren Besitztümern freien Abzug gewährte. Später hatte Hugo Embriaco sie lange in Besitz und führte an die Stadt Genua dafür eine bestimmte Geldsumme ab.

Nach dieser Eroberung kehrte die Flotte nach Tripolis zurück, wohin auch König Balduin kam. Kurz darauf ergaben sich die Bürger von Tripolis,[206] und Graf Bertrand wurde dort Graf, denn er huldigte damit dem König von Jerusalem, was seine Nachfolger ebenfalls tun sollten gegenüber den Königen, welche künftig über Jerusalem regieren sollten.

Während um Jerusalem herum die Dinge immer besser standen, machte Balduin von Le Bourg ebenfalls großartige Eroberungen in der Umgebung seiner Grafschaft Edessa.[207] Da er jedoch wusste, dass er seine Ritter und die anderen Angehörigen seines Heeres nicht bezahlen konnte, ließ er sich etwas einfallen. Eines Tages ersuchte ihn einer seiner Leute,

das Versprechen zu halten, das er ihm und seinen Kameraden gegeben habe; dabei war ein hoher armenischer Herr namens Gabriel anwesend, dessen Tochter er, Balduin, geheiratet hatte. Und da Graf Balduin so tat, als bitte er um Aufschub, wollte der Armenier wissen, was der Ritter mit solchem Nachdruck verlangte. Dieser antwortete ihm, Balduin habe ihnen versprochen, sich den Bart abnehmen zu lassen, falls er ihnen nicht am bestimmten Tag ihren Sold auszahle, was er nicht getan habe, und aus diesem Grund wollten sie ihr Pfand haben, das heißt seinen Bart. Als Gabriel dieses Ansinnen vernahm, schlug er bestürzt die Hände über dem Kopf zusammen und wurde so zornig, dass er eine ganze Weile sprachlos war. Denn die Orientalen, insbesondere die Griechen und Armenier, betrachten ihren Bart als den Sitz der Ehre. Als er dann wieder das Wort ergriff und aus dem Mund des Grafen hörte, dass Balduin wirklich dieses Versprechen gegeben hatte, bekreuzigte er sich mehrmals und machte ihm bittere Vorwürfe, weil er sich auf so unvernünftige Weise verpflichtet habe, und erkundigte sich nach der Summe. Als der Ritter sagte, sie betrage dreißigtausend Michaeliten (eine Art von Goldmünzen, die dazumal häufig in Gebrauch war)[208], bezahlte er die Summe, unter der Bedingung, dass Balduin versprach, nie mehr aus irgendeinem Grund seinen Bart als Pfand auszusetzen. So überlistete Balduin von Le Bourg den Vater seiner Frau im Jahr 1110.[209] In jenem Jahr ließ König Balduin Bethlehem zum Bistum erheben, nachdem es vorher nur ein Priorat gewesen war. Und im darauffolgenden Jahr, welches das Jahr 1111 war, belagerte er zwei Monate lang die Stadt Beirut und nahm sie schließlich im Sturm ein, wobei zahlreiche Sarazenen und Türken getötet, allerdings diejenigen, die um Gnade flehten, auf Wunsch und Befehl des Königs, welcher Mitleid mit ihnen hatte, am Leben gelassen wurden.

Kapitel XXXVIII.
Von der Fahrt des Bruders des Königs von Norwegen über England. Wie König Balduin von seinem Kämmerer, dem er mehr als allen anderen vertraute, beinahe ermordet worden wäre. Die Eroberung von Sidon. Die verschiedenen Ausfälle der Perser. Der Tod Tankreds. Die Niederlage König Balduins und wie er die Gräfin von Sizilien heiratete, während seine andere Gemahlin noch am Leben war. Wie er sie verließ, von seinen Eroberungen und seinem Tod.

Da die Kunde von den großen Eroberungen, welche die christlichen Kreuzfahrer in Outremer machten, sich in der Welt verbreitete, nahmen auch der Bruder des Königs von Norwegen sowie mehrere Barone und andere Männer aus dem Königreich das Kreuz, und nachdem sie über England gefahren waren, kamen sie mit einer stattlichen Flotte in den Hafen von Akkon und von dort nach Jerusalem, wo der König ihnen entgegenging, sie ehrenvoll empfing und ihnen schöne, kostbare Geschenke machte. Dann fragte er sie, ob sie ihm nicht vielleicht helfen wollten, die eine oder andere Stadt zu erobern, und da er wusste, dass sie nichts lieber als das wollten, stellte er ein beachtliches Heer auf und begann mit der Belagerung der Stadt Sayette, die früher Sidon genannt wurde und auf Lateinisch immer noch so heißt, zur See wie auf dem Lande.[210] Als die Bürger während dieser Belagerung erkannten, dass sie nicht würden standhalten können, gelang es ihnen mit viel Geld, einen der Kämmerer des Königs, der ihm zu Ehren Balduin hieß, zu überreden, den König zu ermorden, der ihn so sehr mochte: Dieser sarazenische Ritter hatte aus Heuchelei um die Taufe gebeten, und der König, der ihn hatte taufen lassen, mochte ihn gern und vertraute ihm mehr als allen anderen. Und in der Tat hätte dieser seinen bösen Plan ausgeführt, wenn nicht Unser Herr Gott einigen Christen, die Vasallen in dieser Stadt waren, eingegeben hätte, den Verrat anzuzeigen und Briefe ins Heer zu schicken. Als dies entdeckt wurde und der Verräter aus freien Stücken seine Schandtat gestanden hatte, wurde er auf Befehl der Weisen vor der Stadt aufgehängt, vor den Augen der Bürger, die, als sie sich beschuldigt sahen, den König baten, den Edelleuten mit ihren Frauen und Kindern unter seinem Schutz freien Ausgang zu gestatten und die Bauern im Land bleiben zu lassen, unter der Bedingung, dass sie einen vernünftigen Tribut zahlten. Der König gewährte ihnen dies, und sie übergaben ihm die Stadt im Jahr 1111.

Im selben Jahr starb Gibelin, der Patriarch von Jerusalem: Auf seinen Stuhl wurde Arnulf berufen, der überaus böse Erzdiakon, über den schon genug gesagt wurde und der zu den Leuten des Herzogs von der Normandie gehörte. Neben anderen Untaten vermählte dieser Arnulf, während er Patriarch war, seine Nichte mit dem höchsten Herrn des Königreichs, Eustach Garnier, dem Herrn von Sidon und Caesarea.[211] Und er gab ihm einen sehr wertvollen Besitz der Kirche in Jericho, der gut fünftausend Besant Rente einbrachte.

Türken eines anderen Stammes, die in Persien lebten, brachen nun von dort auf mit der kühnen Absicht, die Christenheit zu vernichten, insbesondere die Christen in der Umgebung von Antiochia und Jerusalem: Sie missachteten die Kunde, die in jenen Tagen über die Eroberungen der Christen im Umlauf war, und meinten leichtes Spiel zu haben, weil die Perser, denen sie tributpflichtig gewesen waren, sie nicht mehr zu bekämpfen wagten. Als sie in die Nähe von Antiochia gekommen waren, besetzten sie eine Burg namens Turbessel,[212] die Tankred gehörte; sie wurde einen Monat lang gegen ihre große Übermacht verteidigt. Doch trotz ihrer Listen gelang es ihnen nicht, Tankred aus einer anderen Burg zu vertreiben, wo er sich aufhielt, bis der König und der Graf von Tripolis, die er herbeigerufen hatte, in diese Gegend gekommen waren, eben zu der Burg Rugia, wo er auf sie wartete. Und als nun unsere Leute ihnen in geordneten Scharen entgegenzogen, waren die Türken nicht mehr kühn genug, um auf sie zu warten, sondern machten kehrt, während die Unseren ihnen nachsetzten, bis sie ihre Länder verlassen hatten, so dass ein jeder von ihnen in sein eigenes Land heimkehrte.

Zu diesem Zeitpunkt gab es von Latakia bis Askalon, das die letzte Stadt des Königreichs Jerusalem ist, keine Stadt mehr, die nicht christlich war, außer Tyros. Deshalb machte sich der König an deren Belagerung zu Land und zur See und ließ mehrere Maschinen bauen und aufstellen, um die Türme und Mauern anzugreifen. Doch die Einwohner von Tyros errichteten andere Maschinen gegen sie und verteidigten sich so gut, dass der König, der einsah, dass es ihm nicht möglich war, die Stadt einzunehmen, die Belagerung aufhob, die bereits viel gekostet und lange gedauert hatte, und nach Akkon zurückkehrte. Auch die anderen Fürsten und Barone zogen sich in ihre Länder zurück.

Damals, im selben Jahr 1112, wurde der hochedle und tapfere Fürst Tankred von einer sehr schweren Krankheit heimgesucht: Da er sein Ende nahen fühlte, rief er Roger[213], den Sohn seines Vetters Richard, zu sich und vertraute ihm das Fürstentum Antiochia an, unter der Bedingung, dass, sobald der junge Bohemund käme, er es ihm ohne Weiteres überließe. Darauf rief er gleichfalls seine Gemahlin, die uneheliche Tochter König Philipps I., und empfahl ihr, nach seinem Tod einen jungen Fürsten, der ihm nahestand, nämlich Pons, den Sohn des Grafen Bertrand von Tripolis, zu heiraten. Und kaum dass er den beiden gesagt hatte, er halte diese Heirat für vernünftig und glaube, sie werde sowohl ihnen wie auch dem Land zum Wohl gereichen, deshalb bitte er sie darum, hauchte er seine Seele aus. Sein Leichnam wurde unter allgemeiner Trauer, Weinen und Wehklagen im Vorhof der Kirche des hochwürdigen heiligen Petrus in Antiochia beigesetzt. Nach seinem Hinscheiden starb auch Graf Bertrand von Tripolis, und Pons, sein Sohn und Erbe, heiratete die Gräfin von Sizilien.

Im folgenden Jahr, das heißt 1113, kam von Persien ein mächtiger Türke namens Maudud[214] mit einem Heer, das viel größer war als alle, die man bis dahin gesehen hatte, und rückte viel weiter vor als üblich, denn er durchquerte das sogenannte Nieder-Syrien, ließ die Stadt Damaskus links liegen, blieb auf seinem weiteren Weg jenseits von Libanongebirge und Küste, zog an der Stadt Tiberias vorbei und ließ sich mit seinem Heer bei der Brücke, die über den Jordan führt, nieder. Als König Balduin I. nun hörte, dass Maudud sich näherte, dachte er, dieser müsse ein sehr großes Heer haben, weil er es wagte, ihn aus solcher Nähe herauszufordern. Er schickte deshalb eilig Boten zu Fürst Roger von Antiochia und zu Graf Roger von Tripolis[215], mit der Bitte, ihm zu Hilfe zu kommen. Er wartete ihre Ankunft jedoch nicht ab, sondern führte das Heer, das er versammeln konnte, gegen seine Feinde und ließ sich in ihrer Nähe nieder.

Als die Türken ihn so nahe und mit – im Vergleich zu ihnen – so wenigen Leuten erblickten, glaubten sie ihn schnell und ohne Schwierigkeiten überlisten zu können. Aus diesem Grund sandten sie zweitausend Reiter dem Haupttheer voraus: Eintausendfünfhundert Mann legten sich in den Hinterhalt, und die fünfhundert übrigen rannten wild und ungeordnet vor das Heer des Königs. Dieser, der sich doch auf die Kriegskunst besser als jeder andere verstand, ließ sich tatsächlich täuschen, so dass er seine Leute sich wappnen und gegen die anderen anrennen hieß, die aus Arglist so taten, als ob sie Angst hätten, und allmählich zurückwichen. Schließlich gelang es ihnen, den König und seine Leute zu ihren Gefährten im Hinterhalt zu locken. Der König und seine Leute wurden so zwischen ihnen und ihrem Haupttheer eingekesselt, und die anderen, die vorgaben zu fliehen, kehrten sich mit voller Wucht gegen die Unseren. So begann die grausame Schlacht – oder, besser gesagt, das Töten –, denn unsere Leute, welche aus der Sicht der anderen ganz wenige waren, vollbrachten mit ihren Waffen wahre Wunder und töteten viele Türken. Dennoch waren sie wegen der Vielzahl ihrer Gegner gezwungen, die Flucht zu ergreifen. Nur mit großer Mühe und dank ihrer Pferde entkamen König Balduin, der seine Fahne selbst getragen hatte, um seine Leute besser zusammenzuhalten, der Patriarch Arnulf und einige andere Barone, und es fielen unzählige Christen wegen der Ungeduld des Königs, der Fürst Roger von Antiochia und den Grafen von Tripolis nicht abwarten wollte – während sie doch am nächsten oder spätestens am übernächsten Tag eingetroffen wären. Er trug daran vor ihnen und den anderen Rittern die Last und Schmach.[216]

Nachdem sich diese Niederlage ereignet hatte, befahl der König denen aus seinem Heer, die er noch retten konnte, den Rückzug und wich in die Berge zurück, wobei er seine Gegner weiter bedrängte. Als diese, welche unten in der Ebene waren, begriffen, dass sie ihm dort, wo er sich aufhielt, wegen des schwierigen Geländes nichts anhaben konnten, strömten sie ins Land hinaus und verursachten viele Schäden in den nicht befestigten Orten. Damit sie das tun konnten, wurden sie von türkischen Bauern geführt, die man in den Dörfern als Tributpflichtige hatte wohnen lassen und die nun ihre Häuser verließen, indem sie es noch schlimmer trieben als die vom Heer. Außerdem kamen die Sarazenen, als sie von der Flucht erfuhren, aus der Stadt Askalon und richteten unzählige Verwüstungen an, wie sie es gewohnt waren, wenn sich die Gelegenheit dazu bot, und zogen vor die Heilige Stadt und brannten die schutzlosen Häuser außerhalb der Stadtmauern nieder.

Doch schließlich stellte Maudud, der Oberbefehlshaber der dortigen Türken, fest, dass sich das Heer des Königs stark vergrößerte, weil Tag für Tag neue Pilger über das Meer kamen, und sobald diese von der Lage des Königs Kenntnis bekamen, eilten sie ihm zu Hilfe. Er fürchtete also, der König könnte ihm eines Tages mit beträchtlichen Streitkräften entgegenziehen. Deshalb führte er sein Heer nach Damaskus zurück, und als er die Stadt betrat, wurde er hinterrücks erstochen. Und obgleich man nicht wusste, wer die Mörder waren, lief das Gerücht um, Toghtekin[217], der König von Damaskus, habe es getan oder zumindest gebilligt, weil er sehr besorgt war, der kluge und mächtige Maudud könnte ihm seine Herrschaft wegnehmen.

Etwas anderes tröstete König Balduin sehr, denn Adelheid, die Gräfin von Sizilien, die eine sehr reiche Dame war, die Witwe des Grafen Roger Borsa, eines Bruders von Robert Guiskard, und die Mutter des Roger (welcher später König von Sizilien werden sollte) und um deren Hand König Balduin auf den Rat einiger hatte anhalten lassen, traf fast zur selben Zeit[218] ein, und er heiratete sie und versprach ihr, wenn sie ihm einen Sohn schenkte, sollte dieser König von Jerusalem werden, und wenn sie ohne direkten Nachkommen sterben sollten, würde ihr Sohn Roger König werden. Das Vermögen, das sie im Überfluss besaß, kam dem König von Jerusalem damals sehr zugute, doch das Christenvolk bezahlte das nachher sehr teuer, denn viel später erkrankte der König schwer und gelobte auf den Rat seiner Weisen, seine erste Frau, welche aus Edessa stammte und die Tochter eines Armeniers war, an seine Seite zurückzurufen, wenn er wieder gesund würde. Als er nämlich seine zweite Ehe – besser gesagt, unrechtmäßige Ehe – schloss, steckte er sie ins Kloster, wo sie sich allen möglichen Ausschweifungen hingab. Als der König indessen wieder genesen war, rief er sie an seine Seite zurück und sagte der Gräfin von Sizilien, wie es sich verhielt. Darauf kehrte sie, ihrer Schätze enteignet und betrogen, nach Sizilien zu ihrem Sohn, König Roger, zurück, welcher, um sich zu rächen, dem Königreich Jerusalem und denen, die es unterstützen wollten und deren Weg an seinen Staaten vorbeiführte, mancherlei Verdruss bereitete und großen Schaden zufügte.

Kurz nach der Ankunft dieser Gräfin hörte Graf Balduin von Edessa übrigens, sein Vetter Joscelin beabsichtige, ihm Geld zu geben, damit er ihm die Grafschaft Edessa überlasse und nach Frankreich zurückkehre. Das missfiel ihm so sehr, dass er Joscelin heimlich herbeirufen ließ, ihm angesichts der Länder und Besitztümer, die er ihm geschenkt hatte, Undankbarkeit vorwarf und ihn gefangen hielt, bis dieser ihm alles zurückgegeben hatte. Er ließ ihn mit ganz geringer Habe und kleinem Gefolge wieder ziehen. Deshalb begab sich Joscelin zum König nach Jerusalem, und nachdem er ihm von der Kränkung durch seinen Vetter erzählt hatte, wollte er nach Frankreich zurückkehren. Doch König Balduin I., der wusste, dass Joscelin ein kluger, tapferer Ritter war und er eine Persönlichkeit wie ihn gut gebrauchen konnte, ermutigte ihn herzlich und gab ihm die Grafschaft Tiberias, versprach ihm Reichtümer und behielt ihn so bei sich in Jerusalem.

Es dauerte nicht lange, bis Bursuq[219], ein überaus mächtiger Türke, ein großes Heer aufstellte und nach Antiochia zog, dessen Fürst, der davon erfahren hatte, die mit ihm verbündeten Könige von Jerusalem und Damaskus zu Hilfe rief. Und sie rückten sogleich mit solchen Streitkräften an, dass Bursuq, der es nicht wagte, ihr Herannahmen abzuwarten, so tat, als ob er in sein Land zurückkehrte. Daraufhin machten die anderen kehrt, um in ihre Länder zurückzukehren, während die Einwohner Askalons zum zweiten Mal herauskamen, die Stadt Jaffa belagerten und angriffen, wobei mehrere von ihnen getötet wurden, und glücklos in ihre Stadt zurückkehrten.

Bursuq, auch wenn er vorher so getan hatte, als wollte er in sein Land zurückkehren, meinte indessen, als er dank seiner Späher die Gewissheit hatte, dass König Balduin I. nach Jerusalem und der Graf von Tripolis in seine Grafschaft zurückgekehrt waren, sie könnten nicht kurzfristig zusammengeführt werden, und machte also kehrt, griff mit seinem Heer das Fürstentum Antiochia an, brandschatzte und plünderte die Dörfer, machte Städte und Festungen dem Erdboden gleich, tötete die Einwohner und richtete unermesslichen Schaden an. Da schickte Fürst Roger schleunigst nach Balduin, dem Grafen von Edessa, und nachdem er dank seiner ein Heer in Antiochia aufgestellt hatte, zog er rasch in geordneten Scharen hinaus, und, während er seinen Leuten Anweisungen erteilte und auf den Grafen von Edessa wartete, schickte er seine Späher voraus: Einer von ihnen unterrichtete ihn darüber, wo sich Bursuq aufhielt. Hocherfreut führte er die Seinen Bursuqs Heer entgegen, welcher, als er vom Kommen des Fürsten und des Grafen erfuhr, seine Abteilungen in Schlachtordnung stellte, ohne dass er jedoch selbst dabei sein wollte. Da er die Tapferkeit der Christen fürchtete, zog er sich nach der Aufstellung seiner Leute mit seinem Bruder und vier seiner engsten Freunde auf einen Berg zurück, von wo aus er den Ausgang der Schlacht beobachten konnte. Dies gereichte ihm zum Nachteil, denn nachdem die Türken eine Zeit lang gemeint hatten, aufgrund ihrer großen Anzahl könnten sie der Tapferkeit der Christen trotzen, ergriffen sie nun die Flucht, ließen ihre Zelte und ihr Hab und Gut zurück, und sehr viele von ihnen fielen auf dem Schlachtfeld oder danach. Bursuq selbst, sein Bruder und ihre engsten Freunde waren derart entsetzt, dass sie davonstürzten und weiter flohen, bis sie an einem sicheren Ort waren, fern von dieser Niederlage, bei der mehr als viertausend Türken getötet und unzählige Christen verschont worden waren, welche die anderen als Gefangene mitführten. Nachdem die Beute noch auf dem Kampfplatz gerecht verteilt worden war, kehrte der Fürst nach Antiochia zurück, wo er im Triumph empfangen wurde.[220]

Als König Balduin andererseits sah, dass die Stadt Jerusalem so wenige Einwohner hatte, dass diese nicht ausreichten, um die Türme und Mauern zu bewachen, und hörte, dass über dem Jordan in Arabien viele Christen bei den Türken und anderen Sarazenen in Knechtschaft lebten, rief er sie heimlich zu sich, versprach ihnen Abgabenfreiheit, was er auch völlig einhielt, als sie mit Frauen und Kindern zu ihm nach Jerusalem kamen, und gab ihnen große Besitzungen ohne Hörigkeit. Kurz, er bot ihnen so viele Vorteile, ebenso allen,

BEGRÄBNIS BALDUINS I. DIE RATSVERSAMMLUNG
ZUR WAHL DES NEUEN KÖNIGS

„Er aß Fisch, und als er sich von der Tafel erhob, fand er sich
sehr schwer erkrankt; durch das Übel war eine alte Wunde wieder aufgebrochen [...].
Und die Schwere seiner Krankheit erforderte es, dass er auf einer Sänfte
getragen wurde. Dennoch erreichte er Jerusalem nicht mehr lebend."

(FOL. 118A)

Balduin I. starb 1118 eines plötzlichen Todes, und sein Ableben löste große Betroffenheit aus. Das Begräbnis des zweiten fränkischen Königs von Jerusalem wird von Jean Colombe als denkwürdiges und feierliches Ereignis dargestellt. Der vom Patriarchen Arnulf von Jerusalem, von Prälaten und anderen Geistlichen sowie Edelleuten geleitete Trauerzug kommt vor der Grabeskirche an, während sich eine Menschenmenge versammelt, um sich von ihrem Herrscher zu verabschieden. Die sterbliche Hülle des Königs ist noch vor der Kirche aufgebahrt. Bei der Wiedergabe der Heiligennischen in den Portalvorbauten und der von Kapitellen gekrönten Säulen in leuchtendem Rosa und Grün erweist sich Jean Colombe als wahrer Meister in der Darstellung von Ziselierarbeiten. Im unteren Bild halten die Edelleute und die Vertreter der Kirche Rat, um einen Nachfolger für Balduin I. zu bestimmen. Der vor der Versammlung stehende Joscelin von Courtenay schlägt vor, Balduin von Le Bourg, den Vetter Gottfrieds von Bouillon, zum König von Jerusalem zu wählen.

Baudoin. Testement que sui z
tous ceulx qui estoient venu
auec sui furent a celle pres
sion z aussi a lobsecune. seru
ce z enseuelissement du Roy.
Lequel enterre ou lieu dessus
sunitement z aiant regart
de tous par ce quil seur auoit
este plus com que que
Saigneur. Se misirent le pa
triarse Darnoul de Ihrlm z

ses euesques z aultres prelatz
Jocelin de Courtenay et ses
aultres noblece de Surie il co
seil pour trautier des besoing
nes du Roiaume. Et co
duant auec uiusens parole
que seur couenoit esslire
Roy de sui sentrulx. Et
que combier que se Roiaul
me eust este sonne au duc
Godefroy et a ses soirs. etq

die auf ihren heimatlichen Boden verzichteten, um dort zu wohnen, dass die Heilige Stadt binnen kurzem sehr bevölkert war. Und er verfügte nach seinem Wunsch, dass die Stadt Jerusalem eine freie Stadt sein sollte und dass alle Gebiete, die sie in dieser Gegend erobert hatten und noch erobern würden, unter ihre Oberhoheit und Herrschaft gestellt werden sollten. Des Weiteren wünschte und verfügte er nach reiflicher Überlegung und einem Beschluss seines Rates, den er vom Papst bestätigen ließ, dass alle Städte, Burgen und Gebiete, die er und seine Leute erobern würden, dem Patriarchat von Jerusalem unterstellt werden sollten, und der Papst erließ eine Bulle in diesem Sinne. Als der Patriarch von Antiochia, Bernhard, sich jedoch beklagte und behauptete, man schade ihm und entziehe ihm Kirchen, die ihm unterstehen müssten, schickte der Papst daraufhin einen Brief, in dem er erklärte, er habe nicht die Absicht, die Herrschaft zu verändern, die zuvor den Kirchen gehörte, als das ganze Land christlich war.

Wenig später erkrankte der König, weshalb er seine rechtmäßige Gattin wieder an seine Seite rief, und die Gräfin Adelheid von Sizilien war gezwungen, in ihre Heimat zurückzukehren, wie bereits gesagt wurde. Als der König wieder genesen war, eilte er nach Ägypten, denn er wollte sich für die großen Verwüstungen rächen, welche die Ägypter ihm im Heiligen Land angerichtet hatten, und er eroberte und plünderte die Stadt Farama[221], die an der Mündung des Nils unweit vom Meer liegt. Doch er konnte sich dessen nicht erfreuen, denn nachdem er die Stadt verlassen hatte, um ihre schöne Lage zu betrachten, und sie im Nil gefischt hatten, aß er Fisch, und als er sich von der Tafel erhob, fand er sich sehr schwer erkrankt; durch das Übel war eine alte Wunde wieder aufgebrochen, so dass er sich sofort zur Rückkehr nach Syrien anschickte. Und die Schwere seiner Krankheit erforderte es, dass er auf einer Sänfte getragen wurde. Dennoch erreichte er Jerusalem nicht mehr lebend, sondern starb in einer Wüstenstadt namens el-Arisch.[222] Seine Leute trugen seine Sänfte unter großem Schmerz in die Stadt Jerusalem. Am Palmsonntag wurde er zur Prozession durch das Josaphat-Tal geführt und mit königlicher Pracht neben seinem Bruder, König Gottfried, in der Grabeskirche unter dem Kalvarienberg an dem Ort, der Golgatha genannt wird, begraben. Er starb im achtzehnten Jahr seiner Regierung, im Jahr 1118.

✝

Kapitel XXXIX.
Wie Balduin von Le Bourg zum König von Jerusalem, dem zweiten dieses Namens, gewählt und Joscelin zum Grafen von Edessa ernannt wurde. Von dem großen Heer aus Ägypten, welches kampflos wieder abzog. Die Anfänge des Templerordens. Wie der Turkomanenfürst Ilghazi den Fürsten von Antiochia in der Schlacht besiegte und tötete, und wie König Balduin II. Ilghazi besiegte. Und von den verschiedenen Unglücksfällen, die sich damals ereigneten, und der Gefangennahme König Balduins II.

Zu jener Zeit, als König Balduin die Reise unternahm, auf der ihn die Krankheit ereilte, der er erliegen sollte, beschloss Balduin von Le Bourg, Graf von Edessa, die heiligen Stätten und seinen Vetter König Balduin zu besuchen. Doch als er von seinem Land und der Grafschaft Edessa schon weit entfernt war, erreichte ihn die sichere Kunde vom Tod des Königs. Er war darüber äußerst betrübt und dachte tief und lange nach, um herauszufinden, ob er seinen Weg fortsetzen oder umkehren sollte. Endlich beschloss er, seine Pilgerfahrt zu vollenden, und beeilte sich so sehr, dass er am Palmsonntag Jerusalem durch eines der Stadttore betrat, als gerade die bereits erwähnte Prozession stattfand. Im selben Augenblick kamen durch ein anderes Tor diejenigen, die den Leichnam König Balduins trugen, so dass er und sein ganzes Gefolge bei dieser Prozession, ebenso bei der Trauerfeier, beim Gottesdienst und bei der Bestattung des Königs zugegen waren.

Als dieser am oben genannten Ort mit königlicher Pracht und zum großen Leidwesen aller – denn er war ihnen eher ein Vater als ein Herr gewesen – beigesetzt wurde, traten der Patriarch Arnulf von Jerusalem, die Bischöfe und die anderen Prälaten, Joscelin von Courtenay und die anderen Edlen Syriens zur Beratung zusammen, um die Angelegenheiten des Königreichs zu behandeln, und nach mehreren Reden beschlossen sie, aus ihrer Mitte einen König zu wählen. Und obwohl das Königreich Herzog Gottfried und seinen Erben verliehen worden war und man zum Grafen Eustach von Boulogne ausschicken musste, was einige Barone insgeheim bereits getan hatten, war es doch nötig, einen von ihnen zu wählen, wegen der großen Gefahren, in denen das Reich schwebte, wenn es ohne König bliebe in der Zeit, die es dauerte, bis man Eustach bei sich hatte. Als nun mehrere verschiedene Meinungen in dieser Sache geäußert worden waren, erhob sich Joscelin von Courtenay, welcher wusste, dass der Patriarch Arnulf tun würde, was er wollte, und sagte unter anderem und nach mehreren einleuchtenden Erklärungen, das

Geschlecht Gottfrieds müsse weiterhin das Königreich regieren, und er wolle seinen Vetter Balduin von Le Bourg, den Grafen von Edessa, der bekanntlich ein naher Verwandter Gottfrieds sei, wählen und zum König machen. Des Weiteren führte er aus, sie könnten ihm glauben, dass er ihnen dessen Wahl in Anbetracht der großen Strenge, mit der dieser ihn behandelt habe, nicht aus Zuneigung anrate, sondern er empfehle ihn nach bestem Wissen und Gewissen, weil er ihn als beherzten, klugen, reichen Mann und großen Eroberer kenne, so dass das Königreich ihm gebühre, denn er werde es in hervorragender Weise regieren und beschützen.

Als die Worte und die Meinung des Grafen Joscelin vom Patriarchen Arnulf bestätigt wurden, wurde Balduin von Le Bourg, Graf von Edessa, einmütig zum König von Jerusalem gewählt, und der Patriarch Arnulf krönte und salbte ihn am darauffolgenden Ostersonntag in der Kirche des Heiligen Grabes vor dem gesamten Volk, das laut rief: „Es lebe König Balduin der Zweite!" Obgleich die Ansicht des Patriarchen und Joscelins bei dieser Wahl vor Unserem Herrn wahrscheinlich nicht aufrichtig und lauter gewesen war,[223] wandte dieser die Sache jedenfalls zum Guten, denn König Balduin regierte sehr gut und vergrößerte das Königreich beträchtlich. Um es besser regieren zu können und nicht durch anderes gehindert zu sein, berief er seinen Vetter Joscelin von Courtenay an seine Seite, und nachdem er ihm erklärt hatte, dass er ihn für klug, tapfer und einen guten Regenten halte, gab er ihm die Grafschaft Edessa als immerwährenden Besitz für ihn und seine Erben, in der Hoffnung, er möge sie besser führen als irgendjemand sonst. Er setzte ihn darin ein, indem er ihm eine Fahne gab, und Joscelin huldigte ihm dafür.

Wenige Tage später begab er sich mit der Erlaubnis des Königs in seine Grafschaft Edessa, mit dem besonderen Auftrag, diesem die königliche Gemahlin, seine Töchter und sein anderes Gefolge zu schicken. Dies tat er mit Gewissheit. Balduin von Le Bourg, der älteste Sohn des Grafen von Rethel, wurde also König von Jerusalem, der zweite dieses Namens, und begann am zweiten Tag des Monats April im Jahr der Gnade Unseres Herrn 1118 zu regieren.

Während nun Gelasius II. Papst, Bernhard der erste lateinische Patriarch von Antiochia und Arnulf außerdem der vierte lateinische Patriarch von Jerusalem war, starb Kaiser Alexios, der große Gegner der Lateiner, der ihnen durch Verrat mehrmals großen Schaden zugefügt hatte.[224] Nach ihm wurde sein Sohn Johannes Kaiser. Er war zwar den Lateinern besser gesinnt, jedoch unternahm er in Bezug auf die Länder des Orients ungerechtfertigte Vorstöße gegen die Unseren, was wir im Folgenden kurz berichten werden. In jenem Jahr, zu Beginn der Regierungszeit König Balduins II., stellte der Kalif von Ägypten ein unermesslich großes Heer auf, sowohl zur See als auch zu Lande, und führte es nach Syrien; er meinte das Königreich Jerusalem mit Leichtigkeit vernichten zu können. Doch der

König, der davon Kenntnis hatte und ebenfalls wusste, dass Toghtekin, der König von Damaskus, sein Heer mit dem ägyptischen zusammengeführt hatte, rief die Ritter Antiochias und den Grafen von Tripolis herbei. Als sie eingetroffen waren, stellte er sich auf dem Schlachtfeld auf, Auge in Auge mit den Ägyptern, und die beiden Heere blieben viele Tage lang voreinander stehen, in der Nähe eines Orts, der früher Aschdod hieß, während die Ägypter nicht wagten, die Christen anzugreifen, weil sie mehrfach gehört hatten, dass niemand so viel von der Kriegsführung verstand wie die Franzosen.

Unsere Leute fürchteten sich davor, die Ägypter anzugreifen, wegen deren gewaltiger Menge, sowohl auf See als auch zu Lande, bis dass schließlich der Fürst des ägyptischen Heers auf Anraten seiner Barone und Ritter beschloss, es sei besser, so unversehrt zurückzukehren, wie er gekommen war, als sein Heer der Gefahr einer Schlacht mit zweifelhaftem Ausgang auszusetzen. Und so geschah es. Daher entließ der König den Grafen von Tripolis und die Ritter von Antiochia und führte sein Heer und sein Gefolge in die Stadt Jerusalem zurück. Dort starb kurz darauf der Patriarch Arnulf; auf seinen Stuhl wurde eine bedeutende Persönlichkeit namens Gormond von Picquigny gewählt: Seine Fürbitten und Gebete an Unseren Herrn wirkten sich für das Königreich Syrien sehr glücklich aus.

Damals enstand auch der Templerorden, der dann durch seine Vornehmheit, seine Mächtigkeit und seinen Reichtum unter allen anderen Orden herausragte. Zwei Ritter, Hugo von Payens in der Nähe von Troyes in der Champagne, und Gottfried von Saint-Omer, waren es, die ihn gründeten und den Anfang machten. Nachdem diese durch ihre Mahnrufe zunächst sieben weitere Gefährten versammelt hatten, die ihrem Willen und ihrem Denken folgten, entschieden sie sich, allen weltlichen Prunk hinter sich zu lassen und keusch und nach einer Regel zu leben, und als ihre erste Aufgabe die Pilger, die zum Heiligen Grab reisten, in den Häfen Syriens abzuholen und sie hin- und zurückzugeleiten, weil sie sehr häufig gesehen hatten, wie manche, die ohne Begleitung gekommen waren, von Sarazenen und anderen Türken aus dieser Gegend und aus noch weiter entfernten Gebieten überfallen, getötet oder ausgeraubt worden waren; diese kamen heimlich des Nachts und verübten ihre Überfälle entlang den Straßen.

Das war ihr zuvörderstes Anliegen, das bald von Papst Honorius und dem Patriarchen von Jerusalem in Form eines Ordens mit Mönchen und Kanonikern als Mitgliedern eingesetzt und bestätigt wurde. Sie ordneten an, dass es in diesem Orden zwei Arten von Mönchen geben sollte, die Ritter und die Sergeanten oder dienenden Brüder, und dass sie ein weißes Habit und ein großes Kreuz aus rotem Tuch auf ihrem Gewand und Mantel tragen sollten. Und der heilige Bernhard, der Abt von Clairvaux, schrieb auf Anweisung des Papstes ihre Regel und ihre Lebensweise nieder. Diese Mönche wurden, ebenso wie ihr Orden, „Templer" oder „Tempelritter" genannt, weil sie von Anfang an in Häusern neben dem Tempel von Jerusalem[225] wohnten. Obwohl der Patriarch ihre Gründung in die Wege geleitet und ihnen große Schenkungen gemacht hatte, sowohl aus seinem Eigentum als auch aus den Einkünften seiner Kirche, von denen er ihnen einiges schenkte, konnten es bestimmte Mönche, die später kamen, erreichen, dass der Orden ihm nicht mehr unterstellt war.

Kurz darauf erlitten die Christen einen schmerzlichen Verlust, denn Ilghazi[226], ein mächtiger Fürst der Turkomanen, die damals nicht in Städten, Siedlungen oder Burgen, sondern in Zelten[227] wohnten, und Toghtekin, der König von Damaskus, verbündeten sich gegen unsere Leute und schlossen sich einem weiteren mächtigen heidnischen Fürsten aus Arabien namens Debeys[228] an. Und sie drangen mit einem riesigen Heer in Antiochia ein. Deshalb wandte sich Fürst Roger, der die Tochter König Balduins II. geheiratet hatte, an den König, um ihn demütig um seine Unterstützung zu bitten. Ebenso wandte er sich an Graf Joscelin von Edessa und den Grafen von Tripolis. Und er stellte indessen, während sie noch herbeieilten und ohne ihr Kommen abzuwarten, alles, was er von seinen Leuten aufbieten konnte, auf das Schlachtfeld, und, was noch schlimmer war, es kamen zu ihm einige Ritter aus seinem Heer, die ihre Länder, in denen das Heer der Heiden stand, retten wollten, und rieten ihm, seine Leute gegen diese zu richten. Das tat er und rückte so dicht an sie heran, dass die Heiden und die Turkomanen, als sie die Schwäche des fürstlichen Heers bemerkten, so taten, als ob sie die Flucht ergriffen, um seine Leute in ungeordneten Scharen an eine für sie ungünstige Stelle zu locken, bevor die große Verstärkung eintraf. Und so geschah es in der Tat, denn sie verließen ihren bisherigen Standort und kamen nachts in die Nähe einer Burg namens Athareb[229]. Der Fürst, der seine Späher heimlich hinter ihnen herschickte, um zu erfahren, ob sie diese Burg belagern, gegen ihn kämpfen oder aber ganz abziehen wollten, wurde unterrichtet, dass sie drei Abteilungen von je zwanzigtausend Reitern gebildet hatten und sich im Trab näherten, um den Kampf mit ihm aufzunehmen. Er, der stark, sehr beherzt und sehr mutig war, stieg also auf sein Pferd, ritt seine Scharen ab, die er bereits in Schlachtreihen aufgestellt hatte, und ermahnte seine Leute, sich wacker zu schlagen. Und als die Schlacht begonnen hatte, schlugen unsere Leute sich auch sehr wacker, unter der tapferen Führung von zwei Rittern, Gottfried dem Mönch und Guido Fremault, welche die beiden ersten Abteilungen anführten. Doch in dem Moment, in dem Robert von Saint-Loup, der die dritte Abteilung führte, diese mit den beiden anderen vereinigen wollte, stürzte sich ein großer Haufen Türken auf ihn, und alle, die er führte, erschraken so sehr, dass sie inmitten der vierten Abteilung der Unseren schmählich flohen und die Ordnung ganz durcheinanderbrachten.

Auf der anderen Seite wurden die Christen, obwohl die Schlacht noch ziemlich unentschieden war, durch einen ungeheuren Wirbelwind von Norden her in die Flucht geschlagen, der den Staub bis zu den Gesichtern der Kämpfenden aufwirbelte, so dass sie einander kaum noch sehen konnten. Sie ließen Fürst Roger von Antiochia im Stich, der, obgleich er zahllose Heldentaten vollbrachte, auf dem Schlachtfeld fiel, zusammen mit allen, die bei ihm geblieben waren. So waren aus dem ganzen Heer des Fürsten, das zu Beginn ungefähr siebenhundert Berittene und dreitausend Mann Fußvolk, die Händler nicht mitgerechnet, umfasst hatte, von denen, die an der Schlacht teilgenommen hatten, gerade noch zwei am Leben, um die Kunde von den Gefallenen zu überbringen. Manche meinten, die Schuld liege bei Fürst Roger, denn man wusste genau, dass Tankred auf dem Sterbebett die Stadt Antiochia in seine Obhut gegeben hatte, damit er sie widerspruchslos dem jungen Bohemund übergebe, sobald dieser das erforderliche Alter erreicht hätte, er es aber nicht tun wollte, wenn er auch an dem Tag, als er getötet wurde, bei Erzbischof Peter von Apamea unter Tränen seine Sünden gebeichtet und Besserung gelobt hatte, falls Unser Herr es ihm vergönnte, noch länger zu leben.

Trotz dieser Niederlage eilten König Balduin II. und der Graf von Tripolis, die bereits unterwegs waren, über alle gefährlichen Engpässe zwischen Jerusalem und Antiochia, wo sie von allen Bürgern und den Edelleuten der Umgebung freudig empfangen wurden; diese hätten sich recht bald verloren gefühlt, wenn sie nicht gekommen wären. Tatsächlich drohte große Gefahr, denn trotz ihrer Ankunft setzte Fürst Ilghazi seine kriegerische Eroberung der Burgen in der Umgebung fort.

Nachdem nun der König und der Graf von Tripolis sich eine Weile in Antiochia aufgehalten hatten und hörten, welche großen Verwüstungen Ilghazi anrichtete, der in ihren Ländern ungehindert umherstreifte, zogen sie mit ihren Leuten hinaus, um die Türken in der Nähe der Burg Athareb zu treffen, wandten sich nach Rugia, passierten Hab und ließen sich auf einer Anhöhe namens Damin nieder. Ilghazi gedachte sie zu überraschen, als er von seinen Spähern über ihre Ankunft unterrichtet wurde, denn er befahl seinen Leuten, sich allesamt in der Nacht wohlgeordnet aufzustellen, damit sie die Unseren schon im Morgengrauen angreifen und sie ohne Mühe besiegen könnten, weil sie sie im Schlaf überrumpeln würden. Unser Herr jedoch wandte alles anders, denn der König achtete die ganze Nacht lang darauf, dass niemand in seinem Heer schlief; vielmehr bemühte sich jeder, so lange es Nacht war, seinen Harnisch, seine übrige Rüstung und sich selbst in Bereitschaft zu halten, um die Feinde mutig zu empfangen. Und Bernhard, der Erzbischof von Caesarea,[230] welcher das Wahre Kreuz trug und den König bis dahin begleitet hatte, hielt vor den Leuten aus dem Volk eine Predigt und wies sie inständig an, sich zu bemühen, das Volk und das Land Unseres Herrn zu rächen. Und in dieser Zeit stellte der König neun

Abteilungen zusammen, bestehend aus siebenhundert Rittern und anderen Leuten, die er hatte, dann rückte er wohlgeordnet aus seinem Lager aus und schickte drei Abteilungen voraus, die zuerst angreifen sollten.

Der Graf von Tripolis stand mit seinen Leuten auf dem rechten Flügel und die Barone von Antiochia auf dem linken. Das Fußvolk wurde in die Mitte gestellt, und der König, der hinten folgte, bildete die Nachhut, und vier Abteilungen waren bei ihm. Während unsere Leute in dieser Ordnung vorrückten, tauchte eine große Menge von Türken aus Thabor auf und näherte sich den Unseren mit großem Geschrei und Getöse. Indem sie ihre Hoffnung auf den heiligen Glauben und das Wahre Kreuz setzten, das mit ihnen war, vollbrachten die Unseren bei diesem Zusammenstoß mit ihren Waffen wahre Wunder, auch wenn die Türken auf die Fußkämpfer zielten und viele von ihnen töteten, worüber der König sehr betrübt war. Daher wollte er nicht mehr abwarten, sondern rief den Rest der Unseren zusammen und bat sie inständig, ihren Kameraden zu Hilfe zu kommen, worauf er sich als Erster ins dichteste Gedränge stürzte und unzählige Heldentaten vollbrachte. Seinem Beispiel folgend, stürzten sich seine Leute ebenfalls mit solchem Ungestüm mitten unter die Türken, dass diejenigen der Unseren, die zuerst in den Kampf gegangen und bereits müde und ermattet waren, wieder Mut und Kraft schöpften, so dass die Türken deren berühmter Tapferkeit nicht lange standhalten konnten, sondern schmählich flohen und dabei ihre Zelte und Besitztümer zurückließen – die unsere Leute anschließend mitnahmen und nach Belieben plünderten –, indem sie viertausend Gefallene auf dem Schlachtfeld zurückließen, nicht mitgerechnet diejenigen, die als Gefangene oder Verwundete zurückblieben. Auf der Seite der Christen fielen dort ungefähr siebenhundert Mann Fußvolk und hundert Berittene.

Diesen Sieg errang also König Balduin II., im zweiten Jahr seiner Regierungszeit, am Tag vor der Himmelfahrt Unserer Lieben Frau, im Jahr 1119[231]. Der König schickte darauf das Wahre Kreuz mit einem großen Gefolge unter der Führung des Erzbischofs von Caesarea nach Jerusalem, wo es am Tag der Heiligen Kreuzerhöhung im September mit Freuden in Empfang genommen und in einer schönen Prozession umhergetragen wurde.

Nach dieser Niederlage und verschiedenen Eroberungen, die König Balduin II. gemacht hatte, und da nun Toghtekin, der König von Damaskus, Syrien aus Furcht verlassen hatte, nachdem er dort mit einem großen Heer eingedrungen war, trug es sich zu, dass der große Widersacher der Christen, der überaus mächtige Türke Balak, Graf Joscelin von Edessa und seinen Vetter Waleran[232] überfiel, als sie in ihren Ländern, ohne besonders auf der Hut zu sein, unterwegs waren; und er nahm sie gefangen und verschleppte sie auf seine Festung Kharpurt[233] jenseits des Euphrat. Kurze Zeit später brachte er auch König Balduin als Gefangenen dorthin. Er hatte ihn in seine Gewalt gebracht, als dieser allein mit den

Leuten seines Hauses über Nacht unterwegs war und die Grafschaft Edessa besuchte, wohin er geeilt war (ebenso wie in das Fürstentum Antiochia), um gute Verweser einzusetzen, sobald er erfahren hatte, dass Graf Joscelin gefangen genommen worden war. Balak kundschaftete ihn Tag und Nacht aus, so dass er ihn nachts überraschen konnte, als seine Leute auf ihren Pferden eingeschlafen waren. Da sie über den Lärm, den Balak und die Seinen machten, erschraken, flohen sie sogleich um die Wette, und Balak bekam durch Zufall die Zügel des Pferdes zu fassen, auf dem der König saß, ohne zu wissen, wer er war. Als er aber erfuhr, dass er den König in seiner Gewalt hatte, brach er mit seinen Leuten eilends auf und führte ihn so schnell wie möglich weg auf seine Burg Kharput, die ein paar Tage später von etwa fünfzig Armeniern aus der Grafschaft Edessa im Überraschungsangriff genommen wurde.

Diese hatten sich aus Liebe zu ihrem Herrn, dem Grafen Joscelin, in Gruppen aufgeteilt, die einen als Mönche, die anderen als Händler verkleidet, und indem sie vorgaben, sich über den Tort und die Diebstähle zu beklagen, die man ihnen angetan hatte, zogen sie, sobald sie im Innern der Burg waren, ihre Messer und töteten die Wachen und so viel andere Türken, dass sie dort das Sagen hatten und den König und ihre beiden anderen Herren befreiten. Joscelin und zwei Gefährten indessen gingen sofort hinaus, um Hilfe zu holen, weil sie ahnten, dass sonst eine Belagerung auf sie zukäme, sobald die Bewohner des Landes erführen, dass die Festung erobert worden sei. Und so geschah es, denn Balak, der in jener Nacht geträumt hatte, Joscelin würde ihn gefangen nehmen und ihm eigenhändig die Augen ausreißen, schickte noch am Morgen mehrere seiner Ritter auf die Burg, um ihn enthaupten zu lassen, und erfuhr, dass sie erobert worden sei.

Daher versammelte er unzählige Leute und ließ Kharput von allen Seiten belagern, wobei er dem König anbot, wenn dieser bereit sei, ihm ohne Schwierigkeiten das Feld zu überlassen, werde er ihm und den Seinen freien Auszug und sicheres Geleit bis nach Edessa gewähren. Der König lehnte das im Vertrauen auf die Festigkeit der Burg und die Unterstützung Joscelins ab. Doch das bekam ihm schlecht, denn Balak ließ in einen Teil der Burg, welche auf einem Stein so weich wie Kreide stand, einen Stollen treiben, und als einer der Türme einstürzte und den gesamten anderen Teil mit sich riss, fürchtete der König, dass schließlich alles zusammenbrechen könnte. Deshalb ergab er sich in den Willen Balaks, der versicherte, der König, einer seiner Neffen und Waleran würden am Leben bleiben, aber er ließ sie weiterhin im engsten Gewahrsam halten und kurz darauf die Armenier, welche die Festung im Überraschungsangriff erobert hatten, unter verschiedenen Qualen sterben.[234]

Joscelin andererseits wäre vor Hunger und Krankheit fast gestorben und dem Ganzen nicht entronnen, wenn er nicht zwei Fässer Wein dabeigehabt hätte. Mit deren Hilfe und der Unterstützung seiner beiden Gefährten durchschwamm er, der eigentlich nicht schwimmen konnte, den großen Fluss Euphrat und kam halb tot bei der Burg Turbessel an, welche im Besitz der Unseren war.[235] Ein paar von ihnen geleiteten ihn bis nach Antiochia, wo man die Gefangennahme des Königs aufrichtig bedauerte: Um ihm zu helfen, führte Joscelin ein großes Heer in die Nähe der Festung Kharpurt. Da er aber wusste, wie Balak sie wieder an sich gebracht hatte, schickte er einen Teil seiner Helfer nach Hause zurück und richtete mit seinen Leuten vor der Stadt Aleppo und anderswo große Verwüstungen an.

Während er sich also in Feindesland befand, verbreitete sich bald die Kunde, der König sei in Ägypten gefangen genommen worden. Der Kalif, welcher sehr zufrieden war und nun glaubte, das Königreich Jerusalem leicht zurückerobern zu können, sandte zwei große Heere, zur See und zu Land, dorthin. Eines davon, das die Stadt Jaffa von See aus belagerte, war gezwungen, sich weit auf die See zurückzuziehen und abzuwarten, welche Entscheidung die Angehörigen des Landheers treffen würden. Der Patriarch von Jerusalem, der das Wahre Kreuz trug, und ein hoher Baron namens Eustach Garnier, Konnetabel des Königreichs, dem der Patriarch und die anderen Prälaten und Barone die Aufsicht über das Reich anvertraut hatten, und die anderen Barone gingen ihnen entgegen: Aus Angst vor ihnen hatten die anderen die Belagerung aufgehoben. Und sie gelangten an einen Ort namens Ibelin, in dessen Umgebung sie die Ägypter antrafen: Diese wurden durch die große Kühnheit der Unseren in Schrecken versetzt, die zusammen, Bewaffnete und Nichtbewaffnete, nicht mehr als siebentausend Mann ausmachten, während die Ägypter in Waffen mehr als sechzehntausend waren, die auf den Schiffen nicht mitgezählt. Als unsere Leute (welche auf ihren Fahnen stets das Wahre Kreuz vorantrugen) mit der Schlacht begannen, waren die Ägypter alsbald besiegt und in die Flucht geschlagen, so schmählich, dass später keiner von ihnen sich umwandte: Es gab siebentausend Tote und so viele Gefangene, dass im ganzen Heer nur wenige entkamen.[236]

Nach diesem Sieg verging nicht viel Zeit, bis Eustach Garnier an einer Krankheit starb. An seiner Stelle wurde ein hoher, sehr kluger und edler Baron namens Wilhelm von Bures Konnetabel und Verweser des Königreiches.[237]

✝

Kapitel XL.
Wie die Venezianer eine große Flotte schickten, welche die Flotte des Kalifen von Ägypten besiegte. Von der Stadt Tyros und wie sie belagert wurde. Von den verschiedenen Sturmangriffen und Ausfällen während der Belagerung und von Joscelin, welcher Balak tötete. Die Kapitulation von Tyros und die Befreiung König Balduins. Die Heirat Bohemund des Jüngeren, seine Tapferkeit und sein Tod.

Als die Kunde von der Gefangennahme des Königs von Jerusalem in verschiedenen Ländern im Umlauf war, wurde sie auch in Venedig bekannt. Daher rüsteten die Venezianer eine Flotte aus vier großen Schiffen, vierzig gut bewaffneten Galeeren und achtundzwanzig Schiffen, die sie „Katten" nannten, aus und wählten unter sich einen als Dogen zum Anführer.[238] Als er in Zypern gelandet war und vernommen hatte, dass die ägyptische Flotte noch vor Jaffa kreuze, wollte er keinem seiner Leute erlauben, einen Fuß an Land zu setzen, sondern spornte seine Flotte zu größtmöglicher Eile an, um die Ägypter bei Jaffa zu treffen, auch wenn er nicht weiter in diese Richtung fuhr: Tatsächlich wandte er sich geradewegs nach Askalon, weil er von einem Handelsschiff unterrichtet worden war, dass die ägyptische Flotte sich von dort zurückgezogen hatte, in hellem Entsetzen über die Niederlage, die ihr Landheer erlitten hatte. Als der Doge von Venedig indessen erfuhr, dass er sich in der Nähe von Askalon befand, ließ er seine Flotte haltmachen und befahl allen seinen Kämpfern, sich in der Nacht bereitzuhalten, um bei Tagesanbruch gegen die feindliche Flotte zu kämpfen. So geschah es, und die Ägypter erschraken im Morgengrauen ungeheuer, als sie sich so von den Venezianern überrascht sahen. Sie versuchten sich jedoch so gut wie möglich zu verteidigen.

Der Doge von Venedig, welcher die Schlacht eröffnete, steuerte seine Galeere gegen diejenige, auf welcher sich, wie es schien, der Oberbefehlshaber der Ägypter befand, und versenkte sie vollständig. Und seine Kampfgenossen taten dasselbe mit fast der ganzen ägyptischen Flotte, und sie töteten so viele, dass das Meer entlang der Küste, wie es heißt, mehr als zehn Meilen weit die Farbe änderte, so dass die Ägypter, welche das Gemetzel nicht länger ertragen konnten, die Flucht ergriffen und dabei eines ihrer großen Schiffe, vier Galeeren und vier Katten zurückließen, deren sich unsere Leute bemächtigten. Und sie verfolgten sie bis nach Ägypten – sie kamen ihnen so nahe, dass sie noch fünf ihrer mit kostbaren Schätzen beladenen Galeeren aufbrachten und erbeuteten – bis zur Stadt el-Arisch (die unweit vom Meer in der Wüste liegt).

Nachdem die Venezianer diesen großen Sieg errungen hatten, kehrten sie mit ihrer beachtlichen Beute in den Hafen von Jaffa zurück. Der Patriarch, der Konnetabel des Königreichs, Wilhelm von Bures, und ein hoher und vornehmer Kleriker namens Pagan, Kanzler von Syrien, sowie einige andere Prälaten gingen als Abordnung zu ihnen und baten sie, ob sie ihnen nicht bei der Eroberung einiger Städte gegen die Türken und Sarazenen Beistand leisten wollten. Deshalb bestimmte der Doge, welcher die Heiligen Stätten zu besuchen wünschte, einen geeigneten Befehlshaber für seine Leute und begab sich nach Jerusalem. Und Gott weiß, dass er mit großen Freudenbekundungen empfangen wurde, weil ihm der Ruf seines kürzlichen Sieges vorauseilte.

Nachdem er die Heiligen Stätten besucht und seinen Willen erklärt hatte, bei der Eroberung einer Stadt zu helfen, erhob sich ein Streit und drohte alles zum Erliegen zu bringen, weil die Einwohner der Städte Jerusalem, Ramleh, Jaffa, Nablus und aus deren Umgebung versuchten, mit verschiedenen Einreden darzulegen, dass man eher Askalon belagern müsse, denn diese Stadt sei näher und schwächer, und aus diesem Grund bedeute das weniger Anstrengung und weniger Aufwand. Und die Einwohner von Akkon, Nazareth, Tiberias, Sidon, Beirut und der anderen Küstenstädte dieser Gegend meinten, es sei dringender, Tyros zu belagern, das eine stolze und wohlbefestigte Stadt sei, und dafür müsse man jede Mühe und alle erforderlichen Kosten in Kauf nehmen, denn aufgrund der Mächtigkeit dieser Stadt könnten die Türken immer noch alles, was sie im Land verloren hatten, zurückerobern. Schließlich nahmen sie zwei Blatt Pergament. Auf das eine schrieben sie „Tyros", auf das andere „Askalon", legten sie auf einen Altar und riefen ein schlichtes, unschuldiges Kind, welches nichts von ihrer Entscheidung wusste (die da lautete, dass sie die Stadt belagern würden, deren Namen das Kind ziehen würde). Dieses nahm das Pergament mit dem Namen „Tyros", und deshalb waren sie einverstanden, die Stadt Tyros zu belagern.

Der König und die Venezianer hatten sich ursprünglich bei Verhandlungen, die an einem genau festgesetzten Tag in Akkon stattgefunden hatten, darauf geeinigt, dass in allen Städten, die der König in seinem Gebiet besaß und noch besitzen sollte, und in denen, die ihm als Lehen zufallen würden, die Venezianer eine ganze Straße mit einer Kirche, einer Badestube und einer Bäckerei als vollständiges Eigentum erhalten sollten, frank und frei von allen Abgaben, auf dieselbe Weise, wie der König das, was ihm selbst gehört, frei besitzen muss. Der zweite Punkt war, dass sie in der Stadt Jerusalem genau wie der König zu ihrem Eigentum eine Rente erhalten sollten. Drittens sollten sie, wenn sie wollten, in der Stadt Akkon in ihrer Straße eine Bäckerei, eine Mühle, eine Badestube, Waagen, Minen zum Abmessen des Getreides, Kannen zum Abmessen von Wein, Öl, Honig zur Verfügung haben. Und wer dort backen, baden, messen oder mahlen wollte, sollte das ebenso nach Belieben tun, wie wenn dies alles dem König gehörte. Viertens, falls die Stadt Tyros erobert würde, gewährten sie dem Dogen und dem Volk von Venedig auf immer und ewig das Recht, aus dem Vermögen von Tyros alljährlich an Sankt Peter und Paul dreihundert sarazenische Besant zu beziehen. Fünftens, wenn ein Venezianer einen Rechtsstreit mit einem anderen Venezianer hatte, so sollte er von der Gerichtsbarkeit von Venedig, die im Land bliebe, angesetzt und durchgeführt werden. Und wenn ein Streitfall zwischen einem Venezianer und Leuten anderer Länder entstünde, so sollte der Rechtsstreit vom König angesetzt werden. Sechstens, wenn die beiden Städte Tyros und Askalon eingenommen würden, sollten die Venezianer je ein Drittel davon als volles Eigentum erhalten. Etliche weitere Bedingungen und Vereinbarungen wurden bei dieser Gelegenheit ebenfalls getroffen, und die Prälaten und Barone Syriens versprachen, sobald der König aus seiner Gefangenschaft befreit sei, werde er diesen Vertrag bestätigen und schwören, ihn einzuhalten.

Auf dieses Versprechen hin brachen die Venezianer auf und begannen die edle und starke Stadt Tyros von See aus zu belagern. Diese ist eine sehr große, edle und alte Gründung, denn sie wurde bereits von Tiras, dem Sohn Japhets, dem Sohn Noahs, gegründet. Deshalb hieß sie einst Thir. Aus dieser Stadt war Agenor gebürtig, welcher zwei Söhne und eine Tochter hatte. Der ältere Sohn war Kadmos. Er gründete die große Stadt Theben und erfand das griechische Alphabet. Der jüngere Sohn hieß Phönix; von ihm hat das Land Phönikien, dessen Herr er war, den Namen erhalten. Die Tochter hieß Europa, und ihr zu Ehren heißt der dritte Teil der Welt so. Aus Tyros stammte auch König Hiram, der zur Zeit Davids und Salomons den Bau des Tempels von Jerusalem mit beträchtlichen Schenkungen unterstützte. Der Rechtsgelehrte Ulpian kam ebenfalls aus dieser Stadt, und der große christliche Gelehrte Origenes wurde dort beerdigt.

Und obwohl diese edle, reiche und mächtige Stadt Tyros wie eine Insel fast ganz von Wasser umgeben ist, erstreckt sich auf einer Seite, vor einem der Tore, eine große schöne Ebene mit fruchtbarem Ackerland, das zwar nicht so groß ist wie die Ländereien manch anderer Städte, dafür aber ebenso viel Ertrag bringt. Nach Süden hin, Akkon zu, ist das Land bis zum Engpass von Scandelion vier bis fünf Meilen weit zum Ackerbau geeignet. Und auf der anderen Seite, gegen Norden, Sidon zu, dehnt es sich in der Breite auf zwei bis drei Meilen aus. Unter den zahlreichen und ergiebigen Quellen, die dort entspringen, befindet sich die berühmte Quelle, die König Salomo eine Quelle des Gartens nennt und einen Brunnen lebendigen Wassers. Diese ist von einem hohen, großartigen Turm umgeben, von dem Leitungen zur Bewässerung der Gärten ausgehen, wo wertvolle Bäume wachsen, die köstliche Früchte aller Art tragen. Unter anderem wächst dort auch Zuckerrohr.

Es würde zu weit führen, von den verschiedenen Ausfällen derjenigen von Tyros gegen unsere Leute zu berichten und von den vielfältigen großen Belagerungsmaschinen, mit denen die Christen an mehreren Stellen der Stadt die Mauern niederrissen und die Häuser zertrümmerten. Deshalb fahre ich rasch mit meiner Erzählung fort.

Während dieser Belagerung kamen auch die Einwohner Askalons verschiedentlich nach Syrien und gedachten Jerusalem zu überfallen, weil sie wussten, dass der König und der ganze syrische Adel sich vor Tyros befanden. Doch die Einwohner Jerusalems verteidigten sich mit großer Tapferkeit und töteten zweiundvierzig Mann bei ihrem Rückzug durch die Engpässe und erbeuteten siebzehn Pferde. Außerdem waren die Tyrer bereits verwundet und sehr erschöpft, es fehlte ihnen an Nahrung, und als sie die Kühnheit der Unseren sahen, ließen sie fast alle Hoffnung fahren. Daher sandten sie unter Tränen und Seufzern insgeheim Briefe und Boten zum Kalifen von Ägypten und zu Toghtekin, dem König von Damaskus, und baten sie, ihnen zu Hilfe zu kommen, sonst wären sie verloren. Daraufhin versammelte dieser (ihm gehörte ein Drittel der Stadt, mit dem Einverständnis des Kalifen, der lediglich die beiden übrigen behielt, damit ihr nächster Nachbar Toghtekin eher gewillt wäre, ihnen zu helfen) ein mächtiges Heer, das er vier Meilen vor Tyros lagern ließ. Es hieß auch, dass die ägyptische Flotte sehr zahlreich erschien. Nachdem die Unseren sich darüber beraten hatten, sandten sie also den Dogen von Venedig mit dem Großteil seiner Leute zur Küste, um die Ägypter von See aus zu bekämpfen.

Der Graf von Tripolis und Wilhelm von Bures, der Konnetabel von Syrien, gingen dem König von Damaskus entgegen, mit allen Reitern und um Sold dienenden Fußkämpfern und den Leuten, die mit dem Grafen gekommen waren. Darauf wurde angeordnet, die Barone, Ritter und anderen Leute aus Syrien, welche mit einem Teil der Venezianer da waren, sollten das Heer schützen, insbesondere die hölzernen Belagerungstürme, damit sie nicht niedergebrannt würden, und die Wurfmaschinen gegen die Mauern schleudern. Dies taten sie mit sehr viel Umsicht und griffen die Stadt unablässig an, während ihre Gefährten doch fern von der Belagerung waren, so dass man hätte meinen können, sie wären alle da. Und als der König von Damaskus aus sicherer Quelle erfuhr, dass der Graf von Tripolis und die Christen gegen ihn zu Felde zogen, wagte er sie nicht abzuwarten, denn er fürchtete noch immer die Tapferkeit der Christen, sondern zog sein Heer nach seinem Land zurück. Und der Graf von Tripolis und Wilhelm von Bures führten das Ihre zum Heerlager zurück. Der Doge von Venedig tat dasselbe, als er von der Flucht des Königs von Damaskus Kenntnis erhielt und vernahm, dass die Ägypter sich nicht genähert hatten, was auch darüber gesagt worden sein mochte. Er begab sich bis nach Scandelion, einer Burg in sechs Meilen Entfernung von Tyros, die König Alexander der Große einst hatte erbauen lassen, als er die Stadt Tyros belagerte; und er hatte sie nach sich selbst benannt.

Als diese Hilfe für die Einwohner von Tyros somit verloren war, waren sie ziemlich verzweifelt. Deshalb kamen einige ihrer jungen Männer zu ihrer Ermutigung heimlich aus der Stadt und steckten eine der Steinschleudern, die ihnen am meisten Schaden zufügten, in Brand. Und sie gedachten mit den anderen ebenso zu verfahren, doch sie wurden gefangen genommen, und das Feuer wurde gelöscht, denn ein junger Landsmann aus Frankreich stieg auf die brennende Steinschleuder und goss eine große Menge Wasser darauf, das ihm von denen aus dem Heer nach und nach gereicht wurde. Und er kam nicht herunter, bevor das Feuer vollständig gelöscht war, obwohl die Stadtbewohner zahllose Bogen- und Armbrustschüsse auf ihn richteten. Dennoch wurde er keineswegs verletzt, sondern stieg heil und gesund herunter, was die Unseren alle für ein Wunder ansahen. Sie hängten vor der Stadt die Türken auf, die das Feuer gelegt hatten, und alle Bürger fühlten bei diesem Anblick einen gewaltigen Schrecken. Sie fuhren indessen fort, sich so gut wie möglich zu verteidigen.

Als unterdessen Balak, der König Balduin gefangen hielt, erfuhr, dass das Heer der Christen sich bei der Belagerung von Tyros befand, versammelte er ein großes Heer und zog in das Land seiner Nachbarn in der Nähe von Edessa ein; er eroberte eine Burg, deren türkischen Herrn er enthauptete. Als Joscelin das hörte, stellte er ein kleines Heer auf und zog Balak entgegen, welcher eine andere Burg belagert hatte, vor der er ihn rasch besiegte, bevor er seine Verfolgung aufnahm. Balak floh, und Joscelin schlug einem Reiter den Kopf ab, ohne zu wissen, dass es sich um Balak handelte. Doch als er es erfuhr, fühlte er darüber eine riesige Freude und schickte den Kopf nach Antiochia, dann zur Belagerung von Tyros.[239] Der Graf von Tripolis, der sich als höchster Fürst dort befand und sich äußerst tapfer geschlagen hatte, freute sich über dieses Geschenk so sehr, dass er zu Ehren der frohen Kunde und von Graf Joscelin von Edessa den Überbringer der Neuigkeit auf sehr würdige Weise in den Ritterstand erhob. Darauf griffen er und die anderen Christen die Stadt Tyros mit noch größerer Hartnäckigkeit an, so dass die Einwohner, da sie sahen, dass sie sich nicht länger verteidigen konnten, schließlich erwogen, sich den Unseren zu ergeben. Doch während dieser Erörterung kam der König von Damaskus ihnen erneut mit einem großen Heer zu Hilfe und schlug sein Lager vier Meilen vor Tyros auf, an dem Fluss, an dem er sich schon früher niedergelassen hatte. Die Unseren machten sich zum Kampf gegen ihn bereit. Doch er wollte die Gefahren einer Schlacht nicht eingehen, und indem er seine Absichten verschleierte und den Tyrern zu helfen versuchte, nahm er Friedensverhandlungen mit dem Patriarchen, dem Dogen von Venedig, dem Grafen von Tripolis, dem Konnetabel und den anderen Baronen auf, so dass zwischen ihnen Friede geschlossen und entschieden wurde, dass die Stadt kapitulierte und alle, die von dort weggehen wollten, mit Frauen und Kindern und all ihrer beweglichen Habe freien Abzug erhalten sollten.

Außerdem würden sie an einen sicheren Ort geleitet. Und falls einige unter der Herrschaft der Christen dableiben wollten, dürften sie all ihren Grund und Boden und ihr Eigentum gegen Zahlung eines angemessenen Tributs behalten.

Man befürchtete, dass wegen dieser Bedingungen ein Konflikt zwischen den armen und den reichen Belagerern entstehen könnte, doch der Friede wurde geschlossen, und unsere Leute betraten die edle und starke Stadt Tyros am letzten Tag des Juni im Jahre 1124.[240] Sie war seit dem 15. Tag des Februar dieses Jahres belagert worden. Unsere Leute fanden dort lediglich fünf Scheffel Weizen nach landesüblichem Maß, was kaum für einen Tag reichte. Daran erkannte man den großen Mut derjenigen im Innern der Stadt und die große Tapferkeit der Unseren, die ihr Ziel beharrlich verfolgt hatten.

Kurz darauf, im selben Jahr, bat König Balduin II. darum, gegen Zahlung eines Lösegeldes auf freien Fuß gesetzt zu werden, und das wurde bewilligt, weil Balak tot war. So kam er nach siebzehn Monaten aus seinem Kerker, und er wurde freigelassen gegen das eidliche Versprechen, hunderttausend Michaeliten zu bezahlen und eine Geisel zu stellen. Er brach nach Antiochia auf, wo er seine Kriegsleute versammelte, und begann sogleich mit der Belagerung der Stadt Aleppo. Doch es kamen ihm so viele Türken entgegen, dass er die Belagerung vor ihrer Ankunft aufhob und nach Antiochia zurückkehrte und von dort nach Jerusalem, wo er mit großer Freude empfangen wurde.

Als Il-Bursuqi[241] vernahm, dass der König in Jerusalem war, rief er zu seiner Unterstützung Toghtekin, den König von Damaskus, herbei und drang in das Gebiet von Antiochia ein, wo er durch verschiedene unablässige Sturmangriffe die Festung Kafartab einnahm und eilends versuchte, die Festung Zerdana[242] auf dieselbe Weise zu erobern, weil er unterrichtet worden war, dass König Balduin den Antiochiern zu Hilfe kam, die sich an ihn gewandt hatten. Er konnte die Festung indessen nicht im Sturm nehmen und setzte die Belagerung fort. Währenddessen traf König Balduin mit dem Grafen von Tripolis, Graf Joscelin von Edessa und ungefähr sechshundert Reitern sowie zweitausend Mann Fußvolk ein, die Il-Bursuqi angriffen und in der Schlacht besiegten, wobei sie nicht mehr als vierundzwanzig der Ihren verloren, obgleich dort mindestens fünfzehntausend Berittene waren, von denen zweitausend fielen und viele andere gefangen genommen wurden: Die Barone übergaben sie alle König Balduin, zusammen mit einem Großteil der unermesslich reichen Beute. Damit konnte er sein Lösegeld bezahlen und seine Tochter zurückholen, die an seiner statt fünf Jahre lang Geisel gewesen war.

Im nächsten Jahr, 1128[243], versammelte der König eine Vielzahl von Kriegsleuten und drang in das Gebiet von Damaskus ein, dessen König Toghtekin, äußerst erzürnt, ihm mit einem zahlenmäßig viel stärkeren Heer als dem unseren entgegenzog, das die Unseren dennoch besiegten und in die Flucht schlugen, nachdem sie die Türken niedergemacht hatten. Sie plünderten ihre Zelte, nahmen ihre Schätze an sich und kehrten reich, zufrieden und wohlbehalten nach Jerusalem zurück; auf dem Rückweg brachten sie außerdem noch zwei Türme in ihren Besitz. In den ersten hatten sich sechsundneunzig Türken geflüchtet und in den zweiten zwanzig, die alle durch ihr Schwert den Tod fanden.

Danach verging nicht viel Zeit, bis Bohemund der Jüngere, der Sohn von Bohemund dem Älteren, dem ersten Fürsten von Antiochia, und von Konstanze, der Tochter König Philipps I., in sein Fürstentum kam, das ihm von König Balduin übergeben wurde.[244] Dieser war kürzlich in diese Gegend gekommen, denn die Barone und die Bürger Antiochias hatten sich an ihn um Hilfe gegen das Heer Il-Bursuqis gewandt, der, als er von seiner Ankunft erfahren hatte, von der Belagerung der Festung Athareb abgelassen und den Rückzug angetreten hatte. Dort wurde er von seinen eigenen Leuten erdolcht.

Nachdem König Balduin mehrere schöne Reden gehalten und Ermahnungen ausgesprochen hatte, vermählte er seine zweite Tochter Alice mit dem jungen Fürsten Bohemund. Wenig später geriet dieser in eine Auseinandersetzung mit Joscelin, der sich in seinem Streit mit dem Fürsten an die Türken um Beistand wandte; allerdings schlossen sie letzten Endes rasch Frieden. Etwa zu jener Zeit kam auch Graf Fulk von Anjou nach Syrien und Jerusalem, den König Balduin aus Frankreich eingeladen hatte; ihm bot er die Heirat mit seiner ältesten Tochter Melisende an, in der berechtigten Hoffnung, er werde nach seinem Tod König sein, und er schlug ein.[245]

Es begab sich des Weiteren, dass Rodoan, der türkische Herr von Aleppo, ein großes Heer aufstellte und in das Gebiet von Antiochia eindrang. Fürst Bohemund der Jüngere zog ihm mit allen Leuten, die er aufbieten konnte, entgegen. Er wollte indessen durch das Land Kilikien ziehen, weil er dort etwas zu erledigen hatte, und wähnte sich noch weit von seinen Feinden entfernt und in Sicherheit. Doch diese ritten die ganze Zeit insgeheim in seiner Nähe und griffen ihn unvermutet an, während er und seine Leute sich arglos an einem Ort, der „die Mantelwiese" heißt, ausruhten. Die Türken brachten ihnen eine gewaltige Niederlage bei und schlugen alle in die Flucht, mit Ausnahme des jungen Fürsten Bohemund, der mit seinen Waffen wahre Wunder vollbrachte und seine Fahne verteidigte, zusammen mit ein paar Gefährten, die bei ihm geblieben waren, bis schließlich er und alle anderen dort getötet wurden.[246]

Als die Antiochier seinen Tod dem König in Jerusalem kundtaten, verließ dieser sein eigenes Land, um dem Land Antiochia beizustehen. Seine Tochter wollte, wie er erfuhr, eine kleine Tochter, die sie aus der Ehe mit Bohemund dem Jüngeren hatte, ins Kloster stecken und schickte einen Boten mit kostbaren Geschenken zu einem mächtigen Türken namens Zengi[247], damit dieser ihr helfe, sich in der Herrschaft des Fürstentums für immer und gegen alle zu behaupten. König Balduin ging mit dieser Lage sehr umsichtig um, mit

Hilfe der Barone dieses Landes, die heimlich den Grafen von Anjou, den Schwiegersohn des Königs, nach Antiochia einließen. Ein paar Tage später stellte der König sichere Wachen in der Stadt und an allen anderen Plätzen des Fürstentums auf, außer in einigen kleinen Burgen, deren Bewohner nicht gefährlich werden konnten und die er mitsamt ihren Einkünften seiner Tochter als Wittum gab, um ihre Lage abzusichern, und er ließ die Barone Antiochias den Eid leisten, dass sie, sollte er sterben, bevor die junge Tochter Bohemunds das Heiratsalter erreicht hätte, ihr das Fürstentum Antiochia gegen alle Widerstände erhielten und ihr als ihrer wahren Herrin gehorchten.

Als dies getan und angeordnet war, kehrte er in die Stadt Jerusalem zurück, wo ihn bald nach seiner Ankunft eine so schwere Krankheit traf, dass er erkannte, er würde ihr den großen menschlichen Tribut zahlen müssen. So ließ er sich zum Sitz des Patriarchen tragen, da dieser neben dem Grab Unseres Herrn liegt, und während er vor den Baronen, die er gerufen hatte, beichtete, den Leib Unseres Herrn Jesus Christus und die heilige Letzte Ölung empfing, legte er das Königsornat und die Königswürde ab und übergab sie seinem Schwiegersohn und seiner Tochter, segnete die beiden und ließ sich in das geistliche Gewand der Chorherren des Ordens vom Heiligen Grab kleiden, in welchem er sterben wollte, um, wie er sagte, Unserem Herrn Jesus Christus nachzufolgen, der auf Erden stets arm sein wollte. So starb er im Jahr der Gnade Unseres Herrn 1136, am 20. Tag des August, im achten Jahr seiner Regierung.[248] Trotz der Mönchstracht, die er angelegt hatte, wurde sein Leichnam sehr vornehm im königlichen Gewand unter dem Kalvarienberg, vor dem Ort, der Golgatha heißt, beigesetzt.

Die Leser mögen zur Kenntnis nehmen, dass der Chronist aus Soissons[249] die Ereignisse des ersten großen Kreuzzugs bis zum Hinscheiden König Balduins II. beinahe wie eine Geschichte erzählt hat, weil Letzterer einer der bedeutenden Fürsten und unter den Ersten war, die diesen großen Kreuzzug ins Werk setzten und daran teilnahmen, und auch derjenige, der alle im Heiligen Land überlebte. Er hat jedoch nicht die Absicht, sich auf ähnlich weitschweifige Weise der Taten der Könige von Jerusalem anzunehmen, die vom Tod König Balduins II. bis zur Zeit König Balduins III. aufeinander folgten, als der zweite große Kreuzzug begann, der weiter unten an passender Stelle im Einzelnen beschrieben werden wird.

KRÖNUNG FULKS VON JERUSALEM. AUFSTELLUNG ZUR SCHLACHT ZWISCHEN KREUZFAHRERN UND TÜRKEN

„Als er [König Fulk] auf einen Hasen stieß, den die Hunde aufgescheucht hatten,
wollte er ihn mit der Lanze erlegen, vermochte es jedoch nicht, weil der Hase aufsprang
und davonlief. Um ihn zu erreichen, gab der König seinem Pferd die Sporen.
Doch welch ein Jammer! Das Pferd bäumte sich auf und warf den König ab,
und noch schlimmer, es stürzte so unglücklich auf ihn, dass der Sattelknauf ins Gehirn
des Königs eindrang, der drei Tage nach diesem Unfall starb."

(FOL. 134A)

In seinen Illustrationen richtet Jean Colombe besonderes Augenmerk auf die wichtigen Ereignisse in der Geschichte des Königreiches Jerusalem. Hier hat er sich entschieden, auf dem Hauptbild die Krönung Fulks V. von Anjou und seiner Gemahlin Melisende, der Tochter Balduins II., darzustellen, die 1136 stattfand. Der neue König kniet nieder, während Wilhelm, der Patriarch von Jerusalem, ihm die Krone aufs Haupt setzt. Seine Gattin kniet betend schräg hinter ihm. Wie gewohnt verwendet Jean Colombe große Sorgfalt auf die Dar-stellung des Innenraums der Kirche, in der sich die Zeremonie abspielt. Er betont die Höhe des Mittelschiffs, die Verzierung der Säulen und die eindrucksvollen Statuen. Im unteren Register zeigt Colombe eine Szene, in der Kreuzfahrer und Türken einander gegenüberstehen – den Moment kurz vor der Schlacht: Auf der linken Seite spannen die Fußsoldaten der Kreuzfahrer ihre Bogen; auf der rechten Seite sieht man ganz vorn muslimische Reiter mit Trommeln und Bogenschützen in Rüstungen, bereit zum Gegenangriff auf die Feinde.

menta la feconde gtant auifee
aifi que ty apres en fon lieu
fera defcript bien au long.
Comment Foulques Conte
danfou fut fait Roy de Jherlin de fa li
gnee z de ceulx qui de lui yffi
rent. La mort du vieil Jocelin.
Et la defconfiture du Conte
de Rofes. De la faloufie du
Roy contre le conte de Jaffes.
Du prince Raymond dan

thioche qui aymoit les hyftoires
La defconfiture du Roy, et co
ment lempereur Jehin ſouit auoir
anthioehe. Du feufne cote Jocelin
qle trop. z fa mort. z celle du Roy
foulce, vli. Oulques Conte
danfou et fa fem
me, meiſant
fille du Roy
Baudoyn le ſecond furent co
ronnes le foir de la ſainte

Kapitel XLI.
Wie Fulk, Graf von Anjou, König von Jerusalem wurde. Von seiner Abstammung und seinen Nachkommen. Der Tod Joscelins des Älteren und die Niederlage des Grafen von Edessa. Von der Eifersucht des Königs auf den Grafen von Jaffa. Von Fürst Raimund von Antiochia, welcher die Geschichte liebte. Die Niederlage des Königs und wie Kaiser Johannes Antiochia in seinen Besitz bringen wollte. Von Graf Joscelin dem Jüngeren, der den Kaiser täuschte, dessen Tod und dem Tod König Fulks.

Graf Fulk von Anjou und seine Frau Melisende, die Tochter König Balduins II., wurden am Tag der Kreuzerhöhung im September dieses Jahres 1136[250] von Wilhelm, dem Patriarchen von Jerusalem, in der Heiligen Grabeskirche gekrönt. Dieser König Fulk war der Sohn Fulks des Älteren, des vorigen Grafen von Angers, dessen Gemahlin Bertrada von Montfort eine Schwester Amalrichs von Montfort war. Aus dieser Ehe hatte er zwei Söhne und eine Tochter. Einer von ihnen war der besagte König Fulk, der andere Gottfried Martell; die Tochter hieß Ermengarde: Sie war zuerst die Gattin des Grafen Wilhelm von Poitiers, der sie jedoch gegen die Vorschriften der Heiligen Kirche verließ. Sie heiratete dann den Grafen von Bretagne, mit dem sie einen Sohn namens Conan hatte, der ebenfalls Graf von Bretagne wurde und den Beinamen „der Dicke" hatte. Nachdem Bertrada Fulk dem Älteren diese drei Kinder geboren hatte, verließ sie ihren Gatten und wurde die Kebse König Philipps I., der seine Gemahlin verstieß und Bertrada zur Kebse nahm, so dass der Papst ihn viel später exkommunizierte. Sie gebar ihm drei Kinder, Floris, Philipp und Caecilie, die Tankreds Ehefrau war, wie bereits gesagt wurde. Nach seinem Tod vermählte sie sich mit Raimund, dem Sohn des Grafen von Tripolis.[251]

Und dieser König Fulk hatte von seiner Gattin, der Tochter des Grafen von Le Mans, zwei Söhne und zwei Töchter. Der älteste hieß Gottfried und wurde nach seinem Vater Graf von Anjou, und er heiratete die Kaiserin Mathilde, die Tochter König Heinrichs des Älteren von England und zuvor Ehefrau des deutschen Kaisers Heinrich. Dieser Gottfried hatte mit ihr drei Söhne: der älteste war Heinrich[252], der später König von England, Herzog von der Normandie und Graf von Anjou, Touraine und Maine wurde; er hatte das volle Eigentum gemäß dem, woran die Engländer festhalten wollen. Ich glaube allerdings aus mehreren Gründen, dass er dieses Herzogtum unrechtmäßig an sich gerissen hatte, ebenso das Herzogtum Aquitanien und die Grafschaft Poitou, die er gleichfalls an sich riss, wegen seiner Gattin Eleonore, der Tochter Wilhelms, des Grafen von Poitiers und Herzogs von Aquitanien, der während einer Pilgerfahrt auf dem Jakobsweg starb. Sie war zuvor die Gemahlin Ludwigs des Jungen[253] gewesen, was wir weiter unten noch genauer berichten werden.

Denn selbst wenn die Könige Frankreichs in den Herzogtümern und Grafschaften, die den Kronprinzen oder anderen gegeben wurden, durch eine Art von Verschleierung den Töchtern die Erbfolge ermöglicht haben, sei es aus Verpflichtung oder aus Familiensinn, um einen Weg zu finden, sich in der Herrschaft des übrigen Reichs friedlich zu behaupten, gelang ihnen das nicht. Das kann und darf den gegenwärtig regierenden König Ludwig und seine Nachfolger nicht daran hindern, diese Gebiete wieder an sich zu nehmen und mit ihrer Krone zu vereinigen, gleich wie viel Zeit seit damals vergangen sein mag, jetzt oder zu jedem anderen ihnen genehmen Zeitpunkt, und keiner der Throninhaber oder vielmehr der Thronräuber dürfte sich mit gutem Grund darüber beklagen.

Der zweite Sohn von Graf Gottfried wurde Gottfried Plantagenet[254] genannt, der dritte war Wilhelm, der den Beinamen Langschwert führte. Der zweite Sohn Fulks des Jüngeren hieß Elias, und seine erste Tochter Sibylle war die Gemahlin von Thierry, dem Grafen von Flandern. Aus dieser Ehe stammt Graf Philipp von Flandern, der in Outremer so viele herausragende Heldentaten vollbrachte und dort starb. Als der König Philipp Dieudonné[255] dorthin fuhr, wurde die zweite Tochter König Fulks, Mathilde, mit dem einzigen Sohn König Heinrichs von England vermählt, der jedoch bei einem Seesturm ums Leben kam. Daher gelobte sie fortan Ehelosigkeit und trat in das Kloster Fontevraud in der Nähe von Poitiers ein, wo sie nach einem heiligen Leben starb. Dies soll zur Genealogie König Fulks genügen.

Zur Zeit seiner Krönung war der Graf Joscelin der Ältere von Edessa schwer krank, und weil sein Sohn, Joscelin der Jüngere, nicht wagte, dem Sultan von Ikonion entgegenzuziehen, der in das Gebiet von Edessa eingedrungen war und eine seiner Festungen belagerte, rief er dennoch seine Leute zusammen und ließ sich in einer Sänfte an der Spitze seines Heeres zum Kampf gegen den Sultan tragen. Da dieser dessen alte Tapferkeit kannte, jagte ihm die Kunde seines Herannahens einen Schrecken ein, so dass er sein Kommen nicht abwarten wollte, sondern die Belagerung aufhob und eilends den Rückzug in sein Land antrat. Joscelin der Ältere war so froh, als man ihm diese Neuigkeit berichtete, dass er sich mit aller Anstrengung auf seinem Krankenlager aufsetzte, Unserem Herrn demütig für die Gnade dankte, die er ihm erwiesen hatte, indem er seine Feinde auf diese Weise in die Flucht schlug, während er, der Graf, doch sterbenskrank war, und hauchte seine ruhmreiche Seele aus. Er hinterließ seinen Sohn Joscelin, den Jüngeren, der mit seiner Gemahlin Beatrix einen Sohn, Joscelin III., und zwei Töchter hatte. Die eine, Agnes, heiratete später

Amalrich von Jerusalem; aus dieser Ehe stammt Balduin IV.[256], König von Jerusalem. Im Übrigen versuchte die ehemalige Fürstin mit Hilfe des Grafen von Tripolis die Regierung des Fürstentums Antiochia an sich zu bringen. Daher kam König Fulk, der von einigen Baronen um Beistand gebeten worden war, mit seinem Heer dorthin und besiegte in einer offenen Feldschlacht den Grafen von Tripolis, der ihm den Durchzug durch seine Länder verweigert hatte.

Als der König diesen Sieg errungen hatte, verzieh er nach wenigen Tagen auf Ersuchen einiger Barone dem Grafen alle seine Verfehlungen und gab ihm alle Gefangenen zurück, die er festgehalten hatte. Danach blieb er eine Weile in Antiochia, bis er die Angelegenheiten dieses Landes aufs Beste geordnet hatte, dann kehrte er, begleitet vom Lob und der Liebe aller, nach Jerusalem zurück. Doch schon kurz darauf kam er wieder, herbeigerufen von den Baronen Antiochias, und vernichtete in offener Feldschlacht ein großes Heer von Türken, von denen dreitausend tot auf dem Schlachtfeld blieben und sehr viele gefangen genommen wurden.

Es dauerte nicht lange, bis man auf des Königs Rat hin Raimund, den jüngeren Sohn Wilhelms von Poitiers[257], einlud und ihm die Tochter Bohemunds des Jüngeren zur Frau und damit das Fürstentum Antiochia gab. Damals kam es häufig zu bewaffneten Streitigkeiten, Auseinandersetzungen zwischen den Prälaten und anderem Unfrieden: Die einen ließen sich mit den Falschen ein, und die anderen führten sich sehr schlimm auf in mehreren Jahren während dieser Pilgerfahrten im Heiligen Land. Doch davon spreche ich weniger, weil es der Wille meines Herrn und Meisters, des bereits erwähnten Herrn Louis de Laval, Herrn von Châtillon und von Guel, war und ist, dass ich kurz berichte, welche Waffentaten sich während der Kreuzzüge ereignet haben.

König Fulk war außerdem sehr eifersüchtig auf die Königin und Graf Hugo von Le Puiset[258], auch wenn dieser ihr Vetter war, und die Sache ging so weit, dass beschlossen wurde, Graf Hugo eine Zeit lang aus dem Königreich zu verbannen. In der Zeit vor seiner Abreise, als er auf das Schiff wartete, das ihn über das Meer bringen sollte, wurde er eines Tages von einem bretonischen Ritter überfallen und mehrfach schwer verletzt, während er in der Stadt Jerusalem am Tisch eines Kürschners beim Wurfzabelspiel saß. Der Ritter wurde auf Befehl des Königs vor Gericht gestellt, denn dieser hatte vernommen, dass man im Volk munkelte, er habe ihn dazu angestiftet, und wurde zum Tod durch einzelnes Abschlagen der Gliedmaßen, zuletzt des Kopfes, verurteilt. Doch er blieb bei seinem Geständnis, er habe aus eigenem Antrieb gehandelt, in der Hoffnung, damit die Gunst des Königs, der ihn hasste, zu gewinnen. Und so starb er mit abgetrenntem Kopf, nachdem er den König von dem Verdacht befreit hatte. Dieser aber wurde hoch gelobt, weil er die Wahrheit so weise ans Licht gebracht hatte.

Während der König also in Jerusalem Recht und Ordnung aufrechterhielt, regierte Fürst Raimund das Fürstentum Antiochia.[259] Man hat über ihn geschrieben, er sei der stärkste und tapferste Fürst gewesen, den es jemals, davor oder danach, auf Erden gegeben habe, er habe den Dienst für Unseren Herrn sehr geliebt und gern die Messe gehört. Ebenso ließ er sich oft mit großem Vergnügen Geschichtsbücher vorlesen, und er verehrte und liebte die Geschichtsschreiber, obgleich er nicht lesen konnte – Gott vergebe ihm seine Sünden, ihm und allen seines Schlages! Da Graf Roger von Sizilien, der später König von Sizilien war, wusste, dass die Barone Antiochias Raimund geholt hatten, damit er ihr Fürst werde, ließ er die Engpässe gut bewachen: Er hatte vor, ihn festzunehmen, weil er meinte, das Fürstentum stehe ihm zu aufgrund des Versprechens, das Bohemund der Jüngere bei seiner Abreise aus Sizilien und er einander gegeben hatten, nämlich, dass der Überlebende die Länder von beiden bekommen sollte, weil sie die Kinder zweier Brüder waren. Doch Raimund, der Kenntnis davon bekommen hatte, änderte unterwegs häufig seine Verkleidungen (als Kaufmann oder anders), so dass er gesund und wohlbehalten in Antiochia eintraf.

Etwa zu jener Zeit geschah es, dass der Konnetabel von Damaskus den Grafen Pons von Tripolis in offener Feldschlacht besiegte und tötete, und mit ihm kamen fast alle Barone und reichen Bürger von Tripolis ums Leben. Der Graf hatte einen jungen Sohn namens Raimund, der heimlich alle kampffähigen Leute aus seinem Land versammelte und mit ihnen plötzlich ins Libanongebirge eindrang, wo er mehrere Verräter, die am Tod seines Vaters schuld waren, in seine Gewalt brachte und sie auf verschiedene Arten hinrichten ließ.

Unterdessen stellte Kaiser Johannes von Konstantinopel ein riesiges, ungeheuer reich ausgestattetes Heer auf, und nachdem er den Arm des heiligen Georg[260] überquert hatte, eroberte er alle Städte bis nach Antiochia, das er mit seinem großen Volk belagerte und bedrängte. Während dieser Belagerung drang auch Zengi von Aleppo mit einem großen Türkenheer in die Grafschaft Tripolis ein und besetzte eine Festung. Als nun König Fulk, der mit seinem Heer aus Jerusalem aufgebrochen war, um Tripolis zu Hilfe zu kommen, die Boten des Fürsten empfing, beschloss er, ihm Unterstützung zu gewähren, aber erst nachdem er Tripolis befreit hätte. Und er wurde, entweder im Unverstand oder aus Verrat, in enge und steile Pässe geführt, in denen seine Kämpfer sich nur mühsam verteidigen konnten. Als Zengi davon erfuhr, hob er die Belagerung auf und führte seine Leute dorthin; er besiegte unsere Leute mühelos, da sie aufgrund des engen Weges nicht beisammen bleiben konnten. So verloren sie, die Gefallenen und die Gefangenen nicht mitgerechnet, all ihre Rüstungen, ihr Gepäck und ihre Vorräte: Das alles schleppten die Türken fort, ebenso den Grafen von Tripolis, den sie gefangen genommen hatten. Der König selbst sowie mehrere hohe Barone sahen sich gezwungen, den Rückzug zur Burg Montferrand anzutreten, wo es allerdings fast keine Lebensmittel mehr gab. Deshalb sandten sie eilends um Beistand nach Jerusalem, Edessa und Antiochia, dessen Fürst, obwohl er belagert wurde, seine Stadt der Obhut Unseres Herrn anvertraute und mit der größtmöglichen Zahl von Rittern und anderen Leuten – und er hatte bald genügend versammelt, denn sie stellten sich alle für den Feldzug zur Verfügung, so sehr lag ihnen diese Angelegenheit am Herzen – auf dem schnellsten Weg nach Tripolis aufbrach.

Der Patriarch Wilhelm von Jerusalem versammelte seinerseits so viele Leute wie möglich und zog, das Wahre Kreuz in der Hand tragend, ebenfalls dorthin. Und während alle sich auf diese Weise zusammenschlossen, fiel der Konnetabel von Damaskus plötzlich in Syrien ein, wo er mühelos die Stadt Nablus eroberte und alle Einwohner tötete, die nicht rechtzeitig fliehen konnten, Männer, Frauen und Kinder, denn weil die Stadt kaum mit derartigen kriegerischen Unternehmungen rechnete, war sie weder von festen Mauern umschlossen noch für eine Belagerung gewappnet.

Inzwischen hatte Zengi, der seine Belagerung fortsetzte und fortwährend Angriffe unternahm (so das die Unseren, die fast an Hunger starben, größtenteils schwer verletzt und halbtot waren), erfahren, dass der Graf von Edessa, Fürst Raimund und der Patriarch bald mit zahlreichen Kräften eintreffen würden. Daher schlug er dem König vor, wenn dieser bereit sei, ihm die Burg Montferrand vollständig leer zu übergeben, werde er ohne weitere Bedingung ihm und all seinen Leuten mitsamt ihrer Habe freien Abzug gewähren und ihm auch den Grafen von Tripolis und alle anderen Gefangenen, die er bei sich festhielt, übergeben. Der König und sein Gefolge waren einverstanden, und so geschah es, auch wenn sie wohl begriffen, dass ihre Hilfe nahe sei, da ja dieser grausame Türke ihnen ein solches Angebot machte. Und so verhielt es sich tatsächlich. Doch sie ließen sich durch die großen Entbehrung und die Übel des Hungerns und Wachens, die sie erduldet hatten, dazu bewegen. Zengi wiederum hielt sein Versprechen, ließ den Grafen von Tripolis und die anderen Gefangenen frei, mit denen der König dann von der Burg abzog.[261] Und auf dem Rückweg traf er die drei Heere, denen er für ihre gute Absicht herzlich dankte.

Und als er die Fürsten alle entlassen hatte, führten sie die Ihren in ihre jeweiligen Länder zurück, insbesondere Fürst Raimund, der sofort nach Antiochia zurückkehrte. Nach seiner Ankunft huldigte er dem Kaiser in dessen Prunkzelt und erbot sich, ihn als Oberlehnsherrn des Fürstentums Antiochia anzuerkennen. Er schwor ihm bei den heiligen Reliquien, er werde ihm, so oft er es wünsche, freien Zutritt zur Stadt Antiochia und zum Bergfried gewähren und, falls der Kaiser die Städte Aleppo und Caesarea, Hama und Henisse[262] erobere und sie dem Fürsten überlassen wolle, werde dieser ihm dafür Antiochia für immer als volles Eigentum geben. Als der Kaiser versprochen hatte, im darauffolgenden

Sommer mit einem wesentlich größeren Heer wiederzukommen, wurde seine Fahne auf dem Hauptturm des Bergfrieds gehisst, um zu zeigen, dass er der oberste Herr der Stadt war, worüber die Griechen sich außerordentlich freuten. Und der Kaiser brach auf und führte sein großes Heer nach Konstantinopel zurück, mit dem Versprechen, wenn der Winter vorüber sei, mit einem noch größeren Heer wiederzukommen.

So hielt er es auch und belagerte gleich nach seiner Ankunft die befestigte Stadt Caesarea, die jenseits von Antiochia liegt, denn das ist nicht Caesarea in Syrien[263]. Der Fürst von Antiochia und der Graf von Edessa zogen ihm mit einem großen Heer entgegen, doch trotz der Vorhaltungen und Bitten des Kaisers wollten sie nicht darauf verzichten, Wurfzabel und Schach zu spielen, es sich bei Speise und Trank wohl sein zu lassen, und wollten es ihm nicht gleichtun. Der Kaiser suchte sie häufig in ihren Zelten auf, um sie dazu zu bewegen, ebenso wie er zum Angriff oder zumindest in die Nähe der Angreifer zu kommen. Er selbst ging, mit einem Panzer bekleidet und einem Eisenhelm auf dem Kopf, umher, beobachtete und ermutigte diejenigen, die angriffen, und gab den Tapferen und Mutigen stattliche Belohnungen.

Als Kaiser Johannes schließlich erkannte, dass der Fürst und der Graf keinerlei Anstrengung unternahmen, ihn bei der Heerführung zu unterstützen, und dass es seinen Leuten nicht gelang, diese Stadt zu stürmen, akzeptierte er eine hohe Geldsumme von Machedole, einem Armenier, der deren Herr war und einen plötzlichen Einfall der Griechen fürchtete, und aus Verachtung für die beiden Fürsten, die jedes Mal, wenn jemand verletzt von der Erstürmung zurückkam, darüber spotteten, hob er die Belagerung auf und kehrte nach Antiochia zurück,[264] wo er mit so vielen Leuten einzog, dass sie zahlenmäßig überlegen waren. Er rief den Fürsten zu sich in den Palast und verlangte, dass er ihm die Stadt Antiochia mit dem Bergfried übergeben solle, wie er es ihm versprochen habe. Er sei im Übrigen durchaus bereit, jetzt seine Versprechungen zu halten, und erklärte, es gebe in dieser Gegend keine andere so günstig gelegene Stadt, wohin er sich mit seinen Leuten zurückziehen und von wo aus er den Glaubensfeinden so sehr schaden könne.

Es begab sich also, dass Fürst Raimund von Antiochia und mehrere der Barone, die dabei zugegen waren, über das Ansinnen des Kaisers so entsetzt waren, dass sie darauf nicht gleich zu antworten wussten, denn sie begriffen, dass er in der Stadt der Stärkere war, und andererseits fiel es ihnen schwer, eine derart herausragende Stadt, welche die Franzosen und Lateiner so viel Anstrengung gekostet hatte, den Griechen in die Hände fallen zu lassen, die so wenig Mut und Kraft beweisen, dass sie selbst in Waffen Frauen nicht standhalten.[265] Daher ergriff Graf Joscelin der Jüngere von Edessa mit bemerkenswerter Klugheit im Namen der Fürsten das Wort und antwortete dem Kaiser listig: „Herr, wir sind sicher, Eure Worte und Euer Angebot, dass Ihr Eure Leute, Euren Reichtum und

Eure kaiserliche Hoheit selbst dem Volk Unseres Herrn gegen die Glaubensfeinde zur Verfügung stellen wollt, kommen von Gott. Er hat Euch so viel guten Willen ins Herz gelegt. Doch ihr verlangt neuartige Dinge, und die Leute dieses Landes bekommen schnell Angst, wenn man ihnen Veränderungen aufzwingt. Offen gesagt, was Ihr verlangt, betrifft nicht nur den Fürsten, sondern, wie Ihr noch besser wisst als ich, auch die Barone des Landes, die hier nicht anwesend sind. Bitte gewährt deshalb dem Fürsten Urlaub und eine gewisse Frist, damit er sich mit ihnen und dem Volk beraten kann. Wenn das in dieser Art vonstatten geht, werden sie mit Eurer Entscheidung leichter einverstanden sein, wenn man es jedoch überraschend machen will, befürchte ich Nachteile oder unangenehme Folgen."

Als der Kaiser diese Antwort vernommen hatte, gewährte er dem Fürsten eine Frist von einem Tag, in der Hoffnung, dass die Angelegenheit damit erledigt sei. Währenddessen wurde dieser allerdings im Palast festgehalten und von den Leuten des Kaisers bewacht, als ob er ein Gefangener wäre, während der Graf von Edessa gehen durfte. Als Gewähr des Friedens für die Griechen begab dieser sich nach Hause, wo er auf der Stelle heimlich seine Leute auf die Straßen schickte, um unter dem Volk das Gerücht auszustreuen, der Kaiser und die Griechen wollten die Stadt Antiochia in ihren Besitz bringen und dort zwangsweise eine Besatzung einrichten, und der Fürst und alle Barone müssten dann die Stadt verlassen. Und wenn nicht schnell etwas dagegen unternommen würde, wäre die Stadt in kürzester Frist in der Hand des Kaisers.

Sobald diese Kunde verbreitet war, erhob sich in der Stadt Antiochia ein ungeheurer Tumult, ein Lärm und ein Geschrei. Als der Graf von Edessa also sah, dass das Volk in großem Aufruhr war, eilte er hinaus, ritt so schnell er konnte durch die Straßen und langte so, als ob man ihn verfolgte, beim Kaiser an, vor dem er wie ohnmächtig niederfiel, wie jemand, dem man nach dem Leben trachtet. Der Kaiser war darüber sehr erstaunt, sogar seine Wachen waren sehr erzürnt, dass er so vor den Kaiser gekommen sei, und sie sagten das dem Grafen in aller Schroffheit. Doch dieser beschwichtigte sie sehr geschickt, bat um Gnade und sagte, die Angst um sein Leben habe ihn derart umgeworfen. Während der Kaiser ihn befragte, um zu erfahren, was ihm zugestoßen sei, stellte sich der Graf, als ob er vor lauter Schreck nicht sprechen könnte. Schließlich sagte er mit dem Anschein größten Entsetzens: „Herr, es ist nicht lange her, dass ich Euch verlassen habe und zu Hause eintraf, wo ich mich ausruhen wollte. Aber die Einwohner dieser Stadt, Groß und Klein, kamen bewaffnet und in vollem Aufruhr vor mein Haus und schrien laut: ‚Wo ist der treulose Verräter, der Mörder, der schlechte Fürst, der diese Stadt für viel Geld verkauft hat? Wir schlagen alles kurz und klein, und auch den Grafen von Edessa, der ihm diesen Rat gegeben hat! Wir bringen ihn um, wenn wir ihn denn finden!' Und sie begannen die Türen meines Hauses aufzubrechen, um mich zu töten; darauf bin ich – Gott dem Herrn, der mir geholfen hat, sei Dank – schleunigst auf mein Pferd gestiegen, durch eine Geheimtür hinausgelangt und zu Euch geeilt, in Sicherheit, und das unter tausend Gefahren, denn es war grauenhaft, ihre schrecklichen Schreie zu hören, als sie hinter mir her waren."

Als der Kaiser diese Neuigkeiten vernahm, erschrak er sehr, ebenso alle seine Leute, die in größter Eile die Türen des Palastes verschlossen. Und es ist wahrlich kein Wunder, dass sie Angst bekommen hatten, denn das Volk von Antiochia rannte durch die Straßen, und es war schrecklich anzusehen, wie jeder sich verhielt, und zu hören, wie sie schrien, die Griechen seien gekommen, um ihnen ihr Hab und Gut zu nehmen, und wollten sie in Knechtschaft nehmen. Und jeder trug seinen Teil dazu bei, um die Situation noch zu verschlimmern! Sowie sie Leute des Kaisers in der Stadt fanden, warfen sie sie vom Pferd, zogen sie in den Schmutz und schlugen erbarmungslos alle nieder, die Widerstand leisten wollten. Als die Ritter und Knappen des Kaisers zurückkehrten und dieser sah, wie übel ihnen mitgespielt worden war, befürchtete er das Schlimmste und rief den Fürsten und den Grafen von Edessa zusammen mit den anderen Baronen des Landes zu sich. Er richtete jetzt sanftere Worte an sie: „Ich hatte etwas von Euch verlangt, von dem ich annahm, es sei für Euch und Euer Land von Nutzen. Da ich aber verstehe, dass dies Euren Leuten nicht gefällt und sie etwas sehr Törichtes anstellen könnten, sage und bestätige ich Euch als Kaiser, dass ich auf dieses Vorhaben verzichte und meinen Willen dahingehend geändert habe, dass Ihr die ganze Stadt Antiochia und den Bergfried behalten könnt. Und es genügt mir, mein Reich neben Euch in seinem bisherigen Zustand zu belassen, wie auch meine Vorgänger es getan haben.[266] Ihr seid meine Lehnsmänner, und ich weiß, dass Ihr Euren Treueid aufrechterhaltet. Geht nun auf die Straßen und beschwichtigt die Leute aus dem Volk. Wenn ihnen mein Aufenthalt in der Stadt Verdacht erregt, so sagt ihnen, ich werde Antiochia morgen verlassen, ohne ihnen Schmach oder Schaden zuzufügen, und friedlich in mein Land zurückkehren."

Der Fürst und der Graf priesen den Kaiser sehr, versicherten ihm wortreich, sie wollten ihm stets Gehorsam leisten, und gingen, das Volk zu beschwichtigen. Und tags darauf verließ der Kaiser die Stadt zusammen mit seinem Sohn, seinen anderen Baronen und seinen Leuten; dabei verhehlte er seine Gefühle. Jedoch ließ er seine Leute recht nahe bei der Stadt lagern, in der Absicht, Antiochia zu belagern und sich zu rächen: Die einsichtigsten Antiochier dachten sich aber, dass der Kaiser die Kränkung, die ihm hier zugefügt worden war, nicht vergessen habe. Daher sandten sie ihm rasch unter den Klügsten und Wortgewandtesten Botschafter nach, die ihm zugleich die Stadt und das Volk antrugen und ihm unter anderem darlegten, dass die Guten nicht wegen der Kränkung durch die Schlechten bestraft werden dürften. Mit derlei schmeichelnden und demütigen Reden besänftigten sie ihn, und

er versprach, bald wiederzukommen, um dem Land der Christen von Syrien, Kilikien und Armenien mit dem größeren Heer Beistand zu leisten. Und so geschah es.

Unterdessen fanden im Heiligen Land mehrere große Ereignisse statt: Graf Thierry von Flandern, welcher, wie bereits erwähnt, die Schwester[267] des Königs geheiratet hatte, kam mit einer Vielzahl von Rittern und Kriegsleuten an und blieb lange dort. Des Weiteren besiegten Robert der Burgunder, gebürtig aus dem Poitou und Großmeister des Templerordens, der ein sehr edler und tapferer Ritter war, und Bernhard Vacher, ein Vertrauter des Königs, ein Heer von Türken, die durch ihre Überfälle großen Schaden angerichtet hatten. Doch während unsere Leute sich bei der Verfolgung getrennt hatten, um ihrer Beute nachzujagen, schlossen sich die Türken wieder zusammen und töteten in der Nähe von Hebron einen großen Teil der Unseren, so dass sie den Gewinn hatten und den Sieg davontrugen.

Etwa zur selben Zeit wollte auch Zengi das Königreich Damaskus erobern. Daher wollte der dortige Konnetabel ein Bündnis mit König Fulk schließen und versprach ihm Geld, wenn dieser ihm beistehen wolle. Außerdem würde er, wenn Zengi besiegt wäre, für ihn die Stadt Banyas[268] zurückerobern, die den Unseren wieder abgenommen worden war. König Fulk leistete, nachdem er sich darüber beraten hatte, Damaskus Beistand, und Zengi flüchtete aus diesem Reich in sein Land, aus Furcht vor dem König.[269] Dieser belagerte und eroberte die Stadt Banyas, mit Hilfe einer geheimen List des Konnetabels von Damaskus, der seine Versprechungen einhielt.

Wenig später brach Kaiser Johannes von Konstantinopel mit unermesslichen Schätzen und einem noch gewaltigeren Heer als zuvor auf und kam in die Nähe von Edessa, deren Graf, den er durch Boten aufgefordert hatte, ihm Geiseln zu schicken, ihm eine seiner Töchter sandte. Als er dann nach Antiochia kam, verlangte er vom Fürsten, ihm Geiseln zu schicken, um seine Versprechen einzuhalten. Doch als der Fürst seine Barone befragt hatte, waren sie nicht der Meinung, dass Antiochia in die Hände der Griechen fallen solle, die für Waffen nichts taugten, und die Barone taten dem Kaiser kund, dass der Fürst ihm nichts gewähren könne, was er ihm ohne ihr Einverständnis versprochen habe. Darüber war der Kaiser ungeheuer zornig, und mit der Absicht, sich zu rächen, zog er sich bis zum Frühjahr aufs Land zurück. Inzwischen tat er König Fulk kund, er wolle gern auf Pilgerfahrt nach Jerusalem gehen und würde ihm helfen, einige Städte zu erobern, wenn er das wünsche. König Fulk antwortete ihm, wenn er beliebe, mit lediglich fünftausend Rittern dorthin zu kommen, könne das Land Syrien ihn aufnehmen, aber nicht mehr.

Als der Kaiser, der es sonst gewohnt war, mit seinem Heer das ganze Land zu überziehen, dies vernahm, änderte er seine Meinung. Er blieb in der Umgebung der Stadt Tarsos und wartete dort das Ende des Winters ab. Eines Tages, als er auf der Jagd nach wilden Tieren war, glaubte er ein großes Wildschwein mit einem türkischen Bogen treffen zu können, doch er spannte die Sehne so stark, dass die Eisenspitze des Pfeils, die nach Art der Jäger jenes Landes mit Gift getränkt war, ihn ein wenig an der Hand verletzte. Er ging deshalb in sein Zelt zurück und ließ alle seine Ärzte kommen, die indessen kein Heilmittel finden konnten. Sie sagten ihm, es gebe keine andere Lösung, als ihm den Arm abzunehmen, bevor die anderen Teile des Körpers angesteckt seien, denn dieser war bereits sehr geschwollen. Der Kaiser jedoch, der ein sehr mutiger Mann war, erwiderte, er fühle bereits die Kraft des Giftes in seinen Eingeweiden und er werde sich niemals die Hand abschneiden lassen, um zu genesen, denn es bedeute eine allzu große Schmach für das Reich von Konstantinopel, von nur einer Hand regiert zu werden. Nach diesen Worten und in dem Wissen, dass sein Ende nicht mehr fern war, rief er seine Fürsten und Barone zu sich und sagte ihnen unter anderem, sein älterer Sohn Isaak, der sich in Konstantinopel befand, sollte ihm zwar nach dem natürlichen Recht als Kaiser nachfolgen, aber sein jüngerer Sohn Manuel, der bei ihnen war, scheine ihm besser geeignet, das Reich zu regieren, und er empfehle ihnen deshalb, ihn zum Kaiser zu bestimmen, denn sie könnten ohne Oberhaupt sonst nicht in Sicherheit zurückkehren. Sie vernahmen seinen Willen und seinen Rat und erwählten schließlich Letzteren zum Kaiser, noch zu Lebzeiten seines Vaters, der sehr glücklich war, ihn als Kaiser zu sehen – auch wenn manche Isaak vorgezogen hätten. Und so starb bei der Stadt Anazarbos, der Hauptstadt des Zweiten Kilikien, der überaus großzügige und tapfere Kaiser Johannes von Konstantinopel, im Jahr 1137, im Monat April, im 27. Jahr seiner Regierung.[270]

König Fulk, der Patriarch und die anderen Barone Syriens bauten zu jener Zeit zwei Festungen in der Nähe von Askalon, die es ihnen erlaubten, die Türken, die dorthin abgezogen waren, besser zu überwachen, doch kurz darauf ereignete sich ein verhängnisvolles Missgeschick: Während König Fulk in der Stadt Akkon weilte und die Königin ganz in der Nähe auf der Jagd war, verspürte er selbst auch den Wunsch, dorthin zu gehen. Als er auf einen Hasen stieß, den die Hunde aufgescheucht hatten, wollte er ihn mit der Lanze erlegen, vermochte es jedoch nicht, weil der Hase aufsprang und davonlief. Um ihn zu erreichen, gab der König seinem Pferd die Sporen. Doch welch ein Jammer! Das Pferd bäumte sich auf und warf den König ab, und noch schlimmer, es stürzte so unglücklich auf ihn, dass der Sattelknauf ins Gehirn des Königs eindrang, der drei Tage nach diesem Unfall starb, zur großen Trauer und Verzweiflung des ganzen Königreichs. Sein Leichnam wurde unter dem Kalvarienberg neben den anderen Königen ehrenvoll beigesetzt.

Kapitel XLII.
Wie Balduin III. König von Jerusalem wurde. Wie sich Zengi die Stadt Edessa gewaltsam aneignete. Von dem hohen türkischen Herrn, welcher seine Stadt dem König geben wollte, und wie seine Gattin ihn daran hinderte. Welche Schwierigkeiten der König und die Seinen zu bewältigen hatten. Vom unbekannten Ritter. Von der Rückeroberung Edessas und seinem anschließenden Verlust.

König Fulk von Jerusalem hinterließ zwei Söhne. Der ältere, Balduin III., der am darauffolgenden Weihnachtstag in Gegenwart der Barone vom Patriarchen zum König gekrönt wurde, war erst neun Jahre alt, und der jüngere, Amalrich, war erst sieben Jahre alt; er erhielt zunächst den Titel „Graf von Jaffa", doch schließlich wurde er noch König von Jerusalem.

Im selben Jahr[271], zwischen dem Tod König Fulks und der Krönung König Balduins III., begann Zengi, der Herr der Stadt Mossul, das in alten Zeiten Ninive hieß und die größte Stadt von Assyrien war, mit der Belagerung der edlen Stadt Edessa, in der Graf Joscelin sich schon länger nicht mehr aufhielt. Er hatte sich in die Burg Turbessel am Fluss Euphrat zurückgezogen und seine Stadt in der Obhut von armenischen und chaldäischen Kaufleuten zurückgelassen, die in der Kriegsführung keinerlei Erfahrung hatten; es war sonst niemand da, denn die Kriegsleute, die seinetwegen geblieben waren, hatten sich alle davongemacht, weil sie ihren Lohn nicht erhielten. Und selbst die kleine Schar von Söldnern bestand nur aus schlechten Leuten, denn die guten waren wegen der verspäteten Zahlungen ihres Solds gegangen. Um die Wahrheit zu sagen, es dauerte manchmal ein Jahr, bis sie bezahlt wurden. Und Joscelin, der weder ihre Klagen hören wollte noch die seiner Untertanen aus der Umgebung wegen der Plünderungen, die sie ertragen mussten, hatte sich entfernt, lebte in Freuden und überließ die edle Stadt Edessa ohne fähige Wächter und Verteidiger sich selbst.

Dies sah Zengi, während er seine Angriffe unternahm. Er wusste, dass Fürst Raimund von Antiochia und Graf Joscelin von Edessa, die einander schon lange vorher insgeheim gehasst hatten, nun offene Feinde waren und sich freuten, wenn dem anderen etwas Schlimmes zustieß, und er war auch unterrichtet worden, dass Joscelin Königin Melisende von Jerusalem, die das Königreich noch regierte, inständig um Beistand gebeten und ersucht hatte, worauf sie ihm ein ansehnliches Heer schickte, und dass der Fürst von Antiochia ebenfalls mit einem stattlichen Heer kam, um die Belagerung aufzuheben. So ließ er eilends die Mauern untergraben und Wurfmaschinen aufstellen, so dass die Einwohner, die in der Art von Leuten, die nicht mit Waffen umgehen können, sich nicht zu verteidigen wagten, noch vor dem Eintreffen der Hilfskräfte im Sturm und mit Gewalt erobert und fast alle erbarmungslos getötet wurden. So brachten die Türken die Stadt Edessa in ihren Besitz,[272] die einst durch die Predigt der Apostel zum christlichen Glauben bekehrt worden war. Ehemals herrschte ein König namens Abgarus in dieser Stadt: Von ihm heißt es, er habe einen Brief an Unseren Herrn Jesus Christus geschrieben, als er in Jerusalem predigte, und von Unserem Herrn einen Antwortbrief bekommen.

In jenen Tagen begab es sich auch, dass der König von Damaskus und insbesondere sein Verweser Unur[273], der auch Nicheledin genannt wurde, wie schon mehrfach erwähnt, von Hass erfüllt waren gegen einen hohen türkischen Fürsten namens Altuntasch, den Herrn der Stadt Bosra, die einst Bostrum hieß und die größte Stadt ganz Arabiens war. Dieser besaß auch eine mächtige Burg namens Salkhad. Und ihr Hass ging so weit, dass der Verweser Unur die Stadt Bosra belagerte. Daher kam der reiche und mächtige Türke Altuntasch mit einem stattlichen Gefolge nach Jerusalem und erklärte sich bereit, seine Länder in die Hände des Königs zu legen, wenn es diesem beliebte, ihm Beistand zu leisten. Auf den Rat seiner Mutter und seiner Barone hin stimmte der König zu und schickte sich an, Altuntasch zu verteidigen, indem er ein Heer aufstellte, das er so schnell wie möglich in Bewegung setzte. Er war noch nicht weit gekommen, als Unur Boten zu ihm sandte und ihm darlegte, er tue Unrecht, wenn er in das Land des Königs von Damaskus eindringe, der sein Freund und Verbündeter sei, und gegen ihn einen seiner Untertanen unterstütze, der sich ganz zu Unrecht gegen seine Oberhoheit habe auflehnen wollen. Er schlug ihm stattdessen vor, ihm alle seine Kosten zu ersetzen, wenn er bereit sei, umzukehren, und schickte mehrere Boten hintereinander zu ihm, sowohl in der Hoffnung, ihn zum Rückzug zu bewegen, als auch, um in der Zwischenzeit Kriegsleute zu versammeln, die er von überall herbeirief, entweder weil sie ihm lehnspflichtig waren oder gegen Bezahlung. Welche Absicht auch immer er in Wahrheit verfolgt haben mag, jedenfalls machte Unur dem König viele Geschenke und bezeigte den Christen seinen guten Willen und seine Liebe.

Bernhard Vacher, ein sehr kluger und tapferer Ritter, der früher an der Seite Unurs war, riet dem König, auf dessen Forderungen einzugehen; das Volk und andere tadelten ihn dafür heftig und beschuldigten ihn, er habe heimlich Geld dafür bekommen. Aber es dauerte nicht lange, bis ihnen klar wurde, dass er ein weiser und edler Ritter war. Sie zogen nämlich in eine weite Ebene, wo sie auf so viele bewaffnete Türken stießen, dass sie meinten, so viele Leute in Waffen habe dieses Land niemals zuvor gesehen. Und diejenigen, welche dem König geraten hatten, sich nicht zurückzuziehen, hätten das fast bereut und rieten ihm, in dieser Ebene das Lager aufzuschlagen. Tags darauf machten sie sich wieder auf den Weg, doch sie wurden von den Türken stets von der Seite, manchmal von vorne, bedrängt und mit unzähligen Pfeilen beschossen. Und die guten Christen, die nahe am Verdursten waren und auf der Suche nach Wasser nur verdorbene Zisternen fanden, weil der Wind Massen von Heuschrecken hergetragen hatte, warteten unterdessen aufeinander und wichen in den verschiedenen Gegenden, durch die sie zogen, niemals von ihrem Weg ab trotz der zahllosen Türken, die ihnen mit ununterbrochenen Angriffen zusetzten. Schließlich erblickten sie in der Ferne die Stadt, die ihnen versprochen war, was ihnen neuen Mut gab, denn alle glaubten, dass sie am nächsten Tag dort einzögen. Doch in der Nacht traf ein Bote aus der Stadt ein, der zum König geführt wurde und ihn in Gegenwart der Barone und sogar von Altuntasch davon in Kenntnis setzte, dass dessen Gattin die Stadt den Türken ausgeliefert habe und diese sich bereits alle Festungen und Türme angeeignet und seine Wachen daraus vertrieben hätten. Da waren der Schmerz und die Angst der Unseren groß, und einige Barone rieten, dem König das beste Streitross zu geben, damit er mit dem Wahren Kreuz die Flucht wagen könne, doch die Übrigen wären dann verloren. Dies lehnte der König ab und sagte, obwohl er noch sehr jung war: „Das werde ich nicht tun; ich will mich nicht retten, während die edlen Männer, die ich hierher geführt habe, zugrunde gehen."

So begannen sie voller Bewunderung für den König ihren Rückzug vorzubereiten, auf dem sie verschiedene Schwierigkeiten zu bewältigen hatten; unter anderem zündeten die Türken das Stroh, das Gras und die dürren Sträucher an, damit der Wind den Rauch den Unseren ins Gesicht trieb. So geschah es auch, und sie erstickten beinahe. Da unsere Leute merkten, dass die Kräfte sie verließen, nahmen sie demütig Zuflucht zu Unserem Herrn und baten den Erzbischof Robert von Nazareth, der das Wahre Kreuz vor ihnen hertrug, zu Unserem Herrn zu beten, dass er sie aus dieser offenkundigen Gefahr erretten möge, denn sie konnten auf keine andere Hilfe hoffen. Als der Erzbischof sah, dass wegen des Feuers und der beißenden Rauchwolken alle bereits kohlrabenschwarz waren, stieg er also vom Pferd, kniete demütig nieder und betete zu Unserem Herrn unter Tränen, sich seines Volks zu erbarmen, das um des heiligen Glaubens willen so mannigfaltige Gefahren durchlitten hatte und noch durchlitt. Nachdem er sein Gebet beendet hatte, erhob er sich und richtete das Wahre Kreuz gegen die Flammen und den Rauch, und Unser Herr vollbrachte alsdann ein weiteres, ganz offenbares Wunder, denn der Wind drehte sich sogleich und trieb plötzlich die Flammen und den Rauch in die Gesichter der Türken und Sarazenen, die ja das Feuer entfacht hatten, so dass sie gezwungen waren, sich hier und dort in den Feldern zu zerstreuen. Als die Unseren das sahen, begannen sie alle vor Freude zu weinen und dankten Unserem Herrn voller Demut. Von diesem

Moment an wurden sie durch die Schau des Wunders gestärkt und schöpften neue Kraft an Leib und Seele, um im Dienste des Herrn neue Mühsal auf sich zu nehmen. Im Gegensatz dazu waren die Türken und die Ungläubigen starr vor Schreck und wussten nicht, wie sie sich verhalten sollten angesichts des offensichtlichen Wunders, das Unser Herr vor ihren Augen vollbracht hatte. Mehrere von ihnen sagten, in Wirklichkeit sei die christliche Religion die einzig wahre, denn Unser Herr Jesus Christus erhöre die Gebete der Christen stets zur rechten Zeit.

Kurz darauf machte Unur dem König durch Boten ein Angebot: Aus Liebe zu ihrem ehemaligen Bündnis würde er für ihn und alle seine Leute in einer großen Ebene jenseits einer Schlucht namens ar-Rahub eine große Menge Lebensmittel bereitstellen. Aber obwohl das ganze Heer das sehr nötig hatte, lehnte der König dieses Angebot auf Anraten seiner Barone ab, die meinten, dass man vor der Gefälligkeit und Güte seiner Feinde stets auf der Hut sein müsse und dass er sie vielleicht unter dem Vorwand der Großzügigkeit in gefährliche Engpässe locken wollte, aus denen sie nicht so leicht entkommen könnten. Und die Barone ordneten nach dem Willen des Königs an, das Heer solle seinen Rückzug fortsetzen, aber auf einem anderen Weg, der nicht so viele Gefahren barg, auch wenn keiner von ihnen den Verlauf kannte. Unser Herr, der ihnen schon einmal beigestanden hatte, schuf Abhilfe, denn es erschien ein Ritter im Heer, der auf einem hohen weißen Pferd saß und einen Panzer trug, dessen Ärmel ihm nur bis an die Ellenbogen reichten, und der ein rotes Banner mitführte, und zwar so plötzlich, dass niemand wusste, weder damals noch später, woher er gekommen war. Er schickte sich an, das Heer zu führen, und begab sich ganz allein an die Spitze; und er führte die Unseren sehr gut und sicher und zeigte ihnen gute kühle Höhlen, die ihnen von großem Nutzen waren. Außerdem sorgte er stets dafür, dass sie an guten Plätzen und schönen Stellen, die für diesen Zweck und für ihresgleichen geeignet waren, ihr Lager aufschlagen konnten.

Er führte sie so gut, dass sie nach drei Tagen vor der Stadt Gadara eintrafen, wo sie außer Gefahr waren. Und der Ritter verschwand ebenso plötzlich, wie er gekommen war; im ganzen Heer konnte man ihn nicht finden und wusste nicht, was aus ihm geworden war, ebensowenig wusste man, woher er gekommen war, noch wer er war, noch wo er sich des Nachts aufhielt, denn vom Aufschlagen des Lagers am Abend bis zum Morgen, wenn er wieder an der Spitze ritt und sie führte, sah man ihn nicht. Gewiss, und daran besteht kein Zweifel, wie der Soissonnais glaubt, war das der heilige Georg, der gütige Ritter, der denen, die ihm reinen Herzens dienen, so manches Mal durch offensichtliche Wunder geholfen hat, insbesondere den Christen, die dem Heiligen Land Beistand leisteten. Und als die Sarazenen sahen, dass unsere Abteilungen sich dieser Stadt näherten, bemühten sie sich, sie auseinanderzutreiben, indem sie sie mit Pfeilen beschossen und sie bedrängten. Das gelang ihnen jedoch nicht, und sie konnten nicht mehr darauf hoffen, ihnen zu schaden. So nahmen sie voneinander Abschied und kehrten in ihre jeweiligen Länder zurück. Der König und sein Heer aber kamen noch am selben Tag in Tiberias an und zogen von dort weiter nach Jerusalem, wo sie zusammen mit dem Wahren Kreuz freudig empfangen wurden, und die klugen Leute, die an diesem Feldzug teilgenommen hatten, sagten mit Recht, dass das Heer des Heiligen Landes noch niemals zuvor in so großer Gefahr geschwebt sei, ohne dabei besiegt zu werden.[274]

Einige Zeit später wurde Altuntasch, der Türke, der den König geführt hatte, um ihm seine Stadt auszuliefern, hinters Licht geführt, denn obgleich er ruhig und sicher im Land des Königs lebte, begab er sich zu Unur, der ihm hatte kundtun lassen, er wolle dafür sorgen, dass er mit dem König von Damaskus Frieden schließe; doch sobald er dort war, überfiel er ihn heimtückisch, ließ ihn blenden und warf ihn anschließend zu seiner Schmach und seinem Schmerz in den Kerker.

In jenen Tagen trug sich noch ein weiteres unerwartetes und schmerzliches Ereignis zu. Zengi, der schreckliche Feind des Christenvolkes, war kürzlich gestorben. Und um in den Besitz seiner Länder zu gelangen, zog sein Sohn Nur ed-Din mit einem großen Heer vor die große Stadt Mossul, die einige ihm streitig machen wollten. Und in diesen Gebieten musste er viele Kämpfe ausfechten. Als nun die guten Bürger von Edessa (viele von ihnen hatten die Sarazenen, nachdem sie die Stadt eingenommen hatten, gegen Zahlung eines Tributs dort wohnen lassen, denn sie hatten nicht genug Anhänger ihres eigenen Glaubens, um sie zu bevölkern) sahen, dass um sie herum kein türkisches Heer war, lediglich einige Wachen an den Toren und auf den Türmen ihrer Stadt, beschlossen sie, Graf Joscelin in seine Stadt zurückzuholen, und riefen ihn herbei; sie empfingen ihn und ließen ihn mit allen seinen Leuten herein.[275] Allerdings hatten sie keine Belagerungsmaschinen mitgebracht und fanden in Edessa auch kein Holz, woraus sie welche hätten bauen können, um die Tore und Türme zu erstürmen, die von den Türken bewacht wurden und gut mit Geschützen und Lebensmitteln versehen waren. Deshalb ließ der Graf durch seine Boten den Christen von nah und fern kundtun, er habe die Stadt Edessa zurückgewonnen, und bat sie, ihm um Gottes willen Beistand zu leisten. Und tatsächlich machten sich mehrere Heere in verschiedenen Ländern nach Edessa auf, um dem Grafen zu Hilfe zu kommen. Sie kamen indessen nicht schnell genug, denn als Nur ed-Din vom Verlust dieser Stadt hörte, unterbrach er alle anderen Kriege und beeilte sich, um nur wenige Tage später plötzlich Edessa zu belagern, mit der Unterstützung von unzähligen Ungläubigen, die er in aller Eile, sowohl gegen Bezahlung als auch mit Versprechungen und Bitten, aus mehreren Ländern herbeilockte. Graf Joscelin der Jüngere sah, dass er ohne Lebensmittelvorräte in der belagerten Stadt festsaß und dass seine Leute meinten, es sei besser, einen Ausfall zu machen und gegen die Türken zu kämpfen, sich so einen Ausgang zu verschaffen und sich zu retten oder, wenn sie denn sterben sollten, ihren Tod zu rächen, indem sie eine Vielzahl ihrer Feinde niedermachten, als im Inneren an Hunger zu sterben oder, falls die Türken von den Toren und Türmen die anderen von außen hereinlassen würden, von ihnen auf unmenschliche Weise hingemordet zu werden, wenn diese sie in der Stadt verstreut fänden. So ließ er auf einer Seite der Stadt die Tore öffnen, und er und die Seinen stürzten hinaus und griffen ihre Gegner an.

Als die Türken auf den Türmen und in den Befestigungsanlagen der Stadt jedoch sahen, dass sie hinauswollten und die Bürger ebenfalls hinausgingen und, wenn sie nicht entkommen konnten, lieber mit ihnen sterben wollten, als ihren Feinden ausgeliefert zu sein, stiegen sie herab und nahmen eilends ihre Verfolgung auf, mit einer Menge derer von draußen, die ihre Wachen in der Stadt aufgestellt hatten. Da begann eine äußerst heftige Schlacht, denn als die Türken von draußen den Lärm hörten, kamen sie aus ihren Zelten und drängten die Unseren wieder in ihre Stadt zurück: Dadurch wurden sie wie zwischen zwei Mühlsteinen zerrieben, das heißt, zwischen denen von draußen und denen von innen, und es kam zu einem grauenhaften Gemetzel. Die Frauen, die Alten und die Kinder wurden fast alle im Gedränge erstickt und getötet. Der Graf von Edessa versammelte dennoch sein Reiterheer, und trotz all der Türken gelang es ihm, durch ein Tor auszubrechen, und er wandte sich mit seinen Leuten zum Fluss Euphrat. Doch auf dem ganzen vierzehn Meilen langen Weg gerieten sie immer wieder in Gefechte, denn da Nur ed-Din wusste, dass der Graf in diesem Heer war, und ihn angreifen wollte, schickte er als Vorhut seine tapfersten Ritter und diejenigen, die es am meisten zu sein wünschten. Die Unseren bahnten sich mit Lanzen und Schwertern einen Weg durch sie hindurch. Dabei fand ein sehr tapferer, edler Ritter namens Balduin von Marasch, der sich äußerst wacker geschlagen hatte, den Tod, desgleichen mehrere andere. Als Graf Joscelin also erkannte, dass er heillos unterlegen war, rettete er sich im vollen Galopp, setzte über den Euphrat und flüchtete sich in die Stadt Samosata, und seine übrigen Ritter und alle, die entkommen konnten, begaben sich dorthin, wo sie Zuflucht fanden.

So wurde die Stadt Edessa den Christen wieder abgenommen und von den Türken zurückerobert, die sie danach unangefochten in ihrem Besitz behielten, während sich bis dahin immer das Christenvolk dort behauptet hatte, und dies schon seit der Predigt der Apostel, bis die Stadt durch die Fahrlässigkeit des jungen Joscelin verloren ging.

DER FRANZÖSISCHE KÖNIG LUDWIG VII. NIMMT DAS KREUZ.
LUDWIG VII. UND SEIN HEER BRECHEN ZUM KREUZZUG AUF

„Durch Öffnung des Kirchenschatzes gewährte er [Papst Eugen III.]
umfassenden Ablass und Nachlass der Strafen für die Sünden all derer,
die dank der Verkündigung und um dem Heiligen Land zu
Hilfe zu kommen das Zeichen der Zugehörigkeit, das Heilige Kreuz,
nehmen und an dieser Reise teilnehmen würden."

(FOL. 137VB–138B)

Jean Colombe stellt hier symbolhaft den Beginn des Zweiten Kreuzzuges dar. 1144 eroberten die Sarazenen die Grafschaft Edessa zurück, die seit dem Ersten Kreuzzug in der Hand der Franken war. Dieses Ereignis brachte das Königreich Jerusalem und generell die Interessen der Franken im Heiligen Land in Gefahr. Im Abendland ließ die Reaktion nicht lange auf sich warten: Papst Eugen III. rief am 1. Dezember 1145 zu einem neuerlichen Kreuzzug auf. Doch die frühere Begeisterung wollte sich nicht einstellen. So beauftragte Eugen III. den charismatischen Abt Bernhard von Clairvaux, den Kreuzzug zu predigen, und beraumte eine Versammlung in Vézelay in Burgund an. Um Bernhard zu hören, versammelte sich eine so große Menschenmenge, dass dieser seine Predigt in einem Tal vor der Stadt halten musste. Vorn links auf dem Hauptbild ist er in weißer Zisterzienserkutte dargestellt. Es wird gezeigt, wie der französische König Ludwig VII., im mit Lilienmotiven geschmückten Prunkgewand, als Erster das Gelübde ablegt, ins Heilige Land zu fahren, und das Kreuz aus den Händen des Bischofs von Vézelay empfängt. Hinter ihm schickt sich eine große Gruppe von Edelleuten an, seinem Beispiel zu folgen. Im unteren Register sieht man, wie Ludwig VII. zum Kreuzzug aufbricht.

que la terre sainte ⁊ le peup
ple vpstiens y demourra
sseent seccurus et gardes
contre ses murrueuly assaulx
de saus tresanciens et anics
ennemis. et oultant se tresor
de leglise se donna plan pardon
et remission de paine ⁊ de
coulpe de tous vrses atoue
et a ving chascun de ceulx q

en faiteut et pour andier la ter
re saiute prendroient leuseigne
de la sainte Croiy ⁊ vroient
en cestui voyage. Et combien
auut peust lors ce duuersee
parties de vpstiente plusieurs
seigueurs ducens ⁊ prelati
Crustoie selaisoit voit
alla raiue regius comme
septecie fournal au point du

✝

Kapitel XLIII.

Der dritte[276] große Kreuzzug, den Konrad, Kaiser von Deutschland, und Ludwig der Junge, König von Frankreich, unternahmen. Wie er auf Anordnung des Papstes verkündet und von den Fürsten unternommen wurde. Wie sie ihre Länder verließen und in Konstantinopel zu den Waffen griffen.

Eugen III.[277], der damals unter diesem Namen Papst war, wurde über den mitleiderregenden Verlust von Edessa unterrichtet[278] sowie über die großen Eroberungen, welche die Türken und Sarazenen bei den Christen jenseits des Meeres im Heiligen Land und anderswo gemacht hatten. Er sandte mehrere Prälaten, die große Geistliche waren, um den Kreuzzug gegen die Ungläubigen zu predigen, veröffentlichte Bullen mit günstigen Privilegien und forderte durch die Vermittlung seiner eigenen Legaten alle Fürsten und christlichen Völker und insbesondere die Italiens, Frankreichs, Deutschlands, Spaniens und Englands auf und verfügte, unverzüglich einen neuen Kreuzzug zu planen und zu unternehmen, damit das Heilige Land und die christlichen Völker, die dort lebten, gerettet und gegen die heftigen Angriffe ihrer sehr alten und grausamen Feinde geschützt würden. Durch Öffnung des Kirchenschatzes gewährte er umfassenden Ablass und Nachlass der Strafen für die Sünden all derer, die dank der Verkündigung und um dem Heiligen Land zu Hilfe zu kommen das Zeichen der Zugehörigkeit, das Heilige Kreuz, nehmen und an dieser Reise teilnehmen würden.

Obwohl es zu der Zeit in den verschiedenen Ländern des Christentums mehrere große Gelehrte und Prälaten gab, ragte damals unter ihnen ähnlich dem Morgenstern unter all den anderen Sternen der hochberühmte Abt von Clairvaux, der hochwürdige heilige Bernhard, hervor. Obwohl dieser durch Abstinenz, Wachen und Fasten bereits sehr erschöpft war, begann er im Jahr 1145 auf Anordnung des Papstes diesen heiligen Kreuzzug zu predigen und die Herzen der Fürsten, Barone und Völker des Königreichs Frankreich anzurühren. Zu den erhabenen Worten, die er aussprach, um sie anzuspornen, führte er an, dass für zwei bedeutsame Privilegien kein guter Christ ohne annehmbare Entschuldigung sich weigern könne, an dem Kreuzzug teilzunehmen und diese heilige Reise zu unternehmen. Bei dem ersten Privileg sollten sie mehr als für jede andere Tat die Ehre und den Ruhm der Welt erlangen, indem sie kämpften, um das Patrimonium Jesu Christi zu verteidigen. Das andere bestand darin, dass sie auch die himmlische Herrlichkeit erlangen sollten. In der Tat sollten alle ohne Ausnahme, die bei dieser Reise den Tod fänden, sowie jene, die sie zu Ende führten, in die volle Herrlichkeit des Himmels eingehen, ohne Höllen- noch Fegefeuerqualen zu erleiden, sofern sie im Stand der Gnade blieben, wie es jeder gute Christ tun soll. Weil der gute und heilige Abt schwach und sehr erschöpft war, sandte er einige seiner ehrwürdigen Ordensbrüder nach Deutschland, nach Lothringen und in andere Gebiete. In jedem dieser Länder wurde diese heilige Predigt gut aufgenommen,[279] und um dieses Unternehmen besser zu Ende zu bringen, ordnete der König eine Versammlung aller Prälaten und Barone Frankreichs in der Stadt Vézelay an und führte sie durch.

Der hochedle und sehr tapfere König Ludwig der Junge herrschte zu jener Zeit über die Franzosen. Er wurde so genannt, weil König Ludwig der Dicke, der kurze Zeit zuvor gestorben war, zwei Söhne hatte. Der ältere mit Namen Philipp wurde noch zu Lebzeiten seines Vaters und nach dessen Willen in Reims zum König gesalbt und geweiht. Aber noch im Jahr seiner Krönung, als er sich auf den Wegen außerhalb von Paris umsah, geschah es, dass ein Wildschwein sich zwischen die Beine seines Pferdes warf und ihn zu Fall brachte. Der junge König Philipp, der unter dem Tier lag, wurde so schwer verletzt, dass er einige Tage später starb. Um ihn von König Ludwig dem Älteren zu unterscheiden und weil er dessen Erstgeborener war und ihm dann als König nachfolgte, wurde er auf Lateinisch „Junior" und in unserer Sprache „der Junge" genannt. Dieser Beiname wird ihm immer noch von den meisten Geschichtsschreibern gegeben, einmal zur Erinnerung an diese erste Bezeichnung und auch damit er besser von den Königen Frankreichs, die sich Ludwig nannten, unterschieden werden könne.

Als der Zeitpunkt der Versammlung gekommen war[280] und der Großteil der Prälaten und Barone Frankreichs in Vézelay zusammengekommen waren, hielt der hochwürdige heilige Bernhard eine höchst bemerkenswerte Predigt, um die Herzen der Anwesenden zu erweichen und sie anzuspornen, das heilige Kreuz zu nehmen. Der sehr tapfere König Ludwig bat darum, der Erste zu sein, und im Beisein des hochwürdigen heiligen Bernhard und aller anderen Prälaten, Fürsten und Barone gelobte er, diese heilige Reise zu unterneh- men, und nahm das Kreuz, das ihm der Bischof von Vézelay[281], Legat des Papstes, auf die Schulter legte. Seinem Beispiel folgend, gelobten der hochedle und hochberühmte Fürst Heinrich I., Graf von Champagne, der die Stiftskirche des hochwürdigen heiligen Stephan in Troyes sowie zwölf weitere Kirchen und dreizehn Hospitäler gründete, diese heilige Reise zu unternehmen. Der Chronik von Frankreich zufolge war Graf Heinrich ein beherzter und großmütiger Mensch; er war der Sohn des guten Grafen Tibald des Älteren, der zu der Zeit noch am Leben war und nach seinem Tod in Lagny begraben wurde, wo sich sein Leichnam noch heute befindet. Ebenfalls auf Kreuzzug gingen dann auch Alfons, Graf von Toulouse und von Saint-Gilles, Graf Thierry von Flandern, Graf Guido von Nevers, sein Bruder Reinhold, der Graf von Tonnerre, Graf Robert von Le Perche, Bruder des Königs Heinrich

von England, Yves von Nesle, Graf von Soissons, Graf Wilhelm von Ponthieu und Graf Wilhelm von Garence, Archimbald von Bourbon, Hugo von Lusignan, Enguerrand von Coucy, Gottfried von Manton, Wilhelm von Courtenay, Reinhold von Montargis, Ytier von Coucy, Gauché von Montray, Eberhard von Breteuil, Drogo von Monci, Mennecier von Bugliers, Anselm von Tens, sein Bruder Garin, Wilhelm le Bouteillier, Wilhelm Aguillon von Trie sowie mehrere andere Ritter, nicht mitgerechnet die Leute aus dem Volk. Zahlreiche Prälaten nahmen ebenfalls an dem Kreuzzug teil. Ebenso Bischof Simon von Noyon, Bischof Gottfried von Langres, Bischof Arnold von Lisieux, Bischof Hubert von Saint-Pol und mehrere weitere Prälaten. Zu Ehren dieses heiligen Kreuzzuges und im Gedenken an diese heilige Versammlung gründete der Bischof von Vézelay eine Kirche des heiligen Kreuzes am Hang des Hügels in der Nähe von Vézelay in der Aue, wo die heiligen Kreuze anlässlich dieser Versammlung genommen und ausgehändigt wurden. In dieser Kirche des Heiligen Kreuzes hat Unser Herr seither große und zahlreiche Wunder vollbracht.

Unterdessen gingen zur selben Zeit in Deutschland Kaiser Konrad[282], sein Bruder Otto, Bischof von Freising, und ihr Neffe, Herzog Friedrich von Schwaben, der seitdem Kaiser war, Bischof Stephan von Metz, Bischof Heinrich von Toul, Bruder von Graf Thierry von Flandern, der von Geburt deutsche Theodinus, Bischof von Porto und Legat des Papstes innerhalb des kaiserlichen Heeres, Herzog Welf, der Markgraf von Verona, der Herzog von Bayern, das heißt Berton von Les Andes, der dann Herzog wurde, Markgraf Wilhelm von Montferrat, Schwager des Kaisers, Graf Blandin, der die Schwester dieses Markgrafen Wilhelm zur Gattin hatte, und mit ihnen eine sehr große Zahl weiterer Fürsten, Barone, Ritter und Leute von unterschiedlichem Stand auf Kreuzzug.

Nachdem diese Reise von diesen beiden großen Fürsten und deren Prälaten und Baronen beschlossen war, bekundeten sie gegenseitig ihren Beschluss, verbündeten sich und versprachen sich wahre und brüderliche Liebe. Dennoch brachen sie in diesem Jahr nicht auf, denn König Ludwig nahm das Kreuz an Ostern des Jahres 1145[283], doch brach er nicht vor Pfingsten des Jahres 1146[284] auf. In diesem Zeitraum brach auch Kaiser Konrad auf,[285] doch traten sie nicht zur selben Zeit die Reise an, weil sie Angst hatten, nicht genug Verpflegung für die zahlreichen Kreuzfahrer, die sie mitführten, zu finden. Sie fürchteten auch Streitereien zwischen ihren Leuten, die nicht dieselbe Sprache sprachen. Allerdings beschlossen sie, dass die beiden Heere einander folgen und denselben Weg nehmen und dass sie sich in Konstantinopel wiedertreffen sollten. Und so geschah es auch. Sie zogen durch Bayern, überquerten den großen Fluss Donau, und nachdem sie diesen zu ihrer Linken zurückgelassen hatten, zogen sie nach Österreich hinunter, drangen dann in Ungarn ein, wo der König[286] sie mit großen Ehren empfing und ihnen schöne Geschenke schickte. Von hier aus durchquerten sie Pannonien, wo der heilige Martin geboren ist, zogen in Bulgarien ein und, das Rhodope-Gebirge zur Linken, durchquerten sie die beiden Gebiete Thraziens. Sie zogen dann durch die reichen Städte Sinope und Adrianopel und setzten ihren Weg fort, wobei sie schwere Prüfungen ertragen mussten, bis sie in die sehr reiche und sehr mächtige Stadt Konstantinopel gelangten. Sie wurden von Kaiser Manuel prächtig empfangen und gefeiert und ruhten sich dort einige Tage lang aus, denn sie waren sehr erschöpft. Während dieser Zeit sprachen diese drei großen Fürsten lange und geheim miteinander darüber, was sie für diese Fahrt tun mussten.

Kapitel XLIV.
Wie sich Kaiser Konrad und König Ludwig der Junge trennten, nachdem sie den Arm des heiligen Georg überquert hatten. Die Hinterlist der Griechen, welche Kaiser Konrad verrieten. Seine Niederlage. Die Hilfe, welche König Ludwig ihm zuteil werden ließ, und wie er trotz allem nach Konstantinopel zurückkehrte.

Kaiser Konrad und König Ludwig, die ihr Gelübde erfüllen wollten, verabschiedeten sich vom Kaiser, setzten in Konstantinopel über den Arm des heiligen Georg über und zogen in das Land Bithynien ein. Dort trennten sie sich, denn Kaiser Konrad wollte sein Heer getrennt führen, was er auch tat. Er ließ links die Landstriche Galatien und Paphlagonien und rechts Lydien und Kleinasien hinter sich zurück, führte seine Leute in die Nähe der Stadt Nikomedia[287] und kam auf dem Weg dahin durch die mächtige Stadt Nicäa. Von dort aus zogen sie in das Land Lykaonien, wobei sie den großen Reiseweg verließen und den Wegen folgten, von denen die Griechen[288], die von Kaiser Manuel zu Kaiser Konrad gesandt wurden, um sie bestens zu geleiten, sagten, dass sie die besten seien. Jedoch logen sie, wie sich später herausstellte, und verrieten die Christen. In der Tat steigerten sie ihre Hinterlist und führten unsere Leute über enge und gefahrenvolle Wege, und sobald sie sie in die Gebiete der Türken und anderen Sarazenen hineingeführt hatten, suchten sie die Hauptleute und Anführer der Christen in diesem Heer auf und sagten ihnen, sie sollten nur an einem bestimmten von ihnen angegebenen Datum Nahrung beschaffen und mitnehmen, wobei sie fälschlicherweise behaupteten, dass sie davon an diesem Tag in Hülle und Fülle für die Menschen und die Tiere finden würden.

Man wusste nicht, ob sie so auf Befehl ihres Kaisers Manuel gehandelt hatten oder um das Geld der Ungläubigen zu bekommen. Auf jeden Fall führten sie das Heer der Christen über unwegsame Engpässe und trieben sie an verschiedene Orte, wodurch die

KONRAD III. UND SEINE TRUPPEN TREFFEN VOR KONSTANTINOPEL EIN.
KONFRONTATION VON DEUTSCHEN UND TÜRKEN

„In der Tat sollten alle ohne Ausnahme, die bei dieser Reise den Tod fänden,
sowie jene, die sie zu Ende führten, in die volle Herrlichkeit des Himmels
eingehen, ohne Höllen- noch Fegefeuerqualen zu erleiden,
sofern sie im Stand der Gnade blieben, wie es jeder gute Christ tun soll."

(FOL. 138VA)

Auch der römisch-deutsche König Konrad III. konnte sich dem Aufruf Bernhards von Clairvaux und des Papstes nicht entziehen und schloss sich 1146 dem Kreuzzug an – und mit ihm viele Vertreter des deutschen Adels. Im Mai 1147 machte sich Konrad mit seinem Heer von Regensburg aus auf den Weg in Richtung Konstantinopel. Im unteren Register der Seite sind Truppen dargestellt, die eine Wasserfläche durchquert haben, wahrscheinlich den (Fluss-) Arm des heiligen Georg in der Nähe Konstantinopels. Das Hauptbild zeigt die Kreuzfahrer, die sich von den Byzantinern haben in die Irre leiten lassen. Diese waren darauf aus, sie über gefährliche, unpassierbare Wege zu führen – hier durch eine zerklüftete Felslandschaft angedeutet. Die Deutschen werden von den türkischen Truppen angegriffen, verteidigen sich jedoch nach Kräften und schlagen die Gegner in die Flucht. Auf dem Zelt im Vordergrund kann man die Insignien des römisch-deutschen Königs erkennen und die Inschrift lesen: „O mater dei memento mei" (Oh Muttergottes, gedenke meiner).

en diuers lieux. en chfsarn desquels
les Turcs ⁊ Sarrazins auoient
trop merueilleux auantage sur
eulx. Et qui pis estoit le iour
que les gris auoient nomme
et mis sauoir viandes. ⁊ cel
les des alemans presques toutes
despendues. Et plusieurs iours
apres ils ne trouuerent aucuns
viures. Mais estoient comme

sa mort de force de famine.
Pour quoy Lempereur se
uit que se terme estoit pris
se que les Gres lui auoient
mis de trouuer viures. il les
fit venir deuant lui ⁊ seur
demanda deuant ses Cheualiers
la cause pour la quelle ils
lui auoient ainsi menti du
iour. Et ils lui respondirent

Türken und Sarazenen bei weitem die Oberhand über sie gewannen. Und, schlimmer noch, bald kam der Tag, von dem die Griechen gesagt und versprochen hatten, dass sie Proviant hätten. Die Deutschen waren fast alle erschöpft. Etliche Tage danach fanden sie immer noch keine Verpflegung und liefen Gefahr, den Hungertod zu erleiden. Als der Kaiser sah, dass die Frist, welche die Griechen ihm für den Erhalt der Lebensmittel genannt hatten, verstrichen war, ließ er sie zu sich kommen und fragte sie im Beisein seiner Ritter, warum sie ihn mit diesem Datum so belogen hätten. Diese antworteten ihm scheinheilig, dass sie geglaubt hätten, das Heer würde schneller vorankommen und längere Wegstrecken bewältigen. Sie schworen ihm, dass sie bestimmt in drei Tagen bei der Stadt Konya sein würden, die so reich sei, dass es ihnen an nichts mangeln würde. Der Kaiser, der ein gutgläubiger Fürst war, vertraute ihnen und sagte, dass er noch drei Tage abwarten wolle, um zu sehen, ob sie die Wahrheit sagten. Aber als die Nacht hereingebrochen war und als er selbst und die Männer seines Heeres schliefen, machten sich die hinterlistigen Griechen davon, indem sie deren ersten Schlaf ausnutzten. Am darauffolgenden Morgen wollten diejenigen, die das Heer führen sollten, die Leute zum Aufbruch bewegen, doch sie konnten die Griechen, die sie bis hierher geführt hatten, nicht finden.

Kaiser Konrad war darüber bestürzt und beriet sich mit seinen Baronen. Ein Teil von ihnen dachte, dass sie, da sie niemanden finden konnten, der in der Lage war, ihnen zu sagen, wo sie sich befanden noch in welche Richtung sie gehen mussten, auf ihrem Weg umkehren sollten, bis sie Lebensmittel, an denen sie vollständig Not litten, finden könnten. Die anderen waren dafür, weiter voranzugehen in der Hoffnung, Lebensmittel eher beim Weiterziehen als beim Zurückkehren zu finden. Beide Meinungen wurden heftig erörtert, und der Kaiser wusste nicht, welche Lösung er wählen sollte. Deshalb blieben sie eine lange Weile, ohne eine Entscheidung zu treffen. Währenddessen kamen einige Männer aus dem Heer zurück, die sich in der Umgebung auf die Suche gemacht hatten, ob sie Lebensmittel fänden, und berichteten ihnen, dass sich in der Nähe Türken in großer Zahl und allesamt bewaffnet versammelt hätten.

Dies war die Wahrheit. In der Tat hatten die hinterlistigen Griechen, die sie geleitet hatten, sie von Konya weggeführt und sie in die weiten Einöden von Kappadokien eindringen lassen: Dort gab es weder Hecke noch Strauch noch Pfad und, wenn sie sie durch Lykaonien hätten ziehen lassen, anstatt dieses Gebiet zu ihrer Rechten zu lassen, hätten sie einen schnelleren Reiseweg mit bestellbarem Land und jedweder Nahrung in Fülle gefunden. Man sagte damals, Kaiser Manuel habe diesen Verrat befohlen. Weder er noch die anderen Griechen mochten die Deutschen, denn Kaiser Konrad nannte sich Kaiser der Römer, genau wie Kaiser Manuel dies tat. Die Griechen indessen behaupteten, dass der Kaiser von Konstantinopel der Herrscher der ganzen Welt sein solle.

Wie dem auch sei, dieser heimliche Hass diente den Christen nicht, denn der Sultan von Konya besaß das größte Türkenheer, auf das die Deutschen trafen. Er hatte es für den Fall versammelt, dass sich ein Augenblick oder eine Gelegenheit böte, den großen Heeren der Christen, die durch sein Land zogen, Schaden zuzufügen. In Wahrheit waren fast alle Könige und hohen Herren der Heiden, Türken und Sarazenen, bestürzt und erschrocken über diese Massen, die bei ihnen ankamen. Man hatte sie von verschiedenen Seiten unterrichtet, wenn sie ohne Hindernis und in Sicherheit durch diese Gebiete zögen, würden sie alle Fürsten und Barone, die sie dort anträfen, vernichten und besiegen. So würde den Christen in kurzer Zeit der ganze Orient gehören. Unter den Heiden hatten deren Heere den Ruf, aus so vielen Menschen und Pferden zu bestehen, dass, wenn sie sich am Ufer eines großen Flusses niederließen, dieser sich sehr schnell erschöpfte aufgrund der Wassermenge, die sie benötigten, und dass diese nicht ausreichte, den Durst der Menschen und Tiere zu stillen. Man sagte auch, dass ein so großes Königreich sie schwerlich einige Tage ernähren könnte. Obwohl all dies nicht wahr war, umfassten diese beiden Heere dennoch eine ungeheure Zahl an Menschen und Pferden. In der Tat befanden sich in dem von Kaiser Konrad gut siebzigtausend Männer zu Pferd mit Panzerhemden, dann die Fußkämpfer und die übrigen Reiter, die leichter bewaffnet waren. Was das Heer von König Ludwig dem Jungen betrifft, so war es ebenso zahlreich und bestand aus sehr tapferen Männern, ohne die unzähligen Fußkämpfer zu berücksichtigen. Überall, wo sie durchzogen, war das Land voller Menschen und es schien wohl so, dass sie alle Länder der Ungläubigen erobern könnten.

Deshalb, wie bereits gesagt, waren Kaiser Konrad und seine Leute, als sie sich in der Einöde von Kappadokien fanden, so bestürzt und verwirrt, dass sie nicht wussten, welchen Weg sie nehmen und ob sie weitergehen oder zurückkehren sollten. Außerdem waren sie so erschöpft wegen der sehr schlechten, steilen und abschüssigen Wege, über die sie gehen mussten, und so geschwächt durch Hunger und Durst, dass fast kein Mann oder Pferd noch weitergehen konnte. Als die Türken die Lage erfassten, kamen sie und stürzten sich plötzlich mit großen Scharen auf sie; die Christen befanden sich in ihren Zelten und waren auf diesen Angriff nicht gefasst. In kurzer Zeit fügten ihnen die Türken sehr großen Schaden zu. In der Tat waren die Männer des Sultans, die von den Türken und anderen Heiden und Sarazenen der beiden Armenien und Kappadokiens, von Isaurien, Kilikien und Medien Unterstützung erhalten hatten, nicht ermüdet, und ihre Pferde waren gut ausgeruht, denn sie waren gut genährt und versorgt, wie es ihren Bedürfnissen entsprach.

Indessen hielten die Deutschen ihren verschiedenen Angriffen stand und verteidigten sich so gut wie möglich, ohne ihnen jedoch schaden zu können. Als sie versuchten, sie mit Hilfe von Pfeilen zurückzudrängen, welche die Unseren wie auf Wild auf sie abschossen, flohen die Türken zurück an geschützte Orte fernab von den Deutschen, die sie wegen der

Schwäche ihrer Pferde nicht lange verfolgen und ihnen nicht schaden konnten. Der Sultan von Konya befand sich nicht in diesem Heer. Der Anführer des Heeres war einer seiner Barone, der bedeutende und mächtige Pharamond. Kurzum, an diesem Tag verlor der Kaiser so viele Leute, dass von der großen Zahl an Fürsten, hohen Baronen, Rittern und anderen Leuten, die er dorthin mitgeführt hatte, nicht einmal der zehnte Teil überlebte. Alle anderen waren nämlich vor Hunger gestorben oder getötet oder gefangen genommen und von den Türken mitgenommen worden, so wie sie es wollten.

Der Kaiser und einige seiner Fürsten und Barone jedoch konnten sich retten und kehrten, so gut sie konnten, nach Nicäa zurück, wobei sie ihre Zelte und Rüstungen den Türken überließen, die sie nach Belieben plünderten. Nach den Christen schickten diese ihre Kundschafter aus, um den Zustand des Heeres von König Ludwig dem Jungen in Erfahrung zu bringen, in der Hoffnung, ihn zu besiegen, da sie auch den Kaiser von Deutschland besiegt hatten, der, so sagten sie, ein stärkeres Heer habe. Und die Griechen, die Kaiser Konrad verraten hatten, waren den Türken eine große Hilfe. In der Absicht, König Ludwig den Jungen zu betrügen, kamen sie zu ihm und sagten ihm, dass sie den Kaiser und seine Leute so geführt hätten, dass diese die sehr reiche Stadt Konya eingenommen und geplündert und alle Türken, die sich ihnen entgegenstellen wollten, besiegt hätten.

Sie erfanden diese Lüge, weil sie fürchteten, wenn der König von der großen Gefahr, in die sich Kaiser Konrad begab, gewusst hätte, hätte er versucht, sich an ihnen zu rächen, und wäre Kaiser Konrad zu Hilfe geeilt. Als Letzterer erfuhr, dass das Heer von König Ludwig ganz in der Nähe war, schickte er seinen Neffen Friedrich, den Herzog von Schwaben, der später Kaiser war, zu ihm und ließ ihm von seinem Missgeschick berichten, damit sie untereinander besprechen könnten, was sie tun sollten. Vor dem Kommen des Herzogs indessen verbreitete sich bereits die Kunde im Heer des Königs, als es sich in Bithynien befand. Man schenkte diesen Meldungen jedoch keinen großen Glauben, denn man wusste nicht, wer sie verbreitete.

Als der König und die Barone von Frankreich die Wahrheit erfuhren, jammerten sie und zeigten ihren Schmerz. Um den Kaiser zu trösten, nahm König Ludwig sogleich einige seiner mächtigsten Fürsten und andere Barone und Krieger zu sich und eilte zusammen mit dem Herzog von Schwaben so schnell als möglich zu ihm, da die Entfernung nicht groß war. Nachdem sie sich sehr herzlich umarmt und begrüßt hatten, tröstete ihn der König und schlug ihm vor, er wolle ihm Geld und Leute geben, so viel er wolle, und versprach, ihm zu dienen und ihn getreu zu begleiten. Danach ließen sie die Fürsten und Barone kommen und beschlossen, zusammen aufzubrechen, um den Dienst Unseres Herrn und ihre Gelübde zu erfüllen. Es gab jedoch genug Leute des Kaisers, die sagten, sie hätten das Geld, das sie für ihre Ausgaben mitgebracht hatten, verloren und könnten nicht mehr weitergehen. So kehrten sie nach Konstantinopel zurück, ohne Rücksicht auf ihre Gelübde und die Tatsache, dass sie ihren Herrn, den Kaiser, im Stich ließen. Und offen gesagt, waren sie erschreckt durch die Gefahren des Krieges, an dem sie teilgenommen hatten, und die langen Leiden, die ihnen noch bevorstehen sollten.

Dennoch machten sich die beiden Fürsten wieder auf den Weg, um ihre Pilgerreise zu erfüllen, doch sie folgten nicht dem Weg, den der Kaiser genommen hatte; diesen ließen sie zu ihrer Linken, zogen die Küste entlang nach Suse la Mineure und kamen auf der linken Seite in das Gebiet von Philadelphia. Dann brachen sie in die Stadt Smyrna auf und drangen in Ephesos ein, dort, wo der heilige Johannes der Evangelist begraben ist. Als sie sich in dieser Stadt befanden, besann sich Kaiser Konrad: Man hielt ihn für den größten weltlichen Fürsten der Erde, doch er stand, da er zu der Zeit kein Heer an seiner Seite hatte, das seinem großen Ruf würdig gewesen wäre, unter der Macht des Königs von Frankreich und der Franzosen und konnte nichts ohne sie tun, weshalb er zu dem Schluss kam, dass es demütigend sei, so fortzufahren, und dass er folglich wieder aufbrechen werde. Andere Gründe trieben ihn an, doch man wusste nicht, welche es in Wahrheit waren. Wie dem auch sei, er befahl, dass seine Leute auf dem Landweg nach Konstantinopel zurückkehrten, und fuhr selbst mit einer sehr kleinen Schar über das Meer. Er kam zu Kaiser Manuel, der ihn empfing und ihn während seines ganzen Aufenthalts feierte bis zur neuen Jahreszeit. Sie waren einander sehr zugetan, denn sie waren mit zwei Schwestern verheiratet, den Töchtern des alten Berengar, Graf von Luxemburg[289], einer der größten Fürsten Deutschlands.

Kapitel XLV.
Wie die Franzosen ein Heer von Türken besiegten, aber von einem anderen besiegt wurden, weil der Anführer der Vorhut den im Rat getroffenen Beschluss nicht befolgte. Wie es König Ludwig, der einer Niederlage entging, gelang, sein Heer zu versammeln und, nachdem es große Verluste erlitten hatte, in Sicherheit zurückzuführen.

Als König Ludwig der Junge sah, dass der Kaiser sich so von ihm getrennt hatte, ließ er sein Heer weiter vordringen. Als er nach einigen Tagen an die Furt des Mäanders kam, wo sich in großer Zahl Schwäne befinden, ließ er sich dort mit seinen Männern auf einem schönen Wiesengrund nieder. Auf der anderen Seite der Furt fanden die Franzosen das, was sie sich schon lange gewünscht hatten. Jedoch waren in der Nähe zahlreiche Sarazenen, Türken und Heiden versammelt, ausgerüstet mit allerlei Pfeilen, mit denen

SCHLACHT ZWISCHEN DEM HEER LUDWIGS VII. UND DEN TÜRKEN. DIE VORHUT UNTER DEM BEFEHL GOTTFRIEDS VON RANCON SUCHT NACH EINEM LAGERPLATZ

„In manchen Chroniken kann man lesen, dass der König fast die ganze Nacht hindurch allein auf dem Hügel blieb und dass seine Feinde ihn lange bekämpften, ohne zu wissen, wer er war, und dass er sich mutig verteidigte, als er nicht mehr zu Pferde war. Man sagt auch, dass er, als die Nacht fast vorbei war, auf diesen Hügel stieg und sich mutig mit seinem Schwert verteidigte."

(FOL. 144VB)

Jean Colombe hat auf dieser Seite wiederum eine Gebirgslandschaft mit zerklüfteten Felsen dargestellt. Er verdeutlicht so den beschwerlichen Weg der Kreuzfahrer durch die Türkei. Die Truppen waren im Lykos-Tal angekommen und wollten sich auf dem Gipfel eines Berges niederlassen. Die Vorhut unter dem Befehl Gottfrieds von Rancon sollte hier auf den Rest des Heeres warten, beschloss jedoch, weiterzuziehen und einen anderen Lagerplatz zu suchen. Dies hat Jean Colombe im unteren Register der Seite dargestellt. Das Hauptbild zeigt, wie die Türken die Aufteilung der christlichen Heere ausnutzen, indem sie diesen Berg in ihren Besitz bringen und die Nachhut angreifen, die bei ihrer Ankunft nicht die erhoffte Verstärkung vorfand. Die beiden Standarten – die des französischen Königs und die König Konrads – flattern im Wind. Die christlichen Heere erleiden eine schwere Niederlage. Jean Colombe hat sich für seine Illustrationen bewusst die dramatischsten Situationen des Kreuzzuges ausgesucht, um Sébastien Mamerots Text getreu zu begleiten.

ans se matin en conseil auant
seur desloctement quilz se loce
roient le soir sur le sommet du
ne mouse haulte z roidde mon
taigne qui estoit en leur chemin
z due Geuffroy de faucon
qui estoit ung des plus graus
barons de poitou z faisoit
lauantgarde portant la banie
re de france teint au sommet de
ceste montaigne dit quilz a

noient fait trop petite iournee
et contre ce quil auoit este con
clud z sans le faire scauoir
a ceulx de larrieregarde ne les
contreintendre par ce qeceulx
qui le guidoient lui furent
entendire que ung petit out
re auoit plus belle place z
meilleur pour reposer lost
fit descendre son armee les
armes et se hasta dy aler.

sie viele unserer Leute verwunden konnten, wie auch deren Pferde, die sie daran hinderten, zur Tränke zu gehen. Die Christen erkundigten sich indessen und gingen auf die Suche, bis die Bewohner der Gegend ihnen eine Furt angaben, wo sie sogleich in großer Zahl durchzogen. Sie stürzten sich mit solcher Heftigkeit auf ihre Feinde, dass sie viele töteten und gefangen nahmen. Die anderen flohen und ließen ihre Zelte mit großen Schätzen zurück, die unsere Leute als Beute nahmen. Sie brachen überglücklich wieder auf und durchquerten die Furt erneut, um in ihre Zelte zurückzukehren, und lobten und dankten Gott, dass er ihnen diesen ersten Sieg beschert hatte. Am nächsten Tag, als es hell wurde, verließen sie diese Aue und kamen in die Stadt La Liche. Dort nahmen sie so viele Nahrungsmittel, wie sie brauchten, denn es war ihre Gewohnheit, so vorzugehen.

Dann brachen sie wieder auf, nachdem sie am Morgen vor ihrer Abreise im Rat beschlossen hatten, sich am Abend auf dem Gipfel eines hohen, steilen Berges, der sich an ihrem Weg befand, niederzulassen. Gottfried von Rancon, einer der größten Barone des Poitou, der in der Vorhut war und das Banner Frankreichs trug, sagte, als sie auf dem Gipfel dieses Berges angekommen waren, dass sie eine zu kurze Wegstrecke zurückgelegt hätten, und entgegen dem Beschluss und ohne dies den Leuten der Nachhut kundzutun und auf sie zu warten vertraute er den Anführern, die ihm erklärten, etwas weiter sei ein schönerer und zum Ausruhen des Heeres besser geeigneter Platz, und ließ deshalb sein Heer eilig zu diesem Ort hinabgehen. Dagegen kam die Nachhut ohne Eile, weil sie dachte, das ganze Heer solle sich wie beschlossen niederlassen. So entstand in kurzer Zeit eine große Entfernung zwischen ihnen.

Als die Türken und anderen Sarazenen, die ihnen immer in großer Zahl folgten für den Fall, dass sie sie in einem Zustand der Unordnung überfallen könnten, dies sahen, gaben sie ihren Pferden die Sporen, nahmen schnell den Gipfel dieses Berges ein und riegelten die Wege und Durchgänge ab, über die unsere Leute sich hätten vereinigen können. Danach begannen sie, die Franzosen anzugreifen und mit ihren Pfeilen, die sie mit ihren türkischen Bögen abschossen, zu durchlöchern. Dann griffen sie sie mit Macht inmitten ihrer Reihen an, bewaffnet mit Keulen und Schwertern, und fügten ihnen großen Schaden zu, weil ihr Heer von ihnen getrennt und geteilt war. Es gab so viele Lasttiere und Hindernisse auf diesen engen Wegen, dass die Ritter und die anderen Franzosen, die sich mutig verteidigen und die Türken angreifen wollten, nicht leicht durchkommen noch sie erreichen konnten, so dass bei diesem Angriff viele getötet wurden. Schließlich begannen die Mutigsten und Waghalsigsten, die Türken ihrerseits zu töten, und um sich zum Kämpfen anzutreiben, sagten sie zur Ermutigung ihrer Gefährten, dass diese schlechte Kämpfer und feige seien. Den Beweis dafür hatten sie kurze Zeit zuvor erhalten, als sie sie an der Furt des Mäanders geschlagen hatten, indem sie sich mit solcher Kraft und solchem

Mut verteidigt hatten, dass sie viele Kämpfer wieder versammelt hatten und so durch die Reihen ihrer Feinde hindurchgelangen konnten.

Die Türken feuerten sich auf die gleiche Art in ihrer Sprache gegenseitig an und erinnerten daran, dass sie kurz zuvor den Kaiser von Deutschland, der mächtiger als der König von Frankreich war, besiegt hätten. Und so dauerte der schwierige und harte Kampf lange Zeit, so dass viele der Unseren getötet und viele Feinde verwundet wurden. Aber die Türken waren so zahlreich, dass, wenn sich die Verwundeten und Erschöpften nach hinten zurückzogen, sie sogleich durch frische Kämpfer ersetzt wurden, während die Unseren ihre Leute so nicht auswechseln konnten. Deshalb wurden sie am Ende besiegt, und es gab viele Tote und noch mehr Gefangene, die von den Türken an verschiedene Orte mitgenommen wurden. Unter den Toten und denen, von denen man nicht wusste, was aus ihnen geworden ist, waren vier große und mächtige Fürsten, der Graf von Garence, Gauché von Montray, Eberhard von Breteuil und Ytier von Maignac.

Jedoch hatte die Vorhut von dieser Niederlage keine Kenntnis. Nachdem sie ihre Prunkzelte errichtet hatten, ruhten sich die Männer aus. Als sie bemerkten, dass die Nachhut auf sich warten ließ, wurden sie misstrauisch und befürchteten, dass ihre Mitstreiter in Schwierigkeiten gekommen seien. König Ludwig persönlich hatte an dieser Schlacht teilgenommen, doch als die Ritter Frankreichs erkannten, dass sich eine Niederlage anbahnte, packten sie sein Pferd am Zaum, zogen es aus dem Getümmel heraus und es gelang ihnen, es auf den Gipfel eines hohen Hügels, der sich hinter ihnen befand, zu bringen. Dort blieben sie bis zur Nacht. Als es ganz dunkel war, sagten sie sich, dass sie nicht bis zum Tagesanbruch hierbleiben sollten, und entfernten sich auf einem zufällig gewählten Weg.

Natürlich war der König immer noch in großer Gefahr, schließlich war er auf allen Seiten von seinen Feinden umzingelt und hatte den größten Teil seiner Nachhut verloren. Zudem wusste keiner seiner Gefährten, in welche Richtung man gehen sollte. Als Unser Herr, in den der König große Hoffnung setzte, dies sah, leitete er sie so gut, dass sie, kaum dass sie vom Hügel herabgestiegen waren, ganz in ihrer Nähe die Reisigbündel sahen, die dort aufgestellt waren, wo sich die Vorhut befand, und als sie diese erkannten, gingen sie in diese Richtung. In manchen Chroniken kann man lesen, dass der König fast die ganze Nacht hindurch allein auf dem Hügel blieb und dass seine Feinde ihn lange bekämpften, ohne zu wissen, wer er war, und dass er sich mutig verteidigte, als er nicht mehr zu Pferde war. Man sagt auch, dass er, als die Nacht fast vorbei war, auf diesen Hügel stieg und sich mutig mit seinem Schwert verteidigte. Daher ging er zu den Zelten und Prunkzelten seiner Vorhut. Als seine Männer ihren Herrn so kommen sahen und von der grausamen Niederlage erfuhren, die sich zugetragen hatte, begannen sie zu

klagen. Es gab keinen, der nicht einen seiner Freunde verloren hatte. Und unter diesen Umständen liefen sie Gefahr, ins Verderben zu gehen.

Wenn die Türken von dem Zustand und von der Niedergeschlagenheit der Christen Kenntnis gehabt hätten, hätten sie diese leicht überwältigen, als Gefangene nehmen oder besiegen können. Sie kamen nicht umhin zu rufen, wer sein Vater, sein Bruder, sein Vetter oder sein Onkel sei, jeder suchte den Verwandten, den er verloren hatte. Manche, die entkommen konnten, indem sie sich in Höhlen oder im Gebüsch versteckt hatten, wurden wiedergefunden, aber im Vergleich zu der Zahl derer, die tot oder in Gefangenschaft waren, kamen nur wenige lebend zurück. Dieses schmerzliche Erlebnis widerfuhr den Franzosen im Monat Januar des Jahres 1146[290], und seither verschlechterte sich der Zustand der tapferen Franzosen immer mehr. Ab diesem Tag herrschte nämlich ein erschreckender Mangel an Lebensmitteln, denn es kam keine Nahrung bis zum Heer durch. Außerdem gab es unter ihnen niemanden, der zuvor schon in dieser Gegend gewesen war und die Wege und Orte, wohin man gehen konnte, kannte, was ihre Verzweiflung nur noch größer machte und sie in große Gefahren laufen ließ. Sie gingen bald nach links, bald nach rechts, wie Menschen, die sich verlaufen hatten. Schließlich kam ihnen Unser Herr zu Hilfe, denn nachdem sie hohe Berge und tiefe Täler überwunden hatten, kamen sie ungehindert in die Stadt Sattalia[291]. Niemals seit dieser großen Niederlage erlebte die Stadt einen so unglaublichen Angriff oder solche von den Türken verursachten Schäden. Aber ich glaube, dass Unser Herr durch eine außergewöhnliche Gnade den Christen diese Unterstützung zukommen ließ.

Diese am Meer gelegene Stadt Sattalia gehörte den Griechen und wurde vom Kaiser von Konstantinopel regiert. Obwohl sie von Land umgeben ist, das sehr gut zu bestellen ist, brachte dieser Grund und Boden den Einwohnern nichts ein, denn die Stadt war von den Türken so nah eingekreist, dass sie das Gebiet nicht bewirtschaften konnten. Trotzdem findet man dort alles, was man braucht: schöne Brunnen, schöne Gärten und Bäume mit Früchten aller Art. Das war ein wunderbarer und angenehmer Ort zum Leben. Weizen und Wein brachten die Händler über das Meer in ausreichender Menge, so dass kein Mangel bestand. Trotz dieses Überflusses an Lebensmitteln konnte die Stadt aber den Türken nicht standhalten und würde zerstört, wenn die Einwohner ihnen nicht jedes Jahr einen beachtlichen Tribut zahlen würden. Die Griechen nannten diese Stadt Attalia, und das benachbarte Gebirge dehnt sich bis zur Insel Zypern aus. Aber die Franzosen gaben dem Meer dort den Namen Schlund von Sattalia, und die Stadt trägt noch heute diesen Namen.

Als König Ludwig der Junge dort mit den ihm verbliebenen Männern ankam, fand er wenig Nahrung für so viele Leute. Trotzdem blieb er einige Zeit dort. In seinem Heer starben damals viele Leute aus dem Volk. Nachdem er in dieser Stadt etwas verweilt hatte, ließ er die Fußkämpfer dort zurück, damit sie sich länger ausruhten, und zusammen mit den Fürsten, Baronen, Rittern und Edlen seines Heers begab er sich aufs Meer. Links ließ er die Gebiete von Isaurien und Kilikien und rechts Zypern hinter sich zurück und lenkte seine Schiffe nach Antiochia. Der günstige Wind ließ ihn in einigen Tagen im Hafen von Sankt Symeon landen, dort, wo der Fluss Orontes, der durch Antiochia fließt, ins Meer mündet, nahe einer alten Stadt mit Namen Seleukia, die von einem der Fürsten Alexanders des Großen mit Namen Seleucus gegründet worden war und die zehn Meilen von Antiochia entfernt ist.

Kapitel XLVI.
Wie König Ludwig der Junge in Antiochia im Triumph empfangen wurde. Die Freigebigkeit des Fürsten Raimund und der tiefe Hass, welchen er gegenüber dem König empfand, der seine Bitte zurückwies. Wie Kaiser Konrad in Jerusalem einzog, gefolgt von König Ludwig dem Jungen. Die große Versammlung, welche in Akkon stattfand, und wie unsere Leute ihre Heere in die Nähe der Stadt Damaskus führten.

Raimund, der Fürst von Antiochia, war sehr glücklich, als er erfuhr, dass König Ludwig in seinem Land eingetroffen war, denn er ersehnte sein Kommen heiß. Er hoffte – und er war bereits sicher, dass dies geschehen würde –, dank seiner Hilfe und der seiner Männer die Städte Aleppo und Caesarea und die anderen Festungen, die die Türken[292] in seinem Land und in der Nähe von Antiochia innehatten, erobern zu können. Königin Eleonore, die Gattin König Ludwigs, die sich bei dem Heer befand, war nämlich seine Nichte, die Tochter seines ältesten Bruders Wilhelm, Graf von Poitiers, wie dies weiter oben in den *Passages d'Outremer* auftaucht, wo erzählt wird, wie dieser Fürst zum ersten Mal nach Antiochia kam.

In Begleitung der größten Fürsten seines Fürstentums und eines ansehnlichen Gefolges weiterer Leute trat er vor den König. Er empfing ihn so wie alle anderen Fürsten, Barone und französischen Edelleute mit größter Freude und vielen Festen und ließ sie dann nach Antiochia einziehen. Dort wurde der König mit einer sehr schönen und feierlichen Prozession, die sich aus Mitgliedern des Klerus und des ganzen Volkes zusammensetzte, empfangen. Gott weiß, wie Raimund den König mehrere Tage lang feierte und ihm reiche und prächtige Geschenke machte, ebenso jedem der Fürsten, Barone und Ritter! Er hatte

LUDWIG VII. UND RAIMUND VON POITIERS.
EINZUG LUDWIGS VII. IN ANTIOCHIA

„In Begleitung der größten Fürsten seines Fürstentums und
eines ansehnlichen Gefolges weiterer Leute trat er [Raimund von Antiochia]
vor den König. Er empfing ihn so wie alle anderen Fürsten, Barone
und französischen Edelleute mit größter Freude und vielen Festen und
ließ er sie dann nach Antiochia einziehen.“

(FOL. 145VB–146A)

Im März 1148 erreichte Ludwig VII. mit dem Kreuzfahrerheer die Tore Antiochias, wo ihm eine Prozession von Geistlichen und Einwohnern entgegenkam, wie man im unteren Register der Bildseite sehen kann. Die Hauptminiatur zeigt den triumphalen Einzug des Königs in die Stadt, wo er von seinem angeheirateten Onkel Raimund von Poitiers, der von 1136 bis 1149 Fürst von Antiochia war, ehrerbietig empfangen wird. Dieser macht einen Fußfall vor dem König, den man an seiner Kleidung mit den Lilienmotiven und der Krone erkennt. Die Szene spielt sich vor einem der Stadttore ab. Die Beziehungen zwischen den beiden gestalteten sich dann aber schwierig, denn der König weigerte sich, Raimund von Antiochia bei seinen Eroberungsplänen zu unterstützen.

grant joye ⁊ festoyement et
auffi tous les auftres princes
fuyuis et nobles francois. et
ſes emmena dedens Antioche
ſa ou le Roy fut receu par
le clergie et treſbelle et ſolen
nelle poſſeſſion ⁊ auſſi par
tout le peuple. Et dieu ſcet
comment il feſtoya le Roy
par autans ſoies ⁊ luy fit
de riches et beaux preſens

et a dictum des prince huyes
et cheualiers. Et en france meſ
mes auoit il encore de Roxe
preſente au Roy ſi toſt quil
ſcauſt quil ſeſtoit auiſe . a une
celle feſte tourna toſt a mieſ
ue ſoleur. Car le prince fit
temouſtrer au Roy ſon par
autans ſes princes . et apres
par ſoy maiſmes temonſtra
que ſil luy plaiſoit aydier et

431

übrigens dem König nach Frankreich prächtige Geschenke gesandt, sobald er erfahren hatte, dass dieser das Kreuz genommen hatte. Doch diese Feiern verwandelten sich schnell in tiefes Leid.

Der Fürst von Antiochia ließ nämlich König Ludwig durch einige seiner Fürsten erklären, und dann erklärte er es ihm auch selbst, wenn dieser einverstanden sei, ihm zu helfen und sein Heer vor die Städte Aleppo und Caesarea und auch vor einige Festungen in der Nähe von Antiochia zu führen, dann sei er sicher, dass sie diese innerhalb kurzer Zeit einnehmen würden. Dies wäre ein großer Gewinn für das ganze Land Syrien und für alle Christen und eine große Ehre für den König und die Franzosen. Wahrhaftig, nach dem, was ich an verschiedenen Stellen erfahren habe, hatte der Fürst Recht, denn die Türken, die diese Städte und Festungen innehatten, waren von dem Kommen und dem Ruf der Franzosen so erschreckt, dass sie sich, ohne Hilfe abzuwarten, ohne großen Kampf ergeben hätten.

Man konnte jedoch den König nicht dazu bewegen, in dieses Vorhaben einzuwilligen. Er antwortete dem Fürsten, dass er Frankreich unter anderem deshalb verlassen habe, weil er das Gelübde abgelegt habe, nach Jerusalem zu pilgern, und dass er bis jetzt so viele Gefahren durchlebt habe, dass er nichts anderes mehr unternehmen würde, bevor nicht sein Gelübde erfüllt sei. Wenn er dieses Gelübde erfüllt habe, würde er sich gerne die Vorschläge des Fürsten und der anderen Barone des Landes Syrien anhören und dann nach ihrer Ansicht bestmöglich handeln, zum Wohle Unseres Herrn Jesus Christus. Als Fürst Raimund begriff, dass er von dem König nichts von dem bekommen würde, was er von ihm erbeten hatte, wurde sein Herz von solchem Zorn und solchem Hass erfüllt, dass er sich von nun an bemühte, dem König alles Böse anzutun, wozu er imstande war, um ihn zu verdrießen. Und er beeinflusste insbesondere die Königin, seine Nichte, so dass sie den König verlassen und sich von ihm trennen wollte. Sie verhielt sich nicht klug, und ihr Benehmen brachte ihr strenge Tadel in diesem Land ein, denn wie man hörte, respektierte sie den Treueschwur ihrer Ehe nicht.[293]

Im Übrigen berichtete man dem König, dass der Fürst ihn hasse und ihm Böses wolle. Deshalb entfernte er sich, nachdem er seine Edelleute um Rat gefragt und deren Einverständnis hatte, nachts ganz im Geheimen aus Antiochia. Da nicht alle unterrichtet waren, wurde er bei seiner Abreise nicht wie bei seiner Ankunft geleitet, und einige sagten, dass es für den König nicht ehrenhaft sei, so abzureisen. Gleich, was man auch darüber sagte, er zog dann seine Leute aus Antiochia ab und führte sie nach Tripolis, um von dort nach Jerusalem zu ziehen.

Kaiser Konrad, der den ganzen Winter über in Konstantinopel geblieben war, verließ die Stadt mit großen Ehren, und mit Hilfe von Kaiser Manuel begab er sich aufs Meer, um nach Akkon zu kommen und von dort aus auf dem Landweg nach Jerusalem, wo er vor König Ludwig eintraf. Gott kennt die Ehre und die Freude, die ihm der König[294], der Patriarch und die anderen Fürsten, Barone, Prälaten und edlen Herren von Jerusalem entgegenbrachten, da sie ihm einen langen Weg in feierlicher Prozession entgegenzogen! Doch es würde zu weit führen, von den Festlichkeiten und den Triumphzügen, die stattfanden, zu berichten, und so verzichte ich darauf.

Zur selben Zeit überquerte Graf Alfons von Toulouse[295], Sohn des berühmten und sehr tapferen Fürsten, des hervorragenden Grafen Raimund von Toulouse, das Meer und kam im Hafen von Akkon an. Sein Vater war berühmt dafür, so viele außergewöhnliche und glorreiche Taten vollbracht und so viele Eroberungen während des ersten großen Kreuzzuges gemacht zu haben, als die Franzosen Antiochia und Jerusalem in ihre Gewalt brachten und Gottfried von Bouillon zu dessen König machten, wie ich vorher kurz berichtet habe.

Oh weh! Man hatte in Syrien lange diesen hoch geschätzten Grafen Alfons erwartet und herbeigesehnt! Man setzte alle Hoffnung auf seine edle Tapferkeit und auf die ruhmreichen Taten seines Vaters und glaubte, dass er den Syrern beistehen, sie unterstützen und ihnen zu Hilfe kommen würde. Aber als er sich auf den Weg von Akkon nach Jerusalem gemacht hatte und nach Caesarea kam, einer Stadt an der Küste, vergiftete ein teuflischer Junge sein Essen, so dass er sofort starb. Man hat nie erfahren, wer ihn vergiftet hatte.[296] Über den Schmerz, den sein Tod in Syrien auslöste, spreche ich nicht, denn es wäre zu lang, darüber zu berichten.

Als der König von Jerusalem die Kunde erhielt, dass König Ludwig Antiochia verlassen habe und sich Tripolis nähere, schickte er ihm auf den Rat seiner Barone hin den Patriarchen Fulcher von Jerusalem entgegen, damit der König auf dem geradesten Wege und schnellstmöglich in die Heilige Stadt kommen möge, wo ihn der Kaiser von Deutschland und König Balduin III. erwarteten. Um ehrlich zu sein, König Balduin und seine Barone hegten Zweifel, ob der Fürst von Antiochia nicht einen Weg finden könnte, sich mit ihm auszusöhnen und ihn nicht in sein Land zurückgehen zu lassen, oder ob der Graf von Tripolis, sein Vetter, ihn nicht bei sich behalten könnte, damit er ihm helfe, seinen Feinden einige Siedlungen, Städte oder Festungen wegzunehmen.

In der Tat war das Land, das die lateinischen Christen zu der Zeit in Syrien und in der Umgebung besaßen, in vier große Herrschaften aufgeteilt. Die erste war das Königreich Jerusalem, das, nach Süden ausgerichtet, an dem Fluss begann, der zwischen den an der Küste gelegenen Städten Dschebail und Beirut fließt, und das sich bis zu den Wüsten auf der anderen Seite der Burg Daron in Richtung Ägypten erstreckte. Die zweite große Herrschaft, nach Norden ausgerichtet, war die Grafschaft Tripolis; sie begann an besagtem Fluss und dehnte sich nach Osten hin aus bis zu einem anderen

Fluss, der zwischen den beiden ebenfalls an der Küste gelegenen Städten Maraclea[297] und Banyas[298] hindurchfließt. Die dritte große Herrschaft war das Fürstentum Antiochia. Es begann an diesem Fluss und erstreckte sich nach Osten bis zur Stadt Tarsos in Kilikien. Die vierte Herrschaft war die Grafschaft Edessa, die in der Nähe eines „Marris" genannten Waldes begann und sich nach Osten jenseits des großen Flusses Euphrat bis zu den Gebieten der Heiden, Türken und Sarazenen erstreckte. Und tatsächlich hatten der König und die drei anderen Fürsten dieser großen Herrschaften jeweils vor langer Zeit diesen beiden mächtigen Fürsten Schreiben und allerlei Geschenke gesandt und ihr Vorhaben erklärt, mit ihrer Hilfe einige Ländereien, Siedlungen, Städte und Burgen den Feinden des christlichen Glaubens, die ihre nächsten Nachbarn waren, wegnehmen zu können.

Doch König Balduin bekam, was er wollte. König Ludwig beeilte sich nämlich, in Anwesenheit des Patriarchen, der ihm diese Bitte überbrachte, so schnell wie möglich nach Jerusalem zu kommen, wo er mit großem Triumph empfangen wurde, wie dies auch der Kaiser worden war. König Balduin und die anderen Fürsten und Barone hielten mit König Ludwig, nachdem sie ihn allseits die heiligen Stätten hatten aufsuchen lassen, mehrere Versammlungen ab, wo man beschloss, dass die Fürsten und Prälaten, die sich im Heiligen Land befanden, sich zu einer Generalversammlung in der Stadt Akkon einfinden würden, um zu entscheiden, in welche Richtung sie ihre Heere führen sollten. Sie wählten ein Datum aus,[299] an dem sie sich in Akkon trafen, und all die, deren Namen folgen, nahmen an dieser großen Versammlung teil. Zuallererst waren es Deutsche und Italiener: Konrad, der Kaiser von Deutschland, Otto, sein Bruder, Bischof von Freising, Theodinus, Bischof von Porto und Legat des Papstes in dem Heer des Kaisers, Bischof Stephan von Metz, Bischof Heinrich von Toul, Herzog Heinrich von Österreich, Bruder des Kaisers, Herzog Welf und Herzog Friedrich von Schwaben, Neffe des Kaisers, der Markgraf von Verona, Berton von Les Andes, der später Herzog von Bayern war, Wilhelm von Montferrat und Graf Blandin. Von Frankreich waren es König Ludwig der Junge, Guido von Florenz, Kardinalpriester von San Chrysogono, Legat des Papstes im Heer von Frankreich, und der zu Recht bereits mehrmals erwähnte berühmte Fürst Heinrich I., der den Namen und das Wappen der Grafschaft der Champagne führte, einziger Sohn des alten Grafen Tibald von Chartres und Blois, und mit ihm seine Frau Marie, Tochter von König Ludwig und Königin Eleonore, die später den König von England heiratete. Bei ihnen war auch Graf Thierry von Flandern, der die Schwester von König Balduin von Jerusalem geheiratet hatte, und Yves von Nesle vom Bistum Noyon, ein kluger und ergebener Ritter. Von dem Gebiet von Outremer waren dabei König Balduin III. und Königin Melisende, seine Mutter, Patriarch Fulcher von Jerusalem, Erzbischof Balduin von Caesarea, Erzbischof Robert von Nazareth, Bischof Renatus von Akkon, Meister der Templer und Meister des Hospitals von Sankt Johannes in Jerusalem, und mehrere andere Bischöfe, Prälaten, Grafen, Barone, Ritter, Knappen und verschiedenste Leute aus den Ländern und Herrschaften der oben genannten Fürsten.

Alle redeten und besprachen sich miteinander und beschlossen, dass sie mit ihren Heeren die reiche Stadt Damaskus bestimmten und dass sie am 25. Mai des Jahres 1147[300] bereit wären für diese Expedition nach Tabarie, der Stadt, die der Evangelist Caesarea Philippi nennt.[301] Am Tag darauf trugen sie das Wahre Kreuz, indem sie es vor sich aufpflanzten, wie dies die Gepflogenheit war, wenn der König und das Volk Jerusalems in den Krieg zogen. Sie ließen ihre riesigen Heere vor einer Stadt, die Dareiya hieß und zwischen dem Libanongebirge und der Stadt Damaskus auf der Seite der Gärten hin lag, unterbringen. Sie beschlossen, zuerst diese Gärten mit Gewalt einzunehmen. In der Tat dachten die weisen Männer von Jerusalem, wenn die Gärten erst einmal genommen wären, könnte die Stadt Damaskus nicht mehr Widerstand leisten. Gott weiß, welch schönes Schauspiel dieses Heer sowie die Zelte und unzähligen Prunkzelte der Christen boten! Um sie zu betrachten, stiegen die Einwohner von Damaskus auf ihre Festungsmauern und auf die hohen Türme der Stadt, und als sie die Christen sahen, erschraken sie sehr, umso mehr, als die Christen sich noch rund um die Stadt Dareiya befanden, die vier oder fünf Meilen von Damaskus entfernt ist.

Kapitel XLVII.
In welchem Land die Stadt Damaskus liegt, und wer sie gegründet hat. Von Früchten und Gärten, die sie umgeben. Von dem Befehl der Fürsten, die Stadt zu belagern. Wie die Gärten eingenommen wurden. Von dem Geniestreich des Kaisers. Von dem Verrat, aufgrund dessen die Belagerung aufgehoben wurde, als man dabei war, die Stadt einzunehmen.

Damaskus ist die größte Stadt des Landes Syria Minor. Sie wird auch das Phönizien des Libanon genannt, und der Prophet spricht von dieser Stadt als der Hauptstadt von Syrien. Es war einer der Diener Abrahams, Damas genannt, der sie gründete, und so erhielt sie ihren Namen. Sie liegt in den Ebenen, deren Erde so trocken ist, dass sie nur bestellt werden kann, weil sie mittels eines Flusses, der aus dem Gebirge ins Tal fließt, fruchtbar und ertragreich gemacht wird. Man leitet das Wasser dieses Flusses durch Bäche und Kanäle dorthin, wo es benötigt wird. Im Ostteil, an den beiden Ufern dieses Flusses,

„Damaskus ist die größte Stadt des Landes Syria Minor.
Sie wird auch das Phönizien des Libanon genannt, und der
Prophet spricht von dieser Stadt als der Hauptstadt von Syrien.
Es war einer der Diener Abrahams, Damas genannt,
der sie gründete, und so erhielt sie ihren Namen."

(FOL. 148VB–149A)

Am 24. Juni 1148 wurde auf einer Ratsversammlung in Akkon beschlossen, einen Angriff auf Damaskus zu wagen. Das Hauptbild zeigt, wie sich das Kreuzfahrerheer der Stadt nähert. Jean Colombe stellt die Fußtruppen dar, die vor den Reitern eine in die Vorstadt führende Brücke überqueren. Es handelt sich vermutlich um die Heere König Konrads und König Balduins, denn sie tragen die Fahnen des römisch-deutschen Reiches und des Königreiches Jerusalem. Sébastien Mamerot beschreibt ausführlich den Fluss, der vom Berg herabfließt und das Uferland bewässert, so dass dort Obstbäume gedeihen, und auch die imposanten Befestigungsanlagen, die die Stadt schützen – im Bild etwas weiter hinten. Der Maler hat sich getreu an den Text gehalten. Das Bild des unteren Registers stellt die Kreuzfahrer dar, die sich ein wenig vom Lager entfernt haben und beim Wasserholen am Fluss von den Sarazenen mit einem Pfeilhagel angegriffen werden. Die Christen schlagen zurück, erleiden jedoch einige Verluste, wie man an den am Ufer liegenden Gefallenen sieht.

La cité damas . Qui la fondit . de
fruitz et iardins aenuuon . De
lordre que tindent les princes a
lassiegier . Comment les iardins
furent pmis . Du grant coup
que fit lempereur . Et de la tra
hison pour laquelle fut le siege
leue . la cité estant pres de prin
dre .

· yl٠lii ·

Damas est la plus
sistant Cité de
la tene de la
mendie Surie
qui par aultre nom est appe
lee . La pierre de liban et a
ceste occasion dit le prophete
parlant de ceste Cité de damas
Chief de Surie . L'un des ser
uiteurs de abraham auxsse di
nuit la fondit et fut pur ce

439

wachsen in großer Fülle Bäume, die Früchte aller Art tragen, und dies bis an die Mauern der Stadt. Unsere Leute kamen am folgenden Tag vor dieser Stadt an, alle in Schlachtordnung aufgestellt, ihre Streitkräfte auf drei Heere verteilt. Das erste wurde von König Balduin III. angeführt, weil seine Männer das Land besser kannten als die Pilger, die aus fremden Ländern gekommen waren. König Ludwig der Junge führte das zweite Heer an, um denen, die an der Spitze gingen, zu Hilfe eilen zu können, wenn sich die Notwendigkeit dazu zeigte. Das dritte wurde vom Kaiser und den Männern, die aus seinem Land gekommen waren, angeführt.

Nach Westen hin, auf der Seite, wo unsere Leute herkamen, befanden sich die Gärten, die sich über vier bis fünf Meilen ausdehnten, alle bepflanzt mit so hohen und dichten Bäumen, dass man von einem großen Wald hätte sprechen können. Zudem war die Stadt durch eine größere Befestigung geschützt, denn jeder Einwohner hatte seinen Garten mit Erdmauern umgeben, da es in diesem Land nicht viele Steine gibt. Die Pfade, die die Gärten untereinander verbinden, sind sehr eng, obwohl es dort einen Weg für die Allgemeinheit gibt, der den Zugang in die Stadt ermöglicht, aber man kann dort kaum einen Menschen, der ein mit Früchten bepacktes Pferd führt, durchlassen. Dank dieser Art von Mauern und dank der Bäche, die durch die Gärten fließen, und der engen Wege, die hie und da gut abgeschlossen sind, ist die Stadt auf dieser Seite besser geschützt als auf der anderen. Trotzdem beschloss man, das Heer solle hier durchziehen, um in die Stadt zu gelangen, aus zwei Gründen. Der erste ist, dass die Stadt, wenn die Gärten eingenommen wären, gleichsam offen und auch schon halb eingenommen wäre. Der andere Grund war, dass an den Bäumen bereits eine große Menge an reifen Früchten hing, die dem Heer sehr gut tun würden; ebenso wäre das Wasser, das auf dieser Seite floss, für das gesamte Heer sehr notwendig.

König Balduin befahl, dass seine Leute in die Gärten eindringen sollten, doch sie stießen auf heftigen Widerstand. Auf der anderen Seite der Erdmauern befanden sich nämlich zahlreiche versprengte Türken und andere Heiden, die nicht abließen, durch dicht nebeneinander gelegene Scharten Pfeile abzuschießen, gegen die unsere Leute sich nicht behaupten konnten. Weitere, gleichfalls sehr zahlreiche Türken griffen sie auf den Pfaden an und verteidigten diese Durchgänge mutig, denn alle Einwohner der Stadt, die in der Lage waren, Waffen zu tragen, waren herausgekommen und in die Gärten gegangen, um sie, so gut sie konnten, zu beschützen und zu verteidigen, damit die Unseren sich derer nicht bemächtigten. In diesen Gärten gab es hier und da auch hübsche, ziemlich hohe Lauben, welche die reichen Leute von Damaskus hatten errichten lassen, um sich dort aufzuhalten, wenn sie ihre Früchte pflücken ließen. Dort hatte eine große Verstärkung an Türken Posten bezogen, die mit einer Menge Pfeilen und Steinen unseren Leuten schweren Schaden zufügten, welche ununterbrochen von den durch Scharten in den Mauern abgeschossenen Lanzen und Pfeilen getroffen wurden. Kurzum, aufgrund dieser Angriffe mit Pfeilen und Geschossen fanden sie sich in einer misslichen Lage wieder; es gab so viele Tote, dass die Fürsten und Barone oftmals bereuten, die Belagerung der Stadt von dieser Seite aus in Angriff genommen zu haben.

König Balduin, obwohl noch jung, bewies, dass er ein großes Ansehen haben sollte. Er versammelte nämlich seine Barone und Ritter sowie andere Bewaffnete und ließ sie auf die Seite des Weges, der an den Erdmauern entlangführte, kommen. Er ließ diese Mauern so plötzlich niederreißen, dass die meisten Türken, die sich innerhalb der Mauern befanden, gefangen genommen oder getötet wurden, bevor sie fliehen oder hinter anderen Mauern Zuflucht suchen konnten. Unsere Leute taten an mehreren Stellen dasselbe. Die Türken und Heiden, die sich in den anderen Gärten befanden und sagen hörten, dass die Unseren die Mauern niederrissen und alle töteten, die sie in den Gärten fänden, waren so erschrocken, dass sie in Scharen Richtung Stadt flohen und die Gärten im Stich ließen, die darauf in den Händen der Unseren blieben. Letztere ergingen sich dann auf den Wegen und Pfaden, wie es ihnen gefiel, ohne auf jemanden zu treffen, der sie daran hinderte. Da die Türken wussten, dass die Christen zum Fluss gehen mussten, um Wasser für sich zu holen und ihre Pferde zu tränken, platzierten sie Reiter, Bogenschützen und andere Bewaffnete auf den Wegen, sobald ihnen bekannt war, dass die Stadt von dieser Seite belagert wurde, um zu verhindern, dass sich die Unseren dem Wasser näherten. So kam es, als das Heer von König Balduin praktisch alle Gärten durchquert hatte und seine Leute Wasser holen wollten, dass die Türken, die hier Posten bezogen hatten, um den Fluss zu bewachen, sie unter reichlicher Zuhilfenahme von Geschossen, Lanzen und Pfeilen angriffen, so dass sie sie zurückdrängten. Aber die Christen wichen nur wenig zurück, weil sie sich sofort versammelten und versuchten, den Fluss mit Macht zu erreichen, indem sie sich den Türken entgegenstellten. Sie warfen sich ihnen mit Gewalt entgegen, und es entstand ein heftiges Scharmützel, an dessen Ende unsere Leute erneut zurückgedrängt wurden.

König Ludwig der Junge griff immer noch nicht ein, weil er den Augenblick abwarten wollte, an dem es nötig war, ihnen zu helfen, und an dem die ersten Soldaten erschöpft waren, so wie dies beschlossen war. Aber Kaiser Konrad, der als letzter mit all seinen Leuten kam, fragte, was das für ein Lärm sei, den er hörte. Und man sagte ihm dann, das erste Heer sei mit den Türken zusammengestoßen. Die Deutschen, die nicht alle Waffen kennen und unfähig sind, Leiden zu ertragen und auszuhalten, stürzten, wie auch der Kaiser selbst, ungeordnet los, mitten durch die Leute von König Ludwig und die Franzosen, und ruhten nicht eher, als bis sie zu dem Ort kamen, wo nahe am Wasser das Scharmützel stattfand. Dort stiegen alle vom Pferd, schützten sich mit ihren Schilden, zogen ihre Schwerter und stürzten sich so inbrünstig unter die Türken, dass diese ihrem Ansturm nicht standhalten konnten. Unverzüglich gaben sie den Fluss frei und kehrten in ihre Stadt zurück, und so wurde der Fluss den Unseren überlassen.

Bei diesem Kampf sorgte Kaiser Konrad mit seinem Schwert für großes Aufsehen. Ein Türke, der ein Panzerhemd trug, bedrängte ihn. Der Kaiser, der zu der Zeit zu Fuß war und in seiner Hand ein sehr gutes Schwert hielt, zückte es und versetzte dem Türken damit einen Schlag. Er traf ihn zwischen dem Hals und der linken Schulter mit solcher Wucht, dass das Schwert ihm die ganze Schulter und die Brust durchtrennte und es die rechte Seite durchbohrte, so dass der Kopf, der Hals sowie die Schulter und der rechte Arm des Türken zu Boden fielen. Als seine Gefährten diesen Stoß mit dem Schwert sahen, fingen alle an, in höchster Todesangst wegzulaufen, bis sie in ihre Stadt zurückgekehrt waren. Dort erfüllten sie alle, die in Damaskus wohnten, mit Schrecken, indem sie ihnen von der Tat des Kaisers erzählten. Ihre Angst war so groß, dass sie jede Hoffnung verloren, so starken und mächtigen Feinden standhalten zu können. Und deswegen zeigte sich ihre Verzweiflung, als sie sich auf ihre Mauern begaben und unsere Leute sahen, die rund um die Stadt und besonders in den Gärten und entlang des Flusses ihre kostbaren Zelte und Prunkzelte aufgestellt hatten, sodass sie also befürchteten, eine so große Schar von Leuten und mutigen Kämpfern würde sie plötzlich angreifen, gefangen nehmen und töten. Sich miteinander besprechend, verständigten sie sich darauf, auf allen Wegen, die sich auf der Seite der Belagerung befanden, starke Hindernisse zu errichten. Sie machten dies, damit, wenn die Stadt im Sturm erobert würde, sie die Zeit hätten, bequem durch die anderen Tore wegzugehen und ihre Frauen und Kinder mitzunehmen, was wirklich der Beweis war, dass sie nicht zur Verteidigung in der Lage waren und dass sie in kurzer Zeit zu Gefangenen gemacht werden konnten. Einige Sarazenen hatten bereits einen Teil ihrer wertvollen Güter eingepackt und geschnürt, um sie in aller Eile ergreifen und mitnehmen zu können für den Fall, dass sie fliehen mussten.

Doch die Dinge kamen nicht so, denn Unser Herr entschied es wegen der Sünden der Christen oder durch seinen göttlichen Willen anders. In der Tat wussten einige der Leidenschaftlichsten und Klügsten unter den Türken von Damaskus, dass die Führer eines so tapferen christlichen Heeres, die aus so verschiedenen und fernen Gegenden des Abendlandes kamen, nicht leicht zu besiegen noch von dem Vorhaben abzubringen waren, dessentwegen sie ihr Land verlassen und für das sie unzählige Leiden ertragen hatten. Da sie aber andererseits wussten, dass unter diesen mutigen Fremden einige Barone aus dem Gebiet von Syrien von einer extremen Begehrlichkeit erfüllt waren, versuchten sie durch Versprechungen und Zusicherungen diese dahingehend zu beeinflussen, die adligen Franzosen und Deutschen zu verraten, die jedoch – und sie wussten dies wohl – gekommen waren, ihnen zu helfen. Durch heimliche Botschaften machten sie ihnen so viele Versprechungen, dass die syrischen Barone und Ritter, nicht in ihrer Gesamtheit, doch in großer Zahl, Verrat übten und danach trachteten, die Belagerung aufheben zu lassen. Sie suchten Kaiser Konrad, König Ludwig und König Balduin auf, die ihnen großes Vertrauen entgegenbrachten, und gaben ihnen, als wären sie guten Willens und wollten die Einnahme von Damaskus beschleunigen, zu verstehen, dass es keine gute Entscheidung gewesen sei, diese Stadt von der Seite der Gärten zu belagern. Sie war in der Tat von hier aus schwieriger einzunehmen als von jeder anderen Seite. Sie baten sie und rieten ihnen, bevor sie noch mehr Zeit verlören und mehr Leid und Kosten auf sich nähmen, das Heer abziehen zu lassen und die Belagerung der Stadt von der entgegengesetzten Seite vorzunehmen.

Um ihren Verrat noch zu steigern, behaupteten sie, es gebe in den im Osten und Süden gelegenen Stadtteilen weder Gärten noch Bäume, die sie hindern könnten, weiterzugehen, der Fluss, der schwierig zu nehmen war, fließe dort nicht und die Mauern dort seien so niedrig und schwach, dass man kein Kriegsgerät brauche, um sie niederzureißen, da sie unmittelbar eingenommen werden könnten.

Überzeugt von diesen Worten und anderen Lügen vertrauten die Fürsten dem Rat der syrischen Verräter, deren Namen man weder aufzeichnen noch in die Chroniken eintragen wollte. Jene ließen den Befehl ausrufen, das Lager zu wechseln und den Verrätern zu folgen. Diese zogen voraus, als ob sie gute Führer wären, und führten sie in den Teil der Stadt, von dem sie wussten, dass er keinen Ansturm fürchten musste. Zudem benötigte das Heer dort so viele Dinge, dass es nicht dort bleiben konnte. Sie pflanzten an diesem Ort die Banner der Fürsten auf und ließen rundherum die Zelte aufstellen. Aber unsere Leute erkannten sehr schnell, dass sie getäuscht worden waren und dass es ein großer Verrat war, sie hierher kommen zu lassen. In der Tat hatten sie sich vom Fluss entfernt, auf den ein so großes Heer nicht verzichten kann, sowie von den Früchten der Gärten, die ihnen so viele Annehmlichkeiten und Freuden bereitet hatten. Außerdem mangelte es dem Heer sowie besonders den ausländischen Pilgern bald sehr an Nahrung, denn man konnte nichts aus Syrien kommen lassen. Sie hatten wenig Proviant, weil man ihnen gesagt hatte, sie würden die Stadt gleich bei ihrer Ankunft einnehmen. Um sie daran zu hindern, dass sie sich mit Lebensmitteln versorgten, hatte man ihnen gesagt, dass sie genügend davon in der Stadt fänden, da diese nicht länger als drei Tage Widerstand leisten könne.

Als die adligen Pilger sich in dieser Lage sahen, in der es ihnen an allem mangelte, waren sie so wütend und bestürzt, dass sie davon absahen, die Stadt anzugreifen, da sie wussten, dass sie aufgrund der starken Befestigungsmauern ihre Zeit verlieren würden. Sie konnten nicht in die Gärten zurückkehren, aus denen man sie durch Verrat hinausgelockt hatte, denn sobald sie diese verlassen hatten, zogen die Türken unverzüglich in so großer

Zahl dort ein, dass sie in kurzer Zeit Gräben aushoben und starke Hindernisse und befestigte Durchgänge errichteten und sogar gefällte Bäume hinlegten. Sie versahen diese Orte mit so vielen Armbrust- und Bogenschützen, dass die Christen eher eine starke Festung eingenommen hätten, als hierher mit Gewalt zurückzukommen. Andererseits war es ihnen unmöglich, hier zu bleiben und ihre Belagerung lange fortzusetzen, denn sie sahen deutlich, dass sie nichts mehr zu trinken und zu essen finden konnten.

Kaiser Konrad und König Ludwig sprachen miteinander und erkannten, die Männer des Landes, denen sie zu Hilfe gekommen, für die sie so viel gelitten und sich verausgabt und denen sie vertraut hatten, hatten sie verraten, indem sie sie an diesen Ort geführt hatten, wo sie nichts tun konnten. Sie beschlossen dann mit ihren Fürsten und Baronen, zurückzukehren und in Zukunft vor jedem Verrat noch stärker auf der Hut zu sein. Und in diesem Sinne hoben sie die Belagerung auf und trafen Vorkehrungen, mit ihren Leuten nach Jerusalem zurückzukehren.

So gaben sie die Belagerung von Damaskus auf, und die beiden bedeutendsten Fürsten der Christenheit zogen von dannen, ohne für sich noch für die anderen Christen etwas gewonnen zu haben. Sie begannen, ebenso wie die anderen hohen Herren, Barone und Ritter, des Schicksals des Heiligen Landes überdrüssig zu werden und wollten nichts mehr zu seiner Rettung unternehmen. Selbst die kleinen Leute, die aus Frankreich gekommen waren, sagten ohne Hemmungen zu den Syrern, dass es nicht gut sei, die Städte für sie einzunehmen, denn die Türken taugten mehr als sie. Und um ehrlich zu sein, bis dahin waren die Leute aus Frankreich sehr gerne im Königreich Jerusalem geblieben und hatten dort gute Taten vollbracht, aber seit diesem Verrat konnten sie nicht mehr mit den Syrern zurechtkommen, wie sie es vorher getan hatten. Wenn sie gepilgert kamen, zogen sie so schnell sie konnten wieder weg, nachdem sie die Heiligen Stätten besucht hatten.

Kapitel XLVIII.
Von den verschiedenen Auffassungen, warum es zum Verrat vor Damaskus kam. Von der Rückkehr des Kaisers und König Ludwigs des Jungen in ihr Land. Die Trennung und Scheidung von König Ludwig und Königin Eleonore. Und wie Heinrich, Graf von Anjou, der dann König von England wurde, sie heiratete.

Um zu erfahren, warum und durch wen ein derartiger und so großer Verrat geschah, versuchten mehrere Personen unterschiedlicher Herkunft sich kundig zu machen und stellten so viele Fragen, wie es in ihrer Macht lag, an weise Männer, die diesem Heer angehörten. Und im Besonderen Wilhelm, Erzbischof von Tyros, ein bedeutender Geistlicher und Geschichtsschreiber, der die *Chroniken von Outremer* verfasste, erkundigte sich insgeheim an verschiedenen Stellen bei etlichen Herren und anderen Personen, deren Auffassungen auseinandergingen. Die einen sagten, dass Graf Thierry von Flandern mehr Verantwortung in dieser Angelegenheit zukam als jedem anderen, auch wenn er nichts davon wusste. In der Tat, als er feststellte, dass die Gärten von Damaskus eingenommen und der Fluss in die Gewalt gebracht waren, dachte er, dass die Stadt nicht lange Widerstand leisten würde. Er suchte dann Kaiser Konrad, König Ludwig und König Balduin auf und bat, ihm diese Stadt Damaskus zu übergeben, wenn sie eingenommen sei. Dieselbe Bitte richtete er an alle Barone von Frankreich und Deutschland. Alle stimmten widerspruchslos zu, denn er versprach ihnen, sie gut zu schützen und die Sarazenen mit Waffen zu vertreiben.

Als die Barone von Syrien darüber unterrichtet worden waren, wurden sie wütend und fühlten große Verachtung für diesen so mächtigen Fürsten, der, zumal er so viele Gebiete in seinem Land besaß und als Pilger gekommen war, aus einem der edelsten und reichsten Teile des Königreichs Syrien Nutzen ziehen wollte. Es schien ihnen besser, wenn dieses Gebiet an einen von ihnen falle, wenn König Balduin es nicht seinem eigenen Besitztum angliedern wollte. In der Tat befanden sie sich immer im Krieg und in der Auseinandersetzung mit den Türken und Sarazenen, denn im Gegensatz zu den Pilgern besaßen sie nichts anderes sonst irgendwo, wo sie leben konnten. Letztere würden, nachdem sie ihr Gelübde erfüllt hatten, auf die andere Seite des Meeres in ihre Gebiete zurückkehren, die reich und fruchtbar waren. Das war der Grund, weshalb es den syrischen Baronen, da Graf Thierry diese Stadt haben sollte, die ihnen hätte zufallen sollen, wenn sie eingenommen worden wäre, lieber war, dass die Türken und Sarazenen sie hatten und weiterhin behielten und nicht er. Um zu verhindern, dass er in den Besitz der Stadt kam, einigten sie sich so auf diesen Verrat.

Andere sagten, Fürst Raimund von Antiochia, der besonders bösartig und aufbrausend sei, habe, seit der von Wut getriebene König Ludwig ihn abgewiesen habe, nicht aufgehört, nach Gelegenheiten zu suchen, ihm zu schaden und seine Ehre zu beschädigen. Deshalb hatte er die Barone von Syrien, die seine Nächsten und Verbündeten waren, mit Nachdruck gebeten, alles zu tun, was in ihrer Macht stehe, um den Ruf und die Ehre von König Ludwig zu zerstören und darauf hinzuwirken, dass keine seiner Handlungen ihm erlaube, sich mit Ruhm zu bedecken. Und um den Bitten von Raimund von Antiochia zu entsprechen, hatten sie diesen Verrat geschmiedet und angezettelt.

Drittens sagten einige, dass der Verrat allein aus Begehrlichkeit geschehen sei und um sich großer Summen Geldes zu bemächtigen, das die Damaszener gewissen Baronen von Syrien gegeben hatten, wie das bereits gesagt worden ist.

Außerdem wählten sie, als diese drei bedeutenden Fürsten zurück in Jerusalem waren, einen Tag aus, um unverzüglich ihre Barone, Ritter und anderen Leute zu versammeln. Man beschloss dann, dass sie eine große Tat vollbringen sollten, die zu Diensten Unseres Herrn nützlich sei und die ihnen auf ewig zur Ehre gereichen sollte. Unter anderem beschloss man ebenfalls, dass ihre Ehre und das Wohl des Heiligen Landes in höchstem Maße gesichert wären, wenn sie die Stadt Askalon belagerten und einnähmen. Dies wäre leicht zu machen, weil die Stadt gewissermaßen in der Mitte des Königreichs Jerusalem lag, was es ermöglichte, von allen Seiten und in aller Sicherheit Nahrungsmittel herbeizuschaffen, und weil sie einem so großen Heer nicht lange Widerstand leisten konnte. Man sprach viel über diesen Plan, aber es wurde keine Entscheidung getroffen, weil einige Störenfriede lieber in ihre Gebiete zurückkehren wollten, als Städte in Syrien zu belagern, trotz des von den Syrern vor Damaskus gegen sie und gegen Gott angezettelten Verrates. So trennte sich die Versammlung, ohne dass etwas unternommen wurde.

Als Kaiser Konrad sah, dass die Dinge in Outremer sich so schrecklich anließen und dass die Barone nicht zu einer Übereinkunft gelangten, einen Eroberungszug, der der Mühe wert war, zu unternehmen, sagte er, dass er genug damit zu tun habe, seine Gebiete zu regieren, ließ seine Schiffe rüsten, nahm Abschied von jenen, die dort zurückblieben, und kehrte in Ruhe in sein Land zurück.[302] Er lebte dort nicht länger als zwei oder drei Jahre, bis er krank wurde. Er starb in der Stadt Bamberg und wurde dort mit den höchsten Ehren im Dom beigesetzt, tief betrauert als ein Kaiser von großer Bedeutung.

Nach seinem Tod wurde sein Neffe, Friedrich, Herzog von Schwaben,[303] von dem ich vorher oft gesprochen habe, zum Kaiser gemacht und regierte das Reich in vortrefflicher Weise. Nachdem er ein ganzes Jahr in Syrien geblieben war, feierte König Ludwig der Junge, als die prophezeite Durchquerung im März stattfand, sein Osterfest in Jerusalem in Gesellschaft seiner Frau und seiner Barone. Dann nahm er Abschied von König Balduin, von den Patriarchen, den Baronen und anderen Prälaten und kehrte auf dem Seeweg in aller Sicherheit in sein Königreich Frankreich zurück. Dort rief er kurze Zeit nach seiner Rückkehr eine Versammlung seiner Prälaten und seiner Barone ein, in deren Verlauf sich zeigte, dass Königin Eleonore in enger verwandtschaftlicher Beziehung zu ihm stand. Dies erlaubte den Prälaten, ihre Ehe zu annullieren. Aber Eleonore kehrte in ihr Land Aquitanien zurück, und Heinrich, Graf von Anjou und Herzog von der Normandie, der später König von England wurde, heiratete sie. Und wegen der Länder, die sich im Besitz dieser Frau, Eleonore, befanden und wegen seiner eigenen führte Heinrich seit dieser Zeit einen sehr langen, erbitterten Krieg gegen König Ludwig den Jungen. Dieser hatte in der Tat das Nutzungsrecht der Grafschaft der Normandie und widersetzte sich damit dem König von England[304], der gegen ihn Ansprüche auf diese erhob.

So fand der vierte der von den Franzosen jenseits des Meeres unternommene Kreuzzug sein Ende, den der Soisonnais als den dritten[305] großen Kreuzzug bezeichnet.

✝

Kapitel XLIX.
Andere Begebenheiten in Outremer. Und wie Nur ed-Din den sehr bedeutenden Fürsten Raimund besiegte und tötete. Die Gefangennahme und der Tod von Graf Joscelin dem Jüngeren. Der Streit, der König Balduin und seine Mutter entzweite, und der Verlust des Landes Edessa.

Nur ed-Din, Sohn von Zengi, Herr von Aleppo, legte einen großen Dünkel an den Tag ebenso wie alle Herren des Orients, als sie von der Rückkehr des Kaisers und von König Ludwig erfuhren. Sie dachten, sie könnten unverzüglich die wenigen Christen vernichten, die in den Gebieten von Syrien, Antiochia und Edessa geblieben waren. Sie fügten ihnen großen Schaden zu. Die Absicht des Soisonnais ist, mit Hilfe Gottes schnell über die wichtigsten dieser Begebenheiten zu berichten, bis er zur Geschichte der Könige Guido und Johann von Jerusalem zurückkommt. Unter deren Herrschaft wurde der dritte große Kreuzzug von den sehr ruhmreichen Königen Philipp Dieudonné[306], König von Frankreich, und Richard, König von England,[307] unternommen.

Insbesondere dieser Nur ed-Din bereitete sich auf den Krieg vor, indem er ein sehr großes Heer aus dem Orient und anderswo versammelte und mit vielen Leuten in das Land Antiochia eindrang. Er belagerte eine Burgfeste mit Namen Nepe, und sobald er darüber unterrichtet worden war, beeilte sich der Fürst von Antiochia, dieser Belagerung ein Ende zu machen. Mutig und ungestüm wollte er nicht abwarten, bis die Männer, die er ausgeschickt hatte, wieder zu ihm zurückkämen. In der Tat, in solchen Fällen vertraute er dem Rat von niemandem. Mit einer Handvoll Männer, die ihn begleiteten, zog er so geradewegs dorthin, wo Nur ed-Din seine Belagerung hielt. Dieser, vom Kommen des Fürsten unterrichtet, wagte nicht, ihn abzuwarten, denn er kannte seine Kühnheit und Tüchtigkeit. Zudem hätte er sich nie vorstellen können, dass er sich ihm auf so törichte Art und mit so wenigen Kriegern nähern würde. Und doch entfernte Nur ed-Din sich nicht, denn nachdem er erst einmal seine Männer an einen sicheren Ort in der Nähe gebracht hatte, schickte er einige seiner Kundschafter aus, um zu erfahren, wie viele Leute Fürst Raimund besaß. Diese berichteten ihm, dass der Fürst kaum tausend Männer habe und dass er damit protze, die Belagerung habe aufheben zu lassen. Außerdem schlief er in dieser Nacht ohne jede Besorgnis in dem Lager, das er selbst aus Furcht vor ihm verlassen hatte.

„Ebenso starb auch der sehr ehrenwerte Raimund, Fürst von Antiochia,
der so mutig war, ein mächtiger, kühner und tapferer Ritter. Weder Löwen
noch Leoparden waren so gefürchtet, wie er es von seinen Feinden war,
und wenn er auch in seinen Kämpfen so manche Niederlage erlitten hatte,
könnte man ein dickes Buch mit seinen großen und heldenhaften Leistungen
und seinen großen und schönen Taten auf dem Schlachtfeld füllen!"

(FOL. 154VA)

Kurz nach dem Abzug der letzten abendländischen Kreuzfahrer, insbesondere Konrads III. und Ludwigs VII., griff Nur ed-Din das Fürstentum Antiochia an. Er belagerte zunächst die Burgfeste Inab – bei Mamerot „Nepe". Da griff ihn Raimund von Antiochia mutig und entschlossen mit nur einer Handvoll Leute an, die schließlich auf freiem Feld beim Brunnen von Murad – bei Mamerot „Fonds Marets" – von den Truppen Nur ed-Dins vernichtend geschlagen wurden. Die Heftigkeit dieses Kampfes wird von Jean Colombe im Hauptbild durch die am Boden liegenden Gefallenen und die sich erschrocken aufbäumenden Pferde wiedergegeben. Das sarazenische Banner weht mitten über dem Schlachtfeld und zeigt an, dass die Feinde der Christen die Oberhand haben. Im Hintergrund ist die Festung, ein gewaltiger Bau auf einer steilen Anhöhe, dargestellt. Auf dem unteren Bild wird gezeigt, wie die Leichen aufgehoben und identifiziert werden. Dabei wurde laut Sébastien Mamerot die verstümmelte Leiche von Fürst Raimund von Antiochia aufgefunden.

vir esreal commenca cestu No
zabin sa guerre. Car il assembla
tresgrant armee Dorient et dail
leurs. et sen vint atout grant
tens en la terre Dantiocche en
laquelle il assist bug fort chi
sta apxle. Rex. Dour lesi
desasseger se basta tant le prin
ce Raymond si tost quil en ost
les nouuelles ainsi quil estoit
coraigeux z hastif quil ne

voult attendre que ses hommes
buissent asin quil auoit enuo
ye querre. Car en tels ne cre
oit nul conseil. Ainceis ato
uu de ceus quil auoit en sa
compaignie sen asa le plus
droit quil peut la ou tenoit
sierge Noradin. Lequel oy
ant sa venue du prince ne
sosa onques attendre tant
le scauoit hardy z vaillant

Ach! Der gute und tapfere Fürst hätte sich, wenn er gewollt hätte, ruhig an einen geschützten und sicheren Ort zurückziehen können, um seine Verstärkung abzuwarten und seine Leute gegen seine Gegner zu versammeln. Er verwarf diese Lösung, da er ein zu großes Vertrauen in sich selbst hatte, und fand sich so in der Nacht umzingelt von den Männern Nur ed-Dins wieder. Dieser hatte sie an den Ort zurückkommen lassen, als er erfahren hatte, wie klein die Zahl der Leute des Fürsten war. In der ersten Stunde nach Tagesanbruch sagte der Fürst, dass er eine schlechte Entscheidung getroffen habe und dass er von Feinden umringt sei, die zahlreicher als seine eigenen Leute seien. Als er sah, dass er sich nicht kampflos retten konnte, brachte er die wenigen Leute, die er hatte, in Kampfstellung. Er hielt sie an, ihr Leben zu riskieren, machte ihnen deutlich, dass es kein anderes Mittel zur Rettung gab, und stürzte sich mitten unter die Sarazenen und veranstaltete dort ein großes Gemetzel. Aber am Ende, als sie einer solchen Menge nicht gegenübertreten noch standhalten konnten, flohen seine Männer und ließen den Fürsten und einige Ritter, die ihn nicht verlassen wollten, zurück. Sie vollbrachten aufsehenerregende Taten, solange sie sich halten konnten. Der Fürst insbesondere erschlug und tötete um sich herum alle, die er erreichen konnte. Aber schließlich war er erschöpft, und niemand kam ihm zu Hilfe. Seine Feinde fielen alle zusammen über ihn her und er wurde durch Lanzen- und Degenstiche all jener getötet, die bis zu ihm vordringen konnten.

Der grausame Nur ed-Din ließ ihm den Kopf und den rechten Arm abschlagen und nahm sie mit als Beweis, dass er den besten Ritter unter den Christen besiegt und getötet hatte. Ich glaube in der Tat, dass dieser Fürst zu seiner Zeit der beste Ritter gewesen ist! Möge Unser Herr ihm seine Sünden verzeihen! All jene, die mit ihm dort geblieben waren, wurden ebenfalls niedergemetzelt, und unter anderen starb damals ein sehr tapferer, weiser, loyaler Mann und guter Ritter namens Reinhold von Marrasch, der die Tochter des Grafen von Edessa geheiratet hatte. Sein Tod wurde sehr betrauert. Ebenso starb auch der sehr ehrenwerte Raimund, Fürst von Antiochia, der so mutig war, ein mächtiger, kühner und tapferer Ritter. Weder Löwen noch Leoparden waren so gefürchtet, wie er es von seinen Feinden war, und wenn er auch in seinen Kämpfen so manche Niederlage erlitten hatte, könnte man ein dickes Buch mit seinen großen und heldenhaften Leistungen und seinen großen und schönen Taten auf dem Schlachtfeld füllen!

Diese Niederlage zwischen der Stadt Paumiers und der Burg Rugia, an einem Fonds Marets genannten Ort, ereignete sich im Jahr der Gnade Unseres Herrn 1148, am Festtag der Heiligen Peter und Paul, im Juni, dem vierzehnten Jahr des Fürstentums von Antiochia.[308] Sein verstümmelter Körper wurde von den Kammerherren unter den anderen Leichen gefunden und anhand der Wunden, die er hatte und von denen er lange davor genesen war, wiedererkannt. Als die Sarazenen wieder aufgebrochen waren, brachte man seinen

Leichnam nach Antiochia. Dort wurde er mit großen Ehren in einem Seitenschiff des Sankt Peter geweihten Doms beigesetzt, an der Seite der anderen Fürsten, seiner Vorgänger.

Fürstin Konstanze, seine Frau, die von ihm zwei Söhne und zwei Töchter hatte, übernahm die Regierung des Fürstentums, so gut, wie es in ihrer Macht lag, gegen Nur ed-Din, der in dem Wissen, Fürst Raimund besiegt und getötet zu haben, voller Hochmut in ihr Land eindrang und dort große Schäden anrichtete. Aus diesem Grund verhielt sich der Patriarch Aimery, der als sehr geizig galt, in diesem Fall sehr klug. Er öffnete seine Kasse und ließ fern und nah Reiter und Männer in Waffen suchen. Er gab ihnen so viel Geld, dass sie in großer Zahl kamen und die Festungen gut geschützt waren. Sobald Balduin III. von diesem großen Unglück Kenntnis hatte, versammelte er eilig alle Männer, die er haben konnte, und kam so schnell wie möglich. In diesem Augenblick tauchte auch der Sultan von Konya auf, da er sah, dass er großen Schaden anrichten konnte. Er belagerte Joscelin, seine Frau und seine Kinder in der Festung Turbessel. Und damit er seine Belagerung aufhob, übergab ihm Graf Joscelin die aus seinem Land stammenden Gefangenen und gab ihm zwölf Ritterrüstungen. So zog der Sultan wieder ab, und Joscelin kam nach Antiochia zum König, um ihm für die Hilfe zu danken, die er dem verwüsteten Land hatte zukommen lassen. Joscelin verabschiedete sich vom König, kehrte in sein Land zurück und einige Tage später, als der König die Festungen von Antiochia gut geschützt hatte, bevor er wieder in sein Königreich aufbrach, beging dieser Graf Joscelin, der keine Ähnlichkeit mit seinem Vater hatte und sich über den Tod des von ihm gehassten Fürsten Raimund freute, eine Torheit. Er verließ sein Land, um sich nach Antiochia zu dem Patriarchen zu begeben, der ihn, so sagt man, zu sich gerufen hatte.

Eines Nachts, als er seine Leute mit einem seiner Knappen verlassen hatte und vom Pferd gestiegen war, um Wasser zu lassen, wurde er von türkischen Wegelagerern gefangen genommen und ins Gefängnis nach Aleppo gebracht, wo er bald darauf unter abscheulichen Bedingungen, in Verachtung und Elend, starb. Als es Tag wurde, fragten sich seine Leute, die annahmen, dass er noch unter ihnen weilte, was aus ihm geworden sei. Sie erfuhren kurz danach, dass man ihn als Gefangenen nach Aleppo gebracht habe. Sie suchten seine Frau auf,[309] die eine kluge Frau war und von ihrem Gatten einen Sohn und vier Töchter hatte. Aus diesem Grunde blieben diese beiden großen Gebiete von Antiochia und Edessa während eines ganzen Zeitraums verwüstet.

Zu jener Zeit ließen der König und der Patriarch von Jerusalem auf einem ziemlich hohen Hügel eine feste Burg errichten, wo vormals eine der fünf Philisterstädte, Gaza genannt, erbaut worden war. Dort befanden sich noch große Mauern, die von zerstörten Kirchen, von verschwundenen Zisternen und Brunnen stammten, dort, wo es schöne Quellwasser gab. Aber die Befestigungsmauern waren damals sehr mächtig, und man erkannte, dass man viel Zeit und Geld bräuchte, um sie so wie vorher wiederherzustellen. Sie kümmerten sich also nur um einen Teil dieses Hügels und errichteten dort hohe und dicke Mauern, große und feste Türme sowie breite und tiefe Gräben. Mit Zustimmung aller Barone übergaben sie sie den Templern. In der Tat gab es damals innerhalb dieses Ordens einige Brüder, die gute und tapfere Ritter waren. Letztere fügten den Türken seither große Schäden zu. Was die Leute von Askalon betrifft, die vorher die Gewohnheit hatten, große Streifzüge und Plünderungen in Syrien zu machen, so wären sie glücklich gewesen, dass sie sie in ihrer Stadt in Ruhe ließen.

Diese Festung war gewissermaßen die Grenze, die sie von den Ägyptern im Süden des Königreiches trennte, und sie war den Christen in Syrien sehr genehm. In der Tat sandten die Ägypter gewöhnlich jedes Jahr drei- oder viermal große Einheiten zu jenen von Askalon, um die Verteidigung der Stadt zu erneuern. Nun schickten sie zu der Zeit noch zahlreichere Verstärkungen als üblich und machten sich geradewegs auf, diese neue Burg zu belagern und anzugreifen. Doch die Templer verteidigten sie so gut, dass die Ägypter, als ihre Führer nach einigen Tagen feststellten, dass sie mehr verloren als gewannen, die Belagerung aufhoben und sich so beschämt nach Askalon begaben, dass sie sich seither nie mehr um diese Burg kümmerten. Zudem war diese so gefürchtet, dass sie, als die Ägypter ihnen Hilfe und Nahrungsmittel schicken wollten, dies nicht mehr auf dem Landweg zu tun wagten, sondern sie übers Meer schicken mussten, weil sie die Templer fürchteten.

Einige Tage später brach in Syrien ein großer Streit aus. Die Königin, d.h. die Mutter von König Balduin III., hatte nämlich, als sie die Regierung des Königreiches übernahm, als Konnetabel von Jerusalem einen ihrer Vettern namens Manasses[310] ernannt. Dieser Mann, der das volle Vertrauen der Königin hatte, betrug sich so hochmütig, dass er den Hass der Barone und den Zorn des Königs erregte. Dieser verzichtete darauf, am Ostertag und am darauffolgenden Tag die Krone zu tragen, weil die Barone ihn gebeten hatten zuzustimmen, dass seine Mutter zur selben Zeit wie er gekrönt würde, aber am dritten Tag, als seine Mutter nicht in der Kirche war, begab er sich dorthin und trug im Beisein mehrerer Barone die Krone.[311] Unter ihnen befand sich der sehr tapfere Yves von Nesle, Graf von Soissons, der das Heilige Land nicht so schnell wie Kaiser Konrad und König Ludwig der Junge und die anderen Barone des Heeres verlassen wollte. An diesem Tag ließ König Balduin ein großes Fest feiern, und vor allen Baronen sagte er seiner Mutter, es gebe keinen Grund, das Königreich in Zukunft so zu regieren, und er müsse das Land besitzen. Die gute Edelfrau stimmte, von allen bedrängt, zu, obwohl das Königreich ihr durch Erbschaft zufiel, und sagte, dass es nach ihrem Willen in zwei Hälften geteilt werde, wovon eine ihr zufiele und die andere für ihren Sohn sei. So wurde es gemacht.

Aber da die Königin in ihrem Teil die Stadt Jerusalem hatte, nahm König Balduin, ihr Sohn, der Humfried von Toron zu seinem Konnetabel gemacht hatte, ihr diese einige Tage später ab. Er zog mit einem großen Heer in Jerusalem ein, deren erschrockene Einwohner ihm die Tore öffneten, und ließ den Turm von Zion, wo sich seine Mutter befand, belagern und gewaltsam angreifen. Der Turm war aber so gut verteidigt, dass er sich seiner nicht bemächtigen konnte. Sie schlossen schließlich Frieden: Die Stadt Jerusalem, welche die Hauptstadt des Königreiches war, blieb dem König, während die Mutter in die Stadt Nablus ging, über die sie verfügte sowie über die Gebiete, die dazugehörten. Nach diesem Frieden führte der König sein Heer nach Antiochia und in das Land von Edessa, denn er wusste aus sicherer Quelle, dass der Sultan von Konya dieses Gebiet mit einem großen Heer überfallen hatte und sich bereits fast aller Festungen, die an der Grenze seines Gebietes lagen, bemächtigt hatte. Aber der König verweilte nicht, denn aufgrund anderer Neuigkeiten musste er seine Leute in sein Land zurückführen.

Jedoch blieb das Land von Edessa nicht in Frieden. In der Tat sandte Nur ed-Din, der große Feind der Christen, so viele Vorauseinheiten dorthin, dass die Leute nicht wagten, ohne große Gefahr zu laufen, ihre Festungen zu verlassen. Außerdem sandte Kaiser Manuel, der von der entsetzlichen Lage des Landes von Edessa gehört hatte, einen seiner Barone, begleitet von mehreren Rittern, zur Gräfin. Sie boten der edlen Frau ihrerseits eine sehr große Summe Geldes, das ihr jedes Jahr gezahlt würde und das ihr erlauben würde, mit ihren Kindern würdig und prachtvoll zu leben, unter der Bedingung, dass sie bereit sei, ihm das Land und die Festungen, die noch ihr gehörten, zu übergeben. Dieser Vorschlag rief eine große Spaltung unter den Baronen und Rittern von Edessa hervor. Die einen rieten, das Angebot des Kaisers anzunehmen, und die anderen sagten das Gegenteil unter dem Vorwand, dass es eine große Torheit sei, solche Festungen den Griechen zu überlassen, die derart schwache Kämpfer seien, dass sie diese in kurzer Zeit verlieren würden. Doch schließlich nahm der König das Angebot des Kaisers an, indem er seinen Baronen vertraute. In der Tat war es ihm lieber, wenn die Festung durch den Fehler des Kaisers und nicht durch seinen eigenen verloren ging, und er war sich dessen bewusst, dass es ihm nicht möglich war, diesem Gebiet von Edessa zu Hilfe zu kommen noch es zu verteidigen, welches mindestens fünfzehn Tage von seinem Königreich entfernt gelegen war. So wurden die Festungen an die Griechen übergeben, und der König ließ alle Einwohner, die fort wollten, mit ihren Gütern ziehen, damit sie in Sicherheit gebracht würden.

Nur ed-Din, der über das Geschehen unterrichtet war und hoffte, reiche Beute zu machen, folgte dem König in aller Eile und holte ihn schließlich ein, als er die Stadt Tulube, sechs Meilen von Turbessel entfernt, noch nicht hinter sich hatte. Der König war an der Spitze und als er eine schwierige Passage überwunden hatte, fand er Zuflucht in der Burg

Ain-tab[312]. Nur ed-Din gelang es nicht, ihn zu erreichen, bevor er diesen gefahrvollen Ort passiert hatte. Der König und seine Leute brachen wieder auf, nachdem sie sich in Aint-tab ausgeruht hatten, und überließen den Platz den Griechen, nahmen aber alle Bewohner des Landes mit. Es war ein großer Jammer, die Tränen, die Klagen und den Schmerz der Herren des Landes zu sehen und zu hören, die ihre Frauen, ihre heiratsfähigen Töchter und ihre Enkel mitnahmen und ihr Land und ihre Häuser, wo sie geboren waren, zurückließen; indem sie auf ewig ihr Land aufgaben, wussten sie nicht, wo sie wohnen könnten.

Nur ed-Din verfolgte unsere Leute; er bewarf sie mit unzähligen Pfeilen und unternahm mehrere Angriffe, doch ihnen widerstehend und trotz der sengenden Sonne und des gefahrvollen und beschwerlichen Weges schlugen sich die Christen sehr tapfer. Bei Anbruch der Nacht führte Nur ed-Din, der um ihre Tüchtigkeit wusste und der keine Nahrungsmittel mehr hatte, seine Leute in sein Land, und der König führte seine nach Antiochia. Dort wollte er der Fürstin von Antiochia einen sehr tapferen und sehr edlen Herrn zum Gatten vorschlagen, aber sie nahm nicht an, einmal aus dem sehnlichen Wunsch, zu herrschen, und weil sie nach ihrem eigenen Belieben handeln wollte.

Der König kehrte in sein Königreich zurück und versammelte all seine Prälaten und Barone in Tripolis. Dort versuchte er mit dem Grafen von Tripolis die Fürstin, die ihre Base war, umzustimmen. Doch sie lehnte ab, und die Versammlung schloss, ohne zu einer Entscheidung zu kommen. Einige Tage später wurde der Graf von Tripolis von einigen Mördern am Tor seiner Stadt getötet, ebenso auch Ralph von Merle, ein ganz vortrefflicher Ritter, der ihn verteidigen wollte. Ein Jahr war kaum vergangen, seitdem die Griechen die Verantwortung über die Gebiete des Grafen von Edessa übernommen hatten, als Nur ed-Din sich aller Festungen, einer nach der anderen, bemächtigte und dann alle Leute des Kaisers davonjagte.

Zu jener Zeit versammelten einige Befehlshaber der Sarazenen, die Brüder und deren Ahnen vormals Herren von Jerusalem gewesen waren, in der Hoffnung, diese Stadt wieder einzunehmen, ein Heer von außergewöhnlichem Umfang und drangen bis zu dem Berg vor, auf dem sich die Stadt Jerusalem erhebt. Einige mutige Christen verließen die Stadt und begaben sich nach Nablus, wo die großen Barone und Ritter des Königreiches versammelt waren. Und schließlich wurden die Sarazenen überrascht und in den Engpässen getötet oder an verschiedenen anderen Stellen besiegt. Deshalb ergriffen sie die Flucht über den Fluss Jordan; mehrere ertranken dort. Die einen fanden, als sie an die Furt gekommen waren, die sie auf dem Hinweg durchquert hatten, Christen aus Nablus in Syrien vor, die dort aufgestellt waren, um die Durchreisenden zu schützen, und die die Ankömmlinge in Massen töteten; die anderen, die nur hinüberkommen wollten, stürzten sich in das Wasser, sobald sie zum ersten Mal das Ufer sahen. So wurde dieses ganze große Heer fast vollständig vernichtet, und die Sarazenen-Brüder, die Befehlshaber, kehrten voller Schmach in ihr Land zurück. Ihre Mutter hatte sie mit einem derartigen Hochmut angetrieben loszuziehen; die Christen von Syrien nahmen ihnen unzählige Schätze ab, was sie nachher ermutigte, schöne und große Eroberungszüge zu unternehmen.

✝

Kapitel L.
Von der Belagerung Askalons. Von den verschiedenen Kriegsgeräten und Sturmangriffen, welche dort unternommen wurden, und den Ausfällen. Wie Nur ed-Din Damaskus einnahm, und wie Askalon sich ergab. Von der Grausamkeit des Fürsten Rainald von Antiochia und den Ursprüngen der Ritter von Rhodos, die dem Orden Sankt Johannis vom Hospital zu Jerusalem angehörten. Wie der Kalif von Ägypten getötet wurde und von der Grausamkeit der Templer.

Askalon ist eine der fünf von den Philistern gegründeten Städte. An der Meeresküste gelegen, bildet sie einen Halbkreis und gleicht einem Graben, der sich dem Meer zuneigt. Sie ist vollständig von Wällen aus Erde umgeben, die man hierher brachte. Darauf wurden die Mauern und Türme errichtet. Diese Dämme aus Erde oder Erdwälle sind ebenso fest, als wären sie aus Kalk und Sand gemacht. Die Mauern sind ausreichend hoch und stark, die Gräben tief und mit Vorwerken vor den Toren versehen, von denen es nur vier gibt. In der ganzen Stadt und deren unmittelbarer Umgebung gibt es nur eine einzige Quelle, doch zahlreiche Ziehbrunnen mit Wasser, das man trinken und mit dem man kochen kann. Es gibt auch viele Tränken für die Pferde. Die Stadt verfügt über keinen Hafen, in dem die Schiffe vor Stürmen und Seeräubern Zuflucht finden könnten; es ist lediglich ein flacher Küstenstreifen vorhanden, über den die Winde fegen, so dass unausweichlich die Ankerketten reißen und die Schiffe an Land schlagen. Rund um die Stadt lässt sich das Land nicht bebauen, ausgenommen in einigen nach Norden ausgerichteten Tälchen. Der sandhaltige Boden, den man innerhalb und außerhalb der Stadt findet, ist jedoch gut geeignet für Wein- und Obstgärten. Solche gab es auch damals bei der Niederlage, die König Balduin III. den türkischen und sarazenischen Emiren beibrachte, wie ich im vorhergehenden Kapitel berichtet habe. Dieser Sieg war so vorteilhaft gewesen, dass er den König und seine Barone bewegte, noch weiter gegen ihre Feinde vorzugehen. Eingedenk der großen Schäden, die ihnen von den Einwohnern von Askalon zugefügt worden waren, beschlossen sie, einen Überraschungsfeldzug zu unternehmen und die Weinstöcke und Bäume auszureißen, die sich außerhalb der Stadt befanden. So brachen sie mit einer kleinen Schar von Jerusalem auf, um ihre Vorhaben auszuführen, und zogen bis vor die Stadt Askalon. Bei ihrem Anblick wurden die Einwohner von Angst gepackt, so dass niemand wagte, die Stadt zu verlassen. Als der König und die übrigen Christen des Heers die Feigheit der Einwohner von Askalon bemerkten, beschlossen und schworen sie, die Stadt zu belagern.

Sie ließen sich nahe der Stadt nieder, und der König schickte einen Boten nach Jerusalem, um das Wahre Kreuz zu holen und zugleich den Prälaten und Baronen seine Absicht mitzuteilen. Einige von ihnen wie auch Leute aus dem Volk kamen in so großer Zahl, dass die Belagerung am Tag der Bekehrung des heiligen Paulus beginnen konnte.[313] Es nahmen daran teil: König Balduin III. und Fulcher, Patriarch von Jerusalem, drei Erzbischöfe – Peter von Tyros, Balduin von Caesarea und Robert von Nazareth –, zwei Bischöfe – Friedrich von Akkon und Gerhard von Bethlehem –, einige ihrer Geistlichen sowie Bernhard von Tremelay, Meister des Tempels, und Raimund von Le Puy, Meister des Hospitals. Unter den Baronen waren Hugo von Ibelin, Philipp von Nablus in Syrien, Humfried von Toron, Simon von Tiberias, Gerhard von Sidon, Guido von Berythus, Moritz von Montreal und zwei Herren des Königreichs Frankreich zu nennen, die gekommen waren, um sich in den Dienst des Königs zu stellen: Rainald von Châtillon und Walther von Saint-Omer.

Auf ihren Rat baute man mehrere Belagerungsmaschinen, um die Stadt zu bestürmen; die Angriffe waren heftig, doch die Stadt verteidigte sich mit gleicher Hartnäckigkeit. Es geschah, was häufig in Kriegen geschieht: Die einen gewannen eine Schlacht und und verloren die nächste. In der Stadt gab es so viele Leute im Dienst des Kalifen von Ägypten, dass man sagte, jedes Kind, das in der Stadt zur Welt komme, sehe Kämpfe, wenn es die Augen öffne. Vor allem die Ägypter setzten alle verfügbaren Kräfte ein und vervielfachten ihre Ausgaben zum Schutz der Stadt; sie versorgten sie viermal jährlich zu Wasser und zu Lande mit neuen Mannschaften und Vorräten. An dem Tag, an dem unsere Leute die Belagerung begannen und während dieser Belagerung gab es deshalb in der Stadt eine große Menge an Lebensmitteln und Waffen sowie die Hälfte mehr an Leuten als die Unseren vor den Mauern zählten. Der Kalif und sein Rat waren sich bewusst, dass diese Stadt einen Schutzwall für das ägyptische Reich bildete; würden die Christen sie erobern, könnten sie, wie es ihnen beliebte und gefiel, in Ägypten einfallen, da die Stadt die Grenze zu Syrien bildete.

Von Anfang an ließen unsere Leute ihre Schiffe auf dem Meer kreuzen, um zu verhindern, dass weitere Verstärkungen in die Stadt gelangten; sie wählten Gerhard von Sidon zum Schiffshauptmann. Sodann schickten sie ihre Kundschafter in die Umgebung von Gaza, die ihnen melden sollten, wenn ein Heer aus Ägypten nahte, damit sie durch diese Ankunft nicht überrascht würden. Des Weiteren errichteten sie gegenüber den Toren große Verteidigungsanlagen, damit die Stadtbewohner keine plötzlichen Ausfälle mehr unternehmen konnten, wie sie dies zuvor immer wieder getan hatten.

Die Belagerung dauerte bereits zwei Monate, als mehrere Schiffe mit Kreuzfahrern über das Meer kamen, wie dies um Ostern üblich war. Der König schickte nach diesen Schiffen und ließ sie nach Askalon bringen. Unterdessen verstärkte auch das Heer sich ständig, die Leute der Ritter wie jene der übrigen Belagerer, und Vorräte aller Art wurden herangeschafft. So nahm der Mut der Christen zu, während umgekehrt jener der Türken nachließ. Als diese sahen, dass die Zahl ihrer Leute zurückging, da es täglich Tote gab, während sich das Christenheer vergrößerte und guten Mutes war, wurden sie von solcher Angst gepackt, dass sie nicht mehr wussten, was tun. Nach fünfmonatiger Belagerung erblickten sie eines Tages auf dem Meer die ägyptische Flotte. Trotz der Schiffe und Galeeren Gerhards von Sidon, der sich aus Angst zurückziehen musste, lief sie feierlich in Askalon ein, um die Stadt reichlich mit Nachschub an Leuten und Lebensmitteln zu versorgen. Dies erlaubte ihnen, mehrere Ausfälle zu unternehmen. Die Unseren töteten jedoch so viele Feinde unter den Neuankömmlingen, die wenig kriegserfahren und ungenügend vorbereitet waren, dass die Übrigen auf weitere Ausfälle verzichteten.

Während dieser Belagerung beschloss die Fürstin von Antiochia eigenständig, doch mit Zustimmung König Balduins, Rainald von Châtillon[314] zu heiraten. Zuvor hatte sie mehrere vornehmere Anwärter abgewiesen, die besser zu ihr gepasst hätten und ihrem Land nützlicher gewesen wären. Im Übrigen stellte Nur ed-Din, da er wusste, dass König Balduin und die Fürsten von Jerusalem von der Belagerung Askalons so in Anspruch genommen waren, dass sie diese nicht aufgeben würden, um den anderen zu Hilfe zu eilen, ein großes Heer zusammen und zog gen Damaskus. Die Damaszener sprachen bei ihm vor, um ihm ihre Stadt kampflos zu übergeben. Er setzte den dortigen König ab und zwang ihn unter dem Vorwand, er sei wahnsinnig und lasterhaft, ohne Landbesitz und Geld in den Osten zu fliehen.

Indem Nur ed-Din auf den Schaden hinwies, den er den Christen zufügte, sammelte er in kurzer Zeit eine riesige Streitmacht und belagerte eiligst die Stadt Banyas in der Hoffnung, die Unseren zum Abbruch der Belagerung von Askalon zu bewegen. Doch dank der Hilfe Unseres Herrn war seine Mühe vergeblich, denn die Stadt wurde so gut verteidigt, dass er seine Belagerung aufhob und unverrichteter Dinge wieder abzog. Die Unseren gaben ihre Belagerung nicht auf, sondern setzten ihre Angriffe fort, indem ihre Kriegsmaschinen die Mauern noch stärker beschossen. Eine Maschine richtete so großen Schaden an, dass einige kampferprobte Türken aus der Stadt stürmten, um sie mit Brennmaterial in Brand zu stecken. Doch Unser Herr richtete die Flammen gegen die Wälle und Mauern der Stadt, welche die ganze Nacht brannten, so dass am nächsten Morgen ein großes Mauerstück zwischen zwei Türmen einstürzte. Mehrere Türken, die auf der Mauer Wache standen, stürzten in die Tiefe. Als unsere Leute den Lärm der zusammenstürzenden Mauer vernahmen, ergriffen sie ihre Waffen, um mit Gewalt in die Stadt einzudringen.

BELAGERUNG ASKALONS (1153). VERSAMMLUNG BALDUINS III.
UND DER RITTER VOR DEM WAHREN KREUZ

„Askalon ist eine der fünf von den Philistern gegründeten Städte.
An der Meeresküste gelegen, bildet sie einen Halbkreis und gleicht einem Graben,
der sich dem Meer zuneigt. Sie ist vollständig von Wällen aus Erde umgeben,
die man hierher brachte. Darauf wurden die Mauern und Türme errichtet."

(FOL. 157A–157B)

Im 50. Kapitel berichtet Sébastien Mamerot von der Belagerung Askalons, die 1153 stattfand. Er beschreibt ausführlich die in Meeresnähe gelegene befestigte Stadt. Jean Colombe hat in der oberen Hälfte des Hauptbildes eine beachtliche, von hohen, dicken Mauern umgebene Festung dargestellt. Die Befestigungsanlage mit mächtigen Toren und Türmen ragt aus einem Erdwall empor und schützt Häuser und Kirchen, deren Dächer zu sehen sind. Im Vordergrund auf dem Feld stehen die roten, blauen und goldenen Zelte der Christen. Das Heer ist vor dem Lager versammelt. Rechts im Bild lädt ein Soldat seine Armbrust; hinter hölzernen Schutzwänden werden Kanonen in Gefechtsstellung gebracht – die Jean Colombe, ein Mann des 15. Jahrhunderts, zwar schon kannte, die aber Ende des 12. Jahrhunderts noch nicht existierten. Im Hintergrund erkennt man die Schiffe der ägyptischen Flotte, die die eingeschlossene Stadt vom Meer aus versorgen. Nachdem im Juli ein Versuch, die Festung zu erstürmen, fehlgeschlagen war, wurde im Zelt des Königs vor der Reliquie des Wahren Kreuzes eine Ratsversammlung anberaumt, die Jean Colombe im unteren Register darstellt. Dabei wurde beschlossen, die Belagerung fortzusetzen. Askalon fiel am 19. August 1153 nach siebenmonatiger Belagerung. Dieser ägyptische Vorposten unweit der Grenze, den bereits Gottfried von Bouillon vergeblich belagert hatte, war von besonderem strategischem Wert, und so gehörte seine Einnahme zu den wenigen wirklich siegreichen Unternehmungen der Kreuzfahrerstaaten in dieser Zeit.

cedente. Laquelle fut tant prouf
fitable quelle entendra se souvir
au Roy z a ses barons contre
prendre plus auant contre leurs
ennemis. Et pur ce quilz sca
noient les grans maulx z dea
somme leur auoient fais. Ilz
conclurent quilz yroient comme
pur course soudaine estrouer ba
thies z arbres hors leur Cite.
Et de fait eulx puitans de

Herlin a tout bien ptite armée
pour executer leur conclusion.
aierent deuant ceste Cite de sa
lonne. dont les cytoyens ses be
ans furent tant espantez quil
ny eust meuenu dulx qui o
saft faillir hors des murs. Pour
quoy le Roy z ses auultres ve
ens de larmee vrans sa condi
se des eschalommes entreprennent
et uirent quilz affiegeroient

463

Allerdings ließ der Meister des Tempels die Templer als Erste passieren: Ein Teil von ihnen begab sich in die Stadt, und ein anderer blieb vor Ort, um zu verhindern, dass andere Angreifer in der Hoffnung, größere Beute zu machen, hineingelangen könnten. Denn so war es Brauch in Outremer, um die Leute zu ermutigen, kühne Taten zu vollbringen und sich, von Ruhmesstreben und Habgier angetrieben, in den Kampf zu stürzen: Wenn eine befestigte Stadt erobert war, eignete sich jeder Angreifer, dem es gelang, in sie einzudringen, für sich und seine Erben alles an, dessen er habhaft werden konnte. Hatten die Türken in der Stadt zunächst die Flucht ergriffen, weil sie fürchteten, gefangen genommen zu werden, stellten sie doch rasch fest, dass nur vierzig Templer in die Stadt eingedrungen waren. Da diesen keine weiteren Christen folgten, wandten sich die Türken in großer Zahl gegen sie und machten alle nieder. Nach diesem Blutbad fühlten sie sich gestärkt, und ihr Bedürfnis zu fliehen war verflogen. Mutig und kühn versammelten sie sich alle vor der in die Mauer gebrochenen Lücke. Während einige den Durchgang verteidigten, brachten andere starke Bohlen und Bretter herbei und verstopften die Löcher und den Durchbruch so fest, dass kein Christ mehr hindurchkam. Zudem besetzten sie die nahe gelegenen Türme mit Bogenschützen und guten Verteidigern, da die vorherigen Turmwächter vor der Gewalt des Feuers geflohen waren. So kam der Sturmangriff zum Erliegen, und danach hängten die Türken die Leichen der Templer an der Außenseite der Stadtmauer auf, was unsere Leute zwar sehr erzürnte, doch zugleich ihren Kampfeswillen stark abkühlte.

Nun versammelte der König alle Barone, Ritter und weisen Männer vor dem Wahren Kreuz, das sich stets in seinem Zelt befand, und beriet sich mit ihnen über das weitere Vorgehen angesichts der Situation in diesem Augenblick der Belagerung. Ein Teil der Barone und andere Anwesende brachten einiges vor, darunter den Tod zahlreicher Gefährten, die große Stärke und die gute Verteidigung der Stadt, und schlugen vor, die Belagerung aufzuheben. Andere jedoch behaupteten das Gegenteil und sprachen von der großen Schande und den Schäden, welche die Christen zu tragen hätten, wenn man das Unternehmen aufgäbe und auf diese Weise die Gegner ermutigte. Sie erreichten die Fortsetzung der Belagerung und beschlossen, zu Gott zu beten, was sie auch taten. Nach diesen Gebeten und Anrufungen zogen alle bewaffnet vor die Gräben, wo sie ihre Feinde zu finden glaubten, und drangen in diese vor. Dort teilten sie ihre Schläge mit solcher Kühnheit und Gewalt aus, dass die Türken und Sarazenen nach dem Scharmützel, das lange währte, gezwungen waren, angesichts ihrer Unterlegenheit in die Stadt zu flüchten und all ihre Hauptleute auf dem Feld zurückzulassen. So viele ihrer Gefährten wurden getötet, dass es in der Stadt keine Wohnstatt gab, in der nicht Tote zu beklagen waren. Tatsächlich hatten sie vom ersten Tag der Belagerung an bis zu diesem Augenblick noch nie einen so großen Schaden und Verlust erlitten; auf diese Weise rächten unsere Leute den Tod der Templer.

Als andererseits die Türken zusammentraten und den Verlust ihrer Anführer sowie der reichen und mächtigen Bürger der Stadt feststellen mussten, verloren sie ihren Mut und übermittelten mittels eines Geleitbriefs die Bitte, ihnen einen kurzen Waffenstillstand zu gewähren, um die Leichen der bei diesem Ausfall ums Leben gekommenen Leute zu holen und zu bestatten. Als Gegenleistung boten sie an, die Leichen der Unseren herauszugeben, und der König ging auf ihr Ansinnen ein.

Nach diesem Unglück widerfuhr den Einwohnern von Askalon ein weiteres, das die während dieser Belagerung erduldeten Schmerzen nochmals steigerte. Als vierzig ihrer mutigsten und kräftigsten Männer einen großen Schiffsmast an einen bestimmten Ort trugen, fiel ein von einer unserer Maschinen geschleuderter Stein auf den Mast, der zu Boden stürzte und alle Männer zermalmte, so dass niemand am Leben blieb. Erschreckt und sprachlos meinten die Einwohner von Askalon, dies sei der Wille Unseres Herrn. Ich glaube, dass Gott tatsächlich den heiligen christlichen Glauben verherrlichen wollte. Nachdem sie sich beraten hatten, schickten sie dem König und den Baronen eine Botschaft, um ihnen die Stadt zu übergeben. Als einzige Bedingung verlangten sie, dass der König nach Betreten der Stadt einige von ihnen als Geiseln nehme und die Übrigen mit all ihrer Habe unter sicherem Geleit in die Wüstenstadt el-Arisch ziehen lasse. Als sie sich bereits in Sicherheit wähnten, wurden sie allerdings von einem türkischen Herrn verraten, der mit ihnen in der Stadt gedient hatte. Da er wusste, dass sie große Schätze besaßen, gesellte er sich zu ihnen und gab vor, die Wege gut zu kennen, was es ihm erlaube, sie bis nach Ägypten zu führen. Als sie mitten in der Wüste waren, griff er sie mit seinen Leuten an und raubte ihnen alle Güter, deren er habhaft werden konnte, um sie hilflos zurückzulassen und mit seiner Beute davonzuziehen. So spielte sich die Eroberung von Askalon ab, am zwölften August des Jahres 1153, im zehnten Jahr der Regierung König Balduins.[315] Er machte die Stadt zur Grafschaft und übergab sie seinem Bruder, dem Grafen Amalrich von Jaffa. Zudem ließ er eine große Kirche zu Ehren des heiligen Apostels Paulus errichten, an der Stelle der schönsten Moschee, die je von den Türken gebaut worden war.[316]

Kurz darauf fand in Antiochia ein unseliges Ereignis statt. Dem neuen Fürst Rainald von Châtillon, der wusste, dass seine Ernennung dem Patriarchen Aimery[317] missfallen hatte, wurde fälschlicherweise hinterbracht, dass ihn dieser Mann nicht leiden könne und versucht habe, ihm alles mögliche Übel anzutun, als Rainalds Ehe getadelt wurde, und dass der Patriarch ihn verleumde, da er mächtig sei und ihn nicht fürchte, woraufhin der Fürst ihn gefangen setzen und in schändlicher Weise in der Burg von Antiochia einkerkern ließ. Obwohl Aimery sein Prälat und der Herr des Ortes war, an dem der hochwürdige heilige Paulus als Erster auf dem Thron gesessen und das päpstliche Gewand getragen hatte, und obwohl dieser Mann alt und krank war, ließ er ihn auf der Spitze des Turms anketten, um ihn, den Kopf mit Honig bestrichen, an einem besonders heißen Sommertag den Fliegen auszusetzen. Als König Balduin III. dies vernahm, entrüstete er sich und geriet in große Wut; er ließ den Fürsten wissen, dass er schlecht gehandelt und seinen Zorn zu fürchten habe, wenn er den Patriarchen nicht freilasse und ihm all seine Güter zurückerstatte. Der Fürst, der den König fürchtete, gehorchte, und der Patriarch begab sich nach seiner Freilassung nach Jerusalem, wo er vom König, der Königin, seiner Mutter,[318] dem Patriarchen der Stadt und allen Adligen, den Mitgliedern des Klerus und dem Volk in Ehren empfangen wurde und in der Folge mehrere Jahre lang bei ihnen lebte.

Zu jener Zeit kam es zu einem tiefen Zerwürfnis zwischen dem Patriarchen, den übrigen Prälaten des Königreiches Jerusalem und den Hospitalitern. Als einige geistliche Untergebene der Prälaten ihrer Missetaten wegen gebannt wurden, nahmen sie die Hospitaliter in ihren Kirchen auf und erlaubten ihnen, den Gottesdiensten beizuwohnen und die Sakramente zu erhalten. Waren sie krank, so gaben ihnen die Hospitaliter den Leib Unseres Herrn und die letzte Ölung und bestatteten sie nach ihrem Tod in ihren Kirchen und auf ihren Friedhöfen. Aufgrund dieses Ärgernisses machten die Prälaten den Hospitalitern Vorwürfe und rügten sie, doch aus Trotz trieben es diese noch schlimmer. Sie schossen mehrere Pfeile in die Heiliggrabkirche, um die Diener Gottes zu verletzen oder zu töten. Zudem versuchten sie, sich mit Gewalt Eintritt in die Kirche zu verschaffen, und bewiesen so eine große Verachtung gegenüber dieser heiligen Stätte. Der Streit dauerte sehr lange an, doch um mich kurz zu fassen, verzichte ich hier auf weitere Einzelheiten.

Am Ursprung der Hospitaliter standen Kaufleute aus Amalfi[319], einer italienischen Stadt, die sieben Meilen von Salerno entfernt in Apulien liegt. Sie waren die Ersten, die vor langer Zeit Waren, welche die Sarazenen noch nie gesehen hatten, aus ihren Ländern bis nach Syrien brachten. Sie betrieben diesen Handel so fleißig, dass der Kalif von Ägypten, dem damals ganz Syrien gehörte, sie sehr schätzte. Da diese Kaufleute gute und fromme Christen waren, begaben sie sich häufig nach Jerusalem, besuchten die Heiligen Stätten und taten viel Gutes. So wünschten sie sich eine Unterkunft in der Stadt, in der sie wohnen konnten. Der Kalif von Ägypten stellte ihnen in Jerusalem – im vierten Viertel, das als einziges von Christen bewohnt wurde – ein großes Grundstück vor der Heiliggrabkirche zur Verfügung, damit sie dort, einen Steinwurf von der Kirche entfernt, eine Unterkunft errichten könnten. Die Kaufleute, die untereinander Geld gesammelt hatten, ließen an diesem Ort eine Unserer Lieben Frau geweihte Kirche und ein Haus erbauen, in dem Mönche leben konnten, und richteten ganz in der Nähe ein Gästehaus zur Aufnahme fremder Besucher aus ihren Ländern ein. Sodann ließen sie aus ihrem Herkunftsland einen Abt und einige Mönche kommen und brachten sie in dieser Abtei unter, wo sie Gott gemäß dem lateinischen Ritus dienten. Zuvor hatte es nämlich in der ganzen Stadt keinen Christen gegeben, der nicht

Grieche oder Armenier gewesen wäre. Deshalb wurde diese Kirche als das Kloster Latina bezeichnet.

Anschließend bauten ebendiese Kaufleute eine kleine, der heiligen Magdalena geweihte Kirche und ein bequemes Haus, um Pilger zu beherbergen und einige unbescholtene Witwen, die auf Wallfahrt nach einer Unterkunft suchten, vor jeder Schande zu bewahren. In diesem Haus brachten sie Nonnen unter, die diese verwitweten Pilgerinnen zu empfangen und zu umsorgen hatten. Da den guten Kaufleuten die Nöte der aus verschiedenen Ländern stammenden Pilger hohen und niedrigen Standes, die häufig bestohlen wurden, und der Kranken, die nicht wussten, wo sie unterkommen sollten, wohlbekannt waren, ließen sie innerhalb der Umfassungsmauern ihres Grundstückes ein Hospital errichten, um mit dem, was den beiden von ihnen erbauten Klöster übrig blieb, die armen Pilger, ob gesund oder krank, zu verpflegen. Zudem errichteten sie eine Kirche zu Ehren des heiligen Johannes des Almosengebers, des Patriarchen von Alexandria. In Wirklichkeit hatten diese drei Kirchen weder Pfründe noch Besitzungen oder Einkünfte außerhalb ihrer Umfassungsmauer. Doch die Kaufleute und auch die Einwohner von Amalfi, die ihre Stadt nicht verließen, erhoben jedes Jahr Steuern und sammelten so viel Geld, dass die Brüder und Schwestern dieser Klöster in Jerusalem durch Vermittlung des Abtes, dem sie das Geld übersandten, unterstützt wurden, und der Rest dazu diente, den Armen dieser Hospize so viel Gutes wie möglich zu erweisen.

Sie erhielten diese Hilfe, bis die Stadt Jerusalem wiedererobert worden war und Gottfried von Bouillon zum König gemacht wurde. Von da an begannen Gottfried, die anderen wackeren Fürsten, Prälaten, Barone, Ritter und anderen Christen ihnen Renten, Besitzungen und so viele Güter zu schenken, dass sie gewaltigen Reichtum erlangten. Im Frauenkloster gab es eine Äbtissin, eine heilige Frau von vornehmer Abkunft, und in der Männerabtei war ein heiligmäßig lebender Bruder anzutreffen, der unter Führung des Abtes und der Mönche den Armen im Hospital schon gedient hatte, als die Sarazenen die Heilige Stadt noch besetzt hielten, und ihnen ihrer Armut wegen viel Gutes erwiesen hatte. So wählten sie ihn zum ersten Abt dieses Hospizes, denn vor ihm hatte es noch keinen Abt gegeben.

Nach seinem Tod folgte ihm als Meister jener Raimund, von dem ich im Zusammenhang mit der Belagerung von Askalon sprach, und während er das Haus leitete, begann ein Streit mit den Klerikern von Jerusalem. Zu jener Zeit besaßen sie bereits Städte, Burgen und große Ländereien. Seither wurden es noch mehr, darunter Rhodos und fünf benachbarte Inseln, die sie im Jahr 1310 nach vierjährigem Krieg eroberten und seither nicht mehr verloren. Ihren Namen erhielten sie nach jenem Hospital, und man nennt sie Meister, Komture und Ritter des Ordens Sankt Johannis vom Hospital zu Jerusalem, obwohl sie heute gewöhnlich als Komture von Rhodos bezeichnet werden.

Andererseits geschah es ebenfalls zur Zeit König Balduins III., dass der Sultan von Ägypten namens Abbas, der höchste ägyptische Herr nach dem Kalifen, eines Tages vor den Kalifen trat und vorgab, er würde ihn nach Landesbrauch demütig verehren wie einen Gott. Unter dem Vorwand, ihm über die Ereignisse in seinem Land berichten zu müssen, zog er ihn an einen geheimen Ort des Palastes, wo er ihn verräterisch tötete in der Hoffnung, sein Sohn Nasr, ein tapferer und weiser Ritter, werde Kalif von Ägypten und Herrscher des Landes. Er meinte, dieses Verbrechen ließe sich vertuschen, bis seine Verwandten und Freunde in den Palast gekommen wären; er hatte sie insgeheim gerufen, um sich mit ihrer Hilfe der Einwohner der Stadt zu erwehren und Zeit zu haben, sich den Schatz anzueignen. Doch alles kam anders, denn das Verbrechen wurde früher entdeckt, als er gedacht hatte, und die erzürnten Leute eilten zum Palast, um ihn zu bedrängen, und riefen: „Wo ist der Mörder, der unseren Herrn getötet hat?" Da er fürchtete, dass sie die Türen eindrücken und ihn vor der Ankunft seiner Freunde töten könnten, ließ er den Schatz öffnen und ihnen aus den Fenstern zahlreiche Schalen, Humpen, Gefäße, Goldjuwelen und Seidenstoffe aller Art zuwerfen. So rannten sie zu diesen Kostbarkeiten und hörten auf, ihn zu bedrängen. In diesem Augenblick nahten der Sohn, die Neffen und die übrigen Freunde des Abbas, der nun den Rest des Schatzes einpacken und fortbringen ließ. Er zog bewaffnet und von so vielen Männern begleitet aus dem Palast, dass er sich trotz des Volkes sicher auf den Weg nach Damaskus machen konnte. Doch die Leute folgten ihm auf dem Fuß, schrien und drohten, sie würden die Flüchtenden töten, wenn sie dazu Gelegenheit erhielten. Abbas' ältester Sohn und einige Mitglieder seiner Familie, die tapfere Ritter waren, blieben zurück und hielten die Verfolger auf, um den anderen den Abzug zu erleichtern. Mehrmals ließen sie wertvolle Stücke aus dem Schatz zurück, wenn ihre Verfolger sie zu sehr bedrängten, und gleichzeitig töteten sie viele von diesen, so dass die anderen die Verfolgung aufgaben und nach Hause zurückkehrten.

Als der Sultan und die Seinen meinten, sie seien in Sicherheit, gerieten sie in noch größere Gefahr. Die Christen hatten nämlich vernommen, dass Abbas und seine Leute sich davonmachten. Sie versammelten sich, legten einen Hinterhalt, an dem diese vorüberkommen mussten, und fielen über sie her, als sie ahnungslos ihres Wegs zogen. Bei diesem Überfall wurde Abbas getötet, und fast alle anderen starben oder wurden gefangen genommen. So gelangten die Schätze Ägyptens, die sie mit sich trugen, in den Besitz unserer Leute, die auf diese Weise zu Reichtum gelangten. Die Adligen teilten diese Kostbarkeiten unter sich auf und gaben dem einfachen Volk eine Geldsumme, dann verteilten sie Güter und Gefangene nach der Zahl der Ritter. Da die Templer zahlreicher waren als die anderen, gewannen sie den größten Teil.

Unter anderen fiel Nasr in ihre Hände, der Sohn des Sultans, der in ganz Syrien sehr gefürchtet war; er war so stolz und so kühn, dass man ihm kaum ins Gesicht zu blicken wagte! Als dieser Mann bei den Templern im Gefängnis saß, hörte er oft von unserer Religion sprechen, und da er gern und bereitwillig lauschte, lernte er in kurzer Zeit unsere Buchstaben und Sprache, so dass er gut lesen konnte und aufrichtig darum bat, getauft zu werden. Die Templer gingen aber nicht darauf ein und begingen eine Tat von großer Grausamkeit. Für sechzigtausend Besanten verkauften sie ihn und lieferten ihn an die Ägypter aus, die keine Ruhe hatten, solange sie ihn nicht tot wussten. Sie transportierten ihn, an Füßen und Händen gefesselt, in einem Käfig auf einem Pferd in ihr Land. Dort folterten sie ihn grausam und zerstückelten ihn schließlich.

Kapitel LI.
Wie Kaiser Manuel die Versprechen brach, welche er dem Fürsten von Antiochia gegeben hatte. Die Rache, die ihn deshalb traf, und die Niederlage König Balduins. Von dem Streit, der erneut wegen des Grafen von Flandern entbrannte. Wie der Kaiser die Hand seiner Nichte König Balduin gab und nach Antiochia zog. Der Tod König Balduins.

In Kilikien nahe der Stadt Tarsos lebte ein armenischer Fürst namens Thoros[320], ein mutiger und mächtiger Mann, der viele Burgen besaß und den Untertanen des Kaisers von Konstantinopel viel Böses antat. Deshalb sandte der Kaiser Fürst Rainald von Antiochia ein Schreiben, in dem er ihn bat, genügend Leute zu vereinen, um diesen Armenier mit Gewalt aus dem Land zu jagen, und ihm versprach, ihn aus seinem Schatz reichlich zu entlohnen. Der Fürst vertrieb den Armenier, doch der Kaiser wollte ihm dafür keinen einzigen Dinar geben, worüber der Fürst in großen Zorn geriet. Dem Rat bösartiger Leute folgend, führte er sein Heer über das Meer nach Zypern,[321] das Kaiser Manuel unterstand, und beging dort zahlreiche Grausamkeiten und Plünderungen, um mit reicher Beute nach Antiochia zurückzukehren.

Zu jener Zeit vollbrachte auch König Balduin III. eine verachtenswerte Tat.[322] Schlecht beraten, unternahm er mit Männern in Waffen einen Raubzug, um sich das Vieh und die Güter einiger arabischer Turkomanen anzueignen, die nur in Zelten lebten und in Balduins Reich gekommen waren, um dort gegen Zahlung eines Tributs und mit einem Geleitbrief des Königs ihre Herden weiden zu lassen. Die Hospitaliter, die einen Teil der Beute besaßen, wollten diesen in die Stadt Banyas bringen, die ihnen Humfried von Toron zur Hälfte überlassen hatte. Doch einige in dieser Gegend lebende Türken brachten diese Beute in ihren Besitz und ergriffen oder töteten mehrere Hospitaliter. Als die Meister und anderen Leute vom Hospital diese großen Verluste feststellten und erkannten, dass es eine feste Verteidigung brauchte, um Banyas zu schützen, gaben sie Humfried von Toron ihren Teil wieder zurück.

Nur ed-Din, der überzeugt war, dass Humfried nicht imstande sei, die Stadt zu verteidigen, belagerte sie mit einem großen Heer.[323] Humfried, seine Söhne und seine Ritter wagten jedoch einen tollkühnen Ausfall gegen die Türken, die sie jedoch zwangen, sich in die Burg zurückzuziehen und die Stadt aufzugeben. Der König vernahm, was ihnen geschehen war, und zog mit einem Heer heran, um die Burg wiederzuerlangen und zu verteidigen. Nur ed-Din, der die Tapferkeit des Königs kannte, wagte nicht, dessen Ankunft abzuwarten. Nachdem er die ganze Stadt in Brand gesetzt sowie die Türme und Mauern geschleift hatte, hob er die Belagerung auf und zog sich in einen großen, nahe gelegenen Wald zurück. Doch er entließ seine Leute nicht, sondern rief im Gegenteil noch weitere herbei und blieb dort, um herauszufinden, was der König vorhatte.

Dieser traf in Banyas ein und ließ Maurer und Zimmerleute kommen. Die Bürger und die Sergenten ließen die Stadt und die Häuser fester als zuvor wiedererrichten. Der König blieb eine gewisse Zeit und stattete die Stadt wie die Burg mit Lebensmitteln und Geschossen aus. Er ließ seine Fußleute zur Bewachung zurück und begab sich mit seinen Reitern nach Tiberias. Am nächsten Morgen zog er weiter und ritt nach Süden zu einem See namens Merom[324]. Dort schlugen er und seine Leute etwas unbesonnen ihr Lager auf, da sie es ohne Schutz ließen. Tatsächlich glaubte er, Nur ed-Din, der vor ihm geflohen war, habe sein Heer nicht mehr vereint und nicht gewagt, in der Nähe zu bleiben, doch er täuschte sich. Nachdem sich der König am nächsten Morgen von Philipp von Nablus und einigen anderen Baronen verabschiedet hatte, führte Nur ed-Din, der über alles unterrichtet war, nach deren Aufbruch seine Leute so rasch heran, dass er des Abends an einem Jakobsfurt genannten Ort, an dem der König am nächsten Tag vorbeikommen musste, einen Hinterhalt legen konnte. Kurz gesagt, als unsere Leute dort, plaudernd und über verschiedene Dinge sprechend, vorüberzogen, wurden sie von Nur ed-Din und seinen Männern so plötzlich angegriffen, dass sie ungeordnet die Flucht ergriffen, und mehrere wurden getötet und eine gewisse Zahl gefangen genommen; der König rettete sich im Galopp und floh zur Burg Safed[325] im Gebirge. Sobald die Türken abgezogen waren, verließ er die Burg und begab sich mit einer kleinen Schar nach Akkon. Diese Niederlage ereignete sich am Tag der Heiligen Gervasius und Protasius.

Anschließend belagerte Nur ed-Din die Stadt Banyas, welche die Bürger rasch verließen, um in der Burg Zuflucht zu suchen. Er belagerte nun die Burg und unternahm mehrere

Sturmangriffe. Als er die Verteidiger so bedrängt hatte, dass sie ihm kaum mehr Widerstand zu leisten vermochten, hob er die Belagerung auf, um sich in sein Land zurückzuziehen. Er hatte erfahren, dass König Balduin, der Fürst von Antiochia, der Graf von Tripolis und andere, deren Mut er kannte, heranzogen und bereit zum Kampf waren. Da er meinte, dass er aufgrund seines Siegs bereits die Oberhand hatte, und seine Leute, die, wie er wusste, nicht so tapfer wie die Christen waren, vor einer Schlacht bewahren wollte, kehrte er in sein Land zurück.

Kurz darauf traf Graf Thierry von Flandern mit seiner Frau, der Schwester von Königin Melisende,[326] in Syrien ein.[327] Bei ihrer Ankunft jubelte man im Königreich, in dem zuvor Betrübnis geherrscht hatte wegen der zahlreichen Barone und vornehmen Herren, die bei der Niederlage König Balduins in Gefangenschaft geraten waren. Der König und die anderen schöpften mit Hilfe Unseres Herrn wieder Mut und neue Kraft. Auf Rat seiner Leute entsandte König Balduin Botschafter zu Kaiser Manuel mit der Bitte, ihm eine seiner Verwandten[328] zur Frau zu geben. Darauf setzte er sich mit seinem Heer in Marsch, um die Burg Rugia zu belagern. Dort erfuhr er, dass Nur ed-Din krank oder beinahe tot sei, denn die Ärzte waren überzeugt, dass er nicht mehr gesunden würde. Deshalb hob er die Belagerung auf und zog nach Caesarea[329] bei Antiochia, um diese Stadt zu belagern. Mit Thoros, dem bereits erwähnten Fürsten, und den Leuten von Antiochia griff er die Stadt mit solcher Heftigkeit an, dass sie eingenommen und geplündert wurde. Als sie daraufhin auch die Burg durch Belagerung erobern wollten – dies wäre ihnen ohne weiteres gelungen, da es den Belagerten an Lebensmitteln fehlte –, wurde alles, auch die zerstörte Stadt, aufgegeben. Graf Thierry hatte den König und die Barone gebeten, die Stadt und die Burg ihm zu übergeben, da er bereit sei, sie gut zu verteidigen. Sie waren damit einverstanden, ausgenommen Fürst Rainald von Antiochia, der verlangte, man müsse ihm huldigen, da sie zu seinem Fürstentum gehöre. Der Graf wies dies zurück, da er nie ein Land von einem Mann zum Lehen nehme, der unter dem König stehe. So teilten sie die Beute unter sich auf und verzichteten auf Stadt und Burg, die den Christen von Outremer sehr nützlich hätten sein können.

Das Heer verließ diesen Ort, um eine stark befestigte Burg zu belagern, die zwölf Meilen von Antiochia entfernt große Ländereien besaß. Die Festung wurde von den Kriegsmaschinen so sehr erschüttert, und ihre Grundmauern wurden so stark unterhöhlt, dass ihre Verteidiger sie mittels eines Abkommens den Unseren übergaben. Im Übrigen wurde Nur ed-Din wieder gesund, und sobald er ein Pferd besteigen konnte, zog er mit seinem Heer los, um eine Burg zu belagern, die unseren Leuten im Land von Sidon gehörte. Er bedrängte diese Burg so sehr mit seinen Kriegsmaschinen, dass die Verteidiger bereit waren, sie ihm zu übergeben, wenn sie binnen zehn Tagen keine Hilfe erhielten. Als der

König und der Graf von Flandern dies erfuhren, zogen sie mit ihrem Heer herbei, um die Burg zu entsetzen.

Nur ed-Din brach die Belagerung ab und stellte sich zur Schlacht. Am Ende des Kampfes waren Nur ed-Din und sein Oberbefehlshaber Schirkuh sowie ihre Leute besiegt. Dies geschah am achten Juli im fünfzehnten Regierungsjahr König Balduins III. Nach diesem Sieg begab sich der König zur Burg, um sie wieder instand zu setzen, und kehrte dann in sein Reich zurück. Kurz darauf sandte ihm Kaiser Manuel mit größtem Prunk Theodora, die Tochter seines Bruders Isaak, und König Balduin heiratete sie feierlich.[330]

Wenig später nahte Kaiser Manuel mit einer riesigen Streitmacht, um sich an Thoros dem Armenier und Fürst Rainald zu rächen. Thoros wagte nicht, ihn zu erwarten, und als er erfuhr, dass sich der Kaiser bei Tarsos in Kilikien aufhielt, floh er ins Gebirge.[331] Als Fürst Rainald dies vernahm, sandte er den Erzbischof von Latakia[332] zum Kaiser, um mit diesem wieder ins Einvernehmen zu kommen. Dieser tat, wie ihm geheißen, und traf folgende Vereinbarung: Der Fürst hatte barfuß vor dem Kaiser zu erscheinen, gekleidet in ein Hemd aus Wolle,[333] dessen Ärmel nur bis zu den Ellenbogen reichten. Er musste seinen Gürtel um den Hals legen und sein bloßes Schwert an der Spitze in der Hand halten. Den Schwertgriff hatte er dem Kaiser darzureichen und ihn auf Knien um Vergebung zu bitten. Der Kaiser, der wie alle Griechen sehr stolz war, ließ ihn lange in dieser Stellung vor sich knien,[334] so dass einige Franzosen dem Fürsten später vorwarfen, sich nicht rascher wieder erhoben zu haben, doch dieser antwortete, er habe wegen einer so geringen Sache nicht verlieren wollen, was er bereits erreicht hatte. Endlich erlaubte ihm der Kaiser, sich zu erheben. Indem er seine Hände ergriff und ihn auf den Mund küsste, vergab er ihm aus tiefstem Herzen allen bösen Willen und nahm ihn in Gnade wieder auf.

Da König Balduin wusste, dass der Kaiser in der Umgebung von Antiochia weilte, ließ er den Grafen von Flandern in Jerusalem zurück, begab sich nach Antiochia und erschien, nachdem er Botschafter entsandt hatte, vor dem Kaiser, der ihn in allen Ehren und mit prächtigen Geschenken empfing. Während der zehn Tage, die sie gemeinsam verbrachten, gelang es ihm, den Kaiser hinsichtlich Thoros versöhnlich zu stimmen. Dieser erwies ihm Ehre und erhielt einige Gebiete zurück, die er haben wollte. Danach kehrte der König nach Jerusalem zurück. Nach dem Osterfest zog er nochmals nach Antiochia, wo der Kaiser weiterhin seinen Prunk entfaltete. Schließlich zog er sich in sein Land zurück, ohne gegen die Heiden Krieg zu führen. Darüber erfreut, griff Nur ed-Din den Sultan von Konya an, eroberte die Stadt Mares und zwei Burgen, die diesem gehörten, und richtete weiteren großen Schaden an, solange er sich dort aufhielt. König Balduin, der davon Kunde erhielt, beschloss, einen Kriegszug in das Gebiet von Damaskus zu unternehmen, und führte sein Vorhaben aus. Da Naddschm ed-Din, den Nur ed-Din als seinen Statthalter in Damaskus zurückgelassen hatte, erkannt hatte, dass er dem König mit gewaltsamen Mitteln nicht widerstehen konnte, übergab er ihm viertausend Besanten und sechs arme Ritter, die seine Gefangenen waren. Im Gegenzug kehrte der König nach Jerusalem zurück.

Zur selben Zeit unternahm Fürst Rainald einen Raubzug in eine Gegend, deren Bewohner christliche Armenier, aber den Türken untertan waren und ausschließlich von Feldarbeit lebten. Als er mit großer Beute von diesem Raubzug zurückkehrte, verfolgte ihn Naddschm ed-Din, den Nur ed-Din in Damaskus zurückgelassen hatte, so rasch er konnte. Obwohl der Fürst sicher nach Antiochia hätte zurückkehren können, stellte er sich auf Rat einiger seiner Leute zur Schlacht. Doch seine Männer wurden in die Flucht geschlagen. Er selber geriet in die Hände der Feinde und wurde als Gefangener davongeführt, da sich einige der Seinen nicht wie er schlugen und verteidigten. Sobald König Balduin von den Baronen des Landes erfahren hatte, dass Rainald in Gefangenschaft geraten war,[335] stellte er dessen Land umgehend unter sicheren Schutz.

Zu jener Zeit ließ Kaiser Manuel König Balduin wissen, dass er aus Zuneigung zu ihm eine Frau aus seinem Geschlecht heiraten wolle.[336] Er bat ihn um jene von zwei Frauen, die der König für ihn wählen würde, entweder die Schwester des Grafen von Tripolis[337] oder die Schwester des jungen Fürsten von Antiochia[338]. Der König entschied sich für die Schwester des Grafen von Tripolis. Dieser war darüber so glücklich, dass er die größten Ausgaben machte, um die Braut mit allem möglichen Schmuck auszustatten. Doch schließlich verzichtete Kaiser Manuel trotz aller geschlossenen Abkommen auf die Schwester des Grafen von Tripolis und ließ sich die Schwester des jungen Fürsten von Antiochia zuführen. Die Wut des Grafen und sein Zorn gegen den Kaiser waren so groß, dass er dessen Länder plünderte und verheerte.

Kurz darauf verstarb König Balduin III. Als er sich in Antiochia aufhielt, hatte er auf Rat seiner Frau und ohne einen Arzt zu befragen, ein Abführmittel eingenommen. Die Fürsten von Outremer hatten damals die Gewohnheit, den Ratschlägen ihrer Frauen zu folgen und sich nicht an Ärzte zu wenden. Tatsächlich gab es damals jüdische, sarazenische, samaritanische und syrische Ärzte, die nichts von der Heilkunst verstanden und dennoch allen Herren Arzneien und Pillen verabreichten. So nahm König Balduin eine Medizin zu sich, die ihm ein gewisser Barak, Arzt des Grafen von Tripolis, gegeben hatte. Nach seiner Ankunft in Tripolis verschlimmerte sich sein Zustand. Einige seiner Diener gaben einem Hund des Palasts den Rest des Heilmittels, den man aufbewahrt hatte, um den König weiter zu pflegen; der Hund verweigerte jede weitere Nahrung und starb nach drei Tagen, so dass man sagte, der König sei vergiftet worden. Wie dem auch sei, der König litt an Durchfall und Auszehrung. Nachdem er zwei Monate schwer krank in Tripolis daniedergelegen hatte, ließ er sich nach Beirut bringen. Dort rief er alle Prälaten und Barone seines

AMALRICH I. DISPUTIERT MIT GEISTLICHEN
ÜBER THEOLOGISCHE FRAGEN

*„Gern wohnte er [Amalrich] der Messe und dem Gottesdienst bei,
und er liebte, ehrte und schätzte die Kleriker. Häufig ließ er sie in seiner
Gegenwart über die Heilige Schrift diskutieren und bat sie ebenfalls,
bedeutende Fragen zu beantworten, um über die Religion und die Gebote
Unserer Heiligen Mutter Kirche besser unterrichtet zu sein. […] er ließ
den sehr berühmten, gelehrten und bemerkenswerten Kleriker und Prälaten,
Meister Wilhelm, später Erzbischof von Tyros, der in Latein die Chronik
von Outremer bis in seine Gegenwart verfasste, zu sich in seine Burg kommen."*

(FOL. 165VB–166B)

Nach dem Tod Balduins III. 1163 wurde sein Bruder Amalrich I., Graf von Jaffa und Askalon, König von Jerusalem. Er versammelte gern Geistliche und Gelehrte um sich, um mit ihnen theologische Fragen zu erörtern. Die Hauptszene stellt vermutlich eine solche Versammlung in Tyros dar, zu der Amalrich Bischof Wilhelm von Tyros lud, um mit ihm – Sébastien Mamerot zufolge – über die ewige Pein und die ewige Glorie, die die Menschen nach dem Tod erwarten, zu disputieren. Dieses Bild soll wahrscheinlich das besondere Interesse des Königs an theologischen Fragen unterstreichen, aber es bedeutet auch eine Hommage an den Geschichtsschreiber Wilhelm von Tyros, den Sébastien Mamerot mehrfach respektvoll zitiert: Wilhelms *Chroniken von Outremer* waren eine wichtige Quelle der *Passages d'Outremer*. Rings um den auf seinem Thron sitzenden König beteiligen sich Geistliche an der Diskussion und bekunden durch Handbewegungen ihr Interesse. Der Hof des Palastes ist prächtig geschmückt und von langen Mauern umgeben, in deren Nischen weiße Statuen stehen; diese heben sich hell vor einem mehrfarbigen Hintergrund ab. Darüber befinden sich Friese und einfarbige Medaillons. Im unteren Register zeigt Jean Colombe lebendig wirkende Kampfszenen: Die christlichen Reiter schlagen das Sarazenenheer in die Flucht.

Asmauey conte de Jaffes estoit de moure seul fir re du Roy Baudvyn le tiers qui estoit trespasse sans hoir de son corps. Que ce non obstant sourdit grant discort entre ses barons de surie po couronner roy. Car ses auc ans disoient que cestui as

mauery ne se deuoit estre. Et ses austres se bouloyent mal gre tous ses contredisans. et la plusieurt des barons se boulans et consentans cou ronner. Combien quen la fin nostresaigneur aydant fut cestui Asmauery ayant urbin. ans par lacord des patriarsche. arceuesques. e uesques et tout le clergie

Reiches zu sich und bat sie um Verzeihung für alles, was er ihnen angetan haben könnte. Mit lauter Stimme erklärte er, dass er im Glauben an Jesus Christus sterbe. Nachdem er das Glaubensbekenntnis abgelegt hatte, gab er seine Seele im Alter von dreiunddreißig Jahren an Unseren Herrn zurück im Jahr der Menschwerdung 1162, im vierundzwanzigsten Jahr seiner Regierung, am sechsten Februar, dem Tag nach dem Fest der heiligen Agatha.[339]

Die Prälaten und Barone trugen seinen Leichnam in feierlichem Zug nach Jerusalem, um ihn neben den anderen Königen zu bestatten.[340] Nirgends findet sich ein Zeugnis, das besagt, man hätte je um einen anderen Fürsten seines Landes mehr getrauert. Acht Tage lang zogen sie von Beirut nach Jerusalem, und jeden Tag fanden sich unzählige Leute ein, die angesichts des Trauerzuges laut weinten. Selbst aus den Bergen kamen große Scharen von Türken und anderen Sarazenen herab, mischten sich unter unsere Leute und zeigten sich ohne Heuchelei betrübter als die Unseren.

Während Syrien so trauerte, suchten einige Türken und Sarazenen Nur ed-Din auf und sagten ihm, er müsse den Vorteil nutzen, dass er ganz in der Nähe sei, und in das Königreich Jerusalem einfallen. Er könne daraus großen Nutzen ziehen, denn das Reich sei ohne Oberhaupt, und die Barone dächten nur an ihre Trauer, so dass er kaum auf Widerstand stoßen werde. Doch Nur ed-Din antwortete ihnen, er werde nichts dergleichen tun; die ganze Welt müsse Mitleid mit den Christen haben, die den Herrn beweinten, den sie verloren hatten, denn es habe in diesem Reich keinen besseren Fürsten gegeben.

Kapitel LII.
Von König Amalrich. Von der Frage betreffend ewige Pein oder Glorie, welche er aufwarf. Von seinem Zug nach Ägypten. Nur ed-Dins Sieg über die Unseren. Von den beiden Burgen, die Schirkuh unseren Leuten abnahm. Und die Bestrafung des Hauptmanns und die gehenkten Templer.

Graf Amalrich von Jaffa war der einzige überlebende Bruder König Balduins III., der gestorben war, ohne einen unmittelbaren Erben zu hinterlassen. Dessen ungeachtet setzten die syrischen Barone eine heftige Debatte über die Krönung des Königs in Gang. Die einen forderten, dass dieser Amalrich nicht König werden solle, die anderen wünschten das Gegenteil. Doch trotz derjenigen, die widersprachen, wollten die meisten Barone seine Krönung. Schließlich wurde der siebenundzwanzigjährige Amalrich mit Hilfe Unseres Herrn von den Patriarchen, Erzbischöfen, Bischöfen und dem gesamten Klerus gewählt.

Vor dem Thron des heiligen Petrus wurde er am vierten Februar des Jahres 1162 von dem Patriarchen Amalrich von Jerusalem mit den heiligen Ölen gesalbt und zum König gekrönt.[341] In diesem Jahr war die Heilige Stadt von unseren Leuten wiedererobert worden, Alexander[342] war Papst, Amalrich Patriarch von Jerusalem, Aimery Patriarch von Antiochia und Peter Erzbischof von Tyros. Nach seiner Krönung begann jener Amalrich seine Herrschaft in voller Blüte, indem er seinen Untertanen vollkommene Gerechtigkeit widerfahren ließ. Obwohl man ihm tadelnswerte Handlungen anlasten konnte, gewann er die Gunst des Volkes. Großzügig und duldsam, war er bereit, gegebenenfalls große Ausgaben zu machen. Er zögerte nicht, sein Leben aufs Spiel zu setzen und große Gefahren auf sich zu nehmen, um einerseits sein Reich zu erweitern, zu verteidigen und zu fördern sowie andererseits seine Untertanen zu schützen und ihnen zur Seite zu stehen. Gern wohnte er der Messe und dem Gottesdienst bei, und er liebte, ehrte und schätzte die Kleriker. Häufig ließ er sie in seiner Gegenwart über die Heilige Schrift diskutieren und bat sie ebenfalls, bedeutende Fragen zu beantworten, um über die Religion und die Gebote Unserer Heiligen Mutter Kirche besser unterrichtet zu sein.

Als er sich beispielsweise lange nach seiner Krönung wegen eines Wechselfiebers in Tyros aufhielt, ließ er den sehr berühmten, gelehrten und bemerkenswerten Kleriker und Prälaten, Meister Wilhelm, später Erzbischof von Tyros, der in Latein die *Chronik von Outremer*[343] bis in seine Gegenwart verfasste, zu sich in seine Burg kommen. Nachdem er ihm mehrere Fragen über die Göttlichkeit gestellt hatte, sagte er: „Ich glaube sehr wohl an alle Artikel unserer Religion, wie sie im Glaubensbekenntnis zu finden sind, und ich glaube, dass es nach diesem irdischen Leben ein anderes gibt, das ewig dauert, wie unsere Religion uns dies lehrt. Allerdings möchte ich wissen, aus welchem Grund wir mit Sicherheit sagen können, dass dies so ist." Meister Wilhelm, der spätere Erzbischof, der ein ausgezeichneter Kleriker war, antwortete: „Unser Herr sagt im Evangelium, dass er zurückkomme, um über Lebende und Tote Gericht zu halten. Zu den Guten wird er sagen: Kommt her, ihr Gesegneten meines Vaters, ererbet das Reich, das euch bereitet ist von Anbeginn der Welt. Und zu den Bösen wird er sagen: Gehet hin von mir, ihr Verfluchten, in das ewige Feuer, das bereitet ist dem Teufel und seinen Engeln. Wie der hochwürdige heilige Petrus in seinem zweiten Brief sagt, hat Gott für die bösen Menschen am Tag des Gerichts große Pein vorgesehen." Nachdem der König die Worte des Erzbischofs vernommen hatte, sagte er: „Ich weiß tatsächlich, dass das Evangelium davon an mehreren Stellen spricht und dass die Heiligen, die unserer Religion sind, klar und deutlich sagen, dass die Guten nach diesem Leben ewige Freude und die Bösen ewige Pein zu gewärtigen haben. Doch um mich an Ungläubige wenden zu können, die weder an diese Religion noch an die Heilige Schrift glauben, möchte ich wissen, welchen Grund ich anführen kann, ohne mich auf Schriften zu stützen, um zu beweisen, dass es ein anderes Leben und eine andere Welt nach dem irdischen Leben gibt."

Der Erzbischof erwiderte: „Herr, ich werde es Euch sagen, wenn Ihr bereit seid, mir geradezu zu antworten. Versetzt Euch an die Stelle eines Ungläubigen und antwortet mir, wie jener es täte. Ihr wisst, dass Gott existiert." Der König antwortete: „Ja, das ist wahr." Der Erzbischof fügte an: „Gott hat alle Tugenden in sich, und er wäre nicht Gott, wenn ihm gewisse Tugenden fehlten, denn sie kommen alle von ihm. Folglich ist er gerecht. Deshalb vergilt er Gutes mit Gutem und Böses mit Bösem, denn ansonsten wäre er nicht Gott." Der König erwiderte: „Ich bestreite nicht, dass dies richtig ist." Der Erzbischof fuhr fort: „Wie Ihr aber seht, handelt er nicht überall auf dieser Welt in solcher Weise. Denn die guten Menschen haben in ihrem Erdenleben oft viele Leiden, Sorgen und Qualen zu erdulden. Die Bösen dagegen sind reich und mächtig und vergnügen sich über die Maßen. Sie lieben, Böses zu tun, und ernten Gutes für ihre bösen Taten. Diese Beispiele zeigen Euch, dass Unser Herr sein Gericht nicht hier abhält. Doch wisst, was er mit ihnen im anderen Leben macht, damit das Gute nicht bei den Bösen bleibt und das Unglück nicht nur auf die Guten fällt. Wahrlich, aus diesem Grund wird es eine andere Welt geben, in der jene, die gut gehandelt haben, ihren Lohn erhalten, während die anderen in diesem neuen Leben für die hier unten begangenen Untaten büßen müssen." Als der König diese Gründe vernahm, war er glücklich und sagte, dass vor ihnen niemand leugnen könne, dass es nach dem jetzigen ein anderes Leben gebe, wie es in den Schriften steht.

Nach Erhellung dieser Frage komme ich auf die Taten König Amalrichs zurück. Die Barone und Prälaten hatten seit langem das Gerücht gehört, dass Agnes[344], die Tochter des Grafen Joscelin des Jüngeren, die er geheiratet hatte, bevor er König wurde, seine Verwandte vierten Grades sei. Sie ließen ihn schwören, dass seine Ehe aufgehoben werde, und so geschah es. Frau Tiphaine, Äbtissin des vor der Heiliggrabkirche gelegenen Klosters Santa Maria Maior, deren Eltern Joscelin der Ältere und die Schwester Rogers, des Sohns des späteren Fürsten Richard von Antiochia, waren, erläuterte deren Abkunft trotz ihres hohen Alters folgendermaßen: „Balduin von Le Bourg, König von Jerusalem, und Joscelin der Ältere waren die Söhne zweier Schwestern. Balduin war Vater der Königin Melisende, die diesen König Amalrich gebar, und Graf Joscelin der Ältere war Vater Joscelins des Jüngeren, dessen Tochter diese Frau Agnes war. An dieser Hochzeit war der hochwürdige Johannes anwesend, Kardinalpriester des Ordens der heiligen Johannes und Paulus, Legat des Papstes Anicille."[345] Man gewährte der Frau das Recht, sich wieder zu verheiraten, was sie zu Lebzeiten König Amalrichs zweimal tat. In einem Urteil wurde festgelegt, dass die Kinder, die sie mit König Amalrich hatte, als er noch Graf von Jaffa und Askalon war, im Falle der Erbfolge wahre Erben des Königs wären.

Als König Amalrich nach diesen Beschlüssen noch im ersten Jahr seiner Regierung stand, stellte er ein großes Heer zusammen und drang in Ägypten ein. Die Ägypter weigerten sich, ihm den Tribut zu zahlen, den sie seinem Bruder, König Balduin III., zugesagt hatten. In einer Schlacht besiegte er Dhirgam, den Sultan von Ägypten, der ihm mit einem großen Heer entgegengetreten war. Die Ägypter waren aufgrund dieser Niederlage so verängstigt, dass sie die Uferdämme des Nils zerstörten. Als König Amalrich einsehen musste, dass er dieses Mal nicht weiter vorstoßen konnte, kehrte er, mit Beute reich beladen, in sein Reich zurück. Kurz darauf sandte der Sultan Botschafter nach Jerusalem und ließ König Amalrich den Tribut übergeben, den sein Bruder, König Balduin, Ägypten auferlegt hatte. Er ließ ihm sogar einen höheren Betrag zukommen, um ihn zu bewegen, ihm zu Hilfe zu kommen und in Ägypten gegen Nur ed-Din zu kämpfen. Dieser wollte ihm auf Verlangen und Bitte von Schawar, der zuvor Sultan von Ägypten gewesen war und den Dhirgam mit Gewalt und List vertrieben hatte, diese Herrschaft wieder entreißen. Dhirgam dachte, dass es keine leichte Sache wäre, das Heer des Königs wieder aus Ägypten zu vertreiben, wenn es einmal im Land wäre.

König Amalrich, der Dhirgams Bitten und Versprechungen vernahm und in Erwägung zog, dass sich die Lage des Heiligen Landes verschlechtern könnte, wenn es Nur ed-Din, dem großen Feind der Christen, gelänge, das reiche ägyptische Reich zu erobern, war durchaus geneigt, dem Bittgesuch stattzugeben. Während man noch verhandelte, erfuhr Dhirgam, dass Schawar und seine Leute mit Gewalt in Ägypten eingedrungen waren und durch das Land zogen, um wahnwitzige Taten zu verüben, während sie Schirkuh erwarteten, den Hauptmann der von Nur ed-Din aus Damaskus entsandten Leute. So griff Dhirgam sie an und schlug sie in die Flucht. Allerdings vereinten sie sich wieder, nachdem er abgezogen war. Als sich die beiden Heere erneut zur Schlacht aufstellten, wurde Dhirgam inmitten seiner Leute von einem Pfeil getroffen und getötet, ohne dass man herausfand, wer der Schütze war. Dank dieser Umstände wurde und blieb Schawar Herr und Sultan. Er zog nach Kairo, wo er, ohne auf Widerstand zu stoßen, alle töten ließ, die den Familien Dhirgams und seiner Freunde angehörten. Was nun Schirkuh betrifft, den Bruder Naddschm ed-Dins und Onkel Saladins, so war er ein kampfesmutiger Mann, obwohl er eine niedrige Herkunft hatte. Tatsächlich war der Vater dieser beiden Brüder Leibeigener eines anderen Sarazenen gewesen. Mit Hilfe von Nur ed-Dins Heer machte sich Schirkuh daran, das ägyptische Reich wieder zu erobern. Er belagerte und attackierte beharrlich die reiche Stadt Bilbeis, indem er behauptete, er würde sie ungeachtet Schawars erobern. Als Letzterer dies vernahm, sandte er, da er die große Freimütigkeit und Höflichkeit der Christen und insbesondere der Franzosen kannte, umgehend Boten nach Syrien zu König Amalrich. Im Namen Schawars boten diese ihm an, die Summe, die Dhirgam versprochen hatte, oder sogar noch mehr zu zahlen, wenn er bereit sei, Schawar zu unterstützen. Da sich der König von dem Angebot überzeugen ließ, sammelte er mit der Zustimmung seiner Barone sein Heer und zog im zweiten Jahr seiner Regierung ein weiteres Mal nach Ägypten. Schawar kam ihm mit seiner Streitmacht entgegen, und nachdem sie ihre Heere vereinigt hatten, zogen sie geradewegs nach Bilbeis, das Schirkuh erobert hatte und als sein Eigentum betrachtete. Sie belagerten die Stadt so lange, bis Schirkuh bereit war, sich zu ergeben, wenn er mit seinen Leuten sicher die Wüste durchqueren und nach Damaskus zurückkehren könne, auf demselben Weg, auf dem er gekommen war.

Während König Amalrich in Ägypten weilte, kamen zwei bedeutende fränkische Herren, Gottfried Martel, Bruder des Grafen von Angoulême, und Hugo von Lusignan, auf einer Pilgerfahrt nach Jerusalem. Auf der Rückreise hörten sie in Antiochia erzählen, dass sich Nur ed-Din, der wegen seiner schönen Kriegstaten sehr hochmütig war, in der Umgebung von Tripolis aufhalte. Ohne jede Furcht machten sie sich insgeheim mit dem Meister des Tempels, der sich in der Nähe von Antiochia aufhielt, Robert Martel, weiteren Hauptleuten und anderen Leuten, die sie auftreiben konnten, auf den Weg, um Nur ed-Dins Heer anzugreifen. Sie zwangen es nieder und gewannen reiche Beute.

Die Niederlage war so schwer, dass Nur ed-Din selber nur mit Mühe und Not entkam. Mit lediglich einem Schuh an den Füßen und auf einem Maultier flüchtete er schändlich und indem er sein Leben aufs Spiel setzte. Um seine Schande zu rächen, sammelte er ein großes Heer und belagerte die Burg Harenc in der Grafschaft Antiochia. Deshalb stellten der Fürst, der Graf von Tripolis, Thoros, der mächtige Armenier, und mehrere andere Herren ein großes Heer auf, um die Burg zu entsetzen. Nur ed-Din wagte nicht, ihre Ankunft abzuwarten, und zog sein Heer ab. Er machte sich auf den Rückweg, was unsere Leute mit solchem Stolz erfüllte, dass sie die Verfolgung aufnahmen und den Feinden nachjagten, ohne für eine geordnete Aufstellung zu sorgen. Als Nur ed-Din und seine Hauptleute dies bemerkten, ließen sie ihr Heer in Schlachtordnung kehrtmachen und griffen unsere Leute so heftig an, dass diese in Angst und Schrecken gerieten: Es gab keinen, der sein Schwert gezogen hätte, um sich zu verteidigen, und sie baten um Gnade und ergaben sich. So wurden sie überrannt und getötet oder als Gefangene und Gedemütigte nach Aleppo gebracht, ausgenommen Thoros, der sich dagegen gewandt hatte, dass man die Feinde über Harenc hinaus verfolgte. Als er die Niederlage sah, ergriff er die Flucht und konnte sich so retten.

Während dieser Schlacht, die am Tag des heiligen Laurentius des Jahres 1165 stattfand,[346] gerieten in Gefangenschaft: Bohemund, der junge Fürst von Antiochia, Graf Raimund von Tripolis, Koloman, Statthalter von Kilikien, der den Kaiser von Konstantinopel vertrat, Hugo von Lusignan, Joscelin III., Sohn Joscelins des Jüngeren, des ehemaligen Grafen von

Edessa, und zahlreiche weitere Herren, die sich mit übereinandergelegten Händen ihren Feinden ergaben, die dieses Unglück nutzten und großen Schaden in diesen Regionen anrichteten. Nur ed-Din, der wieder Hoffnung geschöpft hatte, kehrte nach Harenc zurück, das sich ihm umgehend ergab, so dass die Bevölkerung große Trauer und Angst empfand.

Doch sie erhielt Hilfe, denn Graf Thierry von Flandern und seine Frau, welche die Schwester König Amalrichs war, gelangten kurz darauf nach Kilikien mit vielen mutigen Männern, die den Christen dieser Gegend für einige Zeit wieder Mut einflößten. Trotz der Ankunft des Grafen von Flandern belagerte Nur ed-Din die Stadt Banyas und erreichte, dass sie ihm übergeben würde, wenn er alle Einwohner mit ihrer Habe abziehen ließe.

Die Stadt Banyas lag am Fuß des Berges Libanon und wurde von den Kindern Israels Dan genannt, wegen des gleich lautenden Namens einer der zwölf Söhne Jakobs, dem das ganze umliegende Land zugefallen war. Die Stadt bildete die nördliche Grenze ihres Landes, wie Berseba die südliche Grenze darstellte. So heißt es in der Heiligen Schrift, wenn die Größe des Gelobten Landes angegeben wird, es erstrecke sich von Dan bis Berseba. Später wurde diese Stadt vergrößert und gefördert von Philippus, dem ältesten Sohn des Herodes, der sie zu Ehren des damaligen Kaisers Tiberius Caesar Caesarea Philippi nannte, obwohl ihr tatsächlicher Name Paneas ist. Die Franzosen nennen diese Stadt Belmas. Ganz in ihrer Nähe gibt es zwei Quellen, von denen die eine Jor und die andere Dan heißt. Diese beiden Namen ergeben, wenn man sie vereint, den Namen des Flusses Jordan.

Als König Amalrich Schirkuh aus Ägypten vertrieben hatte und vernahm, welches Unglück Nur ed-Din den Christen angetan hatte, kehrte er so schnell wie möglich in sein Reich zurück. Er traf mit dem Grafen von Flandern zusammen und zog mit diesem und allen, die er für sein Heer auftreiben konnte, nach Antiochia, um dem Land Hilfe zu bringen. Anschließend begab er sich wieder in sein Reich, wo der junge Fürst Bohemund zu ihm stieß, dessen Schwester der Kaiser von Konstantinopel geheiratet hatte. Wie manche behaupten, hatte ihn Nur ed-Din so rasch freigelassen,[347] weil er fürchtete, der Kaiser könne ihn um die Freilassung bitten, was abzulehnen er nicht gewagt hätte. Andere behaupteten, der kluge Nur ed-Din habe ihm die Freiheit gegeben und ihn in sein Land zurückgeschickt, weil er jung sei und ihm weniger gefährlich werden könne als König Amalrich, der das Land Bohemunds verwaltete, solange dieser in Gefangenschaft war.

Zu dieser Zeit griff Schirkuh eine Burg in Syrien an, die Höhle von Tyros genannt wurde, und nahm sie durch Verrat ein. Aus Angst vor Strafe zog die Besatzung mit den Türken davon. Doch der Hauptmann wurde kurz darauf im Land aufgegriffen und nach Sidon gebracht, wo man ihn henkte. Ebenfalls durch Verrat bemächtigte sich Schirkuh einer anderen Burg, die eigentlich als uneinnehmbar galt, auf der anderen Seite des Jordans

an der Grenze zu Arabien. Der König führte sein Heer auf diese Seite, um die Burg zu entsetzen, doch bevor er dort ankam, wurde er unterrichtet, dass die Templer, die sie verteidigten, sich ergeben hätten, ohne um Hilfe zu bitten. Der König war darüber so erzürnt, dass er umgehend zwölf der Templer, die für diesen Verrat verantwortlich waren, ergreifen und henken ließ.

Kapitel LIII.
Wie König Amalrich Ägypten ein zweites Mal zu Hilfe kam. Von den Schwierigkeiten, die er und seine Leute hatten, um den Nil zweimal zu durchqueren und Schirkuh zu bekämpfen. Und das zwischen den beiden geschlossene Abkommen, das eine große Schlacht vermeiden half.

Als Schirkuh[348] sah, dass König Amalrich ihm auf den Fersen folgte, sah er ein, dass es für ihn in Syrien nichts zu gewinnen gab. Das war der Grund, weshalb er sich, da er das ägyptische Reich an sich reißen wollte, zum Kalifen von Bagdad begab, dem damals mächtigsten Fürsten aller Sarazenen, um ihm wie einem Gott Ehre zu erweisen, und dem er erklärte, dass Ägypten, das schönste und angenehmste Land der Welt, in den Händen von Ägyptern sei, die nichts vom Waffenhandwerk verständen. Zudem sei ihr Fürst und Herr ein Mann, der so anmaßend sei, dass er sich selber als Kalif bezeichnen lasse. Er halte sich für den größten und wahrhaftigsten Fürsten, der das Gesetz Mohammeds befolge, und behaupte, dass alle Menschen dieses Glaubens ihm zu gehorchen hätten. Schirkuh fügte hinzu, es sei eine Schande, sich von einem so bösen Volk erniedrigen zu lassen, und gebe der Kalif ihm den Befehl, sei jetzt der Augenblick günstig, um an diesem ägyptischen Fürsten und den Seinen Rache zu üben. Der Kalif von Bagdad ließ sich von diesen und anderen Worten so beeindrucken, dass er in das einwilligte, was Schirkuh verlangte. Er sandte also Weisungen an alle Barone, die ihm untertan waren, und gab ihnen den Befehl, umgehend und gut bewaffnet zu erscheinen und Schirkuh überallhin zu folgen, wohin er sie führen werde. Man muss sich nicht fragen, wie riesig das von diesem vereinte Heer war, das aus allen Teilen des Orients zusammenströmte und von ihm nach Ägypten geführt wurde.

König Amalrich, der davon vernommen hatte und der Meinung war, ein solcher Nachbar könne ihm nur Schwierigkeiten bringen, vereinte unverzüglich so viele Ritter und andere Leute, wie er konnte, und zog los, um Schirkuh den Weg durch die Wüste abzuschneiden. Er ritt bis Kades-Barnea, ohne jedoch auf ihn zu stoßen. Da es nicht gut war, an diesem Ort zu verweilen, kehrte er schleunigst wieder zurück und ließ nun im ganzen Land verkünden, dass sich alle, ob zu Fuß oder zu Pferd, in der Stadt Askalon versammeln sollten, und so geschah es. Am dritten Tag vor Lichtmess brach er mit seinem Heer auf und nahm so viele Leute und Vorräte wie möglich mit sich. Er benutzte den Weg, der über Gaza führt, die letzte Stadt des Königreiches Jerusalem, und gelangte in Ägypten in eine alte Wüstenstadt namens el-Arisch. Von dort zog er nach Bilbeis, das in alten Zeiten Pelusium hieß. Als Schawar von der plötzlichen Ankunft König Amalrichs hörte, packte ihn Angst, da er sich nicht vorstellen konnte, dass ihm dieser zu Hilfe komme. Schließlich sandte ihm der König Boten, die ihn von den guten Absichten überzeugten, die dieser König gegen ihn hegte, so dass er höchst erfreut war und die Kühnheit und große Güte der Christen lobte. Von da an stellte er ihnen gemäß ihren Wünschen seine Person und die Schätze Ägyptens zur Verfügung und verteilte einen großen Teil des Kalifenschatzes, so dass ein jeder darüber glücklich war. Nachdem sie ihre beiden Heere vereint hatten, brachen sie auf, um ihr Lager am Nil in der Nähe der Stadt Babylon in Ägypten aufzuschlagen, die einigen zufolge einst Memphis[349] hieß. Doch etliche andere scheinen dies zurückzuweisen. Tatsächlich kann man etwa zehn Meilen von diesem Ort am Nil entfernt die Ruinen einer sehr großen Stadt sehen, von der die Einheimischen behaupten, sie sei Memphis gewesen; ihre Einwohner hätten sie freiwillig aufgegeben, um sich mit all ihrem Hab und Gut in dem näher am Fluss gelegenen neuen Babylon niederzulassen. In einem Werk über die Fürsten des Morgenlandes kann man lesen, dass diese Stadt Babylon und die Stadt Kairo im Jahr 361 nach Mohammed von Dschauhar gegründet wurden, dem Oberbefehlshaber eines großen afrikanischen Königs namens al-Muizz Ledin Allah. Er hatte ganz Ägypten für seinen Herrn erobert und Kairo zur Hauptstadt des Reiches gemacht. Der König ließ sich dort nieder und gab aufgrund der Annehmlichkeiten, die er in Kairo vorfand, seine Stadt Kairouan und alle anderen afrikanischen Städte auf.

Unsere Leute und die Ägypter, die eine halbe Meile von Babylon entfernt lagerten, beschlossen, es sei besser, den Nil zu überqueren und Schirkuh entgegenzuziehen, um ihn an der Grenze des Landes zu bekämpfen. Würden sie warten, bis er den Fluss überquert hätte, so wären seine Leute mutiger und schwieriger zu schlagen, da sie keine Rückzugsmöglichkeit hätten und es für sie zu gefährlich wäre, den Fluss ein weiteres Mal zu durchqueren. Doch sie konnten sich nicht genug beeilen, denn als sie nach dem Durchqueren des Flusses dort ankamen, wo sich Schirkuh zuvor befunden hatte, war dieser bereits auf das andere Ufer zurückgekehrt. Einzig eine Handvoll Türken, die den Fluss noch nicht überquert hatten, wurden gefangen genommen und in Ketten gelegt. Von ihnen erfuhren sie von Schirkuhs Stärke, der Zahl seiner Leute und seinen Absichten. So vernahmen sie, dass er, nachdem er das südliche Syrien durchquert und in die Wüste gelangt war, viele seiner Leute verloren habe aufgrund eines heftigen Sturms, der sich bei ihrem Zug durch die Wüste erhob. Der Wind toste mit solcher Gewalt, dass sie gezwungen waren, von ihren Pferden abzusteigen und sich auf den Boden zu legen, um nicht davongetragen zu werden. Zudem fielen Unmengen von Sand auf sie und bedeckten sie, als hätte man sie im Boden eingegraben. Sie wussten nicht mehr ein noch aus. Tatsächlich erheben sich in dieser Wüste häufig solche Stürme, die genauso gefährlich sind wie jene auf hoher See, und die Sanddünen bewegen sich in Wellen, die jenen des Meeres gleichen.

Als unsere Leute diese Neuigkeiten vernahmen und feststellten, dass Schirkuh bereits auf dem anderen Ufer war, überquerten sie den Nil erneut und ließen sich unweit von Babylon nieder, wo sie bereits einmal gelagert hatten. Angesichts der Lage in Ägypten kam Schawar zur Erkenntnis, dass der Krieg nicht so rasch beendet sei und dass er es mit einem mächtigen Gegner zu tun habe. Deshalb wollte er zu einem wirksamen Mittel greifen. Da er fürchtete, der König, seine Barone und seine Leute könnten wieder nach Syrien zurückkehren, weil sie nicht über genügend Geld verfügten, um den Sold zu bezahlen und ihr Heer zu unterhalten, trat er vor den König und seinen Rat und erklärte, es wäre gut, die Abkommen zwischen ihnen und dem Kalifen zu erneuern. Gegen die Dienste, die der König ihm erwies, müsse der Kalif einen sehr viel höheren Betrag als den vereinbarten Tribut zahlen, und man habe darüber zu verhandeln, da abzusehen sei, dass der Krieg nicht rasch beendet werden könne. Als der König und seine Barone Schawars Äußerungen vernahmen, berieten sie lange über diese Sache und einigten sich über die Geldsummen und die Vereinbarungen, denen der Kalif zuzustimmen habe. Er solle schwören und versprechen, sich daran zu halten, und der König solle seinerseits schwören und versprechen, Ägypten nicht zu verlassen, bevor Schirkuh und seine Leute nicht aus dem Land gejagt oder so sehr geschwächt seien, dass sie dem ganzen Reich keinen Schaden mehr zufügen könnten.

Um den Kalifen dieses neue Bündnis beeiden zu lassen, sandte man einen jungen Ritter namens Hugo von Caesarea[350] mit einigen Gefährten zu ihm. Als diese nach Kairo gelangten, entdeckten sie die Häuser, Paläste, Reichtümer und anderen Orte, deren einzigartige Genüsse zu beschreiben unmöglich ist. Der Kalif wollte seinen Schwur mit einer behandschuhten Hand ablegen, doch wurde vereinbart, er müsse mit bloßer Hand schwören.[351] Dies tat er, um Hugo von Caesarea nicht zu verärgern, der sich mit nichts anderem zufriedengeben wollte. Dies entsetzte jedoch mehrere vornehme Herren Ägyptens, die anwesend waren, denn sie beschützen und verehren den Kalifen in diesem Reich, als wäre er ein echter Gott. Die Leute von Bagdad, von denen ich in diesem Kapitel berichtete, taten desgleichen mit ihrem Kalifen, und jeder von ihnen behauptete, er sei der wahre Nachfolger Mohammeds.

Was Hugo von Caesarea und seine Gefährten betrifft, so kehrten sie rasch zum Heer zurück und erzählten von der Gewähr, die der Kalif ihnen gegeben habe, das Bündnis einzuhalten. So machten sich die Unseren gestärkten Mutes wieder an ihre Aufgabe, brachen das Lager ab und verfolgten Schirkuh zu Pferd, um ihn aus dem Land zu jagen. Als sie an den Fluss kamen, schlugen sie ein Lager für die Nacht auf und sahen am nächsten Morgen, dass Schirkuh und alle seine Leute ihnen am Ufer des Flusses entgegenzogen; sie hatten sich dort eingerichtet, um sie am Überqueren zu hindern. Der König ließ, dies gewahr werdend, Schiffe holen und eine Brücke bauen, um ans andere Ufer zu gelangen. Als aber die Brücke bis in die Flussmitte gebaut war, schossen Schirkuhs Leute so viele Pfeile und schleuderten so viele Steine, dass die Arbeit eingestellt werden musste. Die beiden Heere verharrten so mindestens einen Monat lang. Unsere Leute konnten den Fluss nicht überqueren, und jene Schirkuhs wagten nicht, das Ufer zu verlassen, aus Angst, die Feinde könnten zu ihnen herüberkommen.

Schließlich sandte Schirkuh einen Teil seiner Leute auf eine nahe gelegene Insel. Ihnen schickte der König Miles von Plancy und Kamil, den Sohn Schawars, entgegen, begleitet von einem großen Teil der christlichen und ägyptischen Ritter, von denen die Türken in einer offenen Plänkelei und Schlacht in die Flucht geschlagen wurden. Einige fanden den Tod, andere ertranken, als sie versuchten, den Fluss zu durchqueren. Schirkuh verlor mehr als fünfhundert Reiter in diesem Kampf, so dass er begann, sein Unternehmen zu bereuen. Kurz darauf kamen Humfried von Toron, Konnetabel von Jerusalem, und Philipp von Nablus, die aus einem anderen Grund im Heiligen Land geblieben waren, den Christen erneut zu Hilfe. Sie führten ein großes Heer heran, dessen Nahen die Leute des Königs ermutigte und erfreute. Nach ihrer Ankunft ließ der König Hugo von Ibelin mit einem Teil seiner Leute zum Schutz der von ihm begonnenen Brücke zurück. Auf Rat seiner Barone ließ er seine Scharen bei einer zwanzig Meilen entfernten Insel den Nil überqueren. Alle waren der Meinung, sie könnten auf diese Weise Schirkuh überrumpeln, der diese Seite nicht bewachen ließ. Als jedoch der König und sein Heer die Insel erreicht hatten und sich anschickten, den nächsten Arm des Nils zu überqueren, kam ein gewaltiger Sturm auf, der sie an der Überquerung hinderte und sie zwang, die Insel wieder zu verlassen. Schließlich gelang es ihnen, sechs Arme des Nils zu überqueren. Als sie des Nachts zum letzten Arm gelangt waren, brach Schirkuh am nächsten Morgen auf, um dorthin zurückzukehren, woher er gekommen war. Sie bemerkten dies, als es tagte, denn er war nicht mehr an dem Ort, wo er und sein Heer ihnen gegenüber am Ufer des Nils gelagert hatten, so dass sie nun eindeutig wussten, dass diese fortgezogen waren.

Deshalb sandte der König einen Teil seiner Leute zur Verteidigung der Stadt Kairo, da er befürchtete, Schirkuh könne sich in aller Eile dorthin begeben. Unter dem Schutz des restlichen Heers ließ er Gerhard von Pougi und Maadain, einen der Söhne des Sultans, den Nil überqueren und gab ihnen genügend Leute mit, um Schirkuh nachzusetzen, damit sie ihn zum Kampf stellen konnten, wenn er den Fluss erneut überqueren wollte. Der König und Schawar verfolgten Schirkuh auf diese Weise drei Tage lang; am vierten erfuhren sie, dass er in der Nähe sei. So beschlossen sie anzugreifen, obwohl ihre Kräfte ungleich verteilt waren, denn Schirkuh verfügte über neuntausend gut bewaffnete Türken, dreitausend Bogenschützen und zehntausend Araber. Der König hatte nicht mehr als dreihundertvierundsiebzig Ritter und Reiter, wenn man Schawar und dessen Ägypter hinzuzählte, doch die Letzteren waren so schlechte Kämpfer, dass sie mehr störten als hilfreich waren.

Der kriegserfahrene Schirkuh hatte seine Leute einen steilen und sandigen Hügel besteigen lassen. Dennoch wurde er mit Hilfe Unseres Herrn besiegt und floh so rasch wie möglich mit seinen Leuten, ausgenommen sein Neffe Saladin mit einem Teil der Türken, die von Hugo von Caesarea angegriffen wurden. Doch dieser wurde von Saladin ergriffen und als Gefangener abgeführt, nachdem mehrere Christen seiner Schar getötet oder gefangen genommen und die anderen verfolgt worden waren, ohne dass die Leute des großen Heers von König Amalrich etwas davon bemerkten. Bei dieser Niederlage verlor Schirkuh fünfzehnhundert Ritter, der König aber nur hundert. Als die Nacht hereingebrochen war, sammelte Schirkuh seine Leute und zog zur Stadt Alexandria, die ihm von den Einwohnern übergeben wurde, welche glaubten, er habe gesiegt. Daher zogen der König und der Sultan, als sie diese Neuigkeiten vernahmen, unverzüglich herbei, um die Stadt zu belagern, und schlossen sie so eng ein, dass die Einwohner unter Hunger zu leiden begannen. Schirkuh erkannte, dass seine Leute aus Mangel an Lebensmitteln ein Missgeschick erleben könnten, wenn er weiter in dieser Stadt bliebe. So vertraute er seinem Neffen Saladin tausend Ritter und Berittene zum Schutz der Stadt an. Darauf zog er des Nachts ins Land hinaus und so leise am Heer des Königs vorbei, dass dieser es erst am nächsten Morgen bemerkte und seinen Leuten befahl, so rasch wie möglich die Verfolgung aufzunehmen.

Als Amalrich in Babylon war, suchte ihn ein edler ägyptischer Herr namens Benercarselle auf, um ihm mitzuteilen, seine Vettern in der Stadt Alexandria hätten ihn wissen lassen, dass die Einwohner dem König, sollte er zurückkehren, die Stadt übergeben würden, wegen der großen Hungersnot, die dort herrschte. Der König hielt Rat und zog darauf nach Alexandria zurück. Schirkuh, der dies erfuhr, begab sich zur Stadt Chus in der Hoffnung, diese mit Gewalt zu nehmen. Dies glückte ihm jedoch nicht trotz seines vielen Geldes, so dass er nach Babylon zog, wo er auf Hugo von Ibelin stieß, der die Stadt gut verteidigte.

Da er von den Schwierigkeiten wusste, in denen sich sein Neffe Saladin befand, sprach er mit Hugo von Caesarea, der sein Gefangener war. Nachdem er zunächst unter anderem die Ägypter gelobt und zugleich gerügt hatte, erklärte er, dass er ihnen aufgrund ihrer Feigheit das Reich entrissen hätte, das zu besitzen sie unwürdig seien, wäre da nicht der König gewesen, der unklug gehandelt habe, als er einem so schlechten Volk zu Hilfe gekommen sei. Dann bat Schirkuh Hugo von Caesarea, Unterhandlungen zu führen, damit Friede herrsche zwischen dem König und ihm, und dass er diesem Alexandria übergebe. Hugo von Caesarea entschuldigte sich und sagte, man werde ihm nicht vertrauen und glauben, er bringe dieses Anliegen nur vor, um die Freiheit wiederzuerlangen. Er riet ihm, einen anderen, dem König nahe stehenden Ritter zu schicken, um die Verhandlungen zu eröffnen; er werde dann anschließend eingreifen. Alles geschah auf diese Weise und unter der Bedingung, dass die Gefangenen in Schirkuhs Gewalt freigelassen würden. So übergab er die Stadt, und Schirkuh, Saladin und alle ihre Leute zogen ungehindert aus der Stadt und dem Land unter dem Schutz des Königs und in gegenseitigem Einverständnis. Als dieser ein paar Tage später vernahm, sein Reich werde von einigen türkischen Feinden bedroht, die wussten, dass er außer Landes war, rief er Schawar, auf dessen Verlangen der Vertrag mit Schirkuh abgeschlossen worden war, und ließ ihn in Alexandria einziehen. Nachdem der Sultan dort einige Bürger mit dem Tod bestraft oder mit Geldstrafen bedacht und an andere nach seinem Belieben Ämter verteilt hatte, brachen sie mit ihren Heeren auf und zogen zur Stadt Babylon, die ihnen großzügig von Hugo von Ibelin übergeben wurde, wie dieser es versprochen hatte. Als König Amalrich den Sultan Schawar in seinem Amt in dieser Stadt und in ganz Ägyptens bestätigt hatte, kehrte er in sein Reich zurück und betrat die Stadt Askalon am Vorabend des Festes Unserer Lieben Frau, Mitte August des Jahrs der Menschwerdung Unseres Herrn 1167[352], im vierten Jahr seiner Regierung.

Kapitel LIV.
Wie König Amalrich nach Ägypten zurückkehrte. Die vermaledeite Flotte, die der Grund war, dass das ägyptische Reich nicht in die Hände der Christen fiel. Schirkuhs Verrat. Und wie er Herr über Ägypten wurde. Das Heer, das der König nach Damiette führte. Von Saladins anderen Heeren. Und wie König Amalrich nach Konstantinopel zog sowie sein Tod.

Einige Tage später sandte Kaiser Manuel von Konstantinopel zwei seiner Fürsten zu König Amalrich, die ihn in der Stadt Tyros fanden, um ihm mitzuteilen, das ägyptische Reich, das einst so reich gewesen sei, sei in die Hände feiger und böser Leute gefallen; deshalb wolle er es diesen Ungläubigen wieder entreißen, wenn ihm der König dabei behilflich sei. Dieser rief seinen Rat zusammen und gab sein Einverständnis, indem er schwor, bei diesem Unternehmen alles zu tun, was der Kaiser von ihm verlange. Deshalb setzte er nun insgeheim im ganzen Königreich Jerusalem das Gerücht in Umlauf, Schawar wolle die getroffenen Abkommen nicht einhalten, wie er dies versprochen habe, und suche mit allen Mitteln ein Bündnis mit Nur ed-Din, den König von Damaskus, abzuschließen. Unter diesem Vorwand und ohne die Antwort auf die Botschaften abzuwarten, die er an den Kaiser gesandt hatte, versammelte er sein Heer und brach auf, um Ägypten zu erobern. Obwohl Sultan Schawar seine Gelöbnisse einhielt und einhalten wollte, zog der König in zehn Tagen durch die Wüste und ließ sein Heer vor der Stadt Bilbeis in Ägypten lagern. Er griff sie so unvermutet, beharrlich und heftig an, dass er sie im Sturm eroberte und plünderte, nachdem er zahlreiche Ägypter getötet und mehrere gefangen genommen hatte, von denen er und seine Leute sich Lösegeld erhofften.

Nachdem König Amalrich auf diese Weise nach seinem Belieben mit Bilbeis verfahren war, führte er sein Heer gen Kairo, allerdings unentschlossen und viel zu zögerlich. Wie mehrere, die sich damit auskannten, seither erklärt haben, wäre es durchaus möglich gewesen, in ein oder zwei Tagen dorthin zu ziehen, so dass er die Stadt von Lebensmitteln und Verteidigern weitgehend entblößt vorgefunden hätte und sie sich ihm hätte ergeben müssen. Nach ihrer Einnahme hätte er in Ägypten keinen Widerstand mehr angetroffen und somit im Reich seinen Willen durchsetzen können. Er brauchte aber zehn Tage für die Strecke, die er in einem einzigen Tag hätte zurücklegen sollen, denn er wollte, wie seither berichtet wurde, Schawar dazu bewegen, ihm einen großen Geldbetrag zu überreichen, weil er meinte, dass die Leute seines Heers, würde er die Städte und Dörfer wie in Bilbeis plündern, einen so großen Teil der Beute für sich behielten, dass für ihn kaum mehr etwas übrig blieb.

Überdies ließ ihm Schawar, der ihm und etlichen der Seinen sehr nahestand, durch seine Boten in aller Demut ausrichten, er überlasse ihm einen großen Geldbetrag, wenn der König sich bereit erkläre, nach Jerusalem zurückzukehren. Die Botschafter traten vor den König und versprachen ihm im Namen Schawars zwanzig Mal hunderttausend Besanten, und so sicherte der König zu, dass er unter dieser Bedingung den Rückzug antreten und Schawars Sohn, den er gefangen hielt, freilassen würde. Nach Abschluss dieser Vereinbarungen erklärten die Boten des Sultans, das Geld befinde sich nicht alles an einem Ort, und sie überreichten ihm hunderttausend Besanten und zweihundert vornehme Kinder als Geiseln. Der König hob seine Belagerung auf und zog sich mit seinem Heer auf eine Insel zurück, die sechs Meilen von Kairo entfernt war; anschließend ließ er einen der Söhne und den Neffen des Sultans frei und wartete auf dieser Insel auf die Zahlung des gesamten Geldbetrags. Kurz darauf erfuhr er allerdings, dass Schirkuh auf Bitten und mit geheimen Versprechungen des Sultans Damaskus mit seinem Heer bereits verlassen hatte, um nach Ägypten zu ziehen. Der König, der ihm zuvorkommen wollte, führte sein Heer so rasch wie möglich in die Wüste, um Schirkuh zu schlagen, bevor er sich mit dem ägyptischen Heer vereinigen konnte. Dennoch war er nicht schnell genug, und Schirkuh drang auf einem anderen Wüstenweg ins Land ein.

Als der König dies sah und erkannte, dass Schawar ihn betrogen hatte, beschloss er, da die Macht der Ägypter sich verdoppelt hatte, in sein Reich zurückzukehren, was er denn auch tat. Schirkuh, der von Schawar groß gefeiert wurde, ließ sein Heer in der Nähe von Kairo lagern, da er in seinem tiefsten Herzen immer noch seine bösen Absichten hegte und dachte, für ihn sei nun der Augenblick gekommen, Ägypten zu erobern. So gab er vor, viel Zuneigung für Schawar zu empfinden. Da ihm dieser vertraute, besuchte er ihn oft in seinen Zelten und kehrte, nachdem er ihn mit Geschenken überhäuft hatte, nach Kairo zurück. Als aber Schirkuh sah, dass Schawar keinen Argwohn mehr gegen ihn hegte, beschloss er, sein geheimes Vorhaben auszuführen. Als Schawar eines Tages wie gewohnt mit mehreren Emiren und seinen Söhnen Schirkuh besuchte, ergriffen Türken sein Pferd beim Zügel, zerrten Schawar zu Boden und schlugen ihm das Haupt ab. Die Emire und seine Söhne ergriffen die Flucht und kehrten entsetzt nach Kairo zurück, wo sie dem Kalifen über Schirkuhs Verrat Bericht erstatteten. Dieser versprach Schawars beiden Söhnen, er werde sie vor jedem Unglück und vor Schirkuhs Macht schützen, wenn sie sich ihm gegenüber stets treu verhalten und Schirkuh weder aufsuchen noch ihm Botschaften senden würden. Die beiden taten zunächst nichts dergleichen. Doch ein paar Tage später baten sie Schirkuh, Frieden mit ihnen zu schließen und ihnen Sicherheit zu gewähren. Als der Kalif dies vernahm, ließ er sie enthaupten. Sobald Schirkuh dies vernahm, zog er durch das ganze Land und eroberte und besetzte alle Städte, ohne auf Widerstand zu stoßen. Anschließend kehrte er nach Kairo zurück, warf sich vor dem Kalifen zu Boden und verehrte ihn gemäß ihren Bräuchen wie einen Gott. Er wurde feierlich empfangen und vom Kalifen zum Sultan von Ägypten ernannt, indem er ein Schwert überreicht erhielt. So ging das ägyptische Reich durch Gier für die Christen verloren und gelangte in den Besitz ihrer Feinde, indem deren Kraft gestärkt und jene des Königreichs Jerusalem und des ganzen Heiligen Landes geschwächt wurden, so dass diese immer mehr dahinschwand, wie sich im Folgenden erweisen wird.

Als Schirkuh nämlich wenig später starb[353], gelangte ein großer Feind des Volkes an die Macht, der Nichtchrist Saladin, sein Neffe, der sein Amt auf grausame Weise auszuüben begann. Er trat vor den Kalifen und tat so, als wolle er sich vor ihm verneigen, um das Sultansamt zu erhalten, doch schlug er ihn mit einer Keule so stark auf die Schläfe, dass der Kalif tot zu Boden stürzte. Einige seiner Leute, die wussten, was geschehen würde, töteten sämtliche Kinder des Kalifen. So blieb Saladin einziger König und Herr von Ägypten und schaffte das Kalifen- und Sultansamt ab.

Obwohl er sein neues Amt wie ein Tyrann antrat, sagten einige, dass der Kalif und die Ägypter, die missbilligten, dass die Herrschaft von Türken ausgeübt würde, geplant hatten, Saladin zu töten, falls er die Ehre des Sultansamtes erhielte. Saladin, der über diese Pläne unterrichtet war, kam jedoch seinen Feinden zuvor. Nachdem der Kalif und seine Kinder getötet waren, bemächtigte er sich ihres Schatzes und teilte ihn mit seinen Rittern. Mehrere Personen berichteten ebenfalls, die Ägypter hätten einige Kinder des Kalifen versteckt, damit ein Spross dieses Geschlechts vorhanden wäre, wenn es ihrem Land wieder besser erginge.

Andererseits entsandte Kaiser Manuel im Jahr 1169 eine Flotte, die aus hundertfünfzig Galeeren und anderen Schiffen bestand. Sie gelangte Ende September nach Tyros und dann nach Akkon, so dass der König sein Heer im Hafen von Askalon mit jenem der Griechen vereinen konnte. Anschließend stachen sie wieder in See und fuhren nach Damiette, das sie belagerten. In Wahrheit hätten sie die Stadt bei einem unmittelbaren Angriff leicht erobern können, da sie von Verteidigern entblößt war. Doch sie benötigten drei Tage, um die Gärten zu suchen, und verloren aufgrund der Niedertracht einiger Personen viel Zeit.

Zugleich gelangten aus Babylon und Kairo viele Leute und Dinge ins Innere von Damiette, was der Stadt erlaubte, sich gegen die Angriffe und die Kriegsmaschinen der Unseren gut zu verteidigen. Sie verfügte über so viele Leute, dass sie das ganze Umland hätten besetzen können. Schließlich bemerkten zunächst einige Griechen und dann der König, die Fürsten und die Barone, dass die Leute des Kaisers Manuel, der doch anfangs versprochen hatte, einen riesigen Schatz zur Bezahlung der Kosten des ganzen Heers zu schicken, sich jeden Tag beklagten, Geld leihen zu müssen; zudem stellten sie fest, die Regenfälle waren weiterhin so stark, dass die Zelte verrotteten, und die Einwohner der Stadt verteidigten sich tapfer und ließen keine Anwandlungen erkennen, sich zu ergeben. So nahmen sie Verhandlungen auf und trafen Abkommen mit dem wichtigsten Emir der Stadt namens Genelin. Sobald die Abkommen getroffen waren, gingen die Christen drei Tage lang ungehindert in der Stadt und die Türken und Ägypter im Heerlager ein und aus. Als die drei Tage verstrichen waren, kehrte der König in sein Reich zurück und kam am Vorabend von Weihnachten in Akkon an. Die Griechen gerieten jedoch in einen so heftigen Sturm, dass sie fast alle ihre Schiffe, die großen wie die kleinen, verloren. Am Ende blieben von dieser ganzen Flotte nur ganz wenige seetüchtige Schiffe übrig. Auf diese Weise ging in kurzer Zeit ein so vornehmes und hervorragendes Heer zugrunde.

Im folgenden Sommer ereignete sich ein schweres Erdbeben,[354] das einen Teil der Stadt Antiochia sowie mehrere andere syrische Städte und Burgen zerstörte. Die Städte Dschebail und La Liche, die an der Küste liegen, stürzten ebenfalls in Trümmer, gleich wie die Städte Aleppo, Caesarea und Hama im Landesinneren sowie so viele Burgen, dass dies unfassbar war.

Abgesehen von diesen schrecklichen Ereignissen, vereinte Saladin im folgenden Jahr ein großes Heer aus Ägypten und Damaskus und belagerte die Festung Daron. Um sie zu entsetzen, sammelte König Amalrich sein Heer, das aber nur noch zweihundert Reiter und etwa zweitausend Mann Fußvolk umfasste, und zog nach Daron, das bestürmt wurde.Einige Ritter Saladins verstärkten ihre Angriffe auf die Belagerten. Doch nachdem die Türken mit Gewalt die Vororte der Stadt Gaza erobert und dort viele Christen, die die Stadt verteidigten, und fünfzig andere, die sich unvorsichtigerweise vom Heer entfernt hatten, getötet oder gefangen genommen hatten, kehrten sie schließlich nach Ägypten zurück, ohne irgendetwas anderes zu unternehmen.

Im Jahr 1170 ließ König Heinrich von England, Gemahl der Königin Eleonore, in England den heiligen Thomas von Canterbury den Martertod erleiden, für den Unser Herr seither zahllose Wunder vollbracht hat und immer noch vollbringt. Im folgenden Jahr 1171 rief König Amalrich die drei Stände des Königreiches Jerusalem zusammen. Man kam zu dem Schluss, dass es, um dem Heiligen Land und den anderen Ländern von Outremer Beistand zu leisten, notwendig sei, sich zu Kaiser Manuel zu begeben. Als der König feststellte, dass niemand diese Reise zu unternehmen wagte, bot er sich selber dafür an, und so geschah es. Kaiser Manuel war sehr beglückt, empfing ihn wie einen Freund, feierte seine Gegenwart mit allen Ehren und überschüttete ihn mit herrlichen Geschenken. Der Protosebastos Johannes verhielt sich gleichermaßen. Der König hatte seine Tochter geheiratet, die ihm eine Tochter schenkte, und diese wollte er im Anschluss an seine Rückkehr nach Syrien Graf Stephan, Sohn des alten Grafen Tibald von Blois und Chartres, zur Gemahlin geben. Als dieser nach Jerusalem kam, verhielt er sich überaus schmeichlerisch, doch wollte er die junge Dame nicht heiraten und kehrte in großem Elend nach Frankreich zurück. da er in Kilikien durch den Bruder von Thoros, den reichen Armenier,[355] ausgeraubt wurde, dessen Leute ihm auflauerten. Sie ließen ihm lediglich ein elendes Pferd, auf dem er nach Konstantinopel gelangte, wo er viel Geld erhielt, weil man wusste, dass er ein bedeutender und reicher Fürst war.

Im folgenden Jahr[356] sammelte Saladin ein großes Heer mit Leuten aus Ägypten und anderen Türken, um in Syrien einzufallen. König Amalrich sammelte indessen das seinige, in dem sich der Patriarch befand, der das Wahre Kreuz trug, und zog Saladin entgegen. Doch sie trafen nicht aufeinander, und jeder kehrte zurück, ohne etwas anderes zu unternehmen. Das folgende Jahr war das zehnte Jahr der Regierung König Amalrichs. Saladin sammelte erneut eine große Streitmacht und drang ins südliche Syrien ein, und der König führte sein Heer gegen ihn. Aus Furcht, Saladin könne, wenn Amalrich sich an ein Ende seines Reiches begebe, das andere Ende angreifen, blieb er auf dem Berg Karmel, ohne anzugreifen. Als Saladin dies bemerkte, verheerte er das ganze Land, indem er Weinstöcke und Bäume ausreißen und mehrere unbefestigte Siedlungen brandschatzen und zerstören ließ. Dann kehrte er nach Ägypten zurück, wie er es bereits zuvor getan hatte.

In diesem Jahr begingen die Templer eine grausame Tat. Im Erzbistum Tyros jenseits des Bistums Tortosa lebten im Land Phönikien ein Volk und Leute, die Assassinen genannt wurden. Sie besaßen etwa zehn Burgen und zwischen den Burgen ein paar Dörfer. Seit über vierhundert Jahren hingen sie der Religion Mohammeds an und glaubten an diese voller Überzeugung, so dass die übrigen Sarazenen sie die wahren Jünger Mohammeds nannten. Dies ging so bis zu dem Augenblick, da sie gemäß ihrem Brauch einen unter ihnen zum Herrn wählten, denn an die Spitze ihrer Herrschaft rückte niemand auf andere Weise nach. Dieser neue Herr, der scharfsichtig und edelmütig war, stellte fest, dass in Mohammeds Koran und Gesetzesbuch mehrere schändliche Gebote standen, die man um der Gerechtigkeit und der guten natürlichen Sitten willen weder befolgen noch beherzigen konnte.

Da er im Besitz der Bibel und der Briefe des heiligen Paulus war, las er sie mehrmals und gelangte durch die Gnade Unseres Herrn zur Erkenntnis, dass die christliche Religion der alleinige Weg zum Himmel sei. Dies trug er zunächst insgeheim den Weisesten seines Landes vor und bekehrte sie zum katholischen Glauben. Darauf predigte er selber öffentlich vor dem Rest seines Volkes über die Ankunft Unseres Herrn Jesus Christus und seinen Glauben. Schließlich bekehrte er sie alle, und indem er ihnen verbot, den falschen Lehren Mohammeds weiter zu folgen, ließ er sie Wein trinken und das Fleisch von Schweinen und anderen Tieren essen, die zu sich zu nehmen das Gesetz Mohammeds verbot. Als er sah, dass sein ganzes Volk bereit zum Empfang der Taufe war, ließ er durch einen seiner weisen Berater König Amalrich mitteilen, was er getan hatte.[357] Er gab ihm bekannt, dass er und sein Volk bereit seien, sich taufen zu lassen und künftig den katholischen Glauben hochzuhalten, wenn der König einwillige, ihnen ein paar kleine, sehr vernünftige Forderungen zu erfüllen. Sie wünschten, dass ihnen die Templer etwa zweitausend Besanten oder jede andere Zahlung erließen, die sie alljährlich auf ihre zehn Burgen und den Rest der Dörfer erhoben. Der König war darüber höchst erfreut und gewährte ihnen gerne, was sie von ihm verlangten. Was die Templer betraf, redete er mit dem Meister und anderen Ordensleuten und bat sie, sich bereitzuerklären, ihnen diesen Tribut zu erlassen, damit ein so starkes und reiches Volk, das mehr als sechzigtausend kampffähige Männer zählte, in den Dienst Unseres Herrn trete und dem Heiligen Land Hilfe und Unterstützung bringe. Als Ersatz bot er den Templern gleich viel Land in seinem Königreich an, dort, wo sie es zu wählen wünschten, und dort, wo sie damit zufrieden wären, es zu erhalten. Anschließend gewährte er dem Boten der Assassinen, was dieser begehrt hatte. Nachdem er ihm Geschenke überreicht hatte, entließ er ihn, damit er zu seinem Herrn, den man den Alten Mann aus den Bergen nannte, zurückkehre, und ließ ihn lange begleiten. Doch die Härte und der Stolz der Templer sowie ihre unersättliche Habgier stifteten sie an, eine sehr grausame Tat zu begehen. Als dieser gute Mann, der sich bereits wie ein Christ verhielt und keinerlei Misstrauen hegte, da er den Geleitbrief des Königs besaß, in die Nähe seines Landes gekommen war, brachen einige Templer, vom Teufel angetrieben, aus einem Hinterhalt hervor,[358] töteten ihn und hieben ihn in Stücke. Als der König von diesem Mord erfuhr, war er höchst betrübt über den Verlust so vieler Seelen für Unseren Herrn und einer so großen Verstärkung für das Heilige Land. Er fürchtete zudem, dass der Alte Mann aus den Bergen ihn umbringen lassen könnte, in dem Glauben, er sei mitschuldig an dieser bösen Tat. Denn wenn dieser Alte Mann der Assassinen einen Fürsten hasste und einigen seiner Leute befahl, diesen zu töten, so ruhten diese nicht, bis sie seinen Befehl erfüllt hatten, da sie überzeugt waren, dass es nichts Würdigeres gebe, als ihm zu gehorchen, und dass der Tod, den man aus diesem Grund erleide, der glorreichste aller Tode sei. Aus diesem Grund rief der König die drei Stände seines Reiches zusammen, sandte Leute zum Meister des Tempels, um den Übeltäter zu fassen, und suchte den Meister schließlich persönlich auf. Er setzte mehrere Templer, insbesondere die Übeltäter, gewaltsam fest und ließ sie in Akkon ins Gefängnis werfen, um damit der ganzen Christenheit die von den Templern begangene schmähliche Verfehlung zu zeigen. Doch wenig später sollte er sterben.

Da König Nur ed-Din von Damaskus vor kurzem gestorben war[359], belagerte König Amalrich die Königin, Nur ed-Dins Gemahlin, in der Stadt Banyas. Diese bat um Hilfe in Damaskus und bei all ihren Verbündeten, und da sie König Amalrich einen großen Geldbetrag überreichte, brach er seine Belagerung nach zwei Wochen ab. Als er nach Jerusalem zurückkam, litt er bereits an Durchfall. Nach seiner Ankunft verschlechterte sich seine Gesundheit so sehr, dass er im Jahr der Menschwerdung Unseres Herrn 1173 im Monat Juli, am achten Tag nach Sankt Martin im Sommer, starb, nachdem er zwölf Jahre und fünf Monate regiert hatte.[360] Er war ein großer Gesetzgeber und ein guter und weiser König und wurde von seinen Untertanen und vielen anderen sehr betrauert. Sein Leichnam wurde feierlich und unter großem Wehklagen am Kalvarienberg bestattet, dort, wo später auch die anderen christlichen Könige von Jerusalem, die auf ihn folgten, begraben wurden. Unser Herr möge ihm seine Sünden vergeben!

SALBUNG UND KRÖNUNG BALDUINS IV.
NIEDERLAGE DER SARAZENEN

„Während sich das Heer an jenem Ort aufhielt, wurde König Balduin IV.,
der sich in Nazareth aufhielt, von einem starken Fieber befallen,
unter dem er sehr litt. Zudem war der Aussatz, der ihn bereits vor seiner
Krönung befallen hatte, so weit fortgeschritten, dass er das Augenlicht verlor
und sich nicht mehr seiner Arme und Beine bedienen konnte."

(FOL. 187VB)

Im Juli 1174 bestieg Amalrichs Sohn Balduin IV. den Thron im Alter von 13 Jahren. Dieses Kapitel beginnt mit dem Bild der Zeremonie, in der der junge Mann im Beisein einer großen Zahl von Prälaten und Baronen mit den heiligen Ölen gesalbt und dann vom Patriarchen von Jerusalem, Amalrich, gekrönt wird. Der unbekleidete junge König ist bereit, die Salbung zu empfangen, und ein Geistlicher hat ein Buch mit heiligen Texten aufgeschlagen. Jean Colombe hat diese für das Königreich Jerusalem so wichtige Szene in den großartigen Rahmen einer prächtig ausgestatteten Kirche gesetzt: Chor und Mittelschiff, in die durch Glasfenster Licht fällt, sind mit großen, mehr-farbigen, auf Säulen stehenden Statuen von Heiligen und Aposteln geschmückt. Am Eingang zum Chor fällt eine Pietà auf, ein Hinweis auf die Vorliebe des Künstlers für Plastiken und architektonisches Dekor. Im unteren Register wird eine blutige Konfrontation zwischen den beiden Heeren dargestellt: Die Christen verfolgen die Sarazenen. Vielleicht wird damit auf eine der großen Schlachten verwiesen, die König Balduin IV. kurz nach seiner Krönung führte. Sébastien Mamerot erwähnt an dieser Stelle seines Berichts, dass es Balduin gelang, Schams ad-Daula, einen der Brüder Saladins, im Land Ituräa vernichtend zu schlagen.

bataille et histoire que le Roy
Baudyn mettra contre Sal
ladin comme par mur
de ....

Baudyn fils du
Roy. Almaury
et de Agnes sa pre
mier femme fille
du jeune Conte seelin de fohns
fut estant de laage de .viii. ans

cnoint Roy. Tous les prelatz
et Barons se consentans et cou
ronne par. Almaury patriar
che de fforsin ou premier an de
son regne fers le commencement
deronst cnuoie le Roy. Guil
laume de Cecile vne grant ar
mee par mer qui assiegerent
alexandrie en egipte. Mue
nant le Septiesme iour du
siege elle fut presques toute

Kapitel LV.
Die Krönung König Balduins IV. Und wie Saladin König von Damaskus wurde und Aleppo erobern wollte. Von der Ankunft des Grafen Philipp von Flandern. Die Boten Kaiser Manuels. Von der großen Schlacht und dem Sieg, den König Balduin wie durch ein Wunder gegen Saladin davontrug.

Balduin, Sohn König Amalrichs und dessen erster Gemahlin Agnes, Tochter des Grafen Joscelin des Jüngeren von Edessa, wurde im Alter von dreizehn Jahren mit den heiligen Ölen gesalbt und mit dem Einverständnis aller Prälaten und Barone zum König ausgerufen. Gekrönt wurde er vom Patriarchen Amalrich von Jerusalem.[361] Im ersten Jahr seiner Regierung sandte König Wilhelm von Sizilien Anfang August[362] eine große Streitmacht über das Meer, um Alexandria zu belagern. Doch vor dem siebten Tag der Belagerung wurde sie von den Türken, die den Belagerten zu Hilfe kamen, fast vollständig vernichtet. Sie hatten bemerkt, dass der Anführer der Sizilianer nicht wusste, was er in einer solchen Situation zu tun hatte; wenige Männer kamen mit dem Leben davon und dies auch nur, weil sie hastig geflohen waren.

Der Graf von Tripolis begab sich ohne zu säumen an den Hof des Königs von Jerusalem und legte mit etlichen Gründen dar, dass ihm die Regentschaft über König und Reich zustehe.[363] Dem Rat seiner Barone folgend, ließ ihm der König jedoch antworten, dass nicht alle Prälaten sowie Fürsten und Barone versammelt seien und dass man ohne diese keine so wichtige Entscheidung treffen könne oder treffe. Er werde sie jedoch zu gegebener Zeit zusammenrufen, und was auch immer er dann tue, damit müsse der Graf zufrieden sein. Wegen dieser Regentschaft wurde kurz darauf der Seneschall des Reiches namens Miles von Plancy in der Champagne von Männern getötet und ermordet, deren Namen unbekannt blieben.[364] Man sagte allerdings, dass mehrere Barone ihn umbringen ließen, da er seit dem Tod König Amalrichs die Regentschaft für König und Reich nach seinem Belieben führte, ohne das Recht oder die Gerechtigkeit zu achten, ohne einige der ihren um Rat zu fragen und ohne die Geschäfte des Reiches ordnungsgemäß zu führen. Man sagte, er sei in dieses Amt eingesetzt worden, weil er der Vetter des Grafen Heinrich von Champagne war und bereits für König Amalrich die Regentschaft geführt hatte und dies auch nach seinem Belieben für den jungen König, dessen Sohn, tun wollte. Einige Tage später rief der König die drei Stände des Reiches zusammen und übertrug aufgrund ihres Beschlusses den Schutz und die Regentschaft über seine eigene Person und das Reich auf den Grafen von Tripolis. Im selben Jahr wandten sich die Sarazenen von Damaskus insgeheim an Saladin und baten ihn, unverzüglich zu ihnen zu kommen. Sie würden ihm ihre Stadt und das ganze Land übergeben, um sich ihrem Herrn und König namens Malik as-Salih Ismail, dem Sohn König Nur ed-Dins, zu widersetzen, der noch ein Kind war und sich in Aleppo aufhielt. Saladin, der vergaß, dass ihn Nur ed-Din großgezogen hatte, und der mit den von diesem erhaltenen Gütern unzufrieden war, unternahm es, dessen Sohn das Erbe wegzunehmen. Er sammelte sein Heer und drang in das Reich ein, und ein paar Tage später übergaben ihm die Bürger die Stadt Damaskus. Anschließend nahm er in kurzer Zeit das ganze Reich ein. Um ihm Widerstand zu leisten, zog Qutb ed-Din, Herr der großen Stadt Mossul, die ehemals Ninive[365] hieß, doch verkleinert wiedererrichtet worden war und nun den Namen Mossul trug, mit einem großen Heer heran, da er Nur ed-Dins Bruder war und seinem Neffen zu Hilfe kommen wollte; er empfand großen Zorn, als er sah, wie Saladin, der Leibeigener und Diener seines Neffen war, diesen um sein Erbe bringen wollte.

Andererseits beschloss König Balduin, eine große Streitmacht zu vereinen und deren Führung dem Grafen von Tripolis anzuvertrauen, damit er Qutb ed-Din und dessen Neffen zu Hilfe komme und Saladin auf alle erdenkliche Weise Schaden zufüge, um zu vermeiden, dass so viele große Länder und Reiche in der Nähe und Nachbarschaft von Jerusalem und Syrien unter die Herrschaft eines einzigen Mannes fielen, insbesondere eines so gefährlichen und mächtigen Gegners und Christenfeindes, wie dies Saladin war. Obwohl der Graf von Tripolis über ein schönes und starkes Heer verfügte und obwohl es ihm gelang, bis nach Aleppo vorzudringen, um Nur ed-Dins Sohn seine Hilfe anzubieten, glaubten einige Türken, die zu seinen Baronen gehörten und von Saladin in der Festung und Burg Homs[366] belagert wurden, während die Stadt bereits erobert war, und die in dieser Burg die Geiseln hielten, die der Graf von Tripolis hatte stellen müssen, um seine Auslösung zu erreichen, ihn einzig mit Worten abspeisen zu können, und um ihn besser zu hintergehen, taten sie so, als wollten sie alle seine Wünsche erfüllen, und boten ihm die Freilassung seiner Geiseln an, damit er ihnen helfe, und in der Hoffnung, dass Saladin aus Angst vor ihm seine Belagerung abbreche. Allerdings hatten sie keineswegs die Absicht, das zurückzugeben, was sie versprochen hatten, wie sich in der Folge zeigen sollte. Denn als sich der Graf mit seinem Heer der Burg genähert hatte, kamen mehrere Boten verschiedene Male zu ihm, die ihn um Aufschub baten und Ausflüchte machten, ohne dass sich ein Ergebnis abzeichnete. Als ihm dies bewusst wurde, kehrte er zu dem Ort zurück, von dem aus er zu dieser Belagerung aufgebrochen war.

Als Saladin von diesem Abzug vernahm, schienen ihm die, die geblieben waren, von geringer Bedeutung; er hob die Belagerung auf und zog so rasch wie möglich nach Aleppo, um Qutb ed-Dins Heer zu bekämpfen, das sich in Schlachtordnung aufgestellt hatte. Am Ende dieser Schlacht, nach einem großen Blutvergießen, wurde Qutb ed-Din besiegt und von Saladin verjagt. Nach diesem Sieg kehrte Saladin zu der Burg zurück, die ihm mit ihrer ganzen Besatzung übergeben wurde. Er schickte dem Grafen unverzüglich alle in der Burg gefangen gehaltenen Männer und zugleich die Geiseln des Grafen zurück und bat ihn durch einen seiner Boten, er möge ihn nicht daran hindern, Nur ed-Dins Sohn zu bekriegen; im Gegenzug würde er ihm neben anderen Dingen alle gewünschten Dienste erweisen. Der Graf gewährte ihm dies, und sein Konnetabel Humfried teilte seine Meinung. Auf diese Weise machte sich das große Heer von Jerusalem auf den Rückweg und war Saladin dankbar, obwohl es dem Grafen von Tripolis anvertraut worden war, um Saladin zu schaden; der Graf wurde in der Folge heftig getadelt, und man bedeckte ihn, wie auch alle Christen des Heiligen Landes, mit viel Schimpf und Schande.

Nach der Rückkehr des Grafen von Tripolis sammelte König Balduin im selben Jahr auf Rat seiner Barone ein großes Heer und machte sich auf den Weg, um das Königreich Damaskus anzugreifen, da er erfahren hatte, dass sich Saladin bei Aleppo aufhielt. Unsere Leute beteiligten sich an diesem Feldzug und zogen bis zu der Stadt Daron, die vier Meilen von Damaskus entfernt liegt. Von dort näherten sie sich Damaskus, indem sie mit Gewalt die Burg Bedegene einnahmen, dort, wo die schönen Quellen von Damaskus sprudeln, deren Ruhm so groß ist. Auf ihrem Rückweg verbrannten und plünderten sie das ganze Flachland, durch das sie zogen, und kehrten, ohne auf irgendein Hindernis zu stoßen, mit reicher Beute beladen nach Jerusalem zurück.

In diesem Jahr wurde der ausgezeichnete Kleriker Wilhelm, der in Latein die Geschichte von Outremer verfasste, zum Erzbischof von Tyros geweiht,[367] nachdem der Klerus ihn gewählt hatte und auf Verlangen des Königs. Im zweiten Regierungsjahr König Balduins IV. kehrte dieser wieder in das Königreich Damaskus zurück und machte in einem Land namens Ituräa riesige Beute. Er plünderte es nicht nur aus, sondern besiegte auch Schams ad-Daula, einen von Saladins Brüdern, in einer Schlacht und vertrieb ihn. Dieser hatte für Saladin das Land bewacht und im Bemühen, es zu verteidigen, den König angegriffen, da er meinte, er könne ihn durch einen Überraschungsschlag bezwingen, zumal die Christen sich zerstreut hatten, um mehr Beute nach Hause zu bringen.

Im vierten Regierungsjahr König Balduins IV., das heißt im Jahr 1177[368], kam Anfang August Graf Philipp von Flandern in Syrien an[369] und begab sich nach Jerusalem, wo er mit großer Freude und vielen Ehren von König Balduin empfangen wurde. Einige Tage später bot dieser, nachdem er seinen Rat zusammengerufen hatte, dem Grafen an, das Königreich Jerusalem seinem Schutz und seiner Verteidigung zu unterstellen, indem er erklärte, dass alle ihm gehorchen würden und dass er Untertanen, Tribute und Schätze gewinnen könne, so viel er wolle. Der Graf von Flandern lehnte dies ab, unter dem Vorwand, er sei nur als Pilger ins Heilige Land gekommen und wolle aus diesem Grund kein Amt ausüben, da er es nicht jedes Mal aufgeben könne, wenn er in sein Land zurückkehren wolle. Doch wenn der König einen anderen der Barone wählen und ernennen wolle, dann werde er ihm, wie er sagte, gehorchen, solange er in diesem Reich weile, wie er dem König von Frankreich, dessen Lehnsmann er sei, gehorche, wenn dieser persönlich anwesend sei. Daraufhin bat ihn der König, den Oberbefehl über das Heer zu übernehmen, das er mit jenem des Kaisers von Konstantinopel nach Ägypten schicken wollte, um auf diese Weise die Versprechen und Gelöbnisse hinsichtlich dieses Feldzugs zu erfüllen, die bereits König Amalrich, sein Vater, und ebenfalls er selbst gegenüber Kaiser Manuel gemacht hatten. Der Graf von Flandern wies auch diese Bitte zurück. Deshalb ernannte König Balduin IV. gemäß einem Beschluss seines Rates Rainald von Châtillon, der dank seiner Frau Fürst von Antiochia gewesen war, zum Oberbefehlshaber seines Heers und Regenten des ganzen Reiches.

Erst vor kurzem hatte dieser das Gefängnis von Aleppo verlassen, wo er lange in Gefangenschaft saß, gemeinsam mit Joscelin III. von Edessa, der gleichzeitig mit ihm freigelassen wurde. Der König hieß ihn, zu handeln und sich all seiner Macht zu bedienen, wie dies der Graf von Flandern geraten hatte. Als jedoch der Graf von Flandern erfuhr, welches Amt und welche Ehre der König Rainald von Châtillon anvertraut hatte, erklärte er gegenüber den Baronen des Königs, er glaube nicht, dass dieser Rainald ein guter Hauptmann sei, und der König müsse an die Spitze seiner Untertanen einen Führer stellen, der fähig sei, Verluste und Gewinne selber zu verantworten und der für das Land Ägypten, wenn Unser Herr es in ihre Hände lege, ein guter König sei. Doch sie antworteten ihm, der König könne dies nicht tun, wenn er nicht auf die Krone verzichten wolle, was zu tun er keinesfalls gewillt sei.

Die Absichten, die der Graf von Flandern verfolgte, sind seither bekannt geworden. In seinem Gefolge war nämlich ein vornehmer Herr seines Landes, genannt Vogt von Béthune,[370] der mehrere große Ländereien in Flandern besaß; diese sollte der Graf erhalten, wenn er erreichte, dass die beiden Söhne des Vogtes die beiden Schwestern des Königs und Töchter König Amalrichs heiraten könnten.[371] Als aber der Graf dieses Thema zur Sprache brachte, erhielt er die Antwort, es sei in Syrien nicht Sitte, die Damen Witwen vor dem Ende des ersten Jahrs ihrer Witwenschaft wieder zu verheiraten, und es sei erst drei Monate her, dass der Markgraf von Montferrat, der Gemahl der älteren, verstorben sei. So wurde dem Grafen von Flandern geantwortet, der ungehalten war, da es ihm nicht gelang, sein Vorhaben zu Ende zu führen.

Kurz darauf traten die Gesandten des Kaisers Manuel vor den König, um ihn aufzufordern, den Feldzug nach Ägypten zu unternehmen. Der König ließ den Grafen von

Flandern mehrmals auf dieses Thema ansprechen, ohne eine echte Antwort zu erhalten. Der Graf zögerte so lange, bis es fast zu spät und praktisch unmöglich war, in See zu stechen. Nachdem er die Heiligen Stätten besucht und den Pilgerschal um den Hals gelegt hatte, begab er sich auf den Heimweg. In der Stadt Nablus in Syrien angekommen, sandte er den Vogt von Béthune und andere zum König nach Jerusalem zurück und ließ ausrichten, er höre auf den Rat des Königs und sei bereit, nach Ägypten zu ziehen, wenn der König es wünsche, und in alle Orte, wo dieser und seine Hauptleute ihn hinführen wollten. Die syrischen Barone erkannten sehr wohl, dass er ihnen die Verantwortung für die Schande, die er verdiente, aufbürden wollte, und dass er in Frankreich und anderswo die Kunde zu verbreiten beabsichtigte, es hätte nicht an ihm gelegen, sondern an jenen des Landes, wenn das Unternehmen Kaiser Manuels nicht hätte ausgeführt werden können, und die Barone hatten den Eindruck, der Graf wolle sie mit seinem Angebot verhöhnen. Dennoch trugen sie mit großem Zweifel und großer Beschämung den Gesandten des Kaisers nochmals die Absicht des Grafen von Flandern vor und fragten sie, ob sie immer noch bereit seien, nach Ägypten zu ziehen, wenn der Graf ihnen folge.

Sie antworteten, der Zeitpunkt zum Aufbruch sei verstrichen. Sie würden jedoch die eingetretene Verspätung nicht als großes Unglück für das Unternehmen betrachten, sondern die Fahrt noch antreten, wenn der Graf bereit sei zu schwören, dass er aufbreche und dass er, falls er im Heer erkranke, so lange bleibe, wie auch die anderen Barone blieben, und dass er überdies keinem anderen helfe, indem er verhindere, dass die getroffenen Abkommen nicht eingehalten würden. Der Vogt erklärte sich einverstanden mit den Forderungen der Griechen. Doch er wollte nicht ausschließen, dass der Graf gewisse Punkte von seinem Schwur ausnehmen werde. Deshalb wurde das Vorhaben von den Griechen aufgegeben, die zum Kaiser zurückkehrten. Manche Leute behaupten, der Fürst von Antiochia und der Graf von Tripolis hätten den Grafen von Flandern insgeheim davon abgebracht, nach Ägypten zu ziehen, damit er ihnen helfe, einige ihrer Länder von den Sarazenen zurückzuerobern.

Nach dem Aufbruch der Griechen bot der Graf von Flandern tatsächlich mit so viel Nachdruck seine Hilfe für das Heilige Land an, dass der König ihm hundert Reiter und zweitausend Mann Fußvolk zur Verfügung stellte. Mit ihnen und seinen Leuten zog er nach Tripolis und Antiochia, um den beiden Herren, die ihn ebenfalls begleiteten, zu Hilfe zu kommen, und sie belagerten die Burg Harenc. Als Saladin, der sich in Ägypten befand, dies erfuhr und feststellte, dass das Königreich Jerusalem sozusagen schutzlos war, weil der Graf von Flandern, der Fürst von Antiochia und der Graf von Tripolis mit all ihren Scharen und einem Teil des Heers von Jerusalem ins Gebiet von Antiochia gezogen waren, dachte er sich, er könne nun das Reich leicht einnehmen oder ihm zumindest so großen Schaden zufügen, dass er es schließlich zerstören würde. Aus diesem Grund ließ er sein

Heer so rasch wie möglich durch die Wüste ziehen und drang in Syrien ein, indem er seine Kundschafter zur Stadt Askalon sandte.

Um den Einfällen Saladins ein Hindernis entgegenzusetzen, hatte sich König Balduin einige Tage zuvor mit allen bewaffneten Männern, die er versammeln konnte, nach Askalon begeben. Ein Teil von ihnen unternahm einen Ausfall gegen die erste Vorhut. Doch kurz darauf erschien Saladins gesamtes Heer, das riesig war. Als die Unseren die zahlreichen Gegner erblickten und erkannten, dass es für sie zu gefährlich sei, sich von ihren Mauern zu entfernen, zogen sie sich in die Stadt zurück. Von großem Stolz erfüllt, ließ Saladin seine Leute in großen Haufen und ungeordnet durch das Umland ziehen, um es zu plündern und zu verheeren, da er überzeugt war, dass sie, abgesehen von den Städten und Burgen, auf keinen Widerstand stoßen würden.

In Wahrheit erlitt die Bevölkerung des Heiligen Landes so großen Schaden und wurde durch diese Scharen so sehr in Angst versetzt, dass die Einwohner von Jerusalem beschlossen, sie würden, wenn diese zu ihnen kämen, die Stadt aufgeben und sich in die Festung namens Davidsturm zurückziehen. Als König Balduin die besagten Neuigkeiten erfuhr, beschloss er in seinem Rat, es sei besser, sich in Gefahr zu begeben und seine Feinde zu bekämpfen, als zuzusehen, wie sie sein Reich verwüsteten und seine Leute umbrachten. So verließ er Askalon und führte sein Heer so unauffällig wie möglich über den Küstenweg, der mehr Verstecke bot. Und er wollte ganz plötzlich in der Ebene auftauchen, wo Saladin sich aufhielt. Als er ein weites Feld erreicht hatte, stellte er alle seine Leute zu Fuß und zu Pferd in Schlachtordnung auf. Und alle zogen durch die Ebene in schöner Schlachtordnung und waren überdies von großem Feuer und Mut erfüllt, um die Schmach zu rächen, die ihnen die Türken angetan hatten und immer noch antaten, denn sie sahen überall die Feuer ihrer brennenden Dörfer, so dass sich in jedem von ihnen die Kraft, die Kühnheit und der Wunsch nach Rache weiter erhöhten.

Aus diesem Antrieb kamen sie den Türken so nahe, dass sie diese zur neunten Stunde[372] in ihrem Heer unmittelbar vor sich lagern sahen. Als Saladin unsere Leute anrücken sah und seine Kundschafter ihm bestätigten, dass die Unseren den Kampf suchten, begann er ihr Nahen stärker zu fürchten, als er dies zuvor getan hatte. So befahl er, rasch seine Vorauseinheiten zusammenzurufen, ließ Trompeten und Trommeln erschallen und sein Heer zur Schlacht antreten, indem er vor ihm hin und her ritt und seine Hauptleute anspornte als Führer, der in solchen Dingen sehr erfahren war.

Auf der Seite König Balduins IV. standen Fürst Rainald von Châtillon, Odo von Saint-Amand, Meister des Tempels, mit vierhundert schwer bewaffneten Templern, Balduin von Ramleh, dessen Bruder Balian, Reinhold von Sidon und Graf Joscelin, Onkel des Königs und Seneschall des Reiches, mit ihren Scharen, die insgesamt nur dreitausendsechsundsiebzig Mann umfassten. Er ließ das Wahre Kreuz mittragen und bat Unseren Herrn demütig und unter vielen Tränen, er möge ihnen in dieser Not seine Hilfe und Unterstützung zum Ruhm der heiligen Religion gewähren, zu deren Verteidigung und Schutz sie leben und sterben wollten.

So geschah es, als sie sich dem Heer ihrer Feinde näherten, dass die Christen jene, die soeben noch in der Gegend Brände gelegt hatten, in großer Zahl zu den anderen Türken zurückeilen sahen, was Saladins Macht weiter stärkte. Es verwundert nicht, dass sie fürchteten, gegen so viele mit Waffen erfahrene und kriegslüsterne Gegner die Schlacht zu beginnen. Schließlich kamen die Schlachtreihen einander so nahe, dass sie einander berührten, doch nicht überall in gleicher Weise. Tatsächlich waren die Türken so zahlreich, dass sie die Unseren von allen Seiten umschlossen, doch Unser Herr schickte ihnen durch seine Gnade plötzlich Mut und Kühnheit in ihre Herzen und Leiber, so dass sie nicht mehr fürchteten, auf diese Weise inmitten ihrer Feinde in einer verzweifelten Lage eingeschlossen zu sein. Sie begannen im Gegenteil, mit ihren Pferden in die Reihen einzudringen, denn jeder war zutiefst überzeugt, dass Unser Herr ihnen seine Gnade sandte. Sie fühlten sich so gestärkt, dass sie nichts mehr fürchteten, sondern unter ihren Gegnern ein großes Gemetzel anrichteten, so dass Ströme von Blut über das Schlachtfeld flossen. Anfangs fragten sich die Türken verblüfft, wie die Unseren sich zu retten gedachten. Doch als sie deren Kühnheit und Verhalten sahen, waren sie so erschreckt, dass ein jeder von ihnen zurückwich und sie passieren ließ. So dauerte die Schlacht lange, bis die Türken schließlich unseren Leuten nicht mehr standzuhalten vermochten und die Flucht ergriffen, um ihr Leben zu retten.

Dies war eines der größten und offenkundigsten Wunder, die Unser Herr seit langem in den Schlachten von Outremer vollbracht hatte. Die berittenen und zum Kampf gerüsteten Türken umfassten nämlich in Wirklichkeit sechsundzwanzigtausend Mann, jene nicht mitgerechnet, die in sehr großer Zahl auf Last- und Maultieren ritten. Unter diesen sechsundzwanzigtausend Mann gab es gut achttausend kühne und tapfere, eigens ausgewählte Krieger, die „Rüden" genannt wurden. Und die achtzehntausend anderen waren alle beritten und bewaffnet. Unter diesen achttausend gab es gut tausend, die Saladins Farben trugen und sich stets bei ihrem Herrn befanden, um ihn zu schützen. In den heidnischen Ländern der Türken und Sarazenen war und ist es immer noch Brauch, dass die bedeutenden Fürsten mit viel Sorgsamkeit Kinder erziehen, die sie kaufen, aber auch jene, die sie in Schlachten gefangen nehmen, und jene, die ihre Frauen gebären, und sie bringen ihnen alle Arten von Waffenhandwerk bei, während sie aufwachsen und stärker werden. Anschließend zahlen sie ihnen je nach ihrem Wert einen Sold. Die auf diese Weise ausgebildeten Leute halten sich während der Schlachten stets rund um ihren Herrn auf und entfernen sich nie von ihm aus Angst, er könne getötet werden. Saladin war von tausend Mann dieser Art umgeben, die den Kampf nicht aufgeben wollten bis zu dem Augenblick, da sie ihn fliehen sahen. So wurden sie fast alle getötet, obwohl sie rund um ihren Herrn verbissen kämpften. An jenem Tag setzten die Unseren den Türken nach, um sie zu töten und in Stücke zu hauen, vom Schlachtfeld namens Montgisard[373] bis zu den zwölf Meilen entfernten Sümpfen, die Licanon genannt werden. Dort überraschte sie die Nacht, die so finster war, dass sie die Verfolgung und das Töten aufgeben mussten. Gewiss wäre keiner der Türken am Leben geblieben oder nicht gefangen genommen worden, wäre die Nacht nicht so schnell hereingebrochen. Dennoch wurden viele Türken ergriffen und andere schieden dahin, während von den Unseren insgesamt etwa fünfhundert Reiter und einige aus dem Fußvolk getötet wurden.

Auf Seite der Türken gab es so viele Tote, dass Saladin, der im Galopp auf seinem Streitross entkam, kurze Zeit darauf nur noch hundert Reiter von all jenen, die er mitgebracht hatte, um sich vereinen konnte. Zudem verlor er seine Waffenausrüstung und sein Gepäck, die er beim Herannahen, um schneller vorzurücken, in der Wüstenstadt el-Arisch zurückgelassen hatte. Denn als die arabischen Beduinen sahen, dass er besiegt war, eilten sie dorthin, um die Niederlage all jenen zu verkünden, die dort geblieben waren, plünderten sie aus und trugen ihre Beute davon. Denn es ist Brauch bei den Beduinen, sich so spät wie möglich zu versammeln, das Ende der Kämpfe abzuwarten und dann die Besiegten auszuplündern. Unbestreitbar schenkte Unser Herr König Balduin diesen Sieg durch ein Wunder am Tag der heiligen Katharina im November des Jahres 1177. Denn von diesem Tag an regnete es während zehn Tagen so stark, wie es im ganzen Land noch nie geregnet hatte, während zuvor schönstes Wetter geherrscht hatte.

Vier Tage später kehrten die Verfolger, reich mit Gütern beladen, nach Askalon zurück, wo der König sie erwartete. Indem er Unserem Herrn dankte, verteilte er diese große Beute unter ihnen je nach ihren Verdiensten, so dass jene, die zuvor fast ganz mittellos waren und in großer Armut lebten, reich und wohlhabend wurden.

Hatte der König auf diese Weise bereits Ehre und Ruhm errungen ohne die Hilfe des Grafen von Flandern, des Fürsten von Antiochia und des Grafen von Tripolis, so verhielten sich diese umgekehrt sehr anstößig während der Belagerung von Harenc und ihre Leute mit ihnen. Sie taten nichts anderes, als sich in ihren Zelten mit Karten- und Würfelspiel zu vergnügen. Häufig begaben sie sich in die Bäder und Tavernen von Antiochia und führten sich so ungehörig auf, dass die Besatzung der Burg sich kaum vor ihnen fürchtete. Schließlich fand der Fürst von Antiochia ein Mittel, sich viel Geld zahlen zu lassen für die Aufhebung der Belagerung, was er denn auch tat. So kehrte jeder in sein Land zurück, insbesondere Graf Philipp von Flandern, ohne sich mit Ehre bedeckt und irgendeinen Vorteil im Heiligen Land gewonnen zu haben.

Kapitel LVI.
Wie König Balduin IV. besiegt wurde, und wie mehrere seiner Leute getötet wurden, weil sie gedankenlos plünderten. Von der Rückkehr Saladins. Und wie er aufgrund des Stolzes des Meisters der Templer den König besiegte. Von Guido von Lusignan, der seither König wurde. Wie Saladin wieder aufbrach und von mehreren heftigen Streitigkeiten und Zwisten, die unter den Christen von Outremer ausbrachen und ein großes Durcheinander unter ihnen auslösten.

Während in Rom im Jahr 1178 ein großes Konzil tagte, errichtete und befestigte König Balduin IV. eine neue Burg auf der anderen Seite des Jordans[374] an einem Ort namens Jakobsfurt. Der Ort wurde so genannt, weil Jakob[375] hier den Fluss überquert hatte, als er mit seinen beiden Frauen, großen Reichtümern und den Mitgliedern seiner Familie aus Mesopotamien zurückkehrte. Nach Fertigstellung der Burg und nachdem der König und seine Leute neun Diebe lebend gefangen genommen und siebzig, die mit ihren Überfällen die Umgebung unsicher machten, getötet hatten, zog er mit seinem Heer nach Banyas, in der Hoffnung, dort Vieh zu fangen, das um die Stadt weidete. Seine Leute zerstreuten sich jedoch in alle Richtungen, um die Tiere zusammenzutreiben und wegzuführen. Während dieser Zeit wurde die Schar, bei der sich der König befand und die ohne jeden Verstand durch enge Schluchten zog,[376] von einigen Bewohnern der Umgegend besiegt, die sich dort aus Angst vor ihm versteckt hatten. Da sie sahen, dass sie getötet und gefangen genommen würden, wenn sie sich nicht zur Wehr setzten, verteidigten sie sich und griffen den König mit solcher Heftigkeit an, dass sie ihn besiegten und seine Leute in die Flucht schlugen. Er selber wurde mit großer Mühe aus der Bedrängnis geholt, ließ jedoch zahlreiche wackere Barone, Ritter und andere Leute zurück, die in großer Zahl getötet oder gefangen genommen wurden.

Nach dieser Niederlage kam Saladin eiligst mit einem großen Heer zurück und belagerte die Burg Jakobsfurt, doch während eines der ständigen Angriffe tötete Rainer von Maron, ein Ritter, der zur Besatzung gehörte, mit einem Pfeil, der geradewegs ins Herz traf, einen der reichsten Emire der Belagerer. Die übrigen Türken wurden dadurch so entmutigt und betrübt, dass sie die Belagerung abbrachen und an den Ort zurückkehrten, von dem sie gekommen waren. Im folgenden Monat kam Saladin in die Gegend zwischen Banyas und dem Fluss Jordan zurück, indem er seine Kundschafter ausschwärmen ließ, um das ganze Land zu verheeren, zu plündern und zu brandschatzen, wie er dies bereits mehrmals getan hatte, ohne auf Widerstand zu stoßen, was ihm Mut gab und seine Kühnheit erhöhte, unseren Leuten noch mehr Schaden zuzufügen. Als der König von der Verwirrung hörte, die von den Kundschaftern angerichtet wurde, sammelte er sein Heer und führte es auf einen hohen Berg. Von dort sah er in der Ferne Saladins Zelte, doch ganz nahe im Tal erblickten er und seine Leute die Vorauseinheiten, die das Land in Brand steckten und verheerten. Sie waren darüber so erzürnt, dass sie das Tun nicht länger ertragen konnten. Die Männer zu Pferd begaben sich so rasch ins Tal hinunter, dass diejenigen zu Fuß nicht zu folgen vermochten, wiewohl sich die stärksten und schnellsten von ihnen so sehr beeilten, dass sie kurz nach den Reitern unten ankamen. Als sie in der Ebene einen Ort namens Merdsch Ajun[377] erreichten, machten sie dort kurz Rast, um zu beschließen, was zu tun sei.

Saladin indessen war sehr erstaunt und verblüfft, als er von der plötzlichen Ankunft des Königs erfuhr, und hatte Angst, dieser könne seine Vorauseinheiten überrumpeln. Weil er zudem befürchtete, dass der König seine Zelte und alles, was in ihnen war, an sich reißen könnte, ließ er alle seine Waffen, Ausrüstungsgegenstände und Lasttiere des Heers ins Innere der Mauern und Gräben der nahe gelegenen Stadt Banyas bringen, denn er wollte geschützt und von allem befreit sein, was ihn behinderte, wohin auch unsere Leute ziehen würden. Als nun die Leute aus den Vorauseinheiten das Heer des Königs erblickten, packte sie Angst, und sie überquerten den Fluss, der die Berge von der Ebene trennt, da sie nur noch die Hoffnung hegten, ihre übrigen Gefährten zu erreichen, doch dies gelang ihnen nicht. Als sie nämlich den Fluss überquert hatten, trafen sie auf unsere Leute, die sie leicht besiegten, indem sie mehrere töteten und einige gefangen nahmen, während die anderen, die entkommen konnten, zu Saladins Heer flohen.

Während diese Dinge geschahen und unsere Leute sich abmühten, die Reiter zu verjagen und ihre Beute an verschiedenen Orten zu sammeln, zogen sich Odo, der Meister des Tempels, sowie der Graf von Tripolis und ihre Leute auf einen Hügel zurück, der sich vor ihnen befand, indem sie den Fluss zu ihrer Linken ließen. In der Ebene, die sich nun rechts von ihnen erstreckte, befanden sich die Zelte und Unterstände der Türken, die Saladin voller Zorn verließ aufgrund seiner Vorauseinheiten, die er besiegt zurückkommen sah. Er zog den Unseren so rasch wie möglich entgegen, indem er seine Leute aufforderte, sich mutig zu zeigen, um den Tod ihrer Gefährten zu rächen. Mit sich nahm er auch jene, die flohen, indem er sie, wenn er ihnen begegnete, kehrtmachen ließ. Unter diesen Bedingungen griff er, als seine Schlachtreihen geordnet waren, unvermutet die Unseren an, die sich zerstreut hatten, weil sie meinten, den Sieg bereits errungen zu haben. Die Fußkämpfer hatten sich schon am Flussufer niedergelassen, während die Reiter, die frohgemut von der Verfolgung zurückkehrten, ihre Fröhlichkeit sehr rasch verloren.

Obwohl ihnen keine Zeit mehr blieb, zum Fußvolk zu stoßen und die Schlachtreihen zu ordnen, verteidigten sie sich gut und lange, doch wurden sie aufgrund der Überzahl der Türken schließlich besiegt. Sie begannen, in die Berge und Schluchten zu fliehen, wo mehrere von ihnen getötet wurden. Dies wäre jedoch nicht geschehen, wären sie in der Ebene geblieben, wo jene, die über die besseren Reittiere verfügten, den Sieg davongetragen hätten.

Der König entkam dieser Auflösung dank der Stärke seiner Leute, desgleichen der Graf von Tripolis, der mit einer kleinen Schar floh. Zahlreiche der Unseren wurden getötet an diesem Ort, und mehrere vornehme Herren wurden hier gefangen genommen. Unter anderen wurde auch Odo, der Meister des Tempels,[378] ergriffen, der für seinen großen Stolz berühmt war und der noch im selben Jahr im Gefängnis starb, doch wenig betrauert wurde, da man sagte, er sei für dieses unsinnige Unternehmen verantwortlich gewesen.

Zu jenem Zeitpunkt des Jahres kam der gute Graf Heinrich von Champagne zurück, der die Stiftskirche des hochwürdigen heiligen Stephan in Troyes, meines Schutzpatrons, stiftete und der, wie bereits berichtet, schon vor längerer Zeit mit König Ludwig dem Jungen von Frankreich im Heiligen Land geweilt hatte. Nun kehrte er dorthin zurück und brachte eine große und schöne Gesellschaft edler und reicher Fürsten, Barone und Ritter mit. Unter anderen begleiteten ihn Peter von Courtenay, Bruder König Ludwigs von Frankreich, und Philipp, dessen Neffe, Sohn des Grafen Robert und Gewählter von Beauvais.[379] Trotz der Ankunft dieser Herren ließ Saladin nicht davon ab, sein Heer gegen das Königreich zu führen, und begann erneut, die Burg Jakobsfurt zu belagern. Um die Burg zu entsetzen, vereinte König Balduin das Heer des Heiligen Landes mit jenem des Grafen Heinrich von Champagne und anderer, neu aus Frankreich gekommener Herren. Doch bevor sie ihr Heer vorbereiten konnten und trotz ihrer großen Eile ließ Saladin die Burg mit Belagerungsmaschinen beschießen und ständig angreifen, da er wusste, dass die Unseren nahten. So nahm er sie mit Gewalt ein[380] und tötete die Templer, die sich im Innern befanden und denen der König den Schutz der Burg anvertraut hatte, oder nahm sie gefangen, weshalb der König nichts mehr unternahm.

Bei dieser Gelegenheit wurden die Abkommen erneuert, die getroffen worden waren, gemäß denen der Herzog von Burgund[381] ins Heilige Land reise, um, wie er es versprochen und geschworen hatte, die ältere Schwester des Königs zu heiraten, doch er hielt sein Wort nicht. Als der König deshalb einige Monate später feststellen musste, dass der Herzog ihn getäuscht hatte, und vernahm, Fürst Bohemund der Jüngere von Antiochia[382] und der Graf von Tripolis seien mit einer großen Gesellschaft von Rittern in sein Reich gekommen, fürchtete er, sie wollten ihn absetzen, da man deutlich sah, dass er an Aussatz litt. Deshalb wollte er seine ältere Schwester mit einem Herrn verheiraten, der imstande war, ihn zu verteidigen. In aller Eile gab er sie, ohne Rat zu halten, Guido von Lusignan zur Frau, dem Sohn Hugos von Lusignan[383], der zu den höchsten Adligen des Poitou gehörte, aber weder genügend vorbereitet war, die Verteidigung des Reiches zu übernehmen, noch so reich und mächtig, wie dies nötig gewesen wäre, obwohl der König einen solchen Anwärter gut hätte finden können, hatte er doch bereits mehrere andere abgelehnt, die in der Hoffnung, König zu werden, bereit waren, dieses Amt zu übernehmen. Als nun indessen der Fürst und der Graf in Jerusalem ankamen, wohl wissend, dass der König sie verdächtigt hatte, verrichteten sie ihre Gebete und machten sich wieder auf den Weg. Eines Nachts gelangten sie in die Stadt Tiberias, vor der am nächsten Morgen Saladin erschien, um sie zu belagern und im Sturm zu erobern. Der Fürst und der Graf unternahmen mit ihren Leuten einen Ausfall, um ihn anzugreifen. Als Saladin dies sah, brach er wieder auf und zog sich in andere, weit entfernte Länder zurück, und die beiden Herren kehrten in ihre Stadt zurück. Darauf sandte der König Boten an Saladin, um einen Waffenstillstand zu vereinbaren,[384] in den Saladin gerne einwilligte, obwohl er der Stärkere und der Sieger gewesen wäre. Es hatte nämlich im Umland von Damaskus eine große Dürre geherrscht und während dieser ganzen Zeit überhaupt nicht geregnet, so dass Saladin keine Lebensmittel für Menschen und Tiere mehr hatte.

Seit der Ankunft der ersten Pilger im Heiligen Land, die zur Zeit König Gottfrieds auf Kreuzfahrt gegangen waren, hatte es keinen Waffenstillstand gegeben zwischen ihnen und den Türken, ohne dass den Unseren daraus nicht irgendein Vorteil erwachsen wäre, ausgenommen diesen, durch den sie nichts gewannen. Als es Sommer wurde, verheerte und brandschatzte Saladin einen großen Teil des Landes des Grafen von Tripolis, indem er vorgab, dieses sei nicht Gegenstand des Waffenstillstandes, obwohl er dem Grafen schließlich ebenfalls einen Waffenstillstand gewährte und seine Galeeren, die sich bereits vor der Stadt Tortosa befanden, wieder abzog. Diese Stadt wurde ehemals Antaradus genannt nach Aradin[385], Sohn Kanaans, Sohn Chams, Sohn Noahs, weil dieser zunächst dort gelebt hatte. Kurz darauf starb der Patriarch Amalrich von Jerusalem, als dessen Nachfolger am zehnten Tag der Patriarch Heraklios, Erzbischof von Caesarea, gewählt wurde.[386] Über diesen Patriarchen hatte noch vor seiner Wahl Erzbischof Wilhelm von Tyros, ein berühmter Kleriker, in einem Schreiben an die Chorherren des Heiligen Grabes ausgeführt, er habe in Schriften, die als maßgeblich gelten, dieses Zeugnis gefunden: Gleich wie Kaiser Heraklios[387] das Wahre Kreuz Unseres Herrn aus Jerusalem mitgebracht hatte, würde es von einem gewissen Heraklios, der Patriarch sei, fortgebracht werden und so verloren gehen.[388] Aus diesem Grund warnte er sie und bat sie, gut über die von ihnen zu treffende Wahl nachzudenken. Allerdings hatten sie zu dieser Zeit den Brauch, dass sie zwei Patriarchen wählen und ernennen konnten, aus denen der König jenen, den er wollte, auswählte. So schlugen sie dem König diesen Heraklios und auch diesen Wilhelm von Tyros vor. Auf Wunsch seiner Mutter, die Heraklios wohlgesinnt war, entschied sich der König für diesen, der so zum Patriarchen gewählt und geweiht wurde.

Im Jahr 1181 starb Kaiser Manuel,[389] an dessen Stelle sein einziger Sohn namens Alexios Kaiser von Konstantinopel wurde. Er veranlasste eine einmalige Bestrafung einiger Fürsten und Barone seines Reiches, die sich gegen ihn verschworen hatten, weil er sehr jung war,[390] doch er besaß eine große Reife. Andererseits verließ Fürst Bohemund von Antiochia in diesem Jahr seine rechtmäßige Gemahlin, um eine andere zu heiraten. Weil der Patriarch von Antiochia und andere Kirchenmänner ihm bewiesen, dass er im Unrecht war, behandelte er den Klerus seines Landes während langer Zeit mit großer Grausamkeit. Zu jener Zeit wollte der Graf von Tripolis König Balduin in Jerusalem einen Besuch abstatten, doch der König – schlecht unterrichtet von Schmeichlern, aber auch von seiner Mutter, die etwas einfältig war – ließ ihm ausrichten, er solle sich hüten, sein Reich zu betreten. Da die Barone allerdings wussten, dass der Graf ein weiser Mann war und dass sie auf ihn angewiesen waren, redeten sie mit dem König, dessen Leib aufgrund des Aussatzes bereits ganz verfault war. Er willigte ein, dass der Graf ihn besuche, und die beiden schlossen Frieden miteinander.

Während all dies im Heiligen Land geschah, kam es in Konstantinopel im Monat April des Jahres 1182 zu Aufständen. Da der Protosebastos Alexios[391] während seiner Regentschaft für den jungen Kaiser Alexios, den Sohn Manuels, die Reichsschätze auf solche Weise verwaltete, dass er sie, was auch immer geschah, nie verteilte, hatte er sich den Unmut der Barone zugezogen. Dies kam einem gewissen Griechen, einem treulosen Mann namens Andronikos,[392] zu Ohren, der seiner Verschwörungen wegen aus Konstantinopel verjagt worden war. Von Kaiser Manuel hatte er die Erlaubnis erhalten, auf einer fernen Insel zu leben, da er dessen Verwandter war. Er sammelte möglichst viele Männer in Waffen um sich und zog nach Konstantinopel,[393] um Anspruch auf die Führung der Reichsgeschäfte zu erheben, weil der Kaiser noch jung sei und der Protosebastos Alexios alles zugrunde richte. Als er sich vor der Stadt befand, verließen diese mehrere griechische Fürsten und Barone unter dem Vorwand, ihn bekämpfen zu wollen. Sie gaben vor, Alexios wohlgesinnt zu sein, und begaben sich zu Andronikos, der wenige Tage später in die Stadt eindrang und den Protosebastos Alexios ergreifen ließ, um ihn zu blenden und zu entmannen.[394] Die Stadt geriet nun in großen Aufruhr, und da er wusste, dass er, solange die Lateiner in ihr wohnten und lebten, weder den Kaiser noch das Reich seinem grausamen Willen unterjochen könne, zettelte er eine Verschwörung an, um sie alle niederzumetzeln. Ein Teil von ihnen und insbesondere die Klügsten erhielten davon Kunde und bestiegen mit ihrem Hab und Gut vierundzwanzig Galeeren, um die Flucht zu ergreifen. Doch viele andere Lateiner, die geblieben waren, sei es, weil sie krank waren, oder aus Trägheit oder Armut, wurden fast alle von den Griechen auf schändliche Weise getötet. Dennoch verteidigten sie ihre Straßen und Häuser und rächten sich tapfer. Während dieser Unruhen metzelten die Griechen auf schändliche Weise die lateinischen Priester und Kleriker nieder und ließen sie umbringen, und insbesondere ein päpstlicher Legat hatte große Schmach und Schande zu erdulden. Sie hieben ihm den Kopf ab und banden diesen, um die römische Kirche zu schmähen, an den Schwanz einer Hündin, die sie durch alle schmutzigen Orte der Stadt jagten. Zudem gruben sie die Leichen der treuen Christen aus und schleppten sie aus den Friedhöfen, nachdem sie sie misshandelt hatten. Selbst im Hospital des heiligen Johannes töteten sie alle Lateiner, die krank waren. Kurz, in den Kirchen und Häusern brachten sie alle um, ausgenommen etwa viertausend Leute, Männer und Frauen, die einige von ihnen zuvor gut gekannt hatten und die sie vor dem Gemetzel retteten, indem sie sie versteckten. Allerdings verkauften sie diese anschließend als Sklaven.

Für all diese grausamen Handlungen gegen die Lateiner in Konstantinopel hatten die anderen Griechen teuer zu zahlen. Die Lateiner, die auf den vierundzwanzig Galeeren entkommen konnten, und andere, die sich auf Schiffe retteten, erfuhren von den abscheulichen Taten, die die römischen Griechen begangen hatten. Sie stachen in See, und als sie zweihundert Meilen von Konstantinopel entfernt waren, töteten sie alle Griechen, Priester, Kleriker und Männer, Frauen und Kinder, die sie auf den umliegenden Inseln finden konnten, und brandschatzten und zerstörten zahllose Städte, Dörfer und Burgen. Leider wurden durch solche Taten die Macht und die Autorität der Christen von Outremer auf der einen wie der anderen Seite geschwächt und vermindert.

Die Dinge verschlimmerten sich sogar noch, denn im selben Jahr erlitt ein Schiff mit fünfzehnhundert Pilgern, die dem Heiligen Land zu Hilfe kommen wollten, vor Damiette Schiffbruch, und die Passagiere, die dem Sturm entkamen und sich retten konnten, wurden von Saladin gefangen genommen. Damit missachtete er den Waffenstillstand, den er mit dem König von Jerusalem geschlossen hatte und der auch alle diese Pilger betraf. Um zu verhindern, dass der König von ihm ihre Freilassung fordere, ließ er ihm rasch mitteilen, er wünsche, dass der König selber mehrere Bedingungen einhalte, die weder gewährt noch verlangt worden waren, als man den Waffenstillstand aushandelte. Und unter diesem Vorwand hielt er die Pilger als seine Gefangenen zurück. Kurz darauf ging der Waffenstillstand zu Ende, und Saladin sammelte ein großes Heer, um in Syrien einzufallen. Der König wollte ihm mit seinem Heer auf der einen Seite entgegentreten, doch Saladin, der sich sechsunddreißig Meilen vom König entfernt befand, sandte seine Kundschafter aus, um das Land zu plündern und zu verheeren. Darüber hinaus schickte er einen großen Teil seines übrigen Heers zur Erstürmung zweier Burgen in der Nähe von

GUIDO VON LUSIGNAN ERHÄLT DIE REGENTSCHAFT DES KÖNIGREICHES JERUSALEM.
DAS LAGER DER FRANKEN AN DER QUELLE VON TIBERIAS

„König Balduin IV. musste einen Regenten für das Reich ernennen,
der ihn vertrat. Er tat dies unwillig, denn trotz seiner Gebrechlichkeit war sein Geist
lebendig und kraftvoll […]. Weil er jedoch überzeugt war, dass er bald sterben werde,
ließ er Guido von Lusignan, Graf von Jaffa, kommen, der seine ältere Schwester
geheiratet hatte. Indem er eine Rente von zehntausend Besanten und die Stadt Jerusalem
für seinen Lebensunterhalt behielt, betraute er den Grafen mit der Regentschaft
über das ganze übrige Reich, indem er ihn schwören und geloben ließ, er werde sich
bis nach seinem Tod nicht zum König krönen lassen.“

(FOL. 187VB–188VA)

Auf dieser Miniatur zeigt Jean Colombe König Balduin IV. in seinem Schlafgemach auf dem Thron sitzend. Die dargestellte Szene ereignet sich im Februar 1183 in Nazareth: Der leprakranke König, der überzeugt ist, dass er bald sterben wird, vertraut die Regentschaft des Königreiches seinem Schwager Guido von Lusignan, dem Grafen von Jaffa, an. Jener, auf Knien, scheint mit seiner Handbewegung zu versprechen, dass er dem Willen des Königs entsprechen wird. Der Blick in den Raum ist von dem großen Bett beherrscht. Es ist von Vorhängen umgeben, die vom Baldachin herabhängen, und mit einer Decke im selben Muster bedeckt. Das weiße Kopfkissen in der Mitte bildet einen leuchtenden Kontrast zu dem rot-goldenen Stoff. Diener sind im Begriff, den Überwurf festzuziehen. Die Szene ist zugleich feierlich und bewegend; das Leiden des Königs wird diskret angedeutet. Der Raum mündet in ein freskengeschmücktes Vorzimmer, das wiederum – in gelungener Perspektivwirkung – auf einen mit Statuen geschmückten Gang führt. Zwei Personen sitzen auf der Bank eines hohen Fensters und unterhalten sich. In der Ferne erblickt man eine Wiesen- und Hügellandschaft. Unten auf der Seite hat Jean Colombe ein Ereignis illustriert, das sich an der Quelle von Tiberias zutrug. Diese wird ganz anachronistisch als dekorativer, künstlerisch gestalteter Brunnen des 15. Jahrhunderts dargestellt, mit steinernen Löwenköpfen, aus deren Maul dank eines sinnreichen Systems das Wasser fließt. Die Christen errichten ihr Lager in der Nähe dieser Quelle, zu der Saladin ihnen Zugang gewährt hat.

toit il & bon corage et bigno
reux . et nauoit oncques bou
lu ouyr ses plus sages qui lui
conseilloient qul print par
tie des rentes et se retirast
en quelque lieu ou eust bon
air . Et buldast se gouuer
nement de son Royaulme
a quelque sage prince . Et
toutesfois par ce quil luy

doit lois bien mort il ap
pella Guy de seruiteu
Conte de Jaffre qui auoit
espousee sa seur aisnee .
Et retenant . v . M. lx.
besans de rente et la cite
de Jhatu pour seutreteneut
de son estat il luy buldla le
gouuernement de tout le
demourant du Royaulme

Tiberias. Eine der beiden, genannt La Caire, wurde ihnen von den Syrern übergeben, die ihrem Glauben abschworen.

Als der König dies erfuhr, erkannte er, dass er von jenen, die ihn so weit von Saladin entfernt hatten, getäuscht worden war. Denn hätte er sich geradewegs gegen ihn gewandt, hätte er ihn leicht besiegt, weil Saladin einen Teil seiner Leute in der Wüste verloren hatte und weil die anderen am Verdursten waren. So zog Saladin frank und frei durch unsere Länder und führte sein Heer in sein Reich von Damaskus. Daraufhin hielt der König Rat, und damit Saladin nicht plötzlich aus Damaskus zurückkehren und leicht in Syrien eindringen könne, vereinte er alle Kräfte des Reiches an der Quelle von Sephoria[395]; sie hatten das Wahre Kreuz bei sich und warteten, dass sich Saladin ihnen zum Kampf stelle.

Kapitel LVII.
Wie König Balduin IV. Saladin noch einmal besiegte. Seine Rückkehr und die Belagerung von Beirut. Und wie er sich den Erben Nur ed-Dins entgegenstellte. Von den Eroberungen, die der König damals machte. Und wie Saladin Aleppo einnahm.

Nachdem Saladin sein Heer mit Leuten zu Fuß und zu Pferde aus Ägypten und anderswo verstärkt hatte, kehrte er unvermutet ins Königreich Jerusalem zurück und machte vier Meilen von Tiberias entfernt zwischen zwei Flüssen Halt, und als König Balduin davon erfuhr, führte er sein Heer auf diese Seite. Von seinem Nahen unterrichtet, überquerte Saladin erneut den Fluss Jordan und zog zwischen den Bergen von Gilboa und Jordan Richtung Bethlehem im Bistum Galiläa, um eine in den Sümpfen gelegene kleine Burg zu belagern. Da er sie nicht erobern konnte, zog er zu einer anderen Burg namens Belvoir zwischen Tiberias und Bethlehem. Dort ließ er seine Leute sich zum Kampf rüsten gegen die Unseren, die wegen der Berge und der Hitze große Mühe hatten, dorthin zu gelangen. Als es Morgen wurde und sie herabstiegen und die große Zahl ihrer Feinde erblickten, wunderten sie sich sehr, denn sie waren es nicht gewohnt, so viele auf einmal zu sehen. In Wahrheit waren es mehr als zwanzigtausend, und die Unseren waren nur fünfhundert Berittene, so dass Saladin und seine Emire meinten, sie leicht umzingeln und alle gefangen nehmen oder töten zu können. Doch dank der Hilfe, die Unser Herr unseren Leuten gewährte, geschah es anders. Denn als sie sich an jenem Tag an ihn wandten und ihm vertrauten, besiegten sie die Türken und töteten sie in großer Zahl, ohne dass man wusste, wie viele es waren. Denn wenn einige von ihnen verletzt oder tot waren, sammelten sie die anderen ein und nahmen sie mit sich, um sie des Nachts inmitten ihrer Behausungen zu bestatten, da sie fürchteten, die anderen zu erschrecken, und wollten, dass unsere Leute nichts erfuhren von dem großen Töten, das sich ereignet hatte, damit ihre Kraft und ihr Mut nicht wieder erstarkten.

Die Schlacht dauerte lange, und dreimal hintereinander kamen einige wohlhabende Emire ums Leben, was die anderen in Trauer und Betrübnis stürzte. Sie gerieten in solche Verwirrung und Betrübnis, dass sie wehklagend vom Schlachtfeld flohen. Aufgrund der Hitze, die an jenem Tag und den vorhergehenden Tagen herrschte, starben zahlreiche Leute in beiden Heeren. Nachdem sie diese Niederlage beigebracht hatten, kehrten die Unseren zur Quelle von Sephoria zurück. Erzürnt über den Fehlschlag, den er erlitten hatte, beriet sich Saladin und sandte Boten zu seinem Bruder el-Adil Saif ed-Din, den er zum Schutz des ägyptischen Reiches dort zurückgelassen hatte. Er forderte ihn inständig auf, unverzüglich die ganze Flotte des Reiches zu versammeln und sie ihm so rasch wie möglich gut ausgerüstet zu schicken. Mit ihrer Hilfe wollte er das Heilige Land von mehreren Seiten her angreifen und insbesondere Beirut belagern. Abgesehen davon, dass diese Flotte alle Kräfte Ägyptens vereinte, sollte sein Bruder zu Lande von Süden her in die Umgebung der Städte Gadara und Askalon sowie von Daron ziehen, welches die letzten Festungen waren, die der König in Richtung Ägypten besaß, und sich bemühen, alles Land zu zerstören, das er ohne Verteidigung fand. Seine Absicht war, durch die Raubzüge und Brandschatzungen seines Bruders el-Adil Saif ed-Din den König in dieses Gebiet zu locken, so dass es für ihn leichter wäre, über Beirut herzufallen, das er belagern wollte.

Sein Bruder gehorchte seinem Befehl und sandte ihm dreißig Galeeren. Zudem zog er selbst mit einem sehr großen Heer von Ägypten heran und umzingelte Daron. Als der König von der Ankunft dieser neuen Heere und ihrem Ruf vernahm, gab es unterschiedliche Meinungen in seinem Rat. Die einen wollten nämlich, dass er Saladin bekämpfe, der das Land zerstöre, oder ihm zumindest einen Teil seiner Leute entgegenschicke. Da jedoch die anderen abschließend erklärten, der König habe nicht genügend Leute, um sie aufzuteilen, zog er mit seinem ganzen Heer nach Beirut, das bereits belagert wurde. Darüber unterrichtet, ließ Saladin die Stadt, indem er seine Leute auswechselte und erneuerte, angreifen und fortwährend bedrängen, damit er sie einnähme, bevor der König ihr zu Hilfe kommen konnte. Jene, die sich im Innern befanden, verteidigten sie im Übrigen mit allen Kräften, da sie sicher waren, Hilfe zu erhalten. Während Beirut so heftig belagert und bestürmt wurde, kam eines Tages einer der bedeutendsten Emire zu Saladin und sagte ihm, dass man die Stadt stürmen müsse und dass er sie ihm übergebe, sobald er sie dank der bereits geleisteten Anstrengungen eingenommen habe. Mit Saladins Einwilligung nahm der Emir die Angreifer mit sich, doch während er die Lage prüfte, anordnete, wie der Sturm durchzuführen sei, und seinen Leuten Befehle gab, traf ihn ein aus der Stadt geschossener Pfeil im Gesicht nahe des Auges und tötete ihn auf der Stelle. Dieser Tod entmutigte die anderen so sehr, dass sie den Sturmangriff aufgaben.

Drei Tage später hob Saladin seine Belagerung auf, da er eingesehen hatte, dass es dabei nichts zu gewinnen gab, und ließ seine Galeeren nach Ägypten zurückkehren. Da er weiterhin die Absicht hatte, die Belagerung von Beirut wieder aufzunehmen, zerstörte er alle Weinstöcke und Obstbäume. Die schmalen Wege, durch die seiner Ansicht nach unsere Leute Beirut zu Hilfe kommen könnten, ließ er durch mörtellose Steinmauern versperren und überdies die Wege bis zum Meer bewachen. Allerdings änderte er im letzten Augenblick seine Meinung, da er durch einen abgefangenen Boten, der Briefe nach Beirut brachte, erfuhr, dass der König bekanntgab, er wolle die Belagerung in drei Tagen aufheben und sein Heer anderswohin führen. Der König ließ eine sehr große Warnung in allen Ländern verkünden, die ihm gehorchten, und um seine Macht zu erhöhen, setzte er über den Euphrat über und drang in Mesopotamien ein. Dort setzte er seinen Willen selbst gegen jene durch, die von derselben Religion waren wie er. Mit Gewalt oder Geldgeschenken nahm er in kurzer Zeit Edessa, Karra[396] und zahlreiche weitere Burgen sowie fast das ganze Land ein, das dem Herrn von Mossul gehörte. Zudem ließ er große und reiche Geschenke an die Barone und bedeutenden Herren des Landes schicken, so dass sie sich fast alle ihm zuwandten und von ihrem eigentlichen Herrn abkehrten, weil dieser nicht wagte, Saladin zu bekämpfen. Schlimmer noch, er wurde so krank, dass er zu sterben glaubte, und das Gerücht lief um, dass Saladin ihn habe vergiften lassen.[397] Nachdem Saladin auf diese Weise ganz Mesopotamien für sich gewonnen hatte, gelangten verschiedene Berichte über seinen Zustand nach Jerusalem. Die einen meinten nämlich, er mache, was er wollte, während die anderen behaupteten, die in diesem Land lebenden Emire, die nicht einem einzigen Herrn untertan sein wollten, hätten sich vereint und ihn vollständig besiegt.

Auf der anderen Seite führte der König sein Heer in die Länder rund um sein Reich, die Saladin untertan waren, während dieser in Mesopotamien weilte, um mit Brandschatzungen und Plünderungen großen Schaden anzurichten. So gewann er auch unter anderem die Festung La Cane zurück, die ihm nach einer Belagerung im Monat Oktober des Jahres 1182 übergeben wurde. Aufgrund der Zweifel, die man wegen Saladins Rückkehr hegte, führte man eine hohe Steuer ein, deren Geld von drei oder vier Vertrauensmännern jeder Stadt oder jeden Dorfes einzutreiben war. Dieses Geld sollte an verschiedenen Orten des Reiches in einer Truhe oder Schatzkammer aufbewahrt werden. Für jede Truhe gab es mindestens drei Schlüssel, und drei Vertrauensmänner aus jeder Stadt oder jedem Land, das zu den verschiedenen Staaten gehörte, hatten je einen der Schlüssel zu bewahren. Dieses Geld konnten sie sehr gut brauchen. Denn als Saladin seinen Willen in Mesopotamien durchgesetzt hatte und durch das Land von Aleppo zurückkehrte, schickte ihm der Herr dieser Stadt, der wusste, dass sein Bruder Qutb ed-Din, der Herr von Mossul, ihm nicht standhalten konnte, seine Botschafter und bot ihm an, sich zu ergeben und ihm die reiche, gut befestigte Stadt Aleppo persönlich zu übergeben, wenn er bereit sei, Saiar und die anderen Burgen in der Umgebung in Ruhe zu lassen. Saladin, der von Anfang an vor allem diese Stadt Aleppo besitzen wollte, gewährte mit Freuden, was von ihm verlangt wurde, und zog davon. Der Herr öffnete ihm die Tore der Stadt[398] und übergab ihm die Schlüssel, ohne dass die Einwohner davon wussten. Und Saladin hielt die von ihm gemachten Versprechen ein. Nachdem er die Stadt gut mit Lebensmitteln und Leuten ausgestattet hatte, zog er seine Scharen so rasch wie möglich zurück, um sich nach Damaskus und Syrien zu begeben. Der Fürst von Antiochia, der wusste, welche Taten Saladin vollbracht hatte und dass er nun sein Nachbar war, wurde von Furcht erfüllt, und dies nicht ohne Grund. So erschien er mit einer kleinen Schar vor dem König und den Baronen und bat sie demütig und unter Tränen um ihre Hilfe und Unterstützung. Alle hatten Mitleid mit ihm und stellten ihm dreihundert Ritter und weitere Reiter zur Verfügung. Er nahm sie mit sich und kehrte so rasch wie möglich in sein Fürstentum zurück. Als er aber in seinem Land angekommen war, beschloss er, es sei besser, er versuche sich zu schützen, ohne Krieg zu führen. Um Saladins Entschlossenheit auf die Probe zu stellen, bat er ihn um den Abschluss eines Waffenstillstandes, den ihm dieser gerne gewährte, da er nicht die Absicht hatte, sich lange in diesem Land aufzuhalten. Sobald der Waffenstillstand bestätigt war, kehrte er nach Damaskus zurück, und der Fürst schickte seine dreihundert Söldner zurück.

Kapitel LVIII.
Wie Guido von Lusignan, Graf von Jaffa, zum Regenten des Königreiches von Jerusalem ernannt wurde. Und wie sein Heer sich Saladin gegenüber schlecht verhielt, und wie er seine Regentschaft verlor. Der große Hass, den König Balduin gegen ihn hegte. Die Krönung des jungen Königs Balduin V. Und wie das Reich unter den Schutz des Grafen von Tripolis gestellt wurde.

Während sich das Volk Unseres Herrn im Heiligen Land etwas ausruhte, vereinte Saladin eine größere Zahl von Ägyptern als je zuvor. Deshalb sammelte sich das Heer des Königs, das aus Jerusalem, Tripolis und Antiochia kam, wie gewohnt bei den Quellen von Sephoria, um bereit zu sein, sich dorthin zu wenden, von woher man die Feinde des Glaubens nahen sah. Während sich das Heer an jenem Ort aufhielt, wurde König Balduin IV., der sich in Nazareth aufhielt, von einem starken Fieber befallen, unter dem er sehr litt. Da zudem der Aussatz, der ihn bereits vor seiner Krönung befallen hatte, so weit fortgeschritten war, dass er das Augenlicht verlor und sich nicht mehr seiner Arme und Beine bedienen konnte, musste er einen Regenten für das Reich ernennen, der ihn vertrat. Er tat dies unwillig, denn trotz seiner Gebrechlichkeit war sein Geist lebendig und kraftvoll, und nie hätte er auf die weisesten Männer gehört, die ihm rieten, einen Teil seiner Einkünfte zu nehmen und sich an einen Ort zurückzuziehen, wo die gute Luft ihm wohltue, während er die Regierung seines Reiches einem weisen Fürsten anvertraute.

Weil er jedoch überzeugt war, dass er bald sterben werde, ließ er Guido von Lusignan, Graf von Jaffa, kommen, der seine ältere Schwester geheiratet hatte. Indem er eine Rente von zehntausend Besanten und die Stadt Jerusalem für seinen Lebensunterhalt behielt, betraute er den Grafen mit der Regentschaft über das ganze übrige Reich, indem er ihn schwören und geloben ließ, er werde sich bis nach seinem Tod nicht zum König krönen lassen und keine der Städte und Burgen in andere Hände geben. Er ließ ihn dies geloben, weil man sagte, der Graf habe einigen Baronen versprochen, ihnen die besten Länder zu geben, wenn sie ihm hülfen, König zu werden. Dass dieses Amt und die Regentschaft dem Grafen Guido auf diese Weise übertragen wurden, missfiel mehreren Baronen und Rittern, die behaupteten, er sei unfähig, das Reich zu besitzen oder zu regieren. Im Übrigen konnte er sich seines Amtes nur sehr kurz erfreuen, denn Saladin, der ein großes Reiterheer vereint hatte, drang entlang dem Ufer des Sees Genezareth[399] in das Königreich Jerusalem ein. Von dort sandte er seine Kundschafter durch ganz Galiläa; sie kamen auch an Bethlehem vorbei, der früheren Hauptstadt Galiläas, die damals aber zerstört war. In ihrer Nähe legten sie eine kleine Burg, die man dort errichtet, doch aus Angst vor den Feinden verlassen hatte, in Trümmer und teilten dann ihr Heer in zwei Teile, um sich aufgrund des reichlich vorhandenen Wassers bei der Quelle von Tiberias niederzulassen, die zu Füßen des Berges Gilboa entspringt.

Die Unseren hatten lange an der Quelle von Sephoria gewartet, um herauszufinden, in welche Richtung die Vorauseinheiten der Sarazenen ziehen würden, und als sie nun erkannten, dass diese in die Ebene von Bethlehem ausschwärmten und das Land verwüsteten, griffen sie zu den Waffen und stellten sich in Schlachtordnung auf. Wie dies beschlossen worden war, brachen sie auf, indem sie stets das Wahre Kreuz vor sich hertrugen. Sie überquerten die Berge, in denen die Stadt Nazareth liegt, stiegen in das Tal von Esdrelon hinunter und zogen zur Stadt Licaonie, wo Saladin mit so vielen Leuten lagerte, dass man sie nicht zählen konnte. Sie dachten, es komme zu einem großen Kampf, bevor sie die Quelle erreicht hätten. Doch als Saladin sie nahen sah, hob er sein Lager auf und überließ ihnen, mit seinem ganzen Heer davonziehend, den Zugang zur Quelle. Er stellte nun seine Zelte eine Meile unterhalb des Baches auf, der sein Wasser durch diese Quelle erhält. Zuvor hatten zwei Rotten von Saladins Vorauseinheiten, eine jede für sich, mit Gewalt zwei christliche Festungen eingenommen und geplündert, während die dritte Schar jenen unseres Heers hart zusetzten. Sie bedrängten sie so sehr, dass sich niemand zu entfernen wagte, aus Angst, getötet oder gefangen genommen zu werden.

Ein Teil dieser Leute trennte sich von dieser Rotte und bestieg den Berg Tabor. Dort drangen sie mit Gewalt in ein vom heiligen Hilarion gegründetes Kloster der Griechen ein, das zuvor noch nie ausgeraubt worden war, und plünderten es. Ein weiteres, bedeutenderes Kloster befand sich an demselben Ort, und sie versuchten, es ebenfalls zu plündern, doch es wurde so gut von Mauern und von Leuten geschützt, dass sie nicht einzudringen vermochten. Andere, die sich ebenfalls von dieser Rotte trennten, streiften durch die Berge von Nazareth. Die Frauen und die Leute aus dem Volk, die sich in der zu Füßen dieser Berge gegründeten Stadt befanden, wurden so von Angst gepackt, dass sie ungeordnet die Flucht ergriffen. Mehrere fanden den Tod in der Menge, als sie, um sich zu retten, in eine Kirche flohen. Die meisten waffenfähigen Männer waren bereits in die Stadt Akkon geflüchtet.

Während so viele Gefahren lauerten im Heiligen Land, drohte noch größeres Ungemach, da es dem Heer bitterlich an Nahrungsmitteln fehlte. Doch Unser Herr erbarmte sich seines Volkes, denn die Barone, die sahen, unter welcher Hungersnot ihre Leute litten, forderten die umliegenden Städte auf, ihnen unverzüglich Vorräte zu liefern, und dies geschah. Um diese sicher herzubringen, entsandte man einige Ritter und andere Leute, so dass es zu keinen Behinderungen kam, ausgenommen für ein paar, die sich gedankenlos von den anderen entfernten.

So wurde der größte Teil des Heers zur Genüge versorgt. Es war eine der größten und am besten mit edlen und wackeren Christen ausgestatteten Streitmächte, die man seit langem für einen Feldzug im Heiligen Land versammelt hatte. Sie umfasste mehr als fünfzehntausend Fußkämpfer sowie dreizehnhundert Ritter und andere Reiter. Unter ihnen befanden sich Graf Raimund von Tripolis, Herzog Heinrich von Löwen, Ralph vom Mauléon, Rainald von Châtillon, ehemaliger Fürst von Antiochia, Guido von Lusignan, Graf von Jaffa, Balduin von Ramleh, Balian von Nablus, sein Bruder, Reinhold von Sidon, Walter von Caesarea und Joscelin der Jüngere, Seneschall des Königs und Bruder von dessen Mutter, selber Sohn des Grafen Joscelin des Älteren von Edessa. Allerdings verhielten sie sich feige, obwohl die meisten von ihnen erfahrene Kämpfer waren und das Waffenhandwerk beherrschten. Denn als Saladin, die Türken und die Sarazenen sich auf gedankenlose Weise zerstreut und an gefährliche Orte begeben hatten, wo unsere Leute sie leicht besiegt oder ihnen zumindest stark zugesetzt hätten, taten sie nichts dergleichen, da sie im Gegenteil von Hass oder Verärgerung getrieben waren, weil der König den Grafen Guido von Jaffa zu ihrem Führer und zum Regenten des Reiches bestimmt hatte, der

weder genügend klug noch genügend mächtig war, um das Reich zu verteidigen und zu regieren. Schlimmer noch, seit dem Beginn seiner Regentschaft war sein Hochmut noch gewachsen, weshalb sie ihn verachteten und sich beklagten, dass ein Mann, den sie als Fremden betrachteten, da er nicht in Syrien geboren war, ihr Herr sein sollte.

Deshalb ließen sie die Türken und Sarazenen, die in einer Meile Entfernung von ihnen lagerten, acht Tage lang das ganze Flachland und die schwächsten Festungen des Reiches zerstören und plündern. Zudem wollten die Barone nicht dulden, dass andere Leute das Heer verließen, um jene zu bekämpfen, die sie ihr Land in Brand stecken und verwüsten sahen. Wenn man ihnen den großen Schaden zeigte, den das Heilige Land erlitt, weil niemand sich ihren Gegnern entgegenstellte, antworteten sie, dass Saladin an einem für ihn sehr bequemen Ort lagerte, der durch Felsen geschützt sei, und dass er in der Vorhut seines Heers zahlreiche Bogenschützen aufgestellt habe, die unzählige Pfeile auf unsere Leute abschössen, wenn man sie angriffe. Doch sie logen und behaupteten diese Dinge fälschlicherweise, da sie es vorzogen, dass die Türken entkämen und das Land verwüsteten, als dass Graf Guido die Ehre zukäme, sie besiegt zu haben. Schließlich sammelten die Türken ihre Vorauseinheiten und verließen, ohne auf Widerstand zu stoßen, den gefährlichen Ort, an dem sie sich niedergelassen hatten, um in ihre Länder zurückzukehren. Als unsere Barone dies sahen, fürchteten sie, die Türken seien nicht endgültig davongezogen, und führten ihr Heer zur Quelle von Tiberias zurück, in deren Bach sie, obwohl man hier noch nie Fische gesehen hatte, viele gute und dicke Fische fanden, die ausreichten, das ganze Heer während seines Aufenthalts zu ernähren.

Kurz darauf kehrte Saladin jedoch mit noch mehr Leuten als zuvor und gut ausgerüstet mit Kriegsmaschinen und Nahrungsmitteln zurück, um die Stadt zu belagern, die ehedem Stein der Wüste hieß und damals Kerak genannt wurde. Rainald von Châtillon, der damals durch seine Frau ihr Herr war, begab sich so rasch wie möglich dorthin. Er wollte, dass der Ort, der sich unterhalb der Burg befand, von den Einwohnern verteidigt und befestigt würde, doch dies erwies sich als Fehler. Denn während sie alle ihre Anstrengungen darauf verwendeten, die Ortschaft zu befestigen, zogen die Türken ruhig über die steilen Pfade und durch die Schluchten des Gebirges. Diese Engpässe hätten leicht verteidigt werden können, hätte man nicht den Befehl gegeben, den Ort zu befestigen und zu bewachen. So blieben viele Leute in dieser Ortschaft, und die anderen, die zu wenig zahlreich waren, konnten sich den Türken nicht entgegenstellen. Ein Teil jener, die diesen Zugang verteidigten, wurden getötet, und die anderen flüchteten sich in die Burg. Doch die Türken verfolgten sie und waren ihnen so nah auf den Fersen, dass sie in die Burg eingedrungen wären, indem sie sich unter die Flüchtenden mischten, hätte nicht ein Ritter namens Iwein ganz allein seine Kraft, Tapferkeit und große Kühnheit bewiesen.

Er stellte sich ganz allein vor das Tor, und solange es noch einige der Unseren gab, die sich ins Innere begaben, wollte er weder seinen Platz verlassen noch sich in die Burg zurückziehen. So schlug er sich inmitten der Menge der heranstürmenden Türken, und indem er Schläge nach rechts und links austeilte, warf er viele zu Boden und schlug sie nieder. Er verteilte so schöne Hiebe, dass die Türken voller Bewunderung waren. Sie schossen und warfen ihrerseits von ferne alle Arten von Pfeilen und Spießen. Und andere, die mutiger waren, traten vor und griffen ihn an und versetzten ihm unzählige Schläge. Nachdem er viel eingesteckt hatte, zog er sich schließlich trotz der Türken mit den anderen in die Festung zurück. Die in die Burg geflüchteten Bewohner hatten ihr Hab und Gut verloren, das sich in ihren Häusern im Ort befand, da Fürst Rainald sie gezwungen hatte, gegen ihren eigenen Willen alles aufzugeben. Sie waren so erschreckt über die riesige Zahl der Türken, dass sie die Zugbrücke in den Graben stürzen ließen, was eine Torheit war. Es gab nämlich in dieser kleinen Festung viele Leute, die am Abend vor Saladins Ankunft hierher gekommen waren, um die Hochzeit zwischen dem Stiefsohn des Fürsten Rainald und der jüngsten Schwester des Königs zu feiern. Es gab viele Gaukler und Leute aus dem Land, die Syrer genannt wurden, alle mutlos und unfähig, sich zu verteidigen, so dass die kräftigen und behenden Männer, die sich auf die Verteidigungswerke begeben wollten, dies aufgrund des Gedränges der anderen nicht tun konnten.

So wurden die Leute in Kerak belagert und bedrängt, während unser Heer an den Quellen von Tiberias lagerte, ohne den Türken Schaden zufügen zu können. Sämtliche Vorwürfe richteten sich gegen Graf Guido von Jaffa. Deshalb war der König, nachdem er sich die Berichte über die schlechte Regentschaft dieses Grafen Guido angehört hatte, von Unmut erfüllt und bedauerte, ihn zum Regenten des Reiches ernannt zu haben. So machte er sich nun daran, ihn zu erniedrigen, so wie er ihn erhöht hatte. Manche behaupten, diese Idee sei ihm gekommen, weil er, wie bereits erwähnt, die Stadt Jerusalem und eine Rente von zehntausend Besanten für sich behalten hatte, um, solange er noch lebte, für seinen Lebensunterhalt aufkommen zu können. Doch danach habe er sich überlegt, dass die Stadt Tyros mächtiger sei als Jerusalem und dass er die Städte tauschen wolle. Wie man auch sagte, geriet Guido von Lusignan, Graf von Jaffa, dem er alles zum Lehen gegeben hatte, als er davon erfuhr, in großen Zorn und hielt törichte Reden. Der König war darüber so entrüstet, dass er ihm die Regentschaft des Reiches wegnahm und damit jede Aussicht, durch seine Frau ohne Wortstreit König zu werden.

Auf Rat von Fürst Bohemund von Antiochia, Graf Raimund von Tripolis, Graf Reinhold von Sidon, Balduin von Ramleh, Balian, seinem Bruder, und mehreren anderen Baronen und sogar mit dem Einverständnis der Königin, seiner Mutter, befahl der König nämlich und erklärte, dass der junge, noch nicht siebenjährige Balduin, Sohn seiner älteren Schwester und des, wie bereits berichtet wurde, verstorbenen Markgrafen Wilhelm von Montferrat, König von Jerusalem werde.[400] In Gegenwart von Graf Guido, dem zweiten Gemahl dieser älteren Schwester, der keinen Widerspruch einlegen konnte, ließ er ihn in der Kirche des Tempels mit den heiligen Ölen salben und mit dem Beistand und zum Wohlgefallen des Klerus und des ganzen Volkes zum König krönen. Alle Barone huldigten ihm unverzüglich, ausgenommen der Graf von Jaffa, der von niemandem dazu aufgefordert wurde. Obwohl diese Krönung allen gefiel, gab es verschiedene Leute im Reich, die sagten, ein so junger König sei nicht gut für das Heilige Land. Denn so hatten sie zwei Könige, von denen der eine aufgrund seiner Krankheit und der andere wegen seines jungen Alters weder regieren noch das Land verteidigen und beschützen konnten. Deshalb kamen die Barone überein, dass einer von ihnen zum Führer und Regenten des Landes gewählt werde und dass es dafür keinen Geeigneteren gebe als den Grafen von Tripolis, den König Balduin IV. nicht sehen wollte. So wurde König Balduin V. gekrönt und zum König von Jerusalem gemacht im Monat November des Jahrs der Menschwerdung Unseres Herrn Jesus Christus 1183.

Um jedoch auf Saladin zurückzukommen, so war er der Burg Kerak sehr nahe gekommen und beschoss jene, die sich im Innern aufhielten, mit Belagerungsmaschinen, insbesondere mit Steinschleudern, von denen er acht in der Nacht und sechs am Tag von der einstigen Ortschaft aus und zwei vom anderen Ort aus schießen ließ. Er ließ so viele Pfeile und Speere abschießen, dass sich die Verteidiger nicht auf den Mauern zu zeigen wagten und mühsam durch die Schießscharten blickten. Und den verängstigten Leuten erwuchs neuer Schrecken. Sie hatten nämlich viele Tiere in ihren Gräben, denen sie Nahrung brachten und die sie holten, wenn Bedarf bestand. Doch die Türken, die dies beobachtet hatten, töteten die Tiere und zogen sie in Stücken aus den Gräben, unter den Augen der Unseren, die sie daran aufgrund der vielen Belagerungsmaschinen nicht zu hindern vermochten. So versorgten sich die Türken mit Nahrung, die unseren Leuten fehlte, so dass deren Verzweiflung wuchs. Als König Balduin von ihrem Unglück vernahm, versammelte er möglichst viele Leute, vor denen er das Wahre Kreuz hertragen ließ, und übergab die Führung des Heers an den Grafen von Tripolis. Sobald Saladin von seinen Kundschaftern erfuhr, dass die Christen nahten und der Graf von Tripolis an ihrer Spitze stand, hob er die Belagerung auf und kehrte in sein Land zurück. Obwohl der König über seinen Aufbruch unterrichtet war, begab er sich zur Burg und ließ diese wieder gut befestigen und mit Verteidigern besetzen. Anschließend kehrte er nach Jerusalem zurück, wo der Hass zwischen ihm und Graf Guido von Jaffa weiter wuchs, so dass er nach einem Mittel suchte, wie er die Ehe zwischen dem Grafen und seiner Schwester lösen sollte.

Graf Guido, der vorgewarnt war, brach deshalb nach Askalon auf und bat sie, ihm zu folgen, was sie tat. Als der König vom Aufbruch Graf Guidos erfuhr, ließ er ihm durch mehrere Boten ausrichten, er solle an den Hof zurückkommen, doch dieser entschuldigte sich stets, er sei krank, und wollte sich nicht dorthin begeben. Der König erklärte nun, er wolle zu ihm kommen. Als er allerdings vor den Toren Askalons stand, dreimal mit seiner Hand ans Tor schlug und rief, man möge ihm öffnen, antwortete ihm niemand. So machte er sich auf den Rückweg in die Stadt Jaffa, deren Bürger und Klerus zu ihm kamen, um ihm die Schlüssel zu überreichen. Er ließ dort einige seiner Leute zurück und begab sich nach Akkon, um die drei Stände seines Reiches einzuberufen. Dorthin nahm der Patriarch von Jerusalem den Meister des Tempels und jenen des Hospitals mit, und indem sie vor dem König niederknieten, baten sie ihn demütig, den bösen Willen des Grafen von Jaffa zu verzeihen und sich bereitzuerklären, ihn zu empfangen. Der König wollte jedoch nichts dergleichen tun, und sie waren empört, dass sich ein derart von der Krankheit geschwächter Mann so rachsüchtig zeige. Voller Zorn brachen sie auf und äußerten sich nicht mehr über die Notwendigkeit, Gesandte nach Frankreich zu schicken, um dort um Hilfe zu bitten. Aus diesem Grund war die Versammlung einberufen worden, doch als der Patriarch, der dafür verantwortlich war, sah, dass sein erstes und gerechtfertigtes Gesuch abgelehnt worden war, wollte er nicht mehr das Wort ergreifen.

Als der Graf von Jaffa nach der Auflösung der Versammlung vernahm, dass der König keinerlei Erbarmen mit ihm zeigte und sich weder aus Liebe noch durch Bitten mit ihm versöhnen wollte, zog er mit einer großen Schar von Männern in Waffen zur Burg Daron, um arabische Türken, sogenannte Beduinen, zu überfallen, die dort viel Vieh hüteten und sich in Sicherheit glaubten, da sie einen Geleitbrief des Königs besaßen. Dieser nützte ihnen jedoch nichts, denn der Graf von Jaffa und seine Leute töteten eine große Zahl von Türken oder nahmen sie gefangen und brachten reiche Beute nach Askalon zurück. Als der König dies vernahm, geriet er in Wut und rief umgehend den Grafen von Tripolis zu sich, auf dessen Klugheit und gutes Benehmen er vertraute, um ihm den Schutz und die Regierung des ganzen Reiches zu übertragen. Die Barone und alle anderen Leute waren darüber glücklich, da die Angelegenheiten des Landes Syrien sich anders nicht gut entwickeln könnten. Der Graf nahm das Amt an, allerdings unter der Bedingung, dass er nicht die Vormundschaft über den Neffen des Königs übernehme, der noch ein Kind war, damit man nicht, wenn er vor dem Alter von zehn Jahren sterbe, sagen könne, er habe ihn sterben lassen. Des Weiteren forderte er, die Burgen und Festungen wieder den Templern und Hospitalitern zu übergeben. Darüber hinaus forderte der Graf, dass er dort, wo er sich aufhielt, mit Geld auszustatten sei, wenn er für die Bewahrung und den Schutz des Reiches gewisse Ausgaben zu tätigen habe.

Zu dieser Zeit gab es keinen Waffenstillstand, und das Land war nicht genügend ertragreich, um ein Heer gegen die Sarazenen zu unterhalten, ohne auf einen anderen Schatz als den des Königs zurückzugreifen. Überdies gestand man ihm zu, dass er die Regentschaft für zehn Jahre erhalte, er aber für den Fall, dass der junge König vorher sterben sollte, nicht verpflichtet sei, sie einer der beiden Schwestern des Königs zu übergeben, bis durch den Papst, den deutschen Kaiser, den König von Frankreich und den König von England entschieden sei, welcher Schwester er sie zu übergeben habe. Tatsächlich hatte König Amalrich die ältere gehabt, bevor er König war, und dazu von seiner ersten Frau, die zu Beginn seiner Herrschaft von ihm getrennt worden war, und die jüngere war Tochter des Königs und der Königin. Die Barone wollten nicht, dass die ältere Königin würde, wenn der junge Balduin, der noch ein Kind und Neffe des Königs war, sterben sollte, bevor die genannten vier darüber beschlossen hätten. Was das Kind betrifft, so wurde es dem Grafen Joscelin, Bruder seiner Mutter, anvertraut. Die Stadt Beirut wurde dem Grafen von Tripolis gegeben als Pfand für das Geld, das er für das Reich ausgeben würde. Als diese Dinge geregelt waren, wurde das fünfjährige Kind im Jahr 1183 unter dem Namen Balduin V. gekrönt, und er trug die Krone vom Tempel, wo er sie erhalten hatte, bis zum Heiligen Grab, wie dies Brauch ist und wie dies bereits berichtet wurde. Kurz darauf starb König Balduin IV., der an Aussatz litt, und die Barone bestatteten ihn neben den vier Herrschern in der Heiliggrabkirche im Jahr 1184.[401]

Im ersten Regierungsjahr des jungen Königs fiel kein Regen in Jerusalem, und die Christen hätten sehr unter Wassermangel gelitten, hätte nicht ein reicher Bürger namens German, der in dieser Stadt geboren war und große Wasservorräte angelegt hatte, seine Nächstenliebe bewiesen. Wie durch ein Wunder fand er den Brunnen, den einst Jakob als Erster gegraben hatte, obwohl dieser seit langem zugeschüttet war und niemand von seiner Existenz wusste, so dass man das Land bestellte, das ihn bedeckte. Als der Graf von Tripolis sah, dass die Christen in Syrien aufgrund der Trockenheit an Hunger zu leiden begannen, rief er die Meister des Tempels und des Hospitals sowie die Barone zusammen und erläuterte ihnen, dass es, um die Hungersnot abzuwenden, gut sei, die Sarazenen um einen Waffenstillstand zu bitten. Er erhielt ihn für vier Jahre mit Saladins Einverständnis. So wurde er hoch geachtet im Heiligen Land für den großen Nutzen und die Hilfe, die den Christen mit den von den Sarazenen während der Waffenruhe gelieferten Waren zuteil wurden.

Zu jener Zeit lebte in der Lombardei ein bedeutender Herr namens Bonifaz, Markgraf von Montferrat; er war der Ahnherr des kleinen Kindes, König Balduins V., Sohn von Wilhelm Langschwert, der mit der Schwester von König Balduin IV. verheiratet war.[402] Als dieser Markgraf vernahm, dass sein Neffe[403] König von Jerusalem war, nahm er das Kreuz und reiste nach Syrien, nachdem er sein Land seinem ältesten Sohn übergeben hatte.[404] Er wurde in allen Ehren von König Balduin und dem Grafen von Tripolis empfangen. Der König gab ihm die Burg Sankt Hilarion, die an dem Ort steht, an dem der Heilige der Legende nach vierzig Tage lang fastete. Sie liegt in der Wüste, diesseits des Flusses in der Nähe des Ortes, an dem Unser Herr Jesus Christus ebenfalls vierzig Tage lang fastete.

Kapitel LIX.
Von der Bosheit des Andronikos, Kaiser von Konstantinopel. Sein schmachvoller Tod und die Herrschaft von Kirsac. Der Tod des Kindkönigs Balduin V. Die Krönung von König Guido von Lusignan und das Zerwürfnis, das zwischen den Baronen von Syrien entstand.

Während Andronikos[405] das Kaiserreich von Konstantinopel innehatte, nachdem er sich dessen widerrechtlich bemächtigt hatte, kam Konrad über das Meer, einer der Söhne des Markgrafen Bonifaz von Montferrat,[406] der den Kreuzzug angetreten und nach seinem Vater den Seeweg genommen hatte. Kaiser Andronikos beging zu dieser Zeit in Konstantinopel große Gräueltaten. Er hatte allen Verwandten von Kaiser Manuel, die er hatte finden können, die Augen ausstechen lassen und sie verstümmelt. Außerdem gab es keine Nonne in einer Abtei, noch eine Tochter eines Ritters oder eines Bürgers, die er nicht geschändet und entjungfert hatte, wenn sie nach seinem Geschmack war. Eines Tages ließ er auf Rat von Langosse, einem seiner Kopisten, der Einfluss auf ihn hatte, einen Ritter namens Kirsac[407], der mit Kaiser Manuel verwandt war, auffordern, zu einer Unterredung zu ihm zu kommen. Kirsac wusste, dass Andronikos dem Geschlecht von Manuel gegenüber große Grausamkeiten verübte. Er ließ einen seiner Brüder sowie Gefährten kommen, und auf ihren Rat hin legte er unter seinen Kleidern eine Rüstung an, bevor er sich zum Kaiser begab. Bevor er zum Blachernen-Palast gelangte, wo dieser sich befand, fand sich Kirsac plötzlich in einer engen Gasse Langosse gegenüber, dem er mit seinem Schwert den Kopf abschlug. Dann, gab er seinem Pferd die Sporen, ritt lärmend durch die Stadt und schrie: „Herren, folgt mir! Ich habe den Teufel getötet!"[408] Und als das Volk diesen Schrei vernahm, machte es sich auf, Kirsac zu folgen, der von da aus zu dem Bukoleon-Palast gelangte, diesen einnahm und den ganzen kaiserlichen Schatz, der dort aufbewahrt wurde, an sich nahm. Als er das getan hatte, nahm er die Kaiserkrone und die dem Kaiser vorbehaltenen Kleider und ließ sich in der Kirche der Heiligen Sophia krönen. Dann belagerte er den Blachernen-Palast, wo sich Andronikos aufhielt. Dieser ließ alle Leute,

ISAAK II. TÖTET DEN STELLVERTRETER ANDRONIKOS' I.
ERNIEDRIGUNG DES ANDRONIKOS

„Kaiser Andronikos beging zu dieser Zeit in Konstantinopel große Gräueltaten.
Er hatte allen Verwandten von Kaiser Manuel, die er hatte finden können, die Augen
ausstechen lassen und sie verstümmelt. Außerdem gab es keine Nonne in einer
Abtei, noch eine Tochter eines Ritters oder eines Bürgers, die er nicht geschändet und
entjungfert hatte, wenn sie nach seinem Geschmack war."

(FOL. 193B)

Jean Colombe zeigt hier zwei grausame Episoden, die belegen, welche Konflikte in Konstantinopel innerhalb der Dynastie der Komnenen herrschten. Die Hauptszene stellt dar, wie ein Ritter namens Isaak, getrieben von einer übermäßigen Eifersucht auf Kaiser Andronikos I. Komnenos, einen seiner Stellvertreter in Konstantinopel auf der Straße ermordet. Im Vordergrund liegt der Enthauptete auf dem Boden, während Isaak mit gezücktem Schwert im Galopp zum Bukoleon-Palast reitet, um sich den kaiserlichen Schatz anzueignen. Man erkennt rechts das Palasttor. Eine bunte Menschenmenge beobachtet die Szene, entsetzt über den Mord. Im unteren Bild ist beeindruckend realistisch die Schmähung des Andronikos dargestellt, dem Isaak den Thron entrissen hatte. Nackt, geschoren, zum Spott gekrönt, wird er gezwungen, sich verkehrt herum auf eine Eselin zu setzen und den Schwanz des Tiers festzuhalten. In dieser erniedrigenden Haltung wird er durch die Straßen geführt. Die dargestellten Einzelheiten, wie Andronikos von Frauen mit Urin und Abfällen beworfen wird, stammen aus Sébastien Mamerots Text. Doch die nächste im Text beschriebene Szene, in der die Frauen sich auf Andronikos stürzen und ihn bestialisch zerfleischen, zeigt Colombe nicht.

frappant son cheual des espe
rons sen ala par la ville
puisant disant buyt et cry
ant. Seigneurs venes apres
moy Jay tue le diable. Et
le peuple ouyst le cry suy
uit le roy chacun de celle voye
sen ala ou villaire de sou
che de hyon quil print et
tout le tresor de Lemir.

seur moy y estudioit. Et
et fut venir la couronne
et les vestemens de lempi
re et se fist couronner Em
perur a leglise sainct so
phie. Et a esa assecher
le palays de Blaquerne
ou estoit. Andronics qui
fut dennie ce quil pouoit
auoir de gens et se rendit

die er finden konnte, bewaffnen und versuchte sich zu verteidigen, jedoch vergeblich. In der Tat, als die Leute von Andronikos die große Zahl derer sahen, die Kirsac folgten, ergaben sie sich ihm. Er ließ Andronikos festnehmen und brachte ihn in den Bukoleon-Palast. Um den jungen Kaiser, seinen obersten Herrn, zu rächen, den Andronikos hatte ertränken lassen, ließ er ihn dort entkleiden und bis auf die Haut entblößen, dann ließ er ihn kahl scheren und, nachdem er ihn wie einen König gekrönt hatte, ließ er ihn verkehrt herum auf eine Eselin aufsitzen, wobei er den Schwanz des Tieres in seiner Hand hielt, als ob es die Kandare eines Pferdes sei. Und in diesem Zustand ließ er ihn durch alle Straßen von Konstantinopel führen. Die Frauen warfen Pisse und Abfall auf ihn, als er an ihren Häusern vorbeikam. Sobald er außerhalb der Stadt war, lieferte man ihn den Frauen aus, die sich auf ihn wie ausgehungerte Hunde auf Aas stürzten und ihn in Stücke rissen. Sie aßen das Fleisch, indem sie seine Knochen mit Messern abkratzten, so dass weder ein Gelenk noch ein kleiner Knochen übrig blieb; sie behaupteten, dass diejenigen, die das Fleisch des Kaisers gegessen hatten, errettet seien, weil sie dazu beigetragen hätten, die Grausamkeiten zu rächen, die er begangen hatte.[409]

Nach diesen Ereignissen, als Kirsac friedlich in Konstantinopel herrschte, bat er den König von Ungarn[410], ihm eine seiner Schwestern zu schicken. Er heiratete sie und hatte mit ihr einen Sohn mit Namen Alexios. Einige Zeit später wurde dieser Kirsac in einer nahe der Stadt Philippi in Makedonien gelegenen Abtei überrumpelt, dort, wo der große König Alexander geboren wurde. Als er sich mit wenigen Begleitern an diesem Ort aufhielt, wurde er von Alexios[411], seinem Bruder gefangen genommen, der ihm die Augen ausstechen ließ. Dieser ließ sich sodann zum Kaiser von Konstantinopel krönen und nahm seinen Bruder Kirsac mit, dem er nur das Nötigste zum Leben gab. Die Kaiserin, die Frau von Kirsac, schickte ihren Sohn Alexios[412] heimlich nach Ungarn aus Angst, dass ihn sein Onkel Alexios töten lasse.

In Griechenland war ebenfalls ein anderer großer Herr, ein Verwandter von Kaiser Manuel, Livernas[413] genannt, geblieben. Als dieser sah, dass Alexios das Kaiserreich innehatte, trieb er bewaffnete Männer zusammen und zog vor Konstantinopel, denn er wollte das Kaiserreich erobern und in seinen Besitz bringen unter dem Vorwand, dass er ein näherer Verwandter von Kaiser Manuel sei als Alexios. Dieser jedoch versuchte, seine Macht zu behalten, doch wagte er nicht, sich aus Konstantinopel hinauszubewegen, um Livernas zu bekämpfen, da er wusste, dass dieser von hohem Adel war. Und aus diesem Grund bat er den Markgrafen Konrad, einen Feldzug gegen Livernas zu unternehmen; der gut gerüstete und mit einem guten Reittier ausgestattete Markgraf zog aus der Stadt hinaus und trieb sein Pferd mit Kraft und höchster Schnelligkeit gegen Livernas, den man ihm zeigte. Er schlug ihn mit solcher Heftigkeit, dass dieser tot zu Boden ging. Danach kehrte der Markgraf unversehrt und sicher nach Konstantinopel zurück, denn die Männer von Livernas dachten, als sie ihn kommen sahen, dass er die Stadt verlassen habe, um sich zu ihrem Herrn zu begeben. Als sie sahen, dass dieser tot war, hoben sie die Belagerung auf und flohen. Und der König behielt Konrad bei sich in seinem Palast, denn er wollte nicht, dass die Leute der Stadt, Verwandte von Livernas, ihm Böses antäten. So blieb Konrad in Konstantinopel, verteidigte die Stadt bis zu dem Augenblick, als er über das Meer nach Syrien aufbrechen musste.

Zu dieser Zeit fand im Königreich Jerusalem eine große Veränderung statt. Denn der junge König Balduin V. starb an den Folgen einer Krankheit, als er sich in der Obhut des Grafen Joscelin, seines Onkels mütterlicherseits, befand. [414] Nach dem Tod des Königs sagte Graf Joscelin dem Grafen von Tripolis betrügerischerweise, er solle sich nach Tiberias begeben und den Leichnam des Königs nicht nach Jerusalem geleiten, und auch kein Baron des Landes solle mit dem König gehen, sondern man solle den Leichnam den Templern anvertrauen, damit sie ihn zu Grabe trügen. Der Graf von Tripolis, der ihm vertraute, befahl den Templern, den Leichnam nach Jerusalem zu überführen, während er nach Tiberias aufbrach. Joscelin selbst machte sich auf, die Stadt Akkon einzunehmen, und brach von da aus nach Beirut auf, das der Graf von Tripolis als Pfand hielt, und stellte in diesen Städten Besatzungen von Rittern und anderen Leuten auf. Nachdem dies geschehen war, ließ er der Gräfin von Jaffa[415], seiner Nichte, überbringen, dass sie mit all ihren Rittern nach Jerusalem ziehen solle. Wenn der König, ihr Sohn, begraben sei, sollten ihre Ritter die Stadt einnehmen und dort Verteidigungsposten einrichten, und sie solle die Krone tragen. Als der Graf von Tripolis bemerkte, wie sehr ihn Joscelin getäuscht hatte, bat er alle Barone des Landes, ihn nach Nablus zu begleiten. Alle begaben sich dorthin außer Joscelin, der Akkon und den Fürsten Rainald[416] nicht verlassen wollte.

Als die Gräfin von Jaffa sich in Jerusalem befand, ließ sie König Balduin V., ihren Sohn, beerdigen, dann bat sie den Markgrafen Bonifaz, ihren Onkel, und die Meister der Templer und der Hospitaliter, ihr Ratschläge zu geben und ihr zu helfen. Der Meister der Hospitaliter[417] antwortete ihr, er würde nicht seine Zustimmung geben, dass sie gekrönt werde, und man müsse auf die anderen Barone und den Patriarchen warten. Der Meister der Templer[418] und Fürst Rainald entgegneten, dass sie deren Kommen nicht abwarten und sie krönen würden. Der Meister der Templer wollte ihnen unter Berufung darauf, dass sie gegen den Willen Gottes handelten und gegen ihre Schwüre, nicht folgen, und aus diesem Grunde ließen sie trotzdem die Tore der Stadt schließen und bewachen, so dass niemand hinein- noch hinausgelangen konnte. Sie fürchteten nämlich, dass es den Baronen, die sich zwölf Meilen entfernt in Nablus aufhielten, gelingen könnte, in die Stadt zu kommen, und dass sie sich während der Krönung gegen sie erheben könnten. Dann nahmen der Meister der Templer und Fürst Rainald sie in Obhut und führten sie zum Grab, um sie zu krönen. Als sie dort angekommen waren, bat der Patriarch den Meister der Templer um die Schlüssel des Schatzes[419], wo sich die Kronen befanden, und dieser gab sie ihm gerne. Sie baten dann den Meister der Hospitaliter, die anderen Schlüssel zu bringen, die er in Verwahrung hatte, doch er antwortete, dass er keinen davon aushändigen würde, außer mit der Zustimmung der Barone des Landes. Nachdem sie diese Antwort vernommen hatten, suchten ihn der Meister der Templer und Fürst Rainald auf. Bei ihrer Ankunft versteckte er sich so gut, dass sie ihn bis zur neunten Stunde[420] nicht finden konnten. Jedoch er gab ihnen die Schlüssel trotzdem nicht, sondern geriet in Zorn, aufgebracht durch ihre unaufhörlichen Bitten, so sehr, dass er diese Schlüssel, die er aus Angst, dass einer seiner Mönche sie aushändige, genommen und in seiner Hand gehalten hatte, an Ort und Stelle weit weg von sich warf.[421] Und die drei Legaten hoben sie auf, öffneten den Schatz und entnahmen daraus zwei Kronen aus Gold. Der Patriarch legte eine davon auf den Altar des Grabes, und mit der anderen krönte er die Gräfin von Jaffa. Dann sagte er zu ihr: „Edle Dame, Ihr seid eine Frau. Ihr braucht in Eurer Nähe jemanden, der Euch helfen kann, Euer Königreich zu regieren. Hier eine Krone. Nehmt sie und händigt sie einem Mann aus, der in der Lage ist, dieses gut zu regieren." Sie nahm die Krone, rief ihren Gatten, Guido von Lusignan, Graf von Jaffa, zu sich und sagte zu ihm: „Allergnädigster Herr, tretet näher und nehmt diese Krone, denn ich weiß nicht, wie ich sie besser einsetzen könnte." Und der Graf, ihr Gatte, hatte sich niedergekniet, sie setzte ihm die Krone auf das Haupt, und so wurde er zum König ausgerufen, und man feierte ein großes Fest.

All diese Begebenheiten wurden gesehen, gehört und den Baronen, die in Nablus waren, durch einen Gefährten übermittelt, den sie heimlich, als Mönch verkleidet, nach Jerusalem geschickt hatten. Als Balduin von Ramleh[422] hörte, dass Guido von Lusignan König von Jerusalem war, versicherte er, dass er dies kein Jahr bleiben würde, und er irrte sich nicht. In der Tat wurde Guido Mitte September gekrönt und im folgenden Jahr am vierten Juli an Sankt Martin von Bouillant von Saladin gefangen genommen und verlor dann sein Königreich.[423] Zudem wandte sich Balduin von Ramleh an den Grafen von Tripolis[424] und an die anderen Barone und sagte ihnen: „Werte Herren, macht das Beste, denn das Land ist verloren. Ich werde es verlassen, denn ich will nicht getadelt werden oder Vorwürfen ausgesetzt sein, zu seinem Verlust beigetragen zu haben. In der Tat ist der König, der heute herrscht, derart dumm und töricht, dass er weder meine noch Eure Ratschläge zum Handeln befolgen wird, sondern er wird dem Urteil derjenigen folgen, die unfähig sind. Deshalb werde ich das Land verlassen." Der Graf von Tripolis antwortete ihm: „Gnädigster Herr, im Namen Gottes, Gnade! Habt Erbarmen mit der Christenheit! Denken wir darüber nach, wie wir das Land verteidigen können. Die Tochter von König Amalrich befindet sich hier mit ihrem Gatten Humfried.[425] Wir werden sie krönen und werden uns nach Jerusalem begeben und werden die Stadt mit Gewalt nehmen, dank der Macht der Barone und des Meisters der Hospitaliter. Ferner habe ich Waffenruhe seitens der Sarazenen erhalten und werde sie verlängern können, so lange ich möchte. So werden wir von ihnen nicht bedrängt; im Gegenteil, sie werden uns helfen, wenn wir dies brauchen." Nachdem sie diese Worte vernommen hatten, stimmten dem Grafen alle Barone zu und versprachen, dass sie bereits am nächsten Morgen Humfried krönen würden. Aber als dieser von ihrer Absicht erfuhr, meinte er, er sei nicht fähig, das Königreich zu regieren.[426] Und so zog er, als die Nacht gekommen war, mit seinen Rittern von dannen und ritt die ganze Nacht bis nach Jerusalem. Am nächsten Morgen, als die Barone sich bereit machten, ihn zu krönen, sagte man ihnen, dass er zu König Guido in Jerusalem geflohen sei, was sie mit großem Erstaunen erfüllte. Und so endete ihr Vorhaben.

Was Humfried anbelangt, so trat er vor die Königin und grüßte sie, aber sie erwiderte den Gruß nicht, weil er sich widersetzt hatte und nicht zu ihrer Krönung gekommen war. Er war von Scham erfüllt, und sich wie ein Kind am Kopf kratzend, sagte er zu ihr: „Edle Dame, ich kann nichts dafür, wenn Ihr mir nicht glaubt. Aber man wollte mich um jeden Preis krönen, und deshalb bin ich hierher gekommen." Sie antwortete ihm: „Humfried, Ihr habt Recht. Und in Anbetracht dessen, was Ihr getan habt, trage ich Euch nichts nach. Huldigt also dem König." Humfried befolgte dies auf der Stelle.

Als die Barone, die in Nablus waren, erfuhren, was sich ereignet hatte, waren sie noch bestürzter und fragten den Grafen von Tripolis um Rat. Dieser sagte ihnen, sie sollten den Schwur, den sie gegeben hätten, einhalten, einen anderen Rat könne er ihnen nicht geben. Sie antworteten ihm: „Herr, da es einen König in Jerusalem gibt, wie Ihr wisst, können wir uns ihm nicht widersetzen, ohne uns Vorwürfe einzuhandeln. Nehmt es uns nicht übel! Aber geht nach Tiberias und bleibt dort. Wir werden dem König unsere Huldigung erweisen, und wir werden Euch jede Hilfe, die wir Euch werden gewähren können, zukommen lassen, unter Wahrung unserer Ehre, damit Ihr alle Ausgaben, zu denen Ihr Euch zur Verteidigung und zum Schutz des Königreiches verpflichtet habt, wiedererhaltet. Deshalb hat Euch König Balduin Beirut als Pfand gegeben." Aber Balduin von Ramleh wollte sich diesen Rat nicht zu eigen machen; als der Graf von Tripolis sah, dass alle Barone ihr Versprechen nicht gehalten hatten, kehrte er nach Tiberias zurück,[427] und alle machten sich auf nach Jerusalem, König Guido zu huldigen, außer Balduin von Ramleh. Dieser wollte nicht dorthin gehen, sandte aber einen seiner Söhne[428] und ersuchte die Barone, den König zu bitten, dass er ihn in den Besitz seines Landes bringe und seine Huldigung empfange. Sie taten dies, nachdem sie ihre eigene Huldigung dargebracht hatten; doch der König antwortete, dass er nicht einverstanden sei und dass er die Huldigung des Sohnes nicht

annehmen werde, bevor er nicht die des Vaters erhalten habe. Sobald dieser ihm gehuldigt hätte, würde er den Sohn in den Besitz des Landes bringen, wenn dies jedoch nicht geschehe, würde er sich sicher des Landes bemächtigen. Als Balduin von Ramleh sah, dass er gezwungen war, König Guido zu huldigen, und dass er andernfalls sein Land verlieren würde, kam er zu ihm, ohne ihn zu grüßen, und sagte zu ihm: „König Guido, ich huldige Euch, aber ich will kein Land von Euch halten, und ich würde es niemals wollen." So erwies Balduin König Guido seine Huld. Letzterer umarmte ihn auch nicht, aber er gab dem Sohn von Balduin sein Land, nachdem dieser ihm gehuldigt hatte.

Nachdem dies geschehen war, erbat Balduin vom König freies Geleit, um aus seinem Land hinauszugelangen, und der König gewährte es ihm. Balduin konnte dann mit seinem Bruder, Balian von Ibelin, zusammentreffen und vertraute ihm seinen Sohn und sein Land an. Er verabschiedete sich dann und zog fort, was für das Land großen Schaden und großen Kummer bedeutete; die Sarazenen waren darüber sehr froh, denn sie hatten seither keinen Anlass mehr zur Furcht, außer aufgrund der Anwesenheit von Balian, seinem Bruder, und des sehr tapferen Fürsten Rainald von Châtillon. Und obwohl der König Balduin von Ramleh Zusicherungen gemacht hatte, vertraute dieser nicht darauf, sondern brach mit seinem Bruder Balian und mehreren Rittern des Landes auf und ritt Tag und Nacht, bis er außerhalb des Landes des Königs war. Dann nahm er Abschied von seinem Bruder und den anderen Rittern und suchte den Fürsten von Antiochia[429] auf, der über sein Kommen erfreut war, und als er vor ihn hintrat, empfing er ihn mit allen Ehren und gab ihm dreimal mehr Land, als er dem Königreich Jerusalem gelassen hatte.

Kapitel LX.
Wie der König und der Graf von Tripolis Frieden schlossen. Von dem Feldzug, den der Sohn von Saladin mit Zustimmung des Grafen von Tripolis ins Heilige Land unternahm, und von der Niederlage durch die Meister des Tempels und des Hospitals. Der schlechte Rat des Grafen von Tripolis. Wie König Guido von Jerusalem gegen Saladin in den Krieg eintrat.

Guido von Lusignan wurde so zum König ausgerufen. Als er sah, dass der Graf von Tripolis ihm nicht huldigen wollte, beschloss er auf den Rat des Meisters der Templer, Tiberias zu belagern, und zu diesem Zweck versammelte er ein großes Heer. Aber Balian von Ibelin ließ den König Abstand nehmen von diesem Plan, indem er den König in Kenntnis setzte, dass der Graf von Tripolis die Hilfe von Saladin, der sich in Damaskus befand, erbeten hatte. Dieser hatte ihm bereits eine bestimmte Zahl Sarazenen gesandt und ihm versprochen, dass er, wenn er am Morgen belagert würde, die Belagerung am Abend aufhöbe.

Da er sein Vorhaben aufgegeben hatte und der Winter vorüber war, erfuhr König Guido, dass Saladin ein Heer versammelte, um erneut in Syrien einzudringen. Er rief also gegen Ostern seinen Rat ein, überzeugt, dass er ohne den Grafen von Tripolis nichts erreichen könne. Und um ihn für sich zu gewinnen, sandte er den Erzbischof von Tyros[430], die Meister der Templer und der Hospitaliter, Balian von Ibelin und Reinhold von Sidon zu ihm.[431] Aber sie begaben sich nicht alle dorthin, denn der Graf von Tripolis wagte nicht, eine vom Sohn Saladins[432] geäußerte Bitte abzuschlagen, weil dieser kürzlich zum Ritter geschlagen worden war, und gewährte ihm das Recht, durch sein Land zu ziehen und in das Königreich Syrien einzudringen, unter der Bedingung, dass keiner Stadt, keiner Siedlung, keiner Burg und keinem Haus Schaden zugefügt werde. Er sollte den Fluss bei Sonnenaufgang überqueren und wieder vor Sonnenuntergang zurückkehren. Und obwohl der Graf von Tripolis rechtzeitig die Christen seines Landes gewarnt hatte, sich nicht fortzubewegen noch Güter außerhalb der Städte und Burgen zu bewegen, ließ der Meister der Templer dennoch, als er erfuhr, dass der Sohn Saladins das Land durchquerte, so viele Templer und Hospitaliter versammeln, wie er konnte. Er und der Meister der Hospitaliter verfügten über neunzig beziehungsweise vierzig Ritter, die sie aus der Besatzung von Nazareth nahmen. Sie trafen auf die Sarazenen, die über viertausend Reiter waren, in der Nähe der Quelle von Cresson, als diese zurückkamen, ohne dem Land Schaden zugefügt zu haben, und wieder über den Fluss wollten. Die Templer jedoch griffen sie zu ihrer großen Überraschung an. Dem Meister der Hospitaliter wurde der Kopf abgeschlagen, und alle Templer und Hospitaliter mit Ausnahme des Meisters der Templer, der mit zwei weiteren Rittern entkam, wurden gefangen genommen sowie die vierzig Ritter der Besatzung des Königs. Was die Ausrüstungen angeht, so gewannen die Sarazenen nichts. Denn als die Hauptdiener des Tempels und des Hospitals sahen, dass die Ritter sich mitten unter die Türken gestürzt hatten, ergriffen sie die Flucht und retteten sich mit allem, was sie bei sich trugen.

Diese schmerzhafte Niederlage ereignete sich an einem Freitag, dem Festtag der Heiligen Jakob und Philipp, dem ersten Tag des Mai.[433] Und der Erzbischof von Tyros und Balian, die beide einen anderen Weg genommen hatten, kamen in Tiberias bei dem Grafen von Tripolis an. Dieser kam ihnen entgegen und empfing sie mit großen Ehren. Doch sie tadelten ihn scharf, dass er die Sarazenen nach Tiberias habe einziehen lassen, und auf ihren Rat hin jagte er sie davon. Danach suchte der Graf König Guido auf. Dieser kam aus Nablus, um ihm entgegenzugehen, und stieg vom Pferd, sobald er ihn sah. Der Graf tat es

GEFECHT IN DER NÄHE DER QUELLE VON CRESSON (1187).
RAIMUND III. HULDIGT GUIDO VON LUSIGNAN

„Doch da König Guido nicht genug Geld hatte, seine Leute zu bezahlen,
übergab ihm der Meister der Templer einen großen Schatz, der von den Templern
verwahrt wurde. In der Tat, seit König Heinrich von England den heiligen
Thomas von Canterbury hatte martern lassen, schickte er jedes Jahr –
und dies sein ganzes Leben lang – eine große Summe Geld an die Templer
in Jerusalem in der Hoffnung, sich zur Vergebung seiner Sünden
nach Outremer zu begeben.“

(FOL. 198A–198B)

Balduin IV. wurde nur 24 Jahre alt, er starb 1185. Da sein schon vor seinem Ableben zum Nachfolger bestimmter Neffe Balduin V. noch minderjährig war, wurde diesem Raimund III. von Tripolis als Regent an die Seite gestellt. Raimund handelte umgehend mit Saladin einen Waffenstillstand aus. 1186 starb auch Balduin V., und statt Raimund von Tripolis wurde Guido von Lusignan zum König gesalbt. Raimund war damit übergangen worden und weigerte sich, dem neuen König zu huldigen. Er zog sich grollend nach Tiberias zurück und suchte ein Bündnis mit den Sarazenen. Jene marschierten unter der Führung von Saladins Sohn el-Afdal und mit Erlaubnis des Grafen von Tripolis durch Syrien. Trotz der von Raimund erteilten Genehmigung griffen die Templer die Sarazenen in der Nähe der Quelle von Cresson an. Die Christen bestanden nur aus einer kleinen Schar von Reitern; ihnen standen 40 000 Feinde gegenüber. Es kam zu einem schrecklichen Massaker. In der Mitte der Hauptminiatur ist ein Brunnen abgebildet, der symbolisch für diesen Ort steht. Die bläuliche Hintergrundlandschaft mit Gebäuden, die syrische Burgen darstellen, mildert die Brutalität des Vordergrunds ein wenig ab. Im unteren Register sieht man, wie nach dieser Schlacht von 1187 der Graf von Tripolis König Guido aufsucht. Dieser kommt aus der Stadt Nablus, die rechts hinten im Bild skizziert ist, und reitet dem Grafen entgegen; sobald Guido Raimund sieht, steigt er vom Pferd. Der Graf kniet vor dem König nieder, der seinen Vasallen um die Schultern fasst und damit den Eid gegenseitiger Treue besiegelt.

du Conte de Tripple . Et sa
prise en bataille du Roy tamy
de Ihrin par Salhadin .

.v.

uy de sez quien
estant ainsi
fut Roy de
Ihrin et traut
que se Conte de tripple ne fu
houloit faire sommisse il en

terrint par se consel du
maistre du temple aler aste
ther Thibure . et defant as
semble grant armee . a nale
Balien debrin fit delaissier
cesse entreprise au Roy sad
uerrissant comment se conte
de Tripple auoit enuoye ch
re secour a Salhadin a
Damas qui sui auoit en

ihm gleich und ging zu Fuß zu ihm hin. Er kniete vor dem König nieder, der ihn, ihn in die Arme nehmend, aufhob und ihn küsste. Dann kehrten sie nach Nablus zurück und der König verfügte, dem Rat des Grafen und der Barone folgend, dass es am besten sei, sein Heer an der Quelle von Sephoria zu versammeln und die Hilfe des Fürsten von Antiochia zu erbitten. Nach diesem Rat traf der König diese Entscheidung, versammelte sein Heer bei dieser Quelle und bat den Fürsten, ihm zu Hilfe zu kommen. Doch da König Guido nicht genug Geld hatte, seine Leute zu bezahlen, übergab ihm der Meister der Templer einen großen Schatz, der von den Templern verwahrt wurde. In der Tat, seit König Heinrich von England den heiligen Thomas von Canterbury hatte martern lassen, schickte er jedes Jahr – und dies sein ganzes Leben lang – eine große Summe Geld an die Templer in Jerusalem in der Hoffnung, sich zur Vergebung seiner Sünden nach Outremer zu begeben. Er wünschte, diese Summe Geldes vorzufinden, wenn er kommen würde, um den Bewohnern des Heiligen Landes besser zu helfen und gegen die Sarazenen zu kämpfen. So hatte sich ein so großer Schatz angehäuft, dass König Guido sich dessen bedienen konnte, um sein Heer großzügig zu bezahlen. Das tat er, und er versammelte so viele Waffenträger, wie er anwerben konnte, um in den Krieg gegen die Sarazenen zu ziehen. Und zu Ehren des Königs von England, von dem dieses Geld kam, ließ er große Banner mit den Wappen von England anfertigen und ließ sie von den Konnetabeln und den Anführern der Söldner tragen.

Einige Tage später[134] belagerte Saladin Tiberias, wo sich nur die Gräfin von Tripolis ohne Bewaffnete aufhielt. Sie schickte König Guido eine Botschaft, um ihm mitzuteilen, wie es stand, und ihn um seine Hilfe zu bitten.[135] Er berief seinen Rat ein und fragte zunächst den Grafen von Tripolis, was zu tun sei. Dieser antwortete vor allen: „Ich bin der Meinung, Tiberias aufzugeben, und hier die Gründe. Tiberias gehört mir, und meine Frau befindet sich dort, und niemand wird so viel verlieren wie ich, wenn die Stadt verloren ist. Ich weiß sehr wohl, dass die Sarazenen nicht versuchen werden, sie zu halten, sondern sie werden sie zerstören, und dann ziehen sie wieder ab, ohne Euch hier in Eurem Lager aufzusuchen. Wenn sie meine Frau, meine Männer und meine Güter nehmen und meine Stadt zerstören, werde ich all dies wiedererlangen, wenn ich dies kann. Aber mir wäre es lieber, wenn Tiberias geschleift wird, als wenn das ganze Land verloren geht. Und zum Beweis dessen, was mich veranlasst, so zu reden, sollt Ihr wissen, dass es zwischen dem Ort, wo wir uns befinden, und Tiberias keine Wasserstelle gibt außer einer kleinen Quelle, Cresson genannt, was wirklich wenig ist. Gewiss weiß ich, dass, wenn Ihr von hier weggeht, die Sarazenen Euch entgegenkommen und Euch den ganzen Tag über zwischen hier und Tiberias angreifen werden. Auf diese Weise werden sie Euch zwingen, ein Lager aufzuschlagen, ob Ihr wollt oder nicht, weil Ihr wegen der Hitze nicht kämpfen könnt und weil die Leute aus dem Fußvolk nichts mehr zu trinken haben werden. Wenn Ihr den Kampf beginnt, werden sie ihre Leute in Schlachtordnung ausrichten und gegen das Gebirge führen. Doch Ihr werdet sie nicht ohne Eure Leute zu Fuß verfolgen können. Wenn sie Euch zwingen, Euer Lager hier aufzuschlagen, wozu nützen Euch Eure Leute und Eure Pferde, die fast alle verdurstet sein werden? In Wahrheit werden die Sarazenen bereits am nächsten Tag Herr werden über Euch, wie sie es wollen, denn sie werden ausreichend zu trinken und zu essen haben und werden frisch und wohlauf sein, und Ihr werdet alle getötet oder gefangen sein. Deshalb rate ich Euch, dass Ihr lieber Tiberias den Sarazenen überlasst, als dass Ihr das Land verliert."

Nachdem der Graf von Tripolis so gesprochen hatte, erhob sich der Meister der Templer und sagte sehr laut, dass der Wolf noch nicht tot sei.[436] Der Graf tat so, als ob er nichts hörte, und sagte zum König: „Herr, wenn Ihr aufbrecht und wenn alles, was ich vorhersehe, nicht eintritt, könnt Ihr mir den Kopf abschlagen." Am Ende dieser Ratsversammlung hörte der König die Meinung des Meisters der Templer und aller Barone und versprach, den Empfehlungen des Grafen Folge zu leisten. Doch gegen Mitternacht, als der König allein zum Nachtessen kam, suchte ihn der Meister der Templer auf und sagte zu ihm: „Herr, schenkt Ihr diesem Verräter Glauben, der Euch einen solchen Rat gegeben hat? Er hat es getan, um Euch die Ehre zu nehmen, Euch, die Ihr doch vor kurzem gekrönt worden seid. Denn niemals hat ein König auf dieser Welt in so kurzer Zeit so viele Bewaffnete geführt wie Ihr. Und es wäre eine große Schmach für Euch, wenn Ihr eine Stadt aufgäbt, die nur fünf Meilen von Eurem Heer entfernt ist. Nun ist dies die erste Prüfung, die sich Euch seit Eurer Krönung stellt. Ihr sollt wissen, dass die Templer eher ihre weißen Mäntel abwerfen und alles, was sie haben, verkaufen würden als die Schmach, welche die Sarazenen mir zugefügt haben, nicht zu rächen. Deshalb lasst im Heer ausrufen, dass jeder sich rüste, sich in die Schlacht begebe und dem Wahren Kreuz folge!"

König Guido wagte nicht, dem Meister der Templer zu widersprechen, und ließ den Befehl, den er ihm zu geben geraten hat, ausrufen. In der Tat liebte er ihn und fürchtete ihn, denn er war es, der ihn zum König gemacht und ihm den Schatz des Königs von England übergeben hatte. Doch die Barone, als sie den Ausruf hörten, fragten sich mit Verwunderung, woher diese Entscheidung komme, und begaben sich in das Zelt des Königs, um zu versuchen, ihn zu einer Meinungsänderung zu bewegen, doch dies war vergeblich. Sie mussten ihm gehorchen und sich bewaffnen, sehr erzürnt, denn sie wussten, dass diese Entscheidung zu nichts Gutem führen konnte. Und die Sarazenen taten tatsächlich, was der Graf dem Heer gegenüber vorhergesehen hatte, sobald der König sein Lager verlassen hatte.

Zu diesem Zeitpunkt fanden die Leute der Nachhut, die sich im Umfeld des Lagers bewegten, eine alte Sarazenin[437], Sklavin eines Syrers aus Nazareth, auf einem Esel sitzend, die ihnen bekannte,[138] sie habe zwei Nächte lang das Heer verhext, und wenn sie dies noch eine dritte hätte tun können, hätte sie die Männer, die sich im Heer befanden, fesseln können, so dass die Sarazenen sie leicht hätten überfallen können. Denn niemand hätte fliehen können aufgrund des Zaubers, der auf ihnen lag. Saladin habe ihr viel Geld gegeben, dies zu tun. Als unsere Leute ihr Geständnis, das ihr gewaltsam abgerungen wurde, vernahmen, warfen sie sie mehrmals in ein großes Feuer, doch sie kam immer wieder unversehrt heraus; schließlich schlug einer von ihnen ihr mit einer Axt auf den Kopf und tötete sie.

Außerdem waren König Guido und seine Leute aus ihren Zelten herausgekommen, und zahlreiche Sarazenen griffen sie ohne Unterlass an, wie der Graf von Tripolis es vorausgesagt hatte. Und als die neunte Stunde[439] gekommen war und unsere Leute sich auf halbem Weg zwischen der Quelle von Sephoria und Tiberias befanden, fragte der König den Grafen, was sie tun sollten. Er gab ihnen daraufhin einen schlechten Ratschlag, indem er ihnen riet, ihr Lager aufzuschlagen.[440] Allerdings meinten einige Männer aus dem Heer, wenn man sich denn gegen die Sarazenen versammelt hätte, hätten diese besiegt werden können. So vertraute der König dem schlechten Rat und wollte dem guten nicht glauben. Als die Sarazenen sahen, dass die Christen sich niedergelassen hatten, freuten sie sich darüber und ließen sich an deren Seite nieder, so nah, dass man sich von einem Lager zum anderen unterhalten konnte. Und sie umzingelten sie so gut, dass, wenn eine Katze aus dem Heer der Christen geflohen wäre, sie unausweichlich von den Sarazenen gefangen worden wäre. In dieser Nacht litten die Christen Pein, denn kein Mensch und kein Tier konnten bis zum Morgen trinken. Am folgenden Tag, am Samstag, dem 4. Juli, am Tag des Festes des heiligen Martin, im Sommer 1188[441], brachen unsere Leute zum Kampf gerüstet auf. Doch die Sarazenen hielten sich im Hintergrund bis die Hitze groß war, denn es gab große Heidelandschaften und hohes Gras da, wo sich die Christen befanden. Die Sarazenen legten rundum Feuer und ließen sie in dieser Lage bis zur dritten Stunde zurück. Zu diesem Zeitpunkt suchten einige aus der Rittereinheit des Grafen von Tripolis Saladin auf und sagten zu ihm: „Herr, was wartet Ihr? Greift an! Sie können keinen Widerstand mehr leisten." Sodann kamen die Sarazenen den Berg hinunter und stürzten sich auf unsere Leute aus dem Fußvolk, die ihre Waffen zu Boden warfen und sich ihnen mit vor Durst aufgerissenen Mündern ergaben. Und als König Guido das Elend und das Leid des Heeres sah und wie sein Fußvolk sich ergeben hatte, bat er den Grafen von Tripolis, sich mit Macht unter die Sarazenen zu werfen. Weil der Krieg nämlich in seinem Land stattfand, musste er den ersten Angriff gegen die Sarazenen führen. Er gab seinem Pferd die Sporen, und all seine Leute taten es ihm nach, und er stürzte sich auf die Sarazenen. Da sie ihn an seinen Bannern erkannten, öffneten sie[442] ihm ihre Reihen und machten ihm Platz. Und so zogen sie geradewegs mitten durch die Sarazenen und begaben sich von dort an verschiedene Stellen. Sobald sie jenseits des Heeres von Saladin waren, schloss sich dieses wieder und begann, das des Königs anzugreifen. Sie nahmen ihn zum Gefangenen sowie alle, die mit ihm waren, außer Balian von Ibelin und diejenigen der Nachhut, die davonkamen. Ebenso geschah es mit dem Sohn des Fürsten von Antiochia, seinen Leuten und den vier Schwiegersöhnen des Grafen von Tripolis. Dort ging dieser Teil des Wahren Kreuzes verloren, das die heilige Helena, die Mutter des heiligen Kaisers Konstantin des Großen in Jerusalem zurückgelassen hatte. Seitdem hat man nichts mehr von diesem Teil des Kreuzes gehört.

Nachdem Saladin so die Christen besiegt hatte, schlug er sein Lager auf und ließ ausrufen, dass man alle Gefangenen zu ihm führe, die Nichtadligen in die Umgebung seines Zeltes und Adligen in dessen Inneres. Man führte also König Guido zu ihm, und er ließ ihn vor sich hinsetzen. Dann brachte man Fürst Rainald von Châtillon, den Herren von Kerac, und Humfried, seinen Schwiegersohn, und den Meister der Templer, den Markgrafen Bonifaz von Montferrat[443] und den Grafen Joscelin, den Konnetabel Amalrich, Bruder des Königs, und den Marschall. Als Saladin sie sah, freute er sich sehr, und als er bemerkte, dass dem König heiß war und er durstig war, ließ er ihm einen mit Sirup gefüllten Becher bringen, um ihn zu erfrischen. Doch nachdem der König davon getrunken hatte, reichte er den Becher Fürst Rainald, der an seiner Seite war. Dies missfiel nun Saladin[444], der ihn über alles hasste, zutiefst, und er sagte zum König, er bedaure es sehr, dass dieser dem Fürsten zu trinken gegeben habe, und dass dieser frank und frei trinken könne, denn dies sei sein letzter Trank. Er fügte hinzu, dass er um nichts auf der Welt darauf verzichten wolle, ihm eigenhändig den Kopf abzuschlagen, denn er habe nie Versprechen noch Waffenruhen eingehalten. Und als der ruhmreiche Fürst Rainald getrunken hatte, ließ Saladin ihn aus seinem Zelt hinausführen, und dort schlug er ihm mit einem Schwerthieb das Haupt ab und ließ ihn durch alle Städte und Burgen seines Landes schleifen. Welch glorreicher Triumph des Märtyrertums, den dort ohne jedes Erschrecken die ausgezeichnete Blüte der Ritterschaft von Châtillon-sur-Marne, gelegen im Bistum Soissons, erfuhr, um den heiligsten katholischen Glauben zu unterstützen, zu verteidigen und zu mehren, für den er mit höchster Tapferkeit und Waffengewalt zahllose Türken und andere Sarazenen, und insbesondere Untertanen von Saladin, hatte sterben lassen.

Nachdem Letzterer den Christen diese schmerzhafte Niederlage zugefügt hatte und nachdem er auf unmenschliche Weise den berühmten Fürsten Rainald von Châtillon enthauptet hatte, ließ er den König und alle anderen Gefangenen nach Damaskus in Gefangenschaft bringen. Was ihn betraf, so belagerte er am selben Tag Tiberias. Die

Stadt ergab sich,[445] ebenso wie Nazareth. Am Mittwoch zog er nach Akkon[446], das sich ihm ebenfalls ergab. Dann ging er nach Tyros, wollte dies aber nicht belagern, weil die Ritter, die der Schlacht entkommen waren, sich noch dort befanden. Balian, der in Tyros war, erhielt freies Geleit von Saladin, um nach Jerusalem zu ziehen und einen Tag dort zu bleiben, damit er die Königin, seine Frau[447], und seine Kinder zurückbringe. Doch als er einmal dort angekommen war, entband ihn der Patriarch von seinem Versprechen, und auf seine Bitte und die der anderen, die ihm vorhielten, dass es eine große Schande für ihn wäre, wenn er das Heilige Land so verwüstet hinterließe, blieb er dort und ließ es mit Männern und Nahrungsmitteln bestens versehen. Der Patriarch und Balian nahmen das Silber, das das Grabmal bedeckte, und ließen daraus Münzen prägen, um davon den Rittern und anderen Bewaffneten zu geben, damit sie die Heilige Stadt verteidigten.

Kapitel LXI.
Wie Saladin sich mehrerer Städte und Burgen in Syrien bemächtigte und Tyros belagerte. Und von der Hilfe, die Unser Herr dorthin schickte.

Saladin ließ Tyros in Frieden und zog vor Sidon, das fünf Meilen entfernt war, und die Stadt ergab sich ihm. Dann drang er in das Gebiet von Tripolis ein, eroberte Dschabala und die Burg Daron. Von dieser Burg stammte die Dame, die der Graf von Tripolis nicht als Gattin an Gerhard von Ridfort[448] geben wollte. Dieser war sehr aufgebracht und begab sich in den Tempel, und so nahm der Hass seinen Anfang, der den Verlust des Heiligen Landes nach sich zog. Als der falsche und hinterlistige Verräter, der Graf von Tripolis, der den König und das Heer gewissenlos verraten hatte und sich in Sicherheit nach Tyros geflüchtet hatte, erfuhr, dass Saladin in seine Gebiete eingedrungen war, begab er sich zusammen mit dem Sohn des Fürsten von Antiochia und allen Rittern, die er haben konnte, auf dem Seeweg nach Tripolis. Kurze Zeit später wurde er dort plötzlich tot aufgefunden.[449] Manche sagten, dass er vor Kummer gestorben sei. Doch er hinterließ den Beweis seines Verrates, denn man sah, dass er genau wie Saladin und die anderen Sarazenen beschnitten war. Er hatte sein Land dem Sohn des Fürsten von Antiochia überlassen,[450] der seitdem dort Graf war. Und als Reinhold von Sidon und der Burgherr von Tyros sahen, dass alle Ritter weggezogen waren und dass sie wenige Männer und Proviant hatten, baten sie Saladin, dass er zurückkommen solle, und versprachen ihm, ihm die Stadt Tyros zu übergeben. Er war darüber sehr glücklich und vertraute seine Fahne einem Ritter an, den er nach Tyros sandte, um sie auf der Burg zu hissen. Doch der Burgherr ließ ihm antworten, dass er dies zu tun wegen der Einwohner der Stadt nicht wagen würde, wenn Saladin nicht anwesend sei; der Ritter zog mit dieser Antwort wieder ab. Und Saladin beeilte sich, dorthin zu gelangen. Er beeilte sich jedoch nicht genug, denn Unser Herr kam Tyros zu Hilfe, bevor er dort ankommen konnte.

In der Tat sagte der Markgraf Konrad[451], der mit dem Kaiser in Konstantinopel war, eines Tages zu diesem: „Herr, meine Ritter wollen sich zum Grab begeben, und ich kann sie nicht daran hindern. Aber sie haben mir versprochen und geschworen, dass sie zu mir zurückkommen werden, sobald sie ihre Pilgerreise gemacht haben." Er versicherte dies, damit der Kaiser und die aus der Stadt nicht wüssten, dass er fort wollte, aus Angst, dass die Eltern von Livernas, den er getötet hatte, ihn ihrerseits töteten. Der Kaiser kam seiner Bitte nach und ließ ihm ein Schiff, beladen mit Nahrungsmitteln und Waffen, bereiten. Als seine Leute an Bord waren und als er selbst in Begleitung des Kaisers in Bukoleon war, gab er vor, er habe vergessen, seinen Leuten etwas zu sagen. Er nahm also ein kleines Boot und fuhr aufs Meer, dann stieg er auf ihr Schiff und ließ die Segel setzen. Die Gnade Gottes schickte einen solchen Wind, dass sie binnen weniger Tage vor Akkon ankamen. Als sie dort den Anker werfen wollten, waren sie überrascht, keine Glocken läuten zu hören, und zu sehen, dass einige Schiffe auf sie zukamen. Sie wagten daher nicht, den Anker zu werfen, und wichen zurück. Als die Sarazenen sahen, dass sie nicht ankerten, kam ein Ritter dorthin, doch der Markgraf verbot, dass jemand mit ihm spreche. Und durch ihn erfuhr der Markgraf, dass Akkon in den Händen von Saladin war und dass, wenn man seinen Worten glaubte, sie an Land gehen könnten, wenn sie Kaufleute seien, denn der Markgraf hatte versichert, dass sie Waren brächten. Als dieser durch den Sarazenen-Ritter erfuhr, dass das ganze Königreich verloren war, außer Jerusalem und Tyros, die, wie er meinte, von Saladin belagert wurden, ließ er auf Tyros zuhalten. Und Unser Herr schickte ihm durch seine Gnade einen solchen Wind, dass, obwohl der Sarazene Schiffe rüsten ließ, um sie zu verfolgen, sie diese nicht einholen konnten. Aber die Christen waren in kurzer Zeit in Tyros[452] und wurden von Kirchenleuten und den Bürgern, die Unseren Herrn priesen, dass er ihnen eine solche Hilfe in ihre Stadt und die Burg geschickt habe, mit prachtvollen Prozessionen freudig empfangen. Reinhold von Sidon und der Burggraf hatten, als sie sahen, dass die Bürger von Tyros die Stadt und die Burg dem Markgrafen übergeben hatten, Angst, bestraft zu werden, weil sie sie Saladin nicht übergeben konnten. Deshalb bestiegen sie in der Nacht ein Schiff und flohen über das Meer nach Tripolis.

Markgraf Konrad, der jetzt der Herrscher von Tyros war, stellte überall Erkundungen an, welche Leute, welche Nahrungsmittel und welche Waffen vorhanden waren, und er fand die beiden Fahnen von Saladin, und nachdem er erfahren hatte, warum sie geschickt worden waren, ließ er sie in den Graben werfen. Man muss glauben, dass Unser Herr den Markgrafen Tyros zu Hilfe schickte! Denn am Tag nach seiner Ankunft kam Saladin, der dachte, dass die Stadt ihm sogleich übergeben werde. Doch er musste das Gegenteil erfahren. In der Tat, als Saladin begriff, was geschehen war, und da er den Vater des Markgrafen Konrad hatte, dachte er, dass er im Austausch mit dem Vater und mit dem Silber die Stadt Tyros sehr wohl haben könnte. Er bat Damaskus, dass man ihm den Markgrafen Bonifaz[453] schicke. Als Letzterer gekommen war, ließ Saladin den Markgrafen Konrad wissen, er werde ihm, wenn dieser ihm die Stadt übergäbe, eine große Summe an Silber und seinen Vater übergeben. Nun antwortete ihm der Markgraf Konrad, dass er ihm nicht den kleinsten Stein von Tyros gäbe, um seinen Vater wiederzubekommen, solle Saladin ihn doch an einen Pfosten im Heer anbinden lassen und auf ihn zielen, denn er sei sehr alt.[454] Und dank dieses Markgrafen Konrad wurde so die Stadt Tyros gerettet und gegen Saladin verteidigt.

Kapitel LXII.
Wie König Guido Askalon übergab und mit neun Rittern bei der Belagerung von Jerusalem auf freien Fuß gesetzt wurde. Wie die Stadt Saladin übergeben wurde. Die Großherzigkeit, die die Sarazenen von Alexandrien den Christen gegenüber erwiesen.

Als Saladin sah, dass er dieses Mal in Tyros gescheitert war, führte er sein Heer in verschiedene Städte und Siedlungen, und alle ergaben sich ihm, mit Ausnahme von Askalon, das er belagerte. Jedoch in Anbetracht der Macht der Stadt beschränkte er sich darauf, den König und neun Ritter, die er mit sich führte, auf freien Fuß zu setzen, um diese Stadt Askalon zu bekommen. Als er die Stadt jedoch erst einmal in seinen Besitz genommen hatte, was im Monat August geschah,[455] ließ er König Guido erst im darauf-folgenden Monat März frei. Denn dies war so vereinbart worden. Und wahrhaftig, König Guido hatte kein so großes Verlangen, befreit zu werden, dass er den Boten, die er nach Askalon sandte, geraten hätte, im Tausch gegen seine Befreiung diese mächtige Stadt in die Hände von Saladin zu übergeben. Doch als sie sich miteinander beraten und festge-stellt hatten, dass sie nicht genug Zeit für Unterstützung hatten, nahmen sie das Angebot von Saladin an. Dieser ließ sie mit all ihren Gütern geradewegs bis in das christliche Gebiet führen, und nachdem er alle in der Umgebung von Jerusalem gelegenen Städte und Siedlungen eingenommen hatte, verlangte er von den Bürgern dieser Heiligen Stadt, dass sie nach Askalon kämen, um in Sicherheit mit ihm zu sprechen. Und dort machte er ihnen mehrere Angebote, wenn sie ihm die Stadt kampflos übergeben wollten. Doch sie hörten nicht auf seine Vorschläge, und Saladin sagte zu ihnen: „Mit Bedauern werde ich Jerusalem Schaden zufügen, wenn ich es doch ohne Kampf besitzen könnte, denn ich glaube, dass es das wahre Haus Gottes ist.[456] Da Ihr aber so starrsinnig seid, es gegen meinen Willen zu behalten, gebe ich Euch, wenn Ihr wollt, dreitausend Besanten, um die Verteidigung Eurer Stadt zu verstärken, und ich überlasse Euch in einem Umkreis von fünftausend Meilen Land zum Bestellen. Zudem werde ich Euch eine solche Menge an Nahrung bringen lassen, wie Ihr sie anderswo nicht günstiger bekommen werdet, unter folgender Bedingung: Wenn Ihr von jetzt an bis Pfingsten nicht von Leuten, die fähig sind, mir auf dem Schlachtfeld Widerstand zu leisten, unterstützt werdet, werdet Ihr mir dann die Stadt übergeben. Was mich anbelangt, werde ich Euch mit all Euren Gütern bis in das christliche Land führen lassen." Die Bürger antworteten, dass sie mit ihm keine Vereinbarung treffen wollten, was Saladin sehr missfiel, und er schwor, dass er sie mit Gewalt bezwingen werde.

Deshalb erlitten die Bürger, nachdem sie einmal nach Jerusalem zurückgekehrt waren, bald darauf eine Belagerung durch Saladin, der mit Hilfe verschiedener Kriegsmaschinen die Mauern untergraben und zertrümmern ließ.[457] Er umzingelte sie und umschloss sie, so dass sie nicht mehr in das umliegende Land gelangen noch Nahrungsmittel erhalten konnten. Keine Frage, es herrschte großer Jammer in der Heiligen Stadt! In der Tat befand sich dort eine sehr große Menschenmenge, Einwohner der Stadt und andere Christen, die aus mehreren Städten, Burgen und Siedlungen dorthin geflohen waren und sich nach Jerusalem begeben hatten.[458] Welch großer Jammer zu sehen, wie die betagten Matronen und die jungen Frauen barfuß mit gelösten Haaren umhergingen, wie die jungen Mädchen ganz nackt sowie die Kinder den ganzen Tag lang in Prozession durch die Heiligen Stätten zogen, in riesigen Zubern und Wannen im Wasser untertauchten und dabei jämmerlich wehklagten und Gott um Hilfe anflehten! Doch in Wahrheit war das Volk dieser Heiligen Stadt voller Hochmut, voller Gier und Wollust, und viele waren vor allem gezeichnet von der sehr schändlichen, widerlichen und abscheulichen Sünde gegen die Natur, so dass diese Erniedrigungen Unserem Herrn nicht gefielen, und er wollte nicht zulassen, dass solche Leute, die Christen und in Kenntnis seiner Gebote waren, diese gleichwohl missachteten und fortfuhren, die heiligste Stätte zu besudeln. Lieber überließ er sie der irdischen Strafe für ihre Missetaten.

Schließlich waren die Einwohner von Jerusalem, dessen Schutzmauern Saladin derart untergraben hatte, dass sie über mehr als fünfzehn Klafter einstürzten, so in Schrecken geraten, dass sie ihren Rat einberiefen und beschlossen, aus der Heiligen Stadt hinauszu-

DER PATRIARCH VON JERUSALEM PREDIGT DEN EINWOHNERN JERUSALEMS FRIEDEN.
SALADIN UND BALIAN II. VON IBELIN

*„Welch großer Jammer zu sehen, wie die betagten Matronen und die
jungen Frauen barfuß mit gelösten Haaren umhergingen, wie die jungen Mädchen
ganz nackt sowie die Kinder den ganzen Tag lang in Prozession durch die
Heiligen Stätten zogen, in riesigen Zubern und Wannen im Wasser
untertauchten und dabei jämmerlich wehklagten und Gott um Hilfe anflehten!
Doch in Wahrheit war das Volk dieser Heiligen Stadt voller Hochmut,
voller Gier und Wollust, und viele waren vor allem gezeichnet von der sehr
schändlichen, widerlichen und abscheulichen Sünde gegen die Natur!"*

(FOL. 203B–203VA)

Die Szene spielt in Jerusalem. Saladin, der alle Städte der Umgebung in seinen Besitz gebracht hatte, wollte die Heilige Stadt selbst nicht mit Gewalt einnehmen. Er belagerte sie und schloss die Bevölkerung darin ein. In ihrer Verzweiflung war diese versucht, einen Ausfall zu wagen und gegen Saladin zu kämpfen, auch auf die Gefahr hin, dabei umzukommen. Der Patriarch von Jerusalem hielt den Einwohnern eine Predigt, in der er sie ermahnte, auf den Kampf zu verzichten, und dazu riet, mit Saladin Friedensverhandlungen aufzunehmen und ihm die Stadt zu übergeben. Diese Szene ist im Hauptbild dargestellt: Der Patriarch steht im Portalvorbau der Kirche. Er spricht zu einer riesigen Menge, während sich von links Prozessionen betender junger Mädchen mit gefalteten Händen nähern. In der detaillierten Ausarbeitung des Architekturdekors am Portalvorbau zeigt sich die Kunst der Gotik in ihrer ganzen Finesse und Komplexität; Säulen und Bogenrundungen sind mit Skulpturen geschmückt. Im unteren Register ist dargestellt, wie der von den Christen auserkorene Ritter Balian II. von Ibelin im Zelt Saladins kniet und über die Bedingungen für die Übergabe der Heiligen Stadt verhandelt.

Comment le Yor guy Yendant
escalonne fut de suite sui x˚
du siege de Jherusalem et to
ment elle fut Yendue a sassadin
Et la grant debonnaurete que
trouuerent les rpiens aux
sarrazins dalexandrie. Fin.

Alhadim congnoissat
quil auoit failly celle
fois a tur mena son
armee par diuerses
Yilles et Citez: et toutes se Yendoiet
a lui. Excepte escalonne la quelle
fassiegta et toutesfois beant en
fin la force delle Il fut content de
deliurer de prison sui x˚ de chtõ quil
tenoit auec sui pour auoir celle cite

ziehen und gegen die Sarazenen bis auf den Tod zu kämpfen. Sie wollten eher im Kampf gegen die Sarazenen sterben und die Stadt und den Ort verteidigen, wo Unser Herr Jesus Christus bereit war, die Passion für uns zu erdulden, als sich in der Stadt gefangen nehmen zu lassen und einen niederträchtigen und schmachvollen Tod zu erleiden. Aber der Patriarch hielt ihnen eine lange Strafpredigt und hielt ihnen vor, dass diese Art zu sterben ihnen weder Nutzen noch Ehre bringen würde. Denn wenn es so käme, dass die, welche Waffen tragen konnten, so vernichtet würden, blieben von denen, die keine Waffen tragen könnten, in der Stadt fünfzig für einen übrig. Diese Letzteren würden von den Sarazenen derart gepeinigt, dass die meisten zu ihrer schlechten Religion übertreten würden. Das Beste wäre zu versuchen, ob man durch eine Vereinbarung oder einen Friedensvertrag alles zugleich retten könne. Und der Rat des Patriarchen beschloss einstimmig, dass man den guten Ritter Balian von Ibelin zu Saladin sende, um einen Vertrag auszuhandeln. Saladin war dank der großen Vorhaltungen, die Balian, den er schätzte, ihm machte, schließlich einverstanden, jedoch widerwillig, wegen des Schwures, den er geleistet hatte.

Und die Heilige Stadt Jerusalem wurde Saladin zu folgenden Bedingungen übergeben:[459] Jeder Mann über zehn Jahren würde zwanzig Besanten zahlen, eine Frau zehn und ein Kind unter zehn Jahren fünf Besanten. Und um diesen Preis konnten die Christen all ihre beweglichen Güter mitnehmen. Und so schickte Balian die Schlüssel der Heiligen Stadt Jerusalem, in die Saladin am zwölften Tag des Monats August im Jahr 1187[460] einzog. Was diejenigen betrifft, die losgekauft wurden, so ließ man Tausend im Tausch gegen dreißigtausend Besanten hinaus, die der Meister der Hospitaliter dem Schatz des Königs Heinrich von England entnahm, der den heiligen Thomas von Canterbury foltern ließ. Um diese üble Tat wieder gutzumachen, ließ er jedes Jahr einen großen Schatz an die Leute des Tempels und des Hospitals schicken, in der Hoffnung, persönlich dem Heiligen Land Jerusalem zu Hilfe zu kommen. Andere wurden ebenfalls von den Templern und Hospitalitern mit ihren eigenen Mitteln losgekauft, aber nicht in so großer Zahl, wie sie es getan hätten, wenn sie nicht um die Freigebigkeit von Saladin gewusst hätten, der ihnen einen guten Preis machen würde. Andere verließen gleichfalls die Stadt, indem sie ihr Lösegeld zahlten, aber es blieb noch eine große Zahl, die nicht die Möglichkeit hatte, sich ihre Freiheit zu erkaufen. Deshalb bat el-Adil Saif ed-Din, der Bruder von Saladin, diesen, ihm einige zu überlassen. Saladin gab ihm tausend, die er sofort befreite. Der Patriarch und Balian richteten dasselbe Gesuch an ihn, und er gab jedem von ihnen fünfhundert, die sie ebenfalls befreiten. Als dies getan war, sagte Saladin: „Mein Bruder und der Patriarch und Balian haben ihre Almosen gegeben und ich will das meine geben." Und er befahl, alle Armen, die nicht die Mittel hatten, ihre Freiheit zu erkaufen, ohne Zahlung weggehen zu lassen. Aber wenn man jemals einen antreffen sollte, der Geld bei sich trüge, sollte man ihm dies auf seinen Befehl abnehmen und ihn einsperren. Nachdem all dies geschehen war, blieben noch elftausend Menschen in Gefangenschaft übrig. Auch die verheirateten Frauen und Jungfrauen, Angehörige der Ritter und Edelleute, die mit König Guido getötet oder gefangen genommen worden waren, traten vor Saladin hin. Und als er erfuhr, um was sie ihn baten, befahl er, dass man ihre Väter und Gatten, die sich in Gefangenschaft befänden, frei lasse, und er ließ reichlich von seinem Silber an die anderen verteilen.

Als die Christen also aus Jerusalem hinauszogen, war dies eine stattliche Zahl von Leuten. Deshalb ließ Saladin sie in drei Gruppen aufbrechen: Die Templer führten die erste, die Hospitaliter die zweite und der Patriarch und Balian die dritte. Jede brach vierzehn Tage nach der anderen auf, damit die Leute mehr Nahrung finden könnten. Um jede von ihnen zu geleiten und zu beschützen, schickte Saladin fünfzig türkische Reiter, und sie führten sie sicher bis in das Gebiet von Tripolis. Doch der Graf dieser Stadt wollte sie nicht einziehen lassen und schickte mehrere seiner Ritter, damit sie sich der reichsten Bürger bemächtigten und ihnen nähmen, was sie hatten. Ein Teil der armen Leute zog in das Gebiet von Antiochia, und der andere Teil blieb im Gebiet von Tripolis, und sie taten das Beste, was sie konnten. Was die anderen Christen betraf, die aus Askalon und von den Burgen in der Umgebung stammten, und die Saladin in christliches Land führen lassen sollte, so hatten sie mehr Glück als die anderen. Denn als sie bis nach Alexandrien geführt wurden, verköstigten sie die Bürger, gaben ihnen, was sie zum Leben brauchten, und taten ihnen aus Liebe zu Gott viel Gutes, bis der Augenblick gekommen war, wieder über das Meer zu fahren. Und der Vogt ließ sie hinter Gatter einschließen und bewachen, damit man ihnen kein Leid zufüge. Eines Tages kamen achtunddreißig Schiffe und andere Boote von Pisanern, Genuesen, Venezianern und anderen Kaufleuten, die, als sie abfuhren, die Christen, die die Überfahrt bezahlen konnten, auf ihre Schiffe kommen ließen, aber die anderen nicht übersetzen lassen wollten. Als der Vogt dies erfuhr, sagte er zu ihnen: „Wollt Ihr also Eure christlichen Brüder als Sklaven hier lassen und so das Wort und das Versprechen von Saladin brechen? Ich werde Euch dies nicht erlauben. Ihr seid verpflichtet, sie mitzunehmen, ohne sie den Preis der Reise bezahlen zu lassen, und ich werde Euch Brot und Wasser in ausreichender Menge für sie mitgeben, damit Ihr sie in ein christliches Land bringen könnt, wo sie in Sicherheit sind." Und er nötigte die Händler so sehr, dass sie ihm versprachen und schworen, dass sie sie unverzüglich auf die andere Seite des Meeres in christliches Land führen wollten. Und so vertraute ihnen der Vogt diese Leute an und schwor bei seinem Glauben, wenn sie sie nicht unmittelbar und ohne sie zahlen zu lassen in christliches Gebiet führten, würden sie oder andere Händler ihres Landes ihn bei ihrer Rückkehr davon unterrichten. So gehorchten ihm die Händler.[461] Ferner ließ Saladin von Damaskus vier Kamele bringen, die mit Rosenwasser beladen waren, womit er den Tempel Unseres Herrn waschen ließ. Vorher ließ er ein großes vergoldetes Kreuz entfernen, das sich auf der Spitze des Tempels befand und das manche Türken und andere Sarazenen nicht achteten, aber man wusste nicht wirklich, ob Saladin befohlen hatte, dies zu tun. Dieser ging dann in den Tempel und betete dort Gott nach Art der Türken und Sarazenen an.⁴⁶²

Kapitel LXIII.
Wie Saladin die Stadt Tyros belagerte. Die Großtaten des Markgrafen von Montferrat, des grünen Ritters, des Kaisers von Deutschland, der ertrank, als er in einem Fluss badete. Und wie Tripolis von dem grünen Ritter befreit und Akkon vom König von Jerusalem belagert wurde.

Nachdem er Jerusalem unterworfen hatte, belagerte Saladin die Stadt Tyros, an Allerheiligen des Jahres 1187,⁴⁶³ und er schlug dem Markgrafen von Montferrat erneut vor, ihm seinen Vater im Austausch gegen diese Stadt zu übergeben. Doch der Markgraf antwortete ihm, dass er dies nicht tun würde. Dann ließ Saladin vierzehn Galeeren in Akkon holen, um sie vor Tyros bereitzustellen und zu verhindern, dass irgendwer dort hinein- oder über das Meer herauskönne. Er ließ dann mehrere große Kriegsgeräte aufstellen, die Geschosse gegen die Mauern schleuderten. Jedoch gaben der Markgraf und seine Gefährten den Kampf nicht auf. Unter ihnen war ein Ritter aus Spanien⁴⁶⁴, der eine grüne Rüstung und zwei Hirschhörner auf seinem Helm trug. Dieser Ritter war berühmt und wurde für seine Tapferkeit gelobt, und mehrmals am Tag rückte er aus dem Heer von Saladin aus. Und welche Listen und Hinterhalte die Türken auch anwandten, dieser grüne Ritter vollbrachte unter ihnen außergewöhnliche Waffentaten. Die Türken selbst, verblüfft über seine waghalsigen Unternehmungen, kamen alle aus ihren Zelten und Prunkzelten heraus, um ihn zu sehen, sobald das Gerücht umging, dass er die Stadt verließ, so sehr schlug er sich auf außergewöhnliche Weise.

Und auf seinen Rat hin ließ der Markgraf mit Leder verkleidete Boote, Bourbottes genannt, bauen, weil man sie näher an das Land heranbringen kann als die anderen. Er ließ darin eine große Zahl von Armbrustschützen aufstellen, die den Türken großes Leid zufügten. Dann bat der Markgraf den Grafen⁴⁶⁵, ihm zu helfen, Männer und Lebensmittel zu beschaffen, und dieser schickte ihm zehn gut bewaffnete und gut ausgestattete Galeeren. Aber als sie sich Tyros näherten, kam ein starker Sturm auf, der sie in den Hafen von Tripolis zurücktrieb. Während dieser Belagerung ließ sich ein junger Türke, der wütend auf seinen Vater war, taufen und kam nach Tyros, um den Markgrafen aufzusuchen. Einige

BELAGERUNG VON TYROS (1187). SALADIN STECKT SEINE FLOTTE
UND SEINE BELAGERUNGSMASCHINEN IN BRAND

„Saladin, der ebenfalls sehr erschrocken war, verlor jede Hoffnung,
die Stadt Tyros einnehmen zu können. Deshalb verbrannte
und zerstörte er all seine Galeeren, sein Lager und seine Maschinen
und floh voller Scham in der Nacht nach Damaskus."

(FOL. 206A)

Im Jahr 1187 belagerte Saladin Tyros. Auf dem Hauptbild ist die befestigte Stadt in ihrer Lage am Meer dargestellt. Im Hintergrund sieht man die Galeeren, die Saladin aus Akkon kommen ließ, um Tyros zur Seeseite hin abzuriegeln. Den ganzen Vordergrund nimmt ein dichtes Schlachtengetümmel ein. Unter den Kämpfenden sticht ein Ritter in grüner Rüstung mit einem Hirschgeweih auf dem Helm hervor, der im Galopp auf einem weißen Schlachtross reitet. Es ist jener berühmte aus Spanien stammende „grüne Ritter", von dessen Mut und Heldentaten Sébastien Mamerot berichtet. Unten hat Jean Colombe den Abzug der Sarazenen gemalt. Nachdem Saladin jede Hoffnung aufgegeben hatte, Tyros einzunehmen, verbrannte und zerstörte er seine Schiffe und seine Belagerungsmaschinen, bevor er nach Damaskus floh. Wieder hat Jean Colombe hier Kanonen dargestellt, die den im 15. Jahrhundert gebräuchlichen gleichen.

Jherusalem ainsi soub-
mise par salhadm il
ala assieger la Cite
de Tuir le propre iour
de la toussains .vii.
C. .iiii.xx. et vii. et mada de rechief au marquis de
mont ferrant quil seur rendroit
son pere sil lui voulsist rendre
celle Cite. Mais le marquis res

pondit quil nen feroit Riens .
Pour quoy salhadm enuoia
querre vne galeee en tire portant denant Tuir gardu que
nul ne puist entrer ne saillir
par la mer et si fit dresser plusieurs engins et getter contre ses murs. Combien que ce
non obstant ne laisserent onc ce
le marquis et ses compaignons

Tage später ließ dieser aus List Saladin einen Brief schreiben, um ihn darüber zu unterrichten, dass er über die Lage der Stadt Tyros auf dem Laufenden sei und dass die Christen in der kommenden Nacht fliehen sollten. Wenn Saladin es nicht glauben würde, solle er Späher in den Hafen senden, und er würde die Gerüchte, die umgingen, hören. Als dieser Brief abgefasst war, wurde er mit Hilfe eines Pfeils in Richtung des Heeres abgeschossen und Saladin gebracht. Er war darüber erfreut und ließ dann seine tapfersten Männer in die Galeeren steigen, um die Christen im Augenblick ihrer Flucht zu überraschen. Ferner befahl der Markgraf, dass alle, die Waffen tragen konnten, sich in der folgenden Nacht auf der Brücke einfänden. Währenddessen ließ er die Türme und Mauern bestens bewachen und ausrüsten, dann ließ er die Kette, die den Hafen abschloss, mit viel Lärm herunter, damit die Türken, wenn sie dies hörten, wirklich von dem, was im Brief stand, überzeugt waren. Und als es Tag wurde, bewegten sich fünf Galeeren im Hafen jenseits der Kette vorwärts. Diese wurde von Männern, die der Markgraf für diese Aufgabe eigens auserkoren hatte, unvermittelt hochgezogen. So bemächtigte sich der Markgraf der fünf Galeeren, tötete die Türken und die Sarazenen, die sich darin befanden, und besetzte sie mit Christen, die die anderen Galeeren bekämpften. Die Armbrustschützen, die sich in den Bourbottes befanden, halfen ihnen, indem sie die Männer von Saladin niedermetzelten. Diese Galeeren wagten nicht abzuwarten, und unsere Leute flohen weit weg von ihnen in Richtung Beirut, und die anderen fuhren zu den Männern, die an Land geblieben waren. Als diese Letzteren den Angriff der Christen auf dem Meer sahen, griffen sie in aller Eile die Stadt an und eroberten die Gräben. Und mehr noch, da sie mit Eifer vorgingen, erhöhten sie in kurzer Zeit die Angriffe mit Minen und anderen Kriegsgeräten, so dass sie in der Lage waren, nach Tyros einzudringen. Da unsere Leute die Galeeren besiegt hatten und von dem Angriff der Türken hatten reden hören, kehrten sie um in Richtung der Festungsmauern auf der Landseite und öffneten die Tore und stürzten sich so jäh und mit solcher Wucht auf die Feinde, dass sie die meisten von denen, die am Fuß der Festung waren, töteten. Und sie jagten die anderen mit solcher Heftigkeit zu denen, die mit der Belagerung betraut waren, dass selbst die Tapfersten mit Schrecken erfüllt waren.

Saladin, der ebenfalls sehr erschrocken war, verlor jede Hoffnung, die Stadt Tyros einnehmen zu können. Deshalb verbrannte und zerstörte er all seine Galeeren, sein Lager und seine Maschinen und floh voller Scham in der Nacht nach Damaskus. Er ließ einen Teil seines Reisegepäcks zurück, das der Markgraf und seine Gefährten nach Belieben plünderten, und sie freuten sich über das große Gemetzel, das sie an den Türken verübt hatten. So endete die Belagerung von Tyros[466] mit Hilfe Unseres Herrn und dank der großen Klugheit und der Tapferkeit des Markgrafen von Montferrat.

Während sich diese Ereignisse so in Outremer abspielten, hatte sich der hochwürdigste

Wilhelm, Erzbischof von Tyros[467], zum Papst und nach Frankreich begeben. Dank seiner Predigt schlossen der tapfere König Philipp, mit Beinamen Dieudonné, und König Heinrich von England Frieden.[468] Dann gingen beide auf Kreuzzug sowie die meisten ihrer Barone und eine große Menge aus dem Volk, um den Christen in Outremer zu Hilfe zu kommen. Dieser Kreuzzug jedoch führte zu keinem Ergebnis. Denn zwischen den beiden Königen brach erneut Zwietracht aus, und König Heinrich starb in Chinon-les-Tours in der Touraine[469], zum Teil aufgrund des Kummers und des Schmerzes, den seine eigenen Kinder bereiteten, die sich in der Tat gegen ihn mit Philipp verbündet hatten. Außerdem nahm auch Friedrich, der Kaiser von Deutschland[470], an dem Kreuzzug teil. Er führte ein sehr großes Heer und hatte einen seiner Söhne bei sich[471] – zwei andere ließ er in Deutschland zurück –, überquerte die Donau und rückte in mehreren Tagesreisen bis nach Konstantinopel vor. Dort wurde er vom griechischen Kaiser[472] mit großer Freude empfangen. Er zog weiter in Richtung Antiochia, während der griechische Kaiser ihn von Händlern begleiten ließ, die vor und hinter ihm gingen und Lebensmittel zu günstigen Preisen mit sich führten. Doch die Deutschen vergaßen die Gunst und Höflichkeiten dieser Händler und plünderten und stahlen ihre Waren, als sie im Heer ankamen. Aus diesem Grund brachten die Händler keine Lebensmittel mehr, und die Deutschen verbrachten gut drei Wochen, ohne etwas zum Essen zu finden, und sie erlitten eine solche Hungersnot, dass mehrere daran starben. Und um ihr Elend noch zu steigern, geschah es, als sie sich in Armenien an einem Fluss niedergelassen hatten, dass Kaiser Friedrich dort badete und ertrank, bevor man ihn aus dem Wasser ziehen konnte.[473] Er hatte sechsunddreißig Jahre über das Reich regiert. Seine Barone und Ritter begruben ihn nach ihrem Brauch und erhoben seinen ältesten Sohn mit Namen Heinrich, der bei ihnen war, zum Kaiser.[474] Dieser setzte sich an die Spitze des Heeres und führte sie in die Stadt und das Land Antiochia.[475] Sie blieben ziemlich lange dort. Doch manche sagen, dass die drei Söhne des Kaisers bei ihm gewesen seien und dass seine Untertanen den Ältesten als seinen Nachfolger gewählt hätten.

Als nun Saladin von dem Kommen der Deutschen erfuhr, und da er auch wusste, dass die Könige von Frankreich und von England ein riesiges Heer versammelten, um nach Jerusalem zu kommen, ließ er die Stadt Akkon[476] gut befestigen, die Verteidigung verstärken und mit Männern, Lebensmitteln und Geschützen ausrüsten. In der Tat war er überzeugt, dass so große Heere nicht leicht an einen anderen Ort seines Landes gelangen könnten, und er befahl, dass niemand, ob von hohem oder niederem Rang, aus dieser Stadt hinausgehe, gleich welchen Vorteil sie daraus ziehen könnten. Er gab den Befehl, dass alle Leute alle ihre Kräfte daran setzen sollten, die Stadt nur im Innern zu verteidigen. Dann ließ er auf dieselbe Weise alle an der Küste gelegenen Städte ausrüsten, und mit seinem Heer machte er sich auf, die Stadt Tripolis zu belagern. Um ihr zu Hilfe zu kommen, schickte

der Markgraf die Galeeren, die König Wilhelm von Sizilien nach Outremer gesandt hatte. Der grüne Ritter begleitete diese Galeeren, und nachdem er sich in der Stadt Tripolis ein wenig aufgehalten hatte, kam er plötzlich mit den Männern der Besatzung heraus und griff die Türken mit solcher Furchtlosigkeit und solcher Wucht an, dass er ein Gemetzel veranstaltete. Als Saladin sah, dass seine Leute von dem grünen Ritter an verschiedenen Orten besiegt und getötet worden waren, ließ er ihn bitten, mit freiem Geleit zu ihm zu kommen.[476] Der grüne Ritter kam der Bitte nach, und Saladin empfing ihn freundlich und bot ihm große Reichtümer an, wenn er in seinen Dienst treten wollte. Aber der grüne Ritter antwortete ihm, dass er in diese Gebiete gekommen sei, um den Türken Schaden zuzufügen, und zog mit der Wertschätzung und Bewunderung Saladins wieder ab. Dieser erkannte die Tapferkeit der Besatzung von Tripolis und das edle Verhalten des grünen Ritters an, hob die Belagerung auf und schickte sich an, die Stadt Tortosa zu belagern. Dort bat die Königin von Jerusalem ihn, sein Versprechen zu halten und ihren Gatten zusammen mit neun Rittern aus der Gefangenschaft zu befreien. Er ließ sie aus Damaskus holen, ließ sie schwören, niemals die Waffen gegen ihn zu richten, und ließ sie frei. Dann gab er dem alten Markgrafen[477] seine Freiheit wieder und schickte ihn zu seinem Sohn[478] zurück, der zweimal die Stadt Tyros gegen ihn, Saladin, verteidigt hatte. Als König Guido sich einige Zeit in der Stadt Tripolis aufgehalten hatte, zog er mit der Königin, seiner Frau, von dannen, um sich in der Stadt Tyros niederzulassen. Doch der Markgraf ließ ihm die Tore verschließen und ihm, als er sich am Eingang zeigte, entgegnen, dass er niemals hineinkommen werde und dass die Stadt ihm gehöre. König Guido war darüber zutiefst bestürzt. Während er verheimlichte, was er dachte, machte er sich daran, die Stadt Akkon zu belagern, damit die Könige von Frankreich und England schnellstens von dieser Seite her kämen. Er ließ die Ritter von König Wilhelm von Sizilien wissen, dass sie zu ihm nach Akkon kommen und ihre Flotte mitführen sollten, was sie auch sogleich taten, so wie er es befohlen hatte. Und er brach mit allen Leuten auf, die er versammeln konnte, schlug sein Lager vor der Stadt auf, ganz nah, auf einem Erdhügel und ließ rundum großes Pfahlwerk errichten.

Kapitel LXIV.
Wie König Philipp Dieudonné und König Richard das Kreuz nahmen und dem Heiligen Land zu Hilfe kamen. König Philipp Dieudonnés Testament. Wie er Frankreich verließ und in Messina ankam, und wie König Richard nach ihm ankam.

Der junge Kaiser von Deutschland[479] und seine Leute verweilten nach dem Tod von Kaiser Friedrich ziemlich lange in Antiochia. Da sie gehört hatten, dass König Guido von Jerusalem die Stadt Akkon belagert hatte[480], machten sie sich auf den Weg, um sich den Belagerern anzuschließen. Und alle Kreuzfahrer aus den verschiedenen Ländern[481] taten dasselbe. Als die Einwohner Akkons bemerkten, dass die Belagerung verstärkt wurde, baten sie Saladin um Beistand, den er ihnen umgehend gewährte. Tatsächlich wandte er sich von der Belagerung Tortosas ab, denn er sah, dass die Stadt gut genug ausgestattet war, um Widerstand leisten zu können, und zog mit seinem großen Heer in die Nähe von Akkon zum Gegenangriff auf die Christen; auf jeden christlichen Kämpfer kamen zehn Türken oder andere Sarazenen in Saladins Heer. Die Christen verteidigten sich jedoch so wacker, dass sie zwei Jahre lang die Belagerung aufrechterhielten. Dennoch hörten die Einwohner Akkons und die Leute aus Saladins Heer ihretwegen nicht auf, weiter miteinander zu verkehren, um sich mit frischen Leuten und Nahrungsmitteln zu versorgen.

Während dieser Belagerung schworen sich König Philipp Dieudonné und König Richard von England[482] gegenseitig, einander bei der Fahrt ins Heilige Land treue Freunde und Gefährten zu sein. König Richard nahm das Kreuz, um diese Pilgerfahrt zu vollenden, und viele seiner Barone, Ritter, Knappen und andere Leute unterschiedlichen Standes aus England wie aus Frankreich taten dasselbe. Danach gingen die beiden Könige weg, um ihre Reise vorzubereiten. In Anbetracht der großen Menge von Leuten, die jeder mitzunehmen beschloss, waren sie ganz sicher nicht sofort reisefertig. Was für eine Mühe und Sorge war das für sie, in weiser Voraussicht ihre Verfügungen zu treffen, damit ihnen weder Schmach noch Schaden daraus erwuchs. König Philipp wusste, dass er sein Gelübde nicht würde erfüllen können, ohne seinem Königreich für längere Zeit fernzubleiben. Er fürchtete auch, dass, wenn er im Verlauf dieser Heiligen Fahrt sterben sollte, ohne vorher geregelt zu haben, was mit seinem Vermögen und seinen Ländern geschehen sollte, seine Seele und die öffentlichen Angelegenheiten Frankreichs Schaden nehmen könnten;[483] daher traf er für alle Fälle Anordnungen und verfasste ein schriftliches Testament[484], das er mit seinem offiziellen Siegel versah und das folgenden Text enthielt:

„Philipp, von Gottes Gnaden König von Frankreich. Die Aufgabe der Könige besteht darin, auf jegliche Art auf das Wohl der Untertanen bedacht zu sein und vor dem eigenen Wohl an das Gemeinwohl zu denken. Alldieweil wir den Wunsch haben, unser Gelübde zu erfüllen und zur Pilgerfahrt aufzubrechen, um dem Heiligen Land beizustehen, wollen wir entscheiden, wie die Angelegenheiten des Königreiches behandelt werden sollen und wie das Reich nach unserer Abreise regiert werden soll. Wir beabsichtigen also, unser Testament zu machen, welches Schicksal uns auch bestimmt sein mag.

PHILIPP AUGUSTUS DIKTIERT SEINE ANORDNUNGEN, BEVOR ER INS HEILIGE LAND AUFBRICHT. ANKUNFT FRIEDRICHS V. IN AKKON

„Zusätzlich zu diesen Verfügungen forderte König Philipp die Bürger vor seiner Abreise auf, die Stadt Paris, die er so sehr liebte, ringsherum mit hohen Mauern und mit Türmen zu umgeben und zur Verteidigung der Stadt gut mit wehrhaften Toren auszustatten.“

(FOL. 209A)

Nach dem neuerlichen Fall Jerusalems rüstete die abendländische Christenheit zum Gegenschlag. Im Orient befand sich 1188 nur noch die Festung Tyros in den Händen der Franken, außerdem die Grafschaft Tripolis und das Fürstentum Antiochia. Bereits am 29. Oktober 1187 hatte Papst Gregor VIII. in der Bulle Audita tremendi zum Dritten Kreuzzug aufgerufen. Daraufhin schickte König Wilhelm II. von Sizilien im Frühjahr 1188 eine Flotte mit 50 Galeeren zur Unterstützung von Tripolis. In Frankreich, England und Deutschland kam das Unternehmen nur allmählich in Gang. Erst im Mai 1189 setzte sich Kaiser Friedrich Barbarossa mit einer überwiegend aus Deutschen bestehenden Streitmacht – es war die gewaltigste, die sich je auf den Weg ins Heilige Land gemacht hatte – in Bewegung. In der verzierten Initiale L am Kapitelanfang ist der deutsche Kaiser porträtiert. Im unteren Register zeigt Jean Colombe Friedrichs Ankunft im Feldlager Guidos von Lusignan vor den Mauern von Akkon, das von diesem bereits seit über einem Jahr belagert wurde. Das Hauptbild stellt Philipp Augustus dar, der vor seinem Aufbruch eine königliche Anordnung abfasst, um die Regentschaft in Frankreich während seiner Abwesenheit zu regeln. Die Szene spielt sich 1190 im königlichen Palast in Paris ab. Der König sitzt im Beisein seines Rats auf dem Thron und diktiert einem vor ihm sitzenden Schreiber seine Wünsche. Seine Mutter Adele von Champagne und sein Onkel Wilhelm von Blois, Erzbischof von Reims, sind bei dem Akt anwesend. Ihnen obliegt die Regentschaft des Königreiches, denn der Sohn des Königs ist dafür noch zu jung. Das Kind sitzt in der ersten Reihe der Versammlung zwischen dem König und dessen Mutter.

Et le xme empereur
dalemaigne et ses
gens apans seiour
ne en anthioche
yrant temps apres
la mort de lempereur frederie
oyans dire comment le Roy
guy de Jhrlm auoit assiege la
Cite dacre se misrent a che
min et sen alerent Joindre

en leur siege auec eulx et si
faisoient tous les pelerins
croisez qui la venoient de di
uers pars. Pour quoy ceulx
dacre seans le siege croiser
et enforcer deuant eulx man
derent a saladin quil les se
courust Et Il ne tarda que
res car Il auoit laisse le sie
ge de tortouse tant quelle

569

Wir beginnen mit dem Anfang. Unsere Vögte sollen in jedem Amtsbezirk vier kluge und rechtschaffene Männer mit gutem Leumund ernennen, und die Angelegenheiten der Stadt sollen nie ohne ihre Meinung oder zumindest die Meinung von zweien von ihnen verhandelt werden. Aus dieser Regelung nehmen wir jedoch die Stadt Paris aus, für die wir sechs kluge und rechtschaffene Männer bestimmen. Des Weiteren befehlen wir, dass dort, wo wir unsere Vögte in Vogteien mit besonderen Namen eingesetzt haben, jeder dieser Vögte in seiner eigenen Vogtei einen Tag festlegt, der Gerichtstag heißen soll und an dem alle, welche Klagen vorzubringen haben, kommen können und an dem ihnen vom Vogt des Ortes unmittelbar ihr Recht verschafft werden soll. Wir wollen allerdings, dass die Rechtsentscheidungen, die uns obliegen, schriftlich festgehalten werden.

Des Weiteren wünschen und befehlen wir, dass unsere liebe Mutter[485] und Unser Onkel Wilhelm, der Erzbischof von Reims,[486] in Paris alle vier Monate einen Tag bestimmen, an dem die Beschwerden und Klagen unserer Untertanen angehört und zur Ehre Unseres Herrn und zum Nutzen des Königreichs Frankreich erledigt werden sollen. Und wir befehlen, dass die Vögte, die in den Städten unseres Königreiches Gericht halten, an diesem Tag alle dabei sind und alle Angelegenheiten in ihrer Gegenwart vorgebracht werden.

Des Weiteren befehlen Wir, dass unsere Mutter und der Erzbischof jährlich die Klagen anhören und zur Kenntnis nehmen, die über Unsere Vögte vorgebracht werden. Wenn einer von ihnen sich etwas zuschulden kommen lassen sollte – außer in vier Fällen: bei Mord, Diebstahl, Totschlag oder Verrat –, soll man uns dreimal pro Jahr per Brief kundtun, welcher Vogt sich eines bestimmten Vergehens schuldig gemacht hat und worin es besteht. Und wenn es vorkommt, dass er eine Pacht erhebt, eine Spende oder eine Gefälligkeit annimmt, soll man uns sagen, worum es sich handelt, von wem er es annimmt und wofür, damit sie nicht ihren Anspruch verlieren noch wir den unseren. Und die Vögte sollen uns über die Vergehen der Schultheißen in Kenntnis setzen.

Des Weiteren wünschen wir, dass unsere liebe Mutter und der Erzbischof unsere Vögte nicht ihres Amtes entheben können, außer im Fall von Totschlag, Mord, Diebstahl und Verrat, und dass die Vögte ebenso wenig die Schultheißen absetzen können außer in diesen vier Fällen. Denn sobald unsere Mutter und der Erzbischof uns über solche tatsächlichen Vergehen in Kenntnis gesetzt haben werden, haben wir die Absicht, mit der Hilfe Gottes derart Rache zu üben, dass ihre Nachfolger abgeschreckt sind. Und wir wünschen, dass die Königin und der Erzbischof uns dreimal im Jahr über die Angelegenheiten und den Zustand des Königreichs unterrichten. Wenn es dann geschehen sollte, dass manche Kirchen, Kathedralen oder einige königliche Abteien ohne Oberhaupt und ohne Hirten sein sollten, wollen wir, dass die Chorherren und Mönche der Kirchen, die in dieser Lage sein sollten, die Königin und den Erzbischof aufsuchen und die Erlaubnis einholen, zur Wahl zu schreiten, ganz so, als ob wir anwesend wären. Und dieses Recht soll ihnen widerspruchslos gewährt werden.

Wir empfehlen den Chorherren und Mönchen, dass sie nach Möglichkeit eine Person wählen, die der Kirche und dem Königreich von Nutzen ist. Die Königin und der Erzbischof sollen das Hoheitsrecht in der Hand behalten bis zu dem Zeitpunkt, an dem die gewählte Person geweiht wird, und von da an soll dieses Recht ihr widerspruchslos gewährt werden.

Wenn eine Pfründe oder ein anderer Gewinn fällig wird, während das Hoheitsrecht in unserer Hand liegt, wünschen wir, dass die Königin und der Erzbischof diese Pfründe oder diesen Gewinn ehrlichen und gebildeten Leuten übergeben und in diesem Fall den Empfehlungen von Bruder Bernhard nach dem Willen Gottes folgen, so gut sie können, jedoch nicht, wenn es sich um Spenden handelt, die wir an einige gemacht haben, sofern sie dies mit einem zuvor von unserer Hand geschriebenen Dokument beweisen können.

Wir befehlen allen unseren Prälaten und allen unseren Dienern, während der Zeit, die wir beim Dienst an unserem Herrn verbringen, weder Gebühren noch Steuern zu erheben. Wenn es Gott gefallen sollte, dass wir dabei den Tod finden, verbieten wir allen Männern unseres Königreichs, Klerikern wie Laien, ausdrücklich, Gebühren oder Steuern zu zahlen bis zu dem Zeitpunkt, an dem unser Sohn[487] – Gott schütze ihn – ein Alter erreicht haben wird, in dem er sein Königreich regieren kann. Und wenn jemand Krieg gegen ihn führen sollte und ihm seine Einkünfte nicht ausreichen, dann sollen ihm alle Untertanen helfen, indem sie ihm ihre Person und ihren Besitz zur Verfügung stellen. Und die Kirchen sollen ihm Beistand leisten, wie sie es für uns und unsere Vorgänger zu tun pflegten.

Des Weiteren verbieten wir unseren Vögten und Schultheißen, Personen festzuhalten oder deren Hab und Gut an sich zu nehmen, sofern die Betroffenen gute Bürgen stellen und ihr Recht an unserem Hof verteidigen, außer in vier Fällen: bei Mord, Totschlag, Diebstahl oder Verrat.

Des Weiteren verfügen wir, dass alle uns zustehenden Renten und Gebühren in Geldwert in drei Zahlungen und dreimal im Jahr nach Paris gebracht werden sollen: die erste am Tag des heiligen Remigius[488], die zweite an Lichtmess und die dritte an Christi Himmelfahrt. Und dieses Geld soll unseren Bürgern von Paris und dem Marschall Peter ausgehändigt werden. Und wenn es geschehen sollte, dass einer Unserer Bürger, welche dazu bestimmt sind, diese Zahlungen entgegenzunehmen, stirbt, soll Wilhelm von Garlande[489] an seiner Stelle einen anderen bestimmen, der dieses Amt ausübt. Unser Schreiber Adam wird zugegen sein, um die Einnahmen unseres Schatzes in Empfang zu nehmen, und schriftlich darüber Rechenschaft ablegen, und dies wird beim Schatz des Tempels aufbewahrt. Und jeder von ihnen soll einen Schlüssel dafür bekommen, der Tempel einen weiteren. Und man soll uns Geld schicken, so oft wir es per Brief verlangen. Falls Gottes

Wille an uns geschieht, wollen wir, dass die Königin, der Erzbischof von Reims, der Bischof von Paris, der Abt von Sankt Victor, der Abt von Cernay und Bruder Bernhard unseren Schatz in zwei Hälften teilen. Sie sollen eine der beiden nach ihrem Willen verwenden, um die Kirchen wiederaufzubauen, die während der von uns geführten Kriege zerstört wurden, so dass der Dienst an Unserem Herrn dort wieder gefeiert werden kann. Und von dieser Hälfte sollen sie auch einen Teil des Geldes nehmen und an diejenigen verteilen, die aufgrund unserer Steuern verarmt sind; was von dieser Hälfte noch übrig bleibt, das sollen sie geben, wem sie wollen, wo sie meinen, dass dieses Geld am besten verwendet wird für das Heil unserer Seele, der Seele König Ludwigs, Unseres Vaters, und Unserer Vorgänger.

Die andere Hälfte, so befehlen wir allen, die unseren Schatz bewahren, und unseren Bürgern von Paris, soll für den Bedarf unseres Königreichs und unseres Sohnes Ludwig aufbewahrt werden, bis er das Alter erreicht hat, in dem er selbst mit der Hilfe Gottes sein Reich regieren kann. Und wenn es geschieht, dass wir sterben und unser Sohn ebenfalls, verfügen wir, dass alle unsere Güter für den Dienst an Gott und das Heil unserer Seele und der unseres Sohnes verwendet werden, unter der Aufsicht und nach dem Gutdünken der sechs Personen, die wir zuvor genannt haben.

Wir ordnen an, dass, sobald unser Tod bestätigt sein wird, unsere Güter in das Haus des Bischofs von Paris gebracht werden sollen, damit sie dort sicher aufbewahrt werden bis zu dem Zeitpunkt, an dem ausgeführt wird, was wir verfügt haben.

Des Weiteren befehlen wir der Königin und dem Erzbischof, alle herrenlosen Lehen, die sie auf ehrliche Weise behalten können und sollen, in ihrer Hand zu behalten, ebenso diejenigen, die unsere Abtei, die Dechanten und die anderen Würdenträger betreffen, bis zu unserer Rückkehr vom Dienst an unserem Herrn. Diejenigen, die sie nicht behalten können, sollen sie, nach dem Willen Gottes und den Empfehlungen von Bruder Bernhard, zur Ehre Gottes und zum Besten des Reiches würdigen und geeigneten Personen geben. Damit dieses Testament gültig und anerkannt ist, ordnen wir an, dass es mit unserem Siegel und mit dem ausgeschriebenen Namen des Königreichs bestätigt wird.

Dies wurde niedergeschrieben im Jahr der Menschwerdung 1190 und im elften Jahr Unserer Regierung in Unserem Palast, in Gegenwart der Personen, deren Namen hier aufgeführt und deren Siegel hier angebracht sind: Graf Tibald von Blois[190], Kämmerer Matthäus, Marschall Rudolf zu der Zeit, als das Amt des Kanzlers vakant war."

Zusätzlich zu diesen Verfügungen forderte König Philipp die Bürger vor seiner Abreise auf, die Stadt Paris, die er so sehr liebte, ringsherum mit hohen Mauern und mit Türmen zu umgeben und zur Verteidigung der Stadt gut mit wehrhaften Toren auszustatten. Er befahl, dass alle Burgen und Festungen seines Königreichs ebenfalls gründlich

befestigt werden sollten. Nachdem König Philipp also alle Anordnungen für seine Angelegenheiten und die seines Reiches getroffen hatte, beschloss er, die Reise anzutreten. Er
begab sich andächtig zur Kirche des heiligen Dionysius, und nachdem er seine Gebete
verrichtet hatte, nahm er die Oriflamme, wie seine Vorgänger es seit langem zu tun
pflegten. Dieses Banner hatte sich für den Sieg der französischen Könige als sehr wirksam
erwiesen, denn schon viele Feinde hatten, sobald sie seiner ansichtig wurden, gar nicht
zu kämpfen gewagt und waren geflohen, während andere sich ergeben und den Königen
Frankreichs unterworfen hatten. Und nachdem er die Oriflamme einem seiner Ritter
anvertraut hatte, empfing er Schärpe und Pilgerstab aus der Hand Wilhelms, des Erzbischofs von Reims, damals Legat in Frankreich und Bruder der Mutter des Königs, und
ebenfalls aus der Hand des edlen Grafen von Champagne[491], den ich als Gründer der
Stiftskirche des heiligen Stephan in Troyes mehrfach erwähnt habe. Danach nahm er
selbst zwei Kerzen und zwei Bänder, die man auf den Leib der Märtyrer gelegt hatte und
die mit dem Kreuz gezeichnet waren, das ihm als Schutz gegen die Feinde des Kreuzes
dienen sollte. Begleitet von den Gebeten des Klosters und des Volkes und mit dem Segen
im Namen des heiligen Nagels und der heiligen Dornenkrone sowie des rechten Arms
des heiligen Simeon, verließ er die Kirche des heiligen Dionysius und machte sich mit
den Baronen auf den Weg.

König Richard begleitete ihn ebenfalls, und so kam der König von Frankreich in mehreren Tagesreisen schließlich nach Vézelay. Dort vertraute er seinen Sohn der Obhut
seiner Mutter, der Königin, und des Erzbischofs von Reims an und bat sie, zurückzureisen,
ebenso seine Barone, die nicht mit ihm an der heiligen Fahrt teilnehmen würden. Schließlich verließ er Vézelay am Mittwoch in der Oktav nach dem Johannistag[492] und kam in
Genua an. Dort ging er im Jahr Unseres Herrn 1190 in See und fuhr so schnell, dass er mit
der Gnade Gottes trotz der Stürme und Unwetter, durch die er und seine Leute schwere
Verluste erlitten, in Messina eintraf.

König Richard nahm einen anderen Weg, damit seine Leute leichter fanden, was sie
brauchten, und zog durch die Provence; dann stach er im Hafen von Marseille in See und
segelte geradewegs nach Messina, wie zuvor beschlossen. Er kam dort zugleich mit dem
König an, nachdem er vielerlei Mühsal erduldet und große Gefahren überstanden hatte.
König Tankred, der König von Sizilien war[493] und den größten Teil der Insel besaß, empfing
König Philipp sehr feierlich und führte ihn mit den größten Ehrenbezeugungen in seinen
Palast. Dort bot er ihm Lebensmittel im Überfluss an. Er wollte ihm auch viel Gold und
Silber schenken, wenn er einverstanden wäre, eine seine Töchter zu seiner Gemahlin zu
machen oder sie mit seinem Sohn Ludwig zu vermählen. Aus Liebe zu Kaiser Heinrich
von Deutschland[494] willigte der König in diesen Vorschlag nicht ein, denn er wusste, dass

König Tankred dessen Gegner war. Im Übrigen entstand damals, während sie sich in Messina befanden, ein großer Streit zwischen König Richard und König Tankred, denn König Richard verlangte das Wittum seiner Schwester.[495] Doch König Philipp versöhnte sie, und König Tankred gab König Richard vierzigtausend Unzen Goldes; König Philipp sollte für die Friedensstiftung die Hälfte davon bekommen, nahm aber nur ein Drittel davon an. Darauf schworen einige Edelmänner, König Richard werde eine der Töchter König Tankreds seinem Neffen Arthur von Bretagne zur Frau geben.

In der Stadt Messina verbrachte König Philipp das Weihnachtsfest und verteilte große Geschenke an die Fürsten, Barone und Ritter unter seinen Leuten, die wegen der Stürme und Unwetter bei der Überfahrt große Verluste erlitten hatten. Unter anderem gab er dem Herzog von Burgund tausend Goldmark, dem Grafen von Nevers und Wilhelm von Les Barres vierhundert Mark, dem Bischof von Chartres vierhundert Unzen, Matthäus von Montmorency dreihundert, Guillemin von Mello zweihundert und zahlreichen anderen, die ich nicht einzeln nenne. Zu jener Zeit, als die beiden königlichen Kreuzfahrer in Messina weilten, wurden alle Vorräte und die Verpflegung sehr teuer. Ein Sester[496] Weizen kostete vierundzwanzig angevinische Sous, ein Sester Gerste achtzehn Sous, ein Sester Wein fünfzehn Sous, ein Huhn zwölf Dinar.

Daher beschloss König Philipp, dass es die beste Lösung sei, seine Reise fortzusetzen und zu vollenden. Er schickte also seine Boten zum König und der Königin von Ungarn und bat sie um Lebensmittel für das Heer Unseres Herrn. Gleichermaßen sandte er einige seiner Ritter zum Kaiser von Konstantinopel und bat ihn, um der Liebe zu Unserem Herrn willen dem Heiligen Land zu Hilfe zu kommen; er bat ihn außerdem, wenn er und seine Leute durch sein Reich kämen, ihnen freien Durchzug zu gewähren. Er versprach ihm, dass er und seine Leute friedlich durch seine Länder ziehen würden, ohne ihm einen Schaden zuzufügen. Nachdem König Philipp diese Boten weggeschickt hatte, wandte er sich kurz darauf an König Richard und bat ihn, sein Heer zu rüsten, damit es Mitte März zum Abzug bereit wäre. Da antwortete ihm König Richard, er sei dazu nicht bereit, und er könne nicht vor Mitte August aufbrechen.

Nachdem er diese Antwort vernommen hatte, verlangte König Philipp am Ende der Beratung von ihm als seinem Lehnsmann, mit ihm über das Meer zu fahren, wie er es geschworen hatte. Und König Philipp knüpfte seine Forderung an zwei Bedingungen. Die erste lautete folgendermaßen: Wenn er mit ihm aufbrechen wollte, wozu er aufgrund seines Eides verpflichtet war, sollte er die Tochter des Königs von Navarra[497], welche seine Mutter, die Königin von England,[498] hergebracht hatte, in der Stadt Akkon heiraten. Die andere Bedingung lautete: Wenn er nicht mit ihm fahren wollte, sollte er seine, Philipps, Schwester[499] heiraten, mit der er ja verlobt war und an die er durch diese Verpflichtung

AUFBRUCH ZUM DRITTEN KREUZZUG.
EIN SCHIFF SALADINS WIRD VERSENKT

„Begleitet von den Gebeten des Klosters und des Volkes und mit dem Segen
im Namen des heiligen Nagels und der heiligen Dornenkrone sowie
des rechten Arms des heiligen Simeon, verließ er [König Philipp] die Kirche
des heiligen Dionysius und machte sich mit den Baronen auf den Weg."

(FOL. 209B)

König Philipp Augustus nahm den Seeweg und erreichte Akkon mit seiner Flotte im März 1191. Das Ereignis gibt Jean Colombe Gelegenheit, sein Geschick unter Beweis zu stellen und eine Szenerie zu gestalten, die ganz dem Meer und den Schiffen gewidmet ist. Die ästhetische Wirkung ist beachtlich: Durch das harmonische Farbspiel erscheint das Bild nahezu poetisch. Das Weiß der Segel kontrastiert mit dem Braun der bauchigen Schiffsrümpfe und den blauen, mit Ocker abgesetzten Ritterrüstungen. Vorn in der Mitte steht der König, kenntlich an der Krone und den Lilienmotiven auf seinem Mantel. Auf den Schiffen ist das Wappen des Königs von Frankreich deutlich zu erkennen. Einige Matrosen in einfacherer, bunter Kleidung sind eifrig damit beschäftigt, die Segel zu hissen. Bald darauf traf auch König Richard von England in Akkon ein, der zunächst Zypern erobert hatte. Unterwegs konnte seine Flotte noch eine sarazenische Galeere versenken, die mit Truppen und Munition auf dem Weg nach Akkon war. Diese Seeschlacht hat Jean Colombe im unteren Register dargestellt.

uant le roy phle
cognenst le diffe
rement du Roy
Richard et que le
temps dacomplir son voyage
estoit conuenable sentrn
lut et son armee en mer
et laissant le roy Richard a
meshmee fit tant quil vint
arrmer la beisle de pasqnes

deuant la cite dacre. pres
de la quelle il trouua les
xpiens doultremer qui la
uoient longuement attendus
et qui le Receurent en sou
uerame joye et menerent
dedans leur ost et ou siege
par eabz ja grant temps
mantenu combien quilz
nauoient gaurs prousste

gebunden war. Doch König Richard wollte keine der beiden Bedingungen akzeptieren. Da rief König Philipp seine Barone und Ritter zu sich, die seine Lehnsmänner waren und Lehen von König Richard besaßen. Sie hatten geschworen und versprochen, im März mit ihm über das Meer zu fahren, und er zwang sie, ihre Eide nicht zu brechen und in Bezug auf die Überfahrt zu tun, was sie geschworen hatten. Darauf antworteten Guido von Rançon und der Vizegraf von Châteaudun im Namen aller, sie seien bereit, über das Meer zu fahren, sobald man sie heißen werde, dies zu tun, und die gegenüber König Philipp abgegebenen Versprechungen einzuhalten. König Richard wurde darüber so wütend, dass er schwor, sie alle zu enterben. Das tat er dann auch, und von da an mehrten sich die Anzeichen von Groll, Feindseligkeit und Zorn zwischen den beiden Königen.

Kapitel LXV.
Wie König Philipp Dieudonné wieder in See ging und vor der Stadt Akkon ankam, die er belagerte und mit verschiedenen Kriegsmaschinen angriff. Und wie König Richard von England sich der Insel Zypern bemächtigte und vor Akkon eintraf. Die Übergabe dieser Stadt. Der Argwohn König Philipps und weshalb er nach Frankreich zurückkehrte.

Als König Philipp sah, dass König Richard seine Abfahrt verschob und der Zeitpunkt gekommen war, seine eigene Reise zu vollenden, ließ er König Richard in Messina zurück,[500] ging mit seinem Heer in See und kam einen Tag vor Ostern vor der Stadt Akkon an.[501] Dort traf er die Christen von Outremer an, die seit langem auf ihn gewartet hatten und ihn mit großer Freude empfingen. Sie führten ihn in ihr Heer und zur Belagerung, die sie nun schon lange aufrechthielten. Sie hatten sich indessen noch keinen Vorteil verschafft, weil Saladin die Stadt überaus reichlich mit Kämpfern, Lebensmitteln und Kriegsgerät bestückt hatte. Und gewiss empfingen ihn die Christen, welche die große Tapferkeit, Stärke und Macht König Philipps kannten, weinend vor Freude über sein Kommen, als ob der Engel Unseres Herrn zu ihnen herabgestiegen wäre, und hofften voller Zuversicht, dass diese Stadt bald von ihm eingenommen würde. Und sobald er vom Pferd gestiegen war, ließ er all seine Zelte aufschlagen und ein Lager so nahe an den Stadtmauern von Akkon einrichten, dass die Sarazenen, die sich in der Stadt befanden, Pfeile darauf abschießen konnten, und es geschah häufig, dass sie diese Pfeile darüber hinausschossen. Unverzüglich ließ er seine Steingeschütze und Maschinen aufstellen und ließ ununterbrochen schießen, angreifen und Wurfgeschosse gegen die Mauern schleudern, und zwar mit solcher Wucht, dass ein großer Teil davon an verschiedenen Stellen durchlöchert und aufgebrochen wurde und es unvermeidlich schien, dass die Stadt im zweiten Sturmangriff genommen würde.

Sie wollten sie jedoch weder einnehmen noch erstürmen, bevor König Richard eintraf, der immer noch erwartet wurde, denn er wollte ja nicht vor dem Monat August über das Meer fahren. Außerdem segelte er, als er von Messina aufbrach,[502] zunächst nach Zypern; dort wurde er eines Tyrannen habhaft, der sich mit Gewalt zum König und Kaiser von Zypern[503] ausgerufen hatte. Nachdem er seine Schätze geplündert und ihn seiner Reichtümer beraubt hatte, nahm er die Tochter des Königs gefangen und sperrte sie ein, dann verstärkte er die Verteidigung der festen Plätze und der Städte in seinem Namen. Danach ging er wieder in See und segelte in Richtung Akkon. Als er schon ganz in der Nähe war, begegnete ihm zufällig ein Schiff, das Saladin den Einwohnern von Akkon zu ihrer Unterstützung schickte; das versenkte er im Meer. An Bord dieses Schiffes befanden sich zahlreiche mit Griechischem Feuer gefüllte Glasflaschen, zweihundertfünfzig Armbrustschützen und viele andere Sarazenen sowie eine große Fülle von Bögen, Rüstungen und Verteidigungswaffen aller Art, die ihm dazu dienten, die Sarazenen zu töten. Und nachdem das Schiff versenkt war, lief König Richard in den Hafen von Akkon ein und schloss sich der Belagerung an, wo König Philipp und die anderen Barone waren, die ihn freudig willkommen hießen.

Während dieser Belagerung starb die Königin von Jerusalem[504], die Gemahlin König Guidos, ohne legitimen Erben. Daher ging das Königreich an ihre Schwester Isabella, die Gattin des jungen Humfried[505]. Der feige und mutlose Mann entsagte seiner Ehe mit Isabella. Der Bischof von Beauvais, der Legat des Papstes im Heer, gab sie dem jungen Markgrafen von Montferrat[506] zur Frau, der dem jungen Humfried eine große Geldsumme geboten hatte, damit dieser auf sie verzichtete. Und so heiratete der Markgraf sie und nahm sie mit in die Stadt Tyros.

Kurz nach der Ankunft König Richards ließ König Philipp diesem in seinem Wohnsitz ausrichten, er rate, die Stadt Akkon am folgenden Tag anzugreifen.[507] Richard antwortete, er sei es zufrieden und werde seine Leute dorthin schicken. Doch tags darauf, während König Philipp seine Leute zum Angriff anrücken ließ, vernahm er, dass König Richard seine Männer nicht aus ihren Unterkünften hinausließ. Er befahl deshalb seinen Leuten umzukehren. Aus diesem Grund wurde am nächsten Tag ein Rat einberufen, wo mit Zustimmung der Könige einige Ritter gewählt wurden, die über den Zeitpunkt des Angriffs entscheiden sollten. Während dieser Belagerung fielen der Seneschall, Graf Tibald von Blois, und, so viel ich weiß, der Konnetabel von Frankreich, Graf von Clermont[508], sowie Graf Philipp von Flandern.

Und um den Bericht über diese Belagerung abzuschließen: Die Einwohner Akkons taten Saladin kund, sie könnten nicht mehr lange durchhalten, was diesem missfiel. Daher sandte er Boten zu den Königen und bat sie um einen Waffenstillstand; die Könige willigten ein, und während dieser Waffenruhe wurde der Friede unter folgenden Bedingungen ausgehandelt: Die Stadt Akkon sollte den Christen übergeben werden, und Saladin sollte das Wahre Kreuz, das verloren gegangen war, als König Guido bei den Quellen von Sephoria gefangen genommen worden war,[509] zurückgeben. Außerdem sollte für jeden Sarazenen oder Türken von Akkon ein Christ freigelassen werden, und es wurde ein Tag festgelegt, an dem das geschehen sollte. So wurde Akkon den Königen im Jahr 1191 übergeben. Auf Ersuchen der christlichen Bürger, die ihr Erbe verloren hatten, als Saladin die Stadt einnahm, waren die Könige einverstanden, dass denjenigen, die anhand von Zeugen ihr gutes Recht beweisen konnten, ihre Häuser zurückerstattet wurden; die neu angekommenen Pilger jedoch sollten sie nur so lange behalten, wie sie dablieben, und nicht darüber hinaus. Weiterhin wurde beschlossen, dass König Philipp und König Richard jeweils die Hälfte der Gefangenen bekommen sollten. Als nun der Tag kam, an dem Saladin das Wahre Kreuz zurückgeben sollte, erlangte er von den beiden Königen einen zweiten, dann einen dritten Aufschub.

Unterdessen wurde König Philipp gewarnt, dass König Richard ihm nach dem Leben trachte, dass er von Saladin Zuwendungen bekomme und ihm im Gegenzug heimlich Geschenke schicke. Daraufhin ließ König Philipp drei Galeeren bereitmachen und ließ seinen Leutnant, Herzog Hugo von Burgund,[510] den Oberbefehlshaber über alle seine Leute, zurück, ebenso einen großen Schatz, um sein Gelübde zu erfüllen, fuhr über das Meer[511] und begab sich nach Rom, wo der Papst ihn von seinem Gelübde und seinen Versprechungen bezüglich der Fahrt nach Outremer entband. Von dort kehrte er nach Frankreich zurück. Er lebte noch eine ganze Weile in großer Angst und ließ sich schützen, weil es hieß, auf Betreiben König Richards seien ihm einige Assassinen[512], die ihn töten wollten, über das Meer gefolgt. Indessen erfuhr er vom Alten Mann aus den Bergen[513], zu dem er Boten schickte, dass es damit nichts auf sich hatte.

Kapitel LXVI.
Wie König Richard die Gefangenen von Akkon grausam töten ließ. Wie der Herzog von Burgund die Franzosen, die nach Jerusalem zogen, kehrtmachen ließ. Von Saladin. Und wie König Richard die Türken überraschte. Und wie König Richard, als er aus Outremer zurückkehrte, festgenommen und länger gefangen gehalten wurde. Und seine Heimkehr nach England.

König Richard von England, der nach der Abreise König Philipps in Akkon geblieben war,[514] sah, dass der Tag, an dem Saladin das Wahre Kreuz zurückgeben sollte, gekommen war; nun hatte er das aber nicht getan, obgleich König Richard und König Philipp ihm dafür mehrmals Aufschub gewährt hatten. König Richard war darüber so erzürnt, dass er mehr als fünftausend Türken und anderen Sarazenen, die seine Gefangenen waren, den Kopf abschlagen ließ, und für die anderen forderte er Lösegeld. Wenig später entstand ein großer Streit zwischen ihm und dem Herzog von Österreich[515]. König Richard ließ das Banner des Herzogs in den Schmutz werfen, woran dieser sich – zum großen Schaden und zur großen Schmach König Richards – noch lange erinnern sollte. Außerdem ließ Saladin die Mauern von Askalon niederreißen, weil er eine Belagerung durch die Christen fürchtete.

Zu jener Zeit tat man König Richard kund, dass die Türken Jerusalems die Flucht ergriffen hätten. Deshalb hielten die Christen Rat und beschlossen, ihre Schiffe mit Vorräten zu beladen und nach Jaffa zu schicken; dann rückten sie bis auf fünf Meilen an Jerusalem heran. Dort teilten sie ihre Kräfte, immer noch in der Absicht, in die Heilige Stadt zu ziehen.[516] König Richard führte die Vorhut, der Herzog von Burgund die Nachhut. Als nun König Richard des Morgens aufgebrochen war, rief der Herzog von Burgund die bedeutendsten Herren Frankreichs, die sich dort befanden, zusammen und sagte zu ihnen: „Ihr wisst, dass der König von Frankreich, unser oberster Herr, abgereist, aber die Blüte seiner Ritterschaft hiergeblieben ist. Ihr wisst auch, dass König Richard, verglichen mit uns, hier nur wenige Leute hat. Wenn wir nach Jerusalem ziehen und die Stadt einnehmen, wird es heißen, dass der König von England sie eingenommen hätte, und nicht wir; er wird den Ruhm ernten und der König von Frankreich den Tadel. Und man wird tatsächlich erzählen, dass der König von Frankreich geflohen und der König von England hiergeblieben ist, um das Heilige Land zu erobern. Deshalb müssen wir, so Ihr mir glauben wollt, wieder aufbrechen." Einige wollten trotz der Schlussfolgerung des Herzogs von Burgund weiter vorrücken. Doch letzten Endes zogen alle wieder ab. Ein Teil der Herren, die den König von England liebten, unterrichteten ihn darüber und warnten ihn davor, weiter vorzurücken, weil seine Sicherheit gefährdet sei.

Als der König von England von diesen Ereignissen vernahm, dachte er nach und kam zu dem Schluss, dass es das Beste sei, wieder umzukehren. Er begab sich nach Akkon, wohin der Herzog von Burgund bereits zurückgekehrt war; dieser erkrankte jedoch und starb einige Tage danach. Als Saladin von der Uneinigkeit der Christen und ihrem Rückzug nach Akkon erfuhr, führte er sein Heer vor die Stadt Jaffa und ließ sie angreifen. Um auf Ersuchen der Bürger der Stadt Beistand zu leisten, führte König Richard sein Heer und das der Franzosen so schnell er konnte in Tages- und Nachtreisen dorthin. Es gelang ihm jedoch nicht, rechtzeitig zu kommen, und so fand er die Türken, welche die Stadt

RICHARD LÖWENHERZ LÄSST DIE MUSLIMISCHEN GEFANGENEN HINRICHTEN.
HUGO III. VON BURGUND BEFIEHLT DEN RÜCKZUG

„König Richard machte mehrere beachtliche Eroberungen bei den Türken
und anderen Sarazenen in Outremer, und er wurde dafür so sehr geachtet
und gefürchtet, dass, wenn ein türkisches Kind weinte, seine Mutter zu ihm sagte:
‚Sei still, sonst kommt König Richard!‘ Und wenn ein Türke zu Pferde unterwegs
war und sein Reittier vor einem Gebüsch scheute, sagte er zu ihm:
‚Glaubst du etwa, dass sich der König von England dahinter versteckt?‘“

(FOL. 214A)

Nach zweijähriger Belagerung kapitulierten am 12. Juli 1191 die Einwohner Akkons – gegen den Willen Saladins. Sie erhielten die Zusicherung, frei abziehen zu können, sobald der Sultan das Wahre Kreuz herausgegeben, eine große Zahl christlicher Gefangener freigelassen und ein stattliches Lösegeld von über 200 000 Besanten gezahlt habe. Offenbar hatte Saladin Schwierigkeiten, diese Bedingungen umgehend zu erfüllen. Richard Löwenherz, der Akkon möglichst schnell verlassen und nach Jerusalem ziehen wollte und dem die Gefangenen daher eine Last waren, sah darin einen willkommenen Vorwand, sich ihrer zu entledigen. Er befahl die Hinrichtung von rund 5000 Überlebenden der Belagerung von Akkon. Diese Szene, die Jean Colombe in der oberen Miniatur festgehalten hat, umfasst bei Sébastien Mamerot nur einige Zeilen zu Beginn des 66. Kapitels. Die

Gefangenen werden barfuß im Hemd mit auf dem Rücken gefesselten Händen herbeigeschafft und von Bewaffneten zu einer Leiter geführt, über die sie auf ein Schafott klettern müssen. Dort walten zwei Scharfrichter ihres Amtes: Nachdem sie den Gefangenen die Augen verbunden haben, enthaupten sie sie mit dem Schwert. Unter dem Podest türmen sich Rümpfe und Köpfe. Die Hinrichtungen finden vor den Augen des englischen Königs statt, den man auf der Balustrade über seinem Banner mit den drei Leoparden erkennt. Das Bild des unteren Registers zeigt die Episode, als Herzog Hugo III. von Burgund, der von Philipp Augustus vor dessen Heimkehr nach Frankreich das Kommando über mehr als 10 000 Mann erhalten hatte, auf dem gemeinsamen Weg mit dem englischen Heer nach Jerusalem den Rückzug anordnet.

ichart roy dangle
terre estant de
moute en aux le
ant apres le dept
du roy phelippe le
our estre venu que salhadin
denoit kendre la ppare trow
et ne lauoit sait. Non obstat
quil euft eu de lui et du roy
phle plusieurs alongemens

pour te saire sut tant pre
quil sit trencher les testes
a plus de .b.M. turas et aut̃z
sarzazins quil tenoit prif-
mers et le de mouant des
autres mist a kaencon. Et
tost apres sesmeult grant
differsaon entre lui et le du
dosteriche. Pour quoy il sit
greter en sange ⁊ poe la ba𝑛ie

eingenommen hatten, im Begriff, die Christen in Fesseln zu schlagen und zu töten. Einmütig stürzten sich die Franzosen und die Engländer mit solcher Wucht und Kühnheit auf die Feinde, dass sie einen Teil von ihnen töteten; die anderen flohen in ihr Heer, während die Christen ihnen nachsetzten und sie verfolgten.Dann kehrten Letztere zur Burg und in die Stadt Jaffa zurück. Saladin hörte den Lärm in seinem Lager und begriff, dass König Richard seine Leute zurückgedrängt hatte. Dieser befand sich gerade zu Fuß auf einer kleinen Anhöhe, und Saladin schickte ihm ein sehr schönes Pferd. König Richard jedoch ließ einen seiner Reiter aufsteigen, der dem Tier die Sporen gab und von ihm, ob er wollte oder nicht, mitten in Saladins Heer getragen wurde, was ihn mit Scham erfüllte. Sogleich sandte Saladin König Richard ein weiteres Pferd, das dieser bestieg, um mit den anderen Christen zur Burg zu reiten.

Ein paar Tage danach zog Saladin nach Damaskus, und König Richard führte das Christenheer in die Stadt Askalon, die er aufs Beste befestigte und ausstattete. Abschließend lässt sich sagen, dass König Richard mehrere beachtliche Eroberungen bei den Türken und anderen Sarazenen in Outremer machte, und er wurde dafür so sehr geachtet und gefürchtet, dass, wenn ein türkisches Kind weinte, seine Mutter zu ihm sagte: „Sei still, sonst kommt König Richard!" Und wenn ein Türke zu Pferde unterwegs war und sein Reittier vor einem Gebüsch scheute, sagte er zu ihm: „Glaubst du etwa, dass sich der König von England dahinter versteckt?"[517]

Etwa zur selben Zeit hielt der Markgraf von Montferrat den größten Teil einer Warenlieferung, die sich auf einem Schiff der Assassinen befand, in Tyros zurück. Er wollte sie weder bezahlen noch den Händlern zurückgeben, worauf diese sich bei ihrem Herrn, dem Alten Mann aus den Bergen, beklagten. Dieser ließ dem Markgrafen ausrichten, er solle ihnen die Waren zurückgeben, sonst werde er ihn töten. Da er sie nicht zurückgab, schickte der Alte zwei seiner Männer nach Tyros. Sie lauerten dem Markgrafen auf, bis sie ihm eines Tages begegneten, als er vom Haus des Erzbischofs zurückkam und durch eine enge Gasse ging. Da reichte der eine ihm einen Brief, und während der Markgraf sich bückte, um ihn entgegenzunehmen, stach der andere ihn mit einem Dolch nieder, so dass er kurz darauf starb. So verschied der edle Markgraf von Montferrat; er hinterließ nur eine einzige Tochter. Sobald König Richard, der sich in Akkon befand, vom Tod des Markgrafen erfuhr, begab er sich an Ort und Stelle und nahm seinen Neffen, den Grafen Heinrich von Champagne, den Sohn seiner Schwester,[518] mit. Er sorgte dafür, dass Königin Isabella, die Witwe des Markgrafen, jenen Heinrich heiratete,[519] der noch einen Bruder namens Tibald[520] hatte und eine Schwester[521], welche mit dem Grafen von Flandern und Hennegau verheiratet war.

Während sich die Dinge in Syrien so zutrugen, stellte König Richard fest, dass von den Kreuzfahrern in Outremer täglich welche in ihre Heimatländer zurückkreisten, so dass nicht mehr viele übrig blieben. Daher riet er seinem Neffen, dem Grafen Heinrich, mit Saladin einen Waffenstillstand zu vereinbaren, denn er müsse nach England zurückkehren, und er werde so bald wie möglich wiederkommen und ein riesiges Heer mitbringen. So beantragte Heinrich bei Saladin eine Waffenruhe, doch dieser lehnte ab und machte zur Bedingung, dass die Städte Askalon, Gadara und Daron geschleift würden. König Richard willigte ein, denn er wollte seinen Neffen nicht ohne Waffenstillstand zurücklassen, und sagte zu ihm, er brauche keine Angst zu haben, denn er werde die Städte nach seiner Rückkehr wieder aufbauen.

Nachdem der Waffenstillstand bestätigt und die drei Festungen geschleift waren, hatte Saladin Mitleid mit den großen Baronen, die er beraubt hatte; so überließ er dem Herrn von Sidon die Hälfte der Stadt und die Stadt Safed, Balian von Ibelin eine Stadt namens Kaymon, gab dem Herrn von Kayfas ebendiese Stadt zurück und gab schließlich Jaffa dem Grafen Heinrich.[522] Also ließ König Richard seine Schiffe bereitmachen und ging in See, zusammen mit seiner Ehefrau, seiner Schwester und der Gattin des Kaisers von Zypern, der in der Gefangenschaft gestorben war, und seiner Tochter. Als sie aber auf offener See waren, erhob sich ein Sturm, der ihm und seinen Leuten großen Schaden zufügte. Der König war den Gefahren des Meeres kaum entronnen, als er neuen Fährnissen zu Land ausgesetzt war. Während er auf dem Landweg von Venedig nach Aquileia reiste, wurde er nämlich von Reitern verfolgt, und zwar auf Befehl des Herzogs, der in diesem Land regierte.[523] Er wollte sich rächen, weil der König es zugelassen hatte, dass die oben genannten Festungen hinterrücks geschleift wurden. Indessen rettete sich der König auch aus dieser Gefahr, doch acht seiner Ritter wurden dort aufgegriffen und gefangen genommen, und sechs weitere in einer anderen Stadt namens Friesach[524]. Und schließlich geriet er zum dritten Mal in Gefahr, denn der Herzog von Österreich erinnerte sich an das vom König so schändlich zu Boden geworfene Banner in Akkon. Obendrein ließ Kaiser Heinrich von Deutschland, der Sohn des in Armenien ertrunkenen Kaisers Friedrich, die Häfen, Brücken und Übergänge bewachen, um König Richard festzunehmen, und suchte ihn mit großem Eifer. Er fand den König, wie er in einem ärmlichen Gasthaus in der Nähe von Wien in Deutschland in grober Kleidung einen Bratrost drehte.[525] Der Herzog von Österreich übergab ihn dem Kaiser, der beschloss, ihn anderthalb Jahre lang an einem äußerst geheimen Ort gefangen zu halten, und zweihunderttausend Silbermark Lösegeld für ihn erhielt.[526]

Nach all diesen schlimmen Abenteuern kehrte König Richard nach England zurück, wo er im ganzen Königreich mit der größten Freude empfangen wurde. Und Graf Heinrich von Champagne, welcher der Sohn des seligen Grafen Heinrich I. von Champagne war, des von uns bereits erwähnten Gründers der Stiftskirche des heiligen Stephan in Troyes, zog es vor, dem Beispiel seines guten Vaters zu folgen, der dem Heiligen Land zweimal zu

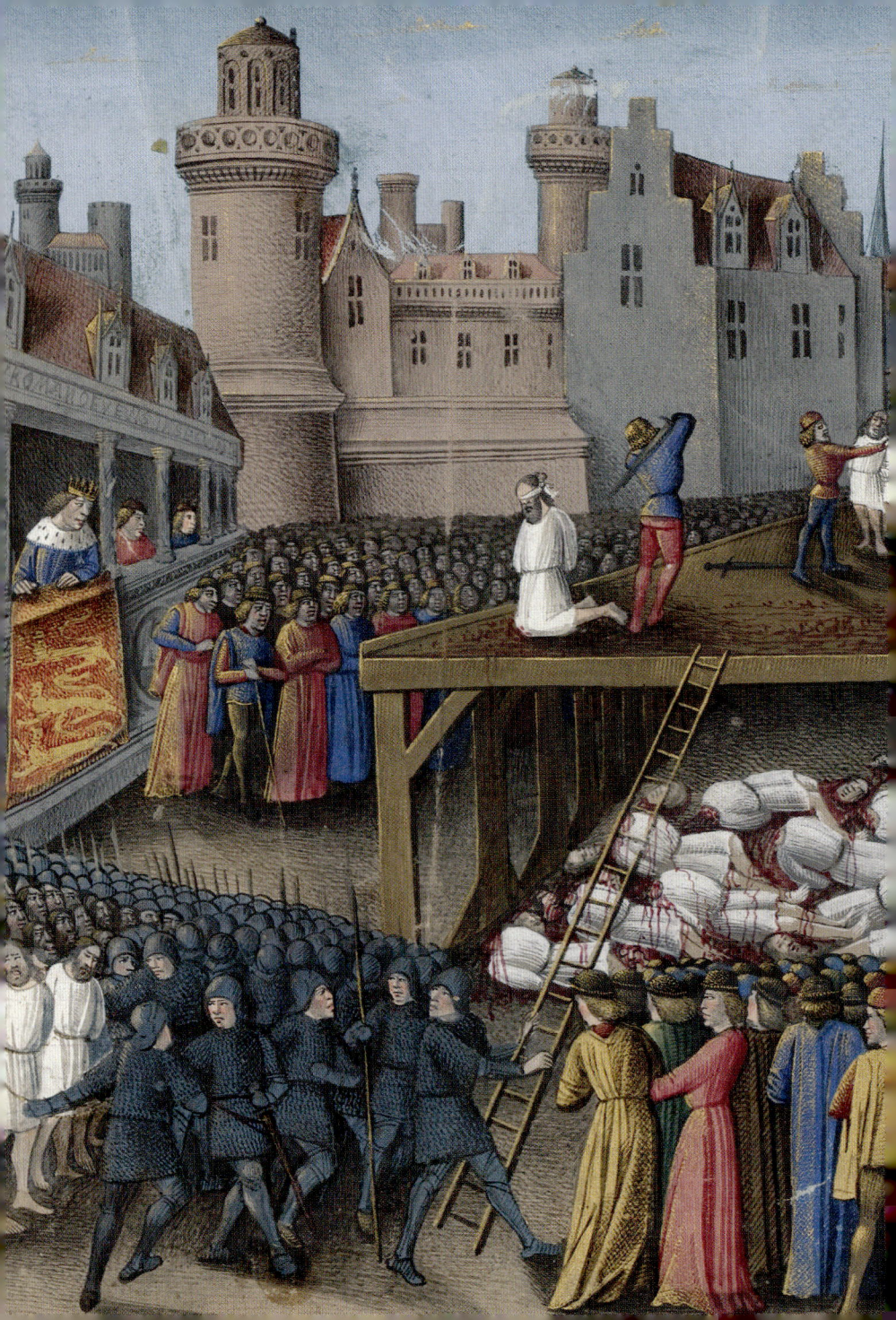

Hilfe gekommen war. Er blieb dort, brachte Leib und Leben in Gefahr, ertrug Armut und Unglück aus Liebe zu Unserem Herrn, besuchte das Heilige Grab und erfüllte sein Gelübde und seine Versprechen, anstatt in seine großen Besitzungen in Frankreich zurückzukehren, wo er auf sehr angenehme Weise hätte leben können.

Als der Meister der Templer und alle Barone Frankreichs sowie die in Outremer das Verhalten des Grafen sahen, verheirateten sie ihn mit der Tochter des oben erwähnten Königs von Jerusalem, die die Witwe des Markgrafen von Montferrat war.[527] Dann krönten sie ihn zum König von Jerusalem, priesen Unseren Herrn Gott Jesus Christus und dankten ihm dafür, dass er ihnen ein Oberhaupt und einen Verteidiger mit einem so guten Ruf gesandt hatte. Und mit dem Beginn der Regierungszeit dieses Königs von Jerusalem, des Grafen Heinrich von Champagne, beende ich meinen Bericht über die Pilgerfahrt der Könige Philipp von Frankreich und Richard von England ins Heilige Land mit dem Lobpreis Unseres Herrn Gott Jesus Christus. Amen.

Kapitel LXVII.
Kurz gefasst, einige von Kaiser Heinrich veranlasste Reisen nach Outremer und sein Tod. Der in Frankreich geplante Kreuzzug, dessen erster Anführer Graf Tibald von Champagne war. Sein Tod, die Fortführung des Kreuzzuges und die Fahrt nach Outremer.

Zu jener Zeit schickte Kaiser Heinrich von Deutschland, der Sohn des in Armenien ertrunkenen Kaisers,[528] seinen Kanzler mit viertausend Reitern, einer großen Anzahl Fußkämpfern und einer großen Summe Geldes ins Land von Outremer, um Jerusalem beizustehen und es zurückzuerobern. Damals starb der König von Ungarn, ohne einen Erben zu hinterlassen, und seine Gemahlin, die Königin, welche die Schwester König Philipps und König Richards war, verkaufte ihr Wittum und nahm an der Überfahrt der Deutschen nach Outremer teil.[529] Sie führte all ihre Besitztümer mit sich, denn sie wollte ihr Leben im Heiligen Land beschließen. Doch bereits acht Tage nach ihrer Ankunft in Tyros starb sie. Ihr ganzer Schatz ging an ihren Neffen Heinrich, den König von Jerusalem und Grafen von Champagne, der sie feierlich empfangen hatte und mit allen Ehren bestatten ließ.

Zu jener Zeit starb auch der große und mächtige König Saladin[530] und hinterließ zweiundzwanzig Söhne. Dem ältesten gab er die Reiche von Damaskus und Jerusalem, dem zweiten Ägypten und dem dritten Aleppo; den anderen vermachte er mehrere weitere Länder, die er erobert hatte, allerdings war keiner seiner Söhne lange im Besitz einer dieser

Eroberungen. Indessen wollte der Älteste[531] vom Beginn seiner Regierung an Krieg gegen die Christen führen und Jaffa belagern; König Heinrich von Jerusalem führte die Deutschen und andere Ritter gegen ihn. Doch sobald er in Haifa[532] angekommen war, wo er eine Nacht verbringen wollte, während die Deutschen ihm nach Jaffa vorauszogen, stürzte er beim Händewaschen aus dem Fenster einer Burg. Der Knappe, der sein Handtuch hielt, sprang ihm hinterher, aus Angst, man könnte ihn für den Tod des Königs verantwortlich machen. Letzterer wurde tot aufgefunden, der Knappe mit gebrochenem Bein. Schließlich wurde der König im Jahr 1195[533] in der Kirche des Heiligen Kreuzes unter Tränen beigesetzt; er hinterließ zwei Töchter, die ihm seine Gemahlin, die Königin, geboren hatte. Aufgrund des Todes von König Heinrich kehrten die Deutschen nach Hause zurück, und so bemächtigte sich Saladins Sohn der Stadt Jaffa und stattete sie bestens mit Verteidigungsanlagen aus.

Im Jahr 1197 starb Kaiser Heinrich von Deutschland, der das Land sieben Jahre lang regiert hatte. Die Kaiserin hatte, wie sie sagte, von ihm einen Sohn namens Friedrich bekommen, doch sie war bereits so alt, dass man ihr nicht glaubte. Noch auf dem Totenbett beteuerte sie, Friedrich sei ihr und Kaiser Heinrichs gemeinsamer Sohn. Als dieser noch ein kleines Kind war, krönten ihn die Barone von Sizilien in der Stadt Messina zum König.[534]

Etwa zur selben Zeit nahmen auch in Frankreich mehrere Ritter das Kreuz:[535] Graf Tibald von Champagne, Graf Ludwig von Blois und Chartres, Nivelon, Bischof von Soissons, Graf Simon von Montfort, Reinhold von Montmirail, Matthäus von Montmorency, der Burgherr von Coucy, Enguerran von Boves, Graf Balduin von Flandern und von Hennegau, seine Gemahlin, die Gräfin, der Graf von Saint-Pol, der Graf von Le Perche und noch mehrere weitere große und mächtige Grafen, Barone, Ritter und Knappen, die mit unzähligen weiteren Leuten aus ihren jeweiligen Ländern kamen. Die Grafen von Champagne, Flandern und Blois schickten einige ihrer Ritter nach Venedig; diese erreichten, dass der Doge[536] und die Venezianer die Pilger zu einem bestimmten Preis befördern würden. Außerdem sollte der Doge von Venedig bewaffnete und von den Venezianern bezahlte Galeeren zur Verfügung stellen, unter der Bedingung, dass Letztere im Gegenzug die Hälfte der Städte, Burgen und Gebiete, die das ganze Heer erobern würde, bekämen.

Doch leider Gottes – welch ein Jammer! – ereilte den guten Grafen Tibald von Champagne vor seiner Abreise eine tödliche Krankheit.[537] Er hinterließ seine Gemahlin, die Gräfin, die mit einem Sohn, der Tibald[538] heißen sollte, schwanger war, und eine Tochter. Und weil der Graf verfügt hatte, dass der Lohn für die Ritter, die von ihm ausgewählt worden waren, um nach Outremer zu fahren, aus seinem eigenen Vermögen gezahlt werden sollte, unter der Bedingung, dass sie, sobald sie bezahlt wurden, schworen, mit der Flotte der Venezianer aufzubrechen, gingen Matthäus von Montmorency und die anderen, die er zu seinen Testamentsvollstreckern bestimmt hatte, zum Herzog von Burgund, dann zu Graf Balduin von Bar; sie boten ihnen nacheinander den Schatz sowie die Ehre an, der Anführer der Männer des seligen Grafen zu sein. Doch da die Genannten weder die Ehre noch die Aufgabe annehmen wollten, bestellten sie den Markgrafen von Montferrat[539] in die Stadt Soissons ein. Dieser war ein überaus edler Fürst. Im Garten des Nonnenklosters, das in dieser Stadt zu Ehren Unserer Lieben Frau gegründet worden war, nahm er diese Aufgabe an.

Des Weiteren starb der Graf von Le Perche. Er hatte Anordnungen hinterlassen, seinen Schatz sowie seine Leute seinem Bruder Stephan anzuvertrauen, damit er sie über das Meer führte. Um nun diesen Bericht abzuschließen: Graf Balduin von Flandern und die anderen Fürsten und Barone[540] kamen in Venedig an, doch es entstand eine Auseinandersetzung zwischen ihnen und den Venezianern, weil nicht alle Pilger genug Geld hatten, um ihre Reise zu bezahlen. Indessen wirkte der Doge von Venedig, der trotz seines hohen Alters ebenfalls das Kreuz nahm, darauf hin, dass die Venezianer einverstanden waren, den Pilgern das noch fehlende Geld zu stunden, bis sie die Summe im Laufe der Reise eingenommen hätten. So fuhren sie zur selben Zeit nach Outremer wie mehrere Bischöfe und hohe Herren aus Deutschland. Sie trafen alle am Vorabend des Martinstages des Jahres 1203[541] vor der Stadt Zara ein und nahmen sofort den Hafen in Besitz, so dass die erschrockenen Einwohner dem Dogen von Venedig meldeten, sie ergäben sich, wenn man sie am Leben lasse. Dieser wollte das Angebot nicht annehmen, ohne die Fürsten um Rat zu fragen; daher suchte er sie auf und unterrichtete sie von dem Ersuchen der Einwohner Zaras. Doch während er bei ihnen war, sagten einige Pilger zu den Einwohnern, sie bräuchten sich nicht zu ergeben. Zudem kam ein Abt vom Orden der Zisterzienser, der als Legat des Papstes den Pilgern bei Strafe des Kirchenbanns untersagte, die Stadt anzugreifen. Trotz dieses Verbots[542] wollten die Barone die Versprechungen einhalten, die sie den Venezianern gegeben hatten, und nachdem sie die Stadt fünf Tage lang bestürmt hatten, nahmen sie sie schließlich ein. In ebendieser Stadt erhob sich eine große Schlägerei zwischen den Franzosen und den Venezianern, die der Doge von Venedig schlichtete; allerdings war dabei ein sehr tapferer Ritter namens Gilles von Landas getötet worden.

Kapitel LXVIII.

Wie die Kreuzfahrer auf ihre ursprüngliche Absicht verzichteten und im Reich von Konstantinopel Kaiser Kirsacs Sohn wieder einsetzen wollten. Und wie nach mehreren großen Schlachten Graf Balduin von Flandern Kaiser von Konstantinopel wurde und wie sein Bruder ihm nachfolgte.

FLOTTE DER KREUZFAHRER VOR KONSTANTINOPEL

„Damit man nicht glaubt, ich ließe die Eroberung Konstantinopels
durch die Franzosen beiseite, sei es aus Missgunst oder aus Verdruss oder auch,
weil ich die Geschichte von Outremer nicht genügend untersucht hätte,
werde ich sie, aber nur sehr kurz, zwischen die anderen Kreuzzüge einschieben,
zu denen sie eigentlich nicht gehört, weil sie sich zwischen Christen ereignete.“

(FOL. 217A–217B)

Zwar hatten die Kreuzfahrer im Zuge des Dritten Kreuzzuges demonstriert, dass sie durchaus in der Lage waren, Saladins Eroberungswünsche im Zaum zu halten, gleichwohl war das Ergebnis enttäuschend, und es setzte sich der Gedanke an einen vierten Zug durch. Im Jahr 1198 ließ Papst Innozenz III. Emissäre im ganzen Abendland ausschwärmen, damit diese den Kreuzzug predigten. Trotz gewisser Vorbehalte hat sich Sébastien Mamerot entschlossen, über die Eroberung Konstantinopels durch die Franzosen und die Venezianer kurz zu berichten. Anfangs sollte Ägypten das Ziel der Fahrt sein, doch die Venezianer stellten den Kreuzfahrern die notwendige Flotte nur gegen das Versprechen zur Verfügung, dass diese ihnen bei der Eroberung der Stadt Zara halfen und danach den gestürzten Kaiser Isaak II. und seinen Sohn Alexios IV. Angelos wieder auf dem Thron von Konstantinopel einsetzten. Das obere Register zeigt die Ankunft der mit Kreuzfahrern, Pferden und Waffen schwer beladenen Galeeren vor Konstantinopel; am Ufer ist das Zeltlager des Usurpators Alexios III. Angelos zu erkennen.

Damit man nicht glaubt, ich ließe die Eroberung Konstantinopels durch die Franzosen beiseite, sei es aus Missgunst oder aus Verdruss oder auch, weil ich die Geschichte von Outremer nicht genügend untersucht hätte, werde ich sie, aber nur sehr kurz, zwischen die anderen Kreuzzüge einschieben, zu denen sie eigentlich nicht gehört, weil sie sich zwischen Christen ereignete.

In der Stadt Zara, von der ich im letzten Kapitel sprach, trafen Matthäus von Montmorency und mehrere andere französische Herren und Pilger ein. Und Alexios, der Sohn Kirsacs, des früheren Kaisers von Konstantinopel,[543] der sich lange in Ungarn bei seinem Onkel aufgehalten hatte, suchte sie in ebendieser Stadt auf. Er versprach den Pilgern[544], wenn es ihnen gelänge, ihn im Reich seines Vaters auf den Kaiserthron zu setzen, werde er die Stadt der Herrschaft Roms unterstellen und ihnen für ihre Überfahrt zweitausend[545] Silbermark geben; die Pilger erklärten sich damit einverstanden und versprachen, zu tun, was er verlangte. Er kehrte also nach Ungarn zurück, um sich bis zu einem festgesetzten Tag Leute und Geld zu verschaffen. Unterdessen sandten die Fürsten Bischof Nivelon von Soissons und mehrere andere zum Papst, um den von seinem Legaten verhängten Kirchenbann aufheben zu lassen. Der Papst gewährte ihnen die Absolution und ernannte Bischof Nivelon zu seinem Legaten, der mit ihnen aufbrechen sollte.

Nachdem nun die Pilger die Mauern von Zara niedergerissen hatten, gingen sie wieder in See und landeten in Korfu in Romania. Dort wollten die meisten der niedrigeren Ritter des Heers ihre Reise abbrechen und heimkehren. Doch die bedeutendsten Barone suchten sie in ihrer Versammlung auf, flehten sie demütig auf Knien an, zu bleiben, und wollten nicht eher aufstehen, als bis sie zu ihrer ursprünglichen Absicht zurückgekehrt wären.

Als schließlich alles geregelt war, setzten die Pilger die Seefahrt fort. Sie verließen den Hafen von Korfu am Tag vor Pfingsten im Jahr 1204[546]. Als Alexios, der Sohn Kirsacs, und die Pilger sich in Abydos[547] vereinigt hatten, beschlossen sie, durch den Arm des heiligen Georg bis nach Konstantinopel zu segeln; sie ankerten vor der Festung von Chalkedon und blieben dort einen Tag lang, wobei sie reichlich Beute machten. Von dort aus fuhren sie den Arm hinab bis zum Scutari-Palast.

Kaiser Alexios[548], der in Konstantinopel den Thron an sich gerissen hatte, zog mit einem großen Heer aus der Stadt hinaus und ließ sich mit seinem Zeltlager auf der anderen Seite des Flusses nieder, um die Gegner am Vorrücken zu hindern. Sie standen einander so neun Tage lang gegenüber; während dieser Zeit machten einige französische Ritter einen Streifzug in die Umgebung und kehrten mit reicher Beute zum Heer zurück. Nach Ablauf dieser neun Tage schickte Kaiser Alexios seine Boten zu den Pilgern, um ihnen seine Verwunderung kundzutun angesichts der Verwüstungen, die sie in seinem Land anrichteten, und bot ihnen Vorräte und Geld an. Sie antworteten den Boten jedoch, daran seien sie nicht interessiert, und sie bräuchten nicht wiederzukommen, solange ihr Herr nicht einwilligte, einen großen Teil seines Landes seinem Neffen, dem jungen Alexios[549], zu überlassen.

Etwas später führten die Barone den jungen Alexios auf einer Galeere bis zu den Stadtmauern von Konstantinopel, während seine Begleiter laut riefen: „Ihr Herren, das ist Euer Herrscher!" Doch keiner der Einwohner wagte es, ihm seinen Gruß zu entbieten. Also stellten die Barone sechs Abteilungen auf: Graf Balduin von Flandern führte die erste, sein Bruder Heinrich die zweite, der Graf von Saint-Pol die dritte, der Graf von Blois die vierte, Matthäus von Montmorency die fünfte und der Markgraf von Montferrat die sechste. Tags darauf zogen sie ins Feld, um gegen die Griechen zu kämpfen, doch jene wagten sie nicht abzuwarten und flohen nach Konstantinopel. Die Pilger besetzten die Zelte, die der Kaiser zurückgelassen hatte, und zogen von da aus vor den Galataturm, den sie in ihren Besitz brachten. Tatsächlich kamen diejenigen, die den Turm verteidigten, heraus und stürmten auf das Heer los, was sie jedoch umgehend büßen mussten, denn sie wurden alle getötet oder gefangen genommen, während die Burg, der Hafen und der Turm von ihren Feinden erobert wurden. Kurz, als Kaiser Alexios erkannte, dass die Pilger sich alle festen Plätze in der Umgebung zu eigen machten, verschwand er des Nachts mit seinem Schatz aus der Stadt.

Als die Bürger das erfuhren, gingen sie zu dem geblendeten Kaiser Kirsac und führten ihn, bekleidet mit den kaiserlichen Gewändern, in den Blachernen-Palast; von dort riefen sie seinen Sohn, den jungen Alexios, dazu, damit er mit ihm redete. Da die Barone jedoch einen Verrat fürchteten, sandten sie Matthäus von Montmorency und Gottfried von Villehardouin zu ihm, die erreichten, dass Kirsac schwor, die Vereinbarungen einzuhalten, die sein Sohn getroffen hatte; jener übergab den Botschaftern versiegelte Urkunden. Die Fürsten und die Barone brachten seinen Sohn nach Konstantinopel und ließen ihn zum Kaiser krönen; darüber hinaus gaben sie ihm einen Teil ihrer Leute. Mit deren Hilfe gelangte er aus der Stadt hinaus und eroberte einen sehr großen Teil des Reichs zurück, ohne auf Widerstand zu stoßen. Als er zurück in Konstantinopel war, wurde er von solchem Hochmut ergriffen, dass er sich nicht mehr um die Pilger scherte und ihnen den Betrag, den er ihnen noch schuldete, nicht mehr auszahlen wollte. Daher ließen sie ihm von ihrem Heerlager aus bestellen, wenn er sie nicht bezahlen würde, wie er es versprochen hatte, würden sie ihm mit gleicher Münze heimzahlen.

So begannen die Feindseligkeiten zwischen ihnen, während zur selben Zeit ein Grieche namens Murtzuphlos einen Aufstand vorbereitete.[550] Er brachte den jungen Kaiser[551] in seine Gewalt und setzte ihn gefangen; als Kirsac diese Neuigkeit vernahm, starb er vor Schmerz. Darauf ließ Murtzuphlos den jungen Kaiser in seinem Kerker erwürgen, gab vor, er sei eines natürlichen Todes gestorben, und ließ sich zum Kaiser ausrufen.[552]

Sein Verbrechen blieb den Lateinern und den Griechen jedoch nicht verborgen. Die Prälaten und Barone unter den Pilgern waren der Meinung, es sei ihr gutes Recht, das Byzantinische Reich von dem Tyrannen zu befreien. Und der Legat des Papstes gewährte allen, die dabei helfen würden, den Tyrannen zu verjagen und Griechenland unter die Oberhoheit Roms zurückzuführen, vollständige Vergebung ihrer Sünden. Schließlich verhandelten und beschlossen die Franzosen und die Venezianer untereinander, wenn sie die Stadt in ihren Besitz brächten, würden sie sich die Beute gerecht teilen, und jeweils sechs Venezianer und sechs Pilger sollten untereinander jemanden wählen, der ihnen am besten als Kaiser geeignet schien.[553] Dieser sollte ein Viertel von allem erhalten, was sie sowohl innerhalb als auch außerhalb der Stadt einnähmen, sowie die beiden Paläste, den Blachernen- und den Bukoleon-Palast; vom Rest sollten die Pilger die eine und die Venezianer die andere Hälfte bekommen. Dann sollten zwölf Venezianer und zwölf Angehörige des Heeres bestimmt werden, um die Lehen und die Einkünfte zu verteilen und um festzulegen, welchen Dienst jeder dem Kaiser leisten sollte. Als dies getan war, griffen die Pilger die Stadt Konstantinopel an; dabei gab es auf beiden Seiten viele Tote und Verwundete, doch am Ende gelang es den Pilgern, in die Stadt einzudringen.[554]

Murtzuphlos flüchtete in den Bukoleon-Palast und versammelte seine Leute. Am Abend tat er so, als wollte er am nächsten Tag die Pilger angreifen; er entkam jedoch aus der Stadt und floh bei Nacht, und von seinen Leuten ergriffen alle, die konnten, ebenfalls die Flucht. Indessen fürchteten einige der Unseren, die Griechen könnten sie des Nachts oder am nächsten Tag angreifen, und legten deshalb in der Stadt Feuer. Dabei brannten mehr Häuser ab, als es in den drei größten Städten Frankreichs gibt, wie einige Zeugen, auf die sich der Soissonnais[555] beruft, zu berichten wissen. Weil sich alle Einwohner ergaben und nichts als ihr Leben retteten, war der Gewinn, der ihnen dort zufiel, unglaublich groß! Und obwohl diese Beute nicht unter guten Bedingungen gemacht wurde, gewannen die Pilger dennoch mehr als fünfhunderttausend Silbermark und zehntausend Reittiere hinzu. Nachdem die Beute verteilt war, begannen die zwölf von beiden Parteien gewählten Männer, einen Kaiser zu wählen. Die einen waren für Graf Balduin von Flandern, die anderen für den Markgrafen von Montferrat. Es wurde beschlossen, dass derjenige, welcher Kaiser würde, dem anderen alle Länder jenseits des Arms des heiligen Georgs in Richtung Türkei sowie die Insel Kreta geben sollte und dieser dafür dem Kaiser huldigen sollte. Als dieser Beschluss gefasst war, wurde Graf Balduin von Flandern im Jahr 1205[556] mit großer Freude zum Kaiser von Konstantinopel gewählt, bestätigt und gekrönt.

Murtzuphlos suchte Zuflucht beim Kaiser Alexios[557], dem er seine Tochter zur Frau gab. Doch einige Tage später führte ihn dieser unter einem Vorwand in einen Raum und ließ ihn blenden. Schließlich wurde Murtzuphlos als Gefangener nach Konstantinopel zu

Kaiser Balduin geschickt. Dieser veranlasste, dass er auf dem Marktplatz von einer hohen Säule heruntergestürzt wurde, was seinen Tod zur Folge hatte. Ebenso brachte der Markgraf den falschen Kaiser Alexios, den ich bereits mehrfach erwähnt habe, in seine Gewalt und schickte seine kaiserlichen Gewänder nach Konstantinopel zu Kaiser Balduin; Alexios ließ er als Gefangenen in seine Burg Montferrat bringen.

Schließlich musste Kaiser Balduin in Griechenland viel Mühsal erdulden, denn die Griechen bereiteten ihm großen Verdruss, insbesondere ein gewisser Johannes, der sich König der Walachei[558] nannte. Vor der Krönung Balduins hatte er über zwanzig Jahre lang gegen alle anderen Kaiser Krieg geführt. Dieser Johannes griff sein Heer unvermutet in einem Hinterhalt an; ein Teil der Männer des Kaisers wurde entweder getötet oder gefangen genommen, und er selbst blieb verschollen, denn man hatte seither keine Kunde mehr von ihm, wenn er nicht sogar bei dieser Niederlage getötet worden war. Daher begaben sich die Barone wenig später nach Konstantinopel und krönten dort Heinrich, den Bruder Kaiser Balduins, zum Kaiser.

Er ertrug viel Unglück und musste zahlreiche Gefahren überstehen, um das Byzantinische Reich aufrechtzuerhalten und zu bewahren und so die Regierung seines Bruders fortzuführen. Der Papst schickte ihm einen Kardinal namens Peter Capuano als Legaten, und so fanden mehrere Jahre lang verschiedene kleine Überfahrten von Frankreich nach Outremer statt. In jener Zeit vollbrachten die Franzosen und Venezianer, die an diesem Feldzug teilnahmen, beachtliche Heldentaten, aber um mich kurz zu fassen, beende ich dieses Kapitel hier und preise Unseren Herrn Gott Jesus Christus.

Kapitel LXIX.
Wie Damiette vom König von Akkon und den französischen Pilgern eingenommen wurde. Und von dem Streit zwischen dem Kardinal und dem König von Akkon. Und wie Damiette danach dem Sultan zurückgegeben wurde.

In der Champagne lebte ein edler Ritter namens Johann, Graf von Brienne. Die Barone von Akkon und Syrien boten ihm die Heirat mit der einzigen Tochter des verstorbenen Königs[559] zusammen mit dem Königreich Akkon an. Auf Anraten König Philipps war Johann von Brienne[560] mit diesem Vorschlag einverstanden und begab sich nach Akkon; dort heiratete er die Tochter des Königs und erhielt das Königreich. Die Barone ließen ihn zum König krönen.[561] Doch als die Sarazenen und Türken der Umgebung kurz darauf erfuhren, dass es einen neuen König gab, zogen sie große Mengen an Kriegsleuten zusammen, um

Akkon zu zerstören. König Johann tat dem Papst in Rom die Absicht der Heiden kund und bat ihn und die christlichen Könige um Beistand. Da ließ der Papst den Kreuzzug predigen, so dass mehrere das Kreuz nahmen und über das Meer fuhren. Unter den Kreuzfahrern war auch der König von Ungarn, der mit zahlreichen Leuten in Akkon eintraf. Die Könige von Zypern und Armenien taten dasselbe.[562] Doch gleich darauf kehrten der König von Ungarn und der König von Armenien wieder zurück. König Johann hatte die Tochter des Letzteren geheiratet, nachdem seine Gattin, welche die Erbin von Akkon und Jerusalem war, kurz zuvor gestorben war und ihm eine gemeinsame Tochter hinterlassen hatte.[563] Der König von Zypern dagegen reiste nach Tripolis, wo er schwer erkrankte und starb. Trotz alledem brach König Johann mit den Pilgern, die dageblieben waren, um ihm zu helfen, auf und befestigte zwei Burgen; die eine lag in der Nähe von Caesarea, die andere, die er Pilgersburg nannte, auf einer Landenge sieben Meilen von Akkon entfernt. Doch bevor alles fertig war, dachte er, wenn er Damiette oder Alexandria eroberte, könnte er mühelos den größten Teil Syriens zurückgewinnen.

Deshalb machte er sich auf, Damiette zu belagern,[564] und diese Belagerung dauerte gut ein Jahr. Als der Papst vernahm, was geschah, schickte er überallhin Prediger, um zur Kreuznahme aufzurufen, und sandte außerdem zwei Kardinäle zur Belagerung; der eine, ein Engländer, fand dabei sehr schnell den Tod und der andere, ein Portugiese, blieb während der ganzen Belagerung dort. Als dem Sultan von Ägypten[565] zu Ohren kam, dass die Christen Damiette belagern wollten, ließ er die Mauern Jerusalems und der Festungen in der Umgebung schleifen, außer denen des Krak[566]; auf diese Weise gedachte er die Pilger dazu zu bringen, dass sie von Ägypten nach Jerusalem zurückkehrten, um ihre Reise zu vollenden und wieder über das Meer nach Hause zu fahren, doch sie taten nichts dergleichen. Und so führte er ein großes Heer nach Damiette und ließ seine Leute entlang dem Fluss lagern, während die Christen sich auf dem gegenüberliegenden Ufer befanden. Doch wenig später ereilte ihn eine Krankheit, an der er starb; er hinterließ einen Sohn, der dann Sultan und König von Ägypten[567] wurde.

Dieser führte das Heer der Türken und ließ das Ufer des Nils militärisch befestigen und bewachen, damit die Christen stromaufwärts von der Versorgung mit Lebensmitteln abgeschnitten waren. Als die Unseren das sahen, rüsteten sie ihre Schiffe aus, nahmen die von den Türken aufgestellten Schanzpfähle in Angriff und durchbrachen sie. In der folgenden Nacht bat der Sultan einen seiner Emire, mit einer Abteilung nach Damiette hineinzugehen, um die Stadt zu verteidigen, doch dieser weigerte sich und sagte, Saladin habe seinen Vater in Akkon zu einer ähnlichen Aufgabe herangezogen und zugelassen, dass er gefangen genommen wurde. Der Sultan war über diese Antwort äußerst erzürnt, und der Emir kehrte in sein Heerlager zurück und entfernte sich noch in der Nacht mit seinen Leuten. Und als diejenigen, die das Ufer sicherten, ihren Lärm hörten, glaubten sie, sie seien verraten worden, und ergriffen die Flucht. Bei Tagesanbruch sahen die Christen, dass das Ufer ohne Verteidigung war, überquerten sogleich den Fluss und zogen in Schlachtordnung nach Damiette. Der Sultan stellte ebenfalls die seinen in Schlachtordnung auf und rückte aus seinem Heerlager aus, um sie anzugreifen. Als er jedoch erfuhr, dass der Emir und ein Großteil seiner Leute abgezogen waren, wagte er nicht zu kämpfen. Er ließ seine Zelte im Stich, in denen die Christen sich dann einrichteten und eine Fülle von Lebensmitteln vorfanden. Unverzüglich ließen sie zwei Schiffsbrücken über den Fluss bauen, errichteten dicke, feste Mastbäume hinter sich und setzten ihre Belagerungsmaschinen mit voller Kraft gegen Damiette ein. Um der Stadt Beistand zu leisten, bat der Sultan Licoradin[568] den König von Damaskus, ihm zu Hilfe zu kommen. Dieser versammelte darauf ein großes Heer, legte einen Hinterhalt und überraschte und tötete so mehrere Ritter von Akkon.

Von dort aus begab er sich zur Belagerung der Pilgersburg, musste diese aber aufgeben, um dem Sultan von Ägypten Beistand zu leisten, der ihm deshalb geschrieben hatte. Indessen wollten die Pilger, die ihre Belagerung vor Damiette fortsetzten, gegen die Türken kämpfen, doch sobald jene die Unseren näherkommen sahen, gaben sie vor zu fliehen, indem sie ihren ganzen Tross dort zurückließen. Und als sie sahen, dass die Christen, mit Beute schwer beladen, wieder abzogen, kehrten sie auf der Stelle zu ihnen zurück und griffen sie mit einem solchen Ungestüm an, dass alle Fußkämpfer, die sich vom Heer abgesetzt hatten, getötet wurden; der Bischof von Beauvais und Walter, der Kammerherr König Philipps, ein sehr berühmter Ritter, wurden gefangen genommen. Diese Niederlage fand am Tag der Enthauptung des heiligen Johannes des Täufers statt,[569] genau ein Jahr nachdem die Christen vor Akkon besiegt worden waren.

In Damiette war das Sterben groß, und die Einwohner setzten den Sultan davon in Kenntnis und baten ihn um Hilfe. Er sagte ihnen, sie sollten sorgfältig Ausschau halten, denn er werde nach Einbruch der Nacht das Heer der Christen aufwecken, während er ihnen eine neue Besatzung von fünfhundert Rittern schicken werde. Und so geschah es. Doch in dieser Angelegenheit wurde der Graf von Nevers sehr gerügt und des Heeres verwiesen, weil die fünfhundert Ritter von der Seite, auf der er untergebracht war, nach Damiette hineingelangten. In der darauffolgenden Nacht jedoch, als die Nachtwache bei den Männern des Kardinals[570] lag, näherten sich einige seiner Leute den Mauern, und da sie kein Geräusch hörten, stiegen sie mit Leitern hinauf, fanden die Mauern ohne Verteidigung vor und teilten das den Angehörigen des Heers mit. Diese stürmten in die Stadt hinein; auf den Straßen und in den Häusern lagen zahlreiche tote Sarazenen, die der König in den Fluss werfen ließ. Die übrigen Türken, die am Leben geblieben waren, flüchteten in einen Turm, den sie anschließend übergaben. So wurde Damiette eingenommen; im Jahr 1219 wurde die Stadt von den Christen geplündert.

Nachdem die Christen diese Stadt erobert hatten, erhob sich zwischen dem Kardinal und König Johann ein Streit um die Aufteilung der gewonnenen Gebiete, dergestalt, dass der Kardinal alle mit dem Bann belegte, die in dem König Johann gehörenden Teil blieben. Zu jener Zeit starb der König von Armenien[571], der Vater von König Johanns Gattin. König Johann kam dieser Todesfall gelegen; er nahm ihn als Vorwand, das Heer zurückzulassen und nach Armenien zu reisen. Schließlich hinterbrachte man ihm, dass seine Gemahlin seine Tochter, dank derer er König von Jerusalem war, ins Gefängnis werfen wollte; Erstere schlug er so sehr, dass sie an ihren Wunden starb.[572]

Trotz der Abreise König Johanns blieb der Kardinal in Damiette und belegte alle, die heimreisen wollten, sowie die Schiffseigner und Seeleute, die sie ohne seine schriftliche Erlaubnis an Bord nahmen, mit dem Kirchenbann. Während der Kardinal noch immer in Damiette war, rüstete der Sultan zwanzig Galeeren aus, um die Schiffe mit den Pilgern, die täglich ankamen, um den Christen in Outremer zu helfen, in die Irre zu führen. Der Kardinal wusste zumeist darüber Bescheid, hielt aber nichts davon und wollte keine Abhilfe schaffen, bis die Türken beinahe dreizehntausend Pilger getötet oder in ihre Gewalt gebracht hatten. Wenige Tage später tat der Sultan dem Kardinal und den Christen kund und zu wissen, wenn sie bereit wären, Damiette zurückzugeben, würde er ihnen Jerusalem und das ganze Gebiet, das ihre Vorgänger besessen hatten, außer dem Krak, zurückgeben. Sie lehnten das jedoch ab, denn sie hofften, dank Damiette bald ganz Ägypten zu erobern. Allerdings unterrichtete der Kardinal den Papst über das Angebot des Sultans und die Ablehnung der Barone des Landes.

Der Papst freute sich über diese Neuigkeiten sehr und ersuchte Kaiser Friedrich von Deutschland[573], der das Kreuz genommen hatte, ins Heilige Land zu fahren; außerdem ließ er den Kreuzzug in der ganzen Christenheit predigen. Friedrich, ein treuloser Mensch, gab vor, dem Heiligen Land Beistand leisten zu wollen, und nachdem er vom Papst in Rom zum Kaiser gekrönt worden war, erlangte er das ganze Land Sizilien und Kalabrien wieder. Als der Kardinal und die Pilger von Damiette von diesen Ereignissen hörten, auch dass der Kaiser sich anschickte, nach Outremer zu kommen, um sie zu unterstützen, statteten sie Damiette aufs Beste aus. Dann machten sie sich auf den Weg zur Belagerung Kairos, der bedeutendsten Stadt Ägyptens, und baten König Johann, ihnen ohne Säumen zu folgen. Dieser antwortete jedoch, das werde er nicht tun, da er sein Land verteidigen müsse.

Als der Sultan von Ägypten von den Plänen des Kardinals und der Pilger hörte, bot er ihnen an, wenn sie ihm Damiette zurückgäben, würde er ihnen das ganze Land Jerusalem außer dem Krak zurückerstatten und alle geschleiften Festungen wieder

KAISER FRIEDRICH II. GREIFT DIE CHRISTEN AN.
PAPST GREGOR IX. EMPFÄNGT DIE GESANDTEN DER PILGER,
DIE SICH ÜBER DEN KAISER BEKLAGEN

„Da der Papst wusste, dass das Heilige Land Beistand sehr nötig hatte,
tat er Kaiser Friedrich kund, er werde ihn bannen, wenn er seine Pilgerfahrt
nicht vollende, und der Kaiser versprach ihm, das zu tun."

(FOL. 222A)

Mit dem Fünften Kreuzzug hält sich Sébastien Mamerot nicht lange auf. Er beschreibt den Stauferkaiser Friedrich II. als einen ungläubigen, unredlichen und feigen, aber auch sehr tüchtigen Menschen. Friedrichs Marschall griff im Frühjahr 1228, im Heiligen Land angekommen, eine Gruppe von christlichen Rittern auf, die einen Beutezug auf muslimisches Gebiet unternommen hatten, und ließ das Raubgut zurückerstatten. Diese Szene hat Jean Colombe zweifellos auf dem oberen Bild festgehalten. Die untere Miniatur zeigt, wie sich eine Abordnung der Kreuzritter bei Papst Gregor IX. über Friedrichs Betragen beschwert. Nachdem dieser im September 1228 in Akkon eingetroffen war, nahm er umgehend Verhandlungen mit Sultan el-Kamil auf und unterzeichnete am 18. Februar 1229 ein Friedensabkommen, das ihm für zehn Jahre die Herrschaft über Jerusalem und einige weitere Orte im Heiligen Land sicherte. Am 17. März 1229 hielt Friedrich Einzug in Jerusalem. Mit seiner Diplomatie hatte er mehr erreicht als viele seiner Vorgänger mit dem Schwert. Es liegt auf der Hand, dass der Papst mit diesem Arrangement nicht einverstanden war, und als treuer Sohn der Kirche schließt sich Sébastien Mamerot diesem Urteil an.

E pape estant ad
uerti du grant
mestier de secours
que auoit la terre
doultre mer manda a lempe:
frederic quil et commeroit
sil acheuoit son son pelerma
ge et ïllui manda que si fe
roit il. par quoy le pe mada
par toute xpiente de ïa sa

mer que tous les croisez alaf
sent a brandis la ou lempe:
duoit passer. mais quant
le jour fur mis vint et que
lempereur mesmes auoit le
quis tous les pelerins furt
a brandis et entrent en mer
par le vouloir et comande
ment de lempeur fredeuc.
Le quel entra dedens vne

aufbauen. Überdies würde er ihnen einen dreißigjährigen Waffenstillstand zusichern, damit sie unterdessen das Land wieder mit Christen bevölkern könnten. Die Barone sowie die Templer und Hospitaliter hätten dieses Angebot gern angenommen, doch der Kardinal lehnte es ab. Er ließ das König Johann von Akkon mitteilen und bat ihn inständig, sich im Namen Gottes dem Heer wieder anzuschließen und es zu beschwichtigen, denn das Heer war beunruhigt wegen des ihm zustehenden Anteils an der Beute von Damiette, der sich auf ungefähr eintausendfünfhundert Besanten belief. Aus Angst vor Vorwürfen ließ der König ihm sagen, er werde kommen, und hielt sein Versprechen, allerdings geschah das zum Nachteil der Christen, aber nicht durch seine Schuld.

Tatsächlich wurden der König und seine Leute unterwegs vom Sultan angegriffen. Nachdem dieser vernommen hatte, dass Kaiser Friedrich ihm hundert Galeeren entgegenschickte, ließ er bei Nacht die Deiche des Nils durchstechen und kesselte so König Johann und seine Leute vollständig ein, wodurch sie vom Nachschub abgeschnitten wurden. König Johann schlug dem Sultan eine Schlacht vor, was dieser zurückwies, denn er wusste wohl, dass der König ohne Lebensmittelversorgung gleichsam sein Gefangener war. Indessen berief er ihn sowie den Bischof von Akkon mit einem Geleitbrief ein und bot ihnen an, die Christen in Sicherheit zu bringen, wenn sie ihm Damiette zurückgäben. So erhielt er die Stadt mit dem Einverständnis des Kardinals zurück, der lieber Damiette verloren gab, als den Verlust von König Johann und seiner Leute zu verantworten, denn sie waren auf sein Ersuchen hin gekommen, um ihn zu unterstützen. Bei dieser Übergabe sollte der Sultan alle von Licoradin eingekerkerten Gefangenen freilassen, im Austausch dafür sollten ihm alle gefangenen Sarazenen übergeben werden, und es wurde ein siebenjähriger Waffenstillstand vereinbart. Der Sultan sollte außerdem das Wahre Kreuz zurückerstatten, doch er gab ihnen ein anderes als das, welches bei der Gefangennahme König Guidos durch Saladin verloren gegangen war.

Kapitel LXX.
Die Fahrt des treulosen Kaisers Friedrich, welcher gebannt wurde, nach Outremer. Und wie er in Jerusalem die Krone trug. Und seine Rückkehr.

Da der Papst wusste, dass das Heilige Land Beistand sehr nötig hatte, tat er Kaiser Friedrich kund, er werde ihn bannen, wenn er seine Pilgerfahrt nicht vollende, und der Kaiser versprach ihm, das zu tun. Also ließ der Papst der ganzen Christenheit diesseits des Meeres mitteilen, dass alle Kreuzfahrer sich zu dem Zeitpunkt nach Brindisi begeben sollten, an dem der Kaiser nach Outremer aufbräche. Und als der festgesetzte Tag kam, der vom Kaiser selbst gewählt worden war, befanden sich alle Pilger in Brindisi und gingen nach dem Willen und unter dem Befehl Kaiser Friedrichs in See. Er selbst bestieg eine Galeere und reiste zur selben Zeit ab wie sie. Doch als es dunkel war, hieß er sein Schiff umkehren und ging ohne Wissen der anderen wieder an Land. Er kehrte nach Brindisi zurück, während die anderen ihre Reise bis nach Akkon fortsetzten. Als der Papst von der Täuschung und der Feigheit des Kaisers Friedrichs erfuhr, bannte er ihn.[574]

Indessen schickte dieser wortbrüchige und im Bösen verharrende Mann seinen Marschall über das Meer nach Ägypten. Dort bat jener den Sultan um die Erlaubnis, seine Pilgerfahrt zu machen und nach Jerusalem zu gehen, was der Sultan ihm gewährte. Und wenn Kaiser Friedrich ein schlechter Mensch war, dann war es sein Marschall auch. In der Tat überfiel dieser Treulose auf dem Rückweg von Ägypten mehrere Christen, die ihre Pilgerreise machten und denen er in der Nähe von Sidon begegnete. So brachte er eine große Beute mit, welche die Christen den Türken weggenommen hatten. Er konnte sie mühelos überrumpeln, denn sie waren ihm gegenüber nicht auf der Hut, da er ja ein Christ war; er tötete und verletzte mehrere Personen. Die Pilger meldeten das dem Papst, der Kaiser Friedrich von Neuem streng rügte. Sobald dieser von seinem Marschall erfuhr, dass er die Reise nach Outremer unbesorgt antreten könne, bat er den Papst um seine Absolution, wobei er versprach, nach Outremer zu fahren und nicht eher zurückzukehren, bis er das ganze Land dort wieder den Christen in die Hände gelegt hätte. Doch der Papst lehnte das ab und wies den Patriarchen sowie die Templer und Hospitaliter an, den Ratschlägen des Kaisers nicht zu folgen.

Dennoch fuhr Kaiser Friedrich über das Meer, landete in Akkon[575] und begab sich von dort aus zur Pilgersburg, die er gern besitzen wollte, denn das war eine stattliche Festung. Als die Templer davon erfuhren, griffen sie zu den Waffen, um ihn zu verjagen, und der Kaiser kehrte nach Akkon zurück; dort verstärkte er sein Heer und versuchte, das Haus der Templer, das sich in der Stadt befand, zu zerstören. Doch die Templer und die Pilger erhoben Einspruch und stellten sich ihm entgegen, so dass er seine schlimme Tat nicht ausführen konnte. Er gab dieses Vorhaben daher auf und verlangte vom Sultan von Ägypten, die zuvor getroffenen Vereinbarungen einzuhalten. Doch der Sultan, der über den Zwist zwischen dem Papst und dem Kaiser im Bilde war, antwortete ihm, der König von Damaskus, Licoradin, sei gestorben, und unter diesen Umständen könne er seine Versprechungen nicht einhalten. Als Kaiser Friedrich diese Antwort vernahm, ließ er dem Sultan mitteilen, wenn er seine Verpflichtungen nicht erfülle, werde er niemals davon abrücken, um das Heilige Land zu kämpfen, bis er es ihm wieder abgenommen hätte. Zu guter Letzt handelten der Kaiser und der Sultan einen neuen Vertrag[576] aus,

demzufolge der Sultan dem Kaiser alles zurückgeben sollte, was er vom Königreich Jerusalem besaß, außer dem Krak, Montreal und drei Burgen, die auf dem Gebiet von Tyros und Sidon lagen, denn ihre Besitzer wollten sie nicht dem Sultan überlassen. Eine weitere Bedingung war, dass der Tempel von Jerusalem in die Obhut dreier Sarazenen kommen sollte und die Christen keinerlei Herrschaft mehr darüber haben sollten. Indessen sollten die Pilger das Heilige Grab besuchen dürfen, ohne Tribut dafür zu zahlen. Des Weiteren wurde vereinbart, dass der Kaiser die Städte und Burgen wiederaufbauen und befestigen, aber keine neuen bauen durfte, ebenso sollten die Sarazenen ihre Befestigungsanlagen nicht verstärken.

So gewann dieser treulose und wortbrüchige Kaiser die Stadt Jerusalem zurück[577] und brachte – sei es aus Rache oder aus Grausamkeit – die Sarazenen im Palast Salomons unter, der den Templern gehörte; dort wohnten diese, als Saladin Jerusalem einnahm. Und der treulose Kaiser handelte so schlecht, weil er nicht wollte, dass die Templer in Jerusalem blieben. Nachdem diese Bedingungen angenommen worden waren, wurde zwischen dem Kaiser und dem Sultan ein zehnjähriger Waffenstillstand geschlossen, und zwar ohne Einverständnis oder Rat des Patriarchen und der Templer. In der Tat wollten sie weder anwesend sein noch dieser Vereinbarung zustimmen, weil der Papst es ihnen verboten hatte. Immerhin versprach der treulose Kaiser, sich an ihrem Unterhalt zu beteiligen. An Mittfasten trug er die Krone in der Heiligen Stadt Jerusalem und nahm im Hospital der Deutschen[578], das sich vor dem Davidsturm befindet, Wohnung.

Als dies getan war, unterrichtete er den Papst davon, wie er das Heilige Land bekommen hatte, doch der Papst und die Kardinäle freuten sich darüber kaum, denn sie wussten, dass er einen schmählichen Frieden geschlossen hatte, da die Türken ja im Besitz des Tempels waren, und durch welches Bündnis er diesen Frieden erreicht hatte, und beklagten und verurteilten seine Treulosigkeit aufs Schärfste. Der Papst wollte es nicht dulden, dass die Kunde in seinem Namen verbreitet wurde und die heilige Kirche sich über diese Ereignisse freute, sondern verkündete in der ganzen Christenheit, der Kaiser müsse wegen seiner Treulosigkeit und seines Verrats am christlichen Glauben gebannt werden. Außerdem bezahlte er aus dem Kirchenschatz eine große Zahl von Leuten, die er König Johann von Akkon zur Verfügung stellte; er bat ihn, in das Land des Kaisers einzudringen, um das Gebiet zu verteidigen, das zum Patrimonium Petri gehörte. König Johann gehorchte ihm und nahm innerhalb kurzer Zeit mehrere Städte und Burgen des Kaisers ein. Als jener davon erfuhr, setzte er Vögte und andere Offiziere ein, die ihn im Land Jerusalem vertreten sollten, und kehrte nach Sizilien, nach Neapel, zurück. Dort eroberte er innerhalb kurzer Zeit mehrere Städte zurück und richtete unter den Einwohnern gleich welchen Standes großen Schaden an.

Um das Kapitel über sein erbärmliches Leben abzuschließen, sei kurz gesagt, dass er zu seiner Zeit der heimtückischste Kaiser war, den es bis dahin gab. Während er vorgab und von sich behauptete, Christ zu sein, verkündete er des Öfteren vor glaubwürdigen Personen, Moses habe die Juden, Unser Herr und Wahrer Gott, der allmächtige Jesus Christus, die Christen und Mohammed die Heiden an der Nase herumgeführt. Damit bewies er, dass er kein Gebot einhielt.

Der Soissonnais hat den Namen dieses Kaisers nur ungern niedergeschrieben, doch weil er gehalten ist, über alle Fahrten nach Outremer zu berichten, hat er dies kurz abgehandelt und beendet dies nun mit dem Lobpreis Unseres Herrn Gottes Jesus Christus. Amen.

Kapitel LXXI.
Ein weiterer in Frankreich vorbereiteter Kreuzzug, dessen Anführer Tibald, Graf von Champagne und König von Navarra, war. Wie der Herzog von Bretagne nach Outremer fuhr, um das Land zu plündern, und große Beute machte. Von anderen Herren, welche ebenso aufbrachen und besiegt wurden. Der Verlust des Grafen von Bar. Und wie dieser Kreuzzug dem Heiligen Land nicht zum Wohl gereichte.

Graf Tibald von Champagne wurde König von Navarra, weil sein Bruder gestorben war, ohne einen Erben zu hinterlassen.[579] Er wurde im Jahr 1245[580] zum Anführer eines in Frankreich vorbereiteten Kreuzzugs gewählt. Folgende Ritter brachen ins Heilige Land auf: der Herzog von Bretagne, genannt Peter Mauclerc, der Graf von Bar, Graf Amalrich von Montfort, Richard von Chaumont, Anselm von Lisle und der größte Teil der edlen Herren Frankreichs. Sie gingen mit einer Vielzahl von Kreuzfahrern unterschiedlichen Standes in See[581] und landeten im Hafen von Akkon.[582] Von dort aus zogen sie ins Feld, sobald sie sich ein wenig ausgeruht hatten. Nun verließen der Herzog von Bretagne[583] sowie zahlreiche Barone, Ritter und andere als Gefährten das Heer ohne die Zustimmung der Gesamtheit der Herren und vor allem, ohne dass der König von Navarra etwas davon wusste. Die ganze Nacht hindurch entfernten sie sich in Richtung einer bedeutenden Stadt, die den Sarazenen gehörte, und schickten dabei Kundschafter voraus, um sich ein Bild von der Lage der Feinde zu machen. Die Kundschafter meldeten ihnen, die Sarazenen seien nicht vor ihnen auf der Hut. Also nahmen sie die Stadt ein und plünderten sie, da kein Türke zu ihrer Verteidigung da war. Mit einer großen Beute, die sie ihren Gefährten zeigten, kehrten sie zum Heer zurück. Manche waren eifersüchtig, weil sie ihnen zuvorgekommen

DAS KONZIL VON LYON (1245).
LUDWIG IX. NIMMT DAS KREUZ

„Ich glaube, dass Unser Herr die Gebete des frommen französischen Volkes
erhörte, denn der gute König Ludwig der Heilige, der wegen der Schwere seiner
Krankheit in Todesängsten geschwebt hatte und weder hatte sprechen noch
sich bewegen können, kam wieder zu Kräften. Und entgegen der Erwartung all jener,
die ihn pflegten und dachten, er stehe an der Schwelle des Todes, tat er den Mund auf,
und mit den ersten Worten, die er sprach, bat er um das Kreuz.“

(FOL. 225B–225VA)

Das obere Register zeigt Papst Innozenz IV., der im Juni 1245 beim Konzil von Lyon den Vorsitz führt. Er hatte nach Frankreich fliehen müssen, weil Kaiser Friedrich II. den Kirchenstaat besetzt hatte. Auf diesem Konzil verkündete Innozenz IV. die Verurteilung und Exkommunikation Friedrichs II., erklärte ihn zum Feind der Kirche und rief von neuem zum Kreuzzug auf. Im August 1244 war Jerusalem von den Muslimen zurückerobert worden, und gemeinsam mit den ägyptischen Ayubiten hatten sie am 17. Oktober das fränkische Heer bei Gaza vernichtend geschlagen. Jerusalem war damit für die Christenheit endgültig verloren. Der Aufruf zum Sechsten Kreuzzug wurde vor allem vom französischen König Ludwig IX. erhört, der aus Anlass seiner Genesung von schwerer Krankheit im Dezember 1244 gelobte, ins Heilige Land zu ziehen. Auf der unteren Abbildung zeigt Jean Colombe Ludwig IX. auf dem Weg nach Aigues-Mortes, wo er sich im August 1248 einschiffte.

sepurance de tous ceulx qui se
thuldoient audms qui feust
es augoisses de sa mort. Il
ouurit sa boutxe et ses pre
mieres puroles quil dist fu
rent quil demanda sa croiz
et la print deuotement pour
aler oultremer. Et de puis
sors en auant il sebmit de pla
en plus triaut aulmosmer

et desiurit acomplir le samt
homitse et seruir sa samte
tere de promission. La qlle
fut ceste propre annee que se
Roy samt loys se croisa pres
que toute gastee et destruite
par une maniere de gens
Saruzins appellez turffams.
Lesquelz entre aultres villes
puurent par forze la samte

waren, und wollten es ihnen gleichtun. Insbesondere der Graf von Bar, Graf Amalrich von Montfort, Richard von Chaumont, Anselm von Lisle und mehrere andere Herren, Knappen und weitere Kreuzfahrer brachen ihrerseits auf, ohne die Erlaubnis des Königs von Navarra oder die Meinung der gesamten Ritterschaft einzuholen, und ritten bewaffnet die ganze Nacht hindurch. Bei Tagesanbruch kamen sie in der Nähe der Stadt Gaza an, die in der Wüste liegt, wurden jedoch von den Einwohnern der Stadt und des Landes überrascht. Tatsächlich hatten jene vom Raubzug des Herzogs von Bretagne erfahren und wussten durch ihre Späher, dass der Graf von Bar mit seinen Gefährten sich näherte und wie sie die ganze Nacht hindurch mit voller Geschwindigkeit geritten waren; sie griffen zu den Waffen und zogen ihnen entgegen. Sie waren viel zahlreicher als die Christen und frisch und erholt, die anderen dagegen waren von ihrem nächtlichen Ritt erschöpft und müde. Sie konnten ihnen nicht standhalten, und mehrere wurden getötet oder gefangen genommen, während die anderen in die Richtung flohen, aus der sie gekommen waren. Nur wenige entkamen den Feinden.[584]

Es wären wohl alle im Feld geblieben, wenn der König von Navarra nicht erfahren hätte, was geschehen war. Er schickte seine besten Reiter voraus und den überwiegenden Teil des Heeres mit den Fußkämpfern als Nachhut. Dabei erlitt das Königreich Frankreich große Verluste, und es fehlte nicht viel, und alle anderen Christen des Heeres wären getötet oder gefangen genommen worden. Doch indem der König von Navarra die Versprengten so gut wie möglich vereinigte, hielt er seine Leute so dicht zusammen, dass die Türken nicht anzugreifen wagten. Sie zogen ab, allerdings wurde der Graf von Bar dabei getötet oder gefangen genommen; über ihn erhielt man seitdem keine zuverlässige Kunde mehr. Der Graf von Montfort und mehrere andere Barone, Ritter, Knappen und Leute unterschiedlichen Standes wurden als Gefangene verschleppt. Wegen dieser Niederlage wurden der Graf von Bar und der Graf von Montfort von mehreren Angehörigen des Heeres streng getadelt; sie meinten, Unser Herr habe diese Verluste wegen ihrer Sünden zugelassen. In der Tat hatten sie mehr an die Ehre des Rittertums als an das Wohl des Heiligen Landes gedacht.

Unterdessen traf kurz nach dieser Niederlage Graf Richard von Cornwall, der Bruder des Königs von England,[585] mitsamt einer großen Menge von Leuten auf Pilgerfahrt in Outremer ein. Als er vernahm, dass das Pilgerheer des Königreiches Frankreich durch diese Niederlage, das Blutbad und die Gefangennahme der Barone so bedrückt war, hatte er großes Mitleid. Er setzte den Türken und anderen Sarazenen derart zu, dass die Gefangenen gegen Gold und Silber ausgelöst und befreit wurden. Außerdem erreichte er bei den Türken, dass die Christen freies Geleit erhielten, um nach Jerusalem zu gehen und das Grab Unseres Herrn Jesus Christus zu besuchen. So trugen die Fürsten, die Herren und die übrigen französischen Pilger diesmal wenig zum Wohl von Outremer bei.

Nachdem Graf Amalrich von Montfort aus dem Kerker befreit worden war, wünschte er, nach Rom zu gehen und die heiligen Stätten zu besuchen, doch dabei starb er an Bauchfluss. Er wurde in der Kirche der ruhmreichen Apostel ehrenvoll beigesetzt. Die anderen, die dazu in der Lage waren, kehrten auf dem kürzesten Weg nach Frankreich zurück. Mit diesem Kapitel beendet der Soissonnais den Bericht über die Fahrten ins Heilige Land aus der Zeit, bevor König Ludwig der Heilige dorthin aufbrach, und preist Unseren Herrn Jesus Christus. Amen.

Kapitel LXXII.

Wie König Ludwig der Heilige von Frankreich schwer krank wurde, und wie er dann, plötzlich geheilt, das Kreuz nahm und gelobte, nach Outremer zu fahren. Vom Konzil in Lyon, das der Papst gegen Kaiser Friedrich abhielt und um dem Heiligen Land Beistand zu leisten. Vom Legaten, welcher den Kreuzzug predigte. Von den Prälaten und Baronen, die das Kreuz nahmen. Wie der König den Papst in Cluny aufsuchte.

Während Ludwig der Heilige[586] in Frankreich ruhmreich regierte, war Friedrich Kaiser von Deutschland. Dieser bereitete dem Papst und den Kirchenleuten viel Verdruss. Wegen seiner Tyrannei musste Papst Innozenz IV. Rom verlassen[587] und – wie mehrere seiner Vorgänger und seiner Nachfolger – zu den edlen und überaus tapferen Franzosen fliehen. Die Päpste fanden das ruhmreiche französische Volk stets hilfsbereit und bestrebt, sie auf dem Stuhl von Rom wiedereinzusetzen, wie es bei allen Nationen wohlbekannt ist.

Sobald der Papst in Lyon war, ließ er König Ludwig dem Heiligen mitteilen, er wolle ihn sprechen und seine Meinung über die Angelegenheiten der Kirche hören.[588] Aber als der König diese Neuigkeiten erfuhr und sich als der allerchristlichste König, der er war, auf den Weg machte, um den Papst zu treffen, wurde er von einer Krankheit niedergestreckt, die Ruhr heißt[589] und an der er mehrere Tage lang so schwer litt, dass man sich auf seinen baldigen Tod gefasst machte. Als die Prälaten, Fürsten, Barone und Geistlichen sowie das ganze französische Volk hörten, dass der König erkrankt sei – es ging sogar das Gerücht um, er wäre gestorben –, waren sie vor Schmerz völlig niedergeschlagen, sie weinten und klagten so sehr, dass man es fast nicht wiedergeben kann. In ganz Frankreich mehrten sich die Gebete und Fürbitten, so, als ob jeder den Tod seines eigenen Vaters erlebte. Und wahrhaftig hatte der König seit dem Beginn seiner Regierung allen Gerechtigkeit widerfahren lassen, so viele Almosen gegeben, seine Untertanen so wacker gegen ihre Feinde verteidigt und so viele edle Taten vollbracht, dass man ihn derart beklagte und um ihn trauerte.

Ich glaube, dass Unser Herr die Gebete des frommen französischen Volkes erhörte, denn der gute König Ludwig der Heilige, der wegen der Schwere seiner Krankheit in Todesängsten geschwebt hatte und weder hatte sprechen noch sich bewegen können, kam wieder zu Kräften. Und entgegen der Erwartung all jener, die ihn pflegten und dachten, er stehe an der Schwelle des Todes, tat er den Mund auf, und mit den ersten Worten, die er sprach, bat er um das Kreuz: Er nahm es andächtig, um ins Heilige Land zu fahren.

Von da an gab er noch mehr Almosen und wollte die heilige Pilgerreise vollenden und dem Gelobten Heiligen Land Beistand leisten. In demselben Jahr, in dem König Ludwig der Heilige das Kreuz nahm,[590] wurde dieses Land beinahe vollständig verwüstet und zerstört, und zwar von einer Art Sarazenen, die Greifen genannt wurden und sich neben anderen Städten der Heiligen Stadt Jerusalem bemächtigten.[591] Sie töteten alle Christen, die dort lebten, Männer wie Frauen, ohne einen einzigen zu verschonen und in solchem Ausmaß, dass das Blut der von ihnen ermordeten Christen an verschiedenen Stellen in Strömen durch die Heilige Stadt floss. Auch die Grabeskirche wurde von diesen Greifen besudelt und befleckt.

Auf dieselbe Weise wüteten sie in der Stadt Gaza und in anderen Städten, töteten alle Templer und Hospitaliter, die sie antrafen, ebenso alle Edlen und Leute aus dem Volk. Kurz, um einen Eindruck von ihrer grenzenlosen Grausamkeit zu vermitteln: Sie richteten ein solches Blutbad an, dass zu befürchten war, sie würden, wenn sie noch länger blieben, das ganze Land verwüsten, das die Christen in Outremer besaßen.

Da Papst Innozenz nun sah, wie sehr die Kirche Gottes durch diese Tyrannen in Bedrängnis gebracht wurde, berief er im Jahr 1245, am letzten Tag des April, ein heiliges Konzil in Lyon ein.[592] Dort wurde unter anderem erklärt, dass Kaiser Friedrich ein Ketzer, Verräter und Missetäter sei; er wurde deshalb vom Papst verurteilt und für gebannt erklärt, von der Gemeinschaft der gläubigen Christen ausgeschlossen und des Kaiserreichs unwürdig erklärt. In diese Verurteilung des Papstes wurden Friedrichs Vasallen eingeschlossen, doch Letztere konnten von dem Kirchenbann freigesprochen werden, unter der Bedingung, dass sie diesem Mann nicht mehr als ihrem Kaiser Gehorsam leisteten. Dagegen sollten alle, die ihn weiterhin als ihren König oder Kaiser ansahen, gebannt werden. Darauf gab der Papst den Kurfürsten des Reichs die Erlaubnis, einen anderen Kaiser zu wählen und auszurufen. Und so schrecklich dieser Urteilsspruch auch gewesen sein mag, niemand sollte einen Argwohn gegen den Papst hegen. In der Tat war Friedrich – nach dem, was ich in glaubwürdigen Chroniken gelesen habe – schlimmer und grausamer als Nero und Julian Apostata. Die Leiden, die er den Kardinälen und anderen Würdenträgern der Kirche, ja sogar allen Priestern und Geistlichen zufügte, sind so maßlos, dass man sie nicht beschreiben kann. Und um Friedrichs Abtrünnigkeit mit wenigen Worten darzustellen: Er sagte, Moses habe die Juden, Unser Herr Jesus Christus die Christen und Mohammed die Heiden an der Nase herumgeführt.[593]

Am Ende des heiligen Konzils sandte der Papst seinen Legaten in Frankreich, Kardinal Odo von Châteauroux, aus, um den Kreuzzug und die Reise ins Heilige Land zu predigen. Und dank seiner Predigt[594] nahmen folgende Personen das Kreuz: die Erzbischöfe von Reims und Bourges, die Bischöfe von Laon, Beauvais und Orléans, der Graf von La Marche, der Graf von Montfort und Ralph, der Herr von Coucy, und viele andere Fürsten und edle Herren und zahlreiche Männer aus dem Volk. Der Papst sandte gleichfalls einen weiteren Kardinal nach Hennegau und in verschiedene Gebiete des Heiligen Stuhls, damit die Bewohner dieser Marken das Kreuz nahmen und den Landgrafen von Thüringen unterstützten, der kürzlich im Deutschen Reich zum Gegenkönig gewählt worden war[595], weil der Papst nicht wollte, dass Konrad, der Sohn des verabscheuungswürdigen Friedrich, Kaiser wurde.

So standen die Dinge, als König Ludwig der Heilige und seine drei Brüder in Begleitung ihrer Mutter, Königin Blanche, und – aus Angst vor seinen Feinden – mit einer Vielzahl von Fürsten, Grafen, Baronen, Rittern, Knappen und anderen Bewaffneten aufbrachen und sich zum Papst in die Abtei von Cluny begaben.[596] Dort traf sich der König mit dem Papst; sie blieben vierzehn Tage lang zusammen, beratschlagten und entschieden, was zu tun sei, um dem Heiligen Land Beistand zu leisten. Nachdem die vierzehn Tage verstrichen waren, brach König Ludwig wieder auf und hielt in der Burg Melun Hof. Er vermählte seinen Bruder Karl mit der edlen Frau Beatrix, der Schwester seiner Gemahlin, der Königin und Gräfin der Provence, und gab ihm die Grafschaften Anjou und Maine. Nach der Hochzeit ließ der König allen Kreuzfahrern mitteilen, sie sollten sich bereithalten, um die heilige Reise am Osterfest des Jahres 1248[597] anzutreten, und jeder gehorchte nach Kräften.

✝

Kapitel LXXIII.
Wie König Ludwig der Heilige zum ersten Mal von Frankreich aufbrach, um nach Outremer zu fahren, und den Papst besuchte. Die Rache, die er an La Roche de Glin nahm. Und wie er in See stach und in Zypern eintraf. Der Tod mehrerer Prälaten und Barone. Der Brief, den der König von Tarsos ihm schickte.

Im Jahr 1248, am Freitag nach Pfingsten[598], verließ König Ludwig Paris mit seinem Heer, um ins Heilige Land zu fahren. Die Einwohner von Paris begleiteten ihn in einer Prozession bis zur Abtei Sankt Antonius[599] in der Nähe von Paris. Dort verrichtete er seine Gebete, empfahl sich den Fürbitten der Nonnen, des ganzen versammelten Klerus und des Volkes, stieg dann auf sein Pferd und trat seine Pilgerfahrt unter dem Weinen, Jammern und Klagen der ganzen Pariser Bevölkerung an. Alle liebten ihn wegen seiner großen Gerechtigkeit, so, als ob er der eigene Vater eines jeden von ihnen gewesen wäre.

In seinem Heer befanden sich auch seine Brüder, Graf Robert von Artois und Graf Karl von Anjou, sowie der Kardinal und päpstliche Legat mit vielen weiteren Prälaten und zahlreichen Fürsten, Baronen, Rittern, Knappen und Leuten unterschiedlichen Standes aus Frankreich. Sein anderer Bruder, Alfons[600], blieb in Gesellschaft seiner Mutter, Königin Blanche, zurück, um das Königreich zu regieren, denn obwohl er das Kreuz genommen hatte, beschlossen der König und die Barone, dass er noch ein Jahr in Frankreich bleiben sollte.

König Ludwig der Heilige hatte seine Pilgerfahrt also begonnen und setzte seine Reise nach Lyon fort, wo er Papst Innozenz traf. Dieser wagte sich wegen Kaiser Friedrich, der ihn verfolgte, nicht nach Rom. Nachdem der König lange mit dem Papst gesprochen hatte, empfing er seinen Segen und machte sich wieder auf den Weg. Doch als er bei La Roche de Glin angelangt war, ließ er die Burg niederreißen und dem Erdboden gleichmachen, weil einige seiner Heeresleute, die vorausgezogen waren, um einen Teil des Heeres mit Nachschub zu versorgen,[601] von den Leuten auf der Burg bestohlen worden waren. Darauf verließ der edle und heilige König diesen Ort und wandte sich nach Aigues-Mortes im Languedoc; dort stach er am Dienstag nach Bartholomäus[602] in See. Mit Gottes Hilfe hatte er so günstigen Wind, dass er in Zypern im Hafen von Limassol landete, dann reiste er nach Nikosia, wo er längere Zeit verweilte.

Der Sultan von Babylon[603], der ein großes Heer versammelt hatte, um die Christen von Outremer anzugreifen, und sich bereits in Damaskus befand, erfuhr vom großen Heer König Ludwigs des Heiligen und dass er dem Heiligen Land zu Hilfe kam. Deshalb brach er sogleich auf, um sein Königreich Ägypten zu verteidigen. Im Übrigen starben in der Zeit, als der König sich in Zypern aufhielt, der Bischof von Beauvais, der Graf von Montfort, der Graf von Vendôme, der Graf von Dreux, Archimbald von Bourbon, Wilhelm von Les Barres, Drogo von Mello und gut zweihundertvierzig weitere tapfere Ritter.

Um das Weihnachtsfest herum empfing König Ludwig der Heilige in der Stadt Nikosia Boten des Großkönigs von Tarsos.[604] Wie sie sagten, habe dieser sich zusammen mit mehreren seiner Edlen kürzlich taufen lassen.[605] Sie erklärten, er sende dem König Gruß und Freundschaft, wie es in dem Brief geschrieben stand, den sie in seinem Namen überbrachten. Dieser Brief wurde von Bruder Andreas, dem Beichtvater des Königs, folgendermaßen übersetzt:

„Durch die Kraft des Höchsten Gottes entbietet Herr Johannes, Khan, König und Fürst mehrerer Provinzen, edler Streiter auf der Welt, Schwert der Christenheit und Verteidiger der Religion der Apostel, dem edlen König von Frankreich, dem Herrn und Meister der Christen, seinen Gruß! Unser Herr möge deine Herrschaft und dein Königreich zur rechten Zeit wachsen lassen, dein Wille möge nach seinem Gesetz und in der Welt geschehen, jetzt und immerdar! Gott möge dir das durch seine göttliche Kraft gewähren und dein Volk durch die Gebete der Propheten und der Apostel beschützen! Ich sende dir mit diesem Brief hunderttausend Segenswünsche und hunderttausend Grüße und bitte dich, diese Grüße wohlwollend entgegenzunehmen, denn es ist eine sehr große Ehre, dass ein so großer Herrscher dich grüßt. Es ist unsere Absicht, der Christenheit zum Wohl zu gereichen. Ich bete zu Gott und bitte ihn, dem Heer der Christen den Sieg zu schenken und all diejenigen, welche das Kreuz verachten, zu überwinden und zu erniedrigen. Wahrer Gott, erhöre den König von Frankreich und mehre seine Erhabenheit, damit alle sie sehen! Wir wollen, dass in all unseren Ländern und überall da, wo wir unsere Herrschaften ausüben, alle Christen frei und ledig von jeder Knechtschaft sind, befreit von Tributen, Gebühren und allen anderen Zöllen, und dass sie geehrt und geschützt werden. Wir wollen, dass die zerstörten Kirchen wieder aufgebaut, die Glocken geläutet werden und alle Christen in unserem Reich kommen und gehen können. Und weil Gott uns in diesen Zeiten die Gnade geschenkt hat, die Christenheit zu beschützen, haben wir diesen Brief durch unsere treuen Boten geschickt, in die wir unser Vertrauen setzen, David, Markus und Alpha, damit sie uns mündlich berichten, wie sich die Dinge bei Euch verhalten. Empfange unseren Brief und höre unsere Worte, denn sie sind aufrichtig. Möge er, der König des Himmels, dafür sorgen, dass Friede und Eintracht herrsche zwischen Lateinern und Griechen, zwischen den siegreichen Armeniern, den Jakobiten und all denen, die das Kreuz anbeten. Und wir bitten Gott darum, dass es keinen Zwist zwischen uns und den Christen geben möge."[606]

Ein weiterer Brief, der diesen Gegenstand berührte und folgende Gestalt hatte, wurde dem König von Zypern von seinem Schwager geschickt:[607]

„Dem verehrten Herrn Heinrich, König von Zypern, sowie dem edlen Johann von Ibelin, entbietet sein Bruder, der Konnetabel von Armenien, seinen Gruß! Wisst, dass seit meiner Abreise nach Tarsos im Auftrag meines Herrn, des Königs von Armenien, Unser Herr mich wohlbehalten bis zu einer Stadt namens Sante geführt hat. Ich tue Euch kund, dass wir auf unserem Weg mancherlei seltsame Dinge gesehen haben. Wir ließen Indien links liegen und wandten uns nach Bagdad; wir brauchten zwei Monate, um das ganze Gebiet dieses Königreichs zu durchqueren. Wir sahen viele Städte, welche die Tataren zerstört und verwüstet hatten und von denen niemand mehr sagen kann, was ihre Größe und ihren Reichtum ausmachte. Wir sahen mehr als zweihundert Leichenberge von Menschen aus dem Land und der Gegend, die von den Tataren getötet worden waren. Und wenn Unser Herr durch Seine Gnade die Tataren nicht hierher geführt hätte, um die Sarazenen zu bekämpfen, dann hätten diese das ganze Land der Christen im Königreich Syrien zerstört. Wir überquerten einen großen Fluss, der im Garten Eden entspringt und Sion heißt und der von einem Ufer zum anderen eine gute Tagesreise breit ist. Und wir tun Euch kund und zu wissen, dass es so viele Tataren gibt, dass kein Mensch sie zählen kann. Sie sind hässlich und haben unterschiedliche Gesichter; ich könnte Euch nicht beschreiben, wie sie aussehen. Was die Kriegskunst angeht, so sind sie gute Bogenschützen und kühn. Wir sind nun schon seit mehr als vier Monaten unterwegs und sind noch nicht in der Mitte des Landes des Khans[608] angelangt. Wir haben verschiedentlich gehört, dass seit dem Tod des Khans, des Großkönigs der Tataren, die Edlen und Ritter aus den verschiedenen Gegenden des Tatarenreichs ein Jahr brauchten, um sich zu versammeln und den König Khan zu wählen, der zurzeit regiert.[609] Dabei hatten sie Mühe, einen Ort zu finden, an dem sie sich alle versammeln konnten. Einige waren in Indien, andere im Land des Khan, mehrere in Saba und in Insula. Aus diesem Land kommen die Drei Könige, die Unseren Herrn in Jerusalem anbeteten, und die Einwohner dieses Landes sind Christen. Ich war in ihren Kirchen und habe Malereien gesehen, die Unseren Herrn darstellen und wie die Drei Könige ihm Gold, Weihrauch und Myrrhe darbringen. Und die Tataren lernten den christlichen Glauben zuerst durch diese Könige und ihre Verkündigung kennen und wurden Christen, ebenso wie der Großkönig von Tarsos und mehrere seiner Fürsten. Und vor der Tür der Edelleute stehen Kirchen, in denen die Glocken nach dem Brauch der Lateiner geläutet werden. Dort befinden sich auch die Gesetzestafeln nach dem Brauch der Griechen. Die tatarischen Christen gehen morgens zuerst in die Kirche und beten zu Unserem Herrn Jesus Christus, dann grüßen sie den König in seinem Palast. Wisst, dass wir viele Christen verstreut im ganzen Orient fanden sowie sehr schöne hohe und alte Kirchen, die von den Tataren zerstört worden waren, bevor diese Christen wurden. So kam es, dass einige orientalische Christen den gegenwärtig regierenden Khan kürzlich aufsuchten; er empfing sie ehrenvoll, sicherte ihnen ihre Freiheit zu und ließ öffentlich verkünden, dass niemand es wagen dürfe, ihnen mit Worten oder Werken zu schaden.

Im Land Indien, das vom heiligen Thomas zum christlichen Glauben bekehrt wurde,[610] lebte ein König, den die Sarazenen um den größten Teils seines Landes gebracht hatten. Er erkannte, dass er auch noch den Rest verlieren würde, wenn er keinen Beistand fände. Daher wandte er sich an den Großkönig von Tarsos und sagte ihm, wenn er ihm helfen wolle, sein Land zu verteidigen, werde er ihm huldigen und sein Vasall werden. Und sobald der König von Tarsos den Wunsch des Königs von Indien vernahm, rief er die tapfersten Männer seines Reiches zusammen und befahl ihnen, dem König von Indien und seinem von den Sarazenen verwüsteten Land Beistand zu leisten, den Christen so gut wie möglich zu helfen und sie wie ihre Brüder zu lieben. Der dafür gewählte Anführer brach mit einem großen Gefolge von Tataren nach Indien auf. Der König hieß sie freudig willkommen und begrüßte sie in ihren Zelten, dann ging er zu seinen Leuten zurück und vereinigte sein Heer mit dem der Tataren. Zusammen griffen sie die Sarazenen an, die sie auf dem Schlachtfeld erwarteten, denn sie rechneten nicht mit der Verstärkung durch die Tataren. Sie wurden alle besiegt und niedergemetzelt, und wir sahen, wie der König über vierzigtausend Sklaven verkaufen ließ. Und wisst, liebe Schwager[611], dass wir zugegen waren, als die Gesandten des Papstes den König von Tarsos aufsuchten und ihn fragten, ob er Christ sei. Dann fragten sie ihn, weshalb er seine Leute ausgeschickt habe, die Christen zu töten. Er antwortete, er habe das nicht mehr getan, seit er Christ geworden sei, doch in der Religion seiner Vorgänger habe das Gebot bestanden, alle bösen Menschen zu töten, deren sie habhaft werden konnten. Und um dieses Gebot zu befolgen, wollten sie alle Christen töten, weil sie dachten, das wären böse Menschen. Unser Herr möge Euch beschützen! Wisst, dass wir Euch erzählt haben, wie die Tataren sind und wie sie sich verhalten."

Nachdem König Ludwig der Heilige den Inhalt dieser beiden Briefe gehört hatte, fragte er die Boten von Aldschinghidai[612], des Fürsten, der sie geschickt hatte, wie dieser erfahren habe, dass er aus Frankreich nach Outremer kommen werde. Sie antworteten, der Sultan von Babylon habe an den Sultan von Mossul – die Stadt ist auch unter dem Namen Moxe bekannt – geschrieben und angekündigt, der König von Frankreich komme mit einem riesigen Heer und einer großen Flotte, um die Sarazenen zu bekämpfen, und er habe neun gut ausgerüstete Schiffe, die alle dem König von Frankreich gehörten, in seinen Besitz gebracht. Dies teilte er dem Sultan von Mossul mit, um ihn zu täuschen und ihm Angst einzuflößen, denn in Wirklichkeit hatte der König kein Schiff verloren. Doch er erzählte ihm das, damit er weder König Ludwig dem Heiligen noch seinen Leuten vertraute, denn er wusste, dass der Sultan von Mossul Christ werden wollte. „Und gewiss", sagten die Boten, „hat der Sultan von Mossul, sobald er Kenntnis davon erhielt, dass Ihr kommen würdet, um die Sarazenen zu bekämpfen, unseren Herrn, den Groß-Khan[613], darüber unterrichtet. So hat uns der Fürst Aldschinghidai geschickt, damit Ihr wisst, dass die Tataren beabsichtigen, im nächsten Sommer die Stadt Bagdad und den Kalifen der Sarazenen[614] zu belagern." Und sie fügten hinzu, ihr Fürst bitte ihn, Ägypten anzugreifen, damit der Kalif von Bagdad nicht mit der Hilfe der Ägypter rechnen könne.

Nachdem König Ludwig der Heilige die Boten des Fürsten Aldschinghidai angehört hatte, fragte er sie, wie die Tataren wohl zu solcher Macht gelangt seien. Sie antworteten, die Tatarenvölker hätten seit mindestens vierzig Jahren ihr Land verlassen und seien so zahlreich, dass es keine Stadt oder Burg gebe, die sich gegen sie verteidigen könne, noch einen Ort, wo sie siedeln könnten; vielmehr lebten sie in Hainen und auf Weideland, denn sie wollten dort lediglich ihre Herden weiden. Das Land, aus dem sie kämen und in dem der Groß-Khan lebte, heiße Tatar – daher nennten sie sich Tataren; es erstrecke sich auf ungefähr zwanzigtausend Meilen in der Länge und in der Breite, und ihr König sei sehr mächtig; er habe alle großen Fürsten seines Landes bei sich, dazu eine Vielzahl an Fuß-kämpfern und Reitern und eine solche Menge Vieh, dass man es unmöglich zählen könne; und so lebten sie alle stets in Zelten, weil keine Stadt sie alle beherbergen könne. Was ihre Pferde und anderen Tieren angehe, so hielten sie diese stets auf Weideland, denn sie hätten weder Gerste noch Stroh noch anderes Futter für sie. Die großen Fürsten pflegten daher ihre Furiere vorauszuschicken, damit diese den Boden und die Gegend erkundeten, und sie nähmen alles, was sie finden könnten, und verleibten es ihren Besitzungen ein. Sie schickten dann einen Teil ihrer Beute an den Groß-Khan und an die Herren seiner Umge-bung und behielten den Rest für ihren eigenen Lebensunterhalt. Bei ihnen sei es Sitte, dass beim Tod des Groß-Khans die Fürsten und Heerführer die Macht hätten, sich zu versam-meln und ihren neuen König zu wählen, unter der Bedingung, dass er ein Sohn oder Neffe des letzten verstorbenen Königs oder ein sehr naher Verwandter war. Übrigens stamme der König, der sie gesandt habe, von einer Christin ab, welche die Tochter des Priesters Johannes, des Königs von Indien,[615] gewesen sei; und auf Empfehlung dieser guten und heiligen Edelfrau und eines Bischofs namens Thalacias hätten sich dieser König und der Groß-Khan und achtzehn seiner Fürsten taufen lassen, und in seiner Umgebung habe es noch weitere hohe Herren gegeben, die Christen werden wollten. Fürst Aldschinghidai, der sie gesandt habe, sei schon lange ein guter Christ. Obgleich er nicht königlicher Abstam-mung sei, sei er dennoch ein hoher und mächtiger Herr aus dem Gebiet von Persien.

Der König fragte sie, weshalb Batu Khan die Boten nicht empfangen habe, die er früher zum Groß-Khan gesandt hatte. Sie antworteten ihm, dass dieser Herrscher Heide sei und in seiner Residenz einige Sarazenen als Berater habe. Nun verfüge er nicht mehr über dieselbe Macht wie zuvor, denn er sei abgesetzt worden und unter die Vorherrschaft des Fürsten Aldschinghidai gekommen. Der König fragte sie auch, ob der Sultan von Mossul – dieser Ort war, wie ich bereits gesagt habe, das einstige Ninive – Christ sei. Sie erwiderten, er sei der Sohn einer Christin und liebe die Christen, er halte die Feiertage der Apostel und Märtyrer ein wie die Christen und folge keineswegs dem Gesetz Mohammeds. Sein Wunsch, Christ zu werden, hänge nur noch von der Zustimmung der anderen Edlen seines Landes ab.

Als der König dies gehört hatte, beschloss er, dem Großkönig von Tarsos und dem Fürsten Aldschinghidai durch seine eigenen Boten Briefe, Geschenke und Schmuck zu senden; dabei sollten die einen in seinem Auftrag den Fürsten Aldschinghidai aufsuchen, mit ihm sprechen und ihm seine Briefe übergeben, während die anderen zum Groß-Khan gehen sollten. Er hatte von seinen Boten gehört, dass der Groß-Khan gern ein Zelt mit einer Kapelle[616] darin hätte; also ließ er ein sehr schönes anfertigen, scharlachrot, mit goldenen Knäufen und reich bestickt. Und im Innern ließ er darstellen, wie die drei Tatarenkönige Unseren Herrn anbeten und wie er starb, damit wir erlöst würden. Auch ein Stück vom Holz des Wahren Kreuzes schickte er ihm. Dies alles tat er, um den Fürsten Aldschinghidai in seinem Glauben zu stärken; ihm sandte er ebenfalls ein anderes Stück des Wahren Kreuzes und ermahnte ihn in seinem Brief, dem christlichen Glauben zu Hilfe zu kommen. Die Boten des Königs waren zwei Franziskaner, zwei Dominikaner, zwei Weltgeistliche und zwei Laien, und der bereits erwähnte Bruder Andreas von Longjumeau leitete diese Gesandtschaft.[617]

Kapitel LXXIV.
Wie der Sultan von Ägypten[618] Jerusalem befestigte. Von der Belagerung der Stadt Homs.[619] Und wie der Meister der Templer auf Bitten des Sultans von Babylon erreichen wollte, dass der König kehrtmachte. Und der Friede, den König Ludwig der Heilige zwischen dem König von Armenien und dem Fürsten von Antiochia stiftete.

Da der Sultan von Babylon vom Ruf Ludwigs des Heiligen gehört hatte und wusste, dass der König aus Liebe zu seinen Prälaten, Baronen und Rittern nicht davon abzubringen sein würde, nach Outremer zu fahren, wuchs seine Angst davor. Und aus Hass auf den Sultan von Aleppo, den er vor der Ankunft der Franzosen gern unterworfen hätte, wenn er gekonnt hätte, brach er in aller Eile nach Jerusalem auf und ließ die Heilige Stadt gründlich mit Soldaten, Lebensmitteln und neuen Befestigungsanlagen versehen. Von dort aus rief er alle Burgherren der Umgebung herbei und befahl ihnen, in die Burgen und Festungen des ganzen Landes Besatzungen zu legen, weil er die Ankunft des Königs von Frankreich fürchtete. Danach ging er nach Damaskus in der Hoffnung, mit dem Sultan von Aleppo und denen, die er in diesen Provinzen für seine Feinde hielt, ein Bündnis zu schließen, damit er mit ihrer Unterstützung gegen die Christen rechnen konnte. Er erzählte dem Kalifen von Bagdad und dem Alten Mann aus den Bergen, dem Herrn der Assassinen, von seinem Zwist mit dem Sultan von Aleppo und bat sie, sich mit Bittgesuchen und Boten bei ihm dafür einzusetzen, dass der Friede zwischen ihnen wiederhergestellt werde. Doch trotz all ihrer Bitten und Argumente wollte der Sultan von Aleppo sich nicht darauf einlassen.

Daher beauftragte der Sultan von Babylon zwei seiner Emire, die Stadt Homs zu belagern, sie eilig anzugreifen und noch vor dem Winter einzunehmen; alle, die sich darin befanden, sollten gefangen genommen werden, falls sie sich nicht sofort ergäben. Die Emire befolgten den Befehl ihres Sultans und belagerten die Stadt Homs. Doch während der Belagerung kam von den Bergen ein großer Sturzbach herab, der den größten Teil der Ausrüstung und der Tiere der Ägypter fortriss, und sie selbst mussten fliehen. Die Beduinen, die auf dieser Seite waren und ihre Flucht und ihren großen Schaden sahen, stürzten sich auf sie und machten mehrere Gefangene. Als die großen Wassermassen aufgehört hatten zu fließen, versammelten die beiden Emire ihre Leute und zogen wieder vor die Stadt. Der Sultan von Aleppo, der wusste, was ihnen widerfahren war, beeilte sich, mit einem großen Heer zu ihnen zu kommen, und wartete nur das Ende der Überschwemmung ab.

Unterdessen kam ihm der Bote des Kalifen, der sein Herr und Meister war, entgegen und ermahnte ihn, mit dem Sultan Frieden zu schließen; er legte ihm dar, dass die Sarazenen sehr viele Verluste und Schäden hinnehmen müssten, wenn sie sich nicht miteinander versöhnten. Denn die Christen würden aus dem Abendland kommen, um die Religion Mohammeds zu vernichten, und wenn die Sarazenen sich gegenseitig bekämpften, drohten ihnen großes Verderben und große Verluste, während es ihren Feinden, den Christen, zur Freude und zum Nutzen gereichte.

Trotz dieser Ermahnungen wollte der Sultan[620] seine Meinung nicht ändern und keinen Frieden schließen und sagte, solange die Ägypter sein Land besetzten, stimme er nicht zu, und wenn sie die Belagerung von Homs nicht aufgäben, werde er gegen sie kämpfen. Als der Bote des Kalifen erkannte, dass er keinen Frieden erlangen konnte, reiste er ab und kehrte zum ägyptischen Heer zurück; er legte ihnen dar, welche Gefahr drohte, denn der Sultan von Aleppo zog ihnen mit seinem ganzen Heer entgegen. Als die beiden Emire diese Neuigkeiten hörten, hoben sie nach vielen Verluste sowohl an Leuten als auch an Material die Belagerung auf und kehrten nach Damaskus zurück.

Dort weilte der Sultan[621], der krank war; als es ihm ein wenig besser ging, rief er den Meister der Templer zu sich, der ein sehr enger Freund von ihm war, und sagte zu ihm, er wäre ihm sehr dankbar, wenn er dafür sorgte, dass der König von Frankreich in seine Heimat zurückkehrte und zwischen ihnen ein lang anhaltender Waffenstillstand abgeschlossen und durch Eid bekräftigt würde. Der Meister der Templer erwiderte, er werde sich darum bemühen.

Daraufhin schickte er Briefe und Boten an König Ludwig den Heiligen und legte ihm dar, dass es eine gute Sache wäre, mit dem Sultan von Babylon Frieden zu schließen. Das missfiel dem König und den Baronen. Denn – so behaupten manche – dem Meister der Templer sei mehr am Wohl und an der Ehre des Sultans gelegen als an der ihren. Der König forderte ihn unverzüglich auf, es von nun an zu unterlassen, Bittgesuche des Sultans von Babylon ohne seine ausdrückliche Erlaubnis entgegenzunehmen oder mit den Sarazenen die Belange der Franzosen zu besprechen. Tatsächlich bestand zwischen dem Meister der Templer und dem Sultan eine solches Vertrauensverhältnis, dass sie sich bei Aderlässen gemeinsam Blut abnehmen ließen, am selben Arm und so, dass ihr Blut in dieselbe Schale floss. Wegen dieses Anzeichens von Vertrautheit und noch weiterer argwöhnten die Christen Syriens, dass der Meister der Templer ihr Gegner sei. Den Templern zufolge jedoch zeigte der Meister eine solche Zuneigung für den Sultan, erwies ihm vielerlei Ehren und suchte seine Gesellschaft, um den Frieden im Land der Christen zu bewahren, damit es vom Sultan und den anderen Sarazenen weder angegriffen noch in Bedrängnis gebracht wurde.

Unterdessen sandte der König von Armenien zwei Bischöfe und zwei Ritter nach Zypern zu König Ludwig dem Heiligen, der noch dort weilte; sie überbrachten ihm schöne Geschenke und Briefe. Darin schrieb er ihm, er überlasse sein ganzes Königreich dem Belieben des Königs von Frankreich. Dieser empfing die Boten mit allen Ehren. Der König von Armenien bat ihn, den Fürsten von Antiochia[622] zu ersuchen, sich mit ihm zu versöhnen und Frieden zu schließen. Was die Meinungsverschiedenheit zwischen ihnen beiden betreffe, vertraue er auf den König von Frankreich und werde seine Entscheidung annehmen. Der König schrieb dem Fürsten von Antiochia, es sei weder gut noch ehrenvoll, dass es Streitigkeiten zwischen christlichen Fürsten gebe, die sich einig sein sollten. In seinem Brief schrieb er unter anderem Folgendes: „Wir bitten Euch, nicht gegen den König von Armenien in den Krieg zu ziehen, der unsere Religion und unseren Glauben teilt. Wenn er Eurem Land Schaden zugefügt hat, werden wir und unser Rat Euch entschädigen."Aus Liebe zu König Ludwig dem Heiligen und um seiner Ehre willen stimmte der Fürst von Antiochia diesem Frieden zu, unter der Bedingung, dass der gute König Ludwig ihm fünfhundert Armbrustschützen lieh, um sein Land zu verteidigen und vor den Türken zu schützen, die es schon mehrfach angegriffen und in Bedrängnis gebracht hatten.

LUDWIG IX. VERLÄSST LIMASSOL.
ANKUNFT LUDWIGS IX. IN DAMIETTE

„So verließen König Ludwig der Heilige und die Männer seines
Heeres den Hafen von Limassol in Zypern am Tag der Heiligen Dreifaltigkeit.
Sie hatten so günstigen Wind, dass sie am darauffolgenden Freitag
das ägyptische Festland und die Stadt Damiette erblickten, auf die sie
geradewegs zusteuerten. Da sie es eilig hatten, an Land zu kommen,
hielten sie ihre Boote dicht aneinandergereiht auf dem Nil, der ganz in der Nähe
ins Meer mündet und, wie es heißt, im Garten Eden entspringt.“

(FOL. 233VA–233VB)

Die fränkischen Truppen stachen am 30. Mai 1249 in See, nachdem sie in Limassol auf Zypern überwintert, dabei ihre Kontingente aufgestockt und einen Plan zum Angriff auf Ägypten ausgearbeitet hatten. Die obere Miniatur zeigt die Vorbereitungen zur Abreise des Königs. Die Galeeren liegen im Hafen, Matrosen setzen die Segel. Ludwig IX. überwacht in Begleitung eines Edelmannes die Arbeiten, während die Truppen darauf warten, an Bord zu gehen. Im Hintergrund sind die Mauern von Limassol zu erkennen. Im Juni erreichte Ludwig mit seiner Flotte die ägyptische Küste. Auf dem unteren Bild hat Jean Colombe die Landung der Kreuzfahrer am 5. Juni 1249 dargestellt: Sie legen auf einer Insel an und stürzen gleich auf ihre Feinde los, die sie am Ufer erwarten.

es gens du vicomte
de chasteaudun
tost apres se depart
des messages du
Roy damiens pzindrent trait
debat contre ses mariniers qui
druoient conduire sarmee par
mer. et deslequez appaiser
et departir la meslee enuoya
le Roy saint loys tresbast

nement. iiii. v. vic sommes bie
armes. et lui auant quil ses
pussent fepmr y eust plusieurs
naures et mors. et entre les
autres y furent tues deux de
plus traus de semenois. Le
vicomte connoissant que ses
gens auoient le tort se doubta
du Roy. et print venir con
seil du Conte de montfort

✝

Kapitel LXXV.
Von dem Streit, welcher zwischen dem Vizegrafen von Châteaudun und seinen Seeleuten entbrannte. Von den Spähern, die den König vergiften wollten. Wie er sich einschiffte, um nach Damiette zu fahren, und wegen des schlechten Wetters umkehrte. Und wie er den Hafen von Damiette erreichte und die Stadt einnahm, welche von den Einwohnern aus Angst vor ihm verlassen worden und daher ohne Verteidigung war.

Schon bald nach der Abreise der Boten des Königs von Armenien entbrannte ein Streit zwischen den Leuten des Vizegrafen von Châteaudun und den Seeleuten, die das Heer über das Meer bringen sollten. Um diesen Streit zu schlichten und die Auseinandersetzungen zu beenden, schickte König Ludwig der Heilige in aller Eile viertausend Bewaffnete. Doch bevor die Gegner getrennt werden konnten, gab es Verletzte und Tote. Unter anderem wurden dabei zwei der bedeutendsten Genuesen getötet. Da der Vizegraf wusste, dass seine Leute im Unrecht waren, fürchtete er sich vor dem König und beriet sich mit dem Grafen von Montfort, ob er mit seinen Rittern unverzüglich über das Meer fahren konnte; doch der Graf riet ihm davon ab, das ohne die Erlaubnis des Königs zu tun. Als dieser davon Kenntnis erhielt, ließ er ihm sagen, er solle nicht so kühn sein, übers Meer zu fahren, denn dadurch könnte er das Heer zerstreuen und so die heilige Reise behindern. Deshalb wollte er den Streit schlichten und wünschte, dass die beiden Parteien die Entscheidung den Kardinälen überlassen sollten. Die Genuesen waren aus Liebe zum König damit zufrieden und beschlossen, um nicht zweitausend Silbermark Strafe zahlen zu müssen, sich an die Anordnungen des Königshofs zu halten. Nachdem endlich eine Einigung zustande gekommen war, schickte der König nach Akkon und in andere Küstenstädte, um eine Flotte zu beschaffen, mit der er und seine Leute samt ihrer Ausrüstung ihre Reise fortsetzen konnten.

Diesmal konnten seine Boten jedoch nichts ausrichten, denn es gab schwere Auseinandersetzungen zwischen den Genuesen und den Pisanern,[623] in deren Verlauf der Anführer der Genuesen durch einen Speer getötet wurde. Zudem stritten sich die Vögte von Zypern mit den Venezianern.[624]

Schon bald nach der Rückkehr seiner Boten schickte der König neue Boten, den Patriarchen von Jerusalem, den Bischof von Soissons und den Konnetabel von Frankreich, und erteilte ihnen den Auftrag, den Frieden zwischen Genuesen und Pisanern herzustellen. Und während sie sich auf der Suche nach einem Schiff nach Akkon begaben, ließ der

König kleine Boote bauen, mit denen sie, wenn sie sich der Küste näherten, landen konnten. Noch am Tag, als man mit dem Bau begann, wurden zwei Späher festgenommen; sie gestanden, der Sultan von Babylon habe sie geschickt, um den König und sein ganzes Heer zu vergiften, und ihr Plan sei gewesen, in die Vorräte, mit denen die Schiffe beladen werden sollten, Gift zu tun. Nach vielen Bemühungen hatten die Boten des Königs innerhalb von zwei Monaten geeignete und gut ausgerüstete Schiffe gefunden; sie schickten sie zum König, der sich, ebenso wie seine Barone, sehr darüber freute, denn es verdross sie allmählich, so lange in Zypern auszuharren. Und die Barone und die anderen Pilger, die dort überwintert hatten, versammelten sich und schifften ihre Leute ein. Als der König und das ganze Heer an Bord waren, wurde den Schiffsführern befohlen, ihre Flotte so schnell wie möglich in Richtung Damiette in Ägypten zu lenken, und so geschah es. Also wurden die Segel gesetzt, und indem sie sich Unserem Herrn Jesus Christus empfahlen, verließen sie Zypern im Jahr 1249. Doch als die Schiffe das offene Meer erreicht hatten, drehte sich der Wind und warf sie nach Zypern zurück, vor die Stadt Poisses. Dort blieben sie nur ungefähr drei Stunden lang, denn der Sturm legte sich, und sie segelten wieder aufs offene Meer hinaus. Indessen trieben neue Windstöße sie in den Hafen von Limassol zurück, den sie am selben Tag erst verlassen hatten.

Dorthin kamen auch der Fürst von Morea[625], der sich ihnen anschloss, um den König von Frankreich bei der Hilfe für das Heilige Land zu unterstützen, sowie der Herzog von Burgund[626], der den ganzen Winter in Rom verbracht hatte. Den Rest des Tages warteten sie noch aufeinander, denn die Schiffe waren durch den Sturm zersprengt worden. Tags darauf, als sie günstigen Wind hatten, hissten die Schiffsführer und Seeleute die Segel und fuhren wieder aufs offene Meer hinaus.

So verließen König Ludwig der Heilige und die Männer seines Heeres den Hafen von Limassol in Zypern am Tag der Heiligen Dreifaltigkeit.[627] Sie hatten so günstigen Wind, dass sie am darauffolgenden Freitag das ägyptische Festland und die Stadt Damiette erblickten, auf die sie geradewegs zusteuerten. Da sie es eilig hatten, an Land zu kommen, hielten sie ihre Boote dicht aneinandergereiht auf dem Nil, der ganz in der Nähe ins Meer mündet und, wie es heißt, im Garten Eden entspringt.

Als die Sarazenen in Damiette sahen, dass das Heer der Christen ganz nahe war, bestiegen sie in großer Zahl ihre Schiffe, Galeeren und anderen Boote, um sie anzugreifen. Deshalb beriet sich König Ludwig der Heilige mit seinen Fürsten, Baronen, Hauptleuten, Rittern und anderen, die sich mit Seeschlachten auskannten, und hielt seine Leute für den nächsten Tag in Kampfbereitschaft. Sobald es tagte, landeten sie trotz der Sarazenen auf einer Insel ganz in der Nähe, wo früher auch der König von Jerusalem gelandet war, als er Damiette belagerte. Und als die Fürsten, Barone, Ritter und anderen Kämpfer wohl

gerüstet waren, stiegen sie in die Galeeren und Boote, um mühelos ans Ufer zu gelangen, und steuerten so schnell wie möglich auf die Küste zu. König Ludwig der Heilige saß in einer kleinen Galeere zusammen mit dem Kardinal, der ein Stück des Wahren Kreuzes trug; in einer anderen kleinen Galeere, die dem König vorauseilte, befanden sich das Banner des heiligen Dionysius und die Brüder des Königs, umgeben von zahlreichen Rittern, Schildknappen und Armbrustschützen.

Sobald sie nahe ans Ufer herangekommen waren, stürzten sie sich geschwind und mutig auf die Feinde, die sie massenhaft am Ufer erwarteten und einen dichten Hagel von Pfeilen, Wurfspießen, Speeren und anderen Geschossen auf sie niederprasseln ließen. Die Christen rückten vor, stürmten auf sie los und schlugen mit ihren Lanzen und anderen Waffen auf sie drein. Trotz all dieser Verteidigungsmaßnahmen gelang es den Unseren mit der Hilfe Unseres Herrn dennoch, sich zu vereinigen und dicht beieinanderzuhalten, so dass sie die Sarazenen zurückdrängten und in die Flucht schlugen. Sie richteten in ihren Reihen ein großes Blutbad an und töteten insbesondere einige sehr hohe Herren. Von diesen fielen auf dem Schlachtfeld der Apostat von Damiette, zwei Emire und viel Fußvolk. Der Sultan von Babylon war bei dieser Niederlage nicht zugegen, denn da er krank war, befand er sich eine Meile von Damiette entfernt mitsamt einem Teil des Heers, das er von Damaskus hergeführt hatte.

Nach diesem Sieg riegelten die Unseren den Nil zum Meer hin ab und eigneten sich auf diese Weise alle Galeeren und anderen Schiffe der Sarazenen an, deren sie habhaft werden konnten; diejenigen, die entkamen, flohen flussaufwärts. Als der König und die Fürsten von der Flucht der Sarazenen erfuhren, ließen sie ihre Zelte am Ufer aufschlagen. In der Nacht und während des ganzen Sonntags ruhten sie sich aus und priesen Unseren Herrn. Dann wurde befohlen, die Pferde auszuladen und wieder zum Heer zu bringen und alles Kriegsgerät herbeizuholen. Die Sarazenen von Damiette erschraken, als sie sahen, wie unsere Leute sich anschickten, ihr Lager aufzuschlagen, und nach Einbruch der Nacht kamen sie heimlich aus der Stadt, die sie in Brand gesteckt hatten. Als einige von den Franzosen das bemerkten, eilten sie zur Stadt und betraten sie über eine Schiffsbrücke, welche die Sarazenen in der kurzen Zeit nicht mehr hatten zerstören können. Indem sie sich überall umsahen, vergewisserten sie sich, dass die Sarazenen wirklich die Flucht ergriffen hatten, und taten das dem König kund. Darauf ließ dieser das ganze Kriegsgerät in die Stadt bringen und seine Zelte ganz in der Nähe aufschlagen. Und obwohl die Sarazenen viel von ihrer Habe und Ausrüstung mitgenommen hatten und der Brand große Schäden verursacht hatte, fanden die Unseren noch eine Menge Vorräte darin.

Die Stadt Damiette war größtenteils mit hohen Mauern und Türmen befestigt und auch durch den Nil geschützt, der darum herumfloss. Der König ließ alle Leichen wegräumen und die Stadt säubern. Danach schritten der päpstliche Legat, der Patriarch von Jerusalem, die anderen Bischöfe und Prälaten und der ganze Klerus barfuß, ebenso der König und alle Männer des Heeres mit Lobgesängen auf Unseren Herrn in einer Prozession hinein. Der Legat begab sich zuerst zum Haus des Mohammed-Tempels; er ließ alle Götzenbilder, die er fand, hinauswerfen und weihte den Ort wieder der Verehrung Unserer Lieben Frau.

Nachdem dies getan war, blieb der König den ganzen Sommer über in Damiette und wartete darauf, dass das Wasser des Nils wieder fiel, denn in dieser Jahreszeit stand es so hoch, dass es fast das ganze Land bedeckte. Während sie also in Damiette weilten, verließ das christliche Heer Frankreich und stach am Johannistag des Jahres 1249 in See. Einer der Brüder des Königs, Graf Alfons von Poitou, landete mit seiner Gemahlin, mehreren edlen Herren und zahlreichen weiteren Franzosen ein paar Tage später in Damiette[628], wo er vom König, allen Prälaten und Baronen Frankreichs und den anderen Christen aus verschiedenen Ländern mit großer Freude empfangen wurde. Alle hatten auf seine Ankunft gewartet, um noch weiter in das Land vorzudringen, das die Sarazenen an sich gerissen hatten.

Kapitel LXXVI.
Wie König Ludwig der Heilige sein Heer aus Damiette heraus nach Mansurah führte. Vom Grafen von Artois, welcher mit einem Teil des Heeres auf die andere Seite des Flusses Tanis zog, und wie der Bruder des Königs, während er in dessen Auftrag unterwegs war, besiegt und vermutlich getötet wurde. Und wie König Ludwig der Heilige gefangen genommen und sein Heer bei Damiette vernichtend geschlagen wurde. Wie er gegen ein Lösegeld freigelassen wurde, und wie der Sultan starb.

Am 19. Tag des November im Jahr 1249[629] führte der König auf Anraten seiner Fürsten, Barone und Ritter das Heer aus Damiette heraus und vor Mansurah[630], gegenüber den Sarazenen, die sie dort in großer Zahl erwarteten. Sie kamen den Christen entgegen, machten plötzliche Ausfälle, ergriffen dann die Flucht und schossen dabei nach ihrer Gewohnheit Pfeile nach hinten auf ihre Verfolger ab. Trotz ihrer Pfeile töteten die Christen sie dennoch in sehr großer Zahl, und unter solchen Gefechten trafen die Unseren vor Mansurah ein. Das war damals eine kleine Burg, doch sie konnten nicht näher herankommen wegen des Flusses Tanis, der zwischen ihnen und der Burg floss und der ganz in der Nähe in den Nil mündete. Und so schlugen sie ihre Zelte zwischen den beiden Flüssen auf, so dass sie die ganze Fläche von einem Flussufer bis zum anderen bedeckten.

Und während sie sich dort aufhielten, erfuhren sie, dass der Sultan von Babylon, der von Anfang an bei Damiette gegen sie gekämpft hatte, gestorben war.[631] Noch zu seinen Lebzeiten hatte er seinen Sohn mit zahlreichen Leuten aus den östlichen Marken rufen lassen, doch da der Sohn nicht rechtzeitig eintraf, hatte sein Vater vor seinem Tod seine Emire und Ritter schwören lassen, ihn, sobald er da wäre, als rechtmäßigen Sultan anzuerkennen, ihm Gefolgschaft und Lehnstreue zuzusichern und ihm als ihrem wahren Herrn[632] zu gehorchen. Und damit sein Heer nicht ohne Oberbefehlshaber bliebe und sein Sohn es bei seiner Ankunft vollständig vorfände, hatte er es einem seiner Emire namens Fakhr ed-Din[633] anvertraut.

Als König Ludwig der Heilige nun Kenntnis erhielt, dass der Sohn des Sultans mit seinem gesamten Heer anrückte, ließ er die Belagerungsarbeiten und die Aufstellung der Maschinen so gut wie möglich vorantreiben, um Mansurah noch vor dessen Ankunft einzunehmen. Die Franzosen töteten eine große Zahl Sarazenen, jedoch gelang es ihnen nicht, die Festung zu erobern, weil sie durch den Fluss Tanis davon abgeschnitten waren. Der König veranlasste daher den Bau einer Straße und einer Schiffsbrücke über den Fluss, damit sein Heer auf die andere Seite übersetzen und bis zu den Stadtmauern gelangen konnte, aber auch, um die Arbeiter zu schützen. Unten an der Straße ließ er eine überdachte Galerie aus Holz errichten. Als die Sarazenen das sahen, kamen sie in Scharen hervor und schleuderten so viele Wurfgeschosse herüber, dass sie die hölzerne Galerie zerstörten und unsere Leute infolgedessen nicht mehr hinübergehen konnten, weshalb sie sehr bekümmert waren.

Nun geschah es, dass ein gefangener Sarazene, der sich im Heer der Christen befand, zu einigen Fürsten und dann zum König sagte, er werde ihnen eine Furt zeigen, die sie durchqueren könnten, und zwar ganz in der Nähe der Straße und der Schiffsbrücke. Denn diese wurde jedes Mal, wenn die Christen bis zur Mitte des Flusses gekommen waren, durch die Strömung des Flusses oder auch durch den Ansturm der Sarazenen zerstört. Nachdem der König sich mit seinen Fürsten, Baronen, Rittern und Heerführern beraten hatte, beschloss er, dass sein Bruder, Robert von Artois, zusammen mit der Vorhut und den besten Reitern vorausreiten sollte. Sie sollten so schnell wie möglich hinübergehen und auf der anderen Seite am Ufer warten. Er befahl ihnen, was auch geschehen würde, sich nicht vom Ufer zu entfernen, bis der König und der Rest des christlichen Heers den Fluss ebenfalls überquert und sich wieder mit ihnen vereinigt hätten. Um die ihm übertragene Aufgabe zu erfüllen, durchquerte Graf Robert am Aschermittwoch des bereits genannten Jahres 1249[634] heimlich mit der gesamten Vorhut den Fluss Tanis mithilfe der Furt, die der Sarazene ihnen gezeigt hatte. Dabei liefen sie Gefahr zu ertrinken, denn der Untergrund war weich und voller Morast und Schlamm; außerdem war der Fluss sehr tief und breit und hatte eine starke Strömung. Als nun dem Grafen von Artois, der sehr kühn war, klar

„Da erwiderte der König mit standhaftem Gemüt:
‚Meinen Leib könnt Ihr töten, aber nicht meine Seele!‘“

(FOL. 240VA)

Ludwig IX. weigerte sich, mit den ayubitischen Herren zu verhandeln, die ihm immerhin die Rückgabe Jerusalems und Askalons anboten, und entschloss sich zum Marsch auf Kairo. Die Darstellung im oberen Register zeigt ihn, wie er im November 1249 mit seinen Truppen die Festung Damiette verlässt, um ins Landesinnere zu ziehen. Allen voran die Fußkämpfer, dann die Reiter in dichten Reihen, rückt das Heer in untadeliger Ordnung vor. Der König reitet inmitten seiner Truppen. Vor der Festung Mansurah lagen sich die gegnerischen Truppen sechs Wochen am Tanis, einem Mündungsarm des Nils, gegenüber. Diese Situation ist im unteren Register festgehalten. Im Hintergrund ist Mansurah zu erkennen. Schließlich gelang den Franken im Februar die Erstürmung des sarazenischen Lagers auf der anderen Flussseite.

wurde, dass er den größten Teil der besten Leute des Heeres bei sich hatte, befahl er ihnen, rasch am Ufer entlang vorwärtszugehen, bis sie dorthin kämen, wo die Sarazenen die Straße und die Maschinen bewachten, die sie gegen die Unseren gerichtet hatten. Zudem hatten sie die Brücke aus Schiffen zerstört, die der König hintereinander auf dem Fluss hatte aufreihen lassen, damit das Heer darauf hinübergehen konnte.

Als der Meister der Templer, den der König dem Grafen als Berater an die Seite gestellt hatte, weil er das Land kannte, von dessen Vorhaben erfuhr, riet er ihm nach Kräften davon ab und legte ihm unter anderem dar, die Flussdurchquerung, die sie gerade bewerkstelligt hatten, sei sehr gefährlich und der König sei noch mit dem großen Heer auf der anderen Seite. Er erinnerte ihn daran, dass der König ihnen verboten hatte, sich nach der Überquerung vom Ufer zu entfernen, bevor er und seine Leute sie eingeholt hätten. Obendrein bestand die Landschaft, in die sie gelangt waren, aus lauter Wäldern und Tälern, weshalb sie die wahre Zahl und Stärke der Sarazenen, die – soweit er wusste – von nah und fern zur Unterstützung herbeigekommen waren, nicht richtig einzuschätzen vermochten. Und es stand zu befürchten, dass es dem Grafen und denen, die er führte, schlecht bekäme, wenn er sie dazu brächte, sich vom Rest ihrer Leute zu entfernen, nachdem sie den Fluss durchquert hatten.

Als Graf Robert von Artois, ein junger und – wie bei den Franzosen üblich – hitziger Ritter, die Vorhaltungen des Meisters der Templer vernahm, wurde er über die Maßen zornig und folgte dem Beispiel einiger Leute und insbesondere solcher von hohem Rang, die nur hören wollen, was ihnen gefällt. Das bekommt ihnen schlecht! Tatsächlich sagten die hochmütigen Kinder Israel eines Tages zu Moses, der ihren Starrsinn anprangerte, als sie seinen guten Rat nicht befolgen wollten: „Loquere nobis placencia et audiemus te!"[635] Und so erwiderte der Bruder des Königs vorwurfsvoll: „Bei den Templern gibt es immer einen Verräter! Wer mir folgen will, möge das tun!"

Daraufhin ließ er sein Heer gegen den Wunsch und Willen des Meisters der Templer, der ihn gut beraten hatte, unverzüglich losziehen. Jener wagte ihm jedoch nicht mehr zu widersprechen, weil Graf Robert ja vom König zum Oberbefehlshaber über ihn und die gesamte Vorhut bestimmt worden war. Nun beeilten sich der Graf und seine Leute so sehr, dass sie schon nach kurzer Zeit bei der Straße anlangten, wo die Sarazenen ihre Kriegsmaschinen aufgestellt hatten, um die vom König gebaute Galerie zu zerstören, und überrumpelten diejenigen, die sie dort vorfanden. Sie erschraken furchtbar, als sie die Unseren auf sich zukommen sahen, denn sie hatten noch nie von einer Furt an dieser Stelle gehört, und ließen ihre Maschinen im Stich. Fakhr ed-Din selbst und die anderen Emire, von denen ein Teil noch im Bett lag, hörten den Lärm und sahen, dass die Unseren den Fluss durchquert hatten und plötzlich auf sie zukamen. Da ließen sie ihre Zelte und ihr Hab und Gut zurück, wollten nur noch ihr Leben retten und suchten ihr Heil in der Flucht. Die Unseren meinten bereits alles gewonnen zu haben, und verblendet durch ihren Sieg, begannen sie ihnen in sinnloser Weise nachzujagen. Sie brachen getrennt voneinander in ungeordneten Rotten und Scharen auf, die einen versuchten zu plündern, die anderen verfolgten die Feinde an verschiedenen Stellen.

Der Meister der Templer wies sie darauf hin, dass sie genug getan hätten und es besser gekommen sei, als er gedacht habe, aber dass sie nun dicht beisammen bleiben müssten wegen der großen Gefahren, die ihnen bis zum Eintreffen des König noch drohten. Doch sie wollten weder auf ihn hören noch ihm glauben, und dies bekam ihnen schlecht! Denn nachdem sie ein großes Blutbad unter den Sarazenen angerichtet hatten und Fakhr ed-Din getötet worden war, sahen die anderen Sarazenen, die nach Mansurah geflohen waren, die Unordnung unserer Leute und ihre wilden Verfolgungsjagden durch die Täler und in einem Gelände, in dem sie sich nicht auskannten. Sie versammelten sich und begannen, einem einzigen Willen folgend, auf diejenigen, die ihre Zelte plünderten, zu schießen. Letztere wurden innerhalb kurzer Zeit fast alle getötet oder gefangen genommen, denn sie hatten nicht erkannt, in welcher Gefahr sie inmitten ihrer Feinde und fern von ihren Gefährten schwebten. Dennoch fassten die Christen wieder ein wenig Mut; sie wollten lieber bei der Verteidigung ihres Lebens sterben und so ihren Tod rächen. Sie vereinigten sich mit denen, welche die Feinde verfolgten, ließen sich von dem Getöse und Geschrei leiten und machten kehrt, um einander beizustehen.

Indessen wurden sehr viele der Unseren trotz ihrer Bemühungen, sich zu verteidigen, von den Sarazenen getötet, andere mitten unter ihnen eingekesselt; es fehlte nicht viel, und sie wären alle umgebracht worden. Das wäre bestimmt geschehen, wenn Unser Herr in Seiner Gnade sie nicht beschützt und ihnen beigestanden hätte. Denn König Ludwig der Heilige, der mit dem Rest des Heers in der Nachhut war, hatte keine Eile, den Fluss zu durchqueren, glaubte er doch, sein Bruder, der Graf von Artois, und die Vorhut befänden sich am gegenüberliegenden Ufer und warteten auf sie, wie er es ihnen befohlen hatte. Als sie die andere Seite erreicht hatten, war er zutiefst bestürzt, dass er seine Vorhut nicht erblickte, und machte sich nun große Sorgen, was ihnen zugestoßen sein mochte. Er trieb seine Leute zur Eile an, so gut es ging; er war jedoch noch nicht weit gekommen, als er die schlimme Kunde von Boten erfuhr, die der Graf und die Barone zu ihm gesandt hatten, seit sie von den Sarazenen überrascht worden waren. Sie baten ihn inständig, schnell mit der Nachhut herzukommen und sie zu unterstützen.

Man braucht wohl nicht zu fragen, welchen Schmerz der König selbst und die anderen christlichen Pilger empfanden und wie sehr sie getrauert hätten, wenn nicht ihre Gefährten ihres Beistandes bedurft hätten! Deshalb schickte der König umgehend und vor allem anderen Reiter los, damit sie in der Schlacht die Verteidigung hielten, bis die Fußkämpfer eintrafen. Schließlich, um das kurz zusammenzufassen, konnte Graf Robert nicht mehr zu dem Teil seiner Leute vorstoßen, die, wie bereits erwähnt, von den Sarazenen umzingelt waren. Um sein Leben zu retten, flüchtete er mit einem Templer in die Festung Mansurah, deren Tore offen waren. Doch er wurde auf der Stelle getötet oder gefangen genommen und verschleppt; seitdem erhielt niemand mehr zuverlässige Kunde über ihn. Wenn sein anmaßendes Verhalten nur ihm selbst zum Schaden gereicht hätte, wie er es verdiente, wäre der Kummer über sein unseliges Abenteuer schnell vergangen. Doch o weh! Für seinen Hochmut wurde leider nicht nur er selbst bestraft, sondern alle christlichen Pilger mussten ihn teuer bezahlen, insbesondere die aus der Vorhut, die beinahe alle getötet oder gefangen genommen wurden, bis auf einen kleinen Teil von ebenfalls Eingekesselten. Nachdem sie die heftigsten Angriffe und Geschosse der Sarazenen – diese feuerten ihre Pfeile auf sie ab, als ob ein dichter Regen niederprasselte – erduldet und ausgehalten hatten, trugen sie endlich dank der Stärke ihrer Armbrustschützen den Sieg auf dem Schlachtfeld davon.

Sie verjagten die Sarazenen und schlugen sie nach der neunten Stunde in die Flucht. Dann zogen der König und die anderen Christen sich zurück und verbrachten den Rest des Tages und die ganze Nacht im Lager. Sie gingen in ihre Zelte, die nahe bei den Ausrüstungen der Sarazenen standen, die sie erbeutet hatten. Am nächsten Morgen bauten sie eine Holzbrücke, damit die Männer, die noch auf der anderen Seite des Flusses Tanis waren, zu ihnen herüberkommen konnten. Als alle auf dieser Seite angelangt waren, schlugen sie ihre Zelte in der Umgebung des Königs auf und bauten aus den Kriegsgeräten der Sarazenen Schanzpfähle und Zäune, um besser geschützt zu sein.

Nachdem sich die Dinge so zugetragen hatten, verbreitete sich im ganzen Land die Kunde, die Einwohner von Mansurah würden von den Christen belagert, und so begannen von nah und fern riesige Scharen von Sarazenen herbeizuströmen. Sie versammelten sich und stürmten dann los, griffen an und schleuderten, begleitet von schrecklichem Geheul und Getrommel, ununterbrochen Geschosse auf die von den Unseren errichteten Schanzpfähle. Unterdessen kamen die Fürsten, Barone, Ritter und mehrere andere Leute verschiedenen Standes aus der Stadt heraus, zogen ihnen entgegen und drangen kühn auf sie ein. Nachdem sie eine Vielzahl von ihnen, insbesondere einige ihrer höchsten und bedeutendsten Herren, getötet hatten, zwangen sie die anderen zu fliehen, um ihr Leben zu retten.

So hatten die Unseren ein wenig Ruhe, doch das dauerte nicht allzu lange. Denn kurz darauf traf in Mansurah der Sohn des verstorbenen Sultans[636] zusammen mit vielen Sarazenen ein. Bei seiner Ankunft ließen die Einwohner Mansurahs Hörner, Trompeten und Trommeln erklingen und empfingen ihn mit großer Freude und allen Ehren als ihren Herrn. Doch leider, welch ein Schmerz! Das Heer der Sarazenen war so um eine große Zahl von

Leuten verstärkt worden und wuchs dank der neuen heidnischen Einheiten, die Stunde um Stunde dazukamen, weiter, während die Kräfte und der Mut der Unseren schwanden. Denn unter ihnen herrschte eine so große Sterblichkeit, sowohl unter den Menschen als auch unter den Pferden und anderen Tieren, dass nur wenige diesem Schicksal entgingen. Zusätzlich zu dieser schweren Seuche mangelte es ihnen so sehr an Lebensmitteln, dass viele verhungerten. In der Tat konnten ihnen die Schiffe auf dem Fluss nichts aus Damiette bringen, denn die Sarazenen fingen sie ab, und unter den Schiffen, die sie in ihre Gewalt brachten, waren zwei, die Lebensmittel und andere Waren im Überfluss beförderten. Sie töteten alle, die auf den Schiffen waren, und mit einem Schlag fehlten die Lebensmittel und das Futter für die Tiere. Als der König die Mutlosigkeit und Angst mehrerer seiner Fürsten, Barone und Ritter sah, beriet er sich insgeheim und beschloss, die Belagerung von Mansurah aufzuheben[637] und nach Damiette zurückzukehren, ebenso um die Stadt zu verteidigen wie um dem Heer mehr Ruhe zu gönnen und es vor den verschiedenen Seuchen[638], die unter den Pilgern wüteten, in Sicherheit zu bringen.

Als die Sarazenen jedoch sahen, dass der König die Belagerung aufhob und bereits auf dem Weg nach Damiette war, rüsteten sie sich, und alle, die Waffen tragen konnten, kamen aus der Stadt und setzten ihnen nach; dabei verbreiteten sie im ganzen Land, alle, ob groß oder klein, sollten ihnen folgen und entweder eilends auf die Berge steigen oder zu den Durchgängen und Engpässen gehen und von dort aus so viele Wurfspieße, Pfeile und Steine wie möglich auf die Christen schleudern und ihnen so dicht auf den Fersen sein, dass diese sich nicht in die Stadt Damiette flüchten könnten. Und so waren innerhalb kürzester Zeit alle Berge und Engpässe um unsere Leute herum von Heiden und Sarazenen bedeckt, die große Trommeln schlugen und fürchterliche Schreie ausstießen, dass es gar schrecklich anzuhören war. Von den Anhöhen herab schossen sie in die Täler unzählige Wurfspieße, Pfeile, Steine und Speere auf sie, so dass diese die Schilde und Langschilde der Christen durchschlugen und deren Leiber und Glieder durchbohrt und verwundet wurden. Dennoch verteidigten sich die tapferen Franzosen unablässig und sehr mutig und rückten dabei kämpfend weiter vor, bis sie sich Damiette näherten. Da die Sarazenen sahen, dass es nicht mehr lange dauerte, bis die Unseren sich in Sicherheit gebracht haben würden, schlugen sie in so großer Menge und mit solcher Wucht auf das Heer der Christen ein, die bis dahin stets dicht beieinander geblieben waren, dass jene nicht mehr standhalten konnten, denn die meisten waren krank und halb verhungert. So mussten sie sich hierhin und dahin zerstreuen, wenn sie ihr Leben retten wollten. Indessen wurden alle gefangen genommen und viele getötet.

An jenem Tag verteidigten sich die Franzosen auf jegliche Art und Weise und bewiesen Kühnheit und Tapferkeit. Besonders einer von ihnen erwarb sich höchstes Lob für

seine Ehre und Tapferkeit, ein gewisser Wilhelm von Le Bourg-La-Reine, der Leibwächter des Königs. Er trug eine Streitaxt, mit der er unter den Sarazenen, die in die Nähe des Königs zu kommen versuchten, ein solches Blutbad anrichtete, dass alle darüber staunten. Aufgrund der großen Menge der Gegner hätte er dem sicheren Tod nur durch ein Wunder entgehen können. Der König, der seine Tapferkeit sah und fürchtete, einen so hervorragenden Mann zu verlieren, rief ihm zu, so laut er konnte – denn er war sehr krank –, er solle mit der Verteidigung aufhören und sich ergeben, er werde ihn retten. Die Gefangennahme dieses Mannes bedeutete das Ende dieser überaus schmerzvollen Niederlage, zu der es kam, ohne dass es eine richtige Schlacht gegeben hätte. Die Christen, die dabei fast alle getötet oder gefangen genommen wurden, hatten nämlich weder Zeit noch Platz gehabt, sich geordnet zur Verteidigung aufzustellen, sondern wurden eingeschlossen, ohne jede Hoffnung zu entkommen, außer über den Fluss. Doch selbst diejenigen, die über diesen Fluss flohen, fanden keine Rettung. Alle wurden von den Sarazenen gefangen genommen, welche alle Kranken töteten, die sie auf den Galeeren fanden; mehrere wurden noch lebend zerstückelt.

Unser Herr schaute voller Erbarmen auf sein Volk und ließ nicht zu, dass König Ludwig der Heilige starb. Da er jedoch krank war und sich nicht auf den Beinen halten konnte, während seine Leute gefangen genommen oder getötet wurden und all ihre Güter verloren gingen, wurde er, inmitten von lauter Sarazenen, auf den Armen seiner Getreuen nach Mansurah getragen. Nur der Kardinal und seine Leute entkamen ohne Schwierigkeiten, denn sie waren etwas früher aufgebrochen, die anderen hingegen, die über Mansurah gezogen waren, hatten sich nicht retten können: Sie wurden getötet oder gefangen genommen.[639]

Als der König zur Stunde der Vesper sein Gebetbuch verlangte, um wie gewohnt sein Abendgebet zu sprechen, fand man es nicht, denn das Buch war mit dem Gepäck verloren gegangen. Er war darüber sehr betrübt, doch als er klagte, dass er seine Stundengebete nicht lesen könne, brachte man ihm wundersamerweise sein Buch wieder, wie man in der Geschichte seines ruhmreichen Lebens nachlesen kann.

Ich will mich nicht lange damit aufhalten, zu erzählen, wie die Sarazenen nach der Niederlage die Christen und die Überreste des Heiligen Kreuzes niederträchtig behandelten, bespuckten und mit Füßen traten und wie sie die Gefangenen in den Kerker warfen und grausam misshandelten. Man kann sich denken, dass solche Ereignisse schon oft anderweitig beschrieben wurden, doch immerhin ließ Unser Herr nicht zu, dass der gute König Ludwig der Heilige in dieser Weise misshandelt wurde. Außerdem war er so krank[640], dass die Seinen eher damit rechneten, dass er sterben, als dass er am Leben bleiben werde. Unser Herr legte dem Sultan[641] ein solches Mitleid mit dem König ins Herz, dass er ihm seine eigenen Ärzte schickte und dafür sorgte, dass er bewacht und gepflegt wurde und alles bekam, was er wollte. Sobald er vernahm, dass der König wieder gesund war, verlangte er von ihm unter Drohungen und harten Worten den Frieden oder einen langen Waffenstillstand. Zwischen ihnen wurde ein Vertrag geschlossen mit der Bedingung, dass Damiette dem Sultan zurückgegeben werde mit allem, was die Christen darin vorgefunden hatten. Außerdem sollte der König achttausend[642] sarazenische Gold-Besanten bezahlen, um dem Sultan die erlittenen Schäden und die Aufwendungen, die er und seine Leute seit der Eroberung Damiettes bis zu diesem Zeitpunkt gehabt hatten, zu ersetzen. Der König sollte auch alle Sarazenen, die in Ägypten seit der Zeit, als Kaiser Friedrich dort war, gefangen genommen worden waren, freilassen. Dann sollten sie schwören, einen zehnjährigen Waffenstillstand einzuhalten. Im Gegenzug sollte König Ludwig der Heilige aus der Gefangenschaft freigelassen werden und Geiseln stellen, um sein Lösegeld abzusichern, sobald er Damiette übergeben hätte. Dasselbe sollte für alle anderen Christen, gleich welcher Nation, gelten, die seit der Zeit, als Kaiser Friedrich dort war und noch der alte Sultan regierte, der Großvater des derzeitigen Sultans,[643] in dessen Gefangenschaft sich König Ludwig der Heilige befand, gefangen genommen worden und in Ägypten im Kerker waren: Sie sollten ohne weitere Zahlung freigelassen werden.

Des Weiteren sollten ihnen alle beweglichen Güter, die der König, die Fürsten, Barone, Ritter und anderen Pilger in Damiette zurückgelassen hatten, unberührt zurückerstattet werden und so lange in der Hand des Sultans bleiben, bis der König Zeit und Gelegenheit fände, sie abholen und heil ins Land der Christen zurückbringen zu lassen. Alle kranken Pilger und solche, die in Damiette blieben, um ihre Habe an sich zu nehmen oder um ihre Krankheit auszuheilen, sollten ungehindert auf dem See- oder Landweg abreisen können, wann immer es ihnen beliebte, und der Sultan sollte ihnen einen Geleitbrief mitgeben, mit dem sie bis ins Land der Christen kämen. Außerdem war Letzterer damit einverstanden und versprach, dass die Christen alle Länder, die sie im Königreich Jerusalem besaßen, ungestört behalten könnten.

Nachdem dieser Vertrag geschlossen war, noch am selben Tag, an dem die Eide geleistet wurden, kamen einige Emire ungefähr zur dritten Stunde[644] ins Zelt des Sultans. Mit der Zustimmung und Billigung der meisten anderen Befehlshaber des Heeres ermordeten und zerstückelten sie ihn.[645] Sie waren nämlich erzürnt, dass der Sultan mit König Ludwig dem Heiligen Frieden gemacht und diesen Vertrag geschlossen hatte, ohne ihren Rat einzuholen. Nach dieser Tat gingen sie in derselben Stunde mit noch vom Blut des Sultans beflecktem Messern in der Hand ins Zelt des Königs. Sie setzten ihm ihre Messer an die Kehle und an die Rippen und drohten ihm, sowohl ihn als auch seine Fürsten und Barone zu töten, falls er ihnen nicht Damiette zurückgäbe und verspräche, die dem – von ihnen getöteten – Sultan gegebenen Versprechen zu halten. Unter ihnen befand sich ein gewisser Julian, der mit gezücktem Schwert zum König kam und von ihm verlangte, er solle ihn zum Ritter schlagen. Der König wollte ihm das gern gewähren, sofern der andere Christ werden wollte, und bot ihm an, ihm in Frankreich mehr Ländereien und Güter zu geben, als er in Ägypten besaß. Doch dieser Julian wollte sich nicht bekehren, und deshalb wollte der heilige Ludwig ihn nicht zum Ritter schlagen.

Die vorher vereinbarten Bedingungen wurden bestätigt, und um sie noch mehr zu bekräftigen, wollten die Emire, dass der König schriftlich erkläre, er werde Gott, dem Sohn und der Jungfrau Maria, entsagen, wenn er nicht Wort halte. Ebenso würden sie in ihre Verträge schreiben, sie würden Mohammed und seiner ganzen Macht entsagen, wenn sie gegen die Vereinbarungen verstießen. Doch was die Emire auch sagen oder wie sehr sie drohen mochten, der König wollte diesen Eid nicht leisten. Einer der Emire sagte daher voller Zorn zu ihm: „Wir sind erstaunt, wie du – wo du doch weißt, dass du in unserer Gewalt und unser Gefangener bist, – mit solcher Kühnheit zu sprechen wagst! Du musst wissen, wenn du nicht zustimmst, werde ich dich auf der Stelle töten!" Da erwiderte der König mit standhaftem Gemüt: „Meinen Leib könnt Ihr töten, aber nicht meine Seele!" Angesichts solcher Beständigkeit ließen die Sarazenen ihn in Frieden; und die zuvor mit dem Sultan getroffenen Vereinbarungen wurden erneuert, bestätigt und durch Eid bekräftigt; es wurde ein Tag festgesetzt, an dem die Gefangenen freigelassen werden und Damiette zurückgegeben werden sollte.

Gewiss fand sich der König nur widerstrebend damit ab, Damiette zurückzugeben, doch Leute, die sich auskannten, legten ihm dar, dass die Stadt sich nicht lange halten könne und bald verloren gehen werde. Am festgesetzten Tag wurde Damiette den Emiren übergeben,[646] die daraufhin den König und seine Brüder freiließen, ebenso die Barone, Ritter und anderen Leute aus Frankreich, Jerusalem, Zypern und allen anderen Nationen, außer einigen, welche die Sarazenen behielten, weil sie sich in weiter entfernten Kerkern befanden.

Wenige Tage später verließ König Ludwig der Heilige Ägypten zusammen mit seinen Brüdern und den Fürsten, Baronen, Rittern und so vielen von den anderen Pilgern, wie er zusammenbringen konnte. Trotzdem blieben noch etwa zwölftausend dort, denn man konnte nicht genug Schiffe auftreiben, um sie alle zu befördern, und zudem waren mehrere krank. Und der König ließ einige seiner Leute ausdrücklich zurück, um die übrigen in der Ferne festgehaltenen Gefangenen zusammenzuführen und die Güter, die er zu dem Zeitpunkt nicht mitnehmen konnte, zu bewachen. Sobald er in Akkon eingetroffen war, schickte er sogleich einen Teil seiner Leute aus, um die Gefangenen den Händen der Sarazenen zu entreißen, doch die Emire hielten sie noch lange fest, mit scheinheiligen

Worten, unter dem Vorwand, sie müssten zuvor einen Rat abhalten. Letzten Endes, nachdem die Boten des Königs auf diese Weise lange in Babylon hingehalten worden waren, übergab man ihnen nur dreitausend Gefangene von den zwölftausend, die noch dortblieben, doch einige der neuntausend, die so zurückgehalten wurden, wurden auf grausame Weise gemartert und hingerichtet, und die meisten schworen lieber ihrem Glauben ab, als die Marter zu ertragen. Als König Ludwig der Heilige die Wahrheit erfuhr, war er zutiefst betrübt, und obwohl er sich schon für die Heimfahrt nach Frankreich bereitgemacht hatte, weil er dachte, die Emire würden ihr Versprechen halten, rief er alle Fürsten, Barone und Ritter zusammen, um zu beraten, was zu tun sei. Dabei wurde beschlossen, dass er das Heilige Land noch nicht verlassen sollte, denn wenn er abreiste, wäre es in noch größerer Gefahr als vor seiner Ankunft, und für die Gefangenen bestünde keine Hoffnung mehr, sie wären wohl alle verloren. Sein Bleiben hingegen könnte dem Heiligen Land sehr zugute kommen, insbesondere wegen des Streits zwischen den Leuten aus Babylon und dem Sultan von Aleppo[647], der bereits Damaskus und mehrere andere Burgen, die früher der Herrschaft Ägyptens unterstanden, erobert hatte. König Ludwig der Heilige war mit dieser Entscheidung einverstanden, denn er wollte lieber Mühsal und Leiden zum Wohl der Christen von Outremer ertragen, als in sein Reich heimkehren und dort in Ruhe und Sicherheit leben. Er sandte seinen Bruder, Graf Alfons, nach Frankreich zurück, damit dieser das Reich zusammen mit ihrer Mutter, der überaus umsichtigen Königin Blanche, schützte.[648]

Kapitel LXXVII.
Von dem wahnsinnigen Aufstand der Hirten und wie er niedergeschlagen wurde. Von den Städten, die der König im Heiligen Land befestigen und verstärken ließ. Wie er die Heiligen Stätten besuchte. Von seiner großen Mildtätigkeit und den Gründen, weswegen er nach Frankreich zurückkehrte. Und die große Seenot, aus der er und seine Leute dank seiner Gebete gerettet wurden.

Ein Grieche[649], der sich auf Zauberkunst verstand, hatte zu Beginn dieses Kreuzzugs gehört, dass der Sultan von Babylon sehr beunruhigt sei, weil König Ludwig der Heilige nach Outremer kommen wollte und bereits in Zypern war.[650] Er ging zu ihm nach Ägypten und sagte ihm zu, er werde ihm alle jungen Leute aus Frankreich im Alter von zwanzig, fünfundzwanzig und sechsundzwanzig Jahren zuführen und zur Verfügung stellen. Und der Sultan versprach ihm vier Gold-Besanten pro Kopf. Während der König also im Königreich Jerusalem weilte, kam dieser Zauberer in die Picardie und verstreute ein Zauberpulver in der Luft, opferte dem Teufel und ging querfeldein, um Hirten und Viehhüter zu finden. Mit sanften Worten machte er sie glauben, er sei ein Abgesandter Gottes, und gemäß einer Prophezeiung, die ihm angeblich zuteil geworden war, sollten die Hirten ins Heilige Land aufbrechen. Er verführte und überzeugte sie derart, dass sie, sobald sie seine Predigt und seine heiligen Ermahnungen hörten, dachten, das sei ein heiliger Mann. Da ließen sie ihre Tiere auf den Feldern zurück und folgten ihm, wohin er auch wollte; sie gehorchten ihm wie einem Abgesandten Unseres Herrn. Und in nicht einmal acht Tagen waren es mehr als dreißigtausend, die er in die Stadt Amiens führte.

Dort freuten sich die Bürger sehr, sie zu sehen, kamen ihnen in Prozessionen entgegen, empfingen den Meister und seine Gefährten überaus feierlich und ehrenvoll und überließen ihnen ihre Häuser und ihr Hab und Gut. Da er einen langen Bart, ein mageres und bleiches Gesicht hatte, hielten viele ihn für einen Mann, der große Enthaltsamkeit übte, und eilten über die Felder, und die Zahl seiner Anhänger wuchs stetig. Als er sich in so großer Gesellschaft sah, wurde er dermaßen überheblich und stolz, dass er zu predigen begann, er habe die Macht, Menschen nach seinem Willen von allen Sünden freizusprechen, Ehen aufzulösen und auch wieder zusammenzufügen. Und weil die Priester und Geistlichen seinen Predigten und seinen Worten widersprachen und bewiesen, dass sie falsch waren, befahl er seinen Anhängern, alle Priester und Geistlichen, die sie fänden, zu töten. Man braucht sich nicht zu wundern, wenn die Einwohner von Amiens und die Picarden, die nicht sehr mutig, aber gute Christen sind, die Ersten waren, die getäuscht wurden! Denn den Einwohnern von Paris und selbst Königin Blanche, der Mutter von König Ludwig dem Heiligen, erging es genauso. Sie war davon überzeugt, dass sie sich versammelten, um ihrem Sohn, dem König, Beistand zu leisten; sie ließ den Zauberer zu sich kommen und empfing ihn, irregeführt durch seine Worte, sehr ehrenvoll, überreichte ihm Geschenke und verlangte, dass man ihm in keiner Weise widerspreche. Sein Hochmut wurde immer schlimmer, so dass er ein päpstliches Gewand anlegte und, gekleidet wie ein Bischof, mit Krummstab und Mitra, begann, in der Kirche Saint-Eustache in Paris zu predigen und sich bedienen zu lassen.

Um diesen Bericht abzukürzen: Die Hirten breiteten sich in Paris aus und töteten alle Geistlichen, so dass die Tore der Petit Pont geschlossen werden mussten, aus Angst, dass sie die Studenten[651] töteten. Nachdem der Zauberer solche Unruhen nach Paris gebracht hatte, brach er mit einem großen Schatz auf, und weil es keine Stadt gab, die all die Leute – über sechzigtausend – hätte aufnehmen können, schickte er einen Teil von ihnen nach Bourges und befahl ihnen, zu plündern und weiterhin jeden denkbaren Schaden anzurichten und dann im Hafen von Marseille wieder zu ihm zu stoßen. Er selbst zog mit dem anderen Teil seiner Hirten dorthin, wobei sie unterwegs Diebstähle, Grausamkeiten,

DER MEISTER AUS UNGARN SPRICHT ZU DEN HIRTEN UND
WIRD IN AMIENS VON DER GEISTLICHEN OBRIGKEIT EMPFANGEN

„Dieser Zauberer kam in die Picardie und verstreute ein Zauberpulver in der Luft, opferte dem Teufel und ging querfeldein, um Hirten und Viehhüter zu finden. Mit sanften Worten machte er sie glauben, er sei ein Abgesandter Gottes, und gemäß einer Prophezeiung, die ihm angeblich zuteil geworden war, sollten die Hirten ins Heilige Land aufbrechen."

(FOL. 241VB–242A)

Sébastien Mamerot widmet ein Kapitel seiner Chronik einer ungewöhnlichen Episode, die sich zutrug, als der Kreuzzug Ludwigs IX. eine schwere Niederlage erlitten hatte und der König nach seiner Befreiung in Ägypten geblieben war. All diese Ereignisse sorgten in Frankreich für große Aufregung. In Nordfrankreich entstand eine Volksbewegung, die unter dem Namen „Hirtenkreuzzug" bekannt wurde. Sie geht auf einen schwärmerischen Mönch, möglicherweise aus dem Orden der Zisterzienser, zurück, der sich „Meister aus Ungarn" nennen ließ. Sébastien Mamerot bezeichnet ihn als griechischen Zauberer. Er hatte angeblich eine Botschaft der heiligen Jungfrau erhalten, die ihm befahl, Jerusalem zurückzuerobern. Diese Bewegung, der sich vor allem einfache Leute anschlossen, zog durch das Land, klagte auf Versammlungen Papst und Geistlichkeit der Untätigkeit an und gelobte, den König zu retten. Im unteren Register der Seite stellt Jean Colombe den „Meister" mit den Zügen eines Propheten mit bleichem Gesicht und langem grauem Bart dar. Er fordert einige auf dem Boden sitzende Hirten auf, ihm zu folgen, um Jerusalem zu retten; daneben weiden friedlich Schafe. Auf dem oberen Bild sieht man den Meister aus Ungarn an der Spitze seines Bauernheeres vor den Toren von Amiens. Sie werden von den Vertretern der geistlichen Obrigkeit der Stadt feierlich empfangen, die zunächst seinen Worten Glauben schenken.

ncy gnce bſant
de ſart de ma
neque orant
au commence
ment de ceſte troiſe dure la
ſtrant paour que le ſouldan
de babilonie auoit de ce que
le roy ſaint loys bouloit paſ
ſer oultre mer et eſtoit ſa en
chippee aſa en egypte deuers
lui et lui promiſt qui lui a

menerroit et liurerroit a ſa ſo
lente tous les ſouuenceanſe
de france eſtans de laaatte de
xx. xxb. et xxb. ans et le
ſouldan lu promiſt quatre
beſane dor pour chaſcune
teſte · Pour quoy le roy e
ſtant du royaume de Ihin
ſen bint en prendre celliu
maɡnaten et ɡettant en ſar
gne pouldre de ſcecure fuſãt

Schändungen und Vergewaltigungen von Jungfrauen und verheirateten Frauen verübten. Und als die Geistlichen und Priester von Bourges von den Taten der Hirten Kenntnis erhielten und auch davon, dass sie durch Bourges ziehen würden, unterrichteten sie die Gerichtsbarkeit über ihre Verbrechen. Der Vogt und andere Leute waren insgeheim auf der Hut und fragten sich, was die Hirten wohl tun würden. Diese nahmen an, man werde sie in Bourges feiern und ehren, suchten zuerst hier und da nach Priestern und Geistlichen. Da sie jener aber nicht habhaft werden konnten, begannen sie, Truhen aufzubrechen, Jungfrauen und verheiratete Frauen zu nötigen und zu vergewaltigen und die Bürger zu tyrannisieren. Als die Vertreter der Gerichtsbarkeit erfuhren, was geschah, schickten sie ihre Waffenknechte aus, welche die hauptsächlichen Anführer der Hirten festnahmen. Diese gestanden ihre Verbrechen und wurden gehängt, während die anderen die Flucht ergriffen. Der Vogt von Bourges unterrichtete schnell den Landvogt von Marseille, der den Zauberer festnahm. Nachdem er seinen hinterhältigen Betrug gebeichtet hatte, wurde er am Galgen gehängt. Und die Hirten, die übrig blieben, kehrten arm, nackt und mit Schande bedeckt in ihre Heimat zurück. Und so wurde dieser wahnsinnige Aufstand der Hirten im Jahr 1251 niedergeschlagen und zunichte gemacht.

Im darauffolgenden Jahr, 1252, starb Königin Blanche, die Mutter König Ludwigs des Heiligen. Dieser befand sich noch im Königreich Jerusalem und ließ dort auf seine Kosten mehrere Städte und Burgen befestigen. Die Sarazenen, die ja wussten, welche Verluste er erlitten hatte und dass sein eigenes Reich weit entfernt war, zeigten sich erstaunt und verwundert, dass er solche Bauten errichtete und dabei solche Ausgaben in Kauf nahm, die eigentlich nötig wären, um sein Heer so lange außerhalb seines Landes zu unterhalten. Von da an begannen sie ihn zu lieben, zu loben und zu schätzen und brachten ihm Verehrung, Ehrerbietung und große Zuneigung entgegen.

Unter anderen von ihm beauftragten Bauwerken in Syrien ließ er die Städte Akkon, Jaffa, Caesarea und Sidon sowie die Burg von Haifa befestigen; sie sollten von nun an dem Ansturm der Feinde standhalten können. Nachdem dies getan war, besuchte er das Heilige Land und traf dort eben am Tag von Mariä Verkündigung im März ein. Er hatte ein häresnes Gewand angelegt und war von einer Burg in Galiläa namens Phere aus aufgebrochen, wo Unser Herr Wasser in Wein verwandelte, dann kam er nach Nazareth, wo Unser Herr aufwuchs. Und sobald er die Stadt sehen konnte, stieg er von seinem Pferd und ging zu Fuß bis zur Kirche Unserer Lieben Frau. Dort fastete er den ganzen Tag bei Wasser und Brot, obwohl er durch den langen Weg sehr müde war. Nachdem er feierlich die Vesper und am nächsten Morgen die Frühmesse und andere Messen hatte singen lassen, kehrte er zur Burg Safed zurück. Dort verweilte er eine Zeit lang, da seine Gemahlin, die Königin, eine Tochter zur Welt brachte, die sie Blanche nannten. Dortselbst erhielt er die Kunde, dass seine Mutter, Königin Blanche, gestorben sei. Er beweinte sie lange, ließ andächtige Gebete für ihre Seele sprechen, außerdem einen sehr feierlichen Gottesdienst abhalten und jeden Tag Messen lesen und Gottesdienste feiern.

Nach diesen Feierlichkeiten geschah es, dass die Sarazenen, die in der Umgebung von Banyas waren, plötzlich die Stadt Sidon angriffen, wo sich mehr als viertausend Arbeiter befanden, die für den König die Befestigungsanlagen rings um die Stadt bauten. Sie wurden alle getötet, kein einziger konnte entkommen, denn sie hatten sich nicht in Gefahr gewähnt. Als der König dies erfuhr, schickte er sein Heer vor Banyas und ließ die gesamte Umgebung niederbrennen und verwüsten. Darauf kehrte er zurück, um die in Sidon getöteten Christen zu bestatten, ließ den Platz, an dem sie lagen, vom päpstlichen Legaten segnen und ordnete an, sie an dieser Stelle zu beerdigen. Weil aber wegen des üblen Gestanks, der von ihnen ausging, niemand sie berühren wollte, nahm der König sie in seine eigenen Hände und sprach: „Lasst uns die Leiber dieser heiligen Märtyrer beerdigen, die besser sind als wir und durch ihr Martyrium das ewige Leben verdient haben." Und er begann sie zu begraben. Da führten seine Leute ganz beschämt seinen Befehl aus.

Als der König von Sidon zurückgekehrt war, kamen Boten aus Frankreich zu ihm und taten ihm kund, sein Volk flehe ihn unter Tränen an, doch nach Hause zu kommen und sein Königreich zu beschützen. In der Tat lauerten die Engländer nur darauf, der Normandie Schaden zuzufügen und sie zu erobern. Und aus diesem Anlass beriet er sich mit den klügsten Männern seines Heeres, die einmütig beschlossen, es sei am besten, wenn er unverzüglich nach Frankreich zurückkehre. Er versprach ihnen, das zu tun, doch bevor er aufbrach, überließ er dem Kardinallegaten eine große Anzahl Ritter und anderer Bewaffneter, damit diese Outremer schützten und verteidigten. Und zum Oberbefehlshaber des Heeres und zu seinem Stellvertreter ernannte er einen höchst tapferen Ritter namens Gottfried von Sargines[652] und gab Anweisung, dass man ihm gehorchen solle, als ob er es selbst wäre. Und der tapfere Ritter, der diese Aufgabe übernahm, bewältigte die ihm übertragene Verteidigung hervorragend. Als der König alle Angelegenheiten des Landes geregelt hatte und seine Schiffe und Galeeren bereit waren, schiffte er sich ein,[653] begleitet von Prozessionen weinender Menschen dieses Landes, die laut riefen: „Ach, Vater der Christenheit, Ihr lasst uns nun in den Händen derer zurück, die uns hassen und unseren Tod wollen. O weh! Solange Ihr bei uns wart, haben wir uns nicht vor dem Bösen gefürchtet, und wenn wir zusammen mit Euch den Tod gefunden hätten, wäre es uns ein Trost gewesen, an Eurer Seite zu sein." Der König hatte großes Mitleid mit ihnen und tröstete sie, so gut er es vermochte, dann empfahl er sie der Obhut Unseres Herrn und ging an Bord. Durch eine besondere Gnade, die ihm vom Kardinallegaten gewährt worden war, ließ er auf dem Schiff an einem prächtig geschmückten Platz den kostbaren Leib Unseres Herrn Jesus Christus aufstellen, zum einen, damit er und

seine Leute durch die Anwesenheit eines so einzigartigen Beschützers sicherer wären, zum anderen, damit jeder, der diesen Wunsch hatte, ihn sehen könnte.

Und da die Segel gesetzt waren, hatten sie günstigen Wind und erreichten innerhalb von drei Tagen Zypern. Jedoch gerieten sie in große Not, denn das Schiff des Königs lief auf eine Sandbank auf. Es gab einen solchen Lärm, dass die Seeleute dachten, das Schiff sei entzweigebrochen, und jämmerlich schrien, weil sie dachten, sie würden sterben. Als der König sie hörte, bekam er große Angst. Dennoch fasste er Vertrauen zu Gott, ließ die Königin und seine Kinder ohnmächtig zurück und ging zu dem Altar, wo die Reliquien Unseres Herrn waren, und während er inbrünstig zu Gott betete, wurden seine Gebete erhört, denn das Schiff glitt mühelos auf die andere Seite der Sandbank, und die Schiffs-führer fanden keinen schlimmen Schaden. Deshalb priesen sie Unseren Herrn und waren überzeugt, dass er sie nur dank der Gebete des guten Königs Ludwig des Heiligen gerettet hatte. Er selbst dankte Gott demütig und ließ seine Schiffe auf geradem Weg nach Frank-reich segeln. Nach sieben Wochen auf See landete er und wurde im Jahr 1254, sechs Jahre nach seiner Abreise, mit größter Freude und Erleichterung empfangen.[654]

Und so beende ich, Sébastien Mamerot aus Soissons, den Bericht über die erste Reise nach Outremer, die der ruhmreiche König von Frankreich, Herr Ludwig der Heilige, unternahm.

Kapitel LXXVIII.
Wie König Ludwig der Heilige beschloss, ein zweites Mal über das Meer zu fahren. Von denen, welche mit ihm das Kreuz nahmen. Wie er sich einschiffte, und wie er an der Aufrichtigkeit der Schiffsführer zweifelte. Ihre Erklärungen und wie der König und sein Heer in Afrika vor Karthago landeten.

Nach seiner Rückkehr nach Frankreich stellte Ludwig der Heilige in seinem Königreich die bewährte Ordnung wieder her und ließ solche Gerechtigkeit walten, dass er aus gutem Grund eher der Vater als der König der Franzosen genannt wurde. König Heinrich von England[655] suchte ihn auf unter dem Vorwand, Frieden schließen zu wollen, und wurde feierlich empfangen. Der König von Frankreich hörte sich die Beschwerden an, die Hein-rich und sein Rat in Bezug auf die Herzogtümer Normandie und Aquitanien, die Graf-schaften Poitou, Anjou und Maine vorbrachten, die König Philipp Augustus wegen der Aufstände und der Undankbarkeit der Könige von England, seiner Vorgänger, beschlag-nahmt, mit Waffengewalt zurückeroberte und wieder in seine Herrschaft eingegliedert hatte.

König Ludwig der Heilige bewies ihm seinerseits klar, dass die Könige von England niemals irgendein Recht an diesen Ländern beanspruchen durften. Indessen hatte er Mitleid und trat König Heinrich zum Zeichen der Vergebung die Gascogne und das Agenais ab, unter der Bedingung, dass er und die anderen Könige von England für diese Länder seine Vasallen wären und ihm sowie den anderen Königen von Frankreich den Lehnseid schworen. Sie wären so echte Untertanen der Krone Frankreichs und würden ihm Eid und Versprechen geben, stets gute und treue Vasallen zu sein. König Heinrich huldigte also König Ludwig dem Heiligen für diese beiden Gebiete, die in den Büchern des Königreichs unter dem Titel Herzogtum Aquitanien eingetragen wurden, und er wurde Pair von Frankreich. Er schwor und versprach, dass er und die Seinen stets gute und treue Lehnsmänner von König Ludwig dem Heiligen und seinen Nachfolgern, den künftigen Königen Frankreichs, sein würden. Im Gegenzug verzichtete König Heinrich in den Herzogtümern, Grafschaften und Ländern Normandie, Aquitanien, Poitou, Anjou und Maine auf alle Rechte, die er und seine Nachfolger besaßen oder auf die sie Anspruch erheben könnten. So wurde zwischen den beiden Königen Friede geschlossen.[656]

Anschließend gründete König Ludwig der Heilige in verschiedenen Gegenden Frankreichs mehrere Abteien, Spitäler und Kirchen. Des Weiteren machte sich sein Bruder, Graf Karl von Anjou, an die Eroberung des Königreichs Sizilien. Er war vom Papst damit belehnt worden, weil es zum Patrimonium Petri gehörte, um dessentwillen mehrere große Kriege stattgefunden hatten. Bis in diesem Königreich endlich Frieden herrschte, dauerte es eine ganze Weile, denn die Auseinandersetzungen zogen sich noch lange hin.

Der ruhmreiche König Ludwig der Heilige hatte sein erstes Gelübde nicht vergessen, und da er der Meinung war, seine erste Reise habe den Christen in Outremer keineswegs zum Wohl gereicht, beschloss er, noch einmal zum Kampf aufzubrechen, um dem Heiligen Land von Jerusalem Beistand zu leisten und gegen die Feinde des Glaubens Krieg zu führen. Der Papst, der von diesem heiligen Vorhaben Kenntnis erhalten hatte, sandte ihm einen Legaten nach Frankreich, den Kardinalpriester der Titelkirche von Santa Cecilia.

Nach dessen Ankunft berief der König eine allgemeine Ratsversammlung in Paris ein, an der alle Fürsten, Barone, Ritter und die meisten Prälaten seines Königreiches teilnahmen. Der Kardinal hielt eine sehr bemerkenswerte Predigt, in der er jeden guten und reisefähigen Christen ermahnte, das Kreuz zu nehmen und die Reise nach Outremer anzutreten, um dem Heiligen Land Beistand zu leisten. Der König nahm als Erster das Kreuz, ebenso seine drei Söhne Philipp, Johann und Peter, sodann zahlreiche Barone, Ritter, Knappen und andere Adlige sowie Leute jeglichen Standes. Mehrere andere Fürsten, Barone und Ritter, die bei dieser Versammlung nicht zugegen waren, nahmen das Kreuz, sobald sie erfuhren, dass der König es getan hatte. Unter jenen waren der König von Navarra und Graf von

HEINRICH III. VON ENGLAND HULDIGT LUDWIG IX.
SIMON DE BRIE PREDIGT DEN SIEBTEN KREUZZUG

„Nach seiner Rückkehr nach Frankreich stellte Ludwig der Heilige
in seinem Königreich die bewährte Ordnung wieder her
und ließ solche Gerechtigkeit walten, dass er aus gutem Grund
eher der Vater als der König der Franzosen genannt wurde."

(FOL. 244VA)

Nach seiner Rückkehr nach Frankreich im Jahr 1254 musste Ludwig der Heilige die Ordnung in seinem Königreich wiederherstellen und den Konflikt mit den englischen Herrschern regeln. Die von Jean Colombe illustrierte Szene zeigt König Heinrich III. von England, der am 4. Dezember 1259 dem König von Frankreich huldigt und so dessen Oberhoheit als Lehnsherr anerkennt. Der Saal des Palastes ist mit Stoffen mit Lilienmotiven bespannt und öffnet sich auf eine heitere grüne Landschaft. In der Ferne, auf der anderen Seite der Seine, erahnt man hinter mächtigen Befestigungsmauern die Stadt Paris. Im unteren Register ist dargestellt, wie der päpstliche Legat in Frankreich, Kardinal Simon de Brie, vor dem König und einer Versammlung von Gläubigen predigt, nach Outremer aufzubrechen.

Aint loys estant ainsi retourne en france amen da son royaume en toutes bonnes coustumes et fit faire telle iustice quil estoit par droit meure apres se pere que roy des francois par deniers le quel vint le roy henry dangleterre soubs vmbre et coleur de faire

bonne paix et le recent tresstadement Et apres quil eust oy ses doseances que lui et son conseil firent des duchez de noemendie et dacquitaine et des contes de poictou daniou et du maine que le roy phelipe dieu donne avoit confisquees conquestees par armees et remises a son dommaine pour ses rebellions et ingratitude

Champagne[657], Graf Alfons von Poitou, der Bruder des Königs, Graf Robert von Artois, der Graf von Flandern und der Sohn des Herzogs von Bretagne. Sie alle vereinbarten, dass sie gemeinsam nach Outremer fahren wollten. Doch vor seiner Abreise machte der König sein Testament und vertraute das Königreich den edlen Herren Simon, dem Herrn von Nesle, und Matthias, dem Abt des Klosters des heiligen Dionysius, an.[658]

Als der Monat Mai des Jahres 1269 gekommen war, begab sich der König zur Abtei des heiligen Dionysius, und nachdem er seine Gebete verrichtet hatte, nahm er die Oriflamme, die Schärpe und den Pilgerstab; anschließend verbrachte er die Nacht in der Burg des Waldes von Vincennes, um seine Gemahlin, die Königin, zu besuchen, die er dort zurückließ. Dann machte er sich auf den Weg, um seine Reise nach Outremer anzutreten, über Cluny, wo er vier Tage lang blieb. Darauf begab er sich zum Hafen von Aigues-Mortes. Und weil seine Gefährten noch nicht alle eingetroffen waren und Pfingsten nahte, verweilte er eine Zeit lang in der Abtei von Saint-Gilles, die im Languedoc – und nicht, wie man häufig annimmt, in der Provence – liegt. Und während er sich in dieser Abtei aufhielt, entzündete sich im Hafen von Aigues-Mortes ein heftiger Streit zwischen den Provenzalen und den Kastiliern. Und währen die Franzosen zu den Provenzalen hielten, wurden die Kastilier mit Gewalt von ihren Schiffen verjagt. Es gab mehr als hundert Tote, nicht mitgerechnet diejenigen, die ertranken, als sie ins Meer sprangen, um sich auf ihre Schiffe zu flüchten. Als König Ludwig der Heilige von dem Aufruhr erfuhr, der dort stattgefunden hatte, ging er am Pfingstsonntag selbst hin, weil die Anführer die Schlägerei nicht unterbunden hatten, und befahl, dass diejenigen, welche die Auseinandersetzung angefangen hatten, bestraft werden sollten.

Kurz darauf stach der König mit unzähligen Schiffen jeder Art in See;[659] neben Leuten waren auch Lebensmittel und Ausrüstung an Bord. Am darauffolgenden Freitag jedoch wurde das Meer gegen Mitternacht sehr stürmisch; die Seeleute sagten dem König, man sei in einem Teil des Meeres, der Löwenmeer heiße, weil es unbezähmbar sei. Nachdem dieser Teil hinter ihnen lag, kamen sie in ruhigere Gewässer, wo sie friedlich bis zum Sonntag segelten. An jenem Tag erhob sich ein gewaltiger Sturm. Der König ließ andächtig vier Schiffsmessen lesen: Die erste war dem Heiligen Geist, die zweite Unserer Lieben Frau, die dritte den Engeln und die vierte den Verstorbenen gewidmet. Endlich legte sich der Sturm, hatte aber alle Wasservorräte auf den Schiffen verdorben, so dass viele Menschen und Pferde daran starben. Wenig später hegte der König einen Argwohn gegen die Seeleute, denn man sah noch keinen Hafen am Horizont, und das Datum, an dem man ihnen zufolge bei der Burg Castre eintreffen sollte, war verstrichen. Er rief sie zusammen, um zu hören, was sie als Erklärung vorbringen würden. Einige sagten, der Sohn Wilhelms, eines der obersten Schiffsführer, habe sich während des Sturms tatsächlich von den anderen getrennt und sei mit einer Galeere nach Barbarien[660] aufgebrochen. Doch schließlich erkannte der König, dass die Schiffsführer und die Seeleute aufrichtig waren.

Nach mancherlei Mühe und Not wegen des Windes, der mehrfach drehte, gingen die Schiffe und Galeeren in der Nähe der Burg Castre vor Anker, denn sie konnten nicht in den Hafen hineinfahren. Der König schickte ein Boot aus, um neue Vorräte zu beschaffen, doch die Boten des Königs fanden die Einwohner so feindselig, dass sie Schwierigkeiten hatten, für ihr Geld Trinkwasser, Wein und andere Lebensmittel zu bekommen. Der Grund dafür war – man erfuhr dies später –, dass sie glaubten, der König wolle die Burg einnehmen und plündern, und sie hatten den größten Teil ihrer Habe in Verstecke gebracht. Kurzum: Da der König sah, dass sie über sein Kommen nicht erfreut waren, schickte er einen seiner Ritter zum Burgherrn und ließ anfragen, ob die Kranken aus seinem Heer bis zu ihrer Genesung in der Stadt gegen Bezahlung beherbergt werden könnten. Dieser antwortete, sie könnten im äußeren, unbefestigten Marktflecken, aber nicht in der Burg im Innern der Stadt untergebracht werden, weil dieser Ort den Pisanern vorbehalten sei. Der König ließ die Kranken darauf an Land bringen; einige von ihnen starben unterwegs, und alle anderen, Arme wie Reiche, die vor den Toren der Stadt angekommen waren, durften sie nicht betreten, obgleich es dort schöne Häuser gab. So waren sie gezwungen, in schmutzigen Lehmhütten zu hausen, wo die Ziegen und Esel der Stadt schliefen. Und man verkaufte ihnen die Lebensmittel zu einem zehnmal höheren Preis, als es vorher im Land üblich war; das kam sie so teuer zu stehen, dass sie sich nur wenig kaufen konnten. Obendrein wollten die Stadtbewohner die Währung des Königs nicht annehmen.

Als diesem ihre Boshaftigkeit zu Ohren kam, schickte er seinen Marschall zu ihnen, um sie zu bitten, mit seinen Leuten schicklicher umzugehen. Darauf antworteten sie, eher aus Angst als aus Zuneigung, alles, was sie hätten, stehe dem König zur Verfügung, er könne in die Burg kommen, sie würden ihn nach seinem Wunsch empfangen, sofern er keinen Genuesen mitbringe, denn diese waren mit den Pisanern verfeindet. Der Marschall entgegnete, der König habe ihre Burg nicht nötig, sie sollten mit seinen Leuten nur zu vernünftigen Bedingungen Handel treiben; das genüge ihm. Das versprachen sie zu tun, doch sie hielten ihr Versprechen nicht. Darauf wurden einige Franzosen derart zornig, dass sie den König ersuchten, die Burg zu zerstören, was er jedoch ablehnte. Er war nicht von Frankreich ausgezogen, um gegen Christen zu kämpfen.

Ein paar Tage später stießen die anderen christlichen Fürsten und Pilger zum König; sie waren nach ihm aus dem Hafen von Aigues-Mortes wie auch von Marseille ausgelaufen. Als der König sah, dass nun alle um ihn versammelt waren, hielt er mit seinen Fürsten, Baronen und Rittern, den Schiffsführern und Befehlshabern Rat, um zu entscheiden, in welche Richtung er sein Heer führen solle. Es wurde beschlossen, nach Tunis zu ziehen, eine große und reiche Stadt, die ganz in der Nähe lag, auf dem Gebiet, wo sich früher die hochberühmte Stadt Karthago befand. Der König von Tunis[661] hatte ihm tatsächlich mehrmals kundtun lassen, er würde gern Christ werden, sobald er die Gelegenheit dazu hätte und unter der Bedingung, dass die Sarazenen seine Absicht nicht entdeckten, bevor er sie in die Tat umgesetzt hatte. Als die Einwohner von Castre merkten, dass der König sich bereitmachte, ihren Hafen zu verlassen, wollten sie ihm zwanzig Fässer ihres besten Weins schenken. Das wies er jedoch zurück und bat sie, die Kranken aus seinem Heer freundlich zu behandeln, denn das betrachtete er als großes Geschenk.

Der König verließ also diesen Hafen und traf am Tag des heiligen Arnulf[662] in der Nähe von Tunis ein, das sich unterhalb von Karthago befindet. Er schickte den Seeadmiral voraus, um zu erkunden, ob es im Hafen Hindernisse für die Landung gab, und auch, um zu erfahren, wem die Schiffe dort gehörten. Als der Admiral hineinfuhr, fand er nur zwei völlig leere sarazenische Schiffe vor, die anderen gehörten christlichen Kaufleuten. Dennoch bemächtigte er sich aller Schiffe und ließ dies durch den Meister der Armbrustschützen dem König und den Baronen ausrichten. Letztere waren schlecht beraten, dass sie in dieser Nacht nicht mehr im Hafen vor Anker gingen, denn die Sarazenen, die über die Ankunft der Christen im Bilde waren, versammelten sich schleunigst, und sowohl Fußkämpfer als auch Reiter kamen in großer Zahl herbei, so dass am Morgen der gesamte Hafen von ihnen bedeckt und umgeben war. Trotz der Sarazenen eilten mit der Galeere des Königs zahlreiche Bewaffnete in den Hafen und gingen an Land. Doch unsere Leute wagten sich nicht weiter vorwärts; sobald sie von Bord gegangen waren, zogen sie sich auf eine kleine, etwa zwei Meilen lange Insel zurück, und die Söldner begannen dort Trinkwasser zu beschaffen. Einige Sarazenen, die sich in einen Hinterhalt gelegt hatten, um sie auszuspähen, griffen sie an und töteten zehn von ihnen; sie hätten wohl noch viel mehr getötet, wenn ihnen nicht einige Franzosen beigestanden hätten, welche die Sarazenen zurückschlugen.

Als die Nacht vorüber war, entdeckten die Unseren ganz in der Nähe einen Turm. Sie gingen dorthin, brachten ihn mit Gewalt in ihren Besitz und töteten alle, die sie dort fanden. Einige Sarazenen, die dort zu seiner Verteidigung abgestellt worden waren, flüchteten. Doch sie stießen auf einen Befehlshaber, der ihnen mit sehr vielen Leuten zu Hilfe kam. Da machten sie kehrt und wandten sich alle miteinander voll Ungestüm gegen die Christen, die sie verfolgten. Angesichts ihrer großen Zahl flohen diese in den Turm, den sie erobert hatten. Dort wurden sie sogleich von den Sarazenen belagert, die ein Feuer legten und sie gefangen genommen oder verbrannt hätten, wenn nicht der Meister der Armbrustschützen aufgetaucht wäre, der mit zahlreichen seiner Leute die Sarazenen in die Flucht schlug.

Tags darauf zog das Heer an diesem Turm vorbei, und die Christen ließen sich vor Karthago nieder, das damals nur eine kleine befestigte Stadt war. Nachdem das Heer sein

Lager aufgeschlagen hatte, kamen die Schiffsführer und Seeleute zum König und boten ihm an, ihm Karthago zu überlassen, wenn er einverstanden wäre, sie zu unterstützen. Er vertraute ihnen fünfhundert Fußkämpfer und vier Abteilungen Ritter und Reiter an. Doch kaum waren sie aufgebrochen, da lieferten die Sarazenen dem Heer ein Gefecht: Sie griffen an und schleuderten auch von Weitem ihre Geschosse. Angesichts dieser Situation befahl der Marschall, alle sollten sich bewaffnen und in Schlachtordnung aufstellen, dann verließ er das Heer auf dem einen Flügel und ritt so schnell davon, dass er zwischen Karthago und die Sarazenen gelangte, die ihren Beschuss fortsetzten, ohne allerdings näherzukommen. Unterdessen stellten die Schiffsführer und Seeleute Leitern an die Mauern Karthagos und brachten Seile an, und durch unablässige Angriffe konnten sie die Stadt schließlich im Sturm erobern; dabei fiel nur ein einziger, durch einen Pfeil getöteter Mann.

Nachdem sie die Stadt eingenommen und nach Belieben geplündert hatten, pflanzten sie ihre Banner auf den Toren und Türmen auf. Der König und seine Leute beeilten sich indessen, den Sarazenen entgegenzuziehen, die von Karthago ausbrachen und flohen; sie waren ihnen so dicht auf den Fersen, dass sie einen Teil von ihnen töteten, während die anderen sich in Höhlen verbargen und so ihr Leben zu retten gedachten. Doch diese wurden in Brand gesteckt, so dass sie darin erstickten. Ungefähr dreihundert Sarazenen fanden dort den Tod; die anderen entkamen und nahmen die Beute aus der Stadt mit, welche die Franzosen ihnen gern abgenommen hätten, aber sie wagten nicht, sie zu verfolgen. Denn der Marschall hatte verboten, dass jemand sich von seiner Abteilung entfernte. So wurde also die Stadt Karthago erobert und geplündert.

Am nächsten Tag lieferten die Sarazenen den Franzosen solche Gefechte, dass Letztere ihre Mahlzeit im Stich lassen und zu den Waffen greifen mussten. Als die Sarazenen sie jedoch erblickten, flüchteten sie. An jenem Tag kamen zwei christliche Ritter, die aus Katalonien stammten, zu König Ludwig dem Heiligen und teilten ihm mit, der König von Tunis lasse ihm ausrichten, falls er die Absicht habe, die Stadt Tunis zu belagern, werde er alle Christen in seinem Land töten lassen. Der König ließ ihm antworten, je mehr Böses er den Christen antue, desto mehr werde er ihm das übelnehmen.

Kapitel LXXIX.
Vom Sarazenen, welcher zu den Christen überlief. Von der schweren Schlacht gegen die Sarazenen. Und wie mehrere hohe Herren, während der König seinen Bruder, König Karl, erwartete, starben und er selbst in Ehre aus dem Leben schied, nachdem er die heilige Beichte abgelegt hatte.

Eines Nachts, während der Graf von Eu und der hochwürdige Johann von Akkon Wache hielten, erschienen unverhofft vor dem hochwürdigen Johann drei Sarazenen, die ihm sagten, sie wollten Christen werden, die Hände auf den Kopf legten und zum Zeichen des Friedens, der Liebe und Ergebenheit die Hände derer küssten, die sich dort befanden, und er ließ sie in sein Zelt führen und setzte seine Wache fort. Wenig später tauchten hundert Sarazenen auf, die ihre Lanzen zu Boden warfen und sich wie Erstere verhielten. Während der Mundschenk von Frankreich und seine Männer sich um sie kümmerten, geschah es, dass sich plötzlich mehrere andere mit erhobener Lanze gemeinsam auf den Teil des Heeres stürzten, den der Mundschenk führte, und ihn zurückdrängten. Sie fingen so laut an zu schreien, dass der Großteil des Heeres darüber verwirrt war. Doch bevor alle Christen zur Stelle waren, wurden sechzig Sarazenen, Fußkämpfer wie Ritter, getötet, und die anderen flohen. Nach seiner Wache kam der Mundschenk in sein Zelt zurück und griff die Sarazenen mit Gewalt an. Einer von ihnen, der ihr Führer war, fing zu weinen an und entschuldigte sich nach Aussage eines jakobinischen Bruders, der die Sarazenen-Sprache verstand, und sagte: „Herr, ich weiß, dass Ihr Verdacht gegen mich hegt, aber ich bin nicht schuldig. Ein Ritter, der mich hasst, hat dies getan, um mir Verdruss zu bereiten. Ihr sollt wissen, dass er und ich zu den größten Söldnern in den Diensten des Königs von Tunis gehören und dass wir, jeder von uns, an der Spitze von tausendfünfhundert Männern zu Pferd stehen. Als mein Begleiter gewahr wurde, dass ich mich wahrhaftig mit meinen Leuten unter Euren Schutz stellen wollte, hat er den Angriff angezettelt, den Ihr erdulden musstet, um mich daran zu hindern, meinen Plan, Christ zu werden, in die Tat umzusetzen. Und ich weiß wohl, dass einer meiner Ritter an diesem Angriff beteiligt war. Und damit Ihr sicher seid, dass ich nicht lüge, lasst einige meiner Begleiter ziehen. Sie werden Euch Verpflegung bringen und Euch, soweit sie dies können, Hilfe leisten."

Der Mundschenk überbrachte diese Worte des Sarazenen dem König, der erwiderte, man möge sie ziehen lassen, dann werde man sehen, wie es um ihre Aufrichtigkeit bestellt sei. Dann ließ der König um sein Heer herum Gräben ausheben, umschloss und befestigte das Lager, damit die Sarazenen, die sie ununterbrochen angriffen und Pfeile und Wurfgeschosse gegen sie abschossen, sich nicht leicht nähern konnten.

Und der König wollte sich nicht nach Tunis begeben, bis sein Bruder, Karl I., König von Sizilien, zu ihm gestoßen wäre. Dieser hatte ihn nämlich wissen lassen, dass er in Kürze mit einem gewaltigen Heer kommen werde. Als die Sarazenen erfahren hatten, dass die Franzosen Gräben um das Heer gezogen hatten, versammelten sie sich und waren so viele, dass man sie nicht mehr zählen konnte. Der König von Tunis ließ wissen, dass er in die Schlacht ziehen werde. Am nächsten Morgen brachen die Sarazenen in Schlachtordnung

*„Am nächsten Tag lieferten die Sarazenen den Franzosen
solche Gefechte, dass Letztere ihre Mahlzeit im Stich lassen
und zu den Waffen greifen mussten."*

(FOL. 247VB)

Am 1. Juli 1270 schiffte sich Ludwig der Heilige gemeinsam mit seinem Bruder Karl von Anjou, der mittlerweile König von Sizilien war, in Aigues-Mortes ein. Diesmal war sein Ziel Tunis. Nach ihrer Landung eroberten die Kreuzfahrer Karthago. Angeblich tauchten im christlichen Lager drei Sarazenen auf und gaben vor, zum Christentum übertreten zu wollen. In der unteren Miniatur sieht man die drei Männer, wie sie in das Zelt Johanns von Akkon kommen, gefolgt von einer Hundertschaft weiterer Sarazenen, die sich ebenfalls auf Knien nähert. Die Szene spielt sich nachts ab: Ein schwaches, bläuliches Dämmerlicht deutet darauf hin. In der Ferne sind die Befestigungsanlagen von Tunis zu erkennen. Auf dem Hauptbild hat der Maler die beiden Heere einander gegenübergestellt. Im Vordergrund sieht man die Kruppen der kräftigen Pferde mit ihren Reitern. Der von hinten dargestellte König ist einer der Reiter, erkennbar an seiner Krone und dem blauen, mit Lilienmotiven geschmückten Mantel. Vor dem in Blauschattierungen dargestellten Himmel und Meer zeichnet sich die Silhouette der Stadt Tunis ab.

Ansi que le conte deu et messire se
han bacre faison ent que nurt se
stuet virent en sa partie ou
estoit messire sehan trois far=
az me qui lui dirent quil
houoient estre xpiens et met
taus ses mains sur les testes
virent en sisne de pate da
mour et de subiection baiser

les mains de ceulx qui la estoiet
et il les fit mener en sa tente
et demoura en son eruct. Tost
apres en virent a lui. C. et
getterent leurs lances a terre
et firent ainsi comme les au
tres auoient fait. Et auint
comme le bouteillier de frace
et ses gens entendoient a ces
faraz me que plusieurs autres
auane les lances droittes se fra

auf und breiteten sich bis zur Meeresküste hin aus, dorthin, wo sich die Schiffe befanden, und schienen die ganze Flotte zu umzingeln. Der König gab den Franzosen den Befehl, sich zu bewaffnen, und nachdem sie ihre Zelte verlassen hatten, zogen sie in Schlachtordnung und mit fliegenden Fahnen ins Feld. Der Graf von Nevers konnte mit seiner ganzen Abteilung, die aus sehr vielen Männern bestand, eine der Abteilungen der Sarazenen von der Seeseite aus umzingeln. Und der Kammerherr kam mit einer weiteren Einheit von der anderen Seite, so dass der König von Tunis den Seinen nicht zu Hilfe kommen konnte.

So begann die Schlacht zwischen den beiden Heeren. Die Sarazenen jedoch, denen klar war, in welcher Gefahr sie sich befanden, ergriffen die Flucht, doch der größte Teil von ihnen wurde bereits vorher getötet. Von den Leuten des Königs wurden ebenfalls zwei sehr tapfere Ritter, der Burggraf von Beaucaire und der hochwürdige Johann von Boussilières, getötet. Der König hielt es, nachdem der Feind diese Niederlage erlitten hatte, nicht für ratsam, die Schlacht fortzusetzen, und er ließ seine Leute in ihre Zelte zurückkehren, damit sie dort König Karl von Sizilien, seinen Bruder, erwarteten.

Am zweiten Tag nach dieser Schlacht suchte der hochwürdige Olivier von Fives den König auf und bestätigte ihm, dass der König von Sizilien innerhalb von drei Tagen im Hafen von Tunis ankommen werde. Aber leider! Welch ein Jammer! Eine große Seuche sowie mehrere schwere Krankheiten breiteten sich durch die ansteckende Luft und die verseuchten Gewässer aus, so dass innerhalb weniger Tage viele Christen starben, darunter der Legat des Papstes und Johann Tristan, der Graf von Nevers.[663]

Der König selbst, Ludwig der Heilige, wurde von so heftigem Bauchfluss heimgesucht und dann von einem Quartanfieber, dass er sich ins Bett legte, wohl wissend, dass er seine Seele aushauchen müsse. Er ließ seinen ältesten Sohn, Philipp[664], kommen und übergab ihm im Beisein der anderen Fürsten und Barone einen Brief, den er eigenhändig geschrieben hatte. Dieser Brief enthielt die folgenden Anweisungen.[665] Dass Philipp sich bemühen solle, Gott von ganzem Herzen zu lieben, und dass er lieber die größten Qualen erleiden solle, als Todsünden zu begehen. Dass er Gott für jedes Unglück danken und tief im Herzen denken solle, dass er es verdient habe, und dass er Unseren Herrn lobe, wenn er ihm Wohltaten im Überfluss gewähre. Dass er oft zu einem Beichtvater zur Beichte gehen solle, der ein ehrenvolles Leben führe und ihn zu lehren fähig sei, was er tun müsse, um Gott zu gefallen. Dass er mit Andacht den Gottesdienst Unseres Herrn verfolgen solle. Dass er ein barmherziges und mildes Herz für die Armen haben solle. Dass er die guten Gepflogenheiten seines Königreiches bewahren und die schlechten abschaffen solle. Dass er, wenn er etwas auf dem Herzen habe, darüber mit seinem Beichtvater sprechen solle oder mit einem anderen guten und treuen Mann, der in der Lage sei, sein Geheimnis zu bewahren. Und außerdem sagte er ihm, dass jeder Fürst darauf achten solle, dass die Leute seines Hauses tugendhaft und rechtschaffen seien. Dass er die Heilige Schrift befolgen solle, die besagt: „Liebe die, die Gott fürchten, die die Gerechtigkeit achten und den Geiz hassen." Dass er es nicht zulassen solle, dass man in seiner Gegenwart eine Tat begehe oder ein Wort ausspreche, die gegen Gott gerichtet seien. Und dass er sich streng und aufrichtig erweisen solle, seinem Volk gegenüber Gerechtigkeit zu üben und walten zu lassen, ohne zu sehr in die eine oder andere Richtung zu gehen. Und dass er, wenn jemand Streit suche unter dem Vorwand, dass er ihm irgendein Unrecht oder Schaden zugefügt hätte, sein Möglichstes tun solle, damit die Wahrheit an den Tag komme. Dass er, wenn er das Gut eines anderen besitze, es diesem ohne Zögern zurückgeben solle. Dass er dafür sorgen solle, dass unter seiner Herrschaft seine Untertanen in Frieden und Gerechtigkeit leben könnten. Und dass er vor allem die Städte und Siedlungen seines Königreiches in dem Zustand und mit den Rechten, die seine Vorgänger eingeräumt und gesichert hätten, erhalten solle, denn die mächtigsten Fürsten würden zögern, ihn anzugreifen, dank der Macht seiner Städte und Siedlungen. Und er erinnerte ihn daran, dass die Städte und guten Siedlungen seines Königreiches ihm zu Beginn seiner Herrschaft gegen einige Fürsten und Barone, die sich gegen ihn auflehnten und meuterten, zu Hilfe gekommen waren. Zweifellos können diese Worte auch von unserem guten König Ludwig XI. – für mich handelt es sich jedoch um Ludwig XII. –, stammen, der jetzt herrscht und der als vollkommen angesehen wurde und heute noch wird.

Dann empfahl der gute König Ludwig der Heilige seinem Sohn, die heilige Kirche zu lieben und zu ehren, und dass er die Kirchenpfründe, über die er verfüge, nach dem Rat guter Leute an gute Leute, die ein ehrenhaftes und makelloses Leben führten, verteile. Und dass er es vermeiden solle, gegen einen Christen, der ihm Unrecht angetan habe, einen Krieg anzuzetteln, er solle ihm vielmehr verzeihen, wenn ihn jener um Verzeihung bitte, und eine gebührende Buße annehmen, damit Gott an jenem Gefallen finde. Dass er darauf achten solle, gute Landvögte zu haben, und dass er sie oft befragen solle, was sie täten und wie sie ihr Amt ausübten. Dass er sich erkundigen solle, ob alle anderen Diener seines Hauses neidisch oder lasterhaft seien, denn es sei natürlich, dass die Teile des Körpers dem Kopf ähnlich sind. Und wenn der Führer weise, tugendhaft und klug sei, seien auch seine Diener besser und folgten seinem Vorbild. Dass er sich alle erdenkliche Mühe geben solle, damit die schändlichen Flüche aus seinem Land verschwänden. Und dass er insbesondere die Juden und alle Arten von Leuten verachten solle, die sich gegen den Glauben wendeten. Und dass er darauf bedacht sein solle, dass die Ausgaben seines Hauses vernünftig und maßvoll seien. Und schließlich hieß es dort: „Mein Sohn, ich bitte dich, meiner Seele durch Messen und Gebete beizustehen. Ich gebe dir alle Segenswünsche, die ein guter Vater seinem Sohn geben kann. Und Gottes Segen stehe dir bei und gebe dir die Gnade, seinen Willen zu befolgen."

Nachdem der König diese Empfehlungen seinem Sohn Philipp übermittelt hatte, machte ihm die Krankheit immer mehr zu schaffen. Deshalb bat er darum, dass man ihm die heiligen Sakramente spende, was geschah. Und als er gewahr wurde, dass die Stunde seines Hinscheidens nahte, und nachdem er mit verschiedenen Gebeten die Heiligen, die er verehrte, wie den heiligen Dionysius und den heiligen Apostel Jakobus, zu Hilfe gerufen hatte, ließ er sich auf ein Bett legen, das mit Asche bedeckt war, und dort gab er er wenig später zum Ruhme Gottes in seinem Zelt in der Stadt Karthago in Afrika am Tag nach dem Tag des heiligen Bartholomäus im Jahr 1270 seinen Geist auf, zur selben Stunde, zu der Unser Herr Jesus Christus am Wahren Kreuz zur Erlösung der Auserwählten und zur ewigen Freude gestorben ist.[666]

Als das Heer von seinem Tod erfuhr, breitete sich große Trauer aus, denn jeder liebte ihn wie seinen eigenen Vater. Doch verbargen die Christen ihren Kummer, damit die Sarazenen dies nicht bemerkten und wieder Mut fassten. In der Stunde, als der gute König starb, trafen die Schiffe von König Karl ein. Man trat vor ihn hin, um ihm die Kunde zu überbringen. Es ist keine Überraschung, dass er darüber tief betroffen war! Aber als kluger Fürst verbarg er seinen Schmerz, damit die Einwohner von Tunis nicht erfuhren, was geschehen war, und unsere Leute nicht mit größerer Dreistigkeit angriffen. Und so fröhlich, als ob er zu einer Hochzeit ginge, während sein Bruder, König Ludwig, der Heilige, tot dalag, suchte er ihn auf, dessen Leichnam noch warm war, weil er gerade erst gestorben war. Karl kniete nieder, und unter Tränen empfahl er die Seele des Königs Unserem Herrn. Danach trocknete er seine Tränen und erhob sich, ohne seine Trauer zu zeigen, und befahl, dass der Leichnam des Königs dem Brauch entsprechend hergerichtet werde. Am nächsten Tag ließ er mit Philipp, seinem Neffen, der König von Frankreich geworden war, für den guten König die Messe lesen. König Karl ließ die Eingeweide von König Ludwig dem Heiligen unverzüglich zum Kloster Monreale, das dem Orden des heiligen Benedikt angehört, in der Nähe der Stadt Palermo in Sizilien bringen.[667]

Nachdem die Messe gelesen war, ließ er seine Zelte aufschlagen und brachte seine Leute am Meeresufer unter, nur eine knappe Meile vom Heer der Franzosen entfernt. Zwischen diesem Heer und dem von Tunis lagen gut vier Meilen, doch die Sarazenen griffen sie dauernd an und schossen von allen Seiten Pfeile und Wurfgeschosse auf sie ab. Die Franzosen kamen oft heraus, um zurückzuschießen, doch die Sarazenen warteten nie auf sie, wenn sie sahen, dass sie hundert oder zweihundert waren. Sie hatten nämlich die Gewohnheit, ihre Gegner zu ermüden und sie dann in kleinen ungeordneten Gruppen hinter sich zu locken, und sehr häufig griffen sie auf der Flucht hinterrücks an und töteten die, die sie besinnungslos verfolgten.

Kapitel LXXX.
Von der Niederlage, die König Karl von Sizilien gegen die Sarazenen erlitt. Wie der König von Tunis eine große Zahl von Kriegsleuten versammelte und es nicht wagte, die Franzosen zu befehden. Von verschiedenen Krankheiten. Warum man eine Vereinbarung traf. Über Eduard, Sohn des Königs von England, der zu spät kam und nach Akkon zog, von seiner Verwundung und seiner Rückkehr. Und wie König Philipp sich nach Frankreich zurückbegab und in Saint-Denis den Leichnam seines Vaters, König Ludwigs des Heiligen, bestattete, und wie sich an seinem Leichnam aufsehenerregende Wunder ereigneten.

Als Hugo von Beausoy und seine Gefährten, die alle tapfere Kämpfer waren, eines Tages aus ihren Zelten kamen und die von den Sarazenen angerichteten Schäden sahen, gerieten sie, als sie sie verfolgen wollten, in einen Hinterhalt, wo sie eingeschlossen waren. Ihnen konnte trotz eines Ausschlupfs, den das große Heer geschaffen hatte, nicht geholfen werden, da plötzlich ein heftiger Sturm aufkam und alles mit einer so dicken Staubschicht bedeckte, dass das Heer wieder abziehen musste. Und so geschah es, dass die Sarazenen erneut in so großer Zahl zurückkamen, dass sie die Franzosen hätten umzingeln können. Letztere jedoch, ohne die geringste Furcht zu empfinden, gingen auf sie los, um sie zu bekämpfen. Als die Sarazenen jedoch ihre Kühnheit sahen, wagten sie nicht, ihnen aufzulauern, und ergriffen die Flucht.

Als König Karl, der fern von ihnen war, sah, was sich ereignete, kam er aus seiner Unterkunft und verfolgte die Feinde mit all seinen Leuten, bis er ihnen ganz nahe war; dann erweckte er den Anschein, über ungefähr eine Meile zu fliehen, und zog so die Sarazenen auf sich, die ihn mit zahlreichen Pferden jagten. Und als er den Augenblick gekommen sah, ließ er sein Heer, das sich vor den Sarazenen befand, unvermittelt eine Kehrtwendung machen und griff sie mit solcher Wucht und Furchtlosigkeit an, dass Letztere gezwungen waren, erneut die Flucht zu ergreifen. Sie ließen so mehr als viertausend tote Sarazenen zurück, diejenigen nicht mitgerechnet, die sich ins Meer stürzten und glaubten, sich so zu retten, aber dort ertranken. Als unsere Leute außerdem sahen, dass das Heer der Sarazenen sich weder Lebensmittel noch irgendetwas anderes in Tunis beschaffen konnte, außer mit Hilfe von Schiffen, die auf einem tiefen, aus den Bergen herabfließenden Gewässer fuhren, das zwischen ihnen und der Stadt Tunis ins Meer mündete, ließen sie eine feste Burg aus Holz am Ufer bauen und stellten dort, drinnen und draußen, starke Besatzungen

KARL I. VON ANJOU SETZT ERFOLGREICH DEN SARAZENEN NACH

*„Kurze Zeit später musste das Heer der Franzosen aufgrund
verschiedener Krankheiten großes Elend ertragen. Gleiches geschah in Tunis,
so dass niemand, und insbesondere der König von Tunis, wusste, wie man das,
was man begonnen hatte, zum Abschluss bringen könne."*

(FOL. 252B)

Die von Sébastien Mamerot geschilderte und von Jean Colombe illustrierte Begebenheit ereignete sich unmittelbar nach dem Tod Ludwigs IX. Sein Bruder, Karl von Anjou, gab während einer Auseinandersetzung mit den Sarazenen vor, mit seinen Truppen zu fliehen. Im unteren Register ist gezeigt, wie die Sarazenen ihn und seine Truppen zu Pferde verfolgen. In der Hauptszene sieht man, wie Karl von Anjou, nachdem er vor seinen Reitern eine Kehrtwendung gemacht hat, auf die unzähligen Sarazenen losgeht und sie zwingt, zu fliehen oder sich ins Meer zu stürzen. Die Brutalität der Gefechte wird durch die Leichen und abgetrennten Köpfe verdeutlicht, mit denen der Boden übersät ist. Wie in den vorhergehenden Bildern erahnt man in der Ferne die Stadt und die ins Meer ragenden Berge.

nuee de beaufoy et
les compaignons
tous vaillans com
batans apperce
uans les desroy que faisoient
souuent les sarraz ine deuant
les tentes en saillirent sur so=
et les chacerent tant quilz
furent enclos en sug embus=
che et prins et si ne peurent
estre resoux combien que la

grant armee saillist. Car il
se leua soubdaniement tant
jtant sent qui esleua tant
espesse poudrere quil conuint
quelle sen retournast. Et
retourneurent que hue autre
fois que les sarrazine retour=
neurent en tant grant nombre
quilz eussent bien peu enclorre
les francois lesquelz nen estas
de riene espoantez saillirent

auf, um sie zu verteidigen. Dann zogen sie mit solcher Macht zum Fluss, das sie alle Schiffe, die Lebensmittel brachten, überwältigten. Der König von Tunis war darüber bestürzt und beschloss mit seinem Rat, sein ganzes Heer zusammenzutreiben, und kam vor die Zelte der Franzosen, in der Hoffnung, sie, indem er vortäuschte, sie bekämpfen zu wollen, mit dieser großen Stärke in Schrecken zu versetzen. Doch der Mut der Franzosen wurde dadurch noch gesteigert, denn sobald sie sein Heer sich ihrem Lager nähern sahen, ließen der König von Frankreich, der König von Sizilien und König Tibald von Navarra, Graf von Champagne, all ihre Männer bewaffnen und stellten sie gut geordnet auf. Sie kamen aus ihren Zelten heraus, die jeweils ganz nahe beieinanderstanden, und sie ließen den Grafen von Alençon, den Bruder von König Philipp, und den Meister der Hospitaliter mit all ihren Männern als Wache im Lager. Und als der König von Tunis und die anderen Sarazenen sahen, dass die Christen mit so viel Furchtlosigkeit auf sie zukamen, begannen sie zu fliehen, ohne anzuhalten, bis der größte Teil Zuflucht in Tunis gefunden hatte. Die Franzosen verfolgten sie nicht, denn oft führt die Verfolgung dann, wenn die Feinde auf den ersten Blick die Flucht zu ergreifen scheinen, ohne zu kämpfen, oder wenn sie später aufgenommen wird, ins Unglück. Die drei Könige und ihre Leute begnügten sich damit, wohlgeordnet in die Zelte der Sarazenen einzudringen. Sie vertrieben sie daraus und drängten sie zurück bis in die Berge, die voller Gefahren waren. Einige kehrten in der Absicht, dort Wachen aufzustellen, danach zu den Zelten zurück, wo sie eine große Menge an Lebensmitteln fanden. Sie nahmen sie an sich und töteten mehrere kranke Sarazenen, die nicht hatten fliehen können. Dann legten sie an alle Zelte und Prunkzelte Feuer, bevor sie in ihr Lager zurückkehrten, und sie waren sehr erzürnt, dass sie sich mit ihren Gegnern keinen Kampf hatten liefern können.

Kurze Zeit später musste das Heer der Franzosen aufgrund verschiedener Krankheiten großes Elend ertragen. Gleiches geschah in Tunis, so dass niemand, und insbesondere nicht der König von Tunis, wusste, wie man das, was man begonnen hatte, zum Abschluss bringen könne. Auf den Rat seiner Leute hin schickte er Boten aus, um König Philipp, den Sohn Ludwigs des Heiligen, um Frieden oder Waffenruhe zu bitten. Das Ersuchen des Königs von Tunis wurde dem König vorgetragen, als er Rat hielt, und es wurde schließlich ein Waffenstillstand von zehn Jahren zwischen Christen und Sarazenen geschlossen, unter der Bedingung, dass der König von Tunis König Philipp und seinen Baronen alle Kosten, die sie seit dem Tag, als sie ihr Land verlassen hatten, bis zu diesem Zeitpunkt zu tragen hatten, in Gold und Silber begleiche. Außerdem versprach der König von Tunis, dass alle christlichen Kaufleute, die im Hafen von Tunis mit Waren ankämen oder dort infolge Schiffbruchs an Land gingen, von allen Zöllen befreit seien und frei durchreisen könnten, ohne irgendetwas zu zahlen. Vorher waren die Kaufleute so sehr geknechtet, dass sie den zehnten Teil vom Wert dessen, was sie beförderten, zahlen mussten. Außerdem versprach der König von Tunis, von diesem Augenblick an dem König von Sizilien ohne Widerspruch einen Tribut zu zahlen, wie seine Vorgänger es getan hatten. Er versprach auch, alle Christen freizulassen, die aus verschiedenen Ländern gekommen waren und sich im Königreich Tunis lange vor dem Krieg angesiedelt hatten und die der König aus Groll gegen die Franzosen hatte gefangen nehmen lassen. Er versprach, ihnen all ihre Güter, die er und seine Leute an sich genommen hatten, zurückzugeben. Er sei auch damit einverstanden, die Kirchen der Christen, die sich in Tunis befanden und die er hatte schließen lassen, wieder zu öffnen, und er würde den Christen erlauben, in Zukunft dort den Gottesdienst zu feiern. Und es würde Glocken geben, wie dies in allen christlichen Ländern der Fall ist. Nachdem all diese Dinge vereinbart und von beiden Seiten besiegelt und das Gold und das Silber gezahlt waren, wurde diese Waffenruhe sogleich in dem christlichen Heer und in der Stadt Tunis ausgerufen, und die einen und die anderen konnten zusammenkommen und nach Belieben frei einkaufen und verkaufen.

Einige Zeit vor dem Ausrufen dieser Waffenruhe war im Heer der Franzosen Eduard, der älteste Sohn des Königs von England, angekommen. Er wollte nicht mehr in sein Land zurückkehren, und in Begleitung einiger Franzosen zog er über das Meer nach Akkon. Doch als Eduard sich in dieser Gegend aufhielt, wurde er durch einen Assassinen schwer verwundet. Als dieser vortäuschte, ihm Kunde von seinem Herrn, dem Alten Mann aus den Bergen, zu überbringen, zog er ihn insgeheim in ein Zimmer beiseite und stach mit einem vergifteten Messer auf ihn ein. Als Eduard diese Verwundung spürte, gelang es ihm, den Assassinen festzuhalten, der zu fliehen versuchte; er warf ihn unter sich auf den Boden und tötete ihn mit dessen eigenem Messer, mit dem er verwundet worden war. Einige erzählen jedoch, dass die Männer von Eduard ihn gefangen genommen hätten und ihn hätten bekennen lassen, wie der Alte Mann aus den Bergen ihn geschickt hatte. In Wahrheit war Eduard schwer krank, doch der Meister der Templer gab ihm einen Stein, um das Gift zu bekämpfen, und verabreichte ihm so viele Heilmittel, dass er schließlich gesundete. Er kehrte nach Frankreich, in die Gascogne und nach England zurück, und er wurde dort gekrönt,[668] da sein Vater, König Heinrich, der Sohn von König Johann, genannt Johann ohne Land, kurz zuvor gestorben war.[669]

Andererseits zogen König Philipp von Frankreich und König Tibald von Navarra, Alfons von Poitou, Graf Peter von Alençon, Graf Robert von Artois, der Bischof von Langres und mehrere weitere Edelleute über das Meer, und nach dem Auslaufen aus Karthago, dem Hafen von Tunis, nutzten sie den so günstigen Wind, dass sie wenige Tage später, ohne auf irgendein Hindernis zu treffen, im Hafen der Stadt Trapani in Sizilien ankamen. Sie hielten sich dort ungefähr vierzehn Tage auf und warteten auf ihre Gefährten.

Am Tag nach der Abreise von König Philipp zogen andere christliche Fürsten über das Meer, doch sie waren einem so starken Sturm ausgesetzt, dass viertausend von ihnen starben und achtzehn ihrer Schiffe zertrümmert wurden, die kleinen Boote voll mit Pferden und anderen Schätzen nicht mitgerechnet. Nach diesem Sturm starb in dieser Stadt Trapani König Tibald von Navarra, Graf von Champagne,[670] dessen Leichnam danach nach Provins gebracht wurde, um in der Kirche der Seiler begraben zu werden. Alle Christen des Heeres waren tief betrübt über den Tod dieses Grafen, denn er war nach König Philipp der mächtigste Fürst. Zudem war er ein weiser Mann, großmütig und gut zu all jenen, die Hilfe benötigten, und insbesondere zu den Armen. Und Königin Marie[671], seine Frau, die Tochter von König Ludwig dem Heiligen, starb aus Kummer über den Tod ihres Gatten und ihres Vaters in der Nähe von Marseille zu dem Zeitpunkt, als das Heer zurückkam. Und nach den Verfügungen, die sie gemacht hatte, wurde sie zusammen mit dem Grafen, ihrem Gatten, begraben.

Als König Philipp von seinen Leuten versammelt hatte, was er nur konnte, fuhr er über das Meer und zog durch einige Städte von Sizilien und Kalabrien und kam bis zur Stadt Cosenza. Dort starb Isabella, seine Frau, die Tochter des Königs von Aragon. In der Tat, als sie an Land war und zu Pferd durch eine weitere Stadt kam, wurde sie von ihrem Reitpferd derart durchgerüttelt, dass sie, da sie schwanger war, vor der Zeit niederkam und daran starb. König Philipp, ihr Gatte, ließ ihren Leichnam bei seiner Rückkehr mitnehmen.

Er erfuhr noch weiteres Leid, denn sein Onkel, Graf Alfons von Poitou, starb in der Burg Corneto in der Toskana.[672] Die Gräfin, seine Frau, starb kurz danach und wurde in der Abtei Jarci bei Melun beerdigt. Trotz dieser Unglücksfälle setzte König Philipp die Rückreise fort, so dass er, nachdem er durch Rom gekommen war und die Heiligen Stätten besucht hatte, nach Frankreich zurückkehrte, wo er mit großer Ehrfurcht und in allen Ehren König Ludwig den Heiligen, seinen Vater, bestatten und seinen Leichnam in der Abtei Saint-Denis beisetzen ließ an der Seite von dessen Vater, König Ludwig, Sohn des sehr mächtigen Königs Philipp des Tapferen, Dieudonné genannt. So endete im Jahr 1271 die zweite Reise nach Outremer von König Ludwig dem Heiligen. Zu seinen Ehren hat Unser Herr in dieser Abtei Saint-Denis und an mehreren anderen Orten unzählige Wunder gewirkt, so dass der König durch Papst Bonifaz VIII. heiliggesprochen wurde.[673]

Doch um es kurz zu machen, lasse ich diese Wunder und die Heiligsprechung des Königs beiseite und schließe hier den Bericht über die großen Reisen der Franzosen nach Outremer ab, die von mir, dem bereits genannten Sébastien Mamerot aus Soissons, in Auszügen erzählt und zusammengestellt wurden, in der Hoffnung, mit Hilfe Unseres Herrn noch einige weniger bedeutende unter dem Titel *Die Reisen der Franzosen nach Outremer* in Erinnerung zu rufen.

Kapitel LXXXI.
Die Reise nach Outremer von Herzog Ludwig von Bourbon, Führer des auf Verlangen der Genuesen durch die Franzosen ausgehobenen Heeres. Von Herren und Edelmännern, die an dieser Reise teilnahmen, und wie sie in Afrika anlegten.

Was die Reisen nach Outremer anbetrifft, so wollte ich nicht erzählen, wie mehrere Heere durch die Franzosen angeworben und aus Frankreich herausgeführt wurden seit der Rückkehr von König Ludwig dem Heiligen von seiner zweiten Reise bis zu der Zeit von König Karl VI., der für mich Karl VII. ist. Obgleich König Philipp, der Sohn von Ludwig dem Heiligen, und Karl I., König von Sizilien, und einige weitere Fürsten Heere aus Frankreich herausgeführt haben, um Krieg gegen die Irrgläubigen zu führen, ließen sie kein großes Heer über das Meer fahren in der eigentlichen Absicht, das Heilige Land wieder einzunehmen oder die Heiden, die Türken und die anderen Sarazenen zu unterwerfen. Deshalb wollte und will ich ihre Kriegstaten bei diesen Reisen, die ich hier in Erinnerung rufe, nicht aufnehmen, sondern ich gehe jetzt von den Reisen von Ludwig dem Heiligen über zu jenen, die unter der Herrschaft von Karl VI. durchgeführt wurden.

Im achten Jahr seiner Herrschaft, d.h. 1388, schickten die Genueser Gesandte, die sie unter den berühmtesten Männern der Stadt ausgewählt hatten, zu König Karl VI. Sie legten ihm und seinem Rat dar, der Gemeinde von Genua sei bekannt, dass der Stand der Christen in ihren Marken durch die jähen von den Mauren, d.h. den Sarazenen von Afrika und von Tunis, unternommenen Feldzüge stark geschwächt worden sei. Die Führer und Hauptstatthalter von Genua hätten es in Angriff genommen, sofern der König und die Franzosen ihnen zu Hilfe kommen wollten, zwölftausend Armbrustschützen und achttausend junge Genueser Fußkämpfer auf das Meer zu schicken, mit ausreichend Waffen und Lebensmitteln versehen, und Schiffe, Galeeren und Boote vorzubereiten und auszuliefern, die auf ihre Kosten mit Ruderern und Backwerk, Süßwasser und Essig ausgestattet worden seien, um alle Franzosen, Ritter, Knappen und Edelleute, die Waffen tragen konnten, kostenlos über das Meer zu bringen. Doch der König müsse damit einverstanden sein, ihnen als Führer dieses Heeres den Herzog der Touraine, seinen Bruder, der dann Herzog von Orléans wurde, oder einen der herzöglichen Onkel des Königs mitzugeben.

Der König hörte in Paris die Gesandtschaft lange an, und ihre Vorschläge wurden einige Tage lang im Rat geprüft. Dort entschied man, da eine Waffenruhe auf drei Jahre

KARL VI. EMPFÄNGT DIE GENUESISCHEN GESANDTEN

„Im achten Jahr seiner Herrschaft, das heißt 1388, schickten die Genueser Gesandte, die sie unter den berühmtesten Männern der Stadt ausgewählt hatten, zu König Karl VI. Sie legten ihm und seinem Rat dar, der Gemeinde von Genua sei bekannt, dass der Stand der Christen in ihren Marken durch die jähen von den Mauren, d. h. den Sarazenen von Afrika und von Tunis, unternommenen Feldzüge stark geschwächt worden sei."

(FOL. 254VA)

Der Zeitsprung über ein Jahrhundert hinweg, den Sébastien Mamerot unternimmt, führt in eine vollkommen veränderte Situation. In der Zwischenzeit hatten die Türken den Hellespont überschritten und waren nun die Herren des Balkans. Der Schauplatz der Auseinandersetzung mit dem Islam hatte sich also von Asien ins Abendland, insbesondere in die Gebiete am Mittelmeer, verlagert. So lebte die Idee des Kreuzzuges nunmehr in der Verteidigung der abendländischen Christenheit vor dem vordringenden Islam fort. Herzog Ludwig II. von Bourbon unternahm 1390 einen Feldzug, und zwar auf Betreiben der Genuesen, die über die unablässigen Angriffe durch die Sarazenen Afrikas, insbesondere von Tunis, beunruhigt waren. Jean Colombe zeigt im unteren Register genuesische Gesandte auf dem Weg zum französischen Königshof im Jahr 1389. Elegant gekleidet, reiten sie über Land. Im oberen Bild ist ihr Treffen mit König Karl VI. dargestellt. Der Ratssaal ist ganz mit blauem Stoff mit Lilienmotiven bespannt: Der König thront inmitten seiner Berater. Die vor ihm knienden genuesischen Botschafter erläutern das Ziel ihres Besuches, wobei sie ihre Worte mit entsprechenden Handbewegungen unterstreichen.

E nay voulu raconter en
tre les hommages douître
mer plusieurs tresecel
lētes armees esleuees par
les francois et menees hors de frā
ce de puis le retour du second
hōmage du roy saint loys iusques
au temps du roy charles le bij.
par mōdit sire. Car combien
que le roy phlipe filz saint loys
et charles le premier de cestuy

nom roy de ficile et aucuns
autres princes ayent trecees
aucunes armees hors de france
pour guerroyer les heretiques
Touteffois ilz ne passerent
aucune grant armee en espoir
entention de recōuurer la terre
saincte. Ne de voulour conqur
sur les payens turcs ne autres
sarrazins. Pourquoy ie nay
voulu ne ne heusse comprendre

679

zwischen den Franzosen und den Engländern vereinbart war, dass der König zur Ehre und zum Ruhm des heiligen christlichen Glaubens ein kleines Heer versammeln und dass dessen Führer sein Onkel mütterlicherseits, Herzog Ludwig von Bourbon, sein solle und dass der sehr tapfere Herr von Coucy, Graf von Soissons, ihn auf dieser Reise begleite.

Daraufhin kehrten die Genueser Gesandten sehr zufrieden nach Genua zurück, und im Jahr 1389 ließen sie alles herrichten, was für diese Überfahrt notwendig war. Als sich außerdem diese Neuigkeiten in Frankreich verbreiteten, schickten viele Herren und anderen Edelleute sowie Männer unterschiedlichen Standes sich an, diese Reise zu unternehmen. Doch nicht alle, die dorthin reisen wollten, machten sich tatsächlich auf den Weg, denn sie mussten auf eigene Kosten fahren, und in der Tat nahm kein großer Herr mehr Männer auf seine Kosten mit als die seines eigenen Hauses. Außerdem gab man den Befehl, dass kein Mitglied der französischen Nation ohne Erlaubnis des Königs nach Outremer aufbreche, weil man nicht wollte, dass es dem Königreich zu sehr an Rittern und Knappen mangele. Und trotzdem nahm an dieser Reise eine sehr große Zahl an Rittern und Knappen teil, denn man ließ mit Erlaubnis des Königs in den Frankreich benachbarten Reichen und Ländern kundtun, wenn einige Ritter und Edelleute diesem Heer angehören und unter der Führung des Herzogs von Bourbon stehen wollten, würden sie dort sehr gerne aufgenommen. Sie waren dem König hierfür zutiefst dankbar. Eine große Menge von Rittern und Knappen, die aus England und anderen Ländern gekommen waren, bereiteten sich dann vor, und alle waren zur gleichen Zeit bereit wie die Franzosen, die ausgewählt worden waren, um im Jahr 1389 aufzubrechen.

Doch der Herzog von Bourbon konnte in jenem Jahr nicht bereit sein und verschob die Überfahrt auf das folgende Jahr, was bei vielen Rittern, Knappen und anderen großen Verdruss hervorrief, die ihr Land und ihre Güter verkauft und verpfändet hatten; diese waren zur Abreise bereit, und sie mussten ihre Auslagen verdoppeln, um standesgemäß bis zum darauffolgenden Jahr zu leben. Und dennoch, als der Herzog und diejenigen, die aufbrechen wollten, im Jahr 1390[674] nach Genua kamen, wurden sie von den Genuesern, die alles, was sie versprochen hatten, gut vorbereitet hatten, mit Freude empfangen, und das Heer konnte im Hafen von Genua ungefähr am Tag des heiligen Johannes des Täufers im Jahre 1390 in See stechen. Zweifellos war es ein schöner Anblick, sie mit ihren reichen Flaggen, Fahnen und Behängen zu sehen und mit verschiedenen Musikinstrumenten, die klangen und ertönten und schöne Melodien hervorbrachten, auch zu hören. Und dies überraschte nicht, denn es gab viele edle Fürsten und Herren! Unter den größten und berühmtesten fanden sich Herzog Ludwig von Bourbon, Ingelram, Herr von Coucy, Graf von Soissons, Philipp von Artois, Graf von Eu, der Graf-Dauphin von Auvergne, Johann von Vienne, Admiral von Frankreich, Guido von La Trémouille, Philipp von Bar, der Herr

von Harrecourt und Heinrich von Anthoing, der Herr von Ligny und der Herr von Have-
reth im Hennegau und Beaufort, Bastard des Herzogs Lancaster von England, und Iwein,
Bastard des Grafen Gaston von La Foix, und mehrere weitere Ritter und Knappen aus
Burgund, der Bretagne oder anderen, außerhalb Frankreichs gelegenen Ländern.

Für diesen Feldzug verfügte man über hundertzwanzig Galeeren, zweihundert Boote
und hundert andere Schiffe, die Lebensmittel und Vorräte transportierten, alle versehen
mit Armbrustschützen, Seeleuten und guten Schiffern, die sie vier Tage nach ihrem Auslaufen aus dem Hafen von Genua in Portofino vor Anker gehen ließen und am nächsten
Tag in Portovenere. Und am folgenden Morgen empfahlen sie sich dem Schutz Gottes,
Unserer Lieben Frau und des heiligen Georg, drangen in tiefe Gewässer ein, wobei sie
zuerst an den Inseln Elba und Korsika, Argentario und Sardinien vorbeikamen. Sie fuhren
durch den Löwengolf, da sie ihn nicht umgehen konnten, obwohl dies eine sehr gefahrvolle
Überfahrt ist, und sie setzten sich großer Gefahr aus. In der Tat kam ein solcher Sturm
auf, dass alle Schiffer, die vernünftig waren, ihnen sagten, die einzige Lösung sei, das
Erbarmen Unseres Herrn abzuwarten. Durch seine Gnade wurden sie nach einem Tag
und einer Nacht aus dieser Gefahr errettet und erreichten die Insel Commières, die dreißig Meilen von der Stadt in Afrika entfernt ist, die jene des Heeres als Erstes anlaufen
wollten, weil dies die erste Stadt des Königreichs Tunis ist, die am Meer liegt und nach
Genua hin ausgerichtet ist. Hier ließen sie ihre Plünderungen und Raubzüge von Seeräubern durchführen, die gewöhnlich dorthin kamen, einerseits um Zuflucht zu suchen, und
andererseits, um ihre Beute zu verteilen. Und um diejenigen zu warnen, die diese oder
jene Reise in Zukunft unternehmen wollten, hatten die Schiffer und Hauptleute der Schiffe,
Galeeren und Lastschiffe vor ihrer Einfahrt in den Löwengolf gemeinsam beschlossen,
wenn sie auf Schwierigkeiten stoßen würden und sich trennen müssten, würde jeder auf
diese Insel Commières zusteuern, und die Erstankömmlinge würden dort auf ihre Gefährten warteten, und das taten sie auch. Als sie neun Tage dort waren, sagte der Hauptschif-
fer der Genuesen zu dem Herzog von Bourbon und den anderen hohen Herren: „Wir
befinden uns hier in dem Gebiet, das der sehr mächtigen Stadt von Afrika am nächsten
ist, die wir mit Gottes Hilfe belagern wollen. Wir müssen miteinander beratschlagen, auf
welche Weise wir in den Hafen hineinkommen, denn das wisst Ihr nicht so gut wie wir,
dafür seid Ihr aber erfahrener im Umgang mit den Waffen als wir. Deshalb haben wir
Schiffer miteinander überlegt, dass wir beim Einlaufen in den Hafen und im Augenblick
des Landgangs, um die Sicherheit Eurer Männer zu gewährleisten, unsere kleinen Kriegsschiffe, die man Brigantine nennt, vorausschicken und etwas weiter entfernt bereitstellen
und dass wir uns am Eingang des Hafens an dem Tag, wo wir uns ihm nähern, und in der
folgenden Nacht aufhalten werden. Am darauffolgenden Tag werden wir mit Gottes Hilfe

mühelos an Land gehen, möglichst nahe bei der Stadt, jedoch in genügender Entfernung zu ihren Geschossen. Wir werden die Genueser Armbrustschützen an Land setzen, damit sie bereit sind, den Scharmützeln Widerstand zu leisten. Wir denken, wenn wir die Schiffe verlassen und an Land gehen wollen, wird eine große Zahl junger Knappen unter Euren Leuten nach Ehre und Ruhm streben, um den Ritterorden zu erhalten, und Ihr werdet dann zeigen, dass Ihr wisst, was in diesem Fall zu tun ist. Denn seid versichert, dass wir entschlossen sind, uns unserer Schuld Euch gegenüber zu entledigen und Euch zu zeigen, wie wir unseren Feinden größtmöglichen Verdruss bereiten können, damit die Stadt von Afrika, Karthago genannt, eingenommen werden kann. Diese Stadt hat uns mehrfach Schaden zugefügt, weil sie für uns der Schlüssel des Königreichs der Barbarie ist, d. h. von Afrika, Tunis, Marokko und Bejaia. Und wenn Unser Herr zulässt, dass wir sie einnehmen, werden alle Sarazenen bis nach Nubien und Syrien erzittern, und wir werden dafür in der ganzen Welt gelobt und gepriesen. Und mit Hilfe der christlichen Königreiche und der Inseln, die wir an den Grenzen Afrikas innehaben, können wir die Stadt Karthago halten und sie täglich mit Lebensmitteln und frischer Besatzung versorgen. Dies wird eine für alle lohnende Unternehmung sein, vorausgesetzt, wir nehmen die Stadt ein, um danach die Feinde Gottes ohne Unterlass zu bekämpfen und Land von ihnen zu erobern."

Nachdem die Genueser Schiffer und Führer diese Pläne dargelegt hatten, antwortete der Herr von Coucy in Anwesenheit des Herzogs von Bourbon und mit seinem Einverständnis, dass diese Vorhaben und Meinungen wahren Mut bezeugten und dass die französischen Herren ihrem Rat folgen würden. Nachdem das Schiff mit Süßwasser versorgt war, fuhren sie deshalb wieder aufs Meer und näherten sich Afrika so, dass sie die Befestigungsmauern der Festungsstadt Karthago sowie den Hafen ohne alle Verteidigungsposten sahen, worüber sie sehr überrascht waren, in Anbetracht der Vielzahl von Leuten, die in den benachbarten Gebieten wohnten und die sie am Ufer anzutreffen dachten, bereit, ihnen den Zugang zum Hafen zu verweigern. Doch als sie dort ankamen, drangen sie ohne Gegenwehr in den Hafen ein, obwohl die Sarazenen von Tunis und Karthago, die über ihr Kommen unterrichtet waren, sich vorher in großer Zahl versammelt hatten, um die Ankunft unserer Leute zu verhindern. Sie vertrauten der Meinung eines mächtigen Emirs mit Namen Madifer, der behauptete, wenn die Unseren widerstandslos an Land gingen, würde ihr Mut zunehmen. Diese Meinung wurde jedoch nicht lange aufrechterhalten, weil ein anderer Emir mit Namen Behus, Herr der reichen Stadt Maldages in Afrika, einen Teil seiner Schützen nach Karthago schicken ließ, um die Verteidigung der Stadt zu verstärken, während er und die anderen Kämpfer des großen Heeres sich in den Schatten der Wälder und Büsche zurückzogen wegen der großen Hitze, die damals herrschte, denn es war ungefähr um die Zeit des Festes der heiligen Magdalena.

Dieser Emir erklärte unter anderem, die Franzosen, die kühn und tapfer seien, wären nicht gekommen, um sich fremdes Land anzueignen, wenn sie nicht sehr zahlreich und gut mit Armbrustschützen ausgestattet wären, durch deren Pfeile viele Sarazenen getötet würden, und die anderen würden die Flucht ergreifen, so dass der Hafen den Christen zufallen würde. Nachdem Letztere den anderen diese erste Niederlage beigefügt hätten, wären sie so ermutigt, dass sie die Festungsstadt Karthago mühelos einnehmen würden, und diese würde mit Schrecken erfüllt, wenn sie die eigenen Leute fliehen sähe, was nie geschehen würde, wenn man von diesem wahnsinnigen Unternehmen ablasse. Denn wenn man die Christen in den Hafen einfahren und die Stadt Karthago belagern lasse, so wie sie es wollten, würde ihnen die Hitze Afrikas, die sie nicht gewohnt seien und gegen die sie weder Schatten noch Linderung fänden wie zu Hause, sehr schnell zu schaffen machen. Und sie würden ohne Unterlass, so oft man ihnen schaden könne, durch die Scharmützel des Maurenheeres bedrängt, und würden keine Ruhe finden. Mit diesen verschiedenen Übeln wären sie so sehr geschlagen, dass sie sich Krankheiten zuziehen würden, bevor sie die Stadt, die so stark und gut verteidigt war, durch Belagerung würden einnehmen können. So müssten sie von dannen ziehen, ohne in Afrika etwas erreicht zu haben.

Als unsere Leute in den Hafen von Karthago eingedrungen waren, gingen sie an Land, errichteten ihr Lager und belagerten die Stadt folgendermaßen. Der Herzog von Bourbon trug sein Banner vor sich her, das übersät war mit Lilienblüten, und in der Mitte befand sich ein Bild Unserer Lieben Frau ganz in Weiß, zu ihren Füßen ein kleines Wappen von Bourbon. Zur Rechten, der Stadt gegenüber, befanden sich Wilhelm von La Trémouille, Herr von Sully, mit Banner, sein Bruder Guido von La Trémouille mit Fahne, der Herr von Vodenay mit Banner, Hélyon von Lignac, der Herr von Surgières, der Herr von Roux, ein Bretone, ferner der Herr von Tors, Johannes Harpedane, die Fahnen trugen. Danach kamen in Schlachtordnung die Hennegauer, deren Bedeutendste waren Wilhelm von Hennegau, später Graf von Ostrevant, ältester Sohn von Herzog Albrecht von Bayern, Graf von Hennegau, von Holland und Seeland, der Herr von Havereth, der Herr von Ligny und der Herr von Matefelon mit Banner.

Ganz in der Nähe befanden sich auch Philipp von Artois, Graf von Eu, und an seiner Seite Bonifaz von Calain und der Seneschall von Eu mit Fahne, der Herr von Linières, der Herr von Chin, der Herr von Aumeval und der Herr von Liques mit Banner, Walter von Châtillon mit Fahne, Johann von Châteaumorand mit Banner, der Bruder des Marschalls von Sancerre mit Fahne, Johann von Troyes mit Fahne, der Herr von Acourry mit seinem Banner. Auch der tapfere Herr von Coucy, Graf von Soissons, mit seinem Banner war da mit einem schöneren Tross als alle anderen außer dem Herzog von Bourbon.

Auch die Fahne von König Karl VI. mit seinen Wappen war da und daneben Johann Le Barrois mit Fahne, Wilhelm Merles mit Banner, der Herr von Longueval mit Fahne, Johann von Roye mit Banner, der Herr von Bours mit Fahne, der Vizegraf von Aunay mit Banner, Johann von Vienne, Befehlshaber des Heeres, der ein Banner trug. Zur Linken des Herzogs von Bourbon war der Herr von Auffremont, Johann, genannt Beaufort, Bastard von Lancaster, mit Banner, der Engländer Johann le Bouteiller mit Fahne, Johann von Crainne mit Banner, der Sourdit von L'Estrade mit Fahne, Johann von Harcourt, der Herr von Garencières und Berald, Graf von Clermont, Kronprinz der Auvergne, sein Banner tragend und mit einem reichen Gefolge, Kronprinz Hugo, sein Bruder, der Herr von Betencourt mit Fahne, der Herr Pierre Bussière, der Herr Sainte Sévère, ein Banner tragend, der Lonnart, Marschall des Heeres, der Borgne von Viausse mit seiner Fahne, der Herr von Loigny mit Banner, sein Bruder Gerhard mit Fahne, der Herr von Saint-Germain mit Banner. Dann sah man die auf einer Standarte befestigte Fahne mit dem Wahlspruch des Herzogs von Burgund, Philipp von Bar mit Banner, Gottfried von Charny mit Banner, Ludwig von Poitou mit Fahne, Robert von Cabroles mit Fahne, den Vizegrafen Duzes mit Banner, den Herrn von Montaigu mit seinem Banner, den Herrn von Villenove mit Fahne, Wilhelm von Le Moulin mit Fahne, Engorgié von Amboise mit Fahne, Alain von Champagne mit Fahne, allesamt berühmte Ritter, ohne vierzehn weitere Ritter von großer Tapferkeit zu vergessen, die mit ihren Leuten im Feld vor dieser befestigten Stadt Karthago untergebracht waren.

Kapitel LXXXII.
Von dem großen Heer der Mauren, die der Stadt Karthago zu Hilfe kamen. Von dem Treffen, das zwischen zehn Christen und zehn Sarazenen stattfand, gegen den Rat des Herrn von Coucy. Von dem großen Unglück, das daraus folgte. Und wie schließlich die Christen wieder abzogen, ohne etwas erreicht zu haben.

Die Kunde, dass Karthago belagert sei, verbreitete sich überall, und die Bewohner der benachbarten Inseln wie die des Königreichs von Neapel und Sizilien sowie die des Festlandes von Apulien und Kalabrien befleißigten sich, dem Heer der Christen jede Art von Lebensmitteln und andere Vorräte bringen zu lassen. Doch sie entluden nicht alles auf einmal, und es gab ein kleines Schiff, das nur dazu diente, jeden Tag die nötigen Nahrungsmittel vom Hafen an Land zu bringen. So konnten die Christen ihre Belagerung fortsetzen, doch ohne viel zu erreichen. Denn um den Bürgern von Karthago zu helfen und ihren

Bitten nachzukommen, eilten aus den Königreichen Tunis, Marokko und Bejaia ungefähr dreißigtausend Bogenschützen und zehntausend Reiter herbei, die auf dem Feld und im Sand den Christen gegenüber lagerten. Und sie hatten den Vorteil, dass sich ein tiefer Wald hinter ihnen befand, so dass sie auf dieser Seite nicht durch plötzliche Überfälle der Christen niedergeschlagen werden konnten. So hielten sich die Heere mehrere Tage nahe beieinander auf, ohne zu kämpfen, obwohl die Bogenschützen der Sarazenen häufig herauskamen und Stellung nahmen und sich den Christen näherten. Sie töteten sie aus der Ferne, und die Genueser Armbrustschützen taten dasselbe, aber sie bekämpften einander nicht im Nahkampf von Angesicht zu Angesicht. Schließlich sandten die Mauren, die ihnen zu Hilfe gekommen waren, und die Karthager einen Dolmetsch zu den französischen Herren. Dieser wurde zu dem Herzog von Bourbon und dem Herrn von Coucy geführt und sagte ihnen, dass die Mauren sich mit Verwunderung fragten, was die Christen antreibe, aus fremden Landen bis in ihre Königreiche zu kommen, um sie zu bekriegen, während sie ihnen keinen Schaden zugefügt hatten. Und wiewohl sie die Genueser, die ihre Nachbarn seien, angegriffen hätten, müssten die anderen Christen deshalb nicht den Krieg gegen sie beginnen.

Die Herren hielten Rat und antworteten dem Dolmetsch, dass die Franzosen und die anderen Christen, die da waren, gekommen seien, um den Tod Jesu Christi, des wahren Retters, zu rächen, den ihre Vorfahren, die Sarazenen, getötet hätten, und dass sie sie auch vernichten wollten, weil sie nicht getauft seien. Doch als die Mauren diese Antwort vernahmen, lachten sie nur darüber und sagten, dass sie Jesus Christus nicht getötet hätten und dass die Juden ihn gekreuzigt hätten. Sie dachten dennoch darüber nach, die Christen zu täuschen, denn sie verhielten sich acht Tage lang still, ohne anzugreifen, und am neunten Tag näherten sie sich heimlich in der Nacht dem Heer der Christen. Letztere schliefen so tief, dass die Mauren ohne Gegenwehr in ihr Lager eingedrungen wären, wenn Unser Herr seinen Rittern nicht auf wundersame Weise zu Hilfe gekommen wäre. In der Tat, als die Mauren in das Heer eindringen wollten, sahen sie eine Gruppe sehr schöner Damen ganz in Weiß vor sich auftauchen. Eine davon übertraf alle anderen durch ihre Schönheit und ihren Glanz, und sie trug eine ganz weiße Standarte vor sich, auf der sich ein leuchtend rotes Kreuz befand. Und die Mauren waren durch diese Erscheinung so erschrocken und verwirrt, dass sie darüber jeglichen Mut verloren und von da an weder die Kraft noch den Wagemut mehr hatten, ihre Unternehmung zu Ende zu führen. Die Christen erlitten keinen Schaden, sondern machten sie nur aufmerksamer in ihren Wachen. Die große Hitze und die verseuchte Luft verursachten mehrere Krankheiten, doch die Kranken wurden sehr gut versorgt dank der guten Pflege, für die der Herr von Coucy sorgte, der sie besuchte und ihnen viel Aufmerksamkeit zukommen ließ. Kurz und gut, wie Froissart sagt, der Herr

„Doch als die Mauren diese Antwort vernahmen, lachten
sie nur darüber und sagten, dass sie Jesus Christus nicht getötet
hätten und dass die Juden ihn gekreuzigt hätten."

(FOL. 258VB)

Am 1. Juli 1390 verließ eine Flotte von 60 Schiffen mit 5000 Rittern an Bord Genua in Richtung Nordafrika. Am 22. Juli war die Küstenstadt Karthago erreicht (in Wirklichkeit Mahdia), die man sofort zu belagern begann. Die Truppen dieses franko-genuesischen Kreuzzuges, der auch als Barbareskenkreuzzug bekannt ist, standen unter dem Kommando von Herzog Ludwig II. von Bourbon, einem Onkel des französischen Königs Karl VI., überdies ein erfahrener Kriegsmann und Veteran des Hundertjährigen Krieges. Auf diesem Blatt illustriert Colombe zwei Episoden aus der Zeit der Belagerung. Im unteren Register stehen Sarazenen und Christen einander von Angesicht zu Angesicht gegenüber, ohne zum Angriff überzugehen. Auf dem Hauptbild stellt Jean Colombe das Wunder Unserer Lieben Frau dar, die die Christen rettete: Als die Mauren – die schwarzhäutig oder mit geschwärzten Gesichtern dargestellt sind – nachts die Franzosen angreifen wollen, stellt sich ihnen eine Reihe blonder junger Frauen in langen weißen Kleidern entgegen. Eine von ihnen, noch schöner als die anderen, trägt eine Krone und einen Heiligenschein und hält die Standarte mit dem Kreuzzeichen. Trotz dieses wundersamen Beistandes sollte der Feldzug schon sehr bald scheitern. Nach nur neunwöchiger Belagerung sahen sich die Truppen Ludwigs von Bourbon zum Rückzug gezwungen.

A Renomnee alant
lomtge et pres du
fiege de Cartharge
sefforcoient ceulx
des ysles prochaines comme des
royaumes de naples de Sterle et
aussi des terres fermes de puille
et de calabre de porter toutes
manieres de biures et autres
prouisions en lost de chrestiens · Combien quilz ne les descendoient

tous a hue fois en lost · Ancois
nauoit le galiotz qui ne fai-
foient autre chose que de porter
de port en terre les biures nec
cessaires chascun jour · Et par ce
continuoient les chrestiens leur
siege · mais pou y prousstoit ve-
car des royaumes de thunes de
maroch et de bougie viurent
tost apres au secours et a la pri-
re desertopens de carthaige bien

von Coucy war von allen Edlen so geliebt und geschätzt, dass mehrere sagten, wenn er alleine die Verantwortung über dieses Heer gehabt hätte und wenn er Befehlshaber und Führer aller gewesen wäre, hätte man größere und bessere Taten vollbringen können; man sagte auch, dass der Herzog von Bourbon zu hochmütig und wenig leutselig sei.

Im Heer der Christen brach eine durch Mücken verursachte Krankheit aus, die unsere Leute heimsuchte, aber Unsere Liebe Frau, der sie sich verschrieben hatten, kam ihnen zu Hilfe und rettete sie: Als die Zahl der Mücken größer wurde, ging nämlich ein Hagelsturm nieder, der sie vernichtete. Andererseits mussten unsere Leute wohl oder übel jeden Tag einen neuerlichen Angriff seitens der Mauren ertragen. Eines Tages am Ende eines dieser Angriffe kam ein bedeutender maurischer Emir, Agadinquor genannt, der Alsale, der einzigen Tochter und Erbin des Königreichs Tunis, als Ehemann versprochen war, auf Anraten der anderen mit einem Dolmetsch und bedeutete einem sehr tapferen christlichen Knappen, Cisrenas genannt, dass er ihn sprechen wolle. Der Knappe ließ seine Leute zwanzig Schritte von dem Mauren entfernt stehen und ging zu ihm hin, um mit ihm zu sprechen. Agadinquor teilte ihm mit, er wünsche, dass ein Kampf zwischen ihm und neun Gefährten gegen zehn Christen stattfinde, um zu zeigen, dass ihre Religion mehr wert sei als die der Christen. Kurz, Cisrenas stimmte dem, was er verlangte, zu und sagte ihm, dass er vier Stunden später mit neun Männern wiederkomme. Und so handelte er nun gegen den Rat des Herrn von Coucy, von dem er abhängig war.

Jedoch als der Herr von Coucy sah, dass der Herzog von Bourbon und die höchsten Herren diesen Kampf wünschten, erinnerte er inständig an die Verschlagenheit der Türken, doch trotz allem kamen alle Christen in Schlachtordnung aus ihrem Lager. Währenddessen kehrte Cisrenas mit neun Männern an den Ort zurück, an dem sich auch der Maure mit neun Gefährten befinden sollte, und er wartete lange auf ihn, doch Agadinquor erschien nie. Als er und die anderen Mauren die schöne Ordnung der Unseren sahen, wagten sie nicht näherzukommen, und das obwohl sie über dreimal mehr Leute als die Christen verfügten. Und gegen Ende des Nachmittags beschlossen unsere Leute, da sie gut bewaffnet waren, Karthago zu stürmen. So eroberten sie die Gräben und die erste Ringmauer der Stadt und zwangen die Sarazenen, sich hinter ihre Schutzmauern zurückzuziehen, was diese, ohne Schaden zu erleiden, taten, aber den Christen erging es anders. Aufgrund der großen Hitze, die sie den ganzen Tag ertragen hatten, und durch die Wurfgeschosse der Mauren, die auf den Mauern waren, erlitten sie nämlich solche Qualen, dass sechzig Ritter und Knappen, alle von großer Berühmtheit, den Tod fanden, die anderen nicht mitgerechnet, die man nicht mit Namen nennt.

Trotzdem setzten die Christen ihre Belagerung fort, jedoch nicht lange. Denn das Gerücht ging um, gegen die Franzosen und zu Unrecht, dass die Genueser mit den Mauren eine Vereinbarung getroffen hätten und dass sie ungehindert abziehen würden, während die Franzosen und ihre Gefährten dem Feind ausgeliefert und verraten würden. Kurzum, der Herr von Coucy, auf dem die ganze Bürde und die Hoffnung der anderen Mitstreiter ruhten, versammelte eines Tages einen geheimen Rat der Barone und der hohen Herren im Zelt des Herzogs von Bourbon und in dessen Gegenwart. Und dort wurde beschlossen, dass die Christen die Belagerung vorläufig aufheben würden und dass jeder von ihnen in sein Land zurückkehren und im folgenden Jahr zurückkommen würde, um diese Stadt Karthago mit mehr und besser ausgerüsteten Leuten als jetzt zu belagern. Und so hoben sie die Belagerung der Stadt auf, einundsechzig Tage, nachdem sie begonnen wurde. Dann machten sie sich auf den Rückweg, die einen in ihr Heimatland, die anderen nach Zypern, Rhodos, Konstantinopel und Jerusalem. Diese Abreise war für sie unehrenhaft und bedeutete für die Genueser viele Verluste und Schäden. Trotz ihrer Bitten und Versprechen konnten diese sie nicht länger halten. So kehrten sie in ihre Stadt und in ihr Land Genua zurück, tief betrübt und verbittert, und nicht ohne Grund, denn die Mauren von Tunis verachteten sie fortan. Mit dem Wissen, dass sie ihren Feinden all ihre Stärke gezeigt hatten in der Annahme, sie zu vernichten, aber ohne dies erreichen zu können, ließen die Mauren diese seitdem unter großen Raubzügen leiden. Außerdem erhöhten sie alle Tribute, die die Genueser auf die Waren zahlen mussten, und zwischen ihnen entstand viel Streit. Ich erzähle nicht davon, um den Bericht von der Reise des Herzogs von Bourbon abzukürzen, und schließe mit einem Lobpreis Unseres Herrn Jesus Christus. Amen.

Kapitel LXXXIII.
Die Reise, welche von den Franzosen nach Ungarn unternommen wurde, um den Ungarn zu Hilfe zu kommen, deren Land der Großtürke, Bajasit genannt, erobern wollte. Und wie sie, nachdem sie zum König gekommen waren, mehrere Städte und Burgen seiner Feinde einnahmen.

Als in Frankreich König Karl VI. herrschte, wie ihn viele nennen, im Jahr 1395[675], d. h. im sechzehnten Jahr seiner Regentschaft, machte sich der Großtürke, Bajasit genannt, daran, Gebiete zu erobern, die sich unter der Herrschaft des Königs von Ungarn befanden. Er versammelte ein sehr großes Heer von Soldaten, alle auserwählt und kriegserfahren, und zog aus der Türkei aus und bewegte sich auf geradestem Weg Richtung Ungarn, worüber die Ungarn und insbesondere ihr König, der von sehr großer Tapferkeit war, trotzdem sehr entsetzt waren. Unverzüglich ließ der König demütige und bittende Briefe diktieren und schreiben und schickte auf der Stelle seine Herolde und mehrere Boten in die verschiedenen Christenländer; und insbesondere richtete er einen Brief an Philipp von Artois, damals Graf von Eu und Konnetabel von Frankreich, den er früher in Ungarn und in den angrenzenden Ländern zusammen mit dem tüchtigen Admiral von Vienne höchst erfolgreich hatte Waffen tragen sehen.

Der gute Graf von Eu wurde so aus sicherer Quelle unterrichtet, dass das Heer der Türken, Glaubensfeinde, Ungarn, das nach Frankreich, England und Spanien eines der mächtigsten Königreiche der Christen ist, gewaltsam erobern und vernichten wolle. Er war darüber sehr betrübt und setzte mit Hilfe seiner Reden und seiner Briefe alles daran, das Herz und den Willen der besten Fürsten, Ritter, Knappen und französischen Untertanen zu erweichen, damit sie zustimmten, dem König und der Bevölkerung Ungarns zu Hilfe zu kommen. So beschloss und versprach Johann, damals Graf von Nevers, ältester Sohn von Herzog Philipp und zu der Zeit selbst Herzog von Burgund,[676] mit Erlaubnis und Zustimmung von Herzog Philipp, seinem Vater, dass er mit einer großen Schar von Rittern, Knappen und anderen Leuten den Christen Ungarns gegen diesen großen alten Feind des heiligen christlichen Namens, Bajasit[677], zu Hilfe kommen werde. Dem Beispiel und den Ermahnungen des Grafen von Nevers folgend, aber auch von einem wahrhaftigen Glauben und einer echten Frömmigkeit für die heiligste katholische Religion angetrieben, gelobte eine große Zahl von edlen und tapferen Franzosen, diese Reise zu unternehmen. Unter anderen gehörten dazu Heinrich und Philipp von Bar, die Brüder waren, Söhne des Herzogs von Bar und verwandt mit dem König, und Philipp von Artois, Graf von Eu, Konnetabel von Frankreich, und der Graf von La Marche, die ebenfalls Vettern des Königs waren. Auch dabei war der Herr von Coucy, Graf von Soissons, der zu jener Zeit beidseits des Meeres hinsichtlich ritterlicher Heldentaten der Berühmteste war, der Admiral Johann von Vienne und Johann Boucicaut, Marschall von Frankreich, der Herr von La Trémouille, der Herr von Heugueville und eine große Zahl weiterer Ritter und Knappen. Es waren an die tausend Männer aus dem Königreich Frankreich, die wahre Blüte der Ritterschaft, alle sehr tapfer im Kampf und bekannt für ihre Heldentaten.

Einige der oben Genannten führten auf ihre Kosten viele weitere edle Ritter, Knappen und Bewaffnete mit sich. Und besonders der Marschall Boucicaut führte auf seine Kosten siebzig Edelleute mit, wovon fünfzehn Ritter aus seiner Verwandtschaft kamen wie Le Barrois und Johann und Godemart von Linières, Reinhold von Chauvigny, Robert von Milly und Johann von Egréville. Als der Graf von Nevers und die anderen Fürsten und Barone, Ritter und Knappen, die mit ihm aufzubrechen beabsichtigten, bereit waren, nahmen sie Abschied von König Karl, von den Herzögen von Berry, von Burgund und von den anderen Fürsten und zogen geradewegs und so schnell wie möglich los und setzten

SIGISMUND VON LUXEMBURG, KÖNIG VON UNGARN, EMPFÄNGT DAS HEER
DES GRAFEN VON NEVERS VOR BUDA. DIE GRIECHISCHEN CHRISTEN VON RAHOVA
ÜBERGEBEN DEN FRANZOSEN UND UNGARN DIE SCHLÜSSEL ZUR STADT

„Dort empfing er [der König von Ungarn] sie feierlich und mit großer Freude,
und vor allem ehrte und würdigte er den Grafen von Nevers wegen seiner hohen
Abstammung in Frankreich sowie den Grafen von Eu, den Herrn von Coucy,
den Admiral von Vienne und den Marschall Boucicaut, weil er von ihrem guten Ruf
im Kampf wusste und diesen hatte preisen hören.“

(FOL. 261A–261B)

Sébastien Mamerot schildert in diesem Kapitel den Zug nach Ungarn, der unternommen wurde, um den von den Eroberungsgelüsten der Türken bedrohten Städten und ihrer Bevölkerung Beistand zu leisten. Graf Johann von Nevers, der älteste Sohn Herzog Philipps des Kühnen von Burgund, machte sich auf den Weg und kam im Juli 1396 mit seinen Truppen in Ungarn an. Die Illustration stellt dar, wie König Sigismund ihn vor der Stadt Buda freudig willkommen heißt, indem er seine Krone zum Zeichen des Grußes und der Dankbarkeit abnimmt. Das Gefolge des Königs von Ungarn wirkt ziemlich bunt: Zwei Männer mit weißen Turbanen mischen sich unter die Menge. Im unteren Register zeigt Jean Colombe eine gesonderte Episode: Griechische Christen kommen aus der Stadt Rahova und bieten ihre Kapitulation an.

Le voyage fait en hongrie
par les francois pour secou
rir les hongres que le grant
turcq appelle Bazac vouloit
conquester. Et comment eulx
a vriues deuers le Roy si print
plusieurs villes et chasteaulx
sur ses enemis. iiij xx. e. iij.

Quatre vingt xe deuxieme proces

Regnant en france
le Roy Charles le
vie selon ses plu
sieurs Et courant
lan mil. CCC. iiij xx et xb. qui
estoit lan xbic de son regne
auint que le grant turc ap
pelle Bazac entre print con
quester grant partie des ter
res obeissans au Roy de hon
grie et amassant tresgrant

ihren Weg bis nach Deutschland fort. Dann zogen sie durch Österreich und andere Gebiete und kamen in kurzer Zeit in Ungarn beim König an. Dieser empfing sie mit einer edlen und schönen Reiterei und führte sie in seine Stadt Buda.[678] Dort empfing er sie feierlich und mit großer Freude, und vor allem ehrte und würdigte er den Grafen von Nevers wegen seiner hohen Abstammung in Frankreich sowie den Grafen von Eu, den Herrn von Coucy, den Admiral von Vienne und den Marschall Boucicaut, weil er von ihrem guten Ruf im Kampf wusste und diesen hatte preisen hören.

Einige Tage, nachdem er ihnen diesen schönen Empfang bereitet hatte, und als er sah, dass sie danach strebten, ihre Tapferkeit im Kampf gegen die Glaubensfeinde zu beweisen, führte er sein Heer ins Feld. Es umfasste mindestens hunderttausend Reiter, die bereit waren, sich den Sarazenen entgegenzustellen, die, wie er unterrichtet wurde, nahten. Er überquerte mit seinem ganzen Heer den großen Fluss Donau. Am anderen Ufer befand sich eine Widdin[679] genannte Stadt, die mit den Türken verbündet war. Der König von Ungarn schlug sein Lager vor dieser Stadt auf, fest entschlossen, sie anzugreifen und gewaltsam einzunehmen. Am Tag nach ihrer Ankunft wurden die Grafen von Nevers und von La Marche und einige andere zu Rittern geschlagen. Dann begannen die Franzosen und die Ungarn, diese Stadt von allen Seiten zu bestürmen und in Schlachtordnung diejenigen, die sie verteidigten, zu bekämpfen, doch mehr machten sie nicht. Denn sehr schnell kam der Kaiser des Landes[680] aus der Stadt heraus, der ein griechischer Christ war und sich den Türken hatte unterwerfen müssen. Er übergab die Stadt und das ganze Land dem König von Ungarn und lieferte ihm alle türkischen Gefangenen, die sich in der Stadt befanden, aus.

Nachdem diese Stadt Widdin einmal dem König von Ungarn übergeben war, verließ jener sie unverzüglich wieder und machte sich auf, mit seinem ganzen aus Ungarn und einem Teil Franzosen bestehenden Heer eine andere bedeutende Stadt mit Namen Rahova[681] zu belagern. Sobald der Graf von Eu und der Marschall Boucicaut wussten, dass der König von Ungarn beschlossen hatte, auf diese Seite zu gehen, versuchten sie, dort unter den Ersten anzukommen. Mit ihnen zogen Philipp von Bar und der Graf von La Marche, der Herr von Coucy, der Konnetabel von Eu und mehrere weitere Barone, Ritter und Knappen von Frankreich. Sie hatten gute Reittiere und ritten die ganze Nacht, so dass sie am Morgen vor dieser Stadt Rahova ankamen. Als die Einwohner sie kommen sahen, liefen sie in Scharen aus der Stadt, um eine Brücke zu zerstören, die über einem großen Graben errichtet war, der verhinderte, dass sich jemand ihren Mauern näherte. Denn dieser Graben war so tief, dass man ihn auf keine andere Weise als über diese Brücke überwinden konnte. Doch so sehr sich die Türken der Stadt auch beeilten, die Franzosen kamen an der Brücke an, bevor sie sie hatten zerstören können. Es begann eine sehr heftige und harte Auseinandersetzung, bei der die Türken in schönster Ordnung einem Teil von ihnen befohlen hatten, die Brücke zu zerstören, während der andere Teil gegen die Unseren kämpfte. Doch das brachte ihnen nichts, weil der Marschall Boucicaut den Grafen von Eu, Führer dieses Unternehmens, darum bat, die Brücke schützen zu dürfen, und er bekam, was er wollte, und bewachte die Brücke gut, was wegen der großen Zahl der Türken sehr schwierig war.

Die Brücke wurde von Boucicaut jedoch gut bewacht, und die anderen Türken wurden dank der großen Tüchtigkeit des Grafen von Eu und der anderen Franzosen in ihre Stadt zurückgedrängt. An diesem Tag kamen auch der König von Ungarn und der Graf von Nevers mit ihren Leuten vor diese Stadt. Der König und der Graf ließen ihre Männer sich umgehend in Schlachtordnung aufstellen, um die Stadt zu erstürmen. Doch sie waren nicht schnell genug, denn der Marschall von Boucicaut, der in aller Eile zwei Leitern hatte bauen lassen, gehörte mit seinen Leuten zu den Ersten, welche die Mauern der Stadt überstiegen. Ihre Kühnheit steigerte den Mut derjenigen, die ihnen folgten, und sie strengten sich an, die Mauern mit diesen Leitern zu erklimmen; doch schließlich, nachdem mehrere bei dieser Erstürmung getötet und verwundet worden waren, wurde eine der Leitern von Boucicaut von großen Steinen zertrümmert, und Hugo von Chévenon, seinem Knappen und Fahnenträger, wurde oben auf der Mauer seine Fahne, die er trug, entrissen, und er selbst wurde mit der anderen Leiter umgeworfen, fiel unten in den Graben und wurde fast ganz in Stücke gerissen. Doch sein Körper wurde aus diesem Graben herausgezogen, und er wurde dann geheilt. Und diese Erstürmung dauerte den ganzen Tag bis in die Nacht hinein bis zu dem Augenblick, als der König von Ungarn befahl, dass die Angreifer sich zurückziehen sollten. Boucicaut und seine Leute, die als Erste angegriffen und den Ansturm fortgesetzt hatten, waren die letzten, die ihn beendeten. Und obwohl sie außergewöhnliche Heldentaten vollbracht und unzähligen Angriffen getrotzt hatten, wollten sie, anstatt sich auszuruhen, noch die Bewachung der Brücke übernehmen – was sie die ganze Nacht hindurch auch taten –, damit die Türken und die Einwohner der Stadt sie nicht bei einem plötzlichen Ausfall zerstören könnten. Die Bewachung wurde ihnen ohne Bedenken überlassen, denn wenige hatten Lust, eine so gefahrvolle Aufgabe zu übernehmen.

Als der Morgen gekommen war und die Unseren sich bereitmachten, den Ansturm wieder aufzunehmen, kamen einige der bedeutendsten Christen dieser Stadt, die Griechen waren und die wussten, dass die Stadt sich trotz ihrer Befestigung nicht lange würde halten können, heraus und boten an, sie dem König von Ungarn zu übergeben. Als dieser sah, dass eine so gut befestigte Stadt auf der einen wie auf der anderen Seite nicht ohne großes Blutvergießen eingenommen werden könnte und dass die meisten der Einwohner Christen waren, nahm er ihren Vorschlag an und schickte den Marschall Boucicaut in die Stadt, um zu verhindern, dass man die christlichen Einwohner angreife. Seine Aufgabe erfüllte er sehr gut. So überließen die Griechen, die Christen waren, dem König von Ungarn alle Türken, welche die Stadt verteidigten, und dieser brachte sie um. Nachdem dies geschehen war, brach der König mit seinem Heer auf, um die Festung Nikopolis zu belagern. Auf dem Weg dorthin stellten der Graf von Eu, der Marschall Boucicaut und weitere französische Herren und deren Leute gekonnt Fallen und unternahmen unvermittelte Ausfälle und vereitelten die von den Türken vorbereiteten Hinterhalte, die das christliche Heer zu überrumpeln dachten, was ihnen aber übel bekam. Die Franzosen töteten nämlich so viele Feinde und mit einer solchen Kühnheit, dass alle Ungarn mutiger und kühner wurden, als sie es je gewesen waren, und sie lobten die Stärke und Tapferkeit der Franzosen sehr. Mit ihrer Hilfe und mit seinem eigenen Heer belagerte der König von Ungarn auch die Festung Nikopolis im Jahr 1397[682]. Er hielt die Belagerung fünfzehn Tage[683] lang aufrecht und ließ während dieser Zeit zwei unterirdische Gänge bis zu den Mauern graben. Sie waren so breit, dass dort drei Männer nebeneinander kämpfen konnten.

Aber ach! Welch ein Jammer! Während er selbst und die Franzosen alle Kraft darauf verwandten, Kriegsgerät aufzustellen, um diese Stadt mit Gewalt einzunehmen, warben der Großtürke mit Namen Bajasit und seine Verbündeten in der Türkei und in den Nachbarländern, die ihnen unterstanden, ein sehr großes Heer an, um die Christen zu zwingen, ihre Belagerung aufzuheben. Sie kamen so unauffällig näher, dass der König von Ungarn es erst merkte, als dieses große Heer sich Nikopolis schon sehr genähert hatte, und dies, obwohl er ständig seine Späher nach allen Seiten in die nahe und ferne Umgebung ausgesandt hatte und weiterhin aussandte. Und man weiß nicht, ob diese Späher ihn verrieten, da er erst nach fünfzehntägiger Belagerung vor Nikopolis erfuhr, dass Bajasit nahte. Und aus diesem Grunde war er weder vor ihm noch vor den anderen Türken auf der Hut, und auch die Franzosen waren nicht sicher, dass sie, wenn etwas vorfiel, rechtzeitig davon erfahren würden. Doch am sechzehnten Tag[684], zur Zeit des Abendessens, suchten mehrere Boten eilig den König von Ungarn auf und sagten, dass Bajasit ein sehr großes Heer vereint habe und dass es so nahe sei, dass er, die Herren von Frankreich und ihre Leute kaum Zeit hätten, sich zu bewaffnen, worüber dieser sehr bestürzt war. Er ließ im ganzen Feldlager verkünden und ausrufen, dass jeder seine Waffen nehme, bereit und bewaffnet sei, und sich ins Feld begebe, um gegen die Türken zu kämpfen. Seine Leute gehorchten ihm sofort; alle eilten zu den Waffen und rüsteten sich um die Wette. Der König von Ungarn und seine Leute befanden sich bereits im Feld, bewaffnet und in Schlachtordnung aufgestellt, als man den Grafen von Nevers und die anderen französischen Herren unterrichtete. Sie hatten allen Grund unzufrieden zu sein, dass sie nicht früher unterrichtet worden waren.

Und trotzdem beeilten sie sich, sich zu bewaffnen, ihre Rüstungen anzulegen und aufs Pferd zu steigen, so dass sie in kurzer Zeit bereit waren, vor dem König von Ungarn in die Schlacht zu gehen. Sie fanden ihn schon bereit zum Kampf vor, mit seinen Leuten in Schlachtordnung vor den Bannern und Standarten der Türken, die ihnen so nah waren, dass sie sie mit Leichtigkeit sehen konnten.

Und um die in Kenntnis zu setzen, die diese Berichte über die Fahrten nach Outremer lesen, hat mein Herr, mein Meister, der bereits erwähnte Herr von Châtillon, gewollt, dass ich diese Reise nach Ungarn, weil sie gegen die Türken, die größten Feinde der Christen jenseits des Meeres, unternommen wurde, an vorletzte Stelle setze. Meine Absicht ist es, dem edlen Redner und Verfasser des Buches *Le livre de Boucicaut*[685] so genau, wie ich nur kann, zu folgen, weil der Marschall Boucicaut, unter dessen Augen und zu dessen Lebzeiten er dieses Buch verfasste, einer der bedeutendsten Ritter war, nach den großen französischen Fürsten, die an dieser Reise nach Ungarn teilnahmen und sahen, wie sie endete. Und der Marschall war für seine Kriegstaten so berühmt, dass man unschwer glauben kann, dass das Buch von ihm durchgesehen und geprüft worden ist und er darin nur die Wahrheit hat überliefern lassen, gleich wie die von anderen überlieferten und niedergeschriebenen Zeugnisse über die schwere Schlacht von Ungarn auch sein mögen. Es ist deshalb, wenn ich diesem Verfasser folge, nicht meine Absicht, seinem Bericht etwas, abgesehen von einigen Dingen, hinzuzufügen, und ich weiß, dass ich darin nicht von ihm abweiche, denn er hat sie absichtlich verschwiegen, um Weitschweifigkeit zu vermeiden.

Kapitel LXXXIV.
Der Befehl zur vernichtenden Schlacht von Ungarn. Die Hinterlist der Türken. Die Kühnheit der Franzosen. Die schmachvolle Flucht der Ungarn und die Niederlage der Christen, die auf das große Töten von Türken durch die Franzosen folgte, und das so große Martyrium, mit dem der grausame Bajasit mehreren wahren Christen den Tod brachte.

Der König von Ungarn, der seine Kämpfer bereits aufgestellt hatte, nahm den Grafen von Nevers, den Grafen von La Marche, die Erben von Bar, den Herrn von Coucy, den Admiral von Vienne, Boucicaut, den Herrn von La Trémouille und die anderen großen Barone beiseite und legte ihnen dar, dass es am besten wäre, wenn er und seine Männer die Vorhut bildeten und als Erste in die Reihen der Türken eindrängen, weil die Ungarn seit langem deren Art zu kämpfen kennengelernt hätten und ihnen besser standhielten. Er wusste auch, dass seine Leute aus Ungarn wenig Mut hatten; wenn sie sich in der Nachhut befänden und sähen, dass die Franzosen an der Spitze Schwierigkeiten hätten oder vor der großen Zahl von Türken etwas zurückwichen, würden sie derart in Schrecken geraten, dass sie sogleich die Flucht ergriffen und die Franzosen zurückließen, so dass diese inmitten ihrer Feinde getötet würden. Doch wenn die Ungarn die Vorhut übernähmen und es geschehen sollte, dass sie vor der Gewalt der Türken fliehen wollten, könnten sie dies nicht tun, denn die Franzosen der Nachhut würden sie zwingen, umzukehren und sich den Türken entgegenzustellen, die zweifelsohne nur so und nicht anders besiegt werden könnten.

Als der Graf von Nevers dies vernahm, bat er die Fürsten, Grafen, Barone und Ritter in seinem Gefolge, ihm zu sagen, was sie von dem Ersuchen des Königs von Ungarn hielten. Und Philipp von Artois, Graf von Eu und Konnetabel von Frankreich, sagte, dass die Franzosen in Ewigkeit ihrer Ehre beraubt wären, wenn man dieser Bitte nachkäme, denn man wusste wohl, dass sie es allzeit gewohnt waren, wegen ihrer berühmten Tapferkeit in allen Schlachten, die stattgefunden hatten oder stattfanden, die Ersten zu sein. Nachdem der Graf von Eu dies gesagt hatte, bat der Graf von Nevers den Herrn von Coucy um seine Meinung. Dieser antwortete, ohne den Grafen von Eu in seiner Ehre zu verletzen, dass man seiner Meinung nach der Bitte des Königs von Ungarn Folge leisten solle und dass man nicht daran zweifeln solle, dass er die Wahrheit gesagt habe, denn er sei ein mutiger König, der die Eigenschaften seines Volkes kenne. Doch der Meinung des Herrn von Coucy wurde sogleich von einem Ritter des Gefolges widersprochen, der lautstark sagte, dass der Herr von Coucy dieses Mal Angst zu haben scheine, er, der immer für seine Tapferkeit unter den vortrefflichen Rittern, die beidseits des Meeres noch am Leben seien, bewundert worden sei. Der Herr von Coucy nahm ihm dies übel, und man erzählt, er habe ihm geantwortet, dass man an diesem Tag wohl sehen werde, wer der Mutigste sei und dass er den Kopf seines Pferdes dorthin richten würde, wohin der Ritter nicht wagen würde, den Schwanz des seinen zu bringen.

Auf diese Worte hin erhoben sich der Admiral von Vienne und der Marschall von Boucicaut. Sie teilten die Ansicht des Herrn von Coucy und suchten, mit einleuchtenden Gründen darzulegen, dass man ihm Folge leisten müsse, aber viele der anwesenden Franzosen verteidigten die erste Meinung. Um ihnen einen Gefallen zu tun, beschloss der Graf von Nevers, dass die Franzosen die Spitze bilden sollten, und sagte zum König von Ungarn, er solle darüber nicht verstimmt sein, und die Ungarn hätten, so Gott will, keine Gelegenheit zur Flucht. Diese Antwort erregte den Zorn des Königs, denn er wusste, dass die Schlacht, die sich ankündigte, für die Christen gefährlich war. Er wollte jedoch die Entscheidung der

Franzosen nicht sogleich ablehnen, wegen ihres hohen Standes und ihres Rufes und auch, weil sie aus ihren fernen Landen gekommen waren, um ihm großmütig Hilfe zu leisten.[686] So vertraute der Graf von Nevers die Standarte und das Banner Unserer Lieben Frau Johann von Vienne, Admiral von Frankreich, an, der einer der mutigsten und tapfersten Ritter der Welt war und in verschiedenen Ländern und beidseits des Meeres wegen seiner Kriegstaten berühmt war. Es ist seit langem Sitte der Franzosen, die Fahne Unserer Lieben Frau bei den großen Schlachten mitzuführen und sie von dem berühmtesten Ritter unter ihnen tragen zu lassen. Und entgegen dem, was einige gesagt oder geschrieben haben mögen, stürzten sich die Franzosen nicht ungeordnet in Gruppen von zehn oder zwölf Leuten in die Schlacht, sondern sie waren alle wohlgeordnet und in dichten Reihen aufgestellt, bevor sie gegen die Türken zogen. Doch letztere heckten eine große List aus, um unsere Leute zu täuschen. Eine große Zahl von berittenen Türken stellte sich nämlich in einem großen Verband vor ihren Fußkämpfern auf. Hinter diesen Reitern und zwischen ihnen und den Fußkämpfern ließen sie eine große Menge an spitzen Pfählen einstecken, die sie zu diesem Zweck hatten fertigen lassen. Sie hatten sie schräg eingesteckt, die Spitzen umgekehrt und so hoch gegen unsere Männer gerichtet, dass sie den Bauch der Pferde erreichen konnten. Und als sie diese Arbeit zu Ende gebracht hatten, was nicht viel Zeit in Anspruch nahm, weil sie viele Leute auserkoren hatten, diese Pfähle einzustecken, befanden sich unsere Leute, die sich langsam und in dichten Reihen auf sie zu bewegten, in der Nähe. Und als die Türken sahen, dass sie ziemlich nahe waren, zogen sich alle Reiter hinter die Pfähle zurück, wobei sie eng zusammenblieben wie eine große Wolke. Sie fanden sich dann wieder hinter ihren Fußkämpfern, die sie in zwei schöne Verbände aufgeteilt hatten, eine von der anderen so weit entfernt, dass sie einen Verband Berittener zwischen den beiden der Fußkämpfer aufstellten, und es waren ungefähr dreißigtausend Bogenschützen dort.

Als sich nun unsere Männer genähert hatten und den Kampf eröffnen wollten, begannen die türkischen Bogenschützen, Pfeile mit solcher Heftigkeit und Dichte auf sie abzuschießen, dass niemals Hagel oder Regen dichter vom Himmel fielen als diese Pfeile, die innerhalb kurzer Zeit viele Männer und Pferde töteten. Die Ungarn, die, wie man allgemein sagt, keine zähen Kämpfer sind und ihren Feinden nicht schwer schaden können, außer sie bleiben zu Pferd und schießen bei der Flucht nach vorne und nach hinten mit dem Bogen, sahen, wie diese Schlacht begann. Ein Großteil von ihnen begann deshalb, aus Angst vor den Pfeilen zurückzuweichen und sich wie feige und ängstliche Menschen nach hinten zu retten. Doch Marschall Boucicaut und die anderen französischen Ritter, welche die Feigheit der Ungarn hinter sich nicht sahen und sich diese auch nie hätten vorstellen können, sahen auch die spitzen Pfähle ganz nah vor sich nicht, die dort aus List in den Boden gesteckt waren. Sie wollten den Türken nicht länger als Zielscheibe dienen. Und da sprach Boucicaut: „Werte Herren, was machen wir hier? Werden wir uns hier mit Pfeilen spicken und feige töten lassen, ohne etwas zu tun? Treten wir unverzüglich in den Kampf mit ihnen und gehen wir mutig zum Angriff über, und so werden wir den Pfeilen aus ihren Bögen entgehen."

Dann stürmte der Graf von Nevers, wenn man der Ansicht von Boucicaut Glauben schenkt, mit den anderen Franzosen mit großer Wucht nach vorne, so dass mehrere Pferde und Reiter, als sie über die Pfähle ritten, sich am Bauch verletzten, zu Boden stürzten und von diesen Pfählen, die hart und spitz waren, getötet wurden. Und obwohl unsere Leute dort in großer Schwierigkeit waren, gelang es ihnen, weiter vorzudringen. Doch leider! Welch ein Jammer und welch ungewöhnliche Kunde! Die Ungarn sahen nun, dass die Franzosen trotz der unzähligen von den Türken abgeschossenen Pfeile und der spitzen Pfähle jenseits davon vorgedrungen waren und ihre großen Verbände erreicht hatten, trotz aller Verluste, die sie erlitten hatten. Ebenso wie die Apostel Unseren Herrn Jesus Christus im Stich ließen, als sie ihn in den Händen seiner Feinde sahen, ließen die Ungarn die Franzosen im Stich und flohen schmachvoll, als sie sahen, wie sie sich mitten unter die Türken stürzten. So verblieb mit unseren Leuten aus Frankreich von allen Ungarn nur ein einziger Herr des Landes, den man den Großgrafen von Ungarn nennt, mit seinen Leuten und einigen Fremden, die aus anderen Ländern gekommen waren, um an dieser Schlacht teilzunehmen. Sie waren nur eine Handvoll gegenüber der großen Schar von Türken.

Trotz allem zeigten die wahren Sieger des katholischen Glaubens keine Bereitschaft, zurückzuweichen, noch waren sie überrascht über die schmachvolle Flucht ihrer untreuen Verbündeten. Sie setzten vielmehr schnell über die Pfähle hinüber und stürzten sich heftig und mit unglaublichem Wagemut unter die große Zahl von Türken. Sie lieferten den Beweis, wie dies schon immer und seit alters ihre Gewohnheit ist, dass sich die Erinnerung an ihre ruhmreichen Kriegstaten wahren lässt und dass es in der Geschichte aller Nationen keine Männer und kein Volk gibt, so stark, so furchtlos und so mutig im Kampf, wie dies die Franzosen waren und noch immer sind. Selten erzählt man in glaubwürdigen Chroniken, dass sie geschlagen oder besiegt worden sind, wenn dies nicht durch arglistigen Verrat ihrer Hauptleute oder durch Verschulden derer, die sie führen sollten, geschehen ist. Und wenn es vorkommt, dass sie müßig sind und nicht das Waffenhandwerk pflegen, dann geschieht dies durch Irrtümer im Urteil oder im Handeln ihrer Führer, was ein großer Schaden für ihr gottgesegnetes Königreich ist. Die Franzosen sind nämlich sehr oft bereichert, geadelt und geschmückt mit großen Gütern und Schätzen aus großen Kaiserreichen, Königreichen und Ländern, die sie höchst rühmlich unterworfen haben. Es ist müßig zu fragen, ob die Erinnerung an den guten Ruf ihrer Vorgänger und die Menschenverluste, die sie in dieser jämmerlichen Schlacht an diesem Tag bereits erlitten hatten, ihre Kräfte und ihren Mut

„Ach! Welch Unglück! Die edlen und hochberühmten Franzosen,
so umgeben von der Übermacht ihrer Feinde, ohne von irgendeiner
Seite Unterstützung zu haben, fielen ihren Gegnern in die Hände und
waren ihren Schlägen ausgeliefert wie das Eisen dem Amboss."

(FOL. 266A–266B)

Jean Colombes Miniatur zeigt die unheilvolle Schlacht von Nikopolis und ihre katastrophalen Folgen für die Christen. Auf dem Hauptbild werden die beiden Heere in direkter Gegenüberstellung gezeigt: Auf der türkischen Seite erkennt man die Bogenschützen, die Pfeile auf ihre Gegner abschießen. Hinter ihnen warten die Reiter auf den richtigen Zeitpunkt, um ihrerseits anzugreifen. Auf christlicher Seite stürmen die Reiter mit gezücktem Schwert nach vorn, angeführt von zwei Rittern in leuchtend roter Rüstung, vielleicht Boucicaut und der Graf von Nevers. Jean Colombe hat zwischen den beiden Heeren die spitzen Pfähle dargestellt, die von den Türken in den Boden gerammt worden waren, um die christlichen Ritter und ihre Pferde tödlich zu verletzen. Sébastien Mamerot hebt diese Begebenheit in seinem Bericht hervor, und

der Maler folgt ihm getreu. Im unteren Bild zeigt Jean Colombe das Martyrium der christlichen Gefangenen nach ihrer Niederlage. Die Männer, deren Hilflosigkeit und Erniedrigung durch ihre Nacktheit unterstrichen wird, werden vor den Augen des in seinem Zelt sitzenden Sultans Bajasit abgeschlachtet. Sébastien Mamerot vergleicht dieses Blutbad mit dem bethlehemitischen Kindermord durch Herodes. 3000 Gefangene wurden auf diese Weise hingerichtet; die Angehörigen des Adels, für die man ein stattliches Lösegeld erzielen konnte, wurden jedoch verschont. Rechts im Bild sieht man, wie sie ausgesondert und abgeführt werden. Zu ihnen gehörten auch der Graf von Nevers, der später auch als Johann Ohnefurcht bekannt wurde, und vielleicht Marschall Boucicaut.

Le roy de honguerie
qui auoit sa ordõ=
nees ses batailles
appella a part le
conte de neuers le conte de la
marche. Les enfans de bar.
Le seigneur de Couey Ladmi=
ral de bienne Bouciquault Le
seigneur de la tremoille et les
autres grans barons et leur
dist que meilleur estoit que

lui et ses gens feissent lauant
tarde et entrassent les premi
ers dedens les turcqz tant par
ce que les hongres auoient a
prime de long temps ses ma=
nieres de leur combatre et par
ce les endurerent mieulx.
comme par ce quil congnois
soit que ses gens de honguerie e
stoient de si petite constance
que sil auenoit quilz feussent

steigerten. Zu Beginn veranstalteten sie unter den Türken ein so furchtbares und großes Blutbad, dass sie alle anderen mit verwundertem Schrecken erfüllten. Und um es kurz zu machen, wenn die Ungarn den Franzosen gefolgt wären und sich deren sehr berühmten Kriegstaten und deren Wagemut angeschlossen hätten, hätten sie ohne Zweifel an diesem Tag das Heer von Bajasit vollständig besiegt.

Dieser, der sich in seiner Nachhut befand, hörte entgeistert davon, dass die Franzosen, die nicht mehr als achttausend waren, keine Absicht zu fliehen zeigten, sondern dass sie so furchtlos, stark und mutig waren, dass sie bereits mehr als zwanzigtausend Türken getötet und seinen ersten Verband besiegt und in die Flucht geschlagen hatten, zu dem dreimal mehr Türken gehörten, als es Christen gab. Bajasit war wegen der großen Tapferkeit der Franzosen so bestürzt, dass weder er selbst noch sein Verband Berittener unsere Leute anzugreifen wagten. Er und seine Leute flohen vielmehr, als man ihm sagte, dass die Franzosen, die ihn bekämpften, nur sehr wenige seien und keine Hilfe hätten, und wie der König von Ungarn und all seine Leute geflohen seien und sie im Stich gelassen hätten, und dass der König seiner Ehre beraubt und auf ewig verloren wäre, wenn er nicht umkehren würde.

Bajasit fasste daraufhin wieder Mut und ordnete seine Verbände nach Art eines Schutzschildes, indem er den breiten Teil voranstellte; sobald die Franzosen, die in seiner Vorhut ein solches Durcheinander hervorriefen, sich in die Nachhut stürzen wollten, wo er sich mit sehr vielen Leuten befand, würden sich die beiden äußeren Flügel seines Heeres sich öffnen und die kleine Zahl von Franzosen in ihrer Mitte umzingeln und einschließen. Und es gelang ihnen, dies zu tun. Dieses bewerkstelligten sie leicht, indem sie unsere Leute angriffen, die von den großen Kriegstaten, die sie den ganzen Tag über bewältigt hatten, zu Recht sehr ermüdet und erschöpft sein mussten. Außerdem waren sie so wenige, dass auf einen Franzosen mehr als zwanzig Türken kamen, die alle in guter Verfassung und ausgeruht waren, und dies traf sowohl auf die Männer wie auf die Pferde zu.

Ach! Welch Unglück! Die edlen und hochberühmten Franzosen, so umgeben von der Übermacht ihrer Feinde, ohne von irgendeiner Seite Unterstützung zu haben, fielen ihren Gegnern in die Hände und waren ihren Schlägen ausgeliefert wie das Eisen dem Amboss. Und trotzdem verteidigten sie sich und vollbrachten außergewöhnliche und unglaubliche Kriegstaten. Doch am Ende trugen die Türken an jenem Tag, dem Montag vor dem Fest des heiligen Michael 1396, den Sieg über sie davon. Sie töteten die meisten ihrer Feinde, die sich tapfer bis zum Schluss verteidigten. Einige jedoch, die sahen, dass es keinen Ausweg mehr gab, versuchten zu fliehen, doch wenige aus der Menge entkamen, und die anderen wurden gefasst und lebend gefangen gehalten. Und unter denen, die dem Tod entkamen und gefangen gehalten wurden, waren der Graf von Nevers, der Graf von Eu, der Herr von La Trémouille, der Marschall Boucicaut, die zwei Erben von Bar und einige weitere Barone, Ritter und edle Herren, die sich in außergewöhnlicher Weise verteidigt hatten und sich wünschten, eher durch Waffen für eine so heilige Sache und zur Verteidigung des katholischen Glaubens zu sterben als in die Hände so grausamer Feinde, wie es Bajasit und die Türken waren, zu fallen. Und zweifellos fanden mehrere den Tod und beendeten dieses irdische Leben wenig später durch ein grausames und unmenschliches Martyrium.

Als Bajasit am darauffolgenden Tag auf dem Schlachtfeld sah, dass so wenige Christen – es waren nicht mehr als achttausend – mehr als dreißigtausend Türken getötet hatten, deren Leichen dort lagen, wurde er rasend vor Zorn, und in seiner furchtbaren Wut ließ er ganz in der Nähe eines seiner Prunkzelte aufstellen. Und als er erst einmal auf dem großen und reich geschmückten Thron saß, den man auf seinen Befehl errichtete, wünschte er, den Tod seiner Männer zu rächen, und er ließ alle Gefangenen, so wie sie waren, vor sich bringen. Die einen waren mit ihren üblichen Kleidern bekleidet, die anderen waren nackt, mit festen Stricken angebunden. Und man erzählt, als man die Gefangenen herbeiführte, sei über den Herrn von Coucy, der nackt war wie die anderen, so plötzlich ein Mantel geworfen worden, dass niemand gesehen habe, wer ihn geworfen habe, und man habe gedacht, dass dieser Mantel ihm von Gott geschickt worden sei als Hilfe und Ehre und Erinnerung an die ruhmreichen Heldentaten, die er vielfach in Outremer zur Verteidigung und Erhöhung des heiligen katholischen Glaubens vollbracht hatte.

Und als sie alle vor Bajasit standen und als Letzterer durch seine Dolmetscher erfuhr, dass der Graf von Nevers der Enkel des Königs von Frankreich und der leibliche Vetter von dem zu dieser Zeit herrschenden König Karl VI. war und dass Philipp, Herzog von Burgund, sein Vater, ein mächtiger und reicher Fürst war und dass die Erben von Bar und die Grafen von Eu und von La Marche ebenfalls nahe Verwandte des Königs von Frankreich waren, dachte er, dass er für ihre Auslösung einen großen Schatz erhalten würde. Deshalb beschloss er, sie nicht umbringen zu lassen, sondern sie sowie einige hohe Barone als Gefangene zu behalten. Er ließ sie alle auf der Erde vor dem Thron, auf dem er saß, niedersitzen: Auf dieselbe Weise, wie man in der Malerei den äußerst grausamen König Herodes darstellt, der im Begriff ist, die unschuldigen Kinder in Stücke zu schneiden, so wurden die glaubenstreuen Christen ganz nackt vor ihn geführt. Und im Beisein des Grafen von Nevers und unter seinen Blicken sowie vor den anderen auf der Erde sitzenden Grafen und Barone brachte man sie herbei, und höchst unmenschliche, tyrannische türkische Henker hackten ihnen mit der unersättlichen Grausamkeit von Mördern mit Äxten und großen Messern Köpfe, Hälse, Schultern, Leiber, Arme, Schenkel und Beine ab. Man kann sich die bedauernswerten und schicksalsergebenen Gesichter vorstellen, als sie in dieser jämmerlichen Prozession vorgeführt wurden! Denn ebenso wie der Schlachter das Lamm an den Ort seines Todes führt, so wurden die guten und seligen Märtyrer herbeigeführt und wortlos vor dem Erzyrannen Bajasit umgebracht.

Und in dieser heiligen Prozession befand sich auch der Marschall Boucicaut, der, zum Martyrium bestimmt wie die anderen, bis auf die Hose nackt herbeigeführt wurde. Doch Gott wollte ihn erretten, damit er dieses heilige Gefolge an den Sarazenen räche, wie er es nachher tat, und machte, dass der Graf von Nevers in dem Augenblick, als man daranging, ihn zu schlagen, ihn voller Mitleid ansah, und der Marschall sah ihn ebenso an. Da wurde der Graf von Nevers von unermesslichem Mitleid mit diesem ausgezeichneten Ritter, den man einem so grausamen Tod ausliefern wollte, ergriffen. Deshalb fügte er die beiden Finger der beiden Hände zusammen, wobei er Bajasit ansah und ihm bedeutete, dass dies sein eigener Bruder sei und dass er Erbarmen haben solle. Bajasit verstand, was er verlangte, und befahl, von dem Marschall abzulassen. Und als alle Christen, die bei dieser leidvollen Niederlage gefangen wurden, außer dem Grafen von Nevers und einigen großen Herren und edlen Rittern und Knappen so niedergemetzelt worden waren, sind ihre Seelen, wie man mit gutem Recht glauben kann, wegen ihres Martyriums im Triumph in den Himmel eingegangen. Der äußerst unmenschliche Tyrann Bajasit ließ seine Gefangenen dann in verschiedene Städte bringen, führte sein Heer in die Türkei zurück und zog in eine der großen und reichen Städte dort mit Namen Brussa[687] ein.

Kapitel LXXXV.
Wie die Kunde von dieser schmerzlichen Niederlage nach Frankreich drang. Die Tränen und Klagen, die darauf folgten. Und wie der Graf von Nevers und seine Gefährten freigekauft und aus der Gefangenschaft befreit wurden. Von denen, die auf dem Rückweg und anderswo den Tod fanden, und von denen, die nach Frankreich zurückkehrten.

Nach dieser schmerzlichen und grausamen Niederlage empfand man großes Mitleid mit den französischen Christen, die gekommen waren, um dem Grafen von Nevers und den anderen Herren, den Grafen, Baronen, Rittern und Knappen zu dienen, desgleichen mit den Kaplänen, Klerikern, Dienern, Edelknaben und all denen, die keine Waffen trugen, und auch mit den wenigen edlen Herren, die die Schlacht überlebt hatten. Alle waren bestürzt, sich in dieser Lage in den Händen der Türken wiederzufinden, und wahrlich waren die Christen, die dablieben, wie versprengte Schafe ohne Hirten inmitten hungriger Wölfe.

BAJASIT I. NIMMT DAS LÖSEGELD DER CHRISTLICHEN GEFANGENEN
IN EMPFANG (1397). FLUCHT DES KREUZFAHRERHEERES ÜBER DIE DONAU

„Als der Herzog von Burgund mit Sicherheit wusste, dass sein ältester Sohn,
der Graf von Nevers, gefangen genommen worden war, schickte er an Bajasit
schnellstens reiche und schöne Geschenke, und die anderen Herren Frankreichs
taten Gleiches für ihre Verwandten, und sie baten ihn, umgehend für die Gefangenen
ein Lösegeld anzunehmen und ihnen kein Leid noch Schmerz anzutun."

(FOL. 268B)

Nachdem er das Debakel von Nikopolis geschildert hat, widmet sich Sébastien Mamerot dem Schicksal der christlichen Kämpfer. Manche versuchen bei ihrer panischen Flucht, die Donau zu überqueren, ertrinken jedoch in dem breiten, gefährlichen Fluss. Jean Colombe stellt diese Szene im unteren Register der Seite dar. Auf dem Hauptbild zeigt er, wie die Christen riesige Lösegeldsummen an Bajasit zahlen, um die Gefangenen frei zu kaufen. Einige Details lassen den Palast recht exotisch wirken: die in kräftigen Farben gehaltenen, teils gewundenen, marmorierten Säulen an der Außenwand des Saals, die skulptierten Raubtierköpfe an der Basis der Kassettendecke, die rosafarbenen Fliesen, die die Farbe der Deckenwölbung wieder aufnehmen. Die Gewänder der Türken sind fremdartig und bunt, ihre langen Bärte und spitzen Hüte zeugen vom Bemühen des Malers um eine realistische Darstellung, ebenso wie die habgierigen Blicke, die sie auf die von den Christen mitgebrachten Reichtümer werfen. Im Zentrum der Szene überwacht der vor einen Thron mit Baldachin postierte Sultan Bajasit die Geldgeschäfte.

pres cesse dolozense
et tresciuelle des
consisture sut gra
de la pisse des xpiens
francois et autres qui estoient
la asez pour serur le conte
de neuers et les autres seigrs
contes barons cheualiers et
escuers comme des chrpestans
esceuer varletz pages et autres
gens qui ne se armoient pas

et mesmement dauceins gen
tilz hommes qui eschaprrent
de la bataille. si nestost pas
petit esbahir ssement a eulx de
eulx trouuer en tel party etre
les mains des turcis et a sala le
uite les xpiens sa estant demou
res estoient comme les brebis
esparses sans pastour entre
les loups samilieux pour qui
chun deulx qui peust sourr

Deshalb flohen alle, die es konnten, in Richtung des Flusses Donau und ergriffen dort die Flucht – die Todesangst treibt nämlich die Menschen von einer Gefahr in die andere –, als ob dies die wahre Zuflucht für ihr Heil sei. Ach! Welch ein Jammer! Diejenigen, die als erste ankamen, stürzten sich unüberlegt in diesen sehr gefahrvollen Fluss, um in die Schiffe, die sich dort befanden, steigen zu können, und sie befrachteten sie so sehr, dass sie während der Überfahrt beinahe Schiffbruch erlitten hätten. Und diejenigen, die nicht in die Schiffe steigen konnten, legten ihre Kleider ab und begannen zu schwimmen, doch die meisten von ihnen ertranken wegen der großen Breite und Macht des Flusses, den sie nicht durchqueren konnten. Unter denen, die unter solchen Leiden entkommen konnten, kehrten einige edle Herren und andere nach Frankreich zurück und überbrachten diese schmerzlichen Neuigkeiten, die auch durch die Boten verbreitet wurden, die der Graf von Nevers selbst an den Herzog von Burgund, seinen Vater, und die anderen Herren an ihre Väter und Verwandten geschickt hatten. Unnötig zu fragen, welchen Schmerz, welche Klagen und welche Tränen es im ganzen Königreich Frankreich gab, und nicht ohne Grund. In der Tat, bei dieser beklagenswerten Niederlage verlor man den Großteil der Beschützer und Verteidiger des Königreichs und gewissermaßen den besten Teil der Ritterschaft. Und da es zu lange dauern würde, über den Schmerz eines jeden im Allgemeinen wie im Besonderen zu berichten, tue ich es nicht.

Als der Herzog von Burgund mit Sicherheit wusste, dass sein ältester Sohn, der Graf von Nevers, gefangen genommen worden war, schickte er an Bajasit schnellstens reiche und schöne Geschenke, und die anderen Herren Frankreichs taten Gleiches für ihre Verwandten, und sie baten ihn, umgehend für die Gefangenen ein Lösegeld anzunehmen und ihnen kein Leid noch Schmerz anzutun.

Während sich die Boten nach Frankreich begaben und wenige Tage nach dem grausamen Verlust zurückkehrten, befand sich Bajasit mit seinen Gefangenen in der Stadt Brussa, und der Graf von Nevers, der Marschall Boucicaut und der Herr von La Trémouille schickten nach ihm und baten ihn, ein Lösegeld für sie festzusetzen, was er nicht tun wollte. Als die Boten jedoch ein zweites Mal zu ihm zurückkamen, stimmte er auf besondere Bitte des Grafen von Nevers zu, Boucicaut und La Trémouille sowie den Herrn von Hely[688] freizulassen, damit sie sich nach Frankreich und anderswohin begäben, um das Lösegeld für die anderen zu beschaffen. Als nun Boucicaut und La Trémouille in Rhodos angekommen waren, bekam La Trémouille eine schwere Krankheit, an der er starb, und er wurde mit allen Ehren von dem Marschall Boucicaut begraben, der sich von dort auf die Insel Mytilene[689] begab, deren Herr ihm gegen Pfand sechsunddreißigtausend Franken für die französischen Herren lieh. Er kehrte mit dieser Summe zu dem Grafen von Nevers und den anderen Herren zurück, die glücklich waren, wie geschickt er die Angelegenheit gelöst hatte. Und wenige Tage später suchte Boucicaut Bajasit auf und zahlte ihm die Summe ganz aus, die seiner Lösegeldforderung entsprach. Bajasit war damit zufrieden und erteilte ihm schriftlich die Erlaubnis, frei abzureisen, wann immer er wolle. Boucicaut wollte jedoch nicht ohne die anderen Herren nach Frankreich zurückkehren, und er sprach sehr oft mit Bajasit, um ihn zu überzeugen, auch für sie ein Lösegeld anzunehmen. Doch es gelang ihm nicht, seine Meinung zu ändern, denn er wollte sie alle umbringen und sagte, wenn er sie gegen Geld oder auf andere Weise ausliefern würde, würden sie, da sie, wie er wisse, so große und mutige Herren seien, im ganzen Königreich Frankreich alle gegen ihn aufbringen, so dass alle zu den Waffen greifen und sie ein so großes Heer heranführen würden, dass sie ihn vernichten könnten, um sich für die Niederlage, die er ihnen beigebracht hatte, zu rächen. Der Herr von Hely, der gut Türkisch sprach und Bajasit wohlbekannt war, und der Marschall Boucicaut brachten ihre Gründe vor und redeten auf ihn ein, so dass er am Ende der Freilassung der Herren gegen eine Million Gold-Écus zustimmte. Und dank der von den beiden Rittern geführten Verhandlungen setzte er schließlich diese Summe auf hundertfünfzigtausend Franken herab. Der Graf von Nevers und die anderen Herrn versprachen, sie zu zahlen, und schworen Bajasit, dass an keinem Tag ihres Lebens weder sie noch andere ihretwegen gegen ihn zu den Waffen greifen würden. Ohne dieses Versprechen hätte er sie nämlich nicht ausgeliefert, und nur wegen dieses Schwures ging er auf diese Summe von hundertfünfzigtausend Franken ein. Als die Herren von Frankreich so losgekauft wurden, starb Philipp, Graf von Eu, Konnetabel von Frankreich, in Gefangenschaft, und seine Gefährten begruben seinen Leichnam mit großem Wehklagen und großer Trauer so ehrenhaft, wie es ihnen möglich war, in dieser Erde; von dort wurde er später nach Frankreich überführt, wo man eine große Summe Geldes sammelte, um den Grafen von Nevers und seine Gefährten loszukaufen. Diese legten vor Bajasit den Schwur ab, dass sie ihm niemals den Krieg erklären würden. Und umgehend schickte der Graf von Nevers Boucicaut nach Konstantinopel, um Geld für ihre Freilassung aufzutreiben, was ihm getreulich gelang.

Unterdessen kamen die Boten Frankreichs an, und unter den bedeutendsten waren der Herr von Châteaumorand und der Herr von Vergy, die Geld und Neuigkeiten mitbrachten. Die Herren empfingen sie deshalb mit großer Freude und schickten sie danach zu Bajasit, dem sie reiche und schöne Gaben, Juwelen und Geschenke von König Karl und den anderen Fürsten. Unter diesen Geschenken befanden sich die schönsten Habichte und Falken, die es gab, und die Handschuhe, um diese zu tragen, waren mit Perlen und Edelsteinen bedeckt, die einen großen Schatz darstellten. Es waren auch Stoffe darunter, kostbare Wolltücher und feines Leinen aus Reims und alle Erzeugnisse, die man dort nur unter großen Mühen bekommen kann. Und der König und die Herren schickten all diese Geschenke, damit Bajasit den Gefangenen mit größerem Wohlwollen und höflicher

„Kurz nachdem der Graf von Nevers nach Frankreich gesandt worden war,
wurde ein griechischer Herr, genannt Kantakuzenos, von dem Kaiser
von Konstantinopel, den man Manuel nannte, als Bote gesandt. Dieser bat
König Karl flehentlich, ihm zur Ehre des christlichen Glaubens und aus Liebe
zu Unserem Herrn Jesus Christus Unterstützung und Hilfe gegen die Türken
zu gewähren, andernfalls wäre das ganze Kaiserreich Griechenland
in kurzer Zeit verloren, denn er könne ihnen nicht mehr standhalten."

(FOL. 269VA–269VB)

Der von den Türken bedrohte byzantinische Kaiser Manuel II. Paläologos bat den König von Frankreich um Hilfe, um das Byzantinische Reich zu retten. Im unteren Register sieht man Karl VI., der seinen Rat versammelt hat, um darüber zu diskutieren, wie er dem Kaiser helfen könne, und Marschall Boucicaut, der bei seiner Rückkehr aus der Guyenne einen Gefangenen mitgebracht hat, den Grafen von Pierregort, der gegen den König rebelliert hatte. Jean Colombe stellt Boucicaut vor dem Thron kniend dar; er signalisiert mit einer Handbewegung, dass der Gefangene ihm folgt. Die Hauptszene zeigt die französische Flotte, die nach Konstantinopel segelt. Die schweren, dickbäuchigen Galeeren sind mit Truppen, Pferden und Schilden beladen. Eines der Schiffe droht zu sinken; der Hauptmast ist gebrochen. Wahrscheinlich wollte Jean Colombe hier einen von den Türken angezettelten Hinterhalt in der Nähe des Hafens von Gallipoli darstellen.

Ou de temps apres
ce que le conte de
neuere fut enuoie
en france · fut
enuoye en ambaxade vng
seigneur grec appelle Carotu
seno de par lempereur de con
stantinople que on nommoit
l'armanoli. Le quel supplioit
au roy charles quil voulsist
pour honneur dela foy xpienne

et amour de me seigneur Jhu
crist lui donner secours & aide
contre les turcz · ou que autre
ment toute lempire de grece
seroit brief perdue par ce quil
ne leur pouoit plus resister ·
Et pour celle chose mesmes
enuoyerent aussi loz deuers
le roy Lee veniciens et senne
nois remonstrans le grant
peril ou estoient tous les xpiens

begegnete. Und darüber hinaus zahlten ihm die Boten das ganze Lösegeld. Deshalb befreite er den Grafen von Nevers und all seine Gefährten und entließ sie, indem er ihnen freies Geleit einräumte, damit sie aufbrechen und durch seine Gebiete ziehen könnten, wann sie wollten. Und sie verließen ihn und reisten über das Meer bis nach Mytilene, deren Herr sie empfing und freudig aufnahm. Sie dankten ihm für die große Hilfe, die er ihnen hatte zuteil werden lassen, dann zogen sie von da aus über das Meer in Richtung Venedig. In einer Stadt in der Nähe von Venedig mit Namen Treviso starb Heinrich von Bar, der eine der Töchter des Herrn von Coucy geheiratet hatte, die ihm zwei Söhne geschenkt hatte, und wurde mit allen Ehren begraben. Nach seiner Beisetzung begaben sich die Herren nach Venedig und blieben als Geiseln vier Monate dort, bis man ihnen aus Frankreich das Geld schickte, das ihnen erlaubte, sich ihrer Bürgschaft zu entledigen und ihre Gläubiger zum Teil zu bezahlen. Dann kehrten sie nach Frankreich zum König zurück,[690] der sie freudig empfing und lange feierte, ebenso wie die Herzöge von Berry und Burgund sowie die anderen Herren. Und so endete die schmerzliche Reise nach Ungarn zum großen Schaden des höchst vortrefflichen Königreichs Frankreich.

Kapitel LXXXVI.
Wie Kaiser Manuel von Konstantinopel um Hilfe in Frankreich ersuchte. Über die Reise von Boucicaut. Von seinen Siegen zur See. Und wie er in Konstantinopel ankam.

Kurz nachdem der Graf von Nevers nach Frankreich gesandt worden war, wurde ein griechischer Herr, genannt Kantakuzenos[691], von dem Kaiser von Konstantinopel, den man Manuel[692] nannte, als Bote gesandt. Dieser bat König Karl[693] flehentlich, ihm zur Ehre des christlichen Glaubens und aus Liebe zu Unserem Herrn Jesus Christus Unterstützung und Hilfe gegen die Türken zu gewähren, andernfalls wäre das ganze Kaiserreich Griechenland in kurzer Zeit verloren, denn er könne ihnen nicht mehr standhalten. Und aus diesem Grunde wandten sich die Venezianer und Genueser ebenfalls an den König. Sie legten ihm dar, in welch großer Gefahr sich alle Christen Griechenlands befänden, und schlugen ihm vor, ihnen gemäß ihren Kräften zu Hilfe zu kommen, wenn der König von Frankreich seinerseits sich an diesem Vorhaben beteiligen wolle. Jede dieser beiden Städte würde acht gut ausgestattete Galeeren auf das Meer schicken, um dem Kaiser von Konstantinopel zu helfen, und sie seien sich sicher, dass die Bewohner von Rhodos ebenfalls Galeeren ausrüsten würden, um dieses Vorhaben zu vollenden.

Der König von Frankreich, der nach der Sitte seiner Vorgänger mit all seinen Kräften das Land jenseits des Meeres schützen und erhalten, unterstützen und verteidigen wollte, das den christlichen Fürsten untertan war, rief seinen Rat zusammen, und als man erörterte, welche Art von Hilfe geleistet werden sollte und welchen Führer er entsenden könnte, kam der Marschall Boucicaut zum König. Er war zurück aus der Guyenne und hatte als Gefangenen den Grafen von Pierregort mitgebracht, den er mit Waffengewalt an sich genommen hatte, weil er sich dem König widersetzt hatte. Bei dieser Gelegenheit beschlossen der König und sein Rat, dass Boucicaut die Reise nach Konstantinopel machen solle und dass der König ihm vierhundert Bewaffnete und vierhundert Söldner sowie zahlreiche Bogenschützen und Geld zum Bezahlen ihres Soldes zur Verfügung stellen würde. Der Marschall Boucicaut unternahm diese Reise mit großer Freude, denn es war sein höchstes Verlangen, fortzuziehen und dort zu sein, wo er Bajasit und den anderen Türken Schaden zufügen könnte, einmal, um die Kriege und Schäden zu rächen, die sie an den Christen verübten und anzurichten versuchten, wie auch die Schäden, die sie in Ungarn verursacht hatten. Aus diesem Grunde verlor er, sobald ihm die Männer und das Geld bewilligt waren, keine Zeit mehr und tat vielmehr alles, damit alle seine Schiffe, Galeeren und Boote im Sommer am Tag des heiligen Johannes in Aigues-Mortes, wo er zwei Tage später ankam, für diese Reise bereit und ausgerüstet waren. Er befrachtete vier Schiffe und zwei Galeeren und nahm unter anderen edlen und tapferen Herren folgende Ritter mit: den Herrn von Linières, Johann von Linières, seinen Sohn, den Herrn von Châteaumorand, den Eremiten von La Faye, den Herrn von Montenay, Frank von Aubissecourt, Robin von Braquemont, Johann von Torsay, Ludwig von Culan, Robert von Milly, Ludwig von Cervillon, Reinhold von Barbazan, Ludwig von Ligny, Peter von Grassay, ferner mehrere andere gute und tapfere Ritter und Knappen, stach in See und landete in Saonne, aus dessen Hafen er auslief und in einer Stadt in Sizilien, Messina genannt, einlief, und ohne lange zu verweilen, reiste er nach Chios weiter, wo er meinte – wie man ihm zu verstehen gegeben hatte –, die acht Galeeren der Venezianer vorzufinden, die zur Unterstützung des Kaisers geschickt werden sollten. Man sagte ihm dann, dass er sie in Negroponte[694] finden würde. Er zog wieder über das Meer, um sich dorthin zu begeben, und kam durch Mytilene. Der Herr empfing ihn mit großer Freude, sagte ihm jedoch, dass er die Türken von seinem Kommen unterrichtet habe, damit nicht der Eindruck entstehe, dass er die Verträge und Bündnisse, die er mit ihnen habe, brechen wolle. Doch der Marschall Boucicaut sagte ihm höflich, dass er sie gewarnt habe, störe ihn überhaupt nicht. Schließlich sagte der Herr von Mytilene, der die große Klugheit, die Tapferkeit und Höflichkeit von Boucicaut kannte, dass er mit ihm ziehen werde, gleich welche Verträge er mit den Türken habe.

Der Marschall verließ schließlich Mytilene und führte sein Heer nach Negroponte, doch die Galeeren der Venezianer fand er dort nicht vor. Er wollte etwas abwarten, und während dieser Zeit ließ er zwei Galeeren ausrüsten und ernannte als Befehlshaber der ersten den Herrn von Châteaumorand, der in Begleitung mehrerer edler Herren war, unter ihnen Johann von Ony, ein sehr tapferer Mann und Knappe des Herzogs von Burgund, und als Befehlshaber der zweiten den Herrn von Torsay. Er schickte die beiden Galeeren nach Konstantinopel zum Kaiser, um ihm sein Kommen mitzuteilen, damit er seine Waffenträger darauf vorbereite, die Türken anzugreifen. Damit die Galeeren auf keine Schwierigkeiten stießen, als sie den Hafen von Negroponte verließen, geleitete sie der Marschall, bis Gallipoli[695] in Sichtweite war, und er blieb da, um ihnen zu Hilfe zu kommen, falls ihnen etwas zustoßen sollte oder falls sie diese benötigten. Denn die Türken, die von seinem Kommen wussten, hatten zwei Hinterhalte mit siebzehn Galeeren vorbereitet, um ihn zu überrumpeln. Einer dieser Hinterhalte war im Hafen von Gallipoli vorbereitet, wo sich mehrere Schiffe befanden, und der andere war oberhalb der Stadt vorgesehen, auf dem Weg nach Konstantinopel. Folgendes geschah: Sobald unsere beiden Galeeren Gallipoli hinter sich gelassen hatten, wurden sieben Galeeren des ersten Hinterhalts zu deren Verfolgung losgeschickt, und zum selben Zeitpunkt sahen sich die Franzosen fünf Galeeren, die für den anderen Hinterhalt vorgesehen waren, gegenüber; und so wurden die Schiffe der Franzosen inmitten ihrer Feinde eingeschlossen. Und sie konnten keine andere Entscheidung treffen, als in Richtung des Marschalls umzukehren, doch sie mussten mitten durch ihre Feinde hindurch. Bald waren sie mitten unter diesen, die sie von allen Seiten angriffen, und die Unseren, mutig und tapfer, machten sich daran, sich mit Macht zu verteidigen, und mühten sich, mit solcher Macht gegen sie zu kämpfen, dass die Türken sie nicht aufhalten konnten. Vielmehr stürzten sie sich, so nah bedrängt, immer wieder in den Kampf, trotz der Bemühungen der Türken, sie aufzuhalten. Letzteren gelang dies nicht, denn unsere Leute kämpften so nah an dem Ort, wo sich der Marschall befand, dass dieser den Lärm und den Krach hörte. Deshalb kam er unverzüglich mit gut aufgestellten Leuten gegen die Türken, um den seinen zu helfen, die so erschöpft waren, dass sie nicht mehr konnten. Man hatte es nämlich mit einer so großen Zahl von Türken zu tun, dass man zu dem Marschall sprach und ihm den Rat gab, nicht hinzugehen; es wäre besser, wenn zwei Galeeren vernichtet würden, als alle anderen. Der Marschall geriet über diesen Rat in Wut und antwortete denen, die ihm diesen erteilten, dass er lieber tot wäre, als seine Schar durch seinen Fehler zu Tode kommen und untergehen zu sehen, und dass Gott ihn niemals am Leben ließe, wenn er eine solche Feigheit an den Tag legte. Nachdem er dies gesagt hatte, stürzte er sich so schnell er konnte mitten unter die Türken, wobei er so tollkühn vorging, dass die Feinde mit Schrecken erfüllt wurden. Sie ließen die beiden Galeeren in Frieden und hatten nur noch im Sinn, die Flucht zu ergreifen, um ihr Leben zu retten. Sie flüchteten so unbedacht, dass der Großteil ihrer Galeeren am Ufer anschlug und unversehens zerschmettert wurde, so dass zahlreiche Türken, die darin waren, ertranken oder sehr schwer verletzt wurden. So rettete der Marschall Boucicaut seine beiden Galeeren und fuhr in der folgenden Nacht im Hafen von Tenedos[696] vor dem großen Troja zum Schlafen.

Am Tag darauf kamen die Galeeren der Venezianer zusammen mit den beiden von Rhodos gesandten sowie eine Galeote, die dem Herrn von Mytilene gehörte, und gleich danach kamen die Schiffe aus Genua an, die Konstantinopel zu Hilfe kommen sollten. So wurde der Marschall Anführer und Hauptmann dieser ganzen Flotte, auf Wunsch und mit Zustimmung aller. Und er stellte die Leute zusammen und vertraute die Fahne Unserer Lieben Frau Peter von Grassay an, einem sehr berühmten und sehr tapferen Ritter unter denen seiner Schar. Am nächsten Tag, nachdem die Gottesdienste gehalten waren, brach der Marschall mit all seinen Männern auf und rastete nicht, bis er Konstantinopel erreicht hatte. Dort wurde er mit seinem Heer von Kaiser Manuel mit großen Ehren und großer Freude empfangen, und sie wurden sehr herzlich gefeiert.

Kapitel LXXXVII.
Wie das Heer von Boucicaut sich dem der Griechen anschloss und große Feldzüge gegen die Türken unternahm. Von mehreren Städten und Burgen, welche die Christen den Türken mit Gewalt nahmen. Und von dem Frieden, den der Marschall Boucicaut zwischen dem Kaiser und seinem Neffen aushandelte.

Lange vor der Ankunft von Boucicaut in Konstantinopel wusste Kaiser Manuel, dass dieser in Kürze mit einer schönen und großen Schar von Kämpfern kommen würde. Deshalb stellte der Marschall fest, dass der Kaiser sein ganzes Heer schon gerüstet und seine Leute versammelt hatte, damit dieser nach seinem Eintreffen nicht warten müsse. Fünf Tage nach seiner Ankunft ließ der Marschall all jene, die dieses Heer bildeten, an einem schönen Ort zusammenkommen, um eine Musterung abzuhalten, und er errechnete, dass es sechshundert Waffenträger, sechshundert Söldner und tausend Männer mit Wurfgeschossen gab, das Heer und die zahlreichen vom Kaiser versammelten Kämpfer nicht mitgerechnet. Er legte dar, wie sich nach seinem Willen die Leute fortbewegen sollten, bestimmte seine Hauptleute und vertraute ihnen Männer an, je nach ihrer Tapferkeit und jeweiligen Fähigkeit, ihre Aufgabe zu erfüllen. Der Kaiser stach mit dieser ganzen Schar in See: Er hatte zweiundzwanzig vollständig ausgerüstete Galeeren und drei große Galeeren mit Toren, hinter denen sich einhundertzwanzig Pferde befanden. Außerdem waren sechs kleine Kriegsschiffe, Galeoten und Brigantinen vorhanden. Er ging in der Türkei an Land an einem Ort namens Pas de Narettes, und sie drangen auf ungefähr zwei Meilen ins Innere der Gebiete ein und verwüsteten, verbrannten und vernichteten das ganze Land entlang der Küste. Dort, wo sie vorbeikamen, waren gute Dörfer und schöne Häuser, aber sie ließen alle Türken, auf die sie dort trafen, über die Klinge springen. Nach diesem Feldzug brachen sie wieder nach Griechenland auf. Einige Tage später setzten sie wieder in die Türkei über und drangen auf ungefähr zwei Meilen von der Küste aus in das Land ein, um ein großes Dorf zu zerstören, das am Ufer des Golfs von Nikomedia lag und Daskily hieß. Dort trafen sie auf eine große Zahl einheimischer Türken, die das Dorf gegen unsere Leute zu schützen versuchten. Alle waren in Schlachtordnung, zu Fuß und zu Pferd, mit den Ausrüstungen, die sie haben konnten. Jedoch brachte ihnen diese Verteidigung nichts, denn sie wären innerhalb kurzer Zeit alle getötet oder gefangen genommen worden, sofern sie nicht die Flucht ergriffen hatten. Doch den Türken gelang es nicht, schnell genug zu fliehen, so dass ein Großteil von ihnen über die Klinge sprang. In diesem Dorf standen zahlreiche schöne Häuser und ein reicher Palast, der Bajasit gehörte. Doch unsere Leute setzten das ganze Dorf und die Dörfer in der Umgebung in Brand und zerstörten sie, dann zogen sie sich zurück und waren die ganze Nacht unterwegs. Am folgenden Tag wollten sie ausschiffen und vor der Stadt Nikomedia an Land gehen. Doch in dem Augenblick, als sie ausschifften, stießen sie dort auf den Widerstand sehr großer Einheiten von Türken. Doch unsere Leute nahmen die Stadt trotzdem ein und drängten sie tapfer zurück, dann machten sie sich auf, die Stadt zu erstürmen, indem sie ihre Anstrengungen steigerten und Feuer an die Tore legten, die so gut mit Schutzvorrichtungen aus Eisenwolle versehen waren, dass sie nicht brennen konnten. Sie stellten dann die Leitern gegen die Mauern, die sehr dick, fest und so hoch waren, dass die Leitern um mehr als drei Klafter zu kurz waren, und sie konnten nichts weiter tun. Doch sie töteten alle Türken, die sie finden konnten, und setzten die Vororte ebenso wie das ganze Land und die Dörfer in der Umgebung in Brand.

Dann zogen sie sich auf ihre Schiffe zurück und fuhren die ganze Nacht hindurch. Und am Morgen gingen sie so nah wie möglich bei einem großen Dorf inmitten des Landes mit Namen Le Sérail, eine gute Meile vom Ufer entfernt, an Land. Dort versammelten sich alle Türken derselben Gegend gegen sie mit dem Vorhaben, ihnen zu verbieten, sich der Stadt zu nähern, doch dies gelang ihnen nicht, und unsere Leute steckten die Stadt vollständig in Brand und töteten alle, die sie dort und in der Umgebung antrafen. Die Kunde verbreitete sich überall, dass ihnen diese Kriegstat gelungen war. Deshalb zogen sich die Türken aus allen Teilen eilig zusammen, während die Unseren sich in schöner Ordnung, wie sie es tun sollten, auf ihre Schiffe begaben. Die Türken machten Jagd auf

„Fünf Tage nach seiner Ankunft ließ der Marschall all jene,
die dieses Heer bildeten, an einem schönen Ort zusammenkommen,
um eine Musterung abzuhalten, und er errechnete,
dass es sechshundert Waffenträger, sechshundert Söldner und
tausend Männer mit Wurfgeschossen gab, das Heer und die zahlreichen
vom Kaiser versammelten Kämpfer nicht mitgerechnet."

(FOL. 272A)

Diese Miniatur ist ganz dem berühmten Marschall von Frankreich, Boucicaut, gewidmet. In der verzierten Initiale G am Anfang des Kapitels erscheint sein Porträt, während der Marschall in der Hauptszene die Mitte des Bildes einnimmt: Er inspiziert seine Truppen. Die Fußsoldaten im Vordergrund bilden eine blaue Masse, die farblich mit dem durch goldene Reflexe aufgehellten Braun der Reiter und ihrer Pferde kontrastiert. Die Szene ist harmonisch komponiert: Die Heere befinden sich auf einer Wiese in der Nähe von Konstantinopel und füllen den größten Teil des Bildformats aus; die Dächer und die Bauwerke in der Ferne deuten auf eine imposante Stadt hin. Im unteren Register ist dargestellt, wie Boucicaut, diesmal zu Fuß, die Hauptleute des Heeres bestimmt und ihnen seine Truppen anvertraut.

Comment Larmee de Bou=
quault sonite a celle de mer=
fit tres grans courses sur
les turcz. De plusieurs
villes et chasteaulx que les
xpiens prirent par force
sur les turcz. Et de la paix
que fit le mareschal Bou=
quault de lempereur et de
son nepueu. iiij XX z vij.

Rant temps auant
lauenement de
Bouciquault en
constantinople
auoit bien sceu lempereur kar
manoli quil y seroit bref a
tout tres belle et grant compai
gnie de gens darmes. Et pour ce
trouua le mareschal qui auoit
la apprestee toute son armee z
fait assembler ses gens darmes

sie und folgten ihnen so dicht, dass die Nachhut mehrmals umkehren musste, um sie zu bekämpfen, denn sie versuchten durch verschiedene Angriffe, bei den Unseren Verwirrung zu stiften. Jedoch wagten sie es nicht, sie offen anzugreifen. Außerdem bestiegen unsere Leute, da sie an diesem Ort wegen der hereinbrechenden Nacht keine Rast machen wollten, ihre Galeeren und kehrten nach Konstantinopel zurück.

Dort hielten sich Kaiser Manuel, der Marschall Boucicaut und ihre Männer sechs Tage auf, und am siebten gingen sie aufs Meer und kehrten abermals in die Türkei zurück. Bei Tagesbeginn erstürmten sie eine schöne Burg, die am Schwarzen Meer lag und Riva hieß. Doch die Türken, die über ihre Absicht durch die Späher, die sie aufs Meer geschickt hatten, unterrichtet waren, eilten schnellstens aufs Land, ohne sie am Ausschiffen zu hindern, und stellten ihre Leute in schöner Ordnung vor der Burg auf, um ihnen eine Schlacht zu liefern, und es waren gut sechs- bis siebentausend Türken. Als diese die schöne und große Truppe unserer Leute sahen, fügten sie ihren Leuten all jene hinzu, die die Burg verteidigten, und ließen nur einen Teil der Besten dort, da ihnen das ausreichend erschien, um die Verteidigung gegen alle einen Tag lang zu sichern. Denn die Burg selbst war so hoch und so gewaltig, dass sie leicht zu verteidigen war. Dann schlossen alle die Reihen und wichen oberhalb der Burg etwas zurück, damit sie, sobald unsere Leute, am Fuß der Mauer verteilt, zum Angriff über- gehen würden, mit einer solchen Schnelligkeit auf sie losstürmen könnten, dass ihre Gegner keine Zeit hätten, sich zu sammeln und in Schlachtordnung zu bringen. Sie glaubten tatsäch- lich, sie könnten das, was sie sich vorgenommen hatten, sechs- oder siebenmal am Tag tun. Doch der Marschall Boucicaut ließ den Kaiser und die Ritter von Rhodos mit einer beacht- lichen Schar von Bewaffneten und Armbrustschützen in schöner Schlachtordnung vor der Burg stehen, um zu verhindern, dass die Türken, die ganz nah waren, den Ansturm aufbrächen. Und die Fahne Unserer Lieben Frau flatterte vor dem Heer im Wind, wie es sein sollte.

Nachdem er so seine Leute geordnet hatte, nahm Boucicaut seine restlichen Männer mit sich, zog gegen die Burg und leitete bei Sonnenaufgang den Sturmangriff ein. Um diesen Ansturm zu verhindern, hatten die Türken unter anderem eine große List ersonnen. Denn auf der Seite, wo unsere Leute die Burg erstürmen wollten, hatten sie auf den Mau- ern und in den Gräben Gerüste aufgebaut, die mit sehr nassem Stroh und Geäst bedeckt waren, um großen Qualm zu erzeugen, und sobald sie unsere Leute kommen sahen, legten sie Feuer, aber das brachte ihnen nichts. Denn der Marschall führte seine Leute sogleich bis an den Fuß der Mauer und ließ schnell zwei Tunnel bauen, die so mächtig vorange- trieben wurden, dass die Mauer trotz der von den Türken vorbereiteten Hindernisse an zwei Stellen durchbrochen wurde, an denen man mit Macht kämpfte, denn die Sarazenen verteidigten die Durchbrüche verbissen, so dass die Franzosen dort mehrere beachtliche Kriegstaten vollbringen mussten.

Unterdessen ließ der Marschall mehrere Leitern aufstellen, welche die Angreifer bis oben auf die Mauer erklommen, und sie kämpften Mann gegen Mann im Nahkampf gegen die Türken der Burg. Diese warfen so große Steine gegen die Leitern, dass diese einknickten, zerbrachen und zersplitterten. Als der Marschall, der immer noch vorne und der Erste beim Ansturm war, dann sah, dass die Leitern nicht mehr standhalten konnten, ließ er in aller Eile eine große, tragfähige Leiter aus zwei Galeerenrahen bauen. Sie wurde bei Sonnenuntergang aufgestellt und er selbst wollte ihre Bewachung übernehmen. Er tat dies so gut, dass ein sehr mutiger Ritter mit Namen Guichard von La Jaille sie als Erster bestieg und tapfer und eine beachtliche Zeit Mann gegen Mann gegen die kämpfte, die sich in der Burg befanden. Diese kämpfen so erbittert gegen ihn, dass sie ihm mit Gewalt sein Schwert aus den Händen rissen, so dass er sich unter den Schutz eines tapferen Knappen begeben musste, der hinter ihm war und Hugo von Thologny hieß. Dieser kämpfte mit solcher Wucht und solchem Mut, dass er als Erster ins Innere eindrang, gefolgt von Guichard. Selbst die, die mit dem Unterhöhlen der Mauern befasst waren, kämpften so gut, dass sie ebenfalls in diese Burg hineingelangten. Die Ritter Johann von Ony als Erster, Fulk Viguier als Zweiter, und dann Reinhold von Barbazan und mehrere andere. Sogleich kamen sie ihren Gefährten zu Hilfe, die über die Leiter gestiegen waren und diese Hilfe sehr benötigten. In der Tat waren sie nur zehn oder zwölf, die sich auf der Mauer bekämpften, und die Leiter war unter dem Gewicht derer, die auf sie steigen wollten, gebrochen. Die Burg, die uneinnehmbar schien, wurde auf diese Weise eingenommen, und alle Türken, die man dort vorfand, wurden vernichtet. Am darauffolgenden Tag ließ der Marschall Boucicaut diese Festung einreißen. Auf einer Seite war sie vom Meer umspült, auf den beiden anderen Seiten floss ein großer Fluss entlang, der aus der Türkei kam, und nur die vierte Seite war vom Wasser aus nicht zu verteidigen.

Danach zogen der Kaiser und Boucicaut wieder aufs Meer, um nach Konstantinopel zurückzukehren, und sie kamen bei Sonnenuntergang vor eine schöne Stadt, die Le Girol hieß und an der Mündung des Schwarzen Meeres lag. Und am darauffolgenden Morgen ließ der Marschall die Trompeten erschallen, damit seine Männer ihre Waffen ergriffen und diese Stadt angriffen. Die Einwohner und die Türken, die sich dort befanden, hatten von der Einnahme der Burg von Riva und von den anderen jüngst von dem Heer von Boucicaut vollbrachten Heldentaten gehört. Sie waren so in Schrecken geraten, dass sie ohne zu zögern an mehr als hundert Stellen Feuer legten und alle in die Berge flohen, die mächtig und hoch sind. Wenig später sah der Marschall das Feuer über den Mauern und befahl dem Heer, nicht auseinanderzugehen, bevor die Stadt vollständig verbrannt sei, was in kurzer Zeit geschah.

Unterdessen erfuhr der Kaiser, die Türken seien mit zwanzig Schiffen oberhalb von Pas de Narettes angekommen, hätten den Einwohnern von Konstantinopel und der Stadt Pere großen Schaden zugefügt, seien in das ganze Land eingefallen und hätten damit begonnen, das ganze Gebiet zu verwüsten. Auf diese Meldungen hin fragte Kaiser Manuel Boucicaut, was zu tun sei. Dieser antwortete, dass es am Besten sei, sie zu bekämpfen, und dieses Ziel vor Augen, ließ er sein Heer und seine Männer von dieser Seite heranführen. Doch als die Türken dank ihrer Späher mit Sicherheit wussten, dass der Marschall gegen sie zog, wagten sie nicht, ihn abzuwarten, sondern ergriffen alle die Flucht. Und unsere Leute verbrannten und zerstörten alle ihre Schiffe und kehrten nach Konstantinopel zurück, wo sie mit Freude empfangen wurden.

Wie vorher und nachher auch, hielt sich Boucicaut nicht länger als acht Tage in Konstantinopel auf, bis er alle Befestigungen, Städte und Festungen der Umgebung, welche die Türken fast alle innehatten, erobert hatte. Und zudem brachte er es fertig, dass der Neffe des Kaisers, welcher der Sohn seines ältesten Bruders mit Namen Calojany[697] war, der acht Jahre lang den Kaiser bekriegt hatte, weil er gemäß der natürlichen Erbfolge das Kaiserreich beanspruchte, seinen Onkel, den Kaiser, untertänigst um Vergebung bitten kam. Auf Bitten von Boucicaut verzieh ihm dieser seinen bösen Willen und wurde ihm wieder zum Freund. Zweifelsohne, der Kaiser und alle Edelleute und die Bürger von Konstantinopel und der Umgebung liebten, achteten und lobten den edlen Marschall und die Seinen, und sie sagten ihm häufig mit Demut und Anerkennung Dank für seine Hilfe. Und es ist die Wahrheit: Wenn Unser Herr diese Männer nicht gegen sie losgeschickt hätte, wäre Konstantinopel in großer Gefahr gewesen, von den Türken unterworfen zu werden.[698]

Kapitel LXXXVIII.
Wie Kaiser Manuel nach Frankreich kam und die Rückkehr des Marschalls Boucicaut. Von dem Herrn von Châteaumorand, der in Konstantinopel großen Mut bewies. Und wie Bajasit im Gefängnis von Tamerlan in der Tatarei starb und das Ende dieser vorliegenden Abhandlung über die Überfahrten nach Outremer.

Der Mangel an Nahrungsmitteln aller Art lastete schwer auf der Stadt Konstantinopel. Außerdem fehlte dem Marschall Boucicaut, der ungefähr ein Jahr in diesem Gebiet geblieben war, das Geld. Aus diesem Grunde beschlossen der Kaiser, der Marschall selbst sowie die anderen Barone, mit dem größten Teil des Heeres nach Frankreich abzuziehen, einmal, um König Karl VI. die große Gefahr zu erklären, in der sich die Christen Griechenlands befanden, und frische Leute zur Unterstützung zu erbitten, aber auch, um diese als Geldleistung zu erhalten.[699] Und der Kaiser ließ seinen Neffen Calojany in Konstantinopel zurück und befahl, dass er bis zu seiner Rückkehr Kaiser sei. Und da dieser nicht in Konstantinopel bleiben wollte, ohne einen Teil der Leute des Marschalls zu haben, gab er ihm den Herrn von Châteaumorand als Statthalter, und mit ihm ließ er hundert Bewaffnete und hundert gerüstete Söldner dableiben, die zu seinen eigenen Leuten gehörten, sowie eine Anzahl von Armbrustschützen, alle gut gerüstet und mit Nahrung für ein Jahr versehen. Außerdem ließ er Geld in den Händen von reichen Kaufleuten, damit sie jenen ein Jahr lang jeden Monat ihren Sold auszahlten. Und als die Genueser und Venezianer sahen, was der Marschall Boucicaut tat und welche sehr klugen Vorkehrungen er traf, kamen sie überein, Châteaumorand zum Schutz der Stadt acht gerüstete Galeeren zu überlassen, von denen vier Genua und vier Venedig gehörten. Die Anwesenheit dieser Kräfte ließ die Bürger von Konstantinopel wieder Mut fassen, die zuvor alle Hoffnung verloren hatten und versucht waren, aus der Stadt zu fliehen und sie den Türken zu überlassen. Doch sie waren aufgrund dieser Vorsichtsmaßnahmen zufrieden, so dass der Kaiser und Boucicaut sie mit ihrem Einverständnis Gott empfahlen, in See stachen und nach Venedig kamen, wo der Kaiser einige Zeit bleiben wollte.

Boucicaut zog es vor, so schnell wie möglich nach Frankreich zu reisen, um zu erklären, worum er bitten wollte, und so trat er vor seinen Herrscher, König Karl VI., der über sein Kommen sehr glücklich war, ebenso wie die Fürsten, hohen Herren und andere, die ihm Ehre erwiesen und ihn feierten. Nach ihm kam auch Kaiser Manuel nach Paris, dem der König einen großartigen Empfang bereitete und den er über alle Maßen feierte. Und zweifellos war er ein sehr kluger und tapferer Kaiser. Er schilderte dem König und den Fürsten und Baronen die große Gefahr, in der er und das ganze Kaiserreich von Konstantinopel sich befänden, wenn es von ihnen keinen Beistand bekäme, und bat sie sehr demütig um Hilfe. Der König rief dann mehrere Räte zusammen. Es wurde der Beschluss gefasst, dass zum Wohle der Christenheit und auch, weil die guten Fürsten einander helfen sollten, und besonders gegen diejenigen, die nicht an die christliche Religion glaubten, ihnen der König zu Hilfe komme. Und dies geschah. Denn nachdem er seine Kosten von seinem ganzen Königreich hatte bezahlen lassen und ihm reiche Geschenke gegeben hatte, versprach er ihm, für die Dauer eines Jahres zwölfhundert bezahlte Kämpfer zu geben, vorausgesetzt, dass der Marschall Boucicaut Anführer dieser Schar sei, und dies entsprach dem Wunsch des Kaisers, der Boucicaut sehr schätzte. Dann nahm der Kaiser Abschied vom König und den hohen Herren, reiste mit großer Genugtuung über ihre Haltung ab und stattete den meisten christlichen Königen und Fürsten einen Besuch ab, die ihm jeweils große und reiche Geschenke machten. Insbesondere der Papst öffnete den Kirchenschatz und gewährte jedem Christen, der dem Kaiser, sei es mit Männern, sei es mit Geld, helfen würde, einen Ablass. Kaiser Manuel blieb fast drei Jahre, um diese Hilfen aufzutreiben.

Unterdessen blieb der Herr von Châteaumorand in Konstantinopel und in der Umgebung und erwies sich als ausgezeichneter und sehr kluger Anführer. Und kurz nach der Abreise des Kaisers und von Boucicaut stiegen die Preise für Nahrungsmittel derart, dass es eine große Hungersnot gab. Die Qualen des Hungers trieben die Leute, sich nachts mit Stricken an der Stadtmauer herunterzulassen, um sich den Türken zu ergeben. Aus diesem Grunde war der hohe Herr von Châteaumorand sehr auf der Hut, die Einwohner von Konstantinopel zu bewachen und zu verhindern, dass sie auf diese Weise flohen. Er hatte Acht darauf, die Stadt vor ihnen selbst zu schützen, damit sie diese nicht den Türken übergäben und die Türken nicht wegen fehlender Bewachung oder Nachtwache in sie eindrängen. Schließlich fand er eine geeignete Lösung für diese Krankheit, denn er schickte seine Leute oft unter die Türken zum Futtersammeln aus, überall dorthin, wo er wusste, dass es eine fruchtbare Gegend gab. Und da sie ihm gegenüber kein Misstrauen hegten, fügte er ihnen große Schäden zu, und seine Leute nahmen gleichzeitig wichtige Gefangene, für die sie Auslösung verlangten, teils als Geld, teils als Nahrung. Auf diese Weise sorgte er dafür, dass die Stadt mit Hilfe Unseres Herrn voller Nahrungsmittel war und über alle notwendigen Güter verfügte. Und während der ganzen Zeit, die er in der Stadt war, gab es kein türkisches Schiff, das sich in die Nähe wagte, ohne dass es sogleich von den Galeeren, die auf der Lauer lagen, aufgebracht wurde. Und so schützte er die edle und bedeutende Stadt Konstantinopel vor der Hungersnot, vor dem Tod und der Herrschaft der Feinde und füllte sie mit Gütern im Überfluss. In der Tat, dank seiner Sorgfalt gewann er immer irgendetwas von den Türken, und er bewahrte die Stadt drei Jahre lang vor der Macht der Türken, wie bereits gesagt wurde. Und, um es kurz zu machen, er und die Leute seiner Schar hielten sich so gut, wie diejenigen, welche die Wahrheit darüber geschrieben haben und dabei waren, berichten und sagen, dass die Stadt durch die Franzosen gerettet und davor geschützt wurde, verloren zu gehen.

Obendrein schickte Unser Herr neue Hilfe dorthin. Es gab nämlich einen großen König aus der Tatarei mit Namen Tamerlan[700], der ein riesiges, mit Leuten und Nahrungsmitteln gut ausgestattetes Heer hatte, das er dreißig Jahre lang durch verschiedene Provinzen und Gebiete von Outremer geführt hatte, ohne jemals in diesem großen Zeitraum in einer Stadt, einer Siedlung oder einer Burg oder sonst wo geschlafen zu haben, außer in Zelten und Prunkzelten. Er hatte so den größten Teil Großasiens[701] eingenommen, näherte sich europäischen Gebieten und griff so den Großtürken Bajasit[702] in mehreren Schlachten an, bis er ihn schließlich gefangen nahm, in Ketten legte und in seinen Kerkern anband, wo er auf

DIE GENUESISCHEN UND VENEZIANISCHEN GALEEREN
BESCHÜTZEN KONSTANTINOPEL.
AUFSTAND DER GENUESEN IM JAHR 1461.

„In Wahrheit haben die Franzosen seit dem Jahr 1326
zusammen keine Fahrt mehr über das Meer nach Outremer
gemacht, als Philipp, Graf von Valois, von Anjou und von
Le Maine, zum König von Frankreich erhoben wurde."

(FOL. 277A–277B)

Bei dem Motiv der letzten von Jean Colombe illustrierten Seite in den ist anzunehmen, dass es sich um eine bewusste Wahl des Künstlers handelt. Er erinnert daran, in welcher Situation sich Konstantinopel befand, nachdem Boucicaut nach Frankreich zurückgekehrt war und die Stadt in die Obhut des Herrn von Châteaumorand gegeben hatte. Im unteren Register sieht man zwei von den acht Galeeren der Flotte, die Genuesen und Venezianer Châteaumorand zum Schutz der Stadt zur Verfügung gestellt haben. Im Vordergrund sind französische Truppen zu sehen, die darüber wachen, dass hungernde Einwohner nicht die Flucht ergreifen, um sich den Türken zu ergeben. Links im Bild erkennt man ein paar Gestalten, die die Stadt verlassen, indem sie auf einer Leiter von der Stadt-

mauer herabsteigen. In der Hauptminiatur zeigt Colombe eine Kampfszene vor einer abendländischen Stadt, vermutlich Genua. Sébastien Mamerot beschreibt im letzten Kapitel tatsächlich die Aufstände der Genuesen zu der Zeit, als ihre Stadt dem König von Frankreich unterstand. Louis de Laval, für den Sébastien Mamerot arbeitete, war selbst Gouverneur von Genua, und Jean Colombe stellt ihn, kenntlich an seinem auf die Rüstung gemalten Wappen, in der Bildmitte auf einem herrlichen weißen Schlachtross dar, über das Handgemenge erhaben. So kann er geschickt die Persönlichkeit seines Auftraggebers, Louis de Laval, zur Geltung bringen und einen Bogen zum Motiv des Anfangs schlagen, der Zueignungsszene, mit der das Buch der beginnt.

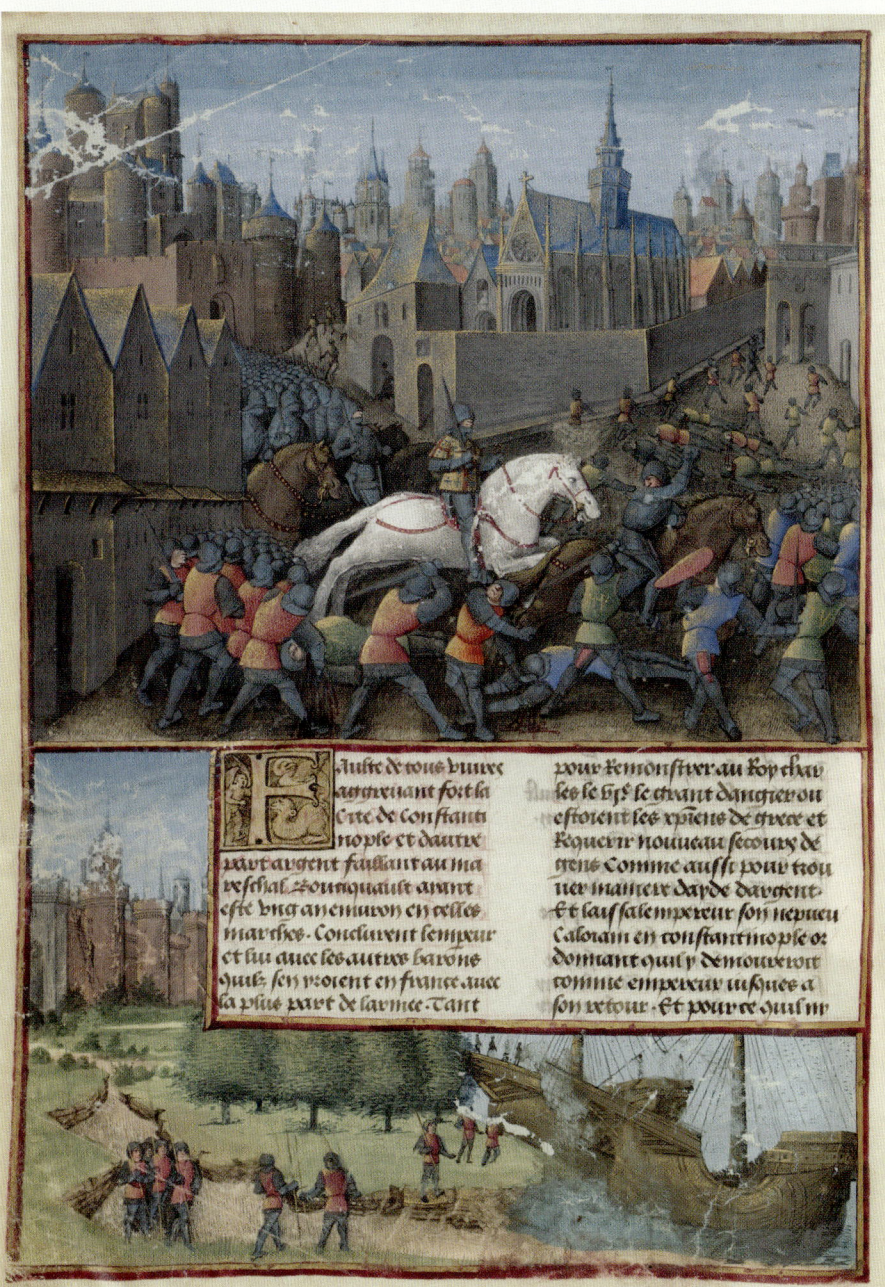

austre de tous buurs
auytenant sort la
serte de constanti
noble et dautre
part augent fuissant au ma
reschal. Zouquauist auant
este vng an environ en celles
marches. Conclurent sempeur
et lui auec ses autres baronie
quilz sen yroient en france auec
la plus part de sarmee. Tant

pour kemonstrer au koy char
lees le hys se estant dangter ou
estoient ses xptens de grece et
requerir nouueau secours de
gens comme aussi pour trou
uer maniere dayde daucgent
Et laissa sempereur son nepueu
caloiam en constantinople or
domant quil y demouuerort
comme empereur iusques a
son retour. Et pource quil m

schändliche Art starb. Mir scheint, Unser Herr habe ihm seine Grausamkeit heimgezahlt und die Tyranneien gerächt, die er dem Christenvolk sowohl in Ungarn[703] wie anderswo angetan hatte. Und ebenso starb[704] kurze Zeit nach ihm dieser große Tamerlan, der sich darangemacht hatte, die Welt zu erobern, und insbesondere die sehr edle und alte Stadt Konstantinopel.

Inzwischen kam Kaiser Manuel mit großer militärischer Macht dorthin zurück und wurde von zahlreichen Männern des edlen Marschalls Boucicaut dorthin geleitet. Dieser wurde während der drei Jahre, die der Herr von Châteaumorand in Konstantinopel war, durch den bereits genannten König Karl VI. zum Regenten der Stadt Genua und der Genueser gemacht, die sich unter die Obhut des Königs gestellt hatten, wegen des großen Aufruhrs und der Streitereien, die sie untereinander hatten und die andernfalls ihren Untergang bedeutet hätten.

Aber Boucicaut verschaffte ihren Ländereien und ihrer Lehnsherrschaft, die vor seiner Regierung von Zerfall und Zerstörung bedroht waren, durch seine ausgezeichnete Regentschaft großen Wohlstand. Und während er die Stadt regierte, unternahm er auf dem Seeweg mehrere Streifzüge, Fahrten und Eroberungszüge gegen die Türken und Sarazenen, die für ihn und die Genueser[705] ruhmvoll endeten. Trotzdem murrten mehrere Abtrünnige in dieser stets undankbaren Stadt gegen ihn und seine Regentschaft und erhoben sich sechs oder sieben Jahre danach gegen Boucicaut, der sich zu der Zeit im Krieg zum Wohl der Stadt befand, und meuterten gegen ihn und den König und jagten seine Leute aus der Stadt.

Zu jener Zeit herrschten in Frankreich Kriege und große Zwietracht zwischen den Fürsten, einmal wegen des Mordes, der in Paris am Herzog von Orléans, dem Bruder des Königs,[706] begangen worden war, und auch wegen der offenkundigen Begehrlichkeiten, das Königreich zu regieren. Ursache für diese Unruhen war auch die schwere Krankheit, die den König befallen und seinen Verstand und sein Gedächtnis angegriffen hatte.[707] Seit dem elften Jahr seiner Regentschaft litt er zeitweise daran. Die Franzosen konnten sich nun nicht damit befassen, an den Genuesern Rache zu nehmen. Doch viel später, im Jahr 1466708, ergaben sich die Einwohner derselben Stadt und unterwarfen sich der Herrschaft von König Karl VII., dem Sohn von König Karl VI. Und Regenten der Stadt Genua, der Genuesen und ihrer Vasallenstaaten wurden Johann von Kalabrien, ältester Sohn des Königs René von Sizilien, und mein bereits genannter Meister, der hochwürdige Louis de Laval[709], der Herr von Châtillon im Vendelois und von Gael, jüngerer Bruder des Grafen von Laval. Gegen jeden der beiden Statthalter lehnten sich einige Jahre später andere Aufständische von Genua auf. Doch bei dem ersten Aufstand wurden sie von dem Herzog Johann von Kalabrien und auch von Louis de Laval im Kampf geschlagen.

Nach der Abreise des Herzogs von Kalabrien dachten sie, Louis de Laval überraschen zu können, weil der König, der bereits mehr als vier Jahre lang eine große Zahl von Bewaffneten dort zurückgelassen und selbst ihren Sold bezahlt hatte, Johann von Jambe und Heinrich von Merle, Ritter und seine Berater, dorthin sandte, damit die Genueser einen Weg fänden, das Geld und den Sold untereinander aufzutreiben, der den Kriegsleuten nachher gezahlt werden sollte, die von ihm zur Verfügung gestellt worden waren, um ihre Stadt zu schützen und ihre Herrschaften zu bewahren. Aus diesem Grunde meuterten sie gegen ihn und andere, die von dem König dorthin geschickt worden waren, und sie wollten sie unverzüglich töten. Doch der kluge Regent, der gewarnt war durch die Erinnerung an die Gefahr, in der Boucicaut und die anderen Regenten sich befunden hatten, da man sie töten wollte, bewachte immer noch gut ausgerüstet mit Nahrungsmitteln und Geschossen das Kastell, das sich in der Stadt befand. Und angesichts ihrer plötzlichen Raserei zog er sich mit seinen Leuten in diese Festung zurück und hielt sie ebenso wie das Kloster und die Kirche der Seiler mit Gewalt sechs Monate lang. Während dieser Zeit vollbrachten er und seine Leute unzählige Kriegstaten, wobei sie aus ihren Festungen herauskamen und an verschiedenen Stellen mit Macht und Tapferkeit in die Straßen der Stadt vordrangen.

Nach sechs Monaten wurden die aus Frankreich zu Hilfe geholten Leute wegen der törichten Verhaltens derer, die sie herbeiführten, in der Nähe der Stadt besiegt, als sie dem Kastell zu Hilfe kommen wollten, doch Louis de Laval brach höchst ehrenvoll aus der Stadt aus und rettete alle seine Leute und seine Güter. Und unter diesem Zugeständnis und vorausgesetzt, dass die Genueser alle Gefangenen Frankreichs, die sie einige Tage zuvor bei der so genannten Niederlage von Godefa gemacht hatten, frei auslieferten und diese den König von Sizilien, der sich mit einigen Galeeren auf dem Meer vor dieser Stadt befand und bei diesem Zugeständnis Berater gewesen war, gegen zwanzigtausend Dukaten absetzten, die er und sein Sohn, der Herzog von Kalabrien, einigen Genueser Kaufleuten schuldeten, übergab Louis de Laval ihnen dieses Kastell und zog fort in die Stadt Saonne, die er im Namen des Königs bewachte. Und so wurde wegen der in Frankreich herrschenden Zwietracht der erste Verstoß der Genueser nicht geahndet. Und wegen des Todes von König Karl VI.[710], der zur Zeit dieser Niederlage gestorben ist, wurde der zweite Verstoß nicht geahndet und ist es auch immer noch nicht. Doch die Genueser sind derzeit unter der Herrschaft des Herzogs von Mailand, des Sohns von Herzog Franz, der sich zunächst dieses Herzogtum aneignete gegen den Herzog von Orléans, der dessen rechtmäßiger Herr sein soll.

In Wahrheit haben die Franzosen seit dem Jahr 1326[711] zusammen keine Fahrt mehr über das Meer nach Outremer gemacht, als Philipp, Graf von Valois, von Anjou und von Le Maine, zum König von Frankreich erhoben wurde.[712] Ihm fiel das Königreich Frankreich als seinem wahren König nach dem Tod von König Karl dem Schönen zu, der starb, ohne einen männlichen Erben zu hinterlassen, und dessen Vetter ersten Grades väterlicherseits ebendieser Philipp von Valois war, der ihm zudem am nächsten stand und am besten geeignet war, seine Nachfolge anzutreten, entsprechend der Gepflogenheit und der Verfassung, die lange vorher im Königreich gemacht und eingesetzt worden war und von den Pairs, den Baronen und den drei Staaten Frankreichs nach dem Tod dieses Königs Karl des Schönen[713] und vor der Krönung von Philipp von Valois erneuert wurde. Dieser und alle Könige Frankreichs in seiner Nachfolge wurden oft von König Eduard von England, dem Sohn der Schwester dieses Karls,[714] und seinen Nachfolgern, den Königen von England, bedrängt, die behaupteten, ein Anrecht auf das Königreich zu haben. Sie haben so viele Kriege gegen sie geführt und führen lassen, dass es den edlen Franzosen nicht möglich war, weiterhin große Hilfe zu leisten, wie sie es häufig für das Heilige Land und die anderen Königreiche und christlichen Länder mit ihren Fahrten nach Outremer getan haben.

Hiermit schließe ich den Bericht über diese Überfahrten mit einem Lobpreis Unseres Herrn Jesus Christus, durch dessen Gnade ich, Sébastien Mamerot, in Soissons gebürtiger Priester und Vorsänger von Sankt Stephan in Troyes, diese Schrift in Vierzon am Dienstag, dem 19. April 1474, nach Ostern vollendet habe.

Hier enden die Fahrten nach Outremer, die von den edlen Franzosen unternommen wurden.

Anmerkungen

1 Bajasit, auch Bajasid, Bajazet, Bajezit oder Beyazit II., Sultan des Osmanischen Reiches (reg. 1481–1512).

2 Karl VIII., aus dem Hause Valois, König von Frankreich (reg. 1483–1498).

3 Mahomet bzw. Mohammed oder Mehmet II. (1432–1481) eroberte 1453 Konstantinopel, 1460 das byzantinische Despotat Morea und 1461 schließlich das kleine byzantinische Kaiserreich Trapezunt, heute Trabzon, am Schwarzen Meer.

4 Ludwig XI. (reg. 1461–1483) folgte auf seinen Vater Karl VII. als König von Frankreich.

5 Der byzantinische Kaiser Heraklios I. (reg. 610–641) nahm Palästina und Syrien dem Perserkönig Chosrau II. ab, der diese Länder kurz in seinen Besitz gebracht hatte. Als er die persische Hauptstadt Ktesiphon erreicht hatte, ließ er sich das „Wahre Kreuz" zurückgeben, das er 630 wieder nach Jerusalem brachte. Diese Ereignisse sind im Mittelalter gut bekannt, insbesondere durch die Chronik Wilhelms von Tyros, *Historia rerum in partibus transmarinis gestarum*, in französischer Übersetzung unter dem Titel *Roman d'Eracle* und durch den *Eracle* von Gautier d'Arras. Die Rückeroberung war aber nur von kurzer Dauer. Das erschöpfte Byzantinische Reich konnte dem arabischen Ansturm nicht standhalten und verlor Jerusalem endgültig im Jahr 638 – also lange vor den hier berichteten angeblichen Ereignissen.

6 Konstantin VI., Sohn von Leo IV. und Irene, wurde tatsächlich von seiner Mutter geblendet und gefangen gesetzt. Irene nahm dann den Titel der Kaiserin an (797).

7 Kaiser Nikephoros I. Logothetes (reg. 802–811) war zunächst Finanzminister von Kaiserin Irene, die er stürzte. Konstantin V. (reg. 741–775) hat Karl den Großen (reg. 768–814) nicht um Hilfe gebeten. Die Eroberung Jerusalems durch die Araber fand 638 statt. Die Chronologie der fantastischen Ereignisse, die Sébastien Mamerot schildert, ist daher historisch nicht getreu.

8 Der Blachernen-Palast, der nahe der nordöstlichen Stadtmauer liegt, wurde erst zur Zeit Alexios' I. Komnenos (reg. 1081–1118) kaiserliche Residenz. Dieser Palast ist es also, den die Chronisten der Kreuzzüge und in ihrer Nachfolge Vincent von Beauvais kennen, der Sébastien Mamerots Hauptquelle darstellt. Zur Zeit Konstantins V. residierte der Kaiser tatsächlich im Großen Palast, in der Nähe der Hagia Sophia und des Hippodroms.

9 Die sieben angeblichen Siege Konstantins V. über die Araber sind selbstverständlich rein fiktiv.

10 Der Autor folgt hier in seiner Darstellung der politischen Landkarte seiner Zeit: Zwar siedelten die Bulgaren seit dem 7. Jahrhundert in der Donauregion, doch die Ungarn kamen erst am Ende des 9. Jahrhunderts dorthin. Zu Zeiten Karls des Großen existierte Ungarn also noch nicht.

11 Sébastien Mamerot bemüht sich um eine realistische Darstellung, sogar bei den Wundererzählungen: Seit der Regierung Heraklios' I. war das Griechische die einzige Amtssprache des Byzantinischen Reiches.

12 Der Reliquienkult war eines der Charakteristika mittelalterlicher Religiosität. Konstantinopel war für seine unzähligen

Reliquien bekannt, die in den dortigen Kirchen aufbewahrt wurden: Viele wurden bei der Plünderung der Stadt im Jahr 1204 geraubt. Der lateinische Kaiser Balduin II. (reg. 1228–1261), dem es an finanziellen Mitteln fehlte, verkaufte außerdem weitere davon an Ludwig den Heiligen. Zur Zeit der Kreuzzüge war die Hauptstadt des Byzantinischen Reiches auch eine riesige Produktionsstätte falscher Reliquien für die Pilger aus dem Abendland.

13 Tatsächlich hat Ludwig der Heilige die Reliquien der Passion dem lateinischen Kaiser von Konstantinopel, Balduin II., abgekauft. Die von dem Merowingerkönig Dagobert I. (reg. 629–638) ausgestattete Abtei von Saint Denis, die von ihm zahlreiche Privilegien erhalten hatte, war stolz darauf, unter dem Schutz von Karl dem Großen und seinen Nachfolgern gestanden zu haben. Sie wurde eines der großen geistigen und künstlerischen Zentren des Karolingerreiches.

14 Philipp I., König von Frankreich (reg. 1060–1108).

15 Tatsächlich setzte sich das Tragen eines Kreuzes als charakteristisches Merkmal erst nach dem Ersten Kreuzzug durch, und zwar insbesondere durch die Predigt des Zweiten Kreuzzuges durch den heiligen Bernhard. Die ersten Kreuzfahrer trugen kein Kreuz auf der rechten Schulter.

16 Adhemar de Monteil.

17 Historiker nennen ihn üblicherweise Hugo von Vermandois.

18 Damit ist Wilhelm der Eroberer (1028–1087) gemeint. Robert war Wilhelms ältester Sohn, doch sein Vater zog ihm seinen jüngeren Bruder Wilhelm II., wegen seines roten Gesichtes „Rufus" genannt, für die englische Krone vor.

19 Raimund von Saint Gilles.

20 Den Königstitel schlug er aus, denn er wollte an dem Ort, wo Christus die Dornenkrone getragen hatte, nicht selbst eine Krone tragen; er ließ sich „Schutzherr des Heiligen Grabes" nennen.

21 Sébastien Mamerot war Stiftsherr des Stiftes Saint Etienne in Troyes.

22 Sébastien Mamerot bezeichnet diese Person mehrmals irrtümlich als Graf Bernhard von Toul. Erstmals taucht der Name korrekt in fol. 71va auf.

23 Tatsächlich stammte Robert Guiskard aus einer Familie niederen Adels aus der Normandie, die in Hauteville ansässig war. Dieser Abenteurer hatte sich in wenigen Jahren ein großes Fürstentum in Apulien, dann in Kalabrien und in der Basilicata verschafft und schließlich Neapel erobert, indem er sich zuerst in den Dienst der Byzantiner gegen den Papst begab und sich dann gegen seine Gönner wandte. Mit der Eroberung des großen Hafens von Bari im Jahr 1071 hatte er die Byzantiner aus Süditalien vertrieben. Einige Jahre später sollte Bohemund in das Byzantinische Reich einzudringen versuchen. Er wurde nur durch die Allianz von Kaiser Alexios I. Komnenos und Venedig (1081–1085) daran gehindert. Die Normannen sollten danach gegen die Araber siegen und Sizilien erobern. Sie errichteten so ein mächtiges Königreich mit einer glanzvollen Kultur.

24 In Wirklichkeit hieß er Walter Sans-Avoir, d. h. Walter ohne Habe, und nicht Walter Sans-Savoir, Walter ohne Wissen.

25 Koloman, König von Ungarn (reg. 1095–1116).

26 Auf Deutsch Semlin, heute Zimony in Serbien. Tatsächlich handelt es sich bei dem von Mamerot genannten Fluss um die Save.

27 Die Durchreise durch Dänemark, um von Belgrad nach Konstantinopel zu gelangen, ist ganz gewiss völlig unglaubwürdig. Serbien und Bulgarien waren damals ein integraler Teil des Byzantinischen Reiches wie die gesamte Balkanhalbinsel. Zwischen Belgrad und Konstantinopel gab es kein Königreich, das man durchqueren konnte. Mit Estralice meint Mamerot wohl Triaditza, wie der bulgarische Name von Sofia, der heutigen Hauptstadt Bulgariens, lautet.

28 Die Burg Xérigordon.

29 König der Sarazenen, Sultan von Nicäa, der Hauptstadt der Seldschuken in Anatolien, der 1086 starb. Tatsächlich war damals sein Sohn Kilidsch Arslan I. Sultan (reg. 1092–1107).

30 Vincent von Beauvais, gestorben 1264, ist der Verfasser einer der berühmtesten Enzyklopädien des Mittelalters, des *Speculum majus* (um 1258 vollendet), dessen historischer Teil in ganz Europa große Verbreitung gefunden hat, insbesondere in der französischen Übersetzung durch Jean de Vignay (1333). Er ist aller Wahrscheinlichkeit nach Sébastien Mamerots Hauptquelle für diesen Teil.

31 Die Festung von Kibotos am Südufer des Golfs von Nikomedia (heute Izmit), damals an der Grenze zwischen dem Byzantinischen Reich und dem Seldschuken-Sultanat.

32 Hier zeigt sich sehr direkt, wie Sébastien Mamerot der aristokratischen Ideologie seines Förderers Louis de Laval verhaftet war. Die hier erzählten Ereignisse werden durch die lateinischen Chroniken und die *Alexiade* bestätigt, dem Bericht über die Regierung von Alexios Komnenos, den dessen Tochter Anne verfasste.

33 Die Prediger des Volkskreuzzuges waren Gottschalk, Volkmar und Emich von Leisingen (bei Mamerot: Emcous).

34 Ohne Zweifel die Leitha, ein Zufluss der Donau. Die Freveltaten des Volkskreuzuges gegen die Juden sind bestens bekannt. Vielfach führte man die Unglücke, die sich unerwartet am Grab Christi in Palästina zugetragen hatten, darauf zurück. Sie legen Zeugnis ab über eine gewaltsame Form des Antisemitismus, der bis dahin im christlichen Abendland nahezu unbekannt war.

35 Dyrrachium (lateinischer Name), Dyrrachion (griechischer Name) oder Durazzo (italienischer Name), heute Durrës in Albanien. Die Stadt war der Anfangspunkt der Via Egnatia, die durch den Balkan über Thessaloniki bis nach Konstantinopel führte. Das ist die Route, der auch ein Teil der Kreuzfahrer folgen sollte.

36 Mamerot schreibt „Baudouin son frere", es handelt sich aber wohl um Gottfried von Esch, den er auch selbst wenig später erwähnt.

37 Dieser Name bezieht sich vielleicht auf Ödenburg, so der deutsche Name der ungarischen Stadt Sopron, die Mamerot etwas weiter unten Ciperon nennt.

38 Die Leitha.

39 Triaditza, das heutige Sofia, s. o.

40 So nannte man damals den Bosporus.

41 Im Mittelalter meinte man, das Mittelmeer bestehe aus mehreren verschiedenen Meeren.

42 Dieses Tor, das Theodosius I. 388–391 zur Erinnerung an seinen Triumph über Maximus erbauen ließ, wurde später von Theodosius II. in die Stadtmauer integriert. Es war dem Einzug der Kaiser vorbehalten, die von militärischen Expeditionen zurückkehrten.

43 In Selymbria, heute Silivri, am Marmarameer.

44 Heute Edirne in der Türkei.

45 Heute Plovdiv in Bulgarien.

46 Sébastien Mamerot vermittelt den Eindruck, dass sich diese Ereignisse kurz nach Weihnachten zugetragen haben. Wenn die Kreuzfahrer jedoch wirklich am 23. Dezember nicht weit von Konstantinopel ankamen, dann beschloss Alexios doch tatsächlich erst Ende März zu zahlreichen Raubzügen der Lateiner im Hinterland und bei der Ankündigung der Ankunft Bohemunds, ihnen die Lebensmittelzufuhr abzuschneiden.

47 Dieser Bericht ist selbstredend frei erfunden: Zu keiner Zeit hat Alexios Komnenos „sein Reich in die Hände von Gottfried gelegt". Im Gegenteil, die Anführer der Kreuzfahrer schworen dem Kaiser unter Eid ihre Treue und gelobten, ihm die einst byzantinischen Gebiete, die sie zurückerobern würden, zurückzugeben. Dieser eidesstattliche Schwur fand wahrscheinlich am Ostersamstag statt.

48 In Wirklichkeit war es Alexios I. gelungen, die Offensive von Robert Guiskard und Bohemund nach einer langen Schlacht vor allem dank der Unterstützung Venedigs (1081–1085) abzuwehren.

49 Der Fluss Vardar, der vor allem durch das heutige Makedonien fließt; wenig später nennt Mamerot ihn Bartade.

50 Der Gemeinplatz von der Unredlichkeit der Griechen taucht von den Chroniken des Ersten Kreuzzuges auf. Tatsächlich waren die Sichtweisen der Kreuzfahrer und der Byzantiner sehr verschieden: Alexios Komnenos erwartete Hilfe, um die in Asien verlorenen Gebiete zurückzuerobern; die Franken erhofften sich die Hilfe der Griechen, um den heiligen Krieg gegen den Islam zu führen, einen Gegner, den die Byzantiner bereits seit langem kannten. Außerdem konnte Alexios Komnenos eigentlich nur Misstrauen gegenüber den Normannen Siziliens verspüren, die weniger als zwanzig Jahre zuvor versucht hatten, das Reich zu erobern.

51 Zadar, Split, Tar und Dubrovnik, heute in Kroatien.

52 In Wahrheit eine lateinische Sprache.

53 Scutari, heute Shkodër in Albanien.

54 Saloniki, heute Thessaloniki, in Griechenland.

55 Rhaedestos (Rodosto), tatsächlich eine Stadt am Marmarameer.

56 In Wahrheit verhält es sich ganz anders: Es sind die Kreuzfahrer, die nach der Abreise Raimunds von Saint Gilles, des Grafen von Toulouse, nach Konstantinopel eine regelrechte Plünderung veranstalten (wie bereits mehrmals zuvor auf ihrer Reise). Die regulären byzantinischen Truppen lieferten ihnen einen harten Kampf, und die Kreuzfahrer mussten Waffen und Gepäck zurücklassen.

57 Der Bericht von Sébastien Mamerot ist hier einmal mehr tendenziös. Zu keinem Zeitpunkt hat sich Alexios Komnenos beim Grafen von Toulouse entschuldigt. Raimund, der sich für den natürlichen Anführer des Kreuzzuges hielt, fürchtete die privilegierten Beziehungen, die zwischen Alexios und Bohemund entstanden zu sein schienen. Er willigte daher auch nur ein, einen abgeänderten Schwur zu leisten, der seine Treuepflicht gegenüber der Papstwürde respektierte. Er sollte sich in der Folge als sicherster Verbündeter des byzantinischen Kaisers auf lateinischem Gebiet erweisen.

58 Wilhelm I., der Eroberer, König von England.

59 Der General Tatikios.

60 Das Konzil behandelte die Frage der Dreifaltigkeit Gottes und einigte sich auf ein Glaubensbekenntnis, das sog. Bekenntnis von Nicäa.

61 Dieses Konzil verurteilte den Ikonoklasmus und legte die orthodoxe Doktrin des Bilderkultes fest.

62 Mamerot interpretiert die Ereignisse wieder zu Ungunsten der Byzantiner. In Wahrheit begaben sich die Einwohner von Nicäa, die über das unmittelbare Bevorstehen des letzten Angriffes informiert waren, zu Alexios Komnenos, und am Morgen sahen die Kreuzfahrer die kaiserlichen Standarten über den Mauern der Stadt flattern.

63 In Wahrheit wusste Alexios um den Preis für Großmut gegenüber dem besiegten Feind in der orientalischen Diplomatie.

64 Diese Passage zeigt sehr deutlich die Unterschiede zwischen den schnellen türkischen Bogenschützen zu Pferde und der schwerfälligen fränkischen Kavallerie, die von einer wenig mobilen Infanterie begleitet wurde.

65 Die Schlacht von Doryläum (in der Nähe der heutigen türkischen Stadt Eskişehir) am 1. Juli 1097.

66 Antiochia am Mäander.

67 Heute Konya.

68 Heute Eregli.

69 Caesarea Mazacha.

70 Das alte Mopsuesta, heute Missis.

71 Tankred kam Anfang Oktober 1097 vor Mamistra an.

72 Edessa, das von Balduin 1097 erobert worden war, wurde Sitz einer Grafschaft. Seine Rückeroberung durch die Türken im Jahr 1144 löste den Zweiten Kreuzzug aus.

73 Thoros, ein Armenier orthodoxen Glaubens, ein alter byzantinischer Beamter.

74 Suleiman ibn Kutalmış eroberte Antiochia 1085 (also nur zwölf Jahre vor der Ankunft der Kreuzfahrer vor ihren Mauern) von den Byzantinern. Bei seinem Tod ging die Stadt auf den seldschukischen Sultan Malik Schah I. über, der den Turkmenen Yaghi-Siyan (bei Mamerot Auxien genannt) als Statthalter einsetzte. Seit dem Tod Malik Schahs war der Emir Ridwan von Aleppo sein nomineller Lehnsherr.

75 Auch Kerboga oder Karbuga war Atabeg (d. h. Statthalter, Gouverneur) von Mossul.

76 Heute Artah.

77 Mamerot benutzt die im Mittelalter im Französischen einzig gebräuchliche Form Rohés oder Rohays. Wir haben uns generell für die moderne Umschrift Edessa entschieden.

78 Die Eiserne Brücke über den Orontes, wo die Kreuzfahrer in Wirklichkeit am 20. Oktober 1097 eintrafen. Mamerot verwechselt hier den Namen der Brücke mit dem des Flusses.

79 Philomelion, heute Akşehir in der Türkei.

80 Nachdem Alexios Komnenos das von den Türken aufge-

gebene westliche Kleinasien wieder zurückgewonnen hatte, kam er tatsächlich Antiochia zu Hilfe.

81 Die ägyptische Delegation wurde vom allmächtigen Wesir des Kalifen selbst geleitet. Doch dieser von Alexios Komnenos geförderte Plan eines Bündnisses gegen die Türken hatte keine konkreten Auswirkungen.

82 Der Kalif von Bagdad und der türkische Sultan waren Sunniten, während der Fatimidenkalif von Ägypten Schiit war.

83 Mamerot nennt sie Hairent oder Harent.

84 In der Handschrift steht irrtümlich 1097.

85 Auch wenn Mamerot wie die meisten Schriftsteller seiner Zeit Wiederholungen liebt, sind die beiden Bezeichnungen „Ritter" und „Berittene" (oder „Reiter") keine Synonyme. Ritter gehören einer gesellschaftlichen Klasse, dem Adel, an, der im Dienst der Barone steht. „Berittene" können hingegen einfache Bauern oder Bürger sein, die ein Pferd besitzen oder dieses im Kampf reiten.

86 Offenbar ein abtrünniger Armenier, der zum Islam konvertiert war, sich damals aber im Konflikt mit Yaghi-Siyan befand. Der Name „Emirferrus", den Mamerot verwendet, stellt eine Verballhornung von „Emir Firuz" dar.

87 Der schwere strategische Fehler, den die Belagerung Edessas darstellen, indem der Emir von Mossul geschwächt und aufgehalten wurde, sollte erheblich dazu beitragen, dass er daran gehindert wurde, Antiochia von den Kreuzfahrern zu befreien.

88 Getreu dem Eid, den er Alexios Komnenos geschworen hatte – und in der Annahme, dass er der wahre Anführer des Kreuzzuges sei –, wollte Raimund von Toulouse Antiochia den Byzantinern zurückgeben, um seinen Weg sofort nach Jerusalem fortzusetzen. Er war daher der erbittertste Gegner von Bohemunds Vorgehensweise.

89 Turm der Zwei Schwestern.

90 Am 5. Juni 1097.

91 Am 10. Juni schloss Kerbogha den Belagerungsring um Antiochia.

92 Graf Lambert von Clermont.

93 Sébastien Mamerot betont hier eine der traditionellen Eigenschaften der Edelleute: ihre Großzügigkeit, die darin besteht, ihre Leute, insbesondere die Ritter, die in ihrem Dienst stehen, in besonderem Maß zu unterstützen.

94 Alexandria in Lydien, heute Iskenderun.

95 Philomelion, heute Akşehir in der Türkei.

96 Tatsächlich bestand das von Alexios befehligte Entsatzheer ausschließlich aus Griechen und Söldnern.

97 In Wirklichkeit ein Halbbruder Bohemunds. So wie sie hier wiedergegeben ist, entspricht die Rede von Stephan von Blois nicht ganz der Realität. Stephan scheint dem Kaiser mitgeteilt zu haben, das Kreuzfahrerheer sei höchstwahrscheinlich von den Türken vernichtet worden. Im Übrigen gab Peter von Aulps im selben Augenblick bekannt, dass eine türkische Streitmacht gegen den Kaiser ziehe, was die Byzantiner zur Umkehr bewog, weil sie die soeben in Kleinasien eroberten Gebiete schützen wollten.

98 Alexios' Rückzug besiegelte den Bruch zwischen den Führern des Kreuzzuges und dem Kaiser und ließ die byzantinischen Ansprüche auf Antiochia gegenstandslos werden.

99 Einmal mehr betont Sébastien Mamerot die Bedeutung des Adels gegenüber der unwissenden Masse des Volkes.

100 Tatsächlich Peter Bartholomäus, ein Bauer (kein Kleriker), der als Knecht eines provenzalischen Pilgers namens Wilhelm Peter am Kreuzzug teilnahm.

101 Das geschah am 15. Juni. Der Umstand, dass man in Konstantinopel eine andere „heilige Lanze" verehrte, erklärt möglicherweise die Skepsis von Adhemar de Monteil, Bischof von Le Puy, der erst nach mehreren Tagen in der Kirche nach der Reliquie suchen ließ – was Sébastien Mamerot verschweigt. Diese willkommene Entdeckung gab den erschöpften Kreuzfahrern jedenfalls neuen Mut.

102 Ein Franke namens Herluin.

103 Mischung aus Werg und Naphta, die auf dem Wasser brannte. Das Griechische oder Flüssige Feuer, dessen Zusammensetzung lange ein Geheimnis blieb, sicherte den Byzantinern, d. h. den Griechen, eine Zeit lang die Überlegenheit im Mittelmeer.

104 Da mehrere Emire, an erster Stelle jener von Damaskus, fürchteten, ein Sieg Kerboghas könne dessen Macht allzu sehr stärken, zogen sie es vor, sich während der Schlacht abzusetzen, was zur Auflösung der türkischen Truppen führte.

105 Der Graf von Toulouse, der Bohemunds Widersacher war, verteidigte die Rechte des byzantinischen Kaisers, dem die Kreuzfahrer die Übergabe der Stadt versprochen hatten.

106 Hugo traf im Herbst in Konstantinopel ein, als es bereits zu spät war, um noch einen Feldzug durch Anatolien zu organisieren, und Alexios konnte nichts vor dem folgenden Frühling versprechen. Die Pilger interpretierten seine scheinbare Passivität als Treuebruch.

107 Tell-Bashe r in der Grafschaft Edessa; Mamerot nennt die Burg Torbesset.

108 Ridwan.

109 Azaz in der Grafschaft Edessa. Ihr Emir hieß Omar.

110 ar-Ruwandan in der Grafschaft Edessa.

111 Goldmünze des Byzantinischen Reiches, die im ganzen Orient in Umlauf war.

112 Balak ibn Bahram, Ortoqiden-Fürst, dem die Stadt Sarudsch bis zu ihrer Eroberung durch die Franken Tribut zahlte. Sébastien Mamerot scheint hier Balak und den Emir Balduk zu verwechseln. Als sich Sarudsch gegen Barak empörte, bat dieser Balduin von Edessa um Hilfe. Balduin entdeckte bei seiner Ankunft in Sarudsch, dass die Revolte von seinem Verbündeten, dem ehemaligen Emir Balduk, angeführt wurde, obwohl dieser in seinem Dienst stand.

113 Hier handelt es sich um Balduk.

114 Al-Bara.

115 Die Stadt Maarat an-Numan, die in den fränkischen Chroniken „a Marre" oder „Marra" genannt wird.

116 Aus Weidenruten geflochtene Körbe, die vor Wurfgeschossen schützten.

117 Rugia.

118 Es handelt sich um die am Orontes gelegene Stadt Schaizar, nicht um Caesarea Maritima.

119 Hama.

120 Die antike Stadt Emesa, arabisch Homs, von den Kreuzfahrern auch La Chamelle genannt.

121 Es handelt sich eindeutig um die Burg Hosn al-Akrad am Standort des heutigen Krak des Chevaliers, die am 28. Januar von den Franken angegriffen wurde.

122 Die Burg Arqa, vor der die Kreuzfahrer am 14. Februar erschienen.

123 Heute Trablous (Tripoli) im Libanon.

124 Heute Tartous, Hafenstadt an der libanesischen Küste zwischen Latakia und Trablous.

125 Auch Raimund Pilet genannt, ein Limousiner im Heer von Raimund von Toulouse.

126 Die Hafenstadt Latakia (Laodikäa) war damals noch von byzantinischen Truppen besetzt; Mamerot nennt sie La Liche.

127 Die kleine Hafenstadt Dschebail, das antike Byblos.

128 Al-Marqab im Süden von Latakia.

129 Marakia.

130 „Gott, steh mir bei."

131 Die Feuerprobe bzw. das Gottesurteil fand am Karfreitag, den 8. April 1099 statt. Peter Bartholomäus erlitt schwerste Verbrennungen, an denen er nach zwölf (nicht drei) Tagen starb. Einzig die Provenzalen verkündeten weiterhin die Wahrhaftigkeit seiner Offenbarungen, indem sie behaupteten, er sei nach einer ersten Probe, die er unverletzt überstanden habe, ein zweites Mal ins Feuer gestoßen worden.

132 In Wirklichkeit Schahinschah al-Afdal, Wesir des Kalifen al-Mustali, der damals noch ein Kind war.

133 Tatsächlich lautete Alexios' Botschaft ganz anders: Er versprach den Kreuzfahrern, im Frühjahr in Antiochia zu ihnen zu stoßen und sie mit seinem Heer nach Jerusalem zu begleiten. Doch die meisten Barone und das einfache Volk weigerten sich, weiter zu warten.

134 Das heutige Yabna.

135 Der Nahr al-Kelb (Fluss des Hundes).

136 Das antike Sidon, heute Saïda, im Mittelalter – und von Mamerot – Sajette oder Sayette genannt. Der Fluss ist der Nahr al-Awali.

137 Es handelt sich um den Pass, der „Leiter von Tyros" genannt wird.

138 Das heutige Akka in Nordisrael. Bei den Kreuzfahrern wird die Stadt häufig Saint Jean d'Acre genannt, da sie unter Verwaltung des Johanniterordens stand.

139 Sébastien Mamerot verwendet die Schreibweise „Japhès".

140 Das heutige Lod bei Tel Aviv. Damals lag das Dorf in Ruinen.

141 Der heilige Georg, der in Lydda geboren wurde, erlitt unter Kaiser Diokletian den Märtyrertod in Nikomedia (heute Izmit). Justinian hatte unweit von Ramlah eine Kirche zu Ehren des Heiligen errichten lassen.

142 Während Sébastien Mamerot die Schreibweise „Ramès" verwendet, wird diese Stadt von den meisten Chronisten Rama genannt. Es handelt sich um Ramleh (Ramla) oder Ramallah in den heutigen Palästinensergebieten.

143 Amwas, ein Dorf in der Nähe von Jerusalem, das während des Sechstagekriegs vollständig zerstört wurde.

144 Oder Kedron, arabisch Wadi Sitti Marjam (Mariental).

145 Das Tal Ge-Hinnom oder Gehenna.

146 Die Omar-Moschee in Ostjerusalem.

147 Es handelt sich um Minarette, auf denen die Muezzins die Gläubigen feierlich zum Gebet riefen.

148 Sébastien Mamerot muss neben den Beschreibungen, die er bei den Chronisten und späten Kompilatoren wie Vincent von Beauvais fand, unbedingt auch seine Bibelkenntnis ins Spiel bringen. Darin bleibt er der Tradition der mittelalterlichen Gelehrsamkeit treu.

149 Laut dem Chronisten Raimund von Aguilers, dessen Zahlen verlässlich sein dürften, verfügte die Kreuzfahrer bei ihrem Angriff über 12 000 Fußkämpfer und 1200 oder 1300 Reiter.

150 Die Belagerung begann am 7. Juni 1099.

151 Am 15. Juni.

152 Wurfmaschinen zum Schleudern von Steinen, später auch von anderen Geschossen.

153 Größte und präziseste Wurfmaschinen, die nach dem Hebelarmprinzip funktionierten.

154 Rollende Türme aus Holz, auch Wandeltürme genannt.

155 Im Mittelalter als „chats" oder „Katzen" bezeichnet.

156 Gemeinde im heutigen Departement Gard.

157 Diese Prozession fand am Freitag, den 8. Juli statt.

158 Arnulf Malecorne von Chocques (oder Rohes), der nach der Eroberung der Stadt zum Patriarchen von Jerusalem gewählt werden sollte.

159 Geschosse, die mit der Armbrust abgefeuert werden.

160 Auch Letold; Mamerot schreibt Liétaud.

161 Heute Säulentor genannt.

162 Graf Isoard von Gap.

163 Es handelt sich um den fatimidischen Statthalter der Stadt, Iftikhar ad-Daula, und sein Gefolge.

164 Arnulf, Bischof von Martorano in Unteritalien (damals unter normannischer Herrschaft).

165 Aus Demut und Respekt vor Christus und dem Papst nahm Gottfried lediglich den Titel eines *Advocatus Sancti Sepulchri* (Verteidiger des Heiligen Grabes) an. Seine Nachfolger hatten keine solche Bedenken und ließen sich zu Königen von Jerusalem krönen.

166 Mit der Ausschaltung des Grafen von Toulouse lehnten die fränkischen Barone zugleich das Bündnis mit Byzanz ab und setzten auf die Unabhängigkeit des jungen Königreiches von Jerusalem. Zugleich entschieden sie sich gegen einen erfahrenen Politiker und gefürchteten Kriegsmann, der zweifellos versucht hätte, eine starke königliche Macht aufzubauen.

167 Es dürfte sich um den Wesir al-Afdal handeln, der persönlich den Oberbefehl über das fatimidische Heer übernommen hatte.

168 Am 9. August 1099.

169 Am 12. August 1099.

170 Das antike Tiberias (heute: Tabariya) wurde von den fränkischen Chronisten Tabarie genannt.

171 Dagobert oder auch Daimbert war von Papst Urban II. kurz vor dessen Tod gesandt worden, als Nachfolger für den verstorbenen Adhemar. Der energische Bischof war 1098 Legat beim König von Kastilien gewesen und hatte die von den Arabern zurückeroberten Diözesen neu organisiert. Er hatte jedoch eine bedauerliche Neigung zu Geld und Macht erkennen lassen. Bei seinen Ämtern im Heiligen Land

sollte er sich als ausgesprochen ehrgeizig und unredlich erweisen.

172 Am 21. Dezember 1099.

173 Kurz nach Weihnachten 1099.

174 Malatya in Ostanatolien.

175 Hier verwechselt Sébastien Mamerot etwas: Bohemund wurde nicht bei seiner Rückkehr von Jerusalem gefangen genommen, sondern im August 1100, als er dem armenischen Kommandanten von Melitene, Gabriel, zu Hilfe eilte, nachdem dieser von den Danischmandiden-Emir von Sivas, Malik Ghazi Gümüschtekin, angegriffen worden war. Mamerot nennt ihn hier Danischmand (Danisman).

176 Am 2. Februar 1100.

177 Am 1. April 1100.

178 Das ehemalige Nabatäerreich um Petra im heutigen Jordanien. Gottfried kehrte um den 18. Juni 1100 von dort zurück.

179 Tatsächlich am Mittwoch, den 18. Juli 1100.

180 Die armenische Fürstin Arda, die er kurz nach der Eroberung Edessas geheiratet hatte.

181 Bei diesem Gibelet handelt es sich um das ehemalige Gabala, heute Dschabala, zwischen Latakia und Tortosa. Bei allen anderen Erwähnungen von Gibelet ist das antike Byblos (Dschebail) gemeint, das weiter südlich liegt als Dschabala.

182 Heute Marakia, unweit von Tortosa.

183 Kleine Hafenstadt nördlich von Beirut.

184 In Nordisrael, in der Handschrift zumeist Cayphas genannt. Wenn Balduin zögerte, Haifa zu betreten, das im Besitz seines Feindes Tankred war, so fürchtete er wohl Verrat.

185 Am 9. November 1100.

186 Diese Expedition wird heute nach französischer Zählweise nicht zu den acht „großen" Kreuzzügen gezählt.

187 Die Begebenheit wird vom Chronisten Wilhelm von Tyros berichtet.

188 Tatsächlich handelt es sich um Graf Stephan I. von Burgund (1065–1102). Mamerots Irrtum resultiert zweifellos daher, dass zu seiner Zeit die Herzöge von Bourgogne auch die Grafschaft von Bourgogne (heute Franche-Comté) besaßen. Im Mittelalter war das Herzogtum dem König von Frankreich, die Grafschaft hingegen dem Kaiserreich zugeordnet.

189 Diese Unterstellungen über den angeblichen Verrat des Alexios I. Komnenos stammen, vermittelt durch den *Geschichtsspiegel* des Vincent von Beauvais, von Chronisten, die Bohemund wohlgesinnt waren – und damit der antibyzantinischen Politik der Normannen. In Wirklichkeit deutet jedoch alles darauf hin, dass Alexios mehrfach versuchte, den Kreuzfahrern zu Hilfe zu kommen, jedoch aufgrund der Ablehnung der byzantinischen Oberhoheit über Antiochia nicht nach oben abgebracht wurde. Später riet er den Kreuzfahrern mehrmals davon ab, sich auf gefährliche Abenteuer einzulassen, so z. B. die 1101 von Raimund von Toulouse geführte Expedition, die ein Massaker zur Folge hatte: Die lombardischen und fränkischen Kreuzfahrer glaubten tatsächlich, den immer noch von den Türken gefangen gehaltenen Bohemund befreien zu können. Sie zogen im Hochsommer mitten in das unwirtliche Gebirge

Kleinasiens und wurden kurz vor Amasia fast alle niedergemetzelt.

190 Das namenlose Massaker, in dem dieser Kreuzzug von 60 000 Seelen am 5. September 1101 östlich von Konya endete, überlebten nur einige wenige Ritter. Es ereignete sich nach der Zerschlagung des lombardisch-fränkischen Feldzugs unter der Führung Raimunds VI. von Saint Gilles, Graf von Toulouse, (Juli/August 1101) und einer Expedition von 15 000 Kreuzfahrern unter der Führung des Grafen Wilhelm von Nevers (August 1101).

191 Nach der Einnahme Tortosas am 21. April 1102 machte Raimund von Toulouse die Stadt zum Ausgangspunkt seines Unternehmens, die spätere Grafschaft Tripolis zu erobern und den Fortbestand der fränkischen Herrschaft zwischen dem Fürstentum Antiochia und dem Königreich Jerusalem zu sichern.

192 Heute Tel-Arshaf, nördlich von Tel-Aviv.

193 Heute Kaizarieh.

194 Diese Siege fanden im April/Mai 1101 statt.

195 Am 7. September.

196 Diese romanhafte Episode wird von Wilhelm von Tyros berichtet.

197 Mamerot nennt die Festung „Carran oder Arran". Die Expedition fand 1104 statt. Balduin von Le Bourg und Joscelin wurden am 7. Mai gefangen genommen. Nur durch Tankreds Widerstand konnte Edessa gerettet werden.

198 Tatsächlich starb Philipp I. 1108, Bohemund jedoch erst 1111.

199 Der Seldschuken-Emir Rodoan von Aleppo.

200 Diese Schlacht wurde am 20. April 1105 in Tizin geschlagen.

201 Die Schlacht fand am 27. August 1105 in Ramleh statt; durch ihren Sieg erlangten die Franken die Kontrolle über fast die gesamte Küste Palästinas.

202 Tankred hatte im September 1108 nur widerwillig zugestimmt, Balduin von Le Bourg Edessa zurückzugeben. Die hier beschriebene Schlacht spielte sich einige Monate später ab. Darin standen sich Tankred und die Türken von Aleppo auf der einen und Balduin und sein ehemaliger Kerkermeister Danischmand auf der anderen Seite gegenüber.

203 Im Februar oder März 1109.

204 König Balduin setzte seine Entscheidung durch und bestätigte so seine Stellung als Lehnsherr aller fränkischen Staaten: Wilhelm sollte Tortosa und Arqa behalten, während Bertrand Gibelet, Pilgersberg und (nach der Eroberung) Tripolis bekommen sollte.

205 Aus der genuesischen Familie der Embriaci.

206 Am 12. Juli 1109. Sébastien Mamerot irrt sich hier in der Chronologie: Die Eroberung von Tripolis fand vor dem Tod Wilhelm-Jordans statt.

207 Im April/Mai 1110 schickte der Sultan von Persien ein großes Heer unter der Führung des Emirs von Mossul, um Edessa zurückzuerobern. Durch Balduins Sieg konnte Tankred mehrere Festungen von Aleppo in seinen Besitz bringen. Damals wurde ein zweiter türkischer Feldzug organisiert, doch angesichts des fränkischen Widerstandes musste er sich im Herbst 1111 ergebnislos wieder hinter den Euphrat zurück-

ziehen.

208 Auch „Michael" genannte byzantinische Goldmünze mit dem Kopf Kaiser Michaels VII. Dukas (reg. 1071–1078), der den goldenen Solidus abwertete.

209 Wilhelm von Tyros erzählt diese komische Szene im Detail.

210 Im Jahr 1110, also vor den Ereignissen, die am Ende des vorhergehenden Kapitels berichtet werden. Mamerots Chronologie ist hier ziemlich ungenau.

211 Tatsächlich 1112. Gibelin war 1108 gewählt worden. Er folgte Evremar von Therrouannes, der wiederum 1105 zum Patriarchen gewählt worden war und den wegen seiner zahlreichen Veruntreuungen vom Papst abgesetzten Dagobert ablöste.

212 Heute Tell-Basheïr. Es handelt sich um den zweiten Feldzug des Sultans von Bagdad gegen die Franken, der vom Atabeg von Mossul mit Unterstützung des Atabegs von Damaskus geführt wurde.

213 Den italienisch-normannischen Fürsten Roger von Salerno.

214 Maudud war der Atabeg von Mossul, der bereits die vorhergehenden Feldzüge im Namen des Sultans von Bagdad geführt hatte.

215 Es handelt sich um Pons von Tripolis; Mamerots Irrtum beruht sicherlich darauf, dass kurz zuvor Roger von Antiochia genannt ist.

216 Die fränkische Niederlage ereignete sich am 28. Juni 1113.

217 Der Atabeg von Damaskus, auch Tugtakin. Ob er nun der Anstifter gewesen war oder nicht, durch diesen Vorfall, der ihn bei den muslimischen Fürsten in Misskredit brachte, sah er sich gezwungen, sich den Franken anzunähern, für die er dann zum festen Verbündeten wurde.

218 Anfang August 1113.

219 Der neue Atabeg von Mossul, Bursuq ibn Bursuq, den Mamerot „Borsequin" nennt. Er zog im Sommer 1115 zum Fürstentum Antiochia und sah sich mit der Koalition aus fränkischen Fürsten, dem König von Damaskus und dem Atabeg von Aleppo konfrontiert, die wegen der Versuche des Sultans, das Land wieder in seine Hand zu bringen, beunruhigt waren.

220 Die Schlacht fand am 14. September 1115 in der Nähe der Anhöhe Tell Danith statt.

221 Mamerot nennt sie Faranne.

222 Am 2. April 1118; Mamerot nennt die Stadt Alars, später auch Lars.

223 Sébastien Mamerot lässt sich von der plötzlichen Kehrtwendung des Joscelin von Courtenay nicht täuschen: Dieser hoffte, der neue König werde sich ihm gegenüber dankbar zeigen – was auch tat, indem er ihm die Grafschaft Edessa abtrat.

224 Alexios I. Komnenos starb 1118. Sein Sohn Johannes II. setzte seine Politik fort und zwang das Fürstentum Antiochia seine Oberhoheit auf.

225 Der Tempel Salomos, heute die Al-Aqsa-Moschee.

226 Oder al-Ghazi – Mamerot nennt ihn Garri –, Emir aus dem Clan der Ortoqiden. Die Schlacht, bei der Roger von Salerno, der Regent von Antiochia, fiel, fand am 28. Juni 1119 vor Aleppo statt, in einer von den Chronisten „Ager sanguinis" (Blutfeld) genannten Ebene.

227 Die Turkomanen waren damals Nomadenstämme, während die seldschukischen Türken im Nahen Osten bereits sesshaft geworden waren.

228 Der Beduinenführer Dubais ibn Sadaqa, der Balduin II. 1124 helfen sollte, Aleppo zu belagern.

229 Mamerot nennt sie Cerep.

230 Wohl eher Evremar von Therrouannes, damals Erzbischof von Caesarea.

231 Genauer: am 14. August in Tell Danith.

232 Waleran von Le Puiset, Neffe Balduins II.

233 Im September 1122 hielt Balak sie als Gefangene in seiner Festung Kharpurt – Mamerot nennt sie Cartapiert – in den Bergen Kurdistans fest.

234 Die Übergabe des Königs fand am 16. September 1123 statt.

235 Joscelin, der nicht schwimmen konnte, benutzte die beiden Schläuche, die er mitgenommen hatte, als Rettungsringe und überquerte damit den Euphrat.

236 Am 29. Mai 1123.

237 Der zum Regenten des Königreichs ernannte Wilhelm von Bures war der Herr von Tiberias.

238 Die riesige, aus 30 Schiffen und 15 000 Mann bestehende venezianische Flotte wurde von dem Dogen – Mamerot spricht von „duc" – Domenico Michiel geführt. Da sie bereits im Mai 1123 im Osten eingetroffen war, konnte sie – im Gegensatz zu Mamerots Behauptung – nicht gerüstet worden sein, um Balduin II. zu befreien, der eben erst in Gefangenschaft gekommen war.

239 In Wirklichkeit deutet alles darauf hin, dass Balak bei einem Krieg unter Muslimen getötet wurde und Joscelin nichts damit zu tun hatte.

240 Tatsächlich wehte das königliche Banner am 7. Juli 1124 über der Stadt.

241 Aqsonsor Il-Bursuqi, auch Aq Sunqur al-Bursuqi (reg. 1113–1126), seldschukischer Atabeg von Mossul und nicht identisch mit dem oben genannten Bursuq; Mamerot nennt Ersteren Borsequin und Letzteren Bursequin; Anm. d. Übers.

242 Die Festung von Azaz, im Nordosten des Fürstentums Antiochia. Die hier geschilderten Ereignisse spielten sich 1125 ab.

243 Sébastien Mamerot irrt sich wiederum: Der Angriff Balduins II. auf Damaskus fand zu Anfang des Jahres 1126 statt.

244 Bohemund landete im Oktober 1126 vor Antiochia. Er war 18 Jahre alt.

245 Die Hochzeit fand am 2. Juni 1129 statt.

246 Bohemund II. fiel im Februar 1130.

247 Atabeg von Mossul und Statthalter von Aleppo, Vater von Nur ed-Din; Mamerot nennt ihn Sanguin bzw. Sanguen.

248 Diese Angabe enthält gleich mehrere Fehler: Tatsächlich starb Balduin II. am 21. August 1131 im 13. Regierungsjahr.

249 Der aus Soissons stammende Sébastien Mamerot bezeichnet sich des Öfteren, so auch hier, als „Soissonnais".

250 Tatsächlich 1131, s. o.

251 Hier irrt Mamerot wiederum: Caecilie war mit Pons von Tripolis verheiratet, Raimund war ihr gemeinsamer Sohn.

252 Heinrich II. aus dem Haus Plantagenet.

253 Der französische König Ludwig VII. Diese Ausführungen sind im zeitgenössischen Kontext Sébastien Mamerots zu sehen. Er schreibt kurz nach dem Sieg Karls VII. über die Engländer und dem Ende des Hundertjährigen Krieges (1453) und zu einem Zeitpunkt, als die englischen Ansprüche auf den französischen Thron und einige Provinzen noch nicht erloschen waren.

254 Tatsächlich trug bereits Gottfried V. selbst, der Sohn von Graf Fulk IV., den Beinamen Plantagenet und nicht erst sein Sohn. Er erhielt ihn, weil er einen Ginsterzweig an seinem Hut getragen haben soll (frz. *genêt*, Ginster).

255 Der französische König Philipp II. Augustus.

256 Mamerot schreibt, wie übrigens auch Wilhelm von Tyros, fälschlich Balduin VI. Es handelt sich aber um den 1160 geborenen Balduin IV., der von 1174 bis 1185 König war.

257 Wilhelm IX., Herzog von Aquitanien und Graf von Poitiers.

258 Hugo II. von Le Puiset, Herr von Jaffa und Vetter Balduins II., wurde von Graf Walter von Caesarea beschuldigt, ein Komplott gegen den König zu schmieden. Es wurde behauptet, er mache König Melisende den Hof. Um seine Unparteilichkeit unter Beweis zu stellen, ließ König Fulk den bretonischen Ritter, der versucht hatte, ihn zu ermorden, hinrichten.

259 Der dreißigjährige Ritter Raimund von Poitiers, der damals in Frankreich lebte, war von König Fulk ausgesucht worden, um die Erbin des Fürstentums, Konstanze, zu heiraten und so Alice, deren Ehrgeiz und unberechenbare Handlungen für die lateinischen Staaten große Risiken bargen, von der Macht fernzuhalten.

260 Den Bosporus.

261 Zengi beendete die Belagerung der Festung Montferrand am 20. August 1137.

262 Mamerot meint damit zweifellos die Stadt Homs, die Johannes II. Komnenos tatsächlich zusammen mit dem Fürsten von Antiochia zurückzuerobern versuchte.

263 Auch hier ist wieder die am Orontes (in Syrien!) gelegene Stadt Schaizar gemeint. Der Feldzug Johannes' II. Komnenos begann im April 1138.

264 Am 23. Mai 1138.

265 Der zwischen Johannes II. und Fürst Raimund von Antiochia geschlossene Vertrag war in diesem Punkt dennoch eindeutig: Der Fürst hatte sich verpflichtet, seine Stadt unter die Oberhoheit von Byzanz zu stellen, kraft des einst Alexios I. geleisteten Eides. Doch die äußerst mäßige Begeisterung Raimunds und Joscelins während der Operationen gegen Schaizar zeigt deutlich, dass die Franken sich zu solch einer extremen Vorgehensweise nicht entschließen konnten. Das Scheitern Johannes' II. bedeutete den Bruch der fränkisch-byzantinischen Beziehungen, zum großen Vorteil Zengis.

266 Tatsächlich nur ein einziger Vorgänger: Alexios I. Komnenos. Die Szene, in der der von den Franken hinters Licht geführte Johannes II. sich bemüht, das Gesicht zu wahren, indem er Raimund befiehlt, als treuer Vasall des Kaiserreiches Antiochia zu behalten, wird von Wilhelm von Tyros in sehr ähnlichen Worten wie bei Sébastien Mamerot erzählt.

267 Tatsächlich die Tochter, weiter oben stellt Mamerot dies richtig dar.

268 Die grenznahe Stadt Paneas oder Banyas (Caesarea Philippi), die Mamerot „Belmas" nennt.

269 Am 4. Mai 1140. Die Belagerung von Damaskus dauerte seit Dezember an. Die Eroberung von Banyas durch die mit den Damaszenern verbündeten Franken fand im Juni statt.

270 Von Johannes II. Komnenos zeichnet Sébastien Mamerot – wie die zeitgenössischen Chronisten der Kreuzzüge – ein wesentlich positiveres Bild als von seinem Vater Alexios I. Allerdings stimmt Mamerots Chronologie wieder nicht ganz: Der Kaiser starb 1143 im Taurusgebirge, im 25. Regierungsjahr.

271 Fulk von Anjou starb an den Folgen dieses Jagdunfalls im November 1143. Die Chronologie stimmt nicht ganz: Balduin III. wurde Weihnachten 1143 im Alter von 13 Jahren gekrönt, doch erst im folgenden Jahr begann die Belagerung Edessas durch Zengi.

272 Am 23. Dezember 1144. Das Ereignis muss im Abendland ein starkes Echo gefunden haben und führte zur Vorbereitung des Zweiten Kreuzzuges.

273 Sein Name wird in den fränkischen Chroniken, also auch bei Mamerot, als „Aynard" wiedergegeben.

274 Der Feldzug gegen die Damaszener schlug in Wirklichkeit schrecklich fehl und stellte das traditionelle Bündnis zwischen den Franken und dem Königreich Damaskus in Frage, und dies zu einem Zeitpunkt, als sich nach dem Tod Zengis (1146) in Syrien ein neuer gefürchteter Gegner, sein Sohn Nur ed-Din, erhob.

275 Die Armenier von Edessa öffneten Joscelin II. in der Nacht des 27. Oktober 1146 die Stadttore. Die Muslime wurden niedergemetzelt. Darauf traf sogleich Nur ed-Din ein und belagerte die Stadt. Ein Ausbruchsversuch Joscelins II. am 3. November endete in einer Katastrophe: Zwar gelang es dem Grafen zu fliehen, aber die gesamte christliche Bevölkerung der Stadt wurde massakriert.

276 Mamerot spricht hier zweifelsohne von einem dritten Kreuzzug, weil er der Auffassung ist (siehe folio 106b), dass der Zweite Kreuzzug derjenige war, bei dem die hohen Herren aus Frankreich im Jahr 1101 unternahmen. Nach der von den Historikern allgemein anerkannten Chronologie handelt es sich um den Zweiten Kreuzzug.

277 Papst von 1145 bis 1153.

278 Der im Herbst 1145 zum Papst gesandte Bote war Hugo, Bischof von Dschabala.

279 Im Gegensatz zu dem, was Mamerot behauptet, zeigten die französischen Herren keine Begeisterung für das Kreuzzugsprojekt.

280 Die Versammlung kam am 31. März 1146 in Vézelay zusammen.

281 Mamerot schreibt hier und im restlichen Manuskript versehentlich Versailles statt Vézelay.

282 Konrad III. von Hohenstaufen war römisch-deutscher König und nicht Kaiser, wie Mamerot schreibt. Er ließ sich dazu überreden, erst gegen Weihnachten 1146 aufzubrechen.

283 Mamerot schreibt 1145 statt 1146.

284 Mamerot schreibt 1146 statt 1147.

285 Konrad brach Ende Mai 1147 auf.

286 Es handelt sich um den jungen König Geza (um 1130–1162).

287 Heute Izmit in der Türkei.

288 Kaiser Manuel entsandte nicht die Griechen, sondern Stephan, den Befehlshaber der Varäger-Garde, zur Begleitung.

289 Tatsächlich handelt es sich um Graf Berengar von Sulzbach, dessen Tochter Gertrud mit Kaiser Konrad und dessen Tochter Bertha-Irene mit Kaiser Manuel verheiratet war.

290 Mamerot schreibt 1146 statt 1147.

291 Das heutige Antalya in der Türkei. Mamerot nennt die Stadt hier Satalie und erklärt unten, die Griechen nennten sie Attalie (Attalia). Tatsächlich trug sie den Namen Attalia nach König Attalos II. von Pergamon, der sie im 2. Jahrhundert v. Chr. gegründet hatte.

292 Es handelt sich hier um Nur ed-Din.

293 Mamerot gibt hier das Gerücht wieder, das Eleonore eine Liebschaft mit Raimund von Antiochia nachsagte.

294 Balduin III. von Jerusalem.

295 Alfons I. oder Alfons-Jordan (er war im Jordan getauft) nahm zur selben Zeit wie der König von Frankreich in Vézelay das Kreuz.

296 Er starb an einer akuten Entzündung (des Blinddarms), doch man sprach auch von einer Vergiftung durch seinen Vetter Raimund von Tripolis, der fürchtete, dass der Graf von Toulouse seine Rechte auf die Grafschaft Tripolis geltend machen könnte.

297 Heute Marakia im Norden von Tortosa.

298 Mamerot nennt den Ort, wie zur Zeit der Kreuzzüge üblich, Valénie.

299 Den 24. Juni 1148.

300 Mamerot schreibt hier 1147 statt 1148.

301 Caesarea Philippi entspricht dem heutigen Banyas; Mamerot scheint hier einem Irrtum zu erliegen, denn Tabarie entspricht ja Tiberias.

302 Er brach im Februar 1149 auf.

303 Friedrich I. Barbarossa, ein Neffe Konrads III., wurde 1152 römisch-deutscher König und 1155 Kaiser.

304 Sébastien Mamerot präzisiert nicht, um welchen König es sich handelt. Es ist Stephan aus dem Hause Blois (reg. 1135–1154), der Vorgänger von König Heinrich II., der bis zum Jahr 1153 Herzog der Normandie war und als solcher dem König von Frankreich, Ludwig VII., seinen Eid geleistet hatte.

305 Auch hier spricht Mamerot wieder, wie zu Beginn des 43. Kapitels, vom dritten Kreuzzug.

306 Philipp II. Augustus, gen. Dieudonné, König von Frankreich (reg. 1180–1223).

307 Richard I. Löwenherz, König von England (reg. 1189–1199).

308 Tatsächlich fiel Raimund von Antiochia am 29. Juni 1149.

309 Beatrix, Gräfin von Edessa, leistete Nur ed-Din so gut Widerstand, wie sie konnte, bevor sie die Stadt an Kaiser Manuel abtrat und sich mit ihren Kindern nach Jerusalem flüchtete.

310 Es handelt sich um Manasses von Hierges, Schützling der Königin; Mamerot nennt ihn Menecier.

311 Balduin ließ sich am folgenden Dienstag in der Grabeskirche krönen, ohne dass seine Mutter etwas davon ahnte.

312 Mamerot schreibt Nautab.

313 Die Belagerung von Askalon begann am 25. Januar 1153.

314 Rainald von Châtillon war der jüngste Sohn von Gottfried, dem Herrn von Gien und von Châtillon-sur-Loing.

315 Tatsächlich kapitulierte Askalon am 19. August 1153.

316 Mamerot folgt hier dem Bericht des Wilhelm von Tyros.

317 Es handelt sich um Aimery von Antiochia.

318 Es handelt sich um Melisende.

319 Mamerot schreibt Malfe.

320 Thoros II., genannt der Fürst der Berge, übte seine Macht über Kilikien von 1140 bis 1169 aus.

321 Rainald von Antiochia wollte sich an Manuel rächen, der ihm für seine Unterstützung im Kampf gegen Thoros die Belohnung versagte. Er verbündete sich mit seinem alten Feind und ging in Zypern an Land, das im Jahr 1155 dem Kaiser unterstand, verwüstete die Insel und beging dort laut *L'Estoire d'Eracles* verabscheuenswürdige Gräueltaten.

322 Er brach die erneuerte Waffenruhe im Jahr 1156.

323 Dies geschah bereits am 21. Mai 1157.

324 Mamerot schreibt Melcha.

325 Heute eine Stadt, gelegen in der Gebirgsregion von Obergaliläa; Mamerot nennt die Burg Japhet.

326 Es handelt sich um Fürstin Sibylle, die Tochter von Fulk V. von Anjou.

327 Er landete im Juli 1158 in Beirut.

328 Manuel schlug seine Nichte Theodora vor. Sie kam im September 1158 in Akkon an.

329 Wilhelm von Tyros nennt diese Stadt Caesarea am Orontes, um sie von Banyas zu unterscheiden, dem antiken Caesarea Philippi.

330 Theodora kam im Alter von 13 Jahren in Tyros an; die Eheschließung fand im September 1158 in Jerusalem statt.

331 Im Taurus-Massiv.

332 Mamerot nennt die Stadt hier La Lice; Es handelt sich um Bischof Gerhard von Nazareth, der sich für Rainald beim Kaiser einsetzen wollte.

333 Es handelt sich um ein Büßergewand.

334 Rainald von Antiochia wurde damit eine schwere Demütigung zugefügt.

335 Er blieb 15 Jahre in Aleppo in Gefangenschaft.

336 Manuel wurde 1159 Witwer. Seine Frau, Kaiserin Irene, hinterließ eine Tochter. Manuel schickte im Jahr 1160 eine Gesandtschaft nach Jerusalem, um eine neue Ehefrau zu finden.

337 Tatsächlich war Melisende die Tochter (und nicht die Schwester) von Raimund II. von Tripolis und von Hodierna. Auch im Folgenden müsste es also, wenn von ihr die Rede ist, statt „Schwester" eigentlich „Tochter" heißen.

338 Tatsächlich war Maria, von der hier die Rede ist, die Tochter (und nicht die Schwester) von Konstanze von Antiochia und von Raimund von Poitiers. Auch im Folgenden müsste es also, wenn von ihr die Rede ist, statt „Schwester" eigentlich „Tochter" heißen.

339 Tatsächlich starb Balduin III., der 1130 geboren und 1143 König geworden war, am 10. Februar 1162.

340 Er wurde in der Grabeskirche beigesetzt.

341 Amalrich, geboren im Jahr 1136, wurde tatsächlich am

18. Februar 1162 König von Jerusalem. Mamerot, der zuvor gesagt hatte, dass Balduin III. am 6. Februar gestorben sei, widerspricht sich hier selbst und irrt sich in den Daten.

342 Alexander III. war von 1159 bis 1181 Papst.

343 Wilhelm von Tyros hat in lateinischer Sprache eine Geschichte des lateinischen Königreiches und der Kreuzzüge geschrieben, die im Jahr 1184 endet, die *Historia rerum in partibus transmarinis gestarum.* Diese ist eine der Quellen Mamerots für die *Passages d'Outremer.*

344 Agnes von Courtenay oder Agnes von Edessa, eine Nachfahrin der Grafen von Edessa.

345 Mamerot zitiert hier einen Namen, der niemals von einem Papst getragen wurde. Es handelt sich vielleicht um Papst Hadrian IV. (reg. 1154–1159) oder um Alexander III. (reg. 1159–1181). In der Tat schlossen Amalrich und Agnes von Courtenay 1158 die Ehe, die später annulliert wurde.

346 Tatsächlich erlitt das christliche Heer diese Niederlage in der Schlacht bei Artah am 10. August 1164.

347 Er wurde im Sommer 1165 freigelassen.

348 Schirkuh ist der Onkel von Saladin.

349 Antike Stadt in Ägypten, die von den Arabern zerstört wurde und dann beim Bau von Kairo als Steinbruch diente.

350 Er wurde von einem Templer namens Gottfried begleitet, der Arabisch sprach.

351 So wie es im Abendland Brauch war.

352 Am 20. August 1167.

353 Am 23. März 1169.

354 Sie ereignete sich am 29. Juni 1170.

355 Thoros war im Jahr 1168 gestorben, und sein Bruder Mleh machte dessen Sohn, einem Kind, die Erbfolge streitig.

356 Im Dezember 1170.

357 Er schlug König Amalrich ein Bündnis gegen Nur ed-Din vor.

358 Den Hinterhalt bereitete Walter von Mesnil.

359 Am 15. März 1174.

360 Tatsächlich starb Amalrich am 11. Juli 1174.

361 Am 15. Juli 1174.

362 Tatsächlich tauchten die sizilianischen Schiffe am 25. Juli 1174 vor Alexandrien auf.

363 Raimund III. von Tripolis war in der Tat der nächste Verwandte des Königs.

364 Miles von Plancy wurde der Macht enthoben und dann nachts in den Straßen von Akkon ermordet.

365 Die altorientalische Stadt Ninive in Assyrien am Tigris wurde im 7. Jahrhundert zerstört. Mossul im heutigen Irak trat an ihre Stelle.

366 Mamerot nennt sie hier wie stets La Chamelle. Gelegen ist sie in Westsyrien am Orontes, nördlich vom Krak des Chevaliers.

367 Wilhelm war von 1175 bis 1184 Erzbischof von Tyros.

368 Tatsächlich trat Balduin IV. im Jahr 1174 die Herrschaft an.

369 Philipp von Flandern landete in Akkon.

370 Robert, Graf von Béthune.

371 Er wollte seine beiden Cousinen Sibylle und Isabelle mit den jüngsten Söhnen von Robert von Béthune, seinem Lieblingsvasallen, verheiraten und stieß dabei auf den Widerstand des Königs.

372 Der von Mamerot verwendete Begriff „none" entspricht etwa der neunten Stunde nach Sonnenaufgang.

373 Dieser unverhoffte Sieg, der in der Nähe der Burg Montgisard im Südosten von Ramleh errungen wurde, rettete das Königreich für eine Weile.

374 Diese Burg wurde errichtet, um die Grenze des Königreiches am Oberlauf des Jordans zwischen dem Hulebecken und dem See Genezareth zu schützen.

375 Biblischer Patriarch (Genesis 35–50), der mit seiner Familie die Furt von Yabboq durchquerte, um vor seinem Bruder Esau zu fliehen.

376 Der König wurde von Farukh Schah, dem Neffen Saladins, in den Wäldern von Banyas angegriffen.

377 Es handelt sich um das Tal von Merdsch Ajun oder das Quelltal zwischen dem Litani-Fluss und dem Jordan.

378 Odo von Saint-Amand lehnte es aus Stolz ab, gegen einen muslimischen Gefangenen ausgetauscht zu werden, und starb im Gefängnis.

379 Er war Bischof von Beauvais.

380 Die Belagerung dauerte fünf Tage, vom 24. bis 29. August. Die Burg wurde geschleift.

381 Hugo III. von Burgund sollte Fürstin Sibylle ehelichen, doch er zog es vor, in Frankreich zu bleiben, und Sibylle verliebte sich in Balduin von Ibelin.

382 Bohemund III. von Antiochia (reg. 1163–1201).

383 Die Hochzeit fand Ostern 1180 statt.

384 Ein Waffenstillstandsvertrag von zwei Jahren wurde im Mai 1180 zwischen Balduin und Saladin geschlossen.

385 Kanaan zeugte u. a. die Arwaditer, Genesis 10,18.

386 Patriarch Amalrich von Nesle starb am 6. Oktober 1180, und Heraklios von Caesarea wurde am 16. Oktober sein Nachfolger. Er war von 1180 bis 1191 Patriarch. Laut Wilhelm von Tyros soll es die Mutter des Königs gewesen sein, Agnes von Courtenay, die seinen Aufstieg gefördert hat.

387 Es handelt sich um Heraklios I., byzantinischer Kaiser, der den Persern das Wahre Kreuz entriss und es im Jahr 630 nach Jerusalem zurückbrachte.

388 Mamerot folgt hier wieder Wilhelm von Tyros.

389 Mamerot schreibt 1181, tatsächlich aber starb Kaiser Manuel am 24. September 1180.

390 Alexios II. (1169–1183), Sohn von Kaiser Manuel, war elf Jahre alt, als er Kaiser wurde; er wurde 1183 von Andronikos ermordet.

391 Der Neffe von Manuel und Günstling von Kaiserin Maria, einer Lateinerin, hatte die Regentschaft inne; er war sehr unbeliebt.

392 Andronikos Komnenos, Vetter von Kaiser Manuel.

393 Er lebte in der Gegend von Pont und durchquerte 1182 Anatolien, um nach Konstantinopel zu gelangen.

394 Die Kaiserin wurde erdrosselt.

395 Quellen nördlich von Nazareth.

396 Gemeint ist die Stadt Sarudsch.

397 Anspielung auf den Tod von as-Salih von Aleppo am 4. Dezember 1181 infolge einer Kolik, die man auf eine Vergiftung zurückführte.

398 Am 12. Juni 1183.

399 Mamerot spricht vom mer de Tabarie, gemeint ist der See Genezareth.

400 1177 geboren, war der künftige Balduin V. sechs Jahre alt.

401 Die hier von Mamerot beschriebenen Ereignisse fanden 1185 statt; Balduin V. wurde Anfang 1185 in der Grabeskirche gekrönt, Balduin IV. starb im März 1185.

402 Balduin V. ist tatsächlich der Sohn von Wilhelm von Monferrat und von Sibylle, Schwester von König Balduin IV.

403 Hier irrt Mamerot, es handelt sich in Wirklichkeit um seinen Enkel, Balduin V. wurde 1185 in der Grabeskirche gekrönt.

404 Tatsächlich reiste nicht der Onkel von König Balduin V., Bonifaz, sondern dessen Großvater Wilhelm, Markgraf von Montferrat, ins Heilige Land.

405 Andronikos I. Komnenos, Enkel von Alexios I. Komnenos, bemächtigte sich im November 1183 gewaltsam des Thrones, indem er seinen Vorgänger Alexios II. erdrosseln ließ.

406 Tatsächlich war Konrad der Bruder von Bonifaz von Montferrat und Sohn Wilhelms von Montferrat.

407 „Kirsac" ist der im Mittelalter übliche französische Name für Isaak Angelos (1155–1204), der Andronikos I. stürzte und diesem im Jahr 1185 mit dem Namen Isaak II. Angelos im Amt folgte.

408 Diese Episode wie auch die folgenden sind Wilhelm von Tyros entnommen (XIV).

409 Es existieren diverse Versionen dieser Episode: Man berichtet auch, dass man den Kaiser auf einem Kamel habe reiten lassen und er anschließend von der Bevölkerung gefoltert und geviertelt worden sei. Mamerot folgt hier getreulich dem Bericht des Wilhelm von Tyros.

410 Bela III.

411 Er wurde später unter dem Namen Alexios III. Kaiser (reg. 1195–1203).

412 Im Jahr 1203 wurde er als Alexios IV. Kaiser. Er erhielt Unterstützung von den Kreuzfahrern und Venezianern.

413 Alexios Branas.

414 Balduin V., Sohn von Wilhelm von Montferrat und von Sibylle, folgte seinem Onkel Balduin IV. unter der Vormundschaft von Joscelin III., Graf von Edessa, nach. Er starb im August 1186.

415 Es handelt sich um Sibylle, die Tochter von König Amalrich, Schwester von König Balduin IV. und Mutter von König Balduin V., die 1180 Guido von Lusignan geheiratet hatte.

416 Rainald von Châtillon.

417 Mamerot nennt ihn nicht mit Namen, doch es handelt sich um Roger von Moulins, Großmeister des Hospitaliter-Ordens.

418 Es handelt sich um Gerhard von Ridfort.

419 Die königlichen Insignien befanden sich in einer Kassette mit drei Schlössern, zu denen der Patriarch und die beiden Großmeister der Hospitaliter und der Templer je einen Schlüssel hatten.

420 Gegen 15 Uhr.

421 Nach einer anderen Version warf er die Schlüssel aus dem Fenster.

422 Balduin von Ibelin, Herr von Ramleh.

423 Nach der unverhofften Niederlage in der Schlacht von Hattin am 4. Juli 1187.

424 Raimund III. von Tripolis.

425 Die 1172 geborene Isabella war die Tochter von König Amalrich I. und Maria Komnena. Sie hatte im Jahr 1183 Humfried von Toron geheiratet. Danach ging sie noch drei weitere Ehen ein.

426 In Wirklichkeit schreckte Humfried die Vorstellung, König zu werden.

427 Er kehrte in die Gebiete seiner Frau in Galiläa zurück.

428 Thomas von Ibelin; Herr von Ramleh.

429 Bohemund von Antiochia gab ihm zum Dank ein beachtliches Lehen.

430 Erzbischof Josias.

431 Sie verließen Jerusalem am 29. April 1187.

432 el-Afdal.

433 Tatsächlich am 30. April 1187.

434 Am 2. Juli 1187.

435 Die Gräfin Eschiva leistete mit einer kleinen Besatzung, die sich in der Zitadelle der Stadt verschanzt hatte, so gut sie konnte Widerstand.

436 Sprichwörtlicher Ausdruck, der sich auch bei Wilhelm von Tyros findet und bedeutet, dass der Graf zum Kampf in der Lage war.

437 Die Episode berichtet auch der Chronist Wilhelm von Tyros.

438 Bei Wilhelm von Tyros heißt es genauer, sie habe sich zu Saladin begeben, um die Belohnung für den Dienst zu erhalten, den sie ihm erwiesen hatte, indem sie versucht hatte, die Christen zu verhexen.

439 Gegen 15 Uhr.

440 Der Ort, an dem sie ihr Lager aufschlugen, wurde „Hörner von Hattin" genannt.

441 Tatsächlich fand die Schlacht von Hattin, die das Ende des Königreichs Jerusalem einläutete, genau ein Jahr vorher, am 4. Juli 1188, statt.

442 Die sarazenischen Truppen wurden von Taki ed-Din befehligt.

443 Auch hier ist wieder Wilhelm von Montferrat gemeint; derselbe Fehler findet sich bei Wilhelm von Tyros.

444 Saladin hatte den Becher dem König gereicht, weil diese Geste bedeutete, dass er seinem Gefangenen das Leben schenken wollte, doch dies galt nur für Guido und nicht für Rainald von Châtillon.

445 Am 5. Juli 1187.

446 Am 10. Juli 1187. Die Stadt wurde von Joscelin III. von Courtenay verteidigt.

447 Königin Maria.

448 Lucia von Botrun; Mamerot schreibt „Rochefort" statt „Ridfort".

449 Er starb Ende 1187.

450 Er hatte keine Kinder und vermachte seine Grafschaft Raimund, dem Sohn von Bohemund III. von Antiochia.

451 Konrad, Sohn des Markgrafen von Montferrat, war in eine Mordaffäre verstrickt und wollte sich aus Konstantinopel entfernen.

452 Am 14. Juli 1187.

453 Gemeint ist auch hier wieder Wilhelm, Konrads Vater, und nicht etwa Bonifaz, Konrads Bruder.

454 Saladin verschonte den Greis.

455 Am 15. September 1187 ließ Saladin die Einwohner von Askalon mit ihren Familien und ihrem Hab und Gut aus der Stadt ziehen.

456 Die Befreiung Jerusalems war für Saladin zuallererst eine religiöse Pflicht.

457 Saladin stellte seine Kriegsmaschinen am 20. September 1187 auf.

458 Die Christen verließen sich darauf, dass Jerusalem die Heilige Stadt war, und suchten deshalb dort Schutz.

459 Das Abkommen wurde am 2. Oktober 1187 geschlossen.

460 Die Geschichtswissenschaft geht übereinstimmend von einem anderen Datum, dem 2. Oktober 1187, aus.

461 Die häufig erzählte Episode betont den Kontrast zwischen der Großzügigkeit der Sarazenen und dem Egoismus der abendländischen Bevölkerung.

462 Binnen weniger Monate wurden alle Kirchen und Klöster in Jerusalem zu muslimischen Bauten umgewidmet.

463 Er kam am 2. November 1187 in Tyros an.

464 Er gehörte zu den Rittern, die Wilhelm von Sizilien 1188 geschickt hatte. Der Name dieses Ritters ist nicht bekannt.

465 Es handelt sich um Raimund, den Grafen von Tripolis.

466 Am 1. Januar 1188.

467 Mamerot irrt: Es handelt sich um den Erzbischof Josias, der Ende des Sommers 1187 von Tyros aus aufbrach.

468 Josias traf im Januar 1188 in Gisors an der Grenze zwischen der Normandie und dem königlichen französischen Herrschaftsgebiet mit den beiden Königen zusammen.

469 Heinrich II. starb am 6. Juli 1189. Im selben Jahr hatte sich sein Sohn Richard Löwenherz mit dem König von Frankreich gegen ihn verbündet.

470 Friedrich I. Barbarossa, seit 1152 römischer König und seit 1155 Kaiser, war damals ein betagter Mann von 70 Jahren. Er nahm am 27. März 1188 in Mainz das Kreuz.

471 Es begleitete ihn sein zweiter Sohn, Friedrich von Hohenstaufen, Herzog von Schwaben.

472 Es handelt sich um Alexios III. Angelos.

473 Dieser Unfall ereignete sich am 10. Juni 1190 in Seleukia im Fluss Kalykadnus oder Saleph, heute Göksu.

474 Mamerot irrt: Friedrichs Sohn Heinrich, der nach dessen Tod als Heinrich VI. König und 1191 Kaiser wurde, war nicht mit seinem Vater ins Heilige Land gezogen.

475 Friedrich von Hohenstaufen, Herzog von Schwaben, übernahm den Oberbefehl über die Truppen.

476 Saladin traf im Sommer 1188 in der Nähe von Tripolis auf diesen Ritter.

477 Wilhelm von Montferrat.

478 Konrad von Montferrat.

479 Mamerot irrt hier: Zum Zeitpunkt dieser Ereignisse war Kaiser Friedrich noch nicht tot.

480 Der König schlug am 28. August 1188 auf dem Hügel von Turon sein Lager auf.

481 Die Verstärkung (Dänen, Flamen, Franzosen, Deutsche usw.) kam im September 1188 aus dem Abendland.

482 König Richard I. von England, genannt Richard Löwenherz (reg. 1189–1199).

483 Der König von Frankreich hat eine sehr genaue Vorstellung von der politischen Verwaltung des Königreiches und den Gefahren, denen es während seiner Abwesenheit ausgesetzt sein würde.

484 Dieses Dokument wird von Mamerot fälschlich als „Testament" bezeichnet. Tatsächlich handelt es sich um eine Verordnung, d. h. um eine Urkunde mit grundlegenden Verfügungen hinsichtlich der Regierung des Königreiches während der Abwesenheit des Königs.

485 Adele von Champagne, die zweite Ehefrau König Ludwigs VII., brachte am 21. August 1165 den späteren Philipp Augustus zur Welt.

486 Es handelt sich um Wilhelm von Champagne, genannt Wilhelm mit den weißen Händen, vierter Sohn von Graf Tibald II., dem Großen, von Champagne. Er war von 1175 bis 1202 Erzbischof von Reims.

487 Dieser im Jahr 1187 geborene Sohn war der spätere Ludwig VIII. (reg. 1223–1226).

488 D. h. am 1. Oktober.

489 Wilhelm V. von Garlande, der sich 1190/91 auf den Kreuzzug begab.

490 Tibald von Blois war der Seneschall von König Philipp II. Augustus, gen. Dieudonné.

491 Heinrich I., der Freigebige, Graf von Champagne von 1152 bis 1181.

492 In den acht Tagen nach dem 24. Juni; tatsächlich am 4. Juli 1190.

493 Tankred folgte Wilhelm II. von Sizilien, der im November 1189 gestorben war, nach. Er war ein Vetter des Königs und Graf von Lecce.

494 Heinrich VI. (reg. 1191–1197), Sohn Friedrichs I. Barbarossa.

495 Die Schwester von König Richard Löwenherz, Johanna von England, war mit dem Vorgänger Tankreds, König Wilhelm II. von Sizilien, verheiratet gewesen. Ihre Tochter war Konstanze, die Ehefrau von Heinrich VI. von Hohenstaufen.

496 Sester ist ein Mengenmaß für Getreide und Flüssigkeiten.

497 Berengaria von Navarra.

498 Eleonore von Aquitanien, die mit Heinrich II. Plantagenet verheiratet war.

499 Alice von Frankreich, Schwester von König Philipp Augustus.

500 Philipp Augustus stach am 30. März 1191 in Messina in See.

501 Am 20. April 1191.

502 Richard reiste schließlich am 10. April 1191 von Messina aus ab.

503 Zypern befand sich bereits seit fünf Jahren unter der Herrschaft von Kaiser Isaak Dukas Komnenos, der einen erfolgreichen Aufstand gegen den byzantinischen Kaiser Isaak Angelos geführt hatte. Er willigte in Verhandlungen mit König Richard ein. Letzterer heiratete in Limassol Berengaria und bemächtigte sich dann Nikosias. Ende Mai 1191 gehörte die Insel Zypern König Richard.

504 Sibylle starb im Herbst 1190.

505 Humfried von Toron; Mamerot verwendet hier die Schreibweise Auffroy.

506 Markgraf Konrad von Montferrat.

507 Am 8. Juni kamen 25 Galeeren, die König Richard gehörten, in Akkon an.

508 Rudolf I., Graf von Clermont.

509 In der Schlacht von Hattin.

510 Herzog Hugo III. von Burgund, Vetter des französischen Königs Philipp II. Augustus, gen. Dieudonné.

511 Philipp brach Anfang August Richtung Brindisi auf.

512 Ismaelitische Sekte, die sich im 12. Jahrhundert in den Bergen östlich von Tortosa angesiedelt hatte. Angetrieben von fanatischem Pflichteifer, zögerten sie nicht, ihre Gegner zu töten.

513 Sinan, das Oberhaupt der Assassinen.

514 Richard übernahm damals die unumschränkte Befehlsgewalt über die christlichen Heere.

515 Leopold V., Herzog von Österreich und Oberhaupt des deutschen Heeres, hatte eine gleichberechtigte Stellung mit den Königen von Frankreich und England gefordert und sein Banner neben dem von König Richard aufgepflanzt.

516 Richard ließ das Kreuzfahrerheer am 21. August von Akkon abziehen.

517 Alle englischen Chronisten erzählen diese Anekdoten, die das positive Bild von Richard Löwenherz begünstigen.

518 Die Halbschwester von Richard war Maria von Champagne.

519 Heinrich, Sohn von Maria von Champagne und von Heinrich dem Freigebigen, wurde 1192 mit Isabella von Jerusalem verheiratet. Er starb 1197.

520 Der spätere Tibald III., Graf von Champagne von 1197 bis 1201.

521 Maria heiratete Balduin IX. von Flandern.

522 Am 29. September 1192. Hier wird offenbar auf den Vertrag über einen fünfjährigen Frieden angespielt, den Saladin im September 1192 unterzeichnet hatte.

523 Mamerot gibt hier gerafft folgende Episode wieder: Richard erlitt in der Nähe von Aquileia Schiffbruch und musste auf dem Landweg durch Kärnten und Österreich reisen.

524 In Kärnten; Mamerot nennt die Stadt Brisac.

525 Es heißt, Richard habe sich als Koch verkleidet, um nicht entdeckt zu werden.

526 Leopold überstellte Richard Kaiser Heinrich VI., der ihn erst im März 1194 freiließ.

527 Mamerot gibt den Sachverhalt nicht korrekt wieder und bezeichnet Isabella als Tochter Konrads von Montferrat und nicht als seine Witwe. Der Text wurde hier korrigiert. Isabella, Tochter von König Amalrich I. von Jerusalem, war in erster Ehe mit Humfried IV. von Toron vermählt und heiratete anschließend 1190 den Markgrafen Konrad von Montferrat. Zwei Jahre später, nach dem Tode Konrads, heiratete die Witwe Heinrich von Champagne.

528 Dieser ertrunkene Kaiser ist Friedrich I. Barbarossa.

529 Die Witwe von König Bela III., Margarethe von Frankreich, war die Schwester von König Philipp II. Augustus von Frankreich und die Schwägerin von König Richard Löwenherz von England.

530 Er starb am 3. März 1193.

531 Der älteste Sohn war el-Afdal.

532 Mamerot nennt die Stadt Calyphas.

533 Heinrich von Champagne starb am 10. September 1197 und nicht 1195.

534 Heinrich VI. starb am 28. September 1197. Seine Frau, Konstanze von Sizilien, brachte am 26. Dezember 1194 im Alter von 40 Jahren einen Sohn zur Welt. Als Friedrich II. wurde dieser als Zweijähriger in Palermo (und nicht in Messina, wie Mamerot schreibt) zum deutschen König gewählt. 1220 wurde er Kaiser.

535 Die im Folgenden Genannten nahmen beim Turnier von Écry in Aisne nach der Predigt von Fulk von Neuilly das Kreuz.

536 Der 1107 geborene Enrico Dandolo war zu dieser Zeit Doge von Venedig.

537 Er starb im März 1201.

538 Der spätere Tibald IV., Graf von Champagne und König von Navarra.

539 Die Wahl von Bonifaz I. von Montferrat wurde in Soissons ratifiziert.

540 Unter ihnen befand sich der aus einem Adelsgeschlecht der Champagne stammende Gottfried von Villehardouin, der uns eine Chronik dieses Kreuzzuges mit dem Titel *Histoire de la conquête de Constantinople* hinterlassen hat.

541 Zara befand sich damals in den Händen der Ungarn. Die Kreuzfahrer kamen dort am 10. November 1202 und nicht 1203 an.

542 Der Papst, der das, was sich in Zara ereignet hatte, zutiefst missbilligte, begnügte sich tatsächlich damit, eine Bulle zu veröffentlichen, die es untersagte, andere Christen zu attackieren.

543 Der spätere Alexios IV., Sohn des früheren byzantinischen Kaisers Isaak II. Angelos, den Mamerot auch hier wieder Kirsac nennt, und Neffe von Kaiser Alexios III.

544 Der Begriff „Pilger" bezeichnet zugleich die Venezianer und die Franzosen, die von Venedig aus zum Vierten Kreuzzug (1203/04) – so die unter Historikern übliche Zählung – aufgebrochen waren.

545 In anderen Quellen ist von 200 000 Silbermark die Rede.

546 Tatsächlich 1203.

547 Abydos, Hafenstadt in Kleinasien an der engsten Stelle der Dardanellen auf der asiatischen Seite; Mamerot nennt sie Boulredane.

548 Alexios III. stürzte seinen Bruder Isaak II. Angelos im Jahr 1195 vom byzantinischen Kaiserthron. Er blendete ihn und warf ihn ins Gefängnis.

549 Der spätere Alexios IV.

550 Murtzuphlos organisierte im Januar 1204 einen Aufstand.

551 Alexios IV.

552 Unter dem Namen Alexios V. Murtzuphlos.

553 Der Traum der Kreuzfahrer war es, einen Mann aus dem Abendland als Kaiser von Konstantinopel einzusetzen.

554 Die Kreuzfahrer drangen im April 1204 in die Stadt ein.

555 So nennt Mamerot sich selbst.

556 Balduin IX. wurde am 16. Mai 1204 in der Hagia Sophia feierlich gekrönt.

557 Gemeint ist hier der frühere Kaiser Alexios III.

558 Gemeint ist Kaloyan Asen, Zar des walachisch-bulgarischen Reiches.

559 Von 1205 bis 1210 war die Tochter des verstorbenen

Königs Konrad I. Montferrat von Jerusalem, Maria von Montferrat, unter der Regentschaft von Johann von Ibelin Königin. Mittlerweile war sie 17 Jahre alt und musste verheiratet werden.

560 Johann von Brienne war arm und bereits 60 Jahre alt, verfügte jedoch über große politische Erfahrung. Er traf am 13. September 1210 in Akkon ein.

561 Die Krönung fand am 3. Oktober 1210 in Tyros statt.

562 König Andreas II. von Ungarn, König Hugo I. von Zypern und König Leo II. von Armenien.

563 Die junge Königin starb im Jahr 1212 bei der Geburt ihrer Tochter Isabella. Johann von Brienne heiratete im Jahr 1214 Fürstin Stephanie von Armenien.

564 Das Kreuzfahrerheer stach am 24. Mai 1218, dem Himmelfahrtstag, von Akkon aus in See und erreichte am 27. Mai Damiette.

565 Saladins Bruder el-Adil Saif ed-Din.

566 Der Krak des Chevaliers, eine von den Hospitalitern erbaute Festung im heutigen Syrien.

567 el-Kamil.

568 el-Muazzam, der Bruder von el-Kamil.

569 Am 29. August 1219.

570 Pelagius, Kardinal von Albano.

571 Leo II. von Armenien starb 1219.

572 Die Episode ereignete sich 1219. Es wird auch berichtet, dass die Königin die kleine Tochter habe vergiften wollen.

573 Kaiser Friedrich II., der 1215 in Aachen gelobt hatte, auf den Kreuzzug zu gehen, zögerte seinen Aufbruch immer wieder hinaus.

574 Am 29. November 1227.

575 Er traf am 7. September 1228 ein und ließ sich als Herrscher des Königreiches anerkennen.

576 Der Vertrag von Jaffa vom 18. Februar 1229 erlaubte den Christen, die nach der Schlacht von Hattin verlorenen Gebiete zurückzuerhalten.

577 Am 17. März 1229 zog Kaiser Friedrich II. trotz der Feindseligkeit des Patriarchen und entgegen den militärischen Anordnungen in Jerusalem ein.

578 Das Sankt-Marien-Hospital des Deutschen Ritterordens.

579 Tibald IV. (1201–1253), Graf von Champagne und von Brie, Neffe von Heinrich von Champagne, wurde nach dem Tod von Sancho VII., dem Starken, 1234 König von Navarra.

580 Die Handschrift weist hier eine Lücke auf: Das Datum ist unvollständig. Die anderen Handschriften geben als Datum 1245 an.

581 Sie stachen in Aigues-Mortes und in Marseille in See.

582 Tibald ging am 1. September 1239 in Akkon an Land.

583 Mamerot vermischt hier zwei Episoden. Die erste betrifft Peter von Bretagne, der von einem Spion erfahren hatte, dass eine Karawane mit Waren in unmittelbarer Nähe war, und diese plünderte. Seine Beute rief Neid im Heer hervor. Die zweite betrifft den Angriff auf die Stadt Gaza, der durchgeführt wurde, obwohl der König von Navarra sie verteidigte.

584 Das Christenheer wurde umzingelt, und die Schlacht war schnell zu Ende – eine Katastrophe für die Kreuzfahrer.

585 Graf Richard von Cornwall war der Bruder von König Heinrich III. von England, und seine Schwester war die Ehefrau von Kaiser Friedrich II. Er blieb bis Mai 1241 in Palästina.

586 Mamerot nimmt die Heiligsprechung des Königs vorweg, indem er ihn Saint-Louis nennt.

587 Im Juni 1245 wurde der Papst von den Streitmächten Kaiser Friedrichs II. aus Italien gejagt.

588 Im Jahr 1244, nach dem Unheil von Gaza, kam Galeran, Bischof von Beirut, als Gesandter des Patriarchen Robert von Jerusalem ins Abendland, um den Papst über die Situation zu informieren und um militärische Verstärkung zu bitten.

589 Er erkrankte im Dezember 1244.

590 1248.

591 Gemeint sind mit den „Greifen" wohl die Choresmier-Türken; choresmische Söldner eroberten 1244 im Dienst des Ayubiter-Fürsten Ismail as-Salih Jerusalem.

592 Das Konzil fand vom 24. Juni bis zum 7. Juli 1245 in Lyon statt.

593 Vgl. fol. 223va mit demselben Vorwurf.

594 Am 9. Oktober 1245 ließ der König in Paris Barone und Prälaten zusammenkommen, und bei dieser Versammlung nahmen etliche von ihnen das Kreuz.

595 Heinrich Raspe war dieser Gegenkönig, der vom Papst anstelle von Friedrich II. und seinem Sohn Konrad IV. ernannt wurde.

596 Das Treffen fand im November 1245 statt.

597 Mamerot irrt: Es handelt sich um den Monat August.

598 Tatsächlich verließ der König Paris am 12. August 1248.

599 Es handelt sich um Saint-Denis.

600 Alfons von Frankreich, Graf von Poitou.

601 Roche de Glin befindet sich in La Drôme in der Nähe von Valence. Der dortige Herrscher verlangte von den Kreuzfahrern ein Wegegeld und wurde vom König bestraft.

602 Er stach am 25. August in See und kam am 17. September 1248 in Limassol an.

603 Gemeint ist Sultan as-Salih Ayub von Ägypten.

604 Türkische Stadt. Im Mai 1248 sprachen zwei nestorianische Boten des Groß-Khans namens Marc und David beim König von Nikosia vor. Die Tataren (Mongolen) hatten Gebiete in Anatolien erobert, und ihre Präsenz in solch unmittelbarer Nähe zum Lateinischen Königreich beunruhigte die Franken.

605 Sie waren Nestorianer, Anhänger der Lehre von Nestorius, der im 5. Jahrhundert Patriarch von Konstantinopel war, also christliche Häretiker.

606 Dieser Brief unterstreicht ebenso wie der folgende die Sympathie der Mongolen für das Christentum. Die Christen hofften, in diesen Völkern Verbündete gegen die Sarazenen zu finden.

607 Den Brief erhielt König Heinrich I. von Zypern von König Hethum I. von Armenien.

608 Mamerot verwendet die Schreibweise Chain.

609 Es könnte Möngke Khan gemeint sein (reg. 1251–1259).

610 Nach der Legende verkündete der heilige Thomas das Evangelium in Indien.

611 Mamerot schreibt fälschlicherweise „tres chiere seur" (teuerste Schwester), was dem Sinn entsprechend korrigiert wurde.

612 Beauftragter des Groß-Khans in Mossul; bei Mamerot heißt er Escarthay.

613 Zweifellos ist damit Hulagu (1217–1265) gemeint, der ab

1251 über den Iran herrschte.

614 Vermutlich el-Mustansim.

615 Der Priester Johann, ein orientalischer Christ, ist ein fiktiver Herrscher, von dem man im Mittelalter meinte, er könnte dem Heiligen Land zu Hilfe eilen.

616 Es handelt sich um eine tragbare Kapelle.

617 Andreas von Longjumeau sprach Arabisch. Er war in den Jahren zuvor der Hauptsendbote des Papstes gewesen. Die Gesandten des Königs verließen im Januar 1249 Zypern, brachen in die Mongolei auf und reisten bis nach Karakorum. Dort erfuhren sie, dass der Groß-Khan Guyuk gestorben war.

618 Hier spricht Mamerot vom Sultan von Ägypten, im übernächsten Satz wieder vom Sultan von Babylon; gemeint ist beide Male as-Salih Ayub.

619 Bei Mamerot hier und im Folgenden wieder La Chamelle genannt.

620 Es handelt sich um an-Nasir Yusuf, Fürst von Aleppo.

621 Hier handelt es sich um as-Salih Ayub.

622 Bohemund V.

623 Der offene Krieg zwischen den mit König Ludwig verbündeten Genuesen und den Pisanern manifestierte sich entlang der gesamten syrischen Küste.

624 Die Venezianer befürworteten diesen Plan in Wirklichkeit nicht.

625 Wilhelm II. von Villehardouin, Fürst von Achaia, herrschte über die Halbinsel Morea.

626 Hugo IV., Herzog von Burgund.

627 Die Flotte des Königs lief im Mai 1249 nach Ägypten aus und traf am 4. Juni in ihrem Ziel, in Damiette, ein.

628 Am 24. Oktober 1249.

629 Tatsächlich am 20. November 1249.

630 Die Stadt Mansurah – Mamerot schreibt Massoure –, deren Name „die Siegreiche" bedeutet, war von Sultan el-Kamil erbaut worden.

631 Obwohl er krank war, ließ sich Sultan Ayub transportieren, um seine Truppen zu organisieren. Er starb am 23. November 1249.

632 Sein einziger Sohn Turanschah befand sich in der Ferne, und es waren Ayubs Witwe und der General Fakhr ed-Din, die die Macht übernahmen, indem sie eine Urkunde fälschten, in der der Sultan seinen Sohn als Erben und Nachfolger benannte.

633 Dies ist der Name des Generals, der Vizekönig war, als der König erkrankt war, und der anstelle von Turanschah die Regierungsgeschäfte übernehmen wollte.

634 Mamerot irrt; tatsächlich am 8. Februar 1250.

635 „Sag uns, was uns gefällt, und wir werden auf dich hören."

636 Turanschah traf am 28. Februar 1250 ein.

637 Er brach das Lager am 5. April 1250 ab, mit der Absicht, sich nach Damiette zu flüchten.

638 Sie litten an Ruhr und Typhus.

639 Die Ägypter konnten die Gefangenen wegen ihrer großen Zahl nicht ausreichend bewachen und ließen die Kranken und Schwachen zu Hunderten hinrichten.

640 Der König wurde in einem Haus in Mansurah einquartiert, in Ketten gelegt und verpflegt.

641 Turanschah.

642 Der König sollte 500 000 Livres tournois zahlen, d. h. eine Million Besanten.

643 Sultan el-Kamil.

644 Gegen neun Uhr morgens.

645 Turanschah wurde am 2. Mai 1250, vielleicht auf Betreiben seiner eigenen Mutter, von den Mamelukken getötet.

646 Gottfried von Sargines übergab die Stadt am 6. Mai 1250.

647 an-Nasir Yussuf.

648 Die Brüder von König Ludwig dem Heiligen brachen Mitte Juli 1250 von Akkon aus auf.

649 Über diesen Mann ist wenig bekannt; er wurde „Meister aus Ungarn" genannt.

650 In Wirklichkeit ereignete sich diese Episode nach dem Desaster von Mansurah. Als sich die Nachricht von dieser Niederlage im Abendland unter den Bauern und Landarbeitern verbreitete, die sich „die jungen Hirten" nannten, brach unter ihnen ein Aufstand aus. Sie wollten den Papst und seinen Klerus anprangern und König Ludwig zu Hilfe kommen.

651 Die Studenten der Universität am linken Seineufer.

652 Gottfried von Sargines war ein Ritter aus der Gegend von Sens, dessen außergewöhnliche Tapferkeit von mehreren Autoren, insbesondere von Johann von Joinville, betont wird.

653 Am 24. April 1254.

654 Er ging im Juli 1254 in Hyères an Land.

655 König Heinrich III. von England (reg. 1216–1272).

656 Der Vertrag wurde 1259 in Paris geschlossen.

657 Tibald II. von Navarra bzw. Tibald V. von Champagne.

658 Simon II. von Clermont, Herr von Nesle, und Matthias von Vendôme, Abt der Abtei von Saint Denis.

659 Am 1. Juli 1270.

660 Nordafrika.

661 el-Mustansir, Emir von Tunis.

662 Am 18. Juli 1270.

663 Tristan war der in Damiette geborene Sohn von König Ludwig IX.

664 Der Thronfolger, der spätere König Philipp III., der Kühne, von Frankreich (reg. 1270–1285), der mit seinem Vater auf Kreuzfahrt gegangen war, war zu diesem Zeitpunkt ebenfalls schwer krank.

665 Zahlreiche französische und lateinische Handschriften geben Versionen dieses Textes wieder, der unter dem Titel „Enseignements" bekannt ist, insbesondere *Vie de saint Louis* von Wilhelm von Pathus, *Les Grandes Chroniques de France*, *Vie de saint Louis* von Joinville. Mamerot liefert eine zuverlässige Zusammenfassung des Textes.

666 König Ludwig der Heilige starb am 25. August 1270.

667 Die Eingeweide und das Fleisch wurden in Sizilien in der Kathedrale von Monreale beigesetzt. Nur das Herz und die Gebeine wurden nach Saint-Denis überführt.

668 König Eduard I. von England (reg. 1272–1307).

669 König Heinrich III. von England (reg. 1216–1272).

670 Tibald starb 1270.

671 Tatsächlich Isabella; mit den „Seilern" sind die Franziskaner gemeint.

672 Er starb am 21. August 1270, laut Wilhelm von Nangis in Corneto in der Toskana. Nach anderen Quellen starb Alfons in San Pietro d'Arena in der Nähe von Genua.

673 Der König wurde am 11. August 1297, 27 Jahre nach seinem Tod, von Bonifaz VIII. heiliggesprochen.

674 Im Manuskript steht die falsche Jahreszahl 1310.

675 Tatsächlich fand dieser Eroberungszug des Osmanen-Sultans Bajasit I. nach Ungarn 1390 statt.

676 Graf Johann von Nevers, Sohn von Herzog Philipp dem Kühnen von Burgund, war seinerseits unter dem Namen Johann Ohnefurcht Herzog von Burgund. Als er seinen Zug nach Ungarn unternahm, war er 24 Jahre alt.

677 Bajasit I. Ildirim (reg. 1389–1402).

678 Die ungarische Stadt Buda wurde 1247 befestigt: König Bela IV. (reg. 1235–1270) errichtete eine Burg, um den Mongolen Widerstand zu leisten.

679 Mamerot nennt die nordbulgarische Stadt Widdin hier Saudin.

680 Der Herr von Widdin war ein bulgarischer Fürst, Johannes Srachimir, der jedoch nicht den Kaisertitel führte.

681 Eine mächtige Festung mit einer bedeutenden türkischen Besatzung.

682 Tatsächlich im September 1396 und nicht 1397.

683 Der türkische Statthalter Dogan Bey weigerte sich, sich zu ergeben.

684 Am Montag, den 25. September 1396.

685 Es handelt sich um das zwischen 1406 und 1409 verfasste *Livre des faits de Jean le Meingre dit Boucicaut*, das die Biografie des Marschalls wiedergibt. Der Name des Autors ist nicht genannt, es ist aber wenig wahrscheinlich, dass der Marschall selbst das Werk verfasst hat.

686 Das Heer wurde folglich in vier Korps unterteilt: die Ungarn in der Mitte, die Walachen links, die Männer aus Transsylvanien rechts, und die Männer aus dem Abendland bildeten die Vorhut.

687 Die türkische Stadt Bursa, gelegen in der Nähe des Marmarameers.

688 Jakob von Helly, französischer Ritter, sprach Türkisch.

689 Die in der Ägäis gelegene griechische Insel Lesbos mit dem Haupthafen Mytilene.

690 Die von Sultan Bajasit Freigelassenen kamen Ende 1397 in Frankreich an.

691 Aus dem griechischen Geschlecht der Kantakuzenos entstammten im 14. Jahrhundert zwei Kaiser.

692 Der byzantinische Kaiser Manuel II. Paläologos (geb. 1350; reg. 1391–1425); Mamerot nennt ihn Karmanoli.

693 Der französische König Karl VI., der Wahnsinnige (reg. 1380–1422).

694 Die griechische Insel Euböa.

695 Stadt in der Türkei am europäischen Ufer der Dardanellen.

696 Türkisch Bozcaada; kleine Insel vor der kleinasiatischen Küste.

697 Johann Paläologos.

698 Marschall Boucicaut wird hier als Retter der Stadt Konstantinopel dargestellt.

699 Manuel II. kam nach Frankreich und blieb dort drei Jahre lang, von 1399 bis 1402.

700 Tamerlan, auch Timur (1336–1405), ein türkisierter Mongole.

701 Er eroberte ein riesiges asiatisches Gebiet (Transozeanien,

Persien, Nordindien usw). Als er starb, befand er sich auf dem Weg nach China, das er ebenfalls erobern wollte.

702 Tamerlan fügte ihm am 20. Juli 1402 in der Nähe von Ankara eine bittere Niederlage zu.

703 Anspielung auf die Niederlage von Nikopolis im Jahr 1396.

704 Er starb im Jahr 1405.

705 Eine genuesische Kolonie befand sich in Pera gegenüber von Konstantinopel. Boucicaut traf 1399 am Bosporus ein und hinderte die Türken daran, Konstantinopel zu zerstören.

706 Ludwig von Orléans, Bruder von Karl VI., wurde 1407 in Paris von den Männern des Johann Ohnefurcht, Herzog von Burgund, ermordet.

707 Karl VI. (reg. 1380–1422) litt an Demenz.

708 Hier irrt Mamerot, es handelt sich um das Jahr 1458.

709 Louis de Laval wurde 1461 von König Ludwig XI. zum Statthalter von Genua ernannt.

710 Karl VI. starb 1422.

711 Mamerot macht hier einen Fehler; es handelt sich um das Jahr 1328.

712 Philipp VI. von Valois (reg. 1328–1350) wurde als Nachfolger von Karl IV. 1328 König. Er wurde von den großen Baronen Frankreichs gewählt, die ihn zwei anderen Verwandten des Königs, Philipp von Évreux und Eduard von England, vorzogen.

713 Karl IV., der Schöne (reg. 1322–1328), war der Sohn von Philipp IV. dem Schönen.

714 Eduard III. von England (reg. 1327–1377) war der Sohn von Eduard II. und von Isabella von Frankreich, folglich der Enkel von König Philipp IV., dem Schönen, dessen Krone er beanspruchte. Das war der Auslöser des Hundertjährigen Krieges zwischen den Franzosen und den Engländern.

BIBLIOGRAFIE

Reproduktionen der von Jean Colombe illuminierten Handschriften
Fac-similé du Livre d'heures de Louis d'Orléans (Sankt Petersburg, Russische Nationalbibliothek, Ms. Lat. Q. V. I.126), Barcelona 2001.
Raymond Cazelles, *Les Très Riches Heures du duc de Berry*, Paris 2003.
Marcel Thomas (Vorwort und Kommentar), *Histoire de la Destruction de Troye la Grant. Reproduction du manuscrit Bibliothèque nationale, Nouvelles Acquisitions Françaises 24 920*, Paris 1973.

Forschungsliteratur zu Jean Colombe und seinem Werk
J. J. G. Alexander/J. H. Marrow/L. Freeman Sandler, *The Splendor of the Word. Medieval and Renaissance illuminated manuscripts at the New York Public Library*, London 2006 (Anm. 48, 61, 97).
François Avril/Nicole Reynaud, *Les manuscrits à peintures en France, 1440–1520*, Paris 1993, insbes. S. 324–347. Die Handschrift Ms. BnF fr. 5594 wird auf S. 332 (Anm. 180) beschrieben.
François Avril, „Un chef d'œuvre retrouvé de l'enlumineur Jean Colombe: les heures de Guyot Le Peley, marchand troyen", in: *L'Art de l'enluminure*, 21, 2007.
François Avril/Maxence Hermant/Françoise Bibolet, *Très riches heures de Champagne*, Paris/Châlons-en-Champagne 2007.
Janet Backhouse, Notiz zur Handschrift Ms. Harley 4335–4339 der British Library, in: *Renaissance painting in Manuscripts. Treasures from the British Library*, New York/London 1983, S. 157–162 (Anm. 20).
Paul Chenu, „Le livre des offices pontificaux de Jean Cœur, archevêque de Bourges", in: *Mémoires des Antiquaires du Centre*, XLVIII, 1941, S. 2–32 und Tafeln I–IX.
Thierry Delcourt, „Un livre d'heures à l'usage de Troyes peint par Jean Colombe. Une acquisition récente de la médiathèque de Troyes", in: *Bulletin du Bibliophile*, 2, 2006, S. 221–244.
Paul Durrieu, *Les Très Riches Heures de Jean de France, duc de Berry*, Paris 1904, S. 104–112.

L.-F. Flutre, „Un autre manuscrit des *Faits des Romains*", in: *Neophilologus*, 21 (1), 1936, S. 243–249.
Katharina Georgi, „La Bethsabée des Heures Le Peley et le traitement du thème dans l'œuvre de Jean Colombe", in: *L'Art de l'enluminure*, 21, 2007, S. 56–61.
Katharina Georgi, „Bethsabée, la belle séductrice. À propos d'une miniature de Jean Colombe retrouvée", in: *Bulletin monumental*, 2007.
Marie Jacob, „Jean Colombe, un pittore di Bourges familier e miniatore del duca Carlo I di Savoia", in: *Corte et Città. Arte nel Quattrocento nelle Alpi occidentale*, Turin 2006, S. 463–466.
Marie Jacob, „Les *Faits des Romains*, un autre manuscrit aux armes Le Peley enluminé par Jean Colombe", in: *L'Art de l'enluminure*, 21, 2007, S. 62–67.
Jean Murard, „Un mécène de la Renaissance, Simon Liboron", in: *La Vie en Champagne*, 21, Februar/März 2000, S. 3–15. (Das Stundenbuch des Simon Liboron wird fälschlich Jean Colombe zugeschrieben.)
Otto Pächt/Dagmar Thoss, *Die illuminierten Handschriften und Inkunabeln der Österreichischen Nationalbibliothek. Französische Schule I*, Wien 1974, S. 68–79 (über die Handschrift Wien, BN 2577–2578).
Jean Porcher, *Les Manuscrits à peinture en France du XIIIe au XVIe siècle*, Paris 1955, S. 151–159 (Anm. 323–334).
John Plummer/Gregory Clark, *The Last Flowering. French Painting in Manuscripts, 1420–1530*, New York 1982 (Anm. 54, 68, 69, 70).
Laurence Rivière Ciavaldini, *Imaginaires de l'Apocalypse. Pouvoir et spiritualité dans l'art gothique européen*, Paris 2007 (über die im Escorial verwahrte Handschrift der *Apocalypse*).
G. Saroni, *La biblioteca di Amedeo VIII di Savoia (1391–1451)*, Turin 2004, S. 49–52.
Claude Schaefer, „Un livre d'heures enluminé par Jean Colombe à la Bibliothèque Laurentienne à Florence", in: *Gazette des Beaux-Arts*, November 1973, S. 287–296.
Claude Schaefer, „Nouvelles observations au sujet des Heures de Louis de Laval", in: *Annales de l'Ouest*, 1980, S. 33–68.

Claude Schaefer, „Die *Romuleon* Handschrift des Berliner Kupferstichkabinetts", in: *Jahrbuch der Berliner Museen*, 1981, XXIII, S. 142–143.

Claude Schaefer, „Autour des Heures de Laval: les activités de l'atelier Colombe après 1470", in: *Medieval Codicology, Iconography, Literature and Translation. Studies for Keith Val Sinclair*, hg. v. R. Monks/D. D. R. Owen, Leiden 1994, S. 157–169.

Claude Schaefer, „Die Werkstatt des Jean Colombe", in: *Fouquet. An der Schwelle zur Renaissance*, Dresden/Basel 1994, S. 283–286.

Patricia Stirnemann, „Combien de copistes et d'artistes ont contribué aux Très Riches Heures du duc de Berry", in: *La création artistique en France autour de 1400. Actes du colloque international. École du Louvre-Musée des Beaux-Arts de Dijon-Université de Bourgogne, 7–10 juillet 2004*, hg. v. Élisabeth Taburet-Delahaye, Paris 2006, S. 370, 374, 378.

J. Stratford, „Un livre d'heures inconnu et le rayonnement de Jean Fouquet", in: *Revue de l'Art*, 135, 2002, S. 93–105.

Kay Sutton, Beschreibung der Position 31 im Verkaufskatalog von Christie's, London, 8. Juni 2005 (*Livre d'heures de Guyot II Le Peley acquis par la Médiathèque de l'Agglomération troyenne*).

Louis Thuasne, „Note sur Jean Colombe, enlumineur", in: *Revue des bibliothèques*, Januar–April 1904.

Roger Wieck, *Painted Prayers. The Book of Hours in Medieval and Renaissance Art*, New York 1998.

Über Louis de Laval
A. Bertrand de Broussillon, *La maison de Laval, 1020–1605, étude historique accompagnée du cartulaire de Laval et de Vitré*, Paris 1900, III, S. 13–15.

A. Sorbelli, *Francesco Sforza a Genova (1458–1466). Saggio sulla politica italiana di Luigi XI*, Bologna 1901, S. 42–53.

Über Sébastien Mamerot und seine Werke
Le Romuleon *en françois. Traduction de Sébastien Mamerot*. Kritische Ausg., Einl. u. Anm. v. Frédéric Duval, Genf 2000.

Pierre Champion, *Chronique martiniane, édition critique d'une interpolation originale ... restituée à Jean Le Clerc*, Paris 1907.

Frédéric Duval, „Sébastien Mamerot", in: *Romania*, 1998, CXVI, S. 461–491.

Frédéric Duval, *La traduction du Romuleon par Sébastien Mamerot*, Genf 2001.

L.-F. Flutre, Li *Fet des Romains dans la littérature française et italienne*, Paris 1932, S. 178.

Abbé Lebeuf, „Mémoires sur les Chroniques martiniennes", in: *Mémoires de l'Académie des Inscriptions et Belles-Lettres*, 1753, XX, S. 224–266.

M. Lecourt, „Notice sur l'*Histoire des neuf preux et des*

neuf preuses de Sébastien Mamerot", in: *Romania*, 1908, XXXVII, S. 529–537.

D. J. A. Ross, „Les Trois Grands. A humanist historical tract of the 15th century", in: *Classica et Medievalia*, 27, 1966, S. 375–396.

D. J. A. Ross, „Les Trois Grands. A New Ms and the identity of the Author", in: *Medium Aevum*, 55, 1986, S. 261–265.

H. Schroeder, *Der Topos der Nine Worthies in Literatur und bildender Kunst*, Göttingen 1971.

Antoine Thomas, „Notes biographiques et bibliographiques sur Sébastien Mamerot", in: *Romania*, 1908, XXXVII, S. 537–539.

Richard Trachsler, „Le seigneur et le clerc. Sébastien Mamerot et la naissance du dixième preux", in: *Le clerc au Moyen Âge. Senefiance*, 37, 1995, S. 539–555.

Die Kreuzzüge – mittelalterliche Quellen (auf Französisch und Latein)
Obgleich etwas älteren Datums, bleibt der *Recueil des historiens des croisades*, hg. v. der Académie des Inscriptions et Belles Lettres, Paris 1841–1906, weiterhin für viele Texte unersetzlich.

Pierre Aubry/Joseph Bédier, *Les chansons de croisade*, Paris 1909.

Robert de Clari, *La conquête de Constantinople*, hg. v. Philippe Lauer, Paris 1924.

Collection des Mémoires relatifs à l'histoire de France, hg. v. François Guizot, Paris 1823–1835 (seit 2000 teilw. neu hg.; konsultierbar auf der Website *Gallica* der BnF).

Roland Delachenal, *Les Grandes Chroniques de France. Chronique des règnes de Jean II et de Charles V*, Paris 1910–1920.

Histoire anonyme de la Première croisade, hg. v. Louis Bréhier, Paris 1924 (Neuaufl. 1964).

Jean de Joinville, *Histoire de saint Louis*, hg. v. Jacques Monfrin, Paris 1995.

Livre des faits de Jean le Meingre, dit Boucicaut, hg. v. Denis Lalande, Genf 1985.

Danièle Régnier-Bohler (Hg.), *Croisades et pèlerinages. Récits, chroniques et voyages en Terre Sainte, XIIe–XVe siècle*, Paris 1997.

Jean Viard (Hg.), *Les Grandes Chroniques de France*, Paris 1920–1953 (10 Bde., bis 1350).

Geoffroi de Villehardouin, *La conquête de Constantinople*, hg. v. Edmond Faral, Paris 1961 (zahlreiche weitere Ausg.).

NB: Es gibt noch keine moderne Ausgabe des *Miroir historial* von Vincent von Beauvais.

Die Kreuzzüge – byzantinische Quellen (von denen Sébastien Mamerot keine Kenntnis hatte)
Nicétas Choniate, *Annales*, hg. u. übers. v. Harry J. Magoulias, Detroit 1984.

Anne Comnène, *Alexiade*, hg. v. Bernard Lieb, Paris 1937–1945.

Jean Kinnamos, *Chronique*, übers. v. J. Rosenblum, Paris 1972.

Die Kreuzzüge – moderne Literatur
(neuere Auswahlbibliografie auf Französisch)

Pierre Alphandéry/Alphonse Dupront, *La chrétienté et l'esprit de croisade*, Paris 1995 (Neuaufl.).

Pierre Aubé, *Baudouin IV de Jérusalem, le roi lépreux*, Paris 1981.

Pierre Aubé, *Godefroy de Bouillon*, Paris 1985.

Pierre Aubé, *Saint Bernard de Clairvaux*, Paris 2003.

Michel Balard, *Croisades et Orient latin (XIe–XIVe siècle)*, Paris 2001.

Reinhard Barth, *Taschenlexikon Kreuzzüge*, München 1999.

Reinhard Barth / Uwe Birnstein / Ralph Ludwig / Michael Solka, *Chronik der Kreuzzüge*, Gütersloh/München 2005.

Claude Cahen, *Orient et Occident au temps des croisades*, Paris 1983.

Les croisades, Einf. v. Robert Delort, Paris 1988 (Sammlung von Artikeln aus der Zeitschrift *L'Histoire*).

Thierry Delcourt, *Les Croisades, la plus grande aventure du Moyen Âge*, Paris 2007.

Alain Demurger, *Vie et mort de l'ordre du Temple*, Paris 1994 (3. Aufl.).

Alain Demurger, *Chevaliers du Christ: les ordres religieux militaires au Moyen Age, XIe–XVIe siècles*, Paris 2002.

Alphonse Dupront, *Le Mythe de la croisade*, Paris 1997.

Alphonse Dupront, *La Guerre sainte, la formation de l'idée de croisade dans l'Occident chrétien*, Paris 2001.

Anne-Marie Eddé/Françoise Micheau, *L'Orient au temps des croisades*, Paris 2002.

Anne-Marie Eddé, *Saladin*, Paris 2008.

Jean Flori, *Pierre l'Ermite et la première croisade*, Paris 1999.

René Grousset, *Histoire des croisades et du royaume franc de Jérusalem*, Paris 1934–1936.

René Grousset, *L'Épopée des croisades*, Paris 1957 (zahlreiche Neuaufl.).

Amin Maalouf, *Les croisades vues par les Arabes*, Paris 1983.

Hans Eberhard Mayer, *Geschichte der Kreuzzüge*, Stuttgart 2005 (10., völlig überarb. u. erw. Aufl.).

Jean-François Michaud, *Histoire des croisades*, Paris 1966/67 (6. Aufl.).

Cécile Morrisson, *Les croisades*, Paris 1969.

Zoé Oldenbourg, *Les croisades*, Paris 1965.

Marcel Pacaud, *Frédéric Barberousse*, Paris 1990 (2. Aufl.).

Joshua Prawer, *Histoire du royaume latin de Jérusalem*, Paris 1969.

M. Rey-Delqué (Hg.), *Les croisades: l'Orient et l'Occident d'Urbain II à saint Louis, 1096–1270*, Mailand/Toulouse 1997.

Jean Richard, *Le royaume latin de Jérusalem*, Paris 1953.

Jean Richard, *Saint Louis*, Paris 1983.

Jean Richard, *L'esprit de la croisade*, Paris 2000.

Paul Rousset, *Histoire des croisades*, Paris 1978.

Paul Rousset, *Histoire d'une idéologie: la croisade*, Lausanne 1983.

Steven Runciman, *Geschichte der Kreuzzüge*, übers. v. Peter de Mendelssohn, München 1995 (Übers. der Ausg. v. 1951).

Georges Tate, *L'Orient des Croisades*, Paris 1991.

DANKSAGUNG

Der Nachdruck der Illustrationen aus Sébastien Mamerots *Passages d'Outremer* erfolgte auf Grundlage des Exemplars der Bibliothèque nationale de France, Paris. Unser besonderer Dank gilt den Autoren Danielle Quéruel und dem 2011 verstorbenen Thierry Delcourt für die umfangreiche und erstmalige Transkription und Übertragung des Originalmanuskripts. Ohne ihren Einsatz und ihre eingehende Textanalyse wäre die vorliegende Ausgabe nicht möglich gewesen. Wir danken Fabrice Masanès für die kunsthistorische Bearbeitung der Miniaturen und seine Unterstützung bei der Realisierung des Projektes. Ferner möchten wir den Mitarbeitern der Bibliothèque nationale de France für die gute Zusammenarbeit danken, vor allem Marie-Pierre Laffitte und Philippe Salinson, der die digitale Reproduktion durchgeführt hat.

Die Faksimile-Edition (die 2009 bei TASCHEN erschien und die Grundlage für den vorliegenden Band bildet) war das Ergebnis einer Zusammenkunft Ende 2007 der Handschriften- und Reproduktionsabteilungen der Bibliothèque nationale de France mit dem Lektoratsteam des TASCHEN Verlages zur Begutachtung einiger der größten Meisterwerke der französischen Buchmalerei. Wir wissen es sehr zu schätzen, dass Petra Lamers-Schütze und Mahros Allamezade während der langwierigen Arbeit an diesem Projekt stets zur Verfügung standen. Sie zeigten nicht nur ihre Begeisterung, sondern auch Geduld und Verständnis angesichts der diversen Verzögerungen, da wir anfangs den beträchtlichen Umfang und die Komplexität dieses Projekts unterschätzt hatten. Ihre Mitarbeiter, Lektorinnen und Übersetzer haben uns oftmals geholfen, unsere Bearbeitung von Sébastien Mamerots langem und schwierigem, aber auch faszinierendem Text zu präzisieren und zu verbessern. Wir möchten außerdem François Avril für seine wertvollen Ratschläge danken und sind den Arbeiten von Frédéric Duval über Sébastien Mamerot und Louis de Laval sowie denen von Marie Jacob über Jean Colombe zu großem Dank verpflichtet. Ihre Forschungsergebnisse sind in die Einleitung und die Bildkommentare dieser prachtvollen Ausgabe eingeflossen.

Thierry Delcourt und Danielle Quéruel, 2009

Am Ende des umfangreichen Unternehmens, bei dem der Text dieser Handschrift mit Erläuterungen versehen und kommentiert wurde, danke ich ganz besonders Petra Lamers-Schütze und Mahros Allamezade für die umfangreiche und tatkräftige Unterstützung während der gesamten Produktionszeit.

Schließlich möchte ich folgenden Personen meinen Dank aussprechen: Thierry Delcourt, dem ehemaligen Direktor der Handschriftenabteilung der Bibliothèque nationale de France, und Danielle Quéruel, Professorin an der Université de Reims Champagne-Ardenne, für die wertvollen Anregungen und die hilfreichen Gespräche sowie Marie-Pierre Laffitte, Generalkonservatorin der Handschriftenabteilung der BnF, die mir Louis de Lavals Exemplar der *Passages d'Outremer* zur Verfügung stellte. Zu guter Letzt bin ich Johannes Althoff zu Dank verpflichtet für die sorgfältige Überarbeitung der Bildkommentare gegen Ende des Projekts. Ihm sei für seine Kompetenz und Einsatzbereitschaft gedankt.

Fabrice Masanès, 2009

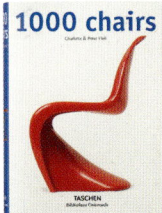
1000 Chairs

1000 Lights

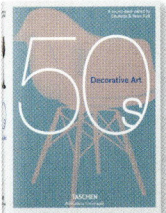
Decorative Art 50s

Decorative Art 60s

Decorative Art 70s

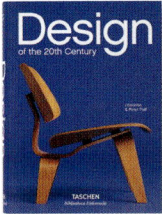
Design of the
20th Century

domus 1950s

Logo Design

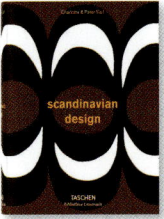
Scandinavian Design

100 All-Time
Favorite Movies

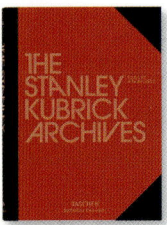
The Stanley Kubrick
Archives

Bookworm's delight:
never bore, always excite!

TASCHEN
Bibliotheca Universalis

20th Century
Photography

A History of
Photography

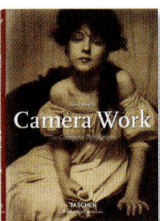
Stieglitz.
Camera Work

Curtis. The North
American Indian

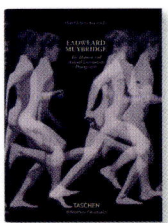
Eadweard Muybridge

Karl Blossfeldt

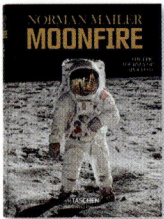
Norman Mailer.
MoonFire

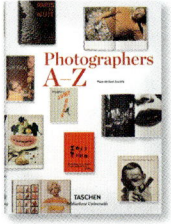
Photographers A–Z

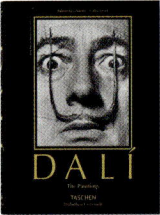
Dalí. The Paintings

Hiroshige

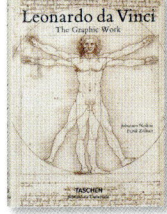
Leonardo.
The Graphic Work

Modern Art

Monet

Alchemy & Mysticism

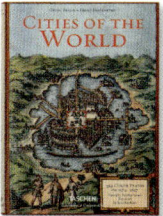

Braun/Hogenberg.
Cities of the World

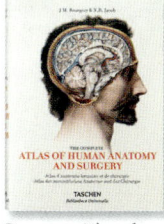

Bourgery. Atlas of
Anatomy & Surgery

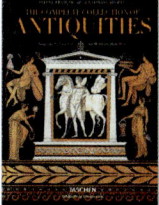

D'Hancarville.
Antiquities

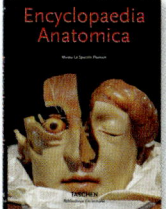

Encyclopaedia
Anatomica

Martius.
The Book of Palms

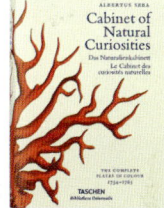

Seba. Cabinet of
Natural Curiosities

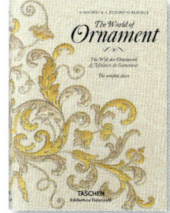

The World
of Ornament

Fashion. A History from
18th–20th Century

100 Contemporary
Fashion Designers

Architectural Theory

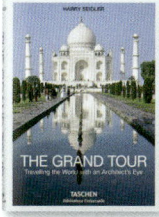

The Grand Tour

20th Century
Classic Cars

1000 Record Covers

1000 Tattoos

Funk & Soul Covers

Jazz Covers

Mid-Century Ads

Mailer/Stern.
Marilyn Monroe

Erotica Universalis

Tom of Finland.
Complete Kake Comics

1000 Nudes

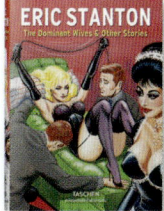

Stanton.
Dominant Wives

IMPRESSUM

TASCHEN ARBEITET KLIMANEUTRAL.
Unseren jährlichen Ausstoß an Kohlenstoffdioxid kompensieren wir mit Emissionszertifikaten des Instituto Terra, einem Regenwaldaufforstungsprogramm im brasilianischen Minas Gerais, gegründet von Lélia und Sebastião Salgado. Mehr über diese ökologische Partnerschaft erfahren Sie unter: www.taschen.com/zerocarbon
Inspiration: grenzenlos. CO_2-Bilanz: null.

Stets gut informiert sein: Fordern Sie bitte unser Magazin an unter www.taschen.com/magazine, folgen Sie uns auf Twitter, Instagram und Facebook oder schreiben Sie an contact@taschen.com bei Fragen oder Lob zu unserem aktuellen Programm.

Bildnachweis:
Das Manuskript und sämtliche Miniaturen der *Passages d'Outremer* von Sébastien Mamerot: © 2009 Bibliothèque nationale de France, Paris. Bibliothèque nationale de France, Paris: S. 9, 11, 14, 18, 23, 31, 34–46, 55, 56, 69; Bibliothèque Sainte-Geneviève, Paris: S. 33; © Médiathèque de l'Agglomération troyenne – Foto Pascal Jacquinot, Troyes: S. 59; Österreichische Nationalbibliothek, Wien: S. 17, 26; © The Pierpont Morgan Library – Foto Joseph Zehavi 2005, New York: S. 60, 62; © RMN – Foto René-Gabriel Ojéda, Paris: S. 49, 50.

© 2016 TASCHEN GmbH
Hohenzollernring 53, D–50672 Köln
www.taschen.com

Originalausgabe: © 2009 TASCHEN GmbH
Transkription des mittelfranzösischen Originals und Übertragung in modernes Französisch:
Thierry Delcourt, Paris; Danielle Quéruel, Paris

Projektleitung: Mahros Allamezade, Köln; Petra Lamers-Schütze, Köln
Lektorat: Brigitte Beier, Hamburg
Deutsche Übersetzung: Eva Dewes, Saarbrücken (MS-Text: fol. 14–44, 137–157, 193–206, 248–277); Hubertus von Gemmingen, Villars-sur-Glâne (MS-Text: fol. 59–101, 157–193); Regine Schmidt, Karlsruhe (Einleitung; Bildkommentare; MS-Text: fol. 1–14, 44–59, 101–137, 206–248)
Wissenschaftliche Beratung: Johannes Althoff, Berlin
Design: Birgit Eichwede, Köln
Produktion: Horst Neuzner, Köln

Printed in China
ISBN 978-3-8365-5443-5